MICHELIN

ATLAS ROUTIER *et* TOURISTIQUE
TOURIST *and* MOTORING ATLAS
STRASSEN- *und* REISEATLAS
TOERISTISCHE WEGENATLAS

France

Sommaire

Intérieur de couverture
Tableau d'assemblage
Légende : cartographie au 1/200 000 - plans de ville

Grands axes routiers IV
Environs de Paris VI
Tableau des distances en France X
Tableau des distances France / Europe XII
Légende 1
La France -1:200 000 2
Index complet des communes 75 plans de ville 320

Intérieur de couverture
Légende complète

Contents

Inside front cover
Key to map pages
Key : Maps at 1:200 000 - Town plans

Main road map IV
Paris and suburbs VI
Distances and journey times France X
Distances and journey times France / Europe XII
Key 1
France -1:200 000 2
Complete index of communes 75 towns plans 320

Inside front cover
Key

Inhaltsübersicht

Umschlaginnenseite
Übersicht
Legende : kartographie in Maßstab 1:200 000 - Stadtpläne

Durchgangsstraßen IV
Paris und Umgebung VI
Entfernungstabelle Frankreich X
Entfernungstabelle Frankreich / Europa XII
Zeichenerklärung 1
Frankreich -1:200 000 2
Komplettes Ortsregister mit 75 Stadtplänen 320

Umschlaginnenseite
Zeichenerklärung

Inhoud

Binnenzijde van het omslag
Overzichtskaart met kaartnummers
Verklaring van de tekens : kaarten, schaal 1:200 000 - stadsplattegronden

Grote verbindingswegen IV
Omstreken van Parijs VI
Afstandstabel voor Frankrijk X
Afstandstabel voor Frankrijk en Europa XII
Verklaring van de tekens 1
Frankrijk -1:200 000 2
Register van alle gemeenten 75 stadsplattegronden 320

Binnenzijde van het omslag
Verklaring van de tekens

Plans de ville / Town plans / Stadtpläne / Stadsplattegronden

320 Aix-en-Provence
320 Ajaccio
321 Amiens
322 Angers
323 Annecy
323 Antibes
325 Avignon
326 Bastia
327 Bayonne
328 Beauvais
328 Belfort
329 Besançon
329 Béziers
331 Bordeaux
332 Boulogne-sur-Mer
332 Bourges
333 Brest
334 Caen
335 Calais
336 Cannes
337 Châlons-en-Champagne
338 Chalon-sur-Saône
338 Chambéry
339 Charleville-Mézières
340 Chartres
340 Châteauroux
342 Cholet
343 Clermont-Ferrand
344 Colmar
347 Dijon
348 Dunkerque
354 Grenoble
355 Le Havre
358 Laval
360 Lille
361 Limoges
362 Lorient
363 Lyon
364 Le Mans
365 Marseille
366 Melun
367 Metz
368 Monaco Monte-Carlo
368 Montauban
369 Montpellier
371 Mulhouse
372 Nancy
373 Nantes
374 Nice
375 Nîmes
375 Niort
376 Orléans
377 Paris
384 Pau
385 Perpignan
387 Poitiers
389 Quimper
389 Reims
390 Rennes
391 La Rochelle
392 Roubaix
393 Rouen
394 St-Brieuc
396 St-Étienne
399 St-Malo
400 St-Nazaire
401 St-Quentin
405 Strasbourg
406 Toulon
407 Toulouse
408 Tourcoing
409 Tours
410 Troyes
412 Valence
413 Versailles

Grands axes routiers

Main road map

Durchgangsstraßen

Grote verbindingswegen

FRANCE DÉPARTEMENTALE ET ADMINISTRATIVE

ALSACE
67 Bas-Rhin
68 Haut-Rhin

AQUITAINE
24 Dordogne
33 Gironde
40 Landes
47 Lot-et-Garonne
64 Pyrénées-Atlantiques

AUVERGNE
03 Allier
15 Cantal
43 Haute-Loire
63 Puy-de-Dôme

BOURGOGNE
21 Côte-d'Or
58 Nièvre
71 Saône-et-Loire
89 Yonne

BRETAGNE
22 Côtes-d'Armor
29 Finistère
35 Ille-et-Vilaine
56 Morbihan

CENTRE
18 Cher
28 Eure-et-Loir
36 Indre
37 Indre-et-Loire
41 Loir-et-Cher
45 Loiret

CHAMPAGNE-ARDENNE
08 Ardennes
10 Aube
51 Marne
52 Haute-Marne

CORSE
2A Corse-du-Sud
2B Haute-Corse

FRANCHE-COMTÉ
25 Doubs
39 Jura
70 Haute-Saône
90 Territoire-de-Belfort

ILE-DE-FRANCE
75 Ville de Paris
77 Seine-et-Marne
78 Yvelines
91 Essonne
92 Hauts-de-Seine
93 Seine-Saint-Denis
94 Val-de-Marne
95 Val-d'Oise

LANGUEDOC-ROUSSILLON
11 Aude
30 Gard
34 Hérault
48 Lozère
66 Pyrénées-Orientales

LIMOUSIN
19 Corrèze
23 Creuse
87 Haute-Vienne

LORRAINE
54 Meurthe-et-Moselle
55 Meuse
57 Moselle
88 Vosges

MIDI-PYRÉNÉES
09 Ariège
12 Aveyron
31 Haute-Garonne
32 Gers
46 Lot
65 Hautes-Pyrénées
81 Tarn
82 Tarn-et-Garonne

NORD-PAS-DE-CALAIS
59 Nord
62 Pas-de-Calais

BASSE-NORMANDIE
14 Calvados
50 Manche
61 Orne

HAUTE-NORMANDIE
27 Eure
76 Seine-Maritime

PAYS DE LA LOIRE
44 Loire-Atlantique
49 Maine-et-Loire
53 Mayenne
72 Sarthe
85 Vendée

PICARDIE
02 Aisne
60 Oise
80 Somme

POITOU-CHARENTES
16 Charente
17 Charente-Maritime
79 Deux-Sèvres
86 Vienne

PROVENCE-ALPES-CÔTE D'AZUR
04 Alpes-de-H.-Prov.
05 Hautes-Alpes
06 Alpes-Maritimes
13 B.-du-Rhône
83 Var
84 Vaucluse

RHÔNE-ALPES
01 Ain
07 Ardèche
26 Drôme
38 Isère
42 Loire
69 Rhône
73 Savoie
74 Haute-Savoie

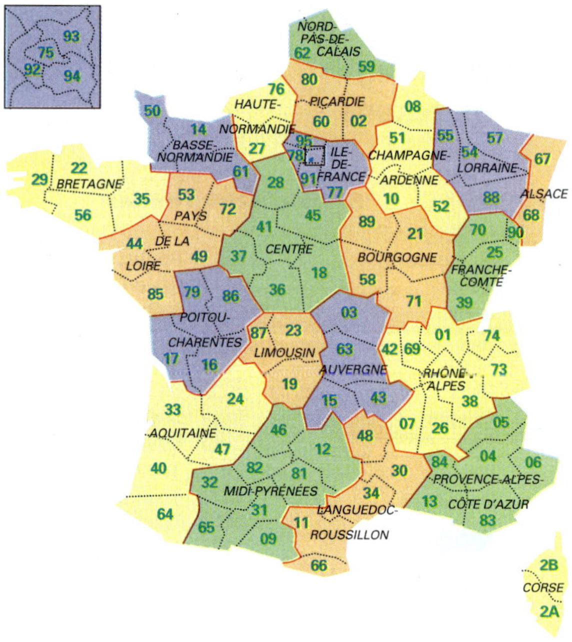

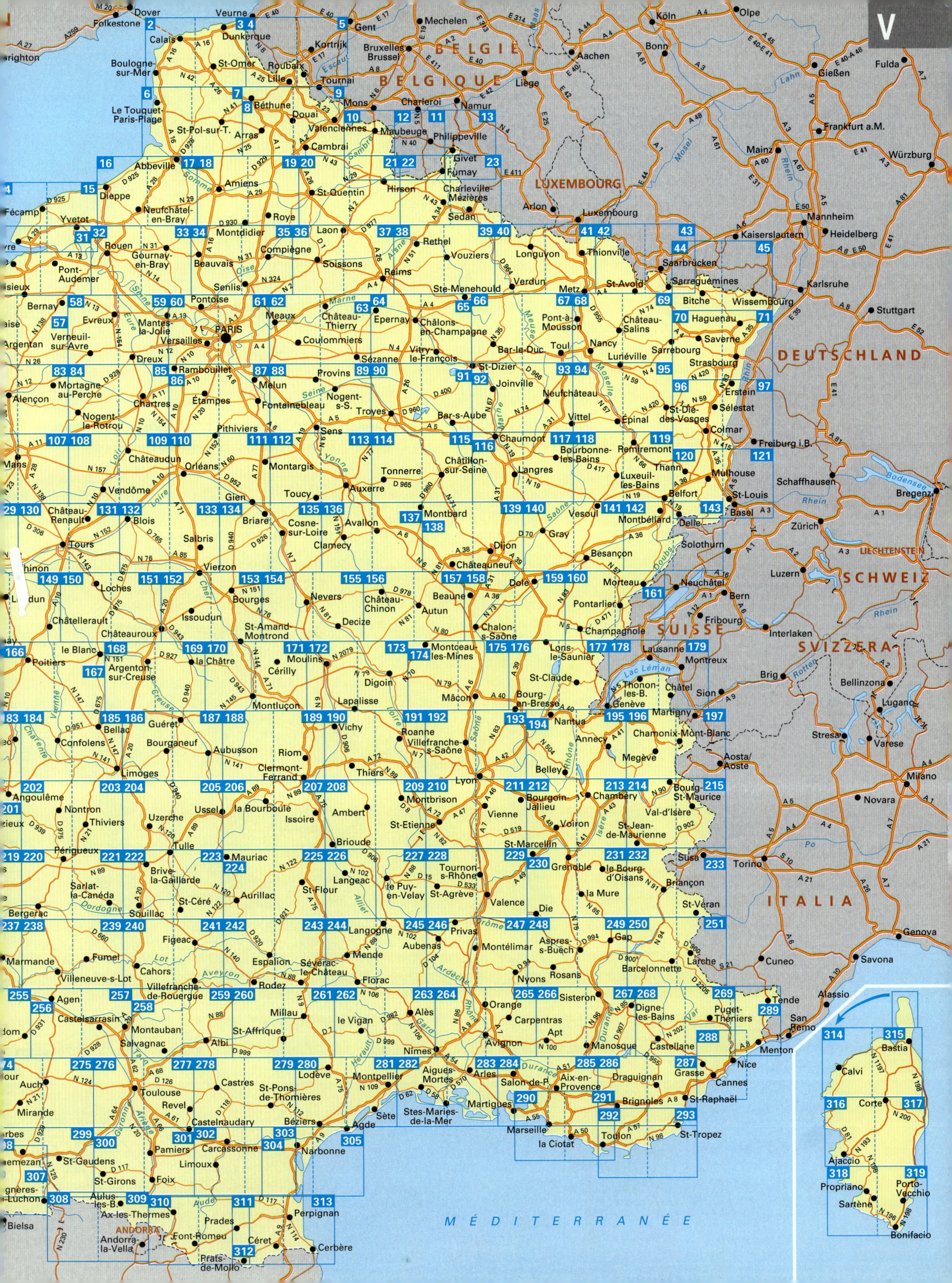
V
BELGIE
BELGIQUE
LUXEMBOURG
DEUTSCHLAND
SCHWEIZ
SUISSE
SVIZZERA
LIECHTENSTEIN
ITALIA
ANDORRA
MÉDITERRANÉE
Paris
Lille
Dunkerque
Calais
Boulogne-sur-Mer
Amiens
Rouen
Reims
Metz
Nancy
Strasbourg
Colmar
Mulhouse
Dijon
Besançon
Orléans
Tours
Poitiers
Limoges
Clermont-Ferrand
Lyon
Grenoble
St-Etienne
Valence
Avignon
Nîmes
Montpellier
Marseille
Toulon
Nice
Toulouse
Perpignan
Ajaccio
Bastia
Genève
Lausanne
Basel
Zürich
Bern
Torino
Milano
Genova
Köln
Frankfurt a.M.
Stuttgart
Mannheim
Saarbrücken
Luxembourg
Liège
Namur
Charleroi
Mons
Bruxelles Brussel
Gent

PONTOISE
CERGY PONTOISE
Cergy
Osny
Vauréal
Neuville-s-Oise
Éragny-s-Oise
St-Ouen-l'Aumône
Auvers-s-Oise
Valmondois
Méry-s-Oise
L'Isle-Adam
FORÊT DE L'ISLE-ADAM
Villiers-Adam
Frépillon
Bessancourt
Taverny
Béthemont-la-Forêt
Chauvry
FORÊT DE MONTMORENCY
Bouffémont
Domont
Moisselle
St-Leu-la-Forêt
St-Prix
Montlignon
Piscop
St-Brice
Andilly
Margency
Soisy
Montmorency
Groslay
Deuil-la-Barre
Montmagny
Villetaneuse
Pierrelaye
Beauchamp
le Plessis-Bouchard
Ermont
Eaubonne
Franconville
Herblay
Conflans-Ste H.
Montigny-lès-Cormeilles
Cormeilles-en-Parisis
la Frette-s-S.
Sannois
St-Gratien
Enghien-les-Bains
Épinay-s-S.
Maurecourt
Andrésy
Achères
FORÊT DE ST GERMAIN
Maisons-Laffitte
le Mesnil-le-Roi
Sartrouville
ARGENTEUIL
Bezons
Houilles
Carrières-s-Poissy
Carrières-s-S.
Colombes
Bois-Colombes
Gennevilliers
Villeneuve-la-Garenne
Asnières-s-S.
Clichy
St-Ouen
la Garenne-Colombes
Courbevoie
NANTERRE
LA DÉFENSE
NEUILLY-S-S.
Levallois-Perret
le Vésinet
Montesson
Chatou
ST-GERMAIN-EN-LAYE
Fourqueux
le Pecq
le Port-Marly
Croissy-s-Seine
Mareil-Marly
L'Étang-la-Ville
Marly-le-Roi
Louveciennes
Bougival
Rueil-Malmaison
Suresnes
Puteaux
Bois de Boulogne
St-Cloud
Garches
Vaucresson
la Celle-St-Cloud
Bailly
Noisy-le-Roi
Rennemoulin
Rocquencourt
le Chesnay
Fontenay-le-Fleury
Marnes-la-Coquette
Ville-d'Avray
Sèvres
Meudon
BOULOGNE-BILLANCOURT
Issy-les-Moulineaux
Vanves
Malakoff
Montrouge
Gentilly
Clamart
Châtillon
ARC DE TRIOMPHE
MONTPARNASSE
INVALIDES
MICHELIN
SEINE
OISE

VII
Plailly
61
Bois de St Laurent
Bellefontaine
Lassy
Fosses
St Witz
Montmélian
Belloy-en-France
le Plessis-Luzarches
Épinay-Champlâtreux
Marly-la-Ville
Villiers-le Sec
Mareil-en-France
Jagny-s/s-Bois
le Village
Vémars
Moussy-le-Neuf
Dammartin-en-Goële
0 1 2 3 4 5 km
Châtenay-en-France
Puiseux-en-France
Villeron
LA FRANCILIENNE
le Mesnil-Aubry
Fontenay-en-Parisis
Chennevières-lès-Louvres
Longperrier
Moussy-le-Vieux
Louvres
le Plessis-Gassot
Mauregard
Villeneuve-s/s-Dammartin
Ezanville
les Noues
Epiais-lès-Louvres
Bouqueval
Goussainville
le Mesnil-Amelot
Ecouen
Aéroport de Paris-Charles de Gaulle
AÉROGARE 1
AÉROGARE 2
Thieux
Villiers-le-Bel
le Thillay
Roissy-en-France
Vaudherland
Sarcelles
Gonesse
Mitry-Mory
Compans
Arnouville-lès-Gonesse
la Patte d'Oie de Gonesse
PARIS-NORD II
CIRCUIT CAROLE
Tremblay-Vieux-Pays
Bonneuil-en-France
Garges-lès-Gonesse
PARC DES EXPOSITIONS DE PARIS-NORD-VILLEPINTE
Villepinte
AÉROPORT DE PARIS-LE BOURGET
Stains
Dugny
Tremblay-en-France
la Villette-aux-Aulnes
Mitry-le-Neuf
INTERCONNEXION T.G.V.
Gressy
le Blanc-Mesnil
Aulnay-s/s-Bois
Sevran
Canal de l'Ourcq
le Vert-Galant
Villeparisis
Claye-Souilly
St DENIS
le Bourget
la Courneuve
Drancy
Vaujours
Freinville
CENTRE D'ÉTUDES NUCLÉAIRES
Courtry
le Pin
Villevaudé
Aubervilliers
Livry-Gargan
Coubron
Forêt de Bondy
BOBIGNY
Bondy
les Pavillons-s/s-Bois
Clichy-s/s-Bois
les Coudreaux
Pantin
Montfermeil
Chantereine
le Raincy
Romainville
Noisy-le-Sec
Villemomble
Gagny
Brou-Chantereine
Pomponne
les Lilas
Chelles
Bagnolet
Rosny
Neuilly-Plaisance
Vaires-s/M.
St Thibault-des-Vignes
Montreuil
Vincennes
Neuilly-s/-M.
Gournay-s/-Marne
Champs-s/-Marne
Noisiel
Torcy
Fontenay-s/s-Bois
Nogent-s/-M.
le Perreux-s/-M.
Noisy-le-Grd
Bry-s/-M.
St Mandé
Bois de Vincennes
MARNE LA VALLÉE
Lognes
Charenton
Joinville-le-Pont
Villiers-s/-M.
Croissy-Beaubourg
St Maurice
Ivry-s/-Seine
Champigny-s/-M.
Maisons-Alfort
le Plessis-Trévise
Emerainville

St-GERMAIN-EN-LAYE
le Vésinet
Chatou
NANTERRE
LA DÉFENSE
Courbevoie
Levallois-Perret
NEUILLY
Puteaux
Rueil-Malmaison
Suresnes
Marly-le-Roi
Bougival
Louveciennes
La Celle-St-Cloud
St-Cloud
Vaucresson
Garches
Bois de Boulogne
BOULOGNE BILLANCOURT
Rocquencourt
Marnes-la-Coquette
Ville-d'Avray
le Chesnay
Sèvres
Meudon
Issy-les-Moulineaux
Vanves
Malakoff
Montrouge
VERSAILLES
St-Cyr-l'École
Chaville
Viroflay
Vélizy-Villacoublay
Clamart
Châtillon
Bagneux
Arcueil
Cachan
Fontenay-aux-Roses
le Plessis-Robinson
Bourg-la-Reine
L'Haÿ-les-Roses
Sceaux
Châtenay-Malabry
Buc
Jouy-en-Josas
Bièvres
les Loges-en-Josas
Guyancourt
Montigny-le-Bretonneux
Antony
Fresnes
Rungis
Wissous
Aéroport de Paris-Orly
Toussus-le-Noble
Châteaufort
Saclay
Vauhallan
Igny
Massy
Palaiseau
Chilly-Mazarin
Magny-les-Hameaux
Villiers-le-Bâcle
St-Aubin
St-Rémy-lès-Chevreuse
Gif-s-Yvette
Orsay
Bures-s-Yvette
Chevreuse
Villebon-s-Yvette
Longjumeau
Morangis
Savigny-sur-Orge
les Ulis
Gometz-le-Châtel
Villejust
Saulx-les-Chartreux
Ballainvilliers
Epinay-s-Orge
Villiers-s-Orge
Villemoisson-s-Orge
Nozay
la Ville du Bois
Montlhéry
Ste Geneviève-des-Bois
Longpont-s-Orge
St Michel-s-Orge
Linas
Marcoussis
Limours-en-Hurepoix
Forges-les-Bains
Briis-s-Forges
Fontenay-les-Briis
Janvry
Les Molières
Boullay-les-Troux
Gometz-la-Ville
St Jean de Beauregard
Vaugrigneuse
Leuville-s-Orge
le Plessis-Pâté
MICHELIN
60
86

Pantin
Romainville
Noisy-le-Sec
Villemomble
le Raincy
Montfermeil
Gagny
Chelles
Les Lilas
Bagnolet
Rosny
Neuilly-Plaisance
Montreuil
Vincennes
Fontenay-s-Bois
Neuilly-s-M.
Gournay-s-Marne
Champs-s-Marne
Noisiel
Torcy
Vaires-s-M.
Nogent-s-M.
Le Perreux-s-M.
Bry-s-M.
Noisy-le-Gd
MARNE
LA VALLÉE
St Mandé
Bois de Vincennes
Charenton
St Maurice
Joinville-le-Pont
Champigny-s-M.
Villiers-s-M.
Ivry-s-Seine
Maisons-Alfort
Alfortville
St Maur-des-Fossés
Chennevières-s-Marne
Ormesson-sur-Marne
la Queue-en-Brie
Pontault-Combault
Roissy-en-Brie
Vitry-s-Seine
CRÉTEIL
Bonneuil-s-M.
Sucy-en-Brie
Noiseau
Forêt de Notre-Dame
Choisy-le-Roi
Thiais
Orly
Villeneuve-le-Roi
Valenton
Limeil-Brévannes
Boissy-St-Léger
Grosbois
Marolles-en-Brie
Santeny
Lésigny
Férolles-Attilly
Chevry-Cossigny
Villeneuve-St-Georges
Yerres
Crosne
Villecresnes
Servon
Athis-Mons
Vigneux
Montgeron
Brunoy
Mandres-les-Roses
Périgny
Brie-Comte-Robert
Grisy-Suisnes
Draveil
Épinay
Boussy-St-Antoine
Quincy-s-Sénart
Varennes-Jarcy
FORÊT DE SÉNART
Viry-Châtillon
Grigny
Ris-Orangis
Soisy-s-Seine
Combs-la-Ville
Évry-Grégy-s-Yerres
Étiolles
Tigery
Lieusaint
SÉNART (Ville Nouvelle)
Fleury-Mérogis
ÉVRY
St Germain-lès-Corbeil
Moissy-Cramayel
Limoges-Fourches
Courcouronnes
Corbeil-Essonnes
Réau
61
87

X

	Agen	Amiens	Angers	Angoulême	Auch	Aurillac	Auxerre	Bayonne	Beaune	Besançon	Blois	Bordeaux	Boulogne-sur-Mer	Bourges	Brest	Brive-la-Gaillarde	Caen	Cahors	Calais	Carcassonne	Châlons-en-Champagne	Chambéry	Charleville-Mézières	Chartres	Cherbourg	Clermont-Ferrand	Colmar	Dijon	Dunkerque	Gap	Grenoble	Le Havre	Lille	Limoges
Amiens	801																																	
Angers	477	425																																
Angoulême	256	586	245																															
Auch	74	862	542	321																														
Aurillac	220	695	427	275	259																													
Auxerre	600	315	378	424	660	418																												
Bayonne	231	907	527	306	222	481	806																											
Beaune	583	457	520	477	643	390	149	778																										
Besançon	697	504	617	591	834	505	245	897	105																									
Blois	546	321	168	275	611	397	220	595	362	462																								
Bordeaux	141	719	339	119	206	293	618	183	591	712	408																							
Boulogne-sur-Mer	925	131	476	708	985	819	437	1029	579	630	444	842																						
Bourges	469	384	273	293	529	342	145	599	218	327	115	412	506																					
Brest	761	620	379	560	826	777	722	811	864	964	513	624	683	628																				
Brive-la-Gaillarde	187	618	349	158	247	98	416	383	399	517	318	196	740	284	704																			
Caen	715	244	247	464	780	626	400	764	542	642	270	573	307	423	380	549																		
Cahors	87	713	445	211	148	133	511	303	495	612	413	216	836	379	799	98	644																	
Calais	957	161	506	741	1017	851	459	1061	601	607	477	874	36	539	716	774	338	869																
Carcassonne	207	918	671	450	169	315	745	387	598	667	618	335	1040	584	958	303	849	204	1072															
Châlons-en-Champagne	774	220	481	607	835	641	167	928	301	293	343	741	330	321	782	592	434	686	323	893														
Chambéry	678	711	723	620	641	389	403	859	257	263	565	657	833	405	1119	460	797	561	830	474	516													
Charleville-Mézières	890	202	521	673	950	784	289	994	423	415	409	807	275	430	822	707	474	801	268	1006	105	639												
Chartres	610	219	208	351	671	504	216	672	358	458	130	485	312	192	509	428	233	522	343	727	274	613	315											
Cherbourg	785	368	306	584	850	752	524	835	666	766	395	648	431	546	403	675	125	769	462	979	557	921	599	356										
Clermont-Ferrand	361	560	450	332	421	159	268	556	229	346	292	369	683	192	804	172	599	272	714	437	435	292	600	369	723									
Colmar	860	516	738	750	1011	663	403	1055	263	161	566	868	626	481	1040	666	691	767	619	844	299	405	394	532	815	512								
Dijon	637	467	524	531	697	444	152	832	45	94	366	645	576	255	867	448	546	548	569	637	255	270	378	360	670	294	248							
Dunkerque	954	205	550	738	1014	848	456	1058	598	604	473	871	80	536	759	771	382	865	47	1070	319	828	254	380	506	711	644	570						
Gap	650	818	830	727	613	429	510	831	364	396	672	779	940	512	1226	567	904	648	962	446	659	156	781	718	1028	397	559	402	964					
Grenoble	644	715	727	624	606	393	407	825	260	293	569	661	837	409	1123	464	801	564	859	440	555	56	678	615	925	294	459	299	861	106				
Le Havre	763	184	295	512	827	699	364	812	506	607	299	621	247	387	468	622	90	716	278	921	398	762	380	197	214	562	656	510	321	869	766			
Lille	890	123	521	673	950	784	392	994	534	539	409	807	119	472	755	707	378	801	113	1006	255	764	185	316	502	647	575	506	73	896	794	317		
Limoges	275	530	261	105	335	169	327	410	379	497	230	223	652	195	611	92	460	186	683	391	503	515	616	338	586	225	650	433	685	622	520	533	616	
Lorient	634	581	252	433	699	650	630	684	772	872	419	497	644	524	134	573	340	667	675	828	688	1027	729	418	364	699	948	776	718	1134	1032	427	729	480
Lyon	531	610	569	502	611	304	302	726	155	227	411	539	732	303	1018	342	696	442	753	445	450	101	573	509	819	172	402	194	755	208	106	660	686	395
Le Mans	561	336	97	298	625	460	333	610	475	575	112	423	386	227	402	383	159	477	418	682	391	678	432	121	284	403	651	479	461	785	683	209	432	293
Marseille	520	922	909	763	482	438	614	701	468	537	751	649	1044	651	1271	518	1008	518	1066	316	763	343	885	822	1132	476	712	506	1068	180	273	972	999	607
Mende	324	727	617	413	339	153	435	567	376	446	459	452	849	359	971	276	766	221	881	304	671	310	767	536	890	177	621	415	883	306	279	730	814	335
Metz	991	362	623	775	1051	709	327	1095	309	263	510	908	472	481	923	713	576	813	464	902	161	526	191	417	700	559	209	268	442	668	566	540	373	718
Mont-de-Marsan	121	847	467	246	107	366	746	105	662	797	536	132	969	491	754	268	705	194	1001	274	870	745	934	613	775	440	955	716	1003	717	712	755	934	299
Montpellier	356	908	693	599	318	266	600	537	453	522	624	484	1030	524	1107	347	931	353	1051	152	748	329	871	701	1055	342	698	492	1053	301	296	895	984	436
Mulhouse	829	550	730	719	980	632	372	1024	232	130	586	837	660	450	1032	635	710	736	653	814	333	378	439	524	834	481	44	218	689	532	432	675	620	621
Nancy	850	380	593	757	910	654	313	1078	254	204	493	891	489	471	895	657	555	758	482	846	163	470	245	388	678	503	139	212	495	612	510	519	426	652
Nantes	463	511	88	261	527	478	464	512	606	706	255	325	561	360	298	401	294	495	593	657	565	811	607	295	317	489	826	610	635	918	816	381	607	309
Narbonne	265	931	729	509	227	305	688	446	541	611	662	394	1053	563	1016	361	907	263	1084	61	836	417	959	739	1037	380	786	580	1086	389	384	934	1017	450
Nevers	519	386	344	366	580	311	112	671	155	263	186	484	508	70	708	331	472	431	529	588	330	349	438	238	595	160	417	192	532	456	354	436	463	269
Nice	678	1080	1067	921	640	596	772	859	626	695	909	806	1202	809	1429	676	1166	675	1224	474	921	406	1043	980	1290	634	708	664	1226	216	337	1130	1157	765
Nîmes	402	859	768	645	364	320	551	583	405	474	609	531	981	510	1153	400	945	400	1003	198	700	280	822	687	1069	328	649	443	1005	254	247	909	936	489
Orange	454	807	794	697	416	372	499	635	353	422	636	583	930	536	1149	452	893	452	951	250	648	229	770	707	1017	361	597	392	953	146	196	858	884	514
Orléans	539	271	221	327	599	433	157	648	299	399	63	461	393	121	550	356	310	451	425	656	281	554	358	80	434	297	503	303	427	661	559	274	358	267
Paris	664	142	296	448	724	558	166	769	308	408	184	582	264	246	597	481	234	576	289	781	192	563	233	90	358	422	450	312	291	671	568	198	222	392
Pau	163	917	537	316	120	418	816	112	882	951	606	202	1039	687	824	406	775	307	1071	286	940	757	1004	683	845	580	1126	921	1073	729	724	825	1004	364
Périgueux	139	621	330	85	211	171	418	316	470	587	320	129	743	286	647	74	549	126	774	331	594	537	707	429	667	247	742	524	776	644	542	624	707	94
Perpignan	318	991	782	562	280	365	748	499	601	671	722	447	1113	623	1069	414	960	316	1144	114	896	477	1019	799	1090	440	846	640	1146	449	444	994	1077	503
Poitiers	386	474	135	113	451	292	373	436	515	615	163	249	596	194	517	216	353	310	628	515	497	593	561	240	478	278	719	519	630	700	598	402	561	126
Le Puy-en-Velay	413	681	571	453	428	170	434	656	288	357	413	490	803	313	925	293	720	302	835	393	583	221	705	490	844	131	532	326	837	259	226	684	768	346
Reims	802	172	433	585	862	696	208	906	342	334	321	719	282	342	734	619	386	713	275	918	49	558	87	228	510	512	345	300	277	700	598	351	208	529
Rennes	577	426	128	376	642	555	475	626	617	717	266	439	489	381	246	478	184	573	520	771	533	872	574	263	208	557	794	621	563	979	877	271	574	423
La Rochelle	322	611	190	147	387	397	509	371	651	751	300	185	659	331	438	321	435	353	691	516	633	729	697	377	459	413	855	655	766	836	734	481	697	228
Rodez	216	795	514	305	229	89	503	458	476	557	483	344	917	427	869	168	714	113	949	191	670	421	835	604	839	245	732	529	951	484	390	798	882	257
Rouen	739	121	292	483	799	633	298	803	440	540	233	617	184	321	501	556	124	650	216	855	332	695	317	131	247	496	590	444	258	803	700	88	255	466
Saint-Brieuc	675	475	230	474	740	657	576	724	718	819	367	538	538	483	144	580	234	674	569	869	634	974	676	364	258	658	895	723	612	1081	978	321	609	521
Saint-Étienne	505	669	578	476	504	246	361	700	215	284	420	513	792	321	933	316	755	416	813	463	510	149	632	498	879	146	459	254	815	256	154	720	746	369
Saint-Nazaire	525	549	143	324	590	541	519	575	661	761	310	388	611	415	261	464	309	558	644	719	620	866	662	350	333	590	881	665	686	973	871	396	662	371
Strasbourg	945	517	778	834	1095	747	488	1251	347	246	666	1064	627	566	1079	751	732	851	620	929	317	479	347	573	855	597	74	333	597	633	533	696	528	736
Toulon	585	988	974	829	547	503	680	766	533	602	816	714	1110	717	1336	584	1074	583	1131	381	828	387	951	887	1197	542	778	572	1133	236	329	1038	1065	673
Toulouse	116	827	580	359	76	225	625	300	688	758	527	245	950	493	867	212	758	114	981	93	801	564	914	636	888	386	933	727	983	536	531	831	914	301
Tours	484	376	108	213	549	375	275	534	417	517	65	347	498	162	491	298	248	393	530	597	399	614	463	142	374	338	621	421	532	721	618	298	463	209
Troyes	691	297	432	524	752	498	81	845	227	219	260	658	407	238	733	509	413	603	399	819	86	443	208	227	537	348	311	185	402	585	483	377	333	419
Valence	549	711	698	595	511	281	403	730	257	326	540	677	833	440	1052	435	797	404	855	345	552	128	674	611	921	265	501	295	857	158	95	761	788	489
Valenciennes	875	127	507	659	936	769	378	980	515	507	395	793	171	457	741	693	363	787	164	992	223	731	131	301	487	633	533	473	124	873	771	303	55	603

Distances

Distances

Entfernungen

Afstandstabel

Les distances sont comptées à partir du centre-ville et par la route la plus pratique, c'est à dire celle qui offre les meilleures conditions de roulage, mais qui n'est pas nécessairement la plus courte.

Distances are shown in kilometres and are calculated from town/city centres along the most practicable roads, although not necessarily taking the shortest route.

Die Entfernungen gelten ab Stadtmitte unter Berücksichtigung der günstigsten, jedoch nicht immer kürzesten Strecke.

De afstanden zijn in km berekend van centrum tot centrum langs de geschickste, dus niet noodzakelijkerwijze de kortste route.

Le Mans - Toulouse: 593 km

	Lorient	Lyon	Le Mans	Marseille	Mende	Metz	Mont-de-Marsan	Montpellier	Mulhouse	Nancy	Nantes	Narbonne	Nevers	Nice	Nîmes	Orange	Orléans	Paris	Pau	Périgueux	Perpignan	Poitiers	Le Puy-en-Velay	Reims	Rennes	La Rochelle	Rodez	Rouen	Saint-Brieuc	Saint-Étienne	Saint-Nazaire	Strasbourg	Toulon	Toulouse	Tours	Troyes	Valence
Lyon	822																																				
Le Mans	313	628																																			
Marseille	1144	314	862																																		
Mende	870	223	570	274																																	
Metz	834	459	534	772	680																																
Mont-de-Marsan	627	610	550	587	432	1034																															
Montpellier	980	300	735	171	209	757	423																														
Mulhouse	943	372	641	683	592	233	926	674																													
Nancy	806	403	505	716	625	57	1019	707	173																												
Nantes	171	655	183	970	703	707	453	808	817	679																											
Narbonne	889	388	742	259	247	845	332	97	755	793	715																										
Nevers	595	247	301	560	328	454	565	493	386	402	431	532																									
Nice	1302	472	1020	191	432	930	745	334	676	877	1128	417	716																								
Nîmes	1026	251	721	125	151	709	469	58	619	656	852	142	495	282																							
Orange	1078	200	748	118	189	657	521	110	567	604	904	193	444	275	56																						
Orléans	471	452	143	757	465	458	589	629	522	433	307	668	166	914	614	642																					
Paris	508	462	208	774	590	333	710	765	467	313	382	793	238	932	711	659	132																				
Pau	697	728	620	600	466	1104	85	438	1096	1133	523	344	739	757	481	533	657	779																			
Périgueux	519	417	384	571	328	807	201	399	712	747	345	389	344	728	453	505	359	482	266																		
Perpignan	942	448	795	319	308	906	385	157	815	853	768	64	591	476	201	253	729	852	398	443																	
Poitiers	389	437	188	778	485	661	377	558	738	649	215	573	267	935	612	663	214	336	447	198	626																
Le Puy-en-Velay	824	134	524	292	90	592	521	213	502	539	657	337	281	449	182	175	419	543	555	368	397	439															
Reims	645	491	345	804	679	191	847	794	379	208	520	878	350	961	741	689	270	144	917	621	938	474	624														
Rennes	156	770	155	1017	725	674	567	923	785	647	109	829	461	1174	966	902	302	349	637	461	882	263	678	486													
La Rochelle	311	573	281	830	633	797	312	668	874	786	137	575	403	987	711	763	351	472	382	227	628	140	575	609	251												
Rodez	742	334	549	355	112	795	324	183	702	742	568	222	395	512	236	288	533	657	356	220	281	379	194	747	642	527											
Rouen	469	594	203	906	664	473	744	829	609	453	378	868	370	1064	843	791	207	133	814	558	928	371	618	285	306	477	732										
Saint-Brieuc	115	872	256	1118	826	776	665	1021	886	749	207	927	563	1276	1064	1003	403	451	735	559	980	364	780	587	100	350	744	355									
Saint-Étienne	832	62	532	333	165	519	586	324	429	466	665	407	239	490	270	218	427	521	631	391	467	446	76	551	685	582	276	654	787								
Saint-Nazaire	134	710	238	1033	758	762	516	871	872	734	62	778	485	1190	915	966	361	437	586	409	831	278	712	573	118	200	628	428	178	721							
Strasbourg	990	487	690	799	707	163	1192	789	118	155	865	873	501	783	735	684	615	490	1213	829	932	819	618	347	832	955	818	630	934	545	920						
Toulon	1209	380	928	66	339	837	652	241	747	785	1035	325	624	149	190	183	823	839	665	636	384	842	366	869	1081	897	419	972	1183	398	1100	862					
Toulouse	740	535	593	406	263	992	181	244	902	940	566	151	545	563	288	340	565	689	199	240	204	423	345	826	680	428	153	764	778	428	631	1017	470				
Tours	358	457	84	798	506	563	475	670	640	551	195	656	232	955	655	683	116	238	544	298	709	101	460	374	244	238	462	275	346	468	249	720	861	507			
Troyes	644	376	344	689	516	246	786	680	303	186	519	763	246	846	626	574	197	170	856	510	823	413	509	127	485	549	583	311	588	435	574	403	753	717	315		
Valence	951	103	651	215	183	561	616	205	471	508	784	288	347	372	151	99	546	563	628	510	348	566	111	593	805	701	294	695	907	121	839	586	278	434	587	478	
Valenciennes	719	664	419	977	801	330	921	968	577	385	594	1005	449	1134	914	862	344	208	990	694	1064	547	755	175	560	684	868	241	595	723	648	487	1041	901	450	298	766

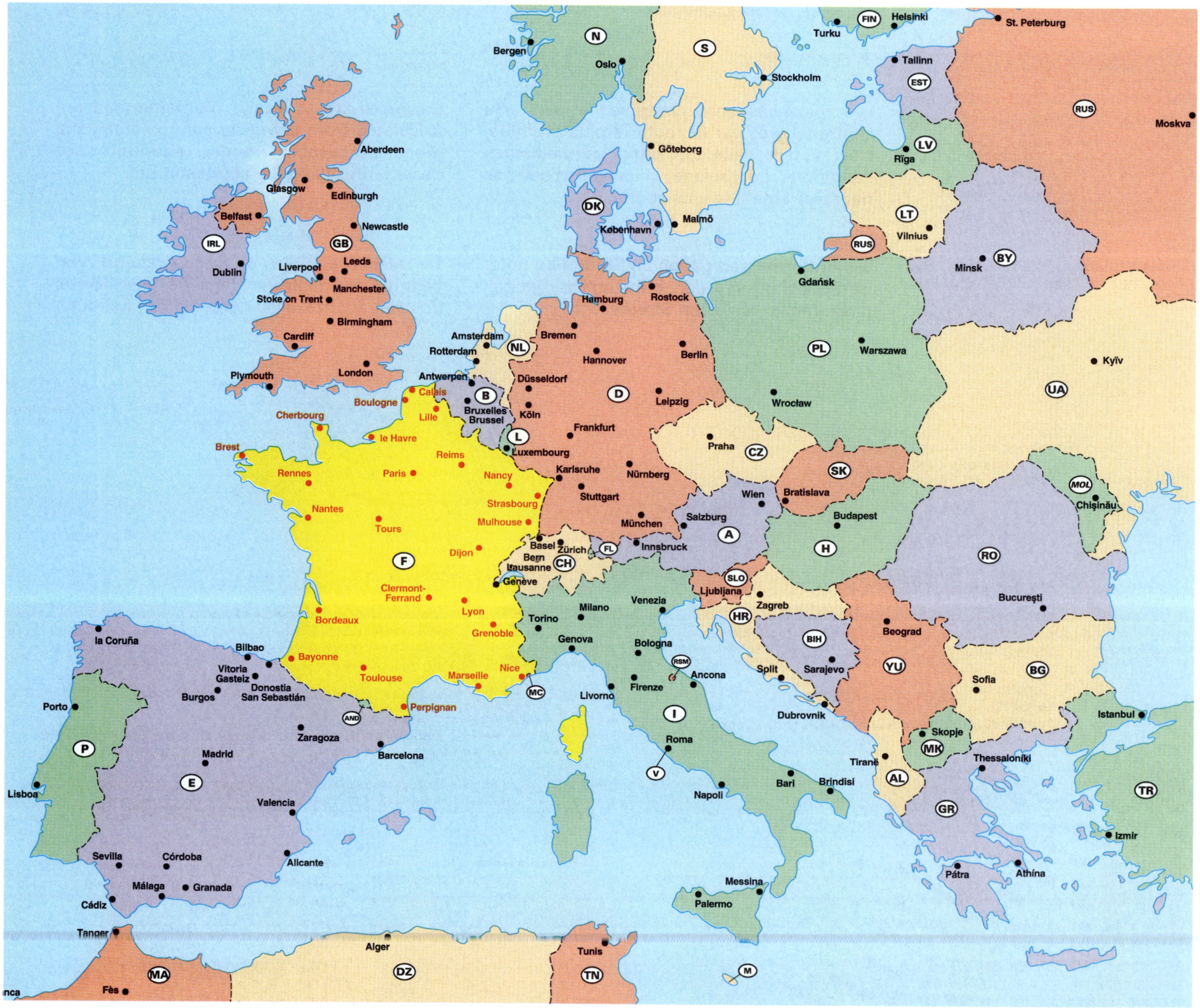

	Amsterdam	Antwerpen	Athína	Barcelona	Basel	Belfast	Beograd	Berlin	Bruxelles	București	Budapest	Dublin	Edinburgh	Genève	Hamburg	Hannover	Helsinki	Istanbul	København	Lisboa	London	Luxembourg	Madrid	Manchester	Milano	Moskva	München	Napoli	Oslo	Praha	Roma	Sevilla	Sofia	Stockholm	Torino	Warszawa	Wien	Zagreb
Bayonne	1279	1116	2279	535	1061	1549	2185	1824	1082	2798	2103	1324	1582	946	1670	1541	3221	3158	1985	1009	1173	1116	521	1247	1169	3634	1485	1739	2481	1816	1523	1055	2568	2650	1059	2381	1882	1792
Bordeaux	1092	928	2181	565	873	1361	2021	1636	895	2634	1939	1137	1394	689	1483	1353	3033	2994	1797	1190	985	929	702	1059	998	3446	1297	1687	2294	1628	1471	1235	2403	2463	862	2193	1694	1627
Brest	1042	879	2610	1185	1069	811	2384	1586	843	2863	2074	640	869	1092	1433	1303	2984	3357	1747	1817	430	944	1329	535	1405	3396	1420	2156	2244	1643	1940	1863	2767	2413	1322	2143	1816	1990
Calais	376	213	2239	1333	696	756	1927	942	207	2367	1578	587	740	753	774	659	1907	2900	1089	2068	116	420	1580	454	1030	2752	963	1796	1585	1105	1602	2113	2309	1754	1000	1499	1318	1533
Cherbourg	787	624	2412	1209	872	714	2162	1332	590	2641	1852	488	747	894	1178	1049	2729	3135	1493	1841	187	722	1353	412	1207	3142	1198	1958	1989	1421	1742	1887	2544	2158	1124	1889	1593	1768
Clermont-Fd	933	770	1814	627	507	1306	1653	1321	736	2266	1571	1138	1450	322	1238	1100	2718	2626	1552	1562	826	608	1074	1005	631	3048	898	1350	2049	1167	1134	1608	2036	2218	495	1801	1294	1260
Dijon	739	579	1718	827	254	1322	1535	1048	538	2119	1330	1153	1306	192	954	817	2446	2508	1269	1839	681	325	1426	1020	513	2796	639	1263	1765	914	1048	1829	1918	1934	439	1549	1036	1142
Grenoble	1040	879	1554	630	393	1611	1393	1220	838	2006	1311	1443	1595	144	1207	1064	2618	2366	1522	1862	971	625	1229	1310	371	2948	720	1089	2030	1067	874	1632	1776	2187	235	1701	1117	1000
Le Havre	603	440	2253	1181	712	668	2002	1148	406	2482	1693	499	701	735	994	865	2545	2975	1309	1819	229	562	1331	366	1048	2958	1039	1798	1805	1262	1583	1864	2385	1974	964	1705	1434	1609
Lille	291	128	2185	1266	642	866	1791	856	115	2270	1481	697	850	686	689	574	1822	2764	1003	2000	226	310	1513	564	977	2667	827	1742	1500	1008	1549	2046	2173	1669	933	1414	1221	1397
Lyon	934	773	1623	635	409	1506	1462	1222	732	2075	1420	1338	1490	153	1149	1012	2620	2435	1464	1867	866	520	1234	1204	440	2950	729	1159	1960	1069	943	1637	1845	2129	304	1703	1126	1069
Marseille	1247	1086	1612	506	680	1819	1518	1533	1045	2131	1436	1650	1803	431	1462	1324	2931	2491	1776	1738	1178	832	1104	1517	501	3261	987	1071	2273	1380	855	1508	1901	2442	373	2014	1315	1124
Mulhouse	692	565	1583	1004	40	1405	1325	853	524	1905	1116	1237	1389	289	804	661	2251	2298	1119	2031	765	311	1602	1104	374	2581	425	1140	1627	700	946	2006	1708	1784	443	1334	821	932
Nancy	532	371	1760	1037	217	1235	1456	839	331	1935	1146	1066	1219	392	746	610	2237	2429	1061	2084	594	118	1596	933	552	2609	492	1317	1557	735	1124	2039	1839	1726	573	1362	888	1062
Nantes	892	729	2333	886	855	1031	2169	1437	696	2649	1860	807	1064	741	1284	1154	2834	3142	1598	1518	503	729	1031	730	1066	3247	1206	1869	2095	1429	1653	1564	2552	2264	1014	1994	1601	1776
Nice	1356	1244	1420	664	642	1977	1327	1340	1203	1939	1244	1808	1960	458	1422	1279	2738	2299	1736	1896	1336	990	1262	1675	310	3068	796	880	2150	1177	664	1666	1709	2203	211	1821	1124	933
Paris	508	344	2055	1040	504	1042	1796	1052	311	2276	1487	873	1025	537	899	769	2449	2769	1213	1775	401	356	1287	740	850	2862	833	1600	1710	1056	1385	1820	2179	1879	766	1609	1228	1403
Perpignan	1363	1200	1898	191	813	1737	1804	1667	1179	2417	1722	1568	1881	565	1595	1458	3065	2777	1910	1423	1257	966	790	1435	788	3395	1163	1357	2406	1513	1142	1194	2187	2575	678	2148	1602	1411
Reims	421	260	1966	1125	423	1028	1654	935	216	2144	1355	859	1012	480	782	652	2333	2627	1096	1912	387	214	1424	726	757	2738	690	1523	1593	895	1329	1958	2036	1762	727	1491	1095	1260
Rennes	860	697	2363	1000	822	922	2137	1404	663	2617	1828	698	955	845	1251	1122	2802	3110	1566	1633	394	697	1145	620	1158	3215	1174	1909	2062	1397	1693	1678	2520	2231	1075	1962	1569	1744
Strasbourg	600	474	1684	1119	141	1373	1322	755	433	1802	1013	1204	1357	390	706	563	2152	2295	1020	2257	732	220	1718	1071	475	2482	359	1241	1529	601	1047	2122	1705	1686	544	1235	754	929
Toulouse	1200	1037	1985	322	900	1574	1891	1744	1003	2504	1809	1405	1718	652	1591	1461	3142	2864	1905	1304	1093	1037	714	1272	874	3481	1250	1444	2402	1600	1228	1245	2274	2571	764	2234	1689	1497
Tours	749	585	2136	827	677	1083	1881	1293	552	2505	1716	914	1266	544	1140	1010	2690	2854	1454	1540	642	586	1052	781	859	3103	1062	1671	1951	1285	1456	1586	2264	2120	816	1850	1457	1488

Légende

Routes

Autoroute
Double chaussée de type autoroutier
Aire de service - Aire de repos (VOLX)
Échangeurs : complet, partiels
Numéros d'échangeurs
Route de liaison internationale ou nationale
Route de liaison interrégionale ou de dégagement
Route revêtue - non revêtue
Chemin d'exploitation - Sentier
Autoroute - Route en construction
(le cas échéant : date de mise en service prévue)

Largeur des routes

Chaussées séparées — 2 voies larges
4 voies - 3 voies — 2 voies - 1 voie

Distances (totalisées et partielles)

Section à péage } sur autoroute
Section libre }
sur route

Numérotation - Signalisation

E 10 A 5 — Route européenne - Autoroute
N 5 D 12 — Route nationale - départementale
PARIS — Localités jalonnant les itinéraires principaux

Obstacles

Forte déclivité (flèches dans le sens de la montée)
de 5 à 9%, de 9 à 13%, 13% et plus
1250 — Col et sa cote d'altitude
Parcours difficile ou dangereux
Passages de la route : à niveau, supérieur, inférieur
Hauteur limitée (au-dessous de 4,50 m)
Limites de charge : d'un pont, d'une route (au-dessous de 19 t.)
Pont mobile - Barrière de péage
Route à sens unique
Route réglementée
Route interdite
Une voie étroite : croisement difficile, impossible, route à charge limitée

Key

Roads

Motorway
Dual carriageway with motorway characteristics
Service area - Rest area (VOLX)
Interchanges : complete, limited
Interchange numbers
International and national road network
Interregional and less congested road
Road surfaced - unsurfaced
Rough track - Footpath
Motorway - Road under construction
(when available : with scheduled opening date)

Road widths

Dual carriageway — 2 wide lanes
4 lanes - 3 lanes — 2 lanes - 1 lane

Distances (total and intermediate)

Toll roads } on motorway
Toll-free section }
on road

Numbering - Signs

E 10 A 5 — European route - Motorway
N 5 D 12 — National road - Departmental road
PARIS — Destination on primary route network

Obstacles

Steep hill (ascent in direction of the arrow)
5 - 9%, 9 -13%, 13% +
1250 — Pass and its height above sea level
Difficult or dangerous section of road
Level crossing : railway passing, under road, over road
Height limit (under 4,50 m.)
Load limit of a bridge, of a road (under 19 t.)
Swing bridge - Toll barrier
One way road
Road subject to restrictions
Prohibited road
Narrow road : passing difficult or impossible, local road with weight limit

Zeichenerklärung

Straßen

Autobahn
Schnellstraße mit getrennten Fahrbahnen
Tankstelle mit Raststätte - Rastplatz (VOLX)
Anschlussstellen : Voll - bzw. Teilanschlussstellen
Anschlussstellennummern
Internationale bzw.nationale Hauptverkehrsstraße
Überregionale Verbindungsstraße oder Umleitungsstrecke
Straße mit Belag - ohne Belag
Wirtschaftsweg - Pfad
Autobahn - Straße im Bau
(ggf. voraussichtliches Datum der Verkehrsfreigabe)

Straßenbreiten

Getrennte Fahrbahnen — 2 breite Fahrspuren
4 Fahrspuren - 3 Fahrspuren — 2 Fahrspuren - 1 Fahrspur

Straßenentfernungen (Gesamt- und Teilentfernungen)

Mautstrecke } auf der Autobahn
Mautfreie Strecke }
auf der Straße

Nummerierung - Wegweisung

E 10 A 5 — Europastraße - Autobahn
N 5 D 12 — Nationalstraße - Departementstraße
PARIS — Richtungshinweis auf der empfohlenen Fernverkehrsstraße

Verkehrshindernisse

Starke Steigung (Steigung in Pfeilrichtung)
5-9%, 9-13%, 13% und mehr
1250 — Pass mit Höhenangabe
Schwierige oder gefährliche Strecke
Bahnübergänge: schienengleich, Unterführung, Überführung
Beschränkung der Durchfahrtshöhe (angegeben, wenn unter 4,50 m)
Höchstbelastung einer Straße/Brücke (angegeben, wenn unter 19 t)
Bewegliche Brücke - Mautstelle
Einbahnstraße
Straße mit Verkehrsbeschränkungen
Gesperrte Straße
Schmale Straße : Überholen schwierig oder unmöglich, Straße mit Gewichtsbeschränkung

Verklaring van de tekens

Wegen

Autosnelweg
Gescheiden rijbanen van het type autosnelweg
Serviceplaats - Rustplaats (VOLX)
Aansluitingen : volledig, gedeeltelijk
Afritnummers
Internationale of nationale verbindingsweg
Interregionale verbindingsweg
Verharde weg - Onverharde weg
Landbouwweg - Pad
Autosnelweg in aanleg - Weg in aanleg
(indien bekend: datum openstelling)

Breedte van de wegen

Gescheiden rijbanen — 2 brede rijstroken
4 rijstroken - 3 rijstroken — 2 rijstroken - 1 rijstrook

Afstanden (totaal en gedeeltelijk)

Gedeelte met tol } Op autosnelwegen
Tolvrij gedeelte }
Op andere wegen

Wegnummers - Bewegwijzering

E 10 A 5 — Europaweg - Autosnelweg
N 5 D 12 — Nationale weg - Departementale weg
PARIS — Plaatsen langs een hoofdweg met bewegwijzering

Hindernissen

Steile helling (pijlen in de richting van de helling)
5 - 9%, 9 - 13%, 13% of meer
1250 — Bergpas en hoogte boven de zeespiegel
Moeilijk of gevaarlijk traject
Wegovergangen: gelijkvloers, overheen, onderdoor
Vrije hoogte (indien lager dan 4,5 m)
Maximum draagvermogen : van een brug, van een weg (indien minder dan 19 t.)
Beweegbare brug - Tol
Weg met eenrichtingsverkeer
Beperkt opengestelde weg
Verboden weg
Smalle weg (kruisen moeilijk of onmogelijk), weg met beperkt draagvermogen

A
B
C
1
2
3
4
Tunnel sous la Manche
PAS DE CALAIS
Dover
Folkestone
Phare de Walde
TERMINAL TRANSMANCHE
CALAIS
Blériot-Plage
Sangatte
Cap Blanc-Nez
Mont d'Hubert
Escalles
Peuplingues
Coquelles
TERMINAL du TUNNEL
Fréthun
Coulogne
Marck
Offekerque
le Fort-Vert
les Hemmes
Waldam
le Beau Marais
Guemps
les Attaques
Nielles-lès-Calais
St Tricat
Bonningues-lès-Calais
Hames-Boucres
Pihen-lès-Guînes
Guînes
Andres
Balinghem
Brêmes
Ardres
Wissant
Cap Gris-Nez
Framzelle
le Châtelet
Tardinghen
Hervelinghen
St Inglevert
Audembert
Leubringhen
Audinghen
Cran-aux-Œufs
Onglevert
Audresselles
Bazinghen
Ambleteuse
Marquise
Hydrequent
Leulinghen
Landrethun-le-Nord
Ferques
Caffiers
Fiennes
Hermelinghen
Bouquehault
Campagne-lès-Guînes
Rodelinghem
Licques
Clerques
Rinxent
Offrethun
Wacquinghen
Hardinghen
Rety
PARC NATUREL RÉGIONAL DES CAPS ET MARAIS D'OPALE
Pointe aux Oies
Wimereux
Wimille
Pittefaux
Maninghen-Henne
Souverain-Moulin
Belle
le Wast
Colembert
Alembon
Sanghen
Herbinghen
Hocquinghen
Rebergues
Bainghen
Nabringhen
Surques
Escœuilles
Colonne de la Gde Armée
BOULOGNE-S-MER
St Martin
le Portel
Cap d'Alprech
Outreau
Ningles
Equihen-Plage
St Étienne-au-Mont
Isques
Condette
Pont-de-Briques
St Léonard
Echinghen
Baincthun
la Capelle-lès-Boulogne
Conteville-lès-Boulogne
Pernes-lès-Boulogne
Bellebrune
Alincthun
Henneveux
Longueville
Brunembert
Desvres
Menneville
Wirwignes
Questrecques
Samer
Wierre-au-Bois
Longfossé
Courset
Crémarest
Forêt de Boulogne
Forêt de Desvres
Forêt de Guînes
Hardelot-Plage
Neufchâtel-Hardelot
Mont St Frieux
Dannes
Widehem
Halinghen
Tingry
Verlincthun
Carly
Hesdigneul-lès-Boulogne
Hesdin-l'Abbé
Lottinghen
Selles
Quesques
Seninghem
Bléquin
Lédinghem
Vieil-Moutier
Bécourt
Zoteux
Bourthes
Doudeauville
Parenty
Lacres
Wierre-Effroy
Boursin
le Plouy
Colembert
Coulomby
Bouvelinghem
Alquines
Journy
Audrehem
Zouafques
Louches
Autingues
Nielles-lès-Bléquin
A 16
A 26
N 42
E 402
6

D
E
F
3
1
2
3
4
4
7
De Panne
St-Idesbald
Bray-Dunes
DUNKERQUE
Malo-les-Bains
Zuydcoote
Leffrinckoucke
Ghyvelde
Adinkerke
Rosendaël
St Pol-s-Mer
Petite-Synthe
Grande-Synthe
Fort Mardyck
Mardyck
ZONE INDUSTRIELLE PORTUAIRE
Loon-Plage
Gravelines
Grd Fort-Philippe
Coudekerque-Branche
Téteghem
Uxem
les Moëres
Hondschoote
Armbouts-Cappel
Spycker
Craywick
Bergues
Brouckerque
Bourbourg
Steene
Socx
Quaëdypre
Rexpoëde
St Folquin
St Omer Capelle
Looberghe
Drincham
Pitgam
Crochte
Bissezeele
West-Cappel
Oost-Cappel
Roesbrugge
Cappelle-Brouck
St Pierre-Brouck
Ste Marie-Kerque
Eringhem
Zegerscappel
Esquelbecq
Wormhout
Wylder
Bambecque
Herzeele
Houtkerque
Audruicq
Bollezeele
Merckeghem
Millam
Ledringhem
Watou
Polincove
Recques
Forêt d'Eperlecques
Watten
Volckerinckhove
Rubrouck
Arnèke
Zermezeele
Oudezeele
Winnezeele
Steenvoorde
Broxeele
Ochtezeele
Hardifort
Wulverdinghe
Lederzeele
Eperlecques
Cassel
Wemaers-Cappel
Zuytpeene
Noordpeene
Buysscheure
Serques
St Momelin
Nieurlet
Tilques
Clairmarais
Bavinchove
Oxelaëre
Ste Marie-Cappel
St Sylvestre-Cappel
Eecke
Forêt de Rihoult-Clairmarais
ST OMER
Arques
Hondeghem
Flêtre
Caëstre
Staple
Ebblinghem
Renescure
Hazebrouck
Borre
Strazeele
Lumbres
Blendecques
Hallines
Wizernes
Wardrecques
Racquinghem
Lynde
Sercus
Blaringhem
Steenbecque
Morbecque
Thérouanne
Aire-s-la-Lys
Forêt de Nieppe
Merville
Isbergues
St Venant
Haverskerque
Thiennes
Lambres
Fauquembergues
Coyecques
Delettes
Enguinegatte
Lillers
Norrent-Fontes
Busnes
Robecq

A
B
C
1
2
3
4
3
8
Veurne
(Furnes)
Diksmuide
(Dixmude)
Koekelare
Ichtegem
Torhout
Lichtervelde
Kortemark
Houthulst
Staden
Hooglede
Langemark
Poelkapelle
Passendale
Moorslede
Zonnebeke
Ieper
(Ypres)
Poperinge
Alveringem
Lo-Reninge
Oostvleteren
Westvleteren
Vleteren
Heuvelland
Mesen
(Messines)
Wervik
Menen
(Menin)
Comines-Warneton
(Komen-Waasten)
Comines
(Komen)
Bousbecque
Linselles
Bondues
Mouvaux
Wambrechies
Marquette-lez-Lille
Marcq-en-Barœul
St-André-lez-Lille
la Madeleine
Lambersart
Lomme
LILLE
(RIJSEL)
Haubourdin
Loos
Wattignies
Lesquin
Ronchin
Hellemmes
Mons-en-Barœul
Armentières
Houplines
Erquinghem-Lys
Nieppe
Bailleul
Steenvoorde
Hazebrouck
Merville
Estaires
Laventie
Fleurbaix
Sailly-sur-la-Lys
Calonne-s-la-Lys
Hondschoote
Rexpoede
Oost-Cappel
Watou
Houtkerque
Godewaersvelde
Boeschepe
Steenwerck
Merris
Pérenchies
Quesnoy-s-Deûle
Deûlémont
Frelinghien
Bas-Warneton
Nieuwkerke
Wijtschate
Zillebeke
Geluwe
Geluveld
Beselare
Dadizele
Ledegem
Rumbeke
Roeselare
Reninge
Elverdinge
Boezinge
Vlamertinge
Dikkebus
Kemmel
Loker
Dranouter
Merkem
Woumen
Esen
Handzame
Werken
Zarren
Klerken
Adinkerke
De Panne
Koksijde
Oostduinkerke
Nieuwpoort
St-Idesbald
Wulpen
Pervijze
Stavele
Proven
Krombeke
Roesbrugge-Haringe
Leisele
Beveren
Izenberge
Gijverinkhove
Houtem
Vinkem
Wulveringem
Beauvoorde
Bulskamp
Zwaantje
Eggewaartskapelle
Avekapelle
Steenkerke
Oeren
Fortem
Oudekapelle
Nieuwkapelle
Stuivekenskerke
Keiem
Beerst
Vladslo
Leke
Zande
Eernegem
Wijnendale
Gits
Lichtervelde
Mont des Cats
St-Jans-Cappel
Méteren
Flêtre
Caëstre
Strazeele
Borre
Pradelles
Vieux-Berquin
Neuf-Berquin
la Gorgue
St-Floris
Robecq
Le Doulieu
le Bizet
Ploegsteert
Warneton
(Waasten)
Verlinghem
Lompret
Prémesques
Capinghem
Ennetières-en-Weppes
Englos
Escobecques
Erquinghem-le-Sec
Hallennes-lez-H.
Santes
Emmerin
Beaucamps-Ligny
Aubers
Fromelles
Le Maisnil
Radinghem-en-W.
Bois-Grenier
Forêt de Nieppe
la Motte-au-Bois
Yser
IJzer
Blankaart
Lys
Leie
Deûle
Heulebeek

5
D
E
F
Aalter
Gent
(Gand)
Lotenhulle
Ruiselede
Wingene
Tielt
Pittem
Ardooie
Roeselare
(Roulers)
Meulebeke
Dentergem
Deinze
Nevele
Lovendegem
Merendree
Landegem
Vosselare
St.-Martens-Latem
Deurle
St.-Denijs-Westrem
De Pinte
Merelbeke
Zwijnaarde
Nazareth
Kanegem
Aarsele
Vinkt
Meigem
Petegem-a/d-Leie
Grammene
Markegem
Oeselgem
Olsene
Zulte
Kruishoutem
Oostrozebeke
Ingelmunster
Izegem
Lendelede
Wielsbeke
St.-Baafs-Vijve
St.-Eloois-Vijve
Waregem
Nokere
Gavere
Semmerzake
Zingem
Asper
Huise
Wannegem-Lede
Oudenaarde
(Audenaarde)
Mater
St.-Maria-Horebeke
Harelbeke
Kuurne
Heule
Kortrijk (Courtrai)
Zwevegem
Vichte
Anzegem
Kaster
Tiegem
Kerkhove
Wortegem-Petegem
Kluisbergen
Avelgem
Heestert
Otegem
Ingooigem
Marke
Bellegem
Aalbeke
Rollegem
Mouscron
(Moeskroen)
Dottignies
(Dottenijs)
Spiere-Helkijn
(Espierres-Helchin)
Kooigem
St.-Denijs
Bossuit
Escanaffles
Orroir
Amougies
Mont-de-l'Enclus
Kluisberg
Russeignies
(Rozenaken)
Ronse
(Renaix)
Ellezelles
(Elzele)
Flobecq
(Vloesberg)
Maarke-Kerkem
Schorisse
Nukerke
Celles
Pottes
Hérinnes
Molenbaix
Anseroeul
Dergneau
Arc-Wattripont
Cordes
St.-Sauveur
Frasnes-lez-Anvaing
Anvaing
Forest
Popuelles
Velaines
Œudeghien
Ostiches
Moustier
Hacquegnies
Herquegies
Grandmetz
Thieulain
Montrœul-au-Bois
Quartes
Thimougies
Beclers
Rumillies
Maulde
Gallaix
Havinnes
Warchin
Mourcourt
Obigies
Mont-St.-Aubert
Kain
Estaimpuis
Estaimbourg
Warcoing
St.-Léger
Pecq
Wattrelos
Leers-Nord
Néchin
Bailleul
Esquelmes
Ramegnies-Chin
Templeuve
Willems
Hertain
Blandain
Orcq
Baisieux
Tournai
(Doornik)
Chapelle-à-Wattines
Ligne
Houtaing
Leuze-en-Hainaut
Moulbaix
Villers-St-Amand
Tourcoing
Roubaix
Croix
Lys
Hem
Villeneuve-d'Ascq
Toufflers
Lannoy
Herseaux
Luingne
Halluin
Menen
Wevelgem
Lauwe
Rekkem
Bissegem
Gullegem
Moorsele
Hulste
Bavikhove
Beveren-Leie
Desselgem
Ooigem
Sint-Eloois-Winkel
Kachtem
Emelgem
Ooigem
Egem
Zwevezele
Koolskamp
Schuiferskapelle
Poeke
Lovendegem
Evergem
Drongen
Afsnee
Bachte-Maria-Leerne
Astene
Zevergem
Schelderode
Melsen
Vurste
Baaigem
Dikkelvenne
Munkzwalm
Nederzwalm
A 10-E 40
E 17
E 403
A 17
E 429
A 8
E 42
N 60
N 48
N 35
N 43
N 50
Schelde
Leie
Escaut
9

A
B
C
1
2
3
4
LE TOUQUET-PARIS-PLAGE
Embouchure de la Canche
Réserve naturelle
Pointe de Lornel
Ste Cécile-Plage
St Gabriel-Plage
Neufchâtel-Hardelot
Mont St Frieux
Dannes
Camiers
Étaples
Trépied
Stella-Plage
Cucq
Merlimont-Plage
Merlimont
Bagatelle
(Parc d'attractions)
Berck-s-Mer
Berck-Plage
Baie d'Authie
Groffliers
Fort-Mahon-Plage
Quend-Plage-les-Pins
Quend
Rue
Parc ornithologique du Marquenterre
Baie de Somme
le Crotoy
Cap Hornu
St Valery-s-Somme
Cayeux-s-Mer
Hâble d'Ault (Réserve ornithologique)
Ault
Onival
Woignarue
Samer
Montreuil
Hucqueliers
Campagne-lès-Hesdin
Nampont-St-Martin
Abbe de Valloires
Argoules
Crécy-en-Ponthieu
FORÊT DE CRÉCY
Nouvion-en-Ponthieu
Noyelles-s-Mer
Forest-Montiers
St Riquier
Abbeville
Vron
Beaurainville
Maintenay
Forêt de Labroye
Embry
Fruges
17
2

7
D
E
F
1
2
3
4
3
8
18
Fauquembergues
Thiembronne
St Martin d'Hardinghem
Coyecques
Delettes
Enguinegatte
Liettres
Lambres
Molinghem
Mazinghem
Berguette
Guarbecque
Robecq
Busnes
Lillers
Norrent-Fontes
St Hilaire-Cottes
Estrée-Blanche
Enquin-les-Mines
Erny-St Julien
Audincthun
Dennebroeucq
Renty
Reclinghem
Bomy
Fléchin
Ligny-lès-Aire
Auchy-au-Bois
Ames
Burbure
Allouagne
Lapugnoy
Fouquereuil
Matringhem
Radinghem
Senlis
Hézecques
Laires
Febvin-Palfart
Westrehem
Nédon
Ferfay
Auchel
Marles-les-Mines
Calonne-Ricouart
Camblain-Châtelain
Bruay-la-Buissière
Divion
Houdain
Fruges
Lisbourg
Prédefin
Fontaine-lès-Boulans
Heuchin
Sachin
Pernes
Créquy
Ruisseauville
Crepy
Bergueneuse
Boyaval
Tangry
Avondance
Azincourt
Ambricourt
Teneur
Tilly-Capelle
Anvin
Eps
Hestrus
Valhuon
Diéval
Bours
Ourton
Marest
Planques
Fressin
Maisoncelle
Blangy-s-Ternoise
Monchy-Cayeux
Fleury
Conteville-en-Ternois
Huclier
Brias
La Thieuloye
Bajus
La Comté
Hermin
Wamin
Auchy-lès-Hesdin
Rollancourt
Bermicourt
Pierremont
Gauchin-Verloingt
Ostreville
Monchy-Breton
Magnicourt-en-Comte
Frévillers
Caucourt
Estrée-Cauchy
Hesdin
le Parcq
Eclimeux
Huméroeuille
Hunières
Neulette
Beauvois
Siracourt
Ramecourt
St Pol-s-Ternoise
St Michel
Roëllecourt
Marquay
Béthonsart
Fresnoy
Vieil-Hesdin
Noyelles-lès-Humières
Willeman
Croisette
Herlin-le-Sec
Herlincourt
Ligny-St Flochel
Foufflin-Ricametz
Ternas
Tincques
Chelers
Villers-Brûlin
Savy-Berlette
Guinecourt
Hautecloque
Neuville-au-Cornet
Averdoingt
Penin
Berles-Monchel
Tilloy-lès-Hermaville
Linzeux
Blangermont
Flers
Framecourt
Buneville
Maizières
Izel-lès-Hameaux
Galametz
Fillièvres
Vacquerie
Blangerval
Ecoivres
Monts-en-Ternois
Gouy-en-Ternois
Ambrines
Villers-Sir-Simon
Noyelle-Vion
Quœux
Aubrometz
Conchy-s-Canche
Hautecôte
Nuncq
Moncheaux-lès-Frévent
Magnicourt-s-Canche
Givenchy-le-Noble
Manin
Haravesnes
Boubers-s-Canche
Sibiville
Houvin-Houvigneul
Denier
Ligneruil
Lattre-St Quentin
Tollent
Caumont
Rougefay
Frévent
Sericourt
Canettemont
Beaufort-Blavincourt
Avesnes-le-Comte
Vacquerie-le-Boucq
Rebreuve-s-Canche
Liencourt
Hauteville
Gennes-Ivergny
Le Ponchel
Vaulx
Buire-au-Bois
Fortel-en-Artois
Bouret-s-Canche
Estrée-Wamin
Gd Rullecourt
Fosseux
Boffles
Rebreuviette
Beaudricourt
Barly
Willencourt
Bonnières
Ivergny
Sombrin
Gouy-en-Artois
Auxi-le-Château
Noeux-lès-Auxi
Villers-l'Hôpital
Le Souich
Sus-St Léger
Warluzel
Saulty
Beauvoir-Wavans
Canteleux
Brévillers
Coullemont
Couturelle
La Herlière
Neuvillette
Bouquemaison
Humbercourt
Frohen-le-Grand
Remaisnil
Lucheux
La Cauchie
Humbercamps
Maizicourt
Barly
Bernâtre
Montigny-les-Jongleurs
Frohen-le-Petit
Mézerolles
Outrebois
Occoches
Grouches
Pommera
Warlincourt-lès-Pas
Gaudiempré
Conteville
Heuzecourt
Agenville
Hem
Doullens
Mondicourt
Pas-en-Artois
Grincourt-lès-Pas
St Amand
Domléger
Boisbergues
Halloy
Hénu
Souastre
Prouville
Autheux
Gézaincourt
Authieule
Famechon
Longvillers
Beaumetz
Bernaville
Amplier
Orville
Thièvres
St Léger-lès-Authie
Coigneux
Domesmont
Longuevillette
Fienvillers
Sarton
Authie
Bus-lès-Artois
Courcelles-au-Bois
Gorges
Epécamps
Lanches
Beauval
Terramesnil
Marieux
Vauchelles
Domqueur
Fransu
Gorenflos
Ternoise
Canche
Authie
Lys
N 39
N 41
N 43
N 25
D 916
D 941
D 343

A
B
C
1
2
3
4
4
7
19
LILLE (RIJSEL)
Haubourdin
Béthune
Bruay la-Buissière
Lens
Liévin
Carvin
Hénin-Beaumont
Douai
Arras
Seclin
Bully-les-Mines
Avion
Méricourt
Noyelles
Sallaumines
Harnes
Oignies
Annœullin
Wingles
Vimy
Mémorial canadien
N.D. de Lorette
Aubigny-en-Artois
Avesnes-le-Comte
Beaumetz-lès-Loges
Croisilles
Marquion
Bapaume
Vitry-en-Artois
Houdain
Barlin
Lillers
Auchy-les-Mines
Mazingarbe
Grenay
Libercourt
Ostricourt
Courrières
Rouvroy
Dainville
Achicourt
Wancourt
Boiry-Notre-Dame
Biache-St-Vaast
Hénin-sur-Cojeul
Ayette
Courcelles-le-Comte
Achiet-le-Grand
Puisieux
Hébuterne
Souastre
Gaudiempré
La Bassée
Cambrin
Beuvry
Noeux-les-Mines
Annezin
Fouquereuil
Labuissière
Hersin
Sains-en-G.
Dourges
Montigny-en-Gohelle
Fouquières-lès-Lens
Esquerchin
Cuincy
Lauwin

D
E
F
9
TOURNAI
DOORNIK
Orchies
St Amand-les-Eaux
VALENCIENNES
Anzin
Condé-s-Escaut
Denain
Somain
Douai
Cambrai
CAMBRAI
Caudry
le Cateau-Cambrésis
Solesmes
le Quesnoy
Leuze-en-Hainaut
Péruwelz
Bon-Secours
Bernissart
Marchiennes
Lallaing
Waziers
Sin-le-Noble
Dechy
Guesnain
Aniche
Abscon
Bouchain
Iwuy
Carnières
Avesnes-les-Aubert
Saulzoir
Haspres
Raismes
Bruay-s-l'Escaut
Onnaing
Quiévrechain
Crespin
Vieux-Condé
Fresnes-s-Escaut
Escautpont
Trith-St-Léger
Maing
Famars
Marly
St Saulve
PARC NATUREL RÉGIONAL
PARC NATUREL DES PLAINES DE L'ESCAUT
Forêt de Raismes
Forêt de Marchiennes
Forêt de Mormal
PARC RÉGIONAL
1
2
3
4
5
10
20

MONS (BERGEN)
Binche
Maubeuge
Hautmont
Louvroil
Jeumont
Bavay
Berlaimont
Aulnoye-Aymeries
Le Quesnoy
Landrecies
Avesnes
Sains-du-Nord
Trélon
Fourmies
Wignehies
La Capelle
Le Nouvion-en-Thiérache
Wassigny
Hirson
Forêt de Mormal
Forêt du Nouvion
Forêt d'Hirson
Sars-Poteries
Solre-le-Château
Quiévrain
Quiévrechain
Crespin
Dour
Quévy
Estinnes
Erquelinnes

D
E
F
CHARLEROI
Farciennes
Châtelet
Fosses-la-Ville
Anderlues
Montigny-le-Tilleul
Loverval
Gerpinnes
Mettet
Thuin
Lobbes
Abb^e d'Aulne
Gozée
Ham-s-Heure
Nalinnes
Somzée
Biesme
Florennes
Beaumont
Walcourt
Laneffe
Chastrès
Philippeville
Silenrieux
B^es de l'Eau d'Heure
Cerfontaine
Plate Taille
Froidchapelle
Senzeille
Mariembourg
Couvin
Nismes
Chimay
Virelles
Forêt de Nismes
Bois de Chimay
Forêt de Signy-le-Petit
Doische
Vireux-Wallerand
Givet
Haybes
Fumay
Revin
Rocroi
Mt Malgré Tout
Forêt du Francbois
Bois de Rance
Bois de Revleumont
Bois de Senzeille
Bois de Surice
Lac de Virelles
Couvin
1
2
3
4
13
22

A
B
C
1
2
3
4
CHARLEROI
Binche
Anderlues
Montigny-le-Tilleul
Thuin
Lobbes
Châtelet
Fosses-la-Ville
Gerpinnes
Mettet
Walcourt
Florennes
Beaumont
Philippeville
Cerfontaine
Froidchapelle
Sivry
Chimay
Couvin
Mariembourg
Nismes
Momignies
Rocroi
Revin
Fumay
Forêt de Nismes
Forêt de Signy-le-Petit
Bois de Chimay
Lacs de l'Eau d'Heure
Plate Taille

10
22

D
E
F
1
2
3
4
23
Floreffe
Ohey
Gesves
Havelange
Profondeville
Assesse
Annevoie-Rouillon
Yvoir
Spontin
Ciney
Emptinne
Hamois
Dinant
Anseremme
Hastière
Onhaye
Houyet
Celles
Sorinnes
Leignon
Pessoux
Baillonville
Marche-en-Famenne
Rochefort
Jemelle
Han-s-Lesse
Grotte de Han
Givet
Beauraing
Wellin
Tellin
Nassogne
Daverdisse
Haut-Fays
Gedinne
Bièvre
Libin
Maissin
Paliseul
Ochamps
Vencimont
Finnevaux
Mesnil-Église
Ciergnon
Villers-s-Lesse
Parc National de Lesse et Lomme
Forêt d'Hargnies-Laurier
Bois de St. Remacle
Bois de Mohimont
Bois de St. Hubert
Euro Space Center
Rocher Bayard
Château-Regnault

A B C

Fécamp
N.-D. du Salut
Senneville
Criquebeuf-en-Caux
Yport
Vaucottes
Vattetot
Aiguille de Belval
Falaise d'Amont
Etretat
Falaise d'Aval
la Manneporte
Bénouville
Froberville
St Léonard
Ganzeville
Tourville-les-Ifs
Epreville
Maniquerville
Gerville
les Loges
Bordeaux-St Clair
Cap d'Antifer
la Poterie-Cap-d'Antifer
Le Tilleul
Ste Marie-au-Bosc
Pierrefiques
Beaurepaire
Fongueusemare
Auberville-la-Renault
Annouville
Cuverville
Sausseuzemare-en-Caux
Port pétrolier du Havre-Antifer
Plage de Bruneval
Bruneval
Villainville
Gonneville-la-Mallet
Beaumesnil
St Jouin
Criquetot-l'Esneval
Ecrainville
Goderville
Bretteville-du-Gd-Caux
la Mare-Goubert
le Grand Hameau
Anglesqueville-l'Esneval
Vergetot
Bornambusc
Bréauté
Heuqueville
Turretot
le Coudray
St Sauveur-d'Emalleville
Manneville-la-Goupil
Mirville
Buglise
Mannevillette
St Martin-du-Bec
Ecuquetot
Hermeville
N. D. du-Bec
Anxtot
Houquetot
Cauville
Rimbertot
Café Blanc
Rolleville
St Supplix
Angerville-l'Orcher
Graimbouville
Virville
St Gilles-de-la-Neuville
Parc-d'Anxtot
Ecqueville
St Barthélémy
Fontenay
Epouville
Manéglise
Etainhus
A29-E44
Bolbec
Gommerville
Octeville-s-Mer
St Andrieux
Sainneville
la Cour Souveraine
la Mare-au-Leu
Montivilliers
CANYON PARK
les-Trois-Pierres
Edreville
Fontaine-la-Mallet
St Laurent-de-Brévedent
Epretot
St Romain-de-Colbosc
le Grd Hameau
Bléville
la Demi-Lieue
St Martin-du-Manoir
Gournay
le Frescot
Ignauval
Fort de Montgeon
Rouelles
St Aubin-Routot
la Remuée
Cap de la Hève
Ste Adresse
Sanvic
Graville
Harfleur
Gonfreville-l'O.
Gainneville
la Queue-du-Gril
Château d'Orcher
Rogerville
Oudalle
St Vincent-Cramesnil
la Cerlangue
Sandouville
St Vigor-d'Ymonville
St Jean-d'Abbetot
le Clap
Portsmouth
N 15
TOTAL
RENAULT
E.D.F.
COMPLEXE PETROCHIMIQUE
A 131-E 5
Tancarville
Pont de Tancarville
CIMENTS LAFARGE
Canal du Havre
LE HAVRE
Honfleur
Pont de Normandie
Côte de Grâce
Berville-s-Mer
Grestain
Conteville

30

A B C

D E F

St Valery-en-Caux
Veules-les-Roses
Veulettes-s-Mer
Cany-Barville
Valmont
Fauville-en-Caux
Yvetot
Yerville
Doudeville
Fontaine-le-Dun
Tôtes
Pavilly
Barentin
Duclair
Caudebec-en-Caux
Lillebonne
Bolbec
Varengeville-s-Mer
Bacqueville-en-Caux
Ourville-en-Caux
Héricourt-en-Caux
Motteville
Croix-Mare
St Wandrille-Rançon
Jumièges
Bondeville
Maromme
Canteleu
Quillebeuf
Port-Jérôme
N.D. de Gravenchon
PARC NATUREL RÉGIONAL DES BOUCLES DE LA SEINE
FORÊT DE BROTONNE
Centrale nucléaire
Falaise d'Aval
Falaise d'Amont
Phare d'Ailly
16
31
32
1
2
3
4

A
B
C
1
2
3
4
15
32
DIEPPE
N. Dame Bon-Secours
le Tréport
Mers-les-Bains
Ault
Onival
Woignarue
Eu
Calvaire des Terrasses
Mesnil-Val
Criel-Plage
Mont Joli Bois
Criel-s-Mer
Tocqueville-s-Eu
Assigny
Biville
Penly
E.D.F. Centrale nucléaire
St Martin-Plage
Berneval-s-Mer
Berneval-le-Grd
Belleville-s-Mer
Bracquemont
Puys
Neuville
Newhaven
Phare d'Ailly
Varengeville-s-Mer
Pourville-s-Mer
Hautot-s-Mer
Offranville
Rouxmesnil-Bouteilles
Arques-la-Bataille
Forêt d'Arques
Martin-Église
Ancourt
Bellengreville
Envermeu
St Nicolas-d'Aliermont
Dampierre-St Nicolas
St Jacques-d'Aliermont
N. D. d'Aliermont
Douvrend
St Aubin-s-Scie
Sauqueville
Tourville-s-Arques
Manéhouville
Anneville-s-Scie
Longueville-s-Scie
Crosville-s-Scie
Torcy-le-Grand
St Vaast-d'Equiqueville
Ricarville-du-Val
Londinières
Fréauville
Bailly-en-Rivière
Wanchy
Capval
Melleville
Villy-sur-Yères
Avesnes-en-Val
Grandcourt
Incheville
Monchy-s-Eu
Millebosc
Guerville
Forêt d'Eu
Cuverville-s-Yères
Sept-Meules
Le Mesnil-Réaume
Baromesnil
Touffreville-s-Eu
St Rémy
Flocques
Etalondes
Ponts-et-Marais
Bouvaincourt
Friaucourt
Allenay
Ménesliers
Brunville
Guilmécourt
Greny
Auquemesnil
Glicourt
Intraville
Gouchaupré
Derchigny
Graincourt
St Martin-en-Campagne
Saint-Quentin-au-Bosc
Fresnoy-Folny
Puisenval
Forêt d'Eawy
Forêt du Hellet
Bellencombre
Rosay
Maucomble
St Saëns
Neufchâtel-en-Bray
Quièvrecourt
Mesnières-en-Bray
Bully
Esclavelles
Massy
Pommeréval
Ardouval
Mesnil-Follemprise
Bures-en-Bray
Osmoy-St Valery
Bacqueville
Tôtes
Auffay
Heugleville-s-Scie
Cropus
Sévis
Bosc-le-Hard
Frichemesnil
Grugny
Critot
Cottévrard
Montérolier
Bradiancourt
Bosc-Mésnil
Neufbosc
Mathonville
Roncherolles-en-Bray
Mauquenchy
Sommery
Varneville
Etaimpuis
Bracquetuit
Beaumont-le-Hareng
Ancretiéville
Bertrimont
Val-de-Saâne
Imbleville
Auzouville
Lamberville
Royville
Omonville
Thil-Manneville
Luneray
Gueures
Ambrumesnil
Ouville-la-Rivière
St Denis-d'Aclon
Longueil
Brachy
Hermanville
Lammerville
Biville-la-Baignarde
Calleville-les-2-Églises
Vassonville
Beautot
Fresnay-le-Long
Grigneuseville
Fresles
St Saire
Bouelles
Neuville-Ferrières
Fontaine-en-Bray
Mesnil-Mauger
St Geneviève
Croixdalle
Bailleul
Ballolet
Lucy
Fesques
Nesle-Hodeng
Hugleville-en-Caux
Emanville
Saussay
Eclot
Limésy
Butot
Bocasse
Authieux
Beaumont
Osmonville
Bérenger

D
E
F
1
2
3
4
6
7
18
33
34
Abbeville
St Riquier
Gamaches
Blangy-s-Bresle
Oisemont
Hallencourt
Airaines
Aumale
Hornoy
Poix-de-Picardie
Grandvilliers
Formerie
Forges-les-Eaux
Moyenneville
Friville-Escarbotin
Fressenneville
Feuquières-en-Vimeu
Ailly-le-Ht Clocher
Pont-Remy
Longpré-les-Corps-Saints
Flixecourt
Conty
Senarpont
Foucarmont
Quesnoy-s-Airaines
Molliens-Dreuil
Somme
Forêt d'Eu
Basse Forêt
Bresle

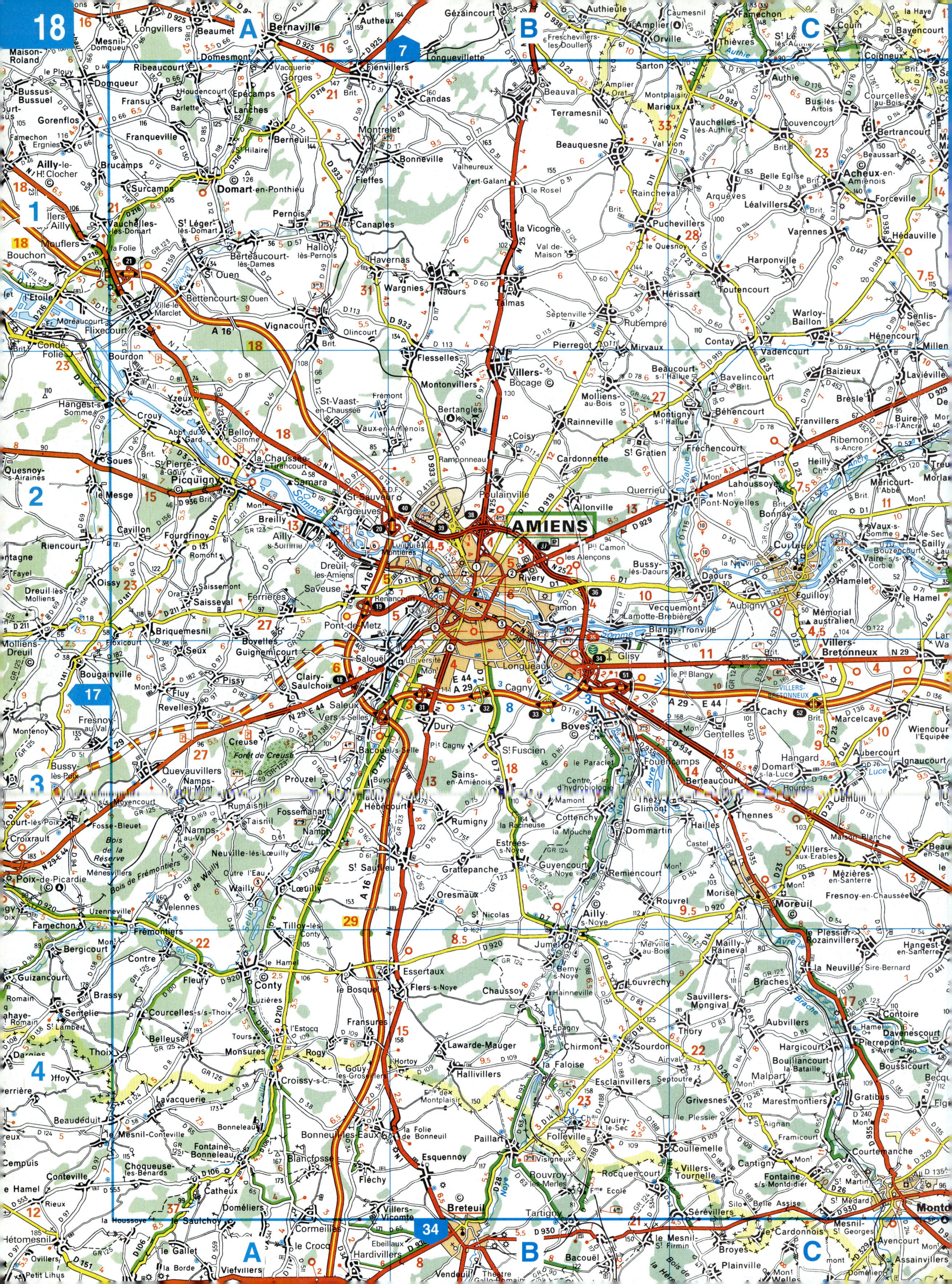
AMIENS
Bernaville
Domart-en-Ponthieu
Flixecourt
Picquigny
Villers-Bocage
Corbie
Villers-Bretonneux
Boves
Moreuil
Ailly-s-Noye
Conty
Breteuil
Poix-de-Picardie
Longpré
Doullens
Talmas
Flesselles
Querrieu
Daours
Longueau
Glisy
Camon
Rivery
Salouël
Pont-de-Metz
Dury
Sains-en-Amiénois
Hébécourt
Saleux
Vers-s-Selles
Croissy-s-C.
Fouencamps
Thézy-Glimont
Hailles
Démuin
Mézières-en-Santerre
Plessier-Rozainvillers
Braches
Quiry-le-Sec
Folleville
Esclainvillers
Chaussoy
Flers-s-Noye
Essertaux
Oresmaux
Rumigny
Grattepanche
Vaux-en-Amiénois
Poulainville
Allonville
Cardonnette
Rainneville
Molliens-au-Bois
Naours
Wargnies
Canaples
Fieffes
Bonneville
Candas
Beauval
Beauquesne
Puchevillers
Toutencourt
Contay
Vadencourt
Fréchencourt
Lahoussoye
Bonnay
Fouilloy
Hamelet
Cachy
Gentelles
Domart-s-la-Luce
Aubercourt
Ignaucourt
Thennes
Rouvrel
Morisel
Mailly-Raineval
Sourdon
Chirmont
Hallivilliers
Lawarde-Mauger
Esquennoy
Paillart
Rocquencourt
Tartigny
Sérévillers
Mesnil-St-Georges
Montdidier
Fontaine-s-Montdidier
Le Hamel
Quevauvillers
Namps-au-Mont
Prouzel
Creuse
Bovelles
Seux
Fluy
Revelles
Pissy
Clairy-Saulchoix
Guignemicourt
Ferrières
Saveuse
Dreuil-lès-Amiens
Ailly-s-Somme
Breilly
Argœuves
St-Sauveur
La Chaussée-Tirancourt
Belloy-s-Somme
Yzeux
Hangest-s-Somme
Soues
Le Mesge
Cavillon
Fourdrinoy
Riencourt
Oissy
Molliens-Dreuil
Bougainville
Briquemesnil
Fresnoy-au-Val
Bussy-lès-Poix
Croixrault
Fricamps
Famechon
Thieuloy
Bergicourt
Fleury
Frémontiers
Velennes
Wailly
Loeuilly
Tilloy-lès-Conty
Essertaux
Bosquel
Fransures
Monsures
Rogy
Lavacquerie
Bonneuil-les-Eaux
Fléchy
Villers-Vicomte
Cormeilles
Catheux
Choqueuse-les-Bénards
Doméliers
Blancfosse
Hardivillers
Bacouël
Le Mesnil-St-Firmin
Broyes
Plainville
A 16
A 29
E 44
N 1
N 25
N 29
A
B
C
1
2
3
4
7
17
34

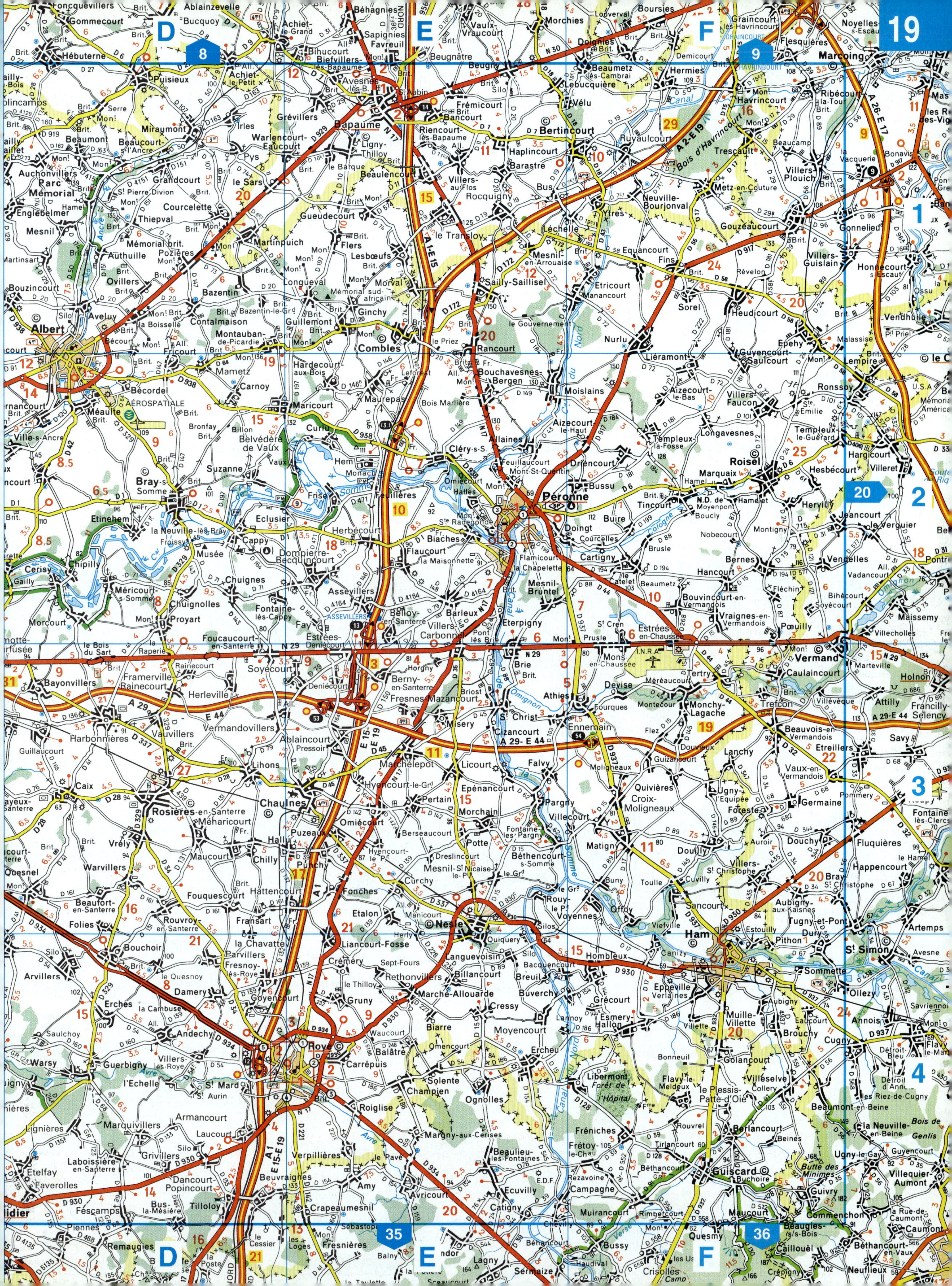
D
E
F
8
9
35
36
20
1
2
3
4
Bapaume
Albert
Combles
Péronne
Roisel
Vermand
Chaulnes
Nesle
Ham
Roye
Marcoing
Méaulte
Bray-s-Somme
Rosières-en-Santerre
Guiscard
St Simon
Bertincourt
Havrincourt
Gouzeaucourt
Villers-Plouich
Hermies
Rancourt
Moislains
Curlu
Cléry-s-S.
Marquaix
Mesnil-Bruntel
Athies
Eterpigny
Estrées-en-Chaussée
Flamicourt
Biaches
Barleux
Assevillers
Berny-en-Santerre
Misery
Licourt
Falvy
Ennemain
Vermandovillers
Lihons
Harbonnières
Vauvillers
Caix
Proyart
Chuignes
Cappy
Herbécourt
Eclusier
Maricourt
Mametz
Contalmaison
Longueval
Ginchy
Flers
Martinpuich
Courcelette
Thiepval
Grandcourt
Miraumont
Puisieux
Hébuterne
Achiet-le-Petit
Grévillers
Beugny
Lebucquière
Vélu
Ytres
Nurlu
Fins
Sorel
Heudicourt
Epehy
Ronssoy
Hargicourt
Hervilly
Jeancourt
Vendelles
Bernes
Hancourt
Poeuilly
Vraignes-en-Vermandois
Caulaincourt
Trefcon
Beauvois-en-Vermandois
Etreillers
Savy
Holnon
Attilly
Fluquières
Happencourt
Dury
Artemps
Sommette
Ollezy
Annois
Cugny
Flavy-le-Meldeux
Golancourt
Muille-Villette
Brouchy
Berlancourt
Beaumont-en-Beine
Ugny-le-Gay
Villequier-Aumont
Commenchon
Caumont
Bussy
Crisolles
Quesmy
Maucourt
Muirancourt
Catigny
Ecuvilly
Campagne
Beaulieu-les-Fontaines
Solente
Roiglise
Amy
Avricourt
Crapeaumesnil
Tilloloy
Dancourt-Popincourt
Grivillers
Marquivillers
Armancourt
Laucourt
Guerbigny
Warsy
Andechy
Erches
Arvillers
Bouchoir
Damery
Goyencourt
Fresnoy-lès-Roye
Parvillers
Hattencourt
Fouquescourt
Warvillers
Vrély
Maucourt
Hallu
Chilly
Puzeaux
Omiécourt
Fonches
Etalon
Liancourt-Fosse
Crémery
Gruny
Rethonvillers
Marché-Allouarde
Billancourt
Languevoisin
Breuil
Buverchy
Cressy
Moyencourt
Ercheu
Esmery-Hallon
Grécourt
Hombleux
Eppeville
Canizy
Sancourt
Offoy
Voyennes
Matigny
Douilly
Ugny-l'Equipée
Croix-Moligneaux
Quivières
Pargny
Epénancourt
Morchain
Pertain
Potte
Béthencourt-s-Somme
Mesnil-St-Nicaise
Curchy
Y
Monchy-Lagache
Devise
Mons-en-Chaussée
Tertry
Pont-lès-Brie
Brie
Villers-Carbonnel
Belloy-en-Santerre
Fay
Foucaucourt-en-Santerre
Soyécourt
Framerville-Rainecourt
Bayonvillers
Herleville
Ablaincourt-Pressoir
Marchélepot
Hyencourt-le-Grand
Feuillères
Hem
Maurepas
Bouchavesnes-Bergen
Allaines
Aizecourt-le-Haut
Bussu
Doingt
Buire
Tincourt
Cartigny
Templeux-la-Fosse
Longavesnes
Villers-Faucon
Liéramont
Etricourt-Manancourt
Equancourt
Manancourt
Sailly-Saillisel
Mesnil-en-Arrouaise
Le Transloy
Rocquigny
Barastre
Haplincourt
Bus
Léchelle
Ruyaulcourt
Neuville-Bourjonval
Metz-en-Couture
Trescault
Ribécourt-la-Tour
Flesquières
Graincourt-lès-Havrincourt
Doignies
Beaumetz-lès-Cambrai
Morchies
Frémicourt
Beugnâtre
Sapignies
Biefvillers-lès-Bapaume
Avesnes-lès-Bapaume
Ligny-Thilloy
Beaulencourt
Villers-au-Flos
Riencourt-lès-Bapaume
Warlencourt-Eaucourt
Le Sars
Pys
Irles
Courcelette
Pozières
Ovillers
Authuille
Aveluy
Bécordel
Carnoy
Fricourt
Montauban-de-Picardie
Hardecourt-aux-Bois
Guillemont
Bazentin
Suzanne
Etinehem
Chipilly
Cerisy
Morcourt
Méricourt-s-Somme
Chuignolles
Dompierre-Becquincourt
Flaucourt
Fontaine-lès-Cappy
Estrées-Deniécourt
Vermandovillers
Rouvroy-en-Santerre
Beaufort-en-Santerre
Folies
Fransart
Rouvroy
Guillaucourt
Caix
Vrély
Vauvillers
Fescamps
Laboissière-en-Santerre
Etelfay
Faverolles
Remaugies
Piennes
Beuvraignes
Verpillières
Margny-aux-Cerises
Champien
Ognolles
Libermont
Fréniches
Frétoy-le-Château
Rouvrel
Tirlancourt
Béthancourt
Beines
Guivry
Bethancourt-en-Vaux
Neuflieux
Caillouël
Crépigny
Beaugies-s-s-Bois
Villeselve
Le Plessis-Patte-d'Oie
Bonneuil
Aubigny
Pithon
Tugny-et-Pont
Aubigny-aux-Kaisnes
Estouilly
Villers-St-Christophe
Douchy
Germaine
Foreste
Lanchy
Vaux-en-Vermandois
Maissemy
Villecholles
Marteville
Vadencourt
Pontru
Le Verguier
Villeret
Hesbécourt
Templeux-le-Guérard
Lempire
Vendhuile
Honnecourt-s-Escaut
Villers-Guislain
Gonnelieu
Bantouzelle
Banteux
Noyelles-s-l'Escaut
Gueudecourt
Lesbœufs
Morval
Villers-au-Flos
Sailly-Saillisel
Le Priez
Mesnil-en-Arrouaise
Moislains
Drancourt
Aizecourt-le-Bas
Guyencourt-Saulcourt
Nobescourt
Montigny
Bouvincourt-en-Vermandois
Fléchin
Bihécourt
Soyécourt
Vermand
Canal du Nord
Somme
Ancre
Omignon
Cologne
A 1
A 26 - E 17
A 2 - E 19
A 29 - E 44
N 29
N 17
N 30
D 930
D 937
D 934
D 938
D 1
ASSEVILLERS
AÉROSPATIALE
Bois d'Havrincourt
Forêt de l'Hôpital
Bois de Genlis
Butte des Minimes
Parc Mémorial
Memorial sud-africain
Belvédère de Vaux
Musée

A
B
C
Marcoing
Noyelles-s-Escaut
Cattenières
Beauvois-en-Cambrésis
Béthencourt
Caudry
Le Cateau-Cambrésis
Pommereuil
Bazuel
Masnières
Les Rues-des-Vignes
Crèvecœur-s-l'Escaut
Lesdain
Esnes
Ligny-en-Cambrésis
Caullery
Bertry
Troisvilles
Reumont
Maurois
Honnechy
Catillon
Villers-Plouich
Gonnelieu
Banteux
Bantouzelle
Walincourt
Selvigny
Clary
Maretz
Busigny
St Souplet
St Benin
Mazinghien
Rejet-de-Beaulieu
Ribeauville
Malincourt
Dehéries
Elincourt
Escaufourt
Villers-Guislain
Honnecourt-s-Escaut
Villers-Outréaux
Aubencheul-aux-Bois
Serain
Prémont
Becquigny
Vaux-Andigny
La Vallée-Mulâtre
Wassigny
Vendhuile
Le Catelet
Gouy
Beaurevoir
Bohain-en-Vermandois
Épehy
Ronssoy
Lempire
Bony
Estrées
Brancourt-le-Grand
Etreux
Hannapes
Vénérolles
Templeux-le-Guérard
Hargicourt
Villeret
Bellicourt
Nauroy
Joncourt
Ramicourt
Montbrehain
Fresnoy-le-Grand
Seboncourt
Grougis
Tupigny
Iron
Hesbécourt
Hervilly
Jeancourt
Le Verguier
Magny-la-Fosse
Levergies
Sequehart
Étaves-et-Bocquiaux
Aisonville-et-Bernoville
Vadencourt
Lesquielles-St Germain
Bellenglise
Lehaucourt
Fontaine-Uterte
Croix-Fonsommes
Fonsommes
Fieulaine
Montigny-en-Arrouaise
Noyales
Proix
Guise
Flavigny
Vendelles
Pontru
Maissemy
Essigny-le-Petit
Lesdins
Remaucourt
Fontaine-Notre-Dame
Macquigny
Hauteville
Bernot
Vermand
Caulaincourt
Holnon
Fayet
Omissy
Morcourt
St QUENTIN
Neuvillette
Mont-d'Origny
Audigny
Trefcon
Attilly
Francilly-Selency
Savy
Rouvroy
Harly
Homblières
Marcy
Thenelles
Origny-Ste Benoîte
Beauvois-en-Vermandois
Etreillers
Vaux-en-Vermandois
Dallon
Gauchy
Mesnil-St Laurent
Neuville-St Amand
Regny
Landifay
Germaine
Roupy
Fontaine-lès-Clercs
Grugies
Castres
Contescourt
Itancourt
Sissy
Châtillon-s-Oise
Ribemont
Lucy
Parpeville
Pleine-Selve
Villers-le-Sec
Douchy
Fluquières
Happencourt
Seraucourt-le-Grand
Essigny-le-Grand
Urvillers
Mézières-s-Oise
Berthenicourt
Alaincourt
Séry-lès-Mézières
Surfontaine
Monceau-le-Neuf
Sons-et-Ronchères
Aubigny-aux-Kaisnes
Tugny-et-Pont
Artemps
Benay
Cerizy
La Guinguette
Moy-de-l'Aisne
Brissy-Hamégicourt
Chevresis-Monceau
St Simon
Clastres
Montescourt-Lizerolles
Hinacourt
Ly-Fontaine
Renansart
La Ferté-Chevresis
Sommette
Ollezy
Annois
Jussy
Gibercourt
Remigny
Brissay-Choigny
Nouvion-le-Comte
Nouvion-et-Catillon
Montigny-s-Crécy
Pargny-les-Bois
Brouchy
Cugny
Flavy-le-Martel
Mennessis
Liez
Vendeuil
Mayot
Anguilcourt-le-Sart
Mesbrecourt-Richecourt
Pont-à-Bucy
Crécy-s-Serre
Dercy
Beaumont-en-Beine
Faillouël
Travecy
Achery
Remies
Assis-s-Serre
Pouilly-s-Serre
Mortiers
Chalandry
La Neuville-en-Beine
Frières
Quessy
La Fère
Danizy
Monceau-lès-Leups
Barenton-s-Serre
Ugny-le-Gay
Guyencourt
Villequier-Aumont
Vouël
Tergnier
Fargniers
Beautor
Rogécourt
Charmes
Versigny
Chéry-lès-Pouilly
Verneuil-s-Serre
Barenton-Cel
Guivry
Commenchon
Noureuil
Andelain
La Queue de Monceau Réserve Naturelle
Couvron
Fressancourt
Beaugies-s-Bois
Caumont
Viry
Condren
Deuillet
Servais
Bertaucourt
Vivaise
Aul
Béthancourt-en-Vaux
Neuflieux
Chauny
Mont Fendu
Camp militaire
Forêt d'Andigny
Source de l'Escaut
Source de la Somme
Souterrain de Riqueval
Canal de St Quentin
Canal de la Sambre à l'Oise
Somme
Oise
Serre
A 26-E 17
A 29-E 44
N 29-E 44
N 44
N 43
N 32
D 960
D 1
D 13
D 8
D 946
D 967
9
19
26
36
1
2
3
4

D
E
F
L'AVESNOIS
Avesnes
Landrecies
Le Nouvion-en-Thiérache
Forêt du Nouvion
Sains-du-Nord
Trélon
Fourmies
Wignehies
la Capelle
Hirson
Forêt d'Hirson
St Michel
Signy-le-Petit
Vervins
Marle
Aubenton
Rozoy-s-Serre
Montcornet
Chaumont-Porcien
Sains
Guise
Étréaupont
Plomion
Sissonne
Dizy-le-Gros
Liesse-Notre-Dame
Forêt de Signy-le-Petit
Bois du Val St Pierre
Forêt d'Estrémont
Haye d'Aubenton
N 2
N 43
N 29-E 44

A
B
C
1
2
3
4
11
21
38
Chimay
Couvin
Nismes
Mariembourg
Virelles
Forêt de Nismes
Bois de Chimay
Forêt de Signy-le-Petit
Signy-le-Petit
Rocroi
Revin
Fumay
Haybes
Monthermé
Renwez
Rumigny
Aubenton
Maubert-Fontaine
Signy-l'Abbaye
Chaumont-Porcien
Novion-Porcien
Poix-Terron
Charleville-Mézières
Vireux-Molhain
Vireux-Wallerand
Gué-d'Hossus
Forêt de Froidmont
Forêt de Signy
Launois-s-Vence
Raillicourt
Wasigny
Liart
Aouste
Tarzy
Auvillers-les-Forges
Rimogne
Bourg-Fidèle
Sécheval
Tournes
Cliron
Lonny
Sormonne
Étalle
Laval-Morency
Blombay
Logny-Bogny
Aubigny-les-Pothées
Neufmaison
Warcq
Prix

D
E
F
1
2
3
4
39
Beauraing
Wellin
Tellin
Daverdisse
Haut-Fays
Gedinne
Bièvre
Paliseul
Libin
Transinne
Maissin
Carlsbourg
Bertrix
Bouillon
Herbeumont
Florenville
Sedan
Carignan
Mouzon
Raucourt-et-Flaba
Vrigne-aux-Bois
Donchery
Bazeilles
Douzy
Chiny
Orgeo
Ochamps
Anloy
Redu
Vresse
Membre
Bohan
Rochehaut
Alle
Corbion
Sugny
Gespunsart
Fays-les-Veneurs
Noirefontaine
Sensenruth
Auby
Cugnon
Dohan
Forêt de Sedan
Bois de St Remacle
Bois de Rienne
Forêt de Muno
Bois du Banel
Euro Space Center
Acremont
Chemery
Vendresse
Villers-Cernay
Francheval
Messincourt
Pure
Sachy
Osnes
Margny
Sailly
Linay
Blagny
Moiry
Fromy
Muno
Lacuisine
Warmifontaine
St Médard
Grandvoir
Libramont
St Hubert
Lesterny
Grupont
Awenne
Mirwart
Arville
Smuid
Resteigne
Chanly
Halma
Froidfontaine
Vencimont
Bourseigne
Willerzie
Rienne
Louette-St Pierre
Houdremont
Monceau-en-Ardenne
Oizy
Baillamont
Graide
Porcheresse
Gembes
Naomé
Opont
Jehonville
Framont
Offagne
Nollevaux
Vivy
Ucimont
Botassart
Poupehan
Frahan
Mouzaive
Laforêt
Chairière
Sart-Custinne
Patignies
Malvoisin
Wancennes
Honnay
Lomprez
Barzin
Villance
Glaireuse
Roumont
Vivier-au-Court
Nouvion-sur-Meuse
Vrigne-Meuse
Boutancourt
Hannogne-St Martin
Sapogne
Chéhéry
Thelonne
Noyers
Remilly-Aillicourt
Angecourt
Haraucourt
Bulson
Autrecourt
Amblimont
Euilly
Mairy
Brévilly
Tétaigne
Escombres
Chassepierre
Fontenoille
Martué
Lambermont
Matton-et-Clémency
Tremblois-lès-Carignan
Les Deux-Villes
Mogues
Williers
Puilly-et-Charbeaux
Auflance
Villers-devant-Orval
Herbeuval
Thonne
Margut
Villy
Moulins-St Hubert
Villemontry
Maisoncelle
Villers
Malmy
Ambly
Saint-Menges
Fleigneux
Illy
Floing
Givonne
Daigny
Balan
Wadelincourt
La Chapelle
Bosseval
Issancourt
Gernelle
Rumel
Les Hautes-Rivières
Naux
Thilay
Tournavaux
Haulmé
Neufmanil
Charnois
Chooz
Landrichamps
Felenne
Winenne
Martouzin
Pondrôme
Vonêche
Gribelle
Bure
Lavaux-Ste-Anne
Ave-et-Auffe
Belvaux
Neupont
Hamaye
Séchery
Les Boucats
Selassin
Monceau
Vieille
Pont-Colin
Nafraiture
Orchimont
Petit-Fays
Bellefontaine
Longchamps
Cornimont
Mogimont
Menuchenet
Bellevaux
Curfoz
Les Hayons
Ménil
Mortehan
Les Fourches
Conques
Fays
Carignan
N 89
N 95
N 40
N 835
N 853
N 845
N 884
N 810
N 83
N 43-E 44
A 4 E 411
A 203
E 44-E 46

A
B
C
1
2
3
4
Raz Blanchard
Cap de la Hague
Sémaphore
Roche Gélétan
Gros du Raz
Goury
St Germain des Vaux
les Herbeuses
la Coque
Sémaphore
Pointe Jardeheu
Port Racine
Anse St Martin
la Roche
Auderville
le Hâble
Omonville-la-Petite
Rue-Désert
Omonville-la-Rogue
Digulleville
Baie d'Ecalgrain
Jobourg
Mont Palis
Rocher du Castel-Vendon
C.R.O.S.S.
COGEMA (USINE NUCLEAIRE)
Eculleville
Gruchy
Nez de Voidries
Dannery
Landemer
Pointe de Nacqueville
Pointe de Querqueville
Nez de Jobourg
Herqueville
Beaumont-Hague
Gréville-Hague
Dur-Ecu
Urville-N.
la Rivière
Querqueville
Hameau-de-la-Mer
Herquemoulin
Baie du Houguet
Pierres Pouquelées
Branville-Hague
Nacqueville
Rue-d'Ozouville
Hainneville
Equeurdreville-Hainneville
CHERBOURG-OCTEVILLE
Ft Central
Ft de l'Est
Ft de l'Ouest
Grande Rade
Île Pelée
Rosslare
Portsmouth
Poole
Prieuré
Vauville
Anse de Vauville
Ste Croix-Hague
Centre Scientifique
Tonneville
Flottemanville-Hague
le Becquet
Bretteville
Bourbourg
Tourlaville
Fort du Roule
le Pt Thot
Camp Maneyrol
la Croix-Frimot
Gourbesville
la Croix-aux-Rois
Nouainville
Calvaire des Dunes
Biville
Acqueville
le Saussey
le Pont
Quévastre
la Glacerie
le Val-de-Bas
Champ de Tir
Pénitot
Vasteville
Carrefour des Pelles
Sideville
les Ingoufs
le Bosquet
Herquetot
Teurthéville-Hague
Martinvast
Héauville
le Manoir
Hardinvast
Tollevast
la Réveillerie
les Tourterelles
Ruffosses
Clairefontaine
Siouville-Hague
la Viesville
Quetteville
Craville
le Fésage
Baudretot
Virandeville
les Contes
Jersey, Guernsey
Service saisonnier
Couvert
Dielette
Helleville
St Christophe-du-Foc
Beau Parlé
Delasse
le Bourg Neuf
St Martin-le-Gréard
Rochemont
E.D.F. Centrale nucléaire
Flamanville
Le Pt Siouville
Brefantot
les Pipets
Couville
Talfaret
les Quesnes
Carpentier
Brix
Mont-à-la-Quesne
Samson
Croix-Georges
Sotteville
Croix-Jourdan
Lieu-Jourdan
Ragonde
St Jouvin
Sémaphore
Bonnemains
Tréauville
Bricquebosq
Breuville
Quesney
Benoîtville
le Point du Jour
les Fontaines
Rauville-la-Bigot
la Caudière
Sottevast
les Flamands
Cap de Flamanville
Houel
les Pieux
Sciotot
Grosville
la Vièville
St Martin-le-Hébert
les Sources
Croix-Jacob
la Brique
le Pertus
Anse de Sciotot
Fme de Becqueville
le Comte
Bernay
Longueville
Abbe N.D. de Grâce
Rocheville
Brisset
Négreville
Carrefour des Vergers
le Rozel
Fritot
St Germain-le-Gaillard
Quettetot
le Foyer
la Campionnerie
les Carrières
Pointe du Rozel
le Grand Roux
Hauteville
Pierreville
Boulay
Bricquebec
l'Etang-Bertrand
Surtainville
la Mare-du-Parc
la Croix Morain
le Valhue
le Mesnil
Béghin
Scye
le Vrétot
la Vente aux Saulniers
Sénoville
Bastard
les Perques
le Carrefour
Magneville
Golleville
Baubigny
Sortosville-en-Beaumont
la Fourquette
Bredonchel
le Valdécie
la Brèche
la Rue
Mulac
Nehou
Ste Colombe
la Vallée
le Grd Hameau
le Meaudenville
les Barrières
St Jacques-de-Néhou
les Forges Vardon
Blandamour
le Hecquet
Hatainville
les Moitiers-d'Allonne
Masse de Romond
St Pierre-d'Arthéglise
la Croix Pelletier
le Pont-aux-Moines
Aureville
la Haye-d'Ectot
St Maurice-en-Cotentin
Fierville-les-Mines
Roches du Rit
Carteret
la Trigale
St Sauveur-le-Vicomte
Barneville-Carteret
Moulins
Forêt de St Sauveur
la Blauderie
la Charonnerie
Chapelle
Cap de Carteret
Cadets
Besneville
le Mesnil
Barneville-Plage
St Jean-de-la-Rivière
la Vauterie
le Défant
St Georges-de-la-Rivière
la Picauderie
Carmesnil
Taillepied
Bosquet
Arbre
Ruguville
Huanville
la Croix Blondel
Catteville
Hautmesnil
Jersey
Service saisonnier
Mon Griffon
St Marc
Neuville-en-Beaumont
Réserve Natle de la Sangsurière et de l'Adriennerie
le Havre
Portbail
Gonnetot
Canville
la Rocque
St Sauveur-de-Pierrepont
la Sensurière
Ollonde
St Lo-d'Ourville
la Besnarderie
Doville
Rivières
St Nicolas-de-Pierrepont
la Guillerderie
Etenclin
Pellerine
Lindbergh-Plage
Denneville
Baudreville
Auvairie
C
26
Denneville-Plage

D
E
F
1
2
3
4
28
27
Basses du Renier
Basses du Sen
Raz du Cap Lévy
Cap Lévy
Anse de la Mondrée
Raz de Barfleur
Pointe de Barfleur
Fermanville
Cosqueville
Rethoville
Néville
Gouberville
Gatteville-le-Phare
Varouville
Barfleur
Carneville
St Pierre-Eglise
Maupertus-s-Mer
Tocqueville
la Bretonne
Théville
Cltourps
Ste Geneviève
Landemer
Pointe du Moulard
Montfarville
Canteloup
Valcanville
Anneville-en-Saire
Maltot
Gonneville
Bois de Brillevast
Brillevast
la Crasvillerie
le Vast
la Pernelle
Réville
Pointe de Saire
Quettehou
Ile de Tatihou
Fort de l'Ilet
St Vaast-la-Hougue
Fort de la Hougue
le Rivage
Parc à huitres
Morsalines
Saussemesnil
Videcosville
Crasville
Octeville-l'Avenel
Aumeville-Lestre
Tamerville
St Martin-d'Audouville
Lestre
Huberville
Vaudreville
Valognes
Quinéville
Roches St Floxel
Iles St Marcouf
accès interdit
St Cyr
St Floxel
Ozeville
Fontenay-s-Mer
Montebourg
Sortosville
Joganville
St Marcouf
Ravenoville-Plage
Ecausseville
Azeville
Hémevez
Emondeville
Ravenoville
Fresville
Foucarville
Monl Leclerc
les Dunes-de-Varreville
Utah Beach
St Germain-de-Varreville
Beuzeville-au-Plain
St Martin-de-Varreville
Gourbesville
Neuville-au-Plain
Amfreville
Ste Mère-Eglise
Audouville-la-Hubert
la Madeleine
Musée
Réserve naturelle
Banc du Grand Vey
Roches de Grandcamp
Grandcamp-Maisy
Pointe du Hoc
St Pierre-du-Mont
Englesqueville-la-Percée
Cricqueville-en-Bessin
Asnières-en-Bessin
Chef-du-Pont
Picauville
Pont-l'Abbé
Etienville
Blosville
Carquebut
Boutteville
Ste Marie-du-Mont
Brucheville
Hiesville
Vierville
Rochefort
Beuzeville-la-Bastille
Liesville-s-Douve
Houesville
Cretteville
Houtteville
Passe de Carentan
Passe d'Isigny
Géfosse-Fontenay
Cardonville
Louvières
Angoville-au-Plain
Vindefontaine
St Côme-du-Mont
Brévands
Isigny-s-Mer
Osmanville
Longueville
Deux-Jumeaux
MARAIS
NATUREL
RÉGIONAL
DES

A
B
C
24
53
1
2
3
4
Siouville-Hague
Héauville
Teurthéville-Hague
Martinvast
Hardinvast
Tollevast
Jersey, Guernsey
Service saisonnier
Dielette
Flamanville
E.D.F. Centrale nucléaire
Sémaphore
Cap de Flamanville
Helleville
Virandeville
St Christophe-du-Foc
St Martin-le-Gréard
Couville
Sotteville
Tréauville
Bricquebosq
Breuville
Benoîtville
Rauville-la-Bigot
Sottevast
Brix
les Pieux
Grosville
St Martin-le-Hébert
Rocheville
Valognes
Anse de Sciotot
Sciotot
le Rozel
St Germain-le-Gaillard
Quettetot
Abbe N.D. de Grâce
Négreville
Yvetot-Bocage
Pierreville
Pointe du Rozel
Bricquebec
Morville
Surtainville
le Vrétot
les Perques
Magneville
Colomby
Urville
Sénoville
Sortosville-en-Beaumont
Golleville
Baubigny
le Valdécie
Néhou
Ste Colombe
Biniville
Hautteville-Bocage
Orglandes
Gourbesville
St Jacques-de-Néhou
St Pierre-d'Arthéglise
Hatainville
les Moitiers-d'Allonne
Roches du Rit
la Haye-d'Ectot
St Maurice-en-Cotentin
Fierville-les-Mines
St Sauveur-le-Vicomte
Rauville-la-Place
Reigneville-Bocage
la Bonneville
Crosville-s-Douve
Carteret
Barneville-Carteret
Cap de Carteret
Barneville-Plage
St Jean-de-la-Rivière
le Mesnil
Besneville
Taillepied
St Georges-de-la-Rivière
Jersey
Service saisonnier
Portbail
Canville
Neuville-en-Beaumont
Réserve Naturelle de la Sangsurière et de l'Adriennerie
Varenguebec
PARC
St Nicolas-de-Pierrepont
Doville
Lindbergh-Plage
Denneville
Denneville-Plage
Baudreville
Bolleville
Neufmesnil
Lithaire
St Symphorien-le-Valois
la Haye-du-Puits
Mont Castre
St Rémy-des-Landes
Glatigny
Montgardon
Surville
Mobecq
Angoville-s-Ay
Vesly
Laulne
Richemont
Salnel
St Germain-Plage
St Germain-s-Ay
Lessay
St Patrice-de-Claids
Gonfreville
Créances
Printania-Plage
Armanville-Plage
Pirou
Pirou-Plage
la Feuillie
Millières
Périers
Roches du Sac de Pirou
Vaudrimesnil
Geffosses
Anneville-s-Mer
Muneville-le-Bingard
Montsurvent
Gouville-s-Mer
Boisroger
Ancteville
Sénéquet
Servigny
Monthuchon
Gonneville
Blainville-s-Mer
Brainville
St Malo-de-la-Lande

D
E
F
25
28
54
1
2
3
4
Pointe de Saire
Ile de Tatihou
Fort de l'Ilet
St Vaast-la-Hougue
Fort de la Hougue
Morsalines
Aumeville-Lestre
Quinéville
Roches St Floxel
Iles St Marcouf
accès interdit
Ravenoville-Plage
Montebourg
Ravenoville
Mont Leclerc
les Dunes-de-Varreville
Utah Beach
Ste Mère-Eglise
Banc du Grand Vey
Roches de Grandcamp
Grandcamp-Maisy
Pointe du Hoc
Pointe et Raz de la Percée
Omaha Beach
Vierville-s-Mer
Colleville-s-Mer
Carentan
Isigny-s-Mer
Trévières
Balleroy
St-Lô
Marigny
Saint-Clair-s-l'Elle
Cerisy-la-Forêt
Forêt de Cerisy
Montmartin-en-Graignes
Pont-Hébert
Le Molay-Littry
Vaubadon
Lison
Colombières
Formigny
Baupte
Picauville
Sainteny
Marchésieux
Le Dézert
Cavigny
Saint-Jean-de-Daye
Tournières
Litteau
Bérigny
Saint-Georges-d'Elle
Rouxeville
Vidouville
Montrabot
Couvains
Villiers-Fossard
Hébécrevon
Agneaux
Saint-Gilles
Canisy
Le Lorey
Camberon
Baudre
MARAIS
COTENTIN
BESSIN
DU
DES

D
E
F
1
2
3
4
30
55
56
Plateau du Calvados
Rade de Caen
Gold Beach
Juno Beach
Sword Beach
Portsmouth
Arromanches-les-Bains
Cap Manvieux
Longues-s-Mer
Tracy-s-Mer
Manvieux
Asnelles
Meuvanes
Ver-s-Mer
Graye-s-Mer
Courseulles-s-Mer
Bernières-s-Mer
St Aubin-s-Mer
Langrune-s-Mer
Luc-s-Mer
Lion-s-Mer
Riva-Bella
Colleville-Montgomery-Plage
Cabourg
Le Home
Merville-Franceville-Plage
Ouistreham
Colleville-Montgomery
Hermanville-s-Mer
Douvres-la-Délivrande
Cresserons
la Délivrande
Tailleville
Reviers
Banville
Ste Croix-s-Mer
Crépon
Ryes
Bazenville
Tierceville
Colombiers-s-Seulles
Creully
Fontaine-Henry
Thaon
Basly
Anguerny
Anisy
Mathieu
Plumetot
Périers-s-le-Dan
Bénouville
Ranville
Bréville
Amfreville
Sallenelles
Gonneville-en-Auge
Varaville
Petiville
Bavent
Robehomme
Hérouvillette
Escoville
Toufréville
Sannerville
Troarn
Démouville
Cuverville
Giberville
Colombelles
Blainville-s-Orne
Hérouville-St Clair
Epron
Lébisey
Cambes-en-Plaine
Mâlon
Villons-les-Buissons
Cairon
Rots
Authie
Abbe d'Ardenne
Carpiquet
Bretteville-l'Orgueilleuse
Putot-en-Bessin
Brouay
Cristot
Audrieu
Le Mesnil-Patry
Norrey-en-Bessin
St Germain-la-Blanche-Herbe
Bretteville-s-Odon
Verson
Mouen
Cheux
Tilly-s-Seulles
Fontenay-le-Pesnel
Juvigny-s-Seulles
Vendes
Tessel
St Vaast-s-Seulles
Hottot-les-Bagues
Bucéels
Chouain
Condé-s-Seulles
Ellon
Ducy-Ste Marguerite
Martragny
Cully
Coulombs
Lantheuil
Rucqueville
Vaux-s-Seulles
Vienne-en-Bessin
Esquay-s-Seulles
St Gabriel-Brécy
Villiers-le-Sec
Sommervieu
St Vigor-le-Grand
St Martin-des-Entrées
Magny-en-Bessin
Vaussieux
Secqueville-en-Bessin
Lasson
Colomby-s-Thaon
le Fresne
Rosel
Bray
Gruchy
St Contest
Buron
les Buissons
Couvrechef
CAEN
Mondeville
Cormelles-le-Royal
Grentheville
Soliers
Cagny
Frénouville
Banneville-la-Campagne
Emiéville
Manneville
Argences
Vimont
Bellengreville
Bourguébus
Hubert-Folie
Ifs
Fleury-s-Orne
Louvigny
Eterville
Fontaine-Etoupefour
Baron-s-Odon
Mondrainville
Grainville-s-Odon
Gavrus
Esquay-Notre-Dame
Maltot
Feuguerolles
Evrecy
Avenay
St André-s-Orne
St Martin-de-Fontenay
May-s-Orne
Tilly-la-Campagne
Garcelles
Secqueville
Chicheboville
Airan
Moult
Croissanville
St Pierre-du-Jonquet
St Samson
Janville
St Ouen-du-Mesnil
Canteloup
Bures
Goustranville
Brucourt
Périers-en-Auge
Dives
Bois de Bavent
Colleville
Noyers-Bocage
Missy
Le Locheur
Monts
Louvet-s-Seulles
Villy-Bocage
Monceaux
Orne
Seulles
Mue
Thue
Odon
Dives
Provence
Divette
A 13
A 84
E 46
E 401
N 13
N 175
N 158
N 814
D 514
D 79
D 7

A
B
C
14
1
2
3
4
29
56
LE HAVRE
Ste Adresse
Cap de la Hève
Octeville-s-Mer
Montivilliers
Harfleur
Gonfreville
Sanvic
Graville
Bléville
Fontaine-la-Mallet
Epouville
Rolleville
Fontenay
Mannevillette
Cauville
Heuqueville
St Jouin
Anglesqueville-l'Esneval
Criquetot-l'Esneval
Goderville
Bornambusc
Vergetot
Turretot
St Martin-du-Bec
Hermeville
Manéglise
Etainhus
Angerville-l'Orcher
Graimbouville
St Laurent-de-Brèvedent
St Martin-du-Manoir
Gainneville
Rogerville
Oudalle
Sandouville
St Vigor-d'Ymonville
St Aubin-Routot
Gonfreville-l'Orcher
COMPLEXE PÉTROCHIMIQUE
TOTAL
RENAULT
CIMENTS LAFARGE
Portsmouth
Pont de Normandie
Honfleur
Vasouy
Côte de Grâce
Cricquebœuf
Pennedepie
Villerville
Hennequeville
Trouville-s-Mer
DEAUVILLE
Bénerville-s-Mer
Blonville-s-Mer
Villers-s-Mer
Falaise des Vaches Noires
Houlgate
Cabourg
Le Home
Merville-Franceville-Plage
Dives-s-Mer
Gonneville-s-Mer
Tourgéville
St Arnoult
Touques
Bonneville-s-Touques
Canapville
St Gatien-des-Bois
Englesqueville-en-Auge
St Martin-aux-Chartrains
Tourville-en-Auge
St Benoît-d'Hébertot
Fourneville
Genneville
Equemauville
Gonneville-s-Honfleur
Barneville-la-Bertran
Fatouville-Grestain
Fiquefleur
Beuzeville
Quetteville
St André-d'Hébertot
Pont-l'Évêque
Coudray-Rabut
St Julien-s-Calonne
Surville
Glanville
Beaumont-en-Auge
Bourgeauville
Annebault
Drubec
Blangy-le-Château
Dozulé
Cricqueville-en-Auge
Cresseveuille
Beuvron-en-Auge
Cambremer
LISIEUX
Troarn
St Samson
Varaville
Petiville
Bavent
Robehomme
Bonnebosq
Le Torquesne
Coquainvilliers
Formentin
Manerbe
Norolles
Fauguernon
Moyaux
Ouilly-du-Houley
Fumichon
Hermival-les-Vaux
Firfol
St Désir
Ouilly-le-Vicomte
St Pierre-des-Ifs
St Martin-de-la-Lieue
Beuvillers
Glos
Crèvecœur
Méry-Corbon
Canteloup
Argences
Vimont
Croissanville
Bissières
Mézidon

D
E
F
Yvetot
Bolbec
Lillebonne
Caudebec-en-Caux
St Wandrille-Rançon
Barentin
Duclair
Jumièges
Notre-Dame-de-Gravenchon
Port-Jérôme
Quillebeuf
Pont de Tancarville
Tancarville
SEINE
Marais Vernier
Réserve Naturelle des Mannevilles
PARC NATUREL RÉGIONAL DES BOUCLES DE LA SEINE NORMANDE
FORÊT DE BROTONNE
Pont-Audemer
Bourg-Achard
Routot
Bourgtheroulde
La Bouille
Montfort-s-Risle
Brionne
Le Bec-Hellouin
Lieurey
Thiberville
Le Neubourg
Amfreville-la-Campagne
Cormeilles
St Georges-du-Vièvre
Pont-Authou
Forêt de Roumare
Forêt de la Londe
Forêt de Mauny
Robert-le-Diable
AUTOROUTE DE NORMANDIE
1
2
3
4
15
32
57
58

ROUEN
Sotteville
St Etienne du Rouvray
Petit-Couronne
Gd Couronne
Quevilly
Gd Quevilly
Canteleu
Maromme
Mont-St Aignan
Bois-Guillaume
Bihorel
Darnétal
Bonsecours
Déville
Barentin
Pavilly
Duclair
Clères
Montville
Malaunay
le Houlme
Houppeville
Isneauville
Quincampoix
Préaux
Buchy
Boos
Franqueville-St-Pierre
Belbeuf
Elbeuf
Caudebec-lès-E.
St Pierre-lès-E.
Oissel
Tourville-la-Rivière
Pont-de-l'Arche
Val-de-Reuil
le Vaudreuil
Louviers
Incarville
Poses
Amfreville
Pîtres
Alizay
Igoville
Bourgtheroulde
Moulineaux
la Bouille
Sahurs
Yville-s-Seine
le Neubourg
Amfreville-la-Campagne
Gaillon
Vernon
Acquigny
Heudebouville
St Pierre-du-Vauvray
Andé
les Andelys
Port-Mort
Romilly
Fleury
Charleval
Ecouis
Fontaine-Guérard
Forêt de Longboël
Côte des Amants
Forêt du Rouvray
Forêt de Roumare
Forêt Verte
Forêt de Bord
Forêt de la Londe
Seine
A
B
C
1
2
3
4
16
15
31
58

D
E
F
17
34
59
60
1
2
3
4
Forges-les-Eaux
Gournay-en-Bray
Gisors
Étrépagny
Chaumont-en-Vexin
Magny-en-Vexin
Marines
Auneuil
Songeons
Gerberoy
Marseille-en-Beauvaisis
Lyons-la-Forêt
Argueil
St Germer
le Coudray-St Germer
Trie-Château
Écos

A
B
C
17
18
33
60
1
2
3
4
BEAUVAIS
Clermont
Creil
Chantilly
Méru
Noailles
Mouy
Breteuil
Crèvecœur-le-Gd
Froissy
St-Just-en-Chaussée
Auneuil
Chambly
Persan
Beaumont-s-Oise
Nogent-s-Oise
Montataire
Liancourt
Marseille-en-Beauvaisis
Marines
Neuilly-en-Thelle
Nivillers
Allonne
Laversines
Bresles
Forêt de Hez-Froidmont
Précy-s-Oise
Gouvieux
St-Leu-d'Esserent
Villers-St-Paul
Mello
Cires-lès-Mello
Ansacq
Noyers-St-Martin
Esches
Amblainville
Hénonville
Ivry-le-Temple
Fresneaux
Valdampierre
Abbeville-St-Lucien
Milly-s-Thérain
Troissereux
Herchies
Savignies
Rainvilliers
St-Léger-en-Bray
Auteuil
Berneuil-en-Bray
Villotran
Saint-Sulpice
Warluis
Therdonne
Rochy-Condé
Haudivillers
Bulles
Étouy
Wavignies
Bonvillers
Plainval
Ravenel
Airion
Avrechy
Agnetz
Breuil-le-Vert
Laigneville
Cauffry
Rousseloy
Balagny-s-Thérain
Ully-St-Georges
Cramoisy
Maysel
Thiverny
Boran-s-Oise
Lys-Chantilly
Viarmes
Asnières-s-Oise
Royaumont
Bernes-s-Oise
Belle-Église
Fresnoy-en-Thelle
Puiseux-le-Hauberger
Crouy-en-Thelle
Morangles
Ercuis
Dieudonné
Andeville
Lormaison
St-Crépin-Ibouvillers
Lardières
Boulaines
Corbeil-Cerf
Le Déluge
Le Coudray-s-Thelle
La Neuville-d'Aumont
Ressons-l'Abbaye
Hermes
Heilles
Silly-Tillard
Abbecourt
Hodenc-l'Évêque
Ponchon
Berthecourt
Villers-St-Sépulcre
Montreuil-s-Thérain
Bailleul-s-Thérain
Litz
La Rue-St-Pierre
Fouquerolles
Velennes
Le Fay-St-Quentin
Reuil-s-Brêche
Montreuil-s-Brêche
Lafraye
Essuiles
Catillon-Fumechon
Le Quesnel-Aubry
Bucamps
Thieux
Campremy
Maulers
Muidorge
Juvignies
Verderel
Luchy
Blicourt
Pisseleu
Oudeuil
Francastel
Auchy-la-Montagne
Lachaussée-du-Bois-d'Écu
Rotangy
Viefvillers
Cormeilles
Hardivillers
Vendeuil-Caply
Troussencourt
Maisoncelle-Tuilerie
Fléchy
Villers-Vicomte
Bacouël
Chepoix
Mory
Ansauvillers
Quinquempoix
Gannes
Brunvilliers-la-Motte
Fournival
Valescourt
Nourard-le-Franc
Le Mesnil-s-Bulles
Le Plessier-s-St-Just
Angivillers
Lieuvillers
Erquinvilliers
Cuignières
Noroy
Rémécourt
Lamécourt
Erquery
St-Aubin-s-Erquery
Fitz-James
Nointel
Gicourt
Rantigny
Cambronne-lès-Clermont
Neuilly-s-Clermont
Rieux
Angicourt
Monchy-St-Éloi
Saint-Maximin
Apremont
Vineuil-St-Firmin
Coye-la-Forêt
Orry-la-Ville
Chaumontel
Seugy
Noisy-s-Oise
Mours
Champagne-s-Oise
Jouy-le-Comte
Nesles
Labbeville
Hédouville
Ronquerolles
Gandicourt
Arronville
Berville
Haravilliers
Le Heaulme
Chars
Santeuil
Bréançon
Theuville
Menouville
Neuilly-en-Vexin
Chavençon
Neuville-Bosc
Monneville
Montjavoult
Fresne-Léguillon
Senots
Fleury
Boissy-le-Bois
Bachivillers
Le Mesnil-Théribus
Jouy-s-Thelle
Beaumont-les-Nonains
La Neuville-Garnier
Porcheux
La Houssoye
Le Vivier Danger
St-Paul
Le Mont-St-Adrien
Goincourt
Aux Marais
Montmille
Fouquenies
Villers-St-Lucien
Tillé
Bonlier
Guignecourt
Fontaine-St-Lucien
Rainvillers
St-Martin-le-Nœud
Frocourt
Troussures
Vessencourt
La Neuville-Vault
Crillon
Hucourt
St-Omer-en-Chaussée
Achy
Thieuloy-St-Antoine
Gaudechart
Prévillers
Lihus
Hétomesnil
Conteville
Le Hamel
Catheux
Doméliers
Le Saulchoy
Le Gallet

D
E
F
19
36
61
62
1
2
3
4
Montdidier
Noyon
Lassigny
Ressons-s-Matz
Margny-s-Matz
Marquéglise
Compiègne
Forêt de Compiègne
Forêt de Laigue
Clairière de l'Armistice
Rethondes
Attichy
Vic-s-Aisne
Pierrefonds
Verberie
Saintines
Béthisy-St-Pierre
Béthisy-St-Martin
Crépy-en-Valois
Villers-Cotterêts
Senlis
Chantilly
Nanteuil-le-Haudouin
Betz
Estrées-St-Denis
Ribecourt
Thourotte
Choisy-au-Bac
Vieux-Moulin
Morienval
Vez
Abbaye de Chaalis
Parc Astérix
Ermenonville
Carlepont
Tracy-le-Mont
Cuts
Bailly
Longueil-Annel
Clairoix
Venette
Margny-lès-Compiègne
Lacroix-St-Ouen
Rivecourt
Jonquières
Arsy
Gournay-s-Aronde
Monchy-Humières
Coudun
Baugy
Moyvillers
Rémy
Blincourt
Grandfresnoy
Sacy-le-Grand
Pont-Ste-Maxence
Rhuis
Roberval
Raray
Rully
Barbery
Ducy
Fresnoy
Rocquemont
Ormoy-Villers
Lévignen
Gondreville
Ivors
Boursonne
Marolles
Cuvergnon
Thury-en-Valois
Antilly
Boissy-Fresnoy
Péroy-les-Gombries
Baron
Versigny
Montlognon
Fontaine-Chaalis
Mont-l'Évêque
Aumont-en-Halatte
Fleurines
Brasseuse
Villeneuve-s-Verberie
Orrouy
Champlieu
Saint-Sauveur
Néry
Glaignes
Séry
Trumilly
Duvy
Fresnoy-la-Rivière
Feigneux
Russy-Bémont
Vaumoise
Largny-s-Automne
Haramont
Taillefontaine
Retheuil
Mortefont
Cuise-la-Motte
Couloisy
Trosly-Breuil
Berneuil-s-Aisne
Jaulzy
Courtieux
Montigny-Lengrain
Hautefontaine
Chelles
St-Crépin-aux-Bois
Pimprez
Ourscamps
Chiry-Ourscamps
Dreslincourt
Machemont
Mélicocq
Chevincourt
Vandélicourt
Marest-s-Matz
Élincourt-Ste-Marguerite
Mareuil-la-Motte
Ricquebourg
Cuvilly
Orvillers-Sorel
Tricot
Courcelles-Épayelles
Rollot
Conchy-les-Pots
Canny-s-Matz
Roye-s-Matz
Gury
Laberlière
Thiescourt
Cannectancourt
Dives
Cuy
Suzoy
Vauchelles
Porquéricourt
Lagny
Candor
Fresnières
Amy
Beuvraignes
Tilloloy
Dancourt-Popincourt
Bus-la-Mésière
Fescamps
Remaugies
Piennes
Assainvillers
Ayencourt
Rubescourt
Onvillers
Godenvillers
Dompierre
Le Ployron
Mortemer
Hainvillers
Méry-la-Bataille
Montgérain
Belloy
Wacquemoulin
Neufvy-s-Aronde
Ménévillers
Montiers
Moyenneville
Lieuvillers
Montmartin
Hémévillers
Grandvillers-aux-Bois
Rouvillers
Francières
Bailleul-le-Soc
Épineuse
Avrigny
Choisy-la-Victoire
Chevrières
Houdancourt
Bazicourt
St-Martin-Longueau
Le Meux
Armancourt
Noyon
Sempigny
Passel
Pont-l'Évêque
Varesnes
Salency
Morlincourt
Quesmy
Bussy
Crisolles
Genvry
Béhéricourt
Grandrù
Caisnes
Nampcel
Moulin-s-Touvent
Autrêches

A
B
C
1
2
3
4
19
20
35
62
Tergnier
Chauny
Coucy-le-Chau
Anizy-le-Chau
Laon
Soissons
Villers-Cotterêts
la Ferté-Milon
Fère-en-Tardenois
Braine
Vailly-s-Aisne
Attichy
Vic-s-Aisne
Oulchy-le-Chau
Neuilly-St Front
St Gobain
Forêt de St Gobain
Basse Forêt de Coucy
Aisne
Oise
Ourcq
Marizy-St Mard
Longpont
Hartennes
Buzancy
Septmonts
Belleu
Crouy
Vauxbuin
Pinon
Crépy
Fressancourt
Cessières
Bruyères-s-Fère
Coincy
Brécy
Sergy
Nesles
Saponay
N 2
N 31-E 46
N 32
D 1
A 26-E 17

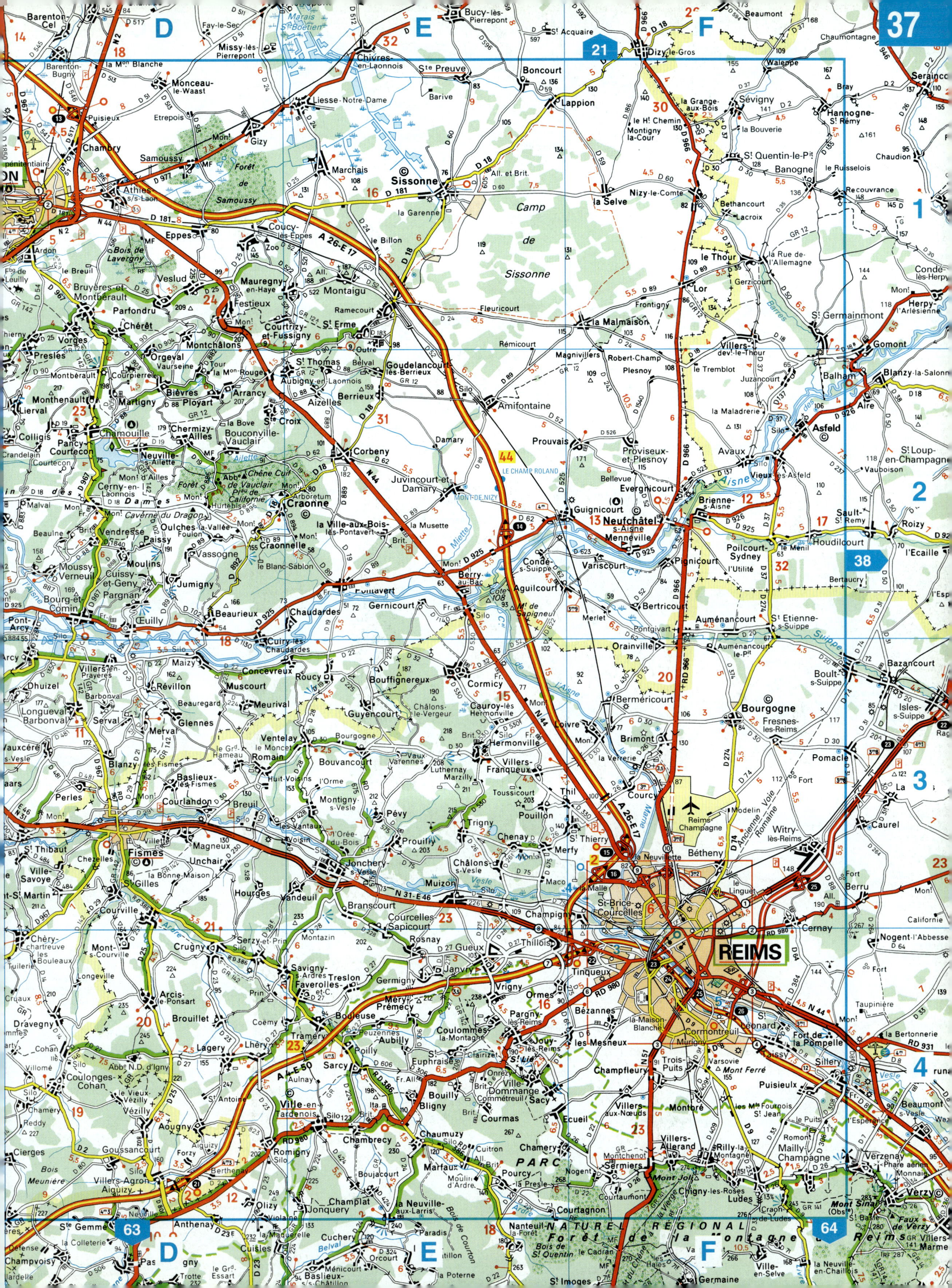
D
E
F
1
2
3
4
21
38
63
64
REIMS
Sissonne
Camp de Sissonne
Forêt de Samoussy
Liesse-Notre-Dame
Marchais
Montaigu
Corbeny
Craonne
Neufchâtel-s-Aisne
Guignicourt
Berry-au-Bac
Amifontaine
Asfeld
Bourgogne
Cormicy
Fismes
Jonchery-s-Vesle
Gueux
Tinqueux
Bétheny
St-Brice-Courcelles
Cormontreuil
Sillery
Verzy
Reims Champagne
Bazancourt
Boult-s-Suippe
Isles-s-Suippe
Witry-lès-Reims
Ville-en-Tardenois
Chambrecy
Champfleury
Rilly-la-Montagne
Ludes
Mailly-Champagne
Villers-Allerand
Montbré
Puisieux
Fort de la Pompelle
Bézannes
Ormes
Les Mesneaux
Sacy
Ville-Dommange
Jouy-lès-Reims
Pargny-lès-Reims
Coulommes-la-Montagne
Sarcy
Savigny-s-Ardres
Faverolles-et-C.
Treslon
Rosnay
Muizon
Châlons-s-Vesle
Chenay
Merfy
St Thierry
Pouillon
Villers-Franqueux
Hermonville
Cauroy-lès-Hermonville
Loivre
Brimont
Courcy
Bourgogne
Fresnes-lès-Reims
Orainville
Bermericourt
Aumenancourt
Pignicourt
Variscourt
Condé-s-Suippe
Evergnicourt
Proviseux-et-Plesnoy
Prouvais
Juvincourt-et-Damary
La Ville-aux-Bois-lès-Pontavert
Pontavert
Chaudardes
Beaurieux
Roucy
Concevreux
Muscourt
Meurival
Ventelay
Romain
Bouvancourt
Pévy
Prouilly
Trigny
Hourges
Unchair
Magneux
Courlandon
Breuil
Serval
Révillon
Glennes
Blanzy
Perles
Bazoches
Villesavoye
Chéry-Chartreuve
Mont-s-Courville
Arcis-le-Ponsart
Crugny
Brouillet
Lagery
Lhéry
Tramery
Poilly
Aubilly
Bouilly
Bligny
Chaumuzy
Marfaux
Pourcy
Courtagnon
Nogent
Sermiers
Chamery
Ecueil
Courmas
Villers-aux-Nœuds
Trois-Puits
Prunay
Beaumont-s-Vesle
Verzenay
Vaudemange
Pomacle
Caurel
Lavannes
Nogent-l'Abbesse
Cernay
Berru
Le Linguet
Taissy
St Léonard
Puisieulx
Parc Naturel Régional de la Montagne de Reims
Forêt de la Montagne
Mont Sinaï
Faux de Verzy
Germaine
Ville-en-Selve
Chigny-les-Roses
Laon
Athies-s-Laon
Eppes
Coucy-lès-Eppes
Samoussy
Chambry
Gizy
Mauregny-en-Haye
Festieux
Courtrizy-et-Fussigny
St Erme
Ramecourt
Goudelancourt-lès-Berrieux
Berrieux
Aizelles
St Thomas
Aubigny-en-Laonnois
Orgeval
Vorges
Bruyères-et-Montbérault
Parfondru
Chérêt
Montchâlons
Bièvres
Ployart
Arrancy
Martigny
Chamouille
Bouconville-Vauclair
Chermizy-Ailles
Neuville-s-Ailette
Abbaye de Vauclair
Oulches
Paissy
Vassogne
Jumigny
Moulins
Cuissy-et-Geny
Pargnan
Bourg-et-Comin
Œuilly
Vendresse
Moussy-Verneuil
Pont-Arcy
La Malmaison
La Selve
Nizy-le-Comte
Lappion
Boncourt
Ste Preuve
Bucy-lès-Pierrepont
Chivres-en-Laonnois
Dizy-le-Gros
Le Thour
Sévigny
Hannogne-St Rémy
Banogne
St Quentin-le-Petit
Lor
Villers-devant-le-Thour
Juzancourt
Balham
Blanzy-la-Salonnaise
Gomont
St Germainmont
Avaux
Vieux-lès-Asfeld
Brienne-s-Aisne
Poilcourt-Sydney
Roizy
Houdilcourt
Sault-St Remy
St Loup-en-Champagne
Bertricourt
Aguilcourt
Pontgivart
St Etienne-s-Suippe
Bouffignereux
Guyencourt
Villers-Franqueux
Gernicourt
Cuiry-lès-Chaudardes
Corbeny
A 26-E 17
N 44
N 31-E 46
A 4-E 50
RD 980
RD 931
RD 966

A
B
C
21
22
37
64
1
2
3
4
Rethel
Château-Porcien
Novion-Porcien
Attigny
Juniville
Machault
Tourteron
Asfeld
Suippes
Mourmelon-le-Grand
Bétheniville
Pontfaverger-Moronvilliers
Sommepy-Tahure
Verzy
Sillery
Beine-Nauroy
Warmeriville
Bazancourt
Isles-s-Suippe
Witry-lès-Reims
Camp de Moronvilliers
Camp militaire
Camp de Mourmelon
Aisne
Ardennes
Suippe
Retourne
Vesle
N 51-E 46
RD 980
RD 931
D 946
D 983
D 987
D 977
Montagne de Reims
Vouziers

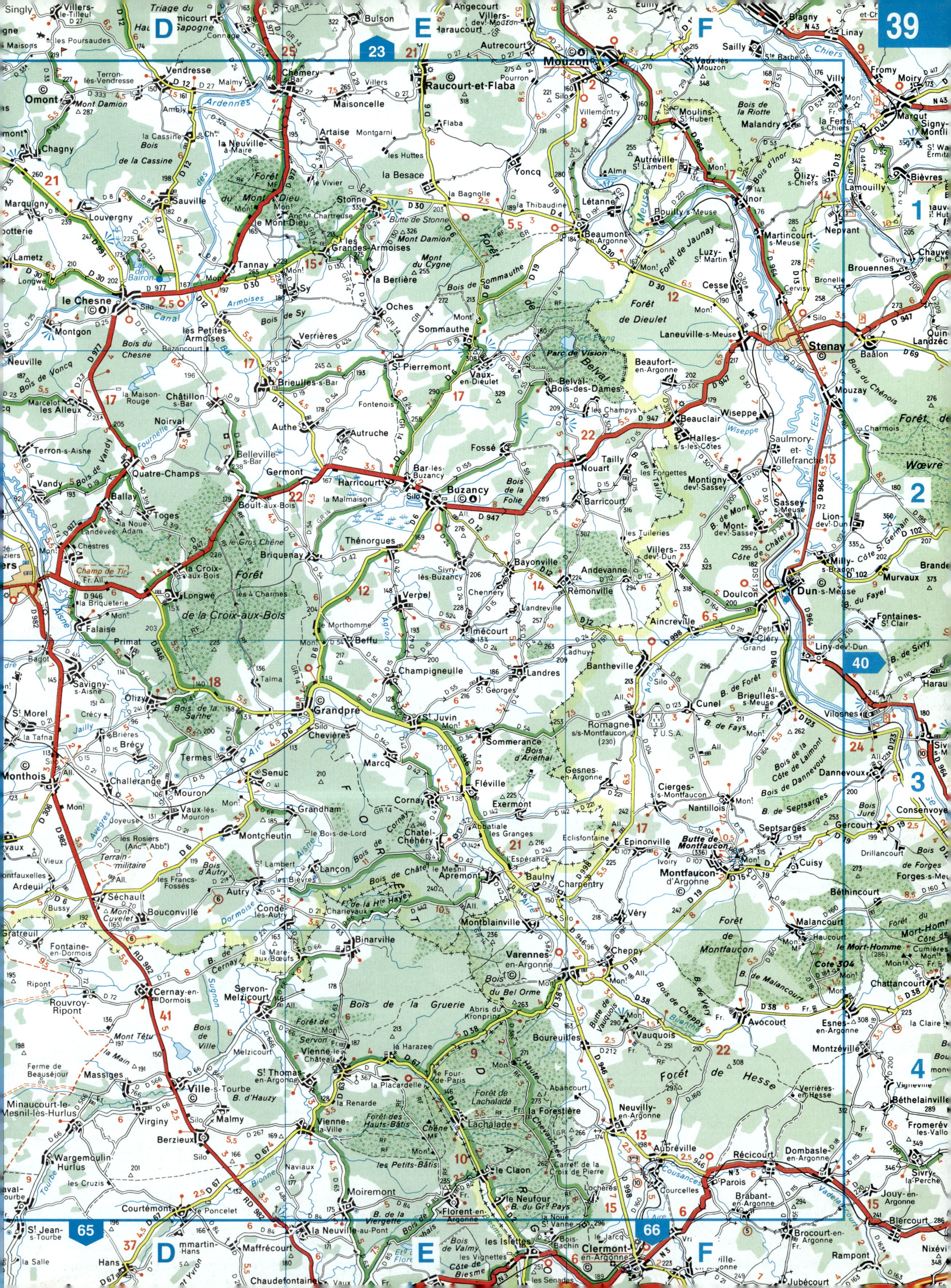
D
E
F
23
40
65
66
1
2
3
4
Mouzon
Raucourt-et-Flaba
Chémery-s-Bar
Bulson
Vendresse
Omont
Chagny
Maisoncelle
Artaise
Yoncq
Beaumont-en-Argonne
Létanne
La Besace
Stonne
Sauville
Louvergny
Le Mont-Dieu
Les Grandes-Armoises
Tannay
Sy
La Berlière
Le Chesne
Oches
Sommauthe
Forêt de Dieulet
Laneuville-s-Meuse
Stenay
Baâlon
Mouzay
Inor
Martincourt-s-Meuse
Pouilly-s-Meuse
Autréville-St Lambert
Moulins-St Hubert
Malandry
Margut
Lamouilly
Olizy-s-Chiers
Nepvant
Brouennes
Luzy-St Martin
Cesse
Montgon
Neuville
Les Alleux
Marcelot
Châtillon-s-Bar
Brieulles-s-Bar
Verrières
St Pierremont
Vaux-en-Dieulet
Belval-Bois-des-Dames
Parc de Vision de Belval
Beaufort-en-Argonne
Beauclair
Halles-s/s-les-Côtes
Wiseppe
Saulmory-et-Villefranche
Fossé
Nouart
Barricourt
Autruche
Authe
Noirval
Terron-s-Aisne
Vandy
Quatre-Champs
Ballay
Toges
Belleville-s-Bar
Germont
Harricourt
Bar-lès-Buzancy
Buzancy
Boult-aux-Bois
Briquenay
Thénorgues
Sivry-lès-Buzancy
Bayonville
Andevanne
Rémonville
Villers-devt-Dun
Montigny-devt-Sassey
Sassey-s-Meuse
Mont-devt-Sassey
Dun-s-Meuse
Doulcon
Milly-s-Bradon
Murvaux
Fontaines-St Clair
Liny-devt-Dun
Lion-devt-Dun
Forêt de Woëvre
Forêt de la Croix-aux-Bois
La Croix-aux-Bois
Longwé
Falaise
Primat
Verpel
Imécourt
Landres
Bantheville
Aincreville
Cléry
Brieulles-s-Meuse
Cunel
Romagne-s/s-Montfaucon
Vilosnes
Dannevoux
Consenvoye
Savigny-s-Aisne
Olizy
Grandpré
Champigneulle
St Juvin
Chevières
Termes
Marcq
Sommerance
Fléville
Exermont
Gesnes-en-Argonne
Cierges-s/s-Montfaucon
Nantillois
Septsarges
Gercourt
Monthois
Challerange
Brécy
Senuc
Mouron
Vaux-lès-Mouron
Grandham
Cornay
Châtel-Chéhéry
Apremont
Baulny
Charpentry
Epinonville
Montfaucon-d'Argonne
Cuisy
Béthincourt
Montcheutin
Lançon
Autry
Séchault
Bouconville
Condé-lès-Autry
Montblainville
Varennes-en-Argonne
Cheppy
Véry
Malancourt
Forêt de Montfaucon
Cote 304
Le Mort-Homme
Chattancourt
Binarville
Servon-Melzicourt
Cernay-en-Dormois
Fontaine-en-Dormois
Rouvroy-Ripont
Bois de la Gruerie
Boureuilles
Vauquois
Avocourt
Esnes-en-Argonne
Montzéville
Forêt de Hesse
Massiges
Ville-s-Tourbe
Vienne-le-Château
St Thomas-en-Argonne
Virginy
Malmy
Berzieux
Vienne-la-Ville
La Harazee
Le Four-de-Paris
Forêt de Lachalade
Lachalade
La Forestière
Neuvilly-en-Argonne
Aubréville
Récicourt
Dombasle-en-Argonne
Parois
Brabant-en-Argonne
Wargemoulin-Hurlus
Minaucourt-le-Mesnil-lès-Hurlus
Courtémont
Moiremont
Le Claon
Le Neufour
Florent-en-Argonne
La Neuville-au-Pont
Les Islettes
Clermont-en-Argonne
Brocourt-en-Argonne
Rampont
St Jean-s-Tourbe
Hans
Maffrécourt
Dommartin-s-Hans
Jouy-en-Argonne
Blercourt
Sivry-la-Perche
Béthelainville
Fromeréville-les-Vallons
Vigneville
Nixéville
Jubécourt

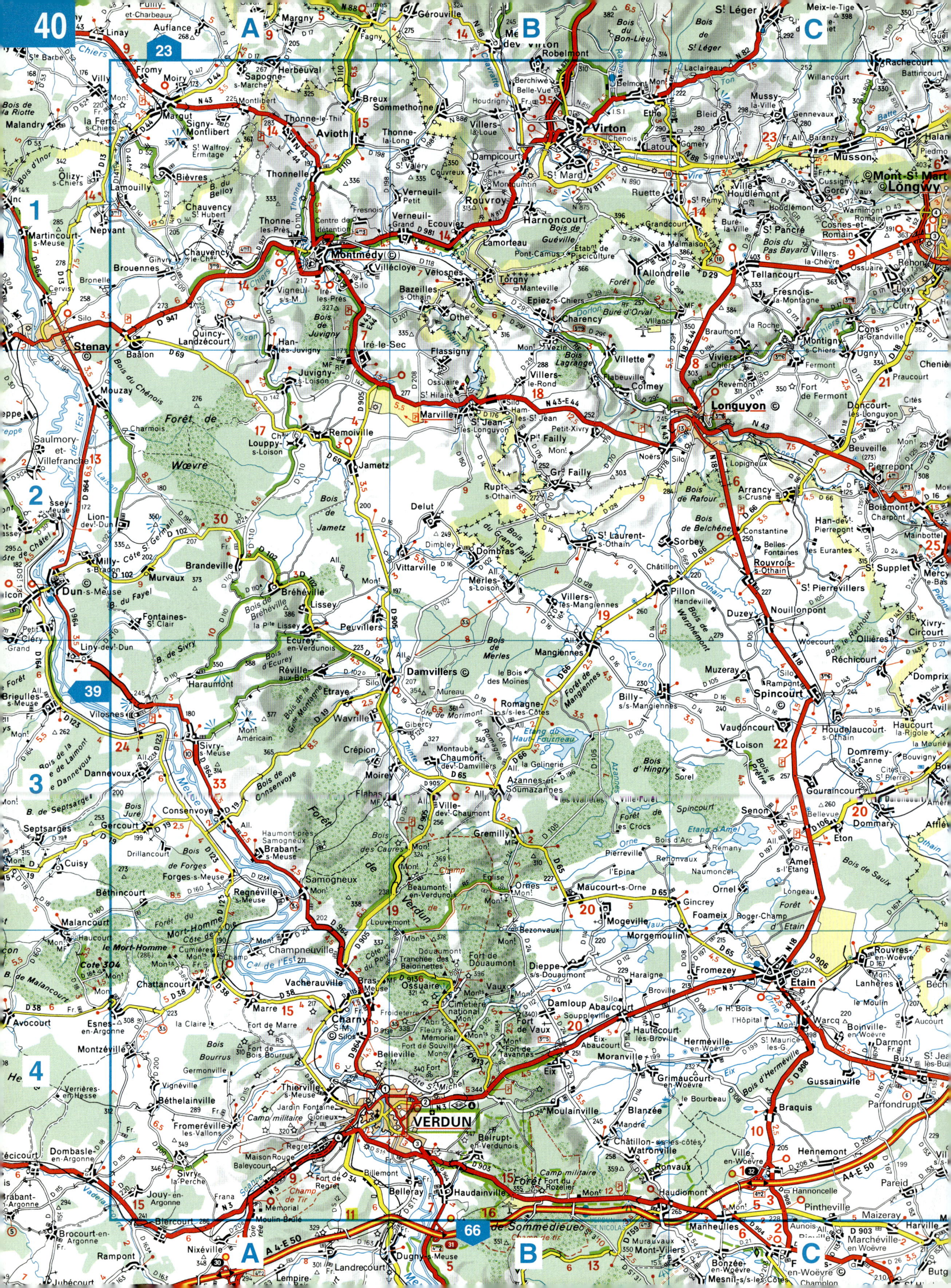
A
B
C
1
2
3
4
23
39
66
Linay
Aufance
Margny
Gérouville
Meix-devt-Virton
Robelmont
St Léger
Meix-le-Tige
Fromy
Moiry
Sapogne-s-Marche
Herbeuval
Breux
Sommethonne
Villers-la-Loue
Virton
Ethe
Latour
Bleid
Mussy-la-Ville
Musson
Mont-St Martin
Longwy
Villy
Margut
Signy-Montlibert
Thonne-le-Thil
Avioth
Thonne-la-Long
Dampicourt
St Mard
Ruette
Malandry
la Ferté-s-Chiers
Thonnelle
Verneuil-Petit
Rouvroy
Harnoncourt
St Rémy
Halanzy
Olizy-s-Chiers
Lamouilly
Bièvres
Chauvency-St Hubert
Verneuil-Grand
Ecouviez
Lamorteau
Grandcourt
Houdlémont
St Pancré
Cosnes-et-Romain
Martincourt-s-Meuse
Nepvant
Thonne-les-Prés
Montmédy
Villécloye
Velosnes
Torgny
Allondrelle
Tellancourt
Villers-la-Chèvre
Réhon
Brouennes
Chauvency-le-Château
Vigneul-s/s-M.
Iré-les-Prés
Bazeilles-s-Othain
Othe
Epiez-s-Chiers
Charency
Fresnois-la-Montagne
Stenay
Baâlon
Quincy-Landzécourt
Han-lès-Juvigny
Iré-le-Sec
Flassigny
Villette
Viviers-s-Chiers
Montigny-s-Chiers
Cons-la-Grandville
Ugny
Mouzay
Juvigny-s-Loison
Ossuaire
Villers-le-Rond
Flabeuville
Colmey
Longuyon
Fermont
Marville
St Jean-lès-Longuyon
Pt Failly
Gd Failly
Noërs
Doncourt-lès-Longuyon
Beuveille
Pierrepont
Saulmory-et-Villefranche
Forêt de Wœvre
Loupy-s-Loison
Remoiville
Jametz
Rupt-s-Othain
Arrancy-s-Crusne
Delut
Dombras
St Laurent-s-Othain
Sorbey
Han-devt-Pierrepont
Boismont
Lion-devt-Dun
Milly-s-Bradon
Murvaux
Brandeville
Bréhéville
Vittarville
Merles-s-Loison
Pillon
Rouvrois-s-Othain
St Pierrevillers
Dun-s-Meuse
Fontaines-St Clair
Lissey
Peuvillers
Villers-lès-Mangiennes
Duzey
Nouillonpont
Liny-devt-Dun
Écurey-en-Verdunois
Réville-aux-Bois
Damvillers
Mangiennes
Muzeray
Spincourt
Réchicourt
Haraumont
Etraye
Romagne-s/s-les-Côtes
Billy-s/s-Mangiennes
Vilosnes
Sivry-s-Meuse
Wavrille
Crépion
Gibercy
Chaumont-devt-Damvillers
Vaudoncourt
Loison
Haudelaucourt
Dannevoux
Moirey
Flabas
Azannes-et-Soumazannes
Domremy-la-Canne
Septsarges
Gercourt
Consenvoye
Brabant-s-Meuse
Ville-devt-Chaumont
Gremilly
Senon
Dommary
Cuisy
Drillancourt
Forges-s-Meuse
Regnéville-s-Meuse
Samogneux
Beaumont-en-Verdunois
Ornes
Maucourt-s-Orne
Amel-s-l'Etang
Béthincourt
Mogeville
Gincrey
Foameix
Morgemoulin
Malancourt
Cumières
Champneuville
Louvemont
Bezonvaux
Fromezey
Etain
Rouvres-en-Wœvre
Chattancourt
Vacherauville
Bras-s-Meuse
Ossuaire
Dieppe-s/s-Douaumont
Lanhères
Avocourt
Esnes-en-Argonne
Marre
Charny-s-Meuse
Fort de Vaux
Damloup
Abaucourt
Warcq
Boinville-en-Wœvre
Montzéville
Belleville
Eix
Hautecourt-lès-Broville
Herméville-en-Wœvre
Darmont
Buzy
Thierville-s-Meuse
Moranville
Grimaucourt-en-Wœvre
Gussainville
Béthelainville
Moulainville
Braquis
Parfondrupt
Fromeréville-les-Vallons
VERDUN
Blanzée
Châtillon-s/s-les-Côtes
Dombasle-en-Argonne
Belrupt-en-Verdunois
Watronville
Hennemont
Sivry-la-Perche
Ronvaux
Jouy-en-Argonne
Haudainville
Haudiomont
Pintheville
Maizeray
Brocourt-en-Argonne
Belleray
Manheulles
Marchéville-en-Wœvre
Harville
Nixéville
Dugny-s-Meuse
Mont-Villers
Rampont
Landrecourt
Bonzée-en-Wœvre
Lempire
Mesnil-s/s-les-Côtes
Fresnes-en-Wœvre
A4-E 50
N 43
N 3
N 18

LUXEMBOURG
D
E
F
1
2
3
4
42
67
68
Messancy
Athus
Pétange
Differdange
Esch-s-A.
Bettembourg
Mondorf-les-Bains
Remich
Dudelange
Rumelange
Villerupt
Audun-le-Tiche
Hettange-Grande
Cattenom
Thionville
Yutz
Hayange
Florange
Uckange
Fameck
Nilvange
Fontoy
Algrange
Audun-le-Roman
Briey
Moyeuvre-Grande
Rosselange
Amnéville
Hagondange
Mondelange
Maizières-lès-Metz
Homécourt
Jœuf
Conflans-en-Jarnisy
Jarny
Woippy
Metz
Montigny
Metzervisse
Piennes
Longwy
Mont-Saint-Martin
Crusnes
Aumetz
Landres
Saulxures
Mars-la-Tour
Gravelotte
Ars-s-Moselle
Moselle
Orne

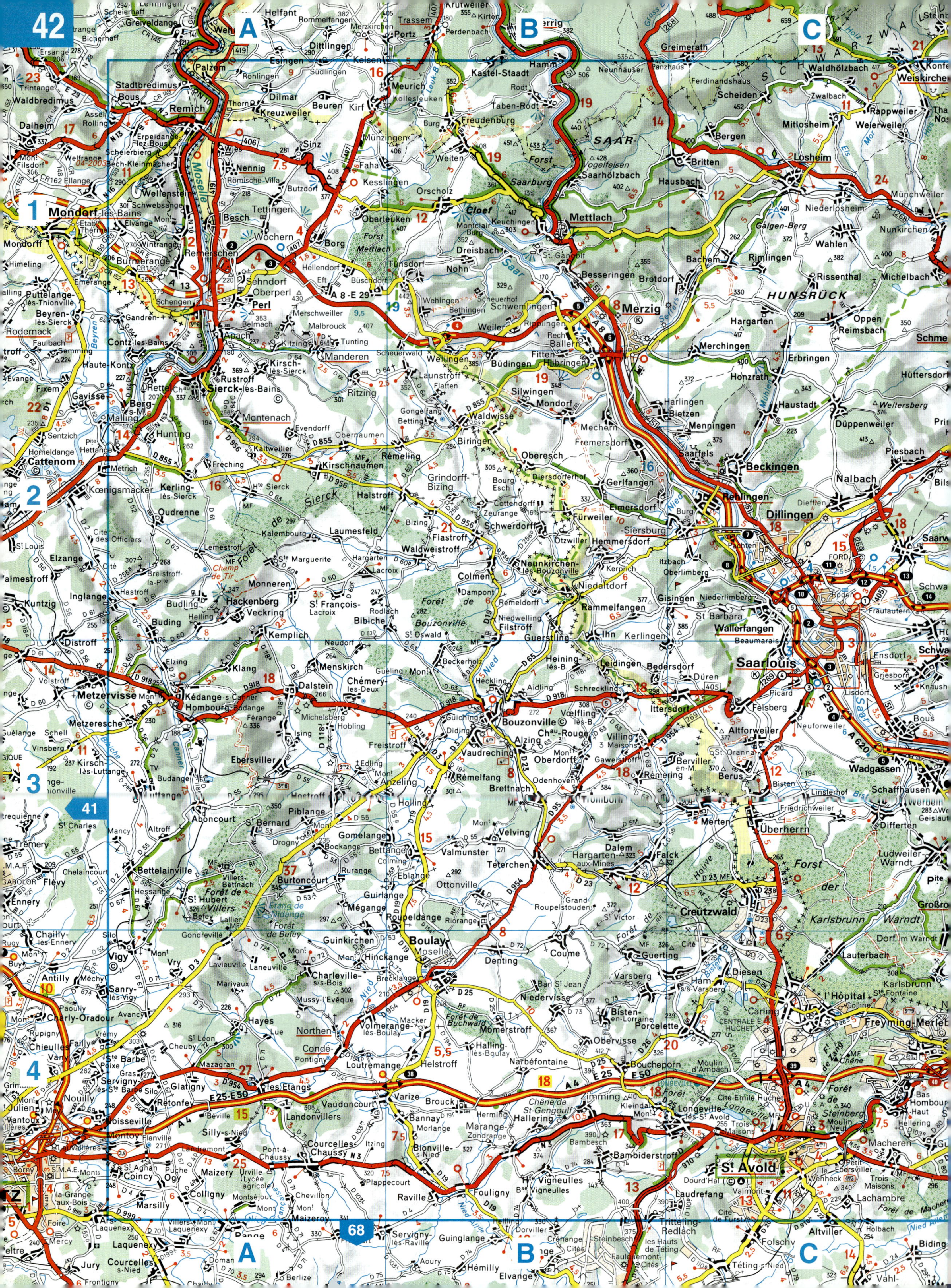

A
B
C
1
2
3
4
41
68
Remich
Mondorf-les-Bains
Perl
Sierck-les-Bains
Cattenom
Mettlach
Merzig
Saarburg
Beckingen
Dillingen
Saarlouis
Wallerfangen
Bouzonville
Metzervisse
Überherrn
Creutzwald
Boulay-Moselle
St Avold
Freyming-Merlebach
Losheim
Weiskirchen
HUNSRÜCK
SAAR
Forêt de Sierck
Forêt de Villers
Forêt de Bouzonville
Forst der Karlsbrunn Warndt
Wadgassen
Rehlingen
Les Étangs
Longeville-lès-St-Avold

D
E
F
1
2
3
4
44
69
Wadern
Tholey
St-Wendel
Kusel
Lebach
Eppelborn
Ottweiler
Schiffweiler
Neunkirchen
Illingen
Merchweiler
Quierschied
Heusweiler
Friedrichsthal
Spiesen-Elversberg
Sulzbach
St. Ingbert
Bexbach
Homburg
Waldmohr
Riegelsberg
Püttlingen
Völklingen
Dudweiler
Kirkel
Blieskastel
Zweibrücken
SAARBRÜCKEN
Forbach
Stiring-Wendel
Rosselle
Kleinblittersdorf
Grosbliederstroff
Mandelbachtal-Ormesheim
Gersheim
Sarreguemines
Puttelange-aux-Lacs
Rohrbach-lès-Bitche
Volmunster
Marpingen
Namborn
Oberthal
Freisen
Konken
Rehweiler
Brücken
Schönenberg-Kübelberg
Altstadt
Limbach
Hassel
Bierbach
Einöd
Mimbach
Ormesheim
Bliesransbach
Habkirchen
Bliesbruck
Hundling
Farébersviller
Henriville
Cappel
Hambach
Siltzheim
Woustviller
Ernestviller
Théding
Cocheren
Morsbach
Behren
Spicheren
Güdingen
Ensheim
Saal
Fürth
Dirmingen
Schmelz

A
B
C
1
2
3
4
43
69
70
Neunkirchen
Ottweiler
Schiffweiler
Landstuhl
Miesau
Bruchmühlbach Miesau
Waldmohr
Bexbach
Homburg
Zweibrücken
Contwig
Pirmasens
St Ingbert
Sulzbach
Kirkel
Blieskastel
Saarbrücken
Friedrichsthal
Spiesen-Elversberg
Mandelbachtal
Gersheim
Sarreguemines
Bitche
Volmunster
Rohrbach-lès-Bitche
Sarre-Union
Philippsbourg
Walschbronn
Hornbach
Lemberg
Bliesbruck
Forêt de St Louis
Camp militaire de Bitche
PARC NATUREL RÉGIONAL DES VOSGES DU NORD
Hanau

D
E
F
1
2
3
4
Hohenecken
Trippstadt
Johanniskreuz
Schmalenberg
Geiselberg
Heltersberg
Waldfischbach-Burgalben
Leimen
Merzalben
Gräfenstein
Münchweiler an der Rodalb
Hinterweidenthal
Rodalben
Lemberg
Dahn
Erfweiler
Schönau
Fischbach bei Dahn
Eppenbrunn
Waldleiningen
Elmstein
Esthal
Frankeneck
Lambrecht
Neidenfels
Lindenberg
Neustadt an der Weinstraße
Hambach
Maikammer
St Martin
Edenkoben
Rhodt
Weyher
Hainfeld
Burrweiler
Edesheim
Ramberg
Dernbach
Gleisweiler
Frankweiler
Albersweiler
Siebeldingen
Gräfenhausen
Annweiler a. Trifels
Trifels
Queichhambach
Rinnthal
Wilgartswiesen
Spirkelbach
Hauenstein
Schwanheim
Lug
Wernersberg
Ranschbach
Birkweiler
Leinsweiler
Ilbesheim
Eschbach
Landau in der Pfalz
Offenbach
Herxheim bei Landau
Madenburg
Göcklingen
Impflingen
Insheim
Heuchelheim
Klingen
Ingenheim
Billigheim
Rohrbach
Klingenmünster
Gleiszellen-Gleishorbach
Pleisweiler-Oberhofen
Niederhorbach
Kapellen-Drusweiler
Barbelroth
Winden
Bad Bergzabern
Dörrenbach
Oberhausen
Dierbach
Kandel
Minfeld
Freckenfeld
Oberotterbach
Niederotterbach
Vollmersweiler
Schaidt
Steinfeld
Schweigen-Rechtenbach
Kapsweyer
Schweighofen
Büchelberg
Bienwald
Mundatwald
Wissembourg
Altenstadt
Lauterbourg
Scheibenhard
Neulauterbourg
Schleithal
Salmbach
Seebach
Niederlauterbach
Oberlauterbach
Mothern
Munchhausen
Hunspach
Ingolsheim
Soultz-sous-Forêts
Hoffen
Niederrœdern
Seltz
Hatten
Betschdorf
Surbourg
Kutzenhausen
Merkwiller-Pechelbronn
Wœrth
Frœschwiller
Reichshoffen
Niederbronn-les-Bains
Gundershoffen
Lembach
Climbach
Wingen
Obersteinbach
Niedersteinbach
Chau de Fleckenstein
Nothweiler
Niederschlettenbach
Bobenthal
Berwartstein
Busenberg
Schindhard
Erlenbach bei Dahn
Vorderweidenthal
Birkenhördt
Böllenborn
Oberschlettenbach
Silz
Waldhambach
Waldrohrbach
Dahner Felsenland
Naturpark Pfälzerwald
Pfälzerwald
Forêt de Wissembourg
Col du Pigeonnier
Col du Pfaffenschlick
Mundatwald
Hagenau
A 65
A 35
71

71

A
B
C
1
2
3
4
Passage du Fromrust
Ile de Keller
Pte de Cadoran
Baie de Béninou
Pte de Bac'haol
Phare du Stiff (65)
Baie du Stiff
Rochers
Porz Yusin
Frugullou
Kergadou
Créac'h
N.D. de Bon Voyage
Niou-Uhella
Penn-Arlan
Men-Korn
Loqueltas
Lampaul
Porz Arlan
ILE D'OUESSANT
Pte de Pern
Nividic
Feunteun Velen
Kergoff
Porsguen
Baie de Lampaul
Pointe de Porz Doun
Pte de Pen-ar-Roc'h
Passage du Fromveur
Phare de Kéréon
PARC
Phare de la Jument
Ile de Bannec
Ile de Balanec
la Helle
le Faix
les Plâtresses
Chenal de la Helle
les Trois Pierres
Lédénés de Molène
Pt Port
Ile-Molène
les Pierres Vertes
RÉGIONAL
Ile de Trielen
Lédénès de Quéménès
Ile de Lytiry
Ile de Quéménès
Ile de Morgol
les Serroux
Ile de Beniguet
D'ARMORIQUE
les Pierres Noires
Kervouroc
Chaussée des Pierres Noires
Chenal du Four
1h (Service saisonnier)
Roches d'Arge
Pointe de La
Ile d'Iock
le Four
Presqu'île St Laurent
Porspoder
les Liniou
I. Melon
Rocher du Crapaud
Porscave
Grève de Gouérou
Porspaul
I. Ségal
Phare de Trézien
Trézien
Pointe de Corsen
Ruscumunoc
Porsmoguer
Grève de Porsmoguer
Kerhornc
Illien
Plage des Blancs Sablons
l'Ilette
Grande-Vinotière
Pte de Kermorvan
le Conquet
Pte des Renards
Plage de Porsliogan
Lochrist
Kérinou
Stèles
Pointe de St Mathieu
St Mathieu
les Vieux Moines

D
E
F
48
74
73
1
2
3
4
BREST
Landerneau
Lesneven
Le Folgoët
Plabennec
Gouesnou
Guipavas
Le Relecq Kerhuon
Plougastel Daoulas
Daoulas
Crozon
Morgat
Camaret-s-M.
Le Faou
Landévennec
Ploudalmézeau
Lannilis
Plouguerneau
L'Aber-Wrac'h
Landéda
Brignogan-Plages
Kerlouan
Guissény
Plouider
Goulven
Plounéour-Trez
Kernilis
Le Drennec
Ploudaniel
St Renan
Milizac
Guilers
Bourg-Blanc
Plouvien
Tréglonou
Plouguin
Landunvez
Portsall
Ploumoguer
Plouzané
Locmaria-Plouzané
Plougonvelin
Trébabu
Lanildut
Brélès
Plourin
Lampaul-Plouarzel
Kersaint-Plabennec
St Thonan
St Divy
La Forest-Landerneau
Dirinon
Hôpital-Camfrout
Irvillac
Logonna-Daoulas
Lanvéoc
Roscanvel
Argol
Telgruc-s-Mer
Trégarvan
Pointe de Pontusval
Phare de l'Ile Vierge
Roches de Portsall
Pointe de St-Mathieu
Goulet de Brest
RADE DE BREST
Pointe du Toulinguet
Pointe de Penhir
Pointe des Espagnols
Ile Longue
Anse de Poulmic
Anse de Dinan
PARC RÉGIONAL
Aber Benoît
Aber Ildut
Elorn
Aulne
Ménez-Hom

A
B
C
1
2
3
4
Pointe de Pontusval
Plage des Chardons Bleus
Sémaphore
Plateau d'Amand ar Ross
Brignogan-Plages
Plage du Lividic
Chapelle Pol
Ménéham
Karrec-Hir
Boutrouilles
la Digue
Kervenven
Lézéride
Phare de l'Ile Vierge
le Libenter
Chenal de l'Aber-Wrac'h
I. Stagadon
Venan
la Grève Blanche
S.t Michel
Ile Penenès
Grève de Zorn
Grève du Vougot
Curnic
Guissény
Nodéven
Neis-Vran
Kerlouan
Tréguennoc
Grève de Goulven
Plounéour-Trez
Goulven
Tréflez
Keremma
Rocher de Kernic
Baie de Kernic
Grève de Frouden
Plages de Pors-Meur et de Pors-Guen
Gouéltoc
Poulfoën
S.t Eden
Forban
Kerdanne
Lannurien
Keridër
Tronjoly
Plouescat
Cléder
Kerlissien
Ile de Siec
an Annec
Thévèn
Kerbrat
I. de la Croix
Presqu'île de S.te Marguerite
Dunes
I. Guenioc
I. Tariec
I. Trevors
I. Garo
Dunes de Sainte-Marguerite
Landéda
l'Aber-Wrac'h
Lilia
Kelerdut
Perros
Lanvaon
Plouguerneau
Croas-ar-Gall
Brendaouez
Lavengat
Roudoushir
Plouider
Kerbrézant
Kervaro
S.t Frégant
Kernouës
Lanneuval
Le Grouanec
Lannébeur
Prat-Paul
Paluden
Kerdélant
Croix-Rouge
Prat-ar-Coum
Lannilis
Lampaul-Ploudalmézeau
Brouennou
S.t Pabu
Aber Benoît
Ploudalmézeau
Tréglonou
Moulin-du-Châtel
Menez-Bras
Loc-Brévalaire
Kernilis
Pellan
Penmarch
Kérarédeau
Lanarvily
Croas-Kerzu
Guiquelleau
Kergolestroc
Lesneven
le Folgoët
Kergunic
Mouster
Pont-du-Châtel
Runeven
Lochrist
Plounévez-Lochrist
Mézonan
Kergornadéac
Croazou
Mengleus
Kerizinen
Berven
Plouzévédé
Lanhouarneau
S.t Vougay
Kerjean
Pontéalet
Kerguélen
Plouguin
Tariec
Kéroune
Kergrac'h
S.t Jean-Balanant
Landouzan
Lesgall
Ploudaniel
Trégarantec
S.t Méen
Kérilien
Traonien
Plougar
Trémagon
Locmaria
le Drennec
Lichent
Lesvenc
Keroter
Kerlaer
Base aéronavale
Bodilis
Kérivinoc
Coat-Méal
S.t Jaoua
Plouvien
Kerdalaës
Bourg-Blanc
S.t Urfold
Plabennec
Coat-Elez
Lestanet
Breventoc
le Leuhan
Kerangueven
Fuzorec
Ruat
Lannazoc
Pont Neuf
Trébodennic
Kerfelgar
Kergongar
Trémaouézan
Kergoff
Plounéventer
S.t Servais
Kérivin
Landivisiau
Tréouergat
Coulouduarn
Trémobian
Pen-an-Dreff
Guipronvel
Tollan
Lanrivoaré
Milizac
Kéranflech
les Trois-Curés
Kergoat
Kérivot
Kervalguen
Gouesnou
Lesquelen
Kéralias
Lanvélar
S.t Thonan
Lestreonec
S.t Eloi
Bótiguery
Runhuel
Kerbenéat
Moulin de Brézal
Plouédern
Trévarn
Pont-Christ
la Roche-Maurice
Mescoat
Kerriou
Eguiner
Ploudiry
Loc-Eguiner
S.t Renan
Guilers
Keroudy
Tromeur
Bohars
Kersaint-Plabennec
Pen-ar-Forest
S.t Derbot
Landerneau
S.t Divy
la Haye
Penteld
Kervao
Guipavas
la Forest-Landerneau
S.t Yves
Beaurepos
Pencran
Kermaria
le Queff
la Martyre
le Traon
S.t Antoine
la Croix-Neuve
Parc de Lann-Rohou
Langongar
Trégorff
Bois de Keroual
Grand-Kervao
Penfeld
Lambézellec
Coscoat
Kergaradec
Lavallot
Bodonnou
Bellevue
Conservatoire botanique
le Relecq-Kerhuon
Kerhuon
Kermeur-S.t Yves
Etang du Roual
Elorn
Bellevue
Tréflévénez
Botrévy
Plouzané
Pont Cabioc'h
Fort Montbarey
Mémorial du Finistère
la Cavale Blanche
Castel-Névez
Recouvrance
S.t Pierre Quilbignon
S.t Anne du Portzic
Technopôle Brest-Iroise
Moulin Blanc
Océanopolis
Pont de l'Iroise
le Passage
S.t Jean
le Dreff
Kervern
Gorré-Menez
Dirinon
S.t Urbain
Kérézellec
Sizun
Milin-Kerroc'h
Loc-Ildut
Pen-ar-Valy
la Trinité
Cosquer
Laninon
les 4-Pompes
BREST
la Maison Blanche
Phare du Portzic
Pte du Diable
Pont A. Louppe
Traouidan
Kerallou
Plougastel-Daoulas
Loperhet
Lannuzel
Tréouran
Penbran
Kerdaoulas
le Tréhou
Irvillac
Daoulas
Kernisi
Difroud
Trébéolin
Goulet
Kerviniou
Pte des Capucins
S.t Adrien
S.t Guénolé
Lanriwaz
Porsguen
Pors-Beac'h
Rostiviec
Squivit
Malanty
Coat-Nant
Kernot
Forsquilly
Kérivoal
S.t Eloy
Létiez
l'Espérance
Bodevintin
Larmor
Kerzidur
Tinduff
le Mengant
Pte de Corbeau
Pte de l'Armorique
RADE DE BREST
PARC

47

74

D
E
F
50
75
Baie de Morlaix
Baie de Lannion
Pointe de Primel
Ile-de-Batz
Roscoff
St Pol-de-Léon
Carantec
Tumulus de Barnenez
Plougasnou
St Jean-du-Doigt
Locquirec
Plestin-les-Grèves
Trégastel-Plage
Trébeurden
Morlaix
Plouigneau
Lanmeur
Plouégat-Guérand
Plouégat-Moysan
Plounérin
Taulé
Plouvorn
Landivisiau
St Thégonnec
Guimiliau
Lampaul-Guimiliau
Pleyber-Christ
Plourin-lès-Morlaix
Plougonven
Guerlesquin
Plougras
Scrignac
Botsorhel
Commana
Sizun
St Sauveur
Plounéour-Ménez
Le Cloître-St-Thégonnec
Roc Trévezel
Forêt de Beffou
Lanvellec
Plufur
Tréduder
St Michel-en-Grève
Loguivy
Belle-Isle-en-Terre
Ile Grande
Ile Aganton
Ile Milliau
Pointe de Séhar
Lannion
Plouézoc'h
Garlan
Guimaëc
Lannéanou
Bolazec
Botmeur
Berrien
Huelgoat
Plouvorn
Mespaul
Henvic
Locquénolé
Santec
Ile Callot
Plymouth
Cork
Rosslare (Service saisonnier)
D'ARMORIQUE
RÉGIONAL

A
B
C
1
2
3
4
49
76
Ile Plate
Ile de Malban
Ile aux Moines
Ile de Bono
les Sept Iles
(Réserve naturelle)
Ile Renote
Pte de Squéouel
Trégastel
Ploumanach
PERROS-GUIREC
Trestraou
Ile Tomé
Pointe du Château
le Gouffre
Pors-Hir
Iles d'Er
Ile Loaven
Sillon de Talbert
Port-Blanc
Trévou-Tréguignec
Trélévern
Louannec
Penvénan
Plougrescant
Tréguier
Tréflez
Lézardrieux
Pleubian
Pleumeur-Gautier
Pleumeur-Bodou
Trébeurden
Lannion
Ploulec'h
Ploumilliau
St-Michel-en-Grève
la Roche-Derrien
Pommerit-Jaudy
la Roche-Jagu
Pontrieux
Quemper-Guézennec
Ploubezre
Tonquédec
Pluzunet
Bégard
Plouaret
le Vieux-Marché
Tregrom
Louargat
Pédernec
Squiffiec
Guingamp
Belle-Isle-en-Terre
Plounévez-Moëdec
Plounérin
Loguivy-Plougras
Plougras
Loc-Envel
Plougonver
Bourbriac
Lohuec
Calanhel
Callac
St-Clet
Trévérec
Plésidy
Bois d'Avaugour
Bois Meur
Forêt de Coat-an-Hay
Forêt de Beffou
Gurunhuel
Mousteru
Coadout
Ploumagoar

D
E
F
1
2
3
4
52
77
Phare du Paon
Ile de Bréhat
le Bourg
I. Logodec
Grève du Guerzido
Port-Clos
(Service saisonnier) St Quay-Portrieux Binic / Erquy
Pointe de l'Arcouest
Launay
Perros-Hamon
Pors-Even
Kerroc'h
Paimpol
Ile St Riom
Roches du Roho
I. Lemenez
Mez de Goëlo
Pte de Guilben
Kérity
Abb.e de Beauport
Anse de Paimpol
Pointe de Bilfot
Ste Barbe
Port Lazo
l'Armorizel
St Riom
Pointe de Minard
Plouézec
le Questel
Pors Pin
Pte Berjule
le Taureau
Bréhec-en-Plouha
Pte de la Tour
Lanloup
la Madeleine
Plage Bonaparte
Port-Moguer
Plénédel
Kermaria
Pte de Plouha
Kérouzié
le Palus-Plage
Port-Goret
Plouha
Pte du Bec de Vir
Ile Harbour
Pte de St Quay
St Quay-Portrieux
Roches de St Quay
I. de Bréhat 1h 15 (Service saisonnier)
Pludual
Tréveneuc
Kertugal
Plourhan
Etables-s-Mer
les Godelins
N.D.-de-l'Espérance
Binic
Pte de la Rognouze
I. de Bréhat 1h 20 (Service saisonnier)
BAIE DE SAINT-BRIEUC
Ste Marguerite
Pointe de Pordic
la Ville-Rouault
les Rosaires
Rocher des Tablettes
Pordic
Tournemine
St Eloi
Martin-Plage
Pte du Roselier
Pointe des Guettes
Ville-Agan
la Ville-Hervy
St Laurent-de-la-Mer
Sous-la-Tour
Pointe de-Cesson
Réserve naturelle
Cesson
Hillion
St Brieuc
Plérin
Trémuson
Ploufragan
Langueux
Trégueux
Yffiniac
la Croix-Gibat
Tréguidel
Lanvollon
Tressignaux
Pléguien
Lantic
Tréméloir
Trégomeur
Plélo
Châtelaudren
Plerneuf
Plouvara
St Donan
Cohiniac
Plaine-Haute
St Julien
Quintin
Plédran
Grand Léjon
Petit Léjon
le Grd Pourier
Rohinet
Rohein
Bréhat 2h (Service saisonnier)
Plage du Guen
Cap d'Erquy
Erquy
Plateau des Jaunes
le Verdelet
la Ville-Berneuf
Grève des Vallées
Pte de Pléneuf
le Val-André
la Guette
Dahouët
le Port-Morvan
Pléneuf-Val-André
Jospinet
la Cotentin
St Alban
Planguenoual
Morieux
les Ponts-Neufs
Coëtmieux
Andel
St René
Pommeret
Lamballe
Noyal
Maroué
Meslin
Trégenestre
Landéhen
Quessoy
Hénansal
la Bouillie
Trégomar
St Aaron
Langourian
la Ville-Orv
Meudon

A
1
2
3
4
51
78
B
C
GUERNSEY
(GUERNESEY)
Pembroke Bay
Fort le Marchant
Fort-Doyle
la Varde
Ancresse
Beaucette Marina
Dehus
Clos-du-Valle
Grand-Havre
Vale
Bordeaux Harbour
la Passée
Vale Castle
Grandes Rocques
Côbo Bay
Côbo
St Sampson
Capelles
Brehon
Saumarez Park
Vazon Bay
Saumarez
les Marais
St Tugual's
Perelle Bay
St Apolline's
le Villocq
Fort Saumarez
Lihou
Belle Grève Bay
Catel
St Peter-Port
(St Pierre-Port)
Jethou
le Creux-ès-Faies
l'Eree Headland
Trépied
King's-Mills
Rocquaine Bay
Andrew
Castle Cornet
Pezeries Point
St Saviour
Little Chapel
St Martin
Fort George
les Hanois
St Peter-in the Wood
Fermain Bay
Portelet
Monument
Pleinmont Pnt
Torteval
Forest
la Forge Bay
le Gouffre
Petit Bôt Bay
Moulin Huet Bay
St Martin Point
Jerbourg Point
Icart Point
Moye Point
Alderney
Petit Russel
Grde Anfroque
Longue Pierre
Dielette-Carteret
Sce saisonnier
le Gd Monceau
Herm
Grand Russel
Great Sark
Port du Moulin
la Seigneurie
Brecqhou
Collinette
Pilcher Mon!
Sark
(Sercq)
Creux Harbour
Hog's Back
Little Sark
la Coupée
Port Gorey
Venus' Pool
l'Etac de Sercq
Jersey
Sce Saisonnier
Jersey, St Malo
Sce Saisonnier
1 cm : 2 km
1 inch : 3,15 miles
JERSEY
Grève au Lanchon
Plémont Pnt
Devil's Hole
Sorel Point
Bonne Nuit Bay
Grosnez Pnt
Grosnez Castle
Plémont
Portinfer
Grève de Lecq
Belle Hougue Pnt
Tour
Puits-Léoville
Falaise
St John
Hautes Croix
Bouley Bay
Rozel Bay
Pt Etacquerel
Rondin
Trinity
Rozel
la Coupe Pnt
l'Etacq
St Ouen
St Mary
Carreff Selous
Zoo
Fliquet Bay
Kempt Tower
la Hague
St Lawrence
Augrès
St Martin
St Catherine's Bay
St Ouen's Bay
St Peter
Becquet-Vincent
Orchid Foundation
Archirondel Tour
Queţivel
Faldouet
Anne Port
la Rocco Tour
la Haule
Millbrook
Five Oaks
Tumulus
Service saisonnier
Carteret
Beaumont
St Saviour
la Hougue-Bie
Mont-Orgueil
la Pulente
Brelade
St Aubin
First Tower
Gorey
Ville-ès-Renauds
St Aubin's
Victoria College
Grouville
Corbière Pnt
St Helier
Samarès
St Clément
Royal Bay of Grouville
Noirmont
Bay
Pnt la Moye
St Brelade's Bay
Elizabeth
la Rocque
le Croc
Portelet Bay
Noirmont Pnt
Pontac
la Rocque Pnt
Alderney
St Clement's Bay
Seymour Tour
Sark-Guernsey (Sce Saisonnier)
St Malo
Sce saisonnier
Granville Carteret-Dielette
1 cm : 2 km
1 inch : 3,15 miles
Poole, Plymouth
Portsmouth
Jersey
Chausey, Sark (Sce saisonnier)
Guernsey, Weymouth
les Haies de la Conchée
Pointe du
Rochers sculptés
Rothéneuf
Cap Fréhel
le Grd Pourier
Ile de Cézembre
(Service saisonnier)
Pointe de la Varde
Rohinet
Anse des Sévignés
Fort la Latte
le Minihic
Plage du Guen
St Michel
Pléhérel-Plage (Vieux-Bourg)
la Ville-Men
la Latte
le Gd Jardin
St MALO
Rochebonne
Cap d'Erquy
la Moinerie
Sables-d'Or
Roche-Lossoye
Pléven
St Géran
Fresnaye
Paramé
Tu-es-Roc
les-Pins
la Motte
Passage du Décollé
le Harbour
Erquy
le Val
Hôpitaux
Langourian
la Carquois
la Ville Gratien
la Ville-Roger
Trécelin
le Meurtel
l'Isle
Pointe de St Cast
Pointe du Décollé
DINARD
Plage de Caroual
Plurien
la Hazaie
les Rues
Baie de la Fresnaye
la Ville-Norme
St Cast-le-Guildo
Ile Agot
Pnte de la Garde Guérin
Plage du Port-Hue
St Lunaire
St Enogat
Caroual
la Ville-Ory
Fréhel
St Aide
la Baillie
Notre-Dame
Ile Ebihens
Fourbe
la Fosse
Pnte de la Vicomté
Aquarium
St Servan-s-Mer
la Magdeleine
la Ville-Berneuf
Grève des Vallées
la Ruée
Coët-Bily
Port-à-la-Duc
St Germain
le Bourg
Pnte de la Garde
Chapelle
St Briac-s-Mer
Pnte du Chevet
Islet-Plage
Lancieux
la Ville-Agan
St Aubin
Villeneuve
Crissouët
Pléboulle
Trécaradeuc
la Chapelle
Pen-Guen
Pnte de Bay
la Corderie
St Mathurin
la Couture
Launay
Besnard
Montbran Tour
la Cour
Chesnay
le Biot
Plage du Rougeret
Usine marémotrice
le Bos
St Laurent
la Chapelle
Houyadon
Bienassis
les Loges
Matignon
l'Hôpital
Ste Brigitte
St Jacut-de-la-Mer
la Ville Nizan
la Ville-aux-Monniers
la Richardais
Passagère
Jean
le Temple
Quatre Vaux
Buharay
l'Abbé
Prevotais
Mettrie
Bouréneuf
St Jouan-des-Guérets
Pléneuf-Val-André
l'Hiova
la Bouillie
St Sanson
St Gallery
Mauffries
la Croix-aux-Merles
St Jacut
St Jacques-le-Mareur
Biord
Beaussais
la Jouvente
St Guillaume
la Ville Cochard
la Motte Rouge
Chemin-Chaussé
les Ponts-Ruellan
Ruca
la Hauguemorais
Brousse
N.-D.-du Guildo
Pierres Sonnantes
Trégon
Giclais
Ploubalay
la Ruais
Ketgoat
les Rues
la Landriais
les Gastines
St Alban
la Ribourdais
les Vaux
Hénanbihen
St Pôtan
Kerpont
Ville-Briend
la Ville-ès-Comté
Pont-Arson
la Hamonais
Pleurtuit
Vilou
Rabinais
St Suliac
Mont Garrot
Trégondé

ILES ANGLO-NORMANDES (CHANNEL ISLANDS)

A
B
C
27
28
St-Lô
Agneaux
St Gilles
Marigny
Coutances
Cerisy-la-Salle
Canisy
Montpinchon
Savigny
Gavray
Hambye
Abb. de Hambye
Percy
Villedieu-les-Poêles
Tessy-s-Vire
Torigni-s-Vire
St Amand
Pont-Farcy
St Sever-Calvados
Beaumesnil
Sartilly
la Haye-Pesnel
Avranches
Ducey
Brécey
St Pois
Juvigny-le-Tertre
Mortain
le Grouin du Sud
Pointe de Roche-Torin
53
80
1
2
3
4

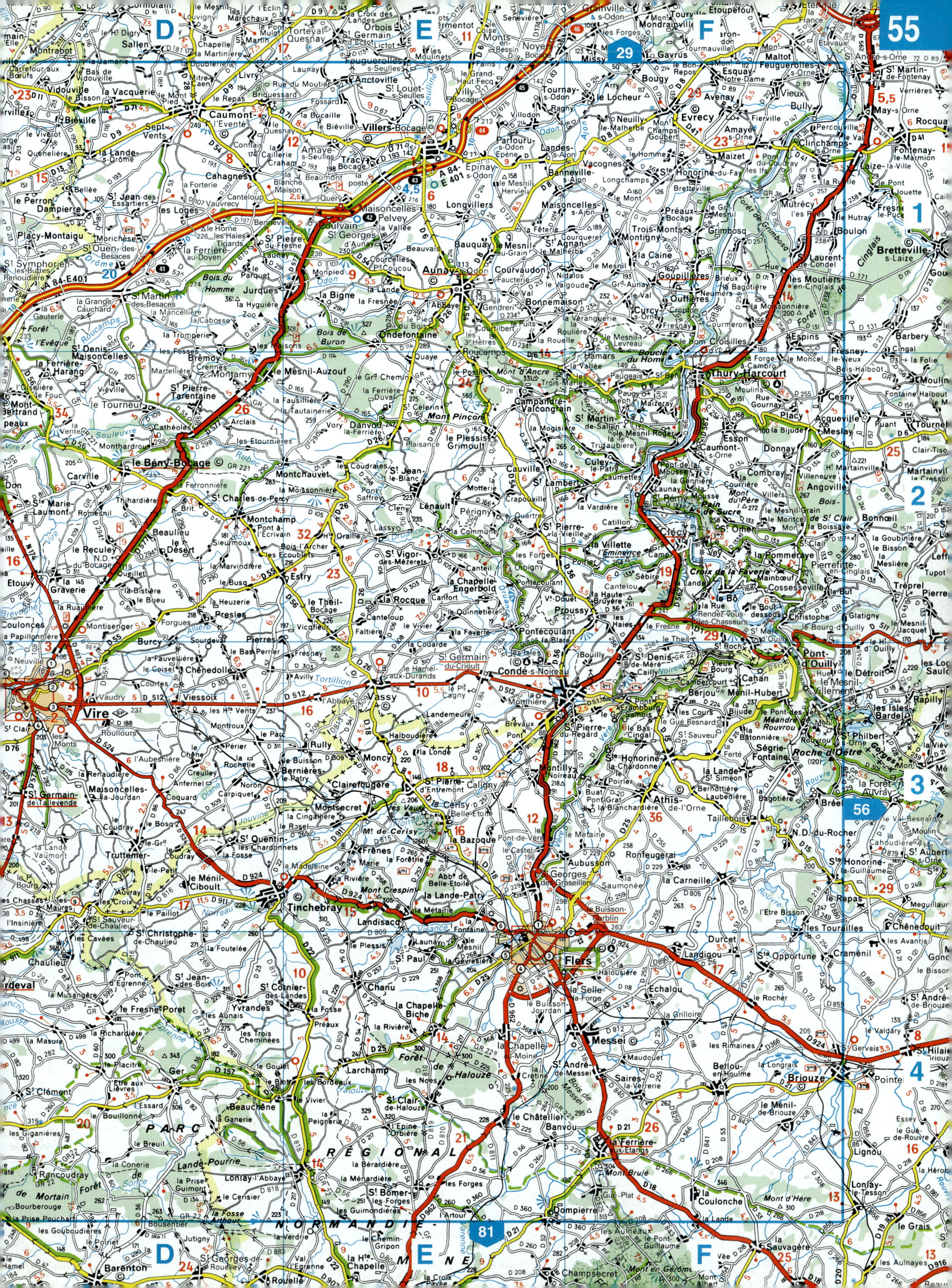
D
E
F
1
2
3
4
29
56
81
Caumont-l'Éventé
Villers-Bocage
Aunay-sur-Odon
Evrecy
Thury-Harcourt
Bretteville-s-Laize
le Bény-Bocage
Vire
Vassy
Condé-s-Noireau
Pont-d'Ouilly
Clécy
Tinchebray
Flers
Athis-de-l'Orne
Messei
Briouze
la Ferrière-aux-Étangs
Domfront
Mont Pinçon
Mt de Cerisy
Forêt de Halouze
Forêt de Grimbosq
Roche d'Oëtre
Suisse Normande
PARC RÉGIONAL NORMANDIE-MAINE
A 84 - E 401

Falaise
Argentan
Vendeuvre
St Pierre-s-Dives
Livarot
Harcourt
Pont-d'Ouilly
Briouze
Putanges-Pont-Ecrepin
Rânes
Écouché
Trun
Bretteville-s-Laize
Mézidon-Canon
Potigny
Morteaux-Coulibœuf
Château d'O
Bourguébus
Argences
Moult
Fontenay-le-Marmion
Forêt de Gouffern
Forêt de Cinglais
Roche d'Oëtre
Haras du Pin
Mortrée
A
B
C
1
2
3
4
29
30
55
82

LISIEUX
D
E
F
31
58
83
1
2
3
4
Thiberville
Bernay
Orbec
Broglie
Vimoutiers
Beaumesnil
Le Sap
la Ferté-Frênel
Gacé
Rugles
l'Aigle
Échauffour
le Merlerault
Moulins-la-Marche
la Barre-en-Ouche
Montreuil-l'Argillé
Chambord
Crulai
Exmes
Courtomer
Forêt de St Evroult
Forêt de Chaumont

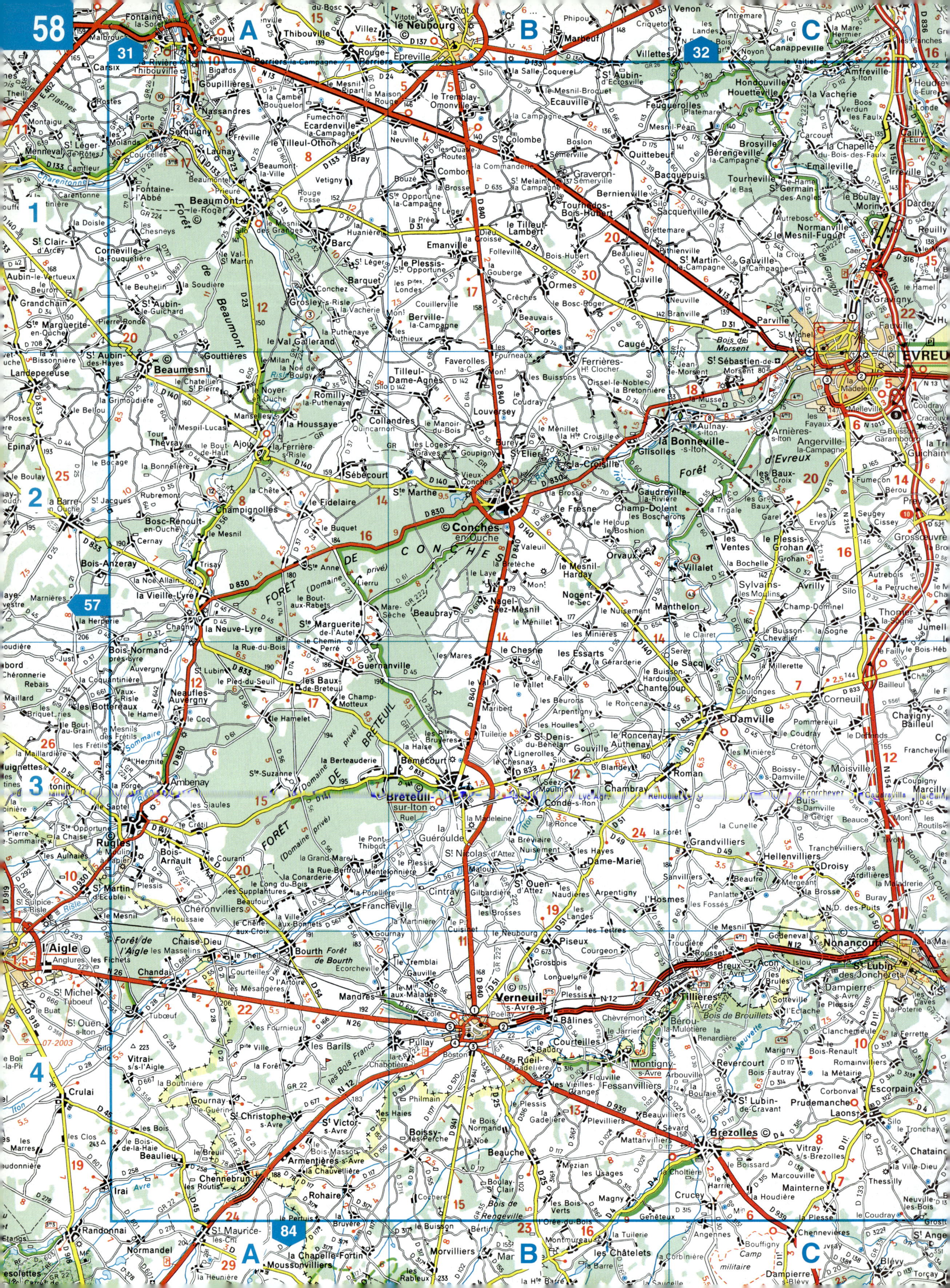
A
B
C
31
32
57
84
1
2
3
4
le Neubourg
Thibouville
Beaumont-le-Roger
Beaumesnil
Forêt de Beaumont
Conches-en-Ouche
Forêt de Conches
Évreux
la Bonneville-s-Iton
Forêt d'Évreux
Damville
Breteuil-sur-Iton
Forêt de Breteuil
Rugles
l'Aigle
Verneuil-s-Avre
Tillières-s-Avre
Nonancourt
St Lubin-des-Joncherets
Brezolles
la Neuve-Lyre
la Vieille-Lyre
Bourth
Chandai
Forêt de l'Aigle
Forêt de Bourth
Bois de Broullets
Bois de Rengeville
N 13
N 12
N 26
N 154
D 840
D 830

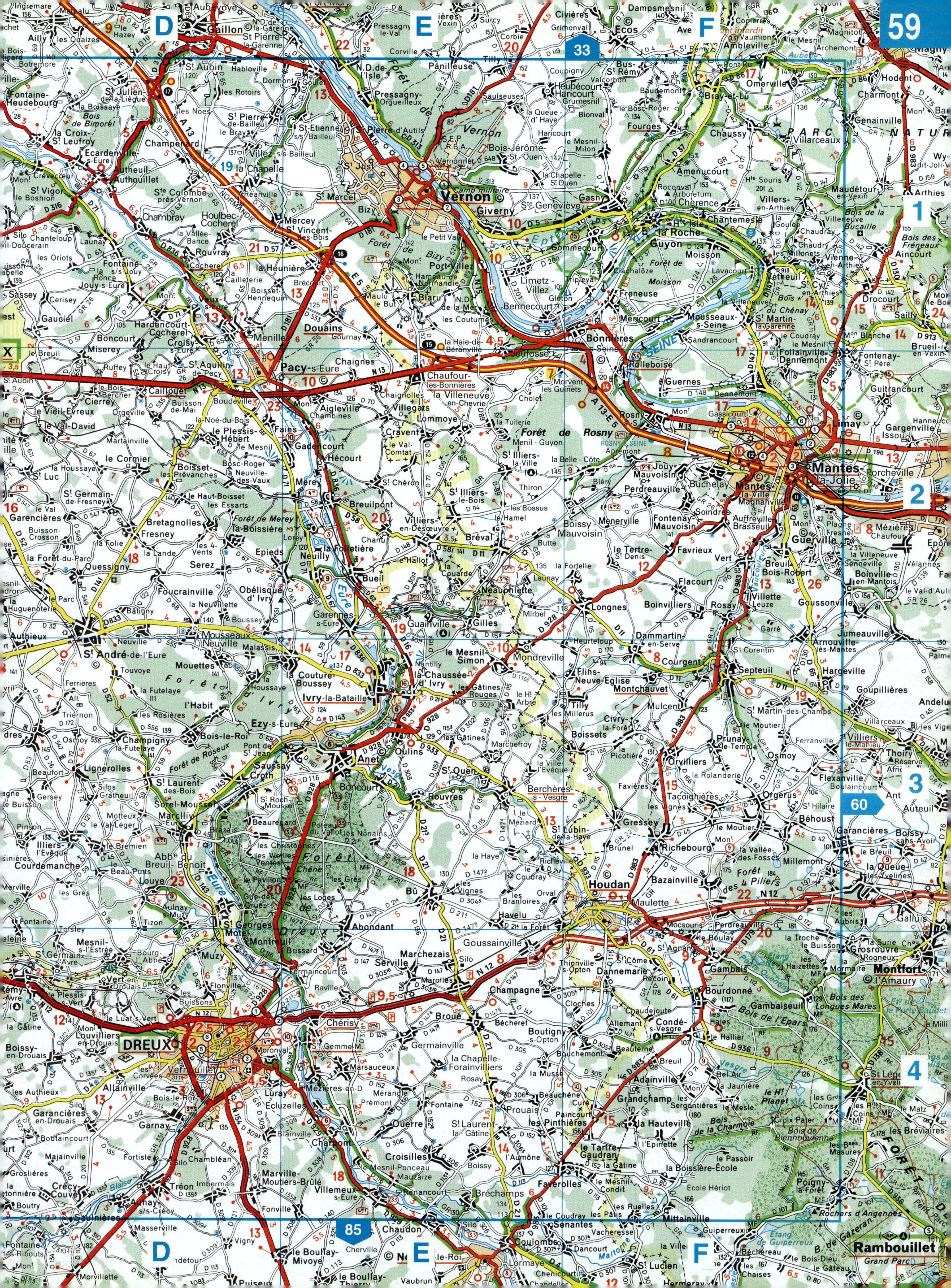

D
E
F
33
1
2
3
4
60
85
Vernon
Giverny
Gaillon
Pacy-s-Eure
Mantes
Mantes-la-Jolie
Rosny
Bonnières
Anet
Ivry-la-Bataille
Houdan
DREUX
Montfort-l'Amaury
Rambouillet
Forêt de Rosny
Forêt de Dreux
Bréval
Septeuil
Limay
Gassicourt
Chaufour-les-Bonnières
Saussay
Abondant
Marchezais
Serville
Gambais
Condé-s-Vesgre
Epernon

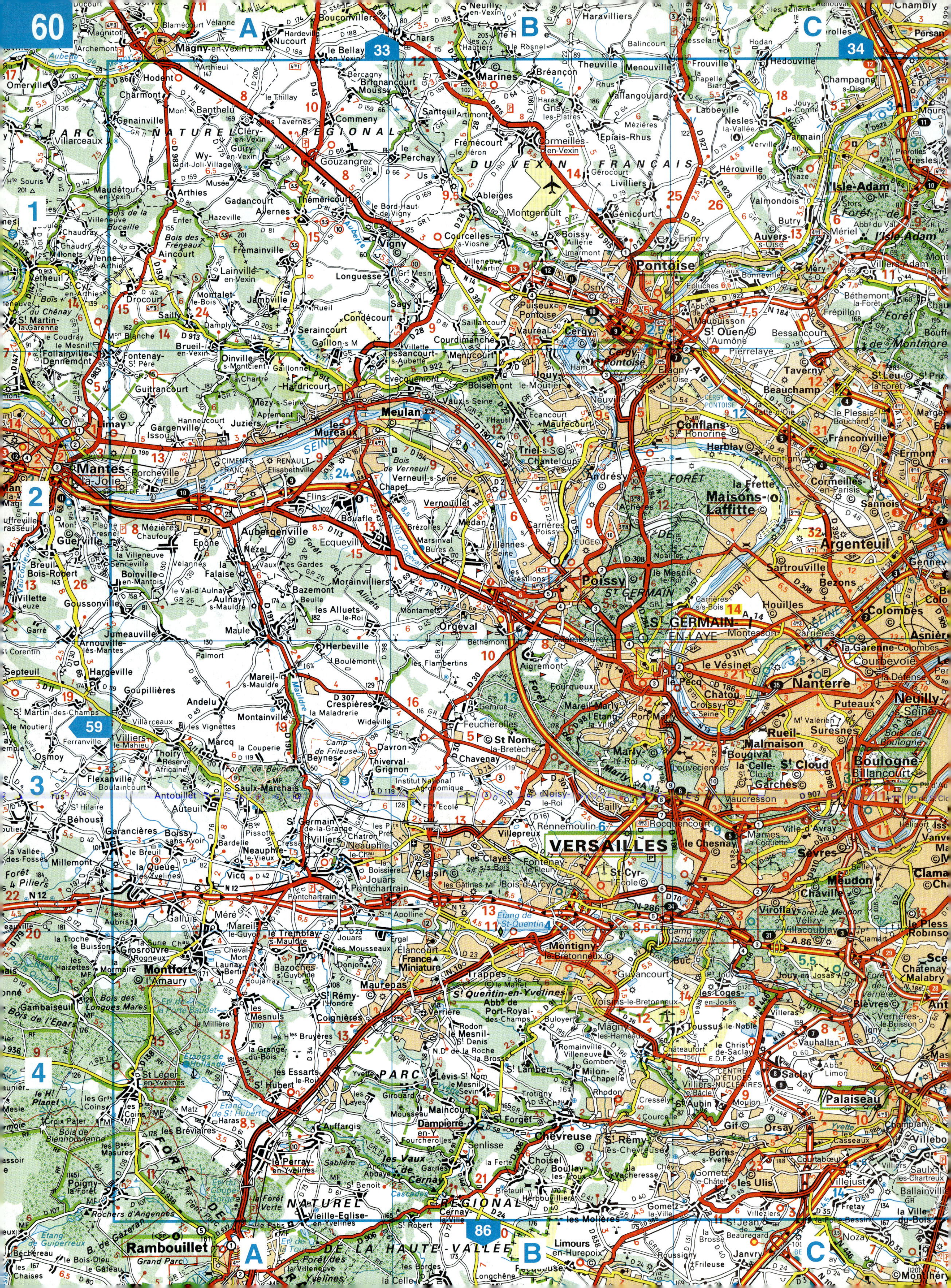
A
B
C
33
34
1
2
3
4
59
86
Magny-en-Vexin
Marines
PARC NATUREL RÉGIONAL DU VEXIN FRANÇAIS
Cormeilles-en-Vexin
Vigny
Pontoise
Cergy
Cergy-Pontoise
St-Ouen-l'Aumône
L'Isle-Adam
Auvers-s-Oise
Taverny
Beauchamp
Franconville
Herblay
Conflans
Meulan
Les Mureaux
Limay
Mantes-la-Jolie
Aubergenville
Poissy
Andrésy
Triel-s-S.
Maisons-Laffitte
Sartrouville
Argenteuil
Colombes
Houilles
St-GERMAIN-EN-LAYE
Le Vésinet
Chatou
Nanterre
Neuilly-s-Seine
Puteaux
Suresnes
Rueil-Malmaison
Boulogne-Billancourt
St-Cloud
Marly
Orgeval
Guerville
Houdan
VERSAILLES
Le Chesnay
St-Cyr-l'École
Plaisir
Sèvres
Meudon
Chaville
Viroflay
Vélizy-Villacoublay
Montigny-le-Bretonneux
Trappes
St-Quentin-en-Yvelines
Maurepas
Montfort-l'Amaury
Le Perray-en-Yvelines
Chevreuse
Palaiseau
Saclay
Orsay
Les Ulis
Rambouillet
Limours-en-Hurepoix
FORÊT DE RAMBOUILLET
PARC NATUREL RÉGIONAL DE LA HAUTE VALLÉE DE CHEVREUSE
SEINE

D
E
F
35
62
87
1
2
3
4
PARIS
Abbé de Royaumont
Abbé de Chaalis
Ermenonville
Nanteuil-le-Haudouin
Parc Astérix
Luzarches
Viarmes
Dammartin-en-Goële
Goussainville
Roissy-en-France
AÉROPORT DE PARIS-CHARLES-DE-GAULLE
Mitry-Mory
Villepinte
Sevran
Aulnay-s/s-Bois
Le Blanc-Mesnil
le Bourget
Drancy
Bobigny
Aubervilliers
St-DENIS
Sarcelles
Montmorency
Enghien-les-Bains
Écouen
Gonesse
Garges-lès-Gonesse
Stains
Pierrefitte
Clichy
St-Ouen
Pantin
Montreuil
Vincennes
St-Mandé
Charenton
Nogent-s-M.
le Perreux
Champigny
le Raincy
Gagny
Chelles
Noisiel
Torcy
Lagny-s-M.
Disneyland Paris
Claye-Souilly
Meaux
Créteil
St-Maur-des-Fossés
Ivry
Vitry-s-Seine
Alfortville
Maisons-Alfort
Villejuif
Orly
AÉROPORT DE PARIS-ORLY
Rungis
Thiais
Choisy
Villeneuve-St-Georges
Yerres
Brunoy
Montgeron
Draveil
Juvisy-s-Orge
Savigny-s-Orge
Athis-Mons
Chilly-Mazarin
Longjumeau
Boissy-St-Léger
Sucy-en-Brie
Brie-Comte-Robert
Tournan-en-Brie
Fontenay-Trésigny
Ozoir-la-Ferrière
Roissy-en-Brie
Pontault-Combault
Forêt de Sénart
Forêt d'Armainvilliers
Combs-la-Ville
Évry-Grégy-s-Yerres
Coulommiers
Crécy-la-Chapelle

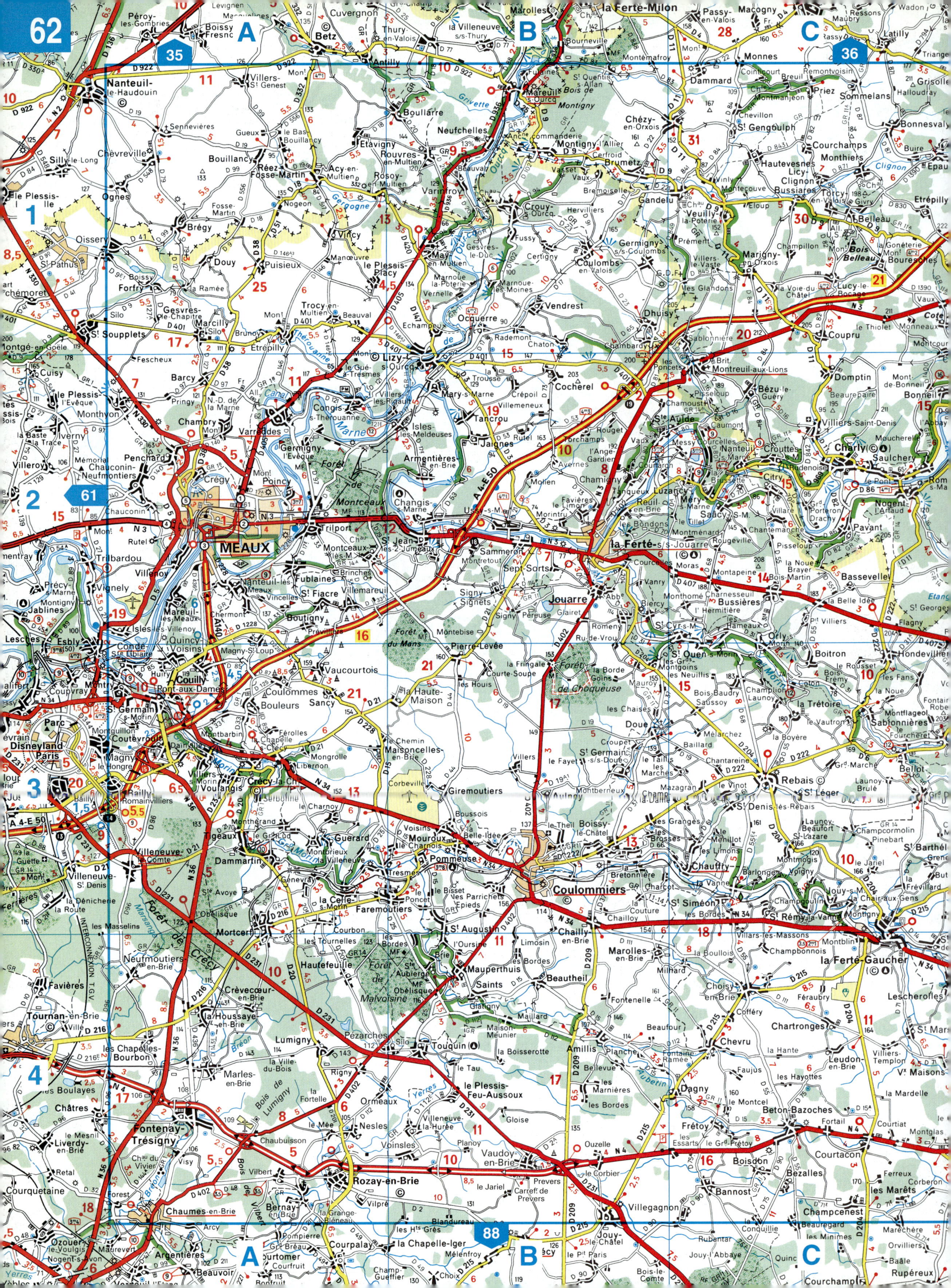

35
36
61
88
A
B
C
1
2
3
4
Nanteuil-le-Haudouin
Betz
la Ferté-Milon
Marolles
Cuvergnon
Thury-en-Valois
Boissy-Fresnoy
Péroy-les-Gombries
Passy-en-Valois
Macogny
Latilly
Monnes
Dammard
Neufchelles
Mareuil-s-Ourcq
Boullarre
Villers-St Genest
Chèvreville
Bouillancy
Acy-en-Multien
Rosoy-en-Multien
Étavigny
Rouvres-en-Multien
Varinfroy
Crouy-s-Ourcq
Chézy-en-Orxois
Montigny-l'Allier
Brumetz
Gandelu
Veuilly-la-Poterie
Hautevesnes
Bussiares
Torcy-en-Valois
Belleau
Bouresches
Lucy-le-Bocage
Marigny-en-Orxois
Sommelans
Courchamps
Monthiers
Étrépilly
Oissery
St Pathus
Forfry
Brégy
Douy
Puisieux
Vincy
May-en-Multien
le Plessis-Placy
Coulombs-en-Valois
Germigny-s-Coulombs
Vendrest
Ocquerre
Dhuisy
Gesvres-le-Chapitre
Marcilly
Barcy
Trocy-en-Multien
Lizy-s-Ourcq
Mary-s-Marne
Cocherel
Chamigny
Montreuil-aux-Lions
Bézu-le-Guéry
Domptin
Charly
Saulchery
Nogent-l'Artaud
Pavant
Villiers-Saint-Denis
Souppléts
Chambry
Varreddes
Germigny-l'Évêque
Congis-s-Thérouanne
Isles-les-Meldeuses
Armentières-en-Brie
Tancrou
Jaignes
Changis-s-Marne
Ussy-s-Marne
Luzancy
Méry-s-Marne
Saacy-s-Marne
Citry
Crouttes
Penchard
Chauconin-Neufmontiers
Crégy
Poincy
Trilport
St Jean-les-2 Jumeaux
Sammeron
Sept-Sorts
la Ferté-s-s-Jouarre
Reuil-en-Brie
MEAUX
Villenoy
Trilbardou
Montceaux-lès-Meaux
Nanteuil-lès-Meaux
Fublaines
St Fiacre
Villemareuil
Signy-Signets
Jouarre
Bussières
Basseville
Vignely
Précy-s-Marne
Mareuil-lès-Meaux
Boutigny
Pierre-Levée
Orly-s-Morin
Boitron
Hondevilliers
Esbly
Condé-Ste Libiaire
Quincy-Voisins
Couilly-Pont-aux-Dames
St Germain
Coutevroult
Vaucourtois
Coulommes
Bouleurs
Sancy
la Haute-Maison
St Ouen-s-Morin
Bois-Baudry
la Trétoire
Sablonnières
Parc Disneyland Paris
Magny-le-Hongre
Crécy-la-Chapelle
Voulangis
Villiers-s-Morin
Maisoncelles-en-Brie
Giremoutiers
St Germain-s-Doue
Doue
Rebais
St Léger
St Denis-lès-Rebais
Tigeaux
Guérard
Mouroux
Pommeuse
Boissy-le-Châtel
Chauffry
Villeneuve-le-Comte
Villeneuve-St Denis
Dammartin
Faremoutiers
la Celle-s-Morin
Coulommiers
St Siméon
St Rémy-la-Vanne
Jouy-s-Morin
la Ferté-Gaucher
Mortcerf
Hautefeuille
St Augustin
Chailly-en-Brie
Marolles-en-Brie
Mauperthuis
Saints
Beautheil
Neufmoutiers-en-Brie
Favières
Crèvecœur-en-Brie
la Houssaye-en-Brie
Tournan-en-Brie
Lumigny
Pézarches
Touquin
Amillis
Chevru
Leudon-en-Brie
les Chapelles-Bourbon
Marles-en-Brie
Rigny
le Plessis-Feu-Aussoux
Dagny
Beton-Bazoches
Châtres
Fontenay-Trésigny
Nesles
Vaudoy-en-Brie
Frétoy
Courtacon
Liverdy-en-Brie
Rozay-en-Brie
Bannost
Champcenest
les Marêts
Courquetaine
Chaumes-en-Brie
Bernay-en-Brie
Villegagnon
Ozouer-le-Voulgis
Argentières
Courpalay
la Chapelle-Iger
Jouy-le-Châtel
Courchamp
Rupéreux
Forêt de Crécy
Forêt de Malvoisine
Forêt de Montceaux
Forêt du Mans
Forêt de Choqueuse
Marne
A 4-E 50
N 3
N 4
N 34
N 36

D
E
F
1
2
3
4
37
64
89
Château-Thierry
Épernay
Dormans
Châtillon-s-Marne
Montmirail
Sézanne
Esternay
Montmort
Condé-en-Brie
Orbais-l'Abbaye
Champaubert
Étoges
Vertus
Bergères-s/s-Montmirail
Charleville
Talus-St Prix
Forêt de Vassy
Forêt de Brugny
Forêt d'Enghien
Forêt du Gault
Marais de St Gond
Marne
Surmelin
Petit Morin
Grand Morin
Terrain militaire

A
B
C
37
38
63
90
1
2
3
4
PARC NATUREL RÉGIONAL
Forêt de la Montagne de Reims
DE LA MONTAGNE DE REIMS
Épernay
Magenta
Ay
Dizy
Hautvillers
Champillon
Cumières
Damery
Mardeuil
Pierry
Moussy
Vinay
Chouilly
Cramant
Avize
Oger
Le Mesnil-s-Oger
Vertus
Bergères-lès-Vertus
Mareuil-s-Ay
Bisseuil
Tours-s-Marne
Condé-s-Marne
Aigny
Athis
Jalons
Plivot
Oiry
Bouzy
Ambonnay
Louvois
Verzy
Sept-Saulx
Mourmelon-le-Petit
Livry-Louvercy
Les Grandes-Loges
Juvigny
Recy
St Martin-s-le-Pré
St Gibrien
Fagnières
Compertrix
Coolus
Matougues
Aulnay-s-Marne
Champigneul-Champagne
Pocancy
Thibie
Villeneuve
Vouzy
Chaintrix
Vélye
Germinon
Soudron
Vatry
Bussy
EUROPORT VATRY
Écury-s-Coole
Nuisement-s-Coole
Cernon
Coupetz
Fontaine
Dommartin-Lettrée
Soudé
Sommesous
Haussimont
Vassimont
Lenharrée
Normée
Connantray-Vaurefroy
Fère-Champenoise
Connantre
Morains
Bannes
Marais de St Gond
Aulnizeux
Coligny
Vert-la-Gravelle
Toulon-la-Montagne
Étréchy
Loisy-en-Brie
Givry-lès-Loisy
Beaunay
Etoges
Soulières
Chaltrait
Gionges
Villers-aux-Bois
Pierre-Morains
Clamanges
Villeseneux
Trécon
Écury-le-Repos
Montépreux
Euvy
Gourgançon
Semoine
Corroy
Ognes
Pleurs
Marigny
Thaas
Angluzelles
Salon
Mailly-le-Camp
Poivres
Sompuis
Camp militaire de Mailly
Villiers-Herbisse

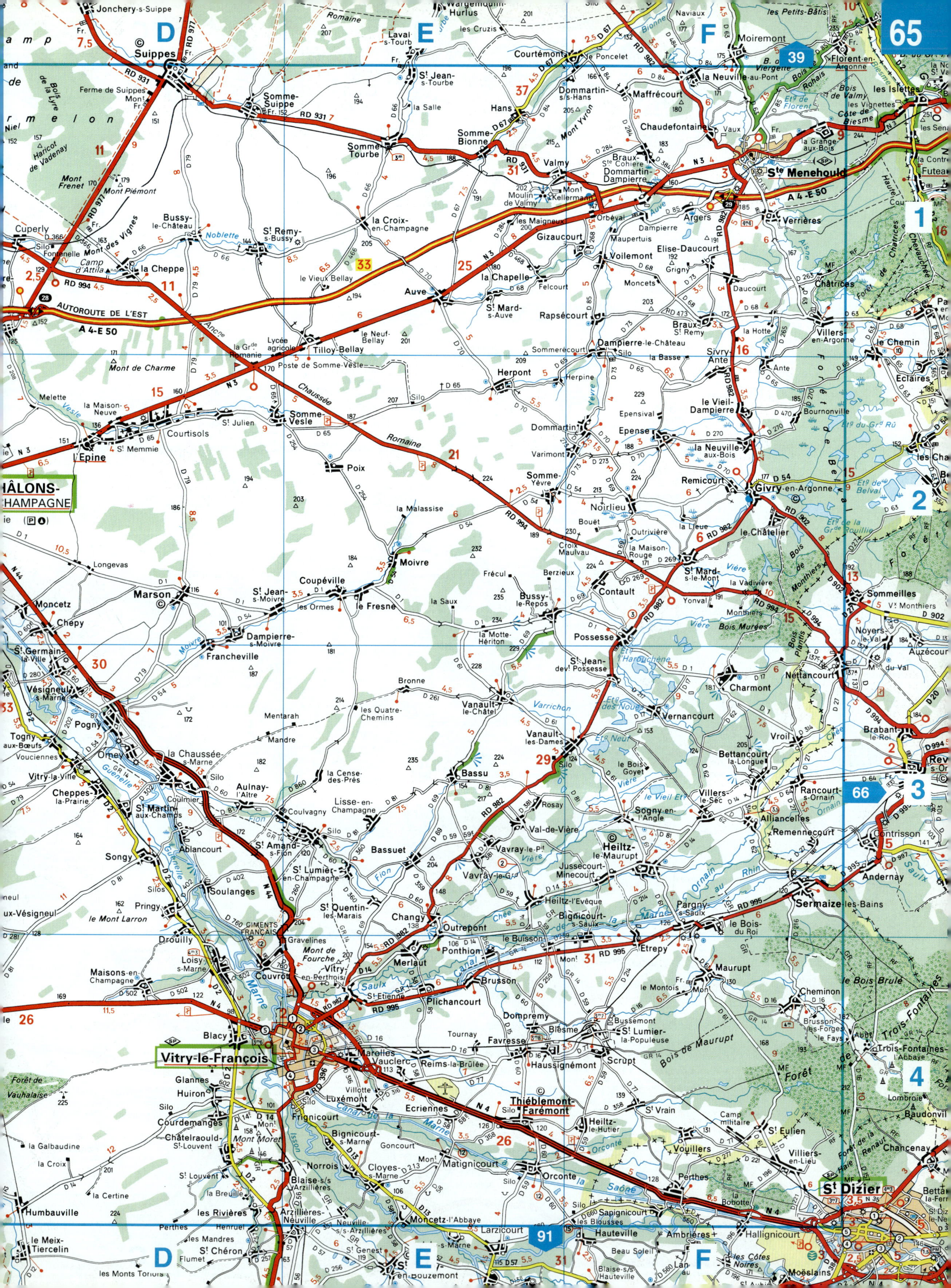
D
E
F
1
2
3
4
Suippes
Somme-Suippe
Somme-Tourbe
Valmy
Ste Menehould
la Cheppe
Auve
Tilloy-Bellay
Somme-Vesle
l'Épine
Courtisols
CHÂLONS-CHAMPAGNE
Marson
Moivre
Coupéville
Dampierre-le-Château
Givry-en-Argonne
Noirlieu
Possesse
Charmont
Vitry-le-François
Heiltz-le-Maurupt
Sermaize-les-Bains
Thiéblemont-Faremont
St Dizier
Pargny-s-Saulx
AUTOROUTE DE L'EST
A 4-E 50
Forêt de Belval
39
66
91

A
B
C
39
40
65
92
1
2
3
4
Ste Menehould
Clermont-en-Argonne
Les Islettes
Florent-en-Argonne
Dugny-s-Meuse
Dieue-s-Meuse
Haudainville
Souilly
Forêt de Souilly
Forêt de Beaulieu
Beaulieu-en-Argonne
Triaucourt-en-Argonne
Vaubécourt
Chaumont-s-Aire
Pierrefitte-s-Aire
Laheycourt
Revigny-s-Ornain
Sermaize-les-Bains
Vavincourt
BAR-LE-DUC
Ligny-en-Barrois
St Dizier
Ancerville
Trois-Fontaines-l'Abbaye
Le Bois Brûlé
Forêt du Haut Juré
Voie Sacrée
Canal de la Marne au Rhin
Meuse
Longchamps-s-Aire
Rumont
Lavallée
Behonne
Fains-les-Sources
Savonnières-devant-Bar
Longeville-en-Barrois
Tronville-en-Barrois
Nançois-s-Ornain
Velaines
Menaucourt
Naix-aux-Forges
Stainville
Lavincourt
Brillon-en-Barrois
Robert-Espagne
Contrisson
Nettancourt
Sommeilles
Évres
Nubécourt
Rembercourt-aux-Pots
Érize-la-Petite
Érize-la-Brûlée
Ippécourt
Lemmes
Julvécourt
Rarécourt
Froidos
Lavoye
A 4-E 50

D
E
F
41
68
93
1
2
3
4
Mars-la-Tour
Gravelotte
Rezonville
Vionville
Harville
Labeuville
Hannonville-Suzémont
Fresnes-en-Woëvre
Manheulles
Mont-Villers
Tronville
Puxieux
Xonville
Chambley-Bussières
Gorze
Dornot
Ars-s-M.
Forêt d'Amblonville
Combres-s-les-Côtes
Herbeuville
Hannonville-s-s-les-Côtes
Thillot
Woël
Lachaussée
Hageville
Onville
Waville
Vandelainville
Novéant-s-Moselle
Arnaville
Pagny-s-Moselle
Prény
Vittonville
Dampvitoux
Charey
Rembercourt-s-Mad
Jaulny
Xammes
St Maurice s-s-les-Côtes
Vigneulles-lès-Hattonchâtel
Hattonchâtel
Seuzey
Dompierre-aux-Bois
Deuxnouds-aux-Bois
Lacroix-s-Meuse
Lamorville
Thiaucourt-Regniéville
Vandières
PARC NATUREL RÉGIONAL DE LORRAINE
Lac de Madine
Heudicourt
Nonsard
Pannes
Euvezin
Essey-et-Maizerais
Buxières-s-les-Côtes
Buxerulles
Woinville
Butte de Montsec
Montsec
Lahayville
St Baussant
St Mihiel
Chauvoncourt
Varnéville
Loupmont
Richecourt
Seicheprey
Flirey
Limey-Remenauville
Lironville
Mamey
Montauville
Maidières
Pont-à-Mousson
Blénod
Dieulouard
Apremont-la-Forêt
Beaumont
Rambucourt
Mandres-aux-4-Tours
Bernécourt
Noviant-aux-Prés
Martincourt
Gézoncourt
Manonville
Domèvre-en-Haye
Grosrouvres
Hamonville
Ansauville
Minorville
Tremblecourt
Rogéville
Villers-en-Haye
Rosières-en-H.
Boucoville-s-Madt
Broussey-en-Woëvre
Raulecourt
St Agnant-s-les-Côtes
Liouville
St Julien-s-s-les-Côtes
Frémeréville-s-les-Côtes
Girauvoisin
Gironville-s-s-les-Côtes
Jouy-s-s-les-Côtes
Mécrin
Sampigny
Pont-s-Meuse
Boncourt-s-Meuse
Vadonville
Lérouville
Commercy
Vignot
Euville
Aulnois-s-s-Vertuzey
Vertuzey
Corniéville
Forêt de la Reine
Royaumeix
Sanzey
Ménil-la-Tour
Andilly
Avrainville
Jaillon
Liverdun
Bouvron
Francheville
Aingeray
Villey-St Étienne
Sexey-les-Bois
Velaine-en-Haye
Fontenoy-s-Moselle
Gondreville
Lagney
Lucey
Bruley
Pagney-derrière-Barine
Trondes
Laneuville-derrière-Foug
Foug
Ville-Issey
Sorcy-St Martin
Void-Vacon
Laneuville-au-Rupt
Ménil-la-Horgne
Forêt de Commercy
TOUL
Dommartin-lès-Toul
Écrouves
Chaudeney-s-Moselle
Villey-le-Sec
Pierre-la-Treiche
Bicqueley
Choloy-Ménillot
Domgermain
Charmes-la-Côte
Ourches-s-Meuse
Pagny-s-Meuse
Troussey
St Germain-s-Meuse
Ugny-s-Meuse
Naives-en-Blois
Méligny-le-Grand
Méligny-le-Petit
Bovée-s-Barboure
Broussey-en-Blois
Sauvoy
Vaucouleurs
Chalaines
Rigny-la-Salle
Mont-le-Vignoble
Gye
Reffroy
Sexey-aux-Forges
Gimeys
Viterne

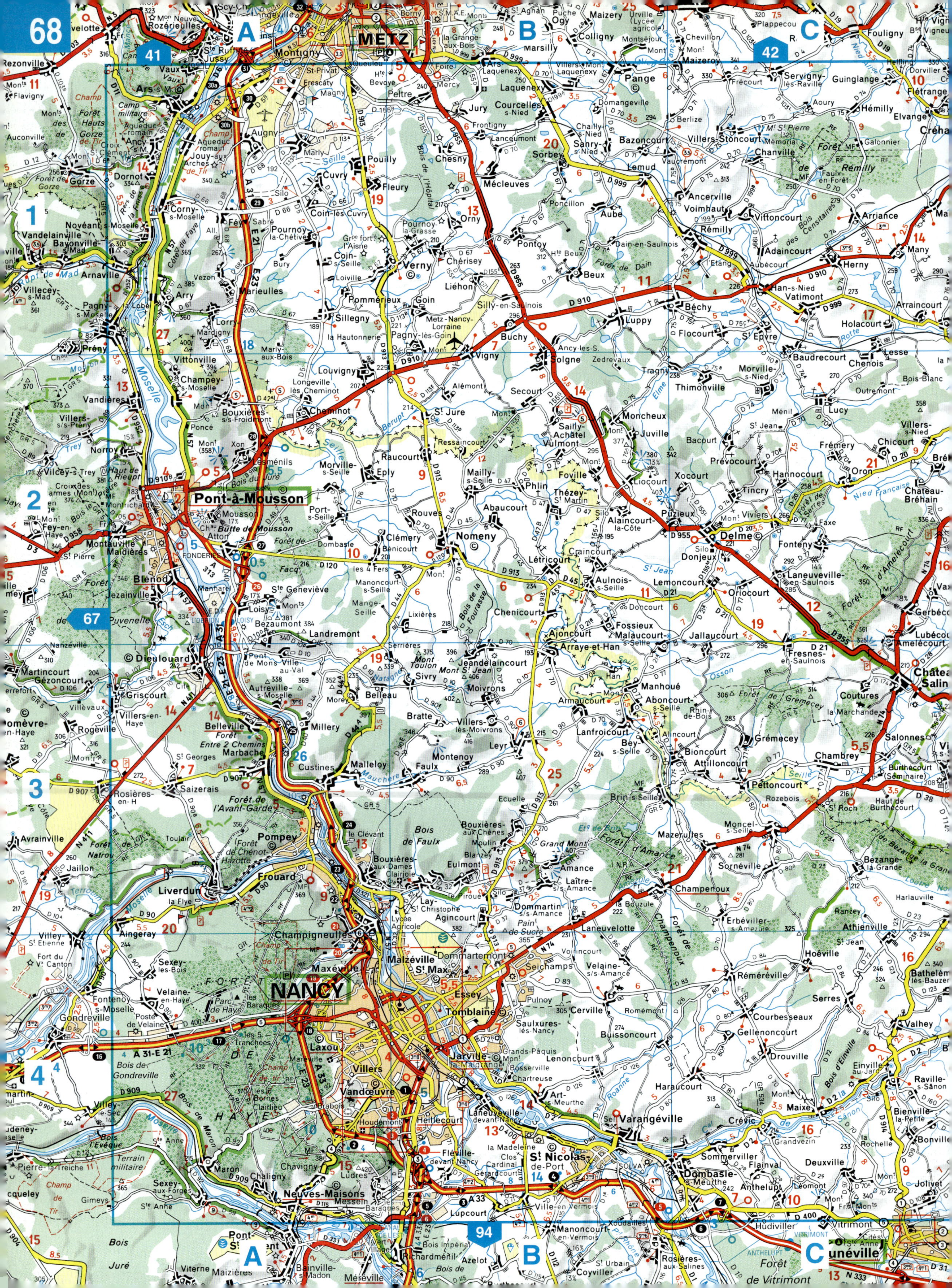

METZ
Pont-à-Mousson
NANCY
Delme
Nomeny
Dieulouard
Château-Salins
Lunéville
Dombasle-s-Meurthe
St Nicolas-de-Port
Neuves-Maisons
Vandœuvre
Laxou
Villers
Jarville-la-Malgrange
Tomblaine
Essey
Malzéville
St Max
Maxéville
Champigneulles
Frouard
Pompey
Liverdun
Gorze
Ars-s-M.
Montigny
Verny
Pange
Rémilly
Solgne
Vigny
Moselle
Seille
41
42
67
94
A
B
C
1
2
3
4

St Avold
Faulquemont
Grostenquin
Morhange
Puttelange-aux-Lacs
Sarralbe
Sarreguemines
Keskastel
Sarre-Union
Albestroff
Dieuze
Fénétrange
Mittersheim
Sarrebourg
Réchicourt-le-Château
Blâmont
Cirey-s-Vezouze
Lorquin
Hémering
Moyenvic
Vic
Maizières-lès-Vic
Tarquimpol
Gelucourt
Insming
Rémering-lès-P.
Diffembach-lès-Hellimer
Hellimer
Francaltroff
Lening
Vittersbourg
Harskirchen
Bissert
Diedendorf
Postroff
Bettborn
Oberstinzel
Gosselming
Haut-Clocher
Langatte
Héming
Xouaxange
Neufmoulins
Imling
Buhl-Lorraine
St Quirin
Bourdonnay
Lagarde
Xures
Parroy
Mouacourt
Vaucourt
Xousse
Emberménil
Leintrey
Domjevin
Avricourt
Igney
Repaix
Frémonville
Harbouey
Chazelles-s-Albe
Verdenal
Barbas
Forêt de Parroy
Étang du Stock
Étang de Gondrexange
Étang de Lindre
Forêt de Fénétrange
Forêt de Réchicourt
PARC NATUREL RÉGIONAL DE LORRAINE
D
E
F
1
2
3
4
43
44
70
95

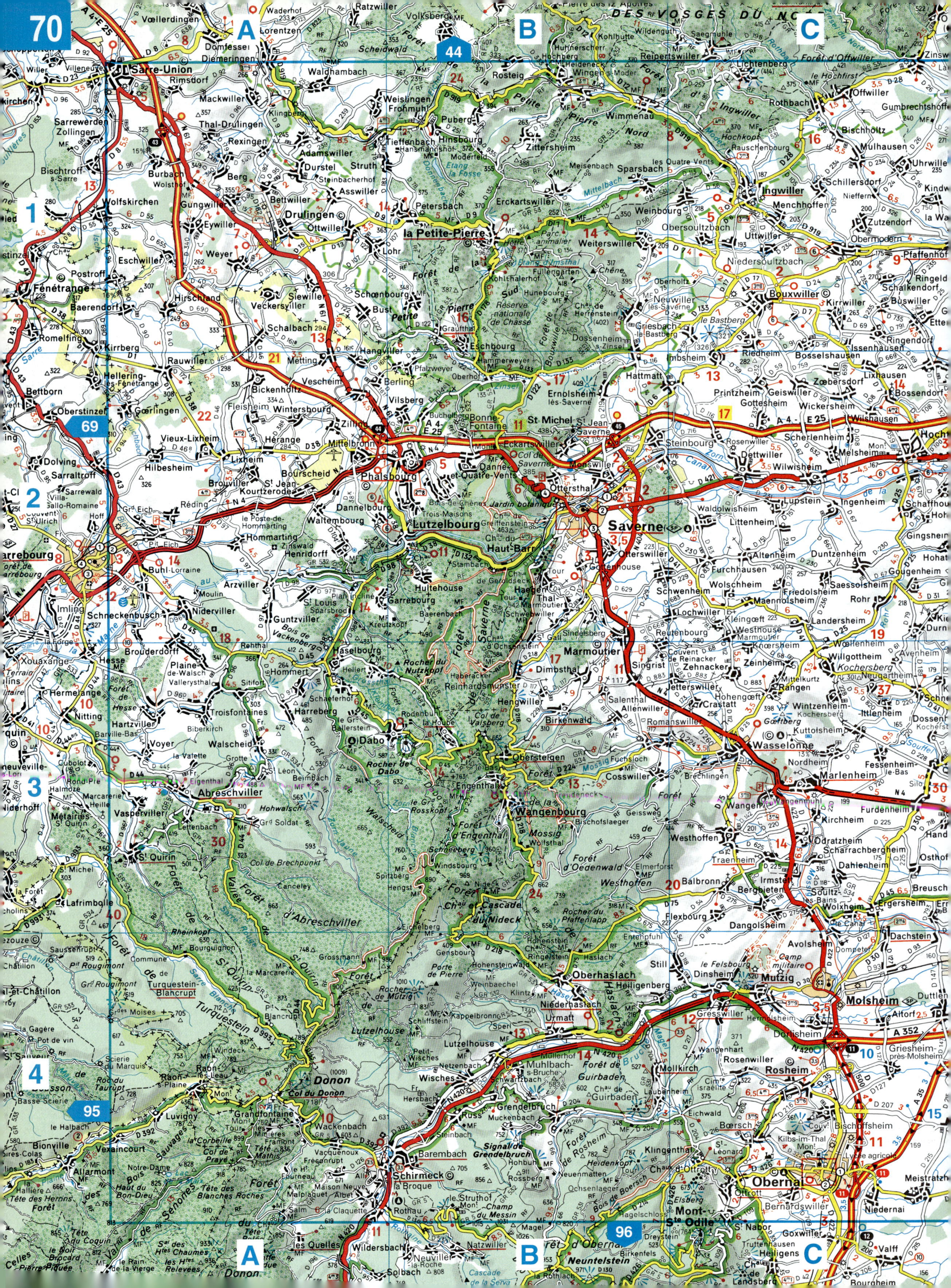

A
B
C
1
2
3
4
44
69
95
96
30
DES VOSGES DU NORD
Sarre-Union
Vœllerdingen
Lorentzen
Domfessel
Diemeringen
Waldhambach
Volksberg
Rosteig
Wingen-s-Moder
Reipertswiller
Lichtenberg
Offwiller
Rimsdorf
Mackwiller
Thal-Drulingen
Rexingen
Weislingen
Frohmuhl
Puberg
Tieffenbach
Hinsbourg
Zittersheim
Wimmenau
Rothbach
Ingwiller
Bischholtz
Mulhausen
Sarrewerden
Zollingen
Adamswiller
Durstel
Struth
Burbach
Berg
Asswiller
Petersbach
Erckartswiller
Sparsbach
Menchhoffen
Bischtroff-s-Sarre
Wolfskirchen
Gungwiller
Drulingen
Ottwiller
Eywiller
la Petite-Pierre
Lohr
Weinbourg
Obersoultzbach
Uttwiller
Zutzendorf
Obermodern
Pfaffenhoffen
Eschwiller
Weyer
Weiterswiller
Niedersoultzbach
Fénétrange
Postroff
Baerendorf
Hirschland
Siewiller
Veckersviller
Schœnbourg
Bust
Neuwiller-lès-Saverne
Bouxwiller
Kirrwiller
Buswiller
Schalkendorf
Ringeldorf
Romelfing
Kirrberg
Schalbach
Eschbourg
Griesbach-le-Bastberg
Dossenheim-s-Zinsel
Imbsheim
Riedheim
Bosselshausen
Issenhausen
Ringendorf
Rauwiller
Hangviller
Metting
Hellering-lès-Fénétrange
Bettborn
Oberstinzel
Gœrlingen
Bickenholtz
Fleisheim
Vescheim
Berling
Wintersbourg
Vilsberg
Hattmatt
Ernolsheim-lès-Saverne
Printzheim
Geiswiller
Gottesheim
Zœbersdorf
Lixhausen
Bossendorf
Vieux-Lixheim
Hilbesheim
Hérange
Zilling
Mittelbronn
Phalsbourg
Bonne-Fontaine
St Michel
St Jean-Saverne
Steinbourg
Wickersheim
Wilshausen
Dolving
Sarraltroff
Sarrewald
Villa Gallo-Romaine
Lixheim
Brouviller
St Jean-Kourtzerode
Bourscheid
Danne-et-Quatre-Vents
Eckartswiller
Col de Saverne
Ottersthal
Monswiller
Dettwiller
Scherlenheim
Melsheim
Wilwisheim
Réding
Dannelbourg
Waltembourg
le Poste-de-Hommarting
Hommarting
Lutzelbourg
Trois-Maisons
Jardin botanique
Saverne
Waldolwisheim
Littenheim
Lupstein
Ingenheim
Gingsheim
Sarrebourg
Buhl-Lorraine
Henridorff
Haut-Barr
Otterswiller
Gottenhouse
Altenheim
Duntzenheim
Furchhausen
Hohatzenheim
Imling
Schneckenbusch
Niderviller
Moulin
Arzviller
St Louis
Plan Incliné
Garrebourg
Hultehouse
Haegen
Thal-Marmoutier
Schwenheim
Wolschheim
Maennolsheim
Friedolsheim
Saessolsheim
Rohr
Guntzviller
Landersheim
Hesse
Brouderdorff
Bois de Vackenbourg
Haselbourg
Rocher du Nutzkopf
Marmoutier
Dimbsthal
Singrist
Reutenbourg
Westhouse-Marmoutier
Knœrsheim
Zehnacker
Zeinheim
Wœllenheim
Willgottheim
Kochersberg
Xouaxange
Hermelange
Plaine-de-Walsch
Vallerysthal
Hommert
Reinhardsmunster
Jetterswiller
Rangen
Neugartheim
Nitting
Hartzviller
Troisfontaines
Harreberg
Schaeferhof
Hengwiller
Salenthal
Allenwiller
Hohengœft
Crastatt
Wintzenheim-Kochersberg
Ittlenheim
Barville-Bas
Voyer
Biberkirch
Walscheid
Dabo
Rocher de Dabo
Col du Valsberg
Birkenwald
Romanswiller
Wasselonne
Kuttolsheim
la Valette
Grotte
Obersteigen
Fuchsloch
Cosswiller
Nordheim
Marlenheim
Fessenheim-le-Bas
Abreschviller
Eigenthal
Engenthal
Wangenbourg
Brechlingen
Wangen
Furdenheim
Vasperviller
Hohwalsch
Gd Soldat
Rosskopf
Forêt d'Engenthal
Bischofslaeger
Westhoffen
Kirchheim
Odratzheim
Scharrachbergheim
St Quirin
Col de Brechpunkt
Schneeberg
Mossig
Wolfsthal
Forêt d'Oedenwald
Traenheim
Dahlenheim
Lafrimbolle
Canceley
Windsbourg
Spitzberg
Hengst
Balbronn
Bergbieten
Irmstett
Soultz-les-Bains
Ergersheim
Forêt d'Abreschviller
Cascade du Nideck
Rocher du Pfaffenlapp
Westhoffen
Flexbourg
Dangolsheim
Wolxheim
Avolsheim
Dachstein
Rheinkopf
Turquestein-Blancrupt
Grossmann
Gensbourg
Ringelstein
Oberhaslach
Haslach
Still
le Felsbourg
Dinsheim
Camp militaire
Mutzig
Molsheim
Dutlenheim
Forêt de St Quirin
Porte de Pierre
Rocher de Mutzig
Niederhaslach
Urmatt
Heiligenberg
Gresswiller
Altorf
Turquestein
Lutzelhouse
Dorlisheim
Griesheim-près-Molsheim
Forêt de Guirbaden
Muhlbach-s-Bruche
Mollkirch
Rosenwiller
Rosheim
Donon
Col du Donon
Raon-lès-Leau
Raon-s-Plaine
Wisches
Hersbach
Russ
Muckenbach
Grendelbruch
Chau de Guirbaden
Laubenheim
Bischoffsheim
Kilbs-im-Thal
Grandfontaine
Luvigny
Wackenbach
Schirmeck
Barembach
Signal de Grendelbruch
Klingenthal
Obernai
Meistratzheim
Vexaincourt
Allarmont
Bionville
Vacquenoux
Framont
la Broque
Rothau
Natzwiller
Heidenkopf
Forêt de Rocheim
Chau d'Ottrott
Ottrott
Bernardswiller
Niedernai
Senones
Forêt de Senones
Wildersbach
Neuviller-la-Roche
Solbach
Cascade de la Serva
Neuntelstein
St Nabor
Mont-Ste-Odile
Goxwiller
Heiligenstein
Valff
Les Quelles
Forêt d'Oberna
Forêt de Turquestein

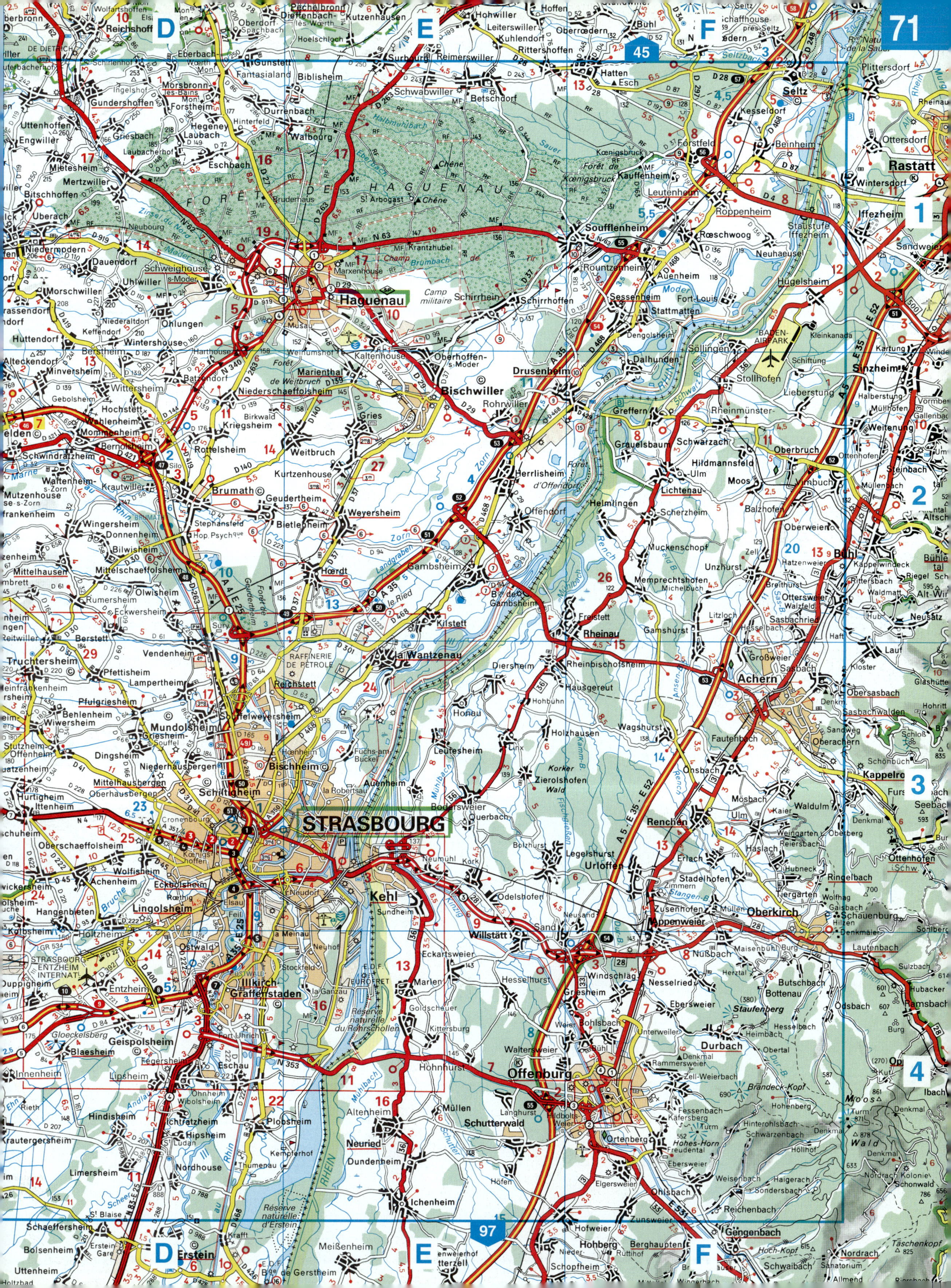

71
D
E
F
45
97
1
2
3
4
STRASBOURG
Haguenau
Kehl
Offenburg
Rastatt
Bischwiller
Brumath
Schiltigheim
Illkirch-Graffenstaden
Lingolsheim
Achern
Bühl
Oberkirch
Appenweier
Willstätt
Drusenheim
Soufflenheim
Seltz
Gambsheim
la Wantzenau
Hoerdt
Reichstett
Bischheim
Hoenheim
Mundolsheim
Geispolsheim
Eschau
Plobsheim
Erstein
Rheinau
Renchen
Lichtenau
Iffezheim
Sinzheim
Gengenbach
Ortenberg
Schutterwald
Neuried
Kappelrodeck
FORÊT DE HAGUENAU
STRASBOURG ENTZHEIM INTERNAT.
RAFFINERIE DE PÉTROLE
BADEN-AIRPARK
RHEIN

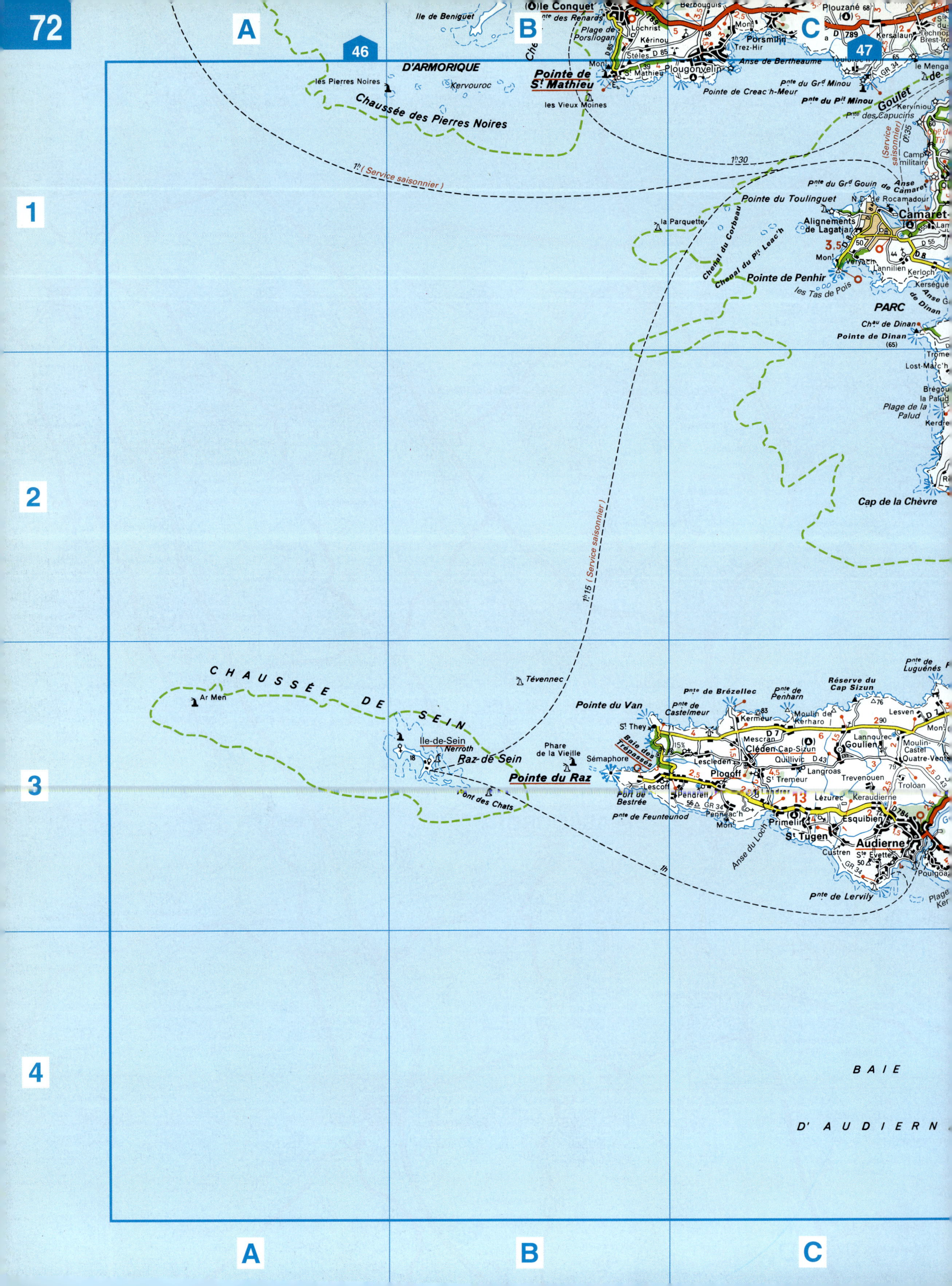
A
B
C
1
2
3
4
46
47
Ile de Béniguet
le Conquet
Pte des Renards
Plage de Porsliogan
Lochrist
Kérinou
Stèles
Berbouguis
Plouzané
Mon
Trez-Hir
Porsmilin
Kersalaün
Technopôle Brest-Iroise
Plougonvelin
Anse de Bertheaume
D'ARMORIQUE
les Pierres Noires
Kervouroc
Chaussée des Pierres Noires
Pointe de St Mathieu
les Vieux Moines
Pointe de Creac'h-Meur
Pnte du Grd Minou
Pnte du Pit Minou
Goulet
Kerviniou
Pnte des Capucins
(Service saisonnier)
Camp militaire
1h30
1h (Service saisonnier)
Pnte du Grd Gouin
Anse de Camaret
Pointe du Toulinguet
N.D. de Rocamadour
Camaret-
la Parquette
Alignements de Lagatjar
Chenal du Corbeau
Chenal du Pit Leac'h
Pointe de Penhir
les Tas de Pois
Lannilien
Kerloch
Kerségué
Anse de Dinan
PARC
Chau de Dinan
Pointe de Dinan
Trome
Lost-Marc'h
Brégou
la Palud
Plage de la Palud
Kerdre
Cap de la Chèvre
1h15 (Service saisonnier)
CHAUSSÉE DE SEIN
Ar Men
Tévennec
Ile-de-Sein
Nerroth
Raz de Sein
Phare de la Vieille
Sémaphore
Pointe du Raz
Pont des Chats
Pointe du Van
Pnte de Brézellec
Pnte de Castelmeur
Pnte de Penharn
Réserve du Cap Sizun
Pnte de Luguénès
St They
Baie des Trépassés
Kermeur
Moulin de Kerharo
Lesven
Mescran
Cléden-Cap-Sizun
Goulien
Lannourec
Moulin-Castel
Quatre-Vents
Lescleden
Quillivic
Plogoff
Langroas
St Tremeur
Trevenouen
Troloan
Lescoff
Port de Bestrée
Pendreff
Lézurec
Keraudierne
Pnte de Feunteunod
Penneac'h
Primelin
Esquibien
St Tugen
Audierne
Anse du Loch
Custren
Ste Evette
Poulgoazec
Pnte de Lervily
1h
BAIE
D' AUDIERN
A
B
C

BREST
Plougastel Daoulas
Daoulas
RADE DE BREST
Crozon
Morgat
Landévennec
le Faou
Pleyben
Châteaulin
Ménez-Hom
Plomodiern
BAIE DE DOUARNENEZ
Douarnenez
Tréboul
Locronan
Pont-Croix
Plouhinec
Pouldreuzic
Plogastel-St Germain
Briec
Quimper
Pont-l'Abbé
Bénodet
Fouesnant
PARC NATUREL RÉGIONAL D'ARMORIQUE
48
74
75
98
99

A
B
C
48
47
72
98
Landivisiau
Landerneau
Guipavas
Gouesnou
Guilers
St Renan
Plouzané
BREST
Le Relecq Kerhuon
Plougastel Daoulas
Daoulas
Sizun
La Roche-Maurice
Ploudiry
La Martyre
Pencran
Dirinon
Loperhet
St Urbain
Irvillac
Hanvec
Le Faou
Rumengol
Landévennec
RADE DE BREST
Roscanvel
Camaret-s-M.
Lanvéoc
Crozon
Morgat
Telgruc-s-Mer
Argol
Ménez-Hom
Châteaulin
Pont-de-Buis-lès-Quimerch
Plomodiern
Ploéven
Cast
Plonévez-Porzay
Kergoat
Quéménéven
Locronan
Douarnenez
Tréboul
Poullan-s-Mer
Beuzec-Cap-Sizun
Pont-Croix
Audierne
Plouhinec
Mahalon
Confort Meilars
Pouldergat
Guengat
Plogonnec
Quilinen
Landrévarzec
Briec
Ploneis
QUIMPER
Plogastel-St Germain
BAIE DE DOUARNENEZ
PARC RÉGIONAL D'ARMORIQUE
Cap de la Chèvre
Pointe de Kerdéniel
Anse de Poulmic
Pointe du Millier
Grandes Grottes
Forêt du Cranou
Océanopolis

D
E
F
49
99
76
1
2
3
4
Pleyber-Christ
Plougonven
Guerlesquin
Lampaul-Guimiliau
Guimiliau
Loc-Eguiner-St Thégonnec
St Sauveur
Plounéour-Ménez
Commana
Roc Trévezel
Le Relec
Roche St Barnabé
Rochers du Cragou
Scrignac
Lanneanou
Bolazec
Plougras
Plourac'h
Calanhel
Forêt de Beffou
Botmeur
Huelgoat
Berrien
Locmaria-Berrien
La Feuillée
Brennilis
Réservoir de St Michel
Montagne St Michel
Yeun Elez
RÉGIONAL
D'ARMORIQUE
Forêt de Fréau
Poullaouen
Carnoët
Plusquellec
Loqueffret
Lannédern
Brasparts
St Herbot
Plouyé
Collorec
Le Cloître-Pleyben
Pleyben
Plonévez-du-Faou
Landeleau
Cléden-Poher
Carhaix-Plouguer
Plounévézel
Treffrin
Tréogan
Motreff
Plévin
Lennon
Châteauneuf-du-Faou
St Goazec
Spézet
N.D. du Crann
Roc de Toullaëron
Gourin
Roudouallec
Trégourez
Leuhan
Laz
Coray
Langolen
Landudal
Edern
Briec
Guiscriff
Scaër
Langonnet
Le Faouët
Le Saint
Kernevel
Tourch
St Thois
Gouézec
MONTAGNES NOIRES
Canal de Nantes à Brest
Aulne
N 164

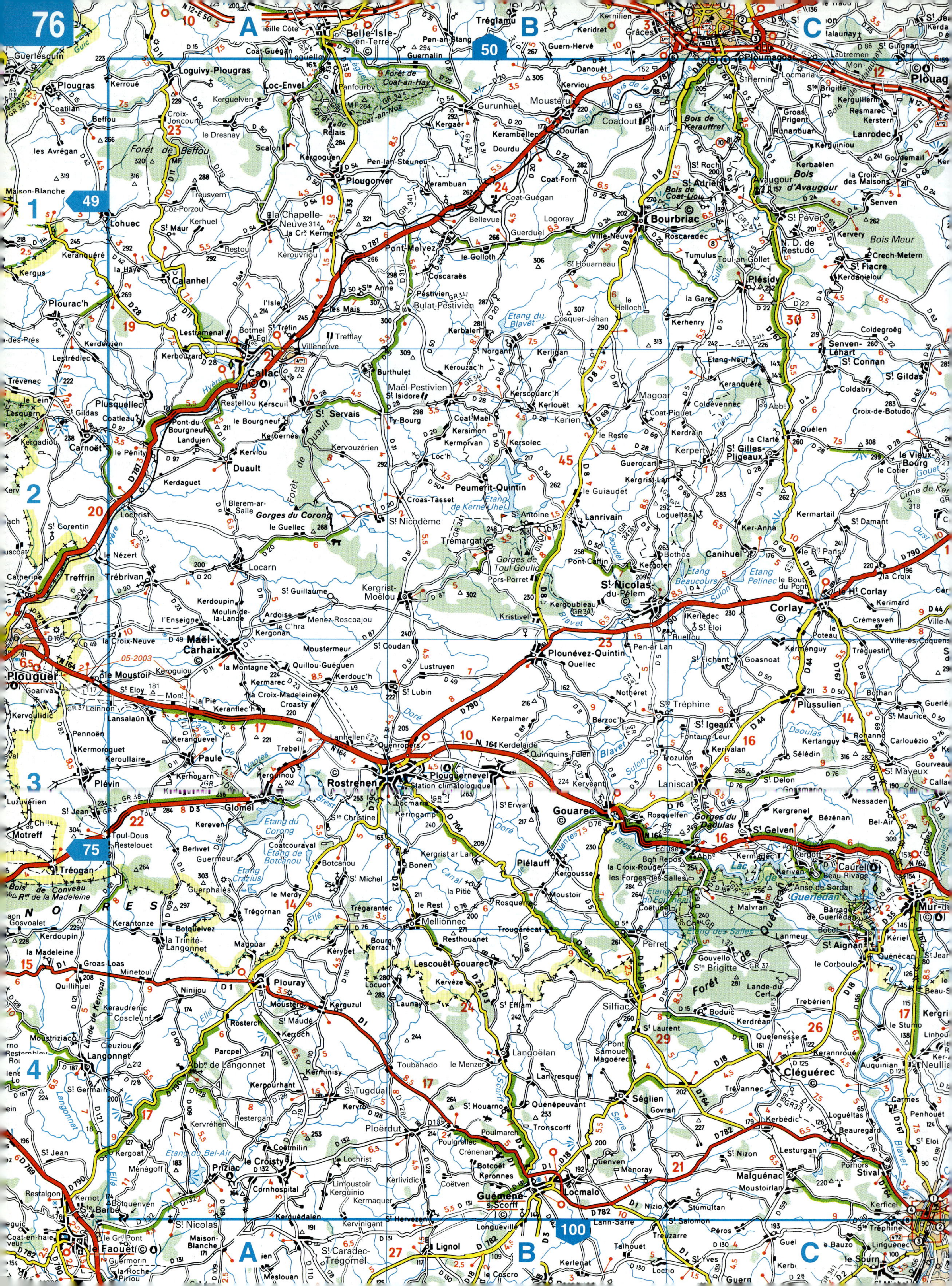
A
B
C
1
2
3
4
49
50
75
100
Belle-Isle-en-Terre
Tréglamus
Guerlesquin
Loguivy-Plougras
Loc-Envel
Plougras
Forêt de Beffou
Plougonver
Gurunhuel
Mousteru
Ploumagoar
Bourbriac
Bois de Kerauffret
Bois d'Avaugour
St Péver
Lohuec
La Chapelle-Neuve
Pont-Melvez
Calanhel
Bulat-Pestivien
Plésidy
Callac
Maël-Pestivien
St Servais
Duault
Plusquellec
Carnoët
Magoar
St Gilles-Pligeaux
Peumerit-Quintin
Lanrivain
Gorges du Corong
Forêt de Duault
St Nicodème
Trémargat
Gorges de Toul Goulic
St Nicolas-du-Pélem
Canihuel
Locarn
Kergrist-Moëlou
Trébrivan
Treffrin
Maël-Carhaix
Plouguer
Corlay
Plounévez-Quintin
St Igeaux
Plussulien
Paule
Rostrenen
Plouguernevel
Glomel
Gouarec
Laniscat
Gorges du Daoulas
St Gelven
Lac de Guerlédan
Mur-de-Bretagne
Caurel
Plélauff
Mellionnec
Lescouët-Gouarec
Silfiac
Forêt de Quénécan
St Aignan
Tréogan
Plouray
Langonnet
Langoëlan
Séglien
Cléguérec
Ploërdut
Priziac
le Croisty
Guémené-s-Scorff
Locmalo
Malguénac
Stival
le Faouët
Lignol
St Caradec-Trégomel
Motreff
Plévin
Montagnes Noires

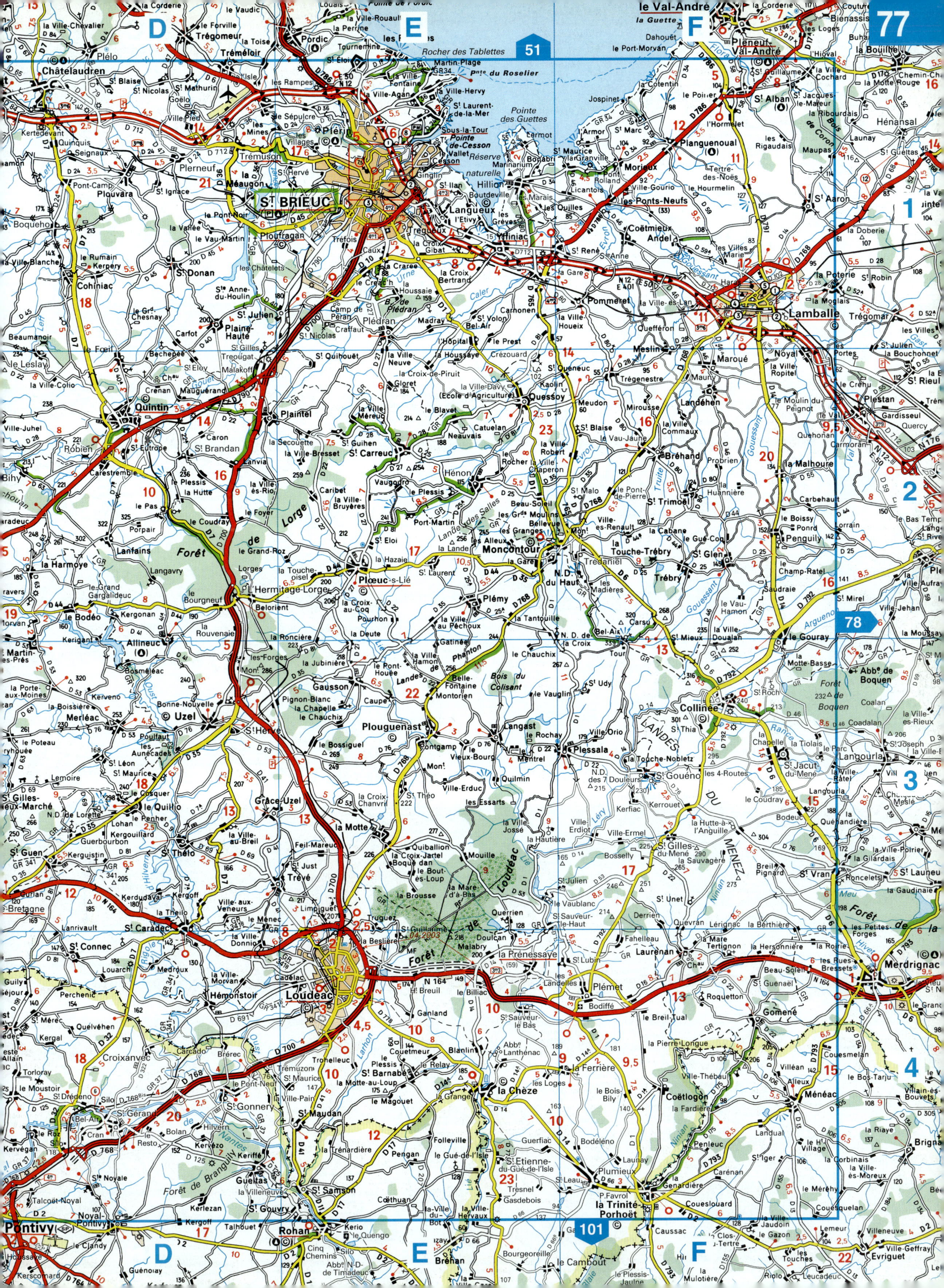
D
E
F
51
78
101
1
2
3
4
St BRIEUC
Lamballe
Châtelaudren
Quintin
Plérin
Langueux
Yffiniac
Ploufragan
Trégueux
Pordic
Plérneuf-Val-André
le Val-André
Moncontour
Plœuc-s-Lié
Uzel
Loudéac
Collinée
Merdrignac
Plémet
la Chèze
la Trinité-Porhoët
Pontivy
Rohan
Plouguenast
Plémy
Quessoy
Hénon
St Carreuc
Plaintel
Plaine-Haute
Plédran
Hillion
Noyal
Pléneuf-Val-André
Forêt de Lorge
Forêt de Loudéac
Forêt de Boquen
Landes du Méné
Gausson
Langast
Plessala
Le Gouray
St Gilles-du-Mené
Laurénan
Gomené
Ménéac
Mohon
Plumieux
Hémonstoir
Grâce-Uzel
Trévé
St Caradec
St Connec
Mûr-de-Bretagne
Le Quillio
St Thélo
Merléac
Allineuc
Le Bodéo
St Brandan
la Harmoye
Lanfains
Cohiniac
Plouvara
Plerneuf
Trémuson
Tréméloir
Trégomeur
Plélo
Goëlo
Pointe du Roselier
Pointe des Guettes
Plangunoual
Morieux
Andel
Coëtmieux
Pommeret
Meslin
Maroué
Landéhen
Trébry
Penguily
St Glen
la Malhoure
Bréhand
St Trimoël
Plestan
Tramain
Langourla
St Jacut-du-Mené
Kerfiac
St Gouéno
Le Cambout
St Barnabé
St Maudan
Bréhan
St Samson
Guerfiac
Noyal-Pontivy
Cléguérec
Gueltas
Forêt de Branguilly
Crédin
Évriguet

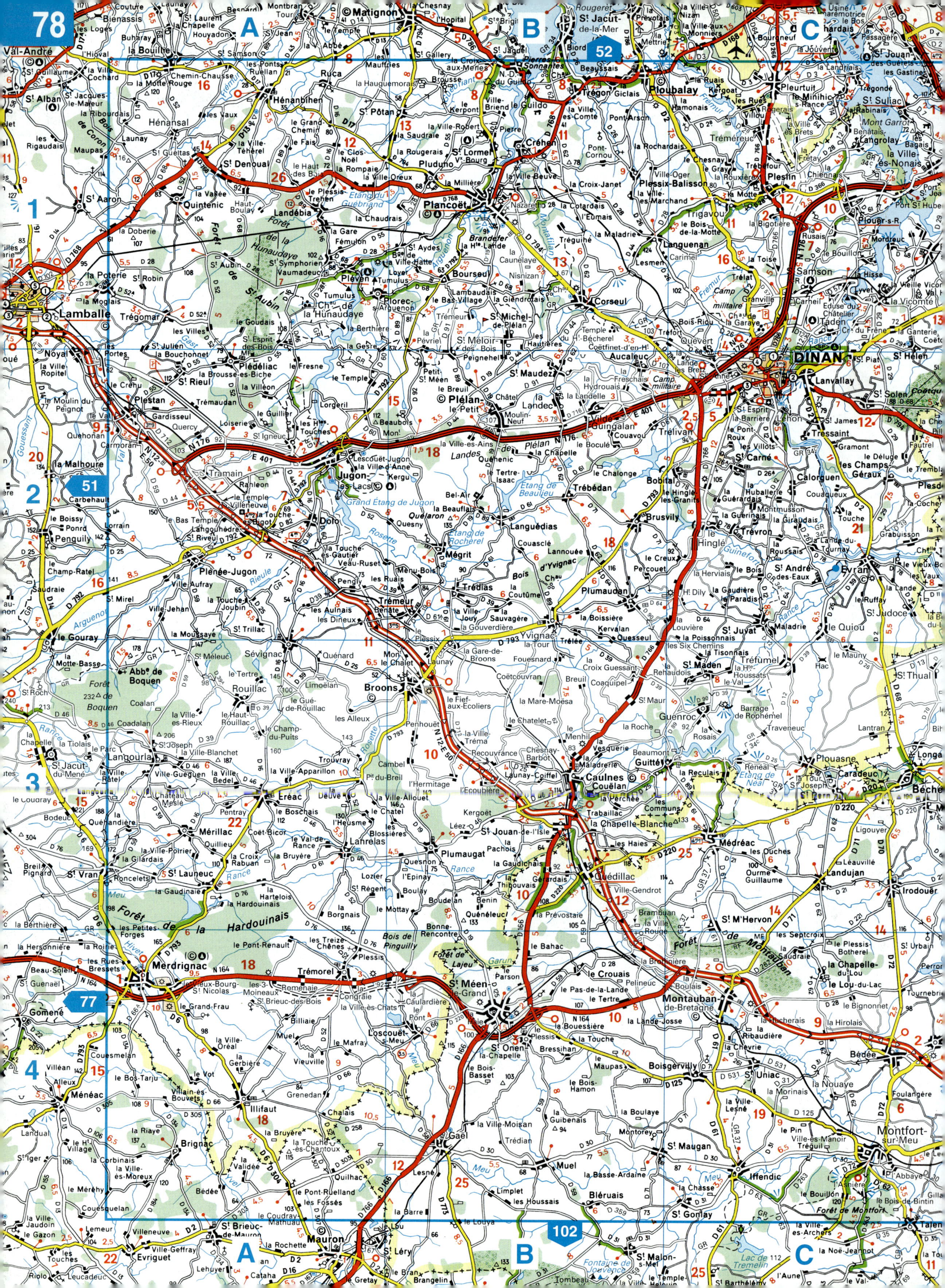
A
B
C
1
2
3
4
52
51
77
102
Matignon
St Jacut-de-la-Mer
Ploubalay
Val-André
Hénanbihen
Plancoët
Pleslin
Quintenic
Landébia
Lamballe
Pléven
Corseul
Languenan
Plouër-s-R.
Noyal
Trégomar
Plédéliac
St Maudez
Plélan-le-Petit
Dinan
Lanvallay
Plestan
Jugon-les-Lacs
Trébédan
Brusvily
Dolo
Languédias
Mégrit
Plénée-Jugon
Trémeur
Yvignac
Plumaudan
Tréfumel
St Juvat
Evran
Le Gouray
Sévignac
Broons
St Maden
Guenroc
Plouasne
Langourla
Caulnes
Guitté
Ereac
Lanrelas
Plumaugat
Quédillac
Médréac
Landujan
Irodouër
Mérillac
St Launeuc
Merdrignac
Trémorel
St Méen-le-Grand
Montauban-de-Bretagne
Bédée
Gomené
St Onen-la-Chapelle
Boisgervilly
Ménéac
Illifaut
Brignac
Gaël
Muel
St Maugan
Iffendic
Montfort-sur-Meu
Mauron
St Léry
Evriguet
Forêt de la Hardouinais
Forêt de la Hunaudaye
Forêt de Boquen
Forêt de Montauban
Forêt de Montfort
Étang de Jugon
DINAN

D
E
F
1
2
3
4
53
80
103
Châteauneuf-d'Ille-et-Vilaine
Dol-de-Bretagne
Mont-Dol
Hirel
le Vivier-s-Mer
Cherrueix
St-Broladre
Roz-s-Couesnon
Pontorson
Pleine-Fougères
Baguer-Morvan
Baguer-Pican
Miniac-Morvan
Epiniac
la Boussac
Trans-la-Forêt
Sougéal
Antrain
Bonnemain
Lanhélin
St-Pierre-de-Plesguen
Cuguen
Tréméheuc
Combourg
Meillac
Pleugueneuc
la Chapelle-aux-Filtzméens
Lourmais
Noyal-s/s-Bazouges
Bazouges-la-Pérouse
Tremblay
Rimou
Marcillé-Raoul
St-Léger-des-Prés
St-Rémy-du-Plain
Romazy
Chauvigné
St-Marc-le-Blanc
Baillé
St-Domineuc
Québriac
Dingé
Tinténiac
Feins
Sens-de-Bretagne
Vieux-Vy-s-Couesnon
St-Christophe-de-Valains
St-Ouen-des-Alleux
Hédé
Guipel
Montreuil-s-Ille
Aubigné
Andouillé-Neuville
Gahard
Mézières-s-Couesnon
St-Aubin-du-Cormier
St-Médard-s-Ille
St-Aubin-d'Aubigné
St-Germain-s-Ille
Montreuil-le-Gast
Langouët
Vignoc
St-Gondran
les Iffs
Montmuran
Gévezé
la Mézière
Melesse
Mouazé
Chasné-s-Illet
Ercé-près-Liffré
Gosné
Chevaigné
St-Sulpice-la-Forêt
Liffré
Betton
Romillé
Parthenay-de-Bretagne
Pleumeleuc
Clayes
la Chapelle-des-Fougeretz
Montgermont
Pacé
St-Gilles
Breteil
l'Hermitage
St-Grégoire
Thorigné-Fouillard
Acigné
Cesson-Sévigné
la Bouëxière
Forêt de Rennes
Forêt de Chevré
Châteaubourg
Servon-s-Vilaine
Noyal-s-Vilaine
RENNES
Forêt de Villecartier
Forêt du Mesnil
Forêt de Tanouarn
Forêt de St-Aubin-du-Cormier
Forêt de Liffré
Etang de Boulet
Bois de Soulon
N 176-E 401
N 12-E 50
N 137
A 84-E 3
D 175
D 795
D 794
D 796

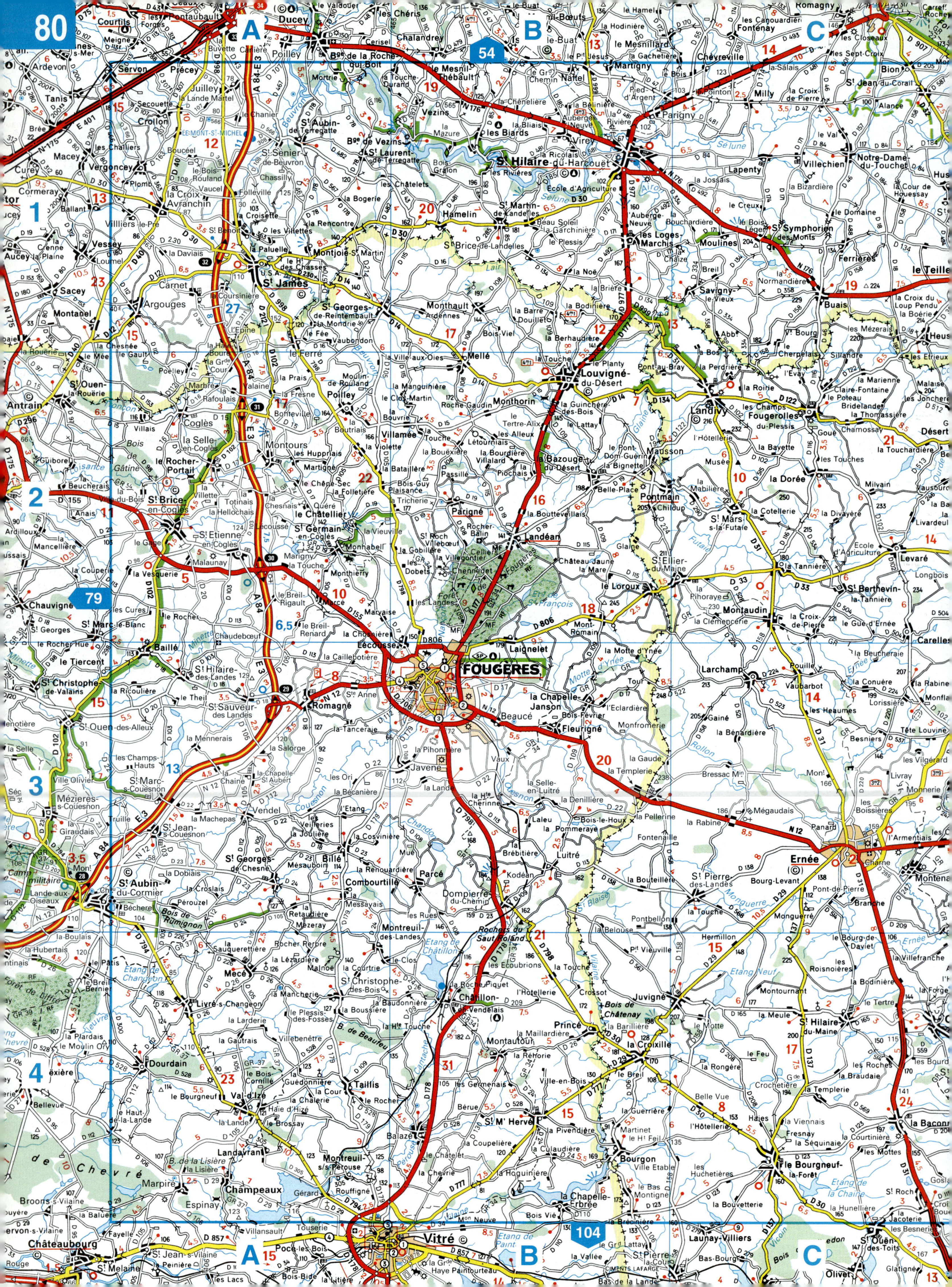
A
B
C
54
1
2
3
4
79
104
Ducey
Pontaubault
Poilley
Servon
Précey
Courtils
Ardevon
Tanis
Crollon
Juilley
Vergoncey
Curey
Cormeray
Macey
Avranchin
Ballant
Vessey
Sacey
Montanel
Argouges
Carnet
St James
Montjoie-St-Martin
St Aubin-de-Terregatte
St Senier-de-Beuvron
Vezins
St Laurent-de-Terregatte
Isigny-le-Buat
le Mesnillard
Chèvreville
Fontenay
Milly
Martigny
Parigny
les Biards
St Hilaire-du-Harcouët
Virey
Hamelin
St Martin-de-Landelles
St Brice-de-Landelles
les Loges-Marchis
Moulines
St Symphorien-des-Monts
Lapenty
Villechien
Notre-Dame-du-Touchet
Ferrières
Buais
le Teilleul
Savigny-le-Vieux
St Georges-de-Reintembault
Monthault
Mellé
Louvigné-du-Désert
Landivy
Fougerolles-du-Plessis
Antrain
St Ouen-la-Rouërie
Coglès
la Selle-en-Coglès
le Rocher-Portail
Montours
Poilley
Villamée
Monthorin
la Bazouge-du-Désert
Mausson
la Dorée
St Brice-en-Coglès
St Étienne-en-Coglès
le Châtellier
St Germain-en-Coglès
Parigné
Landéan
Pontmain
St Mars-s-la-Futaie
St Ellier-du-Maine
Levaré
Chauvigné
St Marc-le-Blanc
Baillé
le Tiercent
St Christophe-de-Valains
St Hilaire-des-Landes
Lécousse
Laignelet
FOUGÈRES
Beaucé
la Chapelle-Janson
Fleurigné
Larchamp
Montaudin
St Berthevin-la-Tannière
Vautorte
Romagné
St Sauveur-des-Landes
Javené
la Selle-en-Luitré
Luitré
Mézières-s-Couesnon
St Marc-s-Couesnon
Vendel
St Jean-s-Couesnon
St Georges-de-Chesné
Billé
Combourtillé
Parcé
Dompierre-du-Chemin
St Aubin-du-Cormier
Ernée
St Pierre-des-Landes
Montenay
Mecé
Livré-s-Changeon
St Christophe-des-Bois
Châtillon-en-Vendelais
Princé
Juvigné
la Croixille
St Hilaire-du-Maine
Dourdain
Val-d'Izé
Taillis
Montautour
St M' Hervé
Bourgon
le Bourgneuf-la-Forêt
Landavran
Champeaux
Marpiré
Montreuil-s-Pérouse
Balazé
la Chapelle-Erbrée
Launay-Villiers
Châteaubourg
St Jean-s-Vilaine
Vitré
St Pierre
St Ouën-des-Toits
Olivet
Forêt de Fougères
Bois de Chevré
Bois de Rumignon
Étang de Châtillon
Bois de Châtenay
A 84
E 3
E 401
N 12
N 175
N 176
D 155
D 177
D 798
D 806
D 857
D 30
D 31

D
E
F
55
82
105
1
2
3
4
NORMANDIE - MAINE
Domfront
La Ferté-Macé
Bagnoles-de-l'Orne
St Michel-des-Andaines
Juvigny-s-Andaine
Couterne
Barenton
St Georges-de-Rouelley
Rouellé
Ceaucé
Passais
Torchamp
Lucé
St Brice
Avrilly
Mont Margantin
St Fraimbault
Soucé
St Siméon
Couesmes-en-Froulay
Lassay-les-Châteaux
Le Housseau
Melleray-la-Vallée
Madré
Couptrain
Gorron
Brecé
Le Pas
Ambrières-les-Vallées
Chantrigné
Le Horps
Javron
Le Ribay
Champéon
St Loup-du-Gast
La Haie-Traversaine
Oisseau
Châtillon-s-Colmont
St Fraimbault-de-Prières
Le Ham
Villaines-la-Juhel
Hardanges
Loupfougères
Mont du Saule
Terrain militaire
Bois de Buleu
Bois de Vaux
La Chapelle-au-Riboul
Marcillé-la-Ville
Aron
Grazay
Champgenéteux
Mayenne
St Georges-Buttavent
Parigné-s-Braye
Vautorte
Forêt de Mayenne
Placé
Contest
Moulay
St Baudelle
La Bazoge-Montpinçon
Belgeard
Ville Romaine
Hambers
Bais
Butte de Montaigu
Bois de Mirebeau
Alexain
St Germain-d'Anxure
La Bigottière
Commer
Martigné-s-Mayenne
Sacé
Andouillé
Montflours
La Bazouge-des-Alleux
Châlons-du-Maine
Thuré
Deux-Évailles
Le Rocher
Mézangers
Ste Gemmes-le-Robert
Bois d'Hermet
St Ouën-des-Vallons
Neau
Évron
Montsûrs
Gesnes
Brée
St Christophe-du-Luat
Forêt de Bourgon
Étang de Beaucoudray
Forêt des Andaines
Tessé-Froulay
Champsecret
Ste Geneviève
Tour de Bonvouloir
Sept Forges
Rennes-en-Grenouilles
Neuilly-le-Vendin
Mehoudin
Antoigny
La Chapelle-d'Andaine
St Patrice-du-Désert
La Sauvagère
St Maurice-du-Désert

A
B
C
1
2
3
4
56
81
106
la Ferté-Macé
Bagnoles-de-l'Orne
Carrouges
Lignières-Orgères
Mortrée
Château d'O
Francheville
Rânes
Joué-du-Bois
la Motte-Fouquet
Magny-le-Désert
Couptrain
Pré-en-Pail
St Denis-s-Sarthon
Damigny
ALENÇON
Cerisé
Valframbert
Colombiers
Tanville
Forêt d'Écouves
Signal d'Écouves
Sées
St Gervais-du-Perron
Vingt-Hanaps
Forges
la Roche-Mabile
Gandelain
Ciral
St Samson
Lalacelle
Javron
Villepail
Villaines-la-Juhel
Averton
Courcité
Gesvres
St Léonard-des-Bois
Sougé-le-Ganelon
Assé-le-Boisne
Fresnay-s-Sarthe
Fyé
Rouessé-Fontaine
Champfleur
Arçonnay
Héloup
Moulins-le-Carbonnel
Mieuxcé
Condé-s-Sarthe
Pacé
Ravigny
Champfrémont
St Pierre-des-Nids
St Cyr-en-Pail
Bais
Trans
Champgenéteux
Izé
St Martin-de-Connée
St Pierre-s-Orthe
Vimarcé
Sillé-le-Guillaume
St Rémy-de-Sillé
Crissé
Pezé-le-Robert
Mont-St Jean
Montreuil-le-Chétif
Ségrie
Vernie
Assé-le-Riboul
Beaumont-s-Sarthe
Vivoin
Juillé
Piacé
St Christophe-du-Jambet
Moitron-s-Sarthe
Neuvillalais
Mézières-s-Lavardin
Rouez
Rouessé-Vassé
Assé-le-Bérenger
Voutré
PARC NATUREL RÉGIONAL NORMANDIE MAINE
Alpes Mancelles
Forêt de Sillé
Mont des Avaloirs
Forêt de Multonne
Forêt de Pail
Corniche de Pail

D
E
F
57
1
2
3
4
84
107
Sées
Mortagne-au-Perche
Bellême
Mamers
la Ferté-Bernard
Bonnétable
Ballon
Marolles-les-Braults
le Mêle-s-Sarthe
Courtomer
Moulins-la-Marche
Tourouvre
Rémalard
Nocé
le Theil
Bazoches-s-Hoëne
Pervenchères
la Fresnaye-s-Chédouet
Forêt de Perseigne
Forêt de Bellême
Forêt du Perche
Forêt de Bonnétable
MAINE
PERCHE

A
B
C
1
2
3
4
58
83
108
PARC NATUREL RÉGIONAL DU PERCHE
Nogent-le-Rotrou
la Ferté-Bernard
la Ferté-Vidame
Senonches
la Loupe
Brou
Illiers-Combray
Longny-au-Perche
Rémalard
Noce
le Theil
Authon-du-Perche
Thiron-Gardais
Beaumont-les-Autels
Champrond-en-Gâtine
Manou
Fontaine-Simon
Belhomert-Guéhouville
Moutiers-au-Perche
la Madeleine-Bouvet
Bretoncelles
Dorceau
Coulonges-les-Sablons
Frétigny
Marolles-les-Buis
Coudreceau
Combres
Happonvilliers
Nonvilliers
Chassant
Frazé
Luigny
Miermaigne
Vichères
Ceton
Coudray-au-Perche
Souancé-au-Perche
Margon
Condé-sur-Huisne
Dancé
Berd'huis
Bellou-sur-Huisne
St-Victor-de-Réno
Maison-Maugis
Boissy-Maugis
Courboyer
Moulicent
Randonnai
Normandel
Mesnil-Thomas
Louvilliers-lès-Perche
Maillebois
Blévy
Digny
Ardelles
Pontgouin
le Favril
Landelles
Chuisnes
Friaize
Montireau
Montlandon
Meaucé
Vaupillon
St-Éliph
Forêt de Senonches
Forêt de la Ferté-Vidame
Forêt de Longny
Forêt de Saussay
Forêt de Montécot
Forêt de Champrond
Forêt de Réno-Valdieu
Bois de la Gâtine
Dampierre-sous-Brou
Yèvres
Unverre
Moulhard
Charbonnières
les Autels-Villevillon
Chapelle-Royale
Thélligny
St-Ulphace
Gémasse
Courgenard
Cormes
Dampierre-sur-Blévy
Camp militaire

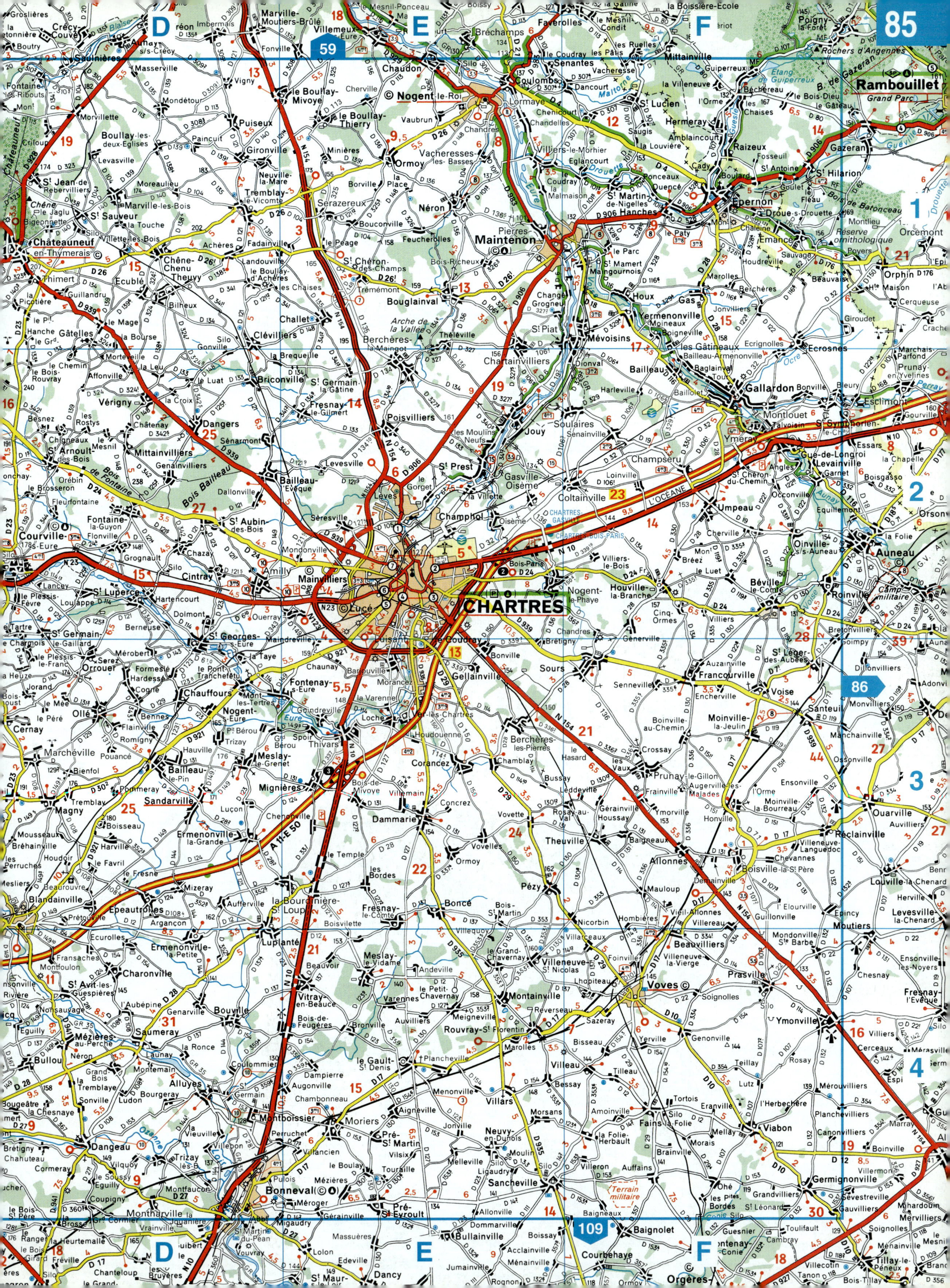
CHARTRES
Rambouillet
Maintenon
Épernon
Gallardon
Auneau
Voves
Bonneval
Châteauneuf-en-Thymerais
Courville-sur-Eure
Nogent-le-Roi
Illiers-Combray

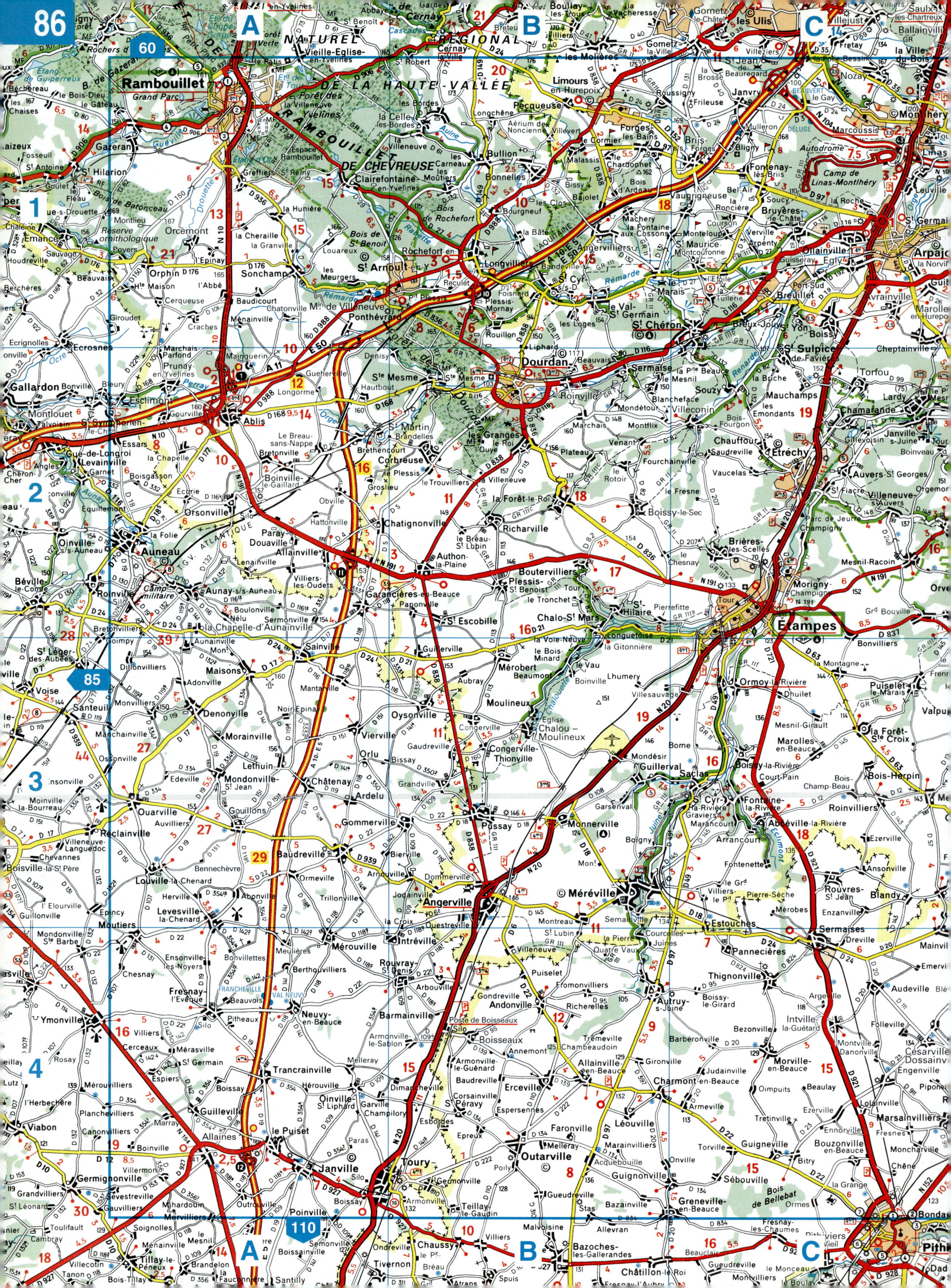
Rambouillet
Forêt de Rambouillet
Parc Naturel Régional de la Haute-Vallée de Chevreuse
Limours
Les Ulis
Montlhéry
Arpajon
St Arnoult-en-Yvelines
Dourdan
St Chéron
Ablis
Gallardon
Auneau
Étréchy
Étampes
Angerville
Méréville
Toury
Janville
Outarville
Pithiviers
Sermaises
Saclas
Pussay
St Sulpice-de-Favières
Bruyères-le-Châtel
Chalo-St Mars
Aunay-s/s-Auneau
Sainville
Voise
Ymonville
Allaines
Bazoches-les-Gallerandes
Chaussy
Malesherbes
Estouches

D
E
F
61
1
2
3
4
88
111
EVRY
Corbeil-Essonnes
MELUN
FONTAINEBLEAU
Nemours
Malesherbes
Milly-la-Forêt
Barbizon
Avon
Moret
Puiseaux
Sénart
Combs-la-Ville
Savigny-le-Temple
Mennecy
Dammarie-les-Lys
Vaux-le-Vicomte
Samois-s-S.
Bois-le-Roi
Perthes
Chailly-en-Bière
la Ferté-Alais
Guigneville
Boutigny-s-Essonne
Courdimanche-s-Essonne
Nanteau-s-Essonne
la Chapelle-la-Reine
Larchant
Montigny-s-Loing
Bourron
Grez-s-Loing
Souppes-s-Loing
Château-Landon
Guignes
Sivry
le Châtelet-en-Brie
Brétigny-s-O.
PARC
NATUREL
RÉGIONAL
DU
GÂTINAIS
FRANÇAIS
FORÊT
DE
FONTAINEBLEAU
Gorges d'Apremont
Gorges de Franchard
les Trois Pignons
Forêt de Sénart
Forêt de Rougeau

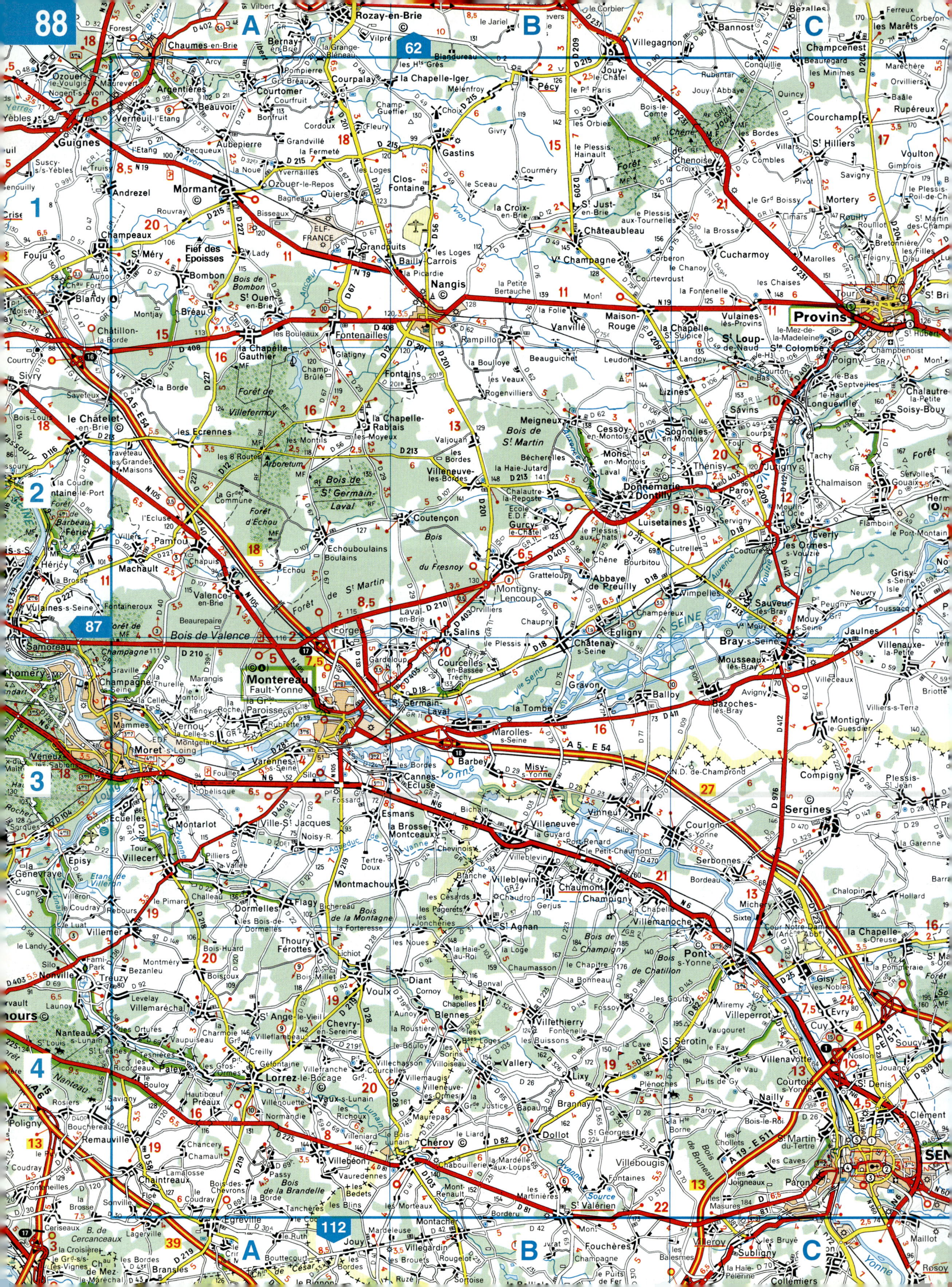
A
B
C
62
87
112
Rozay-en-Brie
Chaumes-en-Brie
Villegagnon
Bannost
Champcenest
Courpalay
la Chapelle-Iger
Pécy
Jouy-le-Châtel
Argentières
Courtomer
Beauvoir
Guignes
Verneuil-l'Étang
Aubepierre
Gastins
Mormant
Ozouer-le-Repos
Quiers
Clos-Fontaine
Andrezel
Grandpuits
Bailly-Carrois
Nangis
la Croix-en-Brie
St Just-en-Brie
Châteaubleau
Courchamp
St Hilliers
Mortery
Champeaux
St Méry
Fief des Epoisses
Bombon
St Ouen-en-Brie
Bréau
Blandy
Châtillon-la-Borde
Fontenailles
Rampillon
Vanvillé
Maison-Rouge
la Chapelle-St Sulpice
Vulaines-lès-Provins
St Loup-de-Naud
Provins
Poigny
Longueville
Chapelle-Gauthier
Fontains
Forêt de Villefermoy
le Châtelet-en-Brie
la Chapelle-Rablais
Villeneuve-les-Bordes
Donnemarie-Dontilly
Sognolles-en-Montois
Cessoy-en-Montois
Mons-en-Montois
Coutençon
Gurcy-le-Châtel
Luisetaines
Sigy
Paroy
Jutigny
Les Ormes-s-Voulzie
Machault
Pamfou
Valence-en-Brie
Échouboulains
Montigny-Lencoup
Abbaye de Preuilly
Salins
Laval-en-Brie
Forges
Montereau Fault-Yonne
Courcelles-en-Bassée
Châtenay-s-Seine
Égligny
Bray-s-Seine
Mousseaux-lès-Bray
Jaulnes
St Germain-Laval
la Tombe
Gravon
Balloy
Bazoches-lès-Bray
Marolles-s-Seine
Barbey
Misy-s-Yonne
Moret
Varennes-s-Seine
Cannes-Écluse
Esmans
la Brosse-Montceaux
Villeneuve-la-Guyard
Vinneuf
Courlon-s-Yonne
Serbonnes
Sergines
Compigny
Montarlot
Ville-St Jacques
Villecerf
Montmachoux
Villeblevin
Chaumont
Champigny
Villemanoche
Michery
Dormelles
Flagy
Thoury-Férottes
Voulx
Diant
St Agnan
Pont-s-Yonne
Gisy-les-Nobles
Villeperrot
Évry
Chevry-en-Sereine
Blennes
Villethierry
Vallery
Lixy
St Sérotin
Villenavotte
Courtois-s-Yonne
Nailly
Lorrez-le-Bocage
Vaux-s-Lunain
Chéroy
Dollot
Villebougis
Villeneuve-la-Dondagre
St Valérien
Sens
Villeroy
Subligny
Fouchères
Nanteau-s-Lunain
Remauville
Chaintreaux
Égreville
Jouy
Préaux
Paley

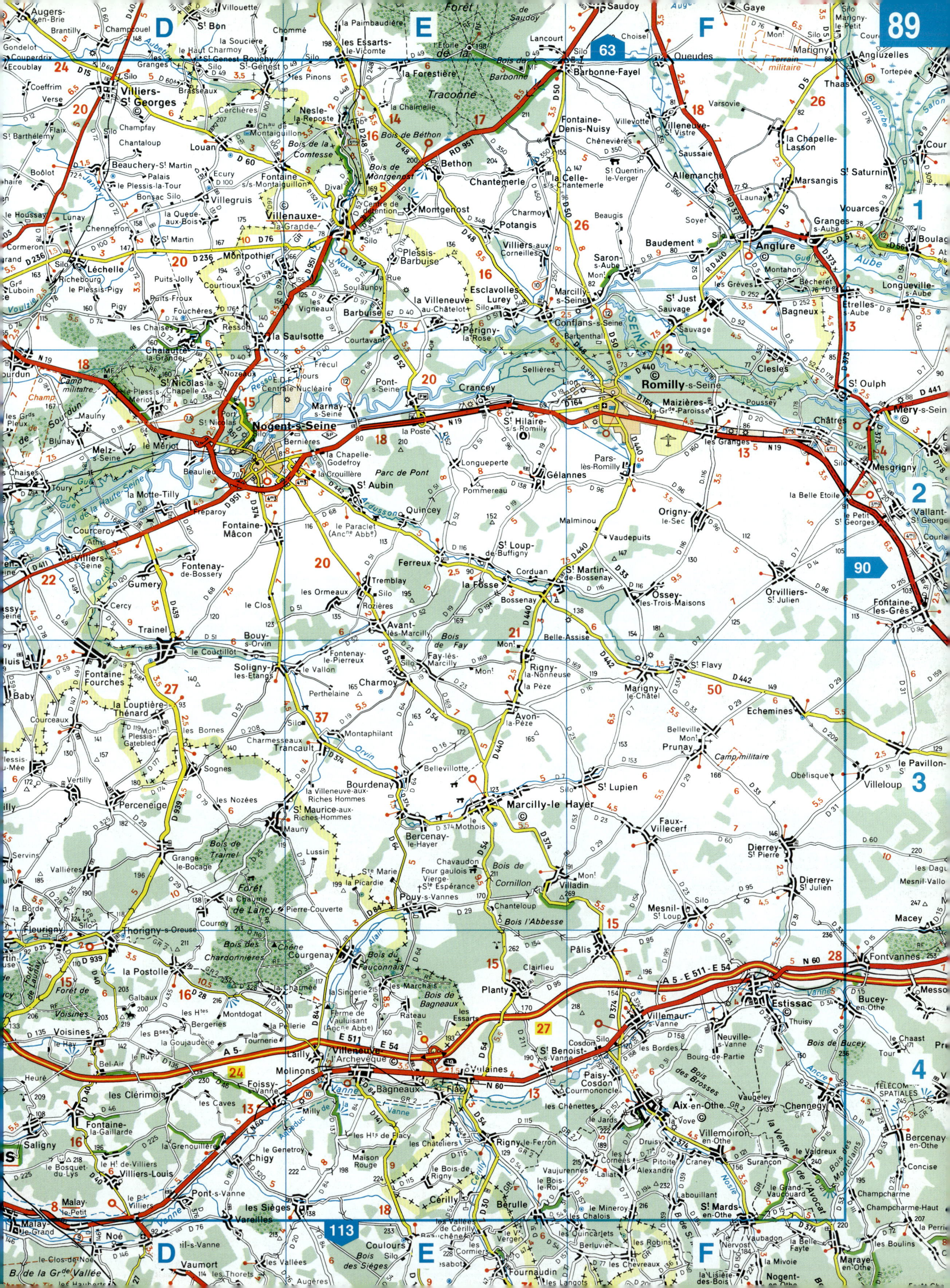
D
E
F
63
90
113
1
2
3
4
Villiers-St Georges
Villenauxe-la-Grande
Nogent-s-Seine
Romilly-s-Seine
Anglure
Marcilly-le Hayer
Estissac
Aix-en-Othe
Villeneuve-l'Archevêque
Barbonne-Fayel
Traconne
Bois de Béthon
Bethon
Chantemerle
Fontaine-Denis-Nuisy
Esclavolles-Lurey
Marcilly-s-Seine
Conflans-s-Seine
St Just Sauvage
Saron-s-Aube
Baudement
Bagneux
Clesles
Crancey
Pont-s-Seine
Marnay-s-Seine
St Hilaire-s/s-Romilly
Gélannes
Pars-lès-Romilly
Maizières-la-Gde-Paroisse
Méry-s-Seine
Mesgrigny
Châtres
Orvilliers-St Julien
Ossey-les-Trois-Maisons
St Martin-de-Bossenay
St Loup-de-Buffigny
Fontaine-Mâcon
St Aubin
Quincey
Ferreux
La Fosse
Avant-lès-Marcilly
Fay-lès-Marcilly
Rigny-la-Nonneuse
Avon-la-Pèze
Marigny-le-Châtel
St Flavy
Echemines
Prunay-Belleville
Le Pavillon-Ste Julie
St Lupien
Faux-Villecerf
Dierrey-St Pierre
Dierrey-St Julien
Mesnil-St Loup
Villadin
Pâlis
Planty
Bercenay-le-Hayer
Pouy-s-Vannes
Bourdenay
Trancault
Charmoy
Soligny-les-Etangs
Bouy-s-Orvin
Fontenay-de-Bossery
Gumery
Trainel
Fontaine-Fourches
La Louptière-Thénard
Perceneige
Sognes
St Maurice-aux-Riches-Hommes
La Villeneuve-aux-Riches-Hommes
Thorigny-s-Oreuse
Courgenay
La Postolle
Molinons
Foissy-s-Vanne
Flacy
Bagneaux
Vulaines
St Benoist-s-Vanne
Villemaur-s-Vanne
Paisy-Cosdon
Rigny-le-Ferron
Bérulle
Cérilly
St Mards-en-Othe
Villemoiron-en-Othe
Bercenay-en-Othe
Bucey-en-Othe
Fontvannes
Chigy
Les Sièges
Vareilles
Pont-s-Vanne
Malay-le-Grand
Noé
Villiers-Louis
Fontaine-la-Gaillarde
Saligny
Vaumort
Coulours
Fournaudin
Forêt de Lancy
Bois de Bucey
Forêt d'Othe
A 5 - E 511 - E 54
N 19
N 60
Seine
Aube
Orvin
Vanne
Ardusson
Camp militaire

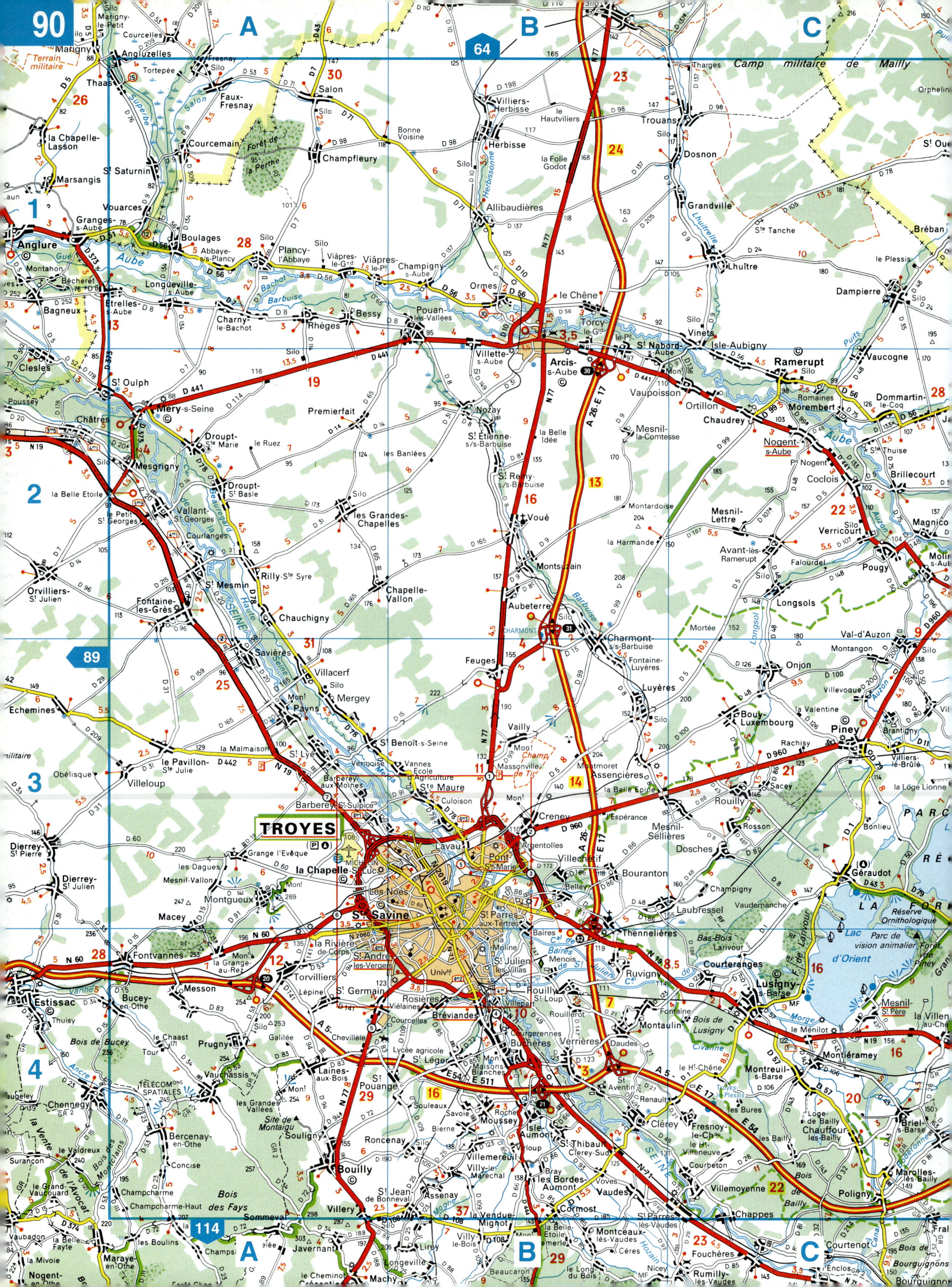

A
B
C
64
89
114
1
2
3
4
Camp militaire de Mailly
Terrain militaire
Marigny
Anglure
Thaas
la Chapelle-Lasson
Marsangis
St Saturnin
Courcemain
Faux-Fresnay
Salon
Champfleury
Forêt de la Perthe
Vouarces
Granges-s-Aube
Boulages
Plancy-l'Abbaye
Viâpres-le-Pt
Champigny-s-Aube
Longueville-s-Aube
Etrelles-s-Aube
Bagneux
Charny-le-Bachot
Rhèges
Bessy
Pouan-les-Vallées
Villiers-Herbisse
Herbisse
Allibaudières
Ormes
le Chêne
Arcis-s-Aube
Torcy-le-Gd
Trouans
Dosnon
Grandville
Lhuître
Dampierre
Ramerupt
Vaucogne
St Nabord-s-Aube
Isle-Aubigny
Vinets
Villette-s-Aube
Vaupoisson
Ortillon
Chaudrey
Nogent-s-Aube
Dommartin-le-Coq
Brillecourt
Coclois
Verricourt
Pougy
Magnicourt
Clesles
St Oulph
Méry-s-Seine
Châtres
Mesgrigny
Droupt-Ste Marie
Droupt-St Basle
Premierfait
Nozay
St Etienne-s/s-Barbuise
St Remy-s/s-Barbuise
Voué
les Grandes-Chapelles
Vallant-St Georges
Rilly-Ste Syre
Chapelle-Vallon
Montsuzain
Aubeterre
Mesnil-la-Comtesse
Mesnil-Lettre
Avant-les-Ramerupt
Longsols
Orvilliers-St Julien
Fontaine-les-Grès
St Mesnil
Chauchigny
Savières
Charmont-s/s-Barbuise
Feuges
Villacerf
Mergey
Payns
Echemines
Luyères
Onjon
Bouy-Luxembourg
Piney
le Pavillon-Ste Julie
Villeloup
St Lyé
St Benoît-s-Seine
Vailly
Assencières
Barberey-aux-Moines
Ste Maure
Creney
Rouilly
Sacey
TROYES
la Chapelle-St Luc
Lavau
Pont-Ste Marie
Villechetif
Bouranton
Mesnil-Sellières
Dosches
Géraudot
Dierrey-St Pierre
Dierrey-St Julien
Montgueux
Macey
Les Noës
Ste Savine
St Parres-aux-Tertres
Thennelières
Laubressel
Lac d'Orient
Fontvannes
la Rivière-de-Corps
St André-les-Vergers
St Julien-les-Villas
Ruvigny
Courteranges
Lusigny-s-Barse
Estissac
Messon
Torvilliers
St Germain
Rosières
Bréviandes
Rouilly-St Loup
Montaulin
Montiéramey
Bucey-en-Othe
Prugny
Vauchassis
Laines-aux-Bois
St Pouange
St Léger
Buchères
Verrières
Clérey
Chennegy
Souligny
Moussey
Isle-Aumont
St Thibault
Fresnoy-le-Ch.
Chauffour-lès-Bailly
Briel-s-Barse
Bercenay-en-Othe
Bouilly
Roncenay
Villemereuil
les Bordes-Aumont
Vaudes
Villemoyenne
Marolles-lès-Bailly
Poligny
Villery
Assenay
Cormost
St Parres-lès-Vaudes
Chappes
Javernant
Fouchères
Courtenot
Maraye-en-Othe
Nogent-en-Othe
Bois des Fays

D
E
F
65
92
115
St Dizier
Humbauville
le Meix-Tiercelin
St Chéron
Somsois
Chapelaine
Corbeil
Brandonvilliers
Drosnay
Margerie-Hancourt
St Utin
Arrembécourt
St Remy-en-Bouzemont
Larzicourt
Arrigny
Ste Marie-du-Lac-Nuisement
Hauteville
Ambrières
Hallignicourt
Moëslains
Valcourt
Landricourt
Eclaron
Humbécourt
Ste Livière
Presqu'île de Larzicourt
Réserve Ornithologique
Presqu'île de Nemours
Lac du Der-Chantecoq
Presqu'île de Champaubert
Giffaumont-Champaubert
Allichamps
Louvemont
Braucourt
Outines
Châtillon-s-Broué
Frampas
Wassy
Joncreuil
Bailly-le-Franc
Droyes
Chavanges
Forêt de Lentilles
Lentilles
Montier-en-Der
Puellemontier
Planrupt
Voillecomte
Robert-Magny
Montmorency-Beaufort
Courcelles-s-Voire
Rances
Hampigny
Villeret
Rosnay-l'Hôpital
Blignicourt
Vallentigny
Longeville-s-la-Laines
Louze
Thilleux
Ville-en-Blaisois
Maizières-lès-Brienne
Lassicourt
St Christophe-Dodinicourt
Lesmont
Epothémont
Rozières
Mertrud
Sommevoire
Perthes-lès-Brienne
Juzanvigny
Camp militaire
Brienne-le-Château
Crespy-le-Neuf
Morvilliers
Forêt de Soulaines
Soulaines-Dhuys
Anglus
Sauvage-Magny
Dommartin-le-St Père
Doulevant-le-Château
Blumeray
Nully
Trémilly
Radonvilliers
Brienne-la-Vieille
Chaumesnil
Dienville
La Chaise
Brévonnes
Mathaux
La Rothière
Petit-Mesnil
Unienville
Juvanzé
Vernonvilliers
Fuligny
Ville-s-Terre
Fresnay
Beurville
Eclance
Lévigny
Arnancourt
Cirey-s-Blaise
Amance
Jessains
Trannes
Bossancourt
Maisons-lès-Soulaines
Thors
Saulcy
Rizaucourt
Daillancourt
Champcourt
Vauchonvilliers
Dolancourt
Arsonval
Montier-en-l'Isle
Ailleville
Engente
Arrentières
Colombé-la-Fosse
Colombé-le-Sec
Voigny
Buchey
Bierne
Argentolles
Vendeuvre-s-Barse
Magny-Fouchard
Maison-des-Champs
Spoy
Proverville
Bar-s-Aube
Rouvres-les-Vignes
Lignol-le-Château
Colombey-les-Deux-Églises
Puits-et-Nuisement
Montmartin-le-Haut
Meurville
Couvignon
Fontaine
Bayel
Baroville
Longpré-le-Sec
Forêt de Bossican
Bergères
Forêt des Dhuits
Montheries
Lavilleneuve-au-Roi
Magnant
Beurey
Bligny
Urville
Arconville
Clairvaux
Rennepont
Vitry-le-Croisé
Champignol-lez-Mondeville
NATUREL
GIONAL DE
D'ORIENT
Forêt du Temple
Maison du Parc
Lac Amance
A 5-E 17-E 54

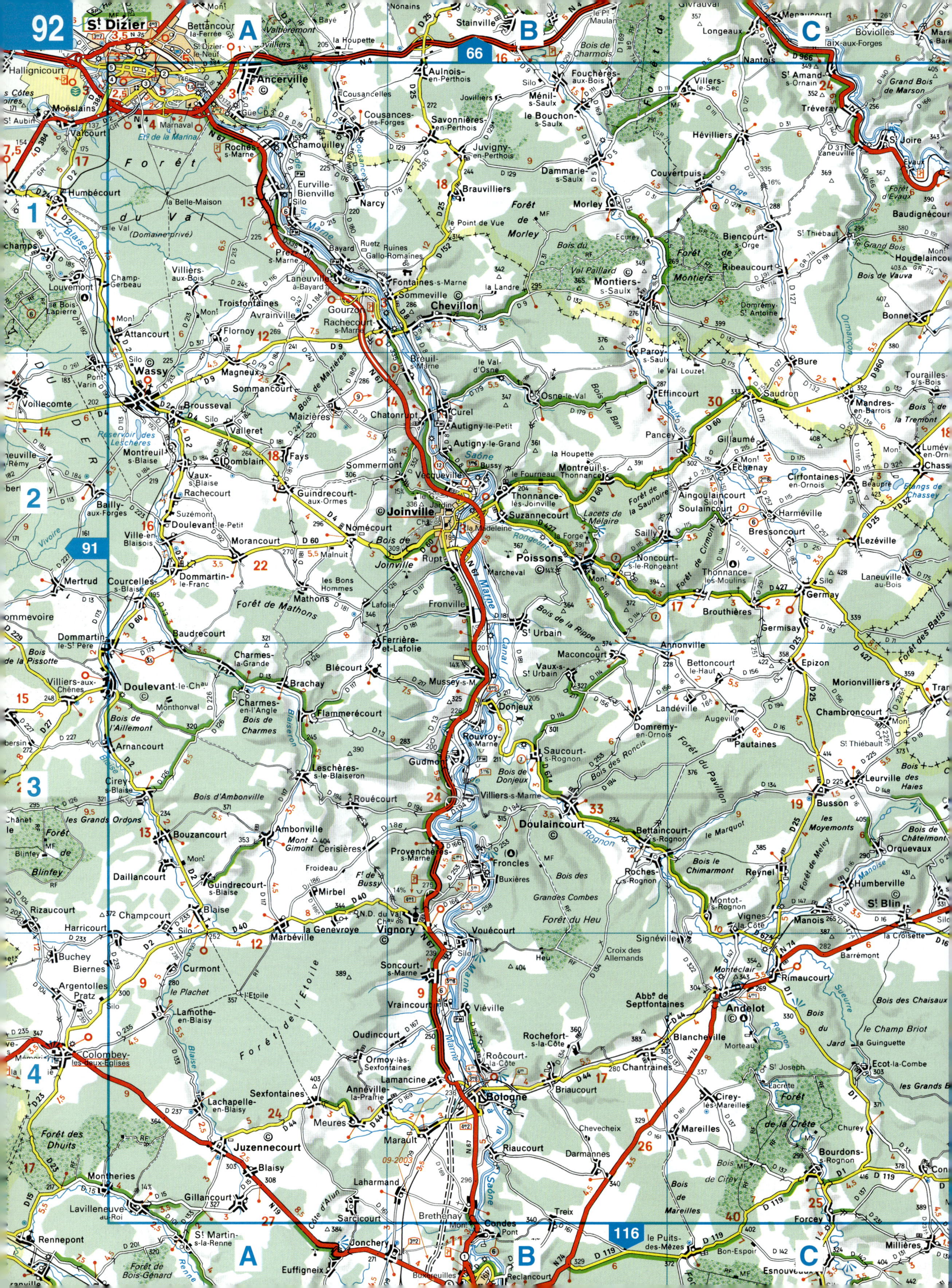
St Dizier
Ancerville
Bettancourt la-Ferrée
Stainville
Hallignicourt
Moëslains
Valcourt
Humbécourt
Chamouilley
Eurville-Bienville
Narcy
Cousances-les-Forges
Savonnières-en-Perthois
Aulnois-en-Perthois
Fouchères-aux-Bois
Ménil-s-Saulx
le Bouchon-s-Saulx
Juvigny-en-Perthois
Brauvilliers
Dammarie-s-Saulx
Morley
Forêt de Morley
Villers-le-Sec
Hévilliers
Couvertpuis
Biencourt-s-Orge
Ribeaucourt
Forêt de Montiers
Montiers-s-Saulx
St Amand-s-Ornain
Tréveray
St Joire
Baudignécourt
Houdelaincourt
Bonnet
Forêt du Val
Louvemont
Attancourt
Wassy
Brousseval
Troisfontaines
Flornoy
Magneux
Sommancourt
Rachecourt-s-Marne
Fontaines-s-Marne
Sommeville
Chevillon
Bayard
Gourzon
Breuil-s-Marne
Curel
Autigny-le-Petit
Autigny-le-Grand
Osne-le-Val
Effincourt
Paroy-s-Saulx
Bure
Saudron
Mandres-en-Barrois
Dommartin-le-Franc
Doulevant-le-Petit
Ville-en-Blaisois
Montreuil-s-Blaise
Vaux-s-Blaise
Rachecourt
Domblain
Fays
Sommermont
Guindrecourt-aux-Ormes
Noméocurt
Joinville
Vecqueville
Thonnance-lès-Joinville
Suzannecourt
Poissons
Montreuil-s-Thonnance
Gillaumé
Échenay
Cirfontaines-en-Ornois
Aingoulaincourt
Soulaincourt
Bressoncourt
Harméville
Lezéville
Germay
Germisay
Thonnance-les-Moulins
Brouthières
Forêt de Mathons
Mathons
Morancourt
Rupt
Fronville
St Urbain
Bois de la Rippe
Maconcourt
Vaux-s-St Urbain
Annonville
Bettoncourt-le-Haut
Epizon
Morionvilliers
Chambroncourt
Domremy-en-Ornois
Landéville
Pautaines
Forêt du Pavillon
Doulevant-le-Château
Baudrecourt
Charmes-la-Grande
Charmes-en-l'Angle
Brachay
Blécourt
Ferrière-et-Lafolie
Mussey-s-Marne
Donjeux
Rouvroy-s-Marne
Gudmont
Saucourt-s-Rognon
Doulaincourt
Villiers-s-Marne
Bettaincourt-s-Rognon
Busson
Leurville
Reynel
Orquevaux
Humberville
St Blin
Manois
Cirey-s-Blaise
Arnancourt
Flammerécourt
Leschères-s-le-Blaiseron
Rouécourt
Ambonville
Cerisières
Provenchères-s-Marne
Froncles
Vignory
Bouzancourt
Daillancourt
Guindrecourt-s-Blaise
Mirbel
Blaise
Champcourt
Marbéville
la Genevroye
Roches-s-Rognon
Vouécourt
Signéville
Vignes-la-Côte
Rimaucourt
Andelot
Montot-s-Rognon
Forêt de l'Étoile
Soncourt-s-Marne
Vraincourt
Viéville
Rochefort-s-la-Côte
Blancheville
Chantraines
Oudincourt
Ormoy-lès-Sexfontaines
Roôcourt-la-Côte
Lamancine
Bologne
Briaucourt
Cirey-les-Mareilles
Mareilles
Forêt de la Crête
Curmont
Lamothe-en-Blaisy
Colombey-les-Deux-Églises
Lachapelle-en-Blaisy
Sexfontaines
Annéville-la-Prairie
Meures
Marault
Juzennecourt
Blaisy
Montheries
Laharmand
Riaucourt
Darmannes
Bourdons-s-Rognon
Forcey
Gillancourt
Sarcicourt
Brethenay
Condes
Jonchery
Treix
St Martin-s-la-Renne
Renneport
Euffigneix
Buxières-lès-Villiers
Reclancourt
le Puits-des-Mèzes
Millières
Esnouveaux
Forêt des Dhuits
Lavilleneuve-au-Roi
A
B
C
1
2
3
4
66
91
116

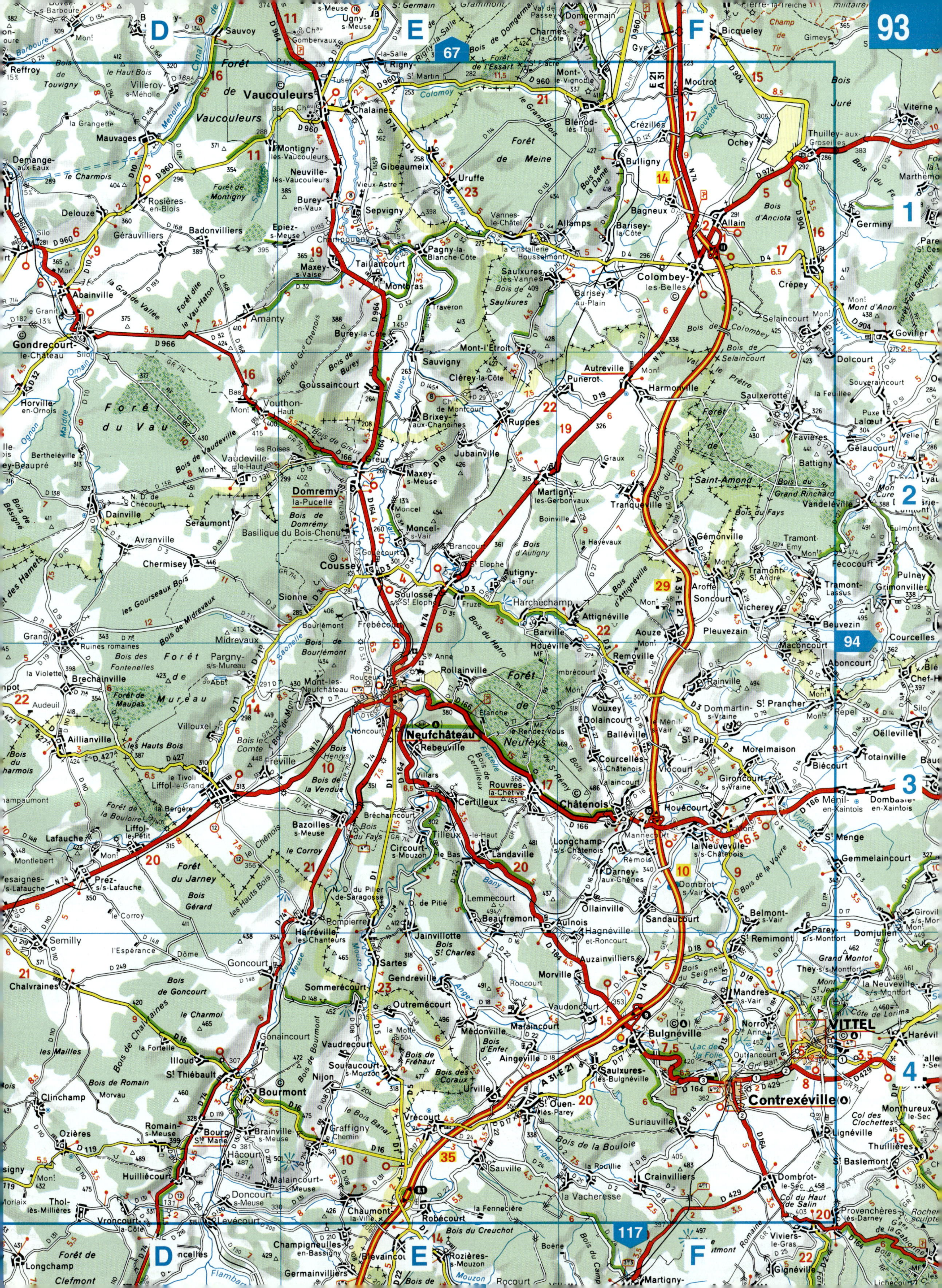
D
E
F
67
94
117
1
2
3
4
Vaucouleurs
Forêt de Vaucouleurs
Gondrecourt-le-Château
Forêt du Vau
Domremy-la-Pucelle
Basilique du Bois-Chenu
Coussey
Neufchâteau
Rebeuville
Châtenois
Liffol-le-Grand
Forêt du Jarney
Colombey-les-Belles
Allain
Forêt de Meine
Pagny-la-Blanche-Côte
Maxey-s-Vaise
Bulligny
Blénod-lès-Toul
Crépey
Harmonville
Saint-Amond
Vicherey
Forêt de Neufeys
Bulgnéville
Contrexéville
VITTEL
Lamarche
Bourmont
Sartes
Saint-Thiébault
Chaumont-la-Ville
Robécourt
Martigny-les-Gerbonvaux
Ruppes
Autreville
Mirecourt
Soulosse-s-St-Élophe
Harréville-les-Chanteurs
Forêt de Mureau
Bois de Goncourt
Germiny
Goviller
Dombrot-le-Sec
Lignéville
St Ouen-lès-Parey
Vrécourt
Sauville
Morville
Aulnois
Landaville
Sandaucourt
Rouvres-la-Chétive
Removille
Aouze
Tramont-Lassus
Vandeléville
Forêt de Maupas

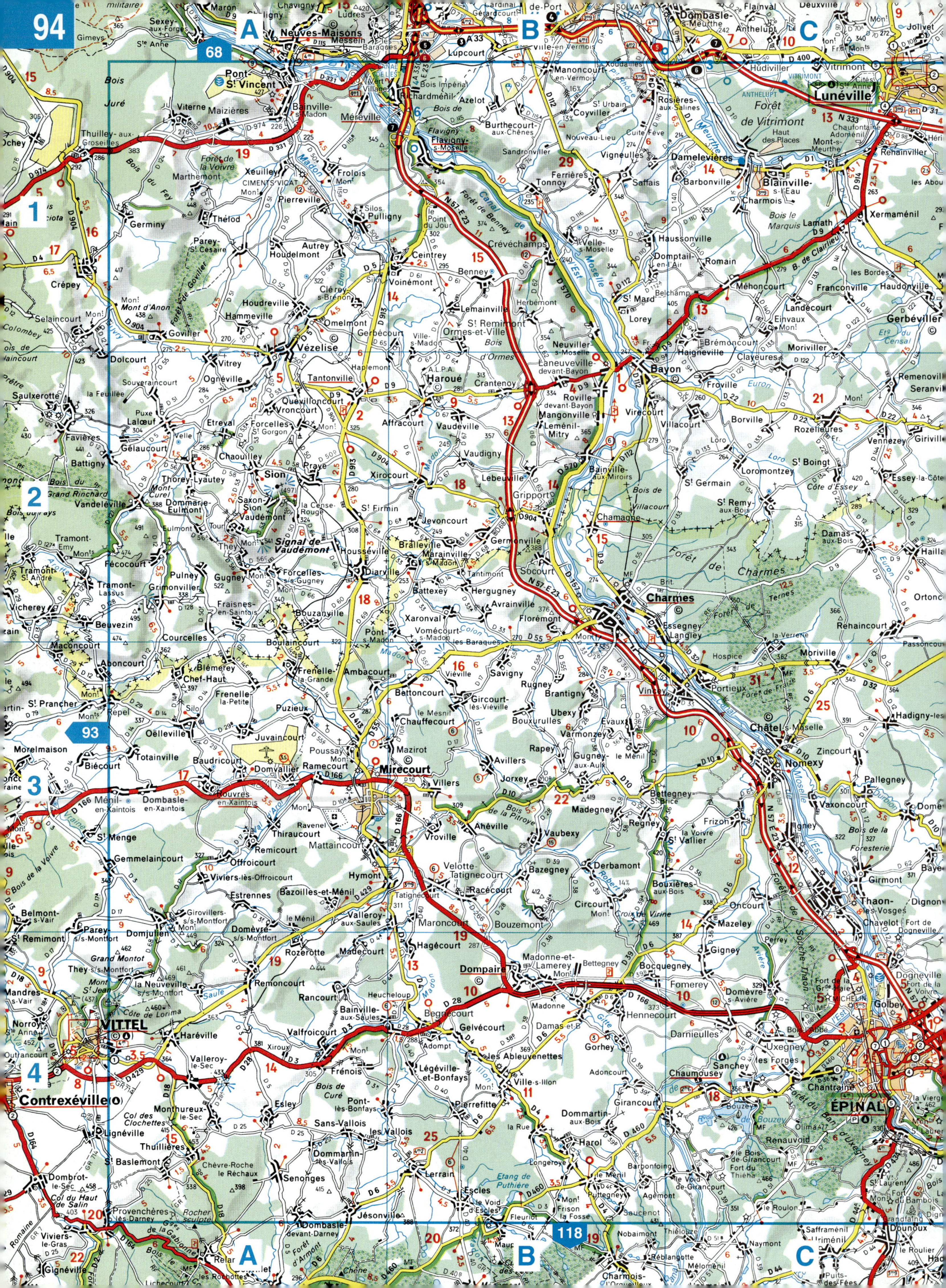
68
Neuves-Maisons
Pont-St Vincent
Dombasle-s-Meurthe
Lunéville
Blainville-s-l'Eau
Vézelise
Tantonville
Haroué
Bayon
Charmes
Châtel-s-Moselle
Nomexy
Mirecourt
Dompaire
Épinal
Vittel
Contrexéville
Thaon-les-Vosges
Golbey
Signal de Vaudémont
Forêt de Vitrimont
Forêt de Charmes
93
118
120

D
E
F
69
70
96
119
1
2
3
4
Chanteheux
Croismare
Marainviller
Manonviller
Domèvre
Blâmont
Frémonville
Cirey-s-Vezouze
Lafrimbolle
Forêt de Mondon
Bénaménil
Frémenil
Herbéviller
Ogéviller
Buriville
Réclonville
Laronxe
St Clément
Chenevières
Vathiménil
Flin
Azerailles
Glonville
Gélacourt
Merviller
Baccarat
Deneuvre
Moyen
Magnières
Domptail
Mattexey
St Pierremont
Ménarmont
Bazien
Deinvillers
Xaffévillers
Nossoncourt
Ménil-s-Belvitte
Doncières
Roville-aux-Chênes
Anglemont
Hardancourt
Fauconcourt
Romont
St Genest
Moyemont
Rambervillers
Forêt de Rambervillers
Jeanménil
St Gorgon
Vomécourt
Badménil-aux-Bois
Bult
Padoux
Ste Hélène
Destord
Villoncourt
Dompierre
Nonzeville
Pierrepont-s-l'Arentèle
Gugnécourt
Grandvillers
Brouvelieures
Girecourt-s-Durbion
Vaudéville
Méménil
Viménil
Fontenay
Aydoilles
Deyvillers
Longchamp
Bruyères
Laval-s-Vologne
Fays
Champ-le-Duc
Fiménil
Beauménil
Herpelmont
Jussarupt
Deycimont
Charmois-devant-Bruyères
la Baffe
Docelles
Cheniménil
Xamontarupt
Archettes
Arches
Jarménil
Eloyes
Tendon
Forêt d'Epinal
Laveline-du-Houx
Granges-s-Vologne
Gérardmer
Corcieux
Anould
Fraize
Plainfaing
Gerbépal
St Léonard
Saulcy-s-Meurthe
Taintrux
St-Dié-des-Vosges
Ste Marguerite
Rémomeix
St Michel-s-Meurthe
la Bourgonce
Saint Remy
Etival-Clairefontaine
Raon-l'Étape
Moyenmoutier
Senones
Hurbache
Denipaire
la Voivre
Celles-s-Plaine
Badonviller
Pexonne
Vacqueville
Neufmaisons
Bertrichamps
Thiaville-s-Meurthe
Lachapelle
Allarmont
Vexaincourt
Luvigny
Provenchères-s-Fave
Neuvillers-s-Fave
Saales
Forêt de Champ
les Rouges-Eaux
Mortagne
Housseras
la Salle
Nompatelize
Mandray
Entre-deux-Eaux
Coinches
Sainte-Croix
Belval
Grandrupt
Châtas
Ban-de-Sapt

A
B
C
70
95
119
120
1
2
3
4
Schirmeck
Obernai
Mont-Ste Odile
Barr
Le Hohwald
Andlau
Saales
Provenchères
Ste Marie-aux-Mines
Sélestat
Haut-Kœnigsbourg
PARC NATUREL RÉGIONAL DES BALLONS DES VOSGES
Ribeauvillé
Riquewihr
Kaysersberg
Lapoutroie
Col du Bonhomme
Ammerschwihr
Turckheim
Wintzenheim
COLMAR
Munster
Col de la Schlucht
Hohneck
Soultzeren
Hohrodberg
Eguisheim
Neuf-Brisach
Rouffach
Lautenbach
Fraize
Plainfaing
Orbey
Le Bonhomme
Villé
Dambach-la-Ville
Scherwiller
Guémar
Illhaeusern
Bergheim
St Hippolyte
Ingersheim
Horbourg
Andolsheim
Herrlisheim-près-Colmar
Gueberschwihr
Pfaffenheim
Sondernach
Petit Ballon
Muhlbach
Metzeral
Col de Saales
Col du Bonhomme
Le Brézouard
Donon
Col de Ste Marie
Col de la Schlucht

D
E
F
71
121
1
2
3
4
Erstein
Schwanau
Lahr/Schwarzwald
Gengenbach
Zell am Harmersbach
Biberach im Kinzigtal
Haslach im Kinzigtal
Seelbach
Schuttertal
Ettenheim
Herbolzheim
Kenzingen
Elzach
Winden
Riegel
Endingen
Emmendingen
Teningen
Waldkirch
Denzlingen
Gundelfingen
FREIBURG
IM BREISGAU
Breisach am Rhein
Ihringen
Vogtsburg
Eichstetten
Bahlingen
March
Umkirch
Kirchzarten
Buchenbach
St. Peter
St. Märgen
Simonswald
Marckolsheim
Benfeld
Rhinau
Europa-Park
Rust
Kappel-Grafenhausen
Mahlberg
Kippenheim
Friesenheim
Neuried
Kandel
Schauinsland
Elz
Rhein

73
74
72
A
B
C
1
2
3
4
BAIE D'AUDIERNE
QUIMPER
Pont-l'Abbé
Plozévet
Pouldreuzic
Penhors
Plovan
Plonéour-Lanvern
Plogastel-St Germain
Pluguffan
Plomelin
Combrit
Bénodet
Clohars-Fouesnant
Gouesnach
Pleuven
la Forêt-Fouesnant
Fouesnant
Beg-Meil
Pte de Mousterlin
Mousterlin
Anse de Bénodet
Loctudy
Ile-Tudy
Kerazan
Plomeur
Penmarc'h
St Guénolé
N.D. de la Joie
Phare d'Eckmühl
Pointe de Penmarc'h
Kérity
Guilvinec
Léchiagat
Lesconil
Treffiagat
Plobannalec-Lesconil
N. D. de Tronoën (Calvaire)
Pte de la Torche
Plage de Pors-Carn
Tréguennec
Tréogat
St Jean-Trolimon
Tréméoc
Landudec
Plouhinec
Ploneis
Gourlizon
Guiler-s-Goyen
Etang de Kergalan
Etang de St Vio
Plage du Teven
Pte de Combrit
Pte St Gilles
Ste Marine
(Service saisonnier)
Ile aux Moutons
St Nicolas
Cigogne
Drenec
Loch
Iles de Glénan
Pte de St Oual
Palue du Cosquer
Lodonnec
Kergall
Langoz
Anse du Pouldon
Chevalier
Garo
Ergué-Gabéric
Kerfeunteun
Penhars
Ty-Bos
Baie de Kérogan
Anse de Toulven
Cale de Rosulien
Rivière de Pont-l'Abbé
Odet
A
B
C

D
E
F
1
2
3
4
75
100
Rosporden
Scaër
Guiscriff
Le Faouët
Elliant
Tourch
Bannalec
Concarneau
Trégunc
Pont-Aven
Névez
Nizon
Melgven
Riec-s-Bélon
Moëlan-s-Mer
Clohars-Carnoët
Quimperlé
Mellac
Le Trévoux
Tréméven
Querrien
Locunolé
Arzano
Rédené
Guidel
Guidel-Plages
Le Pouldu
Doëlan
Ploemeur
Larmor-Plage
Lorient
Quéven
Gestel
Raguenès
Port-Manech
Pointe de Trévignon
Ile Raguenès
Ile Verte
Forêt de Carnoët
Aéroport de Lann-Bihoué
Anse du Pouldu
Pointe du Talut
Passe de l'Ouest
Basse des Bretons
ILE DE GROIX
Groix
Port-Tudy
Pointe de Biléric
Pen-Men
Port St Nicolas
Trou de l'Enfer
Pointe des Chats
Locmaria
Port-Lay
Port-Mélite
Roches du Diable
Baie de Pouldohan
Pointe de la Jument
Le Cabellou
Beg Meil
Cap-Coz
Kernével
St Thurien
Lanvénégen
Meslan
D

A
B
C
76
1
2
3
4
99
122
Le Faouët
Guémené-sur-Scorff
Locmalo
Kernascléden
Pont-Calleck
Inguiniel
Persquen
Bubry
Melrand
Bieuzy
St Nicodème
Plouay
Lanvaudan
Quistinic
Arzano
Redéné
Cléguer
Calan
Pont-Scorff
Caudan
Hennebont
Lanester
LORIENT
Quéven
Ploemeur
Larmor-Plage
Port-Louis
Gâvres
Locmiquélic
Riantec
Merlevenez
Kervignac
Nostang
Landévant
Languidic
Brandérion
Baud
Camors
Pluvigner
Landaul
Locoal-Mendon
Plouhinec
Belz
Etel
Erdeven
Ploemel
Auray
Plougoumelen
Crach
Carnac
la Trinité
St Philibert
Locmariaquer
Groix
ILE DE GROIX
Aéroport de Lann-Bihoué
Roches du Diable
Forêt de Pont Calleck
Forêt de Camors
Forêt de Florange
Passe de l'Ouest
Passe du Sud
Roches de Magouëro
Barre d'Etel
Pte d'Erdeven
Pte du Talut
Pte des Chats
Pte de Gâvres
Ile Thevieg
Plage des Grands Sables
Champ des Martyrs
Chartreuse
Alignements de Kerzerho
Alignements
Dolmens de Rondossec
Dolmens de Crucuno
Blavet
Scorff
Evel
Rivière d'Etel
Rivière d'Auray
Etang de Coët Rivas
N 165-E 60
N 24
D 769
D 768
D 781

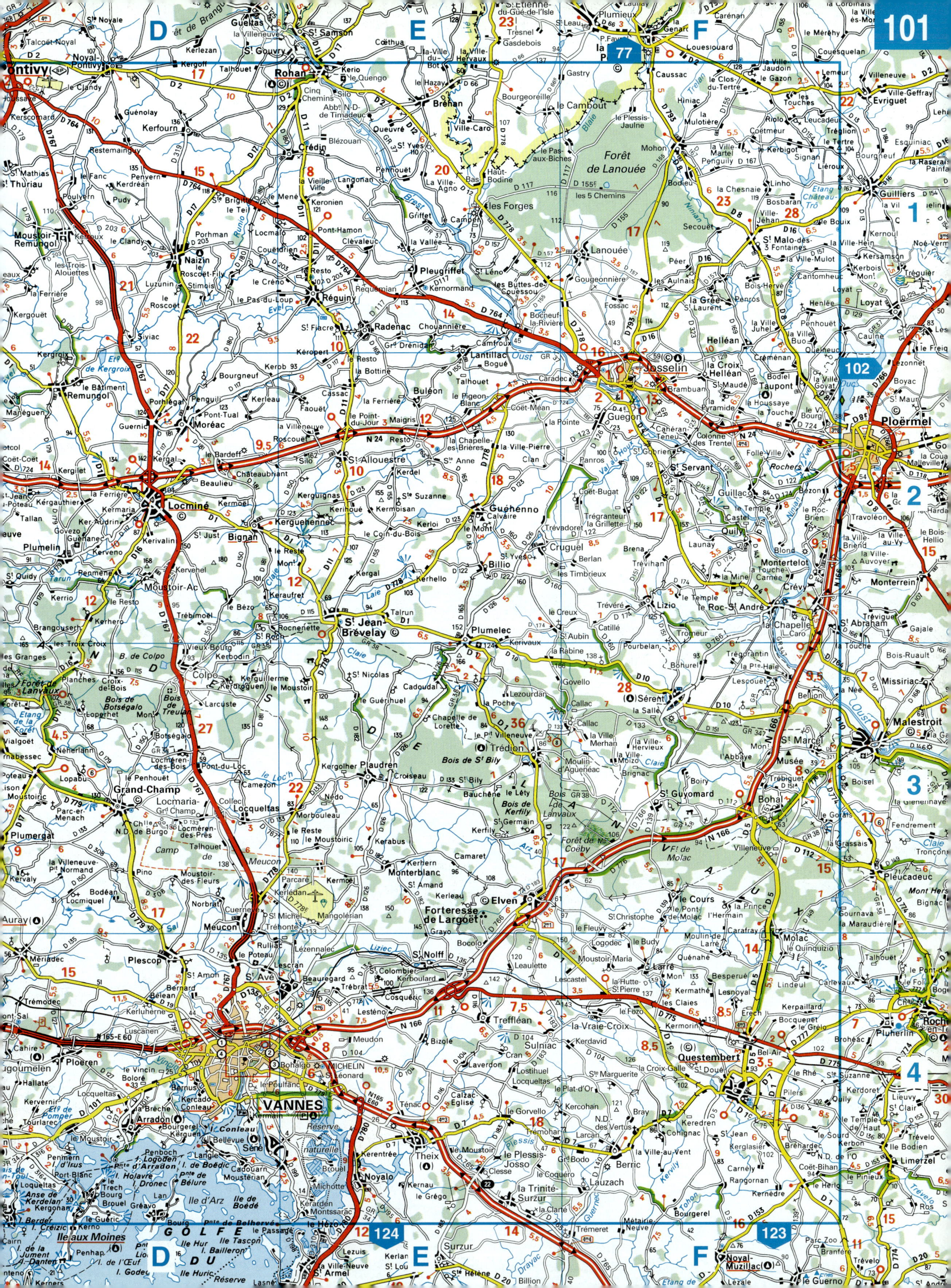
Pontivy
Rohan
Josselin
Ploërmel
Locminé
Moréac
Naizin
Réguiny
Remungol
St-Jean-Brévelay
Plumelec
Guéhenno
Sérent
Malestroit
Elven
Forteresse de Largoët
Questembert
Grand-Champ
Plescop
St-Avé
VANNES
Séné
Theix
Arradon
Noyalo
Ploeren
Forêt de Lanouée
Forêt de Lanvaux
Golfe du Morbihan
Ile aux Moines
Ile d'Arz
Landes de Lanvaux
N 24
N 166
N 165 - E 60
77
102
123
124
D
E
F
1
2
3
4

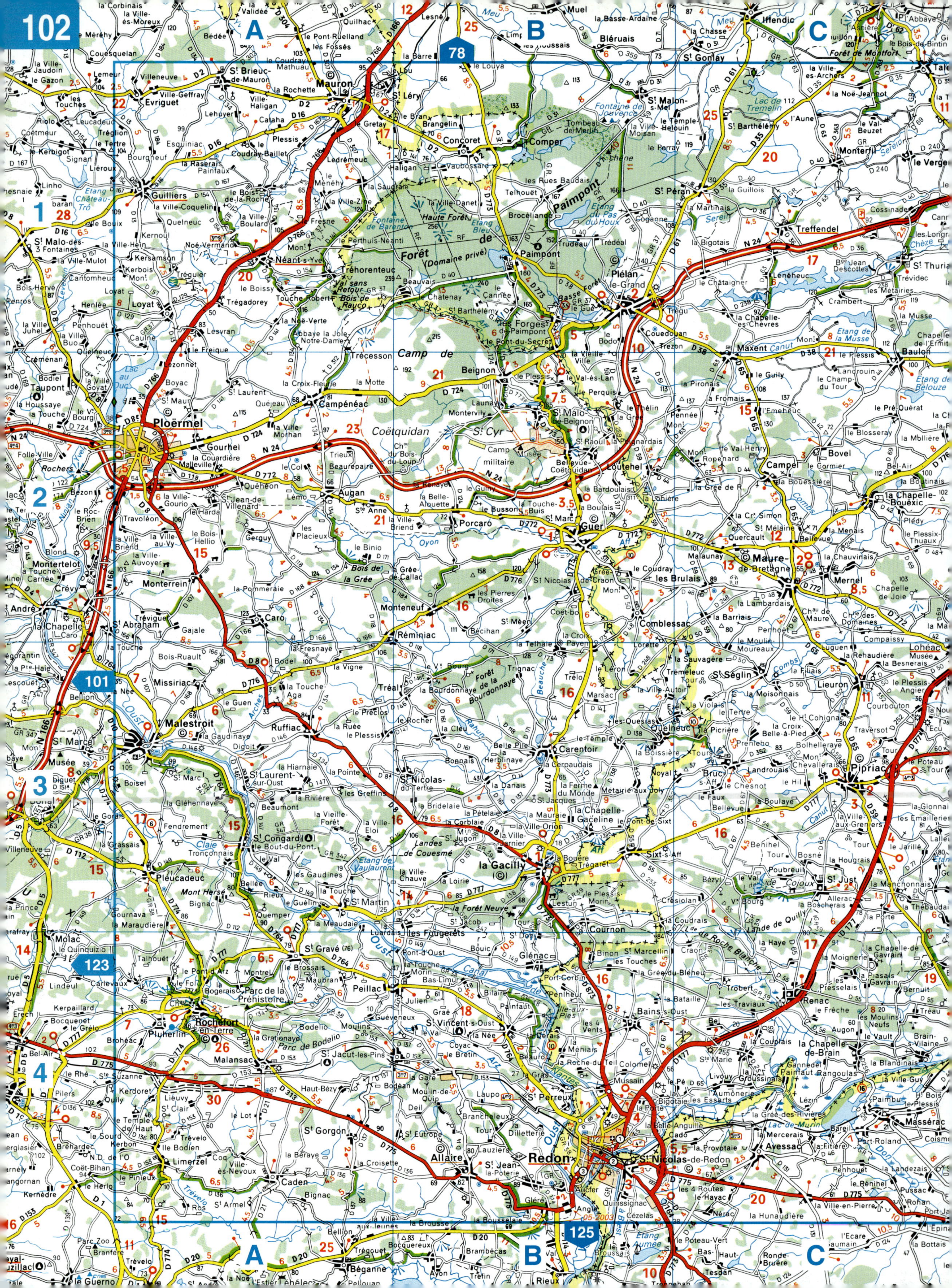
A
B
C
78
101
123
125
1
2
3
4
Mauron
St Léry
Concoret
Comper
Paimpont
Forêt de Paimpont
(Domaine privé)
Haute Forêt
Fontaine de Barenton
Val sans Retour
Tréhorenteuc
Néant-s-Yvel
Plélan-le-Grand
St Péran
Treffendel
St Malon-s-Mel
Iffendic
Bléruais
St Gonlay
Montfort
Maxent
Bréal
Beignon
Camp de Coëtquidan
Campénéac
Ploërmel
Gourhel
Guilliers
Loyat
Taupont
Augan
Porcaro
Guer
St Malo-de-Beignon
Monteneuf
Réminiac
Caro
Missiriac
Malestroit
Ruffiac
Carentoir
St Nicolas-du-Tertre
Tréal
La Gacilly
Sixt-s-Aff
Pipriac
Lieuron
Maure-de-Bretagne
Comblessac
Les Brulais
Campel
Bovel
Mernel
St Séglin
St Just
Renac
La Chapelle-de-Brain
Avessac
Redon
St Nicolas-de-Redon
Allaire
St Jean-la-Poterie
Bains-s-Oust
St Vincent-s-Oust
Peillac
Les Fougerêts
St Gravé
Rochefort-en-Terre
Pluherlin
Malansac
St Jacut-les-Pins
St Gorgon
Caden
Limerzel
Pleucadeuc
St Congard
St Laurent-sur-Oust
St Marcel
Sérent
Molac
Questembert
Béganne
Rieux
Fégréac
Théhillac
Forêt Neuve
Forêt de la Bourdonnaye
Landes de Cojoux
Lande de Couesmé
Canal de Nantes à Brest
Parc de la Préhistoire
N 24
N 166
D 772
D 776
D 773
D 775
D 177

D
E
F
79
RENNES
Cesson-Sévigné
Acigné
Châteaubourg
Mordelles
Chantepie
St-Jacques-de-la-Lande
Chavagne
Chartres-de-Bretagne
Châteaugiron
Bruz
Noyal-Châtillon-s-Seiche
Pont-Péan
St-Erblon
St-Armel
Orgères
Guichen
Laillé
Bourgbarré
Corps-Nuds
Chanteloup
Janzé
Le Theil-de-Bretagne
Retiers
Crévin
Bourg-des-Comptes
Le Sel-de-Bretagne
Pléchâtel
Poligné
Pancé
La Couyère
Ste Colombe
Coësmes
104
Guipry
Messac
Bain-de-Bretagne
Ercé-en-Lamée
Teillay
Soulvache
Martigné-Ferchaud
Rougé
Forêt de Teillay
Ruffigné
Grand-Fougeray
Langon
Sion-les-Mines
St-Aubin-des-Châteaux
Châteaubriant
Derval
Lusanger
Forêt de Domnaiche
Louisfert
Guémené-Penfao
St-Vincent-des-Landes
Erbray
Issé
Moisdon-la-Rivière
Jans
Treffieux
126
1
2
3
4

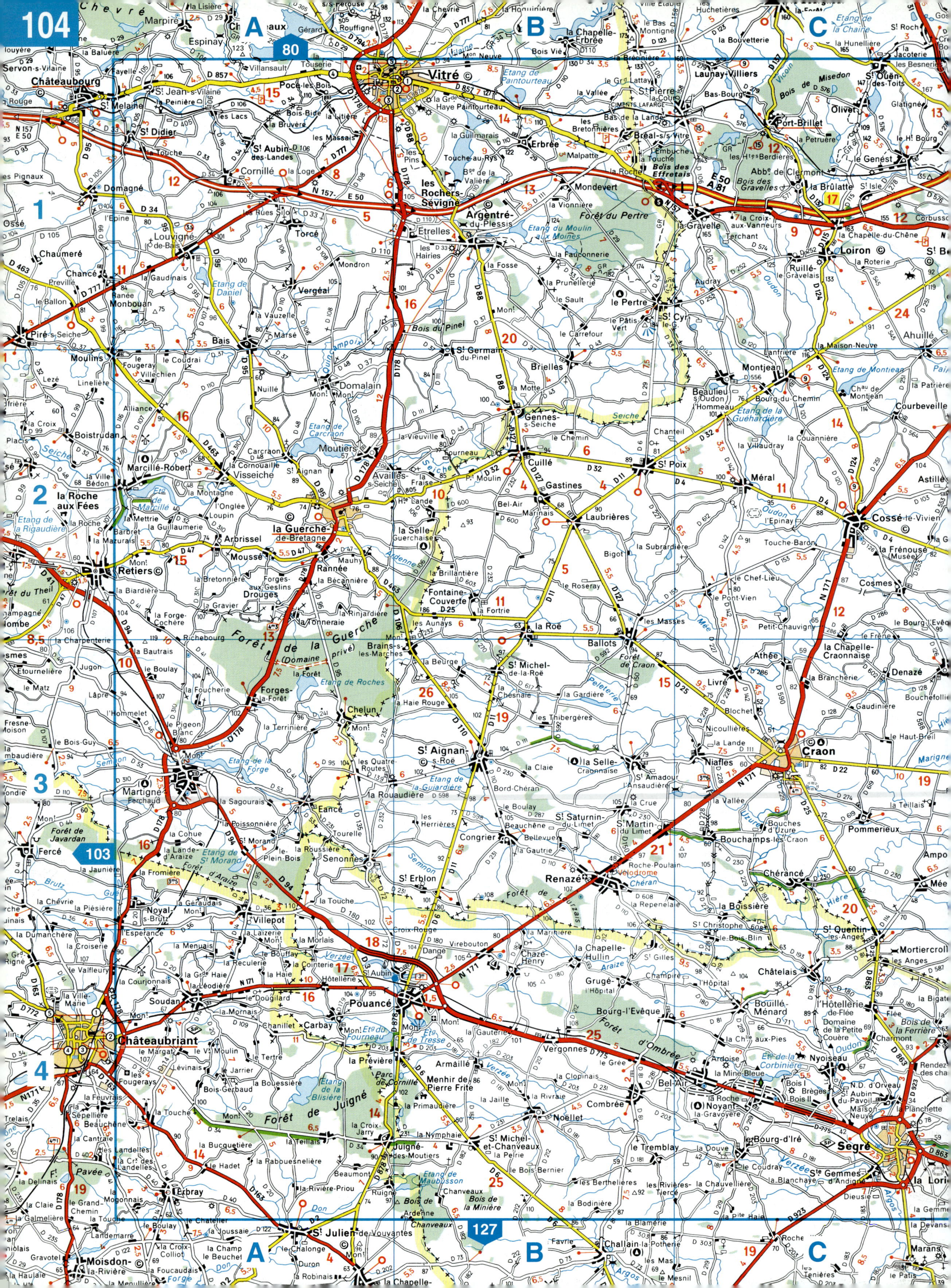
A
B
C
1
2
3
4
80
103
127
Vitré
Châteaubourg
Argentré-du-Plessis
les Rochers-Sévigné
Etrelles
Port-Brillet
Loiron
Forêt du Pertre
le Pertre
St Cyr-le-Gravelais
Montjean
Cossé-le-Vivien
Méral
St Poix
Cuillé
Gennes-s-Seiche
Gastines
Laubrières
la Guerche-de-Bretagne
Moutiers
Domalain
Bais
Louvigné-de-Bais
Vergéal
Torcé
Domagné
Piré-s-Seiche
Marcillé-Robert
Visseiche
Retiers
Arbrissel
Rannée
Forêt de la Guerche
Martigné-Ferchaud
Forges-la-Forêt
Chelun
Eancé
St Aignan-s-Roë
la Roë
Ballots
Livré
Craon
Renazé
Congrier
Senonnes
Pouancé
Châteaubriant
Forêt de Juigné
Juigné-des-Moutiers
Noyal-s-Brutz
Villepot
Soudan
Erbray
Moisdon-la-Rivière
St Julien-de-Vouvantes
Challain-la-Potherie
Bourg-l'Évêque
Forêt d'Ombrée
Bouillé-Ménard
Segré
Nyoiseau
la Boissière
St Quentin-les-Anges
Châtelais
Bouchamps-les-Craon
Pommerieux
Chérancé
Athée
Denazé
Cosmes
la Chapelle-Craonnaise
Astillé
Courbeveille
Ahuillé
St Erblon
Chazé-Henry
Vergonnes
Armaillé
Noëllet
Combrée
Bel-Air
Noyant-la-Gravoyère
le Bourg-d'Iré
Ste Gemmes-d'Andigné
Marans
la Chapelle-Erbrée
Erbrée
Bréal-s/s-Vitré
St Pierre-la-Cour
Olivet
le Genest
la Brûlatte
Bais
Janzé
Ferçé
Soulvache
Rougé

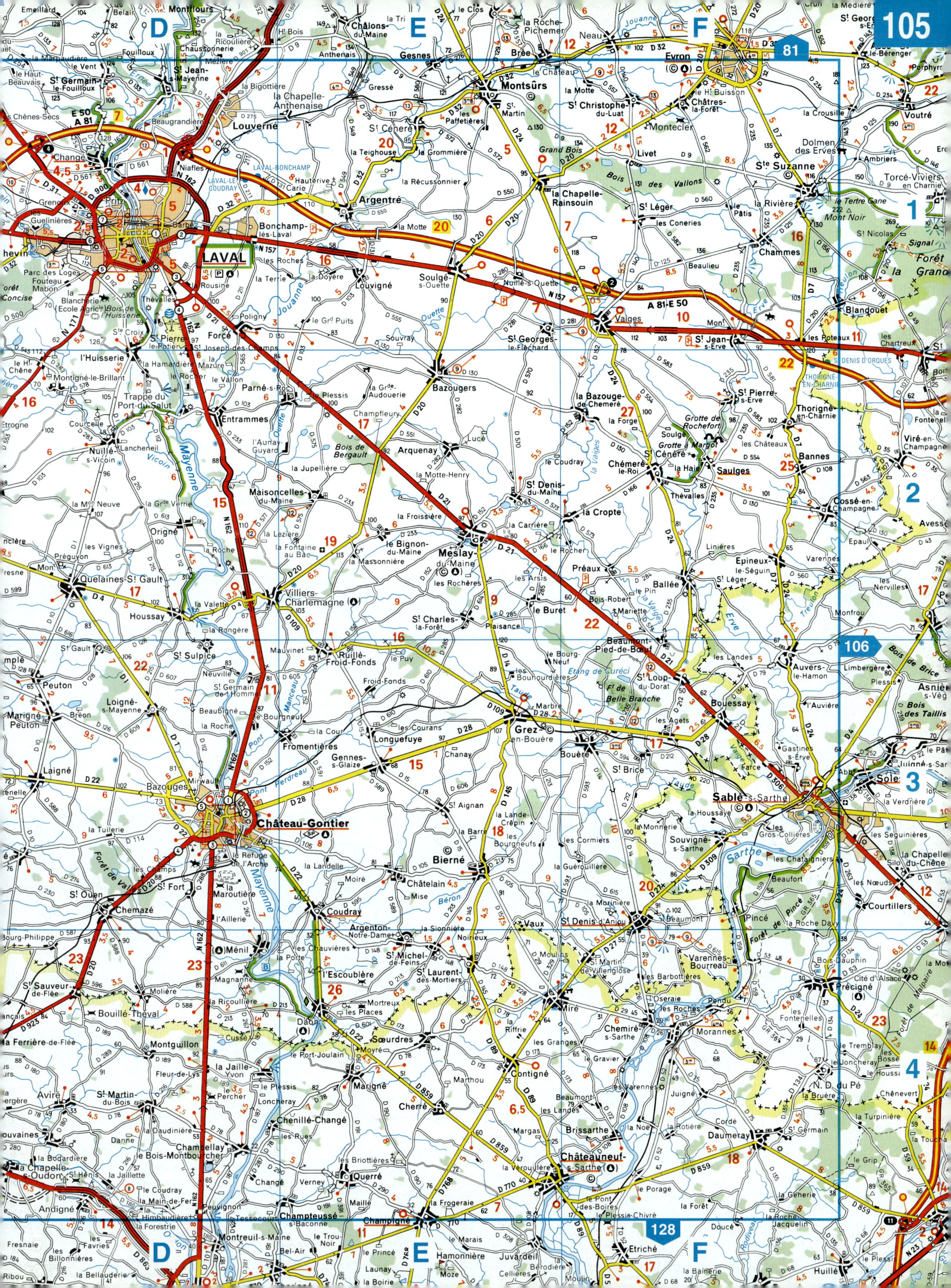
D
E
F
81
1
2
3
4
106
128
LAVAL
Changé
Louverne
Bonchamp-lès-Laval
Argentré
Montsûrs
Evron
Ste Suzanne
Soulgé-s-Ouette
Vaiges
Louvigné
Forcé
L'Huissserie
Entrammes
Parné-s-Roë
Bazougers
Chammes
Blandouet
Thorigné-en-Charnie
St Jean-s-Erve
Bannes
Saulges
Chémeré-le-Roi
Meslay-du-Maine
Arquenay
Maisoncelles-du-Maine
Origné
Quelaines-St Gault
Villiers-Charlemagne
Ballée
Cossé-en-Champagne
Épineux-le-Séguin
Grez-en-Bouère
Bouère
Ruillé-Froid-Fonds
Fromentières
Longuefuye
Gennes-s-Glaize
Château-Gontier
Bazouges
Sablé-s-Sarthe
Bouessay
Auvers-le-Hamon
Bierné
St Denis-d'Anjou
Coudray
Chemazé
Ménil
Daon
Précigné
Miré
Chemiré-s-Sarthe
Morannes
Contigné
Marigné
Cherré
Châteauneuf-s-Sarthe
Brissarthe
Daumeray
Querré
Champteussé
Champigné
Étriché
Juvardeil
Montreuil-s-Maine
Chenillé-Changé
Montguillon
St Martin-du-Bois
Chambellay
Le Bois-Montbourcher
La Chapelle-s-Oudon
Andigné
Forêt de Pincé
Forêt de Valles
Mayenne
Sarthe
Vaige
Erve
Taude

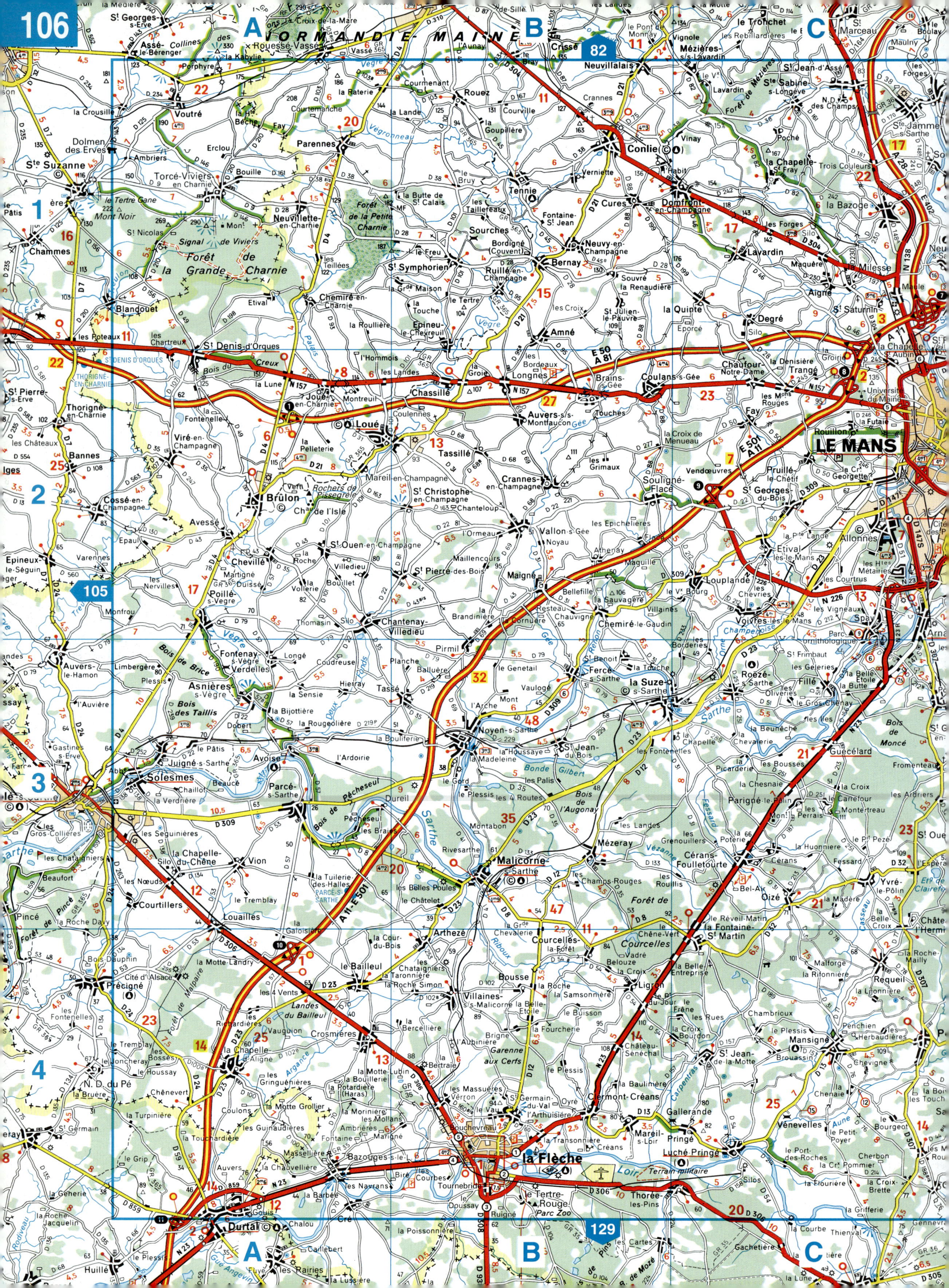
NORMANDIE MAINE
A
B
C
82
105
129
LE MANS
Conlie
Domfront-en-Champagne
Lavardin
Degré
Milesse
Allonnes
La Suze-s-Sarthe
Noyen-s-Sarthe
Malicorne-s-Sarthe
La Flèche
Brûlon
Loué
Sablé-sur-Sarthe
Solesmes
Précigné
Durtal
Ste Suzanne
Chammes
Blandouet
Foret de la Grande Charnie
Forêt de la Petite Charnie
St Denis-d'Orques
Joué-en-Charnie
Chassillé
Coulans-s-Gée
Chaufour-Notre-Dame
Vallon-s-Gée
Chantenay-Villedieu
Parcé-s-Sarthe
Courcelles-la-Forêt
Ligron
Mézeray
Cérans-Foulletourte
Guécélard
Yvré-le-Pôlin
Mansigné
Clermont-Créans
Luché-Pringé
Voivres-lès-le-Mans
Fillé
Roëzé-s-Sarthe
Loupfande
Etival-lès-le-Mans
St Georges-du-Bois
Rouillon
Coulaines
Trangé
Chaufour-Notre-Dame
Bernay
Neuvy-en-Champagne
Cures
Tennie
Parennes
Voutré
Vimarcé
Vire-en-Champagne
Bannes
Thorigné-en-Charnie
Cossé-en-Champagne
Auvers-le-Hamon
Asnières-s-Vègre
Poillé-s-Vègre
Fontenay-s-Vègre
Juigné-s-Sarthe
Avoise
Tassé
Pirmil
Fercé-s-Sarthe
Louailles
Courtillers
Arthezé
Villaines-s-Malicorne
Bousse
Crosmières
La Chapelle-d'Aligné
Bazouges-s-le-Loir
Thorée-les-Pins
Vendœuvres
Souligné-Flacé
Auvers-s-Montfaucon
Brains-s-Gée
Longnes
Crannes-en-Champagne
Tassillé
Chevillé
Epineu-le-Chevreuil
Ruillé-en-Champagne
Sourches
St Symphorien
Neuvillette-en-Charnie
Torcé-Viviers-en-Charnie
Mézières-s-Lavardin
Neuvillalais
Crissé
Rouez
Assé-le-Bérenger
Vassé
Rouessé-Vassé
Pringé
Mareil-s-Loir
Gallerande
St Jean-de-la-Motte
Oizé
La Fontaine-St Martin
Parigné-le-Pôlin
Spay
Arnage
A 11
A 81
E 50
E 501
N 23
N 157
N 226
D 306
D 309

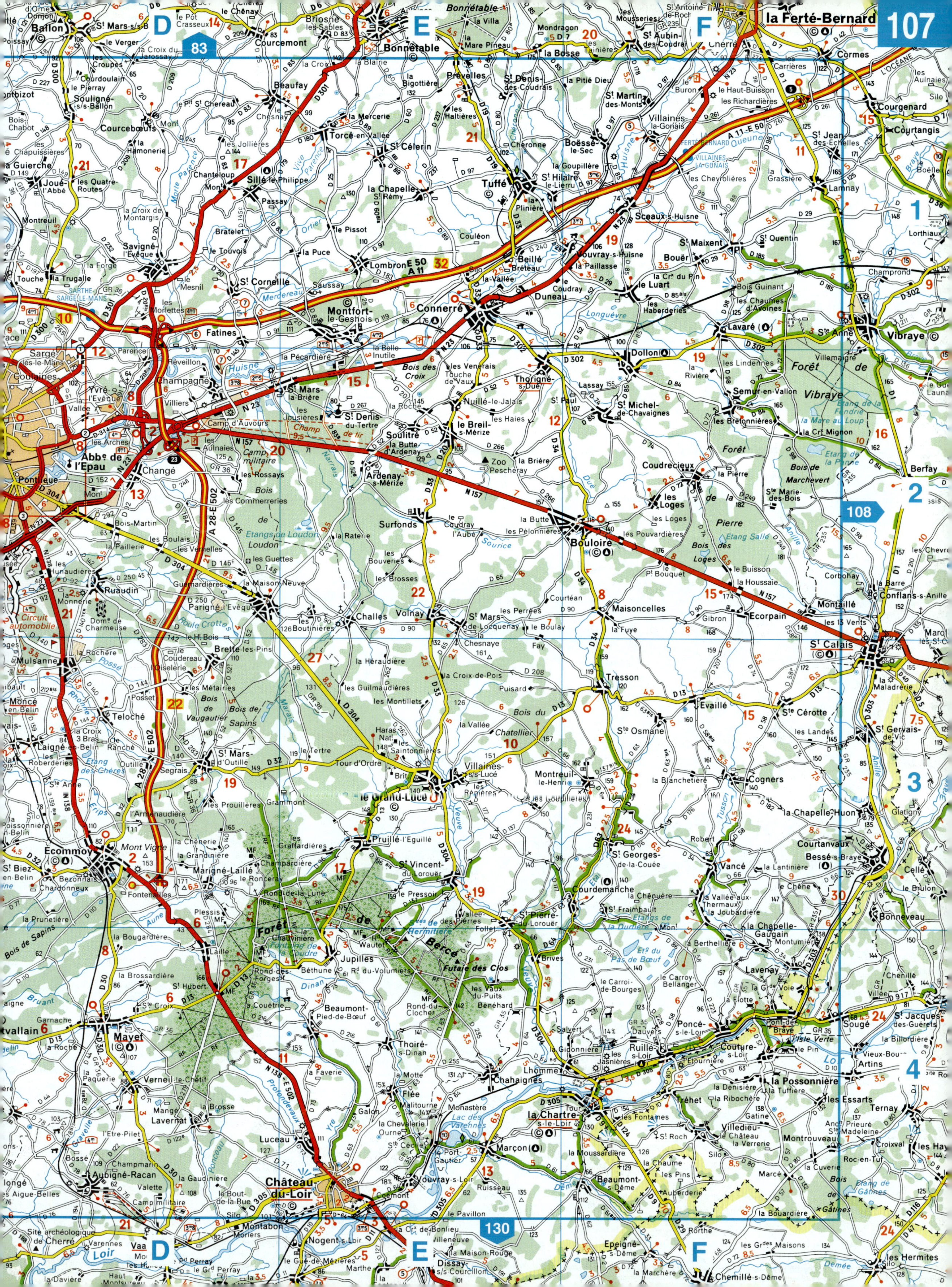
D
E
F
83
108
130
1
2
3
4
la Ferté-Bernard
Ballon
Bonnétable
Courcemont
Cormes
Courgenard
Beaufay
Torcé-en-Vallée
St Célerin
Tuffé
Prévelles
Villaines-la-Gonais
Boëssé-le-Sec
Sceaux-s-Huisne
Sillé-le-Philippe
Savigné-l'Évêque
Lombron
Montfort-le-Gesnois
Connerré
Beillé
Vouvray-s-Huisne
Duneau
Lavaré
Vibraye
Dollon
Thorigné-s-Dué
Semur-en-Vallon
Forêt de Vibraye
St Mars-la-Brière
St Denis-du-Tertre
Soulitré
le Breil-s-Mérize
Ardenay-s-Mérize
Surfonds
Bouloire
Coudrecieux
Champagné
Yvré-l'Évêque
Sargé-lès-le-Mans
Coulaines
Abb. de l'Épau
Changé
Parigné-l'Évêque
Ruaudin
Mulsanne
Brette-les-Pins
Challes
Volnay
St Mars-de-Locquenay
Maisoncelles
Ecorpain
St Calais
Tresson
Évaillé
Conflans-s-Anille
Montaillé
St Gervais-de-Vic
Cogners
Teloché
St Mars-d'Outillé
le Grand-Lucé
Villaines-s-s-Lucé
Montreuil-le-Henri
la Chapelle-Huon
Ecommoy
Marigné-Laillé
Pruillé-l'Éguillé
St Vincent-du-Lorouër
St Georges-de-la-Couée
Vancé
Courtanvaux
Bessé-s-Braye
Courdemanche
St Pierre-du-Lorouër
Forêt de Bercé
Jupilles
Mayet
Beaumont-Pied-de-Bœuf
Thoiré-s-Dinan
Chahaignes
Lhomme
Ruillé-s-Loir
Poncé-s-le-Loir
Couture-s-Loir
Pont-de-Braye
Sougé
la Possonnière
Verneil-le-Chétif
Flée
la Chartre-s-le-Loir
Marçon
Beaumont-s-Dême
Aubigné-Racan
Château-du-Loir
Vouvray-s-Loir
Dissay-s-s-Courcillon
Nogent-s-Loir
Épeigné-s-Dême
Chemillé-s-Dême
les Hermites
Ternay
Artins
Montrouveau
Villedieu-le-Château
Loir

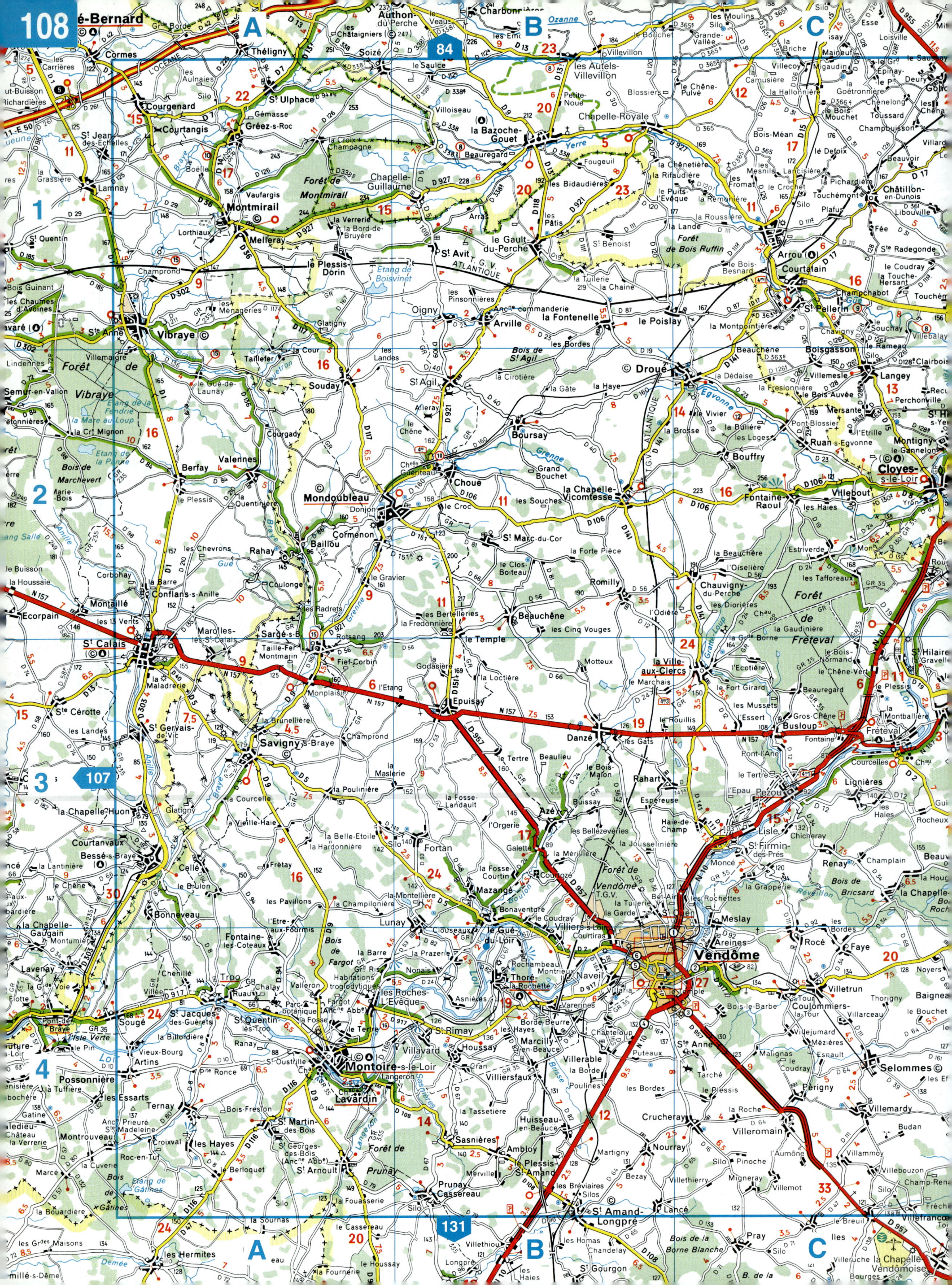
A
B
C
84
1
2
3
107
4
131
Authon-du-Perche
Charbonnières
Théligny
Soizé
Cormes
Courgenard
St Ulphace
Gréez-s-Roc
Courtangis
St Jean-des-Échelles
Lamnay
Montmirail
Melleray
Vaufargis
Forêt de Montmirail
Chapelle-Guillaume
La Bazoche-Gouet
Les Autels-Villevillon
Chapelle-Royale
Le Gault-du-Perche
St Avit
Arrou
Courtalain
St Pellerin
Le Plessis-Dorin
Vibraye
Forêt de Vibraye
Oigny
Arville
La Fontenelle
Le Poislay
Droué
Boisgasson
Langey
Souday
St Agil
Boursay
Bouffry
Ruan-s-Egvonne
Montigny-le-Gannelon
Cloyes-s-le-Loir
Berfay
Valennes
Mondoubleau
Choue
La Chapelle-Vicomtesse
Fontaine-Raoul
Villebout
Baillou
Cormenon
St Marc-du-Cor
Rahay
Romilly
Chauvigny-du-Perche
Forêt de Fréteval
Conflans-s-Anille
Montaillé
Beauchêne
Sargé-s-B.
St Calais
Le Temple
La Ville-aux-Clercs
Épuisay
Danzé
Busloup
Fréteval
Savigny-s-Braye
St Gervais-de-Vic
Lignières
Pezou
Azé
La Chapelle-Huon
Courtanvaux
Bessé-s-Braye
Cellé
Fortan
Lisle
St Firmin-des-Prés
Mazangé
Forêt de Vendôme
Bonneveau
Lunay
Le Gué-du-Loir
Villiers-s-Loir
Meslay
Rocé
Faye
Vendôme
Fontaine-les-Coteaux
Troo
Les Roches-l'Évêque
Thoré-la-Rochette
Naveil
Areines
Villetrun
Coulommiers-la-Tour
Sougé
St Jacques-des-Guérets
St Quentin-lès-Troo
Montoire-s-le-Loir
Lavardin
St Rimay
Houssay
Marcilly-en-Beauce
Villerable
Ste Anne
Selommes
Pont-de-Braye
Artins
Ternay
Les Essarts
Les Hayes
St Martin-des-Bois
Sasnières
Ambloy
Villiersfaux
Huisseau-en-Beauce
Crucheray
Nourray
Villeromain
Villemardy
Montrouveau
Forêt de Prunay
Prunay-Cassereau
Le Plessis-St Amand
St Amand-Longpré
Lancé
Les Hermites
Pray
La Chapelle-Vendômoise

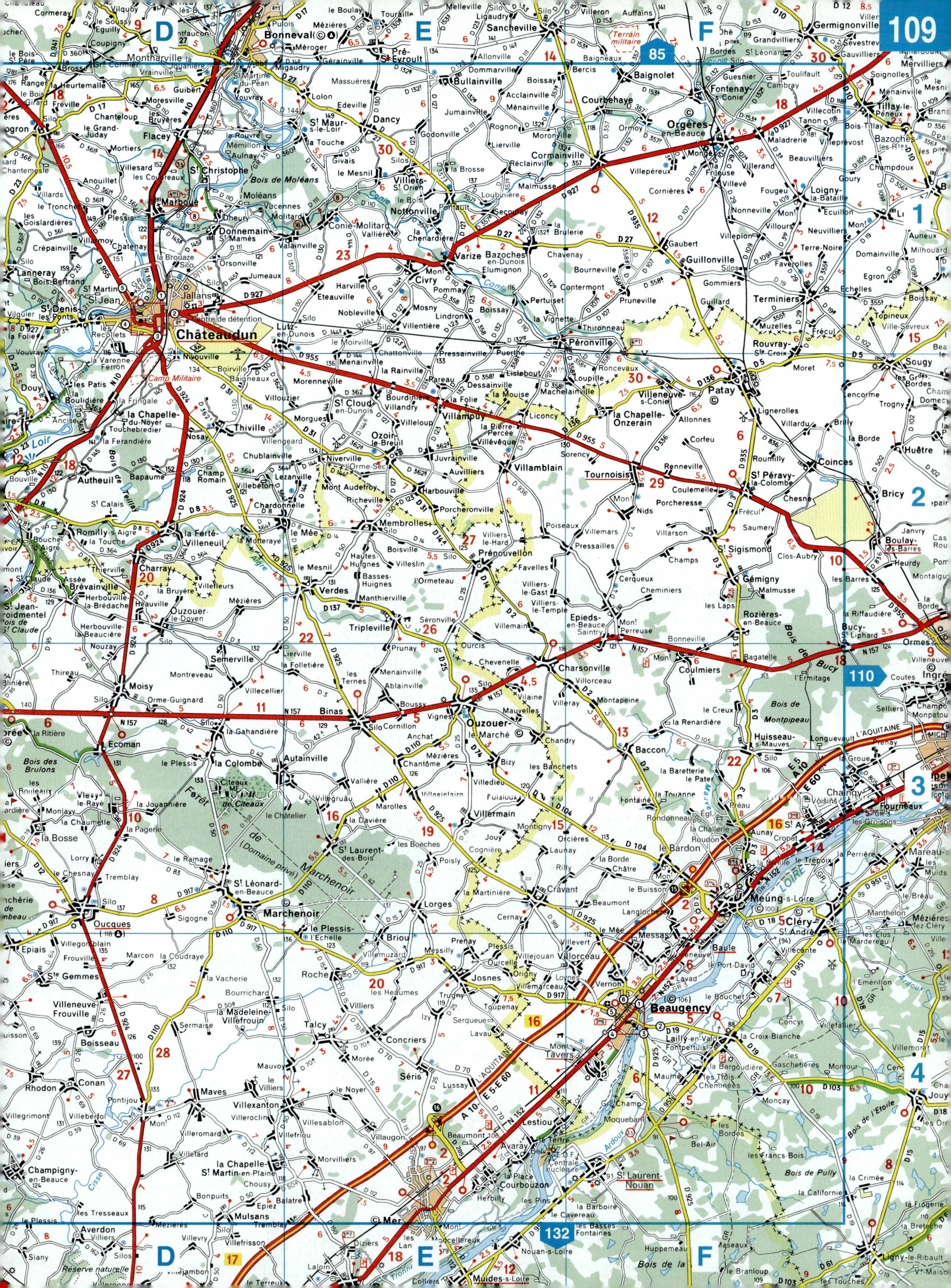
D
E
F
1
2
3
4
85
110
132
Bonneval
Sancheville
Germignonville
Baignolet
Fontenay-s-Conie
Orgères-en-Beauce
Tillay-le-Péneux
Dancy
Bullainville
Courbehaye
Flacey
St Christophe
Marboué
Bois de Moléans
Nottonville
Varize
Loigny-la-Bataille
Donnemain-St Mamès
Conie-Molitard
Guillonville
Terminiers
Châteaudun
Lutz-en-Dunois
Péronville
Rouvray-Ste Croix
Sougy
Patay
La Chapelle-du-Noyer
Thiville
St Cloud-en-Dunois
Ozoir-le-Breuil
Villampuy
La Chapelle-Onzerain
Coinces
Huêtre
Autheuil
Villamblain
Tournoisis
St Péravy-la-Colombe
Bricy
Romilly-s-Aigre
La Ferté-Villeneuil
Membrolles
Prénouvellon
St Sigismond
Gémigny
Boulay-les-Barres
Charray
Brévainville
Verdes
Tripleville
Rozières-en-Beauce
Ouzouer-le-Doyen
Semerville
Charsonville
Epieds-en-Beauce
Coulmiers
Bucy-St Liphard
Ormes
Moisy
Binas
Ouzouer-le-Marché
Baccon
Huisseau-s-Mauves
Ecoman
La Colombe
Autainville
Chaingy
Forêt de Marchenoir
St Laurent-des-Bois
Le Bardon
St Ay
Meung-s-Loire
St Léonard-en-Beauce
Marchenoir
Lorges
Cravant
Oucques
Briou
Messas
Cléry-St André
Josnes
Beaugency
Lailly-en-Val
Talcy
Concriers
Mer
Avaray
Courbouzon
St Laurent-Nouan
Mulsans
Ligny-le-Ribault
Muides-s-Loire
L'AQUITAINE
A 10
E 5-E 60
Loire
Camp Militaire
Terrain militaire
Bois de Bucy
Bois de Montpipeau
Bois de Pully

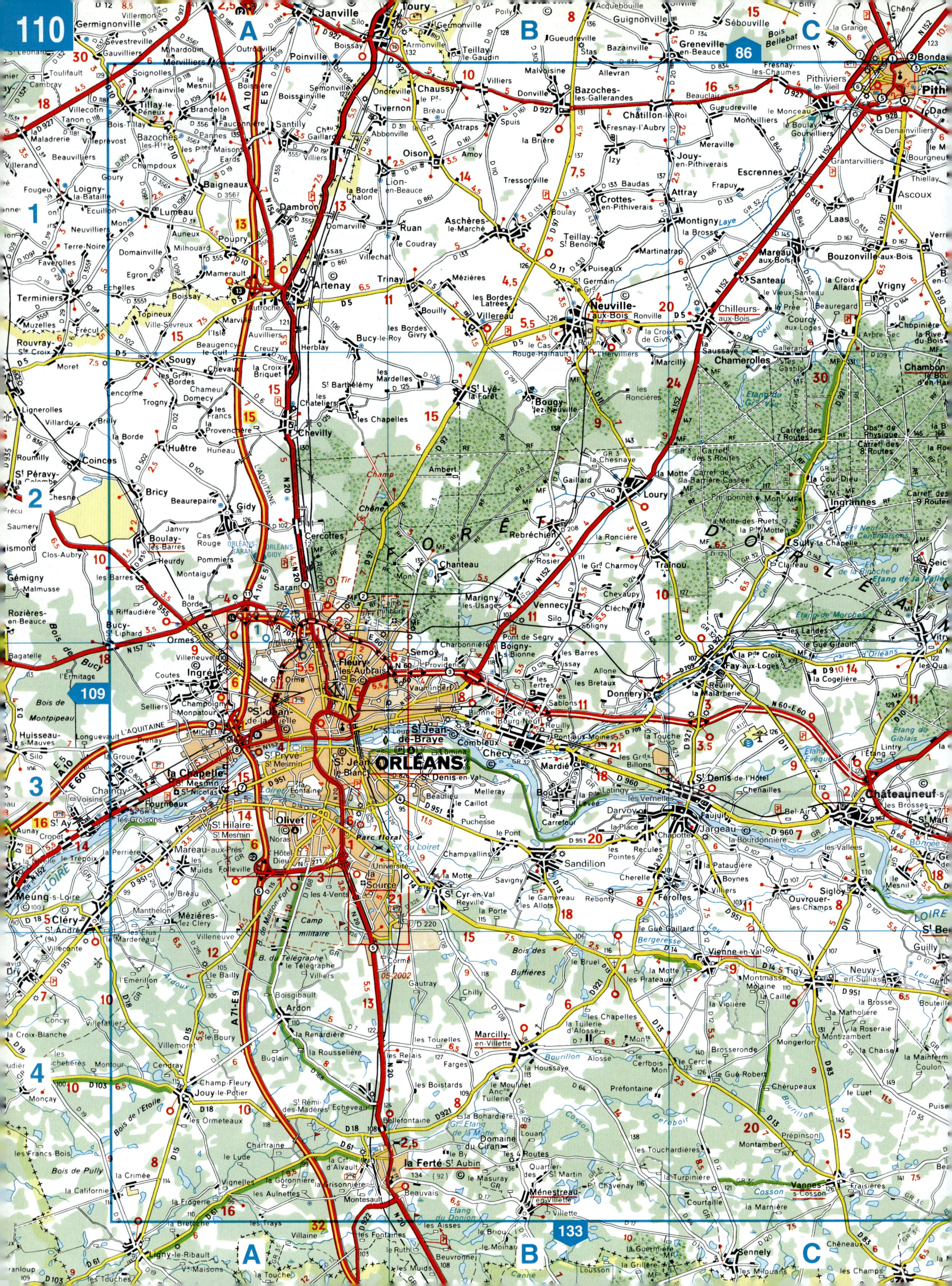

86
109
133
A
B
C
1
2
3
4
ORLÉANS
Fleury-les-Aubrais
St-Jean-de-Braye
St-Jean-de-la-Ruelle
St-Jean-le-Blanc
Olivet
Saran
Ingré
la Chapelle-St-Mesmin
St-Hilaire-St-Mesmin
Semoy
Chécy
Combleux
Mardié
St-Denis-de-l'Hôtel
Jargeau
Sandillon
St-Cyr-en-Val
Châteauneuf-s-Loire
Meung-s-Loire
Cléry-St-André
Mézières-lez-Cléry
Ardon
La Ferté-St-Aubin
Marcilly-en-Villette
Ménestreau-en-Villette
Vannes-s-Cosson
Tigy
Vienne-en-Val
Férolles
Sigloy
Ouvrouer-les-Champs
Sennely
Ligny-le-Ribault
Jouy-le-Potier
Janville
Toury
Artenay
Chevilly
Cercottes
Gidy
Bricy
Coinces
Patay
Neuville-aux-Bois
Chilleurs-aux-Bois
Pithiviers
Ascoux
Loury
Trainou
Vennecy
Marigny-les-Usages
Rebréchien
Boigny-s-Bionne
Donnery
Fay-aux-Loges
Ingrannes
Sully-la-Chapelle
Chambon-la-Forêt
Aschères-le-Marché
Bazoches-les-Gallerandes
Outarville
Oison
Chaussy
Tivernon
Bougy-lez-Neuville
St-Lyé-la-Forêt
Chanteau
FORÊT D'ORLÉANS
LOIRE

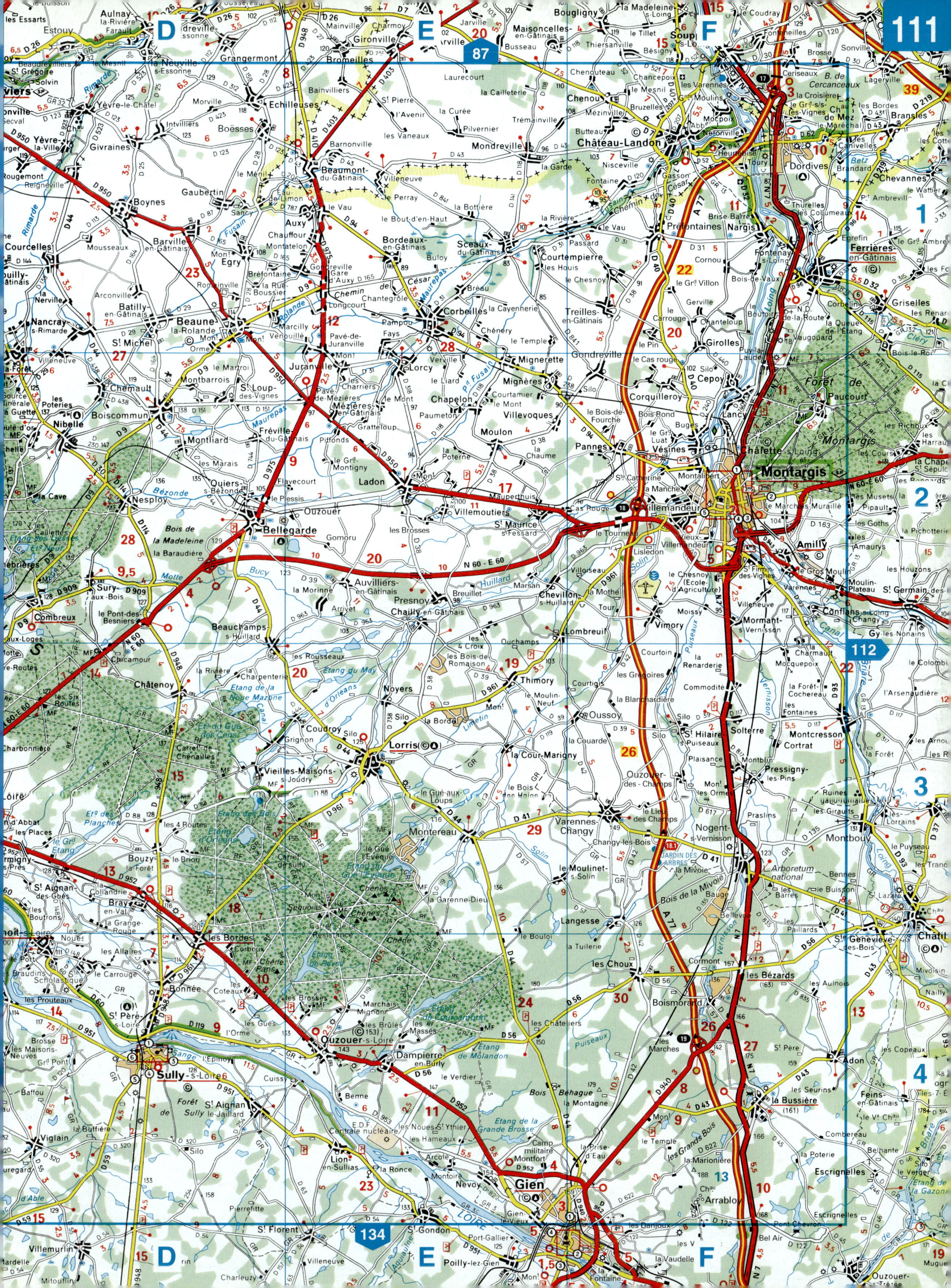
D
E
F
87
112
134
1
2
3
4
Montargis
Château-Landon
Ferrières-en-Gâtinais
Beaune-la-Rolande
Bellegarde
Lorris
Gien
Sully-s-Loire
Ouzouer-s-Loire
Châlette-s-Loing
Amilly
Villemandeur
Corbeilles
Ladon
Boiscommun
Nibelle
Puiseaux
Beaumont-du-Gâtinais
Courtenay
Nogent-s-Vernisson
Dordives
Chevannes
Conflans-s-Loing
Montbouy
La Bussière
Dampierre-en-Burly
Châtenoy
Vieilles-Maisons-s-Joudry
Chailly-en-Gâtinais
Varennes-Changy
Montereau
Les Bordes
Bonnée
St Aignan-le-Jaillard
Lion-en-Sullias
St Gondon
Poilly-lez-Gien
Arboretum national
Forêt de Montargis
N 60 - E 60
A 77

A
B
C
1
2
3
4
88
111
135
Montargis
Ferrières-en-Gâtinais
Amilly
Châlette-s-Loing
Forêt de Paucourt
Courtenay
Villeneuve-s-Yonne
St Julien-du-Sault
Château-Renard
Charny
Châtillon-Coligny
Bléneau
Toucy
Mézilles
Champignelles
Villeneuve-les-Genêts
St Privé
Ouzouer-s-Trézée
Montcresson
Montbouy
Nogent-sur-Vernisson
Conflans-s-Loing
Dordives
Chevannes
Griselles
Mérinville
Chuelles
Douchy
Triguères
Dicy
Chevillon
La Ferté-Loupière
Sépeaux
Précy-s-Vrin
Villefranche St Phal
Montcorbon
Melleroy
La Chapelle-s-Aveyron
Dammarie-s-Loing
Aillant-s-Milleron
Rogny-les-7-Écluses
Champcevrais
Malicorne
Grandchamp
Villiers St Benoît
Perreux
Sommecaise
St Martin-s-Ouanne
Chêne-Arnoult
Fontenouilles
Chambeugle
Marchais-Béton
Piffonds
Savigny-s-Clairis
Vernoy
Domats
Villeroy
Subligny
Collemiers
Cornant
Égriselles-le-Bocage
Rousson
Chaumot
Bussy-le-Repos
Marsangy
Gron
Rosoy
Véron
St Valérien
Chéroy
Égreville
Jouy
Bazoches-s-le-Betz
La Selle-s-le-Bied
La Selle-en-Hermoy
Louzouer
Thorailles
Courtemaux
St Hilaire-les-Andrésis
St Loup-d'Ordon
St Martin-d'Ordon
Cudot
Verlin
La Celle St Cyr
Béon
St Germain-des-Prés
St Firmin-des-Bois
Pers-en-Gâtinais
Foucherolles
Fouchères
Villeneuve-la-Dondagre
Courtoin
Chantecoq
AUTOROUTE DU SOLEIL
A 6 - E 15
N 60 - E 60

D
E
F
89
114
136
1
2
3
4
Joigny
Migennes
Brienon-s-Armançon
St Florentin
Chailley
Flogny-la-Chapelle
Ervy-le-Châtel
Seignelay
Pontigny
Ligny-le-Châtel
Chablis
AUXERRE
Appoigny
Aillant-s-Tholon
Cerisiers
Arces-Dilo
Neuvy-Sautour
Vallan
Coulanges-la-Vineuse
Vincelottes
Cravant
Chevannes
Monéteau
Bleigny-le-Carreau
Champs-s-Yonne
Forêt d'Othe
Forêt de Pontigny
Forêt de Rajeuses
Bois de Maligny
Bois de St Cyr
Yonne
Armançon
Serein
A 6 - E 15 - E 60

A
B
C
1
2
3
4
90
113
137
Bouilly
Villemoyenne
Chappes
Poligny
Courtenot
Bourguignons
Eaux-Puiseaux
Auxon
Chamoy
Forêt d'Aumont
Forêt de Rumilly
Forêt de Crogny
les Loges-Margueron
Chaource
Ervy-le-Châtel
Davrey
Avreuil
Vanlay
Forêt de Cussangy
Cussangy
Pargues
Maisons-lès-Chaource
Bagneux-la-Fosse
les Riceys
Flogny-la-Chapelle
Lignières
Coussegrey
Chesley
Etourvy
Villiers-le-Bois
Quincerot
Trichey
Channes
Arthonnay
Mélisey
Villon
Forêt de Maulnes
Tronchoy
Dannemoine
Épineuil
Tonnerre
Commissey
Tanlay
Pimelles
Cruzy-le-Châtel
Gigny
Lézinnes
Ancy-le-Franc
Argenteuil-s-Armançon
Nuits
Ravières
Yrouerre
Chemilly-s-Serein
Poilly-s-Serein
Noyers
Aigremont
Annay-s-Serein
Molay
Fulvy
Cry
Perrigny-s-Armançon
Verdonnet
Forêt du Grand Jailly
Rougemont
Aisy-s-Armançon
Étivey
Censy
Sarry
Nitry
A6-E15-E60

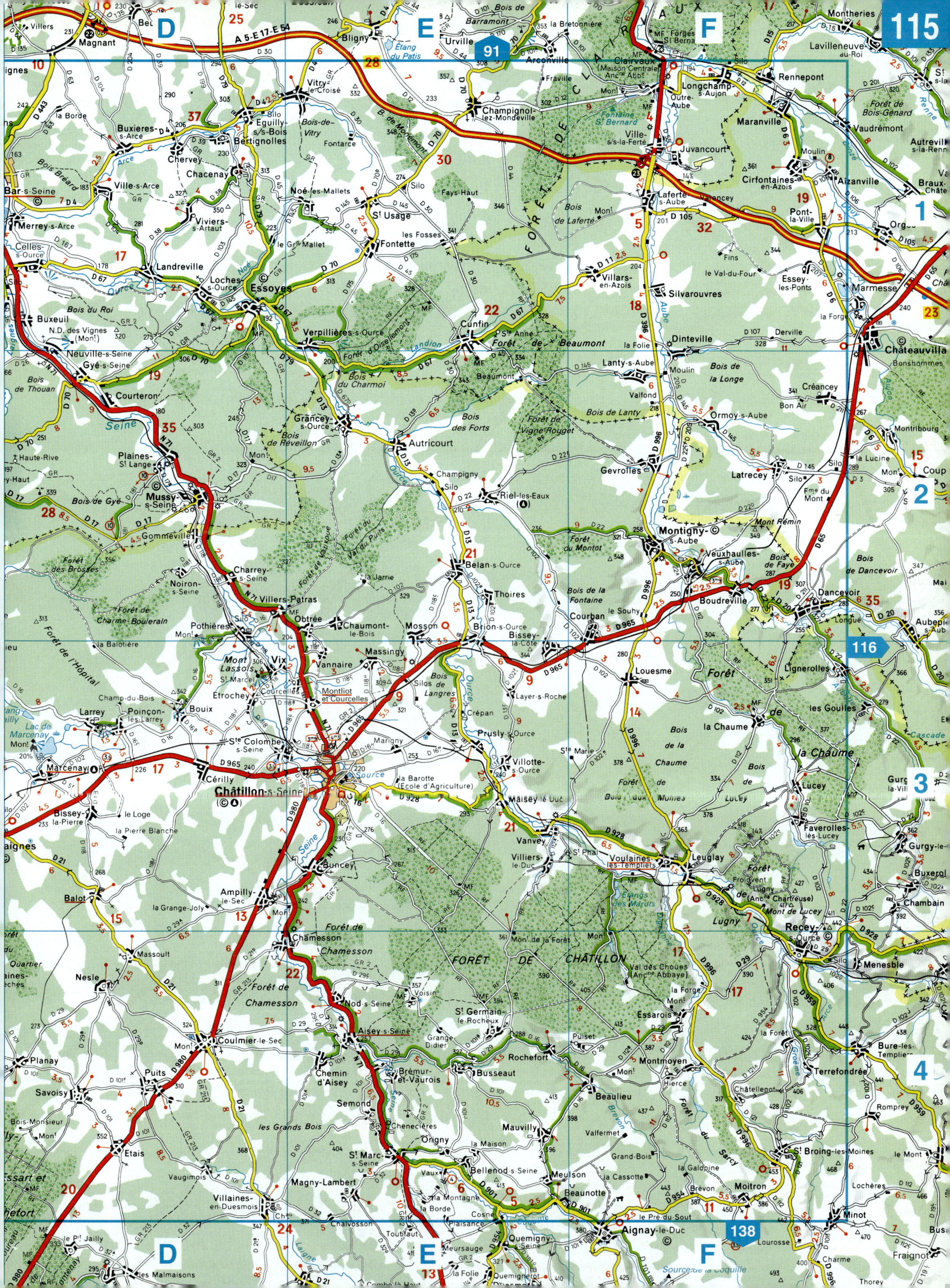
D
E
F
1
2
3
4
91
116
138
Magnant
Bligny
Urville
Arconville
Clairvaux
Longchamp-s-Aujon
Rennepont
Vitry-le-Croisé
Champignol-lez-Mondeville
Buxières-s-Arce
Eguilly-s-Bois
Bertignolles
Chervey
Chacenay
Maranville
Juvancourt
Ville-s-Arce
Noé-les-Mallets
St Usage
Laferté-s-Aube
Cirfontaines-en-Azois
Bar-s-Seine
Merrey-s-Arce
Viviers-s-Artaut
Fontette
Pont-la-Ville
Landreville
Loches-s-Ource
Essoyes
Villars-en-Azois
Silvarouvres
Essey-les-Ponts
Marmesse
Buxeuil
Verpillières-s-Ource
Cunfin
Forêt de Beaumont
Dinteville
Châteauvillain
Neuville-s-Seine
Gyé-s-Seine
Courteron
Lanty-s-Aube
Créancey
Grancey-s-Ource
Autricourt
Ormoy-s-Aube
Plaines-St Lange
Mussy-s-Seine
Gevrolles
Latrecey
Riel-les-Eaux
Gommeville
Montigny-s-Aube
Charrey-s-Seine
Belan-s-Ource
Veuxhaulles-s-Aube
Villers-Patras
Thoires
Boudreville
Dancevoir
Pothières
Obtrée
Chaumont-le-Bois
Mosson
Brion-s-Ource
Bissey-la-Côte
Courban
Massingy
Vix
Vannaire
Louesme
Lignerolles
Larrey
Poinçon-lès-Larrey
Bouix
Montliot et Courcelles
Prusly-s-Ource
La Chaume
Les Goulles
Ste Colombe-s-Seine
Villotte-s-Ource
Marcenay
Cérilly
Châtillon-s-Seine
Maisey-le-Duc
Lucey
Bissey-la-Pierre
Vanvey
Voulaines-les-Templiers
Leuglay
Faverolles-lès-Lucey
Buncey
Villiers-le-Duc
Forêt de Lugny
Balot
Ampilly-le-Sec
Recey-s-Ource
Menesble
Chamesson
FORÊT DE CHÂTILLON
Nesle
Nod-s-Seine
St Germain-le-Rocheux
Essarois
Coulmier-le-Sec
Aisey-s-Seine
Planay
Puits
Bremur-et-Vaurois
Busseaut
Rochefort
Montmoyen
Bure-les-Templiers
Terrefondrée
Savoisy
Semond
Beaulieu
Mauvilly
Etais
St Marc-s-Seine
St Broing-les-Moines
Magny-Lambert
Bellenod-s-Seine
Meulson
Moitron
Villaines-en-Duesmois
Aignay-le-Duc
Minot
Quemigny-s-Seine

A
B
C
92
115
139
1
2
3
4
CHAUMONT
Langres
Châteauvillain
Nogent
Arc-en-Barrois
Auberive
Longeau
Prauthoy
Recey-s-Ource
Grancey-le-Château
Montheries
Blaisy
Laharmand
Gillancourt
Rennepont
Juzennecourt
St Martin-s-la-Renne
Euffigneix
Jonchery
Condes
Brethenay
Treix
Forcey
Millières
Reclancourt
Chamarandes
Choignes
Luzy-s-Marne
Verbiesles
Biesles
Esnouveaux
Ageville
Mandres-la-Côte
Bricon
Orges
Semoutiers
Blessonville
Marmesse
Richebourg
Foulain
Poulangy
Louvières
Crenay
Neuilly-s-Suize
Marnay-s-Marne
Vesaignes-s-Marne
Thivet
Poinson-lès-Nogent
Vitry-lès-Nogent
Villiers-s-Suize
Leffonds
Faverolles
Rolampont
Lannes
Charmoilles
Charmes
Changey
Cour-l'Evêque
Coupray
Dancevoir
Aubepierre-s-Aube
Giey-s-Aujon
Ternat
Marac
Ormancey
Beauchemin
Humes
Jorquenay
Champigny-lès-Langres
Peigney
Mardor
St Ciergues
Vauxbons
Courcelles-s-Aujon
St Loup-s-Aujon
Rochetaillée
Voisines
Vieux Moulins
Perrancey-les-Vieux-Moulins
Brévoines
Chatenay-Mâcheron
Courcelles-en-Montagne
St Geosmes
Noidant-le-Rocheux
Balesmes-s-Marne
Rouvres-s-Aube
Arbot
Aulnoy-s-Aube
Bay-s-Aube
Vitry-en-Montagne
Chameroy
Rouelles
Perrogney
Germaines
Gurgy-la-Ville
Gurgy-le-Château
Buxerolles
Chambain
Lucey
Faverolles-lès-Lucey
Menesble
Colmier-le-Bas
Chaugey
Bure-les-Templiers
Terrefondrée
Santenoge
Poinsenot
Poinson-lès-Grancey
Beneuvre
St Broing-les-Moines
Minot
Bussières
Busserotte
Courlon
Neuvelle-lès-Grancey
Villemervry
Villemoron
Praslay
Vivey
Musseau
Mouilleron
Vesvres-s-s-Chalancey
Chalancey
Vaillant
Aujeurres
St Georges
Servin
Pierrefontaines
Flagey
Brennes
Bourg
Cohons
Orcevaux
Verseilles-le-Bas
Baissey
Aprey
Villiers-lès-Aprey
Leuchey
Prangey
St Michel
Villegusien
Piépape
St Broingt-les-Fosses
Courcelles-Val-d'Esnoms
Esnoms
Chatoillenot
Montsaugeon
Dommarien
Chassigny
Choilley
Dardenay
Cusey
Rivière-les-Fosses
Vaux-s-s-Aubigny
Percey-le-Pautel
Heuilley-Cotton
FORÊT DE CHATEAUVILLAIN ET D'ARC
FORÊT D'ARC
Forêt de Corgebin
Bois de Marac
Bois de Montavoir
Lac de la Liez
Réservoir de la Mouche
A5-E17-E54
A31
E21
N19
N74
D3
D20
D428
D417
D619
D65
D10

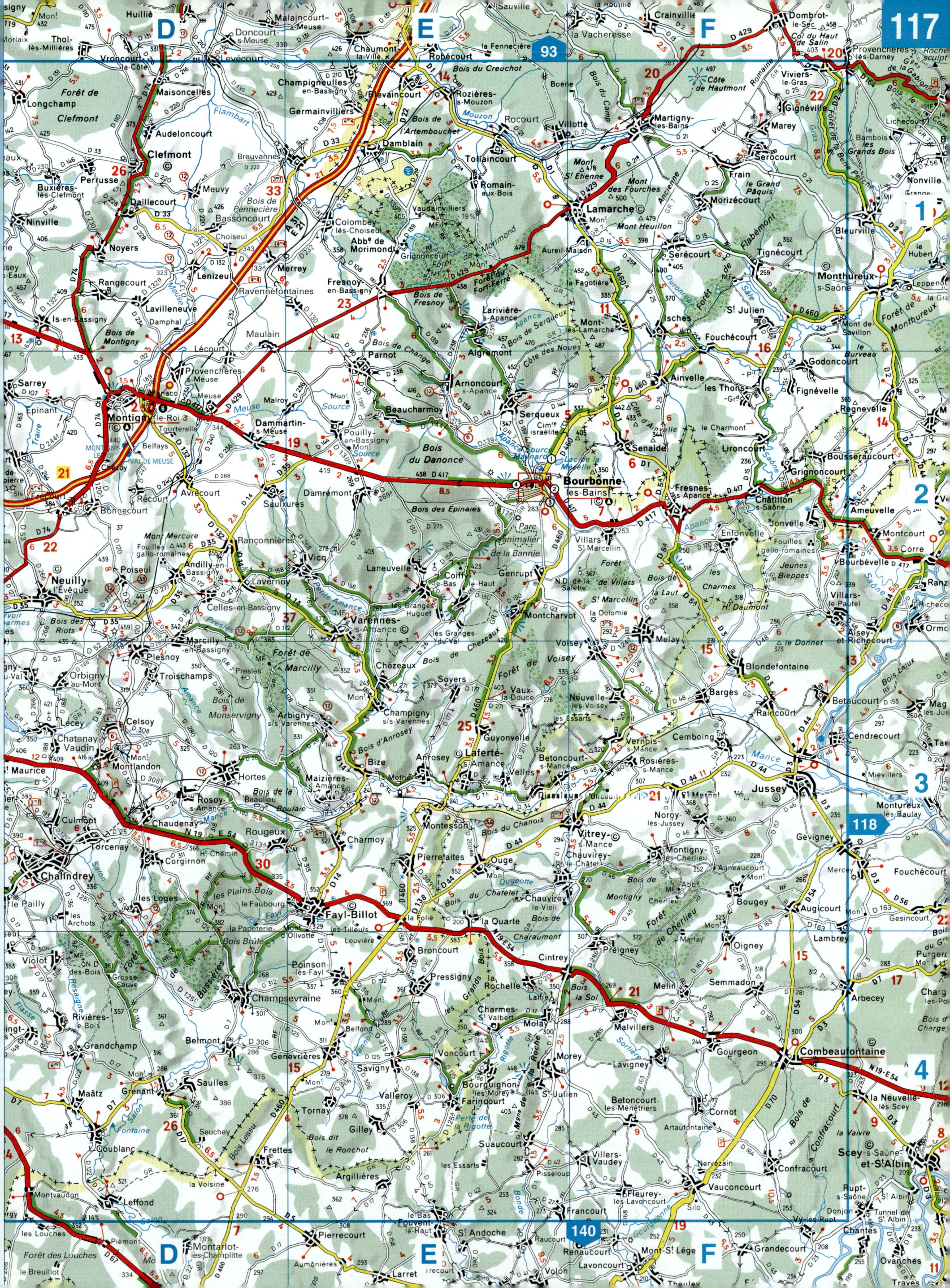
Bourbonne-les-Bains
Montigny-le-Roi
Fayl-Billot
Jussey
Combeaufontaine
Chalindrey
Vitrey-s-Mance
Monthureux-s-Saône
Lamarche
Martigny-les-Bains
Bois du Danonce
Forêt de Marcilly
Forêt de Cherlieu
93
118
140

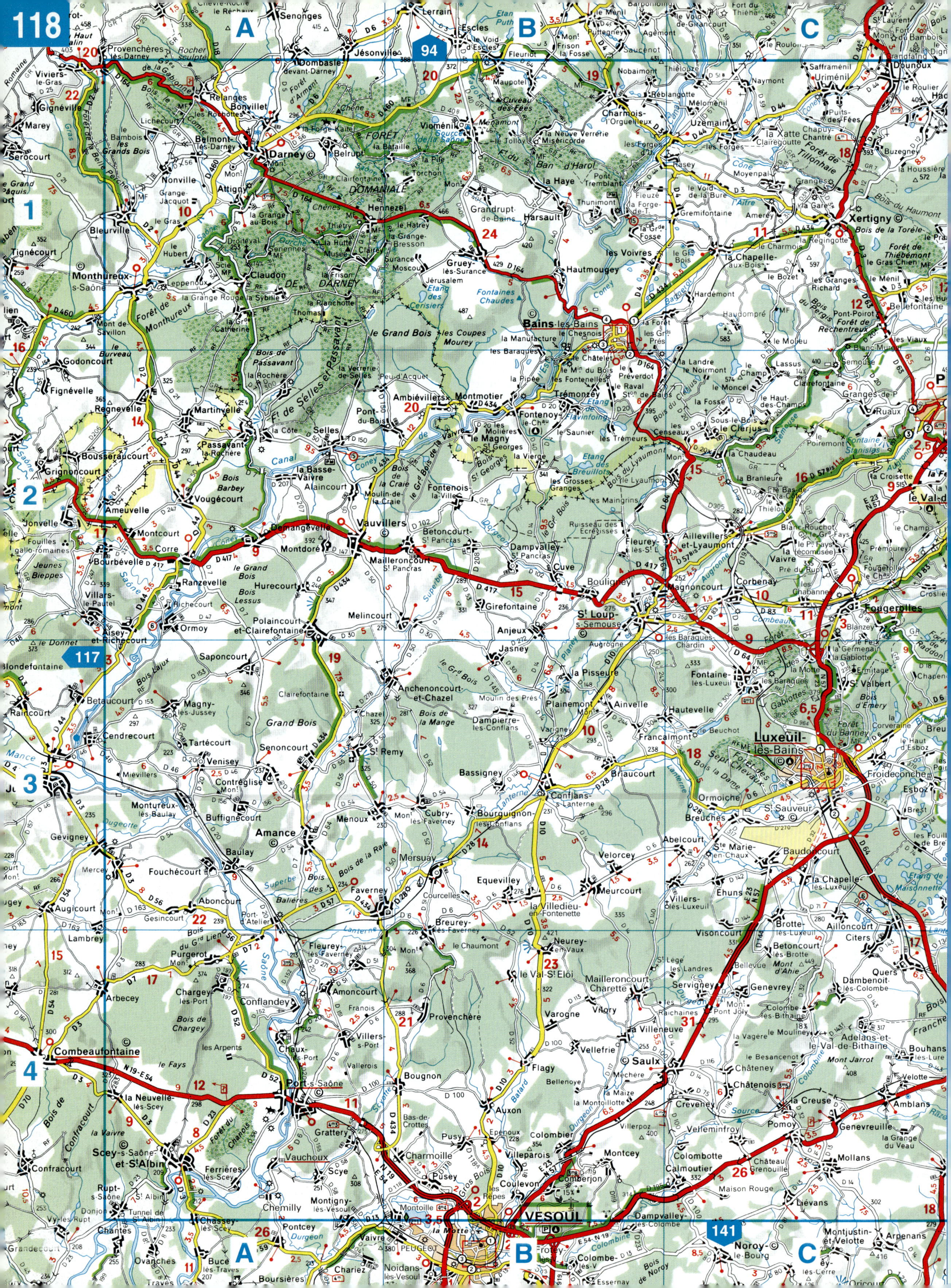

A
B
C
1
2
3
4
94
117
141
Darney
Forêt Domaniale de Darney
Monthureux-s-Saône
Bains-les-Bains
Xertigny
Vauvillers
St Loup-s-Semouse
Fougerolles
Luxeuil-les-Bains
Amance
Faverney
Port-s-Saône
Scey-s-Saône-et-St Albin
Combeaufontaine
Vesoul
Saulx
Jussey
Conflans-s-Lanterne
Fontenoy-le-Château
Hennezel
Godoncourt
Bourbévelle
Corbenay
Aillevillers-et-Lyaumont
St Sauveur
Noroy-le-Bourg
Dampvalley-les-Colombe
Châtenois
Pomoy
Genevreuille
Saône
Canal

D
E
F
95
96
120
142
1
2
3
4
Arches
Pouxeux
Éloyes
Tête des Cuveaux
Le Tholy
Gérardmer
Xonrupt-Longemer
Col de la Schlucht
Hohneck
Remiremont
St Étienne
St Amé
Le Syndicat
Vagney
Rochesson
La Bresse
Kastelberg
Rainkopf
Plombières-les-Bains
Girmont-Val-d'Ajol
Dommartin-lès-Remiremont
Vecoux
Thiéfosse
Saulxures-s-Moselotte
Cornimont
Wildenstein
Grand Ventron
Ventron
Kruth
Le Markstein
Rupt-s-Moselle
Ferdrupt
Le Ménil
Le Thillot
Bussang
Fellering
Oderen
Grand Drumont
Petit Drumont
Col de Bussang
Urbès
Ramonchamp
Château-Lambert
St Maurice-s-Moselle
Storckensohn
Husseren-Wesserling
Mitzach
PARC NATUREL RÉGIONAL DES BALLONS DES VOSGES
Faucogney-et-la-Mer
Amage
Esmoulières
Servance
Ballon de Servance
Ballon d'Alsace
Rimbach-près-Masevaux
Oberbruck
Sewen
Dolleren
Kirchberg
Masevaux
Belmont
Écromagny
Ternuay
Belonchamp
Mélisey
St Barthélemy
Montessaux
Belfahy
Plancher-les-Mines
Giromagny
Auxelles-Bas
Lepuix
Rougemont-le-Château
Rougegoutte
Vescemont
Grosmagny
Étueffont
Lure
Froideterre
Malbouhans
Ronchamp
Champagney
Plancher-Bas
Lachapelle-s-Chaux
Sermamagny
Éloie
Valdoie
Offemont
Roppe
Frahier-et-Chatebier
Évette-Salbert
Cravanche
Chalonvillars
Essert
Bavilliers
Belfort
Danjoutin
Chèvremont
Fontenelle
Andelnans
Meroux
Roye
Palante
Andornay
Frédéric-Fontaine
Magny-Jobert
Frotey-lès-Lure
Lyoffans
Moffans
Belverine
Étobon
Chenebier
Échavanne
Vouhenans
Le Val-de-Gouhenans
La Vergenne
Athesans
Faymont
Courmont
Luze
Chagey
Échenans
Argiésans
Botans
Banvillars
Urcerey
Buc
Bessoncourt
Lagrange
Larivière
Fontaine
Foussemagne
Petit-Croix
Cunelières
Bretagne

A
B
C
1
2
3
4
96
119
142
143
Rouffach
Guebwiller
Grand Ballon
Thann
Cernay
MULHOUSE
Ensisheim
Masevaux
Wittelsheim
Wittenheim
Illzach
Riedisheim
Rixheim
Pfastatt
Altkirch
Dannemarie
Hirsingue
Ferrette
Delle
Grandvillars
Beaucourt
Sierentz
Soultz Haut Rhin
St Amarin
Le Markstein
Kruth
Fellering
Lauw
Sentheim
Burnhaupt
Seppois
Courtavon
Bendorf
Koestlach
Forêt de la Harth
PARC NATUREL

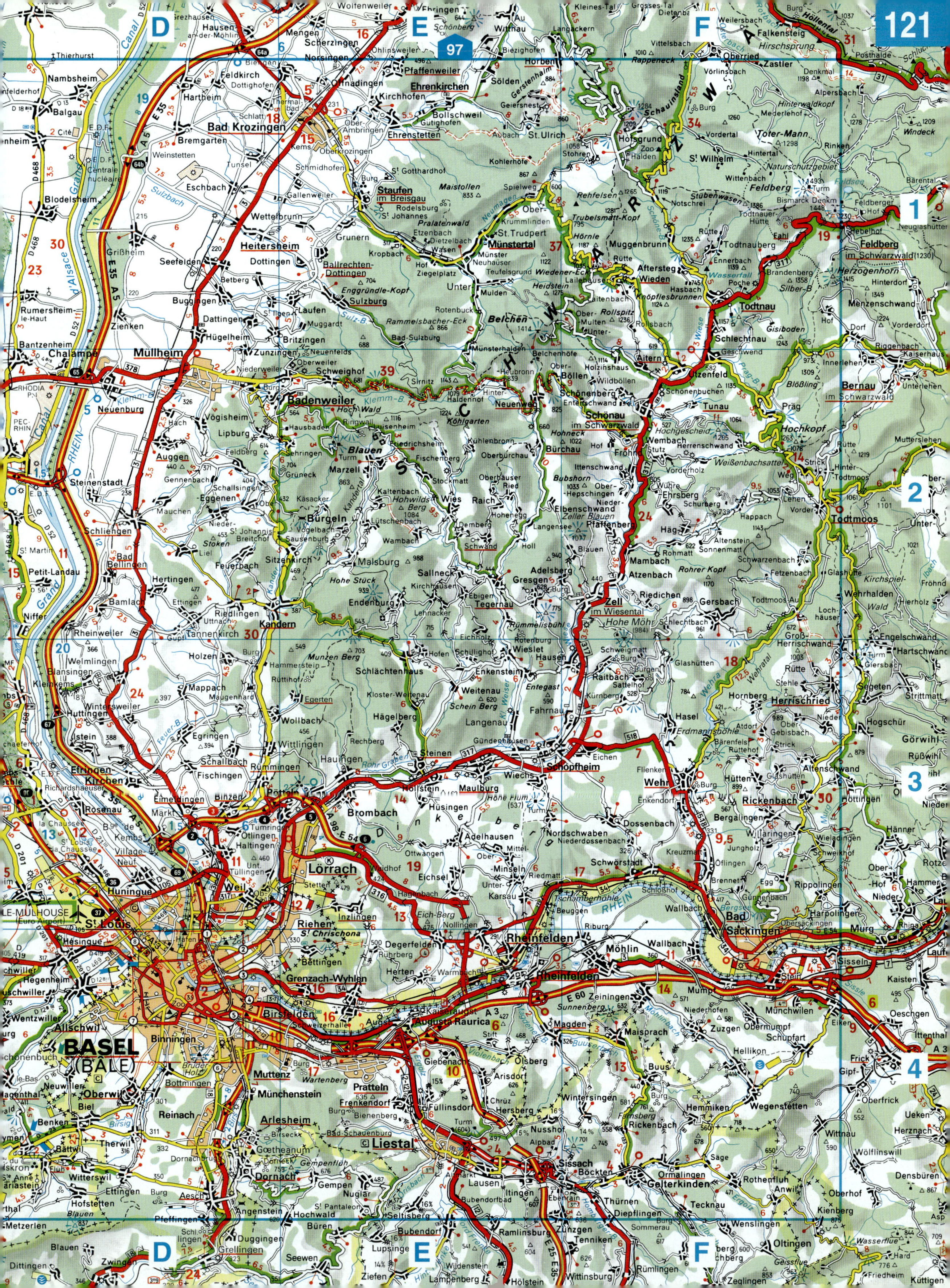
D
E
F
97
1
2
3
4
Bad Krozingen
Staufen im Breisgau
Münstertal
Heitersheim
Sulzburg
Müllheim
Chalampé
Neuenburg
Badenweiler
Schönau im Schwarzwald
Todtnau
Todtnauberg
Feldberg
Feldberg im Schwarzwald
Bernau im Schwarzwald
Todtmoos
Tunau
Aitern
Wieden
Utzenfeld
Neuenweg
Bürchau
Zell im Wiesental
Kandern
Schopfheim
Wehr
Herrischried
Rickenbach
Bad Säckingen
Lörrach
Weil
Riehen
Huningue
St-Louis
BASEL
(BÂLE)
Rheinfelden
Grenzach-Wyhlen
Birsfelden
Muttenz
Pratteln
Münchenstein
Arlesheim
Liestal
Sissach
Gelterkinden
Möhlin
Augusta Raurica
Binningen
Allschwil
Oberwil
Dornach
Efringen-Kirchen
Schliengen
Auggen
Bad Bellingen
Hausen
Maulburg
Ehrenkirchen
Pfaffenweiler
Ehrenstetten
Horben
SCHWARZWALD
Belchen
Blauen
Hochkopf
Hohe Möhr
Rhein
E 35
E 54
E 60
A 5
A 3

A
B
C
1
2
3
4
100
Locmiquélic
Port-Louis
Riantec
Gâvres
Merlevenez
Plouhinec
Ste Hélène
Belz
Etel
Erdeven
Landévant
Locoal-Mendon
Pluvigner
Ste Anne-d'Auray
Auray
Plescop
Brech
Pluneret
Plougoumelen
Ploeren
Ploemel
Crach
Carnac
Carnac-Plage
la Trinité-s-M.
St Philibert
Locmariaquer
Baden
Larmor-Baden
I. Gavrinis
Ile aux Moines
Arzon
Port-Navalo
Port du Crouesty
Méaban
Sarzeau
St Gildas-de-Rhuys
Presqu'île
Plouharnel
Penthièvre
Portivy
Pointe du Percho
St Pierre-Quiberon
Quiberon
Port-Haliguen
Pointe du Conguel
PRESQU'ILE DE QUIBERON
Côte Sauvage
BAIE DE QUIBERON
Passage de la Teignouse
Chaussée de la Teignouse
la Teignouse
Chaussée du Béniguet
Passage du Béniguet
Ile d'Houat
Houat
En Thal
Banc de Houat
Chaussée de l'Ile aux Chevaux
Ile aux Chevaux
Passage des Sœurs
Hœdic
Ile de Hœdic
Beg Lagatte
les Petits Cardinaux
les Grands Cardinaux
Plateau de la Recherche
Plateau des Birvideaux
Roches de Magouëro
Barre d'Etel
Pointe des Poulains
Sauzon
Pointe de Taillefer
le Palais
Rade du Palais
Banc de Taillefer
Port Donnant
Grand Phare
Bangor
Aiguilles de Port Coton
Port Goulphar
Pointe de Kerdonis
Locmaria
Pointe du Skeul
Côte Sauvage
BELLE-ILE
(Service saisonnier)
Service Saisonnier 30m
Passe du Sud
Sables

D
E
F
1
2
3
4
101
102
124
125
VANNES
Elven
Forteresse de Largoët
Monterblanc
St-Avé
St-Nolff
Theix
Séné
Noyalo
Sulniac
Questembert
Malansac
Rochefort-en-Terre
Pluherlin
Molac
Larré
Lauzach
Berric
la Trinité-Surzur
Surzur
Ambon
Muzillac
Noyal-Muzillac
le Guerno
Péaule
Marzan
Nivillac
la Roche-Bernard
Arzal
Billiers
Damgan
Sarzeau
St-Armel
le Hézo
le Tour-du-Parc
Penvins
Suscinio
Rhuys
Anse de Suscinio
Pointe de Penvins
Rade de Penerf
Ile Dumet
Pénestin
Camoël
Férel
Herbignac
Assérac
Mesquer
Piriac-s-Mer
Pointe du Castelli
la Turballe
Guérande
Rade du Croisic
le Croisic
Pointe du Croisic
Batz-s-Mer
LA BAULE
le Pouliguen
Pornichet
Escoublac
St-André-des-Eaux
St-Lyphard
PARC NATUREL RÉGIONAL DE BRIÈRE
GRANDE BRIÈRE
Trignac
Missillac
Béganne
Caden
Limerzel
Pointe de Pen-Lan
Pte du Halguen
Pte de Cofrenau
Pte de Loscolo
Pte du Bile
Pte de Merquel
Plage de Lansérïa
Plage de la Mine d'Or
Passe de la Gde Accroche
Phare du Four
la Calebasse
Côte Sauvage
Pte de Penchâteau
Forêt de la Roche-Bernard

A
B
C
1
2
3
4
101
123
122
GOLFE DU MORBIHAN
Ile aux Moines
Ile d'Arz
I. Gavrinis
Port-Navalo
Arzon
Sarzeau
Presqu'île de Rhuys
Ch.au de Suscinio
St Gildas-de-Rhuys
Pointe de St Jacques
Anse de Suscinio
Pointe de Penvins
Rade de Penerf
le Tour-du-Parc
Damgan
Surzur
Ambon
Muzillac
Billiers
Pénestin
Plateau de la Recherche
Ile d'Houat
Banc de Houat
Passage des Sœurs
Pte du Vieux Château
Beg Lagatte
Hœdic
Ile de Hœdic
les Petits Cardinaux
les Grands Cardinaux
Ile Dumet
Phare du Four
la Calebasse
Piriac-s-Mer
Pointe du Castelli
Sémaphore
Mesquer
la Turballe
Rade du Croisic
Guérande
le Croisic
Pointe du Croisic
Batz-s-Mer
LA BAULE
le Pouliguen
Pte de Penchâteau
Côte Sauvage
Grotte des Korrigans
Chenal du Nord
la Banche
Pornichet
(Service saisonnier)

D
E
F
1
2
3
4
102
126
144
St NAZAIRE
Pontchâteau
Savenay
Donges
Missillac
Herbignac
la Roche-Bernard
Guérande
St Gildas-des-Bois
Drefféac
Campbon
Bouvron
Plessé
Guenrouet
Sévérac
Fégréac
Marzan
Nivillac
Péaule
Béganne
Théhillac
St Dolay
Trignac
Montoir-de-Bretagne
St Joachim
Crossac
Besné
Prinquiau
Malville
Cordemais
Paimbœuf
Corsept
St Brevin-les-Pins
St Brevin-l'Océan
St Michel-Chef-Chef
Tharon-Plage
Préfailles
Pointe de St Gildas
Pointe de Chémoulin
St Père-en-Retz
Frossay
Chauvé
Rouans
Vue
Pornic
Le Temple-de-Bretagne
Lavau-s-Loire
Bouée
Quilly
la Chapelle-Launay
la Chapelle-des-Marais
St Lyphard
St André-des-Eaux
Pornichet
St Marc
Herbignac
PARC NATUREL RÉGIONAL DE BRIÈRE
GRANDE BRIÈRE
LOIRE
Forêt de la Roche-Bernard
Forêt du Gâvre
Forêt de Princé
Canal de la Martinière
Côte de Jade
Plage des Sablons
Anse du Sud

A
B
C
1
2
3
4
103
125
145
NANTES
Guémené-P.
Conquereuil
Marsac-s-Don
Jans
Nozay
Treffieux
Issé
Abbaretz
Plessé
le Gâvre
Forêt du Gâvre
Blain
Puceul
Saffré
Forêt de Vioreau
Grand Réservoir de Vioreau
Joué-s-Erdre
la Chevallerais
Forêt de la Groulais
Bouvron
Fay-de-Bretagne
Héric
Nort-s-Erdre
les Touches
Ligné
Petit-Mars
Casson
Grandchamps-des-Fontaines
Malville
le Temple-de-Bretagne
Vigneux-de-Bretagne
Treillières
Sucé-s-Erdre
St Mars-du-Désert
Carquefou
Mauves
Thouaré
St Etienne-de-Montluc
Orvault
Sautron
Couëron
St Herblain
le Pellerin
St Jean-de-Boiseau
Basse-Indre
la Montagne
Bouguenais
Rezé
St Sébastien-s-Loire
Vertou
Basse-Goulaine
Haute-Goulaine
Brains
Bouaye
les Sorinières
LOIRE
Circuit de Loire-Atlantique Fay de Bretagne

D
E
F
104
1
2
3
4
128
146
Ancenis
Varades
Candé
Ingrandes
St Florent-le-Vieil
Beaupréau
Montrevault
Chalonnes-s-L.
Champtoceaux
St Mars-la-Jaille
Riaillé
Le Louroux-Béconnais
Vallet
LOIRE
A 11 - E 60

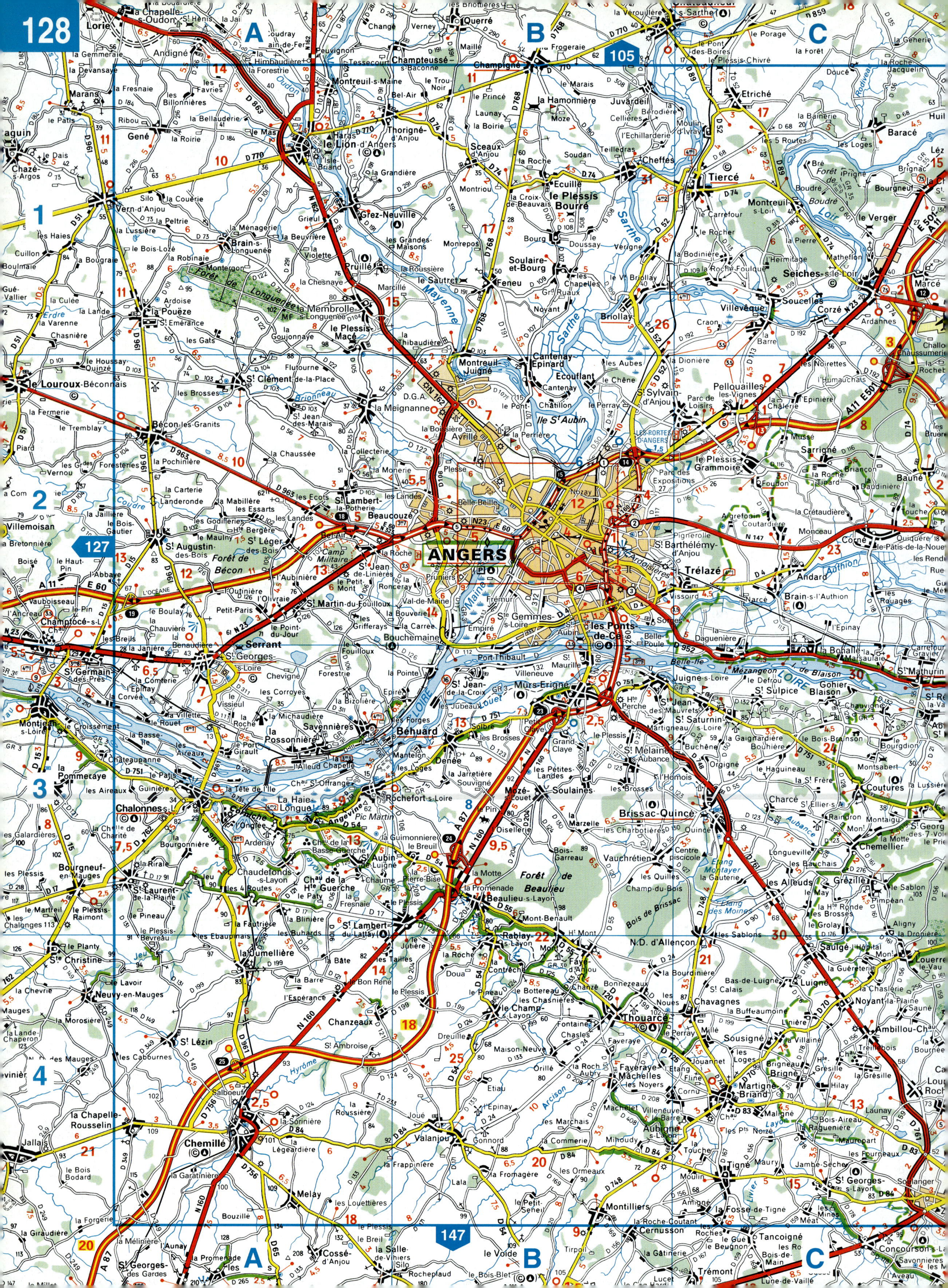
A
B
C
1
2
3
4
105
127
147
ANGERS
le Lion-d'Angers
Montreuil-Juigné
Avrillé
Beaucouzé
St Barthélemy-d'Anjou
Trélazé
les Ponts-de-Cé
St Gemmes-s-Loire
Bouchemaine
Mûrs-Erigné
Savennières
Béhuard
Chalonnes
Rochefort-s-Loire
Brissac-Quincé
Thouarcé
Chemillé
Martigné-Briand
Tiercé
Seiches-s-le-Loir
Bécon-les-Granits
St Georges-s-Loire
Serrant
Champtocé-s-L.
Montjean-s-Loire
Forêt de Beaulieu
Loire
Maine
Mayenne
Sarthe
Loir
Aubance
Layon
Brionneau
Louet
Authion

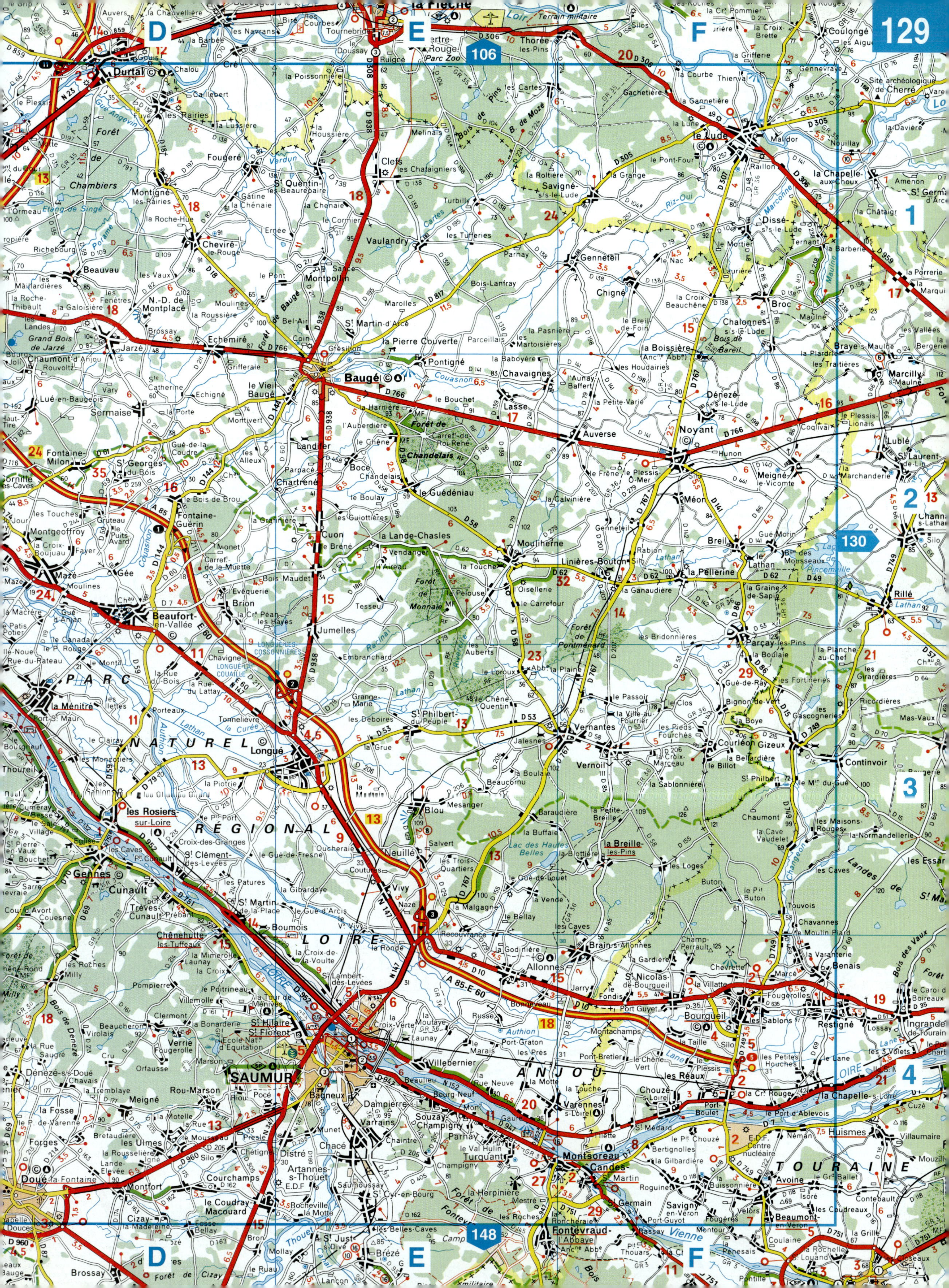

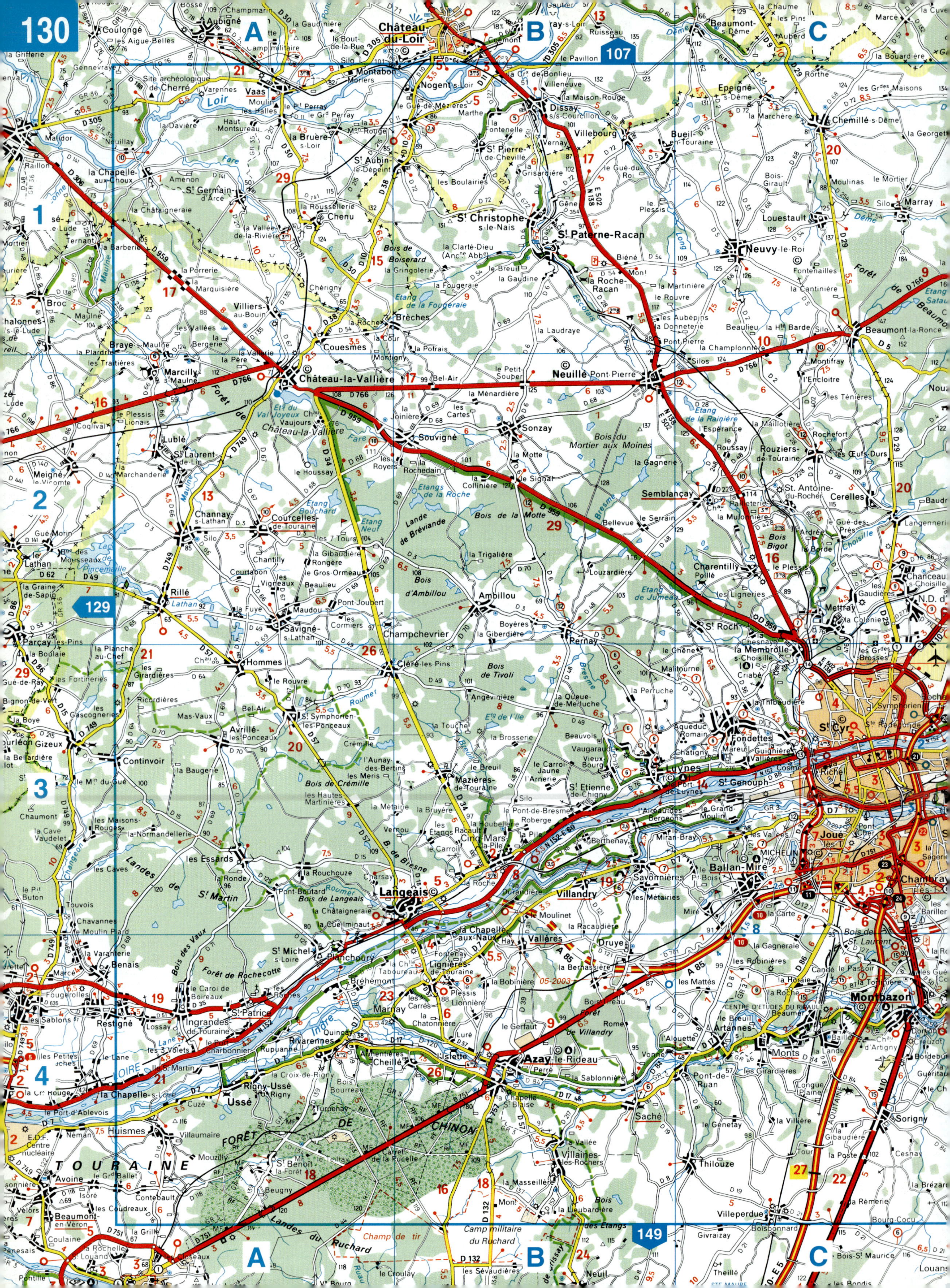
Château-du-Loir
Aubigné
Coulongé
Vaas
Montabon
Nogent-s-Loir
Dissay-s-Courcillon
Villebourg
Bueil-en-Touraine
Beaumont-s-Dême
Chemillé-s-Dême
Epeigné-s-Dême
Marray
La Chapelle-aux-Choux
St Germain-d'Arcé
La Bruère-s-Loir
St Aubin-le-Dépeint
St Pierre-de-Chevillé
St Christophe-s-le-Nais
St Paterne-Racan
Neuvy-le-Roi
Louestault
Chenu
Brèches
Villiers-au-Bouin
Couesmes
Marcilly-s-Maulne
Braye-s-Maulne
Château-la-Vallière
Neuillé-Pont-Pierre
Beaumont-la-Ronce
Souvigné
Sonzay
Semblançay
Rouziers-de-Touraine
St Antoine-du-Rocher
Cerelles
Lublé
St Laurent-de-Lin
Channay-s-Lathan
Courcelles-de-Touraine
Charentilly
Mettray
Rillé
Savigné-s-Lathan
Ambillou
Pernay
St Roch
La Membrolle-s-Choisille
Hommes
Cléré-les-Pins
Champchevrier
St Symphorien-les-Ponceaux
Avrillé-les-Ponceaux
Fondettes
St Cyr
Gizeux
Continvoir
Mazières-de-Touraine
Luynes
St Genouph
St Étienne-de-Chigny
Cinq-Mars-la-Pile
Joué-lès-Tours
Ballan-Miré
Savonnières
Villandry
Langeais
Chambray
Benais
St Michel-s-Loire
Restigné
Ingrandes-de-Touraine
St Patrice
Bréhémont
Lignières-de-Touraine
Vallères
Druye
Montbazon
Artannes
Monts
Rivarennes
Cheillé
Azay-le-Rideau
Pont-de-Ruan
Rigny-Ussé
Saché
Huismes
Avoine
Beaumont-en-Véron
Villaines-les-Rochers
Thilouze
Sorigny
Villeperdue
TOURAINE
FORÊT DE CHINON
Forêt de Rochecotte
Forêt de Villandry
Forêt de Château-la-Vallière
Landes de St Martin
Bois de Crémille
Bois de Tivoli
Landes du Ruchard
Camp militaire du Ruchard
Loir
Loire
Indre
107
129
149

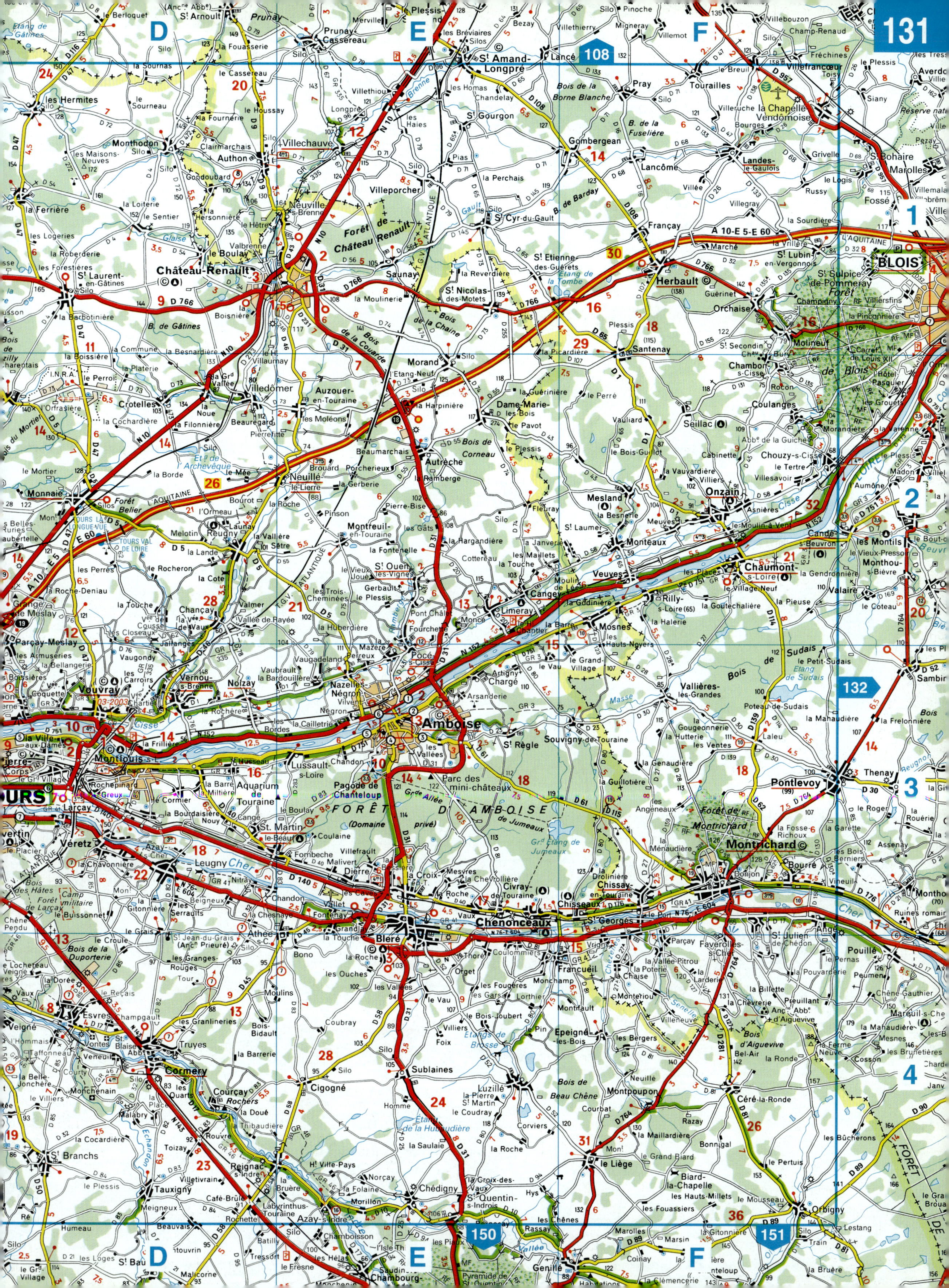

D
E
F
108
Château-Renault
Forêt de Château Renault
St Amand-Longpré
Herbault
BLOIS
Forêt de Blois
Onzain
Chaumont-s-Loire
Pontlevoy
Montrichard
Amboise
Forêt d'Amboise
Chenonceaux
Bléré
Vouvray
Montlouis
Neuillé-le-Lierre
Autrèche
Mesland
Monteaux
Veuves
Limeray
Nazelles-Négron
Pocé
St Martin-le-Beau
Chissay-en-Touraine
Francueil
Civray-de-Touraine
Cormery
Esvres
Truyes
Reignac-s-Indre
Chédigny
Sublaines
Céré-la-Ronde
Montpoupon
Le Liège
Orbigny
Genillé
Sambin
Valaire
Les Montils
Candé-s-Beuvron
Chouzy-s-Cisse
Coulanges
Molineuf
Landes-le-Gaulois
La Chapelle-Vendômoise
Villechauve
Authon
Monthodon
Crotelles
Villedômer
Auzouer-en-Touraine
Morand
Saunay
Villeporcher
Gombergean
Lancôme
Santenay
Seillac
Dame-Marie-les-Bois
Monnaie
Reugny
Chançay
Vernou-s-Brenne
Noizay
Lussault-s-Loire
Pagode de Chanteloup
Larçay
Véretz
Azay-s-Cher
Athée
Dierre
La Croix-en-Touraine
Chisseaux
Faverolles-s-Cher
Bourré
Thenay
Vallières-les-Grandes
Souvigny-de-Touraine
St Règle
Cangey
Mosnes
Rilly-s-Loire
A 10-E 5-E 60
132
150
151
D
E
F
1
2
3
4

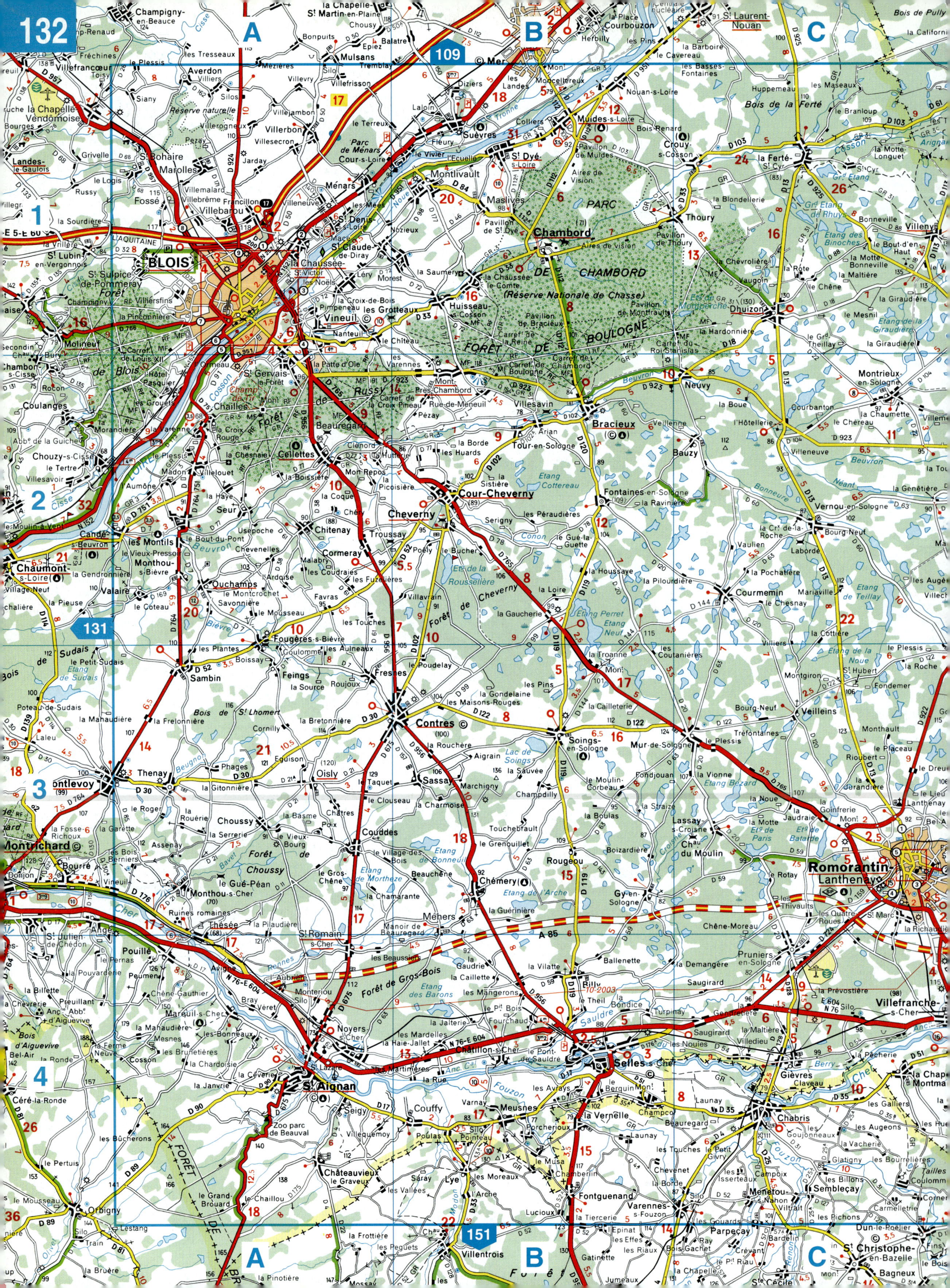
A
B
C
1
2
3
4
109
131
151
Blois
Chambord
Parc de Chambord
Forêt de Boulogne
Forêt de Blois
Forêt de Russy
Cheverny
Cour-Cheverny
Bracieux
Contres
Mer
Muides-s-Loire
St Dyé-s-Loire
Suèvres
Montlivault
Maslives
Vineuil
St Gervais-la-Forêt
Chailles
Cellettes
Chitenay
Candé-s-Beuvron
Chaumont-s-Loire
Les Montils
Monthou-s-Bièvre
Fougères-s-Bièvre
Sambin
Feings
Fresnes
Thenay
Montrichard
Pontlevoy
Oisly
Sassay
Couddes
Choussy
Forêt de Choussy
Chémery
Méhers
Soings-en-Sologne
Mur-de-Sologne
Romorantin-Lanthenay
Pruniers-en-Sologne
Villefranche-s-Cher
Selles-s-Cher
St Aignan
Noyers-s-Cher
Châtillon-s-Cher
Meusnes
Couffy
Seigy
Châteauvieux
Lye
Villentrois
Fontguenand
Varennes-s-Fouzon
Chabris
Gièvres
Menetou-sur-Nahon
Sembleçay
St Christophe-en-Bazelle
Orbigny
Céré-la-Ronde
Pouillé
Thésée
Monthou-s-Cher
Bourré
St Julien-de-Chédon
Fontaines-en-Sologne
Tour-en-Sologne
Neuvy
Bauzy
Thoury
Crouy-s-Cosson
la Ferté-St Cyr
Dhuizon
Vernou-en-Sologne
Courmemin
Veilleins
Villeny
Huisseau-s-Cosson
Mont-près-Chambord
Villerbon
Villebarou
Fossé
Marolles
St Bohaire
St Sulpice-de-Pommeray
St Lubin-en-Vergonnois
St Denis-s-Loire
St Claude-de-Diray
la Chaussée-St Victor
Ouchamps
Cormeray
Seur
Valaire
Chouzy-s-Cisse
Coulanges
Molineuf
Candé
Thésée
Forêt de Gros-Bois
Zoo parc de Beauval
A 85
A 10
E 5-E 60
N 76-E 604
Réserve Nationale de Chasse
Sologne

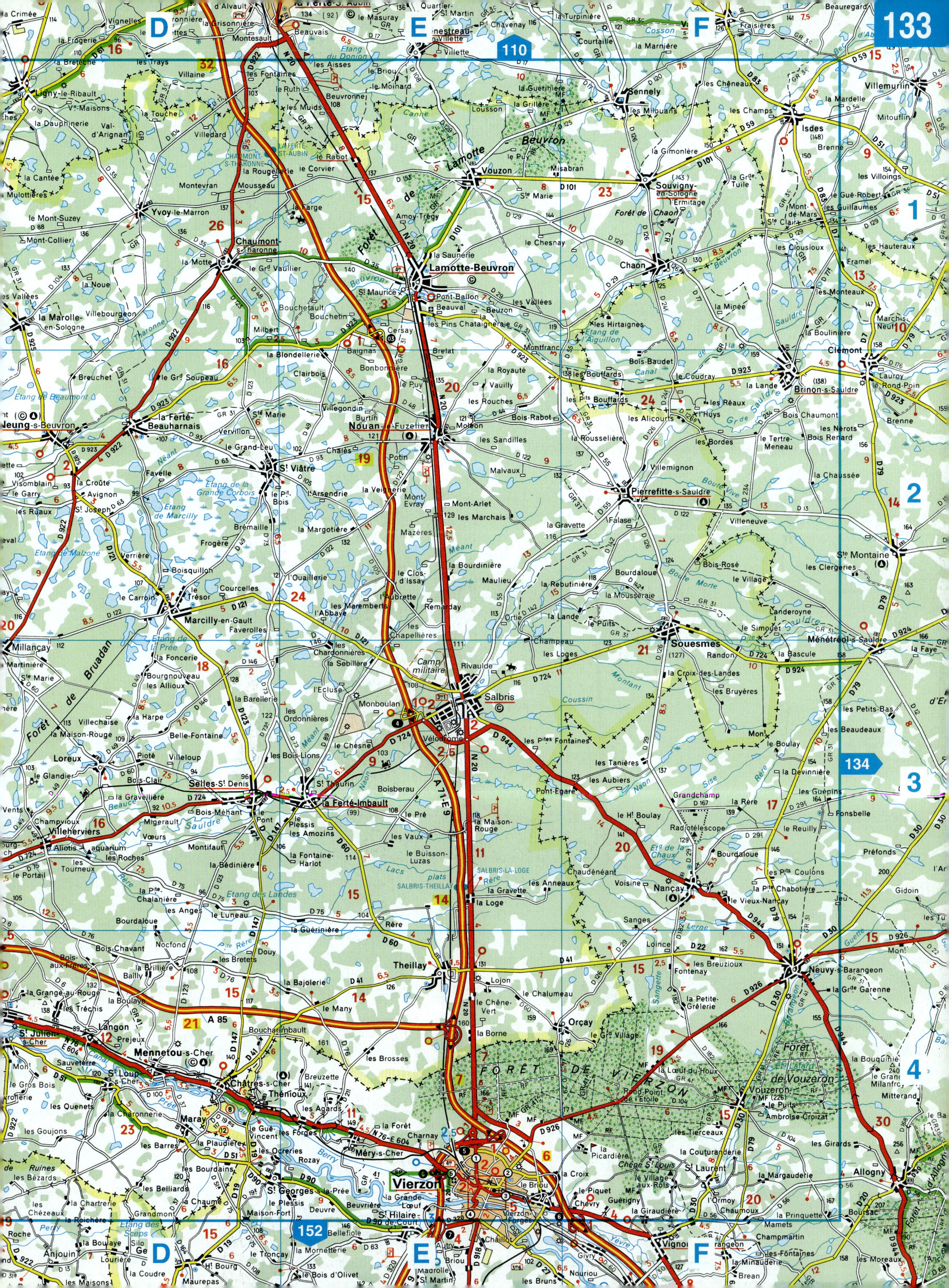
D
E
F
110
1
2
3
4
134
152
Lamotte-Beuvron
Chaumont-s-Tharonne
Yvoy-le-Marron
Ligny-le-Ribault
la Marolle-en-Sologne
la Ferté-Beauharnais
Neung-s-Beuvron
St Viâtre
Nouan-le-Fuzelier
Souvigny-en-Sologne
Vouzon
Sennely
Isdes
Villemurlin
Chaon
Clémont
Brinon-s-Sauldre
Pierrefitte-s-Sauldre
Ste Montaine
Ménétréol-s-Sauldre
Souesmes
Salbris
Marcilly-en-Gault
Millançay
Selles-St Denis
St Thaurin
la Ferté-Imbault
Villeherviers
Nançay
Neuvy-s-Barangeon
Theillay
Orçay
Langon
Mennetou-s-Cher
Châtres-s-Cher
St Loup
Maray
Méry-s-Cher
Vierzon
Vouzeron
St Laurent
Allogny
Vignoux
Forêt de Bruadan
Forêt de Vierzon
Forêt de Vouzeron
Forêt de Chaon
Camp militaire
Sauldre
Beuvron
Cosson
Rère
Cher
A 71 - E 9
A 85
N 20
N 76 - E 604

A
B
C
1
2
3
4
111
133
153
Gien
Briare
St Florent
St Gondon
Poilly-lez-Gien
St Martin-s-Ocre
St Brisson-s-Loire
St Firmin-s-Loire
Châtillon-s-Loire
Ousson-s-Loire
Isdes
Villemurlin
Cerdon
Coullons
Autry-le-Châtel
Forêt de St Brisson
Clémont
Brinon-s-Sauldre
Argent-s-Sauldre
Blancafort
Cernoy-en-Berry
Pierrefitte-s-Bois
Santranges
Aubigny-s-Nère
Ste Montaine
Concressault
Barlieu
Oizon
Dampierre-en-Crot
Vailly-s-Sauldre
Sury-ès-Bois
Ménétréol-s-Sauldre
Ennordres
la Verrerie
Forêt d'Ivoy
Villegenon
Thou
Jars
Subligny
Assigny
Presly
la Chapelle-d'Angillon
Ivoy-le-Pré
la Chapelotte
le Noyer
Menetou-Râtel
Sens-Beaujeu
Neuvy-s-Barangeon
Méry-ès-Bois
Henrichemont
Neuilly-en-Sancerre
Crézancy-en-Sancerre
Forêt de St Palais
Achères
la Borne
Neuvy-Deux-Clochers
Humbligny
Forêt de Vouzeron
Vouzeron
Allogny
St Palais
Quantilly
Menetou-Salon
Parassy
Morogues
Aubinges
St Céols
Montigny
Veaugues
St Martin-d'Auxigny
St Georges-s-Moulon
Vignoux-s-les-Aix
Soulangis
les Aix-d'Angillon
Rians
Azy

D
E
F
Bléneau
112
Mézilles
St Privé
St Fargeau
St Sauveur-en-Puisaye
Bonny-s-Loire
Neuvy-s-Loire
Arquian
St Amand-en-Puisaye
Chantier médiéval de Guédelon
Ratilly
Treigny
Léré
Sury-près-Léré
Myennes
Cosne-s-Loire
Cours
St Père
Pougny
Donzy
Entrains-s-Nohain
136
Couloutre
Menou
Varzy
Sancerre
St Satur
St Andelain
Pouilly-s-Loire
Garchy
Châteauneuf-Val-de-Bargis
Champlemy
Nannay
Narcy
Mesves-s-Loire
La Charité-s-Loire
Forêt de Donzy
Forêt de Bellary
Forêt des Bertranges
154
155
1
2
3
4

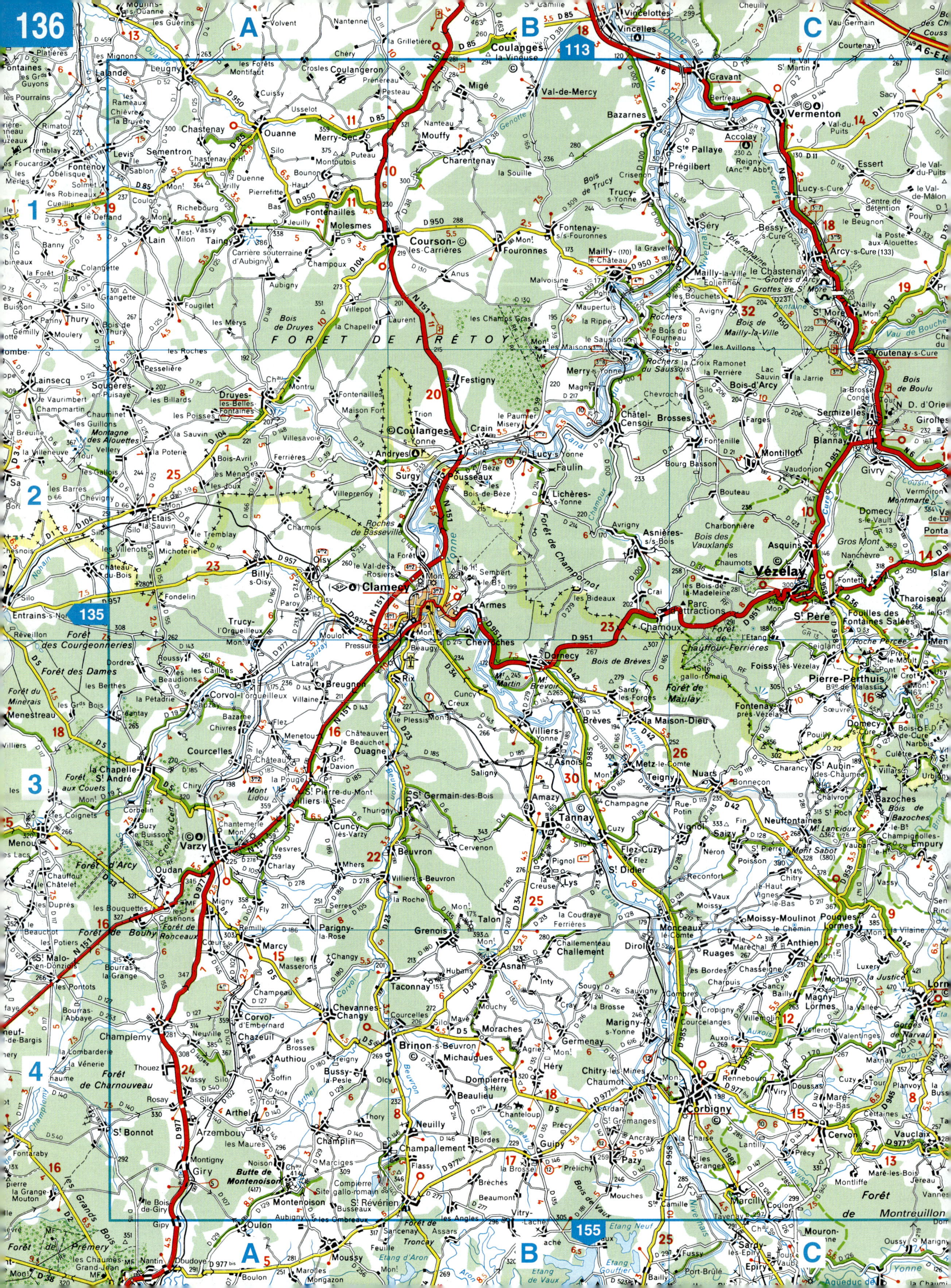
A
B
C
1
2
3
4
113
135
155
Vincelottes
Vincelles
Cravant
Vermenton
Coulanges-la-Vineuse
Val-de-Mercy
Courson-les-Carrières
Fontenay-s/s-Fourronnes
Mailly-le-Château
Mailly-la-Ville
Arcy-s-Cure
Lucy-s-Cure
Vermenton
Ouanne
Chastenay
Leugny
Lalande
Levis
Fontenoy
Lain
Molesmes
Druyes-les-Belles-Fontaines
Forêt de Frétoy
Festigny
Coulanges-s-Yonne
Crain
Lucy-s-Yonne
Châtel-Censoir
Brosses
Sermizelles
Blannay
Givry
Asquins
Vézelay
St Père
Clamecy
Armes
Dornecy
Surgy
Pousseaux
Andryes
Oisy
Billy-s-Oisy
Etais-la-Sauvin
Sougères-en-Puisaye
Lainsecq
Entrains-s-Nohain
Forêt des Courgeonneries
Forêt des Dames
Ménestreau
La Chapelle-St André
Varzy
Oudan
Corvol-l'Orgueilleux
Breugnon
Ouagne
Rix
Chevroches
Brèves
Villiers-s-Yonne
Asnois
Tannay
Metz-le-Comte
Teigny
Nuars
Pierre-Perthuis
Foissy-lès-Vézelay
Domecy-s-Cure
Bazoches
Neuffontaines
Vignol
St Germain-des-Bois
Amazy
Flez-Cuzy
St Didier
Lys
Beuvron
Cuncy-lès-Varzy
Marcy
Corvol-d'Embernard
Champlemy
Forêt de Charnouveau
St Bonnot
Giry
Arthel
Champlin
Chevannes-Changy
Brinon-s-Beuvron
Neuilly
Asnan
Challement
Monceaux-le-Comte
Dirol
Ruages
Anthien
Lormes
Corbigny
Marigny-s-Yonne
Chitry-les-Mines
Chaumot
Pazy
Guipy
St Révérien
Moussy
Oulon
Cervon
Marcilly
Sardy-lès-Epiry
Epiry
Forêt de Montreuillon
Butte de Montenoison
Forêt de Prémery
Bois de Vaux
Gorges de Narvau
Montreuillon

D
E
F
1
2
3
4
114
138
156
157
Noyers
Montbard
Avallon
Semur-en-Auxois
Saulieu
Précy-s-Thil
Quarré-les-Tombes
Montsauche-les-Settons
les Settons
Liernais
Buffon
Rougemont
L'Isle-s-Serein
Guillon
Époisses
Vitteaux
Bierre-les-Semur
Sainte-Magnance
Rouvray
Ancy-le-Franc
Forêt de St Jean
Lac de Chaumeçon
Dun-les-Places
St Brisson
Moux-en-Morvan
Montigny-Montfort
Vic-de-Chassenay
Courcelles-Frémoy
Montlay-en-Auxois
Toutry
Cussy-les-Forges
Sauvigny-le-Beuréal
Vieux-Château
Thizy
Provency
Étaule
Massangis
Pisy
Santigny
Marmagne
Fain-lès-Moutiers
Villaines-les-Prévôtes
Forêt de Thoisy

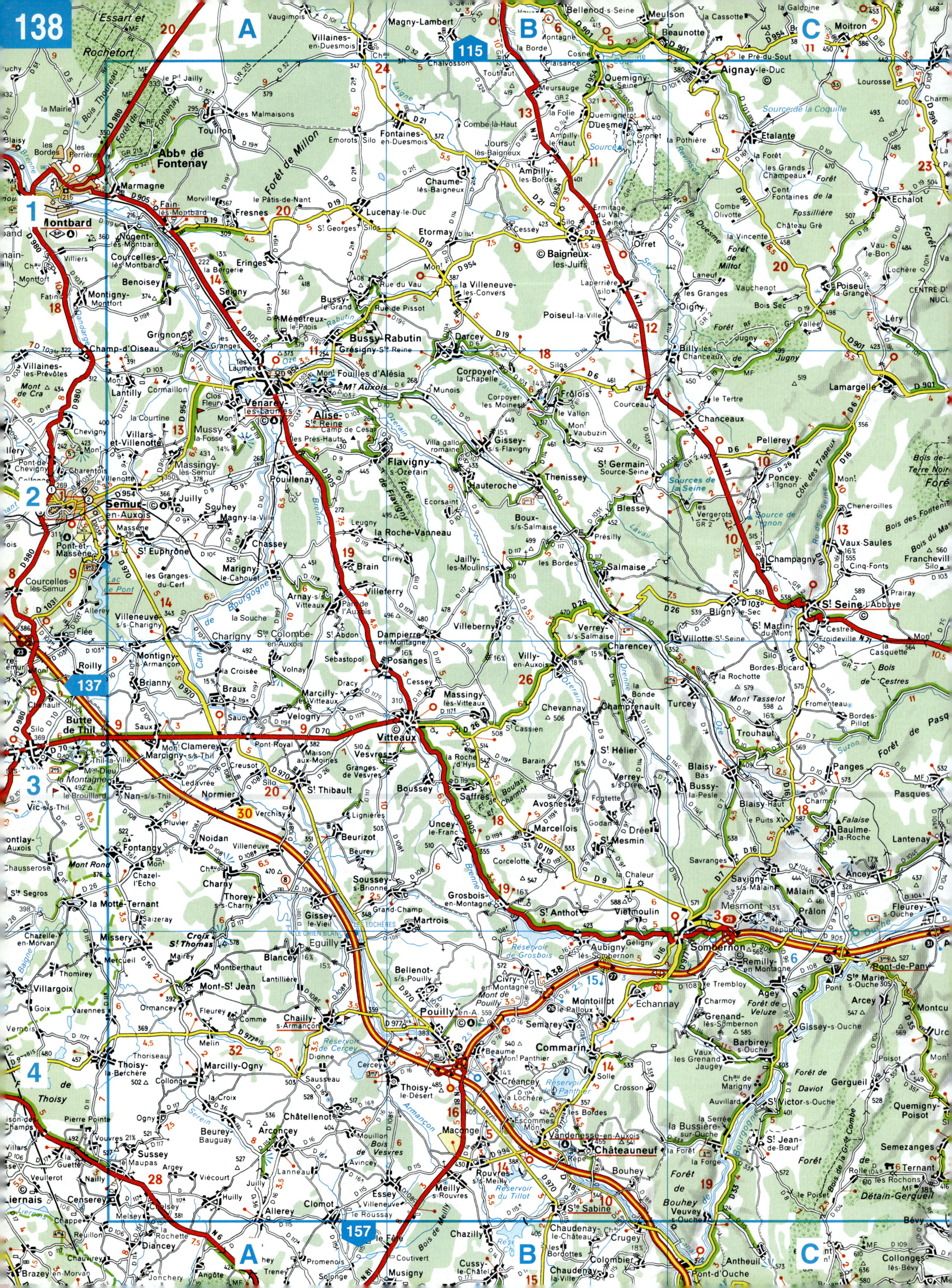

A
B
C
1
2
3
4
115
137
157
Essart et Rochefort
Vaugimois
Villaines-en-Duesmois
Magny-Lambert
Bellenod-s-Seine
Meulson
Beaunotte
la Cassotte
Moitron
Aignay-le-Duc
Source de la Coquille
Etalante
Echalot
Montbard
Marmagne
Abbe de Fontenay
Touillon
Les Malmaisons
Forêt de Millon
Fresnes
Fontaines-en-Duesmois
Chaume-lès-Baigneux
Lucenay-le-Duc
Etormay
Baigneux-les-Juifs
Ampilly-les-Bordes
Ampilly-le-Haut
Quemigny-Seine
Duesme
Orret
Nogent-lès-Montbard
Courcelles-lès-Montbard
Benoisey
Montigny-Montfort
Eringes
Seigny
Bussy-le-Grand
Ménétreux-le-Pitois
Bussy-Rabutin
Grésigny-Ste Reine
Darcey
Poiseul-la-Ville
Poiseul-la-Grange
Léry
Frôlois
Grignon
Champ-d'Oiseau
Villaines-les-Prévôtes
Lantilly
Venarey-les-Laumes
Alise-Ste Reine
Mt Auxois
Corpoyer-la-Chapelle
Chanceaux
Lamargelle
Villars-et-Villenotte
Mussy-la-Fosse
Flavigny-s-Ozerain
Gissey-s-Flavigny
Thenissey
St Germain-Source-Seine
Sources de la Seine
Pellerey
Poncey-s-l'Ignon
Massingy-lès-Semur
Semur-en-Auxois
Pouillenay
Hauteroche
Boux-s-s-Salmaise
Blessey
Vaux-Saules
Francheville
Pont-et-Massène
St Euphrône
Magny-la-Ville
Chassey
la Roche-Vanneau
Jailly-les-Moulins
Salmaise
Champagny
St Seine-l'Abbaye
Courcelles-lès-Semur
Marigny-le-Cahouet
Arnay-s-s-Vitteaux
Brain
Villeferry
Verrey-s-s-Salmaise
Charencey
Bligny-le-Sec
Villotte-St Seine
St Martin-du-Mont
Villeneuve-s-s-Charigny
Charigny
Ste Colombe-en-Auxois
Dampierre-en-Montagne
Villeberny
Villy-en-Auxois
Montigny-s-Armançon
Posanges
Roilly
Brianny
Braux
Marcilly-Vitteaux
Massingy-lès-Vitteaux
Chevannay
Champrenault
Turcey
Butte de Thil
Velogny
Vitteaux
St Hélier
Trouhaut
Forêt de Pasques
Clamerey
Marcigny-s-s-Thil
Pont-Royal
Vesvres
Blaisy-Bas
Blaisy-Haut
Panges
Pasques
Vic-s-Thil
Nan-s-s-Thil
St Thibault
Boussey
Saffres
Avosnes
Normier
Beurizot
Uncey-le-Franc
Marcellois
Drée
Lantenay
Fontangy
Noidan
Charny
Thorey-s-s-Charny
Soussey-s-Brionne
St Mesmin
Savigny-s-s-Mâlain
Mâlain
Ancey
Fleurey-s-Ouche
la Motte-Ternant
Grosbois-en-Montagne
St Anthot
Vielmoulin
Sombernon
Prâlon
Missery
Gissey-le-Vieil
Martrois
Aubigny-lès-Sombernon
Remilly-en-Montagne
Pont-de-Pany
Villargoix
Mont-St Jean
Blancey
Bellenot-s-s-Pouilly
Civry-en-Montagne
Echannay
Ste Marie-s-Ouche
Arcey
Chailly-s-Armançon
Pouilly-en-Auxois
Semarey
Montoillot
Agey
Grenand-lès-Sombernon
Gissey-s-Ouche
Commarin
Barbirey-s-Ouche
Thoisy-la-Berchère
Marcilly-Ogny
Thoisy-le-Désert
Créancey
Solle
Gerguell
Quemigny-Poisot
Châtellenot
St Victor-s-Ouche
Arconcey
Beurey-Bauguay
Maconge
Vandenesse-en-Auxois
Châteauneuf
la Bussière-s-Ouche
St Jean-de-Bœuf
Semezanges
Sussey
Rouvres-s-s-Meilly
Meilly-s-Rouvres
Bouhey
Ternant
Détain-Gergueil
Censerey
Allerey
Clomot
Essey
Ste Sabine
Veuvey
Bévy
Diancey
Chazilly
Chaudenay-le-Château
Crugey
Brazey-en-Morvan
Musigny
Cussy-le-Châtel
Colombier
Antheuil
Pont-d'Ouche
Collonges-lès-Bévy

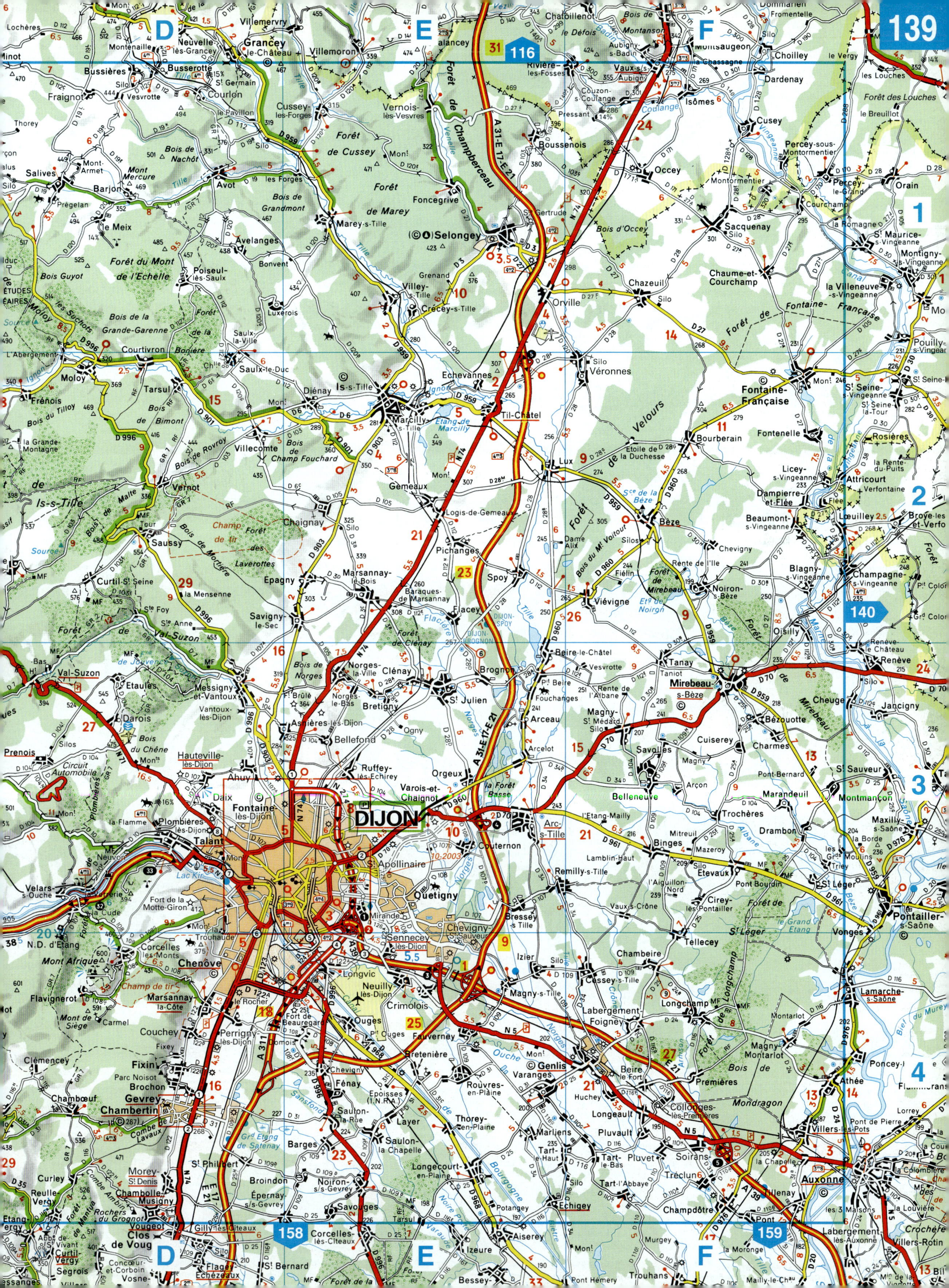
D
E
F
1
2
3
4
116
140
158
159
DIJON
Dijon
Fontaine-lès-Dijon
Talant
Chenôve
Quetigny
Longvic
Genlis
Auxonne
Mirebeau-s-Bèze
Fontaine-Française
Is-s-Tille
Selongey
Gevrey-Chambertin
Pontailler-s-Saône

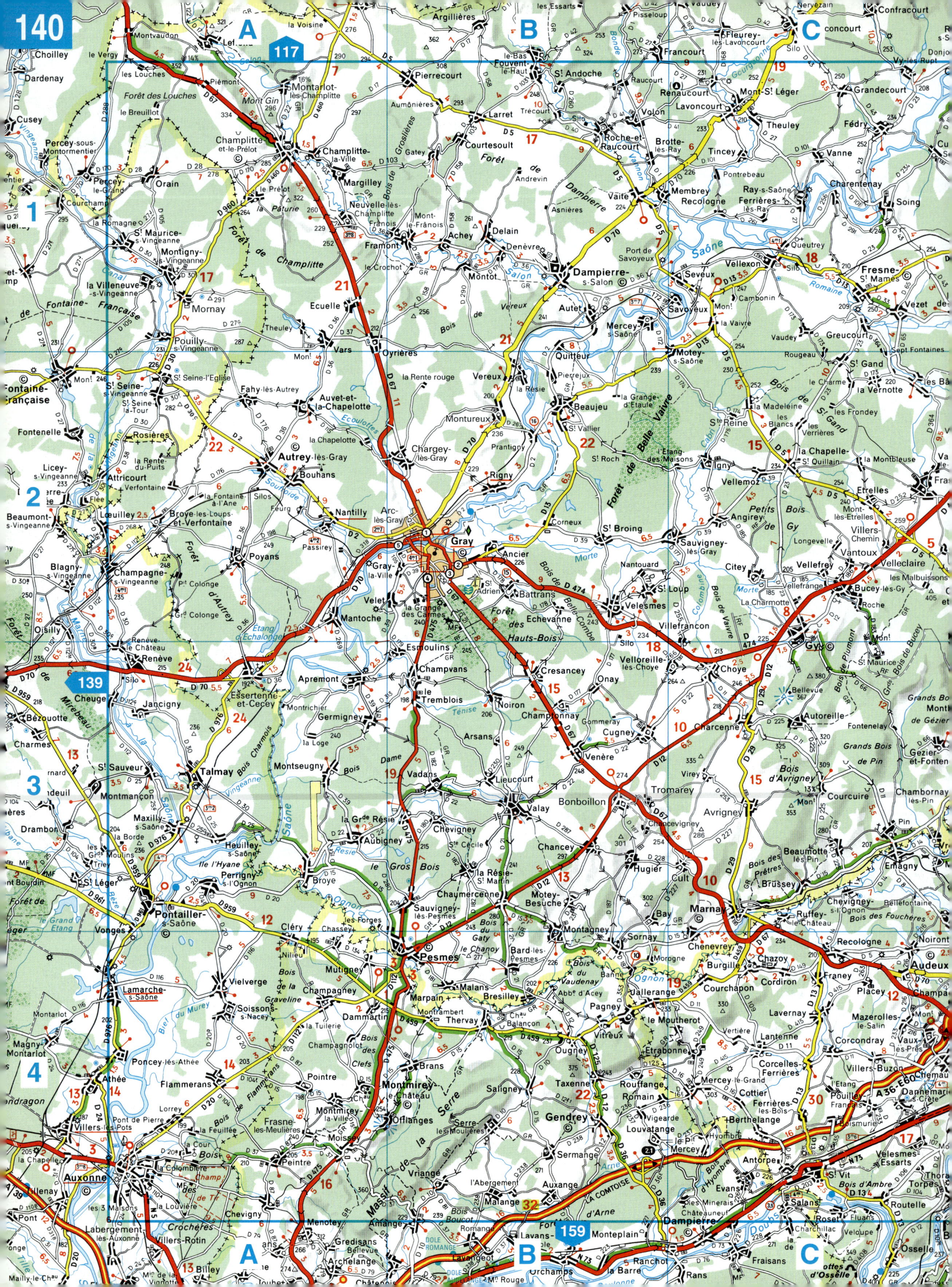
A
B
C
1
2
3
4
117
139
159
Montvaudon
Argillières
les Essarts
Confracourt
Choilley
Dardenay
Cusey
Percey-sous-Montormentier
Courchamp
Forêt des Louches
Montarlot-lès-Champlitte
Pierrecourt
Fouvent-le-Haut
St Andoche
Francourt
Fleurey-lès-Lavoncourt
Renaucourt
Lavoncourt
Mont-St Léger
Grandecourt
Champlitte-et-le-Prélot
Champlitte-la-Ville
Larret
Courtesoult
Roche-et-Raucourt
Volon
Theuley
Fédry
Margilley
Neuvelle-lès-Champlitte
Forêt de Dampierre
Vaite
Membrey
Recologne
Ray-s-Saône
Ferrières-lès-Ray
Vanne
Charentenay
Soing
Orain
St Maurice-s-Vingeanne
Montigny-s-Vingeanne
Forêt de Champlitte
Framont
Delain
Achey
Denèvre
Montot
Dampierre-s-Salon
Seveux
Vellexon
Fresne-St Mamès
la Villeneuve-s-Vingeanne
Fontaine-Française
Mornay
Ecuelle
Autet
Mercey-s-Saône
Savoyeux
Vezet
Pouilly-s-Vingeanne
Theuley
Vars
Oyrières
Quitteur
Motey-s-Saône
Greucourt
Fontaine-Française
St Seine-l'Église
St Seine-s-Vingeanne
Fahy-lès-Autrey
Auvet-et-la-Chapelotte
la Rente rouge
Vereux
la Résie
Beaujeu
St Gand
la Vernotte
Fontenelle
Rosières
Autrey-lès-Gray
la Chapelotte
Montureux
Chargey-lès-Gray
Prantigny
Rigny
St Vallier
St Roch
Forêt de Belle Vaivre
Igny
Vellemoz
la Chapelle-St Quillain
Étrelles
Licey-s-Vingeanne
Attricourt
Bouhans
Beaumont-s-Vingeanne
Lœuilley
Broye-les-Loups-et-Verfontaine
Nantilly
Arc-lès-Gray
Gray
Corneux
St Broing
Sauvigney-lès-Gray
Angirey
Villers-Chemin
Blagny-s-Vingeanne
Champagne-s-Vingeanne
Poyans
Gray-la-Ville
Ancier
Battrans
Velesmes
St Loup
Citey
Vellefrey
Vantoux
Velleclaire
Bucey-lès-Gy
Oisilly
Renève
Mantoche
Velet
Echevanne
Villefrancon
Gy
Choye
Cheuge
Jancigny
Essertenne-et-Cecey
Apremont
Esmoulins
Champvans
le Tremblois
Cresancey
Onay
Vellereille-lès-Choye
Bézouotte
Charmes
Germigney
Noiron
Champtonnay
Cugney
Charcenne
Autoreille
St Sauveur
Montmançon
Talmay
Montseugny
Vadans
Arsans
Lieucourt
Venère
Bonboillon
Tromarey
Avrigney
Courcuire
Drambon
Maxilly-s-Saône
la Grde Résie
Aubigney
Chevigney
Valay
Chancey
Hugier
Cult
Marnay
Brussey
Émagny
St Léger
Heuilley-s-Saône
Perrigny-s-l'Ognon
Broye
la Résie-St Martin
Chaumercenne
Moteу-Besuche
Pontailler-s-Saône
Vonges
Clery
Chassey
Sauvigney-lès-Pesmes
Pesmes
Bard-lès-Pesmes
Montagney
Sornay
Chenevrey
Burgille
Ruffey-le-Château
Recologne
Audeux
Lamarche-s-Saône
Vielverge
Mutigney
Champagney
Malans
Bresilley
Marpain
Pagney
Jallerange
Courchapon
Cordiron
Franey
Placey
Magny-Montarlot
Soissons-s-Nacey
Dammartin
Thervay
Vitreux
le Moutherot
Lantenne
Mazerolles-le-Salin
Poncey-lès-Athée
Athée
Flammerans
Pointre
Brans
Ougney
Étrabonne
Corcelles-Ferrières
Corcondray
Villers-Buzon
Montmirey-le-Château
Offlanges
Taxenne
Rouffange
Romain
Mercey-le-Grand
Cottier
Ferrières-les-Bois
Pouilley-Français
Dannemarie-s-Crête
Villers-les-Pots
Auxonne
Frasne-les-Meulières
Moissey
Peintre
Gendrey
Sermange
Louvatange
Berthelange
Antorpe
Velesmes-Essarts
St Vit
Tillenay
Chevigny
Vriange
Auxange
Malange
l'Abergement
Forêt de la Serre
Massif de la Serre
Dampierre
Évans
Salans
Roset-Fluans
Routelle
Labergement-lès-Auxonne
Villers-Rotin
Menotey
Amange
Gredisans
Archelange
Romange
Lavans
Monteplain
Rans
Ranchot
Fraisans
Osselle
Billey
Orchamps
la Barre
Saône
Ognon
Doubs
la Comtoise

D
E
F
VESOUL
BESANÇON
Baume-les-Dames
Rougemont
Villersexel
Montbozon
Rioz
Marchaux
Roulans
Valdahon
Vercel-Villedieu-le-Camp
Camp du Valdahon
Forêt de Chailluz
Bois de Sassy
Forêt de Sorans
Bois de la Côte du Mont
Forêt de Chaulay
Grands Bois
Ognon
Noidans-lès-Vesoul
Frotey
Quincey
Navenne
Colombe-lès-Vesoul
Noroy-le-Bourg
Montjustin-et-Velotte
Pusey
Vaivre
Chariez
Pontcey
Mailley
Le Magnoray
Vellefaux
Filain
Dampierre-s-Linotte
Authoison
Fontenois-lès-Montbozon
Cognières
Thieffrans
Montferney
Bonnal
Cuse
Gouhelans
Ormenans
Besnans
Loulans
Cenans
Maussans
Flagey-Rigney
Cendrey
Rougemontot
Cirey
Rigney
Valleroy
Moncey
Corcelle
Lusans
Chaudefontaine
Champoux
Vieilley
Amagney
Novillars
Vaire-Arcier
Deluz
Chalèze
Gennes
Nancray
Bouclans
Gonsans
Naisey
Mamirolle
Saône
Morre
Montfaucon
Pouilley
Serre
Franois
Beure
Avanne
Busy
Fontain
Pugey
Larnod
Le Gratteris
Trépot
Foucherans
Tarcenay
Bonnevaux
Etalans
Ornans
Bremondans
Belmont
Passavant
Aissey
Glamondans
Champlive
Vauchamps
Dammartin-les-Templiers
Adam-lès-Passavant
Ougney
Fourbanne
Esnans
Séchin
Breconchaux
Pouligney
Chatillon-Guyotte
Vennans
Villers-Grélot
Val-de-Roulans
Grosbois
Rignosot
La Tour-de-Scay
Geneuille
Devecey
Bonnay
Châtillon-le-Duc
Tallenay
Miserey-Salines
Pirey
Thise
Cromary
Perrouse
Buthiers
Voray-s-l'Ognon
Boulot
Chevroz
Cussey-s-l'Ognon
Etuz
Boult
Sorans
Traitiéfontaine
Quenoche
Hyet
Pennesières
Maizières
Grandvelle-et-le-Perrenot
Fretigney
Recologne
Villers-Bouton
Tresilley
Cordonnet
Montarlot-lès-Rioz
Chaux
Rochefort
Bucey-lès-Traves
Traves
Ovanches
Boursières
Aroz
Clans
Baignes
Vy-le-Ferroux
Raze
Rosey
Andelarre
Andelarrot
Velleguindry
Echenoz-le-Sec
Echenoz-la-Méline
Vallerois-Lorioz
Neurey-lès-la-Demie
Villers-le-Sec
Borey
Cerre-lès-Noroy
Autrey-lès-Cerre
Oricourt
Aillevans
Longevelle
Villafans
Marast
Moimay
Esprels
Chassey-lès-Montbozon
Tressandans
Cubrial
Montagney
Thiénans
Chazelot
Servigney
Rognon
Puessans
Huanne
Mésandans
Trouvans
Rillans
Tournans
Verne
Vergranne
Voillans
Autechaux
Luxiol
Fontenotte
Lomont-s-Crête
Guillon-les-Bains
Cusance
Pont-les-Moulins
Servin
Lanans
Vaudrivillers
Orsans
Courtetain-et-Salans
Vellerot-lès-Vercel
Villers-Chief
Epenoy
Eysson
Grandfontaine-s-Creuse
Longechaux
Adam-lès-Vercel
Avoudrey
Chevigney-lès-Vercel
Etray
Rantechaux
Fallerans
Guyans-Durnes
Villers-sous-Montrond
Montrond-le-Château
Mérey-s-Montrond
Chenecey-Buillon
Grandfontaine
Beure
Velotte
Chaudanne
Château-Farine
16
18
26
34
37
45
118
142
160

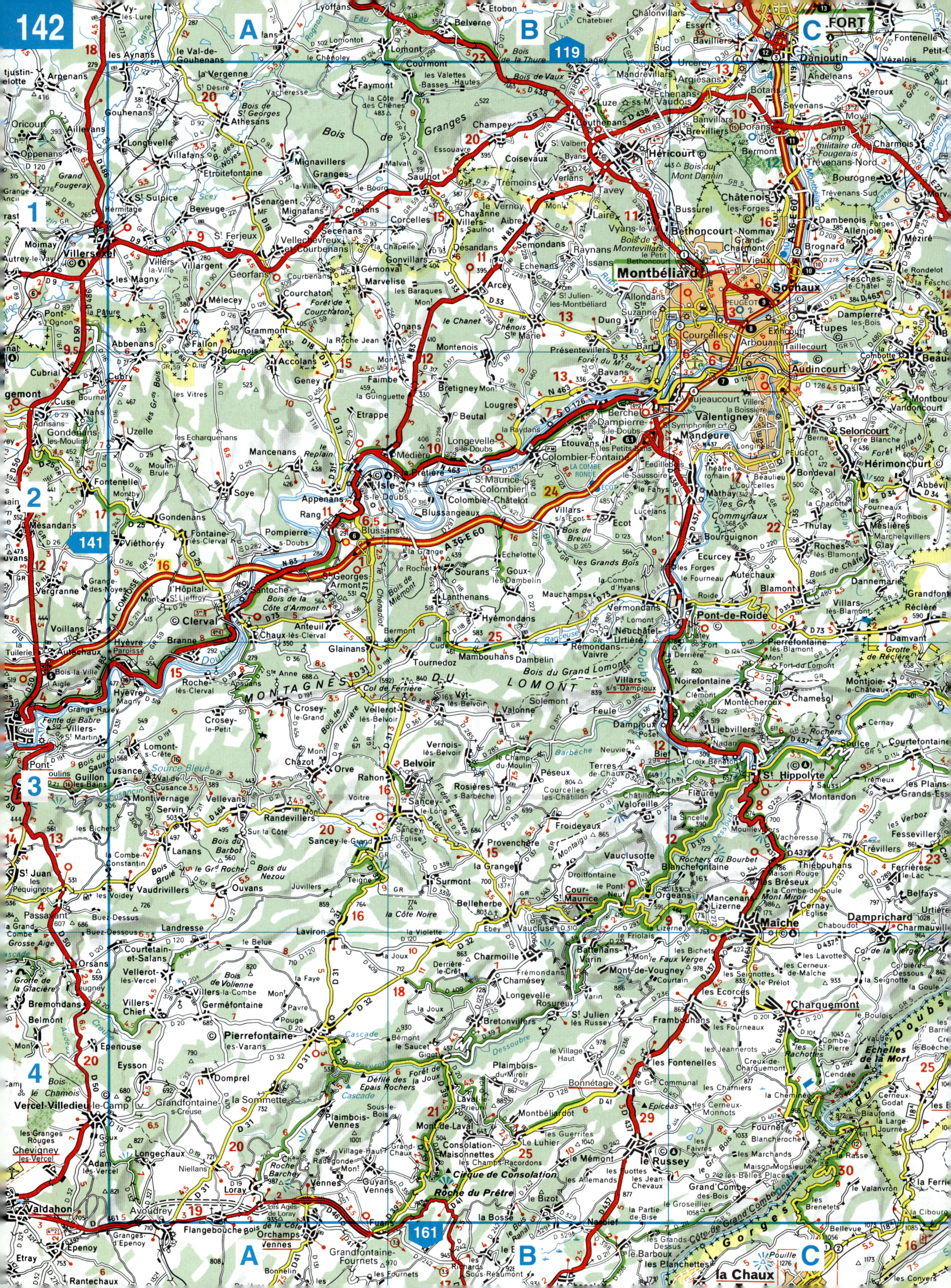

A
B
C
1
2
3
4
119
141
161
Villersexel
Héricourt
Montbéliard
Sochaux
Audincourt
Valentigney
Mandeure
Hérimoncourt
L'Isle-sur-le-Doubs
Clerval
Pont-de-Roide
Belvoir
Sancey-le-Grand
St Hippolyte
Maîche
Charquemont
Pierrefontaine-les-Varans
Vercel-Villedieu-le-Camp
Valdahon
le Russey
la Chaux
Orchamps-Vennes
Bois de Granges
MONTAGNES DU LOMONT
Cirque de Consolation
Roche du Prêtre
Défilé des Épais Rochers
Echelles de la Mort
Gorges du Doubs
Doubs
Danjoutin
FORT

D
E
F
120
121
1
2
3
4
Hirsingue
Altkirch
Ferrette
Delle
Grandvillars
Porrentruy
Courtemaîche
Courgenay
Mont Terri
St Ursanne
Delémont
Moutier
Glovelier
Bassecourt
Courfaivre
Develier
Vicques
Courrendlin
Tavannes
Tramelan
Saignelégier
Les Breuleux
Reconvilier
Malleray
Bévilard
Court
Sonceboz
Corgémont
Courtelary
St Imier
Villeret
Sonvilier
le Chasseral
Mont Soleil
BIEL
BIENNE
Nidau
Grenchen
Lengnau
Büren an-der-Aare
Solothurn
Laufen
Kleinlützel
Roggenburg
Lucelle
Charmoille
Miécourt
Alle
Fontenais
Bonfol
Vendlincourt
Lugnez
Damphreux
Montignez
Buix
Pfetterhouse
Seppois
Durlinsdorf
Bendorf
Oltingue
Leymen
Biel-Benken
Fislis
Hégenheim
Allschwil
Franches Montagnes
Doubs
Aare
Birse
Gorges du Pichoux
Pierre Pertuis
Taubenloch Schlucht
Le Noirmont
Montfaucon
Lajoux
Bellelay
Souboz
Sornetan
Undervelier
Soulce
Rebeuvelier
Vermes
Corcelles
Crémines
Grandval
Eschert
Perrefitte
Champoz
Sorvilier
Mont Raimeux
Graitery
Grenchenberg
Moron
Montoz
Mont-Crosin
Mont Sujet
Orvin
Evilard
Macolin
Lamboing
Diesse
Prêles
Twann
Tüscherz
Brügg
Port
Pieterlen
Meinisberg
Safnern
Orpund
Studen
Aegerten
Schwadernau
Bellmund
Jens
Merzligen
A 16
A 16-E 27
A 5

A
B
C
1
2
3
4
124
125
162
la Richemondière
Anse de la Prée
Pointe de St Gildas
Préfailles
Anse du Sud
Côte de Jade
Port aux Goths
Pornic
Ste Marie
Plage des Sablons
Plage Mombeau
Pte de la Noëveillard
Gourmalon
la Birochère
la Fontaine-aux-Bretons
la Boutinardière
la Rogère
le Clion-s-Mer
Canal de Haute Perche
Chauvé
Arthon
la Bernerie-en-Retz
la Sennetière
Pré-Vincent
les Moutiers-en-Retz
Lyonne
Prigny
Sables
Bourgneuf
le Collet
BAIE DE BOURGNEUF
Pierre Moine
Ile du Pilier
Pte de l'Herbaudière
Pte de la Gardette
la Blanche (Ancne Abbe)
la Madeleine
Pte des Charniers
le Grand-Viel
Tour Plantier
Plage des Souzeaux
Pointe des Dames
l'Herbaudière
la Linière
Guérande
Luzay
Bois de la Chaise
le Sableau
Pte de Devin
Noirmoutier-en-l'Ile
Océanile
la Vendette
la Préoire
ILE DE NOIRMOUTIER
Bressuire
la Bosse
l'Epine
la Mongendrie
la Guérinière
le Bonhomme
le Bot
le Fier
la Tresson
Pte de la Loire
Roches de la Loire
Maison-Rouge
Barbâtre
Passage du Gois
(Route praticable à basse mer)
les Onchères
la Frandière
la Fosse
Pte de la Fosse
Pte N.D. de Monts
la Grande Côte
Pte de la Coupelasse
la Coupelasse
Bouin
le Fain
Roches de Bouin
Huîtres
Parcs à
Port du Bec
Epoids
le Port
la Croix Rouge
Bellevue
Beauvoir-s-Mer
Fromentine
la Barre-de-Monts
Ecomusée
Pey de la Blet
Forêt des Pays de Monts
45' service saisonnier
1h10
CÔTE
Côte
les Marguerites
N.D. de-Monts
Plage du Pont d'Yeu
Pont d'Yeu
Plage de la Tonnelle
des
la Mouraine
la Tonnelle
Marais de Monts
Plage St Jean
St Jean-de-Monts
Plage des Demoiselles
DE
Monts
le Petit Bec
le Grand Bec
les Mouettes
la Pège
la Parée-Preneau
Forêt des Pays de Monts
Sion-s-l'Océan
Corniche Vendéenne
Croix-de-Vie
St Gilles
St Hilaire-de-Riez
Pte de Grosse Terre
Pte de la Garenne
le Pont-Jaunay
N.D.des Dunes
la Sauzaie
Challans
Marais de Challans
Sallertaine
Soullans
le Perrier
St Urbain
St Gervais
Bouin
Les Chiens Perrins
la Planche à Puare
Pte du But
Grd Phare
Cadouère
Port-Joinville
Ker-Châlon
(L'Ile - d'Yeu)
Fort de Pierre-Levée
Ker-Chauvineau
Ker-Bossy
St Sauveur
Marais-Salé
le Vx Château
Pte du Châtelet
Plage des Sabias
Port-de-la-Meule
la Croix
Tour
Pointe des Corbeaux
Pte de la Tranche
Anse des Vieilles
Côte Sauvage
1h service saisonnier

D
E
F
1
2
3
4
126
146
163
Bouaye
Machecoul
St Philbert-de-Grand-Lieu
Lac de Grand-Lieu
Réserve naturelle
Forêt de Machecoul
Forêt de Touvois
Forêt de la Chênelière
Rocheservière
Legé
Aizenay
Palluau
le Poiré-s-Vie
Belleville-s-Vie
Challans
Commequiers
Apremont
Aigrefeuille-s-Maine
Vieillevigne
Montbert
St Colomban
Paulx
Touvois
Falleron
la Garnache
St Christophe-du-Ligneron
Beaufou
Venansault
LA ROCHE-S-YON
NANTES ATLANTIQUE

A
B
C
1
2
3
4
127
145
163
Vallet
Clisson
Gétigné
Gorges
Monnières
Le Pallet
Mouzillon
Tillières
St Germain-s-Moine
St Crespin-s-Moine
Montfaucon-Montigné
Villedieu-la-Blouère
St Macaire-en-Mauges
Bégrolles-en-Mauges
Aigrefeuille-s-Maine
Maisdon-s-Sèvre
St Lumine-de-Clisson
St Hilaire-de-Clisson
Cugand
Remouillé
Boussay
Torfou
Tiffauges
Bruffière
Treize-Septiers
St Hilaire-de-Loulay
Montaigu
Vieillevigne
Boufféré
St Georges-de-Montaigu
Les Landes-Genusson
la Boissière-de-Montaigu
la Gaubretière
Mortagne-s-Sèvre
St Laurent-s-Sèvre
Chambretaud
Beaurepaire
Bazoges-en-Paillers
Chavagnes-en-Paillers
les Brouzils
les Herbiers
Grand Parc du Puy du Fou
Mont des Alouettes
St Fulgent
Copechagnière
Chauché
St Denis-la-Chevasse
Vendrennes
Mesnard-la-Barotière
Mouchamps
Rochetrejoux
St Michel-Mont-Mercure
les Essarts
St Vincent-Sterlanges
Ste Cécile
St Martin-des-Noyers
Chantonnay
Sigournais
St Prouant
Dompierre-s-Yon
la Ferrière
la Chaize-le-Vicomte
Bournezeau
St Hilaire-le-Vouhis
LA ROCHE-S-YON
St Philbert-du-Pont-Charrault
Bazoges-en-Pareds
Mouilleron-en-Pareds

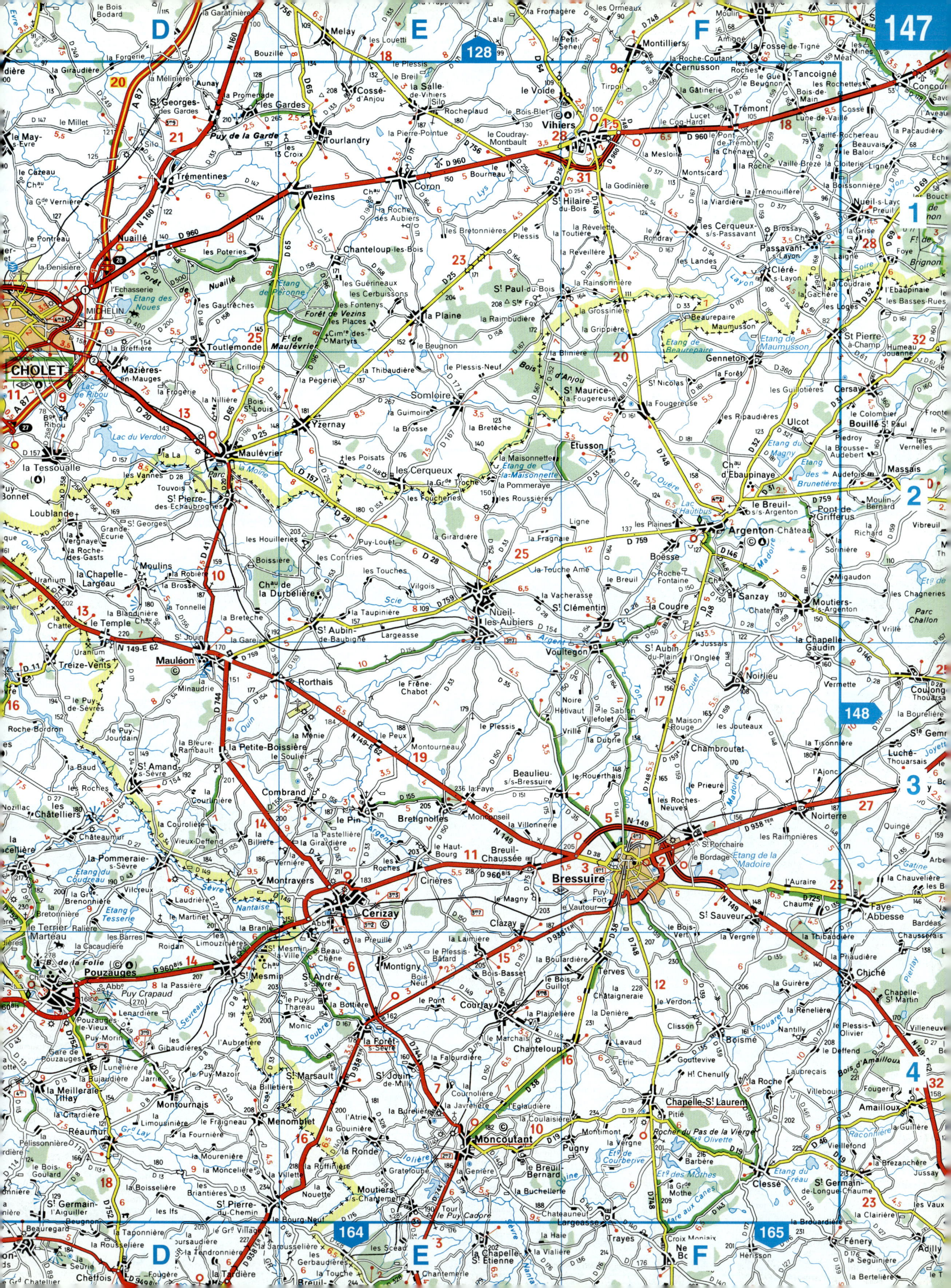
D
E
F
128
1
2
3
4
148
164
165
CHOLET
Vihiers
Coron
Vezins
Trémentines
Nuaillé
Tourlandry
Chanteloup-les-Bois
la Plaine
Somloire
Yzernay
Maulévrier
Mazières-en-Mauges
Toutlemonde
St Hilaire du-Bois
St Paul-du-Bois
Cléré-s-Layon
Passavant-s-Layon
Nueil-s-Layon
Tancoigné
Trémont
Cernusson
Montilliers
les Cerqueux-s/s-Passavant
St Pierre-à-Champ
Genneton
Cersay
Bouillé St Paul
Massais
Argenton-Château
Étusson
St Maurice-la-Fougereuse
les Cerqueux
la Tessoualle
Loublande
St Pierre-des-Échaubrognes
Moulins
la Chapelle-Largeau
le Temple
Mauléon
Treize-Vents
Rorthais
Nueil-les-Aubiers
St Aubin-de-Baubigné
St Clémentin
Voultegon
Sanzay
Moutiers-s-Argenton
la Chapelle-Gaudin
Noirlieu
Coulonges-Thouarsais
Luché-Thouarsais
Noirterre
Bressuire
Faye-l'Abbesse
Chiché
Amailloux
St Amand-s-Sèvre
les Châtelliers
Montravers
Cerizay
Cirières
Breuil-Chaussée
Beaulieu-s/s-Bressuire
Bretignolles
le Pin
Combrand
Pouzauges
St Mesmin
Montournais
Menomblet
la Forêt-s-Sèvre
Courlay
Chanteloup
Moncoutant
Pugny
Clessé
Chapelle-St Laurent
Boismé
Clazay
Terves
St Sauveur
Réaumur
St Germain-l'Aiguiller
St Pierre-du-Chemin
Largeasse
Trayes
St Germain-de-Longue-Chaume
Fénery
Adilly
Cheffois
Moutiers-s/s-Chantemerle
St Marsault
St Jouin-de-Milly
Forêt de Vezins
Lac du Verdon
Lac de Ribou
Etang de Beaurepaire
Etang de Maumusson
Puy Crapaud

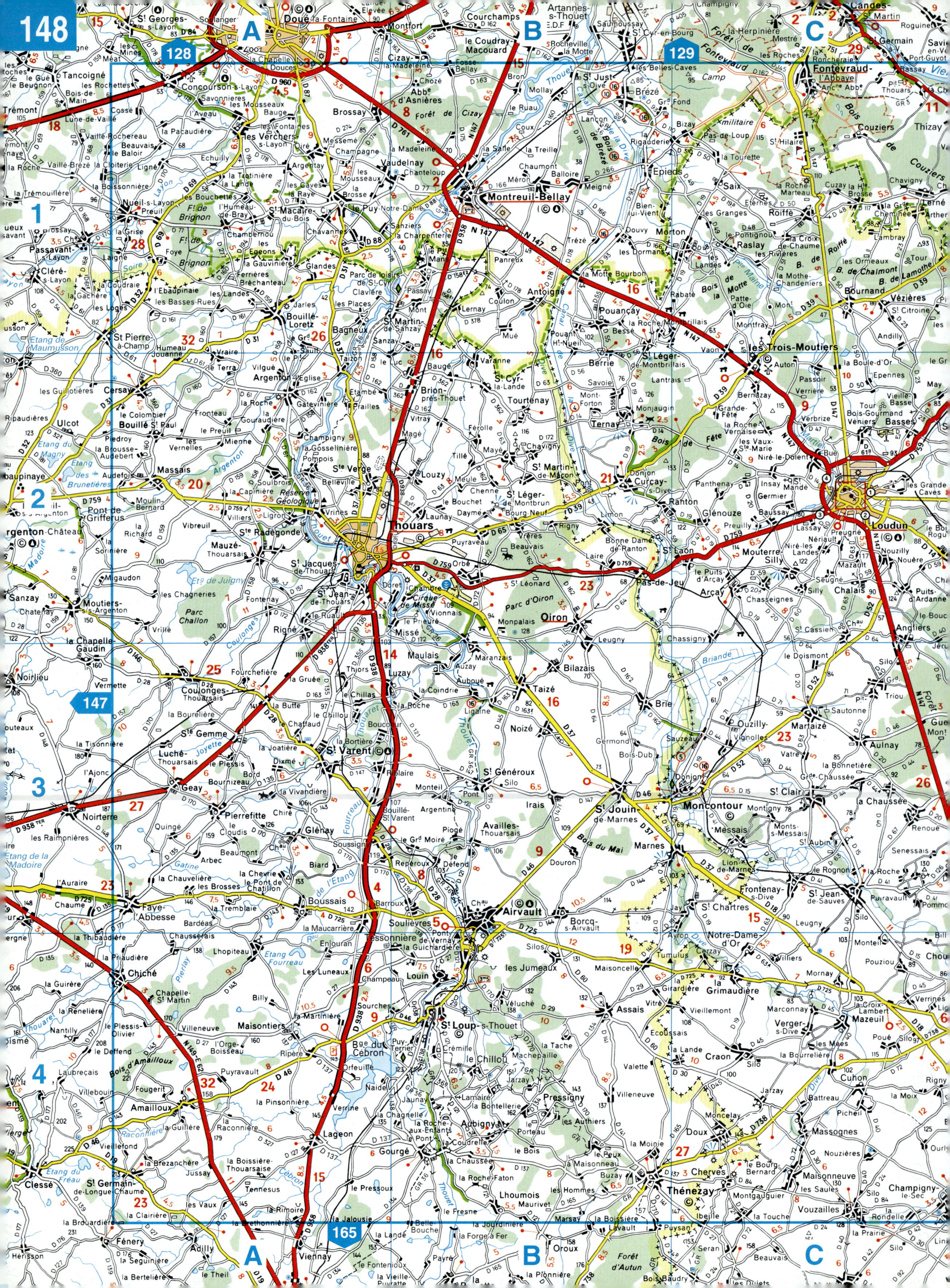
A
B
C
128
129
147
165
1
2
3
4
Doué-la-Fontaine
Montreuil-Bellay
Fontevraud-l'Abbaye
Les Trois-Moutiers
Loudun
Thouars
St-Varent
Airvault
St-Loup-s-Thouet
Moncontour
St-Jouin-de-Marnes
Oiron
Argenton-Château
Coulonges-Thouarsais
Thénezay
Mazeuil
Cuhon
Assais
Taizé
Brion-près-Thouet
Bouillé-Loretz
Cersay
Massais
Passavant-s-Layon
Nueil-s-Layon
Concourson-s-Layon
Vaudelnay
Brossay
Epieds
Morton
Ranton
Curçay-s-Dive
Glénouze
Mouterre-Silly
Arçay
Pas-de-Jeu
Ternay
Berrie
Pouançay
Antoigné
Saix
Roiffé
Raslay
Geay
Noirterre
Chiché
Faye-l'Abbesse
Boussais
Luzay
Maulais
Missé
Louzy
Brie
Martaizé
Aulnay
Chalais
Angliers
Frontenay-s-Dive
Craon
Vouzailles
Maisonneuve
Lageon
Gourgé
Pressigny
Aubigny
Doux
Cherves
Clessé
Amailloux
Viennay
Forêt de Cizay
Parc d'Oiron
Bois du Mai
Forêt d'Autun
Thouet
Dive
Argenton
N 147
D 938
D 759

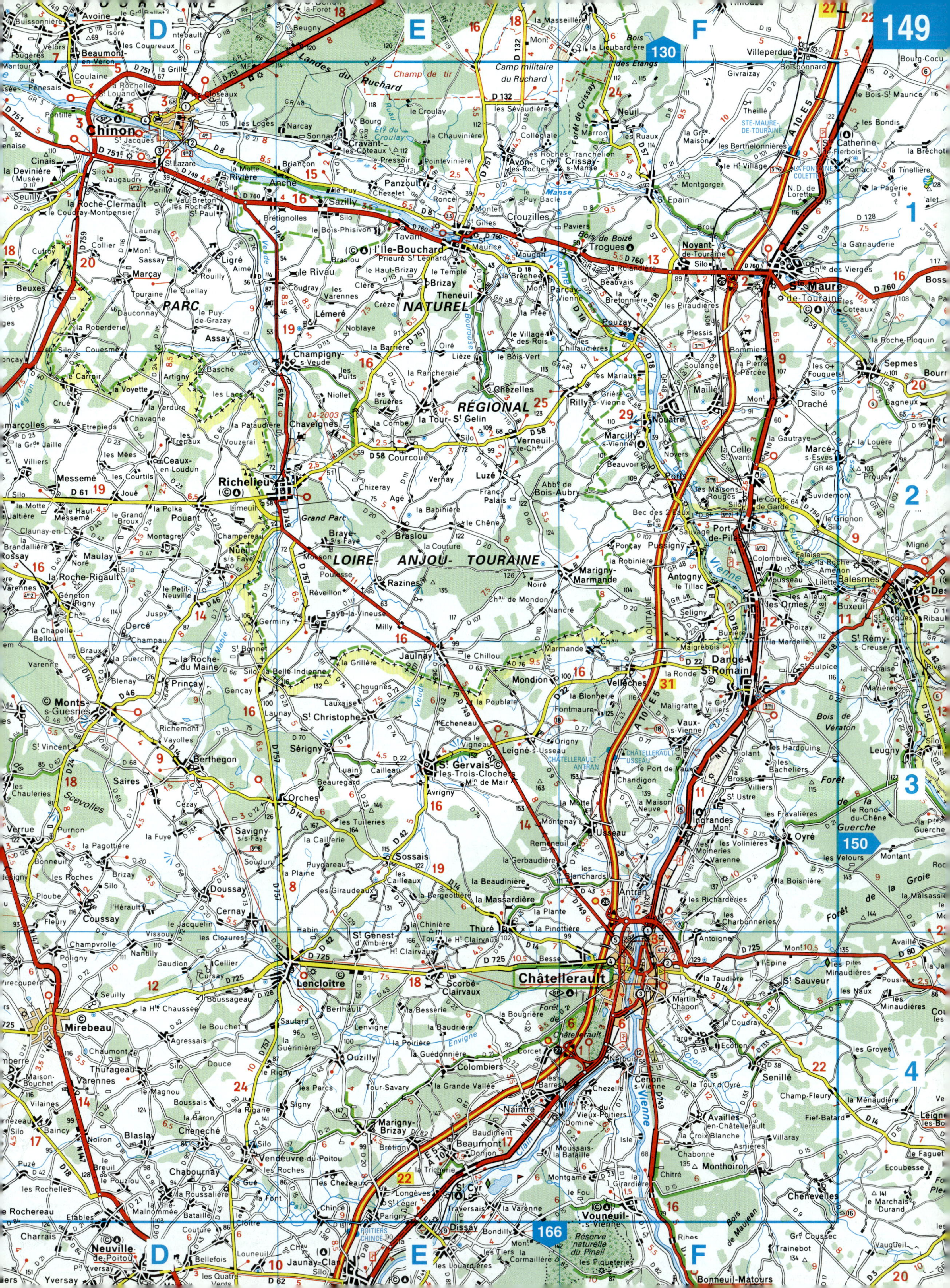
D
E
F
1
2
3
4
130
150
166
Chinon
L'Île-Bouchard
Ste Maure-de-Touraine
Richelieu
PARC NATUREL RÉGIONAL LOIRE-ANJOU-TOURAINE
Châtellerault
Lencloître
Mirebeau
Neuville-de-Poitou
Dangé-St Romain
Descartes
La Roche-Posay
Monts-s-Guesnes
St Gervais-les-Trois-Clochers
Vouneuil-s-Vienne
Jaunay-Clan
Dissay
Chinon
Bonneuil-Matours
Camp militaire du Ruchard
Forêt de Châtellerault
Port-de-Piles
Ingrandes
Vendeuvre-du-Poitou

130
131
149
167
A
B
C
1
2
3
4
Loches
Ligueil
Descartes
le Grand-Pressigny
le Pt Pressigny
Preuilly-s-Claise
la Roche-Posay
Yzeures-s-Creuse
Tournon-St Martin
Pleumartin
Lésigny
Barrou
la Guerche
Chaumussay
Azay-le-Ferron
Martizay
Mézières-en-Brenne
Lingé
Sennevières
Genillé
Chédigny
Azay-s-Indre
Reignac-s-Indre
Tauxigny
Chambourg-s-Indre
Beaulieu-lès-Loches
Perrusson
St Jean-St Germain
Verneuil-s-Indre
St Hippolyte
Bridoré
Fléré-la-Rivière
St Cyran-du-Jambot
Manthelan
Louans
Bossée
Ste Maure-de-Touraine
Sepmes
Bournan
la Chapelle-Blanche-St Martin
Mouzay
Vou
Varennes
Ciran
Esves-le-Moutier
St Senoch
Cussay
Draché
Marcé-s-Esves
Civray-s-Esves
Abilly
Neuilly-le-Brignon
Paulmy
Ferrière-Larçon
Betz-le-Château
la Celle-Guenand
Charnizay
Obterre
Cléré-du-Bois
Le Petit-Pressigny
Balesmes
Leugny
Oyré
Mairé
Coussay-les-Bois
St Sauveur
Bossay-s-Claise
Boussay
Chambon
Néons-s-Creuse
Lureuil
Angles
Lurais
Preuilly-la-Ville
Forêt de Loches
Forêt de Preuilly
Forêt de Ste Jullite
Forêt du Gd Pressigny
Bois de Verneuil
Parc de Boussay
Chartreuse du Liget
Étang Neuf
Étang Poiliers
Creuse
Claise
Indre
Esves
Aigronne

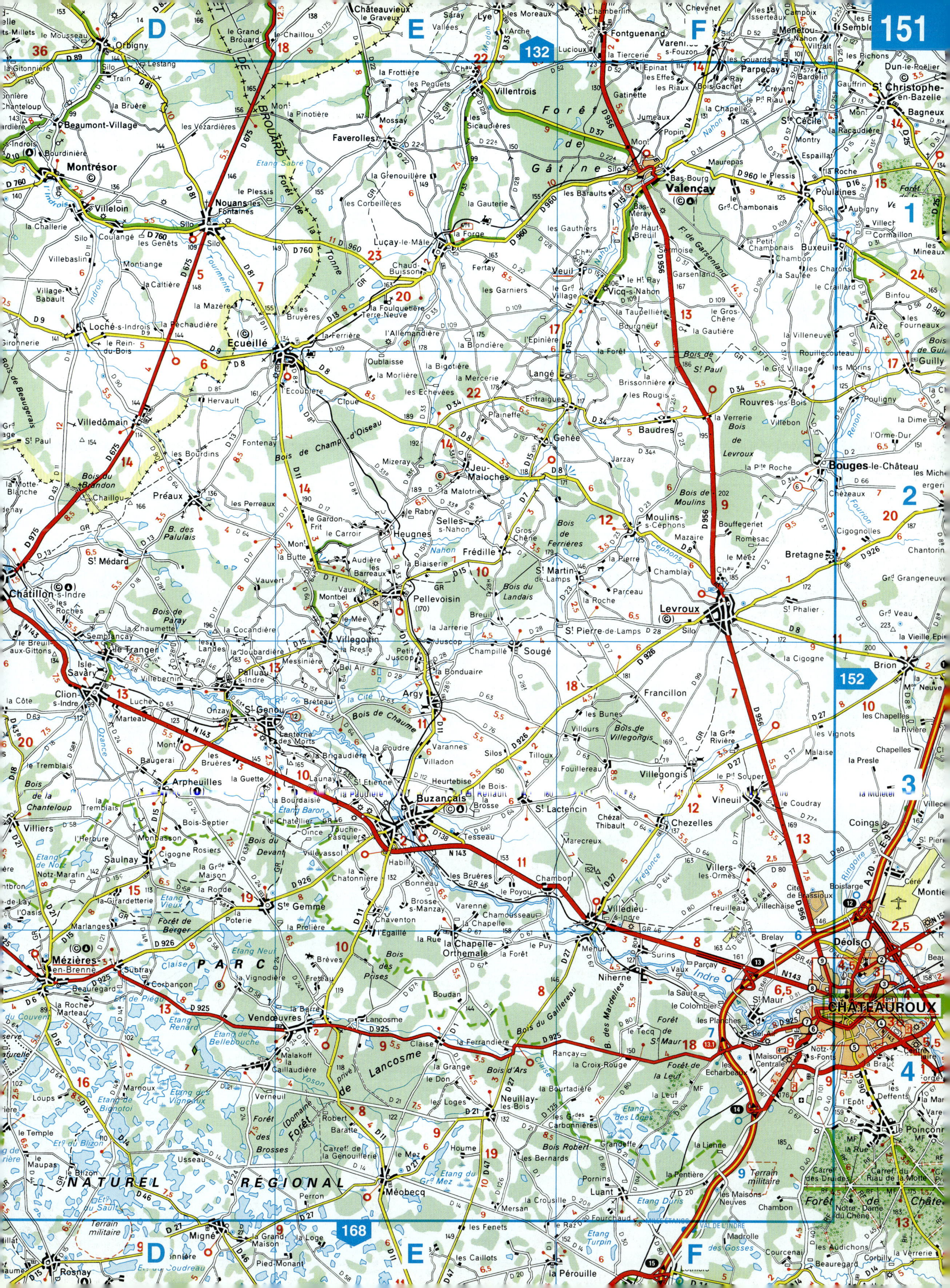
D
E
F
132
152
168
36
1
2
3
4
Valençay
Ecueillé
Levroux
Buzançais
Châtillon-s-Indre
Châteauroux
Mézières-en-Brenne
Montrésor
Nouans-les-Fontaines
Luçay-le-Mâle
Villentrois
Faverolles
Orbigny
Palluau-s-Indre
St Genou
Clion-s-Indre
Pellevoisin
Heugnes
Jeu-Maloches
Villedieu-s-Indre
Déols
Méobecq
Vendœuvres
Neuillay-les-Bois
Ardentes
Bouges-le-Château
Vicq-s-Nahon
Veuil
Moulins-s-Céphons
Vineuil
Chezelles
St Maur
Niherne
Arpheuilles
Saulnay
Villiers
Migné
Rosnay
Forêt de Gâtine
Forêt de Lancosme
Bois de Chaume
PARC NATUREL RÉGIONAL
Terrain militaire

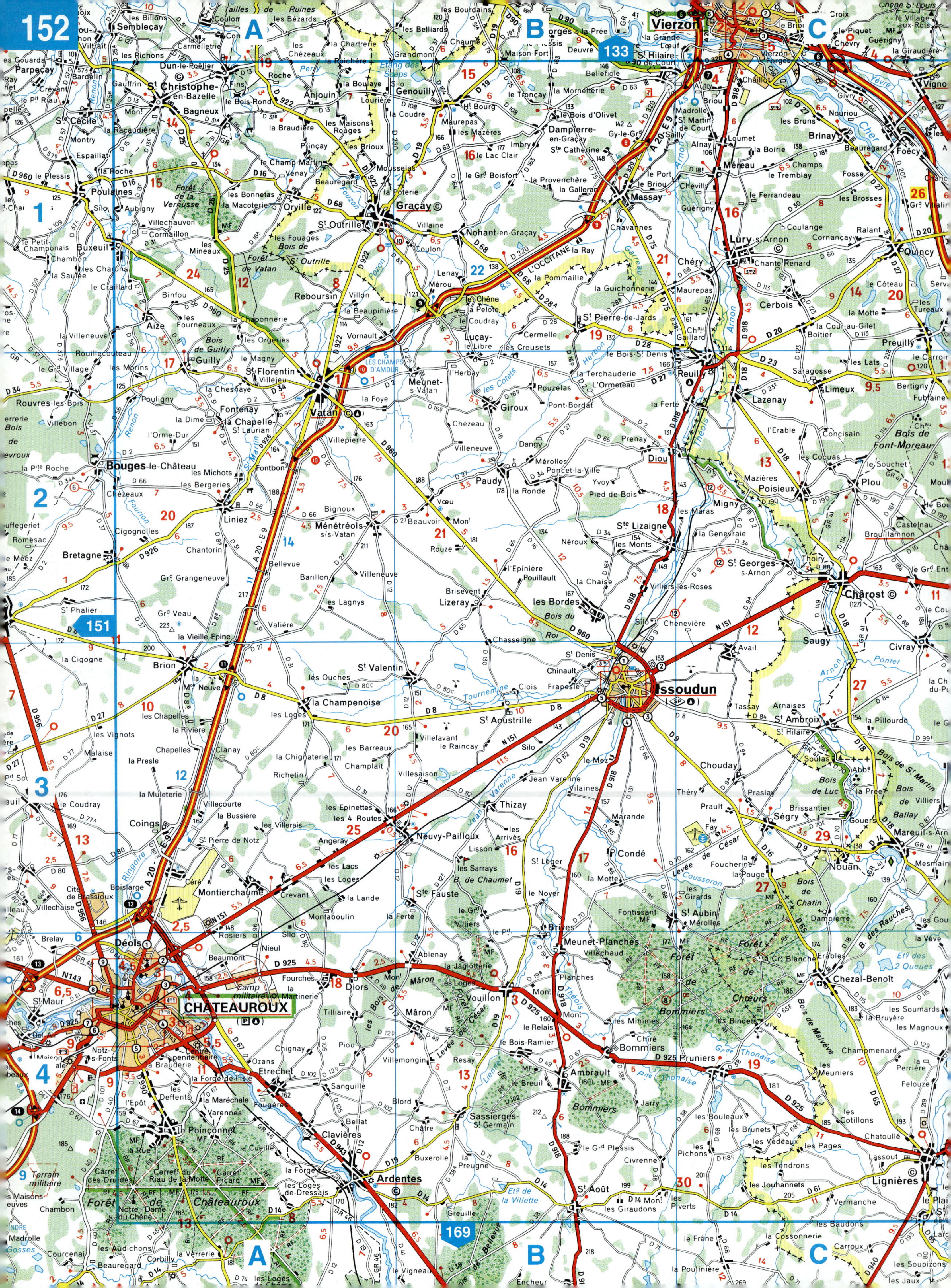
A
B
C
1
2
3
4
133
151
169
Vierzon
Graçay
Vatan
Issoudun
Châteauroux
Déols
Lury-s-Arnon
Quincy
Reuilly
Massay
Charost
Lignières
Ardentes
Levroux
Bouges-le-Château
Poulaines
St Christophe-en-Bazelle
Genouilly
Nohant-en-Graçay
Chéry
Cerbois
Lazenay
Limeux
Diou
Ste Lizaigne
St Georges-s-Arnon
Paudy
Giroux
Ménétréols-s-Vatan
Liniez
Bretagne
Brion
Montierchaume
Neuvy-Pailloux
Thizay
Ségry
Chezal-Benoît
Mareuil-s-Arnon
Meunet-Planches
Bommiers
Ambrault
Pruniers
St Août
St Aubin
Condé
Brives
Diors
Étrechet
Sassierges-St Germain
Clavières
Forêt de Châteauroux
Forêt de Bommiers
Forêt de Chœurs
Bois de Chatin
Camp militaire de la Martinerie
L'OCCITANE
N 151
A 20 - E 9
D 925
D 918
D 960

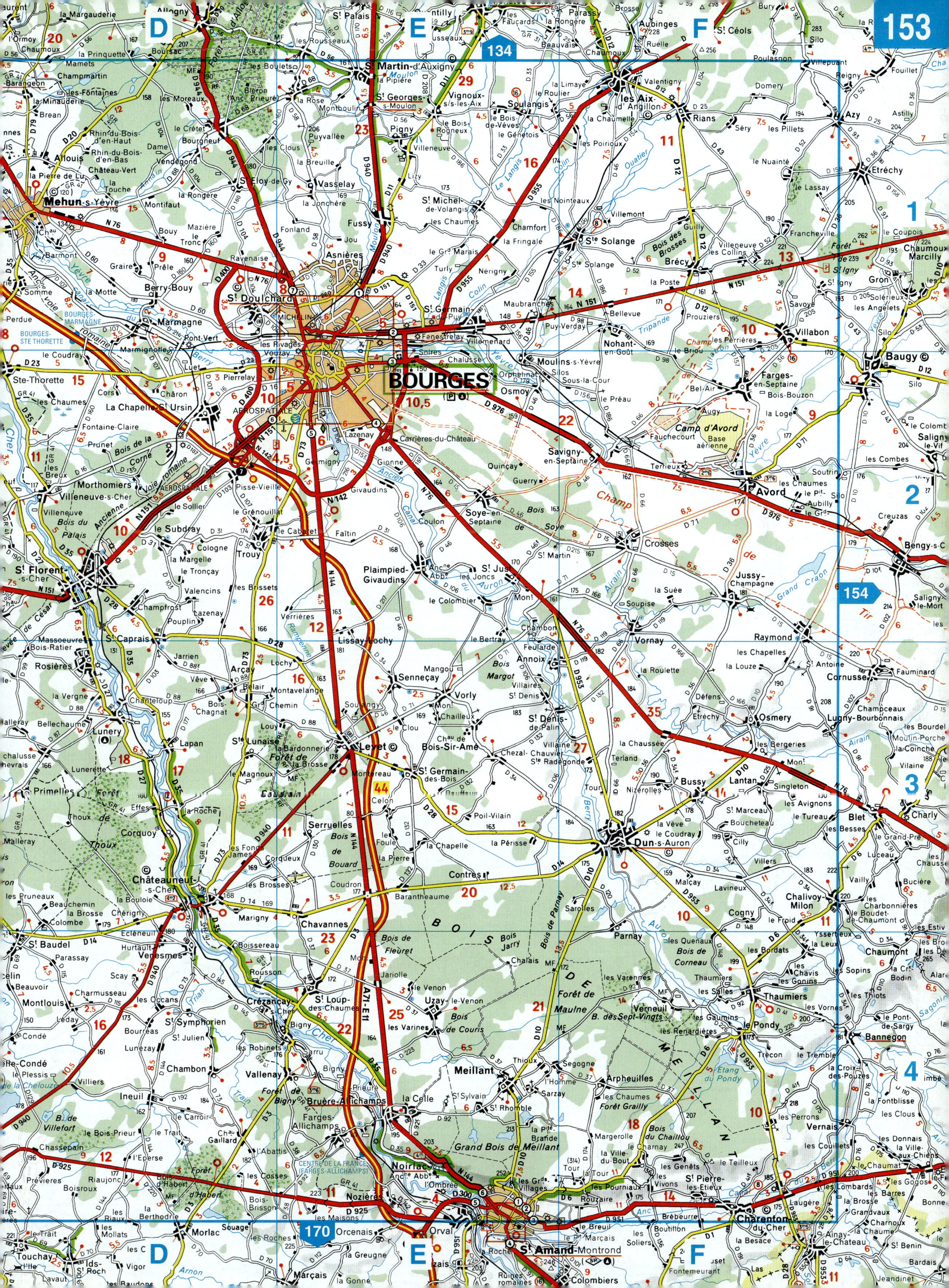

D
E
F
134
154
170
1
2
3
4
BOURGES
Mehun-s-Yèvre
St Doulchard
Marmagne
Berry-Bouy
Allouis
Vignoux-s/s-les-Aix
St Martin-d'Auxigny
St Georges-s-Moulon
Pigny
Soulangis
les Aix-d'Angillon
Rians
Étréchy
Azy
St Michel-de-Volangis
Ste Solange
Brécy
Villabon
Baugy
St Germain-du-Puy
Moulins-s-Yèvre
Nohant-en Goût
Farges-en-Septaine
Savigny-en-Septaine
Camp d'Avord
Avord
Bengy-s-C
Crosses
Jussy-Champagne
Osmery
Soye-en-Septaine
Plaimpied-Givaudins
Trouy
St Florent-s-Cher
Villeneuve-s-Cher
Le Subdray
Ste-Thorette
La Chapelle-St Ursin
Lissay-Lochy
Senneçay
Vorly
Annoix
St Just
Levet
Lunery
Châteauneuf-s-Cher
Serruelles
St Germain-des-Bois
Dun-s-Auron
Bussy
Lantan
Blet
Vornay
Cornusse
Chavannes
Crézançay
Uzay-le-Venon
Meillant
Bruère-Allichamps
Noirlac
St Amand-Montrond
Orval
Charenton-du-Cher
Thaumiers
Parnay
Cogny
Arpheuilles
Vallenay
Venesmes
Corquoy
St Baudel
St Symphorien
Montlouis
Chambon
St Pierre-les-Étieux
Bannegon
Chaumont
Vernais
Forêt de Maulne
Grand Bois de Meillant
Forêt de Thoux
BOIS DE MEILLANT

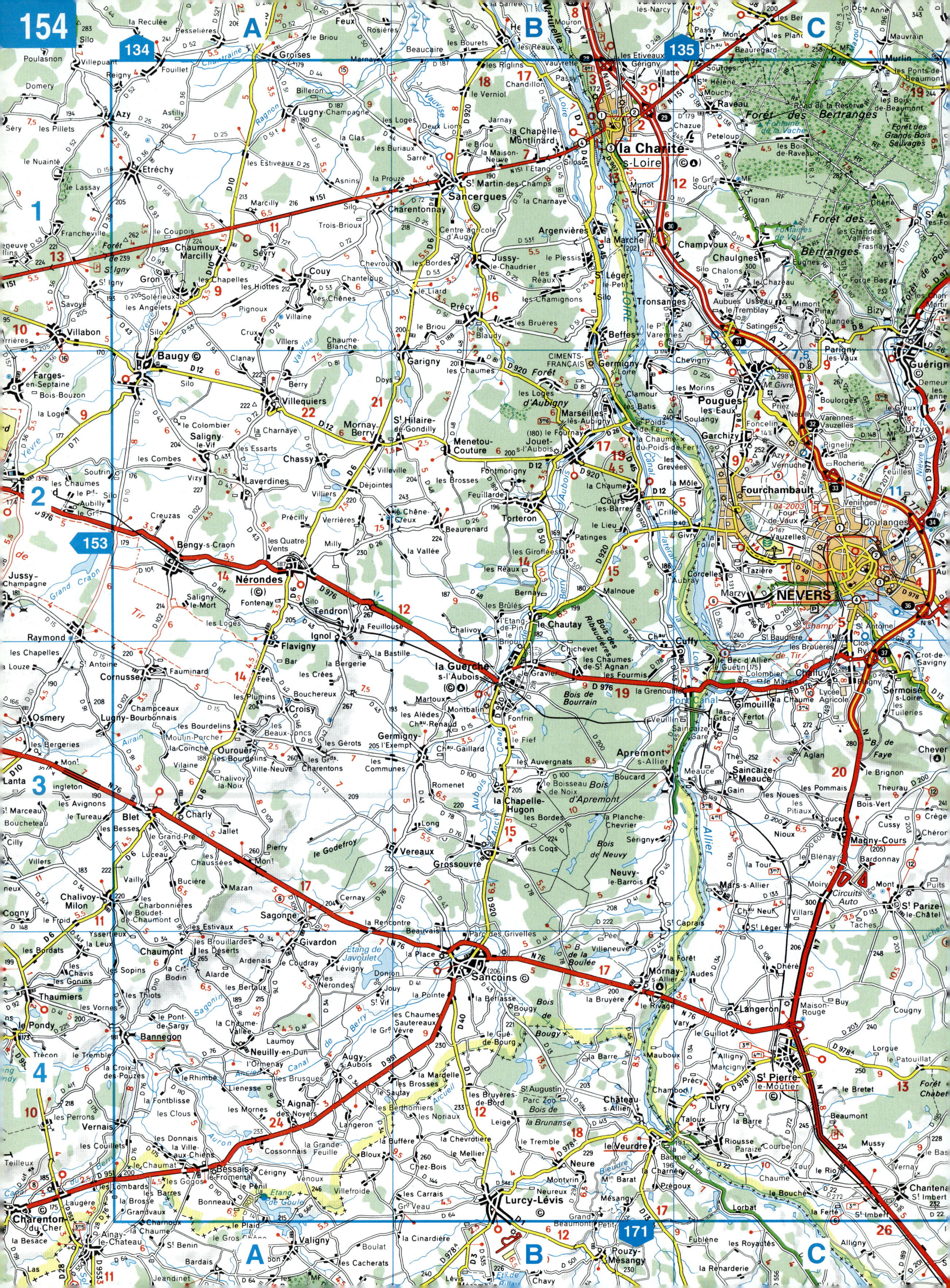
A
B
C
134
135
153
171
1
2
3
4
la Charité-s-Loire
Sancergues
St Martin-des-Champs
Charentonnay
Baugy
Villequiers
Nérondes
Bengy-s-Craon
la Guerche-s-l'Aubois
Sancoins
Lurcy-Lévis
NEVERS
Fourchambault
Pougues-les-Eaux
Garchizy
Marzy
Varennes-Vauzelles
Guérigny
Coulanges
Imphy
Challuy
Sermoise-s-Loire
Gimouille
Saincaize-Meauce
Magny-Cours
St Parize-le-Châtel
St Pierre-le-Moûtier
Mornay-s-Allier
Apremont-s-Allier
Le Veurdre
Cuffy
Jouet-s-l'Aubois
Marseilles-lès-Aubigny
Menetou-Couture
Torteron
Germigny-l'Exempt
la Chapelle-Hugon
Grossouvre
Blet
Charly
Sagonne
Givardon
Ourouër-les-Bourdelins
Croisy
Flavigny
Ignol
Tendron
Chassy
Étréchy
Azy
Villabon
Farges-en-Septaine
Osmery
Cornusse
Lugny-Bourbonnais
Raymond
Jussy-Champagne
Chalivoy-Milon
Thaumiers
Bannegon
Vernais
Bessais-le-Fromental
Charenton-du-Cher
Ainay-le-Château
Valigny
Pouzy-Mésangy
Neure
Augy-s-Aubois
Neuilly-en-Dun
St Aignan-des-Noyers
Chaumont
Saligny-le-Vif
Gron
Chaumoux-Marcilly
Sévry
Couy
Jussy-le-Chaudrier
Précy
Garigny
Beffes
Argenvières
Tronsanges
Chaulgnes
Champvoux
Raveau
Forêt des Bertranges
Forêt d'Aubigny
Bois de Bourrain
Bois d'Apremont
Bois de Neuvy
Loire
Allier
Canal latéral à la Loire
Aubois
Vauvise
Yèvre
Airain
Sagonne
Aubois
Craon
Circuits Auto
Langeron
Livry
Chantenay-St Imbert
Azy-le-Vif
Marigny-l'Église
Mars-s-Allier
Gérigny
Mesves
Pouilly
Sermoise-s-Loire
Germigny-s-Loire
Parigny-les-Vaux

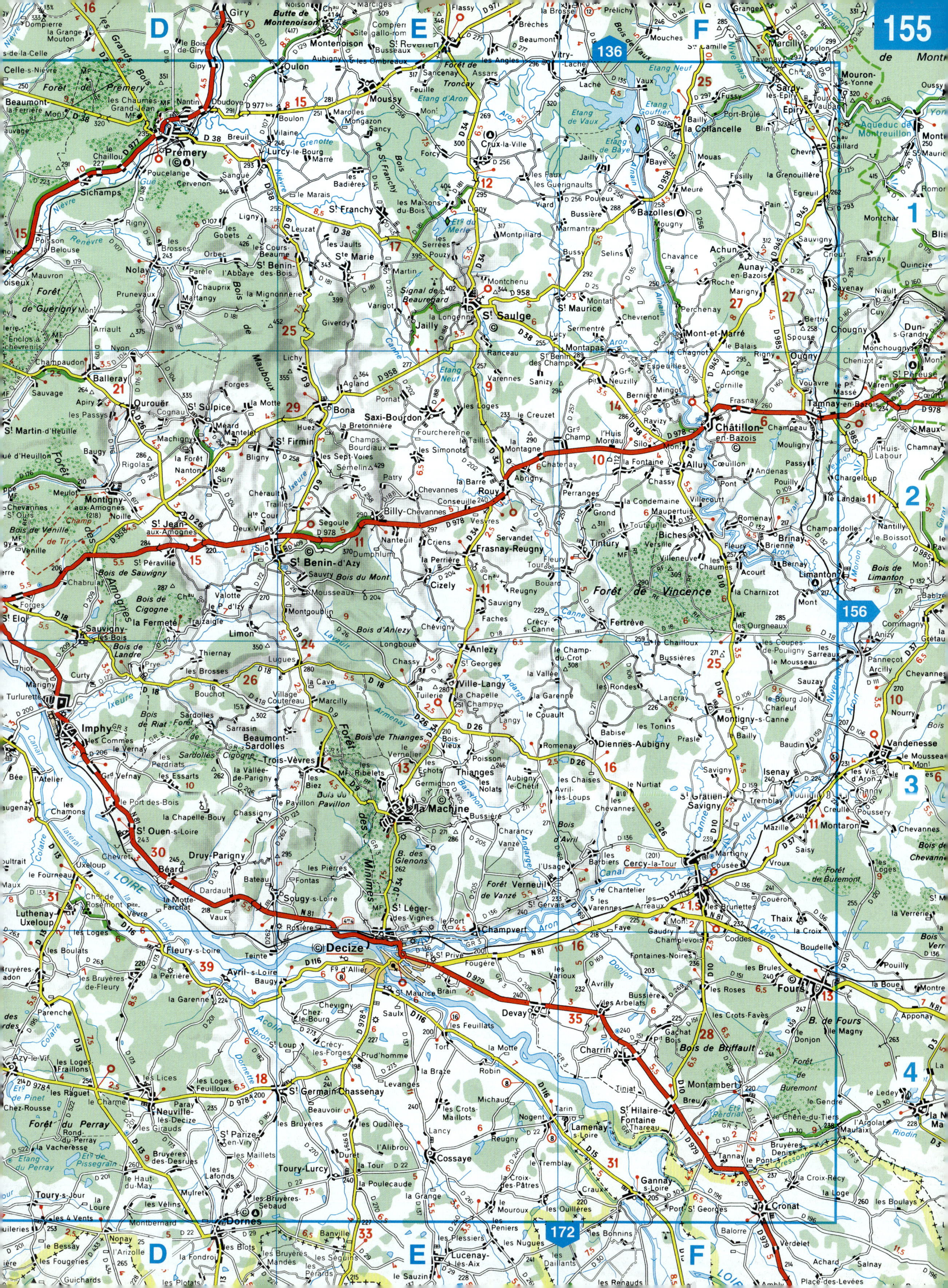
D
E
F
136
156
172
1
2
3
4
Prémery
Forêt de Prémery
Sichamps
Lurcy-le-Bourg
St Franchy
St Saulge
Jailly
Bona
St Benin-d'Azy
St Firmin
St Jean-aux-Amognes
Billy-Chevannes
Rouy
Frasnay-Reugny
Châtillon-en-Bazois
Tamnay-en-Bazois
Alluy
Biches
Forêt de Vincence
Limanton
Fertrêve
Cizely
Anlezy
Ville-Langy
Montigny-s-Canne
Isenay
Vandenesse
St Gratien-Savigny
Dienne-Aubigny
La Machine
Thianges
Trois-Vèvres
Beaumont-Sardolles
Imphy
Sauvigny-les-Bois
La Fermeté
St Eloi
Chevenon
St Ouen-s-Loire
Druy-Parigny
Béard
Sougy-s-Loire
Decize
St Léger-des-Vignes
Champvert
Cercy-la-Tour
Fours
Devay
Charrin
St Hilaire-Fontaine
Montambert
Lamenay-s-Loire
Cossaye
Gannay-s-Loire
Cronat
Toury-Lurcy
Dornes
St Germain-Chassenay
Neuville-lès-Decize
Fleury-s-Loire
Avril-s-Loire
Luthenay-Uxeloup
Forêt du Perray
Forêt de Guérigny
Montigny-aux-Amognes
Bois de Briffault
Forêt de Vanzé
Forêt Verneuil
Forêt des Minimes
LOIRE
Aron
Canal
Mont-et-Marré
Aunay-en-Bazois
Achun
Bazolles
Crux-la-Ville
Moussy
Saxi-Bourdon
Montapas
St Maurice
Sardy
Epiry
Montreuillon
Dun-s-Grandry
Chougny
Ougny
Brinay
Marcilly
Giry
Oulon
Mouron-s-Yonne
Forêt de Tronçay
Etang de Vaux
Etang de Baye
Etang Neuf

A
B
C
136
137
155
173
Château-Chinon
Moulins-Engilbert
St Honoré-les-Bains
Luzy
Montreuillon
Mhère
Ouroux-en-Morvan
Lac des Settons
Moux-en-Morvan
Pannesière-Chaumard
Planchez
Lavault-de-Frétoy
Arleuf
Roussillon-en-Morvan
Anost
Cussy-en-Morvan
Dun-s-Grandry
Dommartin
Tamnay-en-Bazois
Sermages
Préporché
Vandenesse
Larochemillay
Millay
Glux-en-Glenne
Mont Beuvray
St Léger-s-B.
Mt Preneley
Haut-Folin
Rémilly
Fours
Ternant
la Nocle-Maulaix
Cuzy
Étang-s-Arroux
St Didier-s-Arroux
Charbonnat
la Boulaye
St Eugène
Issy-l'Évêque
Toulon-s-Arroux
Cronat
St Seine
Sémelay
Chiddes
Poil
Laizy
Brion
la Celle-en-Morvan
la Grde Verrière
Forêt de Montreuillon
MORVAN
PARC NATUREL RÉGIONAL
Forêt de la Gravelle
Forêt de Glenne
Forêt de Folin
Bois de Chevannes
Forêt de Buremont

D
E
F
138
174
158
1
2
3
4
Liernais
Arnay-le-Duc
Bligny-s-Ouche
Autun
Épinac
Nolay
Beaune
Meursault
Chagny
Couches
le Creusot
Montcenis
Montchanin
Torcy
Blanzy
Montceau
Givry
Buxy
Sully
Lucenay-l'Évêque
Pommard
Volnay
Santenay
Mercurey
Saint-Léger-sur-Dheune
Forêt des Battées
Forêt de Planoise
Mont de Sène
Cirque du Bout du Monde
Forêt de Givry
Diancey
Manlay
Marcheseuil
Saulieu
Thury
Charrecey
Rully
Chamilly
Marmagne
Essertenne
Écuisses
Saint-Julien-sur-Dheune
Saint-Bérain-sur-Dheune
Chalon-sur-Saône
Ivry-en-Montagne
Savigny-lès-Beaune
Bouze-lès-Beaune
Mavilly-Mandelot
Meloisey
Nantoux
la Rochepot
Dezize-lès-Maranges
Sampigny-lès-Maranges
Créot
Épertully
Saint-Gervais-sur-Couches
Saint-Émiland
Antully
Auxy
Curgy
Saint-Forgeot
Dracy-Saint-Loup
Igornay
Viévy
Voudenay
Maligny
Lacanche
Mimeure
Champignolles
Saussey
Cussy-la-Colonne
Cussy-le-Châtel
Chazilly
Sainte-Sabine
Bouhey
Vandenesse
Antheuil
Aubaine
Bessey-en-Chaume
Montceau-et-Écharnant
Thomirey
Musigny
Foissy
Morey
Morlet
Collonge-la-Madeleine
Saint-Martin-de-Commune
Mardor
Dracy-lès-Couches
Saint-Maurice-lès-Couches
Saint-Sernin-du-Plain
Saint-Gilles
Cheilly-lès-Maranges
Remigny
Chassey-le-Camp
Bouzeron
Aluze
Saint-Pierre-de-Varennes
Saint-Firmin
Saint-Sernin-du-Bois
Saint-Symphorien-de-Marmagne
Broye
Mesvres
Charmoy
Saint-Laurent-d'Andenay
Saint-Martin-d'Auxy
Marcilly-lès-Buxy
Saint-Désert
Granges
Moroges
Jambles
Barizey
Saint-Denis-de-Vaux
Saint-Jean-de-Vaux
Mellecey
Dracy-le-Fort
Châtenoy-le-Royal
Saint-Rémy
Fontaines
Farges-lès-Chalon
Saint-Bérain-sous-Sanvignes
Saint-Micaud
Saint-Vallerin
Jully-lès-Buxy
Saint-Privé
Sassangy

A
B
C
138
139
157
175
1
2
3
4
Nuits-St-Georges
Beaune
Chalon-s-Saône
Seurre
Chagny
Meursault
Givry
Buxy
Verdun-s-le-Doubs
Pierre-de-Bresse
St-Germain-du-Bois
Forêt de Cîteaux
Saône
Doubs

D
E
F
140
160
176
1
2
3
4
Auxonne
Dole
Rochefort-s-Nenon
Forêt de Chaux
Dampierre
Orchamps
Arc-et-Senans
Salins
Montbarrey
Tavaux
Chaussin
Mouchard
Arbois
Poligny
Chaumergy
Sellières
Bletterans
Voiteur
Lons-le-Saunier
Baume-les-Messieurs
Cirque de Baume
Cirque de Ladoye
Château-Chalon
Reculée des Planches
Crotenay
Champagnole
Doucier
Lac de Chalain
Rahon
Villers-Farlay
Port-Lesney
Champvans
Damparis
Sampans
Parcey
Souvans
Colonne
Chêne-Bernard
Beauvoisin
Fontainebrux
Montmorot
Messia
Conliège
Mirebel
Crançot
Montrond
Besain
Molain
Plasne
Passenans
Domblans
Plainoiseau
L'Étoile
Ruffey-s-Seille
Desnes
Relans
Cosges
Commenailles
Froideville
Bois de Gand
Foulenay
Champrougier
Les Deux-Fays
Villers-Robert
Seligney
Tassenières
Biefmorin
Vaudrey
Bans
Nevy-lès-Dole
Villette-lès-Dole
Goux
Augerans
Belmont
Santans
Germigney
Chissey-s-Loue
Cramans
Chamblay
Ounans
Vadans
Mathenay
Aumont
Villers-les-Bois
Oussières
Montholier
Grozon
Pupillin
Buvilly
Tourmont
Barretaine
Chamole
Chaussenans
Neublans
Chemin
Peseux
Annoire
Petit-Noir
Longwy-s-le-Doubs
Molay
Gevry
Choisey
Crissey
Foucherans
Brevans
Azans
Falletans
Baverans
Authume
Jouhe
Rainans
Menotey
Gredisans
Archelange
Châtenois
Amange
Malange
Lavans-lès-Dole
Romange
Audelange
Éclans
Our
Étrepigney
Plumont
Rans
Ranchot
La Barre
Fraisans
Courtefontaine
Monteplain
Chevigny
Billey
Flagey
Villers-Rotin
Samerey
Aumur
Abergement-la-Ronce
Saint-Aubin
Champdivers
Saint-Loup
Tichey
Chapelle-Voland
Montjay
Bellevesvre
Francheville
Sergenaux
Sergenon
Rye
La Chassagne
Le Deschaux
Balaiseaux
Gatey
Asnans
Chainée-des-Coupis
Pleure
Les Hays
Authumes
Sens-s-Seille
Frangy-en-Bresse
Le Tartre
Villevieux
Larnaud
Saint-Didier
Vevy
Briod
Perrigny
Châtillon
Marigny
Monnet-la-Ville
Pont-du-Navoy
La Marre
Bonnefontaine
Le Fied
Picarreau
Fay-en-Montagne
Ladoye-s-Seille
Blois-s-Seille
Nevy-s-Seille
Miéry
Saint-Lothain
Darbonnay
Frontenay
Brainans
Le Viseney
Neuvilley
Monay
Toulouse-le-Château
Montchauvrot
Mantry
Saint-Lamain
Brery
Lombard
Arlay
Quintigny
Le Louverot
Montain
Lavigny
Le Pin
Pannessières
Savagna
Villeneuve-s-Pymont
Chilly-le-Vignoble
Vincent
Recanoz
Bois d'Aval
Chaumergy
Chêne-Sec
Beauvernois
Saillenard
Sagy
Montcony
Villevieux
Clémencey
Savigny-en-Revermont
Beaurepaire
Champagne-s-Loue
Ivrey
Aiglepierre
Marnoz
Les Arsures
Pretin
Montigny-les-Arsures
Mesnay
Les Planches-près-Arbois
Villette-lès-Arbois
Molamboz
La Ferté
Montmalin
Saint-Cyr
Clairvent
Villeneuve-d'Aval
Forêt de Moidons
Combe des Moidons
Vers-en-Montagne
Le Fied
Cirque du Fer à Cheval
Forêt de Poligny
Lons-le-Saunier

A
B
C
1
2
3
4
140
141
159
177
Salans
Routelle
Busy
Boussières
Osselle
Fraisans
Grottes d'Osselle
Courtefontaine
Villars-St Georges
Byans-s-Doubs
Chouzelot
Quingey
Lavans-Quingey
Cessey
Pessans
Palantine
Rouhe
Goux-s-Landet
Lombard
Mesmay
Liesle
Brères
Samson
Montfort
Ronchaux
Champagne-s-Loue
Buffard
Saline
Arc-et-Senans
Chay
Rennes-s-Loue
Cramans
Port-Lesney
Villers-Farlay
Mouchard
Pagnoz
Aiglepierre
Marnoz
Salins-les-Bains
St Thiébaud
Ivrey
Cernans
Bracon
Dournon
Clucy
Saizenay
Geraise
Arbois
Montigny-les-Arsures
Pupillin
Reculée des Planches
Cirque du Fer à Cheval
Chaux
Arésches
Thésy
Abergement-les-Thésy
Ivory
Pont-d'Héry
Andelot-en-Montagne
Chapois
Supt
Le Larderet
Vers-en-Montagne
Valempoulières
Chamole
Chaussenans
Molain
Montrond
Le Pasquier
Moutoux
Besain
Crotenay
Champagnole
Ney
Cize
Loulle
Pillemoine
le Vaudioux
Saffloz
Châtelneuf
Marigny
Lac de Chalain
Doucier
Montigny-s-l'Ain
Monnet-la-Ville
Mont-s-Monnet
Pont-du-Navoy
Sirod
Syam
Crans
Bourg-de-Sirod
Equevillon
Vannoz
St Germain-en-Montagne
Nozeroy
Mièges
Doye
Rix
Billecul
Gillois
Conte
Charency
Mournans
les Nans
Onglières
Plénise
Plénisette
Censeau
Cuvier
Esserval-Tartre
Esserval-Combe
Communailles-en-Montagne
Mignovillard
Molpré
Longcochon
Essavilly
la Latette
Fraroz
Arsure-Arsurette
Bief-des-Maisons
les Chalesmes
Foncine-le-Haut
Chaux-Neuve
Châtelblanc
Petite-Chaux
Reculfoz
les Pontets
Cerniébaud
Mouthe
Sarrageois
Rondefontaine
Gellin
Brey
Remoray-Boujeons
Bonnevaux
Vaux-et-Chantegrue
Malpas
Frasne
Bouverans
Courvières
Boujailles
Dompierre-les-Tilleuls
Bulle
Bannans
Rivière-Drugeon
Vuillecin
Chaffois
Levier
Labergement-du-Navois
Gevresin
Nans-sous-Ste-Anne
Source du Lison
Montmahoux
Déservillers
Eternoz
Saraz
Alaise
Coulans-s-Lison
Amancey
Bolandoz
Reugney
Villeneuve-d'Amont
Forêt de la Joux
Sapin Président
Septfontaines
Goux-les-Usiers
Sombacour
Evillers
Ouhans
Source de la Loue
Renédale
Longeville
Vésigneux
Amathay-Vésigneux
Mouthier-Haute-Pierre
Lods
Vuillafans
Montgesoye
Chantrans
Silley
Flagey
Châteauvieux-les-Fossés
Echevannes
Ornans
Saules
Durnes
Guyans-Durnes
Trépot
Foucherans
Tarcenay
Bonnevaux-le-Prieuré
Maisières-Notre-Dame
Scey-en-Varais
Cléron
Chassagne-St Denis
Malbrans
Montrond-le-Château
Epeugney
Cademène
Rurey
Amondans
Lizine
Refranche
Malans
Fertans
Châtillon-s-Lison
Cussey-s-Lison
Echay
Myon
Bartherans
Charnay
Chenecey-Buillon
Courcelles

D
E
F
1
2
3
4
142
178
Valdahon
Pontarlier
Morteau
la Chaux de Fonds
le Locle
les Brenets
Saut du Doubs
Lac des Brenets
Villers-le-Lac
Montbenoît
Grand Combe-Châteleu
Cirque de Consolation
Roche du Prêtre
la Brévine
Lac des Taillères
Couvet
Travers
Noiraigue
Môtiers
Fleurier
Buttes
St Sulpice
les Verrières
Verrières-de-Joux
Cluse et Mijoux
Ste Croix
les Rasses
le Chasseron
Mauborget
Grandson
Yverdon-les-Bains
Orbe
Chavornay
la Sarraz
Romainmôtier
Vallorbe
Dent de Vaulion
Jougne
Malbuisson
Mont d'Or
les Fourgs
les Hôpitaux-Neufs
le Suchet
Lignerolle
Ballaigues
les Clées
Baulmes
Champvent
Concise
Onnens
Vaumarcus
St Aubin-Sauges
Gorgier
Bevaix
Boudry
Colombier
Rochefort
Estavayer-le-Lac
Yvonand
Moudon
Lucens
Échallens
Cossonay
Bercher
Thierrens
LAC DE

A
B
C
1
2
3
4
145
LES SABLES-D'OLONNE
le Pont-Jaunay
Givrand
l'Aiguillon-s-Vie
Martinet
Beaulieu-s/s-la-Roche
N.D.des Dunes
Beaumarchais
la Chaize-Giraud
Landevieille
Landeronde
la Sauzaie
la Chalonnière
la Trivillère
Bretignolles-s-Mer
St Julien-des-Landes
St Georges-de-Pointindoux
la Paree
Grégoirière
la Frémière
le Marais-Girard
St Nicolas-de-Brem
la Mothe-Achard
les Clouzeaux
Brem-s-Mer
Vairé
Ste Flaive-des-Loups
la Chapelle-Achard
Aubigny
l'Île-d'Olonne
Forêt d'Olonne
Réserve ornithologique
St Mathurin
Nieul-le-Dolent
le Girouard
Sauveterre
Olonne-s-Mer
Pierre Levée
Ste Foy
Grosbreuil
Thibaudière
la Boissière
Champclou
la Girvière
Château d'Olonne
l'Aubraie
la Roulière
Phare des Barges
la Chaume
Pointe de l'Aiguille
Fort St Nicolas
la Rudelière
Pte de Tanchette
la Corniche
Puits d'Enfer
Anse de Cayola
Poiroux
St Avaugourd-des-Landes
Talmont-St Hilaire
Avrillé
Guignardière
le Porteau
Port-Bourgenay
Plage du Veillon
Pointe du Payré
St Hilaire-la-Forêt
Abbe de N.-D.-de-Lieu-Dieu
le Bernard
Longeville-s-Mer
Jard-s-Mer
St Vincent-s-Jard
Maison de Clemenceau
Roche de l'Islatte
Forêt de Longeville
Parc floral
Pointe du Grouin du Cou
Pte du Chiquet
la Tranche-s-Mer
PERT
Pte du Lizay
Phare des Baleines
Conche des Baleines
les Portes-en-Ré
Pte du Fier
Réserve naturelle
Fier d'Ars
St Clément-des-Baleines
Ars-en-Ré
Loix
Pte de Grignon
la Couarde-s-Mer
le Bois-Plage-en-Ré
Pte de Chanchardon
Phare de Chanchardon

D
E
F
146
LA ROCHE-S-YON
La Chaize-le-Vicomte
Forêt de la Chaize
Fougeré
Bournezeau
Chantonnay
St Philbert-du-Pont-Charrault
Bazoges-en-Pareds
La Jaudonnière
St Hilaire-du-Bois
Thouarsais
Nesmy
Chaillé-s/s-les-Ormeaux
St Florent-des-Bois
Thorigny
Les Pineaux
Château-Guibert
St Vincent-Puymaufrais
Ste Hermine
St Juire-Champgillon
La Réorthe
Mareuil-s-Lay
Moutiers-s-le-Lay
Ste Pexine
Bessay
La Chapelle-Thémer
Thiré
St Martin-des-Fontaines
Marsais-Ste Radégonde
Rosnay
La Couture
St Vincent-Graon
Moutiers-les-Mauxfaits
St Jean-de-Beugné
St Aubin-la-Plaine
St Étienne-de-Brillouet
St Valérien
Pouillé
L'Hermenau
Corpe
Péault
La Bretonnière-la Claye
Les Magnils-Reigniers
St Sornin
St Cyr-en-Talmondais
Ste Gemme-la-Plaine
Nalliers
Mouzeuil-St Martin
Petosse
Le Givre
Curzon
Luçon
Chasnais
Lairoux
St Benoist-s-Mer
Le Langon
164
Moreilles
Grues
St Denis-du-Payré
Triaize
Champagné-les-Marais
Puyravault
Ste Radégonde-des-Noyers
Chaillé-les-Marais
Vouillé-les-Marais
Le Gué-de-Velluire
Velluire
St Michel-en-l'Herm
L'Aiguillon-s-Mer
La Faute-s-Mer
Pointe d'Arçay
Anse de l'Aiguillon
Pointe de l'Aiguillon
L'Île-d'Elle
Marans
Charron
Esnandes
Villedoux
Andilly
St Jean-de-Liversay
St Ouen-d'Aunis
Longèves
Nuaillé-d'Aunis
St Sauveur-d'Aunis
Anais
Angliers
Marsilly
Nieul-s-Mer
St Xandre
Dompierre-s-Mer
LA ROCHELLE
St Martin-de-Ré
La Flotte
180
181
Pertuis Breton

A
B
C
147
163
181
182
1
2
3
4
la Châtaigneraie
Mouilleron-en-Pareds
Bazoges-en-Pareds
la Jaudonnière
Thouarsais-Bouildroux
St Hilaire-du-Bois
la Caillère
St Sulpice-en-Pareds
Cezais
St Laurent-de-la-Salle
St Cyr-des-Gâts
Vouvant
Puy-de-Serre
Marillet
St Maurice-des-Noues
St Hilaire-de-Voust
Antigny
Breuil-Barret
la Chapelle-aux-Lys
Loge-Fougereuse
St Paul-en-Gâtine
l'Absie
Vernoux-en-Gâtine
Secondigny
Scillé
le Busseau
le Beugnon
la Chapelle-Thireuil
Faymoreau
Mervent
Forêt de Mervent-Vouvant
Bois de Mervent
St Martin-des-Fontaines
Marsais-Ste Radégonde
Bourneau
l'Hermenault
Pouillé
St Valérien
Sérigné
Pissotte
Longèves
Petosse
l'Orbrie
St Michel-le-Cloucq
Foussais-Payré
St Laurs
Puy-Hardy
Fenioux
Pamplie
Coulonges-s-l'Autize
Xaintray
St Maixent-de-Beugné
Fontenay-le-Comte
St Hilaire-des-Loges
Xanton-Chassenon
Auzay
Chaix
le Langon
St Pompain
Villiers-en-Plaine
Béceleuf
Faye-s-Ardin
Surin
St Ouenne
Coudray-Salbart
Fontaines
Montreuil
Doix
St Martin-de-Fraigneau
Nieul-s-l'Autise
Oulmes
Bouillé-Courdault
Maillezais
St Pierre-le-Vieux
Vix
Liez
Benet
St Maxire
St Rémy
Sciecq
Echiré
le Gué-de-Velluire
Velluire
la Taillée
l'Île-d'Elle
Maillé
Damvix
Arçais
le Mazeau
Coulon
Magné
Bessines
NIORT
la Ronde
Taugon
St Cyr-du-Doret
St Jean-de-Liversay
Courçon
la Grève-s-Mignon
St Hilaire-la-Palud
St Georges-de-Rex
Amuré
Sansais
Frontenay-Rohan-Rohan
St Symphorien
Epannes
Vallans
Granzay
le Bourdet
Prin-Deyrançon
Mauzé-s-le-Mignon
la Laigne
Benon
le Gué-d'Alleré
Nuaillé-d'Aunis
St Sauveur-d'Aunis
Anais
A 83
N 148
N 11
A 10 E 5

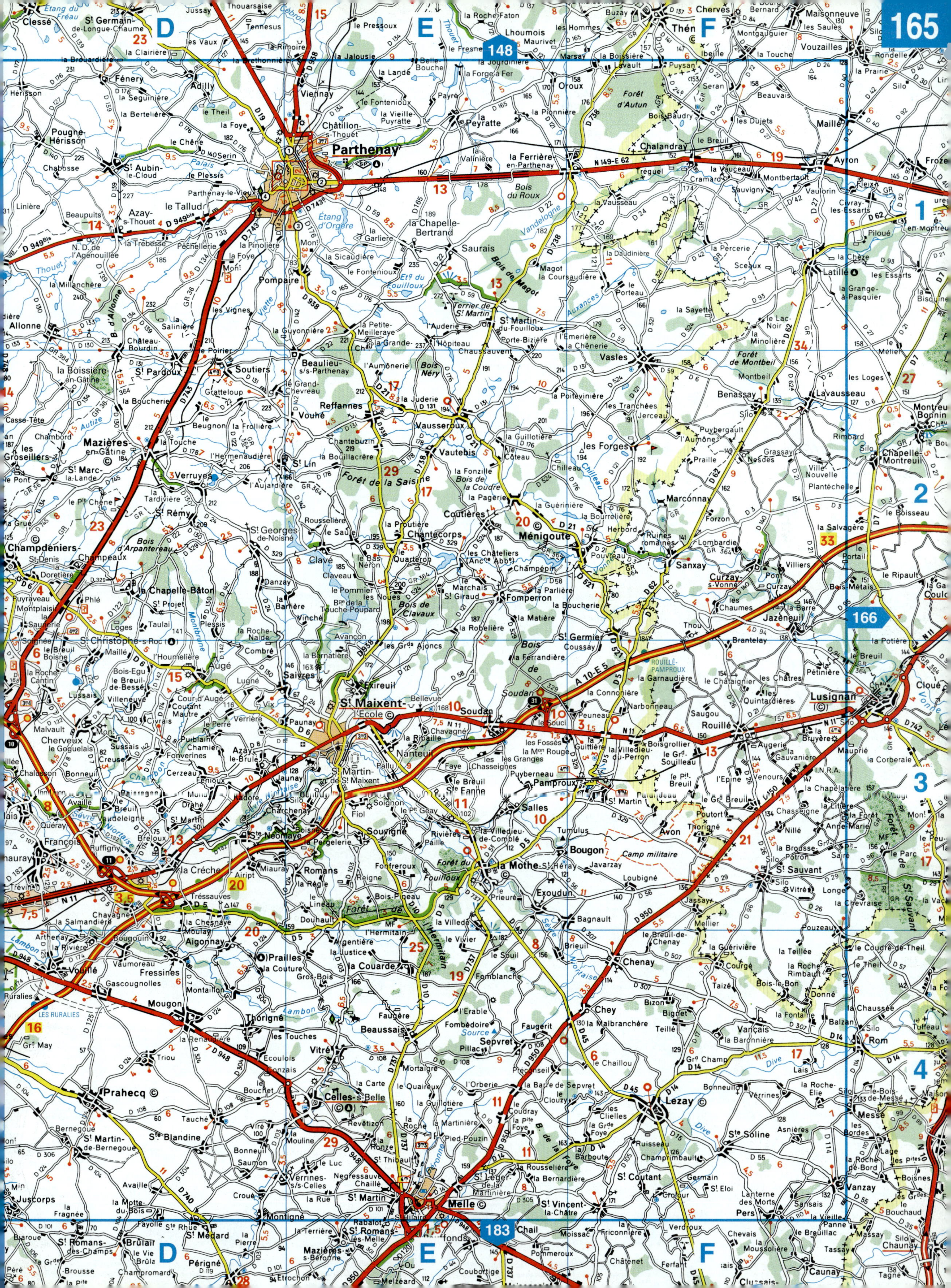
D
E
F
148
166
183
1
2
3
4
Parthenay
St Maixent-l'École
Lusignan
Ménigoute
Vasles
Mazières-en-Gâtine
Champdeniers-St-Denis
Prahecq
Celles-s-Belle
Melle
Lezay
La Mothe-St-Héray
Sanxay
Rouillé
Pamproux
Chenay
Sepvret
Vouillé
Latillé
Ayron
Thénezay
Forêt d'Autun
Forêt de la Saisine
Bois de Soudan
Forêt de l'Hermitain
Forêt de St Sauvant
Camp militaire

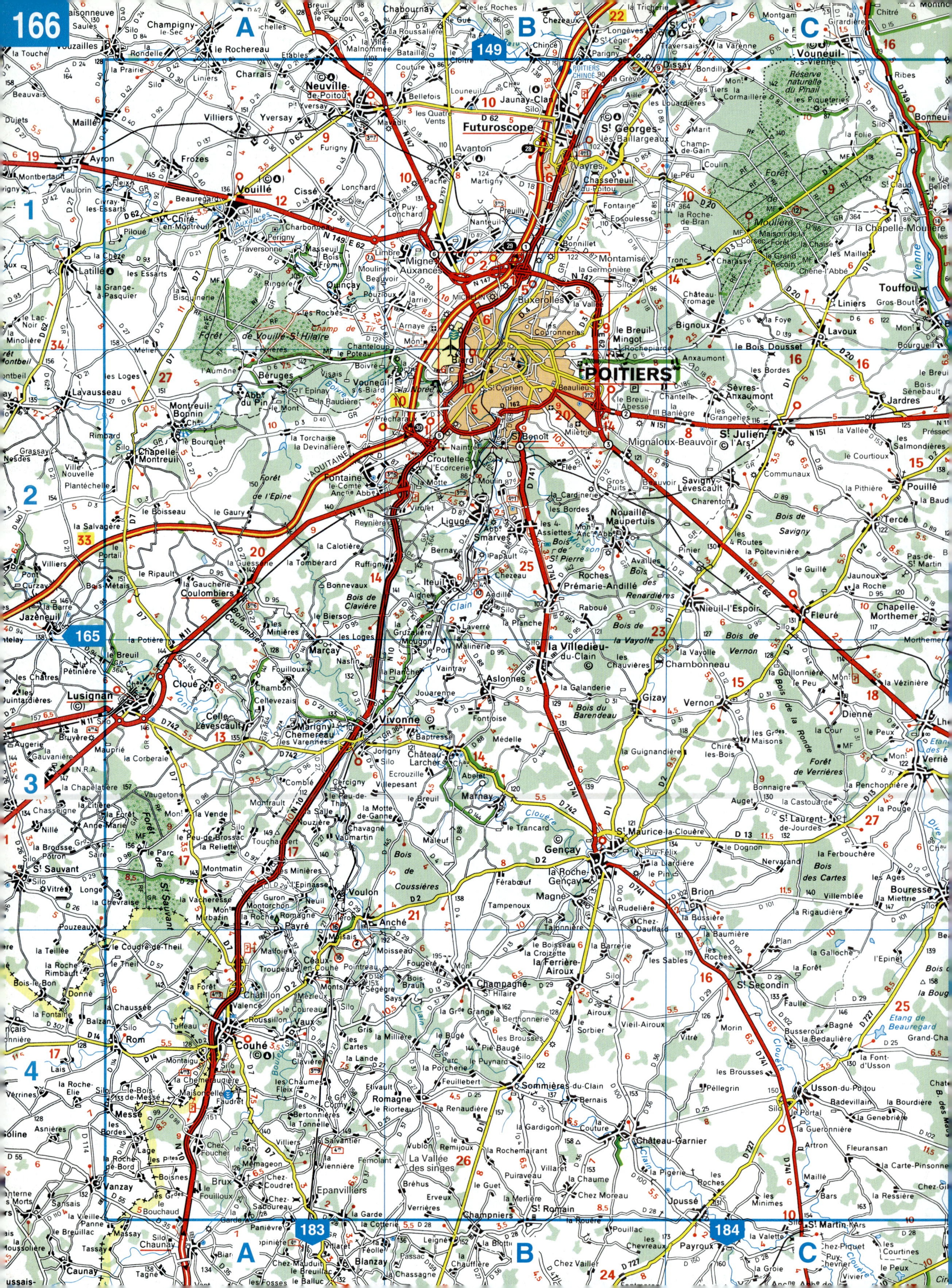
A
B
C
149
165
183
184
1
2
3
4
POITIERS
Futuroscope
Neuville-de-Poitou
Jaunay-Clan
St Georges-lès-Baillargeaux
Chasseneuil-du-Poitou
Vouillé
Migné-Auxances
Buxerolles
St Benoît
Mignaloux-Beauvoir
St Julien-l'Ars
Sèvres-Anxaumont
Lusignan
Coulombiers
Vivonne
Ligugé
Smarves
la Villedieu-du-Clain
Nouaillé-Maupertuis
Nieuil-l'Espoir
Gençay
St Maurice-la-Clouère
Couhé
Vaux
Champagné-St Hilaire
Sommières-du-Clain
Château-Garnier
Usson-du-Poitou
St Secondin
Fleuré
Vernon
Dienné
Jardres
Pouillé
Tercé
Lavoux
Bignoux
Touffou
Chauvigny
Forêt de Vouillé-St Hilaire
Forêt de Moulière
Réserve naturelle du Pinail
Forêt de l'Epine
Bois de Savigny
Forêt de Verrières
Bois de Coussières
Vouneuil-s-Vienne
Celle-Lévescault
Marigny-Chémereau
Anché
Payré
Ceaux-en-Couhé
Romagne
Brion
Gizay
Château-Larcher
Aslonnes
Iteuil
Croutelle
Fontaine-le-Comte
Béruges
Quinçay
Cissé
Avanton
Chabournay
Vendeuvre-du-Poitou
Marçay
Cloué
Rom
Vanzay
Chaunay
Blanzay
Payroux
Savigny-Lévescault
Roches-Prémarie-Andillé
Aubigny
St Sauvant
Voulon
Champniers
St Martin-l'Ars
St Romain
Epanvilliers
Brux
Messé
Jazeneuil
Montreuil-Bonnin
Chiré-en-Montreuil
Latillé
Ayron
Maillé
Frozes
Yversay
Charrais
Champigny-le-Sec
le Rochereau
Montamisé
Dissay
St Cyr

D
E
F
150
168
185
1
2
3
4
Chauvigny
Montmorillon
Lussac-les-Châteaux
le Blanc
St Savin
St Germain
la Trimouille
Bélâbre
Angles-s-l'Anglin
Fontgombault
Mérigny
Ingrandes
Concremiers
Journet
Bourg-Archambault
Saulgé
Plaisance
Lathus
Moulismes
Adriers
Bussière-Poitevine
l'Isle-Jourdain
Moussac
Queaux
Persac
Gouex
Mazerolles
Civaux
Valdivienne
Pindray
Antigny
Haims
Liglet
Thollet
Coulonges
Azat-le-Ris
Tersannes
le Dorat
Magnac-Laval
Darnac
Oradour-St Genest
Thiat
St Rémy-en-Montmorillon
Dinsac
Verneuil-Moustiers
Mauvières
Preuilly-la-Ville
Pouligny-St Pierre
St Pierre-de-Maillé
Vicq-s-Gartempe
Archigny
Bonnes
Lauthiers
la Puye
Paizay-le-Sec
Leignes-s-Fontaine
Jouhet
Béthines
Villesalem
St Léomer
Brigueil-le-Chantre
Camp militaire
Forêt de Lussac
Bois des Coudrières
B. de Bourgogne
Forêt de Mareuil
Forêt de Pleumartin
Bois de Paillet
Portes d'Enfer
Vienne
Gartempe
Creuse
Anglin
Benaize
Salleron
Asse
Brame
Blourde
Ozon
N 151
N 147 - E 62
D 727
D 675
D 975
D 942
D 951

NATUREL RÉGIONAL
BRENNE
151
167
185
186
Mézières-en-Brenne
Mézières
Rosnay
Douadic
Ruffec
Ciron
Romefort
Scoury
Oulches
St Gaultier
Thenay
Chasseneuil
Le Pont-Chrétien-Chabenet
Argenton-s-Creuse
St Marcel
Le Pêchereau
Bélâbre
Mauvières
Chalais
Luzeret
Prissac
La Garde-Giron
Celon
Chazelet
Vigoux
Bazaiges
Baraize
Ceaulmont
Badecon-le-Pin
Gargilesse-Dampierre
Éguzon
Crozant
St Gilles
Parnac
St Benoît-du-Sault
Roussines
Sacierges-St Martin
St Civran
Chaillac
Dunet
Lignac
Tilly
Bonneuil
Beaulieu
Mouhet
La Châtre-Langlin
Azerables
Chézeaux
St Sébastien
St Georges-les-Landes
St Sulpice-les-Feuilles
Mailhac-s-Benaize
Jouac
Cromac
Lussac-les-Églises
Verneuil-Moustiers
Tersannes
St Léger-Magnazeix
Arnac-la-Poste
St Hilaire-la-Treille
Dompierre-les-Églises
Magnac-Laval
Le Dorat
La Souterraine
Bazelat
St Germain-Beaupré
Vareilles
St Agnant-de-Versillat
St Maurice
Noth
Fresselines
Chantôme
Lignac
Château-Guillaume
St Hilaire-s-Benaize
Thollet
Coulonges
Liglet
Fontmorond
Bois de Paillet
Forêt de la Luzeraize
Forêt des Corollans
Forêt des Ris
Bois de Souvigny
Bois de la Lande
Bois des Tailles
Bois du Bouchet
Bois de Cochet
Forêt de St Benoît
Forêt de la Maisonbrot St Germain
A20 E9
N20
N151
D927
D10

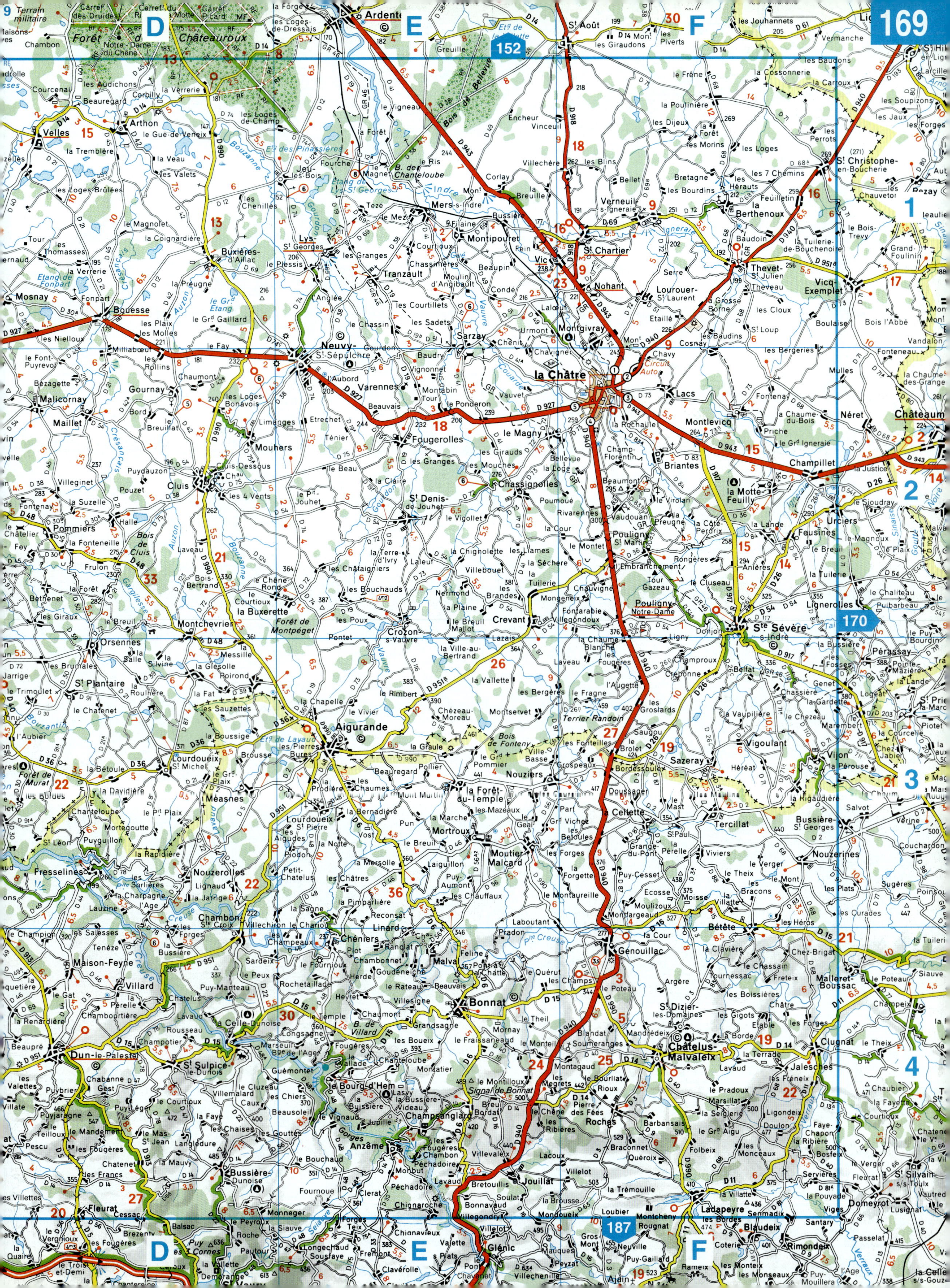
D
E
F
152
170
187
1
2
3
4
Châteauroux
Ardentes
la Châtre
Nohant
Montgivray
St Chartier
Neuvy-St Sépulchre
Aigurande
Cluis
Bouesse
Arthon
Velles
Mosnay
Malicornay
Gournay
Mouhers
Fougerolles
Chassignolles
Crevant
Crozon-s-Vauvre
Orsennes
St Plantaire
Montchevrier
la Buxerette
Forêt de Montpégat
Ste Sévère-s-Indre
Pouligny-Notre-Dame
Pouligny-St Martin
Briantes
Champillet
Urciers
Vigoulant
Sazeray
Tercillat
Nouzerines
Bussière-St Georges
Genouillac
Bonnat
Châtelus-Malvaleix
Clugnat
Jalesches
Ladapeyre
Bétête
Mortroux
Moutier-Malcard
la Forêt-du-Temple
Nouziers
Méasnes
Lourdoueix-St Michel
Nouzerolles
Fresselines
Chambon-Ste Croix
la Celle-Dunoise
Dun-le-Palestel
St Sulpice-le-Dunois
Anzême
Champsanglard
Jouillat
Glénic
Fleurat
Bussière-Dunoise
Villard
Maison-Feyne
Lacs
Montlevicq
Thevet-St Julien
Vicq-Exemplet
St Christophe-en-Boucherie
Berthenoux
Verneuil-s-Igneraie
Lourouer-St Laurent
Montipouret
Mers-s-Indre
Sarzay
St Denis-de-Jouhet
Buxières-d'Aillac
Lys-St Georges
Tranzault
Pommiers
la Motte-Feuilly
Néret
Signal de Bonnat
Terrier Randoin
Forêt de Murat
Forêt militaire
Forêt de Châteauroux
Bois de Bellevue
Circuit Auto

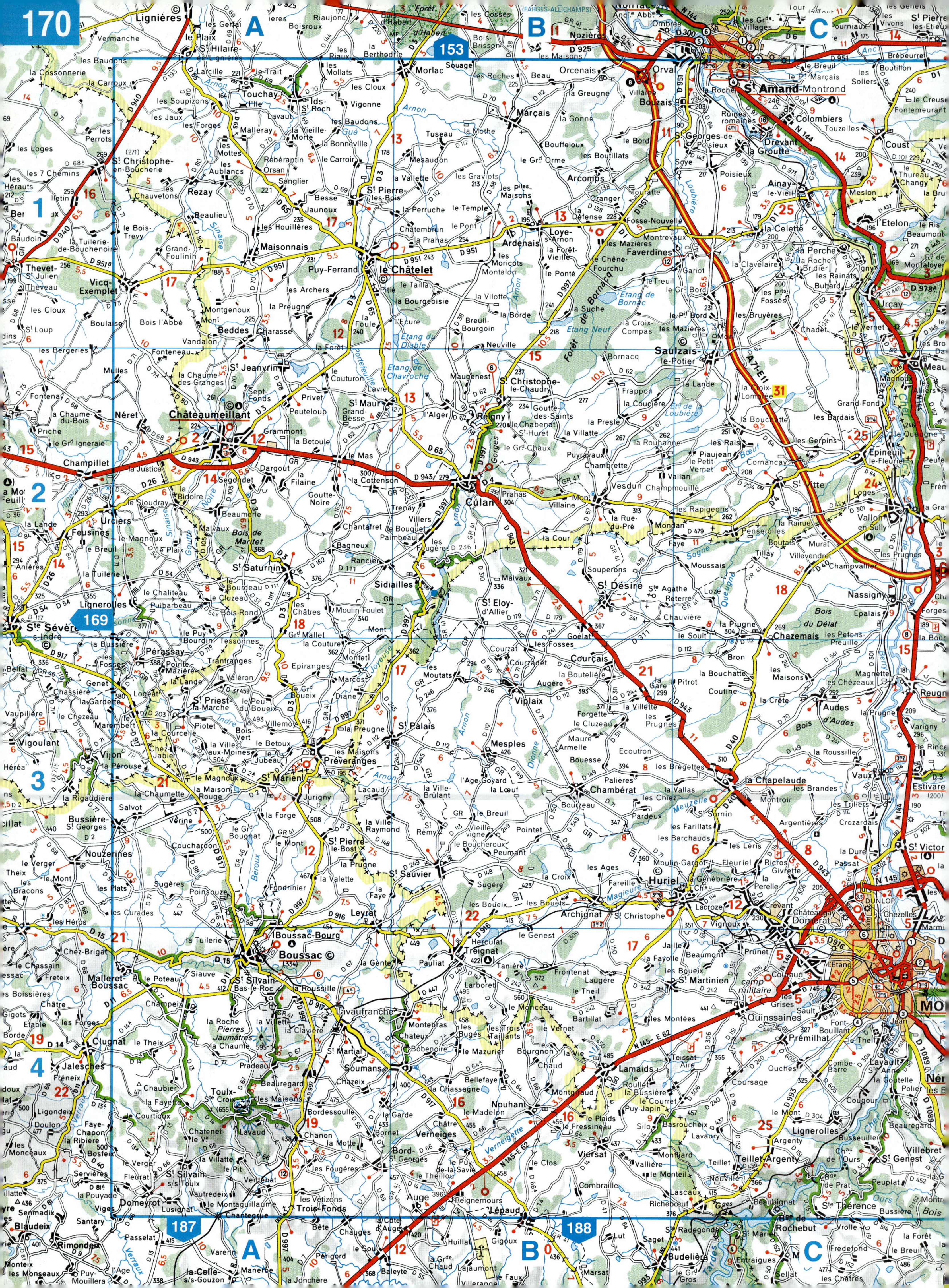

A
B
C
153
169
187
188
Lignières
Vermanche
Morlac
Orcenais
Orval
St Amand-Montrond
Colombiers
Drevant
la Groutte
Ainay-le-Vieil
la Celette
St Christophe-en-Boucherie
Touchay
Ids-St-Roch
Marçais
Arcomps
Rezay
St Pierre-les-Bois
Ardenais
Faverdines
Loye-s-Arnon
Maisonnais
le Châtelet
Puy-Ferrand
Thevet-St Julien
Vicq-Exemplet
Urçay
Beddes
Saulzais-le-Potier
Châteaumeillant
Néret
St Jeanvrin
St Maur
St Christophe-le-Chaudry
Reigny
Epineuil-le-Fleuriel
Champillet
Culan
Vesdun
Urciers
Feusines
St Saturnin
Sidiailles
St Désiré
Vallon-en-Sully
Lignerolles
Ste Sévère-s-Indre
St Eloy-d'Allier
Nassigny
Pérassay
Courçais
Chazemais
Viplaix
Vigoulant
Vijon
Préveranges
St Palais
Mesples
la Chapelaude
St Marien
Bussière-St Georges
Chambérat
Nouzerines
St Pierre-le-Bost
St Sauvier
Huriel
Domérat
Archignat
Leyrat
Boussac-Bourg
Boussac
Trégnat
St Silvain-Bas-le-Roc
Lavaufranche
St Martinien
Quinssaines
Clugnat
Jalesches
Soumans
Lamaids
Prémilhat
Toulx-Ste Croix
Nouhant
Viersat
Lignerolles
Domeyrot
Trois-Fonds
Lépaud
Budelière
Ste Thérence
Rochebut

D
E
F
154
172
189
1
2
3
4
Lurcy-Lévis
Charenton-du-Cher
Ainay-le-Château
Valigny
Pouzy-Mésangy
Couleuvre
Limoise
St Léopardin-d'Augy
Aubigny
Couzon
Forêt de Tronçais
Cérilly
St Plaisir
Franchesse
Agonges
Bourbon-l'Archambault
St Menoux
Theneuille
Ygrande
Souvigny
Le Brethon
Le Vilhain
Louroux-Bourbonnais
St Caprais
Hérisson
Vieure
Forêt de Gros Bois
Gipcy
Meillers
St Hilaire
Cosne-d'Allier
Forêt de Dreuille
Buxières-les-Mines
Châtillon
Venas
Louroux-Hodement
Forêt de Lespinasse
Sauvagny
Cressanges
Tronget
Le Montet
Bizeneuille
Murat
Villefranche-d'Allier
Chavenon
Deux-Chaises
Deneuille-les-Mines
St Priest-en-Murat
Sazeret
Le Theil
Laféline
Chamblet
Doyet
Bézenet
Montvicq
Montmarault
Voussac
Forêt de Vacheresse
Montluçon
Commentry
Malicorne
Hyds
Colombier
Louroux-de-Beaune
Beaune-d'Allier
Blomard
Target
Vernusse
Durdat-Larequille
Chirat-l'Église
Deneuille-lès-Chantelle
Chantelle
Lapeyrouse
Coutansouze
Arpheuilles-St Priest
Chezelle

A
B
C
1
2
3
4
155
171
189
190
Moulins
Yzeure
Avermes
Trévol
Villeneuve-s-Allier
Bagneux
Montilly
Souvigny
Coulandon
Neuvy
Bressolles
Toulon-s-Allier
Chemilly
Besson
Bessay-s-Allier
Châtel-de-Neuvre
La Ferté-Hauterive
Monétay-s-Allier
Contigny
St Loup
St Pourçain-s-Sioule
Varennes-s-Allier
Lapalisse
Chevagnes
Lusigny
Dornes
Lucenay-lès-Aix
Chézy
Gennetines
Montbeugny
Thiel-s-Acolin
Chapeau
Neuilly-le-Réal
Jaligny-s-Besbre
Trézelles
Montoldre
Servilly
Périgny
Chantelle
Cressanges
Meillard
Treban
Châtillon
Aubigny
Couzon
Tresnay
Agonges
Autry-Issards
Meillers
Marigny
St Menoux
Vieux-Bostz
Bresnay
Verneuil-en-Bourbonnais
Saulcet
Louchy-Montfand
Bransat
Cesset
Montord
Fleuriel
Charell
Deneuille-lès-Chantelle
Billy
Créchy
Sanssat
St Gérand-le-Puy
Bouce
Rongères
Montaigu-le-Blin
St Gérand-de-Vaux
Thionne
Vaumas
Beauvoir
St Voir
Mercy
Lafeline
Le Theil
Fôret de Munet
Bois de Leyde
Fôret des Prieurés Bagnolet
Fôret de Marigny
Fôret des Prieurés Moladier
Allier
N 7
N 9
N 79 - E 62
N 2079
D 953

D
E
F
156
174
191
1
2
3
4
Bourbon-Lancy
Gueugnon
Digoin
Paray-le-Monial
Toulon-s-Arroux
Issy-l'Évêque
Le Donjon
Marcigny
Semur-en-Brionnais
Maltat
Cressy-s-Somme
Grury
Mont
Chalmoux
Neuvy-Grandchamp
St Aubin-s-Loire
Gilly-s-Loire
Perrigny-s-Loire
St Agnan
Pierrefitte-s-Loire
Coulanges
Saligny-s-Roudon
Molinet
Chassenard
Monétay-s-Loire
Le Pin
St Léger-s-Vouzance
St Didier-en-Donjon
Liernolles
Neuilly-en-Donjon
Avrilly
Luneau
Lenax
Loddes
Montaiguët-en-Forez
Urbise
Chenay-le-Châtel
Bert
Montcombroux-les-Mines
Barrais-Bussolles
Andelaroche
Droiturier
Cronat
Lesme
Vitry-s-Loire
Beaulon
Dompierre
Diou
Chassy
Clessy
Rigny-s-Arroux
Vendenesse-s-Arroux
Ste Radegonde
Uxeau
Vitry-en-Charollais
St Yan
Varenne-St Germain
Anzy-le-Duc
Baugy
Chambilly
Artaix
St Martin-du-Lac
Montceaux-l'É.
Vindecy
L'Hôpital-le-Mercier
St Léger-lès-Paray
Volesvres
Poisson
Oyé
Sarry
St Christophe-en-Brionnais
St Julien-de-Jonzy
Ligny-en-Brionnais
Melay
Fleury-la-Montagne
Signal de Mont
Mont Dardon
Mont Tharot
Forêt de Germigny
Bois des Aisances
Forêt de Carteland
LOIRE

157
173
191
192
A
B
C
1
2
3
4
Montceau-les-Mines
Blanzy
Sanvignes-les-Mines
St Vallier
Mont-St Vincent
Génelard
Palinges
Perrecy-les-Forges
Toulon-s-Arroux
Paray-le-Monial
Charolles
St Bonnet-de-Joux
La Guiche
Cluny
Matour
La Clayette
Chauffailles
St Gengoux-le-National
Joncy
Marigny
Gourdon
Pouilloux
Ciry-le-Noble
Dompierre-s/s-Sanvignes
Chassy
Volesvres
Digoine
Grandvaux
Martigny-le-Comte
Ballore
Mornay
Chaumont
Chevagny-s-Guye
Salornay-s-Guye
Sailly
Donzy-le-National
Vendenesse-les-Charolles
Baudemont
St Christophe-en-Brionnais
Semur-en-Brionnais
Varennes-s/s-Dun
Aigueperse
Monsols
Tramayes
St Point
Dompierre-les-Ormes
Trivy
Suin
Sivignon
Ozolles
Beaubery
Gibles
Montmelard
Curbigny
Châtenay
La Chapelle-s-Dun
Chassigny
Ouroux
Germolles
Clermain
Bourgvilain
Ste Cécile
Mazille
Bergesserin
Jalogny
Cortevaix
Forêt de Charolles
Forêt d'Avaize
Canal du Centre
Etang de Martenet
Col des Enceints
Butte de Suin
Mont-Dardon
La Terrasse

D
E
F
158
176
193
1
2
3
4
Buxy
Sennecey-le-Grand
Tournus
Cuisery
Cormatin
Brancion
Chapaize
Lugny
Pont-de-Vaux
Fleurville
Mâcon
Bâgé-le-Châtel
Pont-de-Veyle
Montrevel-en-Bresse
Montpont-en-Bresse
St Trivier-de-Courtes
Romenay
Montret
Bourg-en-Bresse
Solutré
Juliénas
Chénas
Fleurie
Romanèche-Thorins
Crêches
Cormoranche
Vonnas
Attignat
Viriat
St Germain-du-Plain
Savigny-s-Seille
Simandre
Arbigny
Replonges
St Laurent
Manziat
Feillens
Azé
Clessé
Vérizet
Ozan
Boissey
St Denis
A 40 - E 21 - E 62
A 6
N 79

A
B
C
159
175
193
194
1
2
3
4
LONS-LE-SAUNIER
Cirque de Baume
Louhans
Châteaurenaud
Beaurepaire-en-Bresse
Montpont-en-Bresse
Frontenaud
Beaufort
Cuiseaux
Varennes-St-Sauveur
St Amour
Orgelet
Arinthod
Coligny
St Julien
Treffort
Viriat
BOURG-EN-BRESSE
Izernore
Montréal
Conliège
Pont-de-Poitte
Dortan
Bellignat
Sagy
Cousance
Gigny
Montrevel
Pressiat
Meillonnas
Ceyzériat
Attignat
Marboz
Lescheroux
Foissiat
St Étienne-du-Bois
Matafelon-Granges
Corveissiat
Samognat
Géovreisset
Condes
Chancia
Vescles
Moirans

D
E
F
160
178
195
1
2
3
4
Doucier
Marigny
Chalain
Clairvaux-les-Lacs
St Laurent en-Grandvaux
Morbier
Morez
Les Rousses
Prémanon
La Cure
St Cergue
La Dôle
Bois-d'Amont
Foncine-le-Haut
Foncine-le-Bas
Les Planches
Chapelle-des-Bois
Bellefontaine
Longchaumois
Lamoura
Lajoux
Septmoncel
Col de la Faucille
Mijoux
Gex
Divonne-les-Bains
St Claude
Moirans-en-Montagne
St Lupicin
Lavans
Les Bouchoux
Mont-Rond
Crêt de la Neige
Le Reculet
Monts-Jura
Colomby de Gex
Chézery-Forens
Ferney-Voltaire
Versoix
Coppet
Nyon
GENÈVE
Carouge
Onex
Meyrin
St Genis-Pouilly
Thoiry
St Julien
PARC NATUREL RÉGIONAL DU HAUT JURA
MONT RISOUX
Forêt du Risoux
Pic de l'Aigle
Lac de Vouglans
Le Brassus
Pont des Pierres

LAUSANNE
LAC
LÉMAN
GENÈVE
THONON-LES-BAINS
ÉVIAN-LES-BAINS
Morges
Rolle
Nyon
Annemasse
Versoix
Douvaine
Yvoire
Pully
Lutry
Cossonay
Aubonne
St Prex
Coppet
Gland
Bière
Échallens
Excenevex
Amphion-les-Bains
Maxilly
Bons-en-Chablais
Boëge

D
E
F
1
2
3
4
Bulle
Gruyères
Broc
Châtel-St-Denis
Semsales
Vevey
MONTREUX
Clarens
Territet
Chillon
Villeneuve
Blonay
Rochers de Naye
Château-d'Oex
Rossinière
Saanen
Rougemont
Gstaad
Grummfluh
Leysin
Aigle
Ollon
Villars-s-Ollon
Gryon
Bex
Monthey
Collombey
St Maurice
Champéry
Val-d'Illiez
Dents du Midi
Morzine
Avoriaz
Abondance
Châtel
St Gingolph
Le Bouveret
Port-Valais
Vouvry
Les Diablerets
Col du Pillon
LES DIABLERETS
Ormont-Dessus
Ormont-Dessous
Col des Mosses
L'Etivaz
Dent de Morcles
Gd Muveran
Pont de Nant
Saillon
Riddes
Saxon
Chamoson
Leytron
Fully
Charrat
Martigny
Salvan
Evionnaz
Oron-la-Ville
Palézieux
Puidoux
Chexbres
Cully
Rue
Romont
Vaulruz
Vuadens
Charmey
Jaun
Moléson-s-Gruyères
le Moléson
Montbovon
Lessoc
Albeuve
Neirivue
Grandvillard
Enney
Estavannens
Pays d'Enhaut
Corniche de Lavaux
St Saphorin
la Tour-de-Peilz
Pic de Morclan
Dent d'Oche
Les Cornettes de Bises
Torgon
Chessel
Noville
Rennaz
Roche
Yvorne
Corbeyrier
Tour d'Aï
Berneuse
Chamossaire
Villars
Sex Rouge
Oldenhorn
Sanetschhorn
Ardon
Morcles
Lavey
Massongex
Troistorrents
Morgins
Pas de Morgins
197

A
B
C
1
2
3
4
162
163
198
ILE DE RÉ
LA ROCHELLE
ILE D'OLÉRON
PERTUIS D'ANTIOCHE
Pointe de Chanchardon
Phare de Chanchardon
la Couarde-s-Mer
le Bois-Plage-en-Ré
la Gollandière
Gros-Jonc
les Grenettes
la Noue
Ste Marie-de-Ré
Pte de Chauveau
Phare de Chauveau
Rivedoux-Plage
Fort de la Prée
Pte de Sablanceaux
Sablanceaux
Pont-Viaduc
la Pallice
l'Houmeau
Pte du Plomb
Pointe du Chef de Baie
Port-Neuf
les Minimes
Tour du Lavardin
Aytré
Pte de Roux
la Plage d'Aytré
Pte du Chay
Angoulins
St Jean-des-Sables
Châtelaillon-Plage
Pte de Châtelaillon
Rocher d'Antioche
Pte de Chassiron
Phare de Chassiron
Chassiron
la Gautrie
la Morelière
Plage de Soubrejon
St Denis-d'Oléron
la Bétaudière
les Trois Pierres
les Seulières
les Huttes
la Brée-les-Bains
les Boulassiers
Port du Douhet
Anse de Maleconche
Plaisance
Plage de la Gautrelle
Anse du Marais Salé
Chaucre
Pte de Chauvre
Domino
Chéray
St Georges-d'Oléron
Forêt des Saumonards
Pte des Saumonards
Boyardville
Fort Boyard
Rade des Basques
Pte du Parc
Ile d'Aix
Ile-d'Aix
Fort Liedot
Pte de Coudepont
Pte Ste Catherine
Fort de la Rade
Fort Enet
Pte de la Fumée
la Fumée
Anse de Fouras
Fouras
Rade de l'Ile d'Aix
service saisonnier
Plage des Sables Vignier
Pte de Chardonnière
Saurelle
Bois Fleury
la Perrotine
St Pierre-d'Oléron
la Boirie
Giboire
Fromagerie
St Gilles
l'Ileau
la Valinière
la Menounière
la Biroire
la Chefmalière
Maisonneuve
Côte Sauvage
Réserve naturelle des marais de Moëze
Ile Madame
Passe aux Bœufs (Route submersible)
Port-des-Barques
St Nazaire-s-Charente
St Froult
Piédemont
Dresserie
le Marais aux Oiseaux
Parc ornithologique
Dolus-d'Oléron
St Séverin
Beaurepaire
Matha
la Cotinière
la Perroche
la Remigeasse
l'Écuissière
le Riveau
Vert-Bois
Plage de Vert-Bois
la Baudissière
la Noue
la Bergerie
les Bardières
Tour de Juliard
la Gaconnière
le Château-d'Oléron
Citadelle
Coureau d'Oléron
Viaduc d'Oléron
Pte des Chardons
Pte du Chapus
le Chapus
Bourcefranc-le-Chapus
Brouage
le Grd-Village-Plage
Port des Salines
Plage de la Giraudière
St Trojan-les-Bains
Centre Hélio-Marin
Pte de Manson
les Bris
Plage de la Grande
Pertuis de Maumusson
Pte de Gatseau
Plage de l'Embellie
Marennes-Plage
Viaduc de la Seudre
Marennes
Ronce-les-Bains
Pointe Espagnole ou Pte d'Arvert
Forêt de la Tremblade
la Tremblade
Tour des 4 Fontaines
Forêt de la Coubre
Côte Sauvage
Bouffard
la Fousse
les Mathes
Étaules
Arvert
la Baraque
Phare de la Coubre
Pointe de la Coubre
Bonne Anse
la Palmyre
St Augu
Zoo
la Cayenne
Mauzac
le Lindron
Parcs
Huîtres
Avallon
la Grève-à-Duret
Coux
Artouan
Chaillevette
Plaisance

D
E
F
164
182
199
200
1
2
3
4
Surgères
Rochefort
Tonnay-Charente
Tonnay-Boutonne
St Jean-d'Angély
St Savinien
Saintes
Mauzé-s-le-Mignon
Aigrefeuille-d'Aunis
la Jarrie
Pont-l'Abbé-d'Arnoult
St Porchaire
Roche Courbon
Saujon
Loulay
Aulnay
Matha
Charente
Boutonne

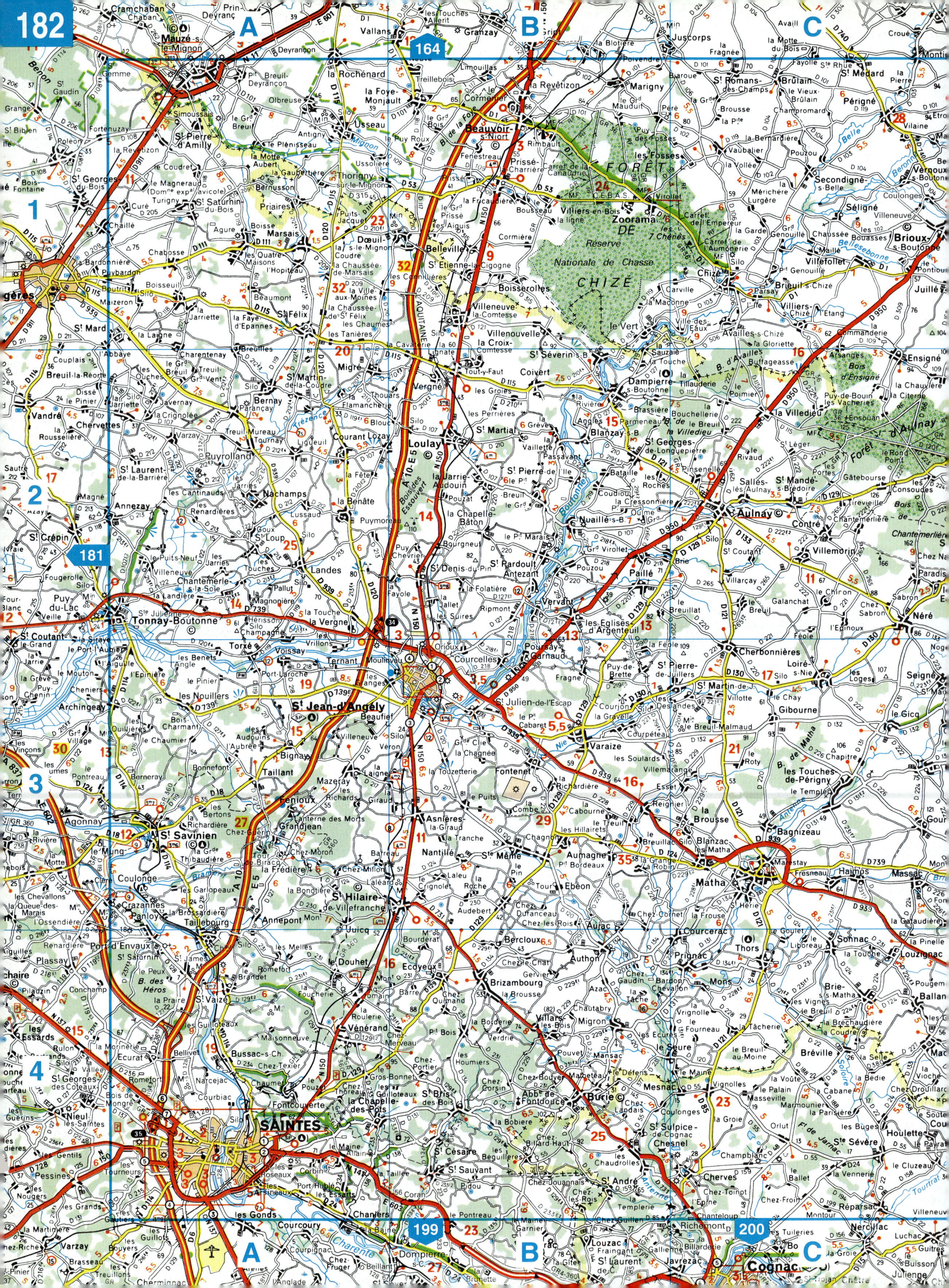

164
181
199
200

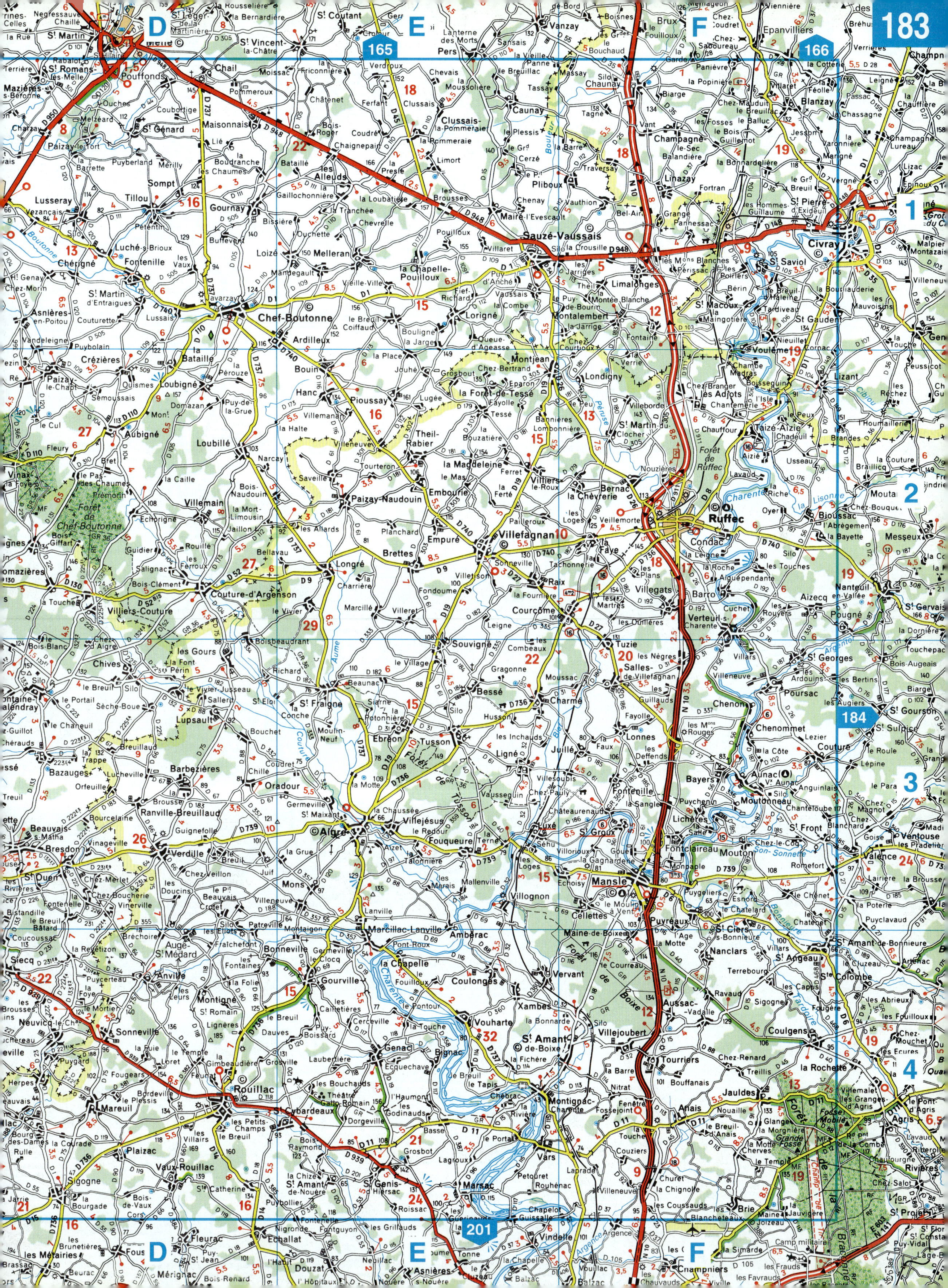

D
E
F
165
166
184
201
1
2
3
4
Melle
Chef-Boutonne
Sauzé-Vaussais
Civray
Ruffec
Villefagnan
Aigre
Mansle
Rouillac
Paizay-Naudouin
Couture-d'Argenson
Verteuil-s-Charente
St Amant-de-Boixe
Brioux
Lusseray
Tillou
Sompt
Gournay
Loubillé
Aubigné
Villiers-Couture
Chives
Lupsault
Barbezières
Verdille
Montigné
Gourville
Marcillac-Lanville
Genac
Tusson
Souvigné
Courcôme
Salles-de-Villefagnan
Tuzie
Bayers
Lichères
Fontenille
Juillé
Ligné
Charmé
Ebréon
St Fraigne
Oradour
Montjean
Longré
Brettes
Nanteuil-en-Vallée
Pougné
Aizecq
Condac
Barro
Poursac
Chenommet
Couture
Valence
Villejoubert
Tourriers
Jauldes
Anais
Vars
Marsac
St Genis-d'Hiersac
Vindelle
Champniers
Asnières
St Cybardeaux
Vaux-Rouillac
Plaizac
Sigogne
Fleurac
Echallat
Douzat
Mareuil
Sonneville
Anville
Bonneville
Mons
Verdille
Bresdon
Beauvais-s-Matha
Bazauges
Ranville-Breuillaud
Vervant
Coulonges
Xambes
Vouharte
Montignac-Charente
Ambérac
Puyréaux
Nanclars
Coulgens
La Rochette
Agris
Cellettes
Fontclaireau
Mouton
Moutonneau
Chenon
Villegats
Lonnes
Raix
Empuré
Embourie
La Magdeleine
Theil-Rabier
Pioussay
Hanc
Bouin
Ardilleux
Lorigné
Limalonges
Montalembert
St Macoux
Vouïllé
St Saviol
Blanzay
Champagne-le-Sec
Linazay
Caunay
Clussais-la-Pommeraie
Pers
Vanzay
Chail
Pouffonds
Maisonnay
Les Alleuds
Melleran
Loizé
Lusseray
Fontenille
Chérigné
Crézières
Paizay-le-Chapt
Bataille
Villemain
Lizant
Surin
Charroux
Forêt de Chef-Boutonne
Forêt de Ruffec
Forêt de Boixe
Forêt de la Braconne
Forêt de Tusson
Charente

A
B
C
1
2
3
4
Civray
Charroux
Champniers
St Romain
Jousse
Payroux
St Martin-l'Ars
l'Isle-Jourdain
Le Vigeant
Blanzay
Savigné
Mauprévoir
Millac
Availles-Limouzine
Pressac
Genouillé
Asnois
Surin
Pleuville
Lizant
St Saviol
St Gaudent
Vouillé
Épenède
Hiesse
Lessac
St Germain-de-Confolens
Brillac
Esse
Confolens
Benest
Alloue
Ansac-s-Vienne
Champagne-Mouton
St Coutant
Vieux-Cérier
Le Bouchage
Bioussac
Nanteuil-en-Vallée
St Gervais
Pougné
Messeux
Moutardon
Poursac
Chassiecq
Turgon
Parzac
Beaulieu-s-Sonnette
St Claud
Cellefrouin
Ventouse
Valence
Lascoux
St Laurent-de-Céris
Manot
Chirac
St Maurice-des-Lions
Chabrac
Étagnac
Roumazières-Loubert
Exideuil
Chabanais
Suaux
Genouillac
Suris
Chassenon
Pressignac
Le Lindois
Massignac
Verneuil
Lézignac-Durand
Mazières
Cherves-Châtelars
Chasseneuil-s-Bonnieure
Vitrac-St Vincent
Montembœuf
Mazerolles
St Adjutory
Taponnat-Fleurignac
Agris
Rivières
la Rochefoucauld
St Projet
Coulgens
St Angeau
St Mary
St Sulpice
St Fraigne
Lussac
Nieuil
Forêt de Chasseneuil
Bois de Quatre-Vaux
Bois de Belair
Bois du Chambon
Forêt de Plessac
Forêt de la Braconne
Circuit auto
Vienne
Charente
Son-Sonnette
Bonnieure
Argent
Lisonne
Clain
Issoire
Grottes du Chaffaud
Camp militaire
Yvrac-et-Malleyrand
Rouzède
Lavauguyon

166
183
202

D
E
F
167
168
186
203
1
2
3
4
Bussière-Poitevine
Oradour-St Genest
Dinsac
le Dorat
Magnac-Laval
Dompierre-les-Églises
Darnac
St Sornin-Leulac
St Barbant
St Martial-s-Isop
Asnières-s-Blour
St Bonnet-de-Bellac
St Sornin-la-Marche
St Ouen-s-Gartempe
la Croix-s-Gartempe
Droux
Villefavard
Peyrat-de-Bellac
Bellac
Blanzac
Châteauponsac
Gajoubert
Mézières-s-Issoire
Balledent
Bessines-s-Gartempe
Forêt des Bois du Roi
Thouveyrat
St Junien-les-Combes
Roussac
Berneuil
St Pardoux
Bussière-Boffy
Nouic
Mortemart
Blond
Monts de Blond
Breuilaufa
Vaulry
St Symphorien-s-Couze
Razès
Lac de St Pardoux
le Buis
St Christophe
Montrol-Sénard
Peyrilhac
Nantiat
Thouron
Cieux
Chamboret
Compreignac
Montrollet
Forêt de Brigueil
Javerdat
St Jouvent
Brigueuil
Oradour-s-Glane
Nieul
Bonnac-la-Côte
Saillat-s-Vienne
St Junien
Chaillac-s-Vienne
St Martin-de-Jussac
St Brice-s-Vienne
St Victurnien
St Gence
Veyrac
Chaptelat
Rilhac-Rancon
Cognac-la-Forêt
Rochechouart
Forêt de Rochechouart
St Auvent
St Cyr
St Priest-s-Aixe
Aixe-s-Vienne
Isle
LIMOGES
Panazol
Le Palais-s-Vienne
Condat-s-Vienne
St Laurent-s-Gorre
Séreilhac
Beynac
Solignac
Le Vigen
Vayres
Oradour-s-Vayres
Bosmie-l'Aiguille
Burgnac
Lavignac
Couzeix

A
B
C
168
185
204
1
2
3
4
la Souterraine
Châteauponsac
Bessines-s-G.
Bénévent-l'Abbaye
le Grand-Bourg
Laurière
Ambazac
St-Léonard-de-Noblat
LIMOGES
Bourganeuf
Eymoutiers
Peyrat-le-Château
St-Vaury
Dun-le-Palestel
Fleurat
St-Sulpice-Laurière
Châtelus-le-Marcheix
St-Dizier-Leyrenne
Razès
Rilhac-Rancon
Le Palais-s-Vienne
Boisseuil
Solignac
le Vigen
Masléon
Sauviat-s-Vige
Pont-de-Noblat
Feytiat
Eyjeaux
Châtenet
Puy de Goth
Chamborand
St-Pierre-de-Fursac
St-Étienne-de-Fursac
Bersac-s-Rivalier
Nantiat
St-Martin-Terressus
St-Priest-Taurion
Chaptelat
Couzeix
Royères
Bujaleuf
Cheissoux
St-Julien-le-Petit
Montboucher
Masbaraud-Mérignat
St-Amand-Jartoudeix
St-Laurent-les-Églises
Magnac-Laval

D
E
F
169
170
188
205
1
2
3
4
Guéret
Glénic
Jarnages
Gouzon
Parsac
Cressat
Chénérailles
Ahun
Moutier-d'Ahun
Pontarion
St Sulpice-les-Champs
Aubusson
Bellegarde-en-Marche
Felletin
Crocq
Royère-de-Vassivière
Lac de Vassivière
Gentioux
Vidaillat
Chavanat
Issoudun
Peyrat-la-Nonière
St Maixant
Champagnat
Néoux
Magnat-l'Étrange
Clairavaux
Fêniers
Camp militaire de la Courtine

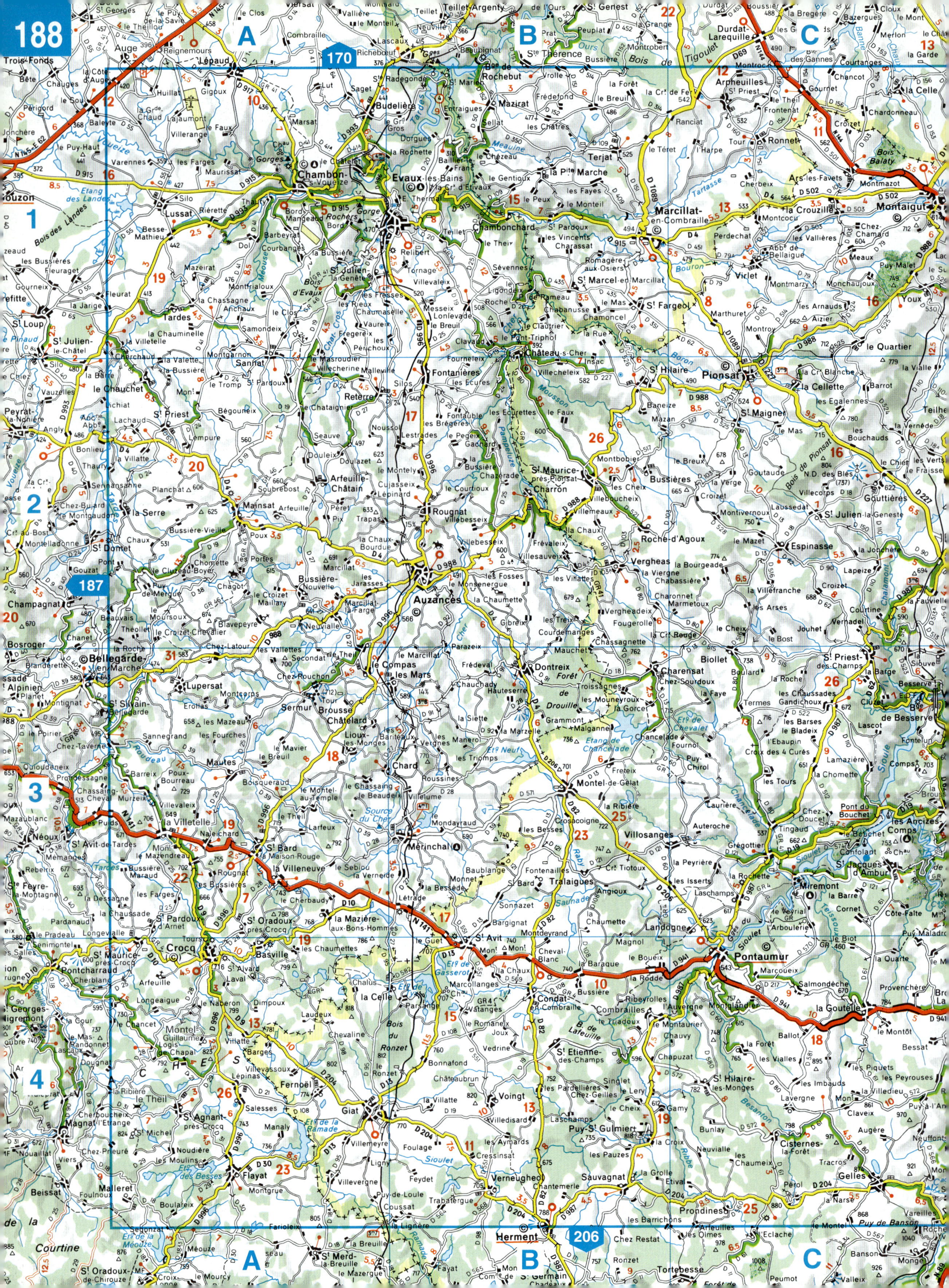
A
B
C
1
2
3
4
170
187
206
Chambon-sur-Voueize
Evaux-les-Bains
Budelière
Lussat
Chambonchard
Marcillat-en-Combraille
Montaigut
Arpheuilles-St-Priest
St Julien-la-Genête
Fontanières
Château-s-Cher
St Fargeol
Pionsat
St Hilaire
St Maigner
St Maurice-près-Pionsat
Bussières
Roche-d'Agoux
Espinasse
Vergheas
Auzances
Rougnat
Mainsat
Bussière-Nouvelle
Bellegarde-en-Marche
Lupersat
Champagnat
St Domet
Dontreix
Charensat
Biollet
St Priest-des-Champs
Montel-de-Gelat
Villosanges
Mérinchal
St Bard
la Villeneuve
St Avit
Tralaigues
Pontaumur
St Oradoux-près-Crocq
Crocq
Basville
Condat-en-Combraille
la Celle
Giat
Fernoël
Voingt
Puy-St Gulmier
Flayat
Verneugheol
Sauvagnat
Herment
Prondines
Gelles
Cisternes-la-Forêt
St Agnant-près-Crocq
Magnat-l'Etrange
Auge
Lépaud
St Loup
St Julien-le-Châtel
le Chauchet
St Priest
Peyrat-la-Nonière
Sannat
Arfeuille-Châtain
St Pardoux
Chard
Lioux-les-Monges
Sermur
Brousse
Châtelard
Mautes
St Silvain-Bellegarde
Néoux
St Maurice-près-Crocq
Pontcharraud
Montel-Guillaume
la Goutelle
Mirement
St Jacques-d'Ambur
Miremont
St Hilaire-les-Monges
Montmazot
la Crouzille
Virlet
Youx
Gouttières
St Julien-la-Geneste
Teilhet
Durdat-Larequille
la Celle
Terjat
Mazirat
Sts Marcel-en-Marcillat
Forêt de Drouille
Bois du Ronzet

D
E
F
171
172
190
207
1
2
3
4
VIC
Chantelle
Bellenaves
Ebreuil
Gannat
Menat
St Éloy-les-Mines
Escurolles
Aigueperse
Combronde
Manzat
Châtelguyon
Riom
Ennezat
Effiat
Randan
Maringues
Pontgibaud
Volvic
Royat
Chamalières
CLERMONT-FERRAND
Pont-du-Château
Lezoux
Vertaizon
Aubière
Beaumont
Cournon-d'Auvergne
Puy de Dôme
PARC RÉGIONAL DES VOLCANS D'AUVERGNE
Gorges de Chouvigny
Gorges de la Sioule
Forêt des Colettes
Gour de Tazenat
Vulcania
Montferrand
Mozac
Ménétrol
Gerzat
Cébazat
Blanzat
Marsat
Aulnat
Lempdes
Thuret
Vensat
Montpensier
Billom

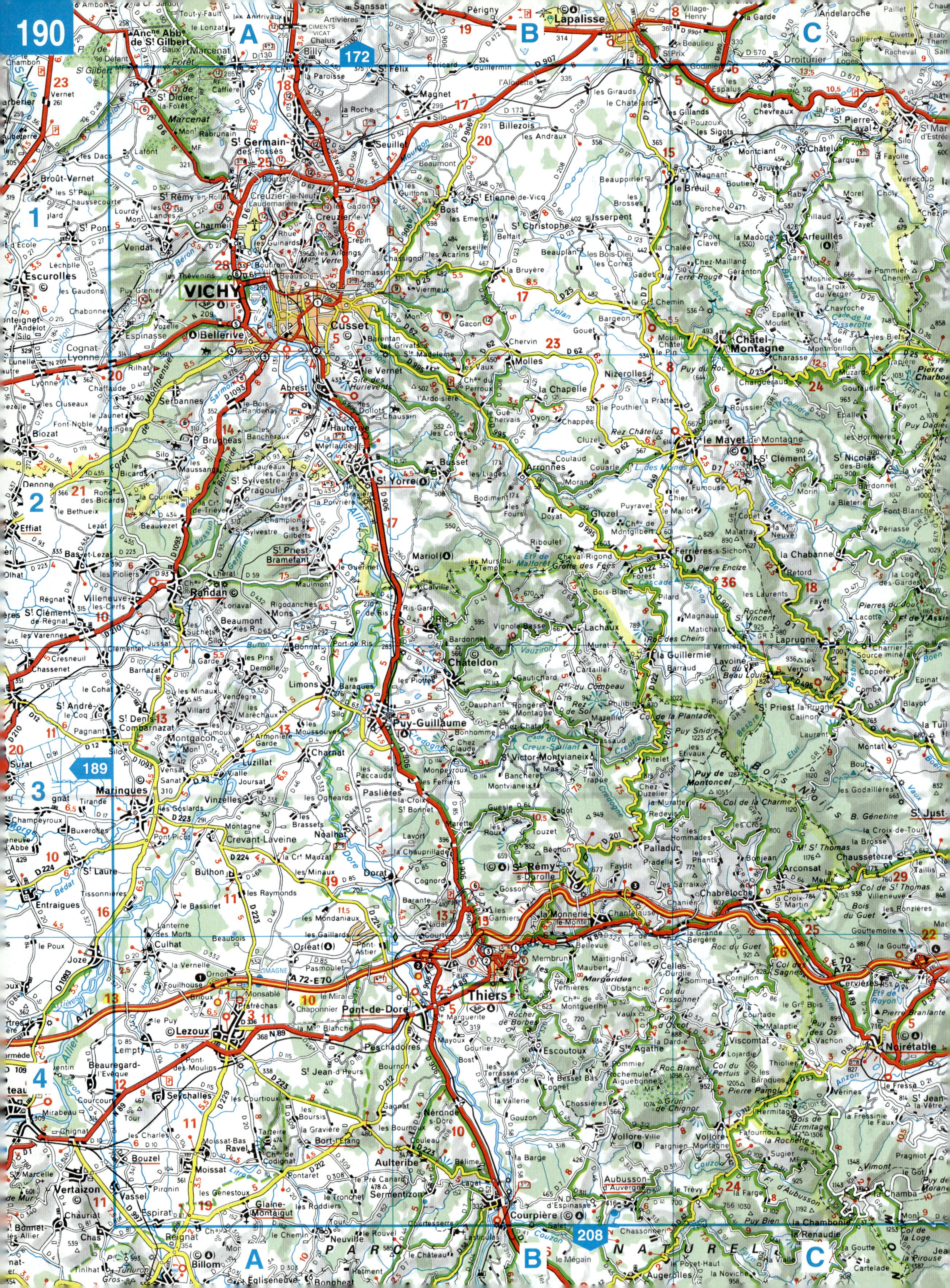
A
B
C
1
2
3
4
172
189
208
Lapalisse
St Germain-des-Fossés
Creuzier-le-Neuf
Creuzier-le-Vieux
Billy
Magnet
Seuillet
Billezois
Escurolles
Vendat
Charmeil
VICHY
Bellerive
Cusset
Abrest
Le Vernet
Busset
St Yorre
Mariol
Châteldon
Puy-Guillaume
Randan
St Priest-Bramefant
Maringues
Lezoux
Thiers
Pont-de-Dore
Courpière
Billom
Vertaizon
Châtel-Montagne
le Mayet-de-Montagne
Arfeuilles
Ferrières-s-Sichon
St Rémy-s-Durolle
Noirétable
Chabreloche
Arconsat
Droiturier
Effiat
Aubusson-d'Auvergne
Vollore-Ville
Escoutoux
PARC
NATUREL

D
E
F
173
174
192
209
1
2
3
4
ROANNE
Charlieu
Pouilly
Chauffailles
Châteauneuf
Pacaudière
Ambierle
Renaison
Riorges
le Coteau
Perreux
Thizy
Cours
Amplepuis
Régny
St-Symphorien-de-Lay
Neulise
Balbigny
Néronde
Feurs
Boën
St-Germain-Laval
Villerest
Cordelle
St-Just-en-Chevalet
Noirétable
Champoly
Marcigny
Belmont-de-la-Loire
Iguerande
Mably
St-Haon-le-Châtel
Lentigny
Montagny
Bussières
Panissières
Violay
LOIRE

A
B
C
1
2
3
4
174
191
210
Chauffailles
Belmont-de-la-Loire
Cours-la-Ville
Thizy
Amplepuis
Monsols
Beaujeu
Propières
Chénelette
Lamure-s-Azergues
Chambost-Allières
Villefranche-s-Saône
Belleville
Thoissey
Gleize
Anse
Trévoux
Tarare
L'Arbresle
Bois-d'Oingt
Chamelet
Valsonne
Panissières
Montrottier
Vaugneray
Charbonnières-les-Bains
Tassin-la-Demi-Lune
Écully
Limonest
Oullins
Francheville
Craponne
St-Laurent-de-Chamousset
Ste-Foy-lès-Lyon
Fleurie
Villié-Morgon
Julienas
Chénas
Quincié-en-Beaujolais
Vaux-en-Beaujolais
Fleurieux
Dommartin

D
E
F
175
176
194
211
BOURG-EN-BRESSE
Brou
Péronnas
Châtillon-s-C.
Neuville-les-Dames
Romans
St Paul-de-Varax
Dompierre-s-Veyle
Pont-d'Ain
Marlieux
Villars-les-Dombes
Chalamont
Ambérieux-en-Dombes
St Trivier-s-Moignans
Lapeyrouse
Châtillon-la-Palud
St André-de-Corcy
Pérouges
Meximieux
Montluel
Miribel
Neuville-s-Saône
Trévoux
Rillieux
Caluire-et-Cuire
Villeurbanne
LYON
Vaulx-en-Velin
Décines-Charpieu
Meyzieu
Bron
Genas
LYON-SAINT-EXUPÉRY
Pont-de-Chéruy
Crémieu
Lagnieu
Ambérieu-en-Bugey
Loyettes
Camp de la Valbonne
Forêt de Seillon
Forêt de la Rêna
St Priest

A
B
C
176
1
2
3
4
193
212
Nantua
Izernore
Pont-d'Ain
Ambronay
Ambérieu-en-Bugey
St Rambert-en-Bugey
Lagnieu
Hauteville-Lompnes
Brénod
Champdor
Virieu-le-Grand
Belley
Lhuis
Montalieu-Vercieu
Crémieu
Ceyzériat
Poncin
Champagne-en-Valromey
Seyssel
Culoz
Yenne
Plateau de Retord
Grd Colombier
Crêt du Nu

D
E
F
177
178
196
213
1
2
3
4
Genève
Carouge
St Julien-en-Genevois
Bellegarde-s-Valserine
Collonges
Frangy
Cruseilles
Reignier
La Roche-s-Foron
Bonneville
Thorens-Glières
Annecy
Tête du Parmelan
Thônes
Rumilly
Seynod
Sevrier
Talloires
Duingt
Menthon-St-Bernard
Alby-s-Chéran
Albens
Faverges
Doussard
Gorges du Fier
Crêt de Châtillon
Lac d'Annecy
Montagne du Semnoz
La Tournette
Col de Leschaux
Lescheraines
Le Châtelard
Grésy-s-Aix
Aix-les-Bains
Abb. de Hautecombe
Lac du Bourget
Mont Salève
Col de la Croix-Fry
Col de Bluffy
Le Grand-Bornand
Ruffieux

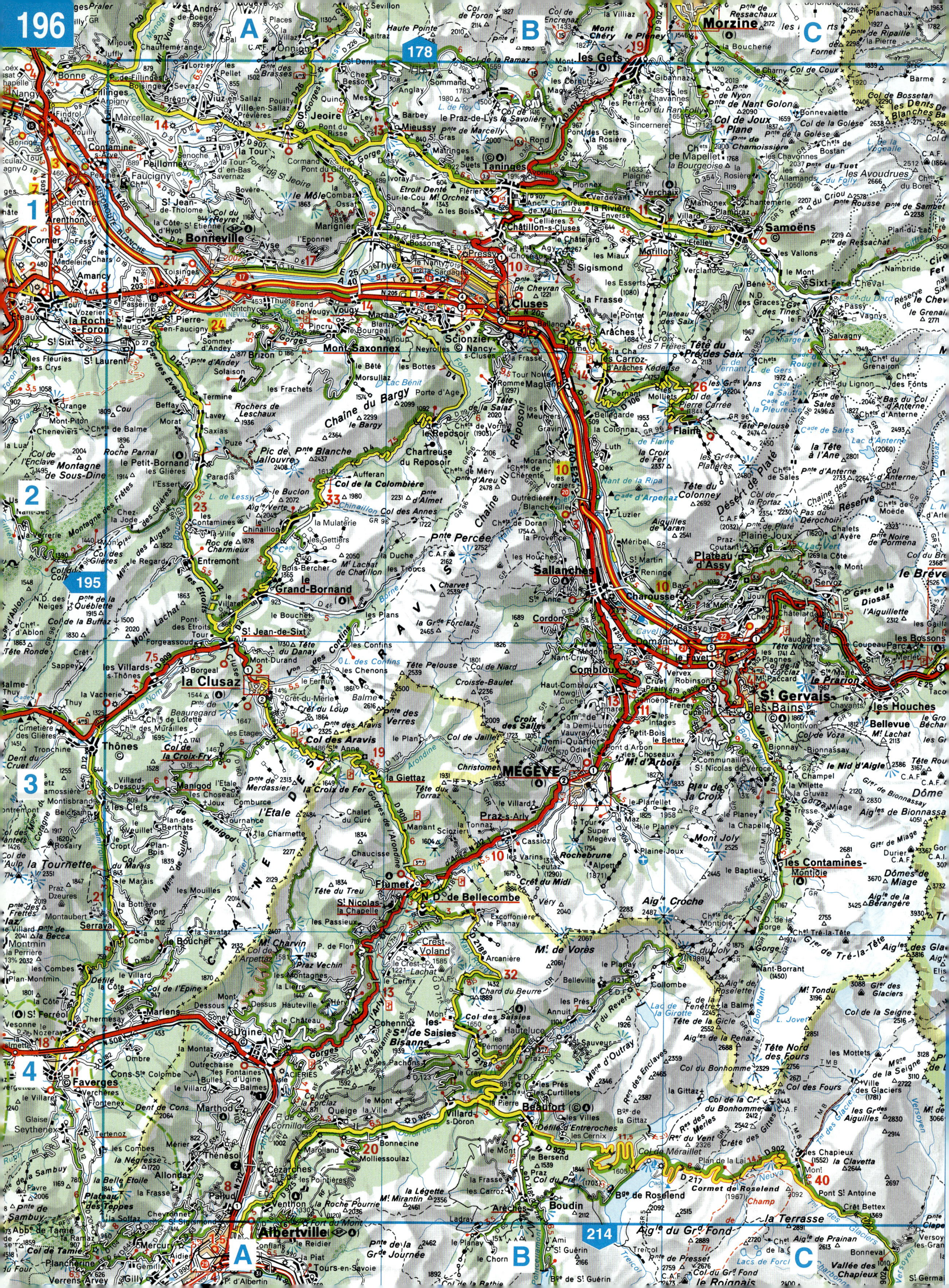

178
195
214
Morzine
Samoëns
les Gets
Taninges
Cluses
Bonneville
la Roche-s-Foron
Thônes
la Clusaz
Grand-Bornand
Mont Saxonnex
Sallanches
Megève
Combloux
St Gervais-les-Bains
les Houches
les Contamines-Montjoie
Flumet
Praz-s-Arly
Ugine
Faverges
Albertville
Beaufort
Hauteluce
Flaine
Passy
Chaîne du Bargy
Chaîne des Aravis
Col des Aravis
Col de la Colombière
Col des Saisies
Cormet de Roselend
Plateau d'Assy
Désert de Platé
Aigle Croche
Mt Joly
Col du Bonhomme

D
E
F
1
2
3
4
Champéry
Martigny
Verbier
Sembrancher
le Châble
Orsières
Champex
Salvan
Finhaut
Bge d'Emosson
Col de la Forclaz
Bge de la Gde Dixence
Bge de Mauvoisin
Liddes
Bourg-St Pierre
Gd Combin
Argentière
CHAMONIX-MONT-BLANC
Aiguille du Midi
Tunnel du Mt Blanc
MONT BLANC
Mt Dolent
Col du Gd St Bernard
Tunnel du Gd St Bernard
Etroubles
Valpelline
Entrèves
Courmayeur
Pré-St Didier
Morgex
la Thuile
Col du Pt St Bernard
la Salle
Avise
St Nicolas
St Pierre
Villeneuve
AOSTA/AOSTE
Aymavilles
Gressan
Rhêmes-St Georges
Lancebranlette
179
215

A
B
C
180
216
1
2
3
4
Phare de la Coubre
Pointe de la Coubre
Coubre
la Palmyre
Bonne Anse
Zoo
St Augustin
la Grande-Côte
Phare de Terre-Nègre
St Palais-s-Mer
Nauzan
Pontaillac
ROYAN
Vaux-s-Mer
Médis
Saujon
Breuillet
St Sulpice-de-Royan
Eguille
Semussac
Didonne
Phare de Cordouan
Pointe de Grave
Pte de Vallières
St Georges-de-Didonne
Pte de Suzac
Plage de Suzac
Plage de l'Arnèche
Plage des Vergnes
Plage des Nonnes
Meschers-s-Gironde
Talmont-S-Gironde
le Caillaud
Port Bloc
Fort du Verdon
le Verdon-s-Mer
Pte de la Chambrette
ZONE PORTUAIRE
Grands Maisons
le Royannais
les Huttes
Soulac-s-Mer
Banc des Olives
Amélie-s-Mer
Pointe de la Négade
Lède de la Négade
Neyran
Jeune Soulac
les Coustaux
Lillan
les Mattes
Talais
Pointe aux Oiseaux
Port-de-St Vivien
Phare de Richard
G I R O N D
le Gurp
Lède du Gurp
Grayan
Grayan-et-l'Hôpital
St Vivien-de-Médoc
Étang de la Barreyre
Dépée
Euronat
Jau
Dignac-et-Loirac
Port-de-Richard
Port-de-Goulée
Valeyrac
Lède de la Canillouse
Montalivet-les-Bains
Centre Hélio-Marin
Vensac
Mayan
Vendays-Montalivet
Forêt de Vendays
Queyrac
Bégadan
Civrac-en-Médoc
Gaillan-en-M.
Lesparre-Médoc
St Trelody
Marais de Lespaut
Berganton
Forêt du Junca
St Isidore
le Pin-Sec
Naujac-s-Mer
Lande de Vignolles
Hourtin-Plage
Contaut
les Genêts
Marais du Pay
Cartignac
Piqueyrot
St Germain d'Esteuil
Blaignan
Prignac-en-M.
St Sauveur
N 215
D 25
D 101
D 102

D
E
F
181
182
200
217
218
1
2
3
4
Cozes
Gémozac
Pons
Saintes
Jonzac
Mirambeau
Montendre
Mortagne-s-Gironde
St-Genis-de-Saintonge
St-Ciers-s-Gironde
Blaye
Étauliers
Pauillac
St-Estèphe
St-Fort-s-Gironde
St-Thomas-de-Conac
St-Sorlin-de-Conac
Archiac
Cognac
Chermignac
Thénac
Tesson
Pérignac
Brie-s/s-Archiac
Réaux
Allas-Champagne
Lonzac
Jarnac-Champagne
Chadenac
Marignac
Mosnac
Clam
Neulles
St-Germain-de-Lusignan
Champagnac
Ozillac
Tugéras
Chartuzac
Coux
Chardes
Chaunac
Vibrac
Messac
Pommiers
Rouffignac
Courpignac
Boisredon
Chamouillac
Soumeras
Donnezac
Reignac
Marcillac
Corignac
Chepniers
Polignac
Jussas
Bussac-Forêt
Floirac
Semoussac
St-Bonnet-s-Gironde
Braud-et-St-Louis
Anglade
Eyrans
Cézac
Champagnolles
Mazerolles
Virollet
Épargnes
Boutenac-Touvent
Brie-s/s-Mortagne
Arces
Villars-en-Pons
St-Léger
Belluire
Fléac-s-Seugne
Biron
Échebrune
Bougneau
Coulonges
Colombiers
Berneuil
la Jard
Pisany
Varzay
Thaims
Meursac
Rétaud
Rioux
Montpellier-de-Médillan
Corme-Écluse
Ste-Lheurine
Germignac
Celles
Gimeux
Salles-d'Angles
Ars
Salignac-s-Charente
Brives
Montils
Rouffiac
Dompierre-s-C.
Chérac
Chaniers
Courcoury
les Gonds
Luchat
Port-Maubert
Port des Callonges
Port-Cônac
la Parfaite
Vitrezay
Forêt de la Lande
E.D.F. Centrale nucléaire du Blayais
Phare de Trompeloup
St-Christoly-Médoc
St-Yzans-de-Médoc
St-Seurin-de-Cadourne
Ermitage Monothée de St-Martial
Ste-Ramée
St-Dizant-du-Gua
St-Dizant-du-Bois
St-Palais
St-Aubin-de-Blaye
St-Caprais-de-B.
Plassac
Lorignac
Semillac
Soubran
Salignac-de-Mirambeau
Allas-Bocage
Agudelle
St-Simon-de-Bordes
St-Hilaire-du-Bois
Guitinières
St-Sigismond-de-Clermont
St-Martial-de-Vitaterne
St-Maurice-de-Tavernole
Meux
St-Ciers-Champagne
Fontaines-d'Ozillac
Léoville
St-Médard
Mortiers
Vanzac
Expiremont
Mérignac
Sousmoulins
Chatenet
St-Pierre
Montendre
la Tenaille
Nieul-le-Virouil
Consac
St-Ciers-du-Taillon
St-Romain-s-G.

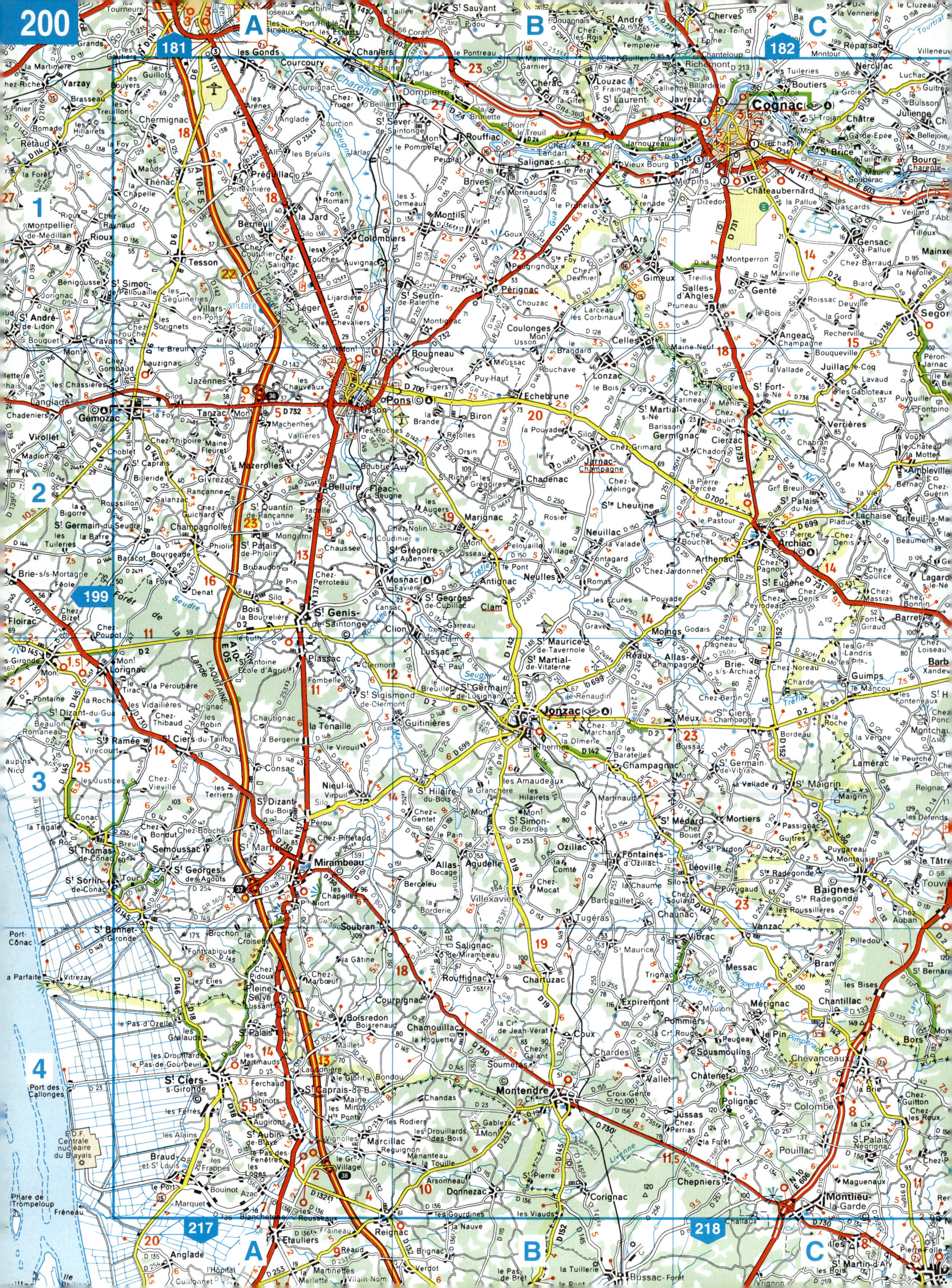
A
B
C
1
2
3
4
181
182
199
217
218
Cognac
Pons
Jonzac
Archiac
Montendre
Mirambeau
St Genis-de-Saintonge
Gémozac
Montlieu-la-Garde
St Ciers-s-Gironde
Baignes-Ste Radegonde
Segonzac
Châteaubernard
Jarnac-Champagne
Port des Callonges
Phare de Trompeloup
Charente
Seugne
Seudre
Livenne
Né
Trèfle
Forêt de la Lande
Étauliers
Reignac
Chevanceaux
Lorignac
Plassac
Clion
Lonzac
Gimeux
Pérignac
Colombiers
Préguillac
Tesson
Rioux
Varzay
Cravans
Mortiers
Ozillac
Neulles
Marignac
Fléac-s-Seugne
Belluire
Mosnac
Échebrune
Biron
Chadenac
Celles
Genté
Salles-d'Angles
Juillac-le-Coq
Ambleville
Lamérac
Guimps
Meux
Vanzac
Messac
Mérignac
Chantillac
Bors
Pouillac
Polignac
Jussas
Chepniers
Corignac
Donnezac
Marcillac
Coux
Chartuzac
Rouffignac
Soubran
Semoussac
Consac
Nieul-le-Virouil
Guitinières
Champagnac
Fontaines-d'Ozillac
Léoville
Vibrac
Sousmoulins
Expiremont
Pommiers
Chaunac
Tugéras
Allas-Bocage
Agudelle
Villexavier
Bussac
Clam
Lussac
Antignac
Brie-s/s-Archiac
Allas-Champagne
Moings
Réaux
Arthenac
St Eugène
St Palais-du-Né
Germignac
Cierzac
Verrières
Angeac-Champagne
Gensac-la-Pallue
Mainxe
Nercillac
Boutiers
Réparsac
Cherves
Javrezac
Richemont
Louzac
Cherac
Dompierre
Chaniers
Courcoury
les Gonds
Rouffiac
Salignac-s-C.
Brives
Montils
Berneuil
la Jard
Bougneau
Coulonges
Rouffiac
Chermignac
Thénac
Pessines
Givrezac
Rétaud
Virollet
Tanzac
Jazennes
Mazerolles
Champagnolles
Bois
Floirac
St Thomas-de-Conac
St Sorlin-de-Conac
St Bonnet
Vitrezay
Braud-et-St Louis
Anglade
St Aubin-de-Blaye
Marcillac
E.D.F. Centrale nucléaire du Blayais
A 10 - E 5
N 137
D 730
D 700
D 699
D 142
D 731

D
E
F
183
ANGOULÊME
Châteauneuf-s-Charente
Hiersac
Fléac
Gond-Pontouvre
Ruelle
Magnac
Soyaux
L'Isle-d'Espagnac
La Couronne
Nersac
Sireuil
Roullet
Vœuil-et-Giget
Puymoyen
Dirac
Torsac
Dignac
Mouthiers-s-Boëme
Claix
Plassac-Rouffiac
Blanzac
Villebois-Lavalette
Montmoreau-St-Cybard
Aignes-et-Puypéroux
Chalais
Aubeterre-s-Dronne
Brossac
Barbezieux
Baignes
Ribérac
Bors
Pillac
Nabinaud
Bardenac
Montboyer
Deviat
Jurignac
Mainfonds
Champagne-Vigny
Fouquebrune
Charmant
Chadurie
Gurat
Vaux-Lavalette
Salles-Lavalette
Palluaud
St Séverin
Vendoire
Juignac
Chillac
Passirac
Condéon
Challignac
Bessac
Sauvignac
Guizengeard
Orival
Rouffiac
Courlac
Bellon
St Romain
Poullignac
Berneuil
Angeduc
Pérignac
Porcheresse
Bécheresse
Voulgézac
Vignolles
Ladiville
Nonaville
Birac
Éraville
Bouteville
Mosnac
Graves
Vibrac
Champmillon
Mouliars
Douzat
Échallat
Fleurac
Foussignac
Mérignac
Bassac
Gondeville
Triac
St Simon
Angeac-Charente
St Simeux
Trois-Palis
St Saturnin
Asnières-s-Nouère
Vindelle
Marsac
Balzac
Champniers
Brie
Mornac
Touvre
Garat
Sers
Vouzan
Bouëx
Forêt de Dirac
Forêt de Bois Blanc
Juillaguet
Ronsenac
Blanzaguet-St Cybard
Rougnac
Villars
202
219
1
2
3
4
Bois de Creusat

A
B
C
184
201
220
1
2
3
4
la Rochefoucauld
Montbron
Bussière-Badil
St Mathieu
Marthon
Piégut-Pluviers
Nontron
St Pardoux-la-Rivière
Villebois-Lavalette
la Rochebeaucourt-et-Argentine
Mareuil
Verteillac
Brantôme
Bourdeilles
Montagrier
Lisle
Ribérac
Champagnac-de-Belair
Puyguilhem
Javerlhac-et-la Chapelle-St Robert
Varaignes
Teyjat
St Estèphe
Augignac
Hautefaye
Rougnac
Charras
Grassac
Feuillade
Souffrignac
Mainzac
Forêt d'Horte
Grottes du Quéroy
Forêt de Dirac
Vouthon
Eymouthiers
Rancogne
Vilhonneur
Chazelles
St Germain-de-Montbron
Ecuras
Rouzède
Roussines
Busserolles
Champniers-et-Reilhac
Maisonnais-s-Tardoire
Abjat-s-Bandiat
Savignac-de-Nontron
St Martin-le-Pin
St Front-s-Nizonne
La Chapelle-Montmoreau
Sceau-St Angel
Quinsac
St Pancrace
Condat-s-Trincou
La Chapelle-Faucher
Valeuil
Biras
Agonac
Sencenac-Puy-de-Fourches
Bussac
Château-l'Évêque
Tocane-St Apre
Douchapt
St Victor
Lusignac
Bertric-Burée
Allemans
Celles
Coutures
Bourg-des-Maisons
La Tour-Blanche
Cercles
Léguillac-de-Cercles
Paussac-et-St Vivien
St Just
Creyssac
Monsec
Vieux-Mareuil
St Crépin-de-Richemont
St Félix-de-Bourdeilles
Cantillac
Champeaux-et-la Chapelle-Pommier
Rudeau-Ladosse
St Sulpice-de-Mareuil
Puyrenier
Les Graulges
Beaussac
Connezac
Lussas-et-Nontronneau
Champagne-et-Fontaine
Gout-Rossignol
La Chapelle-Grésignac
La Chapelle-Montabourlet
Nanteuil-Auriac
Vendoire
Blanzaguet-St Cybard
Edon
Combiers
Dignac
Bouëx
Sers
Vouzan
Garat
Forêt de la Braconne
Mornac
Brie
Dronne
Nizonne
Belle
Bandiat
Tardoire
PÉRIGORD
PARC

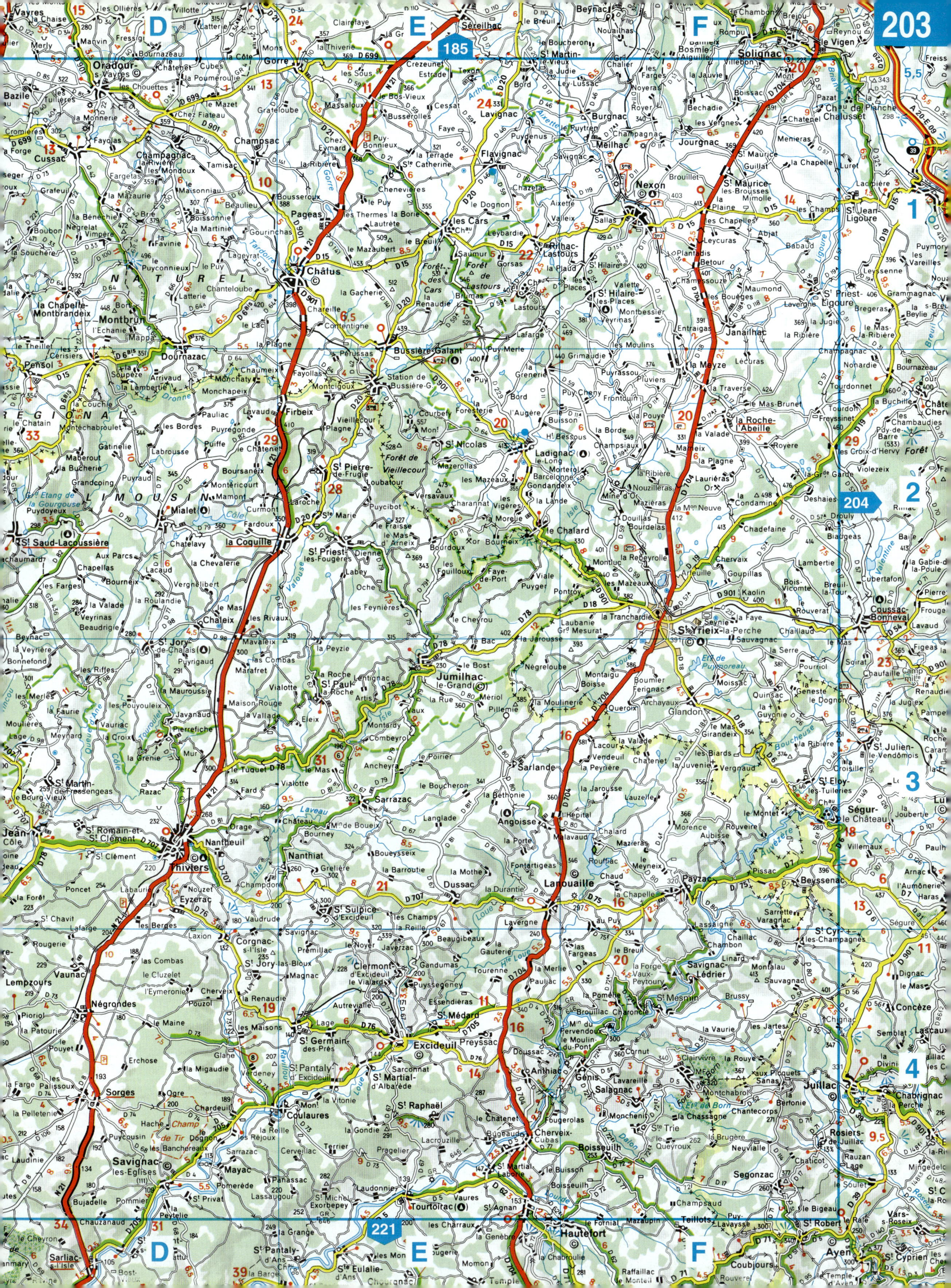
D
E
F
185
204
221
1
2
3
4
Oradour-sur-Vayres
Séreilhac
Solignac
Le Vigen
Cussac
Champagnac-la-Rivière
Champsac
Pageas
Châlus
Les Cars
Flavignac
Lavignac
Burgnac
Nexon
Meilhac
Jourgnac
St Maurice-les-Brousses
Rilhac-Lastours
St Hilaire-les-Places
Janailhac
St Priest-Ligoure
Montbrun
Dournazac
Pensol
Bussière-Galant
Firbeix
La Meyze
La Roche-l'Abeille
Ladignac-le-Long
St Nicolas
St Pierre-de-Frugie
Mialet
St Saud-Lacoussière
La Coquille
St Priest-les-Fougères
Le Chalard
St Yrieix-la-Perche
Coussac-Bonneval
Chaleix
St Jory-de-Chalais
Jumilhac-le-Grand
Sarlande
Glandon
St Julien-le-Vendômois
St Eloy-les-Tuileries
Ségur-le-Château
Sarrazac
Angoisse
St Martin-de-Fressengeas
St Romain-et-St Clément
Nantheuil
Thiviers
Nanthiat
Lanouaille
Payzac
Beyssenac
Dussac
St Sulpice-d'Excideuil
St Cyr-les-Champagnes
Corgnac-sur-l'Isle
St Jory-las-Bloux
Clermont-d'Excideuil
Savignac-Lédrier
Négrondes
St Germain-des-Prés
Excideuil
St Médard
Preyssac
Anlhiac
Génis
Salagnac
Juillac
St Pantaly-d'Excideuil
St Martial-d'Albarède
Sorges
Coulaures
St Raphaël
Cherveix-Cubas
Boisseuilh
Rosiers-de-Juillac
Savignac-les-Églises
Mayac
Segonzac
Tourtoirac
St Agnan
Hautefort
St Robert
Ayen
Sarliac-sur-l'Isle
Limousin
Périgord-Limousin
Forêt de Vieillecour
Forêt des Cars
Forêt de Lastours

A
B
C
1
2
3
4
186
203
222
Solignac
le Vigen
Masléon
Eymoutiers
Pierre-Buffière
St Hilaire-Bonneval
Châteauneuf-la-Forêt
Neuvic-Entier
Linards
St Germain-les B.
Magnac-Bourg
Château-Chervix
Meuzac
Masseret
Lamongerie
Salon-la-Tour
Coussac-Bonneval
Montgibaud
Surdoux
Chamberet
Meilhards
Soudaine-Lavinadière
Rilhac-Treignac
Lubersac
Ségur-le-Château
St Julien-le-Vendômois
Arnac-Pompadour
Uzerche
Condat-s-Ganaveix
Eyburie
Chamboulive
Seilhac
Vigeois
Beyssac
Juillac
Orgnac
Estivaux
Perpezac-le-Noir
Lagraulière
St Clément
Chanteix
Naves
TULLE
St Germain-les-Vergnes
Objat
Allassac
Vars-s-Roseix
Ayen
St Cyprien
Laguenne
Mt Gargan
Forêt de Fayat
Forêt des Fayes
Forêt de Châteauneuf
Puy des Fourches
Lac de Pontcharal
Vézère
Briance
Porte de Corrèze

D
E
F
187
1
2
3
4
206
223
La Courtine
Sornac
Peyrelevade
Millevaches
Bugeat
Meymac
Ussel
Égletons
Neuvic
Corrèze
Lapleau
Tarnac
Chavanac
St-Angel
Maussac
Soudeilles
Rosiers-d'Égletons
Montaignac-St-Hippolyte
Clergoux
Marcillac-la-Croisille
Plateau de Millevaches
Suc-au-May
Dordogne

A
B
C
188
205
224
1
2
3
4
Herment
la Courtine
Eygurande
Bourg-Lastic
Ussel
Laqueuille
la Bourboule
Tauves
la Tour d'Auvergne
Bort-les-Orgues
Champs-s-Tarentaine
Neuvic d'Ussel
Riom-ès-Montagnes
Condat
Saignes
Ydes
Mauriac
Rochefort-Montagne
Monestier-Merlines
Messeix
Singles
Confolent-Port-Dieu
Lanobre
Marchal
Trémouille
Lugarde
Marchastel
Apchon
St Amandin
PARC NATUREL
Plateau de l'Artense
Gorges de la Dordogne
Forêt de Châteauvert

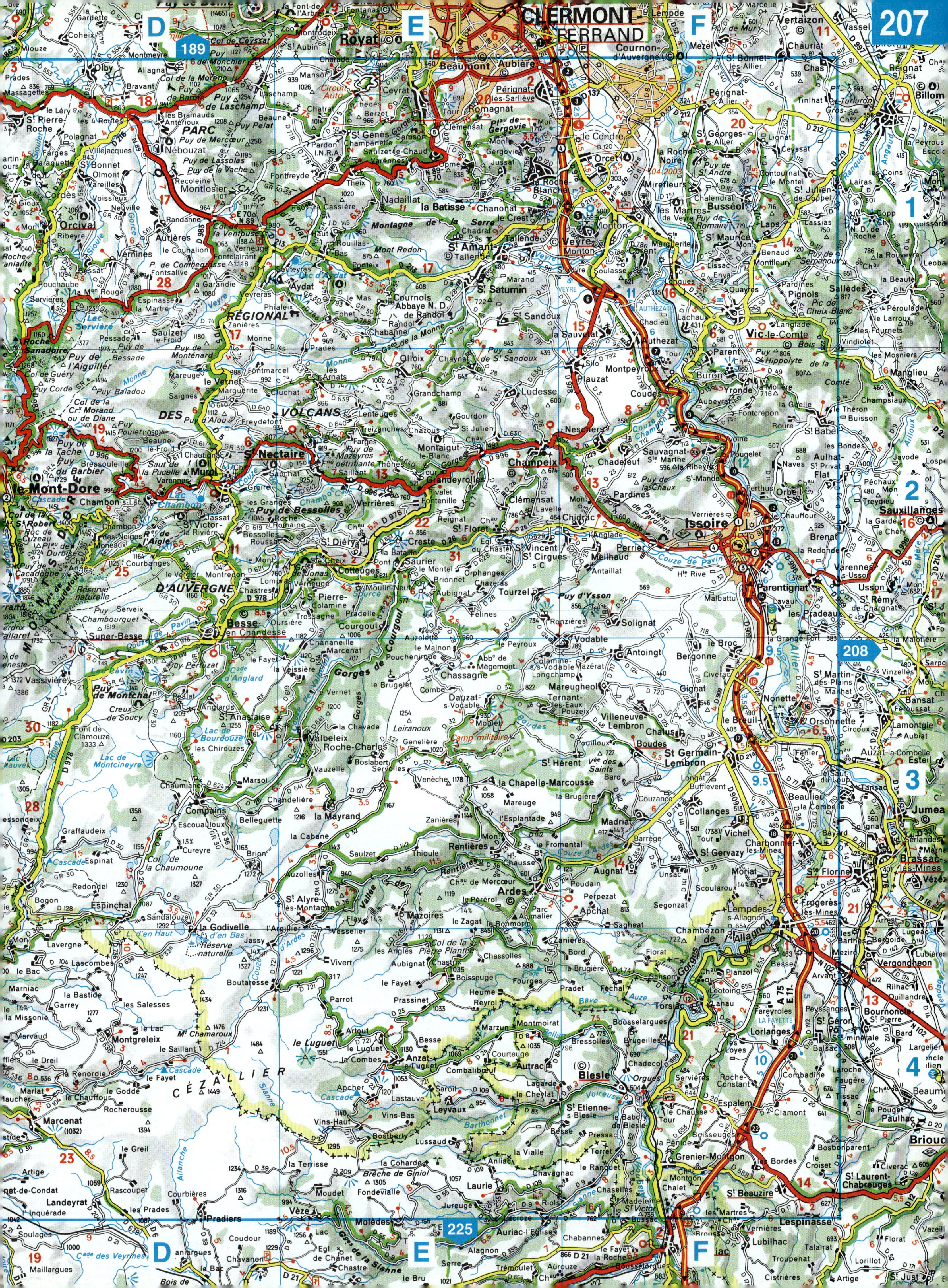

CLERMONT-FERRAND
Royat
Beaumont
Aubière
Cournon-d'Auvergne
Billom
Orcival
Aydat
St Amant-Tallende
Veyre-Monton
Vic-le-Comte
Busséol
St Saturnin
Champeix
St Nectaire
Murol
Le Mont-Dore
Besse en Chandesse
Super-Besse
Issoire
Sauxillanges
Parentignat
St Germain-Lembron
Ardes
Lempdes-s-Allagnon
Brassac-les-Mines
Blesle
Massiac
Allanche
Marcenat
Condat
Brioude
St Beauzire
Lespinasse
PARC
DES VOLCANS
D'AUVERGNE
RÉGIONAL
CÉZALLIER
Puy de Sancy
Lac Chambon
Lac Pavin
Lac de Montcineyre
Compains
Égliseneuve-d'Entraigues
Puy d'Ysson
Vodable
Solignat
Nonette
Auzat-la-Combelle
Jumeaux
St Germain-Lembron
Vichel
Chambezon
Lorlanges
Bournoncle-St Pierre
Vieille-Brioude
Fontannes
Lamontgie
Esteil
Auvergne
Landeyrat
Pradiers
Molèdes
Auriac-l'Église
Chabannes
Anzat-le-Luguet
Le Luguet
Laurie
Leyvaux
Bosberty
D
E
F
1
2
3
4
189
208
225

A
B
C
1
2
3
4
190
207
226
PARC NATUREL RÉGIONAL
LIVRADOIS
FOREZ
MONTS DU LIVRADOIS
PARC NATUREL RÉGIONAL DU LIVRADOIS - FOREZ
Billom
Courpière
Olliergues
St Dier d'Auvergne
Cunlhat
Vic-le-Comte
Sugères
Brousse
Auzelles
St Amant-Roche-Savine
Ambert
Sauxillanges
Parentignat
Échandelys
Fournols
St Germain-l'Herm
Jumeaux
Brassac-les-Mines
Arlanc
Auzon
Vergongheon
La Chaise-Dieu
Brioude
Lavaudieu
Allègre
Marsac-en-Livradois
St Martin-des-Olmes
Marat
Vertolaye
Job
Champagnac-le-Vieux
St Alyre-d'Arlanc
Dore-l'Église
Issoire

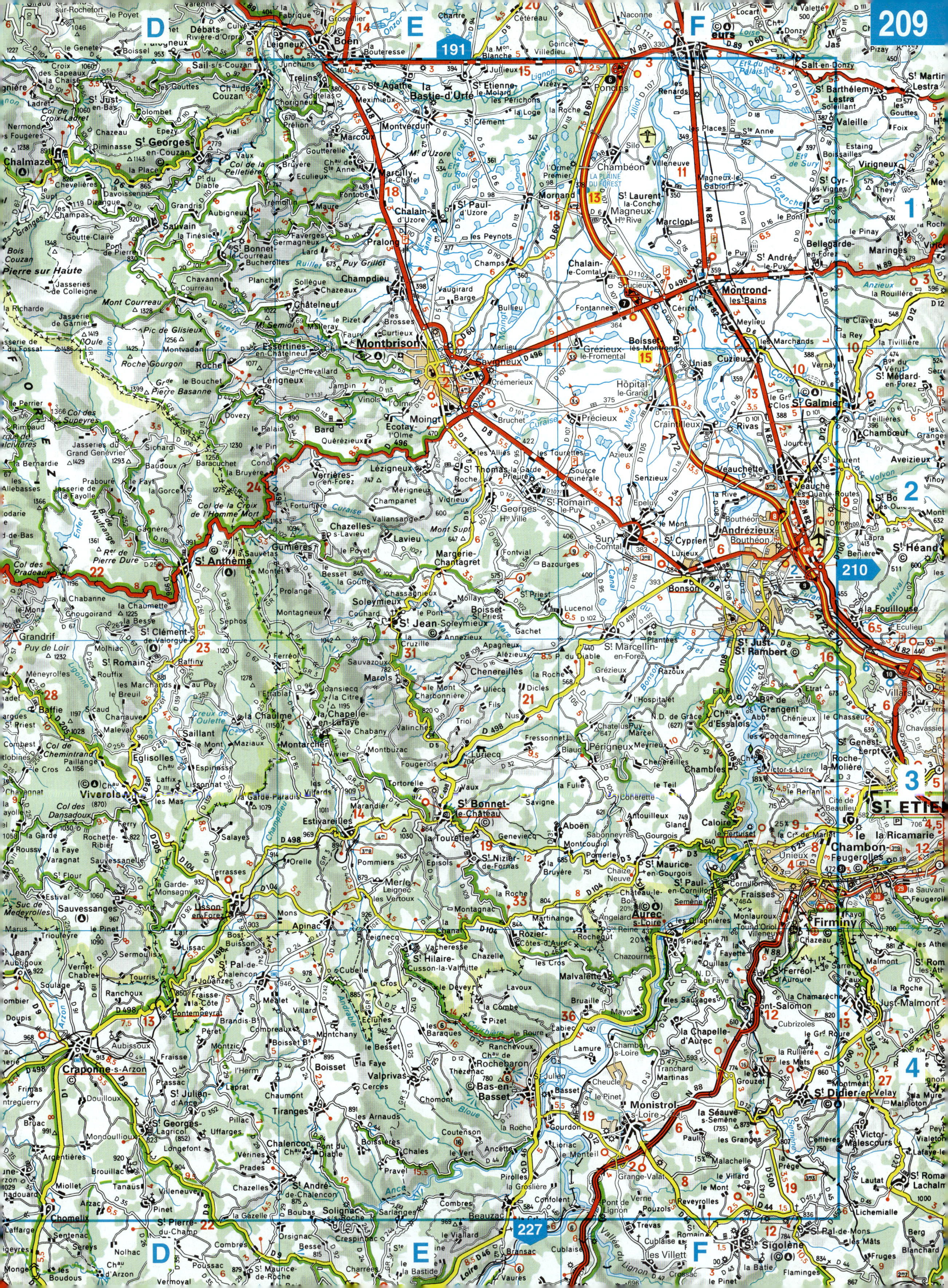
D
E
F
1
2
3
4
191
210
227
Boën
Leigneux
Sail-s-Couzan
Trelins
S.t Agathe
la Bastie-d'Urfé
S.t Étienne-le-Molard
Feurs
Salt-en-Donzy
S.t Barthélemy-Lestra
Valeille
Virigneux
Maringes
Chalmazel
S.t Georges-en-Couzan
Col de la Pelletière
Montverdun
Marcoux
Marcilly-le-Châtel
Chalain-d'Uzore
S.t Paul-d'Uzore
Mornand
Chambéon
S.t Laurent-la-Conche
Magneux-Haute-Rive
Marclopt
Bellegarde-en-Forez
Pralong
Chalain-le-Comtal
Montrond-les-Bains
Sauvain
Pierre sur Haute
Jasseries de Colleigne
Champdieu
Châtelneuf
Puy Grillot
Montbrison
Savigneux
Grézieux-le-Fromental
Boisset-lès-Montrond
Unias
Cuzieu
S.t Galmier
S.t Médard-en-Forez
Chambœuf
Essertines-en-Châtelneuf
Roche
Moingt
Écotay-l'Olme
Bard
Précieux
Hôpital-le-Grand
Craintilleux
Rivas
Veauchette
Veauche
Aveizieux
Col des Supeyres
Jasseries du Grand Genévrier
Lézigneux
Verrières-en-Forez
S.t Thomas-la-Garde
S.t Georges-Haute-Ville
S.t Romain-le-Puy
Andrézieux-Bouthéon
Col de la Croix de l'Homme Mort
Chazelles-s-Lavieu
Lavieu
Gumières
Margerie-Chantagret
Sury-le-Comtal
S.t Cyprien
Bonson
S.t Héand
Col des Pradeaux
S.t Anthème
Soleymieux
S.t Jean-Soleymieux
Boisset-S.t Priest
S.t Just-S.t Rambert
S.t Marcellin-en-Forez
Grandrif
S.t Clément-de-Valorgue
S.t Romain
Marols
Chenereilles
Périgneux
Grangent
Chambles
Roche-la-Molière
S.t Genest-Lerpt
Baffie
Saillant
La Chaulme
La Chapelle-en-Lafaye
Luriecq
Col de Chemintrand
Viverols
Col des Dansadoux
Eglisolles
Estivareilles
S.t Bonnet-le-Château
Aboën
Caloire
S.t ÉTIENNE
La Ricamarie
Chambon-Feugerolles
Unieux
Usson-en-Forez
Apinac
S.t Nizier-de-Fornas
S.t Maurice-en-Gourgois
Aurec-s-Loire
Fraisses
Firminy
Sauvessanges
S.t Hilaire-Cusson-la-Valmitte
Rozier-Côtes-d'Aurec
Malvalette
S.t Ferréol-d'Auroure
Pont-Salomon
Jonzieux
Craponne-s-Arzon
S.t Pal-de-Chalencon
Tiranges
Valprivas
Bas-en-Basset
Rochebaron
La Chapelle-d'Aurec
Monistrol-s-Loire
S.t Didier-en-Velay
S.t Julien-d'Ance
S.t Georges-Lagricol
Chalencon
S.t André-de-Chalencon
Solignac
Beauzac
La Séauve-s-Semène
S.t Victor-Malescours
S.t Pierre-du-Champ
Sigolène
Yssingeaux
Loire
Lignon

A
B
C
192
209
228
St Laurent-de-Chamousset
Vaugneray
Craponne
Oullins
Brindas
St Genis-Laval
Montromant
Yzeron
Messimy
Thurins
Brignais
Vourles
Chazelles-s-Lyon
St Symphorien-s-Coise
Mornant
St Galmier
Montrond-les-Bains
Givors
Rive-de-Gier
St Chamond
Grand-Croix
Lorette
Andrézieux-Bouthéon
St Just-St Rambert
St Héand
Sorbières
St ETIENNE
Terrenoire
Chambon-Feugerolles
Firminy
la Ricamarie
Condrieu
Pélussin
St Genest-Malifaux
Crêt de l'Œillon
Mont Pilat
PARC
NATUREL
RÉGIONAL
DU
PILAT
Bourg-Argental
Annonay
Serrières
St Didier-en-Velay
Maclas
Chavanay
St Sauveur-en-Rue
Vienne

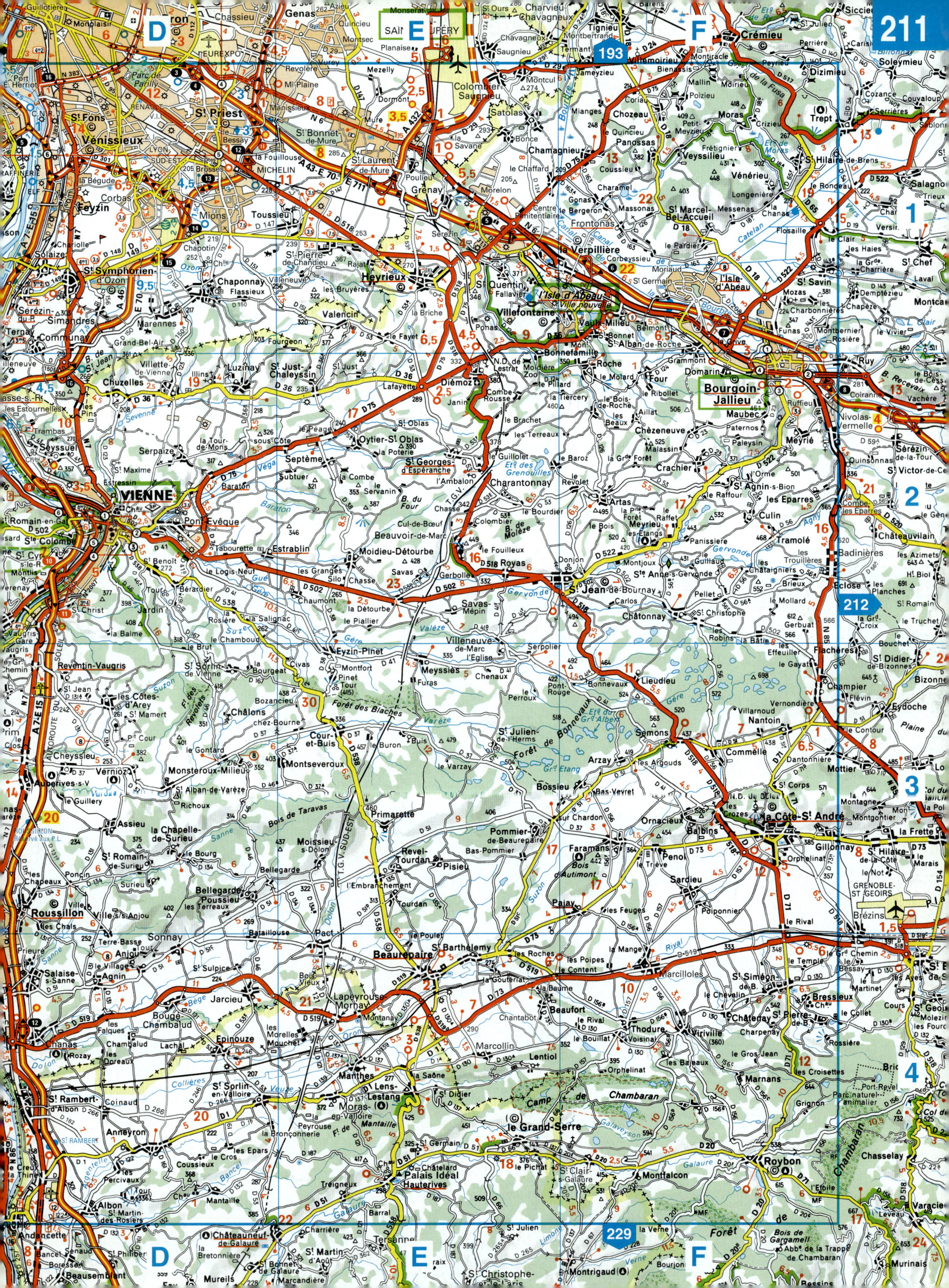

Vénissieux
St Priest
Feyzin
Heyrieux
La Verpillière
l'Isle-d'Abeau
Bourgoin-Jallieu
Crémieu
VIENNE
Pont-Évêque
St Jean-de-Bournay
Châtonnay
Beaurepaire
La Côte-St André
Roussillon
Le Grand-Serre
Hauterives
Roybon
Forêt de Bonnevaux
Forêt des Blaches
Camp de Chambaran
193
212
229
D
E
F
1
2
3
4

A
B
C
1
2
3
4
194
211
230
Morestel
Walibi
St Genix-s-Guiers
Aoste
la Tour-du-Pin
les Abrets
le Pont-de-Beauvoisin
Virieu
Charavines
la Côte-St André
le Grand-Lemps
Voiron
Rives
Tullins
Voreppe
les Échelles
St Laurent-du-Pont
St Geoire-en-Valdaine
St Étienne-de-St Geoirs
Vinay
Yenne
Chirens
Moirans
Sassenage
Fontaine
Roybon
St Marcellin
Champagneux
Pont-de-Beauvoisin
Lac de Paladru
Chambaran
Montmélian
Lépin
Attignat-Oncin
PARC RÉGIONAL DE CHARTREUSE
Charmant Som

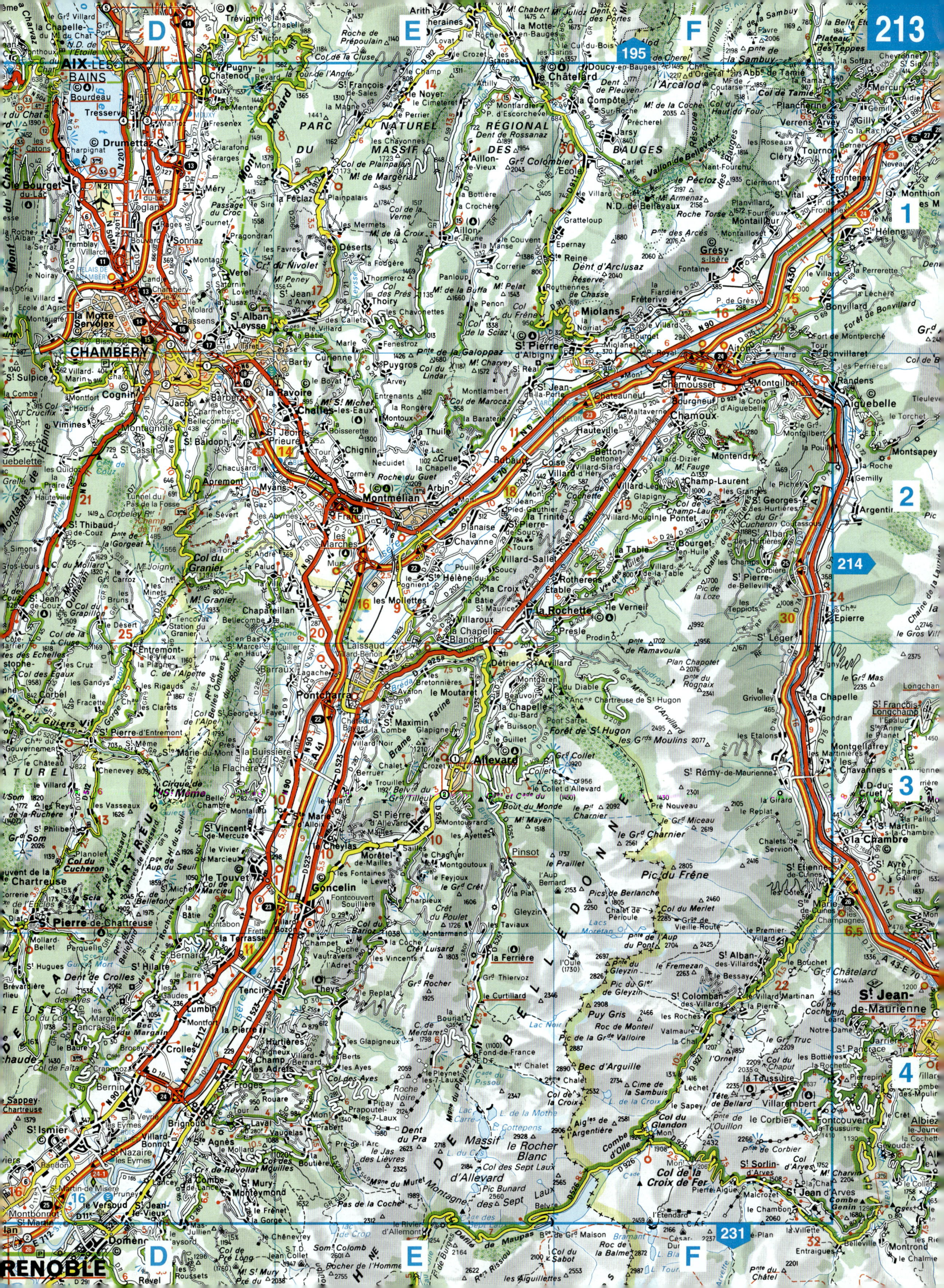
D
E
F
195
214
231
1
2
3
4
AIX-LES-BAINS
CHAMBERY
la Motte-Servolex
Cognin
St Baldoph
Challes-les-Eaux
la Ravoire
Barberaz
Myans
Apremont
Montmélian
Chignin
Arbin
les Marches
Chapareillan
Pontcharra
Allevard
le Touvet
Goncelin
Crolles
Bernin
St Ismier
Meylan
RENOBLE
Domène
le Versoud
St Jean-le-Vieux
Revel
Theys
Tencin
la Terrasse
Lumbin
le Cheylas
Barraux
St Pierre-de-Chartreuse
St Pierre-d'Entremont
Entremont-le-Vieux
Col du Granier
Mt Granier
Cirque de St Même
CHARTREUSE
PARC NATUREL RÉGIONAL DU MASSIF DES BAUGES
Le Châtelard
Lescheraines
Aillon-le-Jeune
St François-de-Sales
Mt Revard
Mouxy
Drumettaz-C.
le Bourget-du-Lac
Voglans
Sonnaz
St Alban-Leysse
Thoiry
Puygros
Col du Frêne
St Pierre-d'Albigny
Miolans
Fréterive
Grésy-s-Isère
Col de Tamié
Gilly
Tournon
Frontenex
Ste Hélène
St Vital
Aiton
Bourgneuf
Chamoux
Chamousset
Montgilbert
Aiguebelle
Randens
Argentine
Epierre
St Léger
la Chapelle
St Rémy-de-Maurienne
la Chambre
St Etienne-de-Cuines
St Jean-de-Maurienne
St Avre
St Alban-des-Villards
St Colomban-des-Villards
la Toussuire
Villarembert
Fontcouverte
St Sorlin-d'Arves
St Jean-d'Arves
Col de la Croix de Fer
Col du Glandon
Pic du Frêne
BELLEDONNE
Massif d'Allevard
Puy Gris
Bec d'Arguille
le Rocher Blanc
Col du Merlet
Pinsot
la Ferrière
St Hugon
Forêt de St Hugon
Arvillard
Détrier
la Rochette
Presle
la Table
Rotherens
Etable
Villard-Sallet
la Croix-de-la-Rochette
Bourget-en-Huile
St Pierre-de-Belleville
St Georges-des-Hurtières
Hauteville
Châteauneuf
Cruet
St Jean-de-la-Porte
Planaise
Coise
Villard-d'Héry
Chavanne
Ste Hélène-du-Lac
les Mollettes
Laissaud
St Maximin
la Chapelle-du-Bard
St Pierre-d'Allevard
Morêtel-de-Mailles
Champ-Laurent
Montendry
Col du Cucheron
Col de Porte
Vimines
St Sulpice
St Thibaud-de-Couz
Tencin
Froges
Brignoud
Villard-Bonnot
Laval
Sappey-en-Chartreuse
Col de la Croix
Dent de Crolles
Pic de Bellefont
Dent du Nivolet
Col de Plainpalais
la Féclaz
Margériaz
Dent d'Arclusaz
Mt Pelat
Vallon de Bellevaux
Arith
Trévignin

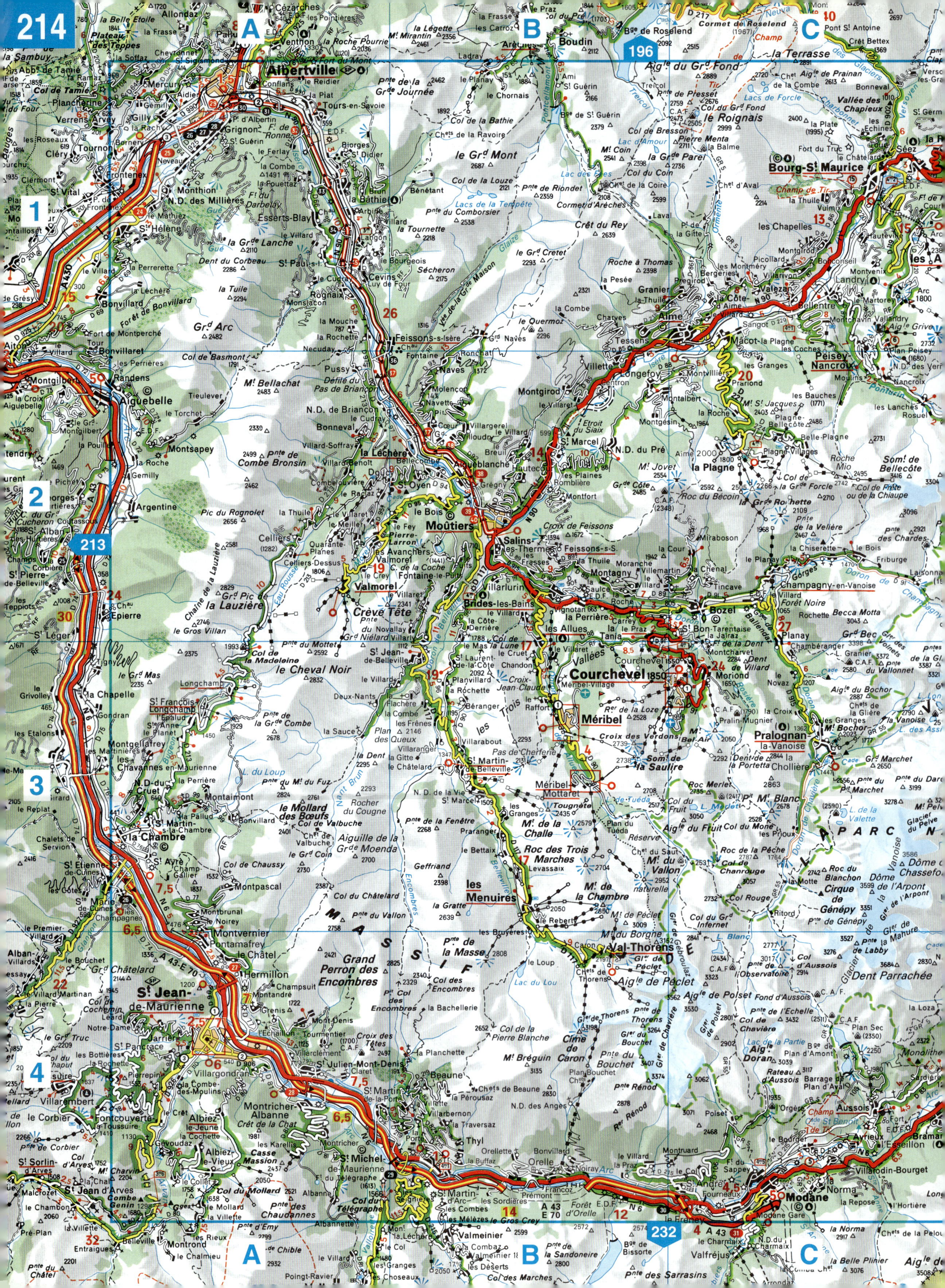
A
B
C
1
2
3
4
196
213
232
Albertville
Moûtiers
Bourg-St-Maurice
Aime
la Plagne
Bozel
Courchevel 1850
Méribel
Pralognan-la-Vanoise
Brides-les-Bains
Valmorel
les Menuires
Val-Thorens
St-Jean-de-Maurienne
St-Michel-de-Maurienne
Modane
Aiguebelle
la Chambre
Aussois
MASSIF
PARC

197
233
D
E
F
1
2
3
4
Col du Pt St Bernard
Mt Paramont
Testa del Rutor
Valgrisenche
Becca du Lac
Rhêmes-St Georges
Rhêmes-Notre-Dame
Valsavarenche
Cogne
la Grivola
Gr Nomenon
PARCO NAZIONALE
GRAN PARADISO
Gran Paradiso
Herbetet
Becca di Monciair
Ciarforon
Colle del Nivolet
Noasca
Ceresole Reale
Valle di Locana
Lago di Ceresole
Monte Unghiasse
Levanna Centrale
Levanna Occidentale
Barrage de Tignes
Tignes
Lac du Chevril
Lac de la Sassière
Val d'Isère
Col de l'Iseran
Mt Pourri
Aigle Rouge
Dôme de la Sache
Col de la Galise
Pte de la Galise
Aigle Rousse
Roc du Mulinet
Bonneval-s-Arc
Pte de Méan Martin
Croix de Don Jean Maurice
Bessans
Vincendières
Vallée d'Avérole
Albaron
Uia di Ciamarella
Bessanese
Balme
Val di Ala
Val Grande
Groscavallo
M. Malatret
Gran Roc Noir
Pte de la Grde Casse
PARC NATIONAL DE LA VANOISE
Lanslebourg-Mont-Cenis
Lanslevillard
Val Cenis
Col du Mont-Cenis
Lac du Mont Cenis
MASSIF DU MT CENIS
Pte de Ronce
Pte de Charbonnel
Croix Rousse
Torre d'Ovarda
Usséglio
Champ de Tir
Roche Michel
Rocciamelone
Moncenisio
Novalesa
Sollières-Sardières
Mt Malamot
Dent d'Ambin
Val di Viù
Lèmie
Bussoleno
Mompantero
Susa
Bruzolo di Susa
Scolette
Col de la Madeleine
Réserve Naturelle

A
B
C
198
234
1
2
3
4
Hourtin-Plage
Contaut
les Genêts
Lande de Vignolles
Cartignac
le Port
Piqueyrot
Hourtin
Hourtin-Port
Bas-Bré
Haut-Bré
Lagunan
Silo
Sémignan
Villeneuve
Marcillan
Rionet
St Laurent-Médoc
Mourlan
Balaugue
Cartujac
Pey-de-Camin
Lachanau
Lupian
Pointe-Blanche
la Gracieuse
Lac d'Hourtin-Carcans
le Crohot de France
Phares d'Hourtin
Forêt d'Hourtin
Ste Hélène-de-Hourtin
Garthieu
Ste Hélène-de-l'Etang
Forêt de Saint-Laurent et Benon
Picard
Senajou
St Queyran
Devidas
Pudos
Berdillan
le Crohot-des-Cavales
Bombannes
Couyras
Villeneuve
Couyrasseau
Carcans-Plage
Maubuisson
le Pouch
Carcans
Cap-de-Ville
Mayne-Pauvre
Troussas
Berron
le Montaut
Réserve naturelle
Etang de Cousseau
Raouset
Brach
Touleron
l'Alexandre
Devinas
Lande de Ludée
Lamberts
Landes de Méogas
Forêt de Lacanau
Lacanau-Océan
Huga
Talaris
Grd Ludée
Pt Ludée
Cordes
l'Ardilouse
le Moutchic
Carreyre
le Tedey
Méogas
Landes du Bourg
Constantenins
Narsot
Lande de Taussac
Taussac
Méjos
Lacanau
le Port
Lac de Lacanau
Grande Escourre
les Nerps
Longarisse
le Bernos
le Lion
Villeneuve
Sadouillan
au Chalet
Planque-Peyre
Ste Hélène
aux Andraux
Tronquats
Gémeillan
Lède du Grd Bernos
Mistre
Etg de Batejin
Landes de Lacousteyre
Landes du Gartiou-Croutat
le Grd Courgas
le Pt Courgas
Bedillon
le Plec
Saumos
Landes d'Eyron
la Rue
Dunes du Hugney
Etang de Batourton
Grd Bos
Pt Bos
le Gressier
le Porge-Océan
Etang de Lède Basse
Maisonneuve
Lescarran
Serigas
Gleyse Vieille
Vignas
le Porge
le Temple
Sautuges
Camp militaire de Souge
le Crastieu
Dunes de Pantillot
Laruau
la Jenny
Forêt du Porge
le Pas-du-Bouc
Lauros
B. de Boutas
Lande des Courtious Brûlés
Terrain militaire
Silo
Grand Crohot Océan
Dune du Grd Crohot
Lège-Cap-Ferret
les Dorats
Maisonnieu
Mautans
Blagon
le Las
le Cousteau de la Machine
Réserve naturelle
les Chalets
les Nargues
Berganton
la Pignada
Jane-de-Boy
Arès
la Grde Heyre
Claouey
Jossaume
la Huillarde
les Jacquets
Dune de Bayle
Andernos-les-Bains
le Truc Vert
le Pt Piquey
le Grd Piquey
le Mauret
BASSIN
Taussat
Cassy
PARC NATUREL
la Pointe Emile
Castillo
Lubec
le Renet
Lanton
le Nan
Croix-d'Hins
Pirallian
le Canon
service saisonnier
D 3
D 4
D 5
D 6
D 101
D 104
D 106
D 107
D 205
D 207
D 215
N 215

D
E
F
199
200
218
235
236
1
2
3
4
BORDEAUX
Pauillac
Blaye
St Julien-B.
Beychevelle
Cussac
Lamarque
Arcins
Soussans
Margaux
Cantenac
Macau
Ludon-Médoc
Le Pian-Médoc
Parempuyre
Blanquefort
Le Taillan-Médoc
St Médard-en-Jalles
Eysines
Bruges
Le Bouscat
Caudéran
Mérignac
Pessac
Talence
Gradignan
Bègles
Villenave-d'Ornon
Cenon
Lormont
Floirac
Bassens
Carbon-Blanc
Ambarès-et-Lagrave
St André-de-Cubzac
Cubzac-les-Ponts
St Loubès
Bourg
St Ciers-de-Canesse
Étauliers
Reignac
St Savin
Cavignac
Laruscade
Libourne
Izon
Vayres
Créon
Cadaujac
Léognan
Martignac-s-Jalle
Bordeaux-Mérignac
Dordogne
Garonne
Gironde
St Aubin-de-Médoc
Listrac-Médoc
Moulis-en-Médoc
St Gervais
Ambès
Pugnac
Tauriac
St Sulpice
Artigues
Tresses
Salleboeuf
Fargues-St Hilaire
Sadirac
Latresne
Quinsac
Cambes
Targon
Beychac
Yvrac

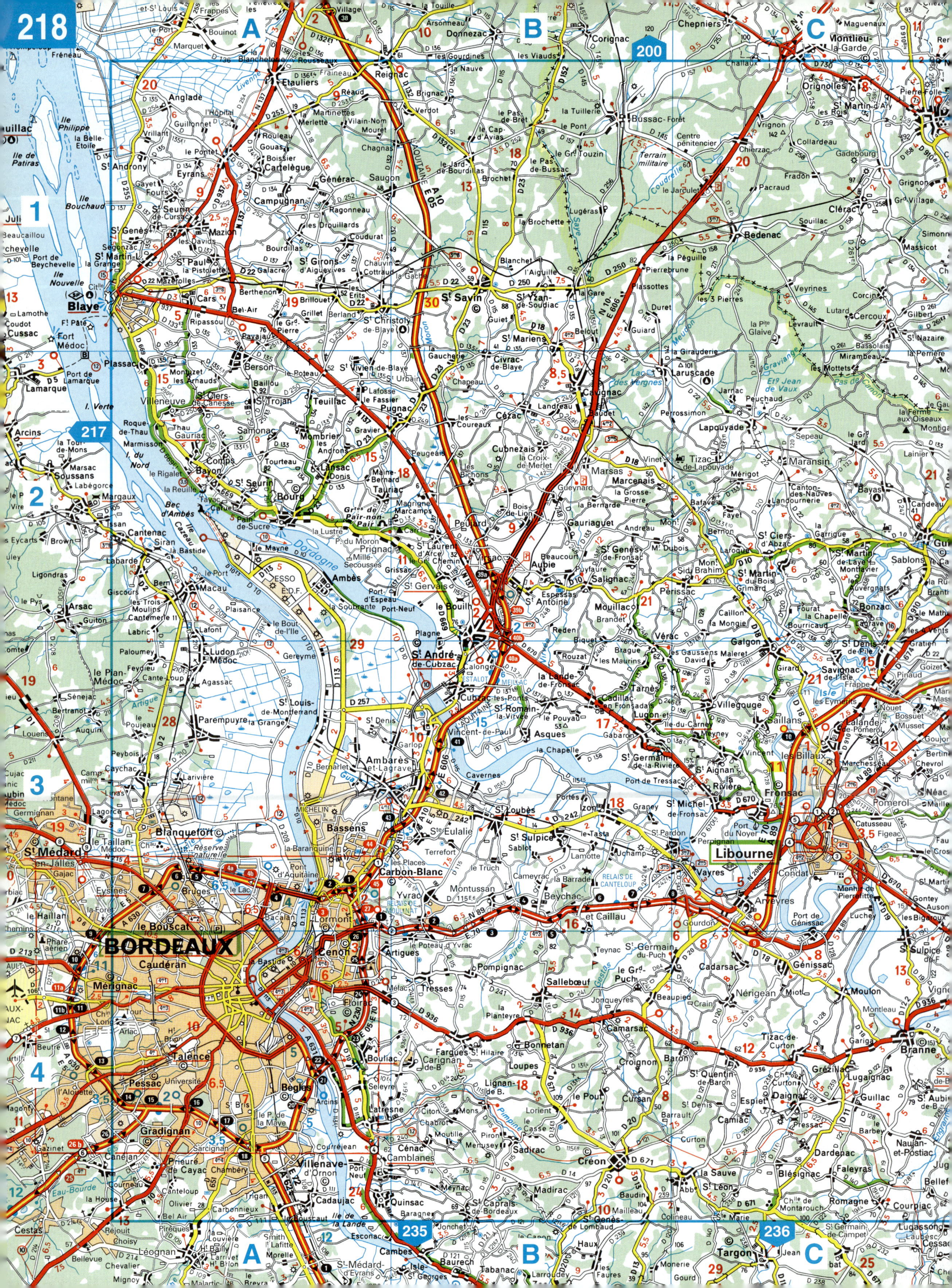

A
B
C
1
2
3
4
200
217
235
236
Blaye
Bourg
Etauliers
Reignac
St Savin
St Ciers-sur-Gironde
Cavignac
Laruscade
Pugnac
St André-de-Cubzac
Cubzac-les-Ponts
Bassens
Ambarès-et-Lagrave
Libourne
Fronsac
St Loubès
Carbon-Blanc
Lormont
Cenon
Floirac
BORDEAUX
Caudéran
Mérignac
Pessac
Talence
Bègles
Gradignan
Villenave-d'Ornon
Blanquefort
St Médard-en-Jalles
Le Bouscat
Eysines
Bruges
Ambès
Macau
Margaux
Lamarque
Soussans
Arsac
Ludon-Médoc
Parempuyre
Le Taillan-Médoc
Artigues
Tresses
Pompignac
Sallebœuf
Créon
Camarsac
Branne
Cadarsac
Génissac
Vayres
Arveyres
St Sulpice-et-Cameyrac
Izon
Beychac
Montussan
Yvrac
Carignan-de-Bordeaux
Fargues-St-Hilaire
Bonnetan
Latresne
Cénac
Camblanes
Quinsac
Sadirac
Madirac
Léognan
Cadaujac
Targon
Guîtres
Coutras
Dordogne
Garonne
Gironde
Montlieu-la-Garde
Bussac-Forêt
Donnezac
Marcenais
St Denis-de-Pile
Savignac-de-l'Isle
Galgon
Lugon-et-l'Ile-du-Carney
St Germain-de-la-Rivière
Cézac
Aubie
Saint-Antoine
Salignac
Peujard
Gauriaguet
Marsas
Tizac-de-Lapouyade
Lapouyade
Bedenac
Clérac
Bayas
Sablons
Bonzac
Abzac

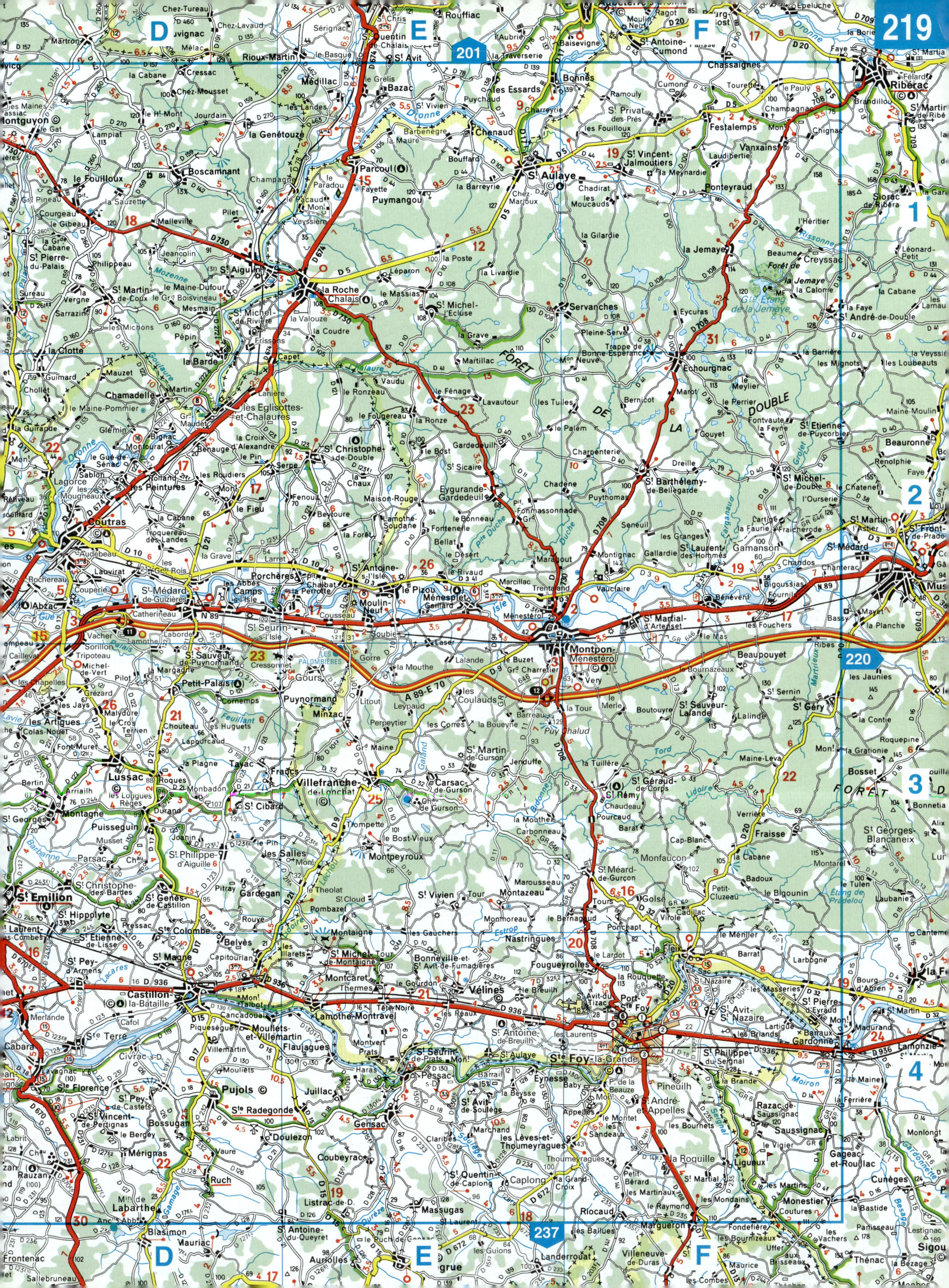
D
E
F
201
220
237
1
2
3
4
Ribérac
Montguyon
St Aulaye
Parcoul
La Roche-Chalais
St Aigulin
Échourgnac
Forêt de la Double
Coutras
Abzac
St Médard-de-Guizières
St Seurin-sur-l'Isle
Montpon-Ménestérol
Mussidan
St Antoine-sur-l'Isle
Villefranche-de-Lonchat
Lussac
Montagne
St Émilion
Castillon-la-Bataille
Vélines
Ste Foy-la-Grande
Pujols
Gensac
Sauveterre
Monségur
Margueron
Ste Terre
Gardonne
St Sauveur-de-Puynormand
Petit-Palais
Puynormand
Minzac
St Martin-de-Gurson
St Rémy
St Géraud-de-Corps
Fraisse
Le Fleix
Port-Ste Foy
Pineuilh
Eynesse
Pessac
St Aulaye
Chenaud
Servanches
Puychaud
Médillac
Boscamnant
la Genétouze
Chamadelle
les Églisottes-et-Chalaures
St Christophe-de-Double
Porchères
Camps-sur-l'Isle
Moulin-Neuf
le Pizou
Ménesplet
Beaupouyet
St Barthélemy-de-Bellegarde
St Laurent-des-Hommes
Gamanson
St Médard
Bénévent
St Martial-d'Artenset
Le Bourg-du-Bost
Vanxains
Festalemps
St Vincent-Jalmoutiers
Ponteyraud
la Jemaye
St André-de-Double
St Michel-de-Double
St Étienne-de-Puycorbier
St Géry
Bosset
St Georges-Blancaneix
Carsac-de-Gurson
Montpeyroux
St Vivien
Montazeau
Nastringues
Fougueyrolles
St Méard-de-Gurçon
Minzac
Les Salles-de-Castillon
Gardegan
St Cibard
Puisseguin
St Philippe-d'Aiguille
St Genès-de-Castillon
St Magne
Belvès
St Michel-de-Montaigne
Lamothe-Montravel
Montcaret
St Antoine-de-Breuilh
St Avit-Soulège
St André-et-Appelles
Razac-de-Saussignac
Saussignac
Gageac-et-Rouillac
Cunèges
Flaujagues
Juillac
Doulezon
Coubeyrac
Caplong
Riocaud
Listrac-de-D.
Massugas
Ruch
Mérignas
Rauzan
Blasimon
Mauriac
Frontenac
Sallebruneau
Lavagnac
Ste Florence
St Pey-de-Castets
St Vincent-de-Pertignas
Bossugan
St Quentin-de-Caplong
Les Lèves-et-Thoumeyragues
St Avit-St Nazaire
Cabara
Branne
Monestier
Ligueux
Thénac
Sigoulès
Villeneuve-de-Duras
Landerrouat
Aurolles
St Antoine-du-Queyret
Pellegrue
A 89-E 70
N 89
D 708
D 674
D 730
D 936

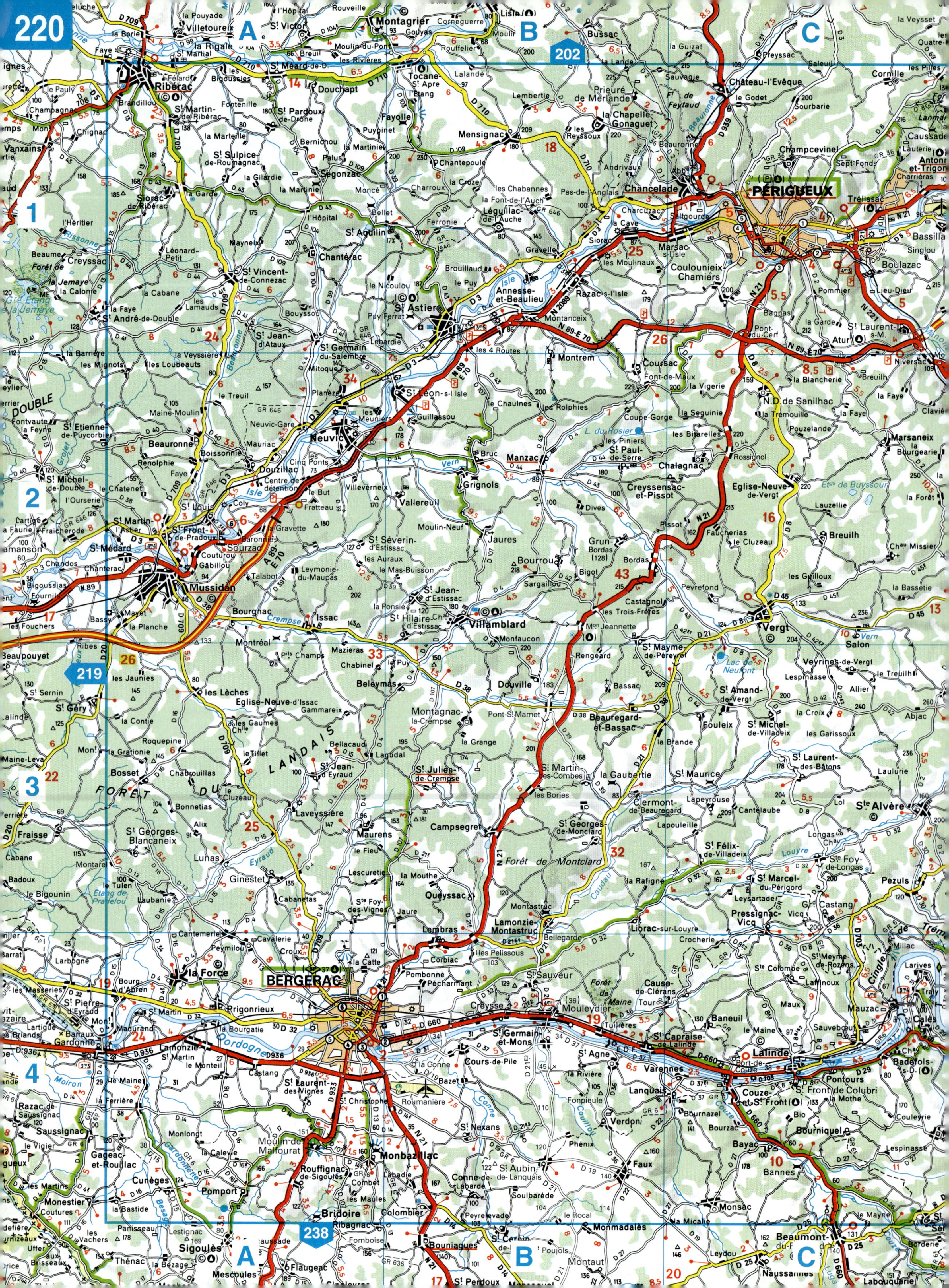
A
B
C
1
2
3
4
202
219
238
Ribérac
Périgueux
Chancelade
Château-l'Évêque
Champcevinel
Trélissac
Boulazac
Coulounieix-Chamiers
Marsac-s-l'Isle
Razac-s-l'Isle
Annesse-et-Beaulieu
St Astier
Tocane-St Apre
Montagrier
Bussac
Mensignac
Léguillac-de-l'Auche
Ségonzac
Siorac-de-Ribérac
St Vincent-de-Connezac
Chantérac
St Aquilin
St Germain-du-Salembre
St Léon-s-l'Isle
Neuvic
Douzillac
Mussidan
St Front-de-Pradoux
St Médard
St Martin-l'Astier
Beauronne
St Étienne-de-Puycorbier
St Michel-de-Double
Vallereuil
Grignols
Manzac
St Paul-de-Serre
Chalagnac
Creyssensac-et-Pissot
Eglise-Neuve-de-Vergt
Vergt
St Amand-de-Vergt
St Michel-de-Villadeix
Villamblard
Douville
Beauregard-et-Bassac
Issac
Bourgnac
Beleymas
Montagnac-la-Crempse
St Julien-de-Crempse
Campsegret
St Georges-de-Montclard
Clermont-de-Beauregard
St Laurent-des-Bâtons
Ste Alvère
St Félix-de-Villadeix
St Marcel-du-Périgord
Pressignac-Vicq
Liorac-sur-Louyre
Lamonzie-Montastruc
Lembras
Queyssac
Maurens
Laveyssière
St Jean-d'Eyraud
St Georges-Blancaneix
Ginestet
Bergerac
La Force
Prigonrieux
Gardonne
Lamonzie-St Martin
St Pierre-d'Eyraud
Mouleydier
St Germain-et-Mons
Creysse
St Sauveur
Lalinde
St Capraise-de-Lalinde
Couze-et-St Front
Baneuil
Cours-de-Pile
St Laurent-des-Vignes
Monbazillac
Rouffignac-de-Sigoulès
Pomport
Cunèges
Gageac-et-Rouillac
Saussignac
Sigoulès
Bridoire
Colombier
St Nexans
Faux
Bayac
Monsac
Beaumont
Montaut
Bouniagues
Ribagnac
Flaugeac
Mescoules
Thénac
Vergt
Forêt de Montclard
Forêt du Landais
Dordogne
Isle
Crempse
DOUBLE

D
E
F
203
222
239
1
2
3
4
Savignac-les-Eglises
Hautefort
Tourtoirac
Sarliac-s-l'Isle
Cubjac
Ayen
St Robert
Teillots
Temple-Laguyon
Nailhac
Badefols-d'Ans
Granges-d'Ans
Brouchaud
le Change
Blis-et-Born
Bauzens
St Rabier
Châtres
Limeyrat
Ajat
Thenon
Azerat
Rastignac
Beauregard-de-Terrasson
le Lardin-St Lazare
Terrasson-Lavilledieu
Condat-s-V.
St Pierre-de-Chignac
Fossemagne
Milhac-d'Auberoche
Bars
Auriac-du-Périgord
Montignac
Grotte de Lascaux
Aubas
Coly
St Amand-de-Coly
la Cassagne
Fanlac
Plazac
Thonac
Rouffignac
Sergeac
St Léon-s-Vézère
le Moustier
Peyzac-le-Moustier
Tursac
Marquay
Tamniès
Salignac-Eyvigues
St Geniès
Manaurie
les Eyzies-de-Tayac
le Bugue
Campagne
Meyrals
Sarlat-la-Canéda
Proissans
Carlux
St Cyprien
Castels
Beynac-et-Cazenac
Vézac
la Roque-Gageac
Domme
Vitrac
Carsac-Aillac
Cingle de Montfort
Siorac-en-Périgord
Belvès
Cadouin
le Buisson-de-Cadouin
Trémolat
Limeuil
Audrix
Castelnaud-la-Chapelle
Grolejac
Sagelat
Monplaisant

A
B
C
1
2
3
4
204
221
240
TULLE
BRIVE-LA-GAILLARDE
Malemort-s-Corrèze
Donzenac
Objat
Allassac
Ayen
Terrasson-Lavilledieu
Larche
Noailles
Turenne
Collonges-la-Rouge
Meyssac
Beynat
Aubazine
Cornil
Vayrac
Martel
Souillac
Carlux
Salignac-Eyvigues
Sarlat
Rocamadour
Gramat
Payrac
Padirac
Alvignac
Carennac
Beaulieu
Gouffre de Padirac
Gouffre de la Fage
Puy d'Yssandon
Dordogne
Vézère

D
E
F
205
1
2
3
4
224
241
Mauriac
Bort
Clergoux
Marcillac-la-Croisille
la Valette
St Pardoux-la-Croisille
Soursac
Bge de l'Aigle
Dordogne
Auriac
la Roche-Canillac
Champagnac-la-Prune
St Martin-la-Méanne
Bge du Chastang
Servières-le-Ch.
St Privat
St Julien-aux-Bois
Pleaux
Argentat
Forgès
St Sylvain
St Chamant
St Martial-Entraygues
Hautefage
Tours de Merle
St Geniez-ô-Merle
St Cirgues-la-Loutre
Bge d'Enchanet
Arnac
St Bonnet-les-Tours
Goulles
Sexcles
la Chapelle-St Géraud
Mercœur
St Julien-le-Pèlerin
Rouffiac
Montvert
Laroquebrou
St Gérons
St Étienne-Cantalès
Bge de St Étienne-Cantalès
Camps
Cahus
Laval-de-Cère
Bretenoux
Gagnac
Glanes
St Céré
St Laurent-les-Tours
Montal
Sousceyrac
Lacam d'Ourcet
Latronquière
Labastide-du-Ht-Mont
Bessonies
Parlan
Gayrols
Omps
Le Rouget
Roumégoux
St Mamet-la-Salvetat
St Paul-des-Landes
Crandelles
Vitrac
Marcolès
Boisset
St Julien-de-Toursac
Leyme
Aynac
Bannes
St Jean-Lagineste
St Vincent-du-Pendit
Frayssinhes
Labathude
St Médard-Nicourby
St Hilaire
Lauresses
Cère
N 120

A
B
C
1
2
3
4
206
223
242
Mauriac
Riom-ès-Montagnes
Salers
Trizac
Anglards-de-Salers
St Vincent de-Salers
le Vaulmier
Vallée du Mars
RÉGIONAL
Col d'Aulac
Col de Néronne
Puy Violent
MONTS DU CANTAL
Puy Mary
Pas de Peyrol
Puy Griou
Plomb du Cantal
Le Lioran
Super-Lioran
VOLCA
D'AUVER
St Martin-Valmeroux
St Chamant
St Cernin
Anjony
Tournemire
Mandailles
Vallée de la Jordanne
Thiézac
Pas de Compaing
Pas de Cère
Vic-s-Cère
Rocher des Pendus
Jussac
AURILLAC
Arpajon-s-Cère
Ytrac
Crandelles
St Paul-des-Landes
Sansac-de-Marmiesse
St Mamet-la-Salvetat
Roannes-St Mary
Labrousse
Carlat
Vézac
Mur-de-Barrez
Bge de Sarrans
Prunet
Lafeuillade-en-Vézie
Marcolès
Pleaux
Montsalvy

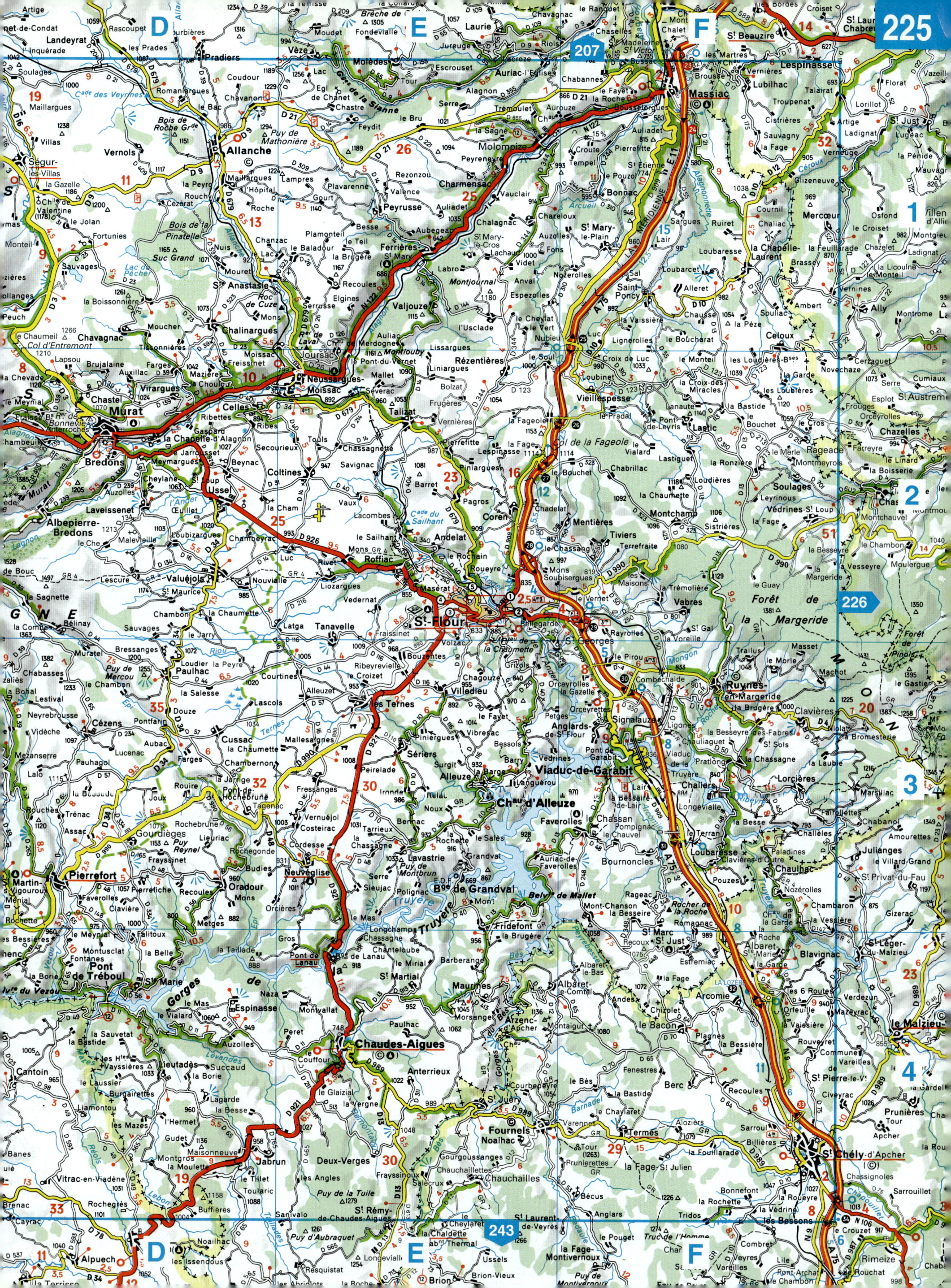

D
E
F
207
243
226
1
2
3
4
Allanche
Murat
Bredons
Albepierre-Bredons
Massiac
Molompize
Ferrières-St-Mary
Neussargues-Moissac
Talizat
Coltines
Ussel
Roffiac
St-Flour
Andelat
Coren
Valuéjols
Paulhac
Cézens
Tanavelle
Villedieu
Les Ternes
Viaduc-de-Garabit
Chau d'Alleuze
Faverolles
Lavastrie
Neuvéglise
Oradour
Pierrefort
Pont de Tréboul
Gorges de la Truyère
Bge de Grandval
Chaudes-Aigues
Anterrieux
Fournels
Chauchailles
Jabrun
Deux-Verges
Ruynes-en-Margeride
Loubaresse
Chaulhac
Blavignac
Arcomie
St Chély-d'Apcher
Le Malzieu
Lorcières
Clavières
Forêt de la Margeride
La Chapelle-Laurent
Lastic
Soulages
Vieillespesse
Col de la Fageole
Montchamp
Tiviers
Bonnac
St Mary-le-Plain
St Poncy
Charmensac
Peyrusse
Mercœur
Ally
Celoux
Chazelles
Chavagnac
Chalinargues
Virargues
Murat
Laveissenet
Lescure
Roche
St Anastasie
Vernols
Ségur-les-Villas
Landeyrat
Pradiers
Vèze
Moledès
Auriac-l'Église
Lespinasse
St Beauzire
St Just
Cantoin
Espinasse
Alpuech
Puy de la Tuile
St Rémy-de-Chaudes-Aigues
Albaret-Ste-Marie
Le Malzieu
Rimeize

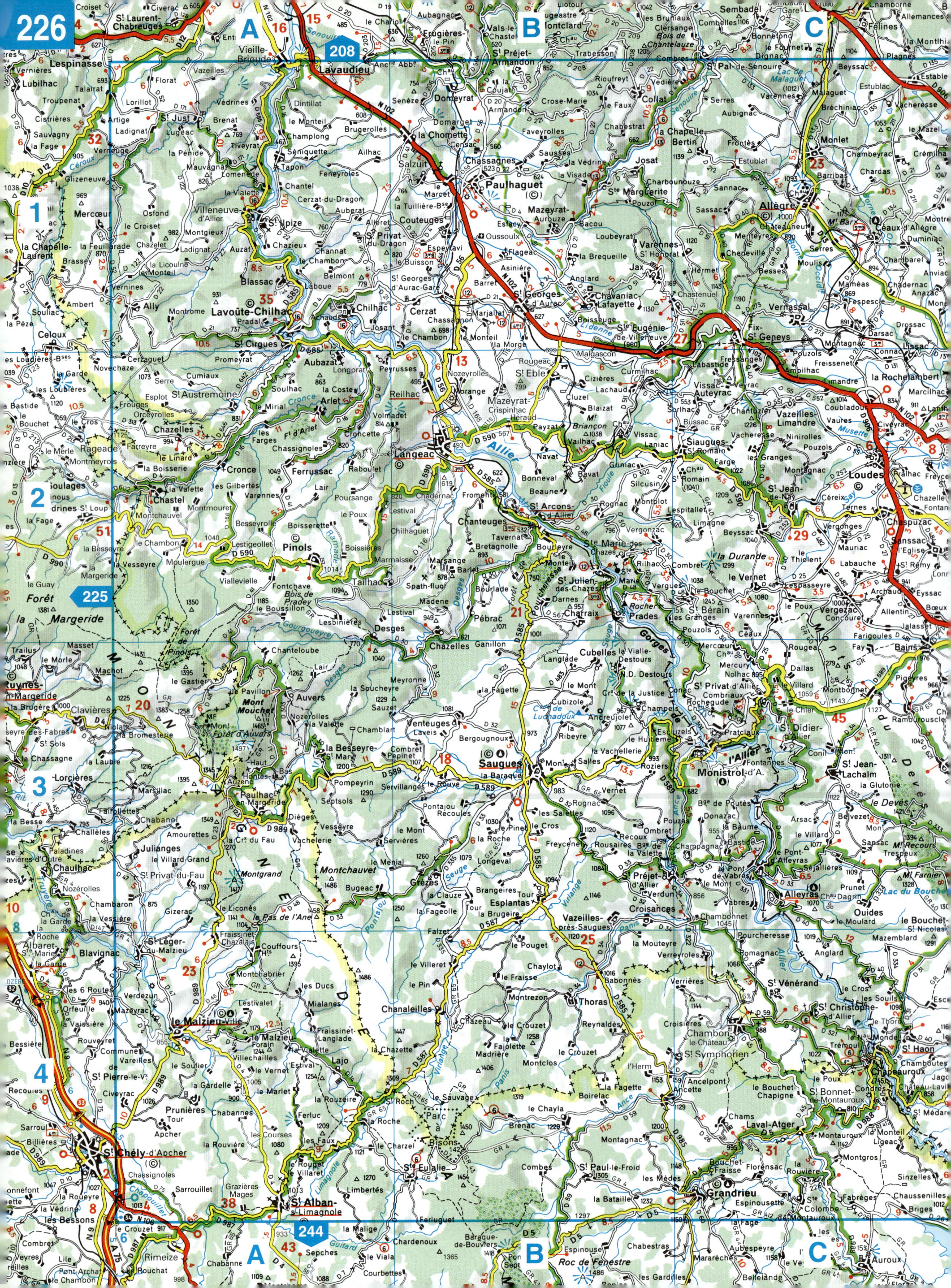

A
B
C
1
2
3
4
208
225
244
St Laurent-Chabreuges
Vieille-Brioude
Lavaudieu
Lespinasse
Lubilhac
Domeyrat
la Chomette
Paulhaguet
Mazeyrat-Aurouze
Allègre
Villeneuve-d'Allier
Lavoûte-Chilhac
St Cirgues
Chavaniac-Lafayette
St Georges-d'Aurac
Fix-St Geneys
Vissac-Auteyrac
Langeac
Chazelles
Chastel
Cronce
Ferrussac
Pinols
St Arcons-d'Allier
Chanteuges
Siaugues-St Romain
Loudes
Vazeilles-Limandre
St Julien-des-Chazes
Prades
Pébrac
Desges
Forêt de la Margeride
Mont Mouchet
Auvers
Saugues
Venteuges
Monistrol-d'A.
St Privat-d'Allier
St Jean-Lachalm
Paulhac-en-Margeride
Lorcières
Chaulhac
Blavignac
le Malzieu-Ville
St Léger-du-Malzieu
Grèzes
Esplantas
Vazeilles-près-Saugues
Chanaleilles
Thoras
Prunières
St Chély-d'Apcher
St Alban-sur-Limagnole
Grandrieu
Laval-Atger
St Paul-le-Froid
Alleyras
St Christophe-d'Allier
Chapeauroux
St Symphorien
Chambon-le-Château
St Haon
Auroux
Montchauvet
Allier
A 75
N 102

D
E
F
209
1
2
228
3
4
245
Le Puy-en-Velay
Yssingeaux
Retournac
St Paulien
Vorey
Tence
Le Chambon-s-Lignon
St Julien-Chapteuil
Massif du Meygal
Mazet-St Voy
Fay-s-Lignon
Solignac-s-Loire
Le Monastier-s-Gazeille
Présailles
Les Estables
Mt Mézenc
Gerbier de Jonc
Le Béage
Issarlès
Coucouron
Pradelles
Costaros
Arlempdes
Lapte
St Sigolène
Monistrol
Landos
Laussonne
Chadrac
Aiguilhe
Polignac
Espaly-St Marcel
Vals
Brives-Charensac
Blavozy
Rosières
Beaulieu
Lavoûte-s-Loire
Chaspinhac
St Etienne-Lardeyrol
Queyrières
Araules
Montusclat
St Front
Chaudeyrolles
St Clément
La Rochette
Ste Eulalie
Sagnes-et-Goudoulet
St Cirgues-en-Montagne
Suc de Bauzon
Lavillatte
St Etienne-du-Vigan
Lachapelle-s-s-Chanéac
Chanéac
Arcens
St Martial
Mézilhac
Laviolle
St Andéol-de-Fourchades
Le Lac-d'Issarlès
Lachamp-Raphaël
Usclades-et-Rieutord
St Pierre-du-Champ
Chomelix
Bellevue-la-Montagne
St Geneys
Blanzac
Borne
Bains
Cussac-s-Loire
Le Brignon
Goudet
Salettes
Alleyrac
St Arcons
Fourchon
Malvalette
Lachapelle-Graillouse
Freycenet-la-Cuche
Freycenet-la-Tour
Moudeyres
Lantriac
Coubon
Le Pertuis
St Hostien
St Germain-Laprade
St Pierre-Eynac
Bessamorel
Grazac
St Maurice-de-Lignon
Les Villettes
Mars
Les Vastres
Montregard
Raucoules
Dunières
St Pal-de-Mons

A
B
C
1
2
3
4
Annonay
Dunières
Montfaucon-en-Velay
Montregard
St Bonnet-le-Froid
St Julien-Molhesabate
St Julien-Vocance
Vocance
Villevocance
Satillieu
Lalouvesc
St Félicien
St Victor
Tence
Le Chambon-s-Lignon
Mars
St Agrève
Devesset
Rochepaule
Lamastre
Désaignes
Labatie-d'Andaure
Nozières
Empurany
Colombier-le-Vieux
Arlebosc
Boucieu-le-Roi
St Barthélemy-Grozon
St Basile
Alboussière
Champis
Châteauneuf-de-Vernoux
Vernoux-en-Vivarais
Boffres
St Sylvestre
Gilhoc-s-Ormèze
St Martin-de-Valamas
Le Cheylard
St Jean-Roure
St Julien-Boutières
St Clément
Lachapelle-s-Chanéac
Chanéac
Arcens
Mariac
Accons
St Christol
St Michel-d'Aurance
St Barthélemy-le-Meil
Chalencon
St Sauveur-de-Montagut
St Pierreville
Marcols-les-Eaux
Albon
Mézilhac
Dornas
St Genest-Lachamp
Issamoulenc
Les Ollières
Dunière-s-Eyrieux
St Fortunat-s-Eyrieux
St Laurent-du-Pape
St Vincent-de-Durfort
Gilhac-et-Bruzac
St Cierge-la-Serre
Rompon
Le Pouzin
St Julien-en-Saint-Alban
Pranles
Lyas
Beauvène
Forêt Taillard
Mt Gerbier de Jonc
Corniche
Rochebloine
Col du Buisson
Col de Montreynaud
Chau de Pierre-Gourde
Le Champ de Mars
Cascade du Ray-Pic
Laviolle

210
227
246

D
E
F
211
230
247
1
2
3
4
Valence
Romans-s-Isère
Bourg-de-Péage
St Marcellin
St Donat-s-l'Herbasse
St Vallier
Tain-l'Hermitage
Tournon-s-Rhône
Chabeuil
Crest
Livron-s-Drôme
Loriol-s-Drôme
Portes-lès-Valence
Étoile-s-Rhône
Montélier
St Jean-en-Royans
St Nazaire-en-Royans
Pont-en-Royans
St Hilaire-du-Rosier
Châteauneuf-de-Galaure
Hauterives
Margès
Clérieux
Beaumont-Monteux
Pont-de-l'Isère
Châteauneuf-s-Isère
Alixan
Besayes
Barbières
Rochefort-Samson
Charpey
Peyrus
Léoncel
Montmeyran
Upie
Beaumont-lès-Valence
Montéléger
Malissard
Vaunaveys-la-Rochette
Gigors
Plan-de-Baix
Beaufort-s-Gervanne
Eygluy-Escoulin
Vachères-en-Quint
Pontaix
Omblèze
Combovin
Barcelonne
La Baume-Cornillane
Ourches
Allex
Grane
Soyons
Charmes-s-Rhône
Beauvallon
Guilherand-Granges
Crussol
Forêt de Thivolet
Forêt de Saou
Col de la Bataille
Col des Limouches
Combe Laval
Isère
Rhône
Drôme

A
B
C
212
229
248
1
2
3
4
St Marcellin
Vinay
Pont-en-Royans
St Jean-en-Royans
Villard-de-Lans
Lans-en-Vercors
Autrans
Méaudre
Corrençon-en-Vercors
la Chapelle-en-Vercors
Vassieux-en-Vercors
Die
Combe Laval
Grands Goulets
Gorges de la Bourne
Col de Rousset
Fontaine
Seyssins
Echirolles
le Pont-de-Claix
Vif
Monestier-de-Clermont
Clelles
Chichilianne
Gresse-en-Vercors
le Grand Veymont
Réserve Naturelle des Hauts Plateaux du Vercors
Parc Naturel Régional du Vercors
Montagne de Lans
Col de Menée
Col de la Croix Haute
Trièves
Mont Aiguille
Col du Rousset
St Nizier-du-Moucherotte
Moucherotte
Château-Bernard
St Andéol
Varces
Sassenage
Trefort

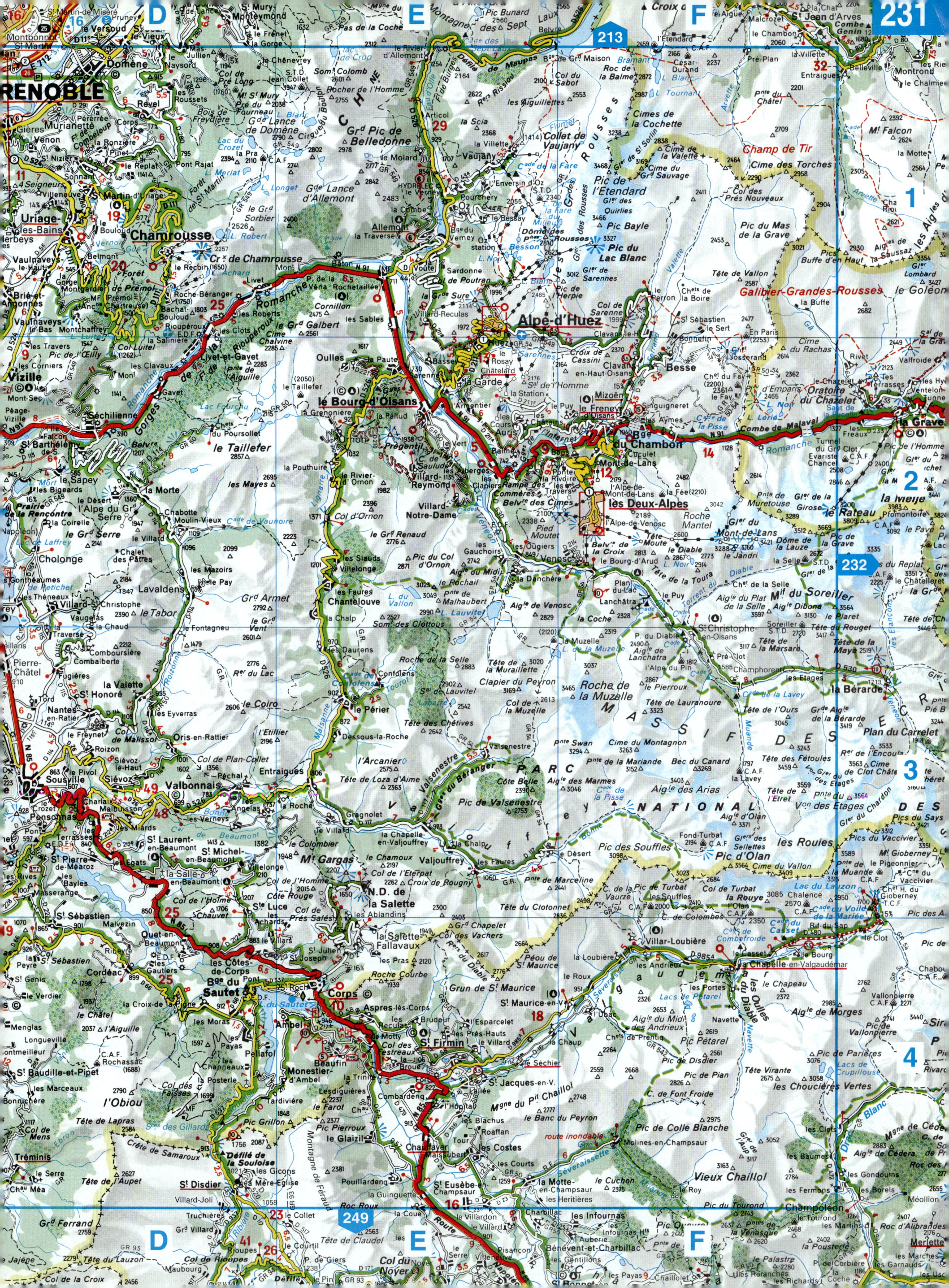

D
E
F
1
2
3
4
213
232
249
GRENOBLE
Uriage-les-Bains
Chamrousse
Vizille
Séchilienne
le Bourg-d'Oisans
Alpe-d'Huez
les Deux-Alpes
Bge du Chambon
la Grave
Besse
Vénosc
la Bérarde
Valbonnais
Corps
St Firmin
N.D. de la Salette
la Chapelle-en-Valgaudémar
Chaillol
Gorges de la Romanche
MASSIF DES ÉCRINS
PARC NATIONAL
Galibier-Grandes-Rousses
Champ de Tir
Pic de l'Etendard
Gd Pic de Belledonne
Tête de Lapras
Pic d'Olan
Roche de la Muzelle
Vieux Chaillol
Pic de Valsenestre
le Taillefer
Mt Gargas
Sautet
l'Obiou
Défilé de la Souloise
St Disdier
Tréminis
Champoléon
route inondable

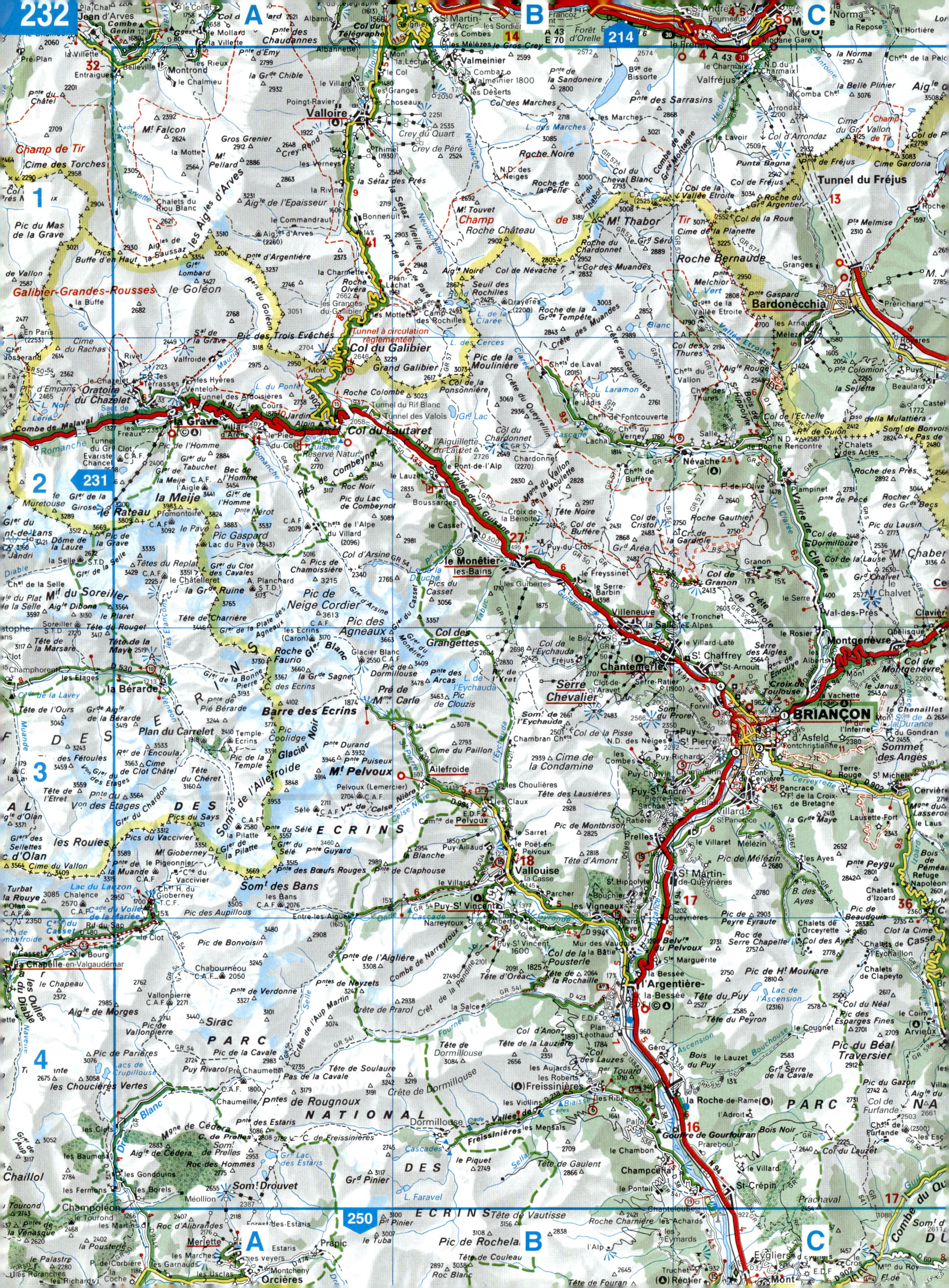

Valloire
Col du Galibier
Col du Lautaret
La Grave
La Meije
Le Monêtier-les-Bains
Serre Chevalier
Chantemerle
BRIANÇON
Montgenèvre
Bardonècchia
Tunnel du Fréjus
Mt Thabor
Roche Bernaude
Névache
Barre des Écrins
Mt Pelvoux
Ailefroide
Vallouise
L'Argentière-la-Bessée
Freissinières
PARC NATIONAL DES ÉCRINS
Galibier-Grandes-Rousses
Champ de Tir
Valfréjus
Modane
La Bérarde
Orcières
Chaillol
Champoléon
231
214
250

D
E
F
215
251
1
2
3
4
Susa
Bussoleno
Chianocco
Borgone Susa
Condove
Caprie
Coazze
Giaglione
Meana di Susa
Mattie
Chiomonte
Gravere
Exilles
Salbertrand
Oulx
Sauze d'Oulx
Cesana
Sestriere
Pragelato
Usseaux
Fenestrelle
Roure
Perosa Argentina
Pinasca
Villar Perosa
Porte
Pomaretto
Perrero
Massello
Salza di Pinerolo
Prali
M. Orsiera
M. Rocciavre
M. Albergian
Bric Ghinivert
Punta Cornour
Torre Pellice
Luserna S. Giovanni
Bibiana
Bricherasio
Villar Pellice
Bobbio Pellice
Crissolo
Ostana
Paesana
M. Viso
Mt Granero
Bric Bouchet
Bric Froid
Pic du Gd Glaiza
Abriès
Aiguilles
Ristolas
Château-Queyras
Molines-en-Queyras
St Véran
Ceillac
Col de l'Agnel
Col de la Traversette
Col de Sestriere
Col de Montgenèvre
Col de Clapier
Rocciamelone
Dent d'Ambin
Mont Cenis
Bardonecchia
RÉGIONAL
QUEYRAS
DYRAS

A
B
C
216
252
1
2
3
4
Andernos-les-Bains
BASSIN
D'ARCACHON
ARCACHON
Taussat
Lanton
Audenge
Ile aux Oiseaux
Parcs à huîtres
le Grd Piquey
Piraillan
le Canon
l'Herbe
Villa-Algérienne
la Vigne
Bélisaire
Cap Ferret
le Truc Vert
Gujan-Mestras
Biganos
le Teich
Parc ornithologique du Teich
Réservoirs à Poissons
les Abatilles
le Moulleau
Pyla-s-Mer
la Teste-de-Buch
Pilat-Plage
Banc du Toulinguet
Réserve naturelle du Banc d'Arguin
Dune du Pilat
Forêt d'Arcachon
A 660
Forêt Nezer
Montmorency
Forêt usagère de la Teste
Dunes de Ginestras
Gaillouneys
Pointe d'Arcachon
la Salie
Cazaux
Champ de Tir
Canal des Landes
Etang de Cazaux
et de Sanguinet
Curepipe
Dunes des Places
Sanguinet
Louse
Lombard
Méoule
le Clerc
Forêt de Lagnereau
Les Hautes Rives
Port-Maguide
Petite Male
Ispes
en Mayotte
Navarrosse
Goubern
Biscarrosse-Plage
Forêt usagère de Biscarrosse
la Broutasse
en Belliard
Bosque
Millas
en Bergoin
Pt Etang de Biscarrosse
Trappe
Biscarrosse
Hourtiquets
en Bonnet
CENTRE D' ESSAIS DES LANDES
Zone militaire interdite
Forêt de Biscarrosse
Etang de Biscarrosse et de Parentis
Lahitte
Parentis-en-Born
les Mouliès
Naoutoy
Bourruque
Poms
les Espalanques
Herran
Gastes
le Pourjeau
Hillan
Maynage
Esleys
Lucats
Dupouy
Pelouche
Lafont
Mongaillard
Forêt de Piche
St Trosse
Forêt de Ligautenx
Forêt de Ste Eulalie
Ste Eulalie-en-Born
P. de l'Oustaline
Grd Ligautenx
Pt Ligautenx
Pontenx-les-Forges
Menaut
Souleyraou
Guirosse
Bestaven
Baxente
Bouricos
Jean-de-Crabe
Etang d'Aureilhan
Aureilhan
Mimizan-Plage
Merquedeye
St Paul-en-Born
Larrousseau
Lüe
Médous

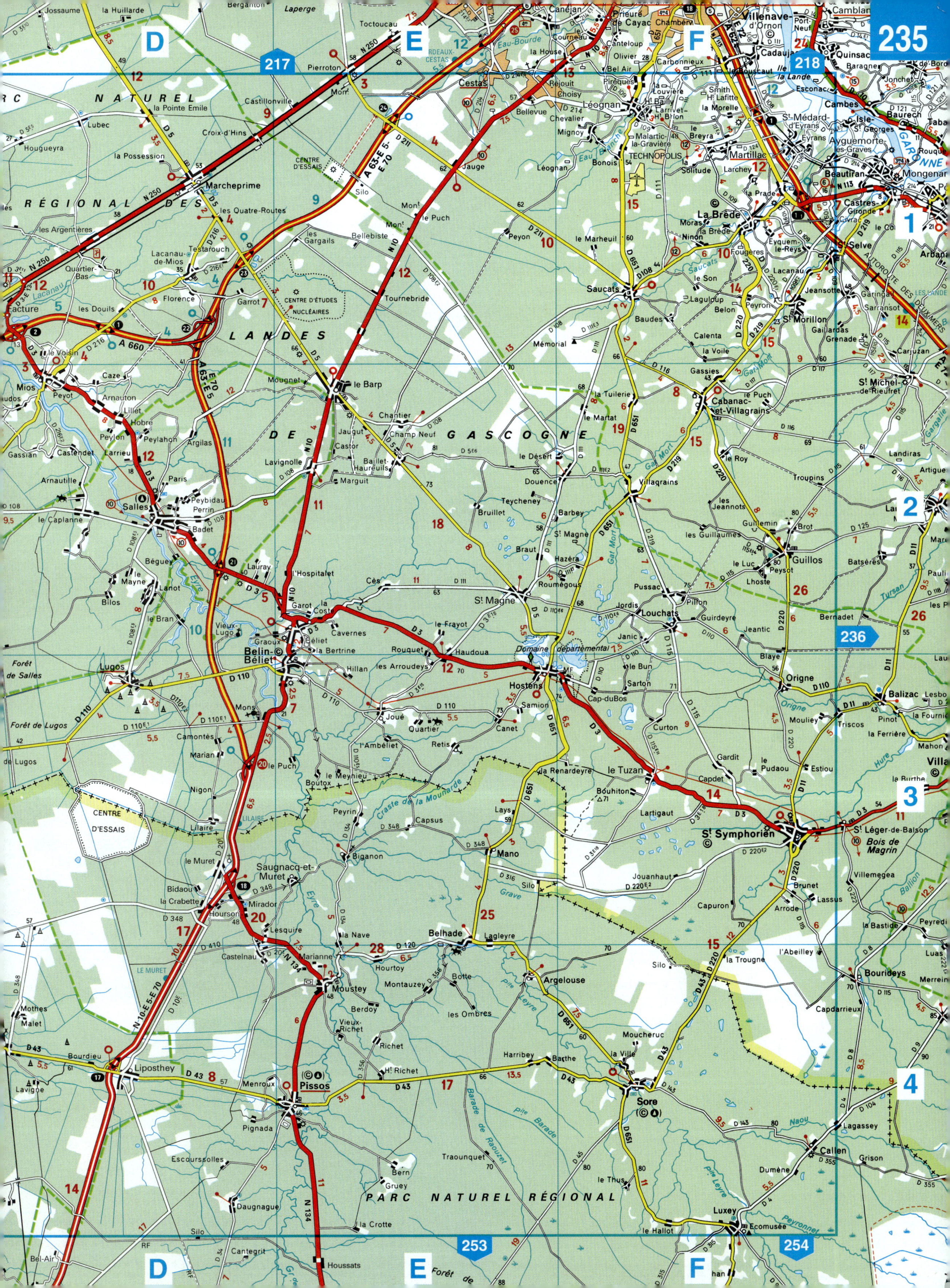
D
E
F
217
218
236
253
254
1
2
3
4
PARC NATUREL RÉGIONAL DES LANDES DE GASCOGNE
Villenave-d'Ornon
Cadaujac
Quinsac
Cambes
Cestas
Canéjan
Léognan
Martillac
Beautiran
Castres-Gironde
La Brède
Saucats
Marcheprime
Mios
Salles
Le Barp
Belin-Béliet
Lugos
St Magne
Hostens
Louchats
Cabanac-et-Villagrains
St Morillon
St Michel-de-Rieufret
Guillos
Origne
Balizac
St Symphorien
St Léger-de-Balson
Bois de Magrin
Saugnacq-et-Muret
Mano
Belhade
Argelouse
Moustey
Liposthey
Pissos
Sore
Callen
Luxey
Lacanau-de-Mios
Centre d'études nucléaires
Centre d'essais
Forêt de Salles
Forêt de Lugos
Domaine départemental
Technopolis
Eyre
Leyre
Gat Mort
Garonne
Le Tuzan
Lartigaut
Bourideys
Houssats

A
B
C
1
2
3
4
217
218
235
253
254
GASCOGNE
Cestas
Léognan
La Brède
Saucats
Cadaujac
Isle-St-Georges
Beautiran
Castres-Gironde
St-Selve
Portets
Langoiran
Lestiac
Paillet
Rions
Podensac
Virelade
Arbanats
Cadillac
Béguey
Loupiac
Targon
Créon
Barsac
Preignac
Illats
Landiras
Cabanac-et-Villagrains
St-Michel-de-Rieufret
Cérons
Guillos
Budos
Sauternes
Fargues
Langon
St-Macaire
Toulenne
Pujols-s-Ciron
Bommes
Léogeats
Balizac
Origne
Louchats
Hostens
St-Magne
Villandraut
Noaillan
Uzeste
Roaillan
Mazères
Bazas
St-Symphorien
St-Léger-de-Balson
Préchac
Bourideys
Cazalis
Lucmau
Captieux
Sore
Argelouse
Luxey
Callen
Ecomusée
Escaudes
Cudos
Sauviac
Lignan-de-Bazas
Marimbault
Bernos-Beaulac
Giscos
AUTOROUTE DES DEUX MERS
GARONNE
TECHNOPOLIS
Domaine départemental
Bois de Magrin
Ciron
Hure
Gat Mort
Saucats
Barthos
Gouaneyre
Peyronnet
NATUREL RÉGIONAL

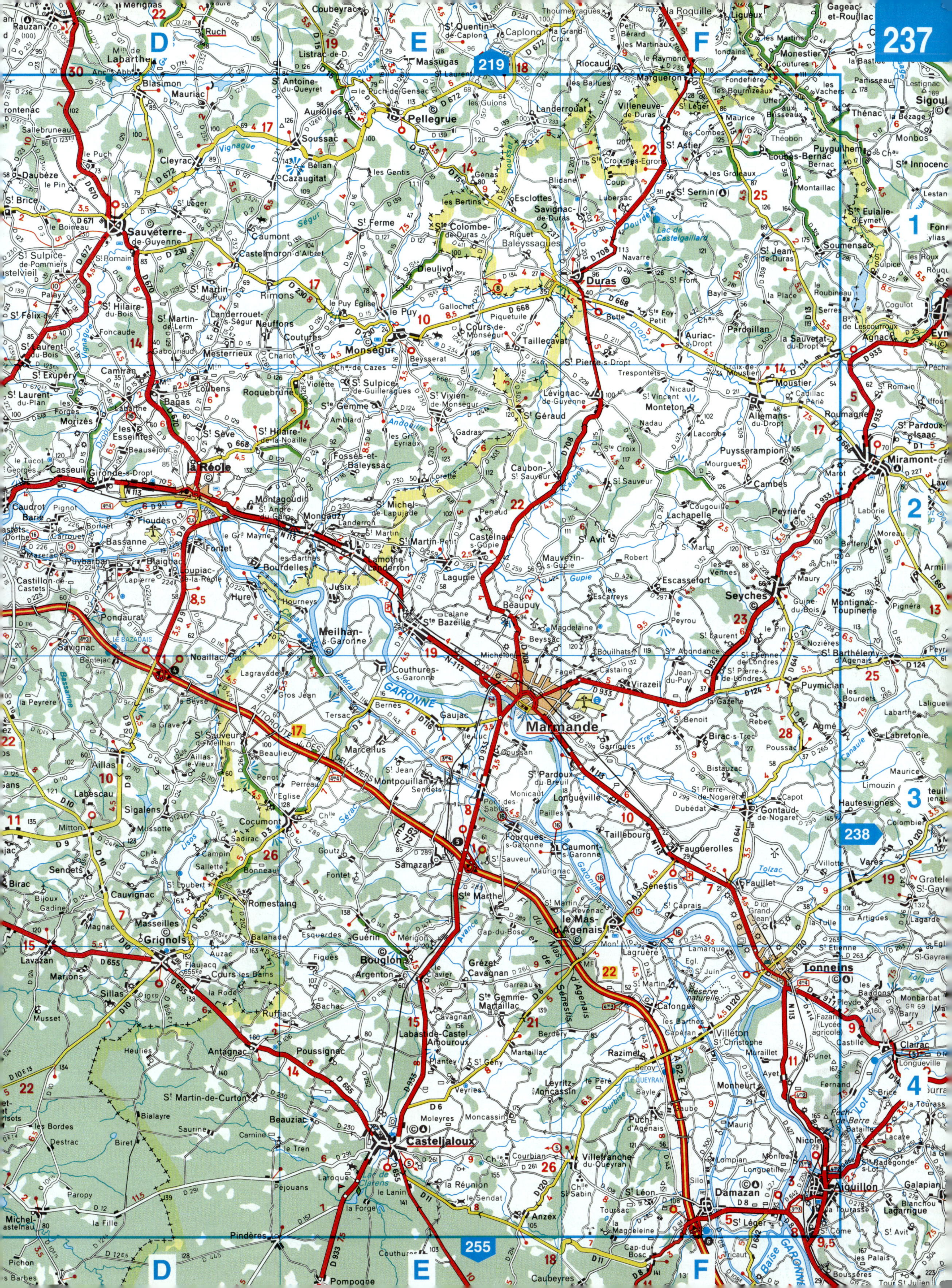

Sauveterre-de-Guyenne
Pellegrue
Monségur
La Réole
Duras
Miramont-de-Guyenne
Seyches
Marmande
Meilhan-s-Garonne
Le Mas-d'Agenais
Tonneins
Aiguillon
Casteljaloux
Grignols
Bouglon
Damazan
Lauzun
Castelmoron-d'Albret
Soussac
Allemans-du-Dropt
Eymet
Sigoulès
Montpouillan
Samazan
Caumont-s-Garonne
Fauguerolles
Gontaud-de-Nogaret
Villefranche-du-Queyran
Antagnac
GARONNE
219
238
255
D
E
F
1
2
3
4

A
B
C
1
2
3
4
220
237
255
256
Monbazillac
Sigoulès
Eymet
Issigeac
Beaumont-du-Périgord
Castillonnès
Lauzun
Miramont-de-Guyenne
Villeréal
Cancon
Monflanquin
Tombebœuf
Monclar
Casseneuil
Castelmoron-s-Lot
Tonneins
Villeneuve-s-Lot
Clairac
Aiguillon
Prayssas
Laroque-Timbaut
Ste-Livrade-s-Lot
Monbahus
Castelnaud-de-Gratecambe
Penne-d'Agenais
Lacépède
Montpezat-d'Agenais
Port-Ste-Marie

D
E
F
1
2
3
4
221
240
257
Domme
Belvès
Gourdon
Monpazier
Biron
Villefranche-du-Périgord
Cazals
Salviac
Les Arques
Catus
Bonaguil
Fumel
Puy-l'Évêque
Prayssac
Castelfranc
Luzech
Monsempron-Libos
Tournon-d'Agenais
Montaigu-de-Quercy
Montcuq
Sérignac
Bélaye
Albas
Lacapelle-Biron
Blanquefort-s-Briolance
Sauveterre-la-Lémance
St-Front-s-Lémance
Cuzorn
Gavaudun
Salles
Montcabrier
Duravel
Soturac
Touzac
Vire-s-Lot
Grézels
Lacapelle-Cabanac
Mauroux
Floressas
Belmontet
Lebreil
Bouloc
Beauville
Dausse
Courbiac
Masquières
St Matré
Villesèque
Bagat-en-Quercy
St Pantaléon
Lascabanes
Marminiac
Montcléra
Pomarède
Cassagnes
Daglan
Prats-du-Périgord
Besse
Nabirat
Dégagnac
Thédirac
St Médard
Nuzéjouls
Crayssac
Douelle
Montlauzun
Tréjouls
Lendou

A
B
C
1
2
3
4
222
239
257
258
Gourdon
Payrac
Rocamadour
Gramat
Labastide-Murat
Cahors
Catus
Lauzès
Cabrerets
St Cirq-Lapopie
Limogne-en-Quercy
Lalbenque
Cénevières
Concots
Mercuès
Parnac
Douelle
Pradines
Luzech
Flaujac-Poujols
Castelnau-Montratier
Grotte du Pech Merle
Grottes de Cougnac
Grotte de Bellevue
PARC NATUREL RÉGIONAL DES CAUSSES DU QUERCY
CAUSSE DE GRAMAT
CAUSSE DE LIMOGNE
Bois de Couanac
Bois de Grézal
Bois d'Aubrelong
St Germain-du-Bel-Air
St Martin-de-Vers
Sénaillac-Lauzès
Caniac-du-Causse
Soulomès
Fontanes-du-Causse
Quissac
Espédaillac
Blars
Marcilhac
Sauliac-s-Célé
Bouziès
Vers
St Géry
Arcambal
Lamagdelaine
Laroque-des-Arcs
Valroufié
Cours
Nadillac
Francoulès
Maxou
Boissières
Nuzéjouls
Calamane
Espère
Crayssac
St Médard
Rostassac
Montgesty
Thédirac
Peyrilles
St Denis-Catus
Mechmont
Uzech
Gigouzac
Ussel
Montamel
St Sauveur-la-Vallée
Frayssinet
Pont-de-Rhodes
Vaillac
Montfaucon
Séniergues
Soucirac
Ginouillac
Carlucet
Le Bastit
Reilhac
Reilhaguet
Le Vigan
St Projet
St Cirq-Souillaguet
St Chamarand
Concorès
Lavercantière
Rampoux
Dégagnac
Nabirat
Payrignac
Milhac
Rouffilhac
Anglars-Nozac
Fajoles
St Clair
Issendolus
Lunegarde
Durbans
Flaujac-Gare
Bio
Lavergne
Labastide-Marnhac
Trespoux-Rassiels
Villesèque
Lhospitalet
St Pantaléon
Cieurac
Aujols
Laburgade
Cremps
Escamps
Bach
Vaylats
Varaire
Beauregard
Saillac
Belmont
Fontanes
Le Montat
Mas-de-Vers
Lugagnac
Bergnaty
Crégols
Esclauzels
Tour-de-Faure
St Martin-Labouval
Cabrerets
Orniac
Cuzals
Lentillac-du-Causse
Sabadel-Lauzès
Cras
Fage
St Cernin
Montdoumerc
Labastide-de-Penne
Lot
Célé
N 20
N 140
D 802
D 653
D 911
D 662
D 19
D 820
A 20-E 9

D
E
F
1
2
3
4
223
242
259
Figeac
Capdenac
Decazeville
Villefranche-de-Rouergue
Maurs
Aubin
Rignac
Montbazens
Latronquière
Lacapelle-Marival
Assier
Cajarc
Villeneuve
Rieupeyroux
Marcolès
Firmi
Cransac
Bagnac-s-Célé
Leynhac
Lot
Célé
Aveyron

A
B
C
224
1
2
3
4
241
259
260
Montsalvy
Entraygues-s-T.
Conques
Decazeville
Firmi
Aubin
Cransac
Marcillac-Vallon
Rignac
Rodez
Espalion
Bozouls
Estaing
Villecomtal
Sébazac-Concourès
Baraqueville
Flavin
Belcastel
St Amans-des-Cots
Gorges de la Truyère
Gorges du Lot
Lot
Causse de Lanhac
Causse Comtal
Forêt des Palanges
Aveyron
Dourdou
Onet-le-Château
Olemps
Druelle
Salles-la-Source
Nauviale
Noailhac
Grand-Vabre
St Parthem
Lacapelle-del-Fraisse
Labesserette
Ladinhac
Leucamp
Lacroix-Barrez
Mur-de-Barrez
Campuac
Golinhac
Sénergues
Espeyrac
Mouret
Muret-le-Ch.
Rodelle
St Christophe-Vallon
Valady
Goutrens
Clairvaux-d'Aveyron
Balsac
Mayran
Colombiès
Moyrazès
La Loubière
Agen-d'Aveyron
Montrozier
Gages
Ste Radegonde

Laguiole
Nasbinals
Aubrac
St Chély-d'Aubrac
Aumont-Aubrac
Marvejols
St Geniez-d'Olt
La Canourgue
Campagnac
Laissac
Sévérac-le-Château
le Massegros
Malbouzon
Marchastel
Prinsuéjols

St Chély-d'Apcher
St Alban-s-Limagnole
Ste Eulalie
Grandrieu
St Paul-le-Froid
226
Aumont-Aubrac
Rimeize
Fontans
Serverette
St Denis-en-Margeride
la Villedieu
la Panouse
St Sauveur-de-Ginestoux
Roc de Fenestre
Col des 3 Sœurs
Javols
St Amans
Estables
St Gal
Col du Cheval Mort
St de Randon
Truc de Fortunio
Châteauneuf-de-Randon
Mausolée du Connétable
Lac de Charpal
Rieutort-de-Randon
Plateau du Palais du Roi
Can de la Roche
Ribennes
Recoules-de-Fumas
Bois de Bouls
Parc des Loups du Gévaudan
Lachamp
Laubert
Montbel
Causse de Montbel
Chaudeyrac
Belvezet
Servières
Marvejols
Truc du Midi
Chastel-Nouvel
Badaroux
Mende
Pelouse
Allenc
Montagne
Chirac
St Bonnet-de-Chirac
Truc de Grèzes
Grèzes
Barjac
Causse de Changefège
Bagnols-les-Bains
St Julien-du-Tournel
le Bleymard
Lanuéjols
Col de la Loubière
Balsièges
St Bauzile
St Étienne-du-Valdonnez
la Canourgue
Chanac
Esclanèdes
243
Sauveterre
Col de Montmirat
Mont Chabio
Roc des Laubies
Sommet de Finiels
Mont Lozère
Cubières
Le Pont-de-Montvert
Ste Enimie
Ispagnac
Quézac
Florac
Cocurès
Bédouès
Cirque de Pougnadoires
Chau de la Caze
La Malène
Point Sublime
Roc du Serre
Gorges du Tarn
Cirque de St Chély
Col de Coperlac
Mas-St-Chély
Castelbouc
Prades
Montbrun
La Salle-Prunet
Rocher de Rochefort
Cévennes
Causse Méjean
Laval-du-Tarn
Sauveterre
261
262
St Laurent-de-Trèves
Cassagnas
A
B
C
1
2
3
4

D
E
F
227
1
2
3
4
246
263
Pradelles
Langogne
Naussac
Barrage de Naussac
St Flour-de-Mercoire
St Alban-en-Montagne
Lanarce
Mazan-l'Abbaye
Montpezat-s/s-Bauzon
Burzet
Suc de Bauzon
Le Roux
Thueyts
Mayres
Barnas
Astet
Le Plagnal
Cellier-du-Luc
St Étienne-de-Lugdarès
Cheylard-l'Évêque
Luc
Laveyrune
Col de Meyrand
Loubaresse
Valgorge
Jaujac
Prades
Pont-de-Labeaume
La Souche
Lentillères
St Laurent-les-Bains
La Bastide-Puylaurent
Chasseradès
Le Tanargue
Massif du Prataubérat
Dompnac
Laboule
Rocles
Largentière
Chassiers
Sanilhac
Uzer
Beaumont
Sablières
St Mélany
Montselgues
Thines
Prévenchères
St André-Lachamp
Joyeuse
Rosières
Vernon
Faugères
Planzolles
Payzac
Lablachère
Labeaume
St Alban-Auriolles
Ste Marguerite-Lafigère
Pied-de-Borne
La Garde-Guérin
Pourcharesses
Altier
Villefort
Malarce-s-la-Thines
Les Assions
Chambonas
Les Vans
Chandolas
Grospierres
St André-Capcèze
Ponteils
Concoules
Génolhac
Aujac
Malbosc
Bonnevaux
Vialas
Beaulieu
St Paul-le-Jeune
Bessas
Chamborigaud
Bessèges
Robiac
Meyrannes
St Ambroix
Mont Lozère
Col de Finiels
Pic Cassini
Belvédère des Bouzèdes
Grotte de la Cocalière
St Privat-de-Vallongue
St Frézal-de-Ventalon
Bordezac
Gagnières
Courry

A
B
C
1
2
3
4
228
245
263
264
Privas
Aubenas
Vals-les-Bains
Largentière
Villeneuve-de-Berg
Vallon-Pont-d'Arc
Bourg-St Andéol
Pierrelatte
Viviers
le Teil
Rochemaure
Chomérac
Barjac
Ruoms
Antraigues-s-Volane
Lavilledieu
Vogüé
Alba-la-Romaine
Donzère
Le Pouzin
Baix
Joyeuse
Pont-de-Labeaume
Lalevade
Prades
Neyrac-les-Bains
St Martin-d'Ardèche
Aiguèze
Pont d'Arc
Aven d'Orgnac
Aven de Marzal
Ferme aux crocodiles
Parc Aérocity
Lussas
Mirabel
Darbres
Berzème
St Jean-le-Centenier
St Pons
Aubignas
Meysse
Cruas
Alissas
Coux
Flaviac
Plateau du Coiron
Gorges de l'Ardèche
Rhône
Ardèche
Complexe nucléaire du Tricastin
Ouvrages de Donzère-Mondragon
Montclus

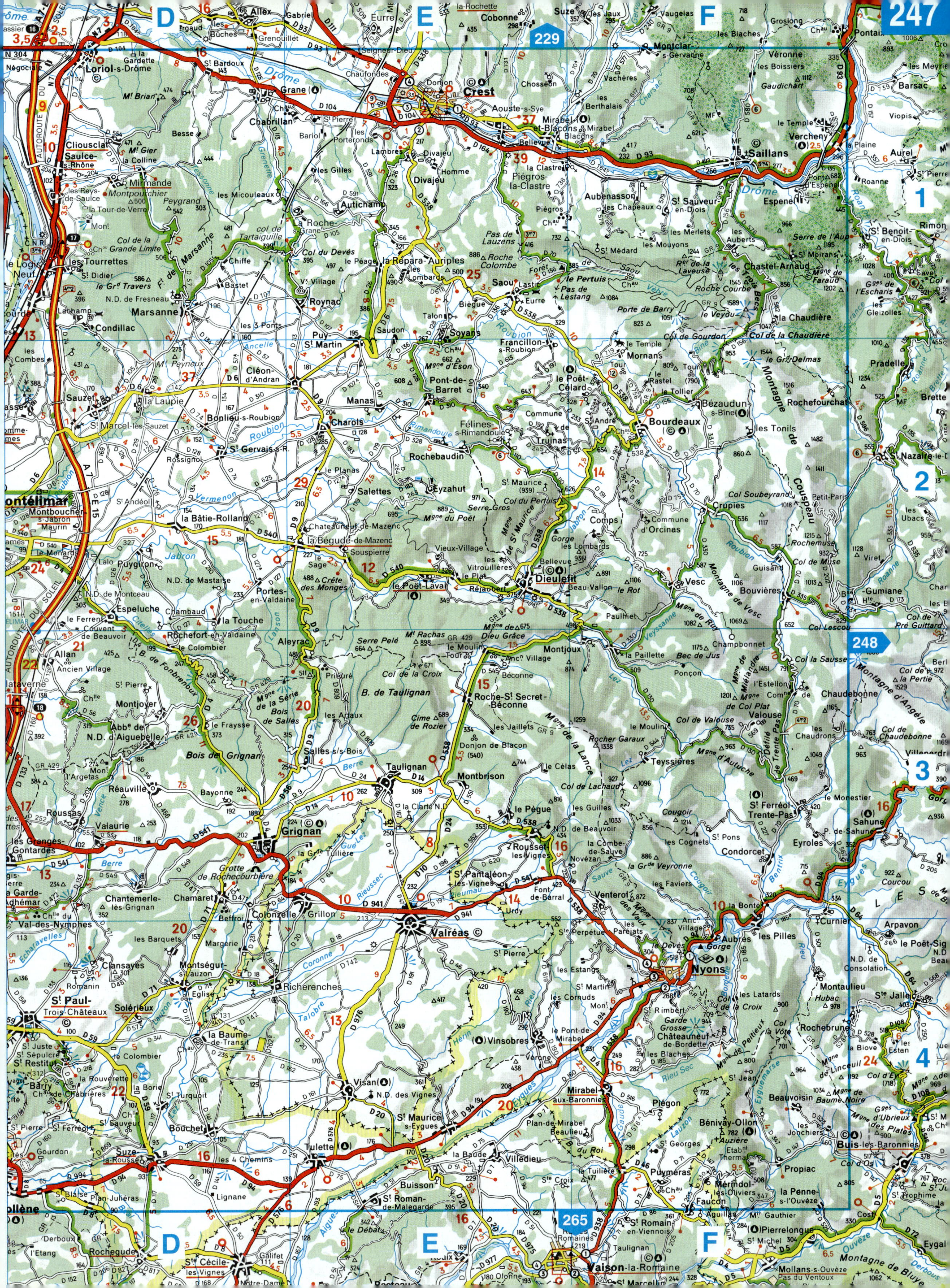
D
E
F
229
248
265
1
2
3
4
Loriol-s-Drôme
Grane
Crest
Chabrillan
Aouste-s-Sye
Mirabel-et-Blacons
Saillans
Vercheny
Cliousclat
Saulce-s-Rhône
Mirmande
Autichamp
Divajeu
Piégros-la-Clastre
Aubenasson
Espenel
Marsanne
La Répara-Auriples
Roynac
Saou
Condillac
Puy-St-Martin
Soyans
Francillon-s-Roubion
Mornans
Cléon-d'Andran
Pont-de-Barret
Le Poët-Célard
Bourdeaux
Bézaudun-s-Bine
Sauzet
La Laupie
Bonlieu-s-Roubion
Manas
Charols
St Gervais-s-R.
Rochebaudin
Félines-s-Rimandoule
Truinas
Montélimar
Salettes
Eyzahut
La Bâtie-Rolland
La Bégude-de-Mazenc
Comps
Crupies
Puygiron
Portes-en-Valdaine
Le Poët-Laval
Dieulefit
Vesc
Bouvières
Espeluche
La Touche
Rochefort-en-Valdaine
Aleyrac
Montjoux
Teyssières
Allan
Montjoyer
Roche-St Secret-Béconne
Salles-s-s-Bois
Taulignan
Montbrison
Réauville
Roussas
Valaurie
Grignan
Le Pègue
Rousset-les-Vignes
St Pantaléon-les-Vignes
Chamaret
Colonzelle
Grillon
Valréas
Venterol
Nyons
Aubres
Les Pilles
Curnier
Montségur-s-Lauzon
Richerenches
St Paul-Trois-Châteaux
Solérieux
La Baume-de-Transit
Vinsobres
Visan
Mirabel-aux-Baronnies
Piégon
Buis-les-Baronnies
St Restitut
Suze-la-Rousse
Bouchet
Tulette
St Maurice-s-Eygues
Villedieu
Puyméras
Faucon
Mollans-s-Ouvèze
Vaison-la-Romaine
Bollène
Rochegude
Ste Cécile-les-Vignes
St Roman-de-Malegarde
Buisson
Drôme
Roubion
Jabron
Lez
Eygues
Ouvèze
Montagne de Couspeau
Montagne de Vesc
Montagne d'Angèle
Bois de Grignan
Forêt de Saou
Col de la Chaudière
Col du Pertuis
Col de Valouse

A
B
C
1
2
3
4
230
247
265
266
Die
Pontaix
Saillans
Barsac
Aurel
Vercheny
Molières-Glandaz
Châtillon-en-Diois
Menglon
Recoubeau-Jansac
Barnave
Montmaur-en-Diois
Rimon-et-Savel
St Benoit-en-Diois
Pennes-le-Sec
Aucelon
Montlaur-en-Diois
Luc-en-Diois
Miscon
Glandage
Grimone
Col de Grimone
Col de la Croix Haute
Lus-la-Croix-Haute
St-Julien-en-Beauchêne
Lesches-en-Diois
Val-Maravel
Beaurières
Col de Cabre
Beaume
Aspres-s-B.
Montbrand
Pradelle
Brette
Rochefourchat
Nazaire-le-Désert
Poyols
Jonchères
Beaumont-en-Diois
Charens
Bellegarde-en-Diois
Establet
St Dizier-en-Diois
Valdrôme
La Bâtie-des-Fonds
St Pierre-d'Argençon
Chalancon
Arnayon
la Motte-Chalancon
Rottier
la Charce
Bruis
Montmorin
Sigottier
Serres
Gumiane
Villeperdrix
Cornillon-s-l'Oule
Cornillac
Rémuzat
St May
Sahune
Montréal-les-Sources
Pommerol
Ribeyret
Moydans
Rosans
St André-de-Rosans
Sorbiers
Montjay
Verclause
Pelonne
Arpavon
le Poët-Sigillat
Bellecombe-Tarendol
St Sauveur-Gouvernet
Montferrand-la-Fare
Lemps
Curnier
les Pilles
Montaulieu
Ste Jalle
Rochebrune
Bésignan
Vercoiran
Buis-les-Baronnies
Propiac
St Euphémie
Montguers
Chauvac
Laux-Montaux
Villebois-les-Pins
Étoile-St Cyrice
Orpierre
Montauban
Laborel
Ballons
Pierrelongue
Eygaliers
Mollans-s-Ouvèze
Plaisians
Eygalayes
Villefranche
Saléon
Montagne de Chabre
Montagne de Couspeau
Col de Pennes
Col de Perty
Col de Pommerol
Col du Reychasset

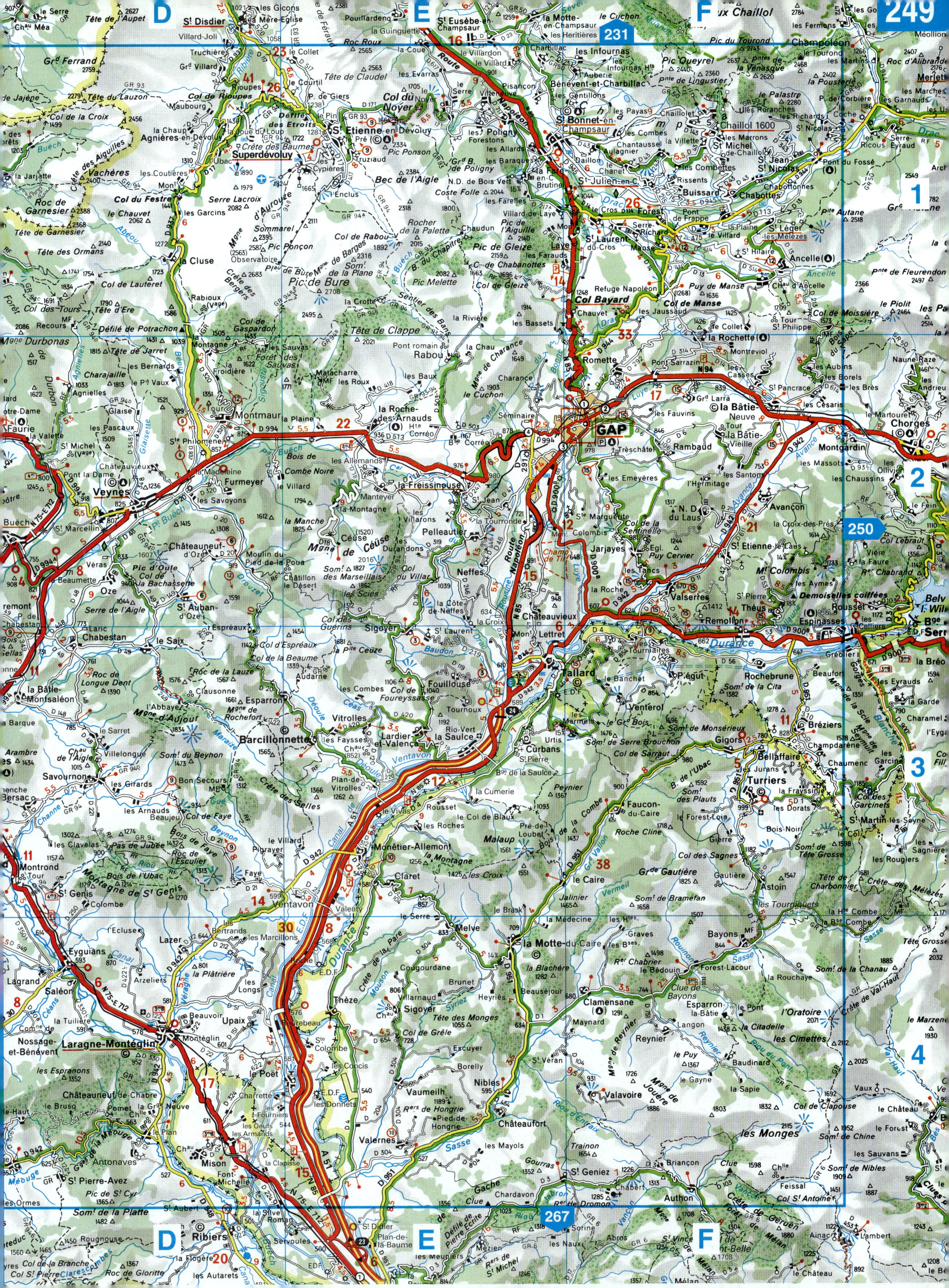
GAP
Veynes
Laragne-Montéglin
Tallard
Chorges
Barcillonnette
la Motte-du-Caire
St Bonnet-en-Champsaur
Pic de Bure
Col Bayard
Durance
231
250
267
D
E
F
1
2
3
4

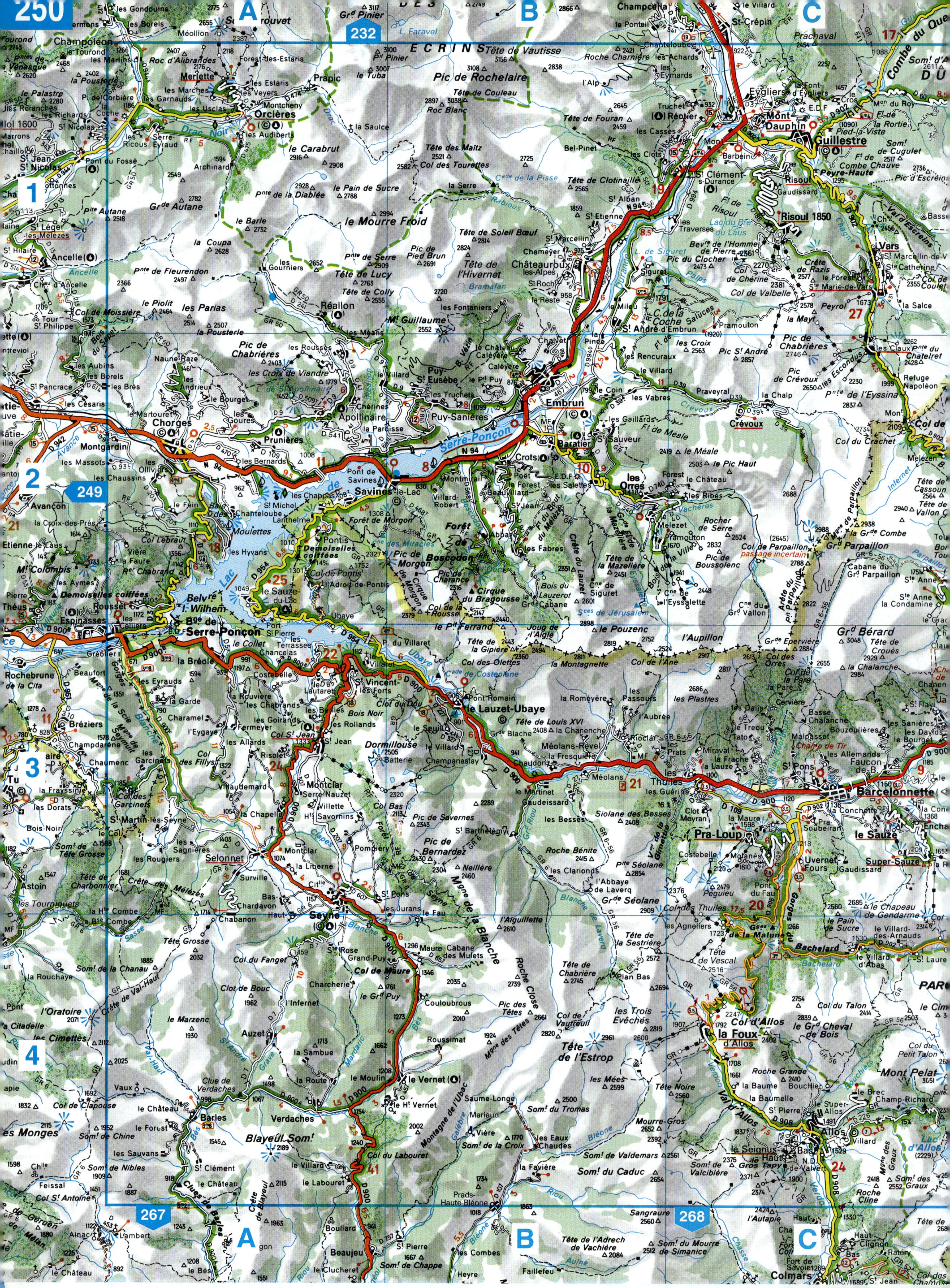

A
B
C
232
249
267
268
1
2
3
4
ECRINS
Champoléon
Orcières
Prapic
Merlette
le Carabrut
Pic de Rochelaire
Tête de Vautisse
le Mourre Froid
Réallon
Mt Guillaume
Châteauroux
Mont Dauphin
Guillestre
Risoul 1850
Vars
St Clément s-Durance
Ancelle
Col de Moissière
Chorges
Savines-le-Lac
Serre-Ponçon
Embrun
Crots
Baratier
les Orres
Crévoux
Pic de Chabrières
Puy St Eusèbe
Puy-Sanières
Prunières
St Apollinaire
Pic de Morgon
Boscodon
Forêt de Boscodon
Cirque du Bragousse
Demoiselles coiffées
Le Sauze-du-Lac
Bge de Serre-Ponçon
Espinasses
la Bréole
St Vincent-les Forts
Ubaye
Le Lauzet-Ubaye
Tête de Louis XVI
Méolans-Revel
Barcelonnette
Pra-Loup
le Sauze
Super-Sauze
Col de Parpaillon
Grd Parpaillon
Grd Bérard
Col des Orres
Montclar
Selonnet
Seyne
Col St Jean
Col de Maure
Auzet
Verdaches
Barles
Blayeul Somt
le Vernet
Tête de l'Estrop
Les Trois Evêchés
Col d'Allos
la Foux d'Allos
Allos
Mont Pelat
Bachelard
Col des Thuiles
Tête de Chabrière
Roche Close
Sommet du Caduc
Beaujeu
Colmars
Clue de Verdaches
Col de Clapouse
Feissal
Col St Antoine

D
E
F
233
269
1
2
3
4
QUEYRAS
Ceillac
M.Viso
Tête des Toillies
Bric de Rubren
Pic de la Font Sancte
Aiglle de Chambeyron
Pont du Châtelet
Meyronnes
Larche
Col de Larche (Colle della Maddalena)
Tête de Siguret
Argentera
Pietraporzio
Sambuco
Vinadio
Aisone
Acceglio
Prazzo
Stroppo
Macra
Elva
Casteldelfino
Sampèyre
Frassino
Valle Varaita
Valle Maira
Marmora
Castelmagno
Cime de la Bonette
Col de la Cayolle
NATIONAL
PARC
DU MERCANTOUR
St Etienne-de-Tinée
Auron
Isola
Isola 2000
Mt Ténibre
Corborant
Entraunes
St Dalmas le-Selvage

A
B
C
234
1
2
3
4
270
271
Pontenx-les-Forges
Souleyraou
Bestaven
Menaut
Bouricos
Fne miraculeuse
Larrousseau
Jean-de-Crabe
la Barde
Haza
St Paul-en-Born
Villenave
Mimizan-Plage
Merquedey
Vigon
Daricau
Aureilhan
Etang d'Aureilhan
Mimizan
Baschoc
Lesturgues
Réserve
Forêt de Mimizan
Salin
Esting
Chéou
Archus
Lette d'Esting
Leych
Gaye
Jouanicot
Escource
Méneou
Terrenave
Lespecier
Bias
Jouanon
Capas
Lisacq
Salbert
Lestajaou
Lesbordes
Larden
Forêt de St Julien-en-Born
Contis-Plage
Tuquets du Nord
Tuquets du Sud
Contis-les-Marais
la Lette
Tresse
le Cusson
Caoule
St Julien-en-Born
Lafitte
Guetch
Casteja
Mézos
Onesse
Onesse-et-Laharie
Cap-de-l'Homy Plage
Lit-et-Mixe
Uza
le Cout
Grand Coulin
Harenoin
Padaou
Forêt de Lit-et-Mixe
Yons
Lévignacq
Moulin-Vieux
Miquéou
Lugadets
Mixe
Naboude
Vignacot
Carpit
Vignac
Frouas
Louise
Bernadic
Lesperon
le Souquet
Éch. 02-2002
Forêt de
St Girons-Plage
Mathiouic
Caillaube
St Girons
Jabuguè
Comne de Vielle-St Girons
Bernadon
Labaste
Criéré
LE SOUQUET
Vielle-St Girons
Gracian
Jeantot
Linxe
Péliou
Arnaouchot
Mansenes
Vielle
Lassalle
Pouin
Leurteyroun
Étg de Léon
Benaou
Escalus
Comne de St Michel-Escalus
Huchet
Courant d'Huchet
Pas du Loup
Richelebe
Réserve naturelle
Castets
Moliets
Marquis
Léon
St Michel
Camerade
Taller
Bourrut
Castillon
Maa
le Village s/s-les-Pins
Quartier-Laguain
le Conte
Lacay
Moliets-Plage
Etg de Moliets
Moliets-et-Maa
Betoy
Minjouay
Laluq
Chanchon
Etg de Laprade
Etg de Coidoum
Messanges-Plage
Messanges
Petit Marquis
Cuquetardit
Etg de Moysan
Bayle
Grangeon
Herm
Gourbera
Magesca
Vieux-Boucau-les-Bains
Quartier Caliot
Tustète
Azur
Port d'Albret
Tropica parc
Etang de Soustons
Etg de Pinsolle
Coudère
Courant de
Vx Boucau
Magescq
Larroze
le Houdin
Candale
Nerthe
Tastet
Soustons
Leborde
Abbesse
Berceau de St Vincent-de-P.
Bayle
la Pince
Guin
Dolouets
Plage des Casernes
Etang Hardy
Hardy
la Bagnère
Gaillou-de-Pountaou
Duna
D 626
D 44
D 652
D 38
D 41
D 42
D 142
D 16
D 150
D 947
D 116
D 79
N 10-E 5-E 70
D 10E
Lette de Sainte-Eulalie

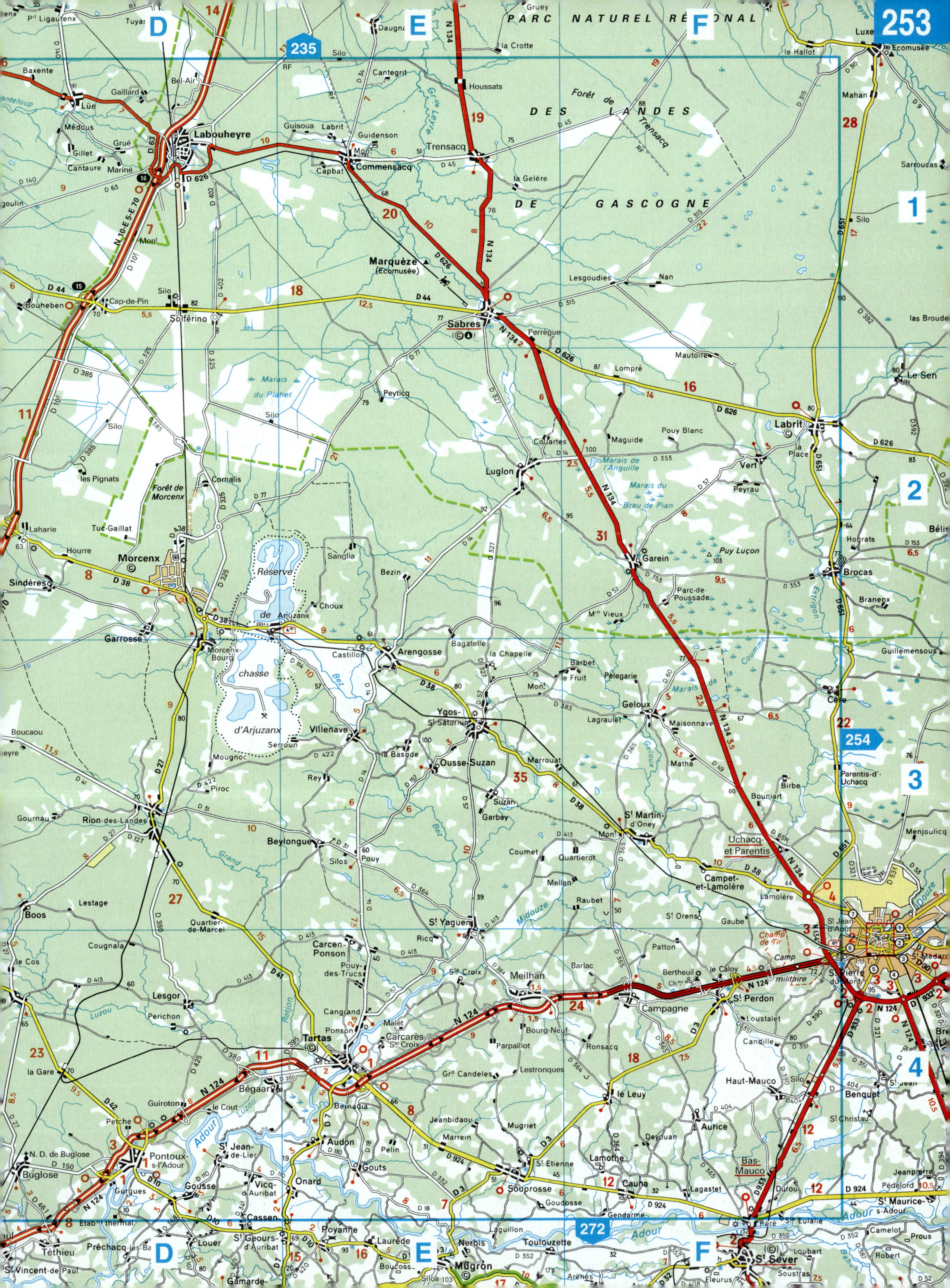
PARC NATUREL RÉGIONAL
DES LANDES DE GASCOGNE
Forêt de Trensacq
Labouheyre
Commensacq
Trensacq
Marquèze (Ecomusée)
Sabres
Solférino
Cap-de-Pin
Luglon
Labrit
Garein
Brocas
Morcenx
Réserve de chasse d'Arjuzanx
Arengosse
Ygos-St Saturnin
Ousse-Suzan
Villenave
Rion-des-Landes
Beylongue
St Martin-d'Oney
Uchacq-et Parentis
Campet-et-Lamolère
St Yaguen
Meilhan
Campagne
St Perdon
Tartas
Bégaar
Pontoux-s-l'Adour
Buglose
Gousse
Onard
Gouts
Souprosse
Cauna
Aurice
Benquet
Haut-Mauco
Bas-Mauco
St Sever
Mugron
Laurède
Poyanne
Cassen
Louer
Préchacq-les-Bains
Téthieu
Adour
Midouze
Luxey
Sore
Le Sen
Lesgor
Boos
Sindères
Garrosse
Gamarde-
St Vincent-de-Paul
N 134
N 124
D 626
D 38
D 44
D E F
1 2 3 4
235
254
272

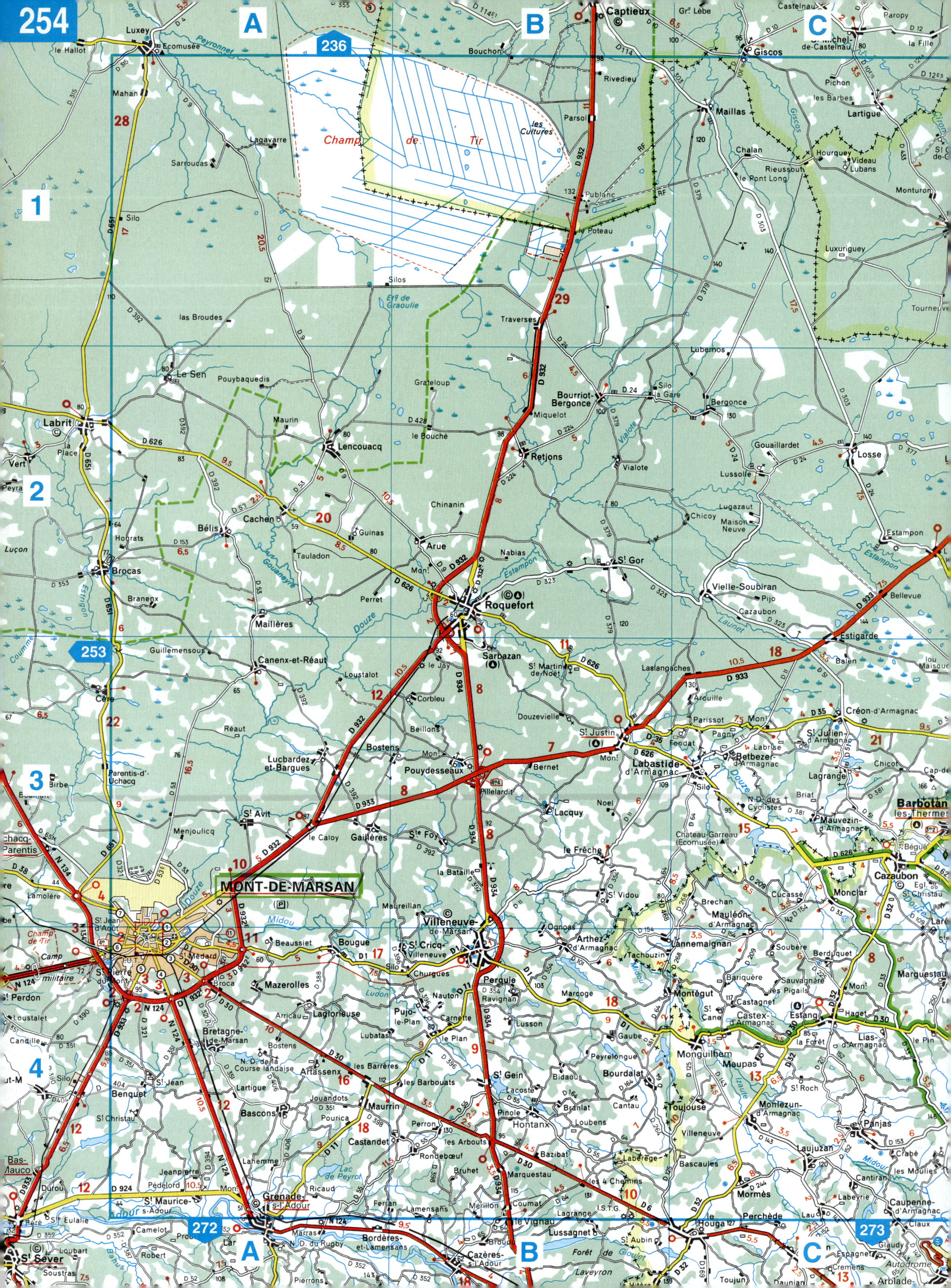

A
B
C
1
2
3
4
236
253
272
273
Luxey
Captieux
Giscos
Maillas
Champ de Tir
Labrit
Lencouacq
Retjons
Bourriot-Bergonce
Roquefort
Sarbazan
Brocas
Cachen
Bélis
Maillères
Canenx-et-Réaut
Vielle-Soubiran
Estigarde
Losse
Lucbardez-et-Bargues
Bostens
Pouydesseaux
St Justin
Labastide-d'Armagnac
Barbotan les Thermes
Cazaubon
Gaillères
Ste Foy
Villeneuve-de-Marsan
MONT-DE-MARSAN
St Pierre du Mont
Bougue
Mazerolles
Laglorieuse
Bretagne-de-Marsan
Artassenx
Maurrin
Castandet
Hontanx
Perquie
Lannemaignan
Montégut
Mauléon-d'Armagnac
Estang
Monguilhem
Toujouse
Mormès
Grenade-s-l'Adour
Cazères-s-l'Adour
Le Houga
St Sever

D
E
F
237
238
256
274
1
2
3
4
Damazan
Aiguillon
Port-Ste Marie
Clermont-Dessous
Feugarolles
Bruch
Montesquieu
Houeillès
Pompogne
Sauméjan
Pindères
Fargues-s-Ourbise
Ambrus
Buzet-s-Baïse
Thouars-s-G.
Mongaillard
Xaintrailles
Vianne
Lavardac
Barbaste
Nérac
Forêt de Campet
Durance
Boussès
Réaup
Andiran
Francescas
Moncaut
Calignac
Mézin
Poudenas
Sos
Gabarret
Lannes
Condom
Montréal
Fourcès
Larressingle
Moncrabeau
Cassaigne
Valence-s-Baïse
Gondrin
Fauze
Eauze
Manciet
Vic-Fezensac
Castelnau-d'Auzan
Parleboscq
Cazeneuve
Courrensan
Beaucaire
Bezolles
Castéra-Verduzan
Lannepax
Ramouzens
Noulens
Bretagne-d'Armagnac
Mouchan
Roquepine
Laplume
Ligardes
Gazaupouy
St Puy
Ayguetinte
Mansencôme
Flaran
Baïse
Garonne
Gélise
Osse
Auzoue
D 933
D 665
D 656
D 930
D 931
N 124
A 62 - E 72
Canal Latéral

A
B
C
1
2
3
4
238
255
274
275
Layrac
Frespech
Beauville
Port-Ste Marie
Clermont-Dessous
Lusignan-Petit
St Hilaire-de-Lusignan
Colayrac-St Cirq
Pont-du-Casse
AGEN
Bon-Encontre
Brax
le Passage
Roquefort
Estillac
Sérignac-s-G.
Montesquieu
Ste Colombe-en-Bruilhois
Puymirol
St Caprais-de-Lerm
Castelculier
Lafox
St Pierre-de-Clairac
St Jean-de-Thurac
St Romain-le-Noble
St Urcisse
Tayrac
St Maurin
Perville
Montjoi
Grayssas
Sauveterre-St Denis
St Nicolas-de-la-Balerme
St Sixte
Caudecoste
Lamagistère
Golfech
Valence-d'Agen
Donzac
Dunes
St Loup
Auvillar
St Cirice
Bardigues
Moncaut
Montagnac-s-Auvignon
Aubiac
Moirax
Laplume
Caligнac
Saumont
Nomdieu
St Vincent-de-Lamontjoie
Lamontjoie
Francescas
Lasserre
Marmont-Pachas
Astaffort
Fals
Cuq
Sistels
Gimbrède
Ecumusée de la Lomagne
Flamarens
Mansonville
Miradoux
Peyrecave
Castet-Arrouy
Plieux
Lachapelle
Poupas
Lavit-de-Lomagne
Balignac
Marsac
Montgaillard
St Créac
Mauroux
Gramont
Ligardes
Pergain-Taillac
Pouy-Roquelaure
St Mézard
Sempesserre
Ste Mère
St Avit-Frandat
La Cassagne
Castéra-Lectourois
La Romieu
Gazaupouy
Larroque-Engalin
St Martin-de-Goyne
Castelnau-s-l'Auvignon
Condom
Caussens
Blaziert
Marsolan
Lagarde
Lectoure
Terraube
Mas-d'Avignon
Roquepine
St Orens
Béraut
Valence-s-Baïse
St Puy
Lamothe-Goas
Pauilhac
Castelnau-d'Arbieu
Magnas
St Clar
Avezan
Tournecoupe
Gaudonville
Castéron
Cumont
Fleurance
Urdens
Brugnens
St Léonard
Montestruc-s-Gers
Céran
Bajonnette
Goutz
Cadeilhan
Bivès
Marignac
Avensac
Monfort
Solomiac
Homps
Mauvezin
Réjaumont
Cézan
Castéra-Verduzan
Larroque-St Sernin
La Sauvetat
Ste Radegonde
Préchac
Puységur
Lalanne
Miramont-Latour
Taybosc
Ste Gemme
Esparbès
Sédeilhac
Bonas
Massa
Nogueboue
Bazens
Frégimont
Galapian
Cardonnet
St Médard
Puymasson
Montpezat

D
E
F
239
240
258
276
1
2
3
4
Moissac
MONTAUBAN
Castelsarrasin
Lauzerte
Lafrançaise
Montech
Grisolles
Fronton
Verdun-s-Garonne
Beaumont-de-Lomagne
St Nicolas-de-la-Grave
Castelnau-Montratier
Molières
Caussade
Villebrumier
Labastide-St Pierre
Nohic
Montbeton
Bressols
Reyniès
Orgueil
Finhan
Montbartier
Campsas
Canals
Pompignan
St Rustice
Savenès
Larrazet
Sérignac
Auterive
Bouillac
Escazeaux
Montesquieu
Durfort-Lacapelette
Labarthe
Vazerac
Puycornet
Piquecos
Albias
Léojac
Montfermier
Mirabel
Castelsagrat
Bourg-de-Visa
Touffailles
Montaigu
Labastide-du-Temple
Meauzac
Barry-d'Islemade
Villemade
Albefeuille-Lagarde
Cordes-Tolosannes
Escatalens
Castelferrus
Castelmayran
Angeville
Garganvillar
Lafitte
Labourgade
Belbèse
Vigueron
Lamothe-Capdeville
St Nauphary
Corbarieu
Bourret
Mas-Grenier
Bessens
Dieupentale
Monbéqui
GARONNE
Tarn
Aveyron
AUTOROUTE DES DEUX MERS
Canal Latéral à la Garonne
Forêt domaniale d'Agre
B. de Boutanelle
FRONTONNAIS

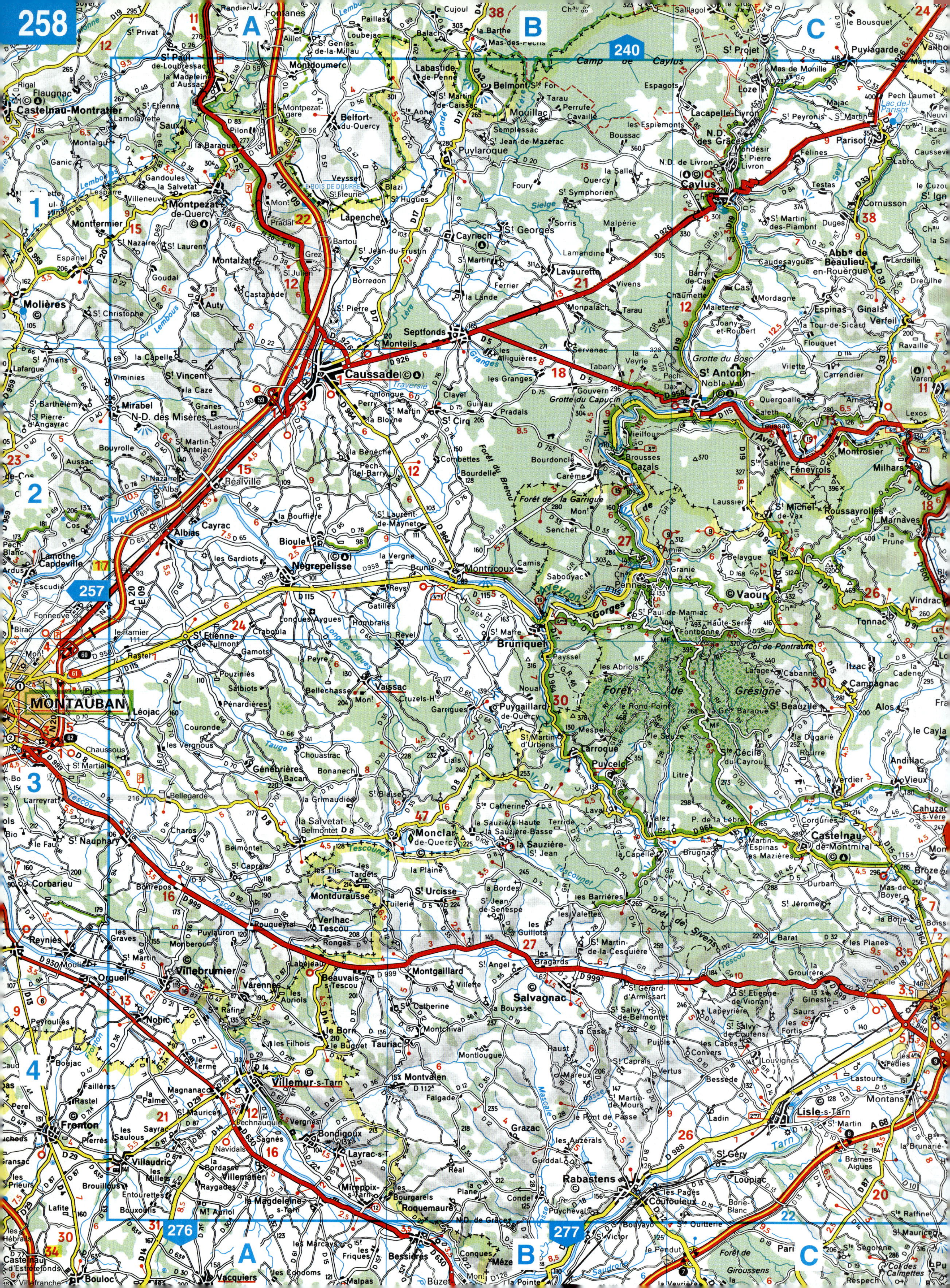
A
B
C
1
2
3
4
240
257
276
277
Camp de Caylus
Caylus
Castelnau-Montratier
Molières
Montpezat-de-Quercy
Caussade
Septfonds
St Antonin-Noble-Val
Réalville
Albias
Nègrepelisse
Montricoux
Bruniquel
Vaour
Montauban
Léojac
Monclar-de-Quercy
Puygaillard-de-Quercy
Larroque
Puycelci
Forêt de Grésigne
Castelnau-de-Montmiral
Villebrumier
Villemur-s-Tarn
Salvagnac
Montgaillard
Rabastens
Couffouleux
Lisle-s-Tarn
Fronton
Bouloc
Vacquiers
Bessières
Mirepoix-s-Tarn
Villaudric
Nohic
Orgueil
Reyniès
Corbarieu
St Nauphary
Verlhac-Tescou
Montdurausse
Beauvais-s-Tescou
Tauriac
Montvalen
Grazac
Loupiac
St Géry
Parisot
Puylagarde
Lacapelle-Livron
Cornusson
Abbaye de Beaulieu-en-Rouergue
Verfeil
Féneyrols
Roussayrolles
Marnaves
Milhars
Campagnac
Alos
Andillac
Cahuzac
Vieux
Forêt de Sivens
Gorges de l'Aveyron
Aveyron
Tarn
Tescou
A 20 E 09
A 68

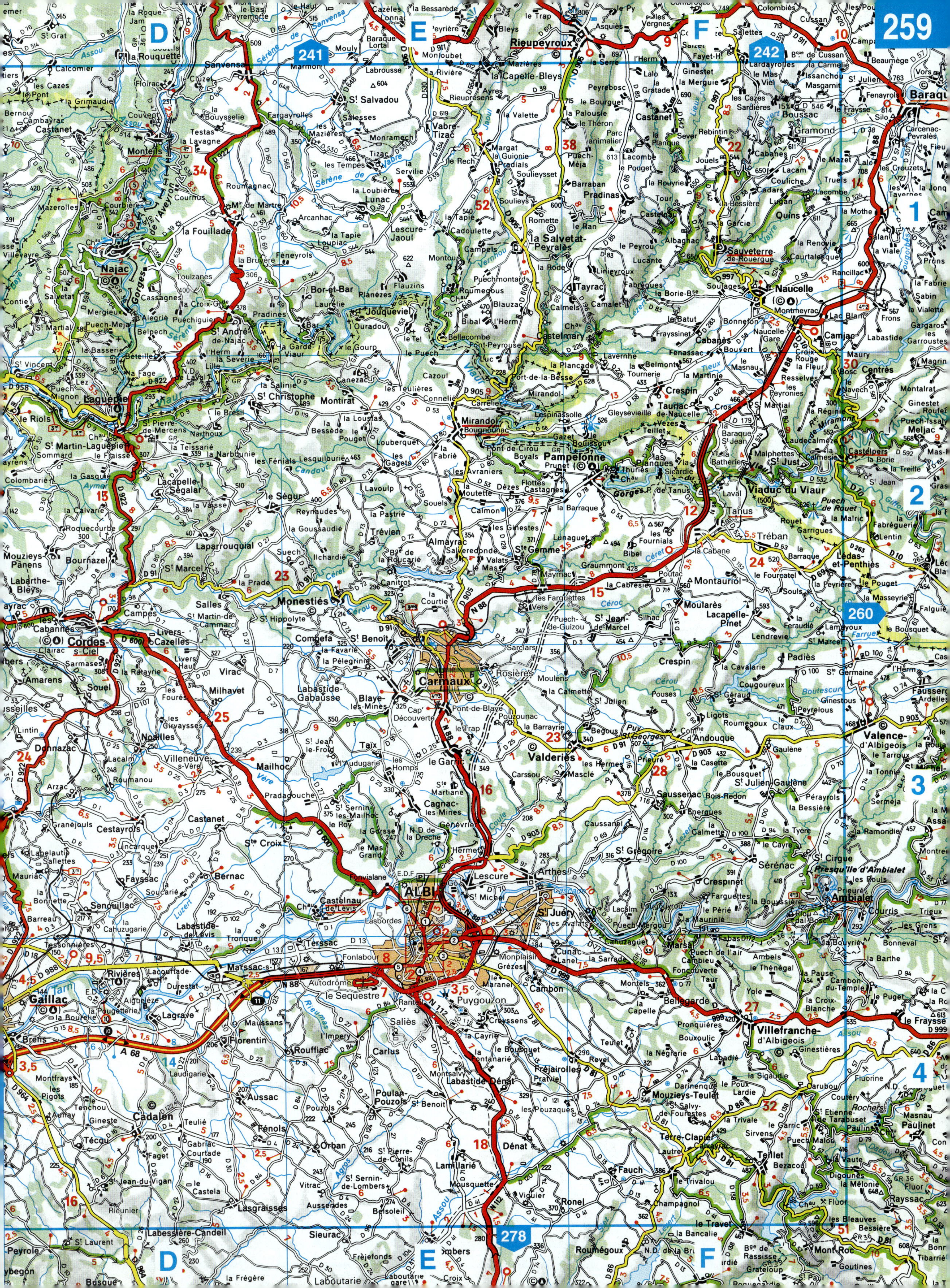
D
E
F
241
242
260
278
1
2
3
4
Rieupeyroux
Najac
Laguépie
Cordes-s-Ciel
Monestiés
Carmaux
Valderiès
Albi
Gaillac
Cadalen
Naucelle
Sauveterre-de-Rouergue
la Salvetat-Peyralès
Pampelonne
Mirandol
Viaduc du Viaur
Tanus
Villefranche-d'Albigeois
Ambialet
St Juéry
Lescure
Marssac-s-Tarn
Rivières
Valence-d'Albigeois
Réquista
Castanet
Montirat
Tayrac
Crespin
Saussenac
Sérénac
Teillet
Terre-Clapier
Mouzieys-Teulet
Fréjairolles
Dénat
Puygouzon
Lamillarié
Castelnau-de-Lévis
Bernac
Cestayrols
Noailles
Mailhoc
Virac
Milhavet
Souel
Marnaves
Baraqueville
Carcenac-Peyralès
Camjac
Centrès
Meljac
Ledas-et-Penthiès
Lacapelle-Pinet
Padiès
Andouque
Montauriol

A
B
C
242
259
278
279
Baraqueville
Pont-de-Salars
Lac de Pont-de-Salars
Ségur
Flavin
Naucelle
Camboulazet
Trémouilles
Lac de Pareloup
Salles-Curan
Cassagnes-Bégonhès
Salmiech
Arvieu
Alrance
Durenque
Villefranche-de-Panat
Lac de Villefranche-de-Panat
Ayssènes
Le Truel
Réquista
Valence-d'Albigeois
St-Jean-Delnous
Lédergues
Rullac
Brousse-le-Château
Broquiès
St-Izaire
Brasc
Montclar
Coupiac
Ambialet
Presqu'île d'Ambialet
Villefranche-d'Albigeois
Alban
Paulinet
Massals
Plaisance
Balaguier-s-Rance
St-Sernin-s-Rance
Rebourguil
Belmont-s-Rance
Vabres-l'Abbaye
St-Affrique
PARC NATUREL RÉGIONAL DES GRANDS CAUSSES
Montfranc
Pousthomy
St-Victor
Combret
Montlaur
Trébas
Faussergues
St-Just

D
E
F
243
244
262
280
1
2
3
4
NATUREL RÉGIONAL
GRANDS CAUSSES
PARC NATUREL RÉGIONAL DES GRANDS CAUSSES
CAUSSE NOIR
CAUSSE DU LARZAC
Millau
Vézins-de-Lévézou
Micropolis
Peyreleau
le Rozier
Chaos de Montpellier-le-Vieux
Gorges du Tarn
Aven Armand
Grotte de Dargilan
Creissels
Aguessac
Paulhe
Compeyre
Rivières-s-Tarn
Mostuéjouls
St Beauzély
Castelnau-Pégayrols
Compregnac
St Georges-de-Luzençon
St Rome-de-Tarn
St Rome-de-Cernon
Roquefort-s-Soulzon
Tournemire
St Affrique
Vabres-l'Abbaye
Camarès
Sylvanès
Montlaur
Versols-et-Lapeyre
St Félix-de-Sorgues
Fondamente
Cornus
St Beaulize
la Cavalerie
l'Hospitalet-du-Larzac
Nant
St Jean-du-Bruel
Trèves
Revens
Lanuéjols
Meyrueis
le Caylar
la Couvertoiraide
Lapanouse-de-Cernon
Ste Eulalie-de-Cernon
Viala-du-Pas-de-Jaux
Tour des Aiguillons
Plateau de Guilhaumard
Pas de l'Escalette
Forêt
Col Notre-Dame
Ceilhes-et-Rocozels
Roqueredonde
Lodève
Vissec
Dourbies
Sauclières
Campestre-et-Luc
St Michel

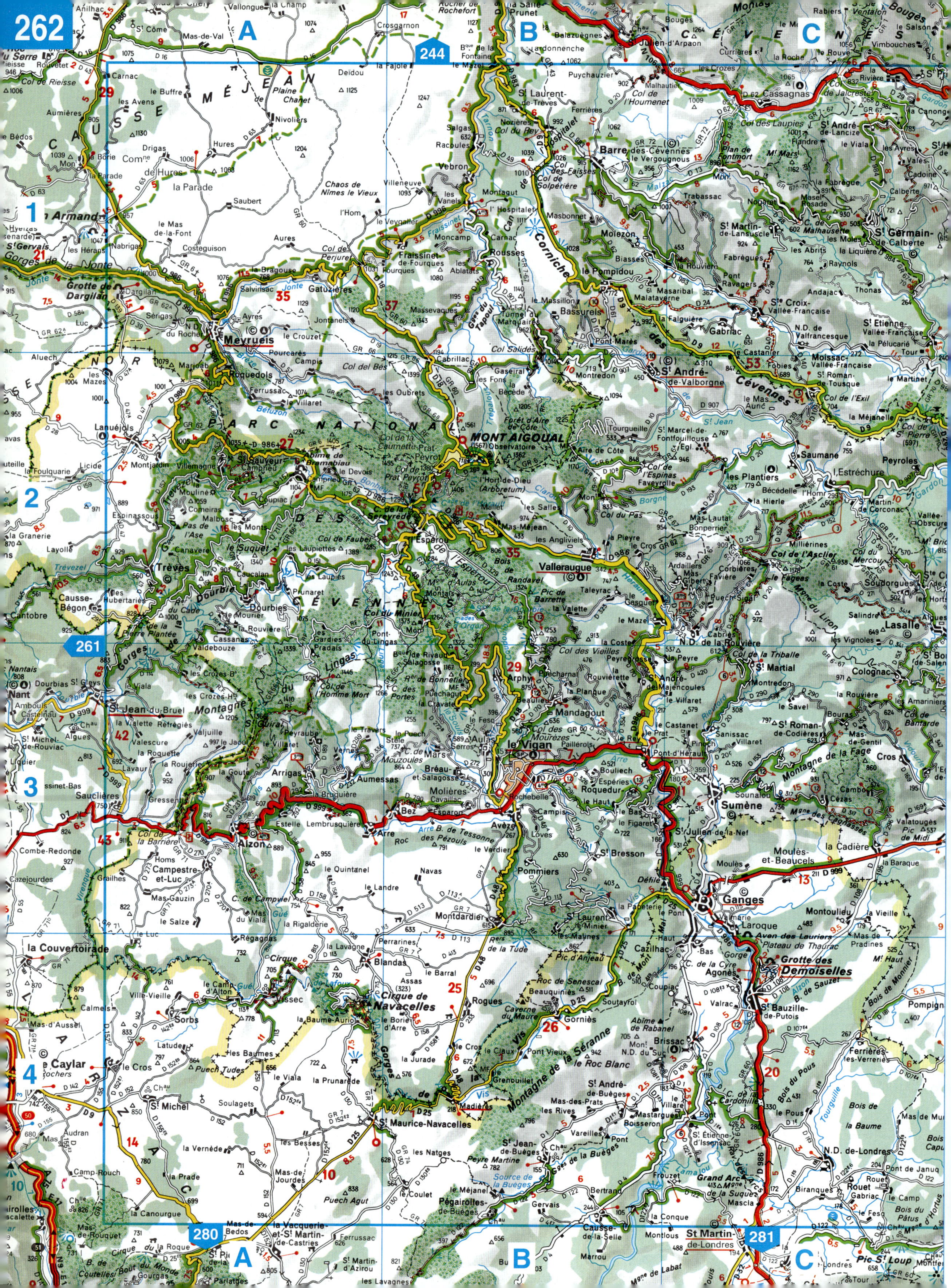
A
B
C
244
CAUSSE MÉJEAN
CÉVENNES
Meyrueis
PARC NATIONAL DES CÉVENNES
MONT AIGOUAL
Observatoire
Col de la Caumette
L'Hort-de-Dieu (Arboretum)
Valleraugue
Barre-des-Cévennes
Corniche des Cévennes
St André-de-Valborgne
St Germain-de-Calberte
St Jean-du-Bruel
Trèves
Dourbies
Col du Minier
Le Vigan
Aulas
Alzon
Arre
Bez
Avèze
Molières-Cavaillac
Sumène
Ganges
Grotte des Demoiselles
St Bauzille-de-Putois
St Laurent-le-Minier
Cirque de Navacelles
St Maurice-Navacelles
Montagne de la Séranne
Le Caylar
La Couvertoirade
Nant
St Martin-de-Londres
Lasalle
St Hippolyte-du-Fort
Montardier
Blandas
Rogues
Pommiers
Roquedur
Cazilhac
Laroque
Col de Perjuret
Gatuzières
Grotte de Dargilan
Cassagnas
Vebron
Florac
Fraissinet-de-Fourques
Rousses
Bassurels
Causse-Bégon
Lanuéjols
Camprieu
Espérou
Pont-d'Hérault
St Julien-de-la-Nef
Moulès-et-Beaucels
Brissac
Causse-de-la-Selle
Pégairolles-de-Buèges
St Jean-de-Buèges
St André-de-Buèges
Madières
Gorniès
Sorbs
St Michel
Le Cros
Vissec
Campestre-et-Luc
Les Plantiers
St Martial
Colognac
Saumane
L'Estréchure
Peyrolles
St Roman-de-Codières
Mandagout
Arphy
Aumessas
Arrigas
Esparon
Bréau-et-Salagosse
Mars
St Bresson
N.D. de la Rouvière
Valleraugue
Notre-Dame-de-Valfrancesque
Molezon
Le Pompidou
Col du Pas
Col de l'Asclier
Col des Vieilles
Col de la Triballe
Col de l'Homme Mort
Col de Faubel
Montdardier
Ferrières-les-Verreries
Pompignan
Rouet
Cazevieille
280
281
261

D
E
F
245
246
264
282
1
2
3
4
Alès
la Grand-Combe
St Ambroix
Salindres
Anduze
Vézénobres
Ledignan
Sauve
Quissac
Nîmes
St Chaptes
Lussan
Sommières
Calvisson
St Mamert-du Gard
St Hippolyte-du-Fort
St Jean-du-Gard
Lédignan

A
B
C
246
263
282
283
1
2
3
4
Bollène
Pont-St-Esprit
Mondragon
Mornas
Bagnols-s-Cèze
Orange
Uzès
Lussan
Vallérargues
Goudargues
Montclus
St André-de-Roquepertuis
Cornillon
St Laurent-de-Carnols
Valbonne
St Paulet-de-Caisson
Carsan
St Alexandre
St Nazaire
St Gervais
Vénéjan
St Etienne-des-Sorts
Chusclan
Codolet
Orsan
Laudun-l'Ardoise
Caderousse
Sabran
Cavillargues
Connaux
Tresques
Gaujac
Pouzilhac
Roquemaure
St Victor-la-Coste
Lirac
Tavel
Sauveterre
Pujaut
Villeneuve-lès-Avignon
Les Angles
AVIGNON
Rochefort-du-Gard
Domazan
Aramon
Remoulins
Pont du Gard
Castillon-du-Gard
St Hilaire-d'Ozilhan
Vers
Argilliers
Collias
St Maximin
Sanilhac
Blauzac
Bourdic
Arpaillargues
Montaren
Serviers
St Quentin-la-Poterie
St Siffret
Flaux
Valliguières
Forêt de Malmont
Sernhac
Lédenon
Cabrières
Poulx
St Gervasy
Marguerittes
Bezouce
Meynes
Montfrin
Théziers
Fournès
Comps
Vallabrègues
Barbentane
Boulbon
Graveson
Maillane
Rognonas
Châteaurenard
Tarascon
Beaucaire
Jonquières-St Vincent
Redessan
Manduel
Rodilhan
Bouillargues
Caissargues
Garons
NÎMES
Camp des Garrigues
St Chaptes
Collorgues
Aubussargues
Garrigues
La Bruguière
Fontarèches
St Laurent-la-Vernède
Belvézet
Bois de St Quentin
Vallabrix
La Capelle-et-Masmolène
St Hippolyte-de-Montaigu
Cadignac
St Marcel-de-Careiret
Le Pin
St Pons-la-Calm
Salazac
Issirac
St Christol-de-Rodières
Montfaucon
St Geniès-de-Comolas
Châteauneuf-du-Pape
L'Isle de la Piboulette
Verfeuil
St André-d'Olérargues
Saze
Estézargues
Fontvieille
Mas-Blanc-des-Alpilles
St Gabriel
La Montagnette
St Michel-de-Frigolet
Forêt de Rochefort
Forêt de Tavel
Plateau du Camp de César
Forêt de Valbonne
Bois de Goudargues

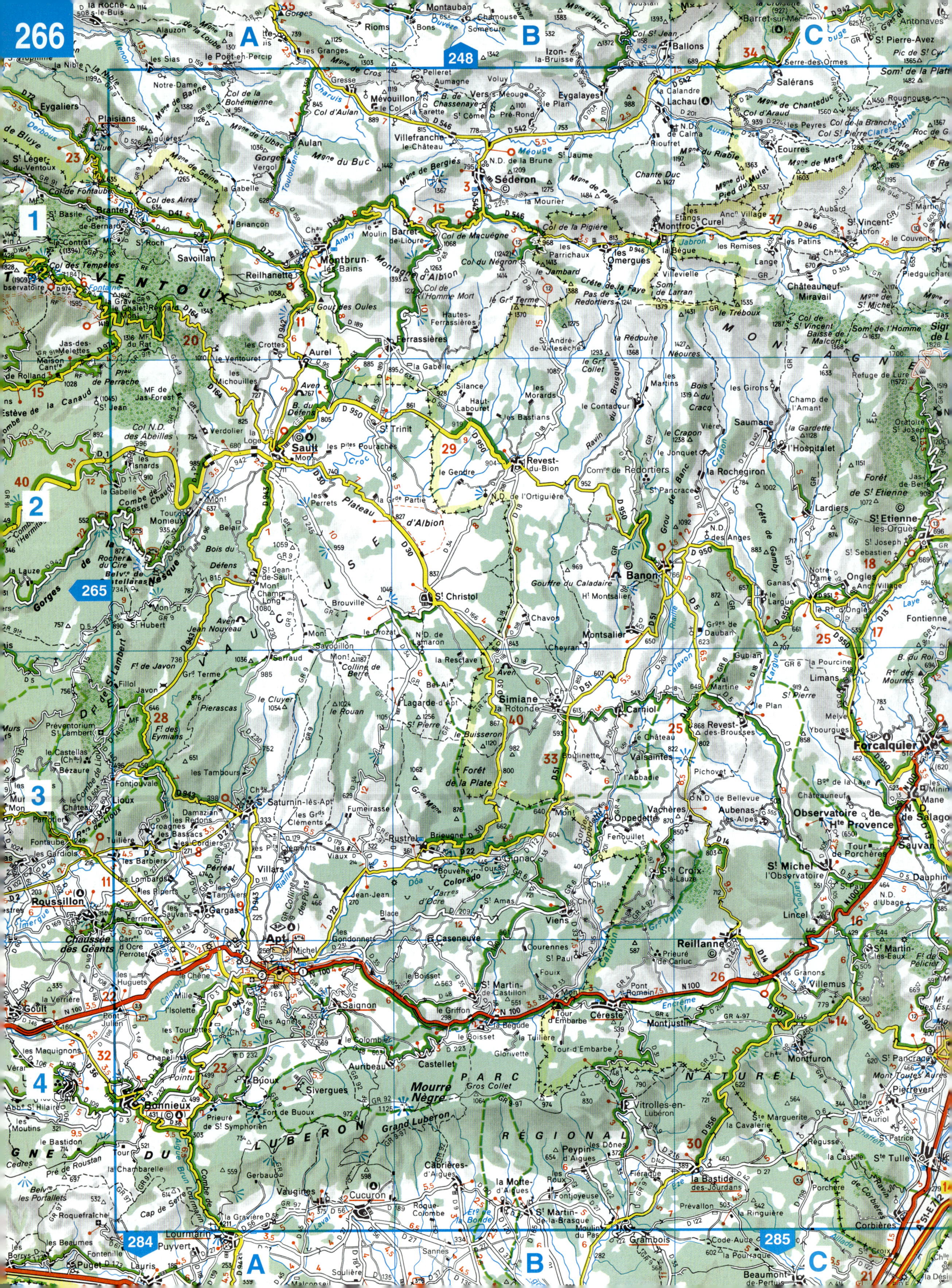
248
265
284
285
VENTOUX
Montbrun-les-Bains
Sault
Séderon
Revest-du-Bion
Plateau d'Albion
St Christol
Banon
Simiane-la-Rotonde
VAUCLUSE
St Saturnin-lès-Apt
Apt
Roussillon
Gordes
Bonnieux
Lourmarin
Cucuron
Céreste
Reillanne
Forcalquier
Observatoire de Hte Provence
St Michel l'Observatoire
MONTAGNE DE LURE
St Étienne-les-Orgues
Lachau
Eygalayes
Mévouillon
Aurel
Ferrassières
Brantes
Savoillan
Plaisians
Vitrolles-en-Lubéron
La Bastide-des-Jourdans
Grambois
LUBERON
Mourre Nègre
PARC NATUREL RÉGIONAL DU LUBERON
Viens
Oppedette
Vachères
Montfuron
Manosque

D
E
F
249
250
268
286
1
2
3
4
Sisteron
Mison
Ribiers
Authon
Clue de Gaché
Entrepierres
Mélan
Thoard
Valbelle
Aubignosc
Volonne
Château-Arnoux
Saint-Auban
l'Escale
Barras
Champtercier
DIGNE-LES-BAINS
Châteauneuf-Val-St-Donat
Mallefougasse
St Donat
Cruis
Montfort
Mallemoisson
Aiglun
Mirabeau
Malijai
Route Napoléon
Rochers des Mées
les Mées
Peyruis
Ganagobie
Sigonce
Lurs
Puimichel
Entrevennes
Le Castellet
St Julien-d'Asse
Brunet
Bras-d'Asse
Estoublon
Mézel
Châteauredon
Marcoux
Entrages
St-Michel de Cousson
Oraison
la Brillanne
Volx
Manosque
Valensole
PARC NATUREL RÉGIONAL
Puimoisson
Riez
Roumoules
Moustiers-Ste-Marie
Allemagne-en-Provence
St Martin-de-Brômes
Gréoux-les-Bains
Montagnac
Ste Croix-de-Verdon
Lac de Ste Croix
les Salles-s-Verdon
Montpezat
Esparron-de-Verdon
Albiosc
Aiguines
GRAND CANYON
Corniche Sublime
Chaudon-Norante
Barrême
Archail
Draix
Majastres
DE LURE
Pas de la Graille
Monastère
Pierrerue
Chaudol

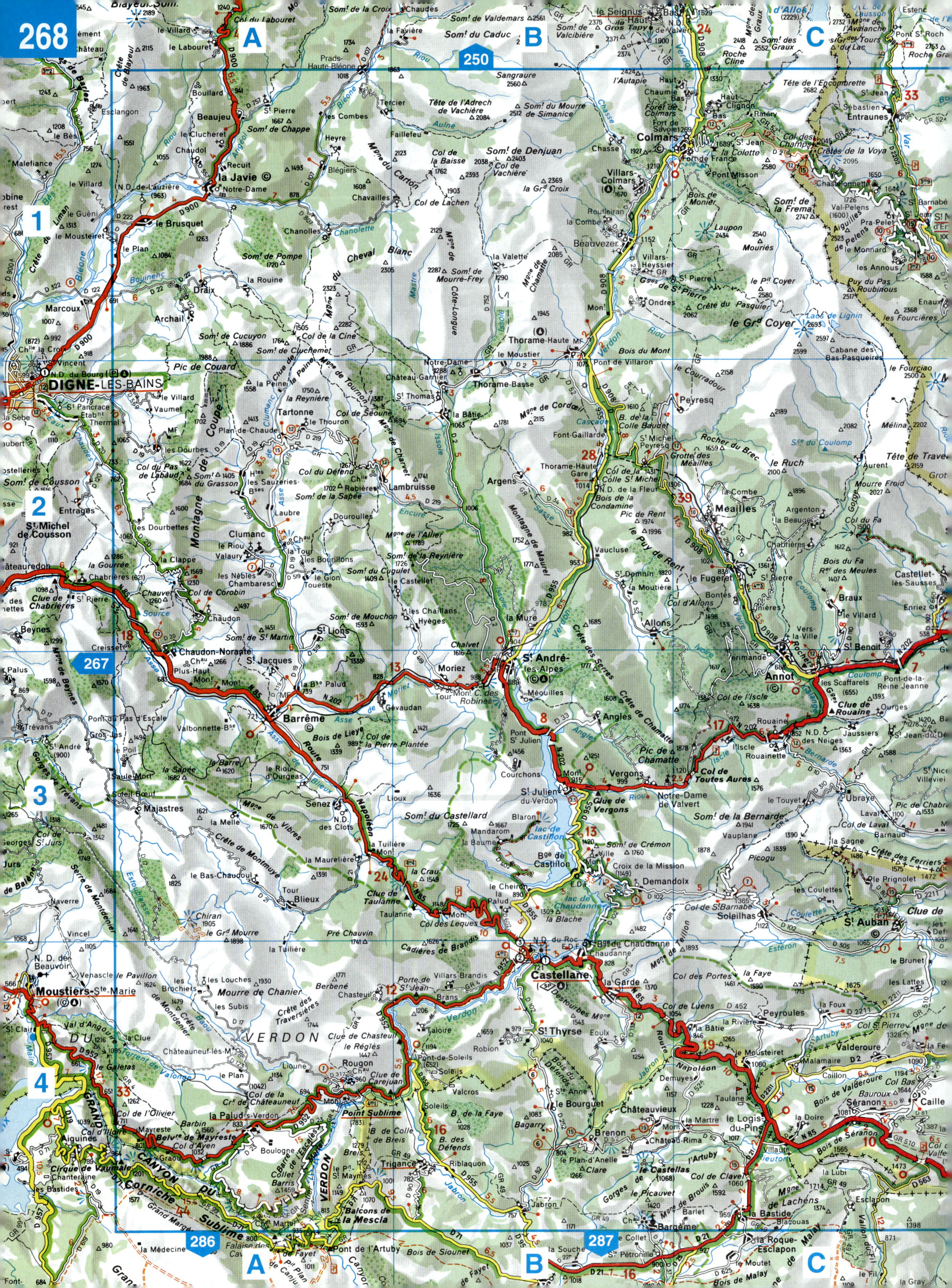

250
267
286
287

D
E
F
1
2
3
4
251
288
289
PARC
NATIONAL
DU
MERCANTOUR
Isola
Isola 2000
St Sauveur-s-Tinée
Beuil
Valberg
Guillaumes
Puget-Théniers
Entrevaux
Villars
Touët-s-Var
Roquesteron
Utelle
Levens
Carros
Vence
Gourdon
Coursegoules
Gréolières
St Martin-Vésubie
Roquebillière
Lantosque
Rimplas
Ilonse
Gorges de Daluis
Gorges du Cians
Gorges de Valabres
Montagne du Cheiron
Montagne de Charamel
Col de Vence
Col de Bleine
Clue d'Aiglun
Clue du Riolan
Madone d'Utelle
NICE

A
B
C
1
2
3
4
GOLFE DE GASCOGNE
CÔTE BASQUE
Gouf de Capbreton
Plage des Casernes
Seignosse-le-Penon
Seignosse-les-Estagnots
Seignosse
Soustons
Lac d'Hossegor
Soorts-Hossegor
Hossegor
Capbreton
Labenne-Océan
Labenne
Ondres-Plage
Ondres
Tarnos-Plage
Tarnos
St Martin-de-Seignanx
Boucau
la Barre
Chiberta
L. de Chiberta
Chambre d'Amour
Pte St Martin
Rer de la Vierge
BIARRITZ
Anglet
BAYONNE
St Pierre-d'Irube
Mouguerre
Lahonce
Ilbarritz
Bidart
Ste Madeleine
les Embruns
Plage de Parlementia
Guéthary
Arcangues
Arbonne
Bassussarry
Villefranque
Ahetze
Ustaritz
Jatxou
Halsou
Larressore
Cambo-les-Bains
Espelette
Souraïde
St Pée-s-Nivelle
Ascain
Sare
Ainhoa
Dancharia
Itxassou
ST JEAN-DE-LUZ
Ciboure
Socoa
Corniche Basque
Urrugne
Hendaye
Hendaye-Plage
Biriatou
Irun
Hondarribia/Fuenterrabía
Cabo Higuer
Punta Turulla
Monte Jaizkibel
Oiartzun/Oyarzun
Errenteria/Rentería
San Marcial
Peñas de Haya
la Rhune
Bera/Vera-de Bidasoa
Lesaka
Etxalar
Zugarramurdi
Urdax
Cuevas de Bruja
Grotte de Sare
Col de St Ignace
Col d'Ibardin
Col de Lizarrieta
Alto de Bianditz
Bidarray
294

D
E
F
252
253
272
295
1
2
3
4
Soustons
Magescq
Tosse
St Vincent-de-Tyrosse
Saubusse
St Geours-de-Maremne
Rivière-Saas-et-Gourby
St Paul-lès-Dax
DAX
St Vincent-de-Xaintes
Tercis-les-Bains
St Pandelon
Narrosse
Yzosse
Candresse
Téthieu
St Vincent-de-Paul
Berceau de St Vincent-de-Paul
Montfort-en-Chalosse
Hinx
Sort-en-Chalosse
Poyartin
Clermont
Mimbaste
Bénesse-lès-Dax
Pouillon
Gaas
Cagnotte
Bélus
St Lon-les-Mines
Orist
Pey
Siest
Heugas
Saugnac-et-Cambran
Pomarez
Estibeaux
Habas
Misson
Ossages
Labatut
Puyoô
Bellocq
St Girons
Peyrehorade
Orthevielle
Port-de-Lanne
St Étienne-d'Orthe
Hastingues
Abbaye d'Arthous
Sames
Sorde-l'Abbaye
St Cricq-du-Gave
Cauneille
Léren
St Pé-de-Léren
St Dos
Carresse
Cassaber
Salles-de-Béarn
Bérenx
Castagnède
Auterrive
Labastide-Villefranche
Escos
Oraàs
Athos
Abitain
Sauveterre-de-Béarn
Orion
Burgaronne
Guinarthe
Osserain
Espiute
Gestas
Rivehaute
Nabas
Charre
Lichos
Charritte-de-Bas
Angous
Moncayolle
Domezain
Etcharry
Aroue
Béhasque
St Palais
Garris
Luxe
Amendeuix
Béguios
Masparraute
Arraute
Orègue
Bergouey
Viellenave
Came
Bidache
Guiche
Urt
Briscous
Bardos
La Bastide-Clairence
Hasparren
Ayherre
Isturits
Grottes d'Isturitz et d'Oxocelhaya
St Martin-d'Arberoue
St Esteben
Méharin
Hélette
Armendarits
Iholdy
Mendionde
Macaye
Mt Baygoura
Ossès
Ostabat
Uhart-Mixe
Larribar
Orsanco
Beyrie-s-Joyeuse
Biaudos
Biarrotte
St Martin-de-Hinx
St André-de-Seignanx
Saubrigues
Bénesse-Maremne
St Jean-de-Marsacq
St Laurent-de-Gosse
St Barthélemy
Ste Marie-de-Gosse
Urcuit
Lahonce
A 63 - E 5 - E 70
A 64
A 64 - E 80
N 10
N 124
N 117
Adour
Gave de Pau
Gaves Réunis
Bidouze
Joyeuse
Luy

A
B
C
1
2
3
4
253
271
296
Adour
Souprosse
Grenade-s-l'Adour
Mugron
St Sever
Montfort-en-Chalosse
Sort-Chalosse
Hagetmau
Samadet
Amou
Puyôo
Bellocq
Orthez
Salles-de-Béarn
Arthez-de-Béarn
Lacq
Mourenx
Artix
Navarrenx
Monein
Lescar
Billère
Jurançon
Aubertin
Pau Pyrénées
Sauveterre-de-Béarn
A 64-E 80
N 117
Gave de Pau

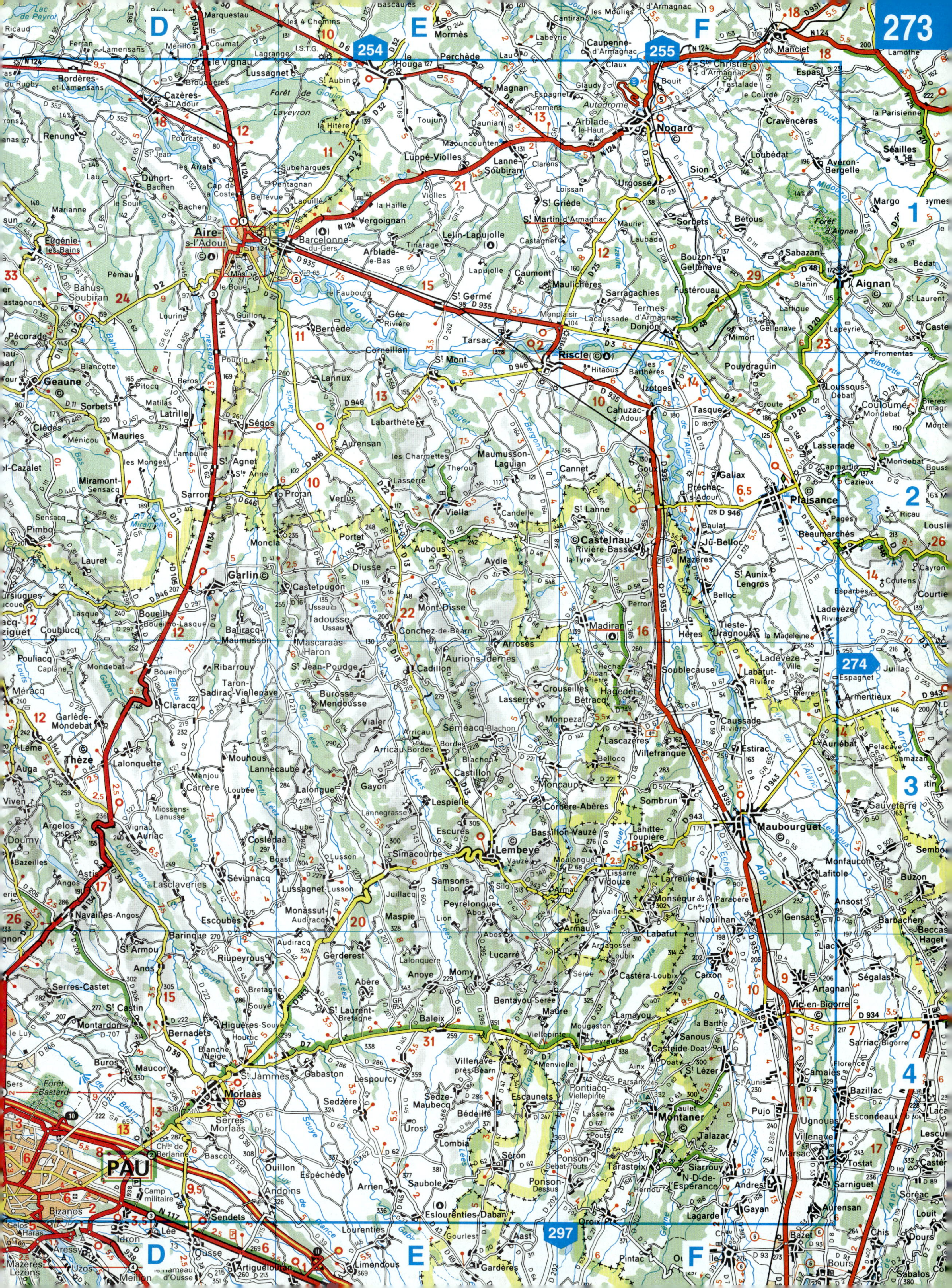

D
E
F
254
255
274
297
1
2
3
4
Aire-s/l'Adour
Barcelonne-du-Gers
Nogaro
Manciet
Aignan
Riscle
Plaisance
Castelnau-Rivière-Basse
Madiran
Maubourguet
Vic-en-Bigorre
Garlin
Lembeye
Morlaàs
PAU
Thèze
Geaune
Eugénie-les-Bains
Montaner
Sarron
Ségos
Marciac
Séailles
Cazères-s/l'Adour
Bizanos
Idron
Lescar

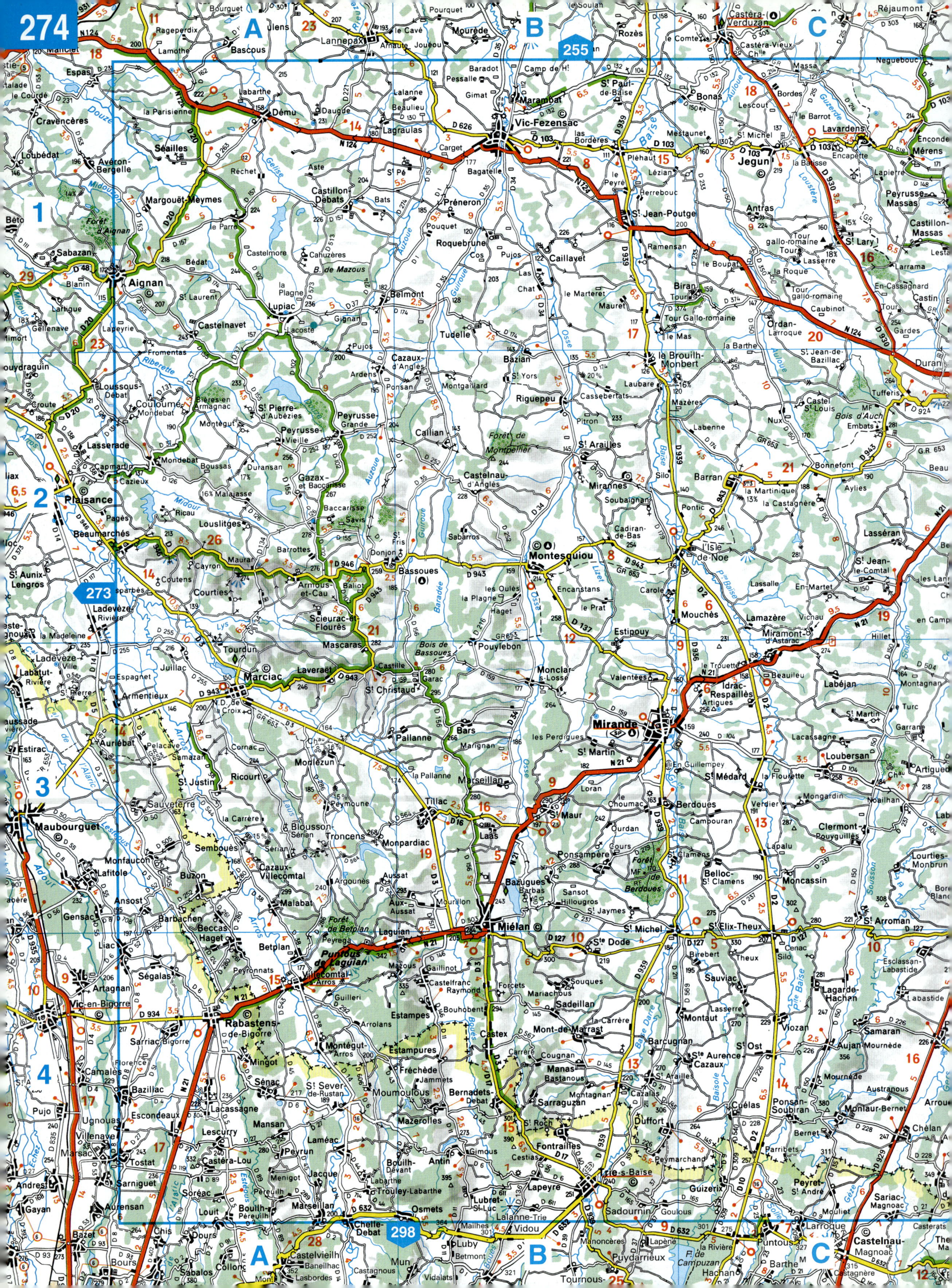
A
B
C
255
273
298
1
2
3
4
Vic-Fezensac
Lannepax
Castéra-Verduzan
Démù
Séailles
Aignan
Jegun
St Jean-Poutge
Caillavet
Belmont
Lupiac
Castelnavet
Plaisance
Peyrusse-Grande
Montesquiou
Bassoues
Marciac
Mirande
Miélan
Rabastens-de-Bigorre
Maubourguet
Vic-en-Bigorre
Trie-s-Baïse
Castelnau-Magnoac
Biran
La Brouilh-Monbert
L'Isle-de-Noé
Barran
Mont-de-Marrast
Tillac
Villecomtal
Laas
St Maur
Berdoues
Lavardens
Castelnau-d'Anglès
Riguepeu
Bazian
Sadeillan
Castex
Laguian
Beaumarchés
Aurensan
Bouilh-Péreuilh
Chelle-Debat
Castelvieilh
Puydarrieux
Tournous
Goulous
Puntous

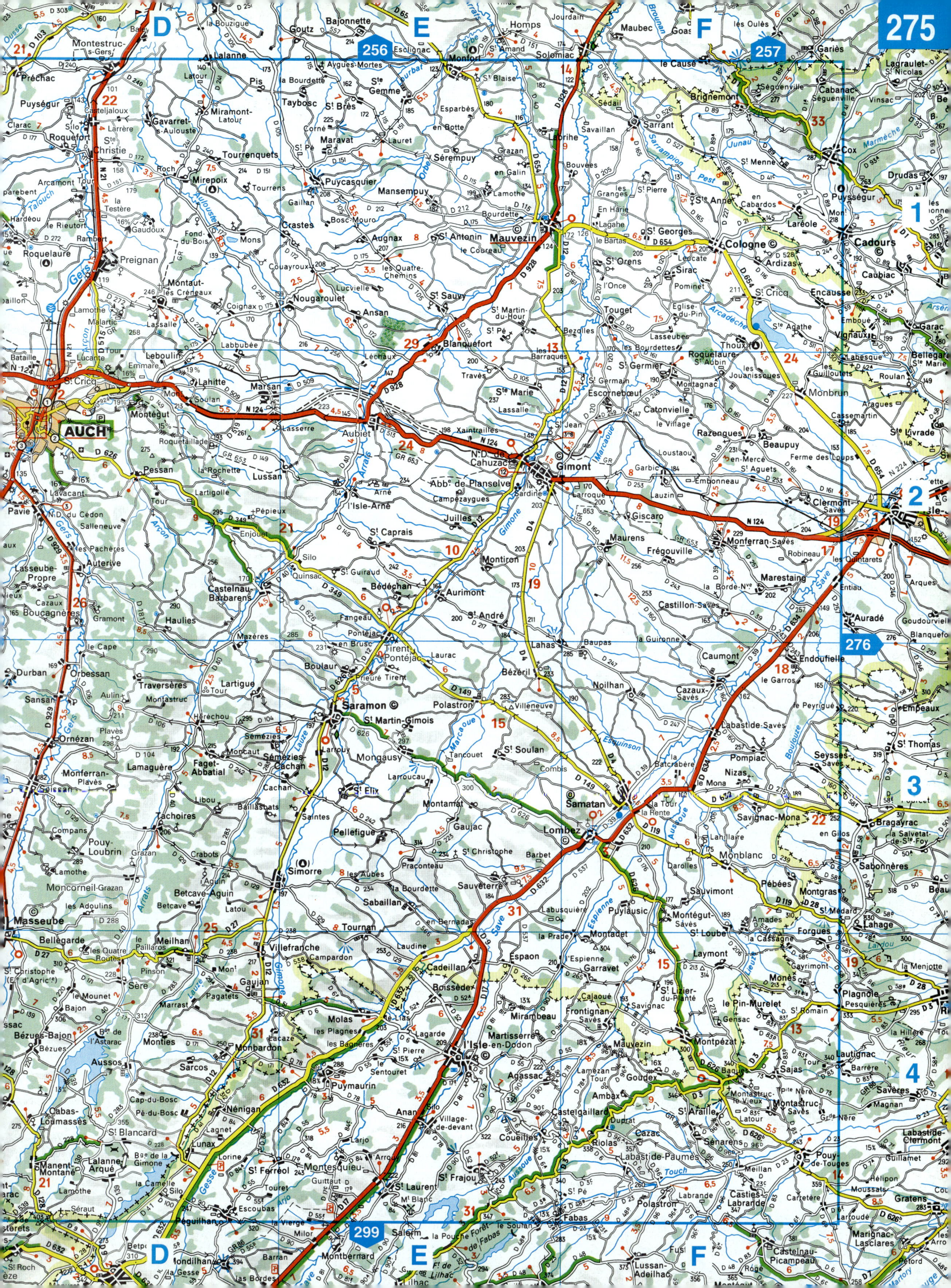

D
E
F
256
257
276
299
1
2
3
4
AUCH
Montestruc-s-Gers
Préchac
Puységur
Roquefort
Gavarret-s-Aulouste
Mirepoix
Tourrenquets
Puycasquier
Mansempuy
Mauvezin
Monfort
Homps
Solomiac
Maubec
Brignemont
Cox
Cologne
Sarrant
Cadours
Puyssègur
Préignan
Montaut-les-Créneaux
Nougaroulet
Crastes
St Antonin
St Sauvy
Blanquefort
Touget
Thoux
Monbrun
Leboulin
Lahitte
Marsan
Montégut
Aubiet
Gimont
N.D. de Cahuzac
Escornebœuf
Catonvielle
Razengues
Beaupuy
Pessan
Lussan
L'Isle-Arné
Juilles
Giscaro
Monferran-Savès
Clermont-Savès
Pavie
Auterive
Castelnau-Barbarens
Haulies
Bédéchan
Aurimont
St André
Montiron
Maurens
Frégouville
Marestaing
Castillon-Savès
Endoufielle
Caumont
Lasseube-Propre
Boucagnères
Durban
Orbessan
Sansan
Saramon
Tirent-Pontéjac
Boulaur
Polastron
Bézéril
Noilhan
Cazaux-Savès
Labastide-Savès
Pompiac
Nizas
Seysses-Savès
St Thomas
Empeaux
Ornézan
Lamaguère
Faget-Abbatial
Sémézies-Cachan
Monferran-Plavès
Samatan
Lombez
Savignac-Mona
Bragayrac
Tachoires
Pellefigue
Gaujac
St Christophe
Sabonnères
Pouy-Loubrin
Simorre
Betcave-Aguin
Sauveterre
Sabaillan
Puylausic
Sauvimont
Pébées
Montgras
Lahage
Masseube
Bellegarde
Meilhan
Villefranche
Cadeillan
Espaon
Garravet
Laymont
Forgues
Plagnole
Sère
Monties
Aussos
Sarcos
Monbardon
Molas
Boissède
Mirambeau
Frontignan-Savès
Mauvezin
Montpézat
Lautignac
Savères
Bézues-Bajon
Puymaurin
L'Isle-en-Dodon
Agassac
Goudex
Ambax
Sajas
Nénigan
Anan
Castelgaillard
Riolas
Cazac
Montastruc-Savès
Pouy-de-Touges
Labastide-Clermont
Cabas-Loumassès
Lunax
St Ferréol
Montesquieu
St Laurent
St Frajou
Labastide-Paumès
Polastron
Castelnau-Picampeau
Manent-Montané
Lalanne-Arqué
Péguilhan
Montbernard
Fabas
Lussan-Adeilhac
Gratens
Marignac-Lasclares

A
B
C
257
275
300
1
2
3
4
Grisolle
Grenade
Cadours
L'Isle-Jourdain
Léguevin
Colomiers
Pibrac
Blagnac
TOULOUSE-BLAGNAC
Tournefeuille
Plaisance-du-Touch
Fonsorbes
St Lys
Muret
Portet-sur-Garonne
Castanet-Tolosan
Rieumes
Carbonne
Auterive
Forêt de Bouconne
Garonne
Save
Ariège
TOUL

D
E
F
258
259
278
301
1
2
3
4
Rabastens
Coufouleux
Loupiac
Mirepoix-s-Tarn
Bessières
Mézens
St Sulpice
Giroussens
Parisot
Graulhet
Briatexte
St Gauzens
Gémil
Montastruc-la-Conseillère
Paulhac
Roquesérière
Azas
Lugan
Ambres
Lavaur
Labastide-St Georges
Garrigues
St Agnan
Verfeil
Gragnague
Lavalette
Mondouzil
Teulat
Bannières
Montcabrier
Belcastel
Lacougotte-Cadoul
Viterbe
Damiatte
St Paul-Cap-de-Joux
Vielmur-s-Agout
Guitalens
Labarède
Bourg-St Bernard
Francarville
Saussens
Vendine
Villeneuve-lès-Lavaur
Maurens-Scopont
Algans
Cuq-Toulza
Puylaurens
Lanta
Vallesvilles
Drémil
Flourens
Aigrefeuille
Quint
Prunet
Mascarville
Loubens-Lauragais
Le Faget
Caraman
Auriac-s-Vendinelle
St Orens-de-Gameville
Auzielle
Escalquens
Labège
Odars
Préserville
Fourquevaux
Tarabel
Maureville
Ségreville
Mourvilles-Basses
Toutens
Cambiac
Le Cabanial
Nogaret
Mouzens
Puéchoursi
St Julia
Montégut-Lauragais
Revel
Montlaur
Belberaud
Labastide-Beauvoir
Varennes
Maurémont
Beauville
Maurens
Vaux
Falga
Cessales
Juzes
St Vincent
St Félix-Lauragais
Bélesta-en-Lauragais
Les Cassés
Mourvilles-Hautes
St Ferréol
Durfort
Bassin de St Ferréol
Vieillevigne
Montgaillard-Lauragais
Villenouvelle
Ayguesvives
Montesquieu-Lauragais
St Rome
Villefranche-de-Lauragais
Vallègue
Rieumajou
Folcarde
St Paulet
Montmaur
Soupex
Puginier
Le Castelet
Tréville
Issel
Labécède-Lauragais
Les Brunels
Gardouch
Renneville
Avignonet-Lauragais
Montferrand
Airoux
Ricaud
Peyrens
Nailloux
Seyre
Montclar-Lauragais
Beauteville
Lagarde
Port-Lauragais
Obélisque de Riquet
Labastide-d'Anjou
Baraigne
Gourvieille
Montgeard
Monestrol
Caignac
St Michel-de-Lanès
Molleville
Mas-Saintes-Puelles
Castelnaudary
Cintegabelle
Aignes
Marqueln
Malvezy
Cumiès
Midi
Canal
Hers
Agout
Sor
A 68
A 61
A 66
N 88
N 126
N 113
D 622
D 624

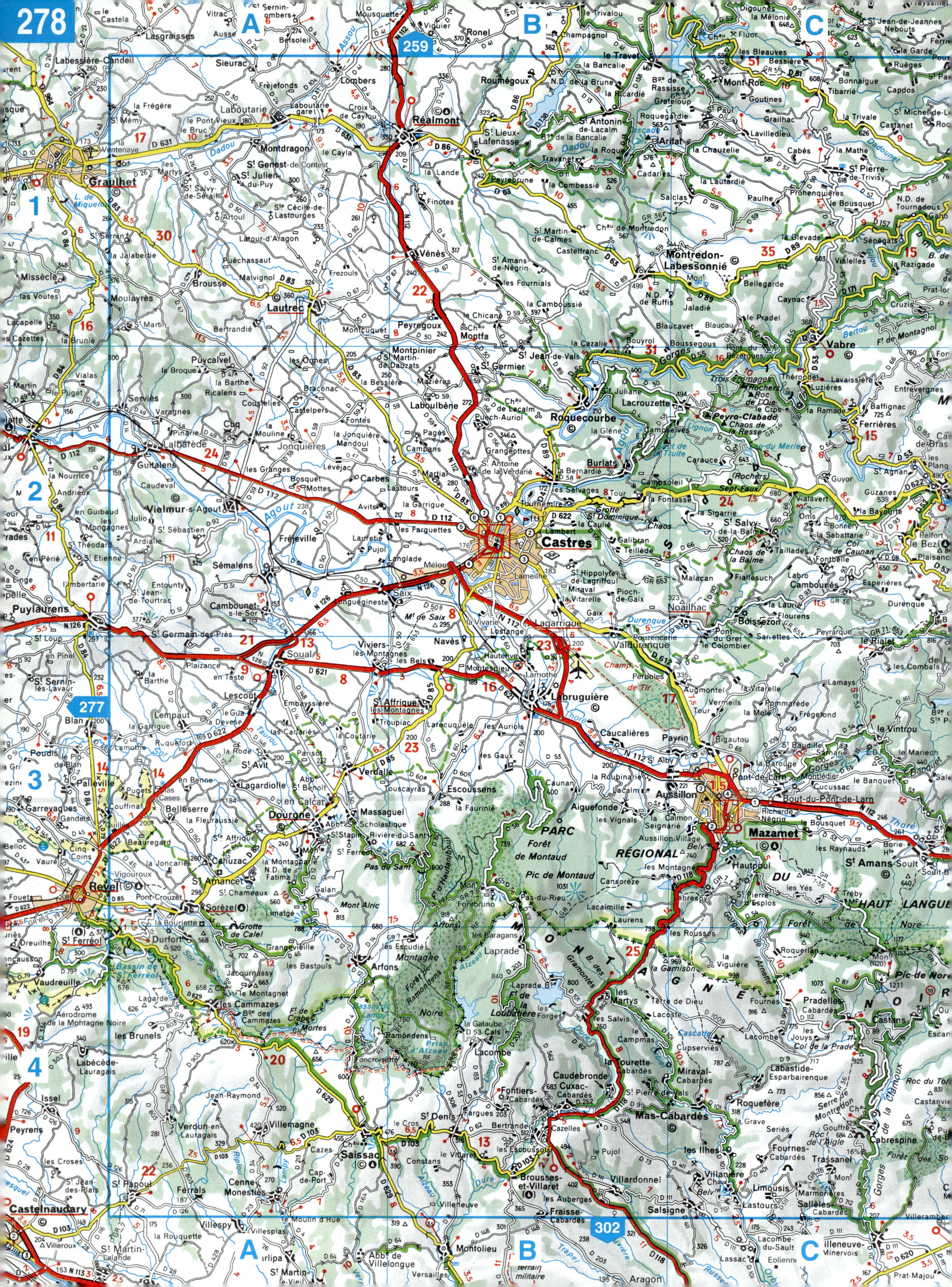
A
B
C
1
2
3
4
Graulhet
Réalmont
Lombers
Montdragon
Lautrec
Vénès
Montredon-Labessonnié
Vabre
Roquecourbe
Burlats
Castres
Labruguière
Vielmur-s-Agout
Guitalens
Puylaurens
Soual
Sémalens
Saïx
Viviers-lès-Montagnes
St Affrique-les-Montagnes
Dourgne
Revel
Sorèze
Durfort
Arfons
Aussillon
Mazamet
Pont-de-Larn
Bout-du-Pont-de-Larn
St Amans-Soult
Lacrouzette
Brassac
Cammazes
Saissac
Castelnaudary
Mas-Cabardès
Cuxac-Cabardès
Caudebronde
Lacombe
Lacaune
PARC RÉGIONAL DU HAUT LANGUEDOC
Forêt de Montaud
Pic de Montaud
MONTAGNE NOIRE
Forêt de Ramondens
Montagne Noire
Bassin de St Ferréol
Agout
Thoré
Dadou
Sor

259
277
302

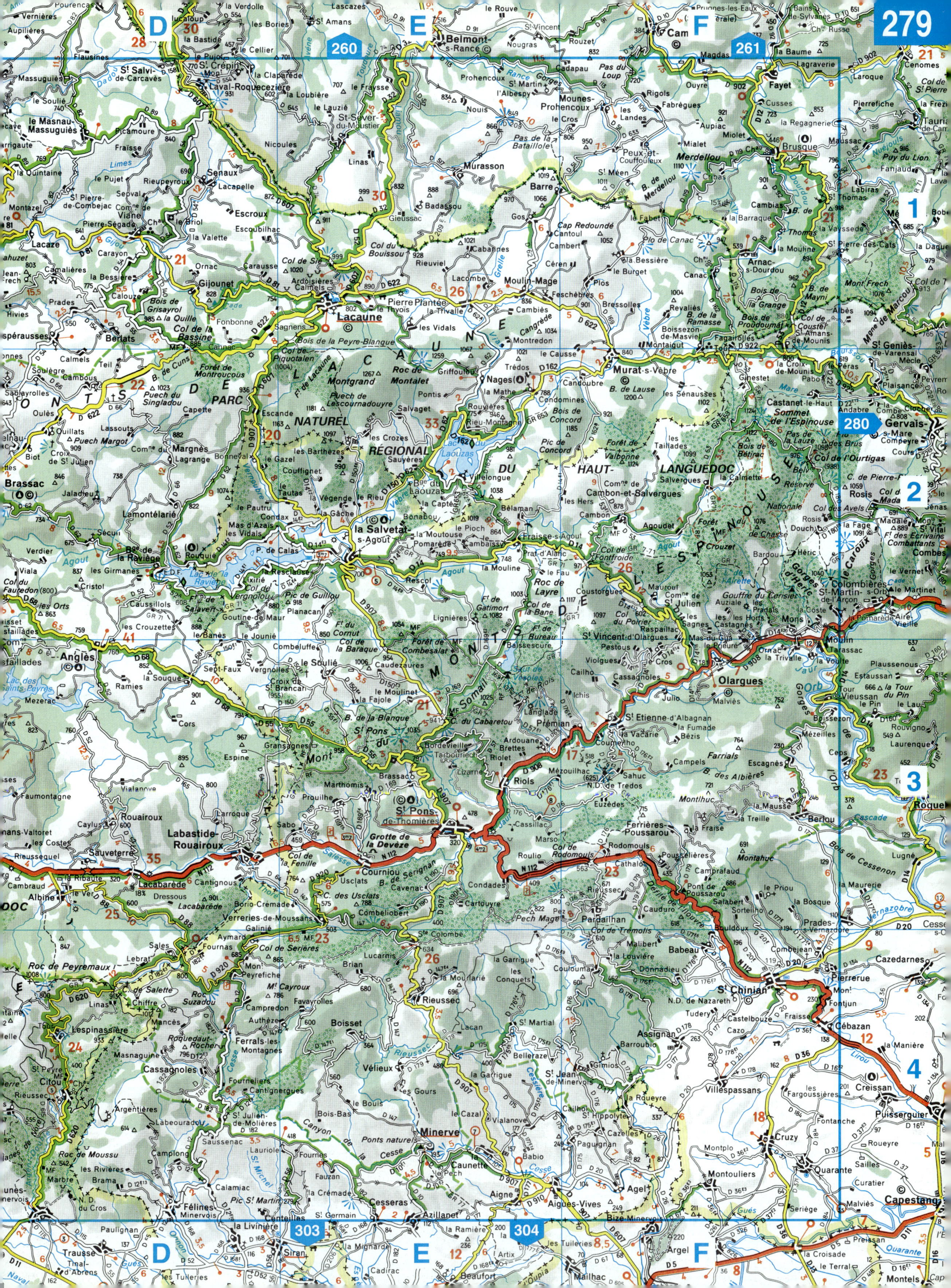
D
E
F
260
261
280
303
304
1
2
3
4
Belmont-s-Rance
Camarès
Murasson
Lacaune
Brusque
PARC NATUREL RÉGIONAL DU HAUT-LANGUEDOC
MONTS DE LACAUNE
Murat-s-Vèbre
la Salvetat-s-Agout
Lac de la Raviège
Brassac
Anglès
Olargues
St Pons-de-Thomières
Riols
St Chinian
Labastide-Rouairoux
Minerve
Caunette
Aigues-Vives
Cruzy
Capestang
Puisserguier
Creissan
Cébazan
Pierrerue
Cessenon
Roquebrun
Berlou
Lamalou
Colombières
Mons
Vieussan
Prémian
St Vincent-d'Olargues
Fraisse-s-Agout
Cambon-et-Salvergues
Castanet-le-Haut
St Gervais-s-Mare
Rosis
Nages
Gijounet
Félines-Minervois
Siran
Azillanet
Cesseras
Ferrals-les-Montagnes
Boisset
Rieussec
Vélieux
Sauveterre
Albine
Lespinassière
Citou
Cassagnoles
Verreries-de-Moussans
Courniou
Col de Rodomouls
Grotte de la Devèze
Forêt des Écrivains Combattants
ESPINOUSE
Caroux
Somail
Mont Merdellou
Roc de Montalet
Montagne de Marcou
Lacaze
Sénaux
Escroux
Barre
Moulin-Mage
Cambières
Viane
Ferrières-Poussarou
Montouliers
Quarante
Agel
Bize-Minervois
Argel
Mailhac
Beaufort
la Livinière

A
B
C
1
2
3
4
261
279
304
305
Lodève
Bédarieux
Clermont-l'Hérault
Lamalou-les-Bains
Le Bousquet-d'Orb
Lunas
St Gervais-s-Mare
Roquebrun
Murviel-lès-Béziers
Béziers
Pézenas
Roujan
Servian
Magalas
Puissalicon
Capestang
Puisserguier
Maraussan
Cazouls-lès-Béziers
Thézan-lès-Béziers
Montblanc
Valros
Nézignan-l'Évêque
Cruzy
Quarante
Creissan
Cébazan
Pierrerue
Cessenon-s-Orb
Causses-et-Veyran
Faugères
Laurens
Autignac
Gabian
Neffiès
Fontès
Adissan
Nizas
Caux
Alignan-du-Vent
Abeilhan
Coulobres
Espondeilhan
Bassan
Boujan-s-Libron
Lieuran-lès-Béziers
Lignan
Corneilhan
Colombiers
Oppidum d'Ensérune
Cers
Villeneuve-lès-Béziers
Vias
Portiragnes
Bessan
St Thibéry
Lac du Salagou
Cirque de Mourèze
Mourèze
Villeneuvette
Nébian
Paulhan
Aspiran
Péret
Brenas
Octon
Salasc
Mérifons
Carlencas
Pézènes-les-Mines
Valmascle
Fos
Vailhan
Hérépian
Les Aires
Poujol-s-Orb
Colombières
Mons
Olargues
Brusque
Fayet
Avène
Forêt des Monts
Ceilhes-et-Rocozels
Roqueredonde
Soubès
St Étienne-de-Gourgas
St Privat
Le Bosc
Usclas-du-Bosc
St Jean-de-la-Blaquière
Olmet
Lavalette
Caroux
Gorges d'Héric
Pic de la Coquillade
Bois de Cessenon
St Nazaire-de-Ladarez
Cabrerolles
Caussiniojouls
Graissessac
Camplong
Castanet-le-Haut
Rosis
Combes
Plateau de l'Escandorgue
Causse de Gabriac
Col du Perthus
Col de Notre-Dame
Pas de l'Escalette
Orb
Libron
Thongue
Peyne
Hérault
Lirou
Quarante
A 75-E 11
N 9
N 112
D 908

D
E
F
262
263
282
1
2
3
4
MONTPELLIER
Sète
Agde
Mèze
Marseillan
Frontignan
Balaruc-les-Bains
Balaruc-le-Vieux
Bouzigues
Gigean
Montbazin
Poussan
Loupian
Montagnac
Pinet
Pomérols
Florensac
Marseillan-Plage
Palavas-les-Flots
Maguelone
Villeneuve-lès-Maguelone
Vic-la-Gardiole
Mireval
Frontignan-Plage
Lattes
Pérols
Carnon
Mauguio
Castelnau-le-Lez
Castries
Vendargues
Baillargues
Le Crès
Jacou
Clapiers
Montferrier
Prades-le-Lez
Assas
Teyran
Guzargues
Sussargues
St Bauzille-de-Montmel
Buzignargues
Ste Croix-de-Quintillargues
Les Matelles
St Gély-du-Fesc
St Clément-de-Rivière
Grabels
Juvignac
Lavérune
Pignan
Saussan
Fabrègues
Cournonterral
Cournonsec
St Jean-de-Védas
Murviel-lès-Montpellier
St Georges-d'Orques
St Paul-et-Valmalle
Montarnaud
Vailhauquès
Combaillaux
Murles
Argelliers
La Boissière
Aniane
Gignac
St André-de-Sangonis
Popian
Pouzols
St Bauzille-de-la-Sylve
Le Pouget
Vendémian
Plaissan
Puilacher
Tressan
Bélarga
Campagnan
St Pargoire
St Pons-de-Mauchiens
Villeveyrac
St Guilhem-le-Désert
Montpeyroux
Puéchabon
Viols-le-Fort
St Martin-de-Londres
Pic St Loup
St Mathieu-de-Tréviers
Valflaunès
Cazevieille
Causse-de-la-Selle
Montpellier-Méditerranée
Golfe
Bassin de Thau
Etang de Vic
Etang de Pérols
Etang de Bagnas
Hérault
Mosson
Lez
N 109-E 11
N 113
A 9-E 15-E 80
D 986

A
B
C
1
2
3
4
263
281
Sommières
Villevieille
Aujargues
Calvisson
Langlade
Caissargues
Congénies
Boissières
Milhaud
Bernis
Uchaud
Aubord
Vergèze
Vestric
Générac
Codognan
Beauvoisin
Vauvert
Gallargues-le-Montueux
Aimargues
le Cailar
Lunel
Lunel-Viel
Marsillargues
St Laurent-d'Aigouze
Castries
Vendargues
Baillargues
Valergues
Lansargues
Mudaison
Mauguio
Candillargues
MONTPELLIER
Lattes
Pérols
Palavas-les-Flots
Carnon-Plage
la Grande-Motte
le Grau-du-Roi
Port-Camargue
Aigues-Mortes
Pointe de l'Espiguette
Phare de l'Espiguette
Golfe d'Aigues-Mortes
Etang de Mauguio ou de l'Or
Etang de Scamandre
Etang du Charnier
MONTPELLIER-MÉDITERRANÉE
Nîmes-Arles-Camargue
Petite Camargue
PARC
Sylvéréal
Franquevaux
Gallician
St Gilles
Grau d'Orgon
GOLFE DU LION

Tarascon
St Rémy-de-Provence
Manduel
Bellegarde
St Gilles
Arles
Fontvieille
Moulin de Daudet
Abbe de Montmajour
les Antiques
Chaîne des Alpilles
les Baux-de-Provence
Maussane-les-Alpilles
Paradou
Mouriès
Aureille
Eygalières
St Martin-de-Crau
Raphèle-lès-Arles
PLAINE DE LA CRAU
Aérodrome d'Istres-le-Tubé
Entressen
CAMARGUE
Albaron
Méjanes
Etang de Vaccarès
RÉSERVE NATURELLE ZOOLOGIQUE ET BOTANIQUE
NATUREL RÉGIONAL DE CAMARGUE
PLAINE DE LA CAMARGUE
Stes Maries-de-la-Mer
Etang de Malagroy
Etang de l'Impérial
Salin-de-Badon
le Sambuc
GRAND RHÔNE
Salin-de-Giraud
Salin de Giraud
Port-St-Louis-du-Rhône
Port de Fos
Fos-s-Mer
Zone Industrielle
Golfe de Beauduc
Pointe du Sablon
Phare de Beauduc
Phare de Faraman
Plage de Piémanson
GOLFE DE FOS
Camp militaire
264
265
284
1
2
3
4
D
E
F

A
B
C
1
2
3
4
265
283
290
Salon-de-Provence
Istres
Martigues
MARSEILLE
Marignane
Vitrolles
Miramas
Fos-s-Mer
Port-de-Bouc
Berre-l'Étang
ÉTANG
DE
BERRE
GOLFE
DE FOS
Port de Fos
Sausset-les-Pins
Carry-le-Rouet
Châteauneuf-les-Martigues
Les Pennes-Mirabeau
Rognac
Velaux
Ventabren
Coudoux
Lançon-Provence
Pélissanne
Lambesc
Eyguières
Sénas
Mallemort
Mérindol
Charleval
La Roque-d'Anthéron
Rognes
Eguilles
Lourmarin
Cadenet
Puyvert
Silvacane
Mouriès
Aureille
Eygalières
Alpilles
Grans
St-Chamas
Cornillon-Confoux
La Fare-les-Oliviers
St Cannat
Gignac
Le Rove
Ensuès-la-Redonne
L'Estaque
St Antoine
La Madrague de-la-Ville
Rade de Marseille
Cap Couronne
Carro
Aérodrome d'Istres-le-Tubé
MARSEILLE-PROVENCE
EUROCOPTER
Zone Industrielle
Durance
A 54 - E 80
A7-E 80-E 714
AUTOROUTE DU SOLEIL
T.G.V. MÉDITERRANÉE
Chaîne de la Trévaresse
Chaîne de Vitrolles
Chaîne de l'Estaque
Chaîne de la Nerthe
Ile Ratonneau
Iles du Frioul
Ile Pomègues
Château d'If
Cap Caveaux
Plages du Prado

D
E
F
266
267
286
291
292
1
2
3
4
Cucuron
Grambois
Gréoux-les-Bains
LUBERON
Pertuis
la Tour-d'Aigues
Villelaure
Mirabeau
St Paul-lez-Durance
CENTRE D'ETUDES DE CADARACHE (C.E.A.)
Vinon-s-Verdon
Ginasservis
Meyrargues
Peyrolles-en-Provence
Jouques
Rians
Vauvenargues
Montagne Ste Victoire
AIX-EN-PROVENCE
Puyloubier
Pourrières
Châteauneuf-le-Rouge
Rousset
Trets
St Maximin-la-Ste Baume
Gardanne
Simiane-Collongue
Peynier
Belcodène
Gréasque
Mimet
Cadolive
St Zacharie
Nans-les-Pins
Roquevaire
Auriol
Plan-d'Aups
Allauch
Aubagne
Gémenos
Cuges-les-Pins
St Marcel
MASSIF DE LA SAINTE BAUME
Rougiers
Signes
Seillons-Source-d'Argens
Ollières
Brue-Auriac

A
B
C
267
285
291
292
1
2
3
4
St Martin-de-Brômes
Gréoux-les-Bains
Esparron-de-Verdon
Albiosc
Montpezat
St Laurent-du-Verdon
Quinson
Gorges du Verdon
Baudinard
Bauduen
Artignosc
Régusse
Moissac-Bellevue
Aups
Montmeyan
la Verdière
St Julien
Tavernes
Varages
Esparron
Barjols
Pontevès
Fox-Amphoux
Sillans-la-Cascade
Salernes
Villecroze
Tourtour
Cotignac
Entrecasteaux
Correns
Châteauvert
Brue-Auriac
Carcès
Montfort-s-Argens
Abbaye du Thoronet
Cabasse
Le Val
Brignoles
Tourves
Rougiers
Mazaugues
la Roquebrussanne
Garéoult
Forcalqueiret
Besse-s-Issole
Flassans-s-Issole
Le Luc
Gonfaron
Carnoules
Pignans
Rocbaron
Puget-Ville
Néoules
Méounes-lès-Montrieux
Signes
Cuers
Collobrières
Plan de Canjuers
A8-E 80

D
E
F
268
269
288
293
1
2
3
4
Comps-s-Artuby
Bargème
Fayence
Mons
St Vallier-de-Thiey
St Cézaire-s-Siagne
Montauroux
Seillans
Bargemon
Callas
Montferrat
Ampus
Châteaudouble
Figanières
Draguignan
Flayosc
Lorgues
Trans-en-Provence
La Motte
Le Muy
Les Arcs
Taradeau
Vidauban
Roquebrune-s-Argens
Puget-s-Argens
Fréjus
St Raphaël
Agay
Bagnols-en-Forêt
St Paul-en-Forêt
Tourrettes
Callian
Cabris
Peymeinade
CAMP MILITAIRE DE CANJUERS
MASSIF DE L'ESTEREL
MAURES
Golfe de Fréjus
St Aygulf
Les Issambres
Ste Maxime
St Tropez
Port Grimaud
Grimaud
Cogolin
Gassin
La Garde-Freinet
Plan-de-la-Tour
Ramatuelle
Cap des Sardinaux
Cap de St Tropez
Corniche
Lac de St Cassien
Balcons de la Mescla
Pas de la Faye
Col du Bel-Homme
Col de Boussaque
Col de Vignon
Col de Gratteloup
Fréjus-Plage
Boulouris
Valescure
Sommet du Peynier
Les Mayons

A
B
C
1
2
3
4
269
289
287
NICE
NICE CÔTE-D'AZUR
CANNES
GRASSE
Antibes
Cap d'Antibes
Cap Ferrat
Villefranche
Vence
Roquesteron
Coursegoules
Gréolières
Cipières
Caussols
Plateau de Caussols
Plateau de Calern
Observatoire du CERGA
Col de Vence
Tourrettes
Pont-du-Loup
Le Bar-sur-Loup
Gourdon
Châteauneuf-Grasse
Le Rouret
Roquefort-les-Pins
Villeneuve-Loubet
Cagnes-s-M.
Cros-de-Cagnes
Villeneuve-Loubet-Plage
St Paul
St Jeannet
Gattières
Carros
Le Broc
Bézaudun-les-Alpes
Bouyon
Conségudes
Levens
Tourrette-Levens
Aspremont
Colomars
Falicon
St Laurent-du-Var
Biot
Valbonne
Sophia-Antipolis
Mougins
Mouans-Sartoux
Pégomas
Auribeau
Tanneron
Le Cannet
Vallauris
Golfe-Juan
Juan-les-Pins
Mandelieu
La Napoule
Théoule-s-Mer
Miramar
Le Trayas
Agay
Anthéor
Cap du Dramont
St Raphaël
Massif de l'Esterel
Pic de l'Ours
Mt Vinaigre
Iles de Lérins
Ile Ste Marguerite
Ile St Honorat
Baie des Anges
Golfe de Napoule
Pte de la Croisette
Cabris
Spéracèdes
Le Tignet
St Cézaire
St Vallier-de-Thiey
Montagne de Thiey
Montagne du Cheiron
Montagne de Charamel
Clue d'Aiglun
Clue du Riolan
Sigale
Fontaine de Vaucluse
Massif du Tanneron
Calvi, Ile-Rousse
Bastia
Ajaccio
Monaco
Corniche

D
E
F
1
2
3
4
269
288
Limone-Piemonte
Col de Tende
Tunnel de Tende
Cime du Gélas
le Boréon
St Martin-Vésubie
Tende
St Dalmas-de-Tende
la Brigue
Cime du Diable
PARC
NATIONAL
DU
MERCANTOUR
Col de Turini
Saorge
Breil-s-Roya
Roquebillière
Lantosque
Peïra-Cava
Lucéram
Sospel
Utelle
Levens
l'Escarène
Contes
Peille
Peillon
Ste Agnès
Roquebrune-Cap-Martin
MENTON
Cap-Martin
Cap Martin
MONTE-CARLO
MONACO
La Condamine
Beausoleil
Cap-d'Ail
Èze
Èze-Bord-de-Mer
Beaulieu-s-Mer
Villefranche-s-Mer
NICE
St Jean-Cap-Ferrat
Ventimiglia
Bordighera
Pigna
Dolceacqua
Airole
Olivetta-San-Michele
Mortola-Inferiore
Capo Mortola
Vallecrosia
Castellar
Gorbio
la Turbie
Tourrette-Levens
Châteauneuf
Carros
Colomars
St Martin-du-Var
Aspremont
Falicon
Drap
Cantaron
La Trinité
Golfe de St Hospice
Monte Gerbonte
Mt Saccarel
N.D. des Fontaines
Mt Bégo
Mt Clapier
Rocchetta-Nervina
Isolabona
Apricale
Perinaldo
Soldano
Camporosso
Vallebona
Seborga
Sasso
Col de Braus
Col de Brouis
Route interrompue
Saorge (Traversée impossible)

MARSEILLE
Martigues
Marignane
Vitrolles
Berre-l'Etang
Châteauneuf-les-Martigues
Carry-le-Rouet
Sausset-les-Pins
Gardanne
Allauch
Cassis
ÉTANG
DE
BERRE
MARSEILLE-PROVENCE
Rade de Marseille
Iles du Frioul
Ile Ratonneau
Ile Pomègues
Chau d'If
Cap Croisette
Ile Maire
Ile Tiboulen
Ile de Jarre
Ile de Planier
Ile Calseraigne
Ile de Riou
Cap Couronne
Ile Aragnon
les Calanques
Chaîne de l'Estaque
Chaîne de l'Etoile
Septèmes-les-Vallons
les Pennes-Mirabeau
Aix-en-Provence T.G.V.
Cabriès
Simiane-Collongue
Bouc-Bel-Air
Mimet
St Savournin
Cadolive
Plan-de-Cuques
la Penne-s-Huveaune
St Marcel
l'Estaque
St Antoine
la Madrague-de-la-Ville
Mont Rose
Marseilleveyre
les Goudes
Callelongue
Bec Sormiou
Cal. de Sormiou
Cap Morgiou
Grotte Cosquer
Massif de Puget
Congloué
Cap Caveaux
Anse de l'Estaque
Canal de Marseille au Rhône
Souterrain du Rove
Etang de Bolmon
Rognac
Velaux
Ventabren
Meyreuil
Eurocopter
Hydroaérodrome
Port du Passet
Port de la Pointe
la Mède
Lavera
les Ventrons
Ensuès-la-Redonne
le Rove
Gignac-la-Nerthe
Méjean
Niolon
Rouet-Plage
Madrague-de-Gignac
les Figuières
Porto-Vecchio
Calvi
l'Ile-Rousse, Propriano
Ajaccio, Bastia
les Calanques
284
A
B
C
1
2
3
4

D
E
F
285
286
292
1
2
3
4
St Maximin-la-Ste Baume
Trets
Pourrières
Ollières
Seillons-Source-d'Argens
Brue-Auriac
Bras
Tourves
Brignoles
Rougiers
Nans-les-Pins
Mazaugues
la Roquebrussanne
Néoules
Garéoult
Méounes-lès-Montrieux
Signes
Belgentier
Cuers
Solliès-Pont
Solliès-Toucas
Peynier
Auriol
Roquevaire
Aubagne
Gémenos
Cuges-les-Pins
le Beausset
le Castellet
la Cadière-d'Azur
St Cyr-s-Mer
les Lecques
la Ciotat
Bandol
Sanary-s-Mer
Six-Fours-les-Plages
la Seyne
TOULON
Ollioules
Evenos
la Valette-du-Var
la Garde
le Pradet
Carqueiranne
St Mandrier-s-Mer
Cap Sicié
Cap Cépet
Presqu'île de St Mandrier
Presqu'île du Cap Sicié
Iles des Embiez
Ile Verte
Cap de l'Aigle
Calanque de Figuerolles
MASSIF DE LA SAINTE BAUME
St Pilon
Mont Aurélien
Mont Caume
Montagne de Regagnas
Plan-d'Aups
la Ste Baume
St Zacharie
Ceyreste
Brignoles

A
B
C
1
2
3
4
285
286
291
Brignoles
Rougiers
Mazaugues
la Roquebrussanne
Néoules
Garéoult
Forcalqueiret
Rocbaron
Besse-s-Issole
Flassans-s-Issole
Carnoules
Pignans
Gonfaron
Signes
Méounes-lès-Montrieux
Belgentier
Cuers
Puget-Ville
Pierrefeu-du-Var
Collobrie
Solliès-Toucas
Solliès-Pont
Solliès-Ville
la Farlède
la Crau
le Beausset
Evenos
Ollioules
le Revest-les-Eaux
la Valette-du-Var
la Garde
le Pradet
Carqueiranne
Hyères
la Londe-les-Maures
Bormes-les-Mimosas
la Seyne
TOULON
Six-Fours-les-Plages
les Sablettes
St Mandrier-s-Mer
Presqu'île de St Mandrier
Cap Sicié
Cap Cépet
Giens
Presqu'île de Giens
Golfe de Giens
RADE D'HYÈRES
Hyères-Plage
Ayguade-Ceinturon
Cap de Carqueiranne
la Tour-Fondue
Cap de l'Estérel
Ile de Porquerolles
Porquerolles
Cap d'Arme
Cap Rousset
MASSIF DES MAURES
Forêt des Maures
Cap de Léoube
Cap de Brégançon
Cap des Mèdes
ILES

287
D
E
F
1
2
3
4
St Aygulf
la Gaillarde
Pte de la Calle
les Calanques
Pte des Issambres
les Issambres
San-Peïre-s-Mer
Lissandre
Val d'Esquières
la Nartelle
Cap des Sardinaux
Tourelle de la Sèche-à-l'Huile
Ste Maxime
Sémaphore
la Garonnette
Col de Bougnon
Les Ricards
Pourrières
le Revest
Vallaury
Plan-de-la-Tour
le Plan
Col de Vignon
Préconil
Prat-Bourdin
Coriolan
Courruero
St Preire
Hte Suane
Guerre-Vieille
Beauvallon
Gde Pointe
St Tropez
Port Grimaud
les Marines-de-Cogolin
la Bouillabaisse
Cap St Pierre
Pte des Rabiou
Tourelle de la Moutte
les Parcs
Cap de St Tropez
la Moutte
Plage des Salins
Pte de Capon
Ste Anne
Cap du Pinet
Plage de Tahiti
Anse de Pampelonne
Plage de Pampelonne
Pte de la Bonne Terrasse
Cap Camarat
Chau Volterra
Plage de l'Escalet
la Bastide-Blanche
Cap Taillat
Plage de la Briande
Cap Lardier
Pte Andati
Gigaro
Col de Collebasse
Ramatuelle
Pampelonne
Moulins de Paillas
Gassin
Col de Paillas
Bertaud
Bourrian
Bestagne
la Croix-Valmer
Baie de Cavalaire
Cavalaire-s-Mer
Cap Cavalaire
Cogolin
Grimaud
la Garde-Freinet
St Clément
Roches Blanches
N. D. de Miramar
Forêt de la Garde-Freinet
Colle Dure
la Moure
Miquelette
Bois de Rouquan
les Plaines
Bois du Rouquan
Peissonnel
la Forge
St Julien
Hoste
les Bertrands
la Bde Verrerie
Reillanne
Bde des Escarcets
la Grde Pièce
Mourrefrey
les Mayons
Cros-de-Mouton
Valescure
Vaucaude
Valdegilly
la Queste
St Pons-les-Mûres
les Mûres
St Maur
les Crottes
Gisclé
St Marc
Col de Taillude
Monastère de la Verne
Bde de la Verne
Bois Mauru
les Guiols
Giègi
Rebois
les Campaux
la Môle
Noyer
Forêt du Dom
B. de la Colle
Mgne de la Faveirolle
les Pradels
Col du Canadel
le Drapeau
Malatra
Col de Landon
Pierre d'Avenon
Aiguebelle
la Fossette
Cavalière
Canadel-s-Mer
Mont le Rayol
Pramousquier
le Dattier
Pte de la Chappe
Cap Nègre
Corniche des Maures
St Clair
le Lavandou
Pte de Layet
(Service saisonnier)
Plage de la Favière
Port de Bormes-les-Mimosas
la Favière
Baie de Gau
Pte de l'Esquillette
Cap Bénat
Cap Blanc
les Fourrades
(Sce saisonnier)
Cannes 1h30 (Sce saisonnier)
D'HYÈRES
Ile de Port-Cros (Parc National)
Ile de Bagaud
Port-Cros
la Palud
Port-Man
Col de Port-Man
Col des 4 Chemins
Pte du Cognet
Pte du Vallon
Rer de la Gabinière
Passe des Grottes
Pte de la Galère
Héliopolis
Fort
le Grand-Avis
le Grd Cap
Pte Maupertuis
Calanque de l'Avis
zone interdite
Ile du Levant
Pte de Calle-Rousse
Pte du Castellas
Calanque de l'Estable
Phare du Titan
Pte de l'Areste

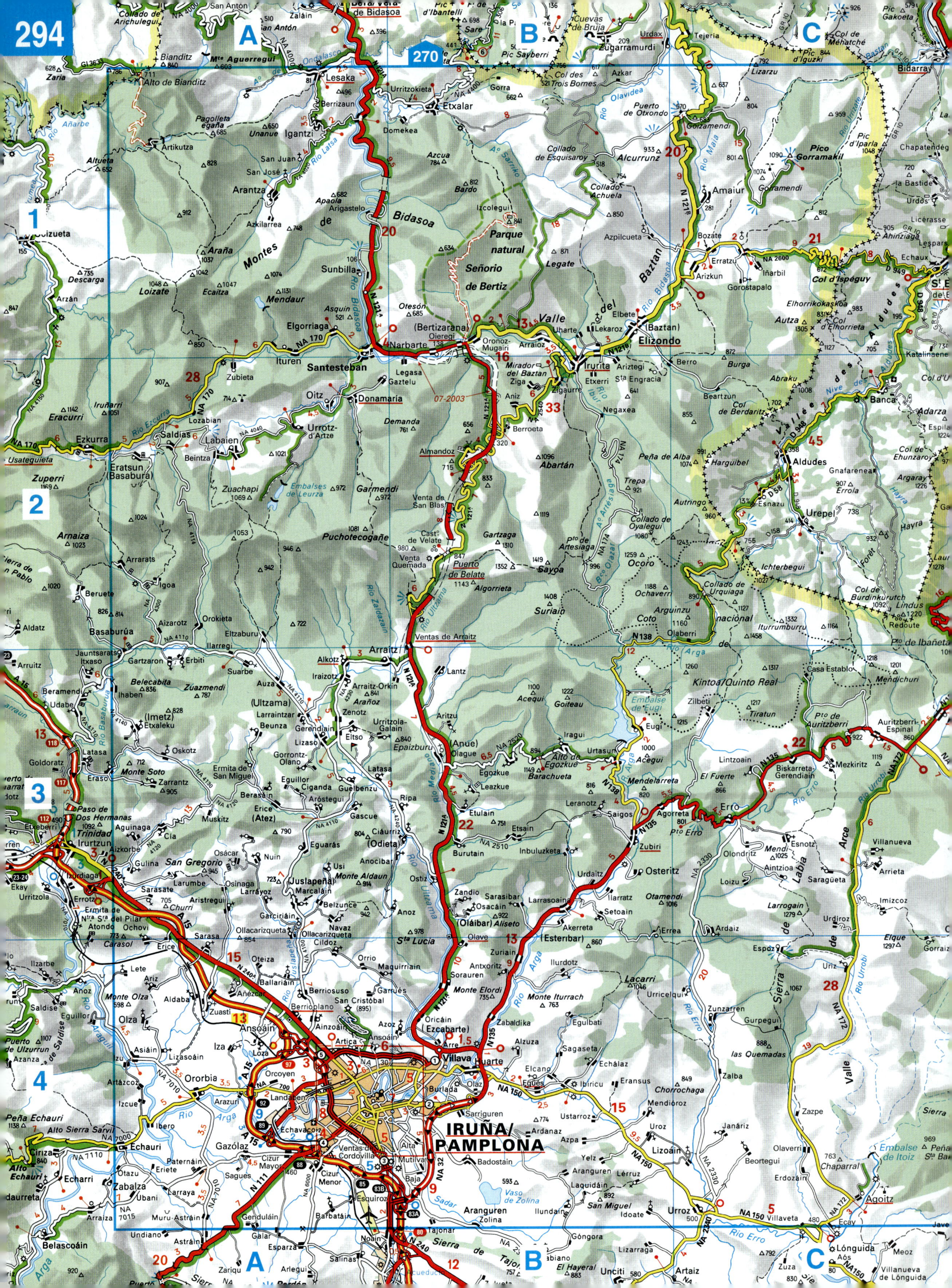
A
B
C
270
1
2
3
4
Lesaka
Etxalar
Zugarramurdi
Urdax
Bidarray
Montes de Bidasoa
Parque natural Señorio de Bertiz
Valle del Baztan
Elizondo
Santesteban
Irurita
Alkotz
Pico Gorramakil
Col d'Ispéguy
Vallée des Aldudes
Aldudes
Urepel
Banca
Almandoz
Puerto de Belate
Ventas de Arraitz
Kintoa/Quinto Real
Embalse de Eugi
Eugi
Zubiri
Sierra de Labia
Valle de Arce
Olaibar (Olaibar)
Villava
Huarte
Burlada
IRUÑA/PAMPLONA
Egüés
Noáin
Aranguren
Urroz
Lizoáin
Lónguida
Orkoien
Ansoáin
Berriozar
Berrioplano
Irurtzun
Echauri
Belascoáin
Embalse de Itoiz
Agoitz

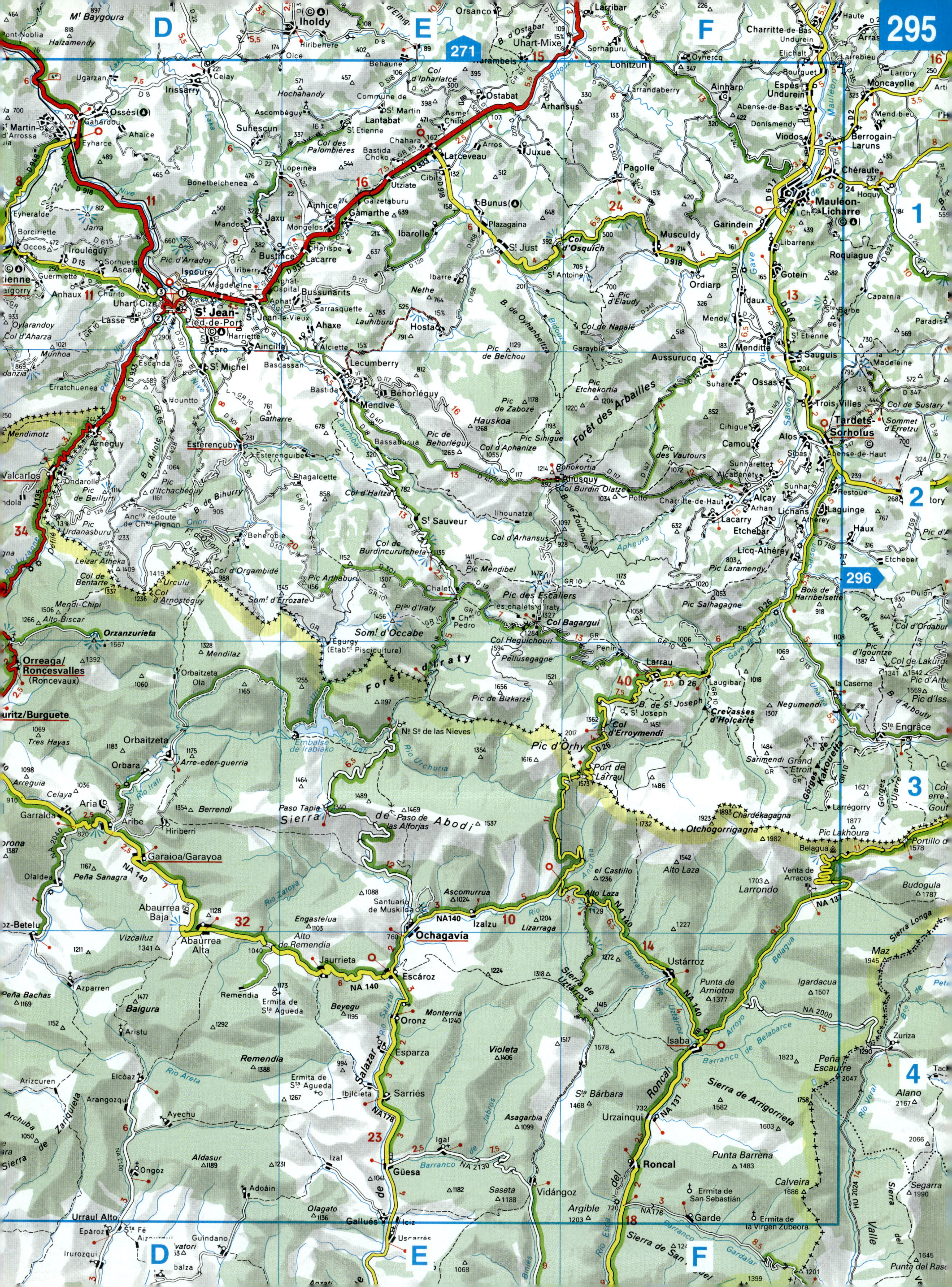

D
E
F
271
296
1
2
3
4
St Jean-Pied-de-Port
Mauléon-Licharre
Tardets-Sorholus
Iholdy
Ossès
St Martin-d'Arrossa
Irissarry
Ostabat
Larceveau
Uhart-Mixe
Lohitzun
Juxue
Bunus
St Just
Pagolle
Musculdy
Garindein
Gotein
Ordiarp
Aussurucq
Sauguis
Trois-Villes
Alos
Sibas
Alçay
Lacarry
Etchebar
Licq-Athérey
Laguinge
Haux
Ste Engrâce
Larrau
Lecumberry
Mendive
Béhorléguy
Ahaxe
Aincille
Caro
St Michel
Estérençuby
Arnéguy
Uhart-Cize
Ispoure
Lasse
Anhaux
Bussunarits
Lacarre
Bustince
Jaxu
Gamarthe
Ibarolle
Hosta
Col d'Osquich
Forêt des Arbailles
Col Bagargui
Col d'Erroymendi
Pic d'Orhy
Port de Larrau
Forêt d'Iraty
Sommet d'Occabe
Chalet Pedro
Egurgy (Etabt Pisciculture)
Embalse de Irabiako
Orreaga/Roncesvalles (Roncevaux)
Auritz/Burguete
Valcarlos
Orbaitzeta
Orbara
Aria
Aribe
Garaioa/Garayoa
Abaurrea Baja
Abaurrea Alta
Sierra de Abodi
Ochagavía
Izalzu
Escároz
Jaurrieta
Oronz
Esparza
Sarriés
Güesa
Igal
Vidángoz
Gallués
Uscarrés
Roncal
Garde
Urzainqui
Isaba
Uztárroz
Alto Laza
Larrondo
Belagua
Sierra de Arrigorrieta
Peña Escaurre
Alano
Zuriza
Col de la Pierre-St-Martin
Navarra

A
B
C
272
295
1
2
3
4
Mauléon-Licharre
Oloron-Ste Marie
Tardets-Sorholus
Aramits
Arette
Lanne-en-Barétous
Lasseube
Arudy
Laruns
Eaux-Bonnes
Bedous
Accous
Lescun
Urdos
Etsaut
Cette-Eygun
Sarrance
Escot
Lurbe-St Christau
Arette-Pierre-St Martin
Ste Engrâce
Gurs
Navarrenx
Jurançon
Gan
Buzy
Bielle
Gabas
Candanchú
Col du Somport
Tunnel du Somport
Col du Pourtalet
Pic du Midi d'Ossau
Pic d'Anie
PARC NATIONAL DES PYRÉNÉES
VALLÉE D'ASPE
VALLÉE D'OSSAU
Reserva nacional
Col de Marie-Blanque
Pic de Sesques
Pic de la Sagette
Lac de Bious-Artigues
Plateau du Bénou
Gave d'Oloron
Gave d'Ossau
Gave d'Aspe
N 134 - E 7

PAU
D
E
F
273
TARBES
LOURDES
Argelès-Gazost
Cauterets
Luz-St Sauveur
Bagnères de-Bigorre
Pierrefitte-Nestalas
Nay
Pontacq
Ossun
Lestelle-Bétharram
Col d'Aubisque
Col du Soulor
Col du Tourmalet
Pic du Midi de Bigorre
Pic du Midi d'Arrens
Pont d'Espagne
Lac de Gaube
Barèges
Gourette
Balaïtous
Pic de Pibeste
Plateau de Ger
Forêt de Mourle
Forêt de S. Pé-de-Bigorre
Grottes de Bétharram
Grotte de Médous
PARC NATIONAL DES PYRÉNÉES
MASSIF DE NÉOUVIELLE
Vignemale
Gavarnie
Lac Bleu
Aucun
Arrens
Estaing
Gazost
Lac d'Artouste
Pic d'Ardiden
298
306
1
2
3
4

A
B
C
274
297
306
307
Tarbes
Séméac
Aureilhan
Pouyastruc
Tournay
Capvern
Lannemezan
Galan
Castelnau-Magnoac
Bagnères-de-Bigorre
La Barthe-de-Neste
St Laurent-de-Neste
St Bertrand-de-Comminges
Campan
Grotte de Médous
Pic du Midi de Bigorre
Col du Tourmalet
la Mongie
Col d'Aspin
Arreau
Vielle-Aure
St Lary-Soulan
Bordères-Louron
Mauléon-Barousse
Massif de Néouvielle
Pic de Néouvielle
Parc National des Pyrénées
Lac Bleu
Mont Né
Vallée d'Aure
Vallée de Lesponne
Forêt des Baronnies
Sarrancolin
Lannemezan
A 64-E 80

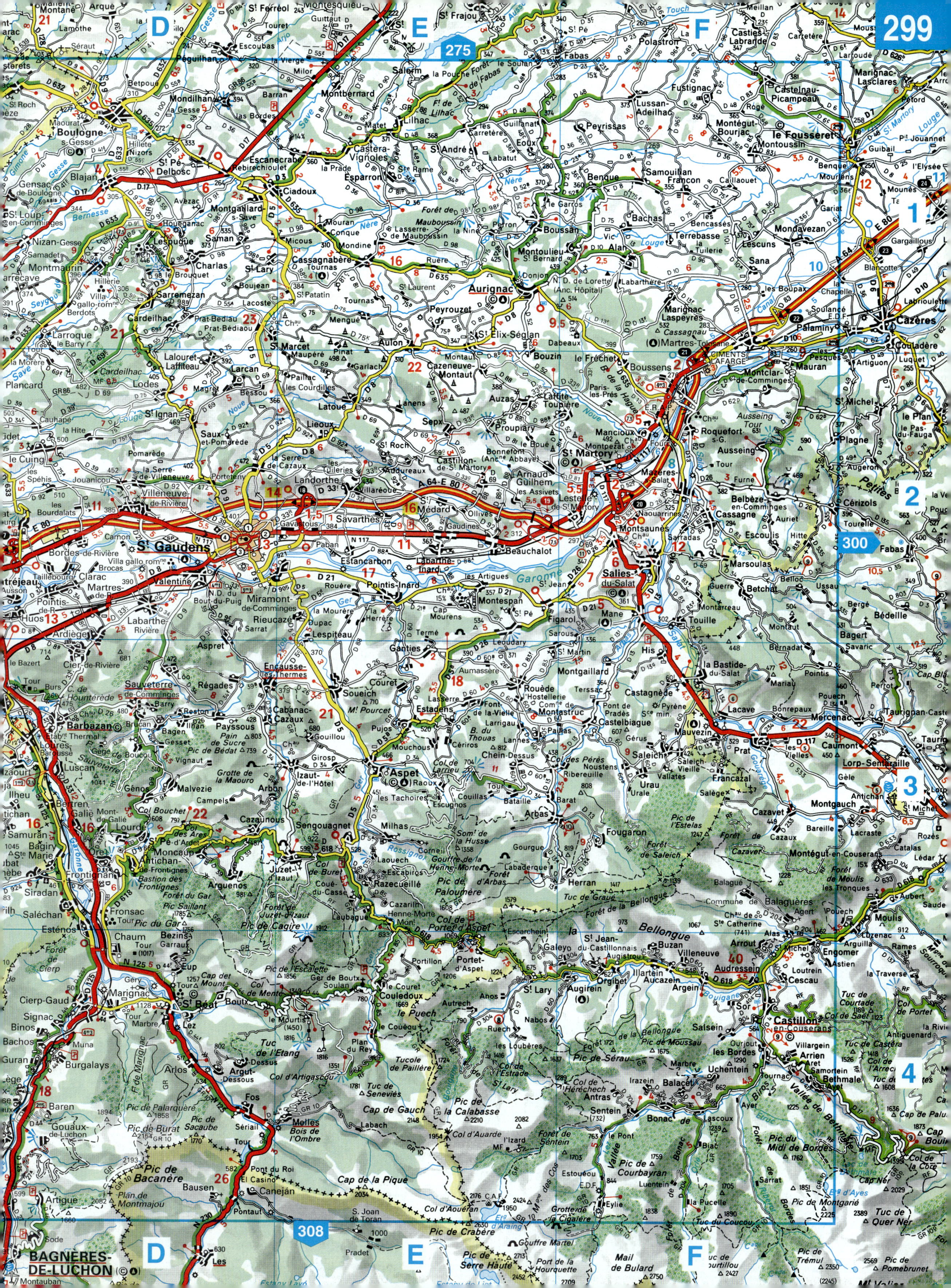
D
E
F
1
2
3
4
275
300
308
Boulogne-s-Gesse
Aurignac
Cazères
le Fousseret
Montréjeau
St Gaudens
St Martory
Salies-du-Salat
Aspet
Barbazan
St Béat
Castillon-en-Couserans
Cassagne
Mane
Montespan
Encausse-les-Thermes
Valentine
Miramont-de-Comminges
Landorthe
Savarthès
Beauchalot
Mauvezin
Castelbiague
Arbas
Fougaron
Portet-d'Aspet
Col de Portet-d'Aspet
Bellongue
Sentein
Bonac
Pic de Crabère
Pic de Serre Haute
Pic de Bacanère
BAGNÈRES-DE-LUCHON
Marignac
Fos
Melles
Cap de la Pique
Canejan
Cierp-Gaud
Pic de Cagire
Col de Menté
Col des Ares
Garonne
Salat
Lez
A 64 - E 80

A
B
C
276
299
308
309
Carbonne
Rieux
Cazères
Montesquieu-Volvestre
St Girons
St Lizier
Castillon-en-Couserans
Massat
Oust
le Mas-d'Azil
la Bastide-de-Sérou
le Fossat
St Ybars
Lézat-s-Lèze
le Fousseret
Salies-du-Salat
Daumazan-s-Arize
Ste Croix-Volvestre
Pailhès
Carla-Bayle
Artigat
Sabarat
Montjoie
Castelnau
Rimont
Lescure
Durban
Seix
Sentenac-de-Sérou
Biert
Aulus
Ercé
Prat
Mercenac
Montégut-Plantaurel
Camarade
Gabre
Clermont
Fabas
Cérizols
Montbrun-Bocage
Castagnac
Canens
Mailholas
Montgazin
Capens
Marquefave
Peyssies
Gratens
Lavelanet-de-Comminges
St Julien
Gensac-s-G.
Goutevernisse
Gouzens
Thouars-s-Arize
Fornex
Méras
Castex
Latour
Bax
Sieuras
Villeneuve-du-Latou
Massabrac
Ste Suzanne
Durfort
Lescousse
Esplas
St Martin-d'Oydes
Campagne-s-Arize
Lanoux
Madière
Monesple
Montfa
Tourtouse
Mérigon
Lasserre
Barjac
Contrazy
Bagert
Bédeille
Taurignan-Castet
Taurignan-Vieux
Gajan
Lorp-Sentaraille
Caumont
Cazavet
Montgauch
Moulis
Engomer
Arrout
Bethmale
Alos
Lacourt
Soulan
Massat
Boussenac
Le Port
Col de Port
Col de Péguère
Col de la Crouzette
Col de Rille
Pic des 3 Seigneurs
Pic de Fonta
Pic de Montbéas
Vallée de Bethmale
Vallée de Biros
MONTAGNES
MASSIF DE L'ARIZE
Forêt de l'Arize
Grotte du Mas-d'Azil
Arize
Garonne
Salat
Volp
Lèze
Arac
Baup
Cap d'Argain
Pic de Piéoulou
Col de Catchaudégue
Cap de Bouirex
Pic de Montgarié
Tuc de Quer Ner
Pic de Trémul
Pic de Pomebrunet
Cap Ner

D
E
F
277
302
310
1
2
3
4
Castelnaudary
Cintegabelle
Saverdun
Mazères
Belpech
Fanjeaux
Pamiers
Varilhes
Mirepoix
Chalabre
Foix
Lavelanet
Montségur
Tarascon-s-Ariège
Villefranche-de-Lauragais
Salles-s-l'Hers
Montgaillard
Laroque-d'Olmes
Bélesta
Puivert
Belvis
Belfort
Parc pyrénéen Art préhistorique
Grotte de Niaux
Pic de St Barthélemy
Forêt de l'Ouhe
Plateau de Sault

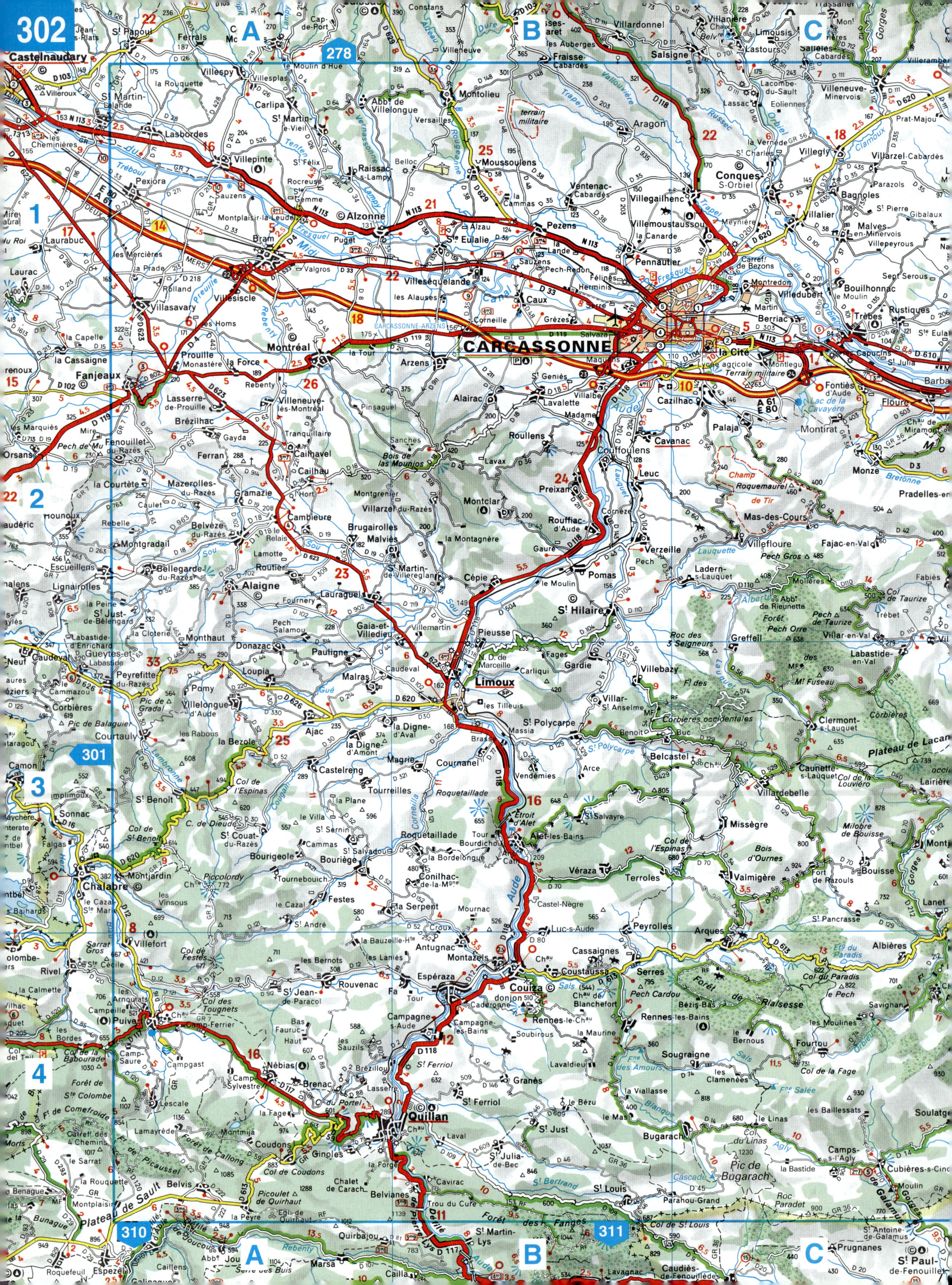
278
301
310
311
A
B
C
1
2
3
4
Castelnaudary
Carcassonne
Limoux
Quillan
Couiza
Chalabre
Puivert
Fanjeaux
Montréal
Bram
Alzonne
Villepinte
Pezens
Conques s-Orbiel
Trèbes
Villasavary
Alaigne
Espéraza
Alet-les-Bains
St Hilaire
Arques
Rennes-les-Bains
Bugarach
Pic de Bugarach
Plateau de Sault
Forêt des Fanges
Plateau de Lacamp
Corbières occidentales
Cité
Moussoulens
Montolieu
Aragon
Salsigne
Villalier
Villefloure
Pomas
Cépie
Pieusse
Malras
Donazac
Routier
Lauraguel
Villardebelle
Missègre
Valmigère
Terroles
Véraza
Peyrolles
Serres
Cassaignes
Coustaussa
Sougraigne
Belcastel
Cavanac
Leuc
Couffoulens
Preixan
Rouffiac-d'Aude
Verzeille
Mas-des-Cours
Palaja
Fontiès-d'Aude
Monze
Pradelles-en-Val
Greffeil
Labastide-en-Val
Clermont-s-Lauquet
Caunette-s-Lauquet
Albières
Granès
St Ferriol
St Just
St Louis
Belvianes
Nébias
Brenac
Campagne-s-Aude
Rouvenac
Festes
Antugnac
Montazels
Magrie
Cournanel
Roquetaillade
Conilhac-de-la-Mgne
Tourreilles
Castelreng
Ajac
la Bezole
Peyrefitte-du-Razès
Courtauly
Corbières
Sonnac
Rivel
St Benoît
Montjardin
Villefort
Brézilhac
Ferran
Cailhau
Cailhavel
Gramazie
Cambieure
Brugairolles
Malviès
Montgradail
Belvèze-du-Razès
Escueillens
Lignairolles
Mazerolles-du-Razès
Fenouillet-du-Razès
Lasserre-de-Prouille
Prouille
la Force
Villesèquelande
Caux
Arzens
Alairac
Lavalette
Roullens
Montclar
Villeneuve-lès-Montréal
Villesiscle
Lauraguel
Gaja-et-Villedieu
Pauligne
Loupia
Pomy
St Polycarpe
Villebazy
Villar-St Anselme
Gardie
Cailhau
Villegailhenc
Villemoustaussou
Pennautier
Ventenac-Cabardès
Villegly
Bagnoles
Malves-en-Minervois
Bouilhonnac
Berriac
Montredon
Villedubert
Rustiques
Villeneuve-Minervois
Villarzel-Cabardès
Lastours
Limousis
Sallèles-Cabardès
Fraisse-Cabardès
Villardonnel
Saissac
Raissac-s-Lampy
Pexiora
Lasbordes
St Martin-Lalande
Carlipa
Villespy
Lauragais
Laurac
Villasavary
Orsans

D
E
F
279
304
312
313
1
2
3
4
Narbonne
Capendu
Lézignan-Corbières
Olonzac
Homps
Ginestas
Argeliers
Mirepeisset
Sallèles-d'Aude
Cuxac-d'Aude
Ouveillan
Amphoralis
Peyriac-Minervois
Rieux-Minervois
Trausse
Azille
La Redorte
Puichéric
Marseillette
Blomac
Douzens
Moux
Comigne
Fontcouverte
Ferrals-les-Corbières
Boutenac
Fabrezan
Camplong-d'Aude
Montlaur
Lagrasse
Ribaute
Tournissan
St Laurent-de-la-Cabrerisse
Thézan-des-Corbières
Villerouge-la-Crémade
Montséret
Ornaisons
Luc-s-Orbieu
Bizanet
Fontfroide
Abb. de Fontfroide
Bages
Peyriac-de-Mer
Portel-des-Corbières
Sigean
Port-la-Nouvelle
Lapalme
Caves
Treilles
Fitou
Salses-le-Château
Fort de Salses
Port-Barcarès
Leucate
Étang de Bages et de Sigean
Réserve africaine
Fontjoncouse
Coustouge
Jonquières
Talairan
Albas
Durban-Corbières
Villeneuve-les-Corbières
Cascastel-des-Corbières
Quintillan
Palairac
Tuchan
Paziols
Padern
Cucugnan
Duilhac-s-Peyrepertuse
Ch. de Peyrepertuse
Ch. de Quéribus
Grau de Maury
Maisons
Dernacueillette
Massac
Montgaillard
Mouthoumet
Laroque-de-Fa
Davejean
Félines-Termenès
Termes
Villerouge-Termenès
Col de Villerouge
Vignevieille
Rouffiac-des-Corbières
Embres-et-Castelmaure
St Jean-de-Barrou
Fraissé-des-Corbières
Feuilla
Roquefort-des-Corbières
Opoul-Périllos
Vingrau
Tautavel
A 61-E 80
A 9-E 15
N 113
N 9
Canal du Midi
Aude
Orbieu
LA LANGUEDOCIENNE
LA CATALANE

A
B
C
279
303
312
313
1
2
3
4
Narbonne
Lézignan-Corbières
Coursan
Capestang
Oppidum d'Ensérune
Olonzac
Ginestas
Sallèles-d'Aude
Cuxac-d'Aude
Gruissan
Sigean
Port-la-Nouvelle
Leucate
Cap Leucate
Port-Leucate
Fort de Salses
Salses-le-Chateau
Port-Barcarès
Tuchan
Durban-Corbières
Lagrasse
Fontfroide
Fontjoncouse
Ornaisons
Bizanet
Peyriac-de-Mer
Bages
Réserve africaine
Fitou
Treilles
Caves
Lapalme
Roquefort-des-Corbières
Portel-des-Corbières
Villeneuve-les-Corbières
Cascastel-des-Corbières
Albas
Talairan
Tournissan
Fabrezan
Ferrals-les-Corbières
Boutenac
Moux
Homps
Azille
Siran
Mailhac
Bize-Minervois
Argeliers
Ouveillan
Vinassan
Armissan
Fleury
Étang de Bages et de Sigean
Étang de Leucate ou de Salses
Étang de l'Ayrolle
Massif de Fontfroide
Montagne de la Clape
Canal du Midi
Aude
A 61-E 80
A 9-E 15
N 9
N 113
D 611
LA LANGUEDOCIENNE
LA CATALANE
AUTOROUTE DES DEUX MERS
Tautavel
Vingrau
Opoul-Périllos
Padern
Paziols
Quintillan
Palairac
Maisons
Villerouge-Termenès
Montséret
Thézan-des-Corbières
Saint-Laurent-de-la-Cabrerisse
Camplong-d'Aude
Ribaute
Conilhac-Corbières
Escales
Castelnau-d'Aude
Argens-Minervois
Roubia
Paraza
Canet
Raissac
Villedaigne
Névian
Marcorignan
Moussan
Montredon-des-Corbières
Ile Sainte-Lucie
Grau de la Vieille Nouvelle
Grau de Leucate
La Franqui
Leucate-Plage
Aquamagic

D
E
F
1
2
3
4
280
281
la Grassette
Cers
Vias
la Gardie
Agde
Etang de Bagnas
Réserve naturelle
Marseillan-Plage
Gourgasse
Ecluses de Fonséranes
St Martin-le-Gd
Colombiers
Poussan-le-Haut
Sahuc
Bayssan
Villeneuve-lès-Béziers
Sauvian
l'Espagnac
Sérignan
Portiragnes
Réserve naturel de Roque Haute
Port-Cassafières
Vias-Plage
la Tamarissière
Grau-d'Agde
Rochelongue
la Guirandette
Aqualand
N.D. du Grau
Mt St-Loup
Maraval
Port Ambonne
le Môle
le Cap d'Agde
Cap d'Agde
Rf de la Lauze
Fort Brescou
Portiragnes-Plage
Sérignan-Plage
Orb
Vendres
Puech-Blanc
Lespignan
Clotinières
la Vistoule
l'Etang de Vendres
Valras-Plage
la Batisse
la Yole
la Pagèze
Puech de Labade
les Cabanes-de Fleury
Grau de Vendres
Moyau
l'Oustalet
Etang de Pissevaches
Gouffre de l'Œil Doux
St Pierre-s-Mer
Port de Brossolette
Narbonne-Plage
les Ayguades
Aude
N 112
D 64
D 19
D 37
A 9-E 15
E 80
D 912
D 332

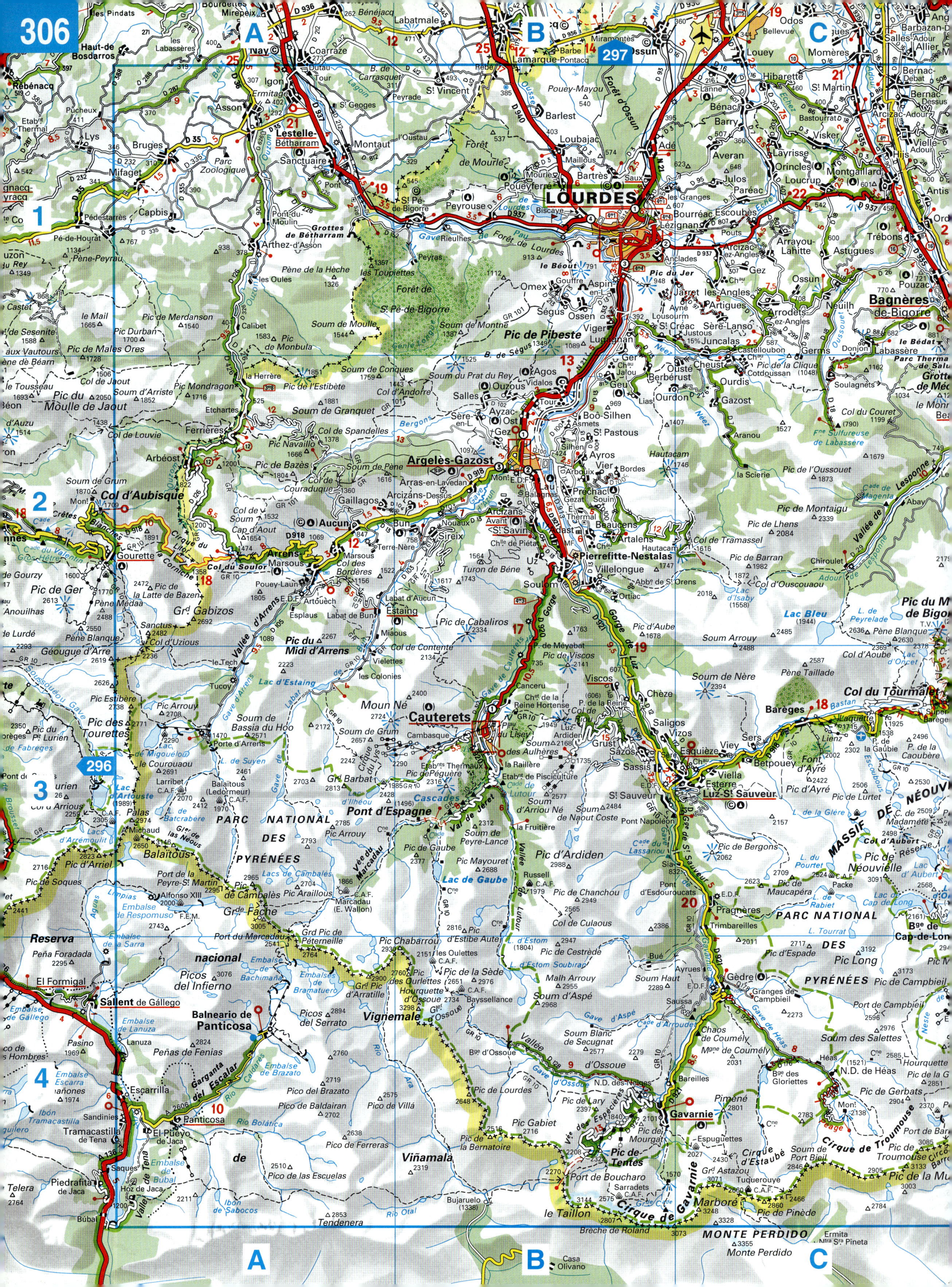

297
296
A
B
C
1
2
3
4
LOURDES
Bagnères de-Bigorre
Argelès-Gazost
Cauterets
Luz-St Sauveur
Gavarnie
Pierrefitte-Nestalas
Lestelle-Bétharram
Nay
Ossun
Col d'Aubisque
Gourette
Arrens
Col du Soulor
Aucun
Pic du Midi d'Arrens
Pic de Pibeste
Col du Tourmalet
Barèges
PARC NATIONAL DES PYRÉNÉES
MASSIF DE NÉOUVIELLE
Pont d'Espagne
Lac de Gaube
Vignemale
Balaïtous
Cirque de Gavarnie
Cirque de Troumouse
Cirque d'Estaubé
Marboré
MONTE PERDIDO
Sallent de Gállego
Balneario de Panticosa
Panticosa
Reserva nacional de Viñamala
El Formigal
Tramacastilla de Tena
Vignemale
Pic d'Ardiden
Forêt de Mourle
Forêt de S. Pé-de-Bigorre
Grottes de Bétharram
Sanctuaire
Gèdre
Héas
Bigorre

298
Lannemezan
Capvern-les-Bains
Tournay
Montréjeau
St Laurent-de-Neste
la Barthe-de-Neste
St Bertrand-de-Commminges
Valcabrère
Barbazan
299
Campan
Col d'Aspin
Arreau
la Mongie
Bordères-Louron
Mauléon-Barousse
Sarrancolin
Vielle-Aure
St Lary-Soulan
Aragnouet
Loudenvielle
Col de Peyresourde
BAGNÈRES-DE-LUCHON
Superbagnères
Marignac
Cierp-Gaud
Bossòst
Pic Schrader
Pic des Crabioules
Pic Perdiguère
Lac d'Oô
Hospital de Parzan
308
D
E
F
1
2
3
4

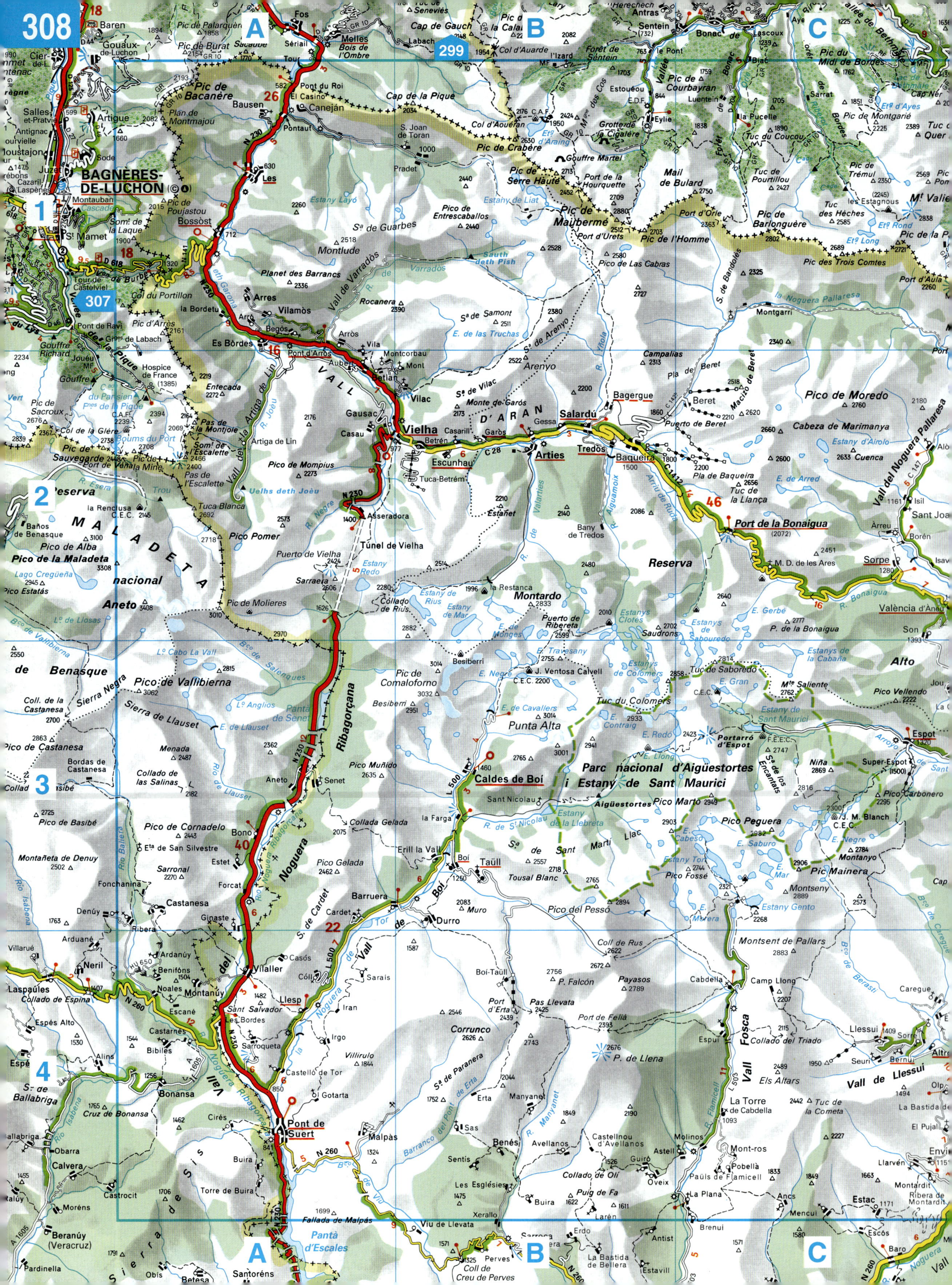
A
B
C
299
BAGNÈRES-DE-LUCHON
Bossòst
Les
Canejan
Pont du Roi
Fos
Melles
Bausen
Pic de Bacanère
Cap de la Pique
Pic de Crabère
Pic de Serre Haute
Pic de Maubermé
Pic de l'Homme
Pic du Midi de Bordes
Mt Valier
Pic de Barlonguère
Pic des Trois Comtes
Montgarri
Col du Portillon
307
Pic d'Arres
Es Bòrdes
Vilamòs
Arres
Arròs
Pont d'Arròs
Vila
Montcorbau
Betlan
Vilac
VALL D'ARAN
Gausac
Casau
Vielha
Betrén
Escunhau
Garòs
Casarill
Arties
Gessa
Salardú
Tredòs
Baqueira
Bagergue
Beret
Pico de Moredo
Cabeza de Marimanya
Port de la Bonaigua
Reserva
Hospice de France
Pic de Sauvegarde
Port de Vénasque
Entecada
Pico de Mompius
Túnel de Vielha
Pico Pomer
Montardo
Puerto de Ribereta
MALADETA
Pico de Alba
Pico de la Maladeta
Aneto
Pic de Molières
Baños de Benasque
Pico de Vallibierna
de Benasque
Sierra Negra
Sierra de Llauset
Ribagorçana
Senet
Aneto
Pic de Comaloforno
Besiberri
Punta Alta
Tuc de Saboredo
Mte Saliente
Espot
Super-Espot
Parc nacional d'Aigüestortes i Estany de Sant Maurici
Aigüestortes
Pico Martó
Pico Peguera
Pic Mainera
Montseny
Caldes de Boí
Sant Nicolau
Erill la Vall
Boí
Taüll
Tousal Blanc
Pico del Pessó
Barruera
Durro
Cardet
Noguera
Pico de Cornadelo
Castanesa
Pico de Castanesa
Collado de las Salinas
Pico de Basibé
Montañeta de Denuy
Vilaller
Llesp
Sant Salvador
Les Bordes
Sarroqueta
Castelló de Tor
Gotarta
Pont de Suert
Malpàs
Corrunco
Sª de Paranera
Pas Llevata
Payasos
P. Falcón
P. de Llena
Montsent de Pallars
Cabdella
Camp Llong
Espui
Vall Fosca
Els Altars
Vall de Llessui
La Torre de Cabdella
Molinos
Astell
Mont-ros
Pobellà
Paüls de Flamicell
La Plana
Oveix
Castellnou d'Avellanos
Avellanos
Benés
Sentis
Les Esglésies
Buira
Xerallo
Viu de Llevata
Sarroca
Perves
Coll de Creu de Perves
Fallada de Malpàs
Pantà d'Escales
Santoréns
Torre de Buira
Cirés
Bonansa
Cruz de Bonansa
Obarra
Calvera
Castrocit
Beranúy (Veracruz)
Pardinella
Laspaúles
Neril
Montanuy
Benifóns
Ardanúy
Ribera
Ginaste
Sierra de Sis
Vall del Noguera Pallaresa
València d'Àneu
Sorpe
Isil
Estac
Ancs
Mencui
Brenui
Antist
Estavill
Erdo
La Bastida de Bellera
Baro
Escós
Llessui
Seurí
Bernui

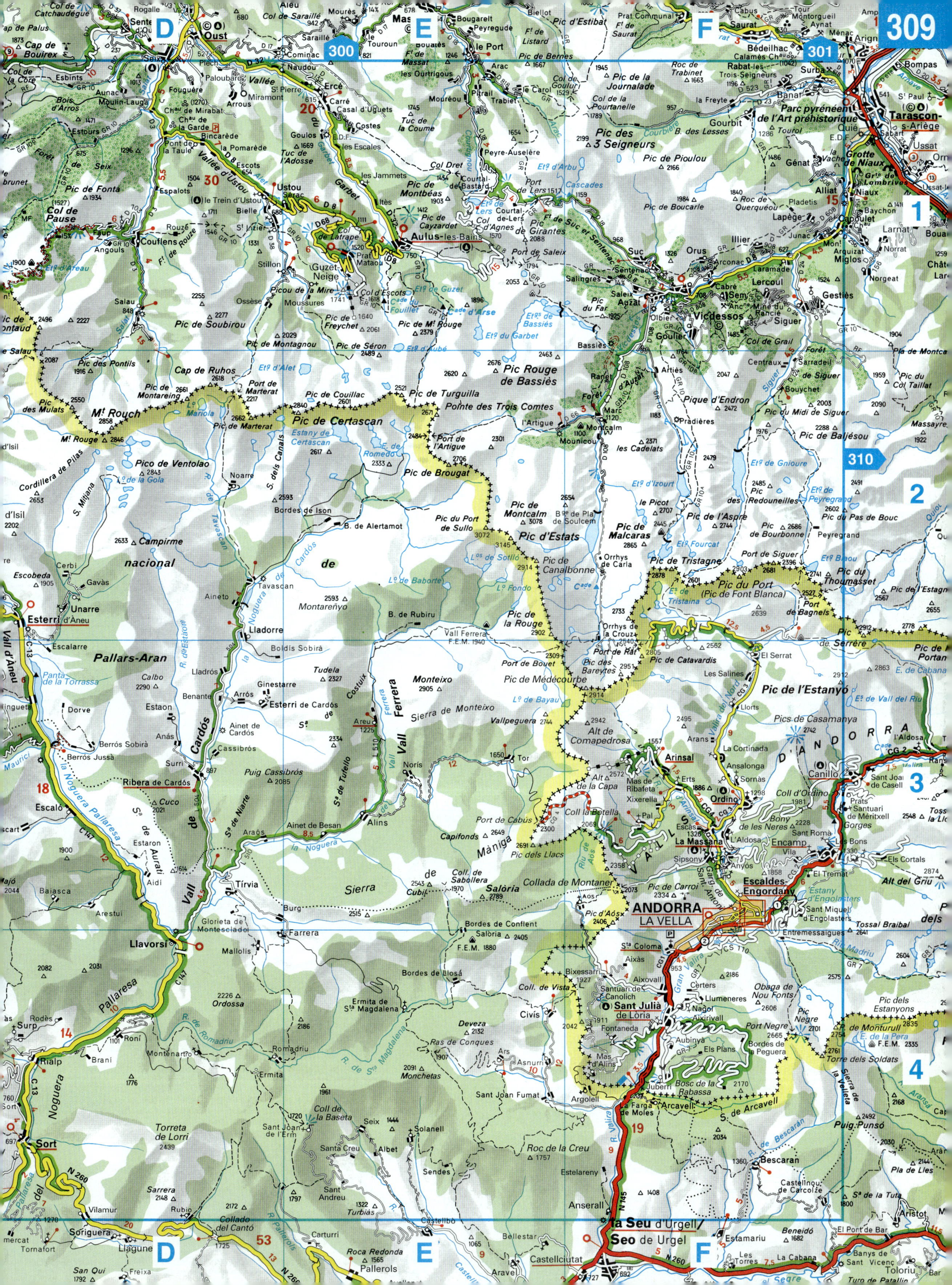

D
E
F
300
301
310
1
2
3
4
Oust
Massat
Seix
Aulus-les-Bains
Pic des 3 Seigneurs
Tarascon-s-Ariège
Parc pyrénéen de l'Art préhistorique
Grotte de Niaux
Vicdessos
Auzat
Pic Rouge de Bassiès
Pic de Certascan
Pic d'Estats
Pic de Montcalm
Pointe des Trois Comtes
Pic de Brougat
Pic de Médécourbe
Sierra de Monteixo
Pic du Port (Pic de Font Blanca)
Pic de Tristagne
Pic de l'Estanyó
Pic de Serrère
Pic de Coma Pedrosa
Arinsal
Ordino
Canillo
La Massana
Encamp
Escaldes-Engordany
ANDORRA LA VELLA
D'ANDORRA
Sant Julià de Lòria
Pic de Carroi
Pic Negre
Torre dels Soldats
Puig Punsó
Bescaran
La Seu d'Urgell/ Seo de Urgel
Castellciutat
Vall Ferrera
Vall de Cardós
Tírvia
Llavorsí
Ribera de Cardós
Esterri de Cardós
Tavascan
Pallars-Aran
Esterri d'Àneu
Vall d'Àneu
Rialp
Sort
Noguera Pallaresa
Campirme nacional de
Sierra de Sabolera
Collada de Montaner
Pic de Salòria
Mont Rouch
Cap de Ruhos
Pic de Soubirou
Vallée d'Ustou
Vallée du Garbet
Col de Pause
Couflens
Salau
Guzet-Neige
Étang d'Arbu
Port de Saleix
Suc
Lercoul
Siguer
Gestiès
Pic de Baljésou
Pic du Midi de Siguer
Col de Grail
Ussat
Ornolac
Alliat
Niaux
Capoulet
Miglos

A
B
C
1
2
3
4
301
309
Parc pyrénéen de l'Art préhistorique
Tarascon-s-Ariège
Grotte de Niaux
Ussat
Ornolac
Les Cabannes
Verdun
Château-Verdun
Aulos
Sinsat
Bouan
Larnat
Vicdessos
Pic de St Barthélemy
Montagne de Tabe
Col de la Peyre
Carr. de Talc de Trimouns
Pic de Soularac
Montagne de la Frau
Forêt d'Embeyre
Gorges de la Frau
Pas de l'Ours
Comus
Forêt de la Plaine
Belcaire
Plateau de Sault
Belfort
Espezel
Roquefeuil
Camurac
Prades
Montaillou
Col des Frères
Luzenac
Lassur
Garanou
Unac
Vernaux
Caussou
Perles
Tignac
Vaychis
Ax-les-Thermes
Ascou
Sorgeat
Col de Marmare
Col de Chioula
Col du Pradel
Pic de Serembarre
Mijanès
Orgeix
Orlu
Vallée d'Orlu
Forge d'Orlu
Pic de Tarbezou
Savignac-les-Ormeaux
Pic de Bonascre
Mérens-les-Vals
Pic de Ruille
Pic de Lauzate
Pic du Thoumasset
Pic de l'Estagnole
Pic de la Portaneille
Port de Fontargente
Pic de Serrère
Pic de l'Estanyo
ANDORRA
Canillo
Soldeu
El Tarter
Pas de la Casa
Port d'Envalira
Grau Roig
Encamp
Escaldes-Engordany
Pic dels Pessons
Tossal Braibal
Pic de la Cabanette
Pic de la Cabaneta
L'Hospitalet
Pic Pédrous
Tunnel de Puymorens
Col de Puymorens
Porté-Puymorens
Pics Orientaux de Font Nègre
Pic Carlit
Pic Occ.tal de Col Rouge
Lac des Bouillouses
Pic Peric
Font-Romeu
Targasonne
Odeillo
Estavar
Llívia
Saillagouse
Puigpedrós
Reserva
nacional
de
Cerdanya
Meranges
Guils de Cerdanya
Puigcerdà
Bourg-Madame
Latour-de-Carol
Enveitg
Ur
Dorres
Angoustrine
Osséja
Palau-de-Cerdagne
Ger
Bolvir
Saga
Alp
Das
Urús
Bellver de Cerdanya
Prullans
Martinet
Lles
Aristot
Músser
Arsèguet
Baltarga
Prats de Cerdanya
Isòvol
Queixans
Puig Punsó
Valcebollère
la Molina
Masella
Super Molina

D
E
F
1
2
3
4
302
303
312
Peyrepertuse
Axat
Gorges de St Georges
Quillan
Forêt des Fanges
St Paul-de-Fenouillet
Maury
Caudiès-de-Fenouillèdes
Puilaurens
Gincla
Sournia
Prades
Vinça
Molitg-les-Bains
Villefranche-de-Conflent
Olette
Vernet-les-Bains
Abbaye de St Martin
Abbaye St Michel de Cuxa
Pic du Canigou
Massif du Canigou
Mont-Louis
Fontpédrouse
Col de Mantet
Mantet
Prats-de-Mollo
la Preste
Pic de Costabonne
Roc Colom
Setcases
Puigmal
Núria
Reserva nacional
Col d'Ares
Molló
Lamanère
Serralongue
Le Tech
Pic du Géant
Formiguères
Matemale
les Angles
Puyvalador
Quérigut
Escouloubre
Madres
Réal
Sansa
Railleu
Ayguatebia
Conat
Nohèdes
Mosset
Campôme
Urbanya
Catllar
Codalet
Taurinya
Fillols
Corneilla-de-Conflent
Sahorre
Escaro
Nyer
Thuès-entre-Valls
Planès
Prats-Balaguer
Eyne
Llo
Prieuré de Serrabone
Baillestavy
Valmanya
Marquixanes
Finestret
Rodès
Bouleternère

302
303
311
A
B
C
1
2
3
4
Peyrepertuse
Cucugnan
Queribus
Grau de Maury
St Paul-de-Fenouillet
Maury
Lesquerde
Caudiès-de-Fenouillèdes
Fenouillet
Sournia
Latour-de-France
Estagel
Tautavel
Cases-de-Pène
Espira-de-l'Agly
Peyrestortes
St Estève
Baho
Força Réal
Montner
Calce
Baixas
Bélesta
Caramany
Trevillach
Campoussy
Tarerach
Montalba-le-Château
Néfiach
Millas
Corneilla-la-Rivière
Pézilla-la-Rivière
Villeneuve-la-Rivière
St Féliu-d'Amont
St Féliu-d'Avall
Le Soler
Toulouges
Ille-s-Têt
Rodès
Bouleternère
Corbère
Corbère-les-Cabanes
Thuir
Castelnou
Camélas
Ponteilla
Trouillas
Terrats
Llupia
Vinça
Marquixanes
Eus
Molitg-les-Bains
Catllar
Prades
Codalet
Abb. St Michel-de-Cuxa
Taurinya
Vernet-les-Bains
Villefranche-de-Conflent
Corneilla-de-Conflent
Prieuré de Serrabone
Boule-d'Amont
Glorianes
Baillestavy
Prunet-et-Belpuig
La Bastide
Valmanya
Pic du Canigou
Massif du Canigou
Casteil
Abb. de St Martin
Fourques
Passa
Tordères
Llauro
Calmeilles
Oms
Taillet
Montauriol
St Marsal
Taulis
Vivès
Céret
Maureillas-las-Illas
Le Boulou
Le Perthus
Les Cluses
Reynès
Amélie-les-Bains-Palalda
Montbolo
Arles-s-Tech
Corsavy
Montferrer
Le Tech
Prats-de-Mollo
La Preste
Serralongue
Coustouges
St Laurent-de-Cerdans
Lamanère
Roc de France
Roc de Frausa
Pic de Costabonne
Maçanet de Cabrenys
Darnius
Agullana
La Vajol
Molló
Col d'Ares
Espinavell
Serra de Buxeda
Pantà de Boadella
Muga
Tech
Têt
Agly

D
E
F
304
305
1
2
3
4
Port-Leucate
Aquamagic
Leucate ou Salses
Fort de Salses
Salses-le-Château
Paquebot Lydia (ensablé)
Île de la Coudalère
Port-Barcarès
Centre nautique
Camp militaire
Port St Ange
le Barcarès
Terrain militaire
Cave-des-Corbières
St Hippolyte
Rivesaltes
Claira
N. D. du Salut
St Laurent-de-la-Salanque
Torreilles-Plage
Agly
Torreilles
Pia
Villelongue-de-la-Salanque
Ste Marie
Ste Marie-Plage
Bompas
le Vernet
Têt
Canet-en-Roussillon
Canet-Plage
PERPIGNAN
Cabestany
l'Esparrou
St Nazaire
Étang de Canet et de St Nazaire
Mas du Moulin
Moulin à Vent
Musée
Saleilles
Théza
Alénya
Mas d'Uston
St Cyprien-Plage
Pollestres
Villeneuve-de-la-Raho
Corneilla-del-Vercol
Montescot
St Cyprien
les Capellans
Bages
Latour-Bas-Elne
Elne
Aqualand
Réserve naturelle du Mas Larrieu
St Jean-Lasseille
Mas Aragon
Ortaffa
Tech
Taxo d'Avall
Banyuls-dels-Aspres
Brouilla
Palau-del-Vidre
Taxo-d'Amont
Argelès-sur-Mer
Argelès-Plage
Port-Argelès
Villeclare
St Génis-des-Fontaines
St André
Racou-Plage
Fort Miradou
Collioure
Port-Vendres
Cap Béar
CÔTE VERMEILLE
Villelongue-dels-Monts
Sorède
Valmy
St Laurent
N. D. de Consolation
Ermitage
Laroque-des-Albères
Montesquieu-des-Albères
la Pave
Pic Martineau
Lavall
le Rimbau
C. de Mollo
Cosprons
Cap Oullestreil
Paulilles
Abb.e de Valbonne
Tour Madeloc
Tour de la Massane
Banyuls-s-Mer
Cap l'Abeille
Cap Rederis
Roc del Grévol
Roc du Midi
St Christophe
l'Albère
Col de l'Ouillat
Pic Neulos
Pic des Pradets
Pic des 3 Termes
St Martin-d'Albère
Col de l'Orry
Pic des 4 Termes
Coll. del Pal
Pic de Salfort
les Abeilles
Mas Parrer
Mas Reig
Mas Atxer
Mas Ailloll
Puig-del-Mas
Cap Peyrefite
Cap Canadell
Pic Jouan
Cerbère
Cap Cerbère
Col du Perthus
Coll del Portus
Puig d'el Pigné
Col de Banyuls
El Pils
Puig de la Calme
Col del Tourn
Requesens
Grusé
Sierra Canals
la Borbota
Ermita Sta Lucia
Pico Cunillers
Mas-Corbera
Gisbert
C. des Balitres
C. des Belitres
Puig de Tarbaous
Portbou
Pta Clapé
La Jonquera
Cantallops
Convento de St Quirze
Colera
Castellar
Serra de Balmeta
Cap Lladró
Molinas
Puig d'Esquers
Platja de Garbet
Cap Ras
Bell-Lloch
Vilartoli
Espolla
Pico Tifell
Rabós
Vilamaniscle
El Port de Llançà
Capmany
Sant Climent Sescebes
Delfià
Llançà
El Port de la Selva
la Valleta
Mollet
Masarac
Garrigue
la Vall de Santa Creu
Biure

A
B
C
1
2
3
4
CAP CORSE
I. de la Giraglia
Pnta di Agnello
Capo Grosso
Tollare
Barcaggio
Pnta di Corno di Becco
Mte Maggiore
Capo Bianco
Cima di a Campana
I. Finocchiarola (Réserve Naturelle)
Sta Maria
Poggio
Belvre du Moulin Mattei
Granaggiolo
Cannelle
Baie de Centuri
Centuri-Port
Centuri
Rogliano
Macinaggio
Bettolacce
Tomino
Annonciation (ancien couvent)
Morsiglia
Mte di Sottana
Mucchieta
Marine de Meria
Capo Corvoli
Pastina
Meria
Mte Fornello
Golfe d'Aliso
Pnta della Filetta Soprana
Mte Castello
Morteda
Ancien couvt St-François
Col de Ste Lucie
Pino
Tour de Sénèque
Luri
Campo
Sta Severa
Marine de Luri
Pnta Minervio
Mte Minervio
Piazza
Gastiglione
Minerbio
Barrettali
Mte Castello
Marine de Porticciolo
Cagnano
Mte Alticcione
Marine de Giottani
Conchiglio
Tour de Losse
Mte di a Croce
Pietracorbara
Marinca
Pinzuta
Punta di Canelle
Canari
Mte Cuccaro
Cortina
Orneto
Marine de Pietracorbara
Cima di e Folicce
Ogliastro
Sisco
Ste Catherine
Marine de Sisco
Marine de Canelle
Rocher d'Albo
Marine d'Albo
Olcani
Mte Corvo
Mte Merizatodio
Monte Stello
Pnta di Spano
Marine de St Ambroggio
Algajola
Pnta Vallitoni
Marine de Davia
Ile de la Pietra
Toulon
Marseille
Genova
Nice
Savona
L'Ile-Rousse
Lozari
Pnta d'Arco
Monticello
Corbara
Sta Reparata di-Balagna
Belgodère
Pigna
St Antonino
Lumio
Calvi
Golfe de Calvi
Pte de la Revellata
Golfe de la Revellata
Baie d'Algajo
Pnta Caldano
Capo d'Occi
Col de Salvi
Aregno
Cateri
Avapessa
Costa
Occhiatana
Ville-di-Paraso
Speloncato
Pioggiola
Feliceto
Nessa
Mte Tolo
Montegrosso
Zilia
Mausoléo
Grotte des Veaux Marins
Anse de Recisa
N.-D. de la Serra
Pnta Cataraghju
Pietra Major
CALVI-STE-CATHERINE
Camp Raffalli
Baie de Nichiareto
Pnta di Cantaleli
Capo a u Cavallo
Sémaphore
Moncale
Calenzana
Mte Grosso
S. Parteo
Cima Gazele
Bocca Serria
Capo Piano
Capo Rutalbo
Capo Mondolo
Capo di a Morsetta
Baie de Crovani
Argentella
Feravola
Mte Martino
Bocca Bassa
Pnta Ciuttone
Golfe de Galéria
Pnta Stollo
Pnta Rossa
Galéria
Capo Porcolicato
Capo Tondo
Pnta Validori
Golfe de Focolara
Punta Palazzo
Pnta Nera
Bocca di Fuata
Elbo
I. de Gargalo
Golfe de Solana
Scandola
Réserve Naturelle
Punta Rossa
Pnta Muchillina
Pnta Scandola
Girolata
Golfe de Girolata
Osani
Chaos de Bocca Rezza
Bonifato
Cirque de Bonifato
Forêt de Bonifato
Forêt de Calenzana
Mte Padro
Capo a Dente
Capo Ladroncello
Pnta Radiche
Forêt de Tartagine Melaja
Mte Corona
Asco
Spasimata
Capo Formicolaio
Capo Bianco
Capo a u Perdato
MTE CINTO
Haut-Asco
Forêt de Carrozzica
Pnta Minuta
Capo Stranciacone
Capo Razino
Capo Terri Corscia
Manso
Filosorma
Capo Bugello
Capo Rosso
Paglia Orba
Mte Albano
Grotte des Anges
Calasima
Albertacce
Casamaccioli
Forêt du Fangu
Capo Tafonato
Pnta Licciola
Pnta Scopiccia
Capo a u Cellu
a Tossella
Capo Manganello
Capo Ovaggia
Chiornia
Lucca
Pnta Scala
Crête de Chiumi
Santa Lucia
Prezzuna
Casa-Vecchia
Capo di Vegno
Pnta Bonasa
Capo Ghineparo
Bocca di Marsolinu
Capo Porcarello
Capo di Alovano
Pnta di Literniccia
Col de Palmarella
Capo di Curzo
Bocca di Melza
316
Capo di a Veta
Capo di u Tir

D
E
F
1
2
3
4
GOLFE DE ST FLORENT
DÉSERT DES AGRIATES
BASTIA
St Florent
Nonza
Brando
Erbalunga
Monte Stello
San Martino-di-Lota
Ville-di-Pietrabugno
Pietranera
Patrimonio
Barbaggio
Serra di Pigno
Col de Teghime
Furiani
Biguglia
Oletta
Bge de Padula
Olmeta-di-Tuda
Défilé de Lancone
Col de S. Stefano
Vallecalle
San Michele
Murato
Rapale
San-Gavino-di-Tenda
Mte Asto
Sorio
Pieve
Rutali
Borgo
Lucciana
Vignale
Scolca
Campitello
Volpajola
Bigorno
Lento
Canavaggia
Vescovato
Venzolasca
Sorbo-Ocagnano
Castellare-di-Casinca
Penta-di-Casinca
Porri
Silvareccio
Castello-di-Rostino
Valle-di-Rostino
Morosaglia
Ponte Leccia
Ponte Nuovo
Golo
Piedigriggio
Prato-di-Giovellina
Castiglione
Castirla
Soveria
Omessa
Tralonca
Corte
Sermano
Bustanico
Mte San Petrone
La Porta
Piedicroce
Stazzona
Carcheto
Valle-d'Orezza
Cervione
Valle-di-Campoloro
Prunete
San-Nicolao
Moriani-Plage
Poggio-Mezzana
Talasani
Taglio
Folelli
Cap Sud
la Canonica
Étang de Biguglia
Pineto
les Sables de Biguglia
Réserve Naturelle
BASTIA-PORETTA
Plage de la Marana
Plage de Pineto
Nice
Marseille
La Spezia
Genova
Livorno
Toulon
Piombino
Savona
Moltifao
Castifao
Novella
Urtaca
Lama
Pietralba
Mte Reghia di Pozzo
Cima di Pinzali
Col de S. Colombano
Piana
Chiatra
Pietra
Moïta
Aléria
Canale-di-Verde
Mte di Castelle
Ortale
San-Giuliano
Santa-Maria-Poggio
Carpineto
Piobetta
Tarrano
Pietricaggio
Perelli
Piazzali
Novale
Campana
Nocario
Verdèse
Piazzole
Parata
Croce
Polveroso
Ficaja
Scata
Pruno
Velone-Orneto
Poggio-Marinaccio
Casabianca
Casalta
Giocatojo
Ortiporio
Crocicchia
Bisinchi
Campile
Olmo
Monte
Loreto-di-Casinca
Prunelli-di-Casacconi
Barchetta
Casamozza
Arena
Querciolo
Anghione
San Pellegrino
Figareto
Taverna
Port de Campoloro
317

A
B
C
314
318
1
2
3
4
GOLFE DE PORTO
GOLFE DE SAGONE
GOLFE D'AJACCIO
Golfe de Girolata
Girolata
Osani
Capo Senino
Col de la Croix
Partinello
Serriera
Piana
Porto
Ota
Evisa
Marignana
Cristinacce
Col de Vergio
Vergio
Albertacce
Calacuccia
Casamaccioli
Calasima
Paglia Orba
Capo Tafonato
Forêt d'Aïtone
Gges de Spelunca
Col de Sevi
Capo Rosso
Cargèse
Plage de Chiuni
Plage de Pero
Plage de Ménasina
Plage de Stagnoli
Sagone
Vico
Balogna
Renno
Letia
Soccia
Orto
Poggiolo
Guagno
Murzo
Rosazia
Arbori
Coggia
Salice
Rezza
Azzana
Ambiegna
Arro
Casaglione
Sari-d'Orcino
Cannelle
Calcatoggio
Appietto
Afa
Alata
Tiuccia
Golfe de la Liscia
Valle-di-Mezzana
Sarrola-Carcopino
Tavaco
Ucciani
Carbuccia
Tavera
Bocognano
Peri
Cuttoli-Corticchiato
Tolla
Ocana
Eccica-Suarella
Cauro
Bastelicaccia
Villanova
Capo di Feno
Iles Sanguinaires
Pointe de la Parata
AJACCIO
Porticcio
Pietrosella
Grosseto-Prugna
Albitreccia
Cardo-Torgia
Zigliara
Guargualé
Pte de Sette Nave
Marseille
Nice
Toulon
Genova
Porto Torres

315
319
D
E
F
1
2
3
4
Corte
Venaco
Vezzani
Ghisoni
Vizzavona
Bocognano
Bastelica
Zicavo
Aléria
Ghisonaccia
Prunelli-di-Fiumorbo
Solenzara
Tallone
Pancheraccia
Giuncaggio
Antisanti
Casevecchie
Linguizzetta
Moïta
Matra
Campi
Tox
Bravone
Cateraggio
Fort de Matra
Thermes Romains
Étang de Diane
Étang d'Urbino
Réserve de Faune de Casabianda
Domaine de Casabianda
Centre pénitencier agricole
Ghisonaccia-Gare
Migliacciaro
Casamozza
Travo
Ventiseri
Lugo-di-Nazza
Poggio-di-Nazza
Isolaccio-di-Fiumorbo
San-Gavino-di-Fiumorbo
Solaro
Marine de Solaro
Marine de Scaffa Rossa
Sari-Solenzara
Cala d'Oro
Plage de Quercioni
Plage de Padulone
Marine de Bravone
Gorges du Tavignano
Gorges de la Restonica
Forêt de Vizzavona
Forêt de Marmano
Col de Vizzavona
Col de Sorba
Col de Verde
Défilé de l'Inzecca
Défilé des Strette
Mte Renoso
Mte Cardo
Mte d'Oro
Mte Incudine
PARC NATUREL RÉGIONAL
N 200
N 198
N 193

GOLFE D'AJACCIO
GOLFE DE VALINCO
Propriano
Sartène
Olmeto
Petreto-Bicchisano
Capo di Muro
Capo Nero
Punta di Senetosa
Cap de Zivia
Cap de Roccapina
Ilots des Moines
Belvédère-Campomoro
Mégalithes de Cauria
Castello de Cuntorba
Porto-Pollo
Serra-di-Ferro
Coti-Chiavari
Casalabriva
Viggianello
Grossa
Bilia
Giuncheto
Roccapina
Portigliolo
RÉSERVE
A
B
C
1
2
3
4

D
E
F
317
1
2
3
4
Col de Bavella
Quenza
Zonza
Aullène
Serra-di-Scopamène
Castellu de Cucuruzzu
Levie
Ste Lucie-de-Tallano
Carbini
l'Ospedale
Pnta di a Vacca Morta
Quercitella
Conca
Favone
Anse de Favone
Col de Guardia
Anse de Tarco
Anse de Fautea
Pinarellu
Golfe de Pinarellu
I. de Pinarellu
I. Roscana
Lecci
Castellu d'Araghju
Porto-Vecchio
GOLFE DE PORTO-VECCHIO
Pnte de la Chiappa
Marseille
Iles Cerbicale
I. Forana
I. Piana
I. Pietricaggiosa
Golfe de Sta Giulia
Sta Giulia
Porto Novo
Baie de Rondinara
Pnta di Rondinara
GOLFE DE STA MANZA
Pnte de Capicciola
I. Gavetti
Plage de Calalonga
I. Poraggia
Ile Cavallo
I. Ratino
I. Perduto
I. de San Baïnzo
Ile Lavezzi
ARCHIPEL DES LAVEZZI
Ecueil de Lavezzi
Sotta
Figari
Bge de Figari
Golfe de Ventilegne
Plage de Tonnara
I. de la Tonnara
Port de Stagnolo
Capo di Feno
Bonifacio
Capo Pertusato
Montagne de Cagna
Pnta d'Ovace
Pnta di Compolelli
BOUCHES DE BONIFACIO
BOUCHES NATURELLE DE
PARCO NAZIONALE
N 198
N 196
D 859

A

Aast 64 ... 297 E1
Abainville 55 ... 93 D1
Abancourt 59 ... 9 D4
Abancourt 60 ... 17 E4
Abaucourt 54 ... 68 B2
Abaucourt-lès-Souppleville 55 ... 40 B4
Abbans-Dessous 25 ... 160 A1
Abbans-Dessus 25 ... 160 A1
Abbaretz 44 ... 126 B1
Abbécourt 02 ... 36 A1
Abbecourt 60 ... 34 A3
Abbenans 25 ... 142 A1
Abbeville 80 ... 17 E1
Abbéville-la-Rivière 91 ... 86 C3
Abbéville-lès-Conflans 54 ... 41 D4
Abbeville-Saint-Lucien 60 ... 34 A1
Abbévillers 25 ... 142 C2
Abeilhan 34 ... 280 B3
Abelcourt 70 ... 118 C3
L'Aber-Wrac'h 29 ... 47 E1
Abère 64 ... 273 E4
L'Abergement-Clémenciat 01 ... 193 D1
L'Abergement-de-Cuisery 71 ... 175 E1
L'Abergement-de-Varey 01 ... 194 A2
Abergement-la-Ronce 39 ... 159 D1
Abergement-le-Grand 39 ... 159 F3
Abergement-le-Petit 39 ... 159 F3
Abergement-lès-Thésy 39 ... 160 A2
Abergement-Saint-Jean 39 ... 159 D3
L'Abergement-Sainte-Colombe 71 ... 158 B4
Abidos 64 ... 272 B3
Abilly 37 ... 150 A3
Abîme (Pont de l') 74 ... 195 E4
Abitain 64 ... 271 F3
Abjat-sur-Bandiat 24 ... 202 C2
Ablain-Saint-Nazaire 62 ... 8 A2
Ablaincourt-Pressoir 80 ... 19 E3
Ablainzevelle 62 ... 8 B4
Ablancourt 51 ... 65 D3
Ableiges 95 ... 60 B1
Les Ableuvenettes 88 ... 94 B4
Ablis 78 ... 86 A2
Ablon 14 ... 30 C2
Ablon-sur-Seine 94 ... 61 D4
Aboën 42 ... 209 E3
Aboncourt 54 ... 94 A3
Aboncourt 57 ... 42 A3
Aboncourt-Gesincourt 70 ... 118 A3
Aboncourt-sur-Seille 57 ... 68 B3
Abondance 74 ... 179 D3
Abondant 28 ... 59 E3
Abos 64 ... 272 B4
Abreschviller 57 ... 70 A3
Abrest 03 ... 190 A2
Les Abrets 38 ... 212 B2
Abriès 05 ... 233 D4
Abscon 59 ... 9 E3
L'Absie 79 ... 164 C1
Abzac 16 ... 184 C2
Abzac 33 ... 219 D2
Accarias (Col) 38 ... 230 C4
Accia (Pont de l') 2B ... 315 D4
Accolans 25 ... 142 A1
Accolay 89 ... 136 C1
Accons 07 ... 228 A3
Accous 64 ... 296 B3
Achain 57 ... 69 D2
Achen 57 ... 44 A4
Achenheim 67 ... 71 D3
Achères 18 ... 134 A4
Achères 78 ... 60 B2
Achères-la-Forêt 77 ... 87 E3
Achery 02 ... 20 B4
Acheux-en-Amiénois 80 ... 18 C1
Acheux-en-Vimeu 80 ... 17 D1
Acheville 62 ... 8 B2
Achey 70 ... 140 B1
Achicourt 62 ... 8 B3
Achiet-le-Grand 62 ... 8 B4
Achiet-le-Petit 62 ... 8 B4
Achun 58 ... 155 F1
Achy 60 ... 33 F1
Acigné 35 ... 79 F4
Aclou 27 ... 31 E4
Acon 27 ... 58 C4
Acq 62 ... 8 A3
Acqueville 14 ... 56 A2
Acqueville 50 ... 24 B2
Acquigny 27 ... 32 B4
Acquin 62 ... 3 D4
Acy 02 ... 36 B3
Acy-en-Multien 60 ... 62 A1
Acy-Romance 08 ... 38 B1
Adaincourt 57 ... 68 C1
Adainville 78 ... 59 F4
Adam-lès-Passavant 25 ... 141 F3
Adam-lès-Vercel 25 ... 141 F4
Adamswiller 67 ... 70 A1
Adast 65 ... 297 E3
Adé 65 ... 297 F2
Adelange 57 ... 69 D1
Adelans-et-le-Val-de-Bithaine 70 ... 118 C4
Adervielle 65 ... 298 B4
Adilly 79 ... 165 D1
Adinfer 62 ... 8 A4
Adissan 34 ... 280 C3
Les Adjots 16 ... 183 F2
Adon 45 ... 111 F4
Les Adrets 38 ... 213 D4
Les Adrets-de-l'Esterel 83 ... 287 F2
Adriers 86 ... 167 E4
Aérocity (Parc) 07 ... 246 A2
Afa 2A ... 316 B3
Affieux 19 ... 204 C2
Affléville 54 ... 41 D3
Affoux 69 ... 192 A4
Affracourt 54 ... 94 B2
Affringues 62 ... 3 D4
Agassac 31 ... 275 E4
Agay 83 ... 288 A4
Agde 34 ... 305 F1
Agel 34 ... 279 F4
Agen 47 ... 256 B1
Agen-d'Aveyron 12 ... 242 C4
Agencourt 21 ... 158 B1
Agenville 80 ... 7 D4
Agenvillers 80 ... 6 C4
Les Ageux 60 ... 35 D3
Ageville 52 ... 116 C1
Agey 21 ... 138 C4
Aghione 2B ... 317 F2
Agincourt 54 ... 68 B3
Agmé 47 ... 237 F3
Agnac 47 ... 238 A1
Agnat 43 ... 208 A4
Agneaux 50 ... 27 E4
Agnetz 60 ... 34 C3
Agnez-lès-Duisans 62 ... 8 A3
Agnicourt-et-Séchelles 02 ... 21 E4
Agnières 62 ... 8 A3
Agnières 80 ... 17 E4
Agnières-en-Dévoluy 05 ... 249 D1
Agnin 38 ... 211 D4
Agnos 64 ... 296 B1
Agny 62 ... 8 B3
Agon-Coutainville 50 ... 53 F1
Agonac 24 ... 202 C4
Agonès 34 ... 262 C4
Agonges 03 ... 172 A1
Agonnay 17 ... 181 E3
Agos-Vidalos 65 ... 297 E3
Agris 16 ... 184 A4
Agudelle 17 ... 199 F3
Les Agudes 31 ... 307 F4
Aguessac 12 ... 261 E2
Aguilar (Château d') 11 ... 303 E4
Aguilcourt 02 ... 37 F2
Aguts 81 ... 277 F3
Agy 14 ... 28 C3
Ahaxe-Alciette-Bascassan 64 ... 295 D1
Ahetze 64 ... 270 B3
Ahéville 88 ... 94 B3
Ahuillé 53 ... 104 C1
Ahun 23 ... 187 E2
Ahusquy 64 ... 295 E2
Ahuy 21 ... 139 D3
Aibes 59 ... 10 C2
Aibre 25 ... 142 B1
Aïcirits 64 ... 271 E4
Aiffres 79 ... 164 C4
Aigaliers 30 ... 263 F2

AJACCIO

Bonaparte (R.) ... Z 6
Dr-Ramaroni (Av. du) ... Z 17
Fesch (R. Cardinal) ... Z
Fiorella (R. du Gén.) ... Z 19
Forcioli-Conti (R.) ... Z 20
Grandval (Cours) ... Z
Herminier (Q. l') ... Z 23
Macchini (Av. E.) ... Z 27
Napoléon (Cours) ... Z
Napoléon III (Av.) ... Z 37
Notre-Dame (R.) ... Z 39
Pozzo-di-Borgo (R.) ... Z 44
Premier-Consul (Av. du) ... Z 45
République (Q. de la) ... Z 48
Roi-de-Rome (R.) ... Z 49
Roi-Jérôme (Bd) ... Z 50
Sébastien (R. Gén.) ... Z 51
Sérafini (Av. A.) ... Z 52
Sœur-Alphonse (R.) ... Z 53
St-Charles (R.) ... Z 54
Vero (R. Lorenzo) ... Z 58
Zévaco-Maire (R.) ... Z 60

L'Aigle 61 ... 57 F4
Aigle (Barrage de l') 19 ... 223 F1
Aiglemont 08 ... 22 C3
Aiglepierre 39 ... 160 A2
Aigleville 27 ... 59 E2
Aiglun 04 ... 267 F2
Aiglun 06 ... 269 E3
Aignan 32 ... 273 F1
Aignay-le-Duc 21 ... 138 C1
Aigne 34 ... 279 E4
Aigné 72 ... 106 C1
Aignerville 14 ... 27 F3
Aignes 31 ... 277 D4
Aignes-et-Puypéroux 16 ... 201 E3
Aigneville 80 ... 17 D1
Aigny 51 ... 64 B1
Aigonnay 79 ... 165 D4
Aigoual (Mont) 48 ... 262 B2
Aigre 16 ... 183 E3
Aigrefeuille 31 ... 277 D2
Aigrefeuille-d'Aunis 17 ... 181 D1
Aigrefeuille-sur-Maine 44 ... 146 A1
Aigremont 30 ... 263 E3
Aigremont 52 ... 117 E1
Aigremont 78 ... 60 B3
Aigremont 89 ... 114 A4
Aiguebelette-le-Lac 73 ... 212 C2
Aiguebelle 73 ... 213 F2
Aiguebelle 83 ... 293 D2
Aigueblanche 73 ... 214 B2
Aiguefonde 81 ... 278 B3
Aigueperse 63 ... 189 F2
Aigueperse 69 ... 174 B4
Aigues-Juntes 09 ... 300 C3
Aigues-Mortes 30 ... 282 B2
Aigues-Vives 09 ... 301 E3
Aigues-Vives 11 ... 303 D1
Aigues-Vives 30 ... 282 B1
Aigues-Vives 34 ... 279 E4
Aiguèze 30 ... 246 B4
Aiguilhe 43 ... 227 D2
Aiguilles 05 ... 233 D4
L'Aiguillon 09 ... 301 F4
Aiguillon 47 ... 237 F4
L'Aiguillon-sur-Mer 85 ... 163 D3
L'Aiguillon-sur-Vie 85 ... 145 D4
Aiguines 83 ... 267 F4
Aigurande 36 ... 169 E3
Ailefroide 05 ... 232 A3
Ailhon 07 ... 246 A2
Aillant-sur-Milleron 45 ... 112 A4
Aillant-sur-Tholon 89 ... 113 D3
Aillas 33 ... 237 D3
Ailleux 42 ... 191 D4
Aillevans 70 ... 141 F1
Ailleville 10 ... 91 E4
Aillevillers-et-Lyaumont 70 ... 118 C2
Aillianville 52 ... 93 D3
Aillières-Beauvoir 72 ... 83 D3
Aillon-le-Jeune 73 ... 213 E1
Aillon-le-Vieux 73 ... 213 E1
Ailloncourt 70 ... 118 C3
Ailly 27 ... 32 B4
Ailly-le-Haut-Clocher 80 ... 17 F1
Ailly-sur-Meuse 55 ... 67 D2
Ailly-sur-Noye 80 ... 18 B4
Ailly-sur-Somme 80 ... 18 A2
Aimargues 30 ... 282 B1
Aime 73 ... 214 B1
Ain (Source de l') 39 ... 160 B4
Ainac 04 ... 267 F1
Ainay-le-Château 03 ... 171 D1
Ainay-le-Vieil 18 ... 170 C1
Aincille 64 ... 295 D1
Aincourt 95 ... 60 A1
Aincreville 55 ... 39 F2
Aingeray 54 ... 68 A3
Aingeville 88 ... 93 E4
Aingoulaincourt 52 ... 92 C2
Ainharp 64 ... 295 F1
Ainhice-Mongelos 64 ... 295 E1
Ainhoa 64 ... 270 B4
Ainvelle 70 ... 118 B3
Ainvelle 88 ... 117 F2
Airaines 80 ... 17 F2
Airan 14 ... 56 B1
Aire 08 ... 38 A2
Aire-sur-la-Lys 62 ... 3 E4
Aire-sur-l'Adour 40 ... 273 D1
Airel 50 ... 27 E4
Les Aires 34 ... 280 A2
Airion 60 ... 34 C2
Airon-Notre-Dame 62 ... 6 B2
Airon-Saint-Vaast 62 ... 6 B2
Airoux 11 ... 277 E4
Airvault 79 ... 148 B3
Aiserey 21 ... 158 C1
Aisey-et-Richecourt 70 ... 118 A2
Aisey-sur-Seine 21 ... 115 E4
Aisne 85 ... 163 F3
Aisonville-et-Bernoville 02 ... 20 B2
Aïssey 25 ... 141 F3
Aisy-sous-Thil 21 ... 137 F3
Aisy-sur-Armançon 89 ... 137 F1
Aiti 2B ... 315 E4
Aiton 73 ... 213 F1
Aix 19 ... 206 A2
Aix 59 ... 9 D1
Les Aix-d'Angillon 18 ... 153 F1
Aix-en-Diois 26 ... 248 A1
Aix-en-Ergny 62 ... 6 C1
Aix-en-Issart 62 ... 6 C2
Aix-en-Othe 10 ... 89 F4
Aix-en-Provence 13 ... 285 D2
Aix-la-Fayette 63 ... 208 B2
Aix-les-Bains 73 ... 195 D4
Aix-Noulette 62 ... 8 A2
Aixe-sur-Vienne 87 ... 185 E4
Aizac 07 ... 246 A1
Aizanville 52 ... 115 F1
Aize 36 ... 152 A1
Aizecourt-le-Bas 80 ... 19 F2
Aizecourt-le-Haut 80 ... 19 E2
Aizecq 16 ... 183 F2
Aizelles 02 ... 37 E1
Aizenay 85 ... 145 E4
Aizier 27 ... 31 E2
Aizy-Jouy 02 ... 36 C2
Ajac 11 ... 302 A3
Ajaccio 2A ... 316 B4
Ajain 23 ... 187 E1
Ajat 24 ... 221 E1
Ajoncourt 57 ... 68 B2
Ajou 27 ... 58 A2
Ajoux 07 ... 228 B4
Alaigne 11 ... 302 A2
Alaincourt 02 ... 20 B3
Alaincourt 70 ... 118 A2
Alaincourt-la-Côte 57 ... 68 B2
Alairac 11 ... 302 B2
Alaise 25 ... 160 B2
Alan 31 ... 299 F1
Alando 2B ... 317 E1
Alata 2A ... 316 B4
Alba-la-Romaine 07 ... 246 B2
Alban 81 ... 260 A4
Albaret-le-Comtal 48 ... 225 E4
Albaret-Sainte-Marie 48 ... 225 F4
Albarine (Gorges de l') 01 ... 194 B2
L'Albaron 13 ... 283 D2
Albas 11 ... 303 E3
Albas 46 ... 239 F3
Albé 67 ... 96 B1
Albefeuille-Lagarde 82 ... 257 F3
L'Albenc 38 ... 212 A4
Albens 73 ... 195 D4
Albepierre 15 ... 225 D2
L'Albère 66 ... 313 D3
Albert 80 ... 19 D2
Albert-Louppe (Pont) 29 ... 47 F3
Albertacce 2B ... 316 C1
Albertville 73 ... 196 A4
Albestroff 57 ... 69 E2
Albi 81 ... 259 E4
Albiac 31 ... 277 E3
Albiac 46 ... 240 C1
Albias 82 ... 258 A2
Albières 11 ... 302 C4
Albiès 09 ... 310 A1
Albiez-le-Jeune 73 ... 214 A4
Albiez-le-Vieux 73 ... 214 A4
Albignac 19 ... 222 C2
Albigny 74 ... 195 E3
Albigny-sur-Saône 69 ... 192 C3
Albine 81 ... 279 D3
Albiosc 04 ... 286 A1
Albitreccia 2A ... 316 C4
Albon 26 ... 211 D4
Albon-d'Ardèche 07 ... 228 A4
Alboussière 07 ... 228 C3
Les Albres 12 ... 241 F2
Albussac 19 ... 222 C2
Alby-sur-Chéran 74 ... 195 E3
Alçay-Alçabéhéty-Sunharette 64 ... 295 F2
Aldudes 64 ... 294 C2
Alembon 62 ... 2 C3
Alençon 61 ... 82 C2
Alénya 66 ... 313 D2

AIX-EN-PROVENCE

Agard (Passage) ... CY 2
Albertas (Pl. d') ... BY 3
Aude (R.) ... BY 4
Bagniers (R. des) ... BY 5
Bellegarde (Pl.) ... CX 7
Bon-Pasteur (R.) ... BX 9
Boulégon (R.) ... BX 12
Brossolette (Av.) ... AZ 13
Cardeurs (Pl. des) ... BY 16
Clemenceau (R.) ... BY 18
Cordeliers (R. des) ... BY 20
Curie (R. Pierre et Marie) ... BX 22
De-la-Roque (R. J.) ... BX 25
De-Lattre-de-T. (Av.) ... AY 46
Espariat (R.) ... BY 26
Fabrot (R.) ... BY 28
Foch (R. du Maréchal) ... BY 30
Hôtel-de-Ville (Pl. de l') ... BY 37
Italie (R. d') ... CY 42
Matheron (R.) ... BY 49
Méjanes (R.) ... BY 51
Minimes (Crs. des) ... AY 52
Mirabeau (Cours) ... BY
Montigny (R. de) ... BY 55
Napoléon-Bonaparte (Av.) ... AY 57
Nazareth (R.) ... BY 58
Opéra (R. de l') ... CY 62
Pasteur (Av.) ... BX 64
Paul-Bert (R.) ... BX 66
Prêcheurs (Pl. des) ... CY 70
Richelme (Pl.) ... BY 72
Saporta (R. G.-de) ... BX 75
Thiers (R.) ... CY 80
Verdun (Pl. de) ... CY 85
4-Septembre (R.) ... BZ 87

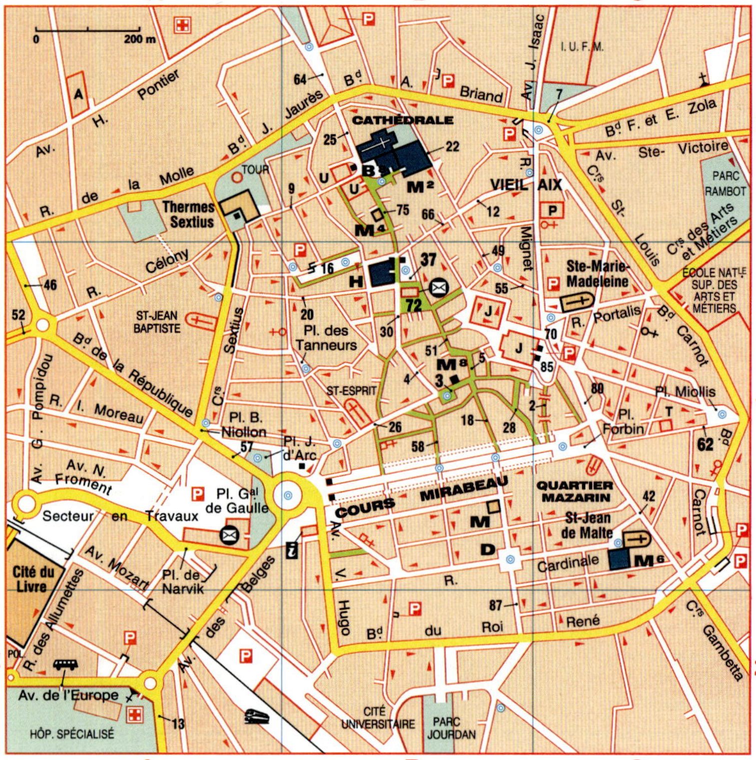

Aléria *2B* 317 C2
Alès *30* 263 E2
Alet-les-Bains *11* 302 B3
Alette *62* 6 C1
Aleu *09* 300 B4
Alex *74* 195 F3
Alexain *53* 81 D4
Aleyrac *26* 247 D3
Alfortville *94* 61 D3
Algajola *2B* 314 B2
Algans *81* 277 F2
Algolsheim *68* 97 D4
Algrange *57* 41 E2
Alièze *39* 176 C1
Alignan-du-Vent *34* 280 C3
Alincourt *08* 38 B2
Alincourt *60* 33 E4
Alincthun *62* 2 B3
Alise-Sainte-Reine *21* 138 A2
Alissas *07* 246 B1
Alix *69* 192 B3
Alixan *26* 229 E3
Alizay *27* 32 B3
Allain *54* 93 F1
Allaines *80* 19 E2
Allaines-Mervilliers *28* 86 A4
Allainville *28* 59 D4
Allainville *78* 86 A2
Allainville-en-Beauce *45* 86 B4
Allaire *56* 102 B4
Allamont *54* 41 D4
Allamps *54* 93 F1
Allan *26* 247 D3
Allanche *15* 225 D1
Alland'Huy-et-Sausseuil *08* 38 C1
Allarmont *88* 95 F1
Allas-Bocage *17* 199 F3
Allas-Champagne *17* 199 F3
Allas-les-Mines *24* 221 E4
Allassac *19* 222 A1
Allauch *13* 285 D4
Allègre *43* 226 C1
Allègre (Château d') *30* 263 F1
Allègre-les-Fumades *30* 263 F1
Alleins *13* 284 B1
Allemagne-en-Provence *04* 267 E4
Allemanche-Launay-et-Soyer *51* 89 F1
Allemans *24* 201 F4
Allemans-du-Dropt *47* 237 F2
Allemant *02* 36 C2
Allemant *51* 63 F4
Allemont *38* 231 E1
Allenay *80* 16 C1
Allenc *48* 244 C2
Allenjoie *25* 142 C1
Allennes-les-Marais *59* 8 C1
Allenwiller *67* 70 B3
Allerey *21* 138 A4
Allerey-sur-Saône *71* 158 B3
Allériot *71* 158 B3
Allery *80* 17 E2
Alles-sur-Dordogne *24* 221 D4
Les Alleuds *49* 128 C3
Les Alleuds *79* 183 E1
Les Alleux *08* 39 D2
Alleuze *15* 225 E3
Allevard *38* 213 E3
Allèves *74* 195 E4
Allex *26* 229 D4
Alleyrac *43* 227 E3
Alleyras *43* 226 C3
Alleyrat *19* 205 F2
Alleyrat *23* 187 E3
Allez-et-Cazeneuve *47* 238 B4
Alliancelles *51* 65 F3
Alliat *09* 310 A1
Allibaudières *10* 90 B1
Allichamps *52* 91 F1
Allier *65* 297 F1
Allières *09* 300 B3
Les Alliés *25* 161 D2
Alligny-Cosne *58* 135 E2
Alligny-en-Morvan *58* 137 F4
Allimas (Col de l') *38* 230 B3
Allineuc *22* 77 D2
Allinges *74* 178 B3
Allogny *18* 134 A4
Allondans *25* 142 B1
Allondaz *73* 196 A4
Allondrelle-la-Malmaison *54* 40 B1
Allonne *60* 34 A2
Allonne *79* 165 D1
Allonnes *28* 85 F3
Allonnes *49* 129 E4
Allonnes *72* 106 C2
Allons *04* 268 B2
Allons *47* 254 C1
Allonville *80* 18 B2
Allonzier-la-Caille *74* 195 E2
Allos *04* 250 C4
Allos (Col d') *04* 250 C4
Allouagne *62* 7 F1
Alloue *16* 184 B2
Allouis *18* 153 D1
Allouville-Bellefosse *76* 15 E3
Les Allues *73* 214 B2
Les Alluets-le-Roi *78* 60 A2
Alluy *58* 155 F2
Alluyes *28* 85 D4
Ally *15* 223 F1
Ally *43* 225 F1
Almayrac *81* 259 E2
Almenêches *61* 56 C4
Almont-les-Junies *12* 241 F2
Alos *09* 300 A4
Alos *81* 258 C3
Alos-Sibas-Abense *64* 295 F2
Alouettes (Mont des) *85* 146 C3
Aloxe-Corton *21* 158 A1
Alpe-d'Huez *38* 231 E1
Alpuech *12* 243 D1
Alquines *62* 2 C3
Alrance *12* 260 B2
Alsting *57* 43 D3
Altagène *2A* 319 D2
Alteckendorf *67* 70 C1
Altenach *68* 120 A3
Altenbach *68* 120 A1
Altenheim *67* 70 C2
Altenstadt *67* 45 E3
Althen-des-Paluds *84* 265 D3
Altiani *2B* 317 E1
Altier *48* 245 D3
Altillac *19* 223 D3
Altkirch *68* 120 B3
Altorf *67* 70 C4
Altrippe *57* 69 E1
Altviller *57* 42 C4
Altwiller *67* 69 F2
Aluze *71* 157 F3
Alvignac *46* 222 C4
Alvimare *76* 15 E3
Alzen *09* 300 C3
Alzi *2B* 317 E1
Alzing *57* 42 B3
Alzon *30* 262 A3
Alzonne *11* 302 A1
Amage *70* 119 D3
Amagne *08* 38 B1
Amagney *25* 141 E3
Amailloux *79* 148 A4
Amance *10* 91 D3
Amance *54* 68 B3
Amance *70* 118 A3
Amancey *25* 160 B1
Amancy *74* 195 F1
Amange *39* 140 B4
Amanlis *35* 103 F1
Amanty *55* 93 D1
Amanvillers *57* 41 E4
Amanzé *71* 174 A4
Amareins *01* 192 C2
Amarens *81* 259 D3
Amathay-Vésigneux *25* 160 C1
Amayé-sur-Orne *14* 55 F1
Amayé-sur-Seulles *14* 55 E1
Amazy *58* 136 B3
Ambacourt *88* 94 B3
Ambarès-et-Lagrave *33* 217 E3
Ambax *31* 275 F4
Ambazac *87* 186 A3
Ambel *38* 231 D4
Ambenay *27* 58 A3
Ambérac *16* 183 E3
Ambérieu-en-Bugey *01* 193 F2
Ambérieux *69* 192 C3
Ambérieux-en-Dombes *01* 193 D2
Ambernac *16* 184 B3
Amberre *86* 149 D4
Ambert *63* 208 C2
Ambès *33* 217 E2
Ambeyrac *12* 241 D3
Ambialet *81* 259 F3
Ambiegna *2A* 316 B3
Ambierle *42* 191 D2
Ambiévillers *70* 118 B2
Ambillou *37* 130 B2
Ambillou-Château *49* 128 C4
Ambilly *74* 178 A4
Amblaincourt *55* 66 B2
Amblainville *60* 34 A4
Amblans-et-Velotte *70* 118 C4
Ambleny *02* 36 A3
Ambléon *01* 194 B4
Ambleteuse *62* 2 A3
Ambleville *16* 200 C2
Ambleville *95* 33 E4
Amblie *14* 29 E3
Amblimont *08* 23 E4
Ambloy *41* 108 B4
Ambly-Fleury *08* 38 B2
Ambly-sur-Meuse *55* 66 C1
Amboise *37* 131 E3
Ambon *56* 123 E2
Ambonil *26* 229 D4
Ambonnay *51* 64 B1
Ambonville *52* 92 A3
Ambourville *76* 15 F4
Ambrault *36* 152 B4
Ambres *81* 277 E1
Ambricourt *62* 7 D2
Ambrief *02* 36 B3
Ambrières *51* 91 F1
Ambrières-les-Vallées *53* 81 E2
Ambrines *62* 7 F3
Ambronay *01* 194 A2
Ambrugeat *19* 205 E2
Ambrumesnil *76* 16 D3
Ambrus *47* 255 E1
Ambutrix *01* 193 F3
Amécourt *27* 33 E3
Amel-sur-l'Étang *55* 40 C3
Amelécourt *57* 68 C2
Amélie-les-Bains-Palalda *66* 312 B4
L'Amélie-sur-Mer *33* 198 B2

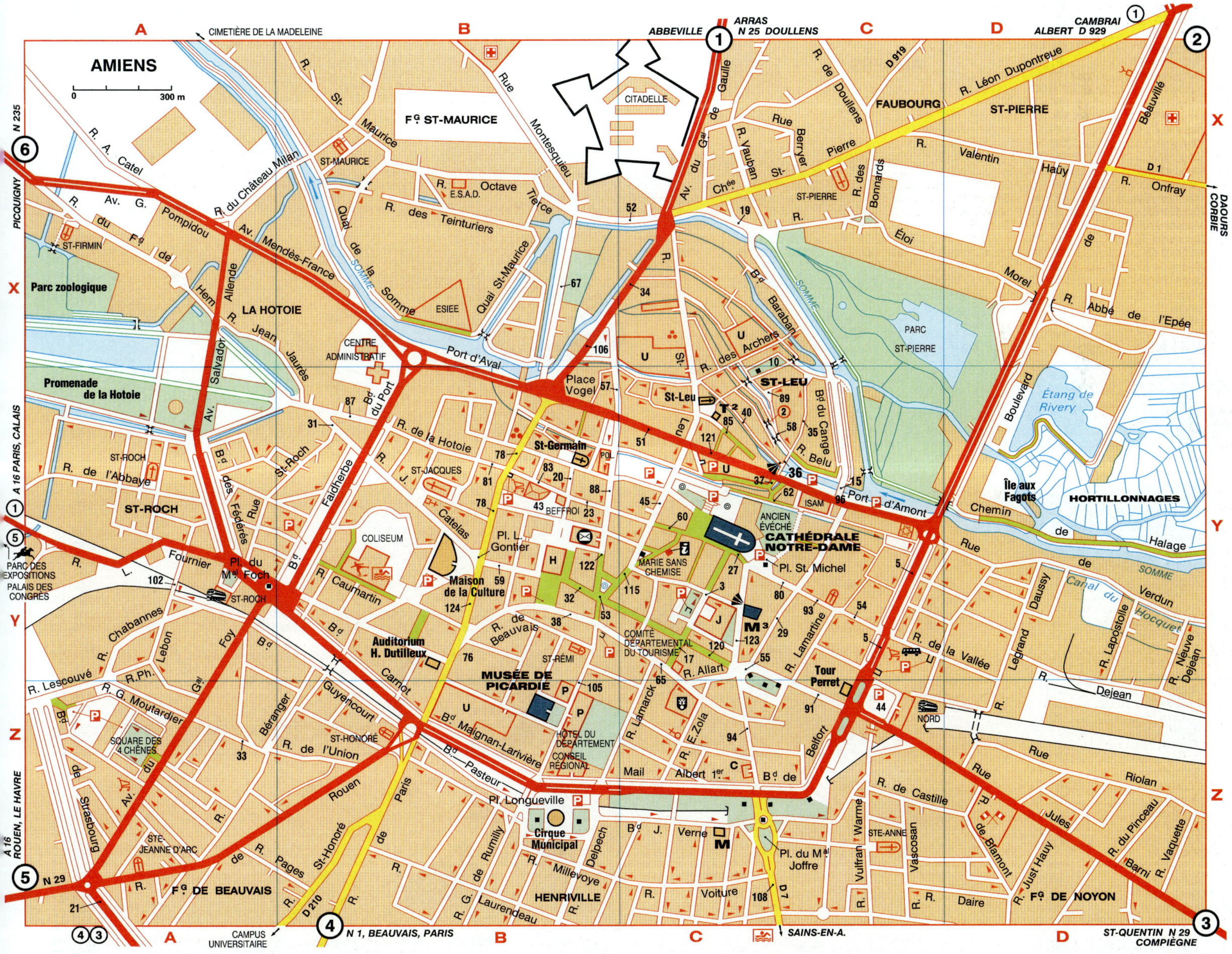

AMIENS
0
300 m
CIMETIÈRE DE LA MADELEINE
ABBEVILLE
ARRAS N 25 DOULLENS
CAMBRAI ALBERT D 929
CITADELLE
Fg ST-MAURICE
FAUBOURG
ST-PIERRE
PARC ST-PIERRE
LA HOTOIE
Parc zoologique
Promenade de la Hotoie
CENTRE ADMINISTRATIF
ST-ROCH
ST-LEU
Place Vogel
St-Germain
BEFFROI
COLISEUM
Maison de la Culture
Auditorium H. Dutilleux
CATHÉDRALE NOTRE-DAME
ANCIEN ÉVÊCHÉ
Pl. St. Michel
MUSÉE DE PICARDIE
HÔTEL DU DÉPARTEMENT
CONSEIL RÉGIONAL
Tour Perret
Étang de Rivery
Île aux Fagots
HORTILLONNAGES
Pl. Longueville
Cirque Municipal
HENRIVILLE
Fg DE BEAUVAIS
Fg DE NOYON
SQUARE DES 4 CHÊNES
PARC DES EXPOSITIONS PALAIS DES CONGRÈS
CAMPUS UNIVERSITAIRE
N 1, BEAUVAIS, PARIS
SAINS-EN-A.
ST-QUENTIN N 29 COMPIÈGNE
DAOURS CORBIE
A 16 ROUEN, LE HAVRE
A 16 PARIS, CALAIS
PICQUIGNY N 235

Aguesseau (Pl.) CY 3
Alsace-Lorraine (Bd d') CY 5
Cange (Pt du) CY 15
Cauvin (R. E.) CY 17
Célestins (Bd des) CX 19
Chapeau-des-Violettes (R.) BY 20
Châteaudun (Bd de) AZ 21
Chaudronniers (R. des) BY 23
Cormont (R.) CY 27
Courbet (R. de l'Amiral) CY 29
Défontaine (R. du Cdt) BY 31
Delambre (R.) BY 32
Denfert-Rochereau (R.) AZ 33
Déportés (R. des) CX 34
Dodane (R. de la) CY 35
Dodane (Pt de la) CY 36
Don (Pl. du) CY 37
Duméril (R.) BY 38
Engoulvent (R. d') CY 40
Fil (Pl. au) BY 43
Fiquet (Pl. Alphonse) CZ 44
Flatters (R.) CY 45
Francs-Mûriers (R. des) CY 51
Fusillés (Bd des) CX 52
Gambetta (Pl.) BY 53
Gloriette (R.) CY 54
Goblet (Pl. René) CY 55
Gde Rue de la Veillère BY 57
Granges (R. des) CY 58
Gresset (R.) BY 59
Henri IV (R.) CY 60
Jacobins (R. des) CY 65
Jardin-des-Plantes (Bd) BX 67
Lattre-de-T. (R. Mar. de) BY 70
Leclerc (R. du Gén.) BY 78
Lefèvre (R. Adéodat) CY 80
Leroux (R. Florimond) BY 81
Lin (R. au) BY 83
Majots (R. des) CY 85
Marché-aux-Chevaux (R. du) BY 87
Marché-de-Lanselles (R. du) BX 88
Motte (R.) CY 89
Noyon (R. de) CZ 91
Oratoire (R. de l') CY 93
Otages (R. des) CZ 94
Parmentiers (Pl.) CY 96
Prémontrées (R. des) AY 102
République (R. de la) BZ 105
Résistance (R. de la) BX 106
St-Fuscien (R.) CZ 108
Sergents (R. des) CY 115
Trois-Cailloux (R. des) CY 120
Vanmarcke (R.) CY 121
Vergeaux (R. des) BY 122
Victor-Hugo (R.) CY 123
2e-D.-B. (R. de la) BY 124

Amendeuix-Oneix 64 ... 271 E4
Amenoncourt 54 ... 69 E4
Amenucourt 95 ... 59 F1
Ames 62 ... 7 F1
Amettes 62 ... 7 F1
Ameugny 71 ... 175 D2
Ameuvelle 88 ... 118 A2
Amfreville 14 ... 29 F3
Amfreville 50 ... 25 D4
Amfreville-la-Campagne 27 ... 32 A4
Amfreville-la-Mi-Voie 76 ... 32 B2
Amfreville-les-Champs 27 ... 32 C3
Amfreville-les-Champs 76 ... 15 F2
Amfreville-sous-les-Monts 27 ... 32 B3
Amfreville-sur-Iton 27 ... 58 C1
Amfroipret 59 ... 10 A2
Amiens 80 ... 18 B2
Amifontaine 02 ... 37 E2
Amigny 50 ... 27 E4
Amigny-Rouy 02 ... 36 B1
Amillis 77 ... 62 B4
Amilly 28 ... 85 D2
Amilly 45 ... 111 F2
Amions 42 ... 191 E3
Amirat 06 ... 269 D3
Ammerschwihr 68 ... 96 B3
Ammerzwiller 68 ... 120 B3
Ammeville 14 ... 56 C2
Amné 72 ... 106 B1
Amnéville 57 ... 41 F3
Amoncourt 70 ... 118 A4
Amondans 25 ... 160 B1
Amont-et-Effreney 70 ... 119 D2
Amorots-Succos 64 ... 271 E4
Amou 40 ... 272 A2
Amphion-les-Bains 74 ... 178 C3
Ampiac 12 ... 242 A4
Ampilly-le-Sec 21 ... 115 D3
Ampilly-les-Bordes 21 ... 138 B1
Amplepuis 69 ... 191 F2
Amplier 62 ... 7 F4
Ampoigné 53 ... 105 D3
Amponville 77 ... 87 E4
Ampriani 2B ... 317 E1
Ampuis 69 ... 210 C2
Ampus 83 ... 286 C2
Amuré 79 ... 164 B4
Amy 60 ... 19 E4
Anais 16 ... 183 F4
Anais 17 ... 181 D1
Anan 31 ... 275 E4
Ance 64 ... 296 A2
Anceaumeville 76 ... 32 A1
Anceins 61 ... 57 E3
Ancelle 05 ... 249 F1
Ancemont 55 ... 66 C1
Ancenis 44 ... 127 D3
Ancerville 55 ... 66 A4
Ancerville 57 ... 68 C1
Ancerviller 54 ... 95 E1
Ancey 21 ... 138 C3
Anchamps 08 ... 11 F4
Anché 37 ... 149 D1
Anché 86 ... 166 A3
Anchenoncourt-et-Chazel 70 ... 118 B3
Ancienville 02 ... 36 A4
Ancier 70 ... 140 B2
Ancinnes 72 ... 82 C3
Ancizan 65 ... 298 B4
Les Ancizes-Comps 63 ... 188 C3
Ancône 26 ... 246 C2
Ancourt 76 ... 16 B2
Ancourteville-sur-Héricourt 76 ... 15 E2
Ancretiéville-Saint-Victor 76 ... 16 A4
Ancretteville-sur-Mer 76 ... 15 D2
Ancteville 50 ... 26 C4
Anctoville 14 ... 55 E1
Anctoville-sur-Boscq 50 ... 53 F2
Ancy 69 ... 192 B4
Ancy-le-Franc 89 ... 114 B4
Ancy-le-Libre 89 ... 114 B4
Ancy-sur-Moselle 57 ... 68 A1
Andaine (Bec d') 50 ... 53 F4
Andainville 80 ... 17 E2
Andance 07 ... 228 C1
Andancette 26 ... 210 C4
Andard 49 ... 128 C2
Andé 27 ... 32 B4
Andechy 80 ... 19 D4
Andel 22 ... 51 F4
Andelain 02 ... 20 B4
Andelaroche 03 ... 173 D4
Andelarre 70 ... 141 E1
Andelarrot 70 ... 141 E1
Andelat 15 ... 225 E2
Andelnans 90 ... 142 C1
Andelot 52 ... 92 C4
Andelot-en-Montagne 39 ... 160 A3
Andelot-lès-Saint-Amour 39 ... 176 B3
Andelu 78 ... 60 A3
Les Andelys 27 ... 32 C4
Andernay 55 ... 66 A3
Andernos-les-Bains 33 ... 216 B4
Anderny 54 ... 41 D3
Andert-et-Condon 01 ... 194 B4
Andevanne 08 ... 39 F2
Andeville 60 ... 34 A4
Andigné 49 ... 105 D4
Andillac 81 ... 258 C3
Andilly 17 ... 163 F4
Andilly 54 ... 67 F3
Andilly 74 ... 195 E1
Andilly 95 ... 61 D2
Andilly-en-Bassigny 52 ... 117 D2
Andiran 47 ... 255 F2
Andlau 67 ... 96 C1
Andoins 64 ... 273 D4
Andolsheim 68 ... 96 C4
Andon 06 ... 269 D4
Andonville 45 ... 86 B4
Andornay 70 ... 119 D4
Andouillé 53 ... 81 D4
Andouillé-Neuville 35 ... 79 E3
Andouque 81 ... 259 F3
Andrein 64 ... 271 F4
Andres 62 ... 2 C2
Andrest 65 ... 273 F4
Andrésy 78 ... 60 B2
Andrezé 49 ... 127 F4
Andrezel 77 ... 87 F1
Andrézieux-Bouthéon 42 ... 209 F2
Andryes 89 ... 136 A2
Anduze 30 ... 263 D2
Anéran-Camors 65 ... 298 B4
Anères 65 ... 298 C2
Anet 28 ... 59 E3
Anetz 44 ... 127 E3
Angaïs 64 ... 297 D1
Angé 41 ... 131 F3
Angeac-Champagne 16 ... 200 C1
Angeac-Charente 16 ... 201 D1
Angecourt 08 ... 23 E4
Angeduc 16 ... 201 D3
Angely 89 ... 137 E1
Angeot 90 ... 120 A3
Angers 49 ... 128 B2
Angerville 14 ... 30 A4
Angerville 91 ... 86 B3
Angerville-Bailleul 76 ... 15 D3
Angerville-la-Campagne 27 ... 58 C2
Angerville-la-Martel 76 ... 15 D2
Angerville-l'Orcher 76 ... 14 C3
Angervilliers 91 ... 86 B1
Angeville 82 ... 257 D3
Angevillers 57 ... 41 E2
Angey 50 ... 53 F3
Angicourt 60 ... 34 C3
Angiens 76 ... 15 E1
Angirey 70 ... 140 C2
Angivillers 60 ... 34 C2
Anglade 33 ... 217 E1
Anglards-de-Saint-Flour 15 ... 225 E3
Anglards-de-Salers 15 ... 224 A1
Anglars 46 ... 241 D1
Anglars-Juillac 46 ... 239 F3
Anglars-Nozac 46 ... 222 A4
Anglars-Saint-Félix 12 ... 241 F3
Anglefort 01 ... 194 C3
Anglemont 88 ... 95 D2
Angles 04 ... 268 B3
Les Angles 30 ... 264 C3
Les Angles 65 ... 297 F2
Les Angles 66 ... 311 D3
Anglès 81 ... 279 D3
Angles 85 ... 163 D3
Les Angles-sur-Corrèze 19 ... 204 C4
Angles-sur-l'Anglin 86 ... 167 E1
Anglesqueville-la-Bras-Long 76 ... 15 E2
Anglesqueville-l'Esneval 76 ... 14 B3
Anglet 64 ... 270 B3
Angliers 17 ... 163 F4
Angliers 86 ... 148 C3
Anglure 51 ... 89 F1
Anglure-sous-Dun 71 ... 174 B4
Anglus 52 ... 91 E2
Angluzelles-et-Courcelles 51 ... 64 A4
Angoisse 24 ... 203 E3
Angomont 54 ... 95 F1
Angos 65 ... 298 A1
Angoulême 16 ... 201 F1
Angoulins 17 ... 180 C1
Angoumé 40 ... 271 E1
Angous 64 ... 272 A4
Angoustrine 66 ... 310 C3
Angoville 14 ... 56 A2
Angoville-au-Plain 50 ... 25 E4
Angoville-en-Saire 50 ... 25 D2
Angoville-sur-Ay 50 ... 26 C3
Angres 62 ... 8 B2
Angresse 40 ... 270 C1
Angrie 49 ... 127 F1
Anguerny 14 ... 29 E3
Anguilcourt-le-Sart 02 ... 20 B4
Angviller-lès-Bisping 57 ... 69 E3
Angy 60 ... 34 B3
Anhaux 64 ... 295 D1
Anhiers 59 ... 9 D2
Aniane 34 ... 281 D1
Aniche 59 ... 9 D3
Anisy 14 ... 29 E3
Anizy-le-Château 02 ... 36 C2
Anjeux 70 ... 118 B2
Anjony (Château d') 15 ... 224 A2
Anjou 38 ... 211 D4
Anjouin 36 ... 152 A1
Anjoutey 90 ... 119 F4
Anla 65 ... 298 C3
Anlezy 58 ... 155 E2
Anlhiac 24 ... 203 E4
Annay 58 ... 135 D2
Annay 62 ... 8 B2
Annay-la-Côte 89 ... 137 D2
Annay-sur-Serein 89 ... 114 A4
Annebault 14 ... 30 B3
Annebecq 14 ... 54 C2
Annecy 74 ... 195 E3
Annecy-le-Vieux 74 ... 195 E3
Annelles 08 ... 38 B2
Annemasse 74 ... 178 A4
Annéot 89 ... 137 D2
Annepont 17 ... 181 F3
Annequin 62 ... 8 A1
Annesse-et-Beaulieu 24 ... 220 B1
Annet-sur-Marne 77 ... 61 F2
Anneux 59 ... 9 D4
Anneville-en-Saire 50 ... 25 E2
Annéville-la-Prairie 52 ... 92 B4
Anneville-sur-Mer 50 ... 26 C4
Anneville-sur-Scie 76 ... 16 A3
Anneville-sur-Seine 76 ... 15 F4
Anneyron 26 ... 211 D4
Annezay 17 ... 181 F2
Annezin 62 ... 8 A1
Annœullin 59 ... 8 C1
Annoire 39 ... 159 D2
Annois 02 ... 20 A4
Annoisin-Chatelans 38 ... 193 F4
Annoix 18 ... 153 E3
Annonay 07 ... 228 C1
Annonville 52 ... 92 C3
Annot 04 ... 268 C2
Annouville-Vilmesnil 76 ... 14 C3
Annoux 89 ... 137 E1
Annoville 50 ... 53 F1
Anor 59 ... 10 C4
Anos 64 ... 273 D4
Anost 71 ... 156 C1
Anould 88 ... 95 F4
Anoux 54 ... 41 D3
Anoye 64 ... 273 E4
Anquetierville 76 ... 15 E4
Anrosey 52 ... 117 E3
Ansac-sur-Vienne 16 ... 184 B2
Ansacq 60 ... 34 C3
Ansan 32 ... 275 E1
Ansauville 54 ... 67 F3
Ansauvillers 60 ... 34 C1
Anse 69 ... 192 C3
Anserville 60 ... 34 B4
Ansignan 66 ... 311 F1
Ansigny 73 ... 195 D4
Ansost 65 ... 273 F3
Ansouis 84 ... 285 D1
Anstaing 59 ... 9 D1
Antagnac 47 ... 237 D4
Anterrieux 15 ... 225 E4
Anteuil 25 ... 142 A2
Antezant 17 ... 182 B2
Anthé 47 ... 239 D4
Anthelupt 54 ... 68 C4
Anthenay 51 ... 37 D4
Antheny 08 ... 22 A3
Anthéor 83 ... 288 A4
Antheuil 21 ... 157 F1
Antheuil-Portes 60 ... 35 E2
Anthien 58 ... 136 C4
Anthon 38 ... 193 E4
Anthy-sur-Léman 74 ... 178 B3
Antibes 06 ... 288 B3
Antibes (Cap d') 06 ... 288 B3
Antichan 65 ... 298 C3
Antichan-de-Frontignes 31 ... 299 D3
Antignac 15 ... 206 B4
Antignac 17 ... 199 F2
Antignac 31 ... 298 C4
Antigny 85 ... 164 A1
Antigny 86 ... 167 E2
Antigny-la-Ville 21 ... 157 E1
Antilly 57 ... 41 F4
Antilly 60 ... 35 F4
Antin 65 ... 274 B4
Les Antiques 13 ... 283 F1
Antisanti 2B ... 317 E2
Antist 65 ... 298 A2
Antogny le Tillac 37 ... 149 F2
Antoigné 49 ... 148 B1
Antoigny 61 ... 81 F1
Antoingt 63 ... 207 F3
Antonaves 05 ... 249 D4
Antonne-et-Trigonant 24 ... 220 C1
Antony 92 ... 61 D4
Antorpe 25 ... 140 C4
Antraigues-sur-Volane 07 ... 246 A1

ANGERS

Alsace (R. d') ... CZ
Aragon (Av. Yolande d') ... AY 2
Baudrière (R.) ... BY 5
Beaurepaire (R.) ... AY
Bichat (R.) ... AY 8
Bon-Pasteur (Bd du) ... AY 9
Bout-du-Monde (Prom. du) ... AY 12
Bressigny (R.) ... CZ
Chaperonnière (R.) ... BYZ 15
Commerce (R. du) ... CY 19
David-d'Angers (R.) ... CY 21
Denis-Papin (R.) ... BZ 22
Droits de l'Homme (Av. des) ... CY 25
Espine (R. de l') ... BY 27
Estoile (Sq.J. de l') ... AY 28
Foch (Bd Mar.) ... BCZ
Freppel (Pl.) ... BY 31
Gare (R. de la) ... BZ 32
Laiterie (Pl.) ... AY
La Rochefoucauld-Liancourt (Pl.) ... ABY 38
Lenepveu (R.) ... CY 40
Lices (R. des) ... BZ
Lionnaise (R.) ... AY
Lise (R. P.) ... CY 43
Marceau (R.) ... AZ 45
Mirault (Bd) ... BY 49
Mondain-Chanlouineau (Sq.) ... BY 51
Oisellerie (R.) ... BY 53
Parcheminerie (R.) ... BY 54
Pasteur (Av.) ... CY 55
Pilori (Pl. du) ... CY 56
Plantagenêt (R.) ... BY 57
Pocquet-de-Livonnières (R.) ... CY 58
Poëliers (R. des) ... CY 59
Pompidou (Allées) ... CY 60
Prés.-Kennedy (Place du) ... AZ 62
Ralliement (Pl. du) ... BY 66
Résistance-et-de-la-Déport. (Bd) ... CY 68
Robert (Bd) ... BY 69
Roë (R. de la) ... BY 70
Ronceray (Bd du) ... AY 71
St-Aignan (R.) ... AY 72
St-Aubin (R.) ... BZ 73
St-Étienne (R.) ... CY 75
St-Julien (R.) ... BCZ
Laud (R.) ... BY 77
St-Lazare (R.) ... AY 79
St-Martin (R.) ... BZ 80
St-Maurice (Mtée) ... BY 82
St-Maurille (R.) ... CY 83
St-Michel (Bd) ... CY 84
St. Samson (R.) ... CY 85
Ste-Croix (Pl.) ... BZ 86
Talot (R.) ... BZ 89
Tonneliers (R. des) ... AY 90
Ursules (R. des) ... CY 91
Voltaire (R.) ... BZ 93
8 mai 1945 (Av. du) ... CZ 94

ANNECY

Chambéry (Av. de) ... DY 23
Chappuis (Q. Eustache) ... EY 26
Filaterie (R.) ... EY 43
Grenette (R.) ... EY 51
Hôtel-de-Ville (Pl.) ... EY 53
Jean-Jacques-Rousseau (R.) ... DY 55
Lac (R. du) ... EY 57
Libération (Pl. de la) ... EY 61
Pâquier (R. du) ... EY 71
Perrière (R.) ... EY 75
Pont-Morens (R. du) ... EY 76
Poste (R. de la) ... DY 78
République (R.) ... DY 83
Royale (R.) ... DY 85
St-François-de-Sales (Pl.) ... EY 87
St-François-de-Sales (R.) ... DY 89
Ste-Claire (Fg et R.) ... DY 91
Tour-la-Reine (Ch.) ... EY 95

Antrain *35* ... 79 F2
Antran *86* ... 149 F3
Antras *09* ... 299 F4
Antras *32* ... 274 C1
Antrenas *48* ... 243 F2
Antugnac *11* ... 302 B4
Antully *71* ... 157 D3
Anvéville *76* ... 15 E2
Anville *16* ... 183 D4
Anvin *62* ... 7 E2
Any-Martin-Rieux *02* ... 21 F2
Anzat-le-Luguet *63* ... 207 E4
Anzeling *57* ... 42 A3
Anzême *23* ... 169 E4
Anzex *47* ... 237 E4
Anzin *59* ... 9 F2
Anzin-Saint-Aubin *62* ... 8 B3
Anzy-le-Duc *71* ... 173 F4
Aoste *38* ... 212 B1
Aougny *51* ... 37 D4
Aouste *08* ... 22 A3
Aouste-sur-Sye *26* ... 247 E1
Aouze *88* ... 93 F2
Apach *57* ... 42 A1
Apchat *63* ... 207 E3
Apchon *15* ... 224 C1
Apinac *42* ... 209 E3
Apothicairerie (Grotte de l') *56* ... 122 A3
Appelle *81* ... 277 F2
Appenai-sous-Bellême *61* ... 83 F3
Appenans *25* ... 142 A2
Appenwihr *68* ... 96 C4
Appeville *50* ... 27 D3
Appeville-Annebault *27* ... 31 E3
Appietto *2A* ... 316 B3
Appilly *60* ... 36 A1
Appoigny *89* ... 113 E3
Apprieu *38* ... 212 B3
Appy *09* ... 310 A1
Apremont *01* ... 177 D4
Apremont *08* ... 39 E3
Apremont *60* ... 34 C4
Apremont *70* ... 140 A3
Apremont *73* ... 213 D2
Apremont *85* ... 145 D4
Apremont-la-Forêt *55* ... 67 D3
Apremont-sur-Allier *18* ... 154 C3
Aprey *52* ... 116 B4
Apt *84* ... 266 A4
Arabaux *09* ... 301 D3
Arâches *74* ... 196 B1
Araghju (Castellu d') *2A* ... 319 E2
Aragnouet *65* ... 307 D4
Aragon *11* ... 302 B1
Aramits *64* ... 296 A2
Aramon *30* ... 264 C4
Aranc *01* ... 194 A2
Arance *64* ... 272 B3
Arancou *64* ... 271 E3
Arandas *01* ... 194 A3
Arandon *38* ... 194 A4
Araujuzon *64* ... 272 A4
Araules *43* ... 227 F2
Araux *64* ... 272 A4
Aravis (Col des) *74* ... 196 A3
Arbanats *33* ... 236 B1
Arbas *31* ... 299 E3
Arbecey *70* ... 118 A4
Arbellara *2A* ... 318 C2
Arbent *01* ... 177 D4
Arbéost *65* ... 297 D3
Arbérats-Sillègue *64* ... 271 F4
Arbignieu *01* ... 194 B4
Arbigny *01* ... 175 E2
Arbigny-sous-Varennes *52* ... 117 E3
Arbin *73* ... 213 E2
Arbis *33* ... 236 C1
Arblade-le-Bas *32* ... 273 E1
Arblade-le-Haut *32* ... 273 E1
Arbois *39* ... 159 F3
Arbois (Mont d') *74* ... 196 B3
Arbon *31* ... 299 D3
Arbonne *64* ... 270 B3
Arbonne-la-Forêt *77* ... 87 E3
Arboras *34* ... 280 C1
Arbori *2A* ... 316 B2
Arbot *52* ... 116 A3
Arbouans *25* ... 142 C1
Arboucave *40* ... 272 C2
Arbouet-Sussaute *64* ... 271 F4
Arbourse *58* ... 135 F4
Arboussols *66* ... 311 F2
L'Arbresle *69* ... 192 B4
L'Arbret *62* ... 7 F4
Arbrissel *35* ... 104 A2
Arbus *64* ... 272 C4
Arbusigny *74* ... 195 F1
Arc 1800 *73* ... 214 C1
Arc-en-Barrois *52* ... 116 A2
Arc-et-Senans *25* ... 159 F2
Arc-lès-Gray *70* ... 140 B2
Arc-sous-Cicon *25* ... 161 D1
Arc-sous-Montenot *25* ... 160 B2
Arc-sur-Tille *21* ... 139 E3
Arcachon *33* ... 234 B1
Arçais *79* ... 164 B4
Arcambal *46* ... 240 B3
Arcangues *64* ... 270 B3
Arçay *18* ... 153 D3
Arçay *86* ... 148 C2
Arceau *21* ... 139 E3
Arcenant *21* ... 158 A1
Arcens *07* ... 228 A3
Arces *17* ... 198 C2
Arces *89* ... 113 E1
Arcey *21* ... 138 C4
Arcey *25* ... 142 B1
Archail *04* ... 268 A1
Archamps *74* ... 195 E1
Archelange *39* ... 159 E1
Archéodrome *21* ... 158 A2
Arches *15* ... 205 F4
Arches *88* ... 95 D4
Archettes *88* ... 95 D4
Archiac *17* ... 200 C2
Archiane (Cirque d') *26* ... 230 B4
Archignac *24* ... 221 F3
Archignat *03* ... 170 B3
Archigny *86* ... 167 D1
Archingeay *17* ... 181 F3
Archon *02* ... 21 F4
Arcier *25* ... 141 E4
Arcine *74* ... 195 D1
Arcinges *42* ... 191 F1
Arcins *33* ... 217 D2
Arcis-le-Ponsart *51* ... 37 D4
Arcis-sur-Aube *10* ... 90 B1
Arcizac-Adour *65* ... 297 F2
Arcizac-ez-Angles *65* ... 297 F2
Arcizans-Avant *65* ... 297 E3
Arcizans-Dessus *65* ... 297 E3
Arcomie *48* ... 225 F4
Arcomps *18* ... 170 B1
Arçon *25* ... 161 D2
Arcon *42* ... 191 D2
Arconcey *21* ... 138 A4
Arçonnay *72* ... 82 C3
Arconsat *63* ... 190 C3
Arconville *10* ... 91 E4
L'Arcouest (Pointe de) *22* ... 51 D1
Les Arcs *73* ... 214 C1
Les Arcs *83* ... 287 D3
Arcueil *94* ... 61 D3
Arcy-Sainte-Restitue *02* ... 36 C4
Arcy-sur-Cure *89* ... 136 C1
Ardelles *28* ... 84 C1
Ardelu *28* ... 86 A3
Ardenais *18* ... 170 B1
Ardenay-sur-Mérize *72* ... 107 E2
Ardengost *65* ... 298 B4
Ardenne (Abbaye d') *14* ... 29 E4
Ardentes *36* ... 152 A4
Ardes *63* ... 207 E3
Ardeuil-et-Montfauxelles *08* ... 39 D3
Ardevon *50* ... 79 F1
Ardiège *31* ... 299 D2
Les Ardillats *69* ... 192 B1
Ardilleux *79* ... 183 D1
Ardillières *17* ... 181 E2
Ardin *79* ... 164 C2
Ardizas *32* ... 275 F1
L'Ardoise *30* ... 264 C2
Ardoix *07* ... 228 C1
Ardon *39* ... 160 A4
Ardon *45* ... 110 A4
Ardouval *76* ... 16 B4
Ardres *62* ... 2 C2
Arèches *73* ... 196 B4
Aregno *2B* ... 314 B2
Areines *41* ... 108 C4
Aren *64* ... 296 A1
Arenberg *59* ... 9 E2
Arengosse *40* ... 253 E2
Arenthon *74* ... 195 F1
Arès *33* ... 216 A4
Ares (Col d') *66* ... 311 F4
Ares (Col des) *31* ... 299 D3
Aresches *39* ... 160 A3
Aressy *64* ... 297 D1
Arette *64* ... 296 A2
Arette-Pierre-Saint-Martin *64* ... 296 A3
Arfeuille-Châtain *23* ... 188 A2
Arfeuilles *03* ... 190 C1
Arfons *81* ... 278 A4
Argagnon *64* ... 272 B3
Arganchy *14* ... 28 C3
Argançon *10* ... 91 E4
Argancy *57* ... 41 F4
Argein *09* ... 299 F4
Argelès *65* ... 298 A2
Argelès-Gazost *65* ... 297 E3
Argelès-Plage *66* ... 313 E3
Argelès-sur-Mer *66* ... 313 E3
Argeliers *11* ... 303 F1
Argelliers *34* ... 281 E1
Argelos *40* ... 272 B2
Argelos *64* ... 273 D3
Argelouse *40* ... 235 E4
Argences *14* ... 29 F4
Argens *04* ... 268 B2
Argens-Minervois *11* ... 303 E1
Argent-sur-Sauldre *18* ... 134 A2
Argentan *61* ... 56 B4
Argentat *19* ... 223 D2
Argentenay *89* ... 114 B3
Argenteuil *95* ... 60 C2
Argenteuil-sur-Armançon *89* ... 114 B4
Argentière *74* ... 197 D2
L'Argentière-la-Bessée *05* ... 232 B4
Argentières *77* ... 88 A1
Argentine *73* ... 213 F2
Argentolles *52* ... 91 F4
Argenton *29* ... 47 D2
Argenton *47* ... 237 E4
Argenton-Château *79* ... 147 F2
Argenton-l'Église *79* ... 148 A2
Argenton-Notre-Dame *53* ... 105 E4
Argenton-sur-Creuse *36* ... 168 C2
Argentré *53* ... 105 E1
Argentré-du-Plessis *35* ... 104 B1
Argenvières *18* ... 154 B1
Argenvilliers *28* ... 84 B4
Argers *51* ... 65 F1
Arget *64* ... 272 C2
Argiésans *90* ... 142 C1
Argillières *70* ... 117 E4
Argilliers *30* ... 264 B3
Argilly *21* ... 158 B1
Argis *01* ... 194 A3
Argiusta-Moriccio *2A* ... 318 C1
Argœuves *80* ... 18 A2
Argol *29* ... 47 F4
Argonay *74* ... 195 E2
Argouges *50* ... 80 A1
Argoules *80* ... 6 C3
Argueil *76* ... 33 D1
Arguel *25* ... 141 D4
Arguel *80* ... 17 E3
Arguenos *31* ... 299 D3
Argut-Dessous *31* ... 299 D4
Argut-Dessus *31* ... 299 D4
Argy *36* ... 151 E3
Arhansus *64* ... 295 E1
Aries-Espénan *65* ... 298 C1
Arifat *81* ... 278 C1
Arignac *09* ... 301 D4
Arinthod *39* ... 176 C3
Arith *73* ... 195 E4
Arjuzanx *40* ... 253 D2
Arlanc *63* ... 208 C3
Arlay *39* ... 159 E4
Arlebosc *07* ... 228 C2
Arlempdes *43* ... 227 D4
Arles *13* ... 283 E1
Arles-sur-Tech *66* ... 312 B4
Arlet *43* ... 226 A2
Arleuf *58* ... 156 B2
Arleux *59* ... 9 D3
Arleux-en-Gohelle *62* ... 8 B2
Arlos *31* ... 299 D4
Armaillé *49* ... 104 B4
Armancourt *60* ... 35 E3
Armancourt *80* ... 19 D4
Armaucourt *54* ... 68 B3
Armbouts-Cappel *59* ... 3 E1
Armeau *89* ... 112 C2
Armendarits *64* ... 271 D4
Armenonville-les-Gâtineaux *28* ... 85 F1
Armenteule *65* ... 307 E3
Armentières *59* ... 4 B4
Armentières-en-Brie *77* ... 62 B2
Armentières-sur-Avre *27* ... 58 A4
Armentières-sur-Ourcq *02* ... 36 B4
Armentieux *32* ... 273 F3
Armes *58* ... 136 B2
Armillac *47* ... 238 A2
Armissan *11* ... 304 C2
Armistice (Clairière de l') *60* ... 35 F2
Armix *01* ... 194 B3
Armous-et-Cau *32* ... 274 A2
Armoy *74* ... 178 C3
Arnac *15* ... 223 F2
Arnac-la-Poste *87* ... 168 B4
Arnac-Pompadour *19* ... 204 A3
Arnac-sur-Dourdou *12* ... 279 F1
Arnage *72* ... 106 C2
Arnancourt *52* ... 92 A3
Arnas *69* ... 192 C2
Arnaud-Guilhem *31* ... 299 E2
Arnave *09* ... 301 D4
Arnaville *54* ... 68 A1
Arnay-le-Duc *21* ... 157 E1
Arnay-sous-Vitteaux *21* ... 138 A2
Arnayon *26* ... 248 A3

ANTIBES

Albert-1er (Bd) ... CDY
Alger (R. d') ... CX 3
Arazy (R.) ... DXY 4
Barnaud (Pl. Amiral) ... DY 6
Barquier (Av.) ... DY 8
Bas-Castelet (R. du) ... DY 9
Bateau (R. du) ... DX 10
Clemenceau (R. G.) ... DX 14
Dames-Blanches (Av. des) ... CY 19
Directeur Chaudon (R.) ... CY 20
Docteur Rostan (R. du) ... DX 24
Gambetta (Av.) ... CX 30
Gaulle (Pl. du Gén.-de) ... CXY
Grand-Cavalier (Av. du) ... CX 37
Guynemer (Pl.) ... CX 40
Haut-Castelet (R. du) ... DY 42
Horloge (R. de l') ... DX 43
Martyrs de la Résistance (Pl. des) ... CDX 51
Masséna (Cours) ... DX 52
Nationale (Pl.) ... DX 55
Orme (R. de l') ... DX 57
République (R. de la) ... CDX 67
Revely (R. du) ... DX 68
Revennes (R. des) ... DY 69
St-Roch (Av.) ... CX 72
Saleurs (Rampe des) ... DX 75
Tourraque (R. de la) ... DY 83
Vautrin (Bd Gén.) ... CX 84
8 Mai 1945 (Square du) ... DX 90
24 Août (Av. du) ... CY 92

Arné 65 298 C1
Arnéguy 64 295 D2
Arnèke 59 3 E3
Arnicourt 08 38 B1
Arnières-sur-Iton 27 58 C2
Arnoncourt-sur-Apance 52 117 E2
Arnos 64 272 B3
Arnouville-lès-Gonesse 95 61 D2
Arnouville-lès-Mantes 78 59 F2
Aroffe 88 93 F2
Aromas 39 176 B4
Aron 53 81 E3
Arone (Plage d') 2A 316 A2
Aroue 64 271 F4
Aroz 70 141 D1
Arpaillargues-et-Aureillac 30 264 A3
Arpajon 91 86 C1
Arpajon-sur-Cère 15 224 A4
Arpavon 26 248 A4
Arpenans 70 141 F1
Arpenaz (Cascade d') 74 196 B2
Arpheuilles 18 153 F4
Arpheuilles 36 151 D3
Arpheuilles-Saint-Priest 03 188 C1
Arphy 30 262 B3
Arquenay 53 105 E2
Arques 11 302 C4
Arques 12 242 C4
Les Arques 46 239 F2
Arques 62 3 E3
Arques-la-Bataille 76 16 A2
Arquettes-en-Val 11 302 C2
Arquèves 80 18 C1
Arquian 58 135 E2
Arrabloy 45 111 F4
Arracourt 54 69 D3
Arradon 56 101 D4
Arraincourt 57 68 C1
Arrancourt 91 86 C3
Arrancy 02 37 D2
Arrancy-sur-Crusne 55 40 C2
Arrans 21 114 C4
Arras 62 8 B3
Arras-en-Lavedan 65 297 E3
Arras-sur-Rhône 07 228 C1
Arrast-Larrebieu 64 271 F4
Arraute-Charritte 64 271 E3
Arraye-et-Han 54 68 B2
Arrayou-Lahitte 65 297 F2
Arre 30 262 A3
Arreau 65 298 B4
Arrelles 10 114 C1
Arrembécourt 10 91 E1
Arrènes 23 186 B2
Arrens (Porte d') 65 297 D4
Arrens-Marsous 65 297 D3
Arrentès-de-Corcieux 88 95 F4
Arrentières 10 91 F4
Arrest 80 6 A4
Arreux 08 22 C3
Arriance 57 68 C1
Arricau-Bordes 64 273 E3
Arrien 64 273 E4
Arrien-en-Bethmale 09 299 F4
Arrigas 30 262 A3
Arrigny 51 91 E1
Arro 2A 316 B3
Arrodets 65 298 A3
Arrodets-ez-Angles 65 297 F2
Arromanches-les-Bains 14 29 D3
Arronnes 03 190 B2
Arronville 95 34 A4
Arros-de-Nay 64 297 D1
Arros-d'Oloron 64 296 B2
Arrosès 64 273 E2
Arrou 28 108 C1
Arrouède 32 274 C4
Arrout 09 299 F4
Arry 57 68 A1
Arry 80 6 B3
Ars 16 199 F1
Ars 23 187 E2
Ars-en-Ré 17 162 C4
Ars-Laquenexy 57 41 F4
Ars-les-Favets 63 188 C1
Ars-sur-Formans 01 192 C2
Ars-sur-Moselle 57 68 A1
Arsac 33 217 D2
Arsac-en-Velay 43 227 D3
Arsague 40 272 A2
Arsans 70 140 B3
L'Arsenal 42 191 E2
Arsonval 10 91 E4
Arsure-Arsurette 39 160 B4
Les Arsures 39 160 A2
Arsy 60 35 D2
Art-sur-Meurthe 54 68 B4
Artagnan 65 273 F4
Artaise-le-Vivier 08 39 E1
Artaix 71 173 F4
Artalens-Souin 65 297 E3
Artannes-sur-Indre 37 130 C4
Artannes-sur-Thouet 49 129 E4
Artas 38 211 F2
Artassenx 40 254 A4
Artemare 01 194 C3
Artemps 02 20 A3
Artenay 45 110 A1
Arthaz-Pont-Notre-Dame 74 195 F1
Arthel 58 136 A4
Arthémonay 26 229 E1
Arthenac 17 200 C2
Arthenas 39 176 C1
Arthès 81 259 E3
Arthez-d'Armagnac 40 254 B4
Arthez-d'Asson 64 297 D2
Arthez-de-Béarn 64 272 B3
Arthezé 72 106 B4
Arthies 95 60 A1
Arthon 36 169 D1
Arthon-en-Retz 44 144 C1
Arthonnay 89 114 C2
Arthous (Abbaye d') 40 271 E2
Arthun 42 191 E4
Artigat 09 300 C2
Artige (Prieuré de l') 87 186 B4
Artignosc-sur-Verdon 83 286 B1
Artigue 31 299 D4
Artiguedieu 32 274 C3
Artigueloutan 64 297 D1
Artiguelouve 64 272 C4
Artiguemy 65 298 A2
Artigues 09 311 D1
Artigues 11 311 D1
Artigues 65 297 F2
Artigues 83 285 F2
Artigues-Campan 65 298 A3
Les Artigues-de-Lussac 33 218 C3
Artigues-près-Bordeaux 33 217 E4
Artins 41 108 A4
Artix 09 300 C3
Artix 46 240 B2
Artix 64 272 B4
Artolsheim 67 97 D2
Artonges 02 63 E2
Artonne 63 189 E2
Artres 59 9 F3
Artuby (Pont de l') 83 286 C1
Artzenheim 68 97 D3
Arudy 64 296 C2
Arue 40 254 B2
Arvant 43 207 F4
Arvert 17 180 C4
Arveyres 33 218 C3
Arvieu 12 260 B1
Arvieux 05 232 C4
Arvigna 09 301 E3
Arvillard 73 213 E2
Arville 41 108 B1
Arville 77 87 E4
Arvillers 80 19 D4
Arx 40 255 D2
Arzacq-Arraziguet 64 272 C2
Arzal 56 123 F2
Arzano 29 100 A2
Arzay 38 211 F3
L'Arzelier (Col de) 38 230 B2
Arzembouy 58 136 A4
Arzenc-d'Apcher 48 225 E4
Arzenc-de-Randon 48 244 B1
Arzens 11 302 B2
Arzillières-Neuville 51 65 E4
Arzon 56 122 C2
Arzviller 57 70 A2
Asasp 64 296 B2
Ascain 64 270 B4
Ascarat 64 295 D1
Aschbach 67 45 F4
Aschères-le-Marché 45 110 B1
Asclier (Col de l') 30 262 C2
Asco 2B 314 C3
Asco (Gorges de l') 2B 314 C3
Ascou 09 310 B1
Ascou-Pailhérès 09 310 C1
Ascoux 45 110 C1
Ascros 06 269 E3
Asfeld 08 37 F2
Aslonnes 86 166 B3
Asnan 58 136 B4
Asnans 39 159 D2
Asnelles 14 29 D3
Asnières 27 31 D4
Asnières (Ancienne abbaye d') 49 148 B1
Asnières-en-Bessin 14 27 F2
Asnières-en-Montagne 21 114 C4
Asnières-en-Poitou 79 182 C1
Asnières-la-Giraud 17 182 A3
Asnières-les-Bourges 18 153 E1
Asnières-lès-Dijon 21 139 E3
Asnières-sous-Bois 89 136 B2
Asnières-sur-Blour 86 184 C1
Asnières-sur-Nouère 16 201 E1
Asnières-sur-Oise 95 61 D1
Asnières-sur-Saône 01 175 E3
Asnières-sur-Seine 92 61 D3
Asnières-sur-Vègre 72 106 A3
Asnois 58 136 B3
Asnois 86 184 A1
Aspach 57 69 F4
Aspach 68 120 B3
Aspach-le-Bas 68 120 B2
Aspach-le-Haut 68 120 A2
Aspères 30 263 E4
Asperjoc 07 246 A1
Aspet 31 299 E3
Aspin (Col d') 65 298 B3
Aspin-Aure 65 298 B4
Aspin-en-Lavedan 65 297 E2
Aspiran 34 280 C2
Aspremont 05 248 C2
Aspremont 06 288 C1
Les Aspres 61 57 F4
Aspres-lès-Corps 05 231 E4
Aspres-sur-Buëch 05 248 C2
Aspret-Sarrat 31 299 D2
Asprières 12 241 E2
Asque 65 298 A3
Asques 33 217 F3
Asques 82 257 D3
Asquins 89 136 C2
Assac 81 260 A3
Assainvillers 80 35 D1
Assais 79 148 B4
Assas 34 281 F1
Assat 64 297 D1
Assay 37 149 D1
Assé-le-Bérenger 53 82 A4
Assé-le-Boisne 72 82 B3
Assé-le-Riboul 72 82 C4
Assenay 10 90 B4
Assencières 10 90 B3
Assenoncourt 57 69 E3
Assérac 44 123 F3
Assevent 59 10 C2
Assevillers 80 19 E2
Assier 46 241 D1
Assieu 38 211 D3
Assignan 34 279 F4
Assigny 18 134 C3
Assigny 76 16 B2
Les Assions 07 245 F3
Assis-sur-Serre 02 20 C4
Asson 64 297 D2
Asswiller 67 70 A1
Assy 14 56 B2
Astaffort 47 256 B2
Astaillac 19 222 C3
Asté 65 298 A3
Aste-Béon 64 296 C3
Astérix (Parc) 60 61 E1
Astet 07 245 E1
Astillé 53 104 C2
Astis 64 273 D3
Aston 04 249 F3
Aston 09 310 A1
Astugue 65 297 F2
Athée 21 139 F4
Athée 53 104 C3
Athée-sur-Cher 37 131 E3
Athesans 70 142 A1
Athie 21 137 F1
Athie 89 137 D2
Athienville 54 68 C3
Athies 62 8 B3
Athies 80 19 E3
Athies-sous-Laon 02 37 D1
Athis 51 64 B2
Athis-de-l'Orne 61 55 F3
Athis-Mons 91 61 D4
Athos-Aspis 64 271 F3
Athose 25 161 D1
Attainville 95 61 D1
Attancourt 52 92 A1
Les Attaques 62 2 C2
Attenschwiller 68 120 C4
Attiches 59 8 C1
Attichy 60 35 F2
Attignat 01 175 F4
Attignat-Oncin 73 212 C2
Attignéville 88 93 F2
Attigny 08 38 C2
Attigny 88 118 A1
Attilloncourt 57 68 C3
Attilly 02 19 F3
Attin 62 6 B1
Atton 54 68 A2
Attray 45 110 C1
Attricourt 70 140 A2
Atur 24 220 C1
Aubagnan 40 272 C1
Aubagne 13 285 E4
Aubaine 21 157 F1
Aubais 30 282 B1
Aubarède 65 298 A1
Aubas 24 221 F2
Aubazat 43 226 A2
Aubazine 19 222 C1
Aube 57 68 B1
Aube 61 57 F4
Aubéguimont 76 17 D3
Aubenas 07 246 A2
Aubenas-les-Alpes 04 266 C3
Aubenasson 26 247 F1
Aubencheul-au-Bac 59 9 D3
Aubencheul-aux-Bois 02 20 A1
Aubenton 02 21 F3
Aubepierre 77 88 A1
Aubepierre-sur-Aube 52 116 A2
L'Aubépin 39 176 B3
Auberchicourt 59 9 D3
Aubercourt 80 18 C3
Aubergenville 78 60 A2
Aubérive 51 38 B4
Auberive 52 116 A3
Auberives-en-Royans 38 230 A2
Auberives-sur-Varèze 38 210 C3
Aubermesnil-aux-Érables 76 17 D3
Aubermesnil-Beaumais 76 16 A3
Aubers 59 8 B1
Aubertans 70 141 E2
Aubertin 64 296 C1
Auberville 14 30 A3
Auberville-la-Campagne 76 15 D4
Auberville-la-Manuel 76 15 D1
Auberville-la-Renault 76 14 C3
Aubervilliers 93 61 D2
Aubeterre 10 90 B2
Aubeterre-sur-Dronne 16 201 E4
Aubeville 16 201 D2
Aubevoye 27 32 C4
Aubiac 33 236 C3
Aubiac 47 256 A2
Aubiat 63 189 F3
Aubie-et-Espessas 33 217 F2
Aubière 63 207 E1
Les Aubiers 79 147 E2
Aubiet 32 275 E2
Aubignan 84 265 E2
Aubignas 07 246 C2
Aubigné 35 79 E3
Aubigné 79 183 D2
Aubigné-Racan 72 107 D4
Aubigné-sur-Layon 49 128 C4
Aubigney 70 140 A3
Aubignosc 04 267 E1
Aubigny 03 172 A1
Aubigny 14 56 A2
Aubigny 79 148 B4
Aubigny 80 18 C2
Aubigny 85 162 C1
Aubigny-au-Bac 59 9 D3
Aubigny-aux-Kaisnes 02 19 F3
Aubigny-en-Artois 62 8 A3
Aubigny-en-Laonnois 02 37 E2
Aubigny-en-Plaine 21 158 C1
Aubigny-la-Ronce 21 157 F2
Aubigny-les-Pothées 08 22 B3
Aubigny-lès-Sombernon 21 138 B4
Aubigny-sur-Nère 18 134 A2
Aubilly 51 37 E4
Aubin 12 241 F3
Aubin 64 272 C3
Aubin-Saint-Vaast 62 6 C2
Aubinges 18 134 B4
Aubisque (Col d') 64 297 D3
Auboncourt-Vauzelles 08 38 B1
Aubonne 25 161 D1
Aubord 30 282 C1
Auboué 54 41 E4
Aubous 64 273 E2
Aubrac 12 243 D2
Aubres 26 247 F4
Aubréville 55 39 F4
Aubrives 08 13 D3
Aubrometz 62 7 D3
Aubry-du-Hainaut 59 9 E2
Aubry-en-Exmes 61 56 C3
Aubry-le-Panthou 61 57 D3
Aubure 68 96 B2
Aubussargues 30 264 A3
Aubusson 23 187 F3
Aubusson 61 55 E3
Aubusson-d'Auvergne 63 190 B4
Aubvillers 80 18 C4
Auby 59 8 C2
Aucaleuc 22 78 B2
Aucamville 31 276 C2
Aucamville 82 257 E4
Aucazein 09 299 F4
Aucelon 26 248 A1
Aucey-la-Plaine 50 79 F1
Auch 32 275 D2
Auchel 62 7 F1
Auchonvillers 80 19 D1
Auchy-au-Bois 62 7 F1
Auchy-la-Montagne 60 34 A1
Auchy-lès-Hesdin 62 7 D2
Auchy-les-Mines 62 8 B1
Auchy-lez-Orchies 59 9 D2
Aucun 65 297 D3
Audaux 64 272 A4
Audéjos 64 272 B3
Audelange 39 159 E1
Audeloncourt 52 117 D1
Audembert 62 2 B2
Audencourt 59 20 B1
Audenge 33 234 C1
Auderville 50 24 A1
Audes 03 170 C3
Audeux 25 140 C4
Audeville 45 86 C4
Audierne 29 72 C3
Audignicourt 02 36 A2
Audignies 59 10 A2
Audignon 40 272 B1
Audigny 02 20 C3
Audincourt 25 142 C2
Audincthun 62 7 D1
Audinghen 62 2 A2
Audon 40 253 E4
Audouville-la-Hubert 50 25 E4
Audrehem 62 2 C3
Audressein 09 299 F4
Audresselles 62 2 A3
Audrieu 14 29 D4
Audrix 24 221 D4
Audruicq 62 3 D2
Audun-le-Roman 54 41 D2
Audun-le-Tiche 57 41 E1
Auenheim 67 71 F1
Auffargis 78 60 A4
Auffay 76 16 A4
Aufferville 77 87 E4
Auffreville-Brasseuil 78 59 F2
Auflance 08 23 F4
Auga 64 272 C3
Augan 56 102 A2
Auge 08 22 A3
Auge 23 170 B4
Augé 79 165 D3
Auge-Saint-Médard 16 183 D3
Augea 39 176 B2
Auger-Saint-Vincent 60 35 E4
Augerans 39 159 E2
Augères 23 186 C2
Augerolles 63 208 B1
Augers-en-Brie 77 63 D4
Augerville-la-Rivière 45 87 D4
Augès 04 267 D2
Augeville 52 92 C3
Augicourt 70 117 F3
Augignac 24 202 C2
Augirein 09 299 E4
Augisey 39 176 B2
Augnat 63 207 F3
Augnax 32 275 E1
Augne 87 186 C4
Augny 57 68 A1
Auguaise 61 57 F4
Augy 02 36 C3
Augy 89 113 E4
Augy-sur-Aubois 18 154 A4
Aujac 17 182 B3
Aujac 30 245 E4
Aujan-Mournède 32 274 C4
Aujargues 30 282 A1
Aujeurres 52 116 B4
Aujols 46 240 B4
Aulac (Col d') 15 224 B1
Aulan 26 266 A1
Aulas 30 262 B3
Aulhat-Saint-Privat 63 207 F2
Aullène 2A 319 D1
Aulnat 63 189 E4
Aulnay 10 91 D2
Aulnay 17 182 C2
Aulnay 86 148 C3
Aulnay-aux-Planches 51 64 A3
Aulnay-la-Rivière 45 87 D4
Aulnay-l'Aître 51 65 D3
Aulnay-sous-Bois 93 61 E2
Aulnay-sur-Iton 27 58 C2
Aulnay-sur-Marne 51 64 B2
Aulnay-sur-Mauldre 78 60 A2
Les Aulneaux 72 83 D2
Aulnizeux 51 64 A3
Aulnois 88 93 E3
Aulnois-en-Perthois 55 66 B4
Aulnois-sous-Laon 02 36 C1
Aulnois-sous-Vertuzey 55 67 E3
Aulnois-sur-Seille 57 68 B2
Aulnoy 77 62 B3
Aulnoy-lez-Valenciennes 59 9 F3
Aulnoy-sur-Aube 52 116 A3
Aulnoye-Aymeries 59 10 B2
Aulon 23 186 C2
Aulon 31 299 E1
Aulon 65 298 B4
Aulos 09 310 A1
Ault 80 16 C1
Aulteribe (Château d') 63 190 B4
Aulus-les-Bains 09 309 E1
Aulx-lès-Cromary 70 141 E3
Aumagne 17 182 B3
Aumale 76 17 E3
Aumâtre 80 17 E2
Aumelas 34 281 D2
Auménancourt 51 37 F2
Aumerval 62 7 F1
Aumes 34 280 C3
Aumessas 30 262 A3
Aumetz 57 41 E2
Aumeville-Lestre 50 25 E3
Aumont 39 159 F3
Aumont 80 17 F2
Aumont-Aubrac 48 243 F1
Aumont-en-Halatte 60 35 D4
Aumontzey 88 95 E4
Aumur 39 159 D1
Aunac 16 183 F3
Aunat 11 311 D1
Aunay-en-Bazois 58 155 F1
Aunay-les-Bois 61 83 D1
Aunay-sous-Auneau 28 86 A2
Aunay-sous-Crécy 28 59 D4
Aunay-sur-Odon 14 55 E1
Auneau 28 86 A2
Auneuil 60 34 A3
Aunou-le-Faucon 61 56 C4
Aunou-sur-Orne 61 83 D1
Auppegard 76 16 A3
Aups 83 286 B1
Auquainville 14 57 D1
Auquemesnil 76 16 B2
Auradé 32 275 F2
Auradou 47 238 C4
Auragne 31 276 C4
Auray 56 100 C4
Aure 08 38 C3
Aurec-sur-Loire 43 209 F4
Aureil 87 186 A4
Aureilhan 40 252 B1
Aureilhan 65 297 F1
Aureille 13 284 A1
Aurel 26 248 A1
Aurel 84 266 A1
Aurelle-Verlac 12 243 E3
Aurensan 32 273 E2
Aurensan 65 273 F4
Aureville 31 276 C3
Auriac 11 302 C4
Auriac 19 223 E1
Auriac 64 273 D3
Auriac-de-Bourzac 24 201 F3
Auriac-du-Périgord 24 221 E2
Auriac-Lagast 12 260 B2
Auriac-l'Église 15 207 E4
Auriac-sur-Dropt 47 237 F1
Auriac-sur-Vendinelle 31 277 E3
Auriat 23 186 B3
Auribail 31 276 B4
Auribeau 84 266 B4
Auribeau-sur-Siagne 06 288 A3
Aurice 40 253 F4
Auriébat 65 273 F3
Aurières 63 207 D1
Aurignac 31 299 E1
Aurillac 15 224 A3
Aurimont 32 275 E2
Aurin 31 277 D3
Auriol 13 285 E4
Auriolles 07 246 A3
Auriolles 33 237 E1
Aurions-Idernes 64 273 E2
Auris 38 231 E2
Auron 06 251 E4
Aurons 13 284 B1
Auros 33 236 C3
Aurouër 03 172 A1
Auroux 48 244 C1
Aussac 81 259 D4
Aussac-Vadalle 16 183 F4
Ausseing 31 299 F2
Aussevielle 64 272 C4
Aussillon 81 278 C3
Aussois 73 214 C4
Ausson 31 298 C2
Aussonce 08 38 B3
Aussonne 31 276 B1
Aussos 32 275 D4
Aussurucq 64 295 F2
Autainville 41 109 D3
Autechaux 25 141 F2
Autechaux-Roide 25 142 C2
Les Autels 02 21 F3
Les Autels-Saint-Bazile 14 56 C2
Les Autels-Villevillon 28 108 B1
Auterive 31 276 C4
Auterive 32 275 D2
Auterive 82 257 D4
Auterrive 64 271 F3
Autet 70 140 B1
Auteuil 60 34 A3
Auteuil 78 60 A3
Autevielle-Saint-Martin-Bideren 64 271 F3
Authe 08 39 E2
Autheuil 28 109 D2
Autheuil 61 83 F1
Autheuil-Authouillet 27 59 D1
Autheuil-en-Valois 60 35 F4
Autheux 80 7 E4
Authevernes 27 33 E4
Authezat 63 207 F1
Authie 14 29 E4
Authie 80 18 C1
Authieule 80 7 F4
Les Authieux 27 59 D3
Les Authieux-du-Puits 61 57 D4
Les Authieux-Papion 14 56 C1
Authieux-Ratiéville 76 32 B1
Les Authieux-sur-Calonne 14 30 C3
Les Authieux-sur-le-Port-Saint-Ouen 76 32 B3
Authiou 58 136 A4
Authoison 70 141 E2
Authon 04 249 F4
Authon 17 182 B4
Authon 41 131 D1
Authon-du-Perche 28 84 B4
Authon-la-Plaine 91 86 B2
Authou 27 31 E4
Authuille 80 19 D1
Authume 39 159 E1
Authumes 71 159 D3
Autichamp 26 247 E1
Autignac 34 280 B3
Autigny 76 15 F2
Autigny-la-Tour 88 93 E2
Autigny-le-Grand 52 92 B2
Autigny-le-Petit 52 92 B2
Autingues 62 2 C3
Autoire 46 222 C4
Autoreille 70 140 C3
Autouillet 78 60 A3
Autrac 43 207 E4
Autrans 38 230 B1
Autrèche 37 131 E2
Autrechêne 90 120 A4
Autrêches 60 36 A2
Autrecourt-et-Pourron 08 23 E4
Autrécourt-sur-Aire 55 66 B1
Autremencourt 02 21 D4
Autrepierre 54 69 E4
Autreppes 02 21 D2
Autretot 76 15 E3
Autreville 02 36 A1
Autreville 88 93 F2
Autréville-Saint-Lambert 55 39 F1
Autreville-sur-la-Renne 52 116 A1
Autreville-sur-Moselle 54 68 A3
Autrey 54 94 A1
Autrey 88 95 E3
Autrey-le-Vay 70 141 F1
Autrey-lès-Cerre 70 141 F1
Autrey-lès-Gray 70 140 A2
Autricourt 21 115 E2
Autruche 08 39 E2
Autruy-sur-Juine 45 86 B4
Autry 08 39 D3
Autry-Issards 03 171 F2
Autry-le-Châtel 45 134 B1
Autun 71 157 D2
Auty 82 258 A1
Auvare 06 269 E2
Auve 51 65 E1
Auvernaux 91 87 E2
Auvers 43 226 A3
Auvers 50 27 D3
Auvers-le-Hamon 72 105 F3
Auvers-Saint-Georges 91 86 C2
Auvers-sous-Montfaucon 72 106 B2
Auvers-sur-Oise 95 60 C1
Auverse 49 129 F2
Auvet-et-la-Chapelotte 70 140 A2
Auvillar 82 256 C2
Auvillars 14 30 B4
Auvillars-sur-Saône 21 158 B1
Auvillers-les-Forges 08 22 A2
Auvilliers 76 17 D3
Auvilliers-en-Gâtinais 45 111 E2
Aux-Aussat 32 274 A3
Aux Marais 60 34 A2
Auxais 50 27 D4

AVIGNON

Amirande (Pl. de l') ..... EY 2
Arroussaire (Av. de l') ..... FZ 3
Aubanel (R. Théodore) ..... EZ 5
Balance (R. de la) ..... EY 7
Bancasse (R.) ..... EY 9
Bertrand (R.) ..... FY 10
Bon-Martinet (R. du) ..... FZ 13
Campane (R.) ..... FY 14
Collège-d'Annecy (R. du) ..... EZ 18
Collège-du-Roure (R. du) ..... EY 19
Corps-Saints (Pl. des) ..... EZ 20
David (R. Félicien) ..... EY 22
Dorée (R.) ..... EY 23
Folco-de-Baroncelli (R.) ..... EY 28
Four (R. du) ..... FY 33
Fourbisseurs (R. des) ..... EY 34
Four-de-la-Terre (R. du) ..... FZ 35
Galante (R.) ..... EY 37
Grande-Fusterie (R. de la) ..... EY 39
Grottes (R. des) ..... EY 41
Italiens (Av. des) ..... GY 44
Jaurès (Cours J.) ..... EZ
Jérusalem (Pl.) ..... FY 45
Ledru-Rollin (R.) ..... FY 47
Manivet (R. P.) ..... EFZ 48
Marchands (R. des) ..... EY 49
Masse (R. de la) ..... FZ 52
Molière (R.) ..... EY 54
Monclar (Av.) ..... EZ 55
Mons (R. de) ..... EY 59
Muguet (R.) ..... GY 62
Ortolans (R. des) ..... EZ 63
Palais (Pl. du) ..... EY 64
Palapharnerie (R.) ..... FY 66
Petite-Calade (R. de la) ..... EY 67
Petite-Fusterie (R. de la) ..... EY 68
Petite-Saunerie (R. de la) ..... FY 70
Pétramale (R.) ..... EZ 72
Peyrollerie (R.) ..... EY 73
Pont (R. du) ..... EY 74
Prés.-Kennedy (Cours) ..... EZ 76
Prévot (R.) ..... EZ 77
Rascas (R. de) ..... GY 79
Rempart-de-l'Oulle (R. du) ..... DY 82
Rempart-du-Rhône (R. du) ..... EY 83
Rempart-St-Michel (R. du) ..... FZ 84
Rempart-St-Roch (R. du) ..... DEZ 86
République (R. de la) ..... EYZ
Rhône (Pte du) ..... EY 88
Rouge (R.) ..... EY 90
Saraillerie (R. de la) ..... EYZ 110
St-Agricol (R.) ..... EY 94
St-Christophe (R.) ..... FZ 97
St-Dominique (Bd) ..... DZ 98
St-Étienne (R.) ..... EY 99
St-Jean-le-Vieux (Pl.) ..... FY 101
St-Jean-le-Vieux (R.) ..... FY 102
St-Joseph (R.) ..... FY 104
St-Michel (R.) ..... EZ 105
St-Pierre (Pl.) ..... EY 106
St-Ruf (Av.) ..... FZ 108
Ste-Catherine (R.) ..... FY 109
Taulignan (R. de) ..... EY 112
Tour (R. de la) ..... GY 116
Vernet (R. Horace) ..... EZ 118
Vernet (R. J.) ..... EYZ
Viala (R. Jean) ..... EY 119
Vice-Légat (R.) ..... EY 120
Vieux-Sextier (R. du) ..... EFY 122
Vilar (R. Jean) ..... EY 123
3-Faucons (R. des) ..... EZ 126
3-Pilats (R. des) ..... FY 127

Auxange *39* 140 B4
Auxant *21* 157 F1
Auxelles-Bas *90* 119 E3
Auxelles-Haut *90* 119 E3
Auxerre *89* 113 E4
Auxey-Duresses *21* 157 F2
Auxi-le-Château *62* 7 D4
Auxillac *48* 243 F3
Auxon *10* 114 A1
Auxon *70* 118 B4
Auxon-Dessous *25* 141 D3
Auxon-Dessus *25* 141 D3
Auxonne *21* 140 A4
Auxy *45* 111 E1
Auxy *71* 157 D3
Auzainvilliers *88* 93 F4
Auzances *23* 188 B2
Auzas *31* 299 E2
Auzat *09* 309 F1
Auzat-la-Combelle *63* 207 F3
Auzay *85* 164 A2
Auzebosc *76* 15 E3
Auzécourt *55* 66 A2
Auzelles *63* 208 B2
Auzers *15* 224 A1
Auzet *04* 250 A4
Auzéville-en-Argonne *55* 66 A1
Auzeville-Tolosane *31* 276 C3
Auzielle *31* 277 D3
Auzits *12* 241 F3
Auzon *43* 208 A3
Auzouer-en-Touraine *37* 131 E2
Auzouville-Auberbosc *76* 15 D3
Auzouville-l'Esneval *76* 15 F3
Auzouville-sur-Ry *76* 32 C2
Auzouville-sur-Saâne *76* 15 F2
Availles-en-Châtellerault *86* 149 F4
Availles-Limouzine *86* 184 C1
Availles-sur-Chizé *79* 182 C1
Availles-sur-Seiche *35* 104 B2
Availles-Thouarsais *79* 148 B3
Avajan *65* 298 B4
Avallon *89* 137 D2
Les Avanchers-Valmorel *73* 214 A2
Avançon *05* 249 F2
Avançon *08* 38 A2
Avanne *25* 141 D4
Avant-lès-Marcilly *10* 89 E2
Avant-lès-Ramerupt *10* 90 C2
Avanton *86* 166 B1
Avapessa *2B* 314 B3
Avaray *41* 109 E4
Avaugour (Chapelle d') *22* 50 C4
Avaux *08* 37 F2
Aveize *69* 210 A1
Aveizieux *42* 210 A2
Avelanges *21* 139 D1
Avelesges *80* 17 F2
Avelin *59* 8 C1
Aveluy *80* 19 D1
Aven Armand *48* 261 F1
Avenas *69* 192 B1
Avenay *14* 55 F1
Avenay-Val-d'Or *51* 64 A1
Avène *34* 280 A1
Aveney *25* 141 D4
Avenheim *67* 70 C2
Les Avenières *38* 212 B1
Avensac *32* 256 C4
Avensan *33* 217 D2
Aventignan *65* 298 C2
Averan *65* 297 F2
Averdoingt *62* 7 F3
Averdon *41* 132 A1
Avermes *03* 172 A2
Avernes *95* 60 A1
Avernes-Saint-Gourgon *61* 57 D2
Avernes-sous-Exmes *61* 57 D3
Avéron-Bergelle *32* 273 F1
Averton *53* 82 A3
Avesnelles *59* 10 B3
Avesnes *62* 6 C1
Avesnes-Chaussoy *80* 17 E2
Avesnes-en-Bray *76* 33 E2
Avesnes-en-Saosnois *72* 83 E4
Avesnes-en-Val *76* 16 C2
Avesnes-le-Comte *62* 7 F3
Avesnes-le-Sec *59* 9 E3
Avesnes-les-Aubert *59* 9 E4
Avesnes-lès-Bapaume *62* 19 E1
Avesnes-sur-Helpe *59* 10 B3
Avessac *44* 102 C4
Avessé *72* 106 A2
Aveux *65* 298 C3
Avezac-Prat *65* 298 B2
Avezan *32* 256 C4
Avèze *30* 262 B3
Avèze *63* 206 B2
Avezé *72* 83 F4
Aviernoz *74* 195 F2
Avignon *84* 264 C3
Avignon-lès-Saint-Claude *39* 177 D3
Avignonet *38* 230 C3
Avignonet-Lauragais *31* 277 E4
Avillers *54* 40 C3
Avillers *88* 94 B3
Avillers-Sainte-Croix *55* 67 E1
Avilley *25* 141 F2
Avilly-Saint-Léonard *60* 35 D4
Avion *62* 8 B2
Avioth *55* 40 A1
Aviré *49* 105 D4
Avirey-Lingey *10* 114 C2
Aviron *27* 58 C1
Avize *51* 64 A2
Avocourt *55* 39 F4
Avoine *37* 129 F4
Avoine *61* 56 B4
Avoise *72* 106 A3
Avolsheim *67* 70 C3
Avon *77* 87 F3
Avon *79* 165 F3
Avon-la-Pèze *10* 89 E3
Avon-les-Roches *37* 149 E1
Avondance *62* 7 D2
Avord *18* 153 F2
Avoriaz *74* 179 D4
Avosnes *21* 138 B3
Avot *21* 139 D1
Avoudrey *25* 142 A4
Avrainville *52* 92 A1
Avrainville *54* 67 F3
Avrainville *88* 94 B2
Avrainville *91* 86 C1
Avranches *50* 54 A4
Avranville *88* 93 D2
Avrechy *60* 34 C2
Avrecourt *52* 117 D2
Avrée *58* 156 A4
Avregny *74* 195 E2
Avremesnil *76* 15 F1
Avressieux *73* 212 C2
Avreuil *10* 114 A2
Avricourt *54* 69 E4
Avricourt *57* 69 E4
Avricourt *60* 19 E4
Avrieux *73* 214 C4
Avrigney *70* 140 C3
Avrigny *60* 35 D3
Avril *54* 41 E3
Avril-sur-Loire *58* 155 D4
Avrillé *49* 128 B2
Avrillé *85* 162 C2
Avrillé-les-Ponceaux *37* 130 A3
Avrilly *03* 173 E4
Avrilly *27* 58 C2
Avrilly *61* 81 E1
Avroult *62* 3 D4
Avy *17* 199 E2
Awoingt *59* 9 E4
Ax-les-Thermes *09* 310 B1
Axat *11* 311 E1
Axiat *09* 310 B1
Ay *51* 64 A1
Ay-sur-Moselle *57* 41 F3
Ayat-sur-Sioule *63* 189 D2
Aydat *63* 207 D1
Aydie *64* 273 E2
Aydius *64* 296 B3
Aydoilles *88* 95 D4
Ayen *19* 222 A1
Ayencourt *80* 35 D1
Ayette *62* 8 A4
Ayguade-Ceinturon *83* 292 C2
Ayguatébia-Talau *66* 311 D3
Ayguemorte-les-Graves *33* 236 A1
Ayguesvives *31* 277 D4
Ayguetinte *32* 255 F4
Ayherre *64* 271 D3
Ayn *73* 212 C2
Aynac *46* 223 D4
Les Aynans *70* 142 A1
Ayrens *15* 223 F3
Ayron *86* 165 F1
Ayros-Arbouix *65* 297 E3
Ayse *74* 196 A1
Ayssènes *12* 260 C2
Aytré *17* 180 C1
Les Ayvelles *08* 22 C4
Ayzac-Ost *65* 297 E3
Ayzieu *32* 255 D4
Azannes-et-Soumazannes *55* 40 B3
Azans *39* 159 E1
Azas *31* 277 D1
Azat-Châtenet *23* 186 C2
Azat-le-Ris *87* 167 F4
Azay-le-Brûlé *79* 165 D3
Azay-le-Ferron *36* 150 C3
Azay-le-Rideau *37* 130 B4
Azay-sur-Cher *37* 131 D3
Azay-sur-Indre *37* 131 E4
Azay-sur-Thouet *79* 165 D1
Azé *41* 108 B3
Azé *53* 105 D3
Azé *71* 175 D3
Azelot *54* 94 B1
Azerables *23* 168 C4
Azerailles *54* 95 E1
Azerat *24* 221 E1
Azérat *43* 208 A4
Azereix *65* 297 F1
Azet *65* 307 E4
Azeville *50* 25 E4
Azillanet *34* 279 E4
Azille *11* 303 D1
Azilone-Ampaza *2A* 317 D4
Azincourt *62* 7 D2
Azolette *69* 192 A1
Azoudange *57* 69 E3
Azur *40* 252 B4
Azy *18* 154 A1
Azy-le-Vif *58* 155 D4
Azy-sur-Marne *02* 63 D2
Azzana *2A* 316 C2

B

Baâlon *55* 40 A1
Baâlons *08* 38 C1
Babaou (Col de) *83* 292 C2
Babeau-Bouldoux *34* 279 F4
Babœuf *60* 36 A1
Le Babory-de-Blesle *43* 207 F4
Baby *77* 89 D3
Baccarat *54* 95 E2
Baccon *45* 109 F3
Bach *46* 240 B4
Bachant *59* 10 B2
Bachas *31* 299 F1
La Bachellerie *24* 221 E1
Bachivillers *60* 33 F3
Bachos *31* 299 D4
Bachy *59* 9 D1
Bacilly *50* 53 F4
Le Bacon *48* 225 F4
Baconnes *51* 38 B4
La Baconnière *53* 80 C4
Bacouël *60* 34 C1
Bacouel-sur-Selle *80* 18 A3
Bacourt *57* 68 C2
Bacquepuis *27* 58 B1
Bacqueville *27* 32 C3
Bacqueville-en-Caux *76* 16 D2
Badailhac *15* 224 B3
Badaroux *48* 244 B2
Badecon-le-Pin *36* 168 C2
Badefols-d'Ans *24* 221 F1
Badefols-sur-Dordogne *24* 220 C4
Baden *56* 100 C4
Badens *11* 302 C1
Badevel *25* 142 C1
Badinières *38* 211 F2
Badménil-aux-Bois *88* 95 D3
Badonviller *54* 95 F1
Badonvilliers *55* 93 D1
Baerendorf *67* 70 A1
Baerenthal *57* 44 C4
La Baffe *88* 95 D4
Baffie *63* 208 C3
Bagard *30* 263 E2
Bagargui (Col) *64* 295 E2
Bagas *33* 237 D2
Bagat-en-Quercy *46* 239 F4
Bagatelle (Parc de) *62* 6 A2
Bâgé-la-Ville *01* 175 E4
Bâgé-le-Châtel *01* 175 E4
Bagert *09* 299 F2
Bages *11* 303 F2
Bages *66* 313 D2
Bagiry *31* 299 D3
Bagnac-sur-célé *46* 241 E1
Bagneaux *89* 89 E4
Bagneaux-sur-Loing *77* 87 F4
Bagnères-de-Bigorre *65* 298 A2
Bagnères-de-Luchon *31* 307 F4
Bagneux *02* 36 B2
Bagneux *03* 172 A1
Bagneux *36* 152 A1
Bagneux *49* 129 E4
Bagneux *51* 89 F1
Bagneux *54* 93 F1
Bagneux *79* 148 A1
Bagneux *92* 61 D3
Bagneux-la-Fosse *10* 114 C2
Bagnizeau *17* 182 C3
Bagnoles *11* 302 C1
Bagnoles-de-l'Orne *61* 81 F1
Bagnolet *93* 61 D3
Bagnols *63* 206 B3
Bagnols *69* 192 B3
Bagnols-en-Forêt *83* 287 E2
Bagnols-les-Bains *48* 244 C3
Bagnols-sur-Cèze *30* 264 B1
Bagnot *21* 158 B1
Baguer-Morvan *35* 79 D1
Baguer-Pican *35* 79 E1
Baho *66* 312 C2
Bahus-Soubiran *40* 273 D1
Baigneaux *28* 110 A1
Baigneaux *33* 236 C1
Baigneaux *41* 109 D4
Baignes *70* 141 D1
Baignes-Sainte-
Radegonde *16* 200 C3
Baigneux-les-Juifs *21* 138 B1
Baignolet *28* 109 F1
Baigts *40* 272 A1
Baigts-de-Béarn *64* 272 A3
Baillargues *34* 282 A2
Baillé *35* 80 A3
Bailleau-le-Pin *28* 85 D3
Bailleau-l'Évêque *28* 85 D2
Bailleau-sous-Gallardon *28* 85 F2
Baillestavy *66* 311 F3
Baillet-en-France *95* 61 D1
Bailleul *59* 4 A3
Bailleul *61* 56 C3
Le Bailleul *72* 106 A4
Bailleul *80* 17 E1
Bailleul (Château de) *76* 15 D3
Bailleul-aux-Cornailles *62* 7 F2
Bailleul-la-Vallée *27* 31 D4
Bailleul-le-Soc *60* 35 D2
Bailleul-lès-Pernes *62* 7 F1
Bailleul-Neuville *76* 16 C3
Bailleul-Sir-Berthoult *62* 8 B3
Bailleul-sur-Thérain *60* 34 B3
Bailleulmont *62* 8 A4
Bailleulval *62* 8 A4
Bailleval *60* 34 C3
Baillolet *76* 16 C3
Baillou *41* 108 A2
Bailly *60* 35 F2
Bailly *78* 60 B3
Bailly-aux-Forges *52* 91 F2
Bailly-Carrois *77* 88 B1
Bailly-en-Rivière *76* 16 B2
Bailly-le-Franc *10* 91 E1
Bailly-Romainvilliers *77* 62 A3
Bain-de-Bretagne *35* 103 E3
Baincthun *62* 2 A4
Bainghen *62* 2 C3
Bains *43* 226 C3
Bains-de-Guitera *2A* 317 D4
Bains-les-Bains *88* 118 B1
Bains-sur-Oust *35* 102 B4
Bainville-aux-Miroirs *54* 94 B2
Bainville-aux-Saules *88* 94 B4
Bainville-sur-Madon *54* 94 A1
Bairols *06* 269 F2
Bais *35* 104 A1
Bais *53* 81 F4
Baisieux *59* 5 D4
Baissey *52* 116 C4
Baives *59* 11 D3
Baix *07* 246 C1
Baixas *66* 312 C1
Baizieux *80* 18 C2
Le Baizil *51* 63 F2
Bajamont *47* 256 B1
Bajonnette *32* 256 B4
Bajus *62* 7 F2
Balacet *09* 299 F4
Baladou *46* 222 B3
Balagny-sur-Thérain *60* 34 B3
Balaguères *09* 299 F3
Balaguier d'Olt *12* 241 D3
Balaguier-sur-Rance *12* 260 B4
Balaine (Arboretum de) *03* 172 A1
Balaiseaux *39* 159 E2
Balaives-et-Butz *08* 22 C4
Balan *01* 193 E4
Balan *08* 23 D4
Balanod *39* 176 B2
Balansun *64* 272 A3
Balanzac *17* 181 E4
Balaruc-le-Vieux *34* 281 E3
Balaruc-les-Bains *34* 281 E3
Balâtre *80* 19 E4
Balazé *35* 80 B4
Balazuc *07* 246 A3
Balbigny *42* 191 F4
Balbins *38* 211 F3
Balbronn *67* 70 C3
Baldenheim *67* 97 D2
Baldersheim *68* 120 C2
La Baleine *50* 54 A2
Baleines (Phare des) *17* 162 C4
Baleix *64* 273 E4
Balesmes *37* 150 A2
Balesmes-sur-Marne *52* 116 C3
Balesta *31* 298 C1
Baleyssagues *47* 237 E1
Balgau *68* 121 D1
Balham *08* 38 A2
Balignac *82* 256 C3
Balignicourt *10* 91 D2
Bâlines *27* 58 B4
Balinghem *62* 2 C2
Baliracq-Maumusson *64* 273 D2
Baliros *64* 297 D1
Balizac *33* 236 B3
Balizy *91* 61 D4
Ballainvilliers *91* 61 D4
Ballaison *74* 178 A3
Ballan-Miré *37* 130 C3
Ballancourt-sur-Essonne *91* 87 D2
Ballans *17* 182 C4
Ballay *08* 39 D2
Balledent *87* 185 F1
Ballée *53* 105 F2
Balleray *58* 155 D2
Balleroy *14* 28 C4
Ballersdorf *68* 120 B3
Balléville *88* 93 F3
Ballon *17* 181 D2
Ballon *72* 83 D4
Ballon de Servance *70* 119 E3
Ballons *26* 248 C4
Ballore *71* 174 B2
Ballots *53* 104 B2
Balloy *77* 88 B3
Balma *31* 276 C2
La Balme *73* 194 C4
La Balme-de-Sillingy *74* 195 E2
La Balme-de-Thuy *74* 195 F3
La Balme-d'Épy *39* 176 B3
La Balme-les-Grottes *38* 193 F3
Balmont *74* 195 E3
Balnot-la-Grange *10* 114 B2
Balnot-sur-Laignes *10* 114 C2
Balogna *2A* 316 B2
Balot *21* 115 D3
Balsac *12* 242 A4
Balschwiller *68* 120 B3
Balsièges *48* 244 A3
Baltzenheim *68* 97 D3
Balzac *16* 201 E1
Bambecque *59* 3 F2
Bambiderstroff *57* 42 B4
Ban-de-Laveline *88* 96 A2
Ban-de-Sapt *88* 95 F2
Le Ban-Saint-Martin *57* 41 F4
Ban-sur-Meurthe-Clefcy *88* 95 F4
Banassac *48* 243 F3
Banat *09* 300 C4
Banca *64* 294 C2
Bancarel (Site du) *12* 242 A2
Bancigny *02* 21 E3
Bancourt *62* 19 E1
Bandol *83* 291 E4
Baneins *01* 193 D1
Baneuil *24* 220 C4
Bangor *56* 122 A4
Banhars *12* 242 B1
Banios *65* 298 A3
Banize *23* 187 D3
Bannalec *29* 99 E1
Bannans *25* 160 C3
Bannay *18* 135 D3
Bannay *51* 63 F3
Bannay *57* 42 B4
Banne *07* 245 F4
Bannegon *18* 154 A4
Bannes *46* 223 D4
Bannes *51* 64 A3
Bannes *52* 116 C2
Bannes *53* 105 F2
Banneville-la-Campagne *14* 29 F4
Banneville-sur-Ajon *14* 55 E1
Bannières *81* 277 E2
Bannoncourt *55* 67 D2
Bannost *77* 62 C4
Banogne-Recouvrance *08* 37 F1
Banon *04* 266 B2
Banos *40* 272 B1
Bans *39* 159 E2
Bansat *63* 208 A3
Bantanges *71* 175 F1
Banteux *59* 20 A1
Banthelu *95* 60 A1
Bantheville *55* 39 F3
Bantigny *59* 9 D4
Bantouzelle *59* 20 A1
Bantzenheim *68* 121 D1
Banvillars *90* 142 C1
Banville *14* 29 E3
Banvou *61* 55 E4
Banyuls-dels-Aspres *66* 313 D3
Banyuls-sur-Mer *66* 313 E3
Baon *89* 114 B3
Baons-le-Comte *76* 15 E3
Baou de 4 Oures *83* 291 F3
Bapaume *62* 19 E1
Bapeaume-lès-Rouen *76* 32 A2
Bar *19* 204 C4
Bar-le-Duc *55* 66 B3
Bar-lès-Buzancy *08* 39 E2
Bar-sur-Aube *10* 91 E4
Le Bar-sur-Loup *06* 288 A2
Bar-sur-Seine *10* 114 C1
Baracé *49* 128 C1
Baracuchet (Col de) *63* 209 D2
Baraigne *11* 277 E4
Baraize *36* 168 C2
Baralle *62* 8 C4
Baraqueville *12* 260 A1
Barastre *62* 19 E1
Baratier *05* 250 B2
Barbachen *65* 274 A3
Barbaggio *2B* 315 E1
Barbaira *11* 302 C2
Barbaise *08* 22 B4
Barbas *54* 95 E1
Barbaste *47* 255 F1
Barbâtre *85* 144 B2
Barbazan *31* 299 D3
Barbazan-Debat *65* 297 F1
Barbazan-Dessus *65* 298 A2
Barbechat *44* 127 D3
La Barben *13* 284 B2
Barbentane *13* 264 C3
Barberaz *73* 213 D2
Barberey-aux-Moines *10* 90 A3
Barberey-Saint-Sulpice *10* 90 A3
Barberier *03* 189 F1
Barbery *14* 56 A1
Barbery *60* 35 D4
Barbeville *14* 28 C3
Barbey *77* 88 B3
Barbey-Seroux *88* 95 F4
Barbezières *16* 183 D3
Barbezieux *16* 201 D3
Barbières *26* 229 F3
Barbirey-sur-Ouche *21* 138 C4
Barbizon *77* 87 E2
Barbonne-Fayel *51* 89 E1
Barbonval *02* 37 D3
Barbonville *54* 94 C1
Barbotan-les-Thermes *32* 254 C3
Le Barboux *25* 161 F1
Barbuise *10* 89 E1
Barby *08* 38 A1
Barby *73* 213 D1
Barc *27* 58 A1
Barcaggio *2B* 314 A1
Le Barcarès *66* 313 E1
Barcelonne *26* 229 E3
Barcelonne-du-Gers *32* 273 D1
Barcelonnette *04* 250 C3
Barchain *57* 69 F3
Barchetta *2B* 315 E3
Barcillonnette *05* 249 D3
Barcugnan *32* 274 B4
Barcus *64* 296 A1
Barcy *77* 62 A2
Bard *42* 209 E2
Bard-le-Régulier *21* 157 D1
Bard-lès-Époisses *21* 137 F2
Bard-lès-Pesmes *70* 140 B4
La Barde *17* 219 D1
Bardenac *16* 201 D4
Bardiana *2B* 314 B4
Bardigues *82* 256 C2
Le Bardon *45* 109 F3
Bardos *64* 271 D3
Bardou *24* 238 B1
Bardouville *76* 32 A2
Barèges *65* 297 F4
Bareilles *65* 298 B4
Barembach *67* 70 B4
Baren *31* 299 D4
Barentin *76* 15 F4
Barenton *50* 81 D1
Barenton-Bugny *02* 20 C4
Barenton-Cel *02* 20 C4
Barenton-sur-Serre *02* 20 C4
Barésia-sur-l'Ain *39* 177 D2
Barfleur *50* 25 E2
Barfleur (Pointe de) *50* 25 E2
Bargème *83* 268 B4
Bargemon *83* 287 E1
Barges *21* 139 E4
Barges *43* 227 D4
Barges *70* 117 F3
Bargny *60* 35 F4
Barie *33* 237 D2
Les Barils *27* 58 A4
Barinque *64* 273 D4
Barisey-au-Plain *54* 93 F1
Barisey-la-Côte *54* 93 F1
Barisis *02* 36 B1
Barizey *71* 157 F4
Barjac *09* 300 A3
Barjac *30* 246 A4
Barjac *48* 244 A3
Barjols *83* 286 A2
Barjon *21* 139 D1
Barjouville *28* 85 E3
Barles *04* 250 A4
Barlest *65* 297 E2
Barleux *80* 19 E2
Barlieu *18* 134 B2
Barlin *62* 8 A2
Barly *62* 7 F3
Barly *80* 7 E4
Barmainville *28* 86 B4
Barnas *07* 245 F1
Barnave *26* 248 A1
Barnay *71* 157 D1
Barnenez (Tumulus de) *29* 49 E2
Barneville-Carteret *50* 24 B4
Barneville-la-Bertran *14* 30 B2
Barneville-sur-Seine *27* 31 F3
La Baroche-Gondouin *53* 81 F2
La Baroche-sous-Lucé *61* 81 E1
Les Baroches *54* 41 D3
Baromesnil *76* 16 C2
Baron *30* 263 F2
Baron *33* 217 F4
Baron *60* 35 E4
Baron *71* 174 A2
Baron-sur-Odon *14* 29 E4
Baronville *57* 69 D2
Barou-en-Auge *14* 56 B2
Baroville *10* 91 E4
Le Barp *33* 235 E2
La Barque *13* 285 D3
Barquet *27* 58 A1
Barr *67* 96 C1
Barracone *2A* 316 C4
Barrais-Bussolles *03* 173 D4
Barran *32* 274 C2
Barrancoueu *65* 298 B4
Les Barraques-
en-Vercors *26* 230 A2
Barras *04* 267 E2
Barraute-Camu *64* 271 F4
Barraux *38* 213 D3
La Barre *39* 159 F1
La Barre *70* 141 E2
Barre *81* 279 E1
La Barre-de-Monts *85* 144 B2
La Barre-de-Semilly *50* 27 F4
Barre-des-Cévennes *48* 262 B1
La Barre-en-Ouche *27* 57 F2
Barrême *04* 268 A3
Barret *16* 200 C2
Barret-de-Lioure *26* 266 B1
Barret-sur-Méouge *05* 248 C4
Barretaine *39* 159 F3
Barrettali *2B* 314 D2
Barriac-les-Bosquets *15* 223 F2
Barricourt *08* 39 F2
Barro *16* 183 F2
Barrou *37* 150 A3
Le Barroux *84* 265 E2
Barry *65* 297 F2
Barry *84* 246 C4
Barry-d'Islemade *82* 257 F2
Bars *24* 221 E2
Bars *32* 274 B3
Barsac *26* 248 A1
Barsac *33* 236 B2
Barsanges *19* 205 E2
Barst *57* 43 D4
Bart *25* 142 B1
Bartenheim *68* 120 C3
Barthe *65* 298 C1
Barthe (Barrage de la) *12* 224 C4
La Barthe-de-Neste *65* 298 B2
Bartherans *25* 160 A1
Les Barthes *82* 257 E2
Bartrès *65* 297 E2
Barville *27* 31 D4
Barville *61* 83 D2
Barville *76* 15 E2
Barville *88* 93 E2
Barville-en-Gâtinais *45* 111 D1
Barzan *17* 198 C2

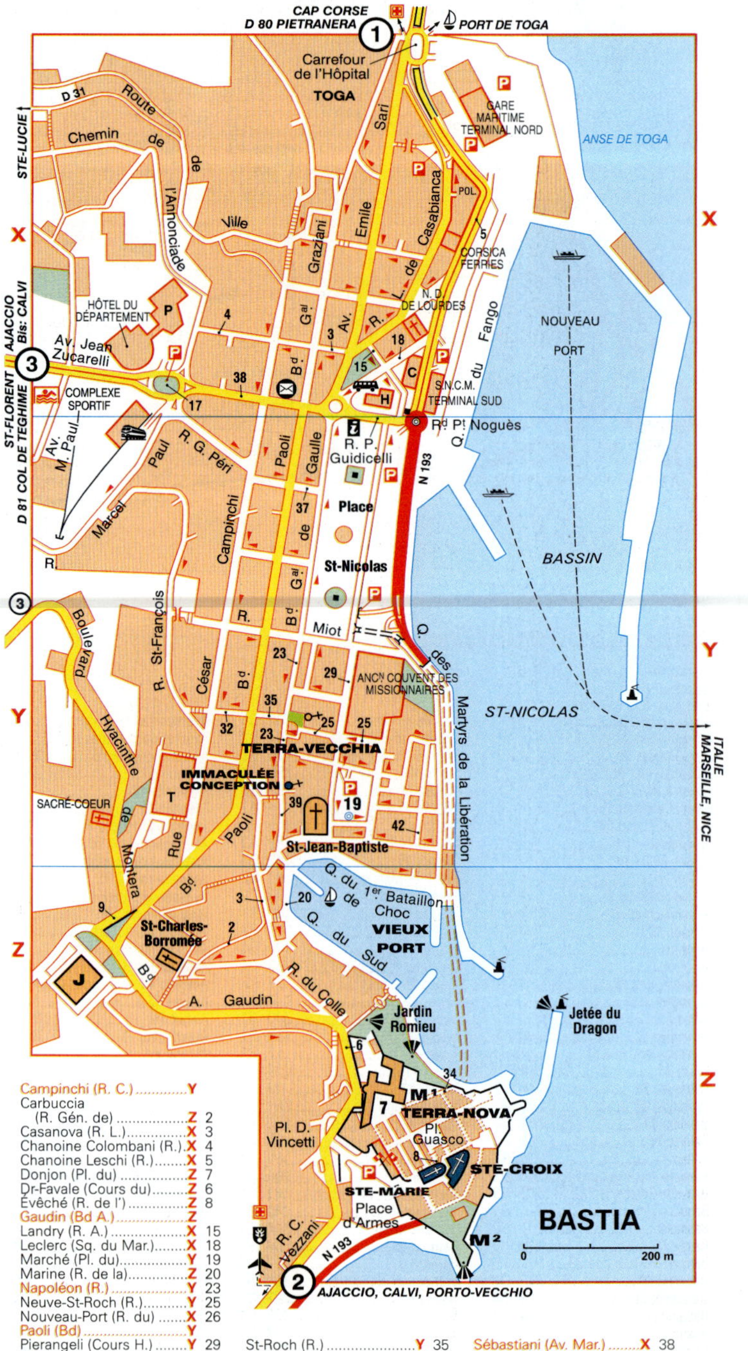

Campinchi (R. C.) Y
Carbuccia (R. Gén. de) Z 2
Casanova (R. L.) X 3
Chanoine Colombani (R.) X 4
Chanoine Leschi (R.) X 5
Donjon (Pl. du) Z 7
Dr-Favale (Cours du) Z 6
Évêché (R. de l') Z 8
Gaudin (Bd A.) Z
Landry (R. A.) X 15
Leclerc (Sq. du Mar.) X 18
Marché (Pl. du) Y 19
Marine (R. de la) Z 20
Napoléon (R.) Y 23
Neuve-St-Roch (R.) Y 25
Nouveau-Port (R. du) X 26
Paoli (Bd) Y
Pierangeli (Cours H.) Y 29
St-François (R.) Y 32
St-Michel (R.) Z 34
St-Roch (R.) Y 35
Salicetti (R.) Y 37
Sari (Av. E.) X
Sébastiani (Av. Mar.) X 38
Terrasses (R. des) Y 39
Zéphyrs (R. des) Y 42

Argenterie (R.) .... AZ 3
Basques (Pl. des) .... AY 10
Bernède (R.) .... AY 15
Bonnat (Av. Léon) .... AY 16
Bourg-Neuf (R.) .... BYZ 17
Chanoine-Lamarque (Av.) .... AZ 23
Château-Vieux (Pl.) .... AZ 24
Cordeliers (R. des) .... BZ 26
Dubourdieu
(Q. Amiral) .... BZ 31
Duvergier-de
Hauranne (Av.) .... BZ 32
Génie (Pont du) .... BZ 39
Gouverneurs (R. des) .... AZ 41
Jauréguiberry (Q.) .... AZ 57
Lachepaillet
(Rempart) .... AZ 64
Laffitte (R. Jacques) .... BYZ 65
Liberté (Pl. de la) .... BY 73
Lormond (R.) .... AY 74
Marengo (Pont et R.) .... BZ 80
Marines (Av. des Allées) .... AY 81
Mayou (Pont) .... BY 83
Monnaie (R. de la) .... AZ 86
Orbe (R.) .... AZ 92
Pannecau (Pont) .... BZ 93
Pelletier (R.) .... BZ 95
Port-de-Castets (R.) .... AZ 97
Port-Neuf (R. du) .... AY 98
Ravignan (R.) .... BZ 104
Roquebert (Q. du Cdt) .... BZ 108
Thiers (R.) .... AY
Tour-de-Sault (R.) .... AZ 120
Victor-Hugo (R.) .... AZ 125
11-Novembre (Av.) .... AY 128
49e (R. du) .... AY 129

BEAUVAIS

Beauregard (R.) 2
Brière (Bd J.) 3
Carnot (R.)
Clemenceau (Pl.) 4
Dr-Gérard (R.) 5
Dr-Lamotte (Bd du) 6
Dreux (R. Ph. de) 7
Gambetta (R.)
Grenier-à-Sel (R.) 8
Guéhengnies (R. de) 9
Hachette (Pl. J.) 10
Halles (Pl. des) 12
Leclerc (R. Mar.) 13
Lignières (R. J. de) 15
Loisel (Bd A.) 16
Malherbe (R. de) 18
Nully-d'Hécourt (R.) 19
République (Av. de la) 20
St-André (Bd) 22
St-Laurent (R.) 23
St-Pierre (R.) 24
St-Vincent-de-Beauvais (R.) 26
Scellier (Cours) 27
Taillerie (R. de la) 29
Tapisserie (R. de la) 30
Villiers de l'Isle Adam (R.) 35
Watrin (R. du Gén.) 36
27 Juin (R. du) 38

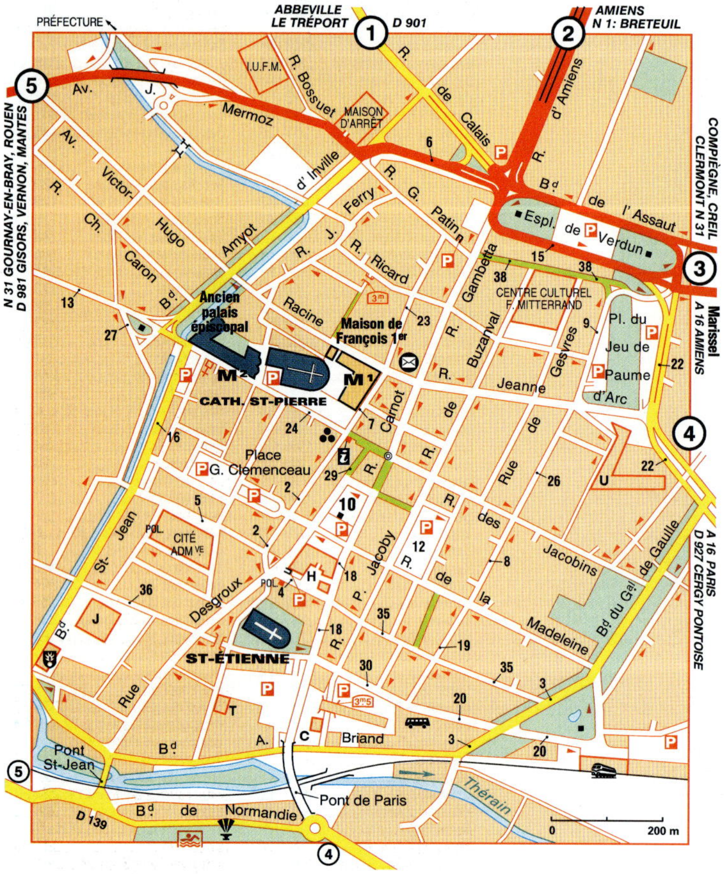

Beauregard-Baret 26 229 F2
Beauregard-de-Terrasson 24 221 F1
Beauregard-et-Bassac 24 220 B3
Beauregard-l'Évêque 63 189 F4
Beauregard-Vendon 63 189 E3
Beaurepaire 38 211 E4
Beaurepaire 60 35 D3
Beaurepaire 76 14 B3
Beaurepaire 85 146 B3
Beaurepaire-en-Bresse 71 176 B1
Beaurepaire-sur-Sambre 59 10 A4
Beaurevoir 02 20 A2
Beaurières 26 248 B2
Beaurieux 02 37 D2
Beaurieux 59 10 C3
Beauronne 24 220 A2
Beausemblant 26 229 D1
Beausoleil 06 289 E4
Beaussac 24 202 A2
Beaussais 79 165 E4
Beaussault 76 17 D4
Beausse 49 127 F3
Le Beausset 83 291 E3
Beauteville 31 277 E4
Beautheil 77 62 B4
Beautiran 33 236 B1
Beautor 02 20 B4
Beautot 76 16 A4
Beauvain 61 82 A1
Beauvais 60 34 A2
Beauvais-sur-Matha 17 182 D3
Beauvais-sur-Tescou 81 258 A4
Beauval 80 18 B1
Beauval-en-Caux 76 16 A4
Beauvallon 26 229 D4
Beauvallon 83 287 E4
Beauvau 49 129 D1
Beauvène 07 228 B4
Beauvernois 71 159 E3
Beauvezer 04 268 B1
Beauville 31 277 E3
Beauville 47 256 C1
Beauvilliers 28 85 F4
Beauvilliers 41 109 D3
Beauvilliers 89 137 E3
Beauvoir 50 79 F1
Beauvoir 60 34 B1
Beauvoir 77 88 A1
Beauvoir 89 113 D4
Beauvoir (Château de) 03 172 C3
Beauvoir-de-Marc 38 211 E2
Beauvoir-en-Lyons 76 33 D2
Beauvoir-en-Royans 38 230 A1
Beauvoir-sur-Mer 85 144 C2
Beauvoir-sur-Niort 79 182 B1
Beauvoir-sur-Sarce 10 114 C2
Beauvoir-Wavans 62 7 D4
Beauvois 62 7 E2
Beauvois-en-Cambrésis 59 9 E4
Beauvois-en-Vermandois 02 19 F3
Beauvoisin 26 247 F4
Beauvoisin 30 282 C1
Beauvoisin 39 159 D3
Beaux 43 227 E1
Beauzac 43 209 E4
Beauzée-sur-Aire 55 66 B2
Beauzelle 31 276 B2
Beauziac 47 237 D4
Bébing 57 69 F3
Beblenheim 68 96 B3
Bec-de-Mortagne 76 15 D2
Le Bec-Hellouin 27 31 E4
Le Bec-Thomas 27 32 A4
Beccas 32 274 A3
Béceleuf 79 164 C2
Béchamps 54 40 C4
Bécherel 35 78 C3
Bécheresse 16 201 E2
Béchy 57 68 C1
Bécon-les-Granits 49 128 A2
Béconne 26 247 E3
Bécordel-Bécourt 80 19 D2
Bécourt 62 2 C4
Becquigny 02 20 B1
Becquigny 80 18 C4
Bédarieux 34 280 A2
Bédarrides 84 265 D2
Beddes 18 170 A1
Bédéchan 32 275 E2
Bédée 35 78 C4
Bédeilhac-et-Aynat 09 300 C4
Bédeille 09 300 A2
Bédeille 64 273 E4
Bedenac 17 218 C1
Bédoin 84 265 F2
Bédouès 48 244 B4
Bedous 64 296 B3
Béduer 46 241 D2
Beffes 18 154 B1
Beffia 39 176 C2
Beffu-et-le-Morthomme 08 39 E2
Beg-Meil 29 98 C2
Bégaar 40 253 D4
Bégadan 33 198 C3
Béganne 56 125 D1
Bégard 22 50 B3
Bègles 33 217 E4
Begnécourt 88 94 B4
Bégole 65 298 B2
Bégrolles-en-Mauges 49 146 C1
La Bégude-de-Mazenc 26 247 D2
Bègues 03 189 E1
Béguey 33 236 B1
Béguios 64 271 E4
Béhagnies 62 8 B4
Béhasque-Lapiste 64 271 E4
Béhen 80 17 E1
Béhencourt 80 18 C2
Béhéricourt 60 35 F1
Behlenheim 67 71 D3
Béhobie 64 270 A4
Behonne 55 66 B3
Béhorléguy 64 295 E2
Béhoust 78 59 F3
Behren-lès-Forbach 57 43 D4
Béhuard 49 128 A3
Beignon 56 102 B1
Beillé 72 107 E1
Beine 89 113 F3
Beine-Nauroy 51 38 A4
Beinheim 67 71 F1
Beire-le-Châtel 21 139 E3
Beire-le-Fort 21 139 F4
Beissat 23 187 F4
Bel-Air 49 104 C4
Bel-Homme (Col du) 83 287 E1
Bélâbre 36 168 A2
Belan-sur-Ource 21 115 E2
Bélarga 34 281 D3
Bélaye 46 239 F3
Belberaud 31 277 D3
Belbèse 82 257 D4
Belbeuf 76 32 B2
Belbèze-de-Lauragais 31 276 C4
Belbèze-en-Comminges 31 299 F2
Belcaire 11 310 C1
Belcastel 12 242 A4
Belcastel 81 277 E2
Belcastel (Château de) 46 222 B4
Belcastel-et-Buc 11 302 B3
Belcodène 13 285 E3
Bélesta 09 301 F4
Bélesta 66 312 B1
Bélesta-en-Lauragais 31 277 E3
Beleymas 24 220 A3
Belfahy 70 119 E3
Belfays 25 142 C3
Belflou 11 301 E1
Belfonds 61 82 C1
Belfort 90 119 F4
Belfort-du-Quercy 46 258 A1
Belfort-sur-Rebenty 11 310 C1
Belgeard 53 81 E4
Belgentier 83 291 F3
Belgodère 2B 314 C2
Belhade 40 235 E3
Belhomert-Guéhouville 28 84 C2
Le Bélieu 25 161 E1
Béligneux 01 193 E3
Belin-Béliet 33 235 E3
Bélis 40 254 A2
Bellac 87 185 E1
Bellaffaire 04 249 F3
Bellagranajo (Col de) 2B 317 D1
Bellaing 59 9 E2
Bellancourt 80 17 F1
Bellange 57 69 D2
Bellavilliers 61 83 E2
Le Bellay-en-Vexin 95 33 F4
Belle-Église 60 34 B4
Belle-et-Houllefort 62 2 B3
Belle-Ile 56 122 A3
Belle-Isle-en-Terre 22 50 A3
Belleau 02 62 C1
Belleau 54 68 A3
Bellebat 33 236 C1
Bellebrune 62 2 B4
Bellechassagne 19 205 F1
Bellechaume 89 113 E2
Bellecombe 39 177 E3
Bellecombe 73 214 B2
Bellecombe-en-Bauges 73 195 E4
Bellecombe-Tarendol 26 248 A4
Bellefond 21 139 E3
Bellefond 33 218 C4
Bellefonds 86 166 C1
Bellefontaine 39 177 F1
Bellefontaine 50 54 C4
Bellefontaine 88 118 C1
Bellefontaine 95 61 E1
Bellefosse 67 96 B1
Bellegarde 30 283 D1
Bellegarde 32 275 D4
Bellegarde 45 111 D2
Bellegarde 81 259 F4
Bellegarde-du-Razès 11 302 A2
Bellegarde-en-Diois 26 248 A2
Bellegarde-en-Forez 42 209 F1
Bellegarde-en-Marche 23 187 F3
Bellegarde-Poussieu 38 211 D3
Bellegarde-Sainte-Marie 31 276 A2
Bellegarde-sur-Valserine 01 194 C1
Belleherbe 25 142 B3
Bellemagny 68 120 A3
Bellême 61 83 F3
Bellenaves 03 189 E1
Bellencombre 76 16 B4
Belleneuve 21 139 F3
Bellenglise 02 20 A2
Bellengreville 14 56 B1
Bellengreville 76 16 B2
Bellenod-sur-Seine 21 115 E4
Bellenot-sous-Pouilly 21 138 B4
Bellentre 73 214 C1
Belleray 55 40 B4
Bellerive-sur-Allier 03 190 A1
Belleroche 42 192 A1
Belleserre 81 278 A3
Bellesserre 31 276 A1
Belleu 02 36 B3
Belleuse 80 18 A4
Bellevaux 74 178 C4
Bellevesvre 71 159 D3
Belleville 54 68 A3
Belleville 69 192 C1
Belleville 79 182 B1
Belleville-en-Caux 76 16 D4
Belleville-sur-Bar 08 39 D2
Belleville-sur-Loire 18 135 D2
Belleville-sur-Mer 76 16 A2
Belleville-sur-Meuse 55 40 A4
Belleville-sur-Vie 85 145 F4
Bellevue 44 126 C4
Bellevue (Grotte de) 46 240 C2
Bellevue-Coëtquidan 56 102 B2
Bellevue-la-Montagne 43 226 C1
Belley 01 194 C4
Belley 10 90 B3
Belleydoux 01 177 D4
Bellicourt 02 20 A2
La Bellière 61 82 B1
La Bellière 76 33 D1
Bellignat 01 176 C4
Belligné 44 127 E2
Bellignies 59 10 A1
La Belliole 89 112 B1
Belloc 09 301 F3
Belloc-Saint-Clamens 32 274 B3
Bellocq 64 271 F2
Bellon 16 201 E4
Bellonne 62 8 C3
Bellot 77 62 C3
Bellou 14 57 D2
Bellou-en-Houlme 61 55 F4
Bellou-le-Trichard 61 83 F4
Bellou-sur-Huisne 61 84 A2
Belloy 60 35 D1
Belloy-en-France 95 61 D1
Belloy-en-Santerre 80 19 E3
Belloy-Saint-Léonard 80 17 E2
Belloy-sur-Somme 80 18 A2
Belluire 17 199 E2
Belmesnil 76 16 A3
Belmont 25 141 F4
Belmont 32 274 A1
Belmont 38 212 A2
Belmont 39 159 E2
Belmont 52 117 D4
Belmont 67 96 B1
Belmont 70 119 D3
Belmont-Bretenoux 46 223 D4
Belmont-d'Azergues 69 192 C3
Belmont-de-la-Loire 42 191 F1
Belmont-lès-Darney 88 118 A1
Belmont-Luthézieu 01 194 B3
Belmont-Sainte-Foi 46 258 B1
Belmont-sur-Buttant 88 95 E3
Belmont-sur-Rance 12 260 C4
Belmont-sur-Vair 88 93 F3
Belmont-Tramonet 73 212 C2
Belmontet 46 239 E4
Belon 29 99 E2
Belonchamp 70 119 D3
Belpech 11 301 E2
Belrain 55 66 C3
Belrupt 88 118 A1
Belrupt-en-Verdunois 55 40 B4
Bélus 40 271 E2
Belval 08 22 C3
Belval 50 54 A1
Belval 88 96 A1
Belval-Bois-des-Dames 08 39 E2
Belval-en-Argonne 51 66 A2
Belval-sous-Châtillon 51 63 F1
Belvédère 06 289 D2
Belvédère-Campomoro 2A 318 B2
Belverne 70 119 E4
Belvès 24 221 E4
Belvès-de-Castillon 33 219 D3
Belvèze 82 239 E4
Belvèze-du-Razès 11 302 A2
Belvézet 30 264 A2
Belvezet 48 244 C2
Belvianes-et-Cavirac 11 302 B4
Belvis 11 302 A4
Belvoir 25 142 B3
Belz 56 100 B4
Bémécourt 27 58 B3
Bénac 09 300 C4
Bénac 65 297 F2
Benagues 09 301 D2
Benais 37 129 F4
Bénaix 09 301 E4
Bénaménil 54 95 D1
Bénarville 76 15 D3
Benassay 86 165 F2
La Benâte 17 181 F2
La Bénate 44 145 E2
Benauge (Château de) 33 236 C1
Benay 02 20 A3
Benayes 19 204 A2
Bendejun 06 288 C1
Bendor (Ile de) 83 291 E4
Bendorf 68 120 B4
Bénéjacq 64 297 D1
Benerville-sur-Mer 14 30 B3
Bénesse-lès-Dax 40 271 E1
Bénesse-Maremne 40 270 C1
Benest 16 184 A2
Bénestroff 57 69 E2
Bénesville 76 15 F2
Benet 85 164 B3
Beneuvre 21 116 A4
Bénévent-et-Charbillac 05 249 E1
Bénévent-l'Abbaye 23 186 B1
Beney-en-Woëvre 55 67 E2
Benfeld 67 97 D1
Bengy-sur-Craon 18 154 A2
Bénifontaine 62 8 B2
Béning-lès-Saint-Avold 57 43 D4
La Bénisson-Dieu 42 191 E1
Bénivay-Ollon 26 247 F4
Bennecourt 78 59 E1
Bennetot 76 15 D3
Benney 54 94 B1
Bennwihr 68 96 B3
Bénodet 29 98 C2
Benoisey 21 138 A1
Benoîtville 50 24 B3
Benon 17 164 A4
Bénonces 01 194 A4
Bénouville 14 29 F4
Bénouville 76 14 B2
Benque 31 299 E1
Benqué 65 298 B2
Benque-Dessous-et-Dessus 31 307 F3
Benquet 40 254 A4
Bentayou-Sérée 64 273 E4
Bény 01 176 A4
Le Bény-Bocage 14 55 D2
Bény-sur-Mer 14 29 E3
Béon 01 194 C3
Béon 89 112 C2
Béost 64 296 C3
La Bérarde 38 232 A3
Bérat 31 276 A4
Béraut 32 255 F3
Berbérust-Lias 65 297 F3
Berbezit 43 208 B4

BELFORT

Ancêtres (Fg des) Y 3
Armes (Pl. d') Y 5
As-de-Carreau (R. de l') Z 6
Bourgeois (Pl. des) Y 12
Carnot (Bd) Z 15
Clemenceau (R. G.) Y 20
Denfert-Rochereau (R.) Z 21
Dr-Corbis (Pl. du) Z 23
Dr-Fréry (R. du) Y 24
Dreyfus-Schmidt (R.) Y 25
Espérance (Av. de l') Y 28
Foch (Av. Mar.) Z 29
France (Fg de) Z 30
Gaulard (R. du Gén.) Z 31
Grande-Fontaine (R.) Y 33
Grand'Rue Y 34
Joffre (Bd du Mar.) Y 37
Lebleu (R. F.) Z 40
Magasin (Q. du) Y 43
Metz-Juteau (R.) Y 45
Pompidou (R. G.) Y 48
République (Pl. de la) Y 49
République (R. de la) Z 50
Roussel (R. du Gén.) Y 51
Sarrail (Av. du Gén.) Z 52
Vauban (Q.) Y 60

BESANÇON

Battant (Pont) ....AY 3
Battant (R.) ....AY
Bersot (R.) ....BY
Carnot (Av.)...........................BY 7
Castan (Sq.)...........................BZ 8
Chapitre (R. du) ....BZ 14
Denfert-Rochereau (Av.).......BY 17
Denfert-Rochereau (Pont)..........................ABY 18
Fusillés-de-la-Résistance (R. des) ....BZ 20
Gambetta (R.)........................BY 21
Gare-d'eau (Av. de la)..........AZ 22
Gaulle (Bd Ch.-de)................AZ 23
Girod de Chantrans (R.).....AYZ 24
Grande-Rue ....ABYZ
Granges (R. des)...............ABY
Krug (R. Ch.).........................BY 26
Madeleine (R. de la)............AY 29
Martelots (R. des) ....BZ 30
Mégevand (R.) ....ABZ 32
Moncey (R.)...........................BY 33
Orme-de-Chamars (R. de l').AZ 36
Pouillet (R. C.).......................AY 39
République (R. de la) ....BY 40
Révolution (Pl. de la)...........AY 41
Rivotte (Faubourg)...............BZ 42
Ronchaux (R.).......................BZ 43
Rousseau (R.).......................AY 45
Saint-Amour (Sq.) ....BY 48
Sarrail (R. Gén.) ....BY 52
Vauban (Quai)........................AY 56
1re-Armée-Française (Pl.) ......BY 58

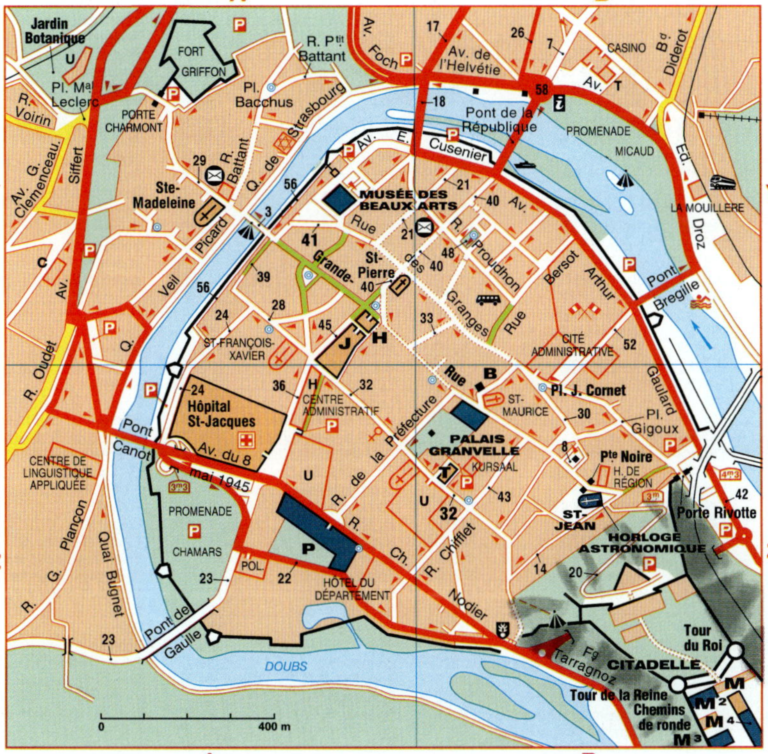

Berbiguières 24 .....221 E4
Berc 48 .....225 F4
Bercenay-en-Othe 10 .....90 A4
Bercenay-le-Hayer 10 .....89 E3
Berche 25 .....142 B2
Berchères-la-Maingot 28 .....85 E2
Berchères-les-Pierres 28 .....85 E3
Berchères-sur-Vesgre 28 .....59 E3
Berck-Plage 62 .....6 A2
Berck-sur-Mer 62 .....6 A2
Bercloux 17 .....182 B4
Berd'Huis 61 .....84 A3
Berdoues 32 .....274 B3
Bérelles 59 .....10 C2
Bérengeville-la-Campagne 27 .....58 C1
Berentzwiller 68 .....143 F1
Bérenx 64 .....272 A3
Béréziat 01 .....175 F3
Berfay 72 .....108 A2
Berg 67 .....70 A1
Berg-sur-Moselle 57 .....42 A2
Berganty 46 .....240 B3
Bergbieten 67 .....70 C3
Bergerac 24 .....220 A4
Bergères 10 .....91 E4
Bergères-lès-Vertus 51 .....64 A3
Bergères-sous-Montmirail 51 63 E3
Bergesserin 71 .....174 C3
Bergheim 68 .....96 B2
Bergholtz 68 .....120 B1
Bergholtzzell 68 .....120 B1
Bergicourt 80 .....17 F4
Bergnicourt 08 .....38 A2
Bergonne 63 .....207 F2
Bergouey 40 .....272 A1
Bergouey 64 .....271 E3
La Bergue 74 .....178 A4
Bergueneuse 62 .....7 E2
Bergues 59 .....3 F2
Bergues-sur-Sambre 02 .....10 A4
Berguette 62 .....3 F4
Berhet 22 .....50 B2
Bérig-Vintrange 57 .....69 D1
Bérigny 50 .....27 F4
Berjou 61 .....55 F3
Berlaimont 59 .....10 A2
Berlancourt 02 .....21 D3
Berlancourt 60 .....19 F4
Berlats 81 .....279 D1
Berlencourt-le-Cauroy 62 .....7 F3
Berles-au-Bois 62 .....8 A4
Berles-Monchel 62 .....7 F3
La Berlière 08 .....39 E1
Berling 57 .....70 A2
Berlise 02 .....21 F4
Berlou 34 .....279 F3
Bermerain 59 .....9 F3
Berméricourt 51 .....37 F3
Bermeries 59 .....10 A2
Bermering 57 .....69 D2
Bermesnil 80 .....17 E2
Bermicourt 62 .....7 E2
Bermont 90 .....142 C1
Bermonville 76 .....15 E3
Bernac 16 .....183 F2
Bernac 81 .....259 D3
Bernac-Debat 65 .....297 F2
Bernac-Dessus 65 .....297 F2
Bernadets 64 .....273 D4
Bernadets-Debat 65 .....274 B4
Bernadets-Dessus 65 .....298 B1
Le Bernard 85 .....162 C2
La Bernardière 85 .....146 A1
Bernardswiller 67 .....70 C4
Bernardvillé 67 .....96 C1
Bernâtre 80 .....7 D4
Bernaville 80 .....7 D4
Bernay 17 .....181 F2
Bernay 27 .....57 F1
Bernay 72 .....106 B1
Bernay-en-Brie 77 .....62 A4
Bernay-en-Ponthieu 80 .....6 B3
Berné 56 .....100 A1
Bernécourt 54 .....67 F3
Bernède 32 .....273 D1
La Bernerie-en-Retz 44 .....144 C1
Bernes 80 .....19 F2
Bernes-sur-Oise 95 .....34 B4
Bernesq 14 .....27 F3
Berneuil 16 .....201 D3
Berneuil 17 .....199 E1
Berneuil 80 .....18 A1
Berneuil 87 .....185 E2
Berneuil-en-Bray 60 .....34 A3
Berneuil-sur-Aisne 60 .....35 F2
Berneval-le-Grand 76 .....16 B2
Berneville 62 .....8 A3
Bernex 74 .....178 C3
Bernienville 27 .....58 B1
Bernières 76 .....15 D3
Bernières-d'Ailly 14 .....56 B2
Bernières-le-Patry 14 .....55 D3
Bernières-sur-Mer 14 .....29 E3
Bernières-sur-Seine 27 .....32 C4
Bernieulles 62 .....6 B1
Bernin 38 .....213 D4
Bernis 30 .....282 B1
Bernolsheim 67 .....71 D2
Bernon 10 .....114 A2
Bernos-Beaulac 33 .....236 C4
Bernot 02 .....20 B3
Bernouil 89 .....114 A3
Bernouville 27 .....33 E3
Bernwiller 68 .....120 B3
Berny-en-Santerre 80 .....19 E3
Berny-Rivière 02 .....36 A2
Bérou-la-Mulotière 28 .....58 B4
Berrac 32 .....256 A3
Berre-les-Alpes 06 .....288 C1
Berre-l'Étang 13 .....284 B3
Berriac 11 .....302 C1
Berrias-et-Casteljau 07 .....245 F4
Berric 56 .....101 F4
Berrie 86 .....148 B1
Berrien 29 .....49 E4
Berrieux 02 .....37 E2
Berrogain-Laruns 64 .....295 F1
Berru 51 .....38 A3
Berrwiller 68 .....120 B1
Berry-au-Bac 02 .....37 E2
Berry-Bouy 18 .....153 D1
Le Bersac 05 .....248 C3
Bersac-sur-Rivalier 87 .....186 A2
Bersaillin 39 .....159 E3
Bersée 59 .....9 D2
Bersillies 59 .....10 B1
Berson 33 .....217 E1
Berstett 67 .....71 D2
Berstheim 67 .....71 D1
Bert 03 .....173 D4
Bertangles 80 .....18 B2
Bertaucourt-Epourdon 02 .....36 B1
Berteaucourt-les-Dames 80 .....18 A1
Berteaucourt-lès-Thennes 80 .18 C3
Bertheauville 76 .....15 D2
Berthecourt 60 .....34 B3
Berthegon 86 .....149 D3
Berthelange 25 .....140 C4
Berthelming 57 .....69 F2
Berthen 59 .....4 A3
Berthenay 37 .....130 B3
Berthenicourt 02 .....20 B3
Berthenonville 27 .....33 E4
La Berthenoux 36 .....169 F1
Berthez 33 .....236 C3
Bertholène 12 .....242 C4
Berthouville 27 .....31 E4
Bertignat 63 .....208 C2
Bertignolles 10 .....115 D1
Bertincourt 62 .....19 E1
Bertoncourt 08 .....38 B1
Bertrambois 54 .....69 F4
Bertrancourt 80 .....18 C1
Bertrange 57 .....41 F3
Bertre 81 .....277 F2
Bertren 65 .....299 D3
Bertreville 76 .....15 D2
Bertreville-Saint-Ouen 76 .....16 A3
Bertric-Burée 24 .....202 A4
Bertrichamps 54 .....95 E2
Bertricourt 02 .....37 F2
Bertrimont 76 .....16 D4
Bertrimoutier 88 .....96 A2
Bertry 59 .....20 B1
Béru 89 .....114 A4
Béruges 86 .....166 A2
Bérulle 10 .....89 E4
Bérus 72 .....82 C3
Berven 29 .....48 C3
Berville 14 .....56 C2
Berville 76 .....15 F2
Berville 95 .....34 A4
Berville-en-Roumois 27 .....31 F3
Berville-la-Campagne 27 .....58 B1
Berville-sur-Mer 27 .....30 C2
Berville-sur-Seine 76 .....15 F4
Berviller-en-Moselle 57 .....42 C3
Berzé-la-Ville 71 .....175 D3
Berzé-le-Châtel 71 .....175 D3
Berzème 07 .....246 B1
Berzieux 51 .....39 D4
Berzy-le-Sec 02 .....36 B3
La Besace 08 .....39 E1
Besain 39 .....160 A4
Besançon 25 .....141 D4
Bésayes 26 .....229 E3
Bescat 64 .....296 C2
Bésignan 26 .....248 A4
Bésingrand 64 .....272 B4
Beslé 44 .....103 D4
La Beslière 50 .....54 A3
Beslon 50 .....54 B3
Besmé 02 .....36 A1
Besmont 02 .....21 F3
Besnans 70 .....141 F2
Besné 44 .....125 E2
Besneville 50 .....24 C4
Besny-et-Loizy 02 .....36 C1
Bessac 16 .....201 D3
Bessais-le-Fromental 18 .....154 A4
Bessamorel 43 .....227 E2
Bessan 34 .....280 C4
Bessancourt 95 .....60 C1
Bessans 73 .....215 E3
Bessas 07 .....246 A4
Le Bessat 42 .....210 B3
Bessay 85 .....163 E2
Bessay-sur-Allier 03 .....172 B3
Besse 15 .....224 A2
Bessé 16 .....183 E3
La Besse 19 .....223 E1
Besse 24 .....239 E1
Besse 38 .....231 F2
Besse-en-Chandesse 63 .....207 D2
Bessé-sur-Braye 72 .....108 A3
Besse-sur-Issole 83 .....286 B4
Bessède-de-Sault 11 .....311 D1
Bessèges 30 .....245 E4
Bessenay 69 .....192 B4
Bessens 82 .....257 F4
Besset 09 .....301 E3
Bessey 42 .....210 C3
Bessey-en-Chaume 21 .....157 F1
Bessey-la-Cour 21 .....157 F1
Bessey-lès-Cîteaux 21 .....158 C1
La Besseyre-Saint-Mary 43 .226 A3
Bessières 31 .....277 D1
Bessines 79 .....164 C4
Bessines-sur-Gartempe 87 ..186 A2
Bessins 38 .....229 F1
Besson 03 .....172 A3
Bessoncourt 90 .....119 F4
Bessonies 46 .....223 E4
Les Bessons 48 .....243 F1
Bessuéjouls 12 .....242 C3
Bessy 10 .....90 A1
Bessy-sur-Cure 89 .....136 C1
Bestiac 09 .....310 B1
Bétaille 46 .....222 C3
Betaucourt 70 .....117 F3
Betbèze 65 .....298 C1
Betbezer-d'Armagnac 40 .....254 C3
Betcave-Aguin 32 .....275 D3
Betchat 09 .....299 F2
Bétête 23 .....169 F4
Béthancourt-en-Valois 60 .....35 E3
Béthancourt-en-Vaux 02 .....36 A1
Bétharram (Grottes de) 64 ..297 D2
Béthelainville 55 .....40 A4
Béthemont-la-Forêt 95 .....60 C1
Béthencourt 59 .....9 E4
Béthencourt-sur-Mer 80 .....16 C1
Béthencourt-sur-Somme 80 ...19 E3
Bétheniville 51 .....38 B3
Bétheny 51 .....37 F3
Béthincourt 55 .....40 A3
Béthines 86 .....167 F2
Béthisy-Saint-Martin 60 .....35 E3
Béthisy-Saint-Pierre 60 .....35 E3
Bethmale 09 .....299 F4
Bethon 51 .....89 E1
Béthon 72 .....82 C3
Bethoncourt 25 .....142 C1
Béthonsart 62 .....7 F2
Béthonvilliers 28 .....84 B4
Bethonvilliers 90 .....119 F4
Béthune 62 .....8 A1
Bétignicourt 10 .....91 D2
Beton-Bazoches 77 .....62 C4
Betoncourt-lès-Brotte 70 .....118 C4
Betoncourt-les-Ménétriers 70 .....117 F4
Betoncourt-Saint-Pancras 70 .....118 B2
Betoncourt-sur-Mance 70 .....117 E3
Bétous 32 .....273 F1
Betplan 32 .....274 A4
Betpouey 65 .....297 F4
Betpouy 65 .....298 C1
Bétracq 64 .....273 E3
Betschdorf 67 .....45 E4
Bettaincourt-sur-Rognon 52 ..92 B3
Bettainvillers 54 .....41 D3
Bettancourt-la-Ferrée 52 .....66 A4
Bettancourt-la-Longue 51 .....65 F3
Bettange 57 .....42 B3
Bettant 01 .....194 A3
Bettborn 57 .....69 F3
Bettegney-Saint-Brice 88 .....94 B3
Bettelainville 57 .....42 A3
Bettembos 80 .....17 E3
Bettencourt-Rivière 80 .....17 F2

BÉZIERS

Abreuvoir (R. de l') ....BZ 2
Albert-1er (Av.).......................CY 3
Bonsi (R. de) ....BZ 4
Brousse (Av. Pierre) ....BZ 5
Canterelles (R.).....................BZ 6
Capus (R. du) ....BZ 7
Citadelle (R. de la).................BZ 9
Drs-Bourguet (R. des)...........BZ 13
Estienne-d'Orves (Av.) ....BZ 22
Flourens (R.)..........................BY 23
Garibaldi (Pl.).........................CZ 26
Joffre (Av. Mar.) ....CZ 32
Massol (R.)............................BZ 43
Moulins (Rampe des) ....BY 44
Orb (R. de l')..........................BZ 47
Péri (Pl. G.)........................BYZ 49
Puits-des-Arènes (R. du)......BZ 54
République (R. de la) ....BY 55
Révolution (Pl. de la)............BZ 57
Riquet (R. P.).........................BY 58
St-Jacques (R.)......................BZ 60
Strasbourg (Bd de) ....CY 64
Tourventouse (Bd).................BZ 65
Victoire (Pl. de la).............BCY 68
Viennet (R.) ....BZ 69
4-Septembre (R. du) ....BY 72
11-Novembre (Pl. du)............CY 74

Bettencourt-Saint-Ouen *80* 18 A1
Bettendorf *68* 143 E1
Bettes *65* 298 A2
Betteville *76* 15 E4
Bettignies *59* 10 B1
Betting-lès-Saint-Avold *57* 43 D4
Bettlach *68* 120 C4
Betton *35* 79 E4
Betton-Bettonet *73* 213 F2
Bettoncourt *88* 94 B3
Bettoncourt-le-Haut *52* 92 C3
Bettrechies *59* 10 A1
Bettviller *57* 43 F4
Bettwiller *67* 70 A1
Betz *60* 35 F4
Betz-le-Château *37* 150 B2
Beugin *62* 7 F2
Beugnâtre *62* 8 B4
Beugneux *02* 36 B4
Beugnies *59* 10 C3
Le Beugnon *79* 164 C1
Beugnon *89* 113 F2
Beugny *62* 19 E1
Beuil *06* 269 E1
Le Beulay *88* 96 A2
Beulotte-Saint-Laurent *70* 119 E2
Beure *25* 141 D4
Beurey *10* 91 D4
Beurey-Bauguay *21* 138 A4
Beurey-sur-Saulx *55* 66 A3
Beurières *63* 208 C3
Beurizot *21* 138 A3
Beurlay *17* 181 E3
Beurville *52* 91 F3
Beussent *62* 6 B1
Beuste *64* 297 D1
Beutal *25* 142 B2
Beutin *62* 6 B1
Beuvardes *02* 63 D1
Beuveille *54* 40 C2
Beuvezin *54* 93 F2
Beuvillers *14* 57 D1
Beuvillers *54* 41 D2
Beuvrages *59* 9 F2
Beuvraignes *80* 19 D4
Beuvray (Mont) *71* 156 B3
Beuvrequen *62* 2 A3
Beuvreuil *76* 33 E1
Beuvrigny *50* 54 C2
Beuvron *58* 136 B3
Beuvron-en-Auge *14* 30 A4
Beuvry *62* 8 A1
Beuvry-la-Forêt *59* 9 D2
Beux *57* 68 B1
Beuxes *86* 149 D1
Beuzec-Cap-Sizun *29* 73 D3
Beuzeville *27* 30 C3
Beuzeville-au-Plain *50* 25 E4
Beuzeville-la-Bastille *50* 25 D4
Beuzeville-la-Grenier *76* 14 C3
Beuzeville-la-Guérard *76* 15 E2
Beuzevillette *76* 15 D3
Bévenais *38* 212 A3
Beveuge *70* 142 A1
Béville-le-Comte *28* 85 F2
Bévillers *59* 9 E4
Bevons *04* 267 D1
Bévy *21* 158 A1
Bey *01* 175 E4
Bey *71* 158 B3
Bey-sur-Seille *54* 68 B3
Beychac-et-Caillau *33* 217 F3
Beychevelle *33* 217 D1
Beylongue *40* 253 E3
Beynac *87* 185 F4
Beynac-et-Cazenac *24* 221 E4
Beynat *19* 222 C2
Beynes *04* 267 F2
Beynes *78* 60 A3
Beynost *01* 193 D4
Beyrède (Col de) *65* 298 B3
Beyrède-Jumet *65* 298 B3
Beyren-lès-Sierck *57* 41 F1
Beyrie-en-Béarn *64* 272 C4
Beyrie-sur-Joyeuse *64* 271 E4
Beyries *40* 272 B2
Beyssac *19* 204 A4
Beyssac (Château de) *24* 221 E3
Beyssenac *19* 203 F3
Le Bez *81* 278 C2
Bez-et-Esparon *30* 262 B3
Bézac *09* 301 D2
Bezalles *77* 62 C4
Bézancourt *76* 33 D2
Bezange-la-Grande *54* 68 C3
Bezange-la-Petite *57* 69 D3
Bezannes *51* 37 F4
Les Bézards *45* 111 F4
Bézaudun-les-Alpes *06* 269 F4
Bézaudun-sur-Bîne *26* 247 F2
Bezaumont *54* 68 A2
Bèze *21* 139 F2
Bézenac *24* 221 E4
Bézenet *03* 171 E4
Bézéril *32* 275 E3
Béziers *34* 280 B4
Bezinghem *62* 6 C1
Bezins-Garraux *31* 299 D4
La Bezole *11* 302 A3
Bezolles *32* 255 F4
Bezons *95* 60 C2
Bezonvaux *55* 40 B3
Bezouce *30* 264 B4
Bézouotte *21* 139 F3
Bézu-la-Forêt *27* 33 D2
Bézu-le-Guéry *02* 62 C2
Bézu-Saint-Éloi *27* 33 E3
Bézu-Saint-Germain *02* 63 D1
Bézues-Bajon *32* 274 C4
Biache-Saint-Vaast *62* 8 C3
Biaches *80* 19 E2
Bians-les-Usiers *25* 160 C2
Biard *86* 166 B2
Les Biards *50* 80 B1
Biarne *39* 159 E1
Biarre *80* 19 E4
Biarritz *64* 270 B3
Biarritz-Bayonne-Anglet (Aéroport de) *64* 270 B3
Biarrotte *40* 271 D2
Biars-sur-Cère *46* 223 E2
Bias *40* 252 B1
Bias *47* 238 B3
Biaudos *40* 271 D2
Bibiche *57* 42 B2
Biblisheim *67* 71 E1
Bibost *69* 192 B4
Bichancourt *02* 36 A1
Biches *58* 155 F2
Bickenholtz *57* 70 A2
Bicqueley *54* 67 F4
Bidache *64* 271 E3
Bidarray *64* 270 C4
Bidart *64* 270 B3
Bidestroff *57* 69 E2
Biding *57* 69 E1
Bidon *07* 246 B4
Bidos *64* 296 B1
Biécourt *88* 93 F3
Biederthal *68* 120 C4
Bief *25* 142 C3
Bief-des-Maisons *39* 160 B4
Bief-du-Fourg *39* 160 B3
Biefmorin *39* 159 E3
Biefvillers-lès-Bapaume *62* 19 E1
Bielle *64* 296 C2
Bielsa (Tunnel de) *65* 307 D4
Bienassis (Château de) *22* 51 F3
Biencourt *80* 17 D2
Biencourt-sur-Orge *55* 92 C1
Bienville *60* 35 E2
Bienville-la-Petite *54* 68 C4
Bienvillers-au-Bois *62* 8 A4
Biermes *08* 38 B2
Biermont *60* 35 E1
Bierné *53* 105 E3
Bierne *59* 3 E2
Biernes *52* 92 A4
Bierre-lès-Semur *21* 137 F3
Bierry-les-Belles-Fontaines *89* 137 F1
Biert *09* 300 B4
Bierville *76* 32 B1
Biesheim *68* 97 D4
Biesles *52* 116 C1
Bietlenheim *67* 71 E2
Bieujac *33* 236 C2
Bieuxy *02* 36 B2
Bieuzy *56* 100 C1
Bieuzy-Lanvaux *56* 100 C3
Biéville *50* 55 D1
Biéville-Beuville *14* 29 E4
Biéville-en-Auge *14* 30 A4
Biéville-Quétiéville *14* 56 B1
Biéville-sur-Orne *14* 29 E4
Bièvres *02* 37 D2
Bièvres *08* 40 A1
Bièvres *91* 60 C4
Biffontaine *88* 95 E4
Biganos *33* 234 C1
Bignac *16* 183 E4
Bignan *56* 101 D2
Bignay *17* 181 F3
La Bigne *14* 55 E1
Bignicourt *08* 38 B2
Bignicourt-sur-Marne *51* 65 E4
Bignicourt-sur-Saulx *51* 65 F3
Le Bignon *44* 145 F1
Le Bignon-du-Maine *53* 105 E2
Le Bignon-Mirabeau *45* 112 A1
Bignoux *86* 166 C1
Bigny *18* 153 E4
Bigorno *2B* 315 E3
La Bigottière *53* 81 D4
Biguglia *2B* 315 F2
Bihorel *76* 32 B2
Bihucourt *62* 8 B4
Bilazais *79* 148 B3
Bile (Pointe du) *56* 123 E3
Bilhères *64* 296 C2
Bilia *2A* 318 C2
Bilieu *38* 212 B3
Billac *19* 222 C3
Billancelles *28* 84 C2
Billancourt *80* 19 E4
Les Billanges *87* 186 B3
Billaude (Cascade de la) *39* 160 B4
Les Billaux *33* 218 C3
Billé *35* 80 A3
Billecul *39* 160 B4
Billère *64* 272 C4
Billey *21* 159 D1
Billezois *03* 190 B1
Billiat *01* 194 C1
Billième *73* 194 C4
Billière *31* 307 F4
Billiers *56* 123 E2
Billio *56* 101 E2
Billom *63* 208 A1
Billy *03* 172 B4
Billy *14* 56 B1
Billy *41* 132 B4
Billy-Berclau *62* 8 B1
Billy-Chevannes *58* 155 E2
Billy-le-Grand *51* 64 B1
Billy-lès-Chanceaux *21* 138 C2
Billy-Montigny *62* 8 B2
Billy-sous-les-Côtes *55* 67 E1
Billy-sous-Mangiennes *55* 40 C3
Billy-sur-Aisne *02* 36 B3
Billy-sur-Oisy *58* 136 A2
Billy-sur-Ourcq *02* 36 B4
Biltzheim *68* 96 C4
Bilwisheim *67* 71 D2
Bimont *62* 6 C1
Binarville *51* 39 E4
Binas *41* 109 E3
Bindernheim *67* 97 D2
Binges *21* 139 F3
Binic *22* 51 E3
Bining *57* 44 A4
Biniville *50* 25 D4
Binos *31* 299 D4
Binson-et-Orquigny *51* 63 F1
Bio *46* 222 C4
Biol *38* 212 A2
La Biolle *73* 195 D4
Biollet *63* 188 C3
Bion *50* 80 C1
Bioncourt *57* 68 C3
Bionville *54* 95 F1
Bionville-sur-Nied *57* 42 B4
Biot *06* 288 B3
Le Biot *74* 178 C4
Bioule *82* 258 A2
Bioussac *16* 183 F2
Biozat *03* 189 F2
Birac *16* 201 D2
Birac *33* 236 C3
Birac-sur-Trec *47* 237 F3
Biran *32* 274 B1
Biras *24* 202 B4
Biriatou *64* 270 A4
Birieux *01* 193 E3
Birkenwald *67* 70 B3
Birlenbach *67* 45 E4
Biron *17* 199 F2
Biron *24* 239 D2
Biron *64* 272 A3
Bisanne (Signal de) *73* 196 B4
Biscarrosse *40* 234 B3
Biscarrosse-Plage *40* 234 B3
Bischheim *67* 71 D3
Bischholtz *67* 70 C1
Bischoffsheim *67* 70 C4
Bischtroff-sur-Sarre *67* 69 F2
Bischwihr *68* 96 C3
Bischwiller *67* 71 E2
Bisel *68* 120 B4
Bisinao *2A* 318 B1
Bisinchi *2B* 315 E3
Bislée *55* 67 D2
Bisping *57* 69 F3
Bissert *67* 69 F1
Bisseuil *51* 64 B1
Bissey-la-Côte *21* 115 E3
Bissey-la-Pierre *21* 115 D3
Bissey-sous-Cruchaud *71* 157 F4
Bissezeele *59* 3 E2
Bissières *14* 56 B1
Bissy-la-Mâconnaise *71* 175 D2
Bissy-sous-Uxelles *71* 175 D2
Bissy-sur-Fley *71* 174 C1
Bisten-en-Lorraine *57* 42 B4
Bistroff *57* 69 D1
Bitche *57* 44 B3
Bitry *58* 135 E2
Bitry *60* 36 A2
Bitschhoffen *67* 71 D1
Bitschwiller-lès-Thann *68* 120 A2
Biver *13* 285 D3
Bivès *32* 256 C4
Biviers *38* 212 C4
Biville *50* 24 B2
Biville-la-Baignarde *76* 16 A4
Biville-la-Rivière *76* 15 F2
Biville-sur-Mer *76* 16 B2
Bivilliers *61* 83 F1
Bizanet *11* 303 F2
Bizanos *64* 273 D4
Bize *52* 117 E3
Bize *65* 298 C3
Bize-Minervois *11* 303 F1
Bizeneuille *03* 171 D3
Le Bizet *59* 4 B4
Biziat *01* 175 E4
Bizonnes *38* 212 A3
Le Bizot *25* 142 B4
Les Bizots *71* 157 D4
Bizou *61* 84 A2
Bizous *65* 298 B2
Blacé *69* 192 B2
Blaceret *69* 192 B2
Blacourt *60* 33 F2
Blacqueville *76* 15 F4
Blacy *51* 65 D4
Blacy *89* 137 E1
Blaesheim *67* 71 D4
Blagnac *31* 276 B2
Blagny *08* 23 F4
Blagny-sur-Vingeanne *21* 139 F2
Blaignac *33* 237 D2
Blaignan *33* 198 C4
Blain *44* 126 A2
Blaincourt-lès-Précy *60* 34 C4
Blaincourt-sur-Aube *10* 91 D3
Blainville-Crevon *76* 32 C2
Blainville-sur-l'Eau *54* 94 C1
Blainville-sur-Mer *50* 53 F1
Blainville-sur-Orne *14* 29 F4
Blairville *62* 8 A4
Blaise *08* 38 C2
Blaise *52* 92 A3
Blaise-sous-Arzillières *51* 65 E4
Blaison *49* 128 C3
Blaisy *52* 92 A4
Blaisy-Bas *21* 138 C3
Blaisy-Haut *21* 138 C3
Blajan *31* 299 D1
Blajoux *48* 244 B4
Blamont *25* 142 C2
Blâmont *54* 69 E4
Blan *81* 277 F3
Le Blanc *36* 167 F1
Blanc (Lac) *68* 96 A3
Le Blanc-Mesnil *93* 61 D2
Blanc-Misseron *59* 9 F2
Blanc-Nez (Cap) *62* 2 B2
Blancafort *18* 134 B2
Blancey *21* 138 A4
Blancfossé *60* 18 A4
Blanche-Église *57* 69 D3
Blanchefontaine *25* 142 C3
Blanchefosse *08* 21 F3
Blancherupt *67* 96 A1
Blancheville *52* 92 C4
Blandainville *28* 85 D3
Blandas *30* 262 A4
Blandin *38* 212 A2
Blandouet *53* 106 A1
Blandy *77* 87 F1
Blandy *91* 86 C3
Blangermont *62* 7 E3
Blangerval *62* 7 E3
Blangy-le-Château *14* 30 C4
Blangy-sous-Poix *80* 17 F3
Blangy-sur-Bresle *76* 17 D2
Blangy-sur-Ternoise *62* 7 D2
Blangy-Tronville *80* 18 B3
Blannay *89* 136 C2
Blanot *21* 156 C1
Blanot *71* 175 D2
Blanquefort *32* 275 E1
Blanquefort *33* 217 D3
Blanquefort-sur-Briolance *47* 239 D2
Blanzac *16* 201 E3
Blanzac *43* 227 D2
Blanzac *87* 185 E1
Blanzac-lès-Matha *17* 182 B3
Blanzaguet-Saint-Cybard *16* 201 F3
Blanzat *63* 189 E4
Blanzay *86* 183 F1
Blanzay-sur-Boutonne *17* 182 B2
Blanzée *55* 40 B4
Blanzy *71* 174 B1
Blanzy-la-Salonnaise *08* 38 A2
Blanzy-lès-Fismes *02* 37 D3
Blargies *60* 17 E4
Blarians *25* 141 E2
Blaringhem *59* 3 E4
Blars *46* 240 C2
Blaru *78* 59 E1
Blasimon *33* 237 D1
Blaslay *86* 149 D4
Blassac *43* 226 A1
Blaudeix *23* 187 E1
Blausasc *06* 289 E4
Blauvac *84* 265 F2
Blauzac *30* 264 A3
Blavignac *48* 225 F4
Blavozy *43* 227 D2
Blay *14* 28 C3
Blaye *33* 217 D1
Blaye-les-Mines *81* 259 E3
Blaymont *47* 238 C4
Blaziert *32* 256 A3
Blécourt *52* 92 A3
Blécourt *59* 9 D4
Blégiers *04* 268 A1
Bleigny-le-Carreau *89* 113 F3
Bleine (Col de) *06* 269 D4
Blémerey *54* 69 E4
Blémerey *88* 94 A3
Blendecques *62* 3 E4
Bléneau *89* 112 A4
Blennes *77* 88 B4
Blénod-lès-Pont-à-Mousson *54* 68 A2
Blénod-lès-Toul *54* 93 F1
Bléquin *62* 2 C4
Blérancourt *02* 36 A1
Blercourt *55* 66 B1
Bléré *37* 131 E3
Blériot-Plage *62* 2 B2
Bléruais *35* 78 B4
Blésignac *33* 218 C4
Blesle *43* 207 F4
Blesme *51* 65 F4
Blesmes *02* 63 D1
Blessac *23* 187 E3
Blessey *21* 138 B2
Blessonville *52* 116 A1
Blessy *62* 3 E4
Blet *18* 154 A3
Bletterans *39* 159 E4
Bleurville *88* 118 A1
Bleury *28* 85 F2
Blevaincourt *88* 117 E1
Blèves *72* 83 D2
Blévy *28* 84 C1
Le Bleymard *48* 244 C3
Blicourt *60* 34 A1
Blienschwiller *67* 96 C1
Blies-Ébersing *57* 43 E4
Blies-Guersviller *57* 43 E4
Bliesbruck *57* 43 F4
Blieux *04* 268 A3
Blignicourt *10* 91 D2
Bligny *10* 91 E4
Bligny *51* 37 E4
Bligny-en-Othe *89* 113 E2
Bligny-le-Sec *21* 138 C2
Bligny-lès-Beaune *21* 158 A2
Bligny-sur-Ouche *21* 157 F1
Blincourt *60* 35 D3
Blingel *62* 7 D2
Blis-et-Born *24* 221 D1
Blismes *58* 156 A1
Blodelsheim *68* 121 D1
Blois *41* 132 A1
Blois-sur-Seille *39* 159 F4
Blomac *11* 303 D1
Blomard *03* 171 F4
Blombay *08* 22 B3
Blond *87* 185 E2
Blondefontaine *70* 117 F3
Blonville-sur-Mer *14* 30 B3
Blosseville *76* 15 F1
Blosville *50* 25 E4
Blot-l'Église *63* 189 D2
Blotzheim *68* 121 D3
Blou *49* 129 E3
Blousson-Sérian *32* 274 A3
La Bloutière *50* 54 B2
Bloye *74* 195 D3
Bluffy *74* 195 F3
Blumeray *52* 91 F3
Blussangeaux *25* 142 B2
Blussans *25* 142 B2
Blye *39* 177 D1
Blyes *01* 193 F3
Le Bô *14* 55 F2
Bobigny *93* 61 D3
Bobital *22* 78 C2
Le Bocasse *76* 32 A1
La Bocca *06* 288 A3
Bocca Bassa (Col de) *2B* 314 A4
Bocca di Vezzu *2B* 315 D2
Bocé *49* 129 E2
Bocognano *2A* 317 D2
Bocquegney *88* 94 B4
Bocquencé *61* 57 E3
Le Bodéo *22* 77 D2
Bodilis *29* 48 C3
Boé *47* 256 B1
Boëcé *61* 83 E2
Boëge *74* 178 B4
Boeil-Bezing *64* 297 D1
Le Boël *35* 103 D1
Boën *42* 191 E4
Bœrsch *67* 70 C4
Boeschepe *59* 4 A3
Boëseghem *59* 3 F4
Bœsenbiesen *67* 97 D2
Boësse *79* 147 F2
Boëssé-le-Sec *72* 107 F1
Boësses *45* 111 D1
Bœurs-en-Othe *89* 113 F1
Boffles *62* 7 E3
Boffres *07* 228 C3
Bogève *74* 178 B4
Bogny-sur-Meuse *08* 22 C2
Bogros *63* 206 B2
Bogy *07* 210 C4
Bohain-en-Vermandois *02* 20 B2
Bohal *56* 101 F3
La Bohalle *49* 128 C2
Bohars *29* 47 E3
Bohas *01* 194 A1
Boigneville *91* 87 D3
Boigny-sur-Bionne *45* 110 B3
Boinville-en-Mantois *78* 60 A2
Boinville-en-Woëvre *55* 40 C4
Boinville-le-Gaillard *78* 86 A2
Boinvilliers *78* 59 F2
Boiry-Becquerelle *62* 8 B4
Boiry-Notre-Dame *62* 8 C3
Boiry-Saint-Martin *62* 8 B4
Boiry-Sainte-Rictrude *62* 8 B4
Bois *17* 199 E2
Le Bois *73* 214 B2
Bois-Anzeray *27* 57 F2
Bois-Arnault *27* 58 A3
Bois-Aubry (Abbaye de) *37* 149 F2
Bois-Bernard *62* 8 B2
Bois-Chenu (Basilique du) *88* 93 E2
Bois-Chevalier (Château de) *44* 145 E2
Bois-Colombes *92* 60 C2
Bois-d'Amont *39* 177 F2
Bois-d'Arcy *78* 60 B3
Bois-d'Arcy *89* 136 C2
Bois-de-Céné *85* 145 D2
Bois-de-Champ *88* 95 E3
Bois-de-Gand *39* 159 E3
Bois-de-la-Chaize *85* 144 B1
Bois-de-la-Pierre *31* 276 A4
Bois-d'Ennebourg *76* 32 B2
Le Bois-d'Oingt *69* 192 B3
Bois Dousset (Château du) *86* 166 C1
Bois-du-Four *12* 261 D1
Bois-Grenier *59* 4 B4
Bois-Guilbert *76* 32 C1
Bois-Guillaume *76* 32 B2
Le Bois-Hellain *27* 30 C3
Bois-Héroult *76* 32 C1
Bois-Herpin *91* 86 C3
Bois-Himont *76* 15 E3
Bois-Jérôme-Saint-Ouen *27* 59 E1
Bois-la-Ville *25* 141 F3
Bois-le-Roi *27* 59 D3
Bois-le-Roi *77* 87 F2
Bois-lès-Pargny *02* 20 C4
Bois-l'Évêque *76* 32 B2
Bois Noirs *42* 190 C3
Bois-Normand-près-Lyre *27* 58 A2
Le Bois-Plage-en-Ré *17* 163 D4
Le Bois-Robert *76* 16 A3
Bois-Sainte-Marie *71* 174 B4
Bois-Sir-Amé (Château de) *18* 153 E3
Bois-Thibault (Château de) *53* 81 F2
Boisbergues *80* 7 E4
Boisbreteau *16* 201 D4
Boiscommun *45* 111 D2
Boisdinghem *62* 3 D3
Boisdon *77* 62 C4
Boisemont *27* 33 D3
Boisemont *95* 60 B2
Boisgasson *28* 108 C2
Boisgervilly *35* 78 C4
Boisjean *62* 6 B2
Le Boisle *80* 6 C3
Boisleux-au-Mont *62* 8 B4
Boisleux-Saint-Marc *62* 8 B4
Boismé *79* 147 F4
Boismont *54* 40 C2
Boismont *80* 6 B4
Boismorand *45* 111 F4
Boisney *27* 31 E4
Boisrault *80* 17 E3
Boisredon *17* 199 E4
Boisroger *50* 26 C4
Boissay *76* 32 C1
La Boisse *01* 193 E3
Boisse *24* 238 B1
Boisse-Penchot *12* 241 F2
Boisseau *41* 109 D4
Boisseaux *45* 86 B4
Boissède *31* 275 E4
Boissei-la-Lande *61* 56 C4
Boisserolles *79* 182 B1
Boisseron *34* 282 A1
Les Boisses *73* 215 D2
Boisset *15* 223 F4
Boisset *34* 279 E4
Boisset *43* 209 D4
Boisset-et-Gaujac *30* 263 D3
Boisset-lès-Montrond *42* 209 F1
Boisset-les-Prévanches *27* 59 D2
Boisset-Saint-Priest *42* 209 E2
Boissets *78* 59 F3
Boissettes *77* 87 E2
Boisseuil *87* 186 A4
Boisseuilh *24* 203 F4
Boissey *01* 175 E3
Boissey *14* 56 C1
Boissey-le-Châtel *27* 31 F3
Boissezon *81* 278 C2
Boissia *39* 177 D1
La Boissière *14* 30 B4
La Boissière *27* 59 D2
La Boissière *34* 281 D2
La Boissière *39* 176 C3
La Boissière *53* 104 C3
La Boissière (Ancienne abbaye) *49* 129 F1
La Boissière-d'Ans *24* 221 D1
La Boissière-de-Montaigu *85* 146 B2
La Boissière-des-Landes *85* 162 C1
La Boissière-du-Doré *44* 127 D4
La Boissière-École *78* 59 F4
La Boissière-en-Gâtine *79* 165 D2
La Boissière-sur-Èvre *49* 127 E3
Boissières *30* 282 B1
Boissières *46* 240 A2
Boissise-la-Bertrand *77* 87 E2
Boissise-le-Roi *77* 87 E2
Boissy-aux-Cailles *77* 87 E3
Boissy-en-Drouais *28* 59 D4
Boissy-Fresnoy *60* 35 E4
Boissy-la-Rivière *91* 86 C3
Boissy-l'Aillerie *95* 60 B1
Boissy-Lamberville *27* 31 E4
Boissy-le-Bois *60* 33 F3
Boissy-le-Châtel *77* 62 B3
Boissy-le-Cutté *91* 87 D2
Boissy-le-Repos *51* 63 E3
Boissy-le-Sec *91* 86 B2
Boissy-lès-Perche *28* 58 B4
Boissy-Maugis *61* 84 A2
Boissy-Mauvoisin *78* 59 F2
Boissy-Saint-Léger *94* 61 E4
Boissy-sans-Avoir *78* 60 A3
Boissy-sous-Saint-Yon *91* 86 C1
Boissy-sur-Damville *27* 58 C3
Boistrudan *35* 103 F2
Boisville-la-Saint-Père *28* 85 F3
Boisyvon *50* 54 B3
Boitron *61* 83 D1
Boitron *77* 62 C3
Bolandoz *25* 160 B2
Bolazec *29* 49 F4
Bolbec *76* 15 D3
Bollène *84* 246 C4
La Bollène-Vésubie *06* 289 D2
Bolleville *50* 26 C3
Bolleville *76* 15 D3
Bollezeele *59* 3 E2
La Bolline *06* 269 F1
Bollwiller *68* 120 B1
Bologne *52* 92 B4
Bolozon *01* 194 A1
Bolquère *66* 311 D3
Bolsenheim *67* 97 D1
Bombannes *33* 216 B1
Bombon *77* 88 A1
Bommes *33* 236 B2
Bommiers *36* 152 B4
Bompas *09* 301 D4
Bompas *66* 313 D1

BORDEAUX
0 300 m
C
D
E
F
X
Y
Z
LA BASTIDE
Espl. des Quinconces
MAISON DU VIN DE BORDEAUX
Pl. de Tourny
St-Seurin
Pl. des Martyrs de la Résistance
N.-DAME
GRAND THÉATRE
PL. DE LA BOURSE
Musée des Douanes
Pl. Gambetta
PEY BERLAND
VIEUX BORDEAUX
Centre Jean Moulin
MÉRIADECK
Esplanade Ch. de Gaulle
Hôtel de Région
CATH. ST-ANDRÉ
CITÉ JUDICIAIRE
Pl. de la République
PALAIS DES SPORTS
Pl. des Salinières
ST-MICHEL
Pl. Canteloup
Pl. Duburg
Pl. de Stalingrad
Pont de Pierre
GARONNE
Porte d'Aquitaine
Pl. de la Victoire
Pl. des Capucins
Pl. Léon Duguit
THÉATRE PORTE DE LA LUNE
CENTRE ANDRÉ MALRAUX
Ste-Croix
Pl. A. Meunier
R. Ed. Costedoat
ST-VICTOR
N.-D. DES ANGES
Barrière de Pessac
ST-NICOLAS
ST-JEAN
Pont St-Jean
Pl. de Bir-Hakeim
Pl. Lafargue
Pte Cailhau
ST-BRUNO
ST-ÉLOI
STE-EULALIE
Pl. de Pressensé
Cours de la Marne
Pl. du Palais
Pl. C. Jullian

Albret (Crs d') CY
Alsace et Lorraine (Crs d') DEZ
Argentiers (R. des) EY 4
Ausone (R.) EY 7
Bordelaises (Galeries) DX 21
Capdeville (R.) CX 30
Carpenteyre (R.) EFY 33
Chapeau-Rouge (Crs) EX 36
Chartres (Allées de) DX 37
Château-d'Eau (R. du) CXY 40
Clemenceau (Crs G.) DX
Comédie (Pl. de la) DX 43
Dr. Nancel-Pénard (R.) CX 48
Domercq (R. C.) FZ 49
Douane (Quai de la) EX 52
Duffour-Dubergier (R.) DY 57
Esprit des Lois (R. de l') EX 62
Ferme de Richemont (Pl. de la) DY 63
Foch (R. Mar.) DX 64
Fusterie (R. de la) EY 65
Grands Hommes (Pl. des) DX 75
Intendance (Crs de l') DX
Jean-Jaurès (Pl.) EX
Mautrec (R.) DX 100
Meynard (Pl.) EY 102
Orléans (Allée d') EX 106
Parlement (Pl. du) EX 109
Parlement St-Pierre (R. du) EX 110
Pas St-Georges (R. du) EXY 112
Philippart (R. F.) EX 114
Porte de la Monnaie (R.) FY 118
Porte-Dijeaux (R. de la) DX
Renaudel (Pl. P.) FZ 120
Richelieu (Quai) EY 122
Rousselle (R. de la) EY 126
St-Pierre (Pl.) EX 129
St-Projet (Pl.) DY 130
St-Rémi (R.) EX 132
Ste-Catherine (R.) DXY
Sarget (Passage) DX 133
Tourny (Allée de) DX
Verdun (Crs de) DX 139
Victor-Hugo (Crs) EY
Vilaris (R.) EZ 142

Bomy *62* 7 E1
Bon-Encontre *47* 256 B1
Bona *58* 155 E2
Bonac-Irazein *09* 299 F4
Bonaguil (Château de) *47* 239 D2
Bonas *32* 274 B1
Bonascre (Plateau de) *09* 310 B2
Bonboillon *70* 140 B3
Boncé *28* 85 E3
Bonchamp-lès-Laval *53* 105 D1
Boncourt *02* 37 E1
Boncourt *27* 59 D1
Boncourt *28* 59 E3
Boncourt *54* 41 D4
Boncourt-le-Bois *21* 158 B1
Boncourt-sur-Meuse *55* 67 D3
Bondaroy *45* 110 C1
Bondeval *25* 142 C2
Bondigoux *31* 258 A4
Les Bondons *48* 244 B4
Bondoufle *91* 87 D1
Bondues *59* 4 C4
Bondy *93* 61 E3
Bonen *22* 76 B3
Bonette (Cime de la) *04* 251 D3
Bongheat *63* 208 A1
Le Bonhomme *68* 96 A3
Bonhomme (Col du) *88* 96 A3
Bonifacio *2A* 319 E4
Bonifato (Cirque de) *2B* 314 B4
Bonlier *60* 34 A2
Bonlieu *39* 177 D1
Bonlieu-sur-Roubion *26* 247 D2
Bonloc *64* 271 D4
Bonnac *09* 301 D2
Bonnac *15* 225 E1
Bonnac-la-Côte *87* 185 F3
Bonnal *25* 141 F1
Bonnard *89* 113 E3
Bonnat *23* 169 E4
Bonnatrait *74* 178 B3
Bonnaud *39* 176 B1
Bonnay *25* 141 D3
Bonnay *71* 174 C2
Bonnay *80* 18 C2
Bonne *74* 178 A4
Bonne-Fontaine *57* 70 B2
Bonne-Fontaine (Château de) *35* 79 F2
Bonnebosq *14* 30 B4
Bonnecourt *52* 117 D2
Bonnée *45* 111 D4
Bonnefamille *38* 211 E1
Bonnefoi *61* 57 F4
Bonnefond *19* 205 D2
Bonnefont *65* 298 B1
Bonnefontaine *39* 159 F4
Bonnefontaine (Ancienne Abbaye de) *08* 21 F3
Bonnegarde *40* 272 A2
Bonneil *02* 62 C2
Bonnelles *78* 86 B1
Bonnemain *35* 79 D2
Bonnemaison *14* 55 E1
Bonnemazon *65* 298 A2
Bonnencontre *21* 158 C1
Bonnes *16* 219 E1
Bonnes *86* 166 C1
Bonnesvalyn *02* 62 C1
Bonnet *55* 92 C1
Bonnétable *72* 83 E4
Bonnétage *25* 142 B4
Bonnetan *33* 217 F4
Bonneuil *16* 201 D2
Bonneuil *36* 168 A3
Bonneuil-en-France *95* 61 D2
Bonneuil-en-Valois *60* 35 F3
Bonneuil-les-Eaux *60* 18 A4
Bonneuil-Matours *86* 166 C1
Bonneuil-sur-Marne *94* 61 E4
Bonneval *28* 85 D4
Bonneval *43* 208 C4
Bonneval *73* 214 A2
Bonneval-en-Diois *26* 248 C1
Bonneval-sur-Arc *73* 215 E3
Bonnevaux *25* 160 C3
Bonnevaux *30* 245 E4
Bonnevaux *74* 178 C3
Bonnevaux-le-Prieuré *25* 160 C1
Bonneveau *41* 108 A3
Bonnevent-Velloreille *70* 141 D3
Bonneville *16* 183 D4
La Bonneville *50* 25 D4
Bonneville *74* 196 A1
Bonneville *80* 18 A1
Bonneville-Aptot *27* 31 F4
Bonneville-et-Saint-Avit-de-Fumadières *24* 219 E4
Bonneville-la-Louvet *14* 30 C3
La Bonneville-sur-Iton *27* 58 B2
Bonneville-sur-Touques *14* 30 B3
Bonnières *60* 33 F2
Bonnières *62* 7 E4
Bonnières-sur-Seine *78* 59 F1
Bonnieux *84* 266 A4
Bonningues-lès-Ardres *62* 2 C3
Bonningues-lès-Calais *62* 2 B2
Bonnœil *14* 56 A2
Bonnœuvre *44* 127 D1
Bonnut *64* 272 A2
Bonny-sur-Loire *45* 135 D2
Bono *56* 100 C4
Bonrepos *65* 298 B1
Bonrepos-Riquet *31* 277 D2
Bonrepos-sur-Aussonnelle *31* 276 A3
Bons-en-Chablais *74* 178 B4
Bons-Tassilly *14* 56 A2
Bonsecours *76* 32 B2
Bonsmoulins *61* 83 F1
Bonson *06* 288 B1
Bonson *42* 209 F2
Bonvillard *73* 213 F1
Bonvillaret *73* 213 F1
Bonviller *54* 68 C4
Bonvillers *60* 34 B1
Bonvillet *88* 118 A1
Bonvouloir (Tour de) *61* 81 F1
Bony *02* 20 A2
Bonzac *33* 218 C2
Bonzée-en-Woëvre *55* 67 D1
Boô-Silhen *65* 297 E3
Boofzheim *67* 97 D1
Boos *40* 253 D3
Boos *76* 32 B2
Bootzheim *67* 97 D2
Boqueho *22* 51 D4
Boquen (Abbaye de) *22* 78 A3
Bor-et-Bar *12* 259 E1
Boran-sur-Oise *60* 34 C4
Borce *64* 296 B4
Borcq-sur-Airvault *79* 148 B3
Bord-Saint-Georges *23* 170 A4
Bordeaux *33* 217 E4
Bordeaux-en-Gâtinais *45* 111 E1
Bordeaux-Mérignac (Aéroport de) *33* 217 D4
Bordeaux-Saint-Clair *76* 14 B2
Bordères *64* 297 D1
Bordères-et-Lamensans *40* 273 D1
Bordères-Louron *65* 298 B4
Bordères-sur-l'Échez *65* 297 F1
Les Bordes *36* 152 B2
Les Bordes *45* 111 D4
Bordes *64* 297 D1
Bordes *65* 298 A1
Les Bordes *71* 158 B3
Les Bordes *89* 113 D1
Les Bordes-Aumont *10* 90 B4
Bordes-de-Rivière *31* 299 D2
Les Bordes-sur-Arize *09* 300 B2
Les Bordes-sur-Lez *09* 299 F4
Bordezac *30* 245 E4
Bords *17* 181 E3
Borée *07* 227 F3
Le Boréon *06* 289 D1
Boresse-et-Martron *17* 201 D4
Borest *60* 35 D4
Borey *70* 141 F1
Borgo *2B* 315 F2
Bormes-les-Mimosas *83* 293 D2
Le Born *31* 258 A4
Le Born *48* 244 B2
Born-de-Champs *24* 238 C1
Bornambusc *76* 14 C3
Bornay *39* 176 C1
Borne *07* 245 E2
La Borne *18* 134 B4
Borne *43* 226 C2
Bornel *60* 34 B4
Borny *57* 41 F4
Boron *90* 120 A4
Borre *59* 3 F3
Borrèze *24* 222 A3
Bors *16* 201 E4
Bors *16* 200 C4
Bort-les-Orgues *19* 206 B3
Bort-l'Étang *63* 190 A4
Borville *54* 94 C2
Le Bosc *09* 300 C4
Le Bosc *34* 280 C1
Bosc-Bénard-Commin *27* 31 F3
Bosc-Bénard-Crescy *27* 31 F3
Bosc-Bérenger *76* 16 B4
Bosc-Bordel *76* 32 C1
Bosc-Édeline *76* 32 C1
Bosc-Guérard-Saint-Adrien *76* 32 B1

BOULOGNE-SUR-MER

Aumont (R. d') ... Z 7
Beaucerf (Bd) ... Z 8
Bras-d'Or (R. du) ... Z 13
Dutertre (R.) ... Y 20
Entente-Cordiale (Pont de l') ... Z 23
Faidherbe (R.) ... Y
Grande-Rue ... Z
Lampe (R. de la) ... Z 32
Lattre-de-Tassigny (Av. de) ... Y 33
Lille (R. de) ... Y 37
Marguet (Pont) ... Z 38
Mitterrand (Bd F.) ... Z 40
Perrochel (R. de) ... Z 48
Porte-Neuve (R.) ... Y 49
Puits-d'Amour (R.) ... Z 53
Résistance (Pl.) ... Y 55
St-Louis (R.) ... Y 56
Ste-Beuve (Bd) ... Y 59
Thiers (R. A.) ... YZ 60
Tour-N.-Dame (R.) ... Y 61
Victoires (R. des) ... Y 63
Victor-Hugo (R.) ... YZ

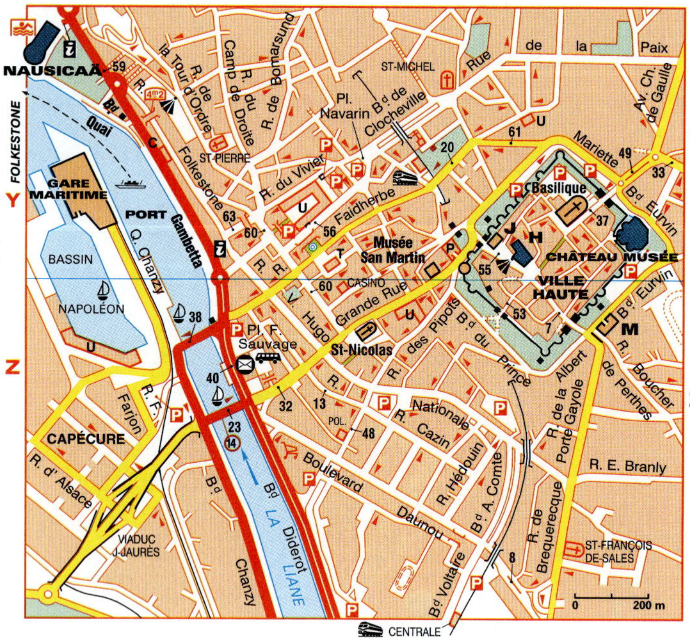

Bosc-Hyons 76 ... 33 E2
Bosc-le-Hard 76 ... 32 B1
Bosc-Mesnil 76 ... 16 B4
Le Bosc-Morel 27 ... 57 F2
Le Bosc-Renoult 61 ... 57 D2
Bosc-Renoult-en-Ouche 27 ... 58 A2
Bosc-Renoult-en-Roumois 27 ... 31 F3
Le Bosc-Roger-en-Roumois 27 ... 31 F3
Bosc-Roger-sur-Buchy 76 ... 32 C1
Boscamnant 17 ... 219 D1
Boscherville 27 ... 31 F3
Boscodon (Abbaye de) 05 ... 250 B2
Bosdarros 64 ... 296 C1
Bosgouet 27 ... 31 F3
Bosguérard-de-Marcouville 27 ... 31 F3
Bosjean 71 ... 159 D4
Bosmie-l'Aiguille 87 ... 203 F1
Bosmont-sur-Serre 02 ... 21 D4
Bosmoreau-les-Mines 23 ... 186 C2
Bosnormand 27 ... 31 F3
Le Bosquel 80 ... 18 A4
Bosquentin 27 ... 33 D2
Bosrobert 27 ... 31 F4
Bosroger 23 ... 187 F3
Bossancourt 10 ... 91 E3
Bossay-sur-Claise 37 ... 150 B4
La Bosse 25 ... 142 B4
La Bosse 41 ... 109 D3
La Bosse 72 ... 83 E4
La Bosse-de-Bretagne 35 ... 103 E3
Bossée 37 ... 150 A1
Bosselshausen 67 ... 70 C1
Bossendorf 67 ... 70 C2
Bosserville 54 ... 68 B4
Bosset 24 ... 219 F3
Bosseval-et-Briancourt 08 ... 23 D3
Bossey 74 ... 195 E1
Bossieu 38 ... 211 E3
Les Bossons 74 ... 196 C2
Bossugan 33 ... 219 D4
Bossus-lès-Rumigny 08 ... 21 F3
Bost 03 ... 190 B1
Bostens 40 ... 254 B3
Bostz (Château du) 03 ... 172 A3
Bosville 76 ... 15 E2
Botans 90 ... 142 C1
Botforn 29 ... 73 E4
Botmeur 29 ... 49 D4
Botsorhel 29 ... 49 F3
Les Bottereaux 27 ... 57 F3
Botz-en-Mauges 49 ... 127 E3
Bou 45 ... 110 B3
Bouafle 78 ... 60 A2
Bouafles 27 ... 32 C4
Bouan 09 ... 310 A1
Bouaye 44 ... 126 A4
Boubers-lès-Hesmond 62 ... 6 C2
Boubers-sur-Canche 62 ... 7 E3
Boubiers 60 ... 33 F4
Bouc-Bel-Air 13 ... 284 C3
Boucagnères 32 ... 275 D2
Boucard (Château de) 18 ... 134 C3
Boucau 64 ... 270 C2
Boucé 03 ... 172 C4
Boucé 61 ... 56 B4
Boucey 50 ... 79 F1
Le Bouchage 16 ... 184 A2
Le Bouchage 38 ... 212 B1
Bouchain 59 ... 9 E3
Bouchamps-lès-Craon 53 ... 104 C3
Le Bouchaud 03 ... 173 E4
Le Bouchaud 39 ... 159 E3
Bouchavesnes-Bergen 80 ... 19 E2
Bouchemaine 49 ... 128 B2
Boucheporn 57 ... 42 B4
Bouchet 26 ... 247 D4
Le Bouchet 74 ... 196 A4
Bouchet (Château du) 36 ... 151 D4
Bouchet (Lac du) 43 ... 226 C3
Le Bouchet-Saint-Nicolas 43 ... 226 C4
Bouchevilliers 27 ... 33 E2
Bouchoir 80 ... 19 D4
Les Boucholeurs 17 ... 180 C2
Bouchon 80 ... 17 F1
Le Bouchon-sur-Saulx 55 ... 92 B1
Les Bouchoux 39 ... 177 D4
Bouchy-Saint-Genest 51 ... 89 D1
Boucieu-le-Roi 07 ... 228 C2
Bouclans 25 ... 141 F4
Boucoiran-et-Nozières 30 ... 263 F3
Bouconville 08 ... 39 D3
Bouconville-sur-Madt 55 ... 67 E3
Bouconville-Vauclair 02 ... 37 D2
Bouconvillers 60 ... 33 F4
Boucq 54 ... 67 E3
Boudes 63 ... 207 F3
Boudeville 76 ... 15 F2
Boudin 73 ... 196 B4
Boudou 82 ... 257 D2
Boudrac 31 ... 298 C1
Boudreville 21 ... 115 F2
Boudy-de-Beauregard 47 ... 238 B2
Boué 02 ... 10 A4
Bouée 44 ... 125 F3
Boueilh-Boueilho-Lasque 64 ... 273 D2
Bouelles 76 ... 16 C4
Bouër 72 ... 107 F1
Bouère 53 ... 105 F3
Bouessay 53 ... 105 F3
Bouesse 36 ... 169 D1
Bouëx 16 ... 201 F1
La Bouëxière 35 ... 79 F4
Bouffémont 95 ... 61 D1
Boufféré 85 ... 146 A2
Bouffignereux 02 ... 37 E3
Boufflers 80 ... 7 D3
Bouffry 41 ... 108 C2
Bougainville 80 ... 17 F3
Bougarber 64 ... 272 C4
Bougé-Chambalud 38 ... 211 D4
Bouges-le-Château 36 ... 151 F2
Bougey 70 ... 117 F3
Bougival 78 ... 60 C3
Bouglainval 28 ... 85 E1
Bougligny 77 ... 87 F4
Bouglon 47 ... 237 E3
Bougneau 17 ... 199 E1
Bougnon 70 ... 118 B4
Bougon 79 ... 165 F3
Bougue 40 ... 254 A4
Bouguenais 44 ... 126 B4
Bougy 14 ... 55 F1
Bougy-lez-Neuville 45 ... 110 B2
Bouhans 71 ... 159 D4
Bouhans-et-Feurg 70 ... 140 A2
Bouhans-lès-Lure 70 ... 118 C4
Bouhans-lès-Montbozon 70 ... 141 F2
Bouhet 17 ... 181 E1
Bouhey 21 ... 138 B4
Bouhy 58 ... 135 F2
Bouilh (Château du) 33 ... 217 F2
Bouilh-Devant 65 ... 274 A4
Bouilh-Péreuilh 65 ... 274 A4
Bouilhonnac 11 ... 302 C1
Bouillac 12 ... 241 E2
Bouillac 24 ... 239 D1
Bouillac 82 ... 257 E4
La Bouilladisse 13 ... 285 E4
Bouillancourt-en-Séry 80 ... 17 D2
Bouillancourt-la-Bataille 80 ... 18 C4
Bouillancy 60 ... 62 A1
Bouilland 21 ... 158 A1
Bouillargues 30 ... 264 A4
La Bouille 76 ... 32 A3
Bouillé-Courdault 85 ... 164 B3
Bouillé-Loretz 79 ... 148 A1
Bouillé-Ménard 49 ... 104 C4
Bouillé-Saint-Paul 79 ... 148 A2
La Bouillie 22 ... 52 A4
Le Bouillon 61 ... 82 C1
Bouillon 64 ... 272 C3
Bouillonville 54 ... 67 F2
Bouillouses (Lac des) 66 ... 310 C3
Bouilly 10 ... 90 A4
Bouilly 51 ... 37 E4
Bouilly 89 ... 113 E2
Bouilly-en-Gâtinais 45 ... 111 D1
Bouin 62 ... 6 C2
Bouin 79 ... 183 E2
Bouin 85 ... 144 C2
Bouin-Plumoison 62 ... 6 C2
Bouisse 11 ... 302 C3
Bouix 21 ... 115 D3
Boujailles 25 ... 160 B3
Boujan-sur-Libron 34 ... 280 B4
Boujeons 25 ... 160 C4
Boulages 10 ... 90 A1
Boulaincourt 88 ... 94 A2
Boulancourt 77 ... 87 D4
Boulange 57 ... 41 E2
Boulaur 32 ... 275 E3
Le Boulay 37 ... 131 D1
Le Boulay 88 ... 95 D4
Boulay-les-Barres 45 ... 110 A2
Boulay-les-Ifs 53 ... 82 B2
Le Boulay-Morin 27 ... 58 C1
Boulay-Moselle 57 ... 42 B4
La Boulaye 71 ... 156 C4
Boulazac 24 ... 220 C1
Boulbon 13 ... 264 C4
Boulc 26 ... 248 B1
Boule d'Amont 66 ... 312 B3
Bouleternère 66 ... 312 B2
Bouleurs 77 ... 62 A3
Bouleuse 51 ... 37 E4
Bouliac 33 ... 217 E4
Boulieu-lès-Annonay 07 ... 210 C4
Bouligneux 01 ... 193 D2
Bouligney 70 ... 118 B2
Bouligny 55 ... 40 C3
Boulin 65 ... 298 A1
Boullarre 60 ... 62 B1
Le Boullay-les-Deux-Églises 28 ... 85 D1
Boullay-les-Troux 91 ... 60 B4
Le Boullay-Mivoye 28 ... 85 D1
Le Boullay-Thierry 28 ... 85 E1
Boulleret 18 ... 135 D3
Boulleville 27 ... 30 C3
Bouloc 31 ... 276 C1
Bouloc 82 ... 239 E4
Boulogne 85 ... 146 A3
Boulogne (Château de) 07 ... 246 A1
Boulogne-Billancourt 92 ... 60 C3
Boulogne-la-Grasse 60 ... 35 D1
Boulogne-sur-Gesse 31 ... 299 D1
Boulogne-sur-Helpe 59 ... 10 B3
Boulogne-sur-Mer 62 ... 2 A4
Bouloire 72 ... 107 F2
Boulon 14 ... 55 F1
Boulot 70 ... 141 D3
Le Boulou 66 ... 312 C3
Boulouris 83 ... 287 F3
La Boulouze 50 ... 54 B4
Boult 70 ... 141 D3
Boult-aux-Bois 08 ... 39 D2
Boult-sur-Suippe 51 ... 38 A3
Le Boulvé 46 ... 239 E3
Boulzicourt 08 ... 22 C4
Boumois (Château de) 49 ... 129 D3
Boumourt 64 ... 272 C3
Bouniagues 24 ... 238 B1
Le Boupère 85 ... 146 C4
Bouquehault 62 ... 2 C3
Bouquelon 27 ... 31 D2
Bouquemaison 80 ... 7 E4
Bouquemont 55 ... 66 C1
Bouquet 30 ... 263 F1
Bouquetot 27 ... 31 F3
Bouqueval 95 ... 61 D2
Bouranton 10 ... 90 B3
Bouray-sur-Juine 91 ... 87 D2
Bourbach-le-Bas 68 ... 120 A2
Bourbach-le-Haut 68 ... 120 A2
La Bourbansais (Château de) 35 ... 79 D2
Bourberain 21 ... 139 F2
Bourbévelle 70 ... 118 A2
Bourbon-Lancy 71 ... 173 D1
Bourbon-l'Archambault 03 ... 171 F2
Bourbonne-les-Bains 52 ... 117 E2
La Bourboule 63 ... 206 C2
Bourbourg 59 ... 3 D2
Bourbriac 22 ... 50 B4
Bourcefranc-le-Chapus 17 ... 180 C3
Bourcia 39 ... 176 B3
Bourcq 08 ... 38 C2
Bourdainville 76 ... 15 F3
Bourdalat 40 ... 254 B4
Bourdeau 73 ... 213 D1
Bourdeaux 26 ... 247 F2
Bourdeilles 24 ... 202 B4
Le Bourdeix 24 ... 202 B2
Bourdelles 33 ... 237 D2
Bourdenay 10 ... 89 E3
Le Bourdet 79 ... 164 B4
Bourdettes 64 ... 297 D1
Bourdic 30 ... 264 A3
La Bourdinière-Saint-Loup 28 ... 85 E3
Bourdon 80 ... 17 F2
Bourdonnay 57 ... 69 E3
Bourdonné 78 ... 59 F4
Bourdons-sur-Rognon 52 ... 92 C4
Bourecq 62 ... 7 F1
Bouresches 02 ... 62 C1
Bouresse 86 ... 167 D3
Bouret-sur-Canche 62 ... 7 E3
Boureuilles 55 ... 39 F4
Bourg 33 ... 217 E2
Le Bourg 46 ... 241 D1
Bourg 52 ... 116 C3

BOURGES

Armuriers (R. des) ... Z 2
Auron (R. d') ... Z
Barbès (R.) ... Z 4
Beaux-Arts (R. des) ... Y 5
Bourbonnoux (R.) ... YZ
Calvin (R.) ... Y 7
Cambournac (R.) ... Y 8
Champ de Foire (R. du) ... Z 12
Commerce (R. du) ... Y 13
Coursalon (R.) ... Y
Cujas (Pl.) ... Y 15
Dr-Témoin (R. du) ... Y 17
Dormoy (Av. Marx) ... Y 19
Équerre (Rue de l') ... Z 20
George-Sand (Escalier) ... Y 27
Hémerettes (R. des) ... Z 29
Jacobins (Cour des) ... Z 31
Jacques-Cœur (R.) ... Y 32
J.-J.-Rousseau (R.) ... Z 33
Jean-Jaurès (Av.) ... Y
Joyeuse (R.) ... Y 35
Juranville (Pl.) ... Z 36
Leblanc (R. N.) ... YZ 40
Linières (Rue de) ... Z 42
Louis XI (Av.) ... Z 43
Mallet (R. L.) ... Z 44
Marceau (Rampe) ... Z 45
Mirebeau (R.) ... Y 46
Moyenne (R.) ... YZ
Orléans (Av. d') ... Y 48
Pelvoysin (R.) ... Y 50
Poissonnerie (R. de la) ... Y 52
Prinal (R. du) ... Y 55
Rimbault (R. J.) ... Z 61
Strasbourg (Bd de) ... Z 71
Thaumassière (R. de la) ... Y 72
Tory (R. G.) ... Y 73
Victor-Hugo (R.) ... Z 74
3 Maillets (R. des) ... Z 75
4-Piliers (Pl. des) ... Z 76
95e-de-Ligne (R. du) ... Z 78

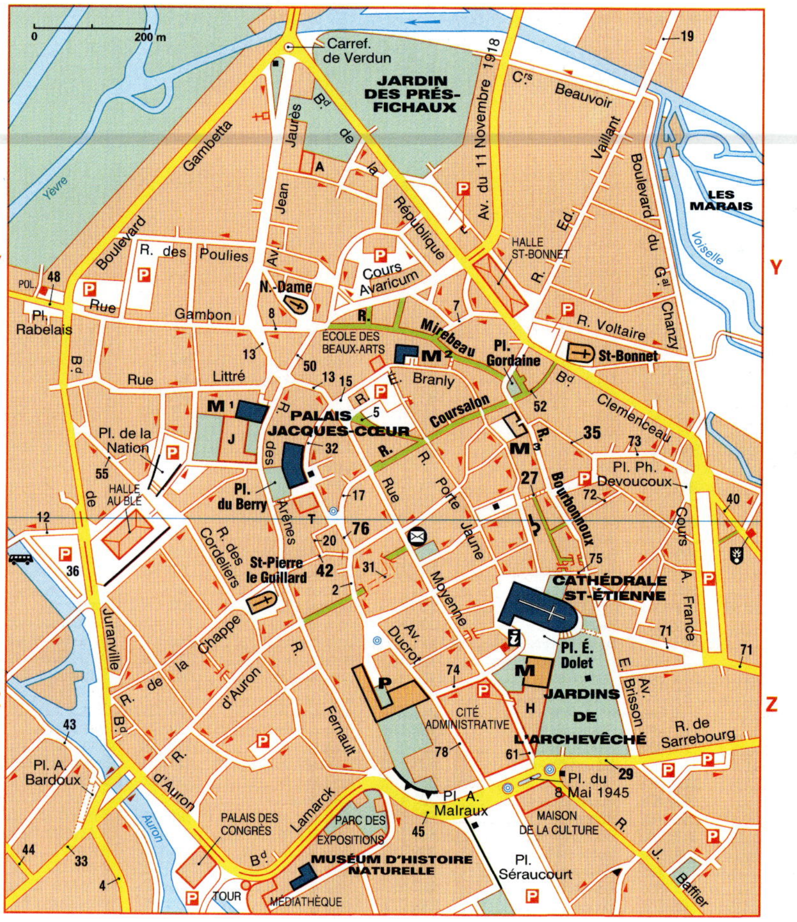

BREST
200 m
HÔPITAL DES ARMÉES
Pl. de la Liberté
St-Louis
Siam
CENTRE CULTUREL QUARTZ
Bd Gambetta
Clemenceau
Penfeld
ARSENAL MARITIME
Porte Tourville
Pont de Recouvrance
Tour Tanguy
CHÂTEAU
PRÉFECTURE MARITIME
Pl. Wilson
Dajot
Tour Rose
Cour
Port de commerce
OUESSANT

Algésiras (R. d') ... EY 2
Clemenceau (Av. G.) ... EY
Colbert (R.) ... EY 5
Foch (Av. Mar.) ... EY 14
Français Libres (Bd des) ... DZ 16
Frégate-la-Belle-Poule (R.) ... EZ 17
Jaurès (R. Jean) ... EY
Kérabécam (R. de) ... EY 22
Liberté (Pl. de la) ... EY
Lyon (R. de) ... DEY
Marine (Bd de la) ... DZ 25
Réveillère (R. Amiral) ... EY 33
Roosevelt (Av. F.) ... DZ 34
Siam (R. de) ... EY
11-Martyrs (R. des) ... EY 42

Bourg-Achard 27 ... 31 F3
Bourg-Archambault 86 ... 167 F3
Bourg-Argental 42 ... 210 B4
Bourg-Beaudouin 27 ... 32 C3
Bourg-Blanc 29 ... 47 E2
Bourg-Bruche 67 ... 96 A1
Bourg-Charente 16 ... 200 C1
Le Bourg-d'Arud 38 ... 231 E2
Bourg-de-Bigorre 65 ... 298 A2
Bourg-de-Péage 26 ... 229 E2
Bourg-de-Sirod 39 ... 160 B4
Bourg-de-Thizy 69 ... 191 F2
Bourg-de-Visa 82 ... 257 D1
Bourg-des-Comptes 35 ... 103 D2
Bourg-des-Maisons 24 ... 202 A4
Le Bourg-d'Hem 23 ... 169 E4
Le Bourg-d'Iré 49 ... 104 C4
Le Bourg-d'Oisans 38 ... 231 E2
Bourg-d'Oueil 31 ... 298 C4
Bourg-du-Bost 24 ... 201 F4
Le Bourg-Dun 76 ... 15 F1
Bourg-en-Bresse 01 ... 176 A4
Bourg-et-Comin 02 ... 37 D2
Bourg-Fidèle 08 ... 22 B2
Bourg-la-Reine 92 ... 61 D4
Bourg-Lastic 63 ... 206 B1
Bourg-le-Comte 71 ... 173 F4
Bourg-le-Roi 72 ... 82 C3
Bourg-lès-Valence 26 ... 229 D3
Bourg-l'Évêque 49 ... 104 B4
Bourg-Madame 66 ... 310 C4
Bourg-Saint-Andéol 07 ... 246 C4
Bourg-Saint-Bernard 31 ... 277 D2
Bourg-Saint-Christophe 01 ... 193 E3
Le Bourg-Saint-Léonard 61 ... 56 C4
Bourg-Saint-Maurice 73 ... 214 C1
Bourg-Sainte-Marie 52 ... 93 D4
Bourg-sous-Châtelet 90 ... 119 F4
Bourgaltroff 57 ... 69 E2
Bourganeuf 23 ... 186 C3
Bourgbarré 35 ... 103 E1
Bourgeauville 14 ... 30 B3
Bourges 18 ... 153 E2
Le Bourget 93 ... 61 D2
Le Bourget-du-Lac 73 ... 213 D1
Bourget-en-Huile 73 ... 213 F2
Bourgheim 67 ... 96 C1
Bourghelles 59 ... 9 D1
Bourgnac 24 ... 220 A2
Bourgneuf 17 ... 181 D1
Bourgneuf 73 ... 213 F2
Bourgneuf-en-Mauges 49 ... 127 F3
Bourgneuf-en-Retz 44 ... 144 C1
Le Bourgneuf-la-Forêt 53 ... 80 C4
Bourgneuf-Val-d'Or 71 ... 157 F3
Bourgogne 51 ... 37 F3
Bourgoin-Jallieu 38 ... 211 F2
Bourgon 53 ... 80 B4
La Bourgonce 88 ... 95 E3
La Bourgonnière (Chapelle de) 49 ... 127 E3
Bourgougnague 47 ... 238 A2
Bourgtheroulde-Infreville 27 ... 31 F3
Bourguébus 14 ... 56 A1
Bourgueil 37 ... 129 F4
Bourguenolles 50 ... 54 A3
Le Bourguet 83 ... 268 B4
Bourguignon 25 ... 142 C2
Bourguignon-lès-Conflans 70 ... 118 B3
Bourguignon-lès-la-Charité 70 ... 141 D2
Bourguignon-lès-Morey 70 ... 117 E4
Bourguignon-sous-Coucy 02 ... 36 A1
Bourguignon-sous-Montbavin 02 ... 36 C1
Bourguignons 10 ... 114 C1
Bourgvilain 71 ... 174 C3
Bourideys 33 ... 236 A4
Bouriège 11 ... 302 A3
Bourigeole 11 ... 302 A3
Bourisp 65 ... 298 B4
Bourlens 47 ... 239 D3
Bourlon 62 ... 9 D4
Bourmont 52 ... 93 D4
Bournainville-Faverolles 27 ... 57 E1
Bournan 37 ... 150 A2
Bournand 86 ... 148 C1
Bournazel 12 ... 241 F3
Bournazel 81 ... 259 D2
Bourneau 85 ... 164 A2
Bournel 47 ... 238 B2
Bourneville 27 ... 31 E2
Bournezeau 85 ... 163 E1
Bourniquel 24 ... 220 C4
Bournois 25 ... 142 A1
Bournoncle-Saint-Pierre 43 ... 207 F4
Bournoncles 15 ... 225 F3
Bournonville 62 ... 2 B4
Bournos 64 ... 272 C3
Bourogne 90 ... 142 C1
Bourran 47 ... 238 A4
Bourré 41 ... 131 F3
Bourréac 65 ... 297 F2
Bourret 82 ... 257 E3
Bourriot-Bergonce 40 ... 254 B2
Bourron-Marlotte 77 ... 87 F3
Bourrou 24 ... 220 B2
Bourrouillan 32 ... 255 D4
Bours 62 ... 7 F2
Bours 65 ... 297 F1
Boursault 51 ... 63 F1
Boursay 41 ... 108 B2
Bourscheid 57 ... 70 A2
Bourseul 22 ... 78 B1
Bourseville 80 ... 16 C1
Boursières 70 ... 141 D1
Boursies 59 ... 8 C4
Boursin 62 ... 2 B3
Boursonne 60 ... 35 F4
Bourth 27 ... 58 A4
Bourthes 62 ... 6 C1
Bourtzwiller 68 ... 120 C2
Bourville 76 ... 15 F2
Boury-en-Vexin 60 ... 33 E4
Bousbach 57 ... 43 D4
Bousbecque 59 ... 4 C3
Le Bouscat 33 ... 217 E3
Bousies 59 ... 9 F4
Bousignies 59 ... 9 E2
Bousignies-sur-Roc 59 ... 10 C2
Le Bousquet 11 ... 311 D1
Le Bousquet-d'Orb 34 ... 280 A1
Boussac 12 ... 259 F1
Boussac 23 ... 170 A4
La Boussac 35 ... 79 E1
Boussac 46 ... 241 D2
Boussac-Bourg 23 ... 170 A3
Boussais 79 ... 148 A3
Boussan 31 ... 299 E1
Boussay 37 ... 150 B3
Boussay 44 ... 146 B1
Bousse 57 ... 41 F3
Bousse 72 ... 106 B4
Bousselange 21 ... 158 C2
Boussenac 09 ... 300 B4
Boussenois 21 ... 139 E1
Boussens 31 ... 299 F2
Bousseraucourt 70 ... 117 F2
Boussès 47 ... 255 D2
Bousseviller 57 ... 44 C3
Boussey 21 ... 138 B3
Boussicourt 80 ... 18 C4
Boussières 25 ... 141 D4
Boussières-en-Cambrésis 59 ... 9 E4
Boussières-sur-Sambre 59 ... 10 B2
Boussois 59 ... 10 C2
Boussy 74 ... 195 D3
Boussy-Saint-Antoine 91 ... 61 E4
Boust 57 ... 41 F2
Boustroff 57 ... 69 D1
Le Bout-d'Oye 62 ... 3 D1
Bout-du-Lac 74 ... 195 F4
Bout du Monde (Cirque du) 21 ... 157 F2
Bout-du-Pont-de-Larn 81 ... 278 C3
Boutancourt 08 ... 22 C4
Boutavent 60 ... 17 E4
La Bouteille 02 ... 21 E3
Bouteilles-Saint-Sébastien 24 ... 201 F4
Boutenac 11 ... 303 E2
Boutenac-Touvent 17 ... 199 D2
Boutencourt 60 ... 33 F3
Boutervilliers 91 ... 86 B2
Bouteville 16 ... 201 D2
Bouthéon 42 ... 209 F2
Boutiers-Saint-Trojan 16 ... 200 C1
Boutigny 77 ... 62 A2
Boutigny-sur-Essonne 91 ... 87 D2
Boutigny-sur-Opton 28 ... 59 F4
Bouttencourt 80 ... 17 D2
Boutteville 50 ... 25 E4
Boutx 31 ... 299 D4
Bouvaincourt-sur-Bresle 80 ... 16 C1
Bouvancourt 51 ... 37 E3
Bouvante 26 ... 229 F3
Bouvante-le-Haut 26 ... 229 F3
Bouvelinghem 62 ... 2 C3
Bouvellemont 08 ... 38 C1
Bouvent 01 ... 176 C4
Bouverans 25 ... 160 C3
Bouvesse-Quirieu 38 ... 194 A4
Bouvières 26 ... 247 F2
Bouvignies 59 ... 9 D2
Bouvigny-Boyeffles 62 ... 8 A2
Bouville 28 ... 85 D4
Bouville 76 ... 15 F4
Bouville 91 ... 87 D2
Bouvincourt-en-Vermandois 80 ... 19 F2
Bouvines 59 ... 9 D1
Bouvresse 60 ... 17 E4
Bouvron 44 ... 126 A2
Bouvron 54 ... 67 F3
Boux-sous-Salmaise 21 ... 138 B2
Bouxières-aux-Bois 88 ... 94 C3
Bouxières-aux-Chênes 54 ... 68 B3
Bouxières-aux-Dames 54 ... 68 A3
Bouxières-sous-Froidmont 54 ... 68 A2
Bouxurulles 88 ... 94 B3
Bouxwiller 67 ... 70 C1
Bouxwiller 68 ... 120 C4
Bouy 51 ... 64 C1
Bouy-Luxembourg 10 ... 90 C3
Bouy-sur-Orvin 10 ... 89 D3
Bouyon 06 ... 269 F3
Le Bouyssou 46 ... 241 D1
Bouzais 18 ... 170 C1
Bouzancourt 52 ... 92 A3
Bouzanville 54 ... 94 A2
Bouze-lès-Beaune 21 ... 158 A2
Bouzèdes (Belvédère des) 30 ... 245 D4
Bouzel 63 ... 189 F4
Bouzemont 88 ... 94 B3
Bouzeron 71 ... 157 F3
Bouzic 24 ... 239 F1
Bouziès 46 ... 240 B3
Bouzigues 34 ... 281 E3
Bouzillé 49 ... 127 E3
Bouzin 31 ... 299 E1
Bouzincourt 80 ... 18 C1
Bouzon-Gellenave 32 ... 273 F1
Bouzonville 57 ... 42 B3
Bouzonville-aux-Bois 45 ... 110 C1
Bouzonville-en-Beauce 45 ... 86 C4
Bouzy 51 ... 64 B1
Bouzy-la-Forêt 45 ... 111 D3
Bovée-sur-Barboure 55 ... 67 D4
Bovel 35 ... 102 C2
Bovelles 80 ... 18 A2
Boves 80 ... 18 B3
Boviolles 55 ... 66 C4
Boyardville 17 ... 180 B2
Boyaval 62 ... 7 E2
Boyelles 62 ... 8 B4
Boyer 42 ... 191 F2
Boyer 71 ... 175 E1
Boyeux-Saint-Jérôme 01 ... 194 A2
Boynes 45 ... 111 D1
Boz 01 ... 175 E3
Bozas 07 ... 228 C2
Bozel 73 ... 214 B2
Bozouls 12 ... 242 C3
Brabant-en-Argonne 55 ... 39 F4
Brabant-le-Roi 55 ... 66 A3
Brabant-sur-Meuse 55 ... 40 A3
Brach 33 ... 216 C2
Brachay 52 ... 92 A3
Braches 80 ... 18 C4
Brachy 76 ... 15 F2
Bracieux 41 ... 132 B2
Bracon 39 ... 160 A2
Bracquemont 76 ... 16 A2
Bracquetuit 76 ... 16 A4
Bradiancourt 76 ... 16 C4
Braffais 50 ... 54 A3
Bragassargues 30 ... 263 E3
Bragayrac 31 ... 275 F3
Brageac 15 ... 223 F1
Bragelogne 10 ... 114 C2
Bragny-sur-Saône 71 ... 158 B3
La Brague 06 ... 288 B3
Brahic 07 ... 245 E4
Braillans 25 ... 141 E3
Brailly-Cornehotte 80 ... 6 C4
Brain 21 ... 138 A2
Brain-sur-Allonnes 49 ... 129 F4
Brain-sur-l'Authion 49 ... 128 C2
Brain-sur-Longuenée 49 ... 128 A1
Brain-sur-Vilaine 35 ... 102 C4
Brainans 39 ... 159 F3
Braine 02 ... 36 C3
Brains 44 ... 126 A4
Brains-sur-Gée 72 ... 106 B2
Brains-sur-les-Marches 53 ... 104 B2
Brainville 50 ... 53 F1
Brainville 54 ... 41 D4
Brainville-sur-Meuse 52 ... 93 D4
Braisnes 60 ... 35 E2
Braize 03 ... 171 D1
Bralleville 54 ... 94 B2
Bram 11 ... 302 A1
Bramabiau (Abîme du) 30 ... 262 A2
Bramans 73 ... 214 C4
Brametot 76 ... 15 F2
Bramevaque 65 ... 298 C3
Bran 17 ... 200 C4
Branceilles 19 ... 222 C3
Branches 89 ... 113 D3
Brancion 71 ... 175 D2
Brancourt-en-Laonnois 02 ... 36 B1
Brancourt-le-Grand 02 ... 20 B2
Brandérion 56 ... 100 B3
Brandeville 55 ... 40 A2
Brandivy 56 ... 100 C3
Brando 2B ... 315 F1
Brandon 71 ... 174 C3
Brandonnet 12 ... 241 E4
Brandonvillers 51 ... 91 D1
Branféré (Parc Zoologique de) 56 ... 101 F4
Branges 02 ... 36 C4
Branges 71 ... 175 F1
Brangues 38 ... 212 B1
Brannay 89 ... 88 B4
Branne 25 ... 142 A2
Branne 33 ... 218 C4
Brannens 33 ... 236 C2
Branoux-les-Taillades 30 ... 263 D1
Brans 39 ... 140 B4
Bransat 03 ... 172 A4
Branscourt 51 ... 37 E3
Bransles 77 ... 112 A1
Brantes 84 ... 266 A1
Brantigny 88 ... 94 B3
Brantôme 24 ... 202 B4
Branville 14 ... 30 A3
Branville-Hague 50 ... 24 B2
Braquis 55 ... 40 C4
Bras 83 ... 286 A3
Bras-d'Asse 04 ... 267 F3
Bras-sur-Meuse 55 ... 40 A4
Brasc 12 ... 260 B3
Brasles 02 ... 63 D1
Braslou 37 ... 149 E2
Brasparts 29 ... 75 D2
Brassac 09 ... 300 C4
Brassac 81 ... 278 C2
Brassac 82 ... 257 D1
Brassac-les-Mines 63 ... 207 F3
Brasseitte 55 ... 67 D3
Brassempouy 40 ... 272 B2
Brasseuse 60 ... 35 D4
Brassy 58 ... 137 D4
Brassy 80 ... 17 F4
Bratte 54 ... 68 B3
Braucourt 52 ... 91 F1
Braud-et-Saint-Louis 33 ... 199 E4
Braus (Col de) 06 ... 289 E3
Brauvilliers 55 ... 92 B1
Braux 04 ... 268 C2
Braux 08 ... 22 C3
Braux 10 ... 91 D2
Braux 21 ... 138 A3
Braux-le-Châtel 52 ... 116 A1
Braux-Saint-Remy 51 ... 65 F1
Braux-Sainte-Cohière 51 ... 65 F1
Bravone 2B ... 317 C1
Brax 31 ... 276 B2
Brax 47 ... 256 A1
Bray 27 ... 58 A1
Bray 71 ... 175 D2
Bray-Dunes 59 ... 3 F1
Bray-en-Val 45 ... 111 D3
Bray-et-Lû 95 ... 59 F1
Bray-la-Campagne 14 ... 56 B1
Bray-lès-Mareuil 80 ... 17 E1
Bray-Saint-Christophe 02 ... 19 F3
Bray-sur-Seine 77 ... 88 C3
Bray-sur-Somme 80 ... 19 D2
Braye 02 ... 36 B2
Braye-en-Laonnois 02 ... 37 D2
Braye-en-Thiérache 02 ... 21 E3
Braye-sous-Faye 37 ... 149 E2
Braye-sur-Maulne 37 ... 130 A1
Brazey-en-Morvan 21 ... 157 D1
Brazey-en-Plaine 21 ... 158 C1
Bréal-sous-Montfort 35 ... 103 D1
Bréal-sous-Vitré 35 ... 104 B1
Bréançon 95 ... 60 B1
Bréau 77 ... 88 A1
Bréau-et-Salagosse 30 ... 262 B3
Bréauté 76 ... 14 C3
Bréban 51 ... 91 D1
Brebières 62 ... 8 C3
Brebotte 90 ... 120 A4
Brécé 35 ... 103 F1
Brecé 53 ... 81 D2
Brécey 50 ... 54 B4
Brech 56 ... 100 C3
Brechainville 88 ... 93 D3
Bréchamps 28 ... 59 E4
Bréchaumont 68 ... 120 A3
Brèche au Diable 14 ... 56 A2
Brèches 37 ... 130 B1
Breconchaux 25 ... 141 F3
Brectouville 50 ... 54 C1
Brécy 02 ... 36 C4
Brécy 18 ... 153 F1
Brécy-Brières 08 ... 39 D3
La Brède 33 ... 235 F1
Bredons 15 ... 225 D2
Brée 53 ... 81 E4
La Brée-les-Bains 17 ... 180 B2
Bréel 61 ... 55 F3
Brégnier-Cordon 01 ... 212 B1
Brégy 60 ... 62 A1
Bréhain 57 ... 68 C2
Bréhain-la-Ville 54 ... 41 D2
Bréhal 50 ... 53 F2
Bréhan 56 ... 101 E1
Bréhand 22 ... 77 F2
Bréhec-en-Plouha 22 ... 51 D2
Bréhémont 37 ... 130 A4
Bréhéville 55 ... 40 A2
Breidenbach 57 ... 44 B3
Breil 49 ... 129 F2
Le Breil-sur-Mérize 72 ... 107 E2
Breil-sur-Roya 06 ... 289 F2
La Breille-les-Pins 49 ... 129 F3
Breilly 80 ... 18 A2
Breistroff-la-Grande 57 ... 41 F1
Breitenau 67 ... 96 B1
Breitenbach 67 ... 96 B1
Breitenbach-Haut-Rhin 68 ... 96 A4
Brélès 29 ... 47 D2
Brélidy 22 ... 50 B2
Brem-sur-Mer 85 ... 162 A1
Bréménil 54 ... 95 F1
Brêmes 62 ... 2 C2
Bremmelbach 67 ... 45 E4
Brémoncourt 54 ... 94 C1
Bremondans 25 ... 141 F4
Brémontier-Merval 76 ... 33 D2
Brémoy 14 ... 55 D2
Brémur-et-Vaurois 21 ... 115 E4
Bren 26 ... 229 D1
Brenac 11 ... 302 A4
Brenas 34 ... 280 B2
Brenat 63 ... 207 F2
Brénaz 01 ... 194 C2
Brenelle 02 ... 36 C3
Brengues 46 ... 240 C2
Brennes 52 ... 116 C3
Brennilis 29 ... 75 E2
Brénod 01 ... 194 B2
Brenon 83 ... 268 B4
Brenouille 60 ... 35 D3
Brenoux 48 ... 244 B3
Brens 01 ... 194 C4
Brens 81 ... 259 D4
Brenthonne 74 ... 178 B4
Breny 02 ... 36 B4
La Bréole 04 ... 250 A3
Brères 25 ... 160 A1
Bréry 39 ... 159 E4
Bresdon 17 ... 183 D3
Les Bréseux 25 ... 142 C3
Bresilley 70 ... 140 B4
Bresle 80 ... 18 C2
Bresles 60 ... 34 B2
Bresnay 03 ... 172 A3
Bresolettes 61 ... 83 F1
La Bresse 88 ... 119 F1
Bresse-sur-Grosne 71 ... 175 D1
Bressey-sur-Tille 21 ... 139 E3
Bressieux 38 ... 211 F4
Bressolles 01 ... 193 E3
Bressolles 03 ... 172 B2
Bressols 82 ... 257 F3
Bresson 38 ... 230 C1
Bressoncourt 52 ... 92 C2
Bressuire 79 ... 147 F3
Brest 29 ... 47 E3
Brestot 27 ... 31 E3
Bretagne 36 ... 152 A2
Bretagne 90 ... 120 A4
Bretagne-d'Armagnac 32 ... 255 E4
Bretagne-de-Marsan 40 ... 254 A4
Bretagnolles 27 ... 59 D2
Breteau 45 ... 135 D1
Breteil 35 ... 79 D4
Bretenière 21 ... 139 E4
La Bretenière 25 ... 141 F2
La Bretenière 39 ... 159 F1
Bretenières 39 ... 159 E2
Bretenoux 46 ... 223 D3
Breteuil 60 ... 34 B1
Breteuil (Château de) 78 ... 60 B4
Breteuil-sur-Iton 27 ... 58 B3
Brethel 61 ... 57 F4
Brethenay 52 ... 92 B4
Le Brethon 03 ... 171 D2

Bretigney *25* **142** B2
Bretigney-Notre-Dame *25* **141** F3
Bretignolles *79* **147** E3
Brétignolles
(Château de) *37* **149** E1
Brétignolles-le-Moulin *53* **81** F2
Bretignolles-sur-Mer *85* **162** A1
Bretigny *21* **139** E3
Brétigny *27* **31** E4
Brétigny *60* **36** A1
Brétigny-sur-Orge *91* **87** D1
Bretoncelles *61* **84** B2
La Bretonnière-La Claye *85* **163** E2
Bretonvillers *25* **142** B4
Brette *26* **248** A2
Brette-les-Pins *72* **107** D3
Bretten *68* **120** A3
Brettes *16* **183** E2
Bretteville *50* **24** C2
Bretteville-du-Grand-Caux *76* **14** C3
Bretteville-le-Rabet *14* **56** A1
Bretteville-l'Orgueilleuse *14* **29** D4
Bretteville-Saint-Laurent *76* **15** F2
Bretteville-sur-Ay *50* **26** B3
Bretteville-sur-Dives *14* **56** C1
Bretteville-sur-Laize *14* **56** A1
Bretteville-sur-Odon *14* **29** E4
Brettnach *57* **42** B3
Bretx *31* **276** A1
Breuches *70* **118** C3
Breuchotte *70* **119** D3
Breugnon *58* **136** A3
Le Breuil *03* **190** B1
Le Breuil *51* **63** E2
Breuil *51* **37** D3
Le Breuil *69* **192** B3
Le Breuil *71* **157** E4
Breuil *80* **19** E4
Breuil-Barret *85* **164** B1
Le Breuil-Bernard *79* **147** E4
Breuil-Bois-Robert *78* **59** F2
Breuil-Chaussée *79* **147** E3
Le Breuil-en-Auge *14* **30** C4
Le Breuil-en-Bessin *14* **28** B3
Breuil-la-Réorte *17* **181** F2
Breuil-le-Sec *60* **34** C3
Breuil-le-Vert *60* **34** C3
Breuil-Magné *17* **181** D2
Breuil-Mingot
(Château du) *86* **166** B2
Le Breuil-sous-Argenton *79* **147** F2
Le Breuil-sur-Couze *63* **207** F3
Breuil-sur-Marne *52* **92** B2
Breuilaufa *87* **185** E2
Breuilh *24* **220** C2
Breuillet *17* **198** B1
Breuillet *91* **86** C1
Breuilpont *27* **59** E2
Breurey-lès-Faverney *70* **118** B3
Breuschwickersheim *67* **71** D3
Breuvannes *52* **117** E1
Breuvery-sur-Coole *51* **64** C3
Breuville *50* **24** C3
Breux *55* **40** A1
Breux-Jouy *91* **86** C1
Breux-sur-Avre *27* **58** C4
Brévainville *41* **109** D2
Bréval *78* **59** E2
Brévands *50* **27** E3
Brevans *39* **159** E1
Le Brévedent *14* **30** C4
Brèves *58* **136** B3
Les Bréviaires *78* **60** A4
Bréviandes *10* **90** B4
La Brévière *14* **57** D2
Bréville *14* **29** F4
Bréville *16* **182** C4
Bréville-sur-Mer *50* **53** F2
Brévillers *62* **7** D3
Brévillers *80* **7** F4
Brevilliers *70* **142** C1
Brévilly *08* **23** E4
Brévonnes *10* **91** D3
Bréxent-Énocq *62* **6** B1
Brey-et-Maison-du-Bois *25* **160** C4
Brézal (Moulin de) *29* **48** C3
Brézé *49* **148** B1
Brézellec (Pointe de) *29* **72** C3
Bréziers *05* **249** F3
Brézilhac *11* **302** A2
Brézins *38* **211** F4
Brézolles *28* **58** C4
Brezons *15* **224** C3
Le Brézouard *68* **96** A3
Briançon *05* **232** C3
Briançonnet *06* **269** D3
Brianny *21* **138** A3
Briant *71* **173** F4
Briantes *36* **169** F2
Briare *45* **134** C1
Briarres-sur-Essonne *45* **87** D4
Brias *62* **7** F2
Briastre *59* **9** F4
Briatexte *81* **277** F1
Briaucourt *52* **92** B4
Briaucourt *70* **118** B3
Bricon *52* **116** A1
Briconville *28* **85** D2
Bricot-la-Ville *51* **63** E4
Bricquebec *50* **24** C3
Bricquebosq *50* **24** B3
Bricqueville *14* **27** F3
Bricqueville-la-Blouette *50* **53** F1
Bricqueville-sur-Mer *50* **53** F2
Bricy *45* **110** A2
Brides-les-Bains *73* **214** B2
La Bridoire *73* **212** C2
Bridoire (Château de) *24* **220** A4
Bridoré *37* **150** C2
Brie *02* **36** C1
Brie *09* **300** C1
Brie *16* **183** F4
Brie *35* **103** F2
Brie *79* **148** B3
Brie *80* **19** E3
Brie-Comte-Robert *77* **61** E4
Brié-et-Angonnes *38* **230** C1
Brie-sous-Archiac *17* **200** C3
Brie-sous-Barbezieux *16* **201** D3
Brie-sous-Chalais *16* **201** D4
Brie-sous-Matha *17* **182** C4
Brie-sous-Mortagne *17* **199** D2
Briec *29* **75** D4
Briel-sur-Barse *10* **90** C4
Brielles *35* **104** B1
Brienne *71* **175** F2
Brienne-la-Vieille *10* **91** D3
Brienne-le-Château *10* **91** D3
Brienne-sur-Aisne *08* **37** F2
Briennon *42* **191** E1
Brienon-sur-Armançon *89* **113** E2
Brières-les-Scellés *91* **86** C2
Brieuil-sur-Chizé *79* **182** C1
Brieulles-sur-Bar *08* **39** D2
Brieulles-sur-Meuse *55* **39** F3
Brieux *61* **56** B3
Briey *54* **41** E3
Briffons *63* **206** B1
Brignac *34* **280** C2
Brignac *56* **78** A4
Brignac *87* **186** A4
Brignac-la-Plaine *19* **222** A1
Brignais *69* **210** C1
Brignancourt *95* **60** B1
Brigné *49* **128** C4
Brignemont *31* **275** F1
Brignogan-Plages *29* **47** F1
Brignoles *83* **286** B3
Brignon *30* **263** F3
Le Brignon *43* **227** D3
Brignoud *38* **213** D4
La Brigue *06* **289** F1
Brigueil-le-Chantre *86* **167** F3
Brigueuil *16* **185** D3
Briis-sous-Forges *91* **86** C1
Brillac *16* **184** C2
La Brillanne *04* **267** D3
Brillecourt *10* **90** C2
Brillevast *50* **25** D2
Brillon *59* **9** E2
Brillon-en-Barrois *55* **66** A4
Brimeux *62* **6** C2
Brimont *51* **37** F3
Brin-sur-Seille *54* **68** B3
Brinay *18* **152** C1
Brinay *58* **155** F2
Brinckheim *68* **120** C3
Brindas *69* **210** C1
Bringolo *22* **51** D3
Brinon-sur-Beuvron *58* **136** B4
Brinon-sur-Sauldre *18* **133** F2
Briod *39* **176** C1
Briollay *49* **128** B1
Brion *01* **194** B1
Brion *36* **152** A3
Brion *38* **212** A4
Brion *48* **243** E1
Brion *49* **129** D2
Brion *71* **156** C3
Brion *86* **166** C3
Brion *89* **113** D2
Brion (Pont de) *38* **230** C3
Brion-près-Thouet *79* **148** B2
Brion-sur-Ource *21* **115** E2
La Brionne *23* **186** C1
Brionne *27* **31** E4
Briord *01* **194** A4
Briosne-lès-Sables *72* **83** E4
Briot *60* **17** F4
Briou *41* **109** E4
Brioude *43* **208** A4
Brioux-sur-Boutonne *79* **182** C1
Briouze *61* **55** F4
Briquemesnil-Floxicourt *80* **18** A2
Briquenay *08* **39** E2
Briscous *64* **270** C3
Brison *73* **195** D4
Brison-Saint-Innocent *73* **195** D4
Brissac *34* **262** C4
Brissac (Château de) *49* **128** C3
Brissac-Quincé *49* **128** C3
Brissarthe *49* **105** F4
Brissay-Choigny *02* **20** B4
Brissy-Hamégicourt *02* **20** B4
Brive-la-Gaillarde *19* **222** B1
Brives *36* **152** B4
Brives-Charensac *43* **227** D2
Brives-sur-Charente *17* **199** F1
Brivezac *19* **223** D2
Brix *50* **24** C3
Brixey-aux-Chanoines *55* **93** E2
Brizambourg *17* **182** B4
Brizay *37* **149** E1
Brizeaux *55* **66** A1
Brizon *74* **196** A1
Le Broc *06* **269** F4
Broc *49* **129** F1
Le Broc *63* **207** F3
Brocas *40* **253** F2
Brochon *21* **139** D4
Brocottes *14* **30** A4
Brocourt *80* **17** E3
Brocourt-en-Argonne *55* **66** B1
Broglie *27* **57** F2
Brognard *25* **142** C1
Brognon *08* **22** A2
Brognon *21* **139** E3
Broin *21* **158** C1
Broindon *21* **139** E4
Broissia *39* **176** B3
Brombos *60* **17** E4
Bromeilles *45* **87** E4
Brommat *12* **224** C4
Bromont-Lamothe *63* **189** D4
Bron *69* **193** D4
Broncourt *52* **117** E4
Bronvaux *57* **41** E4
Broons *22* **78** B3
Broons-sur-Vilaine *35* **79** F4
La Broque *67* **70** B4
Broquiers *60* **17** E4
Broquiès *12* **260** B3
Brossac *16* **201** D4
Brossainc *07* **210** C4
Brossay *49* **148** A1
La Brosse-Montceaux *77* **88** B3
Brosses *89* **136** C2
Brosville *27* **58** C1
Brotonne (Pont de) *76* **15** E4
Brotte-lès-Luxeuil *70* **118** C3
Brotte-lès-Ray *70* **140** B1
Brottes *52* **116** B1
Brou *01* **193** F1
Brou *28* **84** C4
Brou-sur-Chantereine *77* **61** E3
Brouage *17* **180** C3
Brouains *50* **54** C4
Broualan *35* **79** E1
Brouay *14* **29** D4
Brouchaud *24* **221** D1
Brouchy *80* **19** F4
Brouck *57* **42** B4
Brouckerque *59* **3** E2
Brouderdorff *57* **70** A2
Broué *28* **59** E4
Brouennes *55* **40** A1
Le Brouilh-Monbert *32* **274** B1
Brouilla *66* **313** D3
Brouillet *51* **37** D4
Brouis (Col de) *06* **289** E2
Brouqueyran *33* **236** C3
La Brousse *17* **182** B3
Brousse *23* **188** A3
Brousse *63* **208** A2
Brousse *81* **278** A1
Brousse-le-Château *12* **260** B3
Brousses-et-Villaret *11* **278** B4
Brousseval *52* **92** A2

CAEN

Académie (R. de l') .... CY 2
Alliés (Bd des) .... DY 3
Bagatelle (Av. de) .... CX 4
Barbey-d'Aurevilly (R.) .... CX 7
Bayeux (R. de) .... CY 8
Bir-Hakeim (Pont de) .... EZ 9
Brunet (R. H.) .... EZ 10
Caponière (R.) .... CY 12
Carrières-St-Julien
(R. des) .... CDX 13
Caumont (R. A. de) .... CY 15
Chanoine X.
de St-Paul (R.) .... CX 16
Chaussée-Ferrée
(R. de la) .... EZ 18
Churchill (Pont) .... EZ 21
Courtonne (Pl.) .... EY 26
Creully (Av. de) .... CX 27
Decaen (R. Gén.) .... EZ 28
Délivrande (R. de la) .... DX 29
Docteur-Rayer (R. du) .... CX 32
Doumer (R. Paul) .... DY 33
Écuyère (R.) .... CY
Édimbourg (Av. d') .... DX 35
Falaise (R. de) .... EZ 38
Foch (Pl. du Mar.) .... DZ 39
Fontette (Pl.) .... CY 40
Froide (R.) .... DY 42
Fromages (R. aux) .... CY 43
Guillaume-le-
Conquérant (R.) .... CY 45
Guillouard (Pl. L .... CYZ 46
Juifs (R. aux) .... CX 47
Lair (R. P.-A.) .... DY 49
Lebisey (R. de) .... EX 50
Lebret (R. G.) .... DYZ 51
Leclerc (Bd Mar.) .... DY
Malherbe (Pl.) .... CY 54
Manissier (R.) .... EX 55
Marot (R. J.) .... CY 56
Meslin (Quai E.) .... EZ 57
Miséricorde (R. de la) .... EY 58
Montalivet (Cours) .... EZ 59
Montoir-Poissonnerie (R.) .... DY 61
Pemagnie (R.) .... CY 63
Petit-Vallerent (Bd du) .... CZ 65
Pont St-Jacques (R. du) .... DY 68
Reine Mathilde
(Pl. de la) .... EX 69
Sadi-Carnot (R.) .... DZ 72
St-Gabriel (R.) .... CX 74
St-Jean (R.) .... DEYZ
St-Manvieu (R.) .... CY 75
St-Michel (R.) .... EZ 77
St-Nicolas (R.) .... CXY 78
St-Pierre (Pl.) .... DY 80
St-Pierre (R.) .... DY
Sévigné (Prom. de) .... EZ 81
Strasbourg (R. de) .... DY 83
Vaucelles (R. de) .... EZ 85
Vaugueux (R. du) .... DX 86
6-Juin (Av. du) .... DEYZ
11-Novembre (R. du) .... EZ 90

Broussey-en-Blois *55* 67 D4
Broussey-en-Woëvre *55* 67 E3
Broussy-le-Grand *51* 64 A3
Broussy-le-Petit *51* 63 F3
Broût-Vernet *03* 189 F1
Brouthières *52* 92 C2
Brouvelieures *88* 95 E3
Brouville *54* 95 E1
Brouviller *57* 70 A2
Brouy *91* 86 C3
Brouzet-lès-Alès *30* 263 F2
Brouzet-lès-Quissac *30* 263 D4
Les Brouzils *85* 146 A3
Brovès *83* 287 E1
Broxeele *59* 3 E3
Broye *71* 157 D3
Broye-les-Loups-et-Verfontaine *70* 140 A2
Broye-lès-Pesmes *21* 140 A3
Broyes *51* 63 F4
Broyes *60* 34 C1
Broze *81* 258 C3
Brû *88* 95 E2
Bruailles *71* 176 A1
Bruay-la-Buissière *62* 7 F2
Bruay-sur-l'Escaut *59* 9 F2
Bruc-sur-Aff *35* 102 C3
Brucamps *80* 17 F1
Bruch *47* 255 F1
Brucheville *50* 25 E4
Brucourt *14* 30 A4
Brue-Auriac *83* 286 A2
Bruebach *68* 120 C3
Brueil-en-Vexin *78* 60 A1
Bruère-Allichamps *18* 153 E4
La Bruère-sur-Loir *72* 130 A1
La Bruffière *85* 146 B2
Brugairolles *11* 302 A2
Le Brugeron *63* 208 C1
Bruges *33* 217 E3
Bruges *64* 297 D2
Brugheas *03* 190 A2
Brugnac *47* 238 A3
Brugnens *32* 256 B4
Brugny-Vaudancourt *51* 63 F2
La Bruguière *30* 264 A2
Bruguières *31* 276 C1
Bruille-lez-Marchiennes *59* 9 D3
Bruille-Saint-Amand *59* 9 F2
Bruis *05* 248 B3
Brûlain *79* 182 C1
Les Brulais *35* 102 C2
Brulange *57* 69 D1
La Brûlatte *53* 104 C1
Bruley *54* 67 F4
Brullemail *61* 57 D4
Brullioles *69* 192 A4
Brûlon *72* 106 A2
Brumath *67* 71 D2
Brumetz *02* 62 B1
Brunehamel *02* 21 F3
Brunelles *28* 84 B3
Les Brunels *11* 278 A4
Brunembert *62* 2 C4
Brunémont *59* 9 D3
Brunet *04* 267 E3
Bruniquel *82* 258 B2
Brunissard *05* 232 C4
Brunoy *91* 61 E4
Brunstatt *68* 120 C2
Brunville *76* 16 B2
Brunvillers-la-Motte *60* 34 C1
Le Brusc *83* 291 E4
Brusque *12* 279 F1
Le Brusquet *04* 268 A1
Brussey *70* 140 C3
Brussieu *69* 192 B4
Brusson *51* 65 E4
Brusvily *22* 78 B2
Brutelles *80* 6 A4
Bruville *54* 41 E4
Brux *86* 166 A4
La Bruyère *70* 119 D3
Bruyères *88* 95 E4
Bruyères-et-Montbérault *02* 37 D1
Bruyères-le-Châtel *91* 86 C1
Bruyères-sur-Fère *02* 36 C4
Bruyères-sur-Oise *95* 34 B4
Bruys *02* 36 C3
Bruz *35* 103 D1
Bry *59* 10 A1
Bry-sur-Marne *94* 61 E3
Bû *28* 59 E3
Le Bû-sur-Rouvres *14* 56 B1
Buais *50* 80 C1
Buanes *40* 272 C1
Bubertré *61* 83 F1
Bubry *56* 100 B1
Buc *78* 60 C4
Buc *90* 119 F4
Bucamps *60* 34 B1
Bucéels *14* 29 D4
Bucey-en-Othe *10* 90 A4
Bucey-lès-Gy *70* 140 C2
Bucey-lès-Traves *70* 141 D1
Buchelay *78* 59 F2
Buchères *10* 90 B4
Buchey *52* 91 F4
Buchy *57* 68 B1
Buchy *76* 32 C1
Bucilly *02* 21 F2
Bucquoy *62* 8 A4
Bucy-le-Long *02* 36 B2
Bucy-le-Roi *45* 110 A1
Bucy-lès-Cerny *02* 36 C1
Bucy-lès-Pierrepont *02* 21 E4
Bucy-Saint-Liphard *45* 110 A3
Budelière *23* 188 A1
Buding *57* 42 A2
Budling *57* 42 A2
Budos *33* 236 B2
Bué *18* 134 C4
Bueil *27* 59 E2
Bueil-en-Touraine *37* 130 C1
Buellas *01* 175 F4
Le Buet *74* 197 D2
Buethwiller *68* 120 B3
Buffard *25* 160 A1
Buffières *71* 174 C3
Buffignécourt *70* 118 A3
Buffon *21* 137 F1
Bugarach *11* 302 B4
Bugard *65* 298 B1
Bugeat *19* 205 D2
Bugnein *64* 272 A4
Bugnicourt *59* 9 D3
Bugnières *52* 116 B2
Bugny *25* 161 D2
Le Bugue *24* 221 D3
Buhl *67* 45 F4
Buhl *68* 120 B1
Buhl-Lorraine *57* 70 A2
Buhy *95* 33 E4
Buicourt *60* 33 F1
Buigny-l'Abbé *80* 17 F1
Buigny-lès-Gamaches *80* 17 D1
Buigny-Saint-Maclou *80* 6 B4
Buire *02* 21 E2
Buire-au-Bois *62* 7 D3
Buire-Courcelles *80* 19 F2
Buire-le-Sec *62* 6 C2
Buire-sur-l'Ancre *80* 18 C2
Buironfosse *02* 10 B4
Le Buis *87* 185 F2
Buis-les-Baronnies *26* 248 A4
Buis-sur-Damville *27* 58 C3
Buissard *05* 249 F1
La Buisse *38* 212 B4
La Buissière *38* 213 D3
Le Buisson *48* 243 F2
Le Buisson *51* 65 E4
Buisson *84* 247 E4
Le Buisson-de-Cadouin *24* 221 D4
Buissoncourt *54* 68 B4
Buissy *62* 8 C4
Bujaleuf *87* 186 B4
Bulainville *55* 66 B1
Bulan *65* 298 A3
Bulat-Pestivien *22* 50 B4
Bulcy *58* 135 E4
Buléon *56* 101 E2
Bulgnéville *88* 93 F4
Bulhon *63* 190 A3
Bullainville *28* 109 E1
Bulle *25* 160 C3
Bullecourt *62* 8 C4
Bulles *60* 34 B2
Bulligny *54* 93 F1
Bullion *78* 86 B1
Bullou *28* 85 D4
Bully *14* 55 F1
Bully *42* 191 D3
Bully *69* 192 B3
Bully *76* 16 C4
Bully-les-Mines *62* 8 A2
Bulson *08* 23 D4
Bult *88* 95 D3
Bun *65* 297 E3
Buncey *21* 115 E3
Buneville *62* 7 E3
Buno-Bonnevaux *91* 87 D3
Bunodière (Hêtre de la) *76* 33 D2
Bunus *64* 295 E1
Bunzac *16* 202 A1
Buoux *84* 266 A4
Burbach *67* 70 A1
La Burbanche *01* 194 B3
Burbure *62* 7 F1
Burcin *38* 212 A3
Burcy *14* 55 D2
Burcy *77* 87 E4
Burdignes *42* 210 B4
Burdignin *74* 178 B4
Bure *55* 92 C1
Bure *57* 41 E2
Buré *61* 83 E2
Bure-les-Templiers *21* 116 A4
Burelles *02* 21 E3
Bures *54* 69 D4
Bures *61* 83 E1
Bures-en-Bray *76* 16 B3
Bures-les-Monts *14* 54 C2
Bures-sur-Dives *14* 29 F4
Bures-sur-Yvette *91* 60 C4
Le Buret *53* 105 E2
Burey *27* 58 B2
Burey-en-Vaux *55* 93 E1
Burey-la-Côte *55* 93 E1
Burg *65* 298 B1
Burgalays *31* 299 D4
Burgaronne *64* 271 F3
Le Burgaud *31* 276 A1
Burgille *25* 140 C4
Burgnac *87* 203 E1
Burgy *71* 175 D2
Burie *17* 182 B4
Buriville *54* 95 E1
Burlats *81* 278 B2
Burlioncourt *57* 69 D2
Burnand *71* 174 C1
Burnevillers *25* 143 D3
Burnhaupt-le-Bas *68* 120 B2
Burnhaupt-le-Haut *68* 120 B2
Buron *63* 207 F2
Buros *64* 273 D4
Burosse-Mendousse *64* 273 E3
Burret *09* 300 C4
Bursard *61* 83 D1
Burthecourt-aux-Chênes *54* 94 B1
Burtoncourt *57* 42 A3
Bury *60* 34 B3
Burzet *07* 245 F1
Burzy *71* 174 C1
Bus *62* 19 E1
Bus-la-Mésière *80* 19 D4
Bus-lès-Artois *80* 18 C1
Bus-Saint-Rémy *27* 59 F1
Busca-Maniban (Château de) *32* 255 F4
Buschwiller *68* 121 D4
Busigny *59* 20 B1
Busloup *41* 108 C3
Busnes *62* 7 F1
Busque *81* 277 F1
Bussac *24* 202 B4
Bussac-Forêt *17* 217 F1
Bussac-sur-Charente *17* 181 F4
Bussaglia (Plage de) *2A* 316 A1
Bussang *88* 119 F2
Bussang (Col de) *88* 119 F2
Le Busseau *79* 164 B1
Busseau-sur-Creuse *23* 187 E1
Busseaut *21* 115 E4
Busséol *63* 207 F1
Busserolles *24* 202 B1
Busserotte-et-Montenaille *21* 139 D1
Busset *03* 190 B2
Bussiares *02* 62 C1
La Bussière *45* 111 F4
La Bussière *86* 167 E1
Bussière-Badil *24* 202 B1
Bussière-Boffy *87* 185 D2
Bussière-Dunoise *23* 169 D4
Bussière-Galant *87* 203 E1
Bussière-Nouvelle *23* 188 A2
Bussière-Poitevine *87* 167 E4
Bussière-Saint-Georges *23* 170 A3
La Bussière-sur-Ouche *21* 138 C4
Bussières *21* 139 D1
Bussières *42* 191 F4
Bussières *63* 188 B2
Bussières *70* 141 D3
Bussières *71* 175 D3
Bussières *77* 62 C2
Bussières *89* 137 E3
Bussières-et-Pruns *63* 189 F2
Bussières-lès-Belmont *52* 117 D4
Busson *52* 92 C3
Bussu *80* 19 E2
Bussunarits-Sarrasquette *64* 295 D1
Bussurel *70* 142 C1
Bussus-Bussuel *80* 17 F1
Bussy *18* 153 F3
Bussy *60* 35 F1
Bussy-Albieux *42* 191 E4
Bussy-en-Othe *89* 113 E2
Bussy-la-Côte *55* 66 A3
Bussy-la-Pesle *21* 138 C3
Bussy-la-Pesle *58* 136 A4
Bussy-le-Château *51* 65 D1
Bussy-le-Grand *21* 138 A1
Bussy-le-Repos *51* 65 E2
Bussy-le-Repos *89* 112 C1
Bussy-lès-Daours *80* 18 B2
Bussy-lès-Poix *80* 17 F3
Bussy-Lettrée *51* 64 C3
Bussy-Rabutin (Château de) *21* 138 A1
Bussy-Saint-Georges *77* 61 F3
Bussy-Saint-Martin *77* 61 F3
Bust *67* 70 A1
Bustanico *2B* 315 E4
Bustince-Iriberry *64* 295 D1
Buswiller *67* 70 C1
Busy *25* 141 D4
Butgnéville *55* 67 E1
Buthiers *70* 141 D3
Buthiers *77* 87 D4
Butot *76* 32 A1
Butot-Vénesville *76* 15 D1
Butry-sur-Oise *95* 60 C1
Butteaux *89* 113 F2
Butten *67* 44 A4
Buverchy *80* 19 E4
Buvilly *39* 159 F3
La Buxerette *36* 169 E2
Buxerolles *21* 116 A3
Buxerolles *86* 166 B1
Buxerulles *55* 67 E2
Buxeuil *10* 115 D1
Buxeuil *36* 152 A1
Buxeuil *86* 150 A2
Buxières-d'Aillac *36* 169 D1
Buxières-lès-Clefmont *52* 117 D1
Buxières-les-Mines *03* 171 E3
Buxières-lès-Villiers *52* 116 A1
Buxières-sous-les-Côtes *55* 67 E2
Buxières-sous-Montaigut *63* 189 D1
Buxières-sur-Arce *10* 115 D1
Buxy *71* 157 F4
Buysscheure *59* 3 E3
Buzan *09* 299 F4
Buzançais *36* 151 E3
Buzancy *02* 36 B3
Buzancy *08* 39 E2
Buzeins *12* 243 D4
Buzet-sur-Baïse *47* 255 F1
Buzet-sur-Tarn *31* 277 D1
Buziet *64* 296 C2
Buzignargues *34* 282 A1
Buzon *65* 274 A3
Buzy *55* 40 C4
Buzy *64* 296 C2
By *25* 160 A2
Byans-sur-Doubs *25* 160 A1

C

Cabanac *65* 298 A1
Cabanac-Cazaux *31* 299 D3
Cabanac-et-Villagrains *33* 235 F2
Cabanac-Séguenville *31* 275 F1
La Cabanasse *66* 311 D3
Cabanès *12* 259 F1
Cabanès *81* 277 F1
Les Cabanes-de-Fitou *11* 303 F4
Le Cabanial *31* 277 E3
Les Cabannes *09* 310 A1
Cabannes *13* 265 D4
Les Cabannes *81* 259 D2
Cabara *33* 218 C4
Cabariot *17* 181 E3
Cabas-Loumassès *32* 274 C4
Cabasse *83* 286 C3
Cabasson *83* 292 C3
Le Cabellou *29* 99 D2
Cabestany *66* 313 D2
Cabidos *64* 272 C2
Cabourg *14* 30 A3
Cabre (Col de) *05* 248 B2
Cabrerets *46* 240 B3
Cabrerolles *34* 280 A3

CALAIS

Amsterdam (R. d') DXY 3
Angleterre (Pl. d') DX 4
Barbusse (Pl. Henri) DX 6
Bonningue (R. du Cdt) DX 7
Bruxelles (R. de) DX 10
Chanzy (R. du Gén.) DY 13
Commune de Paris (R. de la) CDY 16
Escaut (Quai de l') CY 21
Foch (Pl. Mar.) CXY 22
Fontinettes (R. des) CDY 24
Gambetta (Bd Léon) CY
George-V (Pont) CY 31
Jacquard (Bd) CDY
Jacquard (Pont) CY 36
Jean-Jaurès (R.) DY 37
Lafayette (Bd) DY
Londres (R. de) DX 42
Mer (R. de la) CX 45
Notre-Dame (R.) CDX 46
Paix (R. de la) CX 48
Pasteur (Bd) DY
Paul-Bert (R.) CDY 49
Prés.-Wilson (Av. du) CY 54
Quatre-Coins (R. des) CY 55
Rhin (Quai du) CY 58
Richelieu (R.) CX 60
Rome (R. de) CY 61
Royale (R.) CX 63
Soldat-Inconnu (Pl. du) DY 64
Tamise (Quai de la) CDY 66
Thermes (R. des) CX 67
Varsovie (R. de) DY 70
Vauxhall (R. du) CY

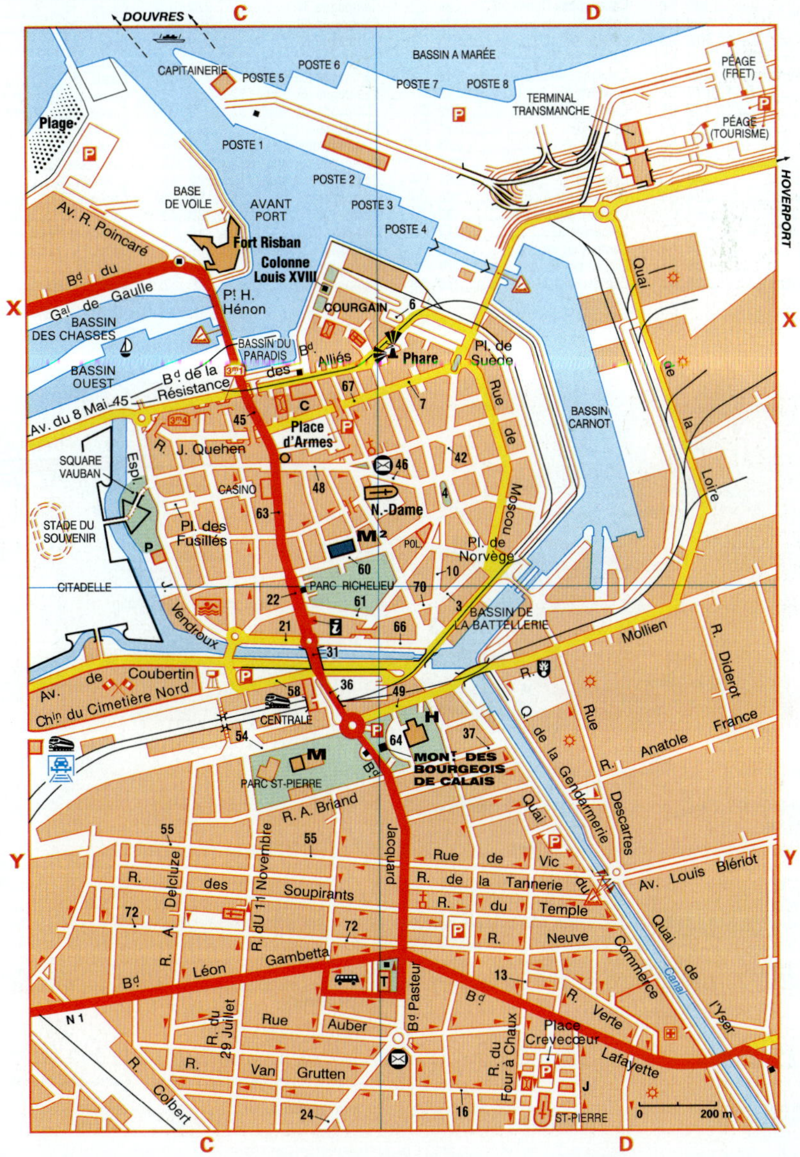

Cabrespine 11 278 C4
Cabrières 30 264 A4
Cabrières 34 280 C2
Cabrières-d'Aigues 84 266 B4
Cabrières-d'Avignon 84 265 F4
Cabriès 13 284 C3
Cabris 06 287 F1
Cachan 94 61 D3
Cachen 40 254 A2
Cachy 80 18 C3
Cadalen 81 259 D4
Cadarache (Barrage de) 13 285 E1
Cadarcet 09 300 C3
Cadarsac 33 218 C4
Cadaujac 33 217 E4
Cadéac 65 298 B4
Cadeilhan 32 256 B4
Cadeilhan-Trachère 65 298 B4
Cadeillan 32 275 E4
Cademène 25 160 B1
Caden 56 102 A4
Les Cadeneaux 13 284 C4
Cadenet 84 284 C1
Caderousse 84 264 C2
La Cadière-d'Azur 83 291 E3
La Cadière-et-Cambo 30 262 C3
Cadillac 33 236 B1
Cadillac-en-Fronsadais 33 217 F3
Cadillon 64 273 E3
Cadix 81 260 A3
Cadolive 13 285 D4
Cadouin 24 221 D4
Cadours 31 275 F1
Cadrieu 46 241 D3
Caen 14 29 E4
Caëstre 59 4 A3
Caffiers 62 2 B3
Cagnac-les-Mines 81 259 E3
Cagnano 2B 314 D2
Cagnes-sur-Mer 06 288 B2
Cagnicourt 62 8 C4
Cagnoncles 59 9 E4
Cagnotte 40 271 E2
Cagny 14 29 F4
Cagny 80 18 B3
Cahagnes 14 55 D1
Cahagnolles 14 28 C4
Cahaignes 27 33 D4
Cahan 61 55 F3
Caharet 65 298 B2
Cahon 80 17 E1
Cahors 46 240 A3
Cahus 46 223 D3
Cahuzac 11 301 E2
Cahuzac 47 238 B1
Cahuzac 81 278 A3
Cahuzac-sur-Adour 32 273 F2
Cahuzac-sur-Vère 81 259 D3
Caignac 31 277 D4
Le Cailar 30 282 B1
Cailhau 11 302 A2
Cailhavel 11 302 A2
Cailla 11 311 D1
Caillac 46 240 A3
Caillavet 32 274 B1
Caille 06 268 C4
Caille (Ponts de la) 74 195 E2
La Caillère 85 164 A1
Cailleville 76 15 E1
Caillouël-Crépigny 02 36 A1
Caillouet-Orgeville 27 59 D2
Cailloux-sur-Fontaines 69 193 D3
Cailly 76 32 B1
Cailly-sur-Eure 27 58 C1
La Caine 14 55 F1
Cairanne 84 265 D1
Le Caire 04 249 E3
Cairon 14 29 E4
Caisnes 60 36 A1
Caissargues 30 264 A4
Caix 80 19 D3
Caixas 66 312 C3
Caixon 65 273 F4
Cajarc 46 240 C3
Cala Rossa 2A 319 F2
Calacuccia 2B 314 C4
Calais 62 2 B2
Calamane 46 240 A3
Calan 56 100 A2
Calanhel 22 50 A4
Calas 13 284 C3
Calavanté 65 298 A1
Calcatoggio 2A 316 B3
Calce 66 312 C1
Caldégas 66 310 C4
Calenzana 2B 314 B3
Calès 24 220 C4
Calès 46 222 B4
Calignac 47 255 F2
Caligny 61 55 E3
Callac 22 50 A4
Callac 56 101 F3
Callas 83 287 D2
Callen 40 235 F4
Callengeville 76 16 C3
Calleville 27 31 F4
Calleville-les-Deux-Églises 76 16 A4
Callian 32 274 B2
Callian 83 287 F1
Calmeilles 66 312 B3
Calmels-et-le-Viala 12 260 C3
La Calmette 30 263 F3
Calmont 12 260 A1
Calmont 31 301 D1
Calmoutier 70 118 C4
Caloire 42 209 F3
Calonges 47 237 F4
Calonne-Ricouart 62 7 F1
Calonne-sur-la-Lys 62 4 A4
Calorguen 22 78 C2
La Calotterie 62 6 B2
Caluire-et-Cuire 69 193 D4
Calvaire des Dunes 50 24 B2
Calvi 2B 314 B3
Calviac 46 223 E3
Calviac-en-Périgord 24 221 F4
Calvignac 46 240 C3
Calvinet 15 242 A1
Calvisson 30 282 B1
Calzan 09 301 E3
Camalès 65 273 F4
Camarade 09 300 B2
Camarès 12 261 D4
Camaret-sur-Aigues 84 265 D1
Camaret-sur-Mer 29 47 D4
Camarsac 33 217 F4
Cambayrac 46 239 F3
La Cambe 14 27 F3
Cambernard 31 276 A3
Cambernon 50 54 A1
Cambes 33 236 A1
Cambes 46 241 D2
Cambes 47 237 F2
Cambes-en-Plaine 14 29 E4
Cambia 2B 315 E4
Cambiac 31 277 E3
Cambieure 11 302 A2
Camblain-Châtelain 62 7 F2
Camblain-l'Abbé 62 8 A2
Camblanes-et-Meynac 33 217 E4
Cambligneul 62 8 A2
Cambo-les-Bains 64 270 C4
Cambon 81 259 E4
Cambon-et-Salvergues 34 279 F2
Cambon-lès-Lavaur 81 277 E2
Camboulazet 12 260 A1
Camboulit 46 241 D2
Cambounès 81 278 C2
Cambounet-sur-le-Sor 81 278 A2
Le Cambout 22 101 E1
Cambrai 59 9 D4
Cambremer 14 30 B4
Cambrin 62 8 B1
Cambron 80 17 E1
Cambronne-lès-Clermont 60 34 C3
Cambronne-lès-Ribécourt 60 35 F2
Camburat 46 241 D2
Came 64 271 E3
Camélas 66 312 C2
Camelin 02 36 A1
Camembert 61 57 D2
Cametours 50 54 A1
Camiac-et-Saint-Denis 33 218 C4
Camiers 62 6 A1
Camiran 33 237 D2
Camjac 12 259 F1
Camlez 22 50 B1
Les Cammazes 81 278 A4
Camoël 56 123 F3
Camon 09 301 F3
Camon 80 18 B2
Camors 56 100 C2
Camou-Cihigue 64 295 F2
Camou-Mixe-Suhast 64 271 E4
Camous 65 298 B3
Le Camp-du-Castellet 83 291 E3
Campagna-de-Sault 11 310 C1
Campagnac 12 243 E3
Campagnac 81 258 C3
Campagnac-lès-Quercy 24 239 E1
Campagnan 34 281 D3
Campagne 24 221 D3
Campagne 34 282 A1
Campagne 40 253 F4
Campagne 60 19 E4
Campagne-d'Armagnac 32 255 D4
Campagne-lès-Boulonnais 62 2 C4
Campagne-lès-Guînes 62 2 C3
Campagne-lès-Hesdin 62 6 C2
Campagne-lès-Wardrecques 62 3 E4
Campagne-sur-Arize 09 300 B2
Campagne-sur-Aude 11 302 B4
Campagnolles 14 54 C2
Campan 65 298 A3
Campana 2B 315 E4
Campandré-Valcongrain 14 55 E2
Camparan 65 298 B4
Campbon 44 125 F2
Campeaux 14 54 C2
Campeaux 60 33 E1
Campel 35 102 C2
Campénéac 56 102 A2
Campes 81 259 D2
Campestre-et-Luc 30 262 A3
Campet-et-Lamolère 40 253 F3
Camphin-en-Carembault 59 8 C1
Camphin-en-Pévèle 59 9 D1
Campi 2B 317 F1
Campigneulles-les-Grandes 62 6 B2
Campigneulles-les-Petites 62 6 B2
Campigny 14 28 C3
Campigny 27 31 D3
Campile 2B 315 E3
Campistrous 65 298 B2
Campitello 2B 315 E3
Camplong 34 280 A2
Camplong-d'Aude 11 303 D2
Campneuseville 76 17 D3
Campo 2A 316 C4
Campoloro (Port de) 2B 315 C4
Campôme 66 311 F2
Campouriez 12 242 B1
Campoussy 66 311 F2
Campremy 60 34 B1
Camprond 50 54 A1
Camps 19 223 D3
Camps-en-Amiénois 80 17 F2
Camps-la-Source 83 286 B3
Camps-sur-l'Agly 11 302 C4
Camps-sur-l'Isle 33 219 D2
Campsas 82 257 F4
Campsegret 24 220 B3
Campuac 12 242 B2
Campugnan 33 217 E1
Campuzan 65 298 B1
Camurac 11 310 C1
Can Parterre 66 312 B4
Canadel (Col du) 83 293 D2
Canadel-sur-Mer 83 293 D2
Canaille (Cap) 13 291 D3
Canale-di-Verde 2B 317 F1
Canals 82 257 F4
Canaples 80 18 A1
Canappeville 27 32 A4
Canapville 14 30 B3
Canapville 61 57 D2
Canari 2B 314 D2
Canaules-et-Argentières 30 263 E3
Canavaggia 2B 315 E3
Canaveilles 66 311 E3
Cancale 35 53 D4
Canchy 14 27 F3
Canchy 80 6 C4
Cancon 47 238 B2
Candas 80 18 A1
Candé 49 127 E1
Candé-sur-Beuvron 41 132 A2
Candes-Saint-Martin 37 129 F4
Candillargues 34 282 A2
Candor 60 35 F1
Candresse 40 271 F1
Canehan 76 16 B2
Canéjan 33 217 D4
Canens 31 300 B1
Canenx-et-Réaut 40 254 A3
Canet 11 303 F1
Canet 34 281 D2
Canet-de-Salars 12 260 C1
Canet-en-Roussillon 66 313 E2
Canet-Plage 66 313 E2
Canettemont 62 7 E3
Cangey 37 131 E2
Caniac-du-Causse 46 240 B2
Canigou (Pic du) 66 311 F3
Canihuel 22 76 C2
Canilhac 48 243 F3
Canisy 50 54 B1
Canlers 62 7 D2
Canly 60 35 D3
Cannectancourt 60 35 F1
Cannelle 2A 316 B3
Cannelle 2B 314 D1
Cannes 06 288 B3
Cannes-Écluse 77 88 A3
Cannes-et-Clairan 30 263 E4
Cannessières 80 17 E2
Le Cannet 06 288 B3
Cannet 32 273 E2
Le Cannet-des-Maures 83 286 C3
Canny-sur-Matz 60 35 E1
Canny-sur-Thérain 60 33 E1
Canohès 66 312 C2
Canon 14 56 B1
Le Canon 33 234 B1
La Canonica 2B 315 F3
La Canonica (Ancienne Cathédrale de) 2B 315 F3
La Canourgue 48 243 F3
Canouville 76 15 D2
Cantaing-sur-Escaut 59 9 D4
Cantaous 65 298 B2
Cantaron 06 288 C1
Canté 09 300 C1
Cantebonne 54 41 D1
Canteleu 76 32 A2
Canteleux 62 7 E4
Canteloup 14 30 A4
Canteloup 50 25 D2
Cantenac 33 217 D2
Cantenay-Épinard 49 128 B1
Cantiers 27 33 D4
Cantigny 80 18 C4
Cantillac 24 202 B3
Cantin 59 9 D3
Cantobre 12 261 F2
Cantoin 12 224 C4
Cantois 33 236 C1
Canville-la-Rocque 50 24 C4
Canville-les-Deux-Églises 76 15 F2
Cany-Barville 76 15 E2
Caorches-Saint-Nicolas 27 57 F1
Caouënnec-Lanvézéac 22 50 A2
Caours 80 6 C4
Cap Corse 2B 314 A1
Cap-Coz 29 73 F4
Le Cap-d'Agde 34 305 F1
Cap-d'Ail 06 289 E4
Cap-de-l'Homy-Plage 40 252 B2
Cap-de-Long (Barrage de) 65 298 A4
Cap Ferrat 06 288 C2
Cap-Ferret 33 234 B1
Cap-Martin 06 289 E4
Capbis 64 297 D2
Capbreton 40 270 C1
Capdenac 46 241 E2
Capdenac-Gare 12 241 E2
Capdrot 24 239 D1
La Capelle 02 10 B4
La Capelle 48 243 F4
Capelle 59 9 F4
La Capelle-Balaguier 12 241 D3
La Capelle-Bleys 12 241 F4
La Capelle-Bonance 12 243 E3
La Capelle-et-Masmolène 30 264 B2
Capelle-Fermont 62 8 A3
La Capelle-lès-Boulogne 62 2 B3
Capelle-les-Grands 27 57 E1
Capelle-lès-Hesdin 62 6 C3
Capendu 11 303 D2
Capens 31 276 B4
Capestang 34 280 A4
Capian 33 236 B1
Capinghem 59 4 C4
Caplong 33 219 E4
Capoulet-et-Junac 09 310 A1
Cappel 57 43 D4
Cappelle-Brouck 59 3 D2
Cappelle-en-Pévèle 59 9 D1
Cappelle-la-Grande 59 3 E1
Cappy 80 19 D2
La Capte 83 292 B3
Captieux 33 236 C4
Capula (Castello de) 2A 319 D1
Capvern 65 298 B2
Capvern-les-Bains 65 298 B2
Carabès (Col des) 05 248 C2
Caradeuc (Château de) 35 78 C3
Caragoudes 31 277 D3
Caraman 31 277 E3
Caramany 66 312 B1
Carantec 29 49 D2
Carantilly 50 54 B1
Carayac 46 241 D2
Carbay 49 104 A4
Carbes 81 278 A2
Carbini 2A 319 D2
Carbon-Blanc 33 217 E3
Carbonne 31 300 A1
Carbuccia 2A 316 C3
Carcagny 14 29 D3
Carcanières 09 311 D1
Carcans 33 216 B2
Carcans-Plage 33 216 A2
Carcarès-Sainte-Croix 40 253 E4
Carcassonne 11 302 B1
Carcen-Ponson 40 253 E3
Carcès 83 286 B3
Carcheto-Brustico 2B 315 F4
Cardaillac 46 241 D1
Cardan 33 236 B1
Cardeilhac 31 299 D1
Cardesse 64 296 B1
Cardet 30 263 E3
Cardo-Torgia 2A 316 C4
Cardonnette 80 18 B2
Le Cardonnois 80 34 C1
Cardonville 14 27 E2
Cardroc 35 79 D3
Careil 44 123 F4
Carelles 53 80 C2
Carency 62 8 A2
Carennac 46 222 C3
Carentan 50 27 D3
Carentoir 56 102 B3
Cargèse 2A 316 A2
Cargiaca 2A 319 D1
Carhaix-Plouguer 29 75 F2

CANNES
Palais des Festivals et des Congrès
PORT (CANNES I)
Gare maritime
Esplanade G.Pompidou
Allées de la Liberté
MUSÉE DE LA CASTRE
Le Suquet
BOULEVARD DE LA CROISETTE
PLAGE DU MIDI
Quai Max Laubeuf
Quai St-Pierre
ÎLES DE LÉRINS
Pointe de la Croisette
CENTRE SPORTIF MONTFLEURY
CHAPELLE DU SOUVENIR
MARTINEZ
CARLTON CASINO
NOGA HILTON
MALMAISON
MAJESTIC
CASINO
MARCHÉ FORVILLE
CENTRE ADMINISTRATIF
0
200 m

Anc. Combattants d'Afrique du Nord (Av.) AYZ 4
André (R. du Cdt) CZ
Antibes (R. d') BCY
Bachaga Saïd Boualam (Av.) AY 5
Belges (R. des) BZ 12
Buttura (R.) BZ 17
Castre (Pl. de la) AZ 21
Chabaud (R.) CY 22
Croisette (Bd de la) BDZ
Delaup (Bd) AY 30
Dr-Pierre Gazagnaire (R.) AZ 32
Dollfus (R. Jean) AZ 33
États-Unis (R. des) CZ 35
Félix-Faure (R.) ABZ
Ferrage (Bd de la) ABY 40
Foch (R. du Mar.) BY 44
Gallieni (R. du Mar.) BY 48
Gaulle (Pl. Gén.-de) BZ 51
Joffre (R. du Mar.) BY 60
Lattre-de-T. (Av. de) AY 63
Macé (R.) CZ 66
Mont-Chevalier (R. du) AZ 72
Montfleury (Bd) CDY 74
Monti (R. Marius) AY 75
Pastour (R. Louis) AY 90
Perrissol (R. Louis) AZ 92
Riouffe (R. Jean de) BY 98
Rouguière (R.) BY 100
St-Antoine (R.) AZ 102
St-Nicolas (Av.) BY 105
Serbes (R. des) BZ 110
Teisseire (R.) CY 114
Tuby (Bd Victor) AYZ 115
Vallombrosa (Bd) AY 118
Vidal (R. du Cdt) CY 120

Carignan 08 ... 23 F4
Carignan-de-Bordeaux 33 ... 217 E4
Carisey 89 ... 113 F3
Carla-Bayle 09 ... 300 B2
Carla-de-Roquefort 09 ... 301 E3
Le Carlaret 09 ... 301 D2
Carlat 15 ... 224 B4
Carlencas-et-Levas 34 ... 280 B2
Carlepont 60 ... 35 F2
Carling 57 ... 42 C4
Carlipa 11 ... 302 A1
Carlucet 24 ... 221 F3
Carlucet 46 ... 240 B1
Carlus 81 ... 259 E4
Carlux 24 ... 222 A4
Carly 62 ... 2 B4
Carmaux 81 ... 259 E3
Carnac 56 ... 100 B4
Carnac-Plage 56 ... 100 B4
Carnac-Rouffiac 46 ... 239 F3
Carnas 30 ... 263 D4
La Carneille 61 ... 55 F3
Carnet 50 ... 80 A1
Carnetin 77 ... 61 F3
Carneville 50 ... 25 D2
Carnières 59 ... 9 E4
Carnin 59 ... 8 C1
Carniol 04 ... 266 B3
Carnoët 22 ... 75 F2
Carnon-Plage 34 ... 282 A3
Carnoules 83 ... 286 B4
Carnoux-en-Provence 13 ... 291 D3
Carnoy 80 ... 19 D2
Caro 56 ... 102 A2
Caro 64 ... 295 D1
Carolles 50 ... 53 F3
Caromb 84 ... 265 E2
Carpentras 84 ... 265 E2
Carpineto 2B ... 315 F4
Carpiquet 14 ... 29 E4
Carquebut 50 ... 25 D4
Carquefou 44 ... 126 C3
Carqueiranne 83 ... 292 B3
La Carquois 22 ... 52 A4
Carrépuis 80 ... 19 E4
Carrère 64 ... 273 D3
Carresse 64 ... 271 F3
Carri (Col de) 26 ... 230 A3
Carrières-sous-Bois 78 ... 60 C2
Carrières-sous-Poissy 78 ... 60 B2
Carrières-sur-Seine 78 ... 60 C3
Carro 13 ... 284 A4
Carros 06 ... 288 C1
Carrouges 61 ... 82 B1
Les Carroz-d'Arâches 74 ... 196 B2
Carry-le-Rouet 13 ... 284 B4
Cars 33 ... 217 E1
Les Cars 87 ... 203 E1
Les Cars (Ruines gallo-romaines) 19 ... 205 E2
Carsac-Aillac 24 ... 221 F4
Carsac-de-Gurson 24 ... 219 E3
Carsan 30 ... 264 B1
Carsix 27 ... 57 F1
Carspach 68 ... 120 B3
Cartelègue 33 ... 217 E1
Carteret 50 ... 24 B4
Carticasi 2B ... 315 E4
Cartignies 59 ... 10 B3
Cartigny 80 ... 19 F2
Cartigny-l'Épinay 14 ... 27 F3
Carves 24 ... 221 E4
Carville 14 ... 55 D2
Carville-la-Folletière 76 ... 15 F4
Carville-Pot-de-Fer 76 ... 15 E2
Carvin 62 ... 8 C1
Cas (Château de) 82 ... 258 C1
Casabianca 2B ... 315 E3
Casaglione 2A ... 316 B3
Casalabriva 2A ... 318 C1
Casalta 2B ... 315 F3
Casamaccioli 2B ... 316 C1
Casamozza 2B ... 315 F3
Casanova 2B ... 317 D1
Casardo (Col de) 2B ... 317 E1
Casatorra 2B ... 315 F2
Cascastel-des-Corbières 11 ... 303 E3
Casefabre 66 ... 312 B2
Caseneuve 84 ... 266 B3
Cases-de-Pène 66 ... 312 C1
Casevecchie 2B ... 317 F2
Cassaber 64 ... 271 F3
Cassagnabère-Tournas 31 ... 299 E1
Cassagnas 48 ... 262 C1
La Cassagne 24 ... 221 F2
Cassagne 31 ... 299 F2
Cassagnes 46 ... 239 E2
Cassagnes 66 ... 312 B1
Cassagnes-Bégonhès 12 ... 260 A2
Cassagnoles 30 ... 263 E3
Cassagnoles 34 ... 279 D4
La Cassaigne 11 ... 301 F1
Cassaigne 32 ... 255 F4
Cassaignes 11 ... 302 B4
Cassaniouze 15 ... 242 A1
Cassano 2B ... 314 B3
Cassel 59 ... 3 F3
Cassen 40 ... 253 D4
Casseneuil 47 ... 238 B3
Les Cassés 11 ... 277 E4
Casset (Cascade du) 05 ... 231 F4
Casseuil 33 ... 237 D2
Cassignas 47 ... 238 C4
La Cassine 08 ... 23 F4
Cassis 13 ... 291 D3
Casson 44 ... 126 B2
Cassuéjouls 12 ... 242 C1
Cast 29 ... 73 F2
Castagnac 31 ... 300 B1
Castagnède 31 ... 299 F3
Castagnède 64 ... 271 F3
Castagniers 06 ... 288 C1
Castaignos-Souslens 40 ... 272 B2
Castandet 40 ... 254 B4
Castanet 12 ... 259 F1
Castanet 81 ... 259 D3
Castanet 82 ... 259 D1
Castanet-le-Haut 34 ... 279 F2
Castanet-Tolosan 31 ... 276 C3
Castans 11 ... 278 C4
Casteide-Cami 64 ... 272 C3
Casteide-Candau 64 ... 272 B3
Casteide-Doat 64 ... 273 F4
Casteil 66 ... 311 F3
Castel-Sarrazin 40 ... 272 A2
Castel Vendon (Rocher du) 50 ... 24 B2
Castelbajac 65 ... 298 B1
Castelbiague 31 ... 299 E3
Castelbouc (Château de) 48 ... 244 A4
Castelculier 47 ... 256 B1
Le Castelet 09 ... 310 B1
Castelferrus 82 ... 257 D3
Castelfranc 46 ... 239 F3
Castelgaillard 31 ... 275 E4
Castelginest 31 ... 276 C1
Casteljaloux 47 ... 237 E4
Casteljau 07 ... 245 F3
Castella 47 ... 238 B4
Castellane 04 ... 268 B4
Castellar 06 ... 289 F3
Le Castellard 04 ... 267 E1
Castellare-di-Casinca 2B ... 315 F3
Castellare-di-Mercurio 2B ... 317 E1
Le Castellet 04 ... 267 E3
Le Castellet 83 ... 291 E3
Castellet 84 ... 266 B4
Castellet-les-Sausses 04 ... 268 C2
Castelli (Pointe du) 44 ... 123 E4
Castello 2B ... 314 A1
Castello-di-Rostino 2B ... 315 E3
Castelmary 12 ... 259 F1
Castelmaurou 31 ... 276 C2
Castelmayran 82 ... 257 D3
Castelmoron-d'Albret 33 ... 237 D1
Castelmoron-sur-Lot 47 ... 238 A4
Castelnau-Barbarens 32 ... 275 D2
Castelnau-Bretenoux (Château de) 46 ... 222 C4
Castelnau-Chalosse 40 ... 272 A1
Castelnau-d'Anglès 32 ... 274 B2
Castelnau-d'Arbieu 32 ... 256 B4
Castelnau-d'Aude 11 ... 303 D1
Castelnau-d'Auzan 32 ... 255 D3
Castelnau-de-Brassac 81 ... 278 C2
Castelnau-de-Guers 34 ... 280 C4
Castelnau-de-Lévis 81 ... 259 E3
Castelnau-de-Mandailles 12 ... 243 D3
Castelnau-de-Médoc 33 ... 217 D2
Castelnau-de-Montmiral 81 ... 258 C3
Castelnau-d'Estrétefonds 31 ... 276 B1
Castelnau-Durban 09 ... 300 B3
Castelnau-le-Lez 34 ... 281 F2
Castelnau-Magnoac 65 ... 298 C1
Castelnau-Montratier 46 ... 257 F1
Castelnau-Pégayrols 12 ... 261 D2
Castelnau-Picampeau 31 ... 299 F1
Castelnau-Rivière-Basse 65 ... 273 F2
Castelnau-sur-Gupie 47 ... 237 E2
Castelnau-sur-l'Auvignon 32 ... 256 A3
Castelnau-Tursan 40 ... 272 C1
Castelnau-Valence 30 ... 263 F3
Castelnaud-de-Gratecambe 47 ... 238 B3
Castelnaud-la-Chapelle 24 ... 221 E4
Castelnaudary 11 ... 301 F1
Castelnavet 32 ... 274 A1
Castelner 40 ... 272 B2
Castelnou 66 ... 312 C2
Castelpers 12 ... 260 A2
Castelreng 11 ... 302 A3
Castels 24 ... 221 E4
Castelsagrat 82 ... 257 D1
Castelsarrasin 82 ... 257 E3
Castelvieilh 65 ... 298 A1
Castelviel 33 ... 236 C1
Castennec (Site de) 56 ... 100 C1
Le Castéra 31 ... 276 A2
Castéra-Bouzet 82 ... 256 C3
Castéra-Lanusse 65 ... 298 B2
Castéra-Lectourois 32 ... 256 B3
Castéra-Lou 65 ... 274 A4
Castéra-Loubix 64 ... 273 F4
Castéra-Verduzan 32 ... 255 F4
Castéra-Vignoles 31 ... 299 E1
Castéras 09 ... 300 C2
Casterets 65 ... 274 C4
Castéron 32 ... 256 C4
Castet 64 ... 296 C2
Castet-Arrouy 32 ... 256 B3
Castetbon 64 ... 272 A4
Castétis 64 ... 272 A3
Castetnau-Camblong 64 ... 272 A4
Castetner 64 ... 272 A3
Castetpugon 64 ... 273 D2
Castets 40 ... 252 C3
Castets-en-Dorthe 33 ... 236 C2
Castex 09 ... 300 B2
Castex 32 ... 274 B4
Castex-d'Armagnac 32 ... 254 C4
Casties-Labrande 31 ... 275 F4
Castifao 2B ... 315 D3
Castiglione 2B ... 315 D4
Castillon 06 ... 289 E3
Castillon 14 ... 28 C4
Castillon 64 ... 272 B3
Castillon 64 ... 273 E3
Castillon 65 ... 298 A2
Castillon (Barrage de) 04 ... 268 B3
Castillon (Col de) 06 ... 289 E3
Castillon-de-Castets 33 ... 237 D2
Castillon-de-Larboust 31 ... 307 F4
Castillon-de-Saint-Martory 31 ... 299 E2
Castillon-Debats 32 ... 274 A1
Castillon-du-Gard 30 ... 264 B3
Castillon-en-Auge 14 ... 56 C1
Castillon-en-Couserans 09 ... 299 F4
Castillon-la-Bataille 33 ... 219 D4
Castillon-Massas 32 ... 274 C1
Castillon-Savès 32 ... 275 F2
Castillonnès 47 ... 238 B1
Castilly 14 ... 27 F3
Castin 32 ... 274 C1
Castineta 2B ... 315 E4
Castirla 2B ... 315 D4
Castres 02 ... 20 A3
Castres 81 ... 278 B2
Castres-Gironde 33 ... 236 B1
Castries 34 ... 282 A1
Le Cateau-Cambrésis 59 ... 20 C1
Le Catelet 02 ... 20 A1
Le Catelier 76 ... 16 A4
Catenay 76 ... 32 C1
Catenoy 60 ... 34 C3
Cateri 2B ... 314 B3
Cathervielle 31 ... 307 F4
Catheux 60 ... 18 A4
Catigny 60 ... 19 E4
Catillon-Fumechon 60 ... 34 C1
Catillon-sur-Sambre 59 ... 20 C1
Catllar 66 ... 311 F2
Les Catons 73 ... 213 D1
Catonvielle 32 ... 275 F2
Cattenières 59 ... 9 E4
Cattenom 57 ... 41 F2
Catteville 50 ... 24 C4
Catus 46 ... 239 F2
Catz 50 ... 27 E3
Caubeyres 47 ... 255 E1
Caubiac 31 ... 276 A1
Caubios-Loos 64 ... 272 C3
Caubon-Saint-Sauveur 47 ... 237 E2
Caubous 31 ... 298 C4
Caubous 65 ... 298 C1
Caucalières 81 ... 278 B3
La Cauchie 62 ... 8 A4
Cauchy-à-la-Tour 62 ... 7 F1
Caucourt 62 ... 8 A2
Caudan 56 ... 100 A2
Caudebec-en-Caux 76 ... 15 E4
Caudebec-lès-Elbeuf 76 ... 32 A3
Caudebronde 11 ... 278 B4
Caudecoste 47 ... 256 B2
Caudéran 33 ... 217 E4
Caudeval 11 ... 301 F3
Caudiès-de-Conflent 66 ... 311 D3
Caudiès-de-Fenouillèdes 66 ... 311 F1
Caudon-de-Vitrac 24 ... 221 F4
Caudos 33 ... 235 D2
Caudrot 33 ... 236 C2
Caudry 59 ... 20 B1
Cauffry 60 ... 34 C3
Caugé 27 ... 58 B2
Caujac 31 ... 300 C1
Caulaincourt 02 ... 19 F3
Le Caule-Sainte-Beuve 76 ... 17 D3
Caulières 80 ... 17 E3
Caullery 59 ... 20 B1
Caulnes 22 ... 78 B3
La Caume (Panorama de) 13 ... 283 F1
Caumont 02 ... 36 A1
Caumont 09 ... 299 F3
Caumont 27 ... 31 F3
Caumont 32 ... 273 E1
Caumont 33 ... 237 D1
Caumont 62 ... 7 D3
Caumont 82 ... 257 D3
Caumont (Château de) 32 ... 275 F3
Caumont-l'Éventé 14 ... 55 D1
Caumont-sur-Durance 84 ... 265 D4
Caumont-sur-Garonne 47 ... 237 E3
Caumont-sur-Orne 14 ... 55 F2
Cauna 40 ... 253 F4
Caunay 79 ... 183 E1
Cauneille 40 ... 271 E2
Caunes-Minervois 11 ... 279 D4
La Caunette 34 ... 279 E4
Caunette-sur-Lauquet 11 ... 302 C3
Caunettes-en-Val 11 ... 303 D3
Caupenne 40 ... 272 A1
Caupenne-d'Armagnac 32 ... 254 C4
La Caure 51 ... 63 F2
Caurel 22 ... 76 C3
Caurel 51 ... 38 A3
Cauria (Mégalithes de) 2A ... 318 C3
Cauro 2A ... 316 C4
Cauroir 59 ... 9 E4
Cauroy 08 ... 38 B3
Cauroy-lès-Hermonville 51 ... 37 E3
Le Causé 82 ... 257 D4
Cause-de-Clérans 24 ... 220 B4
Caussade 82 ... 258 A2
Caussade-Rivière 65 ... 273 F3
Causse-Bégon 30 ... 261 F2
Causse-de-la-Selle 34 ... 262 B4
Causse Noir (Corniche du) 12 ... 261 F1
Caussens 32 ... 255 F3
Causses-et-Veyran 34 ... 280 A3
Caussidières 31 ... 277 D4
Caussiniojouls 34 ... 280 A3
Caussols 06 ... 269 E4
Caussou 09 ... 310 B1
Cauterets 65 ... 297 E4
Cauverville-en-Roumois 27 ... 31 E3
Cauvicourt 14 ... 56 A1
Cauvignac 33 ... 237 D3
Cauvigny 60 ... 34 B3
Cauville 76 ... 14 B3
Cauville-s-Mer 14 ... 55 E2
La Cauvinière (Haras) 14 ... 57 D2
Caux 34 ... 280 C3
Caux-et-Sauzens 11 ... 302 B1
Cauzac 47 ... 256 C1
Cavagnac 46 ... 222 B3
Cavaillon 84 ... 265 E4
Cavalaire-sur-Mer 83 ... 293 E2
La Cavalerie 12 ... 261 E3
Cavalière 83 ... 293 D2
Cavaliers (Falaise des) 83 ... 286 C1
Cavan 22 ... 50 B2
Cavanac 11 ... 302 B2
Cavarc 47 ... 238 B1
Caveirac 30 ... 263 F4
Caves 11 ... 303 F4
Cavignac 33 ... 217 F2
Cavigny 50 ... 27 E4
Cavillargues 30 ... 264 B2
Cavillon 80 ... 17 F2
Cavron-Saint-Martin 62 ... 6 C2
Caychax 09 ... 310 A1
Cayeux-en-Santerre 80 ... 18 C3
Cayeux-sur-Mer 80 ... 6 A4
Le Cayla (Musée) 81 ... 258 C3
Le Caylar 34 ... 261 F4
Caylus 82 ... 258 C1
La Cayolle (Col de) 06 ... 251 D4
Cayrac 82 ... 258 A2
Cayres 43 ... 226 C3
Cayriech 82 ... 258 B1
Le Cayrol 12 ... 242 C2
Cayrols 15 ... 223 F4
Cazac 31 ... 275 F4
Cazalis 33 ... 236 B4
Cazalis 40 ... 272 B2
Cazalrenoux 11 ... 301 F2
Cazals 46 ... 239 F2
Cazals 82 ... 258 B2
Cazals-des-Baylès 09 ... 301 F2
Cazarilh-Laspènes 31 ... 307 F4
Cazaril-Tambourès 31 ... 298 C1
Cazarilh 65 ... 298 C3
Cazats 33 ... 236 C3
Cazaubon 32 ... 254 C3
Cazaugitat 33 ... 237 D1
Cazaunous 31 ... 299 D3
Cazaux 09 ... 300 C3
Cazaux 33 ... 234 B2
Cazaux-d'Anglès 32 ... 274 B2
Cazaux-Debat 65 ... 298 B4
Cazaux-Fréchet 65 ... 298 B4
Cazaux-Layrisse 31 ... 298 C4
Cazaux-Savès 32 ... 275 F3
Cazaux-Villecomtal 32 ... 274 A3
Cazavet 09 ... 299 F3
La Caze (Château de) 48 ... 244 A4
Cazeaux-de-Larboust 31 ... 307 F4
Cazedarnes 34 ... 280 A4
Cazenave-Serres-et-Allens 09 ... 301 D4
Cazeneuve 32 ... 255 E4
Cazeneuve-Montaut 31 ... 299 E2
Cazères 31 ... 300 A1
Cazères-sur-l'Adour 40 ... 273 D1
Cazes-Mondenard 82 ... 257 E1
Cazevieille 34 ... 281 E1
Cazideroque 47 ... 239 D4
Cazilhac 11 ... 302 B2
Cazilhac 34 ... 262 C4
Cazilhac (Château de) 34 ... 280 A1
Cazillac 46 ... 222 B3
Cazoulès 24 ... 222 A4
Cazouls-d'Hérault 34 ... 280 C3
Cazouls-lès-Béziers 34 ... 280 A4
Ceaucé 61 ... 81 E2
Ceaulmont 36 ... 168 C2
Céaux 50 ... 54 A4
Céaux-d'Allègre 43 ... 226 C1
Ceaux-en-Couhé 86 ... 166 A4
Ceaux-en-Loudun 86 ... 149 D2
Cébazan 34 ... 279 F4
Cébazat 63 ... 189 E4
Ceccia (Site préhistorique) 2A ... 319 E3
Ceffia 39 ... 176 C4
Ceffonds 52 ... 91 F2
Ceignac 12 ... 260 A1
Ceignes 01 ... 194 A1
Ceilhes-et-Rocozels 34 ... 280 A1
Ceillac 05 ... 251 D1
Ceilloux 63 ... 208 B1
Ceintrey 54 ... 94 B1
La Celette 18 ... 170 C1
La Celle 03 ... 188 C1
La Celle 18 ... 153 E4
Cellé 41 ... 108 A3
La Celle 63 ... 188 A4
La Celle 83 ... 286 A3
La Celle-Condé 18 ... 152 C4
La Celle-Dunoise 23 ... 169 D4
La Celle-en-Morvan 71 ... 156 C2
La Celle-Guenand 37 ... 150 B3
La Celle-les-Bordes 78 ... 86 B1
Celle-Lévescault 86 ... 166 A3
La Celle-Saint-Avant 37 ... 149 F2
La Celle-Saint-Cloud 78 ... 60 C3
La Celle-Saint-Cyr 89 ... 112 C2
La Celle-sous-Chantemerle 51 ... 89 E1
La Celle-sous-Gouzon 23 ... 187 F1

CHÂLONS-EN-CHAMPAGNE

Arche-de-Mauvillain (Pt de l') ... BZ 2
Bourgeois (R. Léon) ... BY
Chastillon (R. de) ... ABZ 6
Croix-des-Teinturiers (R.) ... AZ 9
Flocmagny (R. du) ... BY 12
Foch (Pl. Mar.) ... AY 14
Gaulle (Av. Charles-de) ... BZ 15
Godart (Pl.) ... AY 17
Jaurès (R. Jean) ... AZ 20
Jessaint (R. de) ... BZ 22
Libération (Pl. de la) ... AZ 24
Mariniers (Pt des) ... AY 26
Marne (R. de la) ... AY 27
Martyrs-de-la-Résistance (R. des) ... BY 29
Orfeuil (R. d') ... AZ 31
Ormesson (Cours d') ... AZ 32
Prieur-de-la-Marne (R.) ... BY 36
Récamier (R. Juliette) ... AZ 38
République (Pl. de la) ... AZ 39
Vaux (R. de) ... AY 47
Vinetz (R. de) ... BZ 49
Viviers (Pt des) ... AY 50

CHALON-SUR-SAÔNE

Banque (R. de la) ... BZ 3
Châtelet (Pl. du) ... BZ 5
Châtelet (R. du) ... CZ 6
Citadelle (R. de la) ... BY 7
Couturier (R.) Ph.-L. ... BZ 9
Duhesme (R. du Gén.) ... AY 12
Evêché (R. de l') ... CZ 15
Fèvres (R. aux) ... CZ 16
Gaulle (Pl. Gén. de) ... BZ 17
Grande-Rue ... BCZ 18
Hôtel-de-Ville (Pl. de l') ... BZ 19
Leclerc (R. Gén.) ... BZ
Messiaen (R. O.) ... AZ 24
Obélisque (Pl. de l') ... BY 27
Pasteur (R.) ... BZ 28
Poissonnerie (R. de la) ... CZ 31
Pompidou (Av. G.) ... AZ 32
Pont (R. du) ... CZ 35
Porte-de-Lyon (R.) ... BZ 36
Port-Villiers (R. du) ... BZ 37
Poterne (Q. de la) ... CZ 38
Pretet (R. René) ... AZ 40
République (Bd) ... ABZ 42
St-Georges (R.) ... BZ 45
St-Vincent (Pl. et R.) ... CZ 46
Ste-Marie (Prom.) ... CZ 47
Strasbourg (R. de) ... CZ 48
Trémouille (R. de la) ... BCY 51

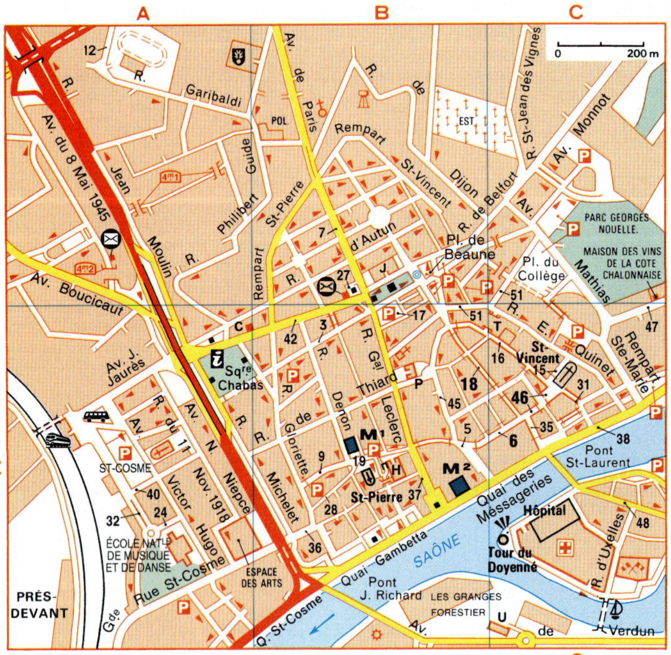

La Celle-sous-Montmirail 02 ... 63 D3
La Celle-sur-Loire 58 ... 135 D2
La Celle-sur-Morin 77 ... 62 A3
La Celle-sur-Nièvre 58 ... 154 C1
La Celle-sur-Seine 77 ... 88 A3
Cellefrouin 16 ... 184 A3
Celles 09 ... 301 D4
Celles 15 ... 225 D2
Celles 17 ... 199 F1
Celles 24 ... 202 A4
Celles 34 ... 280 C2
Celles-en-Bassigny 52 ... 117 D2
Celles-lès-Condé 02 ... 63 E2
Celles-sur-Aisne 02 ... 36 C2
Celles-sur-Belle 79 ... 165 E4
Celles-sur-Durolle 63 ... 190 B4
Celles-sur-Ource 10 ... 115 D1
Celles-sur-Plaine 88 ... 95 F1
La Cellette 23 ... 169 F3
La Cellette 63 ... 188 C2
Cellettes 16 ... 183 E3
Cellettes 41 ... 132 A2
Le Cellier 44 ... 126 C3
Cellier-du-Luc 07 ... 245 D1
Celliers 73 ... 214 A2
Cellieu 42 ... 210 B2
Cellule 63 ... 189 E3
Celon 36 ... 168 C2
Celony 13 ... 284 C2
Celoux 15 ... 225 F1
Celsoy 52 ... 117 D3
Cély 77 ... 87 E2
Cemboing 70 ... 117 F3
Cempuis 60 ... 17 F4
Cénac 33 ... 217 E4
Cénac-et-Saint-Julien 24 ... 221 F4
Cenans 70 ... 141 E2
Cendras 30 ... 263 E2
Le Cendre 63 ... 207 F1
Cendrecourt 70 ... 117 F3
Cendrey 25 ... 141 E2
Cendrieux 24 ... 220 C3
Cénevières 46 ... 240 C3
Cenne-Monestiés 11 ... 278 A4
Cenomes 12 ... 261 D4
Cenon 33 ... 217 E4
Cenon-sur-Vienne 86 ... 149 F4
Censeau 39 ... 160 B3
Censerey 21 ... 138 A4
Censy 89 ... 114 B4
Les Cent-Acres 76 ... 16 A3
Centeilles (Chapelle de) 34 ... 279 D4
Centrès 12 ... 260 A2
Centuri 2B ... 314 D1
Centuri-Port 2B ... 314 D1
Cenves 69 ... 174 C4
Cépet 31 ... 276 C1
Cépie 11 ... 302 B2
Cepoy 45 ... 111 F2
Céran 32 ... 256 B4
Cérans-Foulletourte 72 ... 106 C3
Cerbère 66 ... 313 F4
Cerbois 18 ... 152 C1
Cercié 69 ... 192 B1
Cercier 74 ... 195 E2
Cercles 24 ... 202 A4
Cercottes 45 ... 110 A2
Cercoux 17 ... 218 C1
Le Cercueil 61 ... 82 C1
Cercy-la-Tour 58 ... 155 F3
Cerdon 01 ... 194 A1
Cerdon 45 ... 134 A1
Cerdon (Grottes du) 01 ... 194 A1
Cère 40 ... 254 A3
Cère (Pas de) 15 ... 224 B3
Céré-la-Ronde 37 ... 131 F4
Cerelles 37 ... 130 C2
Cérences 50 ... 54 A2
Céreste 04 ... 266 B4
Céret 66 ... 312 C3
Cerfontaine 59 ... 10 C2
Le Cergne 42 ... 191 F1
Cergy 95 ... 60 B1
Cergy-Pontoise (Ville Nouvelle) 95 ... 60 B1
Cérilly 03 ... 171 E1
Cérilly 21 ... 115 D3
Cérilly 89 ... 89 E4
Cerisé 61 ... 82 C2
Cerisières 52 ... 92 A3
Cerisiers 89 ... 113 D1
Cerisy 80 ... 19 D2
Cerisy-Belle-Étoile 61 ... 55 E3
Cerisy-Buleux 80 ... 17 E2
Cerisy-la-Forêt 50 ... 27 F4
Cerisy-la-Salle 50 ... 54 A1
Cerizay 79 ... 147 E3
Cérizols 09 ... 299 F2
Cerizy 02 ... 20 A3
La Cerlangue 76 ... 14 C4
La Cerleau 08 ... 22 A3
Cernans 39 ... 160 A2
Cernay 14 ... 57 D1
Cernay 28 ... 85 D3
Cernay 68 ... 120 B2
Cernay 86 ... 149 D3
Cernay-en-Dormois 51 ... 39 D4
Cernay-la-Ville 78 ... 60 B4
Cernay-l'Église 25 ... 142 C3
Cernay-lès-Reims 51 ... 37 F3
Cerneux 77 ... 63 D4
Cernex 74 ... 195 E1
Cerniébaud 39 ... 160 C4
Cernion 08 ... 22 A3
Cernon 39 ... 176 C3
Cernon 51 ... 64 C3
Cernoy 60 ... 35 D2
Cernoy-en-Berry 45 ... 134 C2
Cernusson 49 ... 128 B4
Cerny 91 ... 87 D2
Cerny-en-Laonnois 02 ... 37 D2
Cerny-lès-Bucy 02 ... 36 C1
Céron 71 ... 173 E4
Cérons 33 ... 236 B1
Cerqueux 14 ... 57 E2
Les Cerqueux 49 ... 147 E2
Les Cerqueux-sous-Passavant 49 ... 147 F1
Cerre-lès-Noroy 70 ... 141 F1
Cers 34 ... 280 B4
Cersay 79 ... 148 A2
Cerseuil 02 ... 36 C3
Cersot 71 ... 157 F4
Certémery 39 ... 159 F2
Certilleux 88 ... 93 E3
Certines 01 ... 193 F1
Cervens 74 ... 178 B3
Cervières 05 ... 232 C3
Cervières 42 ... 190 C4
Cerville 54 ... 68 B4
Cervione 2B ... 315 F4
Cervon 58 ... 136 C4
Cerzat 43 ... 226 A1
Cesancey 39 ... 176 B1
Césarches 73 ... 196 A4
Césarville-Dossainville 45 ... 86 C4
Cescau 09 ... 299 F4
Cescau 64 ... 272 C3
Cesny-aux-Vignes 14 ... 56 B1
Cesny-Bois-Halbout 14 ... 55 F2
Cessac 33 ... 236 C1
Cessales 31 ... 277 E3
Cesse 55 ... 39 F1
Cesseins 01 ... 192 C2
Cessenon-sur-Orb 34 ... 280 A3
Cessens 73 ... 195 D4
Cesseras 34 ... 279 E4
Cesset 03 ... 172 A4
Cesseville 27 ... 32 A4
Cessey 25 ... 160 A1
Cessey-sur-Tille 21 ... 139 F4
Cessières 02 ... 36 C1
Cessieu 38 ... 212 A2
Cesson 22 ... 51 E4
Cesson 77 ... 87 E1
Cesson-Sévigné 35 ... 79 E4
Cessoy-en-Montois 77 ... 88 B2
Cessy 01 ... 177 F3
Cessy-les-Bois 58 ... 135 F3
Cestas 33 ... 217 D4
Cestayrols 81 ... 259 D3
Ceton 61 ... 84 A4
Cette-Eygun 64 ... 296 B3
Céüze 05 ... 249 E2
Cevins 73 ... 214 A1
Ceyras 34 ... 280 C2
Ceyrat 63 ... 207 E1
Ceyreste 13 ... 291 D3
Ceyroux 23 ... 186 C2
Ceyssac 43 ... 227 D2
Ceyssat 63 ... 189 D4
Ceyzériat 01 ... 193 F1
Ceyzérieu 01 ... 194 C3
Cézac 33 ... 217 F2
Cézac 46 ... 239 F4
Cezais 85 ... 164 A1
Cézan 32 ... 256 A4
Cezay 42 ... 191 D4
Cézens 15 ... 225 D3
Cézia 39 ... 176 C3
Cézy 89 ... 113 D2
Chaalis (Abbaye de) 60 ... 61 F1
Chabanais 16 ... 184 C3
La Chabanne 03 ... 190 C2
La Chabasse (Église de) 63 ... 208 B1
Chabestan 05 ... 249 D3
Chabeuil 26 ... 229 E3
Chablis 89 ... 113 F3
Chabons 38 ... 212 A3
La Chabossière 44 ... 126 A4
La Chabotterie (Château de) 85 ... 145 F3
Chabottes 05 ... 249 F1
Chabournay 86 ... 149 D4
Chabrac 16 ... 184 C3
Chabreloche 63 ... 190 C3
Chabrières 04 ... 267 F2
Chabrignac 19 ... 204 A4
Chabrillan 26 ... 247 D1
Chabris 36 ... 132 C4
Chacé 49 ... 129 E4
Chacenay 10 ... 115 D1
Chacrise 02 ... 36 B3
Chadeleuf 63 ... 207 F2
Chadenac 17 ... 199 F2
Chadenet 48 ... 244 B3
Chadrac 43 ... 227 D2
Chadron 43 ... 227 D3
Chadurie 16 ... 201 E2
Le Chaffal 26 ... 229 F3
Le Chaffaut-Saint-Jurson 04 ... 267 F2
Chaffois 25 ... 160 C2
Chagey 70 ... 119 E4
Chagnolet 17 ... 180 C1
Chagnon 42 ... 210 B2
Chagny 08 ... 39 D1
Chagny 71 ... 157 F3
Chahaignes 72 ... 107 E4
Chahains 61 ... 82 B1
Chaignay 21 ... 139 E2
Chaignes 27 ... 59 E2
Chail 79 ... 183 D1
Chaillac 36 ... 168 B3
Chaillac-sur-Vienne 87 ... 185 D3
Chailland 53 ... 80 C4
Chaillé-les-Marais 85 ... 163 F3
Chaillé-sous-les-Ormeaux 85 ... 163 D1
Chailles 41 ... 132 A2
Chaillevette 17 ... 180 C4
Chaillevois 02 ... 36 C1
Chailley 89 ... 113 F1
Chaillol 05 ... 249 F1
Chaillon 55 ... 67 D2
Chailloué 61 ... 57 D4
Chailly-en-Bière 77 ... 87 E2
Chailly-en-Brie 77 ... 62 B3
Chailly-en-Gâtinais 45 ... 111 E2
Chailly-lès-Ennery 57 ... 41 F3
Chailly-sur-Armançon 21 ... 138 A4
Chainaz-les-Frasses 74 ... 195 D4
Chaînée-des-Coupis 39 ... 159 E2
Chaingy 45 ... 110 A3
Chaintré 71 ... 175 D4
Chaintreaux 77 ... 88 A4
Chaintrix-Bierges 51 ... 64 B2
La Chaise 10 ... 91 E3
La Chaise-Baudouin 50 ... 54 B3
La Chaise-Dieu 43 ... 208 C4
Chaise-Dieu-du-Theil 27 ... 58 A4
Chaix 85 ... 164 A3
La Chaize-Giraud 85 ... 145 D4
La Chaize-le-Vicomte 85 ... 146 A4
Chalabre 11 ... 301 F3
Chalagnac 24 ... 220 B2
Chalain (Lac de) 39 ... 160 A4
Chalain-d'Uzore 42 ... 209 E1
Chalain-le-Comtal 42 ... 209 F1
Chalaines 55 ... 93 E1
Chalais 16 ... 201 E4
Chalais 36 ... 168 A2
Chalais 86 ... 148 C2
Chalam (Crêt de) 01 ... 177 E4
Chalamont 01 ... 193 E2
Chalampé 68 ... 121 D2
Chalancey 52 ... 116 B4
Chalancon 26 ... 248 A2
Chalandray 86 ... 165 F1
Chalandrey 50 ... 54 B4
Chalandry 02 ... 20 C4
Chalandry-Elaire 08 ... 22 C4
Le Chalange 61 ... 83 D1
Le Chalard 87 ... 203 E2
Chalautre-la-Grande 77 ... 89 D1
Chalautre-la-Petite 77 ... 88 C2
Chalautre-la-Reposte 77 ... 88 B2
Chalaux 58 ... 137 D3
La Chaldette 48 ... 243 E1
Chaleins 01 ... 192 C2
Chaleix 24 ... 203 D2
Chalencon 07 ... 228 B4
Chalencon (Château de) 43 ... 209 D4
Les Chalesmes 39 ... 160 B4
Châlette-sur-Loing 45 ... 111 F2
Chalette-sur-Voire 10 ... 91 D2
Chaley 01 ... 194 B2
Chalèze 25 ... 141 E4
Chalezeule 25 ... 141 E4
Chaliers 15 ... 225 F3
Chalifert 77 ... 61 F3
Chaligny 54 ... 68 A4
Chalinargues 15 ... 225 D1
Chalindrey 52 ... 117 D3
Chalivoy-Milon 18 ... 153 F3
Challain-la-Potherie 49 ... 127 E1
Challans 85 ... 145 D3
Challement 58 ... 136 B4
Challerange 08 ... 39 D3
Challes 01 ... 194 A1
Challes 72 ... 107 E2
Challes-les-Eaux 73 ... 213 D2
Challet 28 ... 85 E1
Challex 01 ... 195 D1
Challignac 16 ... 201 D3
Challonges 74 ... 194 C2
Challuy 58 ... 154 C3
Chalmaison 77 ... 88 C2
Chalmazel 42 ... 209 D1
Chalmessin 52 ... 116 B4
Chalmoux 71 ... 173 E1
Chalo-Saint-Mars 91 ... 86 B2
Le Chalon 26 ... 229 E1
Chalon-sur-Saône 71 ... 158 A4
Chalonnes-sous-le-Lude 49 ... 129 F1
Chalonnes-sur-Loire 49 ... 128 A3
Chalons 17 ... 181 D4
Châlons 38 ... 211 D3
Châlons-du-Maine 53 ... 81 E4
Châlons-en-Champagne 51 ... 64 C2
Châlons-sur-Vesle 51 ... 37 E3
Châlonvillars 70 ... 119 F4
Chalou-Moulineux 91 ... 86 B3
La Chalp 05 ... 232 C4
Chaltrait 51 ... 64 A2
Chalus 63 ... 207 F3
Châlus 87 ... 203 D1
Chalusset (Château de) 87 ... 203 F1
Chalvignac 15 ... 223 F1
Chalvraines 52 ... 93 D4
Chamadelle 33 ... 219 D2
Chamagne 88 ... 94 B2
Chamagnieu 38 ... 211 E1
Chamalières 63 ... 189 E4
Chamalières-sur-Loire 43 ... 227 D1
Chamaloc 26 ... 230 A4
Chamant 60 ... 35 D4
Chamarande 91 ... 86 C2
Chamarandes 52 ... 116 B1
Chamaret 26 ... 247 D3
La Chamba 42 ... 190 C4
Chambain 21 ... 116 A3
Chambeire 21 ... 139 F4
Chambellay 49 ... 105 D4
Chambéon 42 ... 209 F1
Chambérat 03 ... 170 B3
Chamberaud 23 ... 187 E2
Chamberet 19 ... 204 C2
Chambéria 39 ... 176 C2
Chambéry 73 ... 213 D2
Chambéry-le-Vieux 73 ... 213 D1
Chambeugle 89 ... 112 B3
Chambezon 43 ... 207 F4
Chambilly 71 ... 173 F4
Chamblac 27 ... 57 F2
Chamblanc 21 ... 158 C2
Chamblay 39 ... 159 F2
Chambles 42 ... 209 F3
Chamblet 03 ... 171 D4
Chambley-Bussières 54 ... 67 F1
Chambly 60 ... 34 B4
Chambœuf 21 ... 139 D4
Chambœuf 42 ... 209 F2
Chambois 61 ... 56 C3
Chambolle-Musigny 21 ... 139 D4
Le Chambon 07 ... 227 F4
Chambon 17 ... 181 E1
Chambon 18 ... 153 D4
Chambon 30 ... 245 E4
Chambon 37 ... 150 A3
Chambon (Barrage du) 38 ... 231 F2
Chambon (Lac) 63 ... 207 D2
Chambon (Lac de) 36 ... 168 C3
Le Chambon-Feugerolles 42 ... 210 A3
Chambon-la-Forêt 45 ... 111 D2
Chambon-le-Château 48 ... 226 C4
Chambon-Sainte-Croix 23 ... 169 D4
Chambon-sur-Cisse 41 ... 131 F2
Chambon-sur-Dolore 63 ... 208 B3
Chambon-sur-Lac 63 ... 207 D2
Le Chambon-sur-Lignon 43 ... 227 F2

CHAMBÉRY

Allobroges (Q. des) ... A 2
Banque (R. de la) ... B 3
Basse-du-Château (R.) ... A 4
Bernardines (Av. des) ... A 6
Boigne (R. de) ... B
Borrel (Q. du Sénateur A.) ... B 7
Charvet (R. F.) ... B 9
Château (Pl. du) ... A 10
Colonne (Bd de la) ... B 12
Ducis (R.) ... B 13
Ducs-de-Savoie (Av. des) ... B 14
Europe (Espl. de l') ... B 16
Freizier (R.) ... AB 17
Gaulle (Av. Gén.-de) ... B 18
Italie (R. d') ... B 20
Jaurès (Av. J.) ... A 21
Jeu-de-Paume (Q. du) ... A 23
Juiverie (R.) ... A
Lans (R. de) ... A 24
Libération (Pl. de la) ... B 25
Maché (Pl.) ... A 27
Maché (R. du Fg) ... A 28
Martin (R. Cl.) ... B 30
Métropole (Pl.) ... B 31
Michaud (R.) ... B 32
Mitterrand (Pl. F.) ... B 33
Musée (Bd du) ... AB 34
Ravet (Q. Ch.) ... B 35
St-Antoine (R.) ... A 36
St-François (R.) ... B 38
St-Léger (Pl.) ... B
Théâtre (Bd du) ... B 39
Vert (Av. du Comte) ... A 40

Chambon-sur-Voueize 23.....188 A1
Chambonas 07.....245 F3
Chambonchard 23.....188 B1
La Chambonie 42.....190 C4
Chamborand 23.....186 B1
Chambord 27.....57 F3
Chambord 41.....132 B1
Chamboret 87.....185 E2
Chamborigaud 30.....245 E4
Chambornay-lès-Bellevaux 70.....141 E2
Chambornay-lès-Pin 70.....141 D3
Chambors 60.....33 E4
Chambost-Allières 69.....192 A2
Chambost-Longessaigne 69.....192 A4
La Chambotte 73.....195 D4
Chamboulive 19.....204 C3
Chambourcy 78.....60 B2
Chambourg-sur-Indre 37.....150 B1
Chambray 27.....59 D1
Chambray 27.....58 B3
Chambray-lès-Tours 37.....130 C3
La Chambre 73.....213 F3
Chambrecy 51.....37 E4
Les Chambres 50.....54 A3
Chambretaud 85.....146 C2
Chambrey 57.....68 C3
Chambroncourt 52.....92 C3
Chambroutet 79.....147 F3
Chambry 02.....37 D1
Chambry 77.....62 A2
Chaméane 63.....208 A2
Chamelet 69.....192 A2
Chameroy 52.....116 B3
Chamery 51.....37 E4
Chamesey 25.....142 B4
Chamesol 25.....142 C3
Chamesson 21.....115 E4
Chameyrat 19.....222 C1
Chamigny 77.....62 B2
Chamilly 71.....157 F3
Chammes 53.....105 F1
Chamole 39.....159 F3
Chamonix-Mont-Blanc 74.....197 D2
Chamouillac 17.....199 F4
Chamouille 02.....37 D2
Chamouilley 52.....92 A1
Chamousset 73.....213 F2
Chamoux 89.....136 B2
Chamoux-sur-Gelon 73.....213 F2
Chamoy 10.....114 A1
Champ de Bataille (Château du) 27.....31 F4
Le Champ-de-la-Pierre 61.....82 A1
Champ-d'Oiseau 21.....137 F2
Champ-Dolent 27.....58 B2
Champ-Dolent (Menhir de) 35.....79 E1
Champ-du-Boult 14.....54 C3
Champ du Feu 67.....96 B1
Champ-Haut 61.....57 D4
Champ-Laurent 73.....213 F2
Champ-le-Duc 88.....95 E4
Le Champ-près-Froges 38.....213 D4
Le Champ-Saint-Père 85.....163 D2
Champ-sur-Barse 10.....91 D4
Champ-sur-Drac 38.....230 C2
Le Champ-sur-Layon 49.....128 B4
Champagnac 15.....206 A4
Champagnac 17.....199 F3
Champagnac-de-Belair 24.....202 C3
Champagnac-la-Noaille 19.....205 E4
Champagnac-la-Prune 19.....223 D1
Champagnac-la-Rivière 87.....203 D1
Champagnac-le-Vieux 43.....208 B4
Champagnat 23.....187 F2
Champagnat 71.....176 B2
Champagnat-le-Jeune 63.....208 A3
Champagne 07.....210 C4
Champagne 17.....181 D3
Champagne 28.....59 E4
Champagné 72.....107 D2
Champagne-au-Mont-d'Or 69.....192 C4
Champagne-en-Valromey 01.....194 C3
Champagne-et-Fontaine 24.....201 F3
Champagné-le-Sec 86.....183 F1
Champagné-les-Marais 85.....163 E3
Champagne-Mouton 16.....184 A2
Champagné-Saint-Hilaire 86.....166 B4
Champagne-sur-Loue 39.....160 A1
Champagne-sur-Oise 95.....60 C1
Champagne-sur-Seine 77.....87 F3
Champagne-sur-Vingeanne 21.....140 A2
Champagne-Vigny 16.....201 E2
Champagneux 73.....212 C1
Champagney 25.....141 D4
Champagney 39.....140 A4
Champagney 70.....119 E4
Champagnier 38.....230 C1
Champagnole 39.....160 A4
Champagnolles 17.....199 E2
Champagny 21.....138 C2
Champagny 39.....160 A3
Champagny-en-Vanoise 73.....214 C2
Champagny-sous-Uxelles 71.....175 D1
Champallement 58.....136 B4
Champanges 74.....178 C3
Champaubert 51.....63 F3
Champcella 05.....232 B4
Champcenest 77.....62 C4
Champcerie 61.....56 A3
Champcervon 50.....54 A3
Champcevinel 24.....220 C1
Champcevrais 89.....112 A4
Champcey 50.....53 F4
Champclause 43.....227 F2
Champcourt 52.....92 A3
Champcueil 91.....87 D2
Champdeniers-Saint-Denis 79.....165 D2
Champdeuil 77.....87 F1
Champdieu 42.....209 E1
Champdivers 39.....159 D2
Champdolent 17.....181 E3
Champdor 01.....194 B2
Champdôtre 21.....139 F4
Champdray 88.....95 E4
Champeau-en-Morvan 21.....137 E4
Champeaux 35.....80 A4
Champeaux 50.....53 F3
Les Champeaux 61.....56 C2
Champeaux 77.....87 F1
Champeaux 79.....165 D2
Champeaux-et-la-Chapelle-Pommier 24.....202 B3
Champeaux-sur-Sarthe 61.....83 E1
Champeix 63.....207 E2
Champenard 27.....59 D1
La Champenoise 36.....152 A3
Champenoux 54.....68 B3
Champéon 53.....81 F3
Champétières 63.....208 C2
Champey 70.....142 B1
Champey-sur-Moselle 54.....68 A2
Champfleur 72.....82 C3
Champfleury 10.....90 A1
Champfleury 51.....37 F4
Champforgeuil 71.....158 A3
Champfrémont 53.....82 B2
Champfromier 01.....177 D4
Champgenéteux 53.....81 F3
Champguyon 51.....63 E4
Champhol 28.....85 E2
Champien 80.....19 E4
Champier 38.....211 F3
Champigné 49.....105 E4
Champignelles 89.....112 B4
Champigneul-Champagne 51.....64 B2
Champigneul-sur-Vence 08.....22 C4
Champigneulle 08.....39 E3
Champigneulles 54.....68 A3
Champigneulles-en-Bassigny 52.....93 E4
Champignol-lez-Mondeville 10.....115 E1
Champignolles 21.....157 E2
Champignolles 27.....58 A2
Champigny 51.....37 F3
Champigny 89.....88 B3
Champigny-en-Beauce 41.....109 D4
Champigny-la-Futelaye 27.....59 D3
Champigny-le-Sec 86.....149 D4
Champigny-lès-Langres 52.....116 C3
Champigny-sous-Varennes 52.....117 E3
Champigny-sur-Aube 10.....90 B1
Champigny-sur-Marne 94.....61 E3
Champigny-sur-Veude 37.....149 E2
Champillet 36.....169 F2
Champillon 51.....64 A1
Champis 07.....228 C3
Champlan 91.....60 C4
Champlat-et-Boujacourt 51.....37 E4
Champlay 89.....113 D2
Champlecy 71.....174 A2
Champlemy 58.....136 A4
Champlieu 71.....175 D1
Champlieu (Ruines Gallo-Romaines de) 60.....35 E3
Champlin 08.....22 A3
Champlin 58.....136 A4
Champlitte-et-le-Prélot 70.....140 A1
Champlitte-la-Ville 70.....140 A1
Champlive 25.....141 F3
Champlon 55.....67 D1
Champlost 89.....113 E2
Champmillon 16.....201 E1
Champmotteux 91.....87 D3
Champnétery 87.....186 B4
Champneuville 55.....40 A3
Champniers 16.....201 F1
Champniers 86.....184 A1
Champniers-et-Reilhac 24.....202 C1
Champoléon 05.....231 F4
Champoly 42.....191 D4
Champosoult 61.....57 D3
Champougny 55.....93 E1
Champoulet 45.....135 D1
Champoux 25.....141 E3
Champrenault 21.....138 B3
Champrepus 50.....54 A3
Champrond 72.....108 A1
Champrond-en-Gâtine 28.....84 C3
Champrond-en-Perchet 28.....84 A3
Champrosay 91.....87 D1
Champrougier 39.....159 E3
Champs 02.....36 A1
Champs 61.....83 F1
Champs 63.....189 E2
Champs (Col des) 06.....268 C1
Les Champs-de-Losque 50.....27 E4
Les Champs-Géraux 22.....78 C2
Champs-Romain 24.....202 C2
Champs-sur-Marne 77.....61 E3
Champs-sur-Tarentaine 15.....206 B3
Champs-sur-Yonne 89.....113 E4
Champsac 87.....203 D1
Champsanglard 23.....169 E4
Champsecret 61.....81 E1
Champseru 28.....85 F2
Champtercier 04.....267 F2
Champteussé-sur-Baconne 49.....105 E4
Champtocé-sur-Loire 49.....127 F2
Champtoceaux 49.....127 D3
Champtonnay 70.....140 B3
Champvallon 89.....113 D2
Champvans 39.....159 D1
Champvans 70.....140 B3
Champvans-les-Baume 25.....141 F3
Champvans-les-Moulins 25.....141 D4
Champvert 58.....155 E3
Champvoisy 51.....63 E1
Champvoux 58.....154 C1
Chamrousse 38.....231 D1
Chamvres 89.....113 D2
Chanac 48.....244 A3
Chanac-les-Mines 19.....222 C1
Chanaleilles 43.....226 B4
Chanas 38.....210 C4
Chanat-la-Mouteyre 63.....189 E4
Chanay 01.....194 C2
Chanaz 73.....194 C4
Chançay 37.....131 D2
Chancé 35.....103 F1
Chanceaux 21.....138 C2
Chanceaux-près-Loches 37.....150 B1
Chanceaux-sur-Choisille 37.....130 C2
Chancelade 24.....220 B1
Chancenay 52.....66 A4
Chancey 70.....140 B3
Chancia 39.....176 C3
Chandai 61.....58 A4
Chandolas 07.....245 F3
Chandon 42.....191 F1
Chanéac 07.....228 A3
Chaneins 01.....192 C1
Chânes 71.....175 D4
Le Change 24.....221 D1
Changé 53.....105 D1
Change 71.....157 F3
Changé 72.....107 D2
Changey 52.....116 C2
Changis-sur-Marne 77.....62 B2
Changy 42.....191 D1
Changy 51.....65 E3
Changy-Tourny 71.....174 A3
Chaniat 43.....208 A4
Chaniaux 48.....245 D2
Chaniers 17.....181 F4
Channay 21.....114 C3
Channay-sur-Lathan 37.....130 A2
Channes 10.....114 C2
Chanonat 63.....207 E1
Chanos-Curson 26.....229 D2
Chanousse 05.....248 C4
Chanoy 52.....116 C2
Chanoz-Châtenay 01.....193 E1
Chanteau 45.....110 B2
Chantecoq 45.....112 A2
Chantecorps 79.....165 E2
Chanteheux 54.....69 D4
Chanteix 19.....204 B4
Chantelle 03.....172 A4
Chanteloup 27.....58 B3
Chanteloup 35.....103 E2
Chanteloup 50.....53 F2
Chanteloup 79.....147 F4
Chanteloup (Pagode de) 37.....131 E3
Chanteloup-en-Brie 77.....61 F3
Chanteloup-les-Bois 49.....147 E1
Chanteloup-les-Vignes 78.....60 B2
Chantelouve 38.....231 E2
Chantemerle 05.....232 B3
Chantemerle 51.....89 E1
Chantemerle-les-Blés 26.....229 D2
Chantemerle-lès-Grignan 26.....247 D3
Chantemerle-sur-la-Soie 17.....181 F2
Chantemesle 95.....59 F1
Chantenay-Saint-Imbert 58.....154 C4
Chantenay-Villedieu 72.....106 A2
Chantepie 35.....103 E1
Chantérac 24.....220 A1
Chanterelle 15.....206 C4
Chantes 70.....141 D1
Chantesse 38.....212 A4
Chanteuges 43.....226 B2
Chantillac 16.....200 C4
Chantilly 60.....34 C4
Chantôme 36.....168 C3
Chantonnay 85.....146 B4
Chantraine 88.....94 C4
Chantraines 52.....92 B4
Chantrans 25.....160 C1
Chantrigné 53.....81 E2
Chanturgue (Plateau de) 63.....189 E4
Chanu 61.....55 E4
Chanville 57.....68 C1
Chanzeaux 49.....128 A4
Chaon 41.....133 F1
Chaouilley 54.....94 A2
Chaource 10.....114 B1
Chaourse 02.....21 E4
Chapaize 71.....175 D2
Chapareillan 38.....213 D2
Chaparon 74.....195 F4
Chapdes-Beaufort 63.....189 D3
Chapdeuil 24.....202 A4
Chapeau 03.....172 C2
Chapeauroux 48.....226 C4
Chapeiry 74.....195 E3
Chapelaine 51.....91 D1
La Chapelaude 03.....170 C3
La Chapelle 03.....190 B2
La Chapelle 08.....23 E3
La Chapelle 16.....183 E4
La Chapelle 19.....205 F3
La Chapelle 73.....213 F3
La Chapelle-Achard 85.....162 B1
La Chapelle-Agnon 63.....208 B1
La Chapelle-Anthenaise 53.....105 E1
La Chapelle-au-Mans 71.....173 E1
La Chapelle-au-Moine 61.....55 E4
La Chapelle-au-Riboul 53.....81 F3
La Chapelle-Aubareil 24.....221 F3
La Chapelle-aux-Bois 88.....118 C1
La Chapelle-aux-Brocs 19.....222 B1
La Chapelle-aux-Chasses 03.....172 C1
La Chapelle-aux-Choux 72.....130 A1
La Chapelle-aux-Filtzméens 35.....79 D2
La Chapelle-aux-Lys 85.....164 B1
La Chapelle-aux-Naux 37.....130 B3
La Chapelle-aux-Saints 19.....222 C3
La Chapelle-Baloue 23.....168 C3
La Chapelle-Basse-Mer 44.....126 C3
La Chapelle-Bâton 17.....182 B2
La Chapelle-Bâton 79.....165 D2
La Chapelle-Bâton 86.....184 A1
La Chapelle-Bayvel 27.....31 D3
La Chapelle-Bertin 43.....226 B1
La Chapelle-Bertrand 79.....165 E1
La Chapelle-Biche 61.....55 E4
La Chapelle-Blanche 22.....78 B3
La Chapelle-Blanche 73.....213 E2
La Chapelle-Blanche-Saint-Martin 37.....150 A1
La Chapelle-Bouëxic 35.....102 C2
La Chapelle-Caro 56.....101 F2
La Chapelle-Cécelin 50.....54 B3
La Chapelle-Chaussée 35.....79 D3
La Chapelle-Craonnaise 53.....104 C2
La Chapelle-d'Abondance 74.....179 D3
La Chapelle-d'Alagnon 15.....225 D2
La Chapelle-d'Aligné 72.....106 A4

CHARLEVILLE-MÉZIÈRES

Arches (Av. d') BYZ
Arquebuse (R. de l') BX 2
Bérégovoy (R. P.) BX 3
Bourbon (R.) BX 4
Carré (R. Irénée) BX 5
Corneau (Av. G.) BY 6
Droits-de-l'Homme (Pl. des) BX 7
Fg. de Pierre (R. du) BZ 8
Flandre (R. de) BX 9
Hôtel-de-Ville (Pl. de l') BZ 10
Jaurès (Av. Jean) BY
Leclerc (Av. Mar.) BY 19
Manchester (Av. de) AY 20
Mantoue (R. de) BX 21
Mitterrand (Av. F.) AX 22
Monge (R.) BZ 23
Montjoly (R. de) AX 24
Moulin (R. du) BX 25
Nevers (Pl. de) BX 27
Petit-Bois (Av. du) BX 28
Petit-Bois (R. du) BX 29
République (R. de la) BX 30
Résistance (Pl. de la) BZ 31
St-Julien (Av. de) AY 32
Sévigné (R. Mme de) BY 33
Théâtre (R. du) BX 34
91e-Régt-d'Infanterie (Av. du) BZ 36

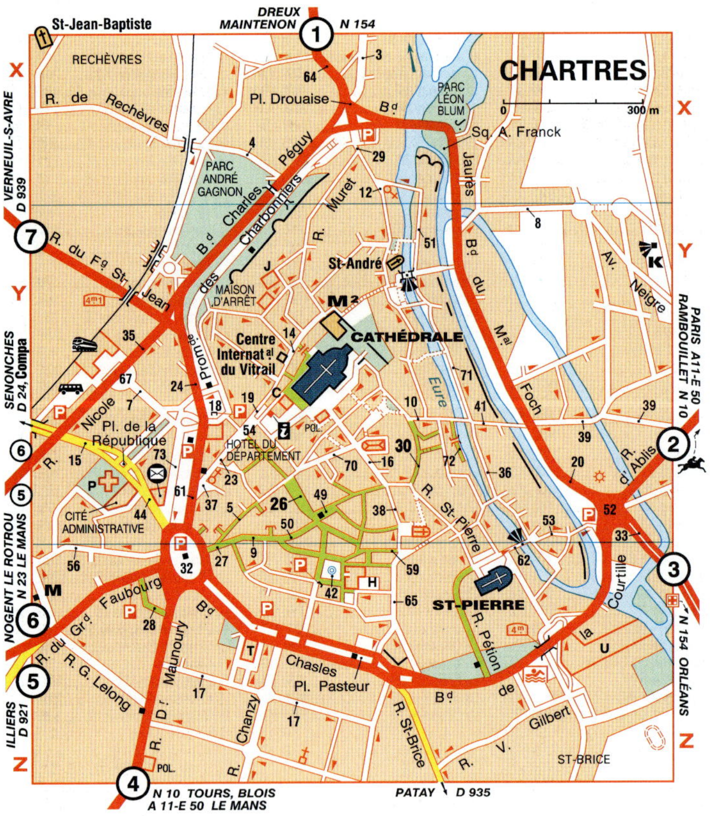

Aligre (Av. d') X 3
Alsace-Lorraine (Av. d') X 4
Ballay (R. Noël) Y 5
Beauce (Av. Jehan-de) Y 7
Bethouart (Av.) Y 8
Bois-Merrain (R. du) Y 9
Bourg (R. du) Y 10
Brêche (R. de la) X 12
Cardinal-Pie (R. du) Y 14
Casanova (R. Danièle) Y 15
Changes (R. des) Y 16
Châteaudun (R. de) Z 17
Châtelet (Pl.) Y 18
Cheval-Blanc (R. du) Y 19
Clemenceau (Bd) Y 20
Collin-d'Harleville (R.) Y 23
Couronne (R. de la) Y 24
Cygne (Pl. du) Y 26
Delacroix (R. Jacques) Z 27
Dr-Gibert (R. du) Z 28
Drouaise (R. Porte) X 29
Écuyers (R. des) Y 30
Épars (Pl. des) Z 32
Faubourg La Grappe (R. du) Y 33
Félibien (R.) Y 35
Foulerie (R. de la) Y 36
Gaulle (Pl. Gén.-de) Y 37
Grenets (R. des) Y 38
Guillaume (R. du Fg) Y 39
Guillaume (R. Porte) Y 41
Halles (Pl. des) Z 42
Koenig (R. du Gén.) Y 44
Marceau (Pl.) Y 49
Marceau (R.) Y 50
Massacre (R. du) Y 51
Morard (Pl.) Y 52
Morard (R. de la Porte) Y 53
Moulin (Pl. Jean) Y 54
Péri (R. Gabriel) Z 56
Poêle-Percée (R. de la) Z 59
Résistance (Bd de la) Y 61
Semard (Pl. Pierre) Y 67
St-Hilaire (R. du Pont) Z 62
St-Maurice (R.) X 64
St-Michel (R.) Z 65
Soleil-d'Or (R. du) Y 70
Tannerie (R. de la) Y 71
Teinturiers (Q. des) Y 72
Viollette (Bd Maurice) Y 73

CHÂTEAUROUX

Albert 1er (R.) BY 2
Bourdillon (R.) BZ 8
Cantrelle (R.) ABZ 10
Château-Raoul (R. du) AY 13
Châtre (Av. de la) BZ 14
Croix-Normand (Bd) BZ 17
États-Unis (R. des) BY 20
Fournier (R. A.) BY 23
Gallieni (R.) BZ 24
Gambetta (Pl.) BY 25
Gare (R. de la) BY
Grande (R.) BY 27
J.-J.-Rousseau (R.) AY 28
Jeux Marins (Av. des) AY 29
Kennedy (Av. J.-F.) AZ 30
Ledru-Rollin (R.) BY 31
Lemoine (Av. Marcel) BY 32
Marins (Av. des) AY 33
Mitterrand (Av. F.) AY 35
Palais de Justice (R. du) ABZ 37
Pont-Neuf (Av. du) AY 40
République (Pl. de la) AY 44
St-Luc (R.) BY 46
Ste-Hélène (Pl.) BY 48
Victor-Hugo (R.) ABY 53
Vrille (Bd de la) AZ 54
6-juin 1944 Débarquement Allié (Av. du) AY 58

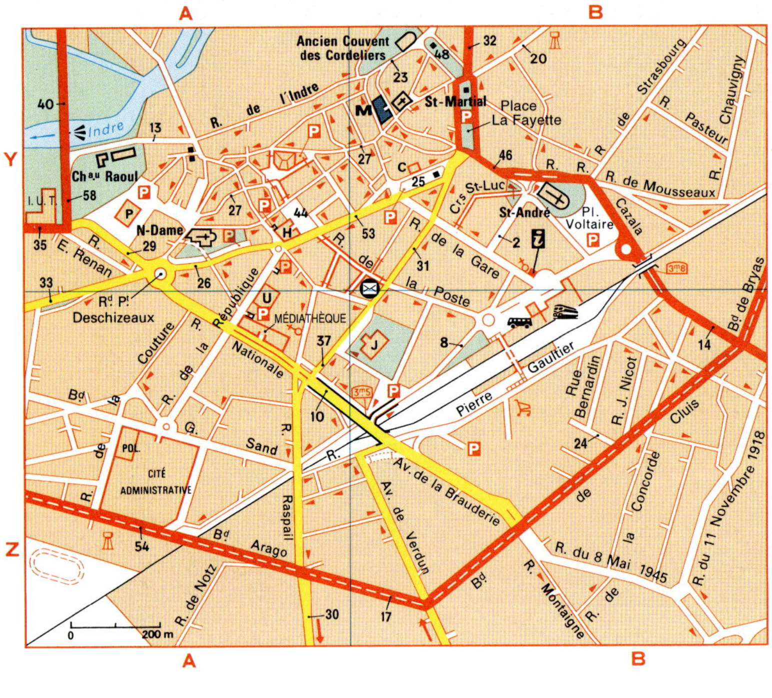

La Chapelle-d'Andaine *61* 81 F1
La Chapelle-d'Angillon *18* 134 A3
La Chapelle-d'Armentières *59* 4 B4
La Chapelle-d'Aunainville *28* 86 A2
La Chapelle-d'Aurec *43* 209 F4
La Chapelle-de-Bragny *71* 175 D1
La Chapelle-de-Brain *35* 102 C4
La Chapelle-de-Guinchay *71* 192 C1
La Chapelle-de-la-Tour *38* 212 A1
La Chapelle-de-Mardore *69* 192 A2
La Chapelle-de-Surieu *38* 211 D3
Chapelle-des-Bois *25* 177 F1
La Chapelle-des-Fougeretz *35* 79 E4
La Chapelle-des-Marais *44* 125 D2
La Chapelle-des-Pots *17* 182 A4
La Chapelle-devant-Bruyères *88* 95 E4
Chapelle-d'Huin *25* 160 C2
La Chapelle-du-Bard *38* 213 E3
La Chapelle-du-Bois *72* 83 F4
La Chapelle-du-Bois-des-Faulx *27* 58 C1
La Chapelle-du-Bourgay *76* 16 A3
La Chapelle-du-Châtelard *01* 193 E2
La Chapelle-du-Chêne *72* 106 A3
La Chapelle-du-Fest *50* 54 C1
La Chapelle-du-Genêt *49* 127 E4
La Chapelle-du-Lou *35* 78 C4
La Chapelle-du-Mont-de-France *71* 174 C3
La Chapelle-du-Mont-du-Chat *73* 195 D4
La Chapelle-du-Noyer *28* 109 D2
La Chapelle-en-Juger *50* 27 E4
La Chapelle-en-Lafaye *42* 209 D3
La Chapelle-en-Serval *60* 61 E1
La Chapelle-en-Valgaudémar *05* 231 F4
La Chapelle-en-Vercors *26* 230 A3
La Chapelle-en-Vexin *95* 33 E4
La Chapelle-Enchérie *41* 108 C3
La Chapelle-Engerbold *14* 55 E2
La Chapelle-Erbrée *35* 80 B4
La Chapelle-Faucher *24* 202 C4
La Chapelle-Felcourt *51* 65 E1
La Chapelle-Forainvilliers *28* 59 E4
La Chapelle-Fortin *28* 84 A1
La Chapelle-Gaceline *56* 102 B3
La Chapelle-Gaudin *79* 147 F3
La Chapelle-Gaugain *72* 107 F4
La Chapelle-Gauthier *27* 57 E2
La Chapelle-Gauthier *77* 88 A1
La Chapelle-Geneste *43* 208 C4
La Chapelle-Glain *44* 127 D1
La Chapelle-Gonaguet *24* 220 B1
La Chapelle-Grésignac *24* 201 F3
Chapelle-Guillaume *28* 108 B1
La Chapelle-Hareng *27* 57 E1
La Chapelle-Haute-Grue *14* 56 C2
La Chapelle-Hermier *85* 145 D4
La Chapelle-Heulin *44* 126 C4
La Chapelle-Hugon *18* 154 B3
La Chapelle-Hullin *49* 104 B4
La Chapelle-Huon *72* 108 A3
La Chapelle-Iger *77* 88 B1
La Chapelle-Janson *35* 80 B3
La Chapelle-la-Reine *77* 87 E3
La Chapelle-Largeau *79* 147 D2
La Chapelle-Lasson *51* 89 F1
La Chapelle-Launay *44* 125 F2
La Chapelle-Laurent *15* 225 F1
La Chapelle-lès-Luxeuil *70* 118 C3
La Chapelle-Marcousse *63* 207 E3
La Chapelle-Montabourlet *24* 202 A3
La Chapelle-Montbrandeix *87* 203 D1
La Chapelle-Monthodon *02* 63 E1
La Chapelle-Montligeon *61* 83 F2
La Chapelle-Montlinard *18* 154 B1
La Chapelle-Montmartin *41* 132 C4
La Chapelle-Montmoreau *24* 202 B3
La Chapelle-Montreuil *86* 166 A2
Chapelle-Morthemer *86* 166 C2
La Chapelle-Moulière *86* 166 C1
La Chapelle-Moutils *77* 63 D4
La Chapelle-Naude *71* 176 A1
La Chapelle-Neuve *22* 50 A4
La Chapelle-Neuve *56* 100 C2
La Chapelle-Onzerain *45* 109 F2
La Chapelle-Orthemale *36* 151 E3
La Chapelle-Palluau *85* 145 E3
La Chapelle-Péchaud *24* 221 E4
La Chapelle-Pouilloux *79* 183 E1
La Chapelle-près-Sées *61* 82 C1
La Chapelle-Rablais *77* 88 A2
La Chapelle-Rainsouin *53* 105 E1
La Chapelle-Rambaud *74* 195 F1
La Chapelle-Réanville *27* 59 D1
La Chapelle-Rousselin *49* 128 A4
Chapelle-Royale *28* 108 B1
La Chapelle-Saint-André *58* 136 A3
La Chapelle-Saint-Aubert *35* 80 A3
La Chapelle-Saint-Aubin *72* 106 C2
La Chapelle-Saint-Étienne *79* 164 C1
La Chapelle-Saint-Florent *49* 127 E3
La Chapelle-Saint-Fray *72* 106 C1
La Chapelle-Saint-Géraud *19* 223 D2
La Chapelle-Saint-Jean *24* 221 E1
La Chapelle-Saint-Laud *49* 128 C1
La Chapelle-Saint-Laurent *79* 147 F4
La Chapelle-Saint-Laurian *36* 152 A2
La Chapelle-Saint-Luc *10* 90 B3
La Chapelle-Saint-Martial *23* 187 D2
La Chapelle-Saint-Martin-en-Plaine *41* 109 D4
La Chapelle-Saint-Martin *73* 212 C1
La Chapelle-Saint-Maurice *74* 195 E4
La Chapelle-Saint-Mesmin *45* 110 A3
La Chapelle-Saint-Ouen *76* 32 C1
La Chapelle-Saint-Quillain *70* 140 C2
La Chapelle-Saint-Rémy *72* 107 E1
La Chapelle-Saint-Sauveur *44* 127 F2
La Chapelle-Saint-Sauveur *71* 159 D3
La Chapelle-Saint-Sépulcre *45* 112 A2
La Chapelle-Saint-Sulpice *77* 88 C1
La Chapelle-Saint-Ursin *18* 153 D2
La Chapelle-Souëf *61* 83 F3
La Chapelle-sous-Brancion *71* 175 D2
La Chapelle-sous-Dun *71* 174 A4
La Chapelle-sous-Orbais *51* 63 F2
La Chapelle-sous-Uchon *71* 156 C3
Chapelle-Spinasse *19* 205 E4
La Chapelle-sur-Aveyron *45* 112 A3
La Chapelle-sur-Chézy *02* 63 D2
La Chapelle-sur-Coise *69* 210 A1
La Chapelle-sur-Crécy *77* 62 A3
La Chapelle-sur-Dun *76* 15 F1
La Chapelle-sur-Erdre *44* 126 B3
La Chapelle-sur-Furieuse *39* 160 A2
La Chapelle-sur-Loire *37* 129 F4
La Chapelle-sur-Oreuse *89* 88 C4
La Chapelle-sur-Oudon *49* 105 D4
La Chapelle-sur-Usson *63* 208 A3
La Chapelle-sur-Vire *50* 54 C1
La Chapelle-Taillefert *23* 187 D2
La Chapelle-Thècle *71* 175 F2
La Chapelle-Thémer *85* 163 F1
La Chapelle-Thireuil *79* 164 C2
La Chapelle-Thouarault *35* 79 D4
La Chapelle-Urée *50* 54 B4
Chapelle-Vallon *10* 90 A2
La Chapelle-Vaupelteigne *89* 113 F3
La Chapelle-Vendômoise *41* 131 F1
La Chapelle-Vicomtesse *41* 108 B2
La Chapelle-Viel *61* 57 F4
La Chapelle-Villars *42* 210 C3
Chapelle-Viviers *86* 167 D2
Chapelle-Voland *39* 159 D4
La Chapelle-Yvon *14* 57 E1
Les Chapelles *53* 82 A2
Les Chapelles *73* 214 C1
Les Chapelles-Bourbon *77* 62 A4
Chapelon *45* 111 E2
La Chapelotte *18* 134 B3
Chapet *78* 60 B2
Les Chapieux *73* 196 C4
Chapois *39* 160 B3
Chaponnay *69* 211 D1
Chaponost *69* 210 C1
Chaponost (Arches de) *69* 192 C4
Chappes *03* 171 E3
Chappes *08* 38 A1
Chappes *10* 90 C4
Chappes *63* 189 F3
Chaptelat *87* 185 F3
Chaptuzat *63* 189 F2
Charade *63* 207 E1
Charancieu *38* 212 B2
Charancin *01* 194 B3
Charantonnay *38* 211 E2
Charavines *38* 212 B3
Charbogne *08* 38 C1
Charbonnat *71* 156 C4
Charbonnier-les-Mines *63* 207 F3
Charbonnières *28* 84 B4
Charbonnières *71* 175 E3
Charbonnières-les-Bains *69* 192 C4
Charbonnières-les-Sapins *25* 141 E4
Charbonnières-les-Varennes *63* 189 D3
Charbonnières-les-Vieilles *63* 189 D2
Charbuy *89* 113 D3
La Charce *26* 248 B3
Charcé-Saint-Ellier-sur-Aubance *49* 128 C3
Charcenne *70* 140 C3
Charchigné *53* 81 F2
Charchilla *39* 177 D2
Charcier *39* 177 D1
Chard *23* 188 A3
Chardeny *08* 38 C2
Chardes *17* 199 F4
Chardogne *55* 66 B3
Chardonnay *71* 175 E2
Chareil-Cintrat *03* 172 A4
Charencey *21* 138 B3
Charency *39* 160 B4
Charency-Vezin *54* 40 B1
Charens *26* 248 B2
Charensat *63* 188 B3
Charentay *69* 192 B2
Charentenay *70* 140 C1
Charentenay *89* 136 B1
Charentilly *37* 130 C2
Charenton *58* 135 E4
Charenton-du-Cher *18* 153 F4
Charenton-le-Pont *94* 61 D3
Charentonnay *18* 154 A1
Charette *38* 194 A4
Charette-Varennes *71* 158 C3
Charey *54* 67 F1
Charézier *39* 177 D1
Chargé *37* 131 E3
Chargey-lès-Gray *70* 140 B2
Chargey-lès-Port *70* 118 A4
Chariez *70* 141 D1
Charigny *21* 138 A3
La Charité-sur-Loire *58* 154 B1
Charix *01* 194 B1
Charlas *31* 299 D1
Charleval *13* 284 B1
Charleval *27* 32 C3
Charleville *51* 63 E3
Charleville-Mézières *08* 22 C3
Charleville-sous-Bois *57* 42 A4
Charlieu *42* 191 E1
Charly *02* 62 C2
Charly *18* 154 A3
Charly *69* 210 C1
Charly-Oradour *57* 41 F4
Charmant *16* 201 F2
Charmauvillers *25* 143 D3
Charmé *16* 183 E3
La Charme *39* 159 E3
Le Charme *45* 112 B4
La Charmée *71* 158 A4
Charmeil *03* 190 A1
Le Charmel *02* 63 E1
Charmensac *15* 225 E1
Charmentray *77* 61 F2
Charmes *02* 20 B4
Charmes *03* 189 F2
Charmes *21* 139 F3
Charmes *52* 116 C2
Charmes *88* 94 B2
Charmes-en-l'Angle *52* 92 A3
Charmes-la-Côte *54* 67 F4
Charmes-la-Grande *52* 92 A3
Charmes-Saint-Valbert *70* 117 E4
Charmes-sur-l'Herbasse *26* 229 E1
Charmes-sur-Rhône *07* 229 D4
Charmette (Col de la) *38* 212 C4
Les Charmettes *73* 213 D2
Charmoille *25* 142 B4
Charmoille *70* 118 B4
Charmoilles *52* 116 C2
Charmois *54* 94 C1
Charmois *90* 142 C1
Charmois-devant-Bruyères *88* 95 D4
Charmois-l'Orgueilleux *88* 118 B1
Charmont *51* 65 F3
Charmont *95* 60 A1
Charmont-en-Beauce *45* 86 B4
Charmont-sous-Barbuise *10* 90 B3
Les Charmontois *51* 66 A2
Charmoy *10* 89 E3
Charmoy *52* 117 E3
Charmoy *71* 157 D4
Charmoy *89* 113 D2
Charnas *07* 210 C4
Charnat *63* 190 A3
Charnay *25* 160 A1
Charnay *69* 192 B3
Charnay-lès-Chalon *71* 158 B2
Charnay-lès-Mâcon *71* 175 D4
Charnècles *38* 212 B3
Charnizay *37* 150 B3
Charnod *39* 176 B3
Charnois *08* 13 D3
Charnoz-sur-Ain *01* 193 F3
Charny *21* 138 A3
Charny *77* 61 F2
Charny *89* 112 B3
Charny-le-Bachot *10* 90 A1
Charny-sur-Meuse *55* 40 A4
Charolles *71* 174 A3
Charols *26* 247 E2
Charonville *28* 85 D4
Chârost *18* 152 C2
Charousse *74* 196 B2
Charpentry *55* 39 E3
Charpey *26* 229 E3
Charpont *28* 59 E4
Charquemont *25* 142 C4
Charrais *86* 166 A1
Charraix *43* 226 B2
Charras *16* 202 A2
Charray *28* 109 D2
Charre *64* 271 F4
Charrecey *71* 157 F3
Charrey-sur-Saône *21* 158 C1
Charrey-sur-Seine *21* 115 D2
Charrin *58* 155 F4
Charritte-de-Bas *64* 271 F4
Charron *17* 163 E4
Charron *23* 188 B2
Charroux *03* 189 E1
Charroux *86* 184 A1
Chars *95* 33 F4
Charsonville *45* 109 E3
Chartainvilliers *28* 85 E1
Chartèves *02* 63 D1
La Chartre-sur-le-Loir *72* 107 F4
Chartrené *49* 129 E2
Chartres *28* 85 E2
Chartres-de-Bretagne *35* 103 E1

Chartrettes 77 87 F2
Chartrier-Ferrière 19 222 A2
Chartronges 77 62 C4
Chartuzac 17 199 F4
Charvieu-Chavagneux 38 193 E4
Charvonnex 74 195 E2
Chas 63 207 F1
Chaserey 10 114 B2
Chasnais 85 163 E2
Chasnans 25 161 D1
Chasnay 58 135 F4
Chasné-sur-Illet 35 79 F3
Chaspinhac 43 227 D2
Chaspuzac 43 226 C2
La Chassagne 39 159 E3
Chassagne 63 207 E3
Chassagne-Montrachet 21 157 F3
Chassagne-Saint-Denis 25 160 B1
Chassagnes 07 245 F3
Chassagnes 43 226 B1
Chassagny 69 210 C1
Chassaignes 24 201 F4
Chassal 39 177 D3
Chassant 28 84 C4
Chassé 72 83 D2
Chasse-sur-Rhône 38 210 C2
Chasseguey 50 54 B4
Chasselas 71 175 D4
Chasselay 38 212 A4
Chasselay 69 192 C3
Chassemy 02 36 C3
Chassenard 03 173 E3
Chasseneuil 36 168 C1
Chasseneuil-du-Poitou 86 166 B1
Chasseneuil-
sur-Bonnieure 16 184 A4
Chassenon 16 184 C4
Chasseradès 48 245 D2
Chassey 21 138 A2
Chassey-Beaupré 55 92 C2
Chassey-le-Camp 71 157 F3
Chassey-lès-Montbozon 70 141 F1
Chassey-lès-Scey 70 118 A4
Chassezac
(Belvédère du) 48 245 D3
Chassiecq 16 184 A3
Chassiers 07 246 A2
Chassieu 69 193 D4
Chassignelles 89 114 B4
Chassignieu 38 212 B2
Chassignolles 36 169 E2
Chassignolles 43 208 B3
Chassigny 52 116 C4
Chassigny-sous-Dun 71 174 A4
Chassillé 72 106 B2
Chassiron (Phare de) 17 180 A2
Chassors 16 200 C1
Chassy 18 154 A2
Chassy 71 173 F2
Chassy 89 113 D3
Le Chastang 19 222 C1
Chastang (Barrage du) 19 223 E1
Chastanier 48 244 C1
Chasteaux 19 222 A2
Chastel 43 225 F2
Chastel-Arnaud 26 247 F1
Chastel-Nouvel 48 244 B2
Chastel-sur-Murat 15 225 D2
Chastellux-sur-Cure 89 137 D3
Chastenay 89 136 A1
Chasteuil 04 268 A4
Chastreix 63 206 C2
La Châtaigneraie 85 164 B1
Chatain 86 184 A2
Châtaincourt 28 59 D4
Châtas 88 96 A1
Château 71 174 C3
Château-Arnoux-
Saint-Auban 04 267 E2
Château-Bas 13 284 B1
Château-Bernard 38 230 B2
Château-Bréhain 57 68 C2
Château-Chalon 39 159 F4
Château-Chervix 87 204 A2
Château-Chinon 58 156 B2
Le Château-
d'Almenêches 61 56 C4
Château-des-Prés 39 177 E2
Le Château-d'Oléron 17 180 C3
Château-d'Olonne 85 162 B2
Château-du-Loir 72 107 E4
Château-Farine 25 141 D4
Château-Gaillard 01 193 F2
Château-Gaillard 27 32 C4
Château-Gaillard 28 110 A1
Château-Garnier 86 166 B4
Château-Gombert 13 285 D4
Château-Gontier 53 105 D3
Château-Guibert 85 163 E1
Château-Guillaume 36 168 A2
Château-la-Vallière 37 130 A2
Château-l'Abbaye 59 9 F1
Château-Lambert 70 119 E2
Château-Landon 77 111 F1
Château-Larcher 86 166 B3
Château-l'Évêque 24 220 C1
Château-l'Hermitage 72 106 C3
Château-Porcien 08 38 A1
Château-Queyras 05 233 D4
Château-Regnault 08 22 C2
Château-Renard 45 112 A3
Château-Renault 37 131 E1
Château-Rouge 57 42 B3
Château-Salins 57 68 C3
Château-sur-Allier 03 154 B4
Château-sur-Cher 63 188 B1
Château-sur-Epte 27 33 E4
Château-Thébaud 44 145 F1
Château-Thierry 02 63 D1
Château-Verdun 09 310 A1
Château-Ville-Vieille 05 233 D4
Château-Voué 57 69 D2
Châteaubernard 16 200 C1
Châteaubleau 77 88 B1
Châteaubourg 07 229 D2
Châteaubourg 35 103 F1
Châteaubriant 44 103 F4
Châteaudouble 26 229 E3
Châteaudouble 83 287 D2
Châteaudun 28 109 D1
Châteaufort 04 249 E4
Châteaufort 78 60 B4
Châteaugay 63 189 E4
Châteaugiron 35 103 F1
Châteaulin 29 73 F2
Châteaumeillant 18 170 A2
Châteauneuf 21 138 B4
Châteauneuf 39 140 B4
Châteauneuf 42 210 B2
Châteauneuf 71 191 F1
Châteauneuf 73 213 F2
Châteauneuf 85 144 C2
Châteauneuf-
de-Bordette 26 247 F4
Châteauneuf-
de-Chabre 05 249 D4
Châteauneuf-
de-Gadagne 84 265 D3
Châteauneuf-
de-Galaure 26 229 D1
Châteauneuf-
de-Randon 48 244 C2
Châteauneuf-
de-Vernoux 07 228 C3
Châteauneuf-
d'Entraunes 06 269 D1
Châteauneuf-
d'Ille-et-Vilaine 35 79 D1
Châteauneuf-d'Oze 05 249 D2
Châteauneuf-du-Faou 29 75 E3
Châteauneuf-du-Pape 84 265 D2
Châteauneuf-du-Rhône 26 246 C3
Châteauneuf-
en-Thymerais 28 85 D1
Châteauneuf-Grasse 06 288 A2
Châteauneuf-la-Forêt 87 204 B1
Châteauneuf-le-Rouge 13 285 D3
Châteauneuf-les-Bains 63 189 D2
Châteauneuf-
les-Martigues 13 284 B4
Châteauneuf-
lès-Moustiers 04 268 A4
Châteauneuf-Miravail 04 266 C1
Châteauneuf-
sur-Charente 16 201 D2
Châteauneuf-sur-Cher 18 153 D3
Châteauneuf-sur-Isère 26 229 D2
Châteauneuf-sur-Loire 45 110 C3
Châteauneuf-sur-Sarthe 49 105 E4
Châteauneuf-
Val-de-Bargis 58 135 F4
Châteauneuf-
Val-Saint-Donat 04 267 D2
Châteauneuf-Villevieille 06 288 C1
Châteauponsac 87 185 F1
Châteauredon 04 267 F2
Châteaurenard 13 265 D4
Châteaurenard 71 176 A1
Châteauroux 36 152 A4
Châteauroux-les-Alpes 05 250 B1
Châteauvert 83 286 A2
Châteauvieux 05 249 E2
Châteauvieux 41 132 A4
Châteauvieux 83 268 B4
Châteauvieux-
les-Fossés 25 160 C1
Châteauvilain 38 212 A2
Châteauvillain 52 116 A1
Le Châtel 73 214 A4
Châtel 74 179 D3
Châtel-Censoir 89 136 B2
Chatel-Chéhéry 08 39 E3
Châtel-de-Joux 39 177 D2
Châtel-de-Neuvre 03 172 B3
Châtel-Gérard 89 137 E1
Châtel-Montagne 03 190 C1
Châtel-Moron 71 157 F4
Châtel-Saint-Germain 57 41 E4
Châtel-sur-Moselle 88 94 C3
Châtelaillon-Plage 17 180 C1
Châtelain 53 105 E3
La Châtelaine 39 160 A3
Châtelais 49 104 C4
Châtelard 23 188 A3
Châtelard 38 231 E2
Le Châtelard 73 213 E1
Châtelaudren 22 51 D4
Chatelay 39 159 F2
Châtelblanc 25 160 C4
Châteldon 63 190 B3
Le Châtelet 18 170 A1
Châtelet (Pont du) 04 251 D2
Le Châtelet-en-Brie 77 87 F2
Le Châtelet-sur-Retourne 08 38 A2
Le Châtelet-
sur-Sormonne 08 22 B3
Les Châtelets 28 84 B1
Le Chateley 39 159 E3
Châtelguyon 63 189 E3
Le Châtelier 51 65 F2
Châtellenot 21 138 A4
Châtellerault 86 149 F4
Le Châtellier 35 80 A2
Le Châtellier 61 55 E4
Les Châtelliers-
Châteaumur 85 147 D3
Les Châtelliers-
Notre-Dame 28 84 C3
Châtelneuf 39 160 A4
Châtelneuf 42 209 D1
Chateloy 03 171 D2
Châtelperron 03 172 C3
Châtelraould-
Saint-Louvent 51 65 D4
Châtelus 03 190 C1
Châtelus 38 230 A2
Châtelus 42 210 A2
Châtelus-le-Marcheix 23 186 B2
Châtelus-Malvaleix 23 169 F4
Châtenay 01 193 F2
Châtenay 28 86 A3
Châtenay 38 211 F4
Chatenay 71 174 B4
Châtenay-en-France 95 61 D1
Chatenay-Mâcheron 52 116 C3
Châtenay-Malabry 92 60 C4
Châtenay-sur-Seine 77 88 B3
Chatenay-Vaudin 52 117 D3
Chatenet 17 200 C4
Le Châtenet-en-Dognon 87 186 B3
Châteney 70 118 C4
Châtenois 39 159 E1
Châtenois 67 96 C2
Châtenois 70 118 C4
Châtenois 88 93 F3
Châtenois-les-Forges 90 142 C1
Châtenoy 45 111 D3
Châtenoy 77 87 E4
Châtenoy-en-Bresse 71 158 A4
Châtenoy-le-Royal 71 158 A4
Châtignac 16 201 D4
Chatignonville 91 86 A2
Châtillon 03 171 F3
Châtillon 39 177 D1
Châtillon 69 192 B3
Châtillon 86 166 A4
Châtillon 92 61 D3
Châtillon (Crêt de) 74 195 E4
Châtillon-Coligny 45 112 A3
Châtillon-en-Bazois 58 155 F2
Châtillon-en-Diois 26 248 B1
Châtillon-en-Dunois 28 108 C1
Châtillon-en-Michaille 01 194 C1
Châtillon-en-Vendelais 35 80 B4
Châtillon-Guyotte 25 141 E3
Châtillon-la-Borde 77 87 F1
Châtillon-la-Palud 01 193 F2
Châtillon-le-Duc 25 141 D3
Châtillon-le-Roi 45 110 C1
Châtillon-lès-Sons 02 20 C3
Châtillon-Saint-Jean 26 229 E2
Châtillon-sous-les-Côtes 55 40 B4
Châtillon-sur-Bar 08 39 D2
Châtillon-sur-Broué 51 91 E1
Châtillon-
sur-Chalaronne 01 193 D1
Châtillon-sur-Cher 41 132 B4
Châtillon-sur-Cluses 74 196 B1
Châtillon-sur-Colmont 53 81 D3
Châtillon-sur-Indre 36 151 D2
Châtillon-sur-Lison 25 160 B1
Châtillon-sur-Loire 45 134 C1
Châtillon-sur-Marne 51 63 F1
Châtillon-sur-Morin 51 63 E4
Châtillon-sur-Oise 02 20 B3
Châtillon-sur-Saône 88 117 F2
Châtillon-sur-Seine 21 115 E3
Châtillon-sur-Thouet 79 165 E1
Châtin 58 156 A1
Chatoillenot 52 116 C4
Châtonnay 38 211 F2
Chatonnay 39 176 C3
Chatonrupt 52 92 B2
Chatou 78 60 C3
La Châtre 36 169 F2
La Châtre-Langlin 36 168 B3
Châtres 10 89 F2
Châtres 24 221 F1
Châtres 77 61 F4
Châtres-la-Forêt 53 105 F1
Châtres-sur-Cher 41 133 D4
Châtrices 51 65 F1
Chattancourt 55 40 A4
Chatte 38 229 F1
Chatuzange-le-Goubet 26 229 E2
Chaucenne 25 140 C3
Chauchailles 48 225 E4
Chauché 85 146 A3
Le Chauchet 23 188 A2
Chauchigny 10 90 A2
Chauconin 77 62 A2
Chauconin-Neufmontiers 77 62 A2
Chaucre 17 180 B2
Chaudanne
(Barrage de) 04 268 B3
Chaudardes 02 37 E2
Chaudebonne 26 247 F3
Chaudefonds-sur-Layon 49 128 A3
Chaudefontaine 25 141 E3
Chaudefontaine 51 65 F1
Chaudenay 52 117 D3
Chaudenay 71 158 A3
Chaudenay-la-Ville 21 157 F1
Chaudenay-le-Château 21 157 F1
Chaudeney-sur-Moselle 54 67 F4
Chaudes-Aigues 15 225 E4
Chaudeyrac 48 244 C1
Chaudeyrolles 43 227 F3
La Chaudière 26 247 F1
Chaudière (Col de la) 26 247 F1
Chaudon 28 85 E1
Chaudon-Norante 04 268 A2
Chaudrey 10 90 C2
Chaudron-en-Mauges 49 127 E3
Chaudun 02 36 B3
Chauffailles 71 191 F1
Chauffayer 05 231 E4
Chauffecourt 88 94 B3
Chauffour-lès-Bailly 10 90 C4
Chauffour-lès-Étréchy 91 86 C2
Chauffour-sur-Vell 19 222 B3
Chauffours 28 85 D3
Chauffourt 52 117 D2
Chauffry 77 62 C3
Chaufour-lès-Bonnières 78 59 E2
Chaufour-Notre-Dame 72 106 C2
Chaugey 21 116 A4
Chaulgnes 58 154 C1
Chaulhac 48 225 F3
Chaulieu 50 55 D4
La Chaulme 63 209 D3
Chaulnes 80 19 D3
Chaum 31 299 D4
Chaumard 58 156 B1
La Chaume 21 115 F3
La Chaume 85 162 A2
Chaume-et-Courchamp 21 139 F1
Chaume-lès-Baigneux 21 138 B1
Chaumeil 19 205 D3
Chaumercenne 70 140 B3
Chaumeré 35 103 F1
Chaumergy 39 159 E3
Chaumes-en-Brie 77 88 A1
Chaumesnil 10 91 E3
Chaumont 18 154 A4
Chaumont 39 177 E3
Chaumont 52 116 B1
Chaumont 61 57 D3
Chaumont 74 195 D2
Chaumont 89 88 B3
Chaumont (Château de) 71 174 B2
Chaumont-d'Anjou 49 129 D2
Chaumont-devant-
Damvillers 55 40 B3
Chaumont-en-Vexin 60 33 F4
Chaumont-la-Ville 52 93 E4
Chaumont-le-Bois 21 115 E2
Chaumont-le-Bourg 63 208 C3
Chaumont-Porcien 08 22 A4
Chaumont-sur-Aire 55 66 B2
Chaumont-sur-Loire 41 131 F2
Chaumont-sur-Tharonne 41 133 D1
Chaumontel 95 61 D1
Chaumot 58 136 B4
Chaumot 89 112 C1
Chaumousey 88 94 C4
Chaumoux-Marcilly 18 154 A1
Chaumussay 37 150 B3
La Chaumusse 39 177 E1
Chaumuzy 51 37 E4
Chaunac 17 199 F3
Chaunay 86 183 F1
Chauny 02 36 A1
Chauray 79 165 D3
Chauriat 63 189 F4
Chausey (Iles) 50 53 D2
La Chaussade 23 187 F3
La Chaussaire 49 127 E4
Chaussan 69 210 B1
La Chaussée 76 16 A3
La Chaussée 86 148 C3
La Chaussée-d'Ivry 28 59 E3
La Chaussée-
Saint-Victor 41 132 A1
La Chaussée-sur-Marne 51 65 D3
La Chaussée-Tirancourt 80 18 A2
Chaussenac 15 223 F1
Chaussenans 39 159 F3
Chausseterre 42 190 C3
Chaussin 39 159 D2
Chaussoy-Epagny 80 18 B4
Chaussy 45 110 B1
Chaussy 95 59 F1
Le Chautay 18 154 B2
Chauvac 26 248 B4
Chauvé 44 125 F4
Chauve d'Aspremont
(Mont) 06 288 C1
Chauvency-le-Château 55 40 A1
Chauvency-Saint-Hubert 55 40 A1
Chauvigné 35 79 F2
Chauvigny 86 167 D2
Chauvigny-du-Perche 41 108 C2
Chauvincourt 27 33 E3
Chauvirey-le-Châtel 70 117 F3
Chauvirey-le-Vieil 70 117 F3
Chauvoncourt 55 67 D2
Chauvry 95 60 C1
Chaux 21 158 A1
La Chaux 25 161 D1
La Chaux 61 82 A1
La Chaux 71 159 D3
Chaux 90 119 F4
Chaux-Champagny 39 160 A3
Chaux-des-Crotenay 39 177 E1
Chaux-des-Prés 39 177 E2
La Chaux-du-Dombief 39 177 E1
La Chaux-en-Bresse 39 159 E3
Chaux-la-Lotière 70 141 D3
Chaux-lès-Clerval 25 142 A2
Chaux-lès-Passavant 25 141 F4
Chaux-lès-Port 70 118 A4
Chaux-Neuve 25 160 C4
Chauzon 07 246 A3
Chavagnac 15 225 D1
Chavagnac 24 222 A2
Chavagne 35 103 D1
Chavagnes 49 128 C3
Chavagnes-en-Paillers 85 146 A3
Chavagnes-les-Redoux 85 146 C4
Chavagneux-
Montbertand 38 193 E4
Chavaignes 49 129 E2
Chavanac 19 205 E2
Chavanat 23 187 D3
Chavanatte 90 120 A4
Chavanay 42 210 C3
Chavanges 10 91 E2
Chavaniac-Lafayette 43 226 B1
Chavannaz 74 195 D2
Chavanne 39 176 B1
Chavanne 70 142 B1
La Chavanne 73 213 E2
Chavannes 18 153 E3
Chavannes 26 229 D2
Les Chavannes-
en-Maurienne 73 213 F3
Chavannes-les-Grands 90 143 D1
Chavannes-sur-l'Étang 68 120 A3
Chavannes-
sur-Reyssouze 01 175 E3
Chavannes-sur-Suran 01 176 B4
Chavanod 74 195 E3
Chavanoz 38 193 F4
Les Chavants 74 196 C3
Chavaroux 63 189 F4
La Chavatte 80 19 D4
Chaveignes 37 149 E2
Chavelot 88 94 C3
Chavenat 16 201 E3
Chavenay 78 60 B3
Chavençon 60 33 F4
Chavenon 03 171 E3
Chavéria 39 176 C2
Chaveroche 19 205 F2
Chaveyriat 01 193 E1
Chavignol 18 134 C3
Chavignon 02 36 C2
Chavigny 02 36 B2
Chavigny 54 68 A4
Chavigny (Château de) 37 148 C1
Chavigny-Bailleul 27 58 C3
Chaville 92 60 C3
Chavin 36 168 C2
Chavoire 74 195 E3
Chavonne 02 36 C2
Chavornay 01 194 C3
Chavot-Courcourt 51 64 A2
Chavoy 50 54 A4
Chavroches 03 172 C3
Le Chay 17 198 C1
Chay 25 160 A1
Chazay-d'Azergues 69 192 C3
La Chaze-de-Peyre 48 243 F1
Chazé-Henry 49 104 B4
Chazé-sur-Argos 49 127 F1
Chazeaux 07 246 A2
Le Chazelet 05 231 F2
Chazelet 36 168 B2
Chazelles 15 226 A2
Chazelles 16 202 A1
Chazelles 39 176 B3
Chazelles 43 226 B2
Chazelles-sur-Albe 54 69 E4
Chazelles-sur-Lavieu 42 209 E2
Chazelles-sur-Lyon 42 210 A1
Chazelot 25 141 F2
Chazemais 03 170 C2
Chazeuil 21 139 F1
Chazeuil 58 136 C4
Chazey-Bons 01 194 C4
Chazey-sur-Ain 01 193 F3
Chazilly 21 157 E1
Chazot 25 142 A3
Chazoy 25 140 C4
La Chebuette 44 126 C4
Chécy 45 110 B3
Chedde 74 196 C2
Chédigny 37 131 E4
Chef-Boutonne 79 183 D1
Chef-du-Pont 50 25 D4
Chef-Haut 88 94 A3
Cheffes 49 128 B1
Cheffois 85 164 A1
Cheffreville-Tonnencourt 14 57 D1
Le Chefresne 50 54 B2
Chéhéry 08 23 D4
Cheignieu-la-Balme 01 194 B4
Cheillé 37 130 B4
Cheilly-lès-Maranges 71 157 F3
Chein-Dessus 31 299 E3
Cheissoux 87 186 B4
Le Cheix 63 189 F3
Le Cheix 63 207 E2
Cheix-en-Retz 44 126 A4
Chélan 32 274 C4
Chelers 62 7 F2
Chélieu 38 212 A2
Chelle-Debat 65 274 A4
Chelle-Spou 65 298 A2
Chelles 60 35 F3
Chelles 77 61 E3
Chelun 35 104 A3
Chemaudin 25 140 C4
Chemault 45 111 D2
Chemazé 53 105 D3
Chemellier 49 128 C3
Chemenot 39 159 E3
Chéméré 44 145 D1
Chéméré-le-Roi 53 105 F2
Chémery 41 132 B3
Chémery 57 69 D1
Chémery-les-Deux 57 42 A3
Chémery-sur-Bar 08 39 E1
Chemilla 39 176 C3
Chemillé 49 128 A4
Chemillé-sur-Dême 37 130 C1
Chemillé-sur-Indrois 37 151 D1
Chemilli 61 83 E3
Chemilly 03 172 B2
Chemilly 70 118 A4
Chemilly-sur-Serein 89 114 A4
Chemilly-sur-Yonne 89 113 E3
Chemin 39 159 D2
Le Chemin 51 66 A1
Chemin-d'Aisey 21 115 E4
Cheminas 07 228 C1
Cheminon 51 65 F4
Cheminot 57 68 A2
Chemiré-en-Charnie 72 106 A1
Chemiré-le-Gaudin 72 106 B2
Chemiré-sur-Sarthe 49 105 F4
Chemy 59 8 C1
Chenac-Saint-
Seurin-d'Uzet 17 199 D2
Chenailler-Mascheix 19 222 C2
La Chenalotte 25 161 F1
Chénas 69 175 D4
Chenaud 24 219 E1
Chenay 51 37 E3
Chenay 72 82 C2
Chenay 79 165 F4
Chenay-le-Châtel 71 191 D1
Le Chêne 10 90 B1
Chêne-Arnoult 89 112 B3
Chêne-Bernard 39 159 E3
Chêne-Chenu 28 85 D1
Chêne-en-Semine 74 194 C2
Chêne-Sec 39 159 E3
Chenebier 70 119 E4
Chenecey-Buillon 25 160 A1
Cheneché 86 149 D4
Chênedollé 14 55 D3
Chênedouit 61 56 A3
Chênehutte-les-Tuffeaux 49 129 D3
Chénelette 69 192 A1
Chénérailles 23 187 F2
Chenereilles 42 209 E3
Chenereilles 43 227 F1
Chénérilles 04 267 E2
Chenevelles 86 149 F4
Chenevières 54 95 D1
Chenevrey-et-Morogne 70 140 C3
Chênex 74 195 D1
Cheney 89 114 A3
Chenicourt 54 68 B2
Chenières 54 41 D1
Chéniers 23 169 E4
Cheniers 51 64 C3
Chenillé-Changé 49 105 D4
Cheniménil 88 95 D4
Chennebrun 27 58 A4
Chennegy 10 89 F4
Chennevières 55 66 C4
Chennevières-
lès-Louvres 95 61 E1
Chennevières-sur-Marne 94 61 E3
Chenois 57 68 C1
Chenoise 77 88 C1
Chenommet 16 183 F3
Chenon 16 183 F3
Chenonceau
(Château de) 37 131 E3
Chenonceaux 37 131 E3
Chenou 77 111 F1
Chenôve 21 139 D4
Chenôves 71 174 C1
Chens-sur-Léman 74 178 A3
Chenu 72 130 A1
Cheny 89 113 E2
Chepniers 17 200 C4
Chepoix 60 34 C1
La Cheppe 51 65 D1
Cheppes-la-Prairie 51 65 D3
Cheppy 55 39 F4
Cheptainville 91 86 C1
Chepy 51 65 D2
Chépy 80 17 D1
Chérac 17 199 F1
Chérancé 53 104 C3
Chérancé 72 82 C3
Chéraute 64 295 F1
Chéray 17 180 B2
Cherbonnières 17 182 C3
Cherbourg-Octeville 50 24 C2
Chérence 95 59 F1
Chérencé-le-Héron 50 54 B3
Chérencé-le-Roussel 50 54 C4
Chéreng 59 5 D4
Les Chères 69 192 C3
Chérêt 02 37 D1
Chériennes 62 7 D3
Cherier 42 191 D3
Chérigné 79 183 D1
Les Chéris 50 54 A4
Chérisay 72 82 C3
Chérisey 57 68 B1
Cherisy 28 59 E4
Chérisy 62 8 B4
Chérizet 71 174 C2
Chermignac 17 199 D1
Chermisey 88 93 D2
Chermizy-Ailles 02 37 D2
Chéronnac 87 184 C4
Chéronvilliers 27 58 A3
Chéroy 89 88 B4
Cherré 49 105 E4
Cherré 72 83 F4
Cherreau 72 83 F4
Cherrueix 35 53 E4
Cherval 24 202 A3
Cherveix-Cubas 24 203 E4
Cherves 86 148 C4
Cherves-Châtelars 16 184 B4
Cherves-de-Cognac 16 182 B4
Chervettes 17 181 F2
Cherveux 79 165 D3
Chervey 10 115 D1

CHOLET

Abreuvoir (Av. de l') ... Z 2
Bons-Enfants (R. des) ... Z 3
Bourg-Baudry (R. du) ... Z 6
Bretonnaise (R.) ... Z 7
Clemenceau (R. G.) ... Z 10
Guérineau (Pl. A.) ... Z 20
Hôtel-de-Ville (R. de l') ... Z 22
Maudet (Av.) ... Z 30
Moine (R. de la) ... Z 36
Montfort (R. G. de) ... Z 37
Nantaise (R.) ... Z 39
Nationale (R.) ... Z
Puits-de-l'Aire (R. du) ... Z 45
Richard (Bd G.) ... Z 46
Salberie (R.) ... Z 49
Sardinerie (R. de la) ... Z 50
Travot (Pl.) ... Z 52
Travot (R.) ... Z 53
Vieux-Greniers (R. des) ... Z 56
8-Mai-1945 (Pl. du) ... Z 58

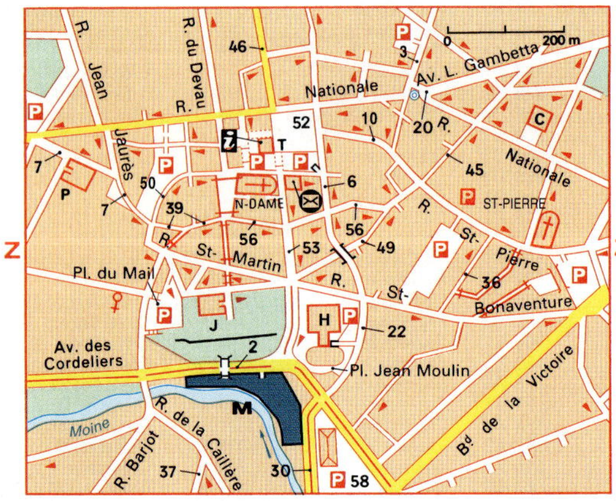
R. Jean Jaurès
R. du Devau
Nationale
Av. L. Gambetta
200 m
N-DAME
ST-PIERRE
Nationale
R. St-Martin
R. St-Pierre
R. St-Bonaventure
Pl. du Mail
Av. des Cordeliers
Pl. Jean Moulin
Bd de la Victoire
R. de la Caillère
R. Barjot
Moine
Z
Z

Cherville 51 ... 64 B1
Chervinges 69 ... 192 B2
Chéry 18 ... 152 C1
Chéry-Chartreuve 02 ... 37 D4
Chéry-lès-Pouilly 02 ... 20 C4
Chéry-lès-Rozoy 02 ... 21 F4
Chesley 10 ... 114 B2
Le Chesnay 78 ... 60 C3
Le Chesne 08 ... 39 D1
Le Chesne 27 ... 58 B3
Chesnel 16 ... 182 B4
Chesnois-Auboncourt 08 ... 38 C1
Chesny 57 ... 68 B1
Chessenaz 74 ... 195 D2
Chessy 69 ... 192 B3
Chessy 77 ... 61 F3
Chessy-les-Prés 10 ... 114 A2
Chéu 89 ... 113 F2
Cheuge 21 ... 140 A3
Cheust 65 ... 297 F3
Cheux 14 ... 29 D4
Chevagnes 03 ... 172 C1
Chevagny-
les-Chevrières 71 ... 175 D4
Chevagny-sur-Guye 71 ... 174 C2
Chevaigné 35 ... 79 E4
Chevaigné-du-Maine 53 ... 81 F2
Le Chevain 72 ... 82 C2
Cheval-Blanc 84 ... 265 E4
La Chevalerie 17 ... 180 B3
Chevaline 74 ... 195 F4
La Chevallerais 44 ... 126 B2
Le Chevalon 38 ... 212 C4
Chevanceaux 17 ... 200 C4
Chevannay 21 ... 138 B3
Chevannes 21 ... 158 A1
Chevannes 45 ... 112 A1
Chevannes 89 ... 113 D4
Chevannes 91 ... 87 D2
Chevannes-Changy 58 ... 136 A4
Chevennes 02 ... 21 D3
Chevenon 58 ... 155 D3
Chevenoz 74 ... 178 C3
Cheverny 41 ... 132 B2
Cheveuges 08 ... 23 D4
Chevières 08 ... 39 E3
Chevigney 70 ... 140 B3
Chevigney-lès-Vercel 25 ... 141 F4
Chevigney-sur-l'Ognon 25 ... 140 C3
Chevigny 39 ... 140 A4
Chevigny-en-Valière 21 ... 158 B2
Chevigny-Saint-Sauveur 21 ... 139 E3
Chevillard 01 ... 194 B1
Chevillé 72 ... 106 A2
Chevillon 52 ... 92 B1
Chevillon 89 ... 112 C3
Chevillon-sur-Huillard 45 ... 111 E2
La Chevillotte 25 ... 141 E4
Chevilly 45 ... 110 A2
Chevilly-Larue 94 ... 61 D4
Chevinay 69 ... 192 B4
Chevincourt 60 ... 35 E2
Cheviré-le-Rouge 49 ... 129 D1
Chevrainvilliers 77 ... 87 E4
Chèvre (Cap de la) 29 ... 72 C2
Chevreaux 39 ... 176 B2
Chevregny 02 ... 36 C2
Chèvremont 90 ... 119 F4
La Chèvrerie 16 ... 183 E2
Chèvrerie (Vallon de la) 74 ... 178 C4
Chevresis-les-Dames 02 ... 20 C4
Chevresis-Monceau 02 ... 20 C3
Chevreuse 78 ... 60 B4
Chèvreville 50 ... 80 C1
Chèvreville 60 ... 62 A1
Chevrier 74 ... 195 D1
Chevrières 38 ... 229 F1
Chevrières 42 ... 210 A2
Chevrières 60 ... 35 D3
Chevroches 58 ... 136 B2
La Chevrolière 44 ... 145 E1
Chevrotaine 39 ... 177 D1
Chevroux 01 ... 175 E3
Chevroz 25 ... 141 D3
Chevru 77 ... 62 C4
Chevry 01 ... 177 F4
Chevry 39 ... 177 D3
Chevry 50 ... 54 B2
Chevry-Cossigny 77 ... 61 F4
Chevry-en-Sereine 77 ... 88 A4
Chevry-sous-le-Bignon 45 ... 112 A1
Chey 79 ... 165 F4
Cheylade 15 ... 224 C1
Le Cheylard 07 ... 228 A3
Cheylard-l'Évêque 48 ... 244 C2
Le Cheylas 38 ... 213 E3
Cheyssieu 38 ... 211 D3
Chezal-Benoît 18 ... 152 C4
La Chèze 22 ... 77 E4
Chèze 65 ... 297 E4
Chézeaux 52 ... 117 E3
Chezelle 03 ... 189 E1
Chezelles 36 ... 151 F3
Chezelles 37 ... 149 E2
Chézeneuve 38 ... 211 F2
Chézery-Forens 01 ... 177 E4
Chézy 03 ... 172 B1
Chézy-en-Orxois 02 ... 62 C1
Chézy-sur-Marne 02 ... 63 D2
Chiappa (Pointe de la) 2A ... 319 F2
Chiatra 2B ... 317 F1
Chiché 79 ... 148 A4
Chicheboville 14 ... 56 A1
Chichée 89 ... 113 F4
Chichery 89 ... 113 E3
Chichey 51 ... 63 F4
Chichilianne 38 ... 230 B4
Chicourt 57 ... 68 C2
Chiddes 58 ... 156 B3
Chiddes 71 ... 174 C3
Chidrac 63 ... 207 E2
Chierry 02 ... 63 D1
Chieulles 57 ... 41 F4
Chigné 49 ... 129 F1
Chignin 73 ... 213 E2
La Chignolle 16 ... 183 F4
Chigny 02 ... 21 D2
Chigny-les-Roses 51 ... 37 F4
Chigy 89 ... 89 D4
Chilhac 43 ... 226 A1
Chillac 16 ... 201 D3
Chille 39 ... 159 E4
Chilleurs-aux-Bois 45 ... 110 C1
Le Chillou 79 ... 148 B4
Chilly 08 ... 22 B3
Chilly 74 ... 195 D2
Chilly 80 ... 19 D3
Chilly-le-Vignoble 39 ... 176 B1
Chilly-Mazarin 91 ... 61 D4
Chilly-sur-Salins 39 ... 160 A3
Chimilin 38 ... 212 B2
Le Chinaillon 74 ... 196 A2
Chindrieux 73 ... 195 D3
Chinon 37 ... 149 D1
Chinon (Centre de production
nucléaire) 37 ... 129 F4
Chioula (Col de) 09 ... 310 B1
Chipilly 80 ... 19 D2
Chirac 16 ... 184 B3
Chirac 48 ... 243 F3
Chirac-Bellevue 19 ... 205 F3
Chirassimont 42 ... 191 F3
Chirat-l'Église 03 ... 171 F4
Chiré-en-Montreuil 86 ... 166 A1
Chirens 38 ... 212 B3
Chirmont 80 ... 18 B4
Chirols 07 ... 245 F1
Chiroubles 69 ... 192 B1
Chiry-Ourscamp 60 ... 35 F1
Chis 65 ... 297 F1
Chisa 2B ... 317 E4
Chissay-en-Touraine 41 ... 131 F3
Chisseaux 37 ... 131 F3
Chisséria 39 ... 176 C3
Chissey-en-Morvan 71 ... 156 C1
Chissey-lès-Mâcon 71 ... 175 D2
Chissey-sur-Loue 39 ... 159 F2
Chitenay 41 ... 132 A2
Chitray 36 ... 168 B1
Chitry 89 ... 113 F4
Chitry-les-Mines 58 ... 136 B4
Chiuni (Plage de) 2A ... 316 A2
Chives 17 ... 183 D3
Chivres 21 ... 158 B2
Chivres-en-Laonnois 02 ... 21 D4
Chivres-Val 02 ... 36 C2
Chivy-lès-Étouvelles 02 ... 36 C1
Chizé 79 ... 182 C1
Chocques 62 ... 8 A1
Choignes 52 ... 116 B1
Choilley 52 ... 116 C4
Choisel 78 ... 60 B4
Choiseul 52 ... 117 D1
Choisey 39 ... 159 E1
Choisies 59 ... 10 C2
Choisy 74 ... 195 E2
Choisy-au-Bac 60 ... 35 E2
Choisy-en-Brie 77 ... 62 C4
Choisy-la-Victoire 60 ... 35 D3
Choisy-le-Roi 94 ... 61 D4
Cholet 49 ... 147 D1
Cholonge 38 ... 231 D2
Choloy-Ménillot 54 ... 67 F4
Chomelix 43 ... 209 D4
Chomérac 07 ... 246 C1
La Chomette 43 ... 226 A1
Chonas-l'Amballan 38 ... 210 C3
Chonville 55 ... 67 D3
Chooz 08 ... 13 D3
Choqueuse-les-Bénards 60 ... 17 F4
Choranche 38 ... 230 A2
Chorey 21 ... 158 A2
Chorges 05 ... 250 A2
Chouain 14 ... 29 D4
Chouday 36 ... 152 C3
Choue 41 ... 108 B2
Chougny 58 ... 156 A1
Chouilly 51 ... 64 A1
Chouppes 86 ... 149 D4
Chourgnac 24 ... 221 E1
Choussy 41 ... 132 A3
Chouvigny 03 ... 189 D1
Chouvigny (Gorges de) 63 ... 189 D1
Choux 39 ... 177 D4
Les Choux 45 ... 111 F4
Chouy 02 ... 36 B4
Chouzé-sur-Loire 37 ... 129 F4
Chouzelot 25 ... 160 A1
Chouzy-sur-Cisse 41 ... 131 F2
Choye 70 ... 140 C3
Chozeau 38 ... 211 F1
Chuelles 45 ... 112 A2
Chuffilly-Roche 08 ... 38 C2
Chuignes 80 ... 19 D2
Chuignolles 80 ... 19 D2
Chuisnes 28 ... 84 C2
Chusclan 30 ... 264 C1
Chuyer 42 ... 210 C3
Chuzelles 38 ... 211 D2
Ciadoux 31 ... 299 D1
Ciamannacce 2A ... 317 D4
Cians (Gorges du) 06 ... 269 E2
Ciboure 64 ... 270 A3
Cideville 76 ... 15 F3
Ciel 71 ... 158 B3
Cier-de-Luchon 31 ... 298 C4
Cier-de-Rivière 31 ... 299 D3
Cierges 02 ... 36 C4
Cierges-sous-
Montfaucon 55 ... 39 F3
Cierp-Gaud 31 ... 299 D4
Cierrey 27 ... 59 D2
Cierzac 17 ... 200 C2
Cieurac 46 ... 240 A4
Cieutat 65 ... 298 A2
Cieux 87 ... 185 E2
Ciez 58 ... 135 F3
Cigné 53 ... 81 E2
Cigogné 37 ... 131 E4
Cilly 02 ... 21 D4
Cinais 37 ... 149 D1
Cindré 03 ... 172 C4
Cinq-Chemins 74 ... 178 B3
Cinq-Mars-la-Pile 37 ... 130 B3
Cinquétral 39 ... 177 E2
Cinqueux 60 ... 35 D3
Cintegabelle 31 ... 300 C1
Cintheaux 14 ... 56 A1
Cintray 27 ... 58 B3
Cintray 28 ... 85 D2
Cintré 35 ... 79 D4
Cintrey 70 ... 117 F4
La Ciotat 13 ... 291 D3
Cipières 06 ... 269 E4
Ciral 61 ... 82 B2
Ciran 37 ... 150 B2
Circourt 88 ... 94 B3
Circourt-sur-Mouzon 88 ... 93 E3
Ciré-d'Aunis 17 ... 181 D2
Cirès 31 ... 298 C4
Cires-lès-Mello 60 ... 34 C3
Cirey 21 ... 157 F2
Cirey 70 ... 141 E2
Cirey-lès-Mareilles 52 ... 92 C4
Cirey-lès-Pontailler 21 ... 139 F3
Cirey-sur-Blaise 52 ... 92 A3
Cirey-sur-Vezouze 54 ... 69 F4
Cirfontaines-en-Azois 52 ... 115 F1
Cirfontaines-en-Ornois 52 ... 92 C2
Cirières 79 ... 147 E3
Ciron 36 ... 168 A1
Cirque (Belvédère du) 05 ... 233 E4
Ciry-le-Noble 71 ... 174 A1
Ciry-Salsogne 02 ... 36 C3
Cisai-Saint-Aubin 61 ... 57 E3
Cisery 89 ... 137 E2
Cissac-Médoc 33 ... 198 C4
Cissé 86 ... 166 A1
Cisternes-la-Forêt 63 ... 188 C4
Cistrières 43 ... 208 B4
Cîteaux (Abbaye de) 21 ... 158 B1
Citerne 80 ... 17 E2
Citers 70 ... 118 C4
Citey 70 ... 140 C2
Citou 11 ... 279 D4
Citry 77 ... 62 C2
Civaux 86 ... 167 D3
Civens 42 ... 191 F4
Civières 27 ... 33 D4
Civrac-de-Blaye 33 ... 217 F1
Civrac-en-Médoc 33 ... 198 C3
Civrac-sur-Dordogne 33 ... 219 D4
Civray 18 ... 152 C2
Civray 86 ... 183 F1
Civray-de-Touraine 37 ... 131 E3
Civray-sur-Esves 37 ... 150 A2
Civrieux 01 ... 193 D3
Civrieux-d'Azergues 69 ... 192 C3
Civry 28 ... 109 E1
Civry-en-Montagne 21 ... 138 B4
Civry-la-Forêt 78 ... 59 F3
Civry-sur-Serein 89 ... 137 D1
Cizancourt 80 ... 19 E3
Cizay-la-Madeleine 49 ... 129 D4
Cize 01 ... 176 B4
Cize 39 ... 160 A4
Cizely 58 ... 155 E2
Cizos 65 ... 298 C1
Clacy-et-Thierret 02 ... 36 C1
Cladech 24 ... 221 E4
Claira 66 ... 313 D1
Clairac 47 ... 238 A4
Clairavaux 23 ... 187 F4
Clairefontaine-
en-Yvelines 78 ... 86 A1
Clairefougère 61 ... 55 E3
Clairegoutte 70 ... 119 E4
Clairfayts 59 ... 10 C3
Clairfontaine 02 ... 10 B4
Clairmarais 62 ... 3 E3
Clairoix 60 ... 35 E2
Clairvaux 10 ... 115 F1
Clairvaux-d'Aveyron 12 ... 242 A3
Clairvaux-les-Lacs 39 ... 177 D1
Clairvivre 24 ... 203 F4
Clairy-Saulchoix 80 ... 18 A3
Clais 76 ... 16 C3
Claix 16 ... 201 E2
Claix 38 ... 230 C1
Clam 17 ... 199 F2
Clamanges 51 ... 64 B3
Clamart 92 ... 60 C3
Clamecy 02 ... 36 B2
Clamecy 58 ... 136 B2
Clamensane 04 ... 249 E4
Clamerey 21 ... 138 A3
Clamouse (Grotte de) 34 ... 281 D1
Clans 06 ... 269 F2
Clans 70 ... 141 D1
Clansayes 26 ... 247 D4
Le Claon 55 ... 39 E4
Claouey 33 ... 216 A4
Le Clapier 12 ... 261 E4
Clapiers 34 ... 281 F2
La Claquette 67 ... 70 A4
Clara 66 ... 311 F3
Clarac 31 ... 299 D2
Clarac 65 ... 298 A1
Claracq 64 ... 273 D3
Clarafond 74 ... 195 D1
Clarbec 14 ... 30 B4
Clarens 65 ... 298 B2
Clarensac 30 ... 263 F4
Claret 04 ... 249 E3
Claret 34 ... 263 D4
Clarques 62 ... 3 E4
La Clarté 22 ... 50 A1
Clary 59 ... 20 B1
Classun 40 ... 272 C1
Clastres 02 ... 20 A4
Clasville 76 ... 15 E2
Le Clat 11 ... 311 D1
Claudon 88 ... 118 A1
Les Claux 05 ... 250 C1
Le Claux 15 ... 224 C1
Clavans-en-Haut-Oisans 38 ... 231 F2
Clavé 79 ... 165 E2
Claveisolles 69 ... 192 A1
Clavette 17 ... 181 D1
Claveyson 26 ... 229 D1
Clavières 15 ... 225 F3
Claviers 83 ... 287 E1
Claville 27 ... 58 B1
Claville-Motteville 76 ... 32 B1
Clavy-Warby 08 ... 22 B3
La Claye 85 ... 163 D2
Claye-Souilly 77 ... 61 F2
Clayes 35 ... 79 D4
Les Clayes-sous-Bois 78 ... 60 B3
La Clayette 71 ... 174 A4
Clayeures 54 ... 94 C1
Clazay 79 ... 147 E3
Clécy 14 ... 55 F2
Cléden-Cap-Sizun 29 ... 72 C3
Cléden-Poher 29 ... 75 E3
Cléder 29 ... 48 C2
Clèdes 40 ... 272 C2
Cleebourg 67 ... 45 E4
Clefmont 52 ... 117 D1
Clefs 49 ... 129 E1
Les Clefs 74 ... 195 F3
Cléguer 56 ... 100 A2
Cléguérec 56 ... 76 C4
Clelles 38 ... 230 C4
Clémencey 21 ... 139 D4
Clémensat 63 ... 207 E2
Clémery 54 ... 68 A2
Clémont 18 ... 134 A2
Clénay 21 ... 139 E3
Clenleu 62 ... 6 C1
Cléon 76 ... 32 A3
Cléon-d'Andran 26 ... 247 D2
Cleppé 42 ... 191 F4
Clérac 17 ... 218 C1
Cléré-du-Bois 36 ... 150 C3
Cléré-les-Pins 37 ... 130 A3
Cléré-sur-Layon 49 ... 147 F1
Clères 76 ... 32 B1
Clérey 10 ... 90 B4
Clérey-la-Côte 88 ... 93 E2
Clérey-sur-Brenon 54 ... 94 A1
Clergoux 19 ... 205 D4
Clérieux 26 ... 229 D2
Les Clérimois 89 ... 89 D4
Le Clerjus 88 ... 118 C2
Clerlande 63 ... 189 F3
Clermain 71 ... 174 C3
Clermont 09 ... 300 B3
Clermont 40 ... 271 F1
Clermont 60 ... 34 C3
Clermont 74 ... 195 D2
Clermont (Abbaye de) 53 ... 104 C1
Clermont-Créans 72 ... 106 B4
Clermont-
de-Beauregard 24 ... 220 B3
Clermont-Dessous 47 ... 255 F1
Clermont-d'Excideuil 24 ... 203 E4
Clermont-en-Argonne 55 ... 66 A1
Clermont-en-Auge 14 ... 30 A4
Clermont-Ferrand 63 ... 189 E4
Clermont-le-Fort 31 ... 276 C3
Clermont-les-Fermes 02 ... 21 E4
Clermont-l'Hérault 34 ... 280 C2
Clermont-Pouyguillès 32 ... 274 C3
Clermont-Savès 32 ... 275 F2
Clermont-Soubiran 47 ... 256 C2
Clermont-sur-Lauquet 11 ... 302 C3
Cléron 25 ... 160 B1
Clerques 62 ... 2 C3
Clerval 25 ... 142 A2
Cléry 21 ... 140 A3
Cléry 73 ... 213 F1
Cléry-en-Vexin 95 ... 60 A1
Cléry-le-Grand 55 ... 39 F2
Cléry-le-Petit 55 ... 39 F2
Cléry-Saint-André 45 ... 109 F3
Cléry-sur-Somme 80 ... 19 E2
Clesles 51 ... 89 F2
Clessé 71 ... 175 D3
Clessé 79 ... 147 F4
Clessy 71 ... 173 F2
Cléty 62 ... 3 D4
Cleurie 88 ... 119 E1
Cleuville 76 ... 15 E2
Cléville 14 ... 30 A4
Cléville 76 ... 15 D3
Clévilliers 28 ... 85 D1
Cleyrac 33 ... 237 D1
Cleyzieu 01 ... 194 A3
Clézentaine 88 ... 95 D2
Clichy 92 ... 61 D3
Clichy-sous-Bois 93 ... 61 E3
Climbach 67 ... 45 E4
Le Climont 67 ... 96 A1
Clinchamp 52 ... 93 D4
Clinchamps-sur-Orne 14 ... 55 F1
Clion 17 ... 199 E2
Clion 36 ... 151 D3
Le Clion-sur-Mer 44 ... 144 C1
Cliousclat 26 ... 247 D1
Cliponville 76 ... 15 E3
Cliron 08 ... 22 C3
Clis 44 ... 123 E4
La Clisse 17 ... 181 E4
Clisson 44 ... 146 A1
Clitourps 50 ... 25 D2
Clohars-Carnoët 29 ... 99 F2
Clohars-Fouesnant 29 ... 73 F4
Le Cloître-Pleyben 29 ... 75 D2
Le Cloître-
Saint-Thégonnec 29 ... 49 E4
Clomot 21 ... 138 A4
Clonas-sur-Varèze 38 ... 210 C3
Clos (Futaie des) 72 ... 107 E4
Clos-Fontaine 77 ... 88 B1
La Clotte 17 ... 218 C1
Clouange 57 ... 41 E3
Cloué 86 ... 166 A3
Les Clouzeaux 85 ... 162 C1
Cloyes-sur-le-Loir 28 ... 108 C2
Cloyes-sur-Marne 51 ... 65 E4
Clucy 39 ... 160 A2
Clugnat 23 ... 169 F4
Cluis 36 ... 169 D2
Clumanc 04 ... 268 A2
Cluny 71 ... 174 C3
La Clusaz 74 ... 196 A3
La Cluse 01 ... 194 B1
La Cluse 05 ... 249 D1
La Cluse-et-Mijoux 25 ... 161 D3
Les Cluses 66 ... 313 D3
Cluses 74 ... 196 B1
Clussais-la-Pommeraie 79 ... 183 E1
Clux 71 ... 158 C2
Coadout 22 ... 50 B4
Coaraze 06 ... 288 C1
Coarraze 64 ... 297 D1
Coat-Méal 29 ... 47 E2
Coatascorn 22 ... 50 B2
Coatfrec (Château de) 22 ... 50 A2
Coatréven 22 ... 50 B2
Cobonne 26 ... 229 E4
Cobrieux 59 ... 9 D1
Cocalière (Grotte de la) 30 ... 245 F4
La Cochère 61 ... 56 C4
Cocherel 27 ... 59 D1
Cocherel 77 ... 62 B2
Cocheren 57 ... 43 D4
Coclois 10 ... 90 C2
Cocquerel 80 ... 17 F1
Cocumont 47 ... 237 D3
Cocurès 48 ... 244 B4
Codalet 66 ... 311 F2
Codognan 30 ... 282 B1
Codolet 30 ... 264 C2
Coëmont 72 ... 107 E4
Coësmes 35 ... 103 F2
Coëtlogon 22 ... 77 F4
Coëtmieux 22 ... 51 F4
Coëtquidan-Saint-Cyr
(Camp de) 56 ... 102 B2
Cœuilly 94 ... 61 E3
Cœuvres-et-Valsery 02 ... 36 A3
Coëx 85 ... 145 D4
Coggia 2A ... 316 B2
Coglès 35 ... 80 A2
Cogna 39 ... 177 D1
Cognac 16 ... 200 C1
Cognac-la-Forêt 87 ... 185 E4
Cognat-Lyonne 03 ... 189 F2
Cogners 72 ... 107 F3
Cognet 38 ... 230 C3
Cognières 70 ... 141 F2
Cognin 73 ... 213 D2
Cognin-les-Gorges 38 ... 230 A1
Cognocoli-Monticchi 2A ... 318 C1
Cogny 18 ... 153 F3
Cogny 69 ... 192 B2
Cogolin 83 ... 287 E4
Cohade 43 ... 208 A4
Cohan 02 ... 37 D4
Cohennoz 73 ... 196 A4
Cohiniac 22 ... 51 D4
Cohons 52 ... 116 C3
Coiffy-le-Bas 52 ... 117 E2
Coiffy-le-Haut 52 ... 117 E2
Coigneux 80 ... 8 A4
Coignières 78 ... 60 A4
Coigny 50 ... 27 D3
Coimères 33 ... 236 C3
Coin-lès-Cuvry 57 ... 68 A1
Coin-sur-Seille 57 ... 68 A1
Coinces 45 ... 109 F2
Coinches 88 ... 96 A2
Coincourt 54 ... 69 D4
Coincy 02 ... 36 B4
Coincy 57 ... 42 A4
Coings 36 ... 152 A3
Coingt 02 ... 21 F3
Coirac 33 ... 236 C1
Coise 69 ... 210 A1
Coise-Saint-Jean-
Pied-Gauthier 73 ... 213 E2
Coiserette 39 ... 177 D3
Coisevaux 70 ... 142 B1
Coisia 39 ... 176 C4
Coisy 80 ... 18 B2
Coivert 17 ... 182 B2
Coivrel 60 ... 35 D1
Coizard-Joches 51 ... 63 F3
Colayrac-Saint-Cirq 47 ... 256 A1
Colembert 62 ... 2 B3
Coligny 01 ... 176 B3
Coligny 51 ... 64 A3
Colincamps 80 ... 18 C1
Collan 89 ... 114 A3
La Collancelle 58 ... 155 F1
Collandres 15 ... 224 B1
Collandres-Quincarnon 27 ... 58 A2
Collanges 63 ... 207 F3
Collat 43 ... 226 B1
La Colle-sur-Loup 06 ... 288 B2
Collégien 77 ... 61 F3

CLERMONT-FERRAND
Anatole-France (R.).....GX 4
Ballainvilliers (R.).........FX 5
Bergougnan (Av. R.)....DV 6
Blatin (R.)..................DEX
Bourse (Pl. de la).........EV 12
Centre Jaude..............EX
Claussat (Av. Joseph)...........DX 16
Desaix (Bd)..................EX 25
États-Unis (Av. des).....EV 29
Gaillard (Pl.)................EV 36
Gonod (R.)....................EX 38
Gras (R. des)...............EV
Lagarlaye (R. de).........EX 44
Malfreyt (Bd L.)...........EX 56
Marcombes (R. Ph.)....EV 57
Michel-de-l'Hosp. (Pl.)..........................FX 62
Petit-Gras (R. des).......EV 74
Port (R. du)..................FV
Poterne (Pl. de la)......EFV 77
Résistance (Pl. de la)..EX 85
St-Esprit (R.)...............EX 87
St-Eutrope (Pl.)...........EV 92
St-Hérem (R.)..............EV 95
Terrail (R. du)...............FV 108
Vercingétorix (Av.).....EFX 116
11-Novembre (R. du)...EV 125

Collemiers 89 ..... 112 C1
Colleret 59 ..... 10 C2
Le Collet 88 ..... 96 A4
Le Collet-d'Allevard 38 ..... 213 E3
Le Collet-de-Dèze 48 ..... 263 D1
Colletot 27 ..... 31 E3
Colleville 76 ..... 15 D2
Colleville-Montgomery 14 ..... 29 F3
Colleville-sur-Mer 14 ..... 28 C3
Collias 30 ..... 264 A3
Colligis-Crandelain 02 ..... 37 D2
Colligny 57 ..... 42 A4
Colline-Beaumont 62 ..... 6 B3
Collinée 22 ..... 77 F3
Collioure 66 ..... 313 E3
Collobrières 83 ..... 292 C1
Collonge-en-Charollais 71 ..... 174 C1
Collonge-la-Madeleine 71 ..... 157 E3
Collonges 01 ..... 195 D1
Collonges-au-Mont-d'Or 69 ..... 192 C4
Collonges-la-Rouge 19 ..... 222 B2
Collonges-lès-Bévy 21 ..... 158 A1
Collonges-lès-Premières 21 ..... 139 F4
Collonges-sous-Salève 74 ..... 195 E1
Collongues 06 ..... 269 E3
Collongues 65 ..... 298 A1
Collorec 29 ..... 75 E2
Collorgues 30 ..... 263 F3
Colmar 68 ..... 96 C3
Colmars 04 ..... 268 C1
Colmen 57 ..... 42 B2
Colméry 58 ..... 135 F3
Colmesnil-Manneville 76 ..... 16 A3
Colmey 54 ..... 40 B2
Colmier-le-Bas 52 ..... 116 A4
Colmier-le-Haut 52 ..... 116 A4
Colognac 30 ..... 262 C3
Cologne 32 ..... 275 F1
Colomars 06 ..... 288 C1
Colombe 38 ..... 212 A3
La Colombe 41 ..... 109 D3
La Colombe 50 ..... 54 B2
Colombé-la-Fosse 10 ..... 91 F4
Colombé-le-Sec 10 ..... 91 F4
Colombe-lès-Bithaine 70 ..... 118 C4
Colombe-lès-Vesoul 70 ..... 141 E1
Colombelles 14 ..... 29 F4
Colombes 92 ..... 60 C2
Colombey-les-Belles 54 ..... 93 F1
Colombey-lès-Choiseul 52 ..... 117 E1
Colombey-les-Deux-Églises 52 ..... 91 F4
Colombier 03 ..... 171 D4
Colombier 21 ..... 157 F1
Colombier 24 ..... 220 A4
Colombier 42 ..... 210 B4
Colombier 70 ..... 118 B4
Colombier-Châtelot 25 ..... 142 B2
Colombier-en-Brionnais 71 ..... 174 B3
Colombier-Fontaine 25 ..... 142 B2
Colombier-le-Cardinal 07 ..... 210 C4
Colombier-le-Jeune 07 ..... 228 C2
Colombier-le-Vieux 07 ..... 228 C2
Colombier-Saugnieu 69 ..... 193 E4
Colombière (Col de la) 74 ..... 196 A2
Colombières 14 ..... 27 F3
Colombières-sur-Orb 34 ..... 280 A2
Colombiers 17 ..... 199 E1
Colombiers 18 ..... 170 C1
Colombiers 34 ..... 305 D1
Colombiers 61 ..... 82 C2
Colombiers 86 ..... 149 E4
Colombiers-du-Plessis 53 ..... 81 D2
Colombiers-sur-Seulles 14 ..... 29 D3
Colombiès 12 ..... 242 A4
Colombotte 70 ..... 118 C4
Colomby 50 ..... 25 D3
Colomby de Gex (Mont) 01 ..... 177 E3
Colomby-sur-Thaon 14 ..... 29 E3
Colomiers 31 ..... 276 B2
Colomieu 01 ..... 194 B4
Colonard-Corubert 61 ..... 83 F3
Colondannes 23 ..... 168 C4
Colonfay 02 ..... 20 C3
Colonne 39 ..... 159 E3
Colonzelle 26 ..... 247 D3
Colpo 56 ..... 101 D3
Colroy-la-Grande 88 ..... 96 A2
Colroy-la-Roche 67 ..... 96 A1
Coltainville 28 ..... 85 F2
Coltines 15 ..... 225 D2
Coly 24 ..... 221 F2
Combaillaux 34 ..... 281 E1
Combas 30 ..... 263 E4
La Combe-de-Lancey 38 ..... 213 D4
La Combe des Eparres 38 ..... 211 F2
Combe Laval 26 ..... 229 F2
Combeaufontaine 70 ..... 117 F4
Combefa 81 ..... 259 E2
La Combelle 63 ..... 207 F3
Comberanche-et-Épeluche 24 ..... 201 F4
Comberjon 70 ..... 118 B4
Comberouger 82 ..... 257 E4
Combéroumal (Prieuré de) 12 ..... 261 D2
Combertault 21 ..... 158 A2
Les Combes 25 ..... 161 E1
Combes 34 ..... 280 A2
Combiers 16 ..... 202 A2
Comblanchien 21 ..... 158 A1
Combles 80 ..... 19 E1
Combles-en-Barrois 55 ..... 66 B3
Comblessac 35 ..... 102 B2
Combleux 45 ..... 110 B3
Comblot 61 ..... 83 F2
Combloux 74 ..... 196 B3
Combon 27 ..... 58 B1
Combourg 35 ..... 79 E2
Combourtillé 35 ..... 80 A3
Combovin 26 ..... 229 E3
Combrailles 63 ..... 188 B4
Combrand 79 ..... 147 E3
Combray 14 ..... 55 F2
Combre 42 ..... 191 F2
Combrée 49 ..... 104 B4
Combres 28 ..... 84 C3
Combres-sous-les-Côtes 55 ..... 67 D1
Combressol 19 ..... 205 E3
Combret 12 ..... 260 B4
Combreux 45 ..... 111 D2
Combrimont 88 ..... 96 A2
Combrit 29 ..... 73 E4
Combronde 63 ..... 189 E3
Combs-la-Ville 77 ..... 61 E4
La Comelle 71 ..... 156 C3
Comiac 46 ..... 223 D3
Comigne 11 ..... 303 D2
Comines 59 ..... 4 C3
Commana 29 ..... 49 D4
Commarin 21 ..... 138 B4
Commeaux 61 ..... 56 B3
Commelle 38 ..... 211 F3
Commelle-Vernay 42 ..... 191 E2
Commenailles 39 ..... 159 E3
Commenchon 02 ..... 19 F4
Commensacq 40 ..... 253 E1
Commentry 03 ..... 171 D4
Commeny 95 ..... 60 A1
Commequiers 85 ..... 145 D4
Commer 53 ..... 81 E4
Commercy 55 ..... 67 D3
Commerveil 72 ..... 83 E3
Commes 14 ..... 28 C3
Commissey 89 ..... 114 B3
Communailles-en-Montagne 39 ..... 160 B3
Communay 69 ..... 211 D1
Compaing (Pas de) 15 ..... 224 C2
Compains 63 ..... 207 D3
Compainville 76 ..... 17 D4
Compans 77 ..... 61 F2
Le Compas 23 ..... 188 A3
Compertrix 51 ..... 64 C2
Compeyre 12 ..... 261 E2
Compiègne 60 ..... 35 E2
Compigny 89 ..... 88 C3
Compolibat 12 ..... 241 F4
La Compôte 73 ..... 213 E1
Comprégnac 12 ..... 261 D2
Compreignac 87 ..... 185 F2
Comps 26 ..... 247 E2
Comps 30 ..... 264 B4
Comps 33 ..... 217 E2
Comps-la-Grand-Ville 12 ..... 260 B1
Comps-sur-Artuby 83 ..... 287 D1
La Comté 62 ..... 7 F2
Comus 11 ..... 310 B1
Conan 41 ..... 109 D4
Conand 01 ..... 194 A3
Conat 66 ..... 311 E2
Conca 2A 319 E1
Concarneau 29 ..... 99 D2
Concevreux 02 ..... 37 E3
Concèze 19 ..... 204 A4
Conches-en-Ouche 27 ..... 58 B2
Conches-sur-Gondoire 77 ..... 61 F3
Conchez-de-Béarn 64 ..... 273 E2
Conchil-le-Temple 62 ..... 6 B2
Conchy-les-Pots 60 ..... 35 E1
Conchy-sur-Canche 62 ..... 7 E3
Les Concluses 30 ..... 264 A1
Concorès 46 ..... 240 A1
Concoret 56 ..... 102 B1
Concots 46 ..... 240 B4
Concoules 30 ..... 245 D4
Concourson-sur-Layon 49 ..... 148 A1
Concremiers 36 ..... 167 F1
Concressault 18 ..... 134 B2
Concriers 41 ..... 109 E4
Condac 16 ..... 183 F2
Condal 71 ..... 176 A2
Condamine 01 ..... 194 B1
Condamine 39 ..... 176 B1
La Condamine-Châtelard 04 ..... 251 D2
Condat 15 ..... 206 C4
Condat 46 ..... 222 B3
Condat-en-Combraille 63 ..... 188 B4
Condat-lès-Montboissier 63 ..... 208 B2
Condat-sur-Ganaveix 19 ..... 204 B3
Condat-sur-Trincou 24 ..... 202 C3
Condat-sur-Vézère 24 ..... 221 F2
Condat-sur-Vienne 87 ..... 185 F4
Condé 36 ..... 152 B3
Condé-en-Barrois 55 ..... 66 B3
Condé-en-Brie 02 ..... 63 E2
Condé-Folie 80 ..... 17 F1
Condé-lès-Autry 08 ..... 39 E3
Condé-lès-Herpy 08 ..... 38 A1
Condé-Northen 57 ..... 42 A4
Condé-Sainte-Libiaire 77 ..... 62 A3
Condé-sur-Aisne 02 ..... 36 C2
Condé-sur-Huisne 61 ..... 84 A3
Condé-sur-Ifs 14 ..... 56 B1
Condé-sur-Iton 27 ..... 58 B3
Condé-sur-l'Escaut 59 ..... 9 F2
Condé-sur-Marne 51 ..... 64 B1
Condé-sur-Noireau 14 ..... 55 E3
Condé-sur-Risle 27 ..... 31 E3
Condé-sur-Sarthe 61 ..... 82 C2
Condé-sur-Seulles 14 ..... 29 D4
Condé-sur-Suippe 02 ..... 37 E2
Condé-sur-Vesgre 78 ..... 59 F4
Condé-sur-Vire 50 ..... 54 C1
Condeau 61 ..... 84 A3
Condécourt 95 ..... 60 B1
Condeissiat 01 ..... 193 E1
Condéon 16 ..... 201 D3
Condes 39 ..... 176 C3

COLMAR

Augustins (R. des)................BZ 3
Bains (R. des)........................BY 5
Blés (R. des)..........................BZ 9
Boulangers (R. des).............BY 12
Brasseries (R. des)...............CY 13
Bruat (R.)...............................BZ 14
Cathédrale (Pl. de la)............BY 17
Champ de Mars (Bd du) ....BYZ 18
Chauffour (R.) ....BZ 20
Clefs (R. des) ....BCY
Écoles (R. des) ....BZ 22
Fleurent (R. J.-B.)..................BY 24
Florimont (R. du) ....AY 25
Grand'Rue ....BCZ 31
Grenouillère (R. de la).......CYZ 32
Herse (R. de la).....................BZ 33
Kléber (R.)............................BY 35
Ladhof (R. du)........................CY 36
Lasch (R. Georges)..............AZ 37
Lattre-de-Tassigny
(Av. J. de) ....BY 43
Leclerc (Bd du Gén.)............BZ 45
Manège (R. du).....................BZ 49
Marchands (R. des) ....YZ 50
Marché aux Fruits (Pl. du) ....BZ 51
Messimy (R.) ....BZ 52
Molly (R. Berthe) ....BYZ 54
Mouton (R. du).....................CY 57
Poissonnerie (R. de la).......BCZ 62
Preiss (R. Jacques)..............BZ 63
Reims (R. de).........................BZ 65
République (Av. de la) ....BZ
Ribeauvillé (R. de) ....BY 67
Rœsselman (R.)....................BY 69
St. Jean (R.)..........................BZ 71
St-Nicolas (R.).......................BY 73
Serruriers (R. des) ....BY 75
Sinn (Quai de la)...................BY 77
Six-Montagnes-Noires
(Pl. des)............................BZ 79
Tanneurs (R. des).................CZ 82
Têtes (R. des) ....BY 83
Unterlingen (Pl. d')................BY 85
Vauban (R.) ....CY
Weinemer (R.).......................BZ 86
2 Février (Pl. du) ....CY 87
5e-Division-Blindée (R. de la)..BY 95
18-Novembre (Pl. du) ....BY 97

A
B
C
NANCY
ST-DIÉ-DES-VOSGES
1
STRASBOURG
SÉLESTAT
TURCKHEIM
INGERSHEIM
0
200 m
Y
Z
D 11 TURCKHEIM
ÉPINAL
GÉRARMER D 417
5
2
D 13
FREIBURG-IM-B.
NEUF-BRISACH
4
GUEBWILLER
MULHOUSE
3
MULHOUSE A 35
BÂLE
CITÉ ADMINISTRATIVE
ST-LEON
VÉLODROME
ST-ANTOINE
LADHOF
ST-JOSEPH
MUSÉE D' UNTERLINDEN
Église des Dominicains
ST-MARTIN
St-Matthieu
Ancien Hôpital
I.U.T.
Quartier des Tanneurs
ST- JOSEPH
MITTELHARTH
Place Rapp
CHAMP DE MARS
HÔPITAL PASTEUR
Fontaine Roesselmann
VENISE
PETITE
Quartier de la Krutenau
Pont St-Pierre
STE - MARIE
Pl. de la Gare
HÔTEL DU DÉPT
JARDIN MÉQUILLET
I.U.F.M.
QUARTIER SUD
Voltaire
MARAICHERS
N 442
D 30
Route d'Ingersheim
Pl. St. Joseph
R. du Logelbach
Logelbach
Golbery
R. de Thann
Cavalerie
Rte de Neuf-Brisach
Rte de Sélestat
Av. de la République
Av. de la Marne
Av. Joffre
R. Bartholdi
Av. Georges Clemenceau
Av. de Fribourg
R. de la Semm
Av. Poincaré
Lauch
R. Turenne
Av. de la Liberté
Av. du Général de Gaulle
R. de Turckheim
R. des Fleurs
R. Schwendi
R. St-Josse
Route de Rouffach
Route de Bâle
Av. Foch
R. Schlumberger
Av. d'Alsace

Condes 52..............................116 B1
Condette 62................................2 A4
Condezaygues 47..................239 D3
Condillac 26..........................247 D1
Condom 32............................255 F3
Condom-d'Aubrac 12...........243 D2
Condorcet 26........................247 F3
Condren 02.............................36 B1
Condrieu 69..........................210 C3
Conflandey 70.......................118 A4
Conflans-en-Jarnisy 54...........41 D4
Conflans-
Sainte-Honorine 78.............60 B2
Conflans-sur-Anille 72.........108 A2
Conflans-sur-Lanterne 70.....118 B3
Conflans-sur-Loing 45.........111 F2
Conflans-sur-Seine 51 ....89 E1
Confolens 16........................184 C2
Confolens (Cascade de) 38..231 E3
Confolent-Port-Dieu 19........206 A2
Confort 01............................194 C1
Confort 29..............................73 D3
Confort-Meilars 29.................73 D3
Confracourt 70.....................117 F4
Confrançon 01......................175 F4
Congé-sur-Orne 72.................83 D4
Congénies 30 ....282 B1
Congerville 91 ....86 B3
Congerville-Thionville 91 ....86 B3
Congis-sur-Thérouanne 77.....62 A2
Congrier 53..........................104 B3
Congy 51.................................63 F3
Conie-Molitard 28................109 E1
Conilhac-Corbières 11.........303 E2
Conilhac-
de-la-Montagne 11..........302 B3
Conjux 73 ....194 C4
Conlie 72..............................106 B1
Conliège 39 ....176 C1
Connac 12............................260 B3
Connangles 43......................208 B4
Connantray-Vaurefroy 51.......64 B4
Connantre 51..........................64 A4
Connaux 30 ....264 B2
Conne-de-Labarde 24..........220 B4
Connelles 27...........................32 B4
Connerré 72.........................107 E1
Connezac 24........................202 B2
Connigis 02.............................63 D1
Conquereuil 44.....................126 A1
Conques 12 ....242 A2
Conques-sur-Orbiel 11 ....302 C1
Le Conquet 29........................46 C3
Conqueyrac 30.....................263 D3
Cons-la-Grandville 54 ....40 C1
Cons-Sainte-Colombe 74.....195 F4
Consac 17............................199 E3
Conségudes 06 ....269 F3
Consenvoye 55.......................40 A3
Consigny 52............................92 C4
Consolation (Cirque de) 25..142 B4
Consolation-
Maisonnettes 25..............142 B4
Contalmaison 80.....................19 D1
Contamine-Sarzin 74............195 D2
Contamine-sur-Arve 74........195 F1
Les Contamines-
Montjoie 74......................196 C3
Contault 51 ....65 F2
Contay 80...............................18 C1
Conte 39 ....160 B4
Contes 06.............................288 C1
Contes 62 ....6 C2
Contescourt 02 ....20 A3
Contest 53...............................81 E4
Conteville 14...........................56 A1
Conteville 27...........................31 D2
Conteville 60...........................17 F4
Conteville 76...........................17 D4
Conteville 80 ....7 D4
Conteville-en-Ternois 62..........7 E2
Conteville-lès-Boulogne 62 .....2 B3
Conthil 57 ....69 D2
Contigné 49..........................105 E4
Contigny 03..........................172 A4
Contilly 72...............................83 E3
Continvoir 37........................130 A3
Contis-Plage 40....................252 B2
Contoire 80 ....18 C4
Contrazy 09 ....300 A3
Contré 17..............................182 C2
Contre 80 ....18 A4
Contréglise 70.......................118 A3
Contremoulins 76 ....15 D2
Contres 18............................153 E3
Contres 41............................132 B3
Contreuve 08..........................38 C3
Contrevoz 01 ....194 B4
Contrexéville 88 ....93 F4
Contrières 50..........................54 A1
Contrisson 55 ....66 A3
Conty 80.................................18 A4
Contz-les-Bains 57 ....42 A1
Conzieu 01...........................194 B4
Coole 51.................................64 C4
Coolus 51...............................64 C2
La Copechagnière 85...........146 A3
Copponex 74........................195 E2
Coq (Col du) 38....................213 D4
Coquainvilliers 14 ....30 B4
Coquelles 62 ....2 B2
La Coquille 24......................203 D2
Corancez 28...........................85 E3
Corancy 58 ....156 B1
Coray 29.................................75 D4
Corbara 2B 314 B2
Corbarieu 82........................257 F3
Corbas 69 ....211 D1
Corbehem 62 ....8 C3
Corbeil 51 ....91 D1
Corbeil-Cerf 60 ....34 A3
Corbeil-Essonnes 91...............87 E1
Corbeilles 45 ....111 E1
Corbel 73 ....213 D3
Corbelin 38...........................212 B1
Corbenay 70.........................118 C2
Corbeny 02 ....37 E2
Corbère 66...........................312 B2
Corbère-Abères 64..............273 E3
Corbère-les-Cabanes 66......312 B2
Corberon 21 ....158 B2
Corbès 30 ....263 D2
Corbie 80 ....18 C2
Le Corbier 73........................213 F4
La Corbière 70......................119 D3
Corbières 04.........................266 C4
Corbières 11 ....301 F3
Corbigny 58..........................136 C4
Corbon 14 ....30 A4
Corbon 61 ....83 F2
Corbonod 01 ....194 C2
Corbreuse 91..........................86 B2
Corcelle-Mieslot 25..............141 E3
Corcelles 01..........................194 B2
Corcelles 58..........................154 C2
Corcelles 70..........................142 B1
Corcelles-en-Beaujolais 69...192 C1
Corcelles-Ferrières 25..........140 C4
Corcelles-les-Arts 21............158 A2
Corcelles-lès-Cîteaux 21.......158 B1
Corcelles-les-Monts 21.........139 D4
Corcieux 88.............................95 F4
Corcondray 25......................140 C4
Corconne 30.........................263 D4
Corcoué-sur-Logne 44.........145 E2
Corcy 02..................................36 A4
Cordéac 38 ....231 D4
Cordebugle 14........................57 E1
Cordelle 42 ....191 E3
Cordemais 44........................125 F3
Cordes-sur-Ciel 81 ....259 D2
Cordes-Tolosannes 82.........257 E3
Cordesse 71.........................157 D2
Cordey 14 ....56 A3
Cordieux 01..........................193 E3
Cordiron 25 ....140 C4
Cordon 74.............................196 B2
Cordonnet 70 ....141 D2
Coren 15...............................225 E2
Corenc 38 ....212 C4
Corent 63..............................207 F1
Corfélix 51 ....63 E3
Corgengoux 21 ....158 B2
Corgenon 01.........................193 E1

Corgirnon 52 ... 117 D3
Corgnac-sur-l'Isle 24 ... 203 D4
Corgoloin 21 ... 158 A1
Corignac 17 ... 199 F4
Corlay 22 ... 76 C2
Corlée 52 ... 116 C3
Corlier 01 ... 194 A2
Cormainville 28 ... 109 F1
Cormaranche-en-Bugey 01 ... 194 B2
Cormatin 71 ... 175 D2
Corme-Écluse 17 ... 198 C1
Corme-Royal 17 ... 181 E4
Cormeilles 27 ... 30 C4
Cormeilles 60 ... 18 A4
Cormeilles-en-Parisis 95 ... 60 C2
Cormeilles-en-Vexin 95 ... 60 B1
Cormelles-le-Royal 14 ... 29 E4
Le Cormenier 79 ... 182 B1
Cormenon 41 ... 108 A2
Cormeray 41 ... 132 A2
Cormeray 50 ... 79 F1
Cormery 37 ... 131 D4
Cormes 72 ... 83 F4
Cormet de Roselend 73 ... 196 C4
Cormicy 51 ... 37 E3
Le Cormier 27 ... 59 D2
Cormolain 14 ... 28 C4
Cormont 62 ... 6 B1
Cormontreuil 51 ... 37 F4
Cormoranche-sur-Saône 01 ... 175 E4
Cormost 10 ... 90 B4
Cormot-le-Grand 21 ... 157 F2
Cormoyeux 51 ... 64 A1
Cormoz 01 ... 176 A2
Corn 46 ... 241 D2
Cornac 46 ... 223 D3
Cornant 89 ... 112 C1
Cornas 07 ... 229 D3
Cornay 08 ... 39 E3
Corné 49 ... 128 C2
Cornebarrieu 31 ... 276 B2
Corneilhan 34 ... 280 B4
Corneilla-de-Conflent 66 ... 311 F3
Corneilla-del-Vercol 66 ... 313 D2
Corneilla-la-Rivière 66 ... 312 C2
Corneillan 32 ... 273 E2
Corneuil 27 ... 58 C3
Corneville-la-Fouquetière 27 ... 58 A1
Corneville-sur-Risle 27 ... 31 E3
Cornier 74 ... 195 F1
Cornièville 55 ... 67 E3
Cornil 19 ... 222 C1
Cornillac 26 ... 248 A3
Cornille 24 ... 220 C1
Cornillé 35 ... 104 A1
Cornillé-les-Caves 49 ... 129 D2
Cornillon 30 ... 264 A1
Cornillon-Confoux 13 ... 284 A2
Cornillon-en-Trièves 38 ... 230 C4
Cornillon-sur-l'Oule 26 ... 248 A3
Cornimont 88 ... 119 F2
Cornod 39 ... 176 C3
Cornot 70 ... 117 F4
La Cornuaille 49 ... 127 F2
Cornus 12 ... 261 E4
Cornusse 18 ... 154 A3
Cornusson (Château de) 82 ... 258 C1
Corny 27 ... 33 D3
Corny-Machéroménil 08 ... 38 B1
Corny-sur-Moselle 57 ... 68 A1
Coron 49 ... 147 E1
Corong (Gorges du) 22 ... 76 A2
Corpe 85 ... 163 E2
Corpeau 21 ... 157 F3
Corpoyer-la-Chapelle 21 ... 138 B2
Corps 38 ... 231 E4
Corps-Nuds 35 ... 103 E2
Corquilleroy 45 ... 111 F2
Corquoy 18 ... 153 D3
Corrano 2A ... 317 D4
Corravillers 70 ... 119 D2
Corre 70 ... 118 A2
Corrençon-en-Vercors 38 ... 230 B2
Correns 83 ... 286 B3
Corrèze 19 ... 205 D4
Corribert 51 ... 63 F2
Corrobert 51 ... 63 E2
Corrombles 21 ... 137 F2
Corronsac 31 ... 276 C3
Corroy 51 ... 64 A4
Corsaint 21 ... 137 F2
Corsavy 66 ... 312 B4
Corscia 2B ... 314 C4
Corsen (Pointe de) 29 ... 46 C3
Corsept 44 ... 125 E3
Corseul 22 ... 78 B1
Cortambert 71 ... 175 D2
Corte 2B ... 317 D1
Cortevaix 71 ... 174 C2
Cortone (Col de) 2A ... 318 B1
Cortrat 45 ... 111 F3
Les Corvées-les-Yys 28 ... 84 C3
Corveissiat 01 ... 176 B4
Corvol-d'Embernard 58 ... 136 A4
Corvol-l'Orgueilleux 58 ... 136 A3
Corzé 49 ... 128 C1
Cos 09 ... 301 D3
Cosges 39 ... 159 D4
Coslédaà-Lube-Boast 64 ... 273 D3
Cosmes 53 ... 104 C2
Cosnac 19 ... 222 B2
Cosne-d'Allier 03 ... 171 E3
Cosne-sur-Loire 58 ... 135 D3
Cosnes-et-Romain 54 ... 40 C1
Cosqueville 50 ... 25 D2
Cossaye 58 ... 155 E4
Cossé-d'Anjou 49 ... 147 E1
Cossé-en-Champagne 53 ... 105 F2
Cossé-le-Vivien 53 ... 104 C2
Cossesseville 14 ... 55 F2
Cosswiller 67 ... 70 B3
Costa 2B ... 314 C2
Costaros 43 ... 227 D4
Les Costes 05 ... 231 E4
Les Costes-Gozon 12 ... 260 C3
La Côte 70 ... 119 D4
Cote 304 55 ... 40 A4
La Côte-d'Aime 73 ... 214 C1
La Côte-d'Arbroz 74 ... 178 C4
La Côte-en-Couzan 42 ... 190 C4
La Côte-Saint-André 38 ... 211 F3
Le Coteau 42 ... 191 E2
Côtebrune 25 ... 141 F4
Les Côtes-d'Arey 38 ... 211 D3
Les Côtes-de-Corps 38 ... 231 D4
Coti-Chiavari 2A ... 318 B1
Cotignac 83 ... 286 B2
La Cotinière 17 ... 180 B3
Cottance 42 ... 191 F4
Cottenchy 80 ... 18 B3
Cottévrard 76 ... 16 B4
Cottier 25 ... 140 C4
Cottun 14 ... 28 C3
Cou (Col de) 74 ... 178 B4
La Couarde 79 ... 165 E4
La Couarde-sur-Mer 17 ... 162 C4
Couargues 18 ... 135 D4
Coubert 77 ... 61 F4
Coubeyrac 33 ... 219 E4
Coubisou 12 ... 242 C2
Coubjours 24 ... 221 F1
Coublanc 52 ... 117 D4
Coublanc 71 ... 191 F1
Coublevie 38 ... 212 B3
Coublucq 64 ... 273 D2
Coubon 43 ... 227 D3
La Coubre (Phare de) 17 ... 180 B4
Coubron 93 ... 61 E2
Couches 71 ... 157 E3
Couchey 21 ... 139 D4
La Coucourde 26 ... 246 C1
Coucouron 07 ... 227 E4
Coucy 08 ... 38 B1
Coucy-la-Ville 02 ... 36 B1
Coucy-le-Château-Auffrique 02 ... 36 B1
Coucy-lès-Eppes 02 ... 37 D1
Couddes 41 ... 132 A3
Coudehard 61 ... 56 C3
Coudekerque 59 ... 3 F1
Coudekerque-Branche 59 ... 3 E1
Coudes 63 ... 207 F2
Coudeville-sur-Mer 50 ... 53 F2
Le Coudon 83 ... 292 A2
Coudons 11 ... 302 A4
Coudoux 13 ... 284 B2
Coudray 27 ... 33 D3
Le Coudray 28 ... 85 E2
Le Coudray 44 ... 126 A1
Coudray 45 ... 87 D4
Coudray 53 ... 105 E3
Coudray-au-Perche 28 ... 84 A4
Le Coudray-Macouard 49 ... 129 D4
Le Coudray-Montceaux 91 ... 87 E1
Coudray-Rabut 14 ... 30 B3
Le Coudray-Saint-Germer 60 ... 33 F2
Coudray-Salbart (Château de) 79 ... 164 C3
Le Coudray-sur-Thelle 60 ... 34 A3
La Coudre 79 ... 147 F2
Les Coudreaux 77 ... 61 E3
Coudreceau 28 ... 84 B3
Coudrecieux 72 ... 107 F2
Coudres 27 ... 59 D3
Coudroy 45 ... 111 E3
Coudun 60 ... 35 E2
Coudures 40 ... 272 C1
Coueilles 31 ... 275 E4
Couëlan (Château de) 22 ... 78 B3
Couëron 44 ... 126 A4
Couesmes 37 ... 130 A1
Couesmes-en-Froulay 53 ... 81 D2
Couesque (Barrage de) 12 ... 242 B1
Les Couets 44 ... 126 B4
Couffé 44 ... 127 D3
Couffoulens 11 ... 302 B2
Couffy 41 ... 132 B4
Couffy-sur-Sarsonne 19 ... 206 A1
Couflens 09 ... 309 D1
Coufouleux 81 ... 258 B4
Cougnac (Grottes de) 46 ... 240 A1
Couhé 86 ... 166 A4
Couilly-Pont-aux-Dames 77 ... 62 A3
Couin 62 ... 7 F4
Couiza 11 ... 302 B4
Couladère 31 ... 300 A1
Coulaines 72 ... 107 D2
Coulandon 03 ... 172 A2
Coulangeron 89 ... 136 A1
Coulanges 03 ... 173 E2
Coulanges 41 ... 131 F2
Coulanges-la-Vineuse 89 ... 113 E4
Coulanges-lès-Nevers 58 ... 154 C2
Coulanges-sur-Yonne 89 ... 136 B2
Coulans-sur-Gée 72 ... 106 B2
Coulans-sur-Lizon 25 ... 160 B2
Coulaures 24 ... 203 D4
Couledoux 31 ... 299 E4
Couleuvre 03 ... 171 E1
Coulevon 70 ... 118 B4
Coulgens 16 ... 183 F4
Coulimer 61 ... 83 E2
Coullemelle 80 ... 18 B4
Coullemont 62 ... 7 F4
Coullons 45 ... 134 B1
Coulmer 61 ... 57 D4
Coulmier-le-Sec 21 ... 115 D4
Coulmiers 45 ... 109 F3
Coulobres 34 ... 280 B3
Coulogne 62 ... 2 C2
Couloisy 60 ... 35 F2
Coulombiers 72 ... 82 C3
Coulombiers 86 ... 166 A2
Coulombs 14 ... 29 D3
Coulombs 28 ... 85 E1
Coulombs-en-Valois 77 ... 62 B1
Coulomby 62 ... 2 C4
Coulommes 77 ... 62 A3
Coulommes-et-Marqueny 08 ... 38 C2
Coulommes-la-Montagne 51 ... 37 E4
Coulommiers 77 ... 62 B3
Coulommiers-la-Tour 41 ... 108 C4
Coulon 79 ... 164 B3
Coulonces 14 ... 54 C2
Coulonces 61 ... 56 C3
La Coulonche 61 ... 55 F4
Coulongé 72 ... 106 C4
Coulonge-sur-Charente 17 ... 181 F3
Coulonges 16 ... 183 E4
Coulonges 17 ... 199 F1
Coulonges 27 ... 58 C3
Coulonges 86 ... 168 A3
Coulonges-Cohan 02 ... 37 D4
Coulonges-les-Sablons 61 ... 84 B3
Coulonges-sur-l'Autize 79 ... 164 B2
Coulonges-sur-Sarthe 61 ... 83 E1
Coulonges-Thouarsais 79 ... 148 A3
Coulonvillers 80 ... 7 D4
Couloumé-Mondebat 32 ... 273 F2
Coulounieix-Chamiers 24 ... 220 C1
Coulours 89 ... 113 E1
Couloutre 58 ... 135 F3
Coulouvray-Boisbenâtre 50 ... 54 B3
Coulvain 14 ... 55 E1
Coulx 47 ... 238 A3
Coume 57 ... 42 B3
Counozouls 11 ... 311 E1
Coupelle-Neuve 62 ... 7 D1
Coupelle-Vieille 62 ... 7 D1
Coupesarte 14 ... 56 C1
Coupetz 51 ... 64 C3
Coupéville 51 ... 65 E2
Coupiac 12 ... 260 B3
Coupray 52 ... 116 A2
Coupru 02 ... 62 C1
Couptrain 53 ... 82 A2
Coupvray 77 ... 61 F3
Couquèques 33 ... 198 C3
Cour-Cheverny 41 ... 132 B2
Cour-et-Buis 38 ... 211 E3
Cour-l'Évêque 52 ... 116 A2
La Cour-Marigny 45 ... 111 E3
Cour-Saint-Maurice 25 ... 142 B3
Cour-sur-Loire 41 ... 132 B1
Courances 91 ... 87 E2
Courant 17 ... 181 F2
Courban 21 ... 115 F2
La Courbe 61 ... 56 B4
Courbehaye 28 ... 109 F1
Courbépine 27 ... 57 F1
Courbes 02 ... 20 B4
Courbesseaux 54 ... 68 C4
Courbette 39 ... 176 C1
Courbeveille 53 ... 104 C2
Courbevoie 92 ... 60 C3
Courbiac 47 ... 239 E4
Courbillac 16 ... 182 C4
Courboin 02 ... 63 D2
Courbons 04 ... 267 F1
Courbouzon 39 ... 176 C1
Courbouzon 41 ... 109 E4
Courboyer (Manoir de) 61 ... 83 F3
Courçais 03 ... 170 B3
Courçay 37 ... 131 D4
Courceaux 89 ... 89 D3
Courcebœufs 72 ... 107 D1
Courcelette 80 ... 19 D1
Courcelle 91 ... 60 B4
Courcelles 17 ... 182 B3
Courcelles 25 ... 160 A1
Courcelles 45 ... 111 D1
Courcelles 54 ... 94 A2
Courcelles 58 ... 136 A3
Courcelles 90 ... 120 A4
Courcelles-au-Bois 80 ... 18 C1
Courcelles-Chaussy 57 ... 42 A4
Courcelles-de-Touraine 37 ... 130 A2
Courcelles-en-Barrois 55 ... 66 C3
Courcelles-en-Bassée 77 ... 88 B3
Courcelles-en-Montagne 52 ... 116 B3
Courcelles-Epayelles 60 ... 35 D1
Courcelles-Frémoy 21 ... 137 E2
Courcelles-la-Forêt 72 ... 106 B4
Courcelles-le-Comte 62 ... 8 B4
Courcelles-lès-Gisors 60 ... 33 E4
Courcelles-lès-Lens 62 ... 8 C2
Courcelles-lès-Montbard 21 ... 138 A1
Courcelles-lès-Montbéliard 25 ... 142 C1
Courcelles-lès-Semur 21 ... 137 F2
Courcelles-Sapicourt 51 ... 37 E4
Courcelles-sous-Châtenois 88 ... 93 F3
Courcelles-sous-Moyencourt 80 ... 17 F3
Courcelles-sous-Thoix 80 ... 17 F4
Courcelles-sur-Aire 55 ... 66 B2
Courcelles-sur-Aujon 52 ... 116 B3
Courcelles-sur-Blaise 52 ... 92 A2
Courcelles-sur-Nied 57 ... 68 B1
Courcelles-sur-Seine 27 ... 32 C4
Courcelles-sur-Vesle 02 ... 36 C3
Courcelles-sur-Viosne 95 ... 60 B1
Courcelles-sur-Voire 10 ... 91 D2
Courcelles-Val-d'Esnoms 52 ... 116 C4
Courcemain 51 ... 90 A1
Courcemont 72 ... 83 D4
Courcerac 17 ... 182 B3
Courcerault 61 ... 83 F2
Courceroy 10 ... 89 D2
Courchamp 21 ... 139 F1
Courchamp 77 ... 88 C1
Courchamps 02 ... 62 C1
Courchamps 49 ... 129 D4
Courchapon 25 ... 140 C4
Courchaton 70 ... 142 A1
Courchelettes 59 ... 8 C3
Courchevel 73 ... 214 B3
Courcité 53 ... 82 A3
Courcival 72 ... 83 E4
Courcôme 16 ... 183 E2
Courçon 17 ... 164 A4
Courcoué 37 ... 149 E2
Courcouronnes 91 ... 87 D1
Courcoury 17 ... 199 E1
Courcuire 70 ... 140 C3
Courcy 14 ... 56 B2
Courcy 50 ... 54 A1
Courcy 51 ... 37 F3
Courcy-aux-Loges 45 ... 110 C1
Courdemanche 27 ... 59 D3
Courdemanche 72 ... 107 F3
Courdemanges 51 ... 65 D4
Courdimanche 95 ... 60 B1
Courdimanche-sur-Essonne 91 ... 87 D3
Couret 31 ... 299 E3
Courgains 72 ... 83 D3
Courgeac 16 ... 201 E3
Courgenard 72 ... 108 A1
Courgenay 89 ... 89 E4
Courgent 78 ... 59 F3
Courgeon 61 ... 83 F2
Courgeoût 61 ... 83 E2
Courgis 89 ... 113 F4
Courgivaux 51 ... 63 D4
Courgoul 63 ... 207 E2
Courjeonnet 51 ... 63 F3
Courlac 16 ... 201 E4
Courlandon 51 ... 37 D3
Courlans 39 ... 176 B1
Courlaoux 39 ... 176 B1
Courlay 79 ... 147 E4
Courlay-sur-Mer 17 ... 198 B1
Courléon 49 ... 129 F3
Courlon 21 ... 139 D1
Courlon-sur-Yonne 89 ... 88 C3
Courmangoux 01 ... 176 B3
Courmas 51 ... 37 E4
Courmelles 02 ... 36 B3
Courmemin 41 ... 132 C2
Courménil 61 ... 57 D3
Courmes 06 ... 269 F4
Courmont 02 ... 36 C4
Courmont 70 ... 142 B1
Cournanel 11 ... 302 B3
La Courneuve 93 ... 61 D2
Courniou 34 ... 279 E3
Cournols 63 ... 207 E1
Cournon 56 ... 102 B3
Cournon-d'Auvergne 63 ... 207 F1
Cournonsec 34 ... 281 E3
Cournonterral 34 ... 281 E2
La Couronne 13 ... 284 A4
La Couronne 16 ... 201 E2
Courouvre 55 ... 66 C2
Courpalay 77 ... 88 A1
Courpiac 33 ... 218 C4
Courpière 63 ... 190 B4
Courpignac 17 ... 199 F4
Courquetaine 77 ... 61 F4
Courrensan 32 ... 255 E4
Courrières 62 ... 8 C2
Courris 81 ... 260 A3
Courry 30 ... 245 F4
Cours 46 ... 240 B3
Cours 47 ... 238 B4
Le Cours 56 ... 101 F3
Cours 58 ... 135 D3
Cours 69 ... 191 F1
Cours 79 ... 165 D2
Cours-de-Monségur 33 ... 237 E1
Cours-de-Pile 24 ... 220 B4
Cours-les-Bains 33 ... 237 D4
Cours-les-Barres 18 ... 154 B2
Coursac 24 ... 220 B2
Coursan 11 ... 304 C1
Coursan-en-Othe 10 ... 113 F1
Coursegoules 06 ... 269 F4
Courset 62 ... 2 B4
Courseulles-sur-Mer 14 ... 29 E3
Courson 14 ... 54 C3
Courson (Château de) 91 ... 86 C1
Courson-les-Carrières 89 ... 136 B1
Courson-Monteloup 91 ... 86 C1
Courtacon 77 ... 62 C4
Courtagnon 51 ... 37 E4
Courtalain 28 ... 108 C1
Courtangis (Château de) 72 ... 108 A1
Courtanvaux (Château de) 72 ... 108 A3
Courtaoult 10 ... 114 A2
Courtauly 11 ... 301 F3
Courtavon 68 ... 143 E2
Courtefontaine 25 ... 142 C3
Courtefontaine 39 ... 160 A1
Courteilles 27 ... 58 B4
Courteix 19 ... 206 A1
Courtelevant 90 ... 120 A4
Courtemanche 80 ... 18 C4
Courtemaux 45 ... 112 A2
Courtémont 51 ... 39 D4
Courtemont-Varennes 02 ... 63 E1
Courtempierre 45 ... 111 E1
Courtenay 38 ... 194 A4
Courtenay 45 ... 112 B2
Courtenot 10 ... 114 C1
Courteranges 10 ... 90 C4
Courteron 10 ... 115 D2
Courtes 01 ... 175 F2
Courtesoult-et-Gatey 70 ... 140 B1
Courtetain-et-Salans 25 ... 142 A3
La Courtète 11 ... 302 A2
Courteuil 60 ... 34 C4
Courthézon 84 ... 265 D2
Courthiézy 51 ... 63 E1
Courties 32 ... 274 A2
Courtieux 60 ... 36 A3
Courtillers 72 ... 106 A3
Courtils 50 ... 54 A4
La Courtine 23 ... 205 F1
Courtisols 51 ... 65 D2
Courtivron 21 ... 139 D2
Courtoin 89 ... 112 B1
Courtois-sur-Yonne 89 ... 88 C4
Courtomer 61 ... 83 E1
Courtomer 77 ... 88 A1
Courtonne-la-Meurdrac 14 ... 57 D1
Courtonne-les-Deux-Églises 14 ... 57 E1
Courtrizy-et-Fussigny 02 ... 37 E1
Courtry 77 ... 61 E2
Courvaudon 14 ... 55 E1
Courvières 25 ... 160 B3
Courville 51 ... 37 D3
Courville-sur-Eure 28 ... 85 D2
Courzieu 69 ... 192 B4
Cousance 39 ... 176 B2
Cousances-au-Bois 55 ... 66 C3
Cousances-les-Forges 55 ... 92 A1
Cousolre 59 ... 10 C2
Coussa 09 ... 301 D3
Coussac-Bonneval 87 ... 203 F2
Coussan 65 ... 298 A1
Coussay 86 ... 149 D3
Coussay-les-Bois 86 ... 150 A4
Coussegrey 10 ... 114 A2
Coussergues 12 ... 243 D4
Coussey 88 ... 93 E2
Coust 18 ... 170 C1
Coustaussa 11 ... 302 B4
Coustellet 84 ... 265 F4
Coustouge 11 ... 303 E3
Coustouges 66 ... 312 B4
Coutances 50 ... 54 A1
Coutansouze 03 ... 189 E1
Coutarnoux 89 ... 137 D1
Coutençon 77 ... 88 B2
Coutens 09 ... 301 E3
Couterne 61 ... 81 F1
Couternon 21 ... 139 E3
Couteuges 43 ... 226 B1
Coutevroult 77 ... 62 A3
Couthenans 70 ... 142 B1
Couthures-sur-Garonne 47 ... 237 E3
Coutiches 59 ... 9 D2
Coutières 79 ... 165 E2
Coutouvre 42 ... 191 F2
Coutras 33 ... 219 D2
Couture 16 ... 183 F3
La Couture 62 ... 8 A1
La Couture 85 ... 163 D2
La Couture-Boussey 27 ... 59 E3
Couture-d'Argenson 79 ... 183 D2
Couture-sur-Loir 41 ... 107 F4
Couturelle 62 ... 7 F4
Coutures 24 ... 202 A4
Coutures 33 ... 237 D1
Coutures 49 ... 128 C3
Coutures 57 ... 68 C3
Coutures 82 ... 257 D3
Couvains 50 ... 27 F4
Couvains 61 ... 57 F3
La Couvertoirade 12 ... 261 F4
Couvertpuis 55 ... 92 C1
Couvignon 10 ... 91 E4
Couville 50 ... 24 C3
Couvonges 55 ... 66 A3
Couvrelles 02 ... 36 C3
Couvron-et-Aumencourt 02 ... 20 B4
Couvrot 51 ... 65 D4
Coux 07 ... 246 B1
Coux 17 ... 199 F4
Coux-et-Bigaroque 24 ... 221 D4
Couy 18 ... 154 A1
La Couyère 35 ... 103 F2
Couzan (Château de) 42 ... 209 D1
Couze-et-Saint-Front 24 ... 220 C4
Couzeix 87 ... 185 F3
Couziers 37 ... 148 C1
Couzon 03 ... 171 F1
Couzon-au-Mont-d'Or 69 ... 192 C3
Couzou 46 ... 240 B1
Cox 31 ... 275 F1
Coye-la-Forêt 60 ... 61 E1
Coyecques 62 ... 7 E1
Coyolles 02 ... 35 F4
Coyrière 39 ... 177 E3
Coyron 39 ... 177 D2
Coyviller 54 ... 94 B1
Cozes 17 ... 199 D2
Cozzano 2A ... 317 D4
Crach 56 ... 100 C4
Craches 78 ... 86 A1
Crachier 38 ... 211 F2
Crain 89 ... 136 B2
Craincourt 57 ... 68 B2
Craintilleux 42 ... 209 F2
Crainvilliers 88 ... 93 F4
Cramaille 02 ... 36 C4
Cramans 39 ... 159 F2
Cramant 51 ... 64 A2
Cramchaban 17 ... 164 B4
Craménil 61 ... 55 F4
Cramoisy 60 ... 34 C4
Cramont 80 ... 7 D4
Crampagna 09 ... 301 D3
Cran-Gevrier 74 ... 195 E3
Crancey 10 ... 89 E2
Crançot 39 ... 159 F4
Crandelles 15 ... 224 A3
Crannes-en-Champagne 72 ... 106 B2
Crans 01 ... 193 F3
Crans 39 ... 160 B4
Cransac 12 ... 241 F3
Crantenoy 54 ... 94 B2
Cranves-Sales 74 ... 178 A4
Craon 53 ... 104 C3
Craon 86 ... 148 C4
Craonne 02 ... 37 D2
Craonnelle 02 ... 37 D2
Crapeaumesnil 60 ... 19 D4
Craponne 69 ... 192 C4
Craponne-sur-Arzon 43 ... 209 D4
Cras 38 ... 212 A4
Cras 46 ... 240 B2
Cras-sur-Reyssouze 01 ... 175 F4
Crastatt 67 ... 70 C3
Crastes 32 ... 275 D1
Crasville 27 ... 32 A4
Crasville 50 ... 25 E3
Crasville-la-Mallet 76 ... 15 E2
Crasville-la-Rocquefort 76 ... 15 F2
La Crau 83 ... 292 B2
Cravanche 90 ... 119 F4
Cravans 17 ... 199 D1
Cravant 45 ... 109 E3
Cravant 89 ... 136 C1
Cravant-les-Côteaux 37 ... 149 E1
Cravencères 32 ... 273 F1
Cravent 78 ... 59 E2
Crayssac 46 ... 239 F3
Craywick 59 ... 3 E2
Craz 01 ... 194 C2
Crazannes 17 ... 181 F3
Cré 72 ... 106 A4
Créac'h (Phare de) 29 ... 46 A2
Créances 50 ... 26 C4
Créancey 21 ... 138 B4
Créancey 52 ... 115 F2
Crécey-sur-Tille 21 ... 139 E1
La Crèche 79 ... 165 D3
Crêches-sur-Saône 71 ... 175 D4
Créchets 65 ... 298 C3
Créchy 03 ... 172 B4
Crécy-au-Mont 02 ... 36 B2
Crécy-Couvé 28 ... 59 D4
Crécy-en-Ponthieu 80 ... 6 C3
Crécy-la-Chapelle 77 ... 62 A3
Crécy-sur-Serre 02 ... 20 C4
Crédin 56 ... 101 E1
Crégols 46 ... 240 C3
Crégy-lès-Meaux 77 ... 62 A2
Créhange 57 ... 69 D1
Créhen 22 ... 78 B1
Creil 60 ... 34 C4
Creissan 34 ... 280 A4
Creissels 12 ... 261 E2
Crémarest 62 ... 2 B4
Crémeaux 42 ... 191 D3
Crémery 80 ... 19 E4
Crémieu 38 ... 193 F4
Crempigny-Bonneguête 74 ... 195 D2
Cremps 46 ... 240 B4
Crenans 39 ... 177 D2
Crenay 52 ... 116 B1
Creney-près-Troyes 10 ... 90 B3
Crennes-sur-Fraubée 53 ... 82 A3
Creno (Lac de) 2A ... 316 C2
Créon 33 ... 217 F4
Créon-d'Armagnac 40 ... 254 C3
Créot 71 ... 157 F3
Crépand 21 ... 137 F1
Crépey 54 ... 93 F1
Crépieux-la-Pape 69 ... 193 D4
Crépion 55 ... 40 A3
Crépol 26 ... 229 E1
Crépon 14 ... 29 D3
Crépy 02 ... 36 C1
Crépy 62 ... 7 E2
Crépy-en-Valois 60 ... 35 F4
Créquy 62 ... 7 D1
Le Crès 34 ... 281 F2
Cresancey 70 ... 140 B3
Crésantignes 10 ... 114 A1
Les Cresnays 50 ... 54 B4
Crespian 30 ... 263 E4
Crespières 78 ... 60 A3
Crespin 12 ... 259 F2
Crespin 59 ... 10 A1
Crespin 81 ... 259 F3
Crespinet 81 ... 259 F3
Crespy-le-Neuf 10 ... 91 E3
Cressac-Saint-Genis 16 ... 201 E3
Cressanges 03 ... 172 A3
Cressat 23 ... 187 E1
La Cresse 12 ... 261 E1
Cressé 17 ... 182 C3
Cressely 78 ... 60 B4
Cressensac 46 ... 222 B3
Cresserons 14 ... 29 E3
Cresseveuille 14 ... 30 A4
Cressia 39 ... 176 B2
Cressin-Rochefort 01 ... 194 C4

La Cressonnière 14 .... 57 E1
Cressonsacq 60 .... 35 D2
Cressy 76 .... 16 A4
Cressy-Omencourt 80 .... 19 E4
Cressy-sur-Somme 71 .... 173 E1
Crest 26 .... 247 E1
Le Crest 63 .... 207 E1
Crest-Voland 73 .... 196 A3
Creste 63 .... 207 E2
Le Crestet 07 .... 228 C2
Crestet 84 .... 265 E1
Crestot 27 .... 32 A4
Créteil 94 .... 61 D4
Créton 27 .... 58 C3
Cretteville 50 .... 25 D4
Creuë 55 .... 67 E2
Creully 14 .... 29 D3
La Creuse 70 .... 118 C4
Creuse 80 .... 18 A3
Le Creusot 71 .... 157 E4
Creutzwald 57 .... 42 C3
Creuzier-le-Neuf 03 .... 190 A1
Creuzier-le-Vieux 03 .... 190 A1
Crevans-et-la-Chapelle-lès-Granges 70 .... 142 A1
Crevant 36 .... 169 E2
Crevant-Laveine 63 .... 190 A3
Crévéchamps 54 .... 94 B1
Crèvecœur-en-Auge 14 .... 56 C1
Crèvecœur-en-Brie 77 .... 62 A4
Crèvecœur-le-Grand 60 .... 34 A1
Crèvecœur-le-Petit 60 .... 34 C1
Crèvecœur-sur-l'Escaut 59 .... 20 A1
Creveney 70 .... 118 C4
Crévic 54 .... 68 C4
Crévin 35 .... 103 E2
Crévoux 05 .... 250 C2
Creys-Mépieu 38 .... 194 A4
Creyssac 24 .... 202 B4
Creysse 24 .... 220 B4
Creysse 46 .... 222 B4
Creysseilles 07 .... 246 B1
Creyssensac-et-Pissot 24 .... 220 B2
Crézançay-sur-Cher 18 .... 153 D4
Crézancy 02 .... 63 D1
Crézancy-en-Sancerre 18 .... 134 C4
Crézières 79 .... 183 D2
Crézilles 54 .... 93 F1
Cricquebœuf 14 .... 30 B2
Cricqueville-en-Auge 14 .... 30 A4
Cricqueville-en-Bessin 14 .... 25 F4
Criel-sur-Mer 76 .... 16 B1
Crillat 39 .... 177 D1
Crillon 60 .... 33 F1
Crillon-le-Brave 84 .... 265 E2
Crimolois 21 .... 139 E4
Crion 54 .... 69 D4
La Crique 76 .... 16 B4
Criquebeuf-en-Caux 76 .... 14 C2
Criquebeuf-la-Campagne 27 .... 32 A4
Criquebeuf-sur-Seine 27 .... 32 A3
Criquetot-le-Mauconduit 76 .... 15 D2
Criquetot-l'Esneval 76 .... 14 C3
Criquetot-sur-Longueville 76 .... 16 A3
Criquetot-sur-Ouville 76 .... 15 F3
Criquiers 76 .... 17 D4
Crisenoy 77 .... 87 F1
Crisolles 60 .... 35 F1
Crissay-sur-Manse 37 .... 149 F1
Crissé 72 .... 82 B4
Crissey 39 .... 159 E1
Crissey 71 .... 158 A3
Cristinacce 2A 316 B1
Cristot 14 .... 29 D4
Criteuil-la-Magdeleine 16 .... 200 C2
Critot 76 .... 32 B1
Croce 2B 315 F4
Crochte 59 .... 3 E2
Crocicchia 2B 315 E3
Crocq 23 .... 188 A4
Le Crocq 60 .... 34 B1
Crocy 14 .... 56 B3
Crœttwiller 67 .... 45 F4
Croignon 33 .... 217 F4
Croisances 43 .... 226 B3
Croisette 62 .... 7 E3
La Croisette 74 .... 195 E1
Le Croisic 44 .... 123 E4
La Croisière 23 .... 186 A1
La Croisille 27 .... 58 B2
La Croisille-sur-Briance 87 .... 204 B2
Croisilles 14 .... 55 F1
Croisilles 28 .... 59 E4
Croisilles 61 .... 57 D4
Croisilles 62 .... 8 B4
Croismare 54 .... 69 D4
Croissanville 14 .... 56 B1
Croissy-Beaubourg 77 .... 61 F3
Croissy-sur-Celle 60 .... 18 A4
Croissy-sur-Seine 78 .... 60 C3
Le Croisty 56 .... 76 A4
Croisy 18 .... 154 A3
Croisy-sur-Andelle 76 .... 32 C2
Croisy-sur-Eure 27 .... 59 D1
Croix 59 .... 5 D4
Croix 90 .... 143 D2
Croix (Col de la) 2A 316 A1
Croix (Plateau de la) 74 .... 196 C3
La Croix-aux-Bois 08 .... 39 D2
La Croix-aux-Mines 88 .... 96 A2
La Croix-Avranchin 50 .... 80 A1
La Croix-Blanche 47 .... 238 B4
La Croix-Blanche 71 .... 175 D3
Croix-Caluyau 59 .... 9 F4
Croix-Chapeau 17 .... 181 D1
La Croix-Comtesse 17 .... 182 B2
Croix-de-Bauzon (Col de la) 07 .... 245 E2
La Croix-de-Berny 92 .... 61 D4
La Croix-de-Fer (Col de) 73 .... 213 F4
La Croix-de-la-Rochette 73 .... 213 E2
Croix-de-l'Homme-Mort (Col de la) 42 .... 209 D2
Croix-de-Vie 85 .... 144 C4
Croix-du-Bac 59 .... 4 B4
La Croix-du-Perche 28 .... 84 B4
La Croix-en-Brie 77 .... 88 B1
La Croix-en-Champagne 51 .... 65 E1
Croix-en-Ternois 62 .... 7 E2
La Croix-en-Touraine 37 .... 131 E3
Croix-Fonsommes 02 .... 20 B2
La Croix-Fry (Col de) 74 .... 196 A3
Croix-Haute (Col de la) 26 .... 248 C1
La Croix-Helléan 56 .... 101 F1
Croix-Mare 76 .... 15 F3
Croix-Moligneaux 80 .... 19 F3
Croix-Morand ou de Diane (Col de la) 63 .... 207 D2
Croix-Rampau 69 .... 192 C3
La Croix-Saint-Leufroy 27 .... 59 D1
Croix-Saint-Robert (Col de la) 63 .... 206 C2
Croix Saint-Thomas 21 .... 138 A4
Croix-Sainte 13 .... 284 A3
La Croix-sur-Gartempe 87 .... 185 E1
La Croix-sur-Ourcq 02 .... 36 B4
La Croix-sur-Roudoule 06 .... 269 E2
La Croix-Valmer 83 .... 293 E2
Croixanvec 56 .... 77 D4
Croixdalle 76 .... 16 C3
La Croixille 53 .... 80 B4
Croixrault 80 .... 17 F3
Croizet-sur-Gand 42 .... 191 F3
Crolles 38 .... 213 D4
Crollon 50 .... 80 A1
Cromac 87 .... 168 B4
Cromary 70 .... 141 E3
Cronat 71 .... 155 F4
Cronce 43 .... 226 A2
La Cropte 53 .... 105 F2
Cropus 76 .... 16 A4
Cros 30 .... 262 C3
Le Cros 34 .... 262 A4
Cros 63 .... 206 B3
Cros-de-Cagnes 06 .... 288 B2
Cros-de-Géorand 07 .... 227 E4
Cros-de-Montvert 15 .... 223 E2
Cros-de-Ronesque 15 .... 224 B4
Crosey-le-Grand 25 .... 142 A3
Crosey-le-Petit 25 .... 142 A3
Crosmières 72 .... 106 A4
Crosne 91 .... 61 D4
Crossac 44 .... 125 E2
Crosses 18 .... 153 F2
Crosville-la-Vieille 27 .... 32 A4
Crosville-sur-Douve 50 .... 25 D4
Crosville-sur-Scie 76 .... 16 A3
Crotelles 37 .... 131 D2
Crotenay 39 .... 160 A4
Croth 27 .... 59 D3
Le Crotoy 80 .... 6 A4
Crots 05 .... 250 B2
Crottes-en-Pithiverais 45 .... 110 B1
Crottet 01 .... 175 E4
Le Crouais 35 .... 78 B4
Crouay 14 .... 28 C3
La Croupte 14 .... 57 D1
Crouseilles 64 .... 273 E3
Croutelle 86 .... 166 B2
Les Croûtes 10 .... 114 A2
Croutoy 60 .... 35 F3
Crouttes 61 .... 56 C2
Crouttes-sur-Marne 02 .... 62 C2
Crouy 02 .... 36 B2
Crouy 80 .... 17 F2
Crouy-en-Thelle 60 .... 34 B4
Crouy-sur-Cosson 41 .... 132 C1
Crouy-sur-Ourcq 77 .... 62 B1
Le Crouzet 25 .... 160 C4
Crouzet-Migette 25 .... 160 B2
La Crouzille 63 .... 188 C1
La Crouzille 87 .... 186 A3
Crouzilles 37 .... 149 E1
Crozant 23 .... 169 D3
Croze 23 .... 187 F4
Crozes-Hermitage 26 .... 229 D2
Crozet 01 .... 177 F4
Le Crozet 42 .... 191 D1
Les Crozets 39 .... 177 D2
Crozon 29 .... 47 E4
Crozon-sur-Vauvre 36 .... 169 E2
Cruas 07 .... 246 C1
Crucey 28 .... 58 C4
Crucheray 41 .... 108 C4
Cruéjouls 12 .... 243 D3
Cruet 73 .... 213 E2
Crugey 21 .... 157 F1
Crugny 51 .... 37 D4
Cruguel 56 .... 101 E2
Cruis 04 .... 267 D2
Crulai 61 .... 57 F4
Crupies 26 .... 247 F2
Crupilly 02 .... 21 D2
Cruscades 11 .... 303 E2
Cruseilles 74 .... 195 E2
Crusnes 54 .... 41 D2
Crussol (Château de) 07 .... 229 D3
Cruviers-Lascours 30 .... 263 F3
Crux-la-Ville 58 .... 155 E1
Cruzille 71 .... 175 D2
Cruzilles-lès-Mépillat 01 .... 175 E4
Cruzy 34 .... 279 F4
Cruzy-le-Châtel 89 .... 114 C3
Cry 89 .... 114 C4
Cubelles 43 .... 226 B3
Cubières 48 .... 244 C3
Cubières-sur-Cinoble 11 .... 302 C4
Cubiérettes 48 .... 244 C3
Cubjac 24 .... 221 D1
Cublac 19 .... 221 F1
Cublize 69 .... 192 A2
Cubnezais 33 .... 217 F2
Cubrial 25 .... 141 F2
Cubry 25 .... 141 F2
Cubry-lès-Faverney 70 .... 118 B3
Cubry-lès-Soing 70 .... 140 C1
Cubzac-les-Ponts 33 .... 217 F3
Cucharmoy 77 .... 88 C1
Cucheron (Col du) 38 .... 213 D3
Cuchery 51 .... 63 F1
Cucq 62 .... 6 A2
Cucugnan 11 .... 303 D4
Cucuron 84 .... 266 A4
Cucuruzzu (Castellu de) 2A 319 D1
Cudos 33 .... 236 C3
Cudot 89 .... 112 C2
Cuébris 06 .... 269 F3
Cuélas 32 .... 274 C4
Cuers 83 .... 292 B1
Cuffies 02 .... 36 B2
Cuffy 18 .... 154 C3
Cugand 85 .... 146 A1
Cuges-les-Pins 13 .... 285 E4
Cugnaux 31 .... 276 B3
Cugney 70 .... 140 B3
Cugny 02 .... 19 F4
Cugny-lès-Crouttes 02 .... 36 B4
Cuguen 35 .... 79 E2
Cuguron 31 .... 298 C2
Cuhon 86 .... 148 C4
Cuignières 60 .... 34 C2
Cuigy-en-Bray 60 .... 33 F2
Cuillé 53 .... 104 B2
Cuinchy 62 .... 8 B1
Cuincy 59 .... 8 C2
Le Cuing 31 .... 299 D2
Cuinzier 42 .... 191 F1
Cuirieux 02 .... 21 D4
Cuiry-Housse 02 .... 36 C3
Cuiry-lès-Chaudardes 02 .... 37 D2
Cuiry-lès-Iviers 02 .... 21 F3
Cuis 51 .... 64 A2
Cuise-la-Motte 60 .... 35 F3
Cuiseaux 71 .... 176 B2
Cuiserey 21 .... 139 F3
Cuisery 71 .... 175 E2
Cuisia 39 .... 176 B2
Cuisiat 01 .... 176 B4
Cuisles 51 .... 63 F1
Cuissai 61 .... 82 C2
Cuissy-et-Geny 02 .... 37 D2
Cuisy 55 .... 39 F3
Cuisy 77 .... 61 F2
Cuisy-en-Almont 02 .... 36 A2
La Cula 42 .... 210 B2
Culan 18 .... 170 B2
Culêtre 21 .... 157 E1
Culey 55 .... 66 B3
Culey-le-Patry 14 .... 55 F2
Culhat 63 .... 189 F4
Culin 38 .... 211 F2
Culles-les-Roches 71 .... 174 C1
Cully 14 .... 29 D3
Culmont 52 .... 117 D3
Culoison 10 .... 90 B3
Culoz 01 .... 194 C3
Cult 70 .... 140 C3
Cultures 48 .... 244 A3
Cumières 51 .... 64 A1
Cumières-le-Mort-Homme 55 .... 40 A4
Cumiès 11 .... 301 E1
Cumont 82 .... 256 C4
Cunac 81 .... 259 E4
Cunault 49 .... 129 D3
Cuncy-lès-Varzy 58 .... 136 A3
Cunèges 24 .... 220 A4
Cunel 55 .... 39 F3
Cunelières 90 .... 120 A3
Cunfin 10 .... 115 E1
Cunlhat 63 .... 208 B1
Cuntorba (Castello de) 2A 318 C2
Cuon 49 .... 129 E2
Cuperly 51 .... 65 D1
Cuq 47 .... 256 B2
Cuq 81 .... 278 A2
Cuq-Toulza 81 .... 277 F2
Cuqueron 64 .... 272 B4
Curac 16 .... 201 E4
Curan 12 .... 260 C1
Curbans 04 .... 249 E3
Curbigny 71 .... 174 A4
Curçay-sur-Dive 86 .... 148 B2
Curchy 80 .... 19 E3
Curciat-Dongalon 01 .... 175 F2
Curcy-sur-Orne 14 .... 55 F1
Curdin 71 .... 173 F1
La Cure 39 .... 177 F2
Curebourse (Col de) 15 .... 224 B3
Curel 04 .... 266 C1
Curel 52 .... 92 B2
Curemonte 19 .... 222 C3
Cures 72 .... 106 B1
Curey 50 .... 79 F1
Curgies 59 .... 9 F3
Curgy 71 .... 157 D2
Curienne 73 .... 213 E2
Curières 12 .... 243 D2
Curis-au-Mont-d'Or 69 .... 192 C3
Curley 21 .... 139 D4
Curlu 80 .... 19 E2
Curmont 52 .... 92 A4
Curnier 26 .... 247 F3
Cursan 33 .... 217 F4
Curtafond 01 .... 175 F4
Curtil-Saint-Seine 21 .... 139 D2
Curtil-sous-Buffières 71 .... 174 C3
Curtil-sous-Burnand 71 .... 174 C1
Curtil-Vergy 21 .... 158 A1
Le Curtillard 38 .... 213 E4
Curtin 38 .... 212 A1
Curvalle 81 .... 260 A3
Curzay-sur-Vonne 86 .... 165 F2
Curzon 85 .... 163 D2
Cusance 25 .... 142 A3
Cuse-et-Adrisans 25 .... 141 F2
Cusey 52 .... 139 F1
Cussac 15 .... 225 D3
Cussac 87 .... 203 D1
Cussac-Fort-Médoc 33 .... 217 D1
Cussac-sur-Loire 43 .... 227 D3
Cussangy 10 .... 114 B2
Cussay 37 .... 150 A2
Cusset 03 .... 190 A1
Cussey-les-Forges 21 .... 139 E1
Cussey-sur-Lison 25 .... 160 A1
Cussey-sur-l'Ognon 25 .... 141 D3
Cussy 14 .... 28 C3
Cussy-en-Morvan 71 .... 156 C1
Cussy-la-Colonne 21 .... 157 F2
Cussy-le-Châtel 21 .... 157 E1
Cussy-les-Forges 89 .... 137 E2
Custines 54 .... 68 A3
Cusy 74 .... 195 E4
Cusy 89 .... 114 B4
Cutry 02 .... 36 A3
Cutry 54 .... 40 C1
Cuts 60 .... 36 A1
Cutting 57 .... 69 E2
Cuttoli-Corticchiato 2A 316 C3
Cuttura 39 .... 177 D3
Cuvat 74 .... 195 E2
Cuve 70 .... 118 B2
Cuvergnon 60 .... 35 F4
Cuverville 14 .... 29 F4
Cuverville 27 .... 32 C3
Cuverville 76 .... 14 C3
Cuverville-sur-Yères 76 .... 16 C2
Cuvéry (Col de) 01 .... 194 C1
Cuves 50 .... 54 B4
Cuves 52 .... 117 D1
Cuvier 39 .... 160 B3
Cuvillers 59 .... 9 D4
Cuvilly 60 .... 35 D1
Cuvry 57 .... 68 A1
Cuxac-Cabardès 11 .... 278 B4
Cuxac-d'Aude 11 .... 303 F1
Cuy 60 .... 35 F1
Cuy 89 .... 88 C4
Cuy-Saint-Fiacre 76 .... 33 E2
Cuzac 46 .... 241 E2
Cuzals (Musée de) 46 .... 240 C2
Cuzance 46 .... 222 B3
Cuzieu 01 .... 194 C4
Cuzieu 42 .... 209 F2
Cuzion 36 .... 168 C2
Cuzorn 47 .... 239 D2
Cuzy 71 .... 156 B4
Cys-la-Commune 02 .... 36 C2
Cysoing 59 .... 9 D1

D

Dabisse 04 .... 267 D3
Dabo 57 .... 70 B3
Dabo (Rocher de) 57 .... 70 B3
Dachstein 67 .... 70 C3
Dadonville 45 .... 110 C1
Daglan 24 .... 239 F1
Dagneux 01 .... 193 E3
Dagny 77 .... 62 C4
Dagny-Lambercy 02 .... 21 E3
Dagonville 55 .... 66 C3
La Daguenière 49 .... 128 C2
Dahlenheim 67 .... 70 C3
Daignac 33 .... 218 C4
Daigny 08 .... 23 E4
Daillancourt 52 .... 92 A3
Daillecourt 52 .... 117 D1
Dainville 62 .... 8 A3
Dainville-Bertheléville 55 .... 93 D2
Daix 21 .... 139 D3
Dalem 57 .... 42 B3
Dalhain 57 .... 69 D2
Dalhunden 67 .... 71 F1
Dallet 63 .... 189 F4
Dallon 02 .... 20 A3
Dalou 09 .... 301 D3
Dalstein 57 .... 42 A3
Daluis 06 .... 269 D2
Damas-aux-Bois 88 .... 94 C2
Damas-et-Bettegney 88 .... 94 B4
Damazan 47 .... 237 F4
Dambach 67 .... 45 D4
Dambach-la-Ville 67 .... 96 C1
Dambelin 25 .... 142 B2
Dambenois 25 .... 142 C1
Dambenoît-lès-Colombe 70 .... 118 C4
Damblain 88 .... 117 E1
Damblainville 14 .... 56 B2
Dambron 28 .... 110 A1
Dame-Marie 27 .... 58 B3
Dame-Marie 61 .... 83 F3
Dame-Marie-les-Bois 37 .... 131 E2
Damelevières 54 .... 94 C1
Daméraucourt 60 .... 17 F4
Damerey 71 .... 158 B3
Damery 51 .... 63 F1
Damery 80 .... 19 D4
Damgan 56 .... 123 E2
Damiatte 81 .... 277 F2
Damigny 61 .... 82 C2
Damloup 55 .... 40 B4
Dammard 02 .... 62 C1
Dammarie 28 .... 85 E3
Dammarie-en-Puisaye 45 .... 135 D1
Dammarie-les-Lys 77 .... 87 F2
Dammarie-sur-Loing 45 .... 112 A4
Dammarie-sur-Saulx 55 .... 92 B1
Dammartin-en-Goële 77 .... 61 F1
Dammartin-en-Serve 78 .... 59 F3
Dammartin-les-Templiers 25 .... 141 F3
Dammartin-Marpain 39 .... 140 A4
Dammartin-sur-Meuse 52 .... 117 D2
Dammartin-sur-Tigeaux 77 .... 62 A3
Damousies 59 .... 10 C2
Damouzy 08 .... 22 C3
Damparis 39 .... 159 D1
Dampierre 10 .... 90 C1
Dampierre 14 .... 55 D1
Dampierre 39 .... 159 F1
Dampierre 52 .... 116 C2
Dampierre-au-Temple 51 .... 64 C1
Dampierre-en-Bray 76 .... 33 E1
Dampierre-en-Bresse 71 .... 158 C3
Dampierre-en-Burly 45 .... 111 E4
Dampierre-en-Crot 18 .... 134 B2
Dampierre-en-Graçay 18 .... 152 B1
Dampierre-en-Montagne 21 .... 138 B2
Dampierre-en-Yvelines 78 .... 60 B4
Dampierre-et-Flée 21 .... 139 F2
Dampierre-le-Château 51 .... 65 F1
Dampierre-les-Bois 25 .... 142 C1
Dampierre-lès-Conflans 70 .... 118 B3
Dampierre-Saint-Nicolas 76 .... 16 B3
Dampierre-sous-Bouhy 58 .... 135 E2
Dampierre-sous-Brou 28 .... 84 C4
Dampierre-sur-Avre 28 .... 58 C4
Dampierre-sur-Blévy 28 .... 84 C1
Dampierre-sur-Boutonne 17 .... 182 B2
Dampierre-sur-le-Doubs 25 .... 142 B2
Dampierre-sur-Linotte 70 .... 141 E1
Dampierre-sur-Loire 49 .... 129 E4
Dampierre-sur-Moivre 51 .... 65 D2
Dampierre-sur-Salon 70 .... 140 B1
Dampjoux 25 .... 142 B3
Dampleux 02 .... 36 A4
Dampmart 77 .... 61 F3
Dampniat 19 .... 222 B1
Damprichard 25 .... 142 C3
Les Damps 27 .... 32 B3
Dampsmesnil 27 .... 33 D4
Dampvalley-lès-Colombe 70 .... 118 B4
Dampvalley-Saint-Pancras 70 .... 118 B2
Dampvitoux 54 .... 67 F1
Damrémont 52 .... 117 E2
Damville 27 .... 58 C3
Damvillers 55 .... 40 B3
Damvix 85 .... 164 B4
Dancé 42 .... 191 E3
Dancé 61 .... 84 A3
Dancevoir 52 .... 115 F2
Dancharia 64 .... 270 B4
Dancourt 76 .... 17 D2
Dancourt-Popincourt 80 .... 19 D4
Dancy 28 .... 109 E1
Danestal 14 .... 30 A3
Dangé-Saint-Romain 86 .... 149 F3
Dangeau 28 .... 85 D4
Dangers 28 .... 85 D2
Dangeul 72 .... 83 D4
Dangolsheim 67 .... 70 C3
Dangu 27 .... 33 E4
Dangy 50 .... 54 B1
Danizy 02 .... 20 B4
Danjoutin 90 .... 119 F4
Danne-et-Quatre-Vents 57 .... 70 B2
Dannelbourg 57 .... 70 A2
Dannemarie 25 .... 142 C2
Dannemarie 68 .... 120 A3
Dannemarie 78 .... 59 F4
Dannemarie-sur-Crète 25 .... 140 C4
Dannemoine 89 .... 114 A3
Dannemois 91 .... 87 E2
Dannes 62 .... 6 A1
Dannevoux 55 .... 40 A3
Danvou-la-Ferrière 14 .... 55 E2
Danzé 41 .... 108 B3
Daon 53 .... 105 E4
Daoulas 29 .... 47 F3
Daoulas (Gorges du) 22 .... 76 C3
Daours 80 .... 18 B2
Darazac 19 .... 223 E1
Darbonnay 39 .... 159 F3
Darbres 07 .... 246 B1
Darcey 21 .... 138 B2
Dardenac 33 .... 218 C4
Dardenay 52 .... 139 F1
Dardez 27 .... 58 C1
Dardilly 69 .... 192 C4
Dareizé 69 .... 192 A3
Dargies 60 .... 17 F4
Dargilan (Grotte de) 48 .... 262 A1
Dargnies 80 .... 16 C1
Dargoire 42 .... 210 C2
Darmannes 52 .... 92 B4
Darmont 55 .... 40 C4
Darnac 87 .... 185 D1
Darnétal 76 .... 32 B2
Darnets 19 .... 205 E3
Darney 88 .... 118 A1
Darney-aux-Chênes 88 .... 93 F3
Darnieulles 88 .... 94 C4
Darois 21 .... 139 D3
Darvault 77 .... 87 F4
Darvoy 45 .... 110 B3
Dasle 25 .... 142 C2
Daubensand 67 .... 97 D1
Daubeuf-la-Campagne 27 .... 32 A4
Daubeuf-près-Vatteville 27 .... 32 C4
Daubeuf-Serville 76 .... 15 D2
Daubèze 33 .... 236 C1
Dauendorf 67 .... 71 D1
Daumazan-sur-Arize 09 .... 300 B2
Daumeray 49 .... 105 F4
Dauphin 04 .... 266 C3
Dausse 47 .... 239 D4
Daux 31 .... 276 B1
Dauzat-sur-Vodable 63 .... 207 E3
Davayat 63 .... 189 E3
Davayé 71 .... 175 D4
Davejean 11 .... 303 D3
Davenescourt 80 .... 18 C4
Davézieux 07 .... 210 C4
Davignac 19 .... 205 E3
Davrey 10 .... 114 A1
Davron 78 .... 60 B3
Dax 40 .... 271 E1
Deauville 14 .... 30 B3
Deaux 30 .... 263 E2
Débats-Rivière-d'Orpra 42 .... 191 D4
Decazeville 12 .... 241 F2
Dechy 59 .... 9 D3
Décines-Charpieu 69 .... 193 D4
Decize 58 .... 155 E4
Dédeling 57 .... 69 D2
La Défense 92 .... 60 C3
Dégagnac 46 .... 239 F1
Degré 72 .... 106 C1
Dehault 72 .... 83 F4
Dehéries 59 .... 20 A1
Dehlingen 67 .... 44 A4
Deinvillers 88 .... 95 D2
Delain 70 .... 140 B1
Delettes 62 .... 3 D4
Delincourt 60 .... 33 F4
Delle 90 .... 120 A4
Delme 57 .... 68 C2
Delouze 55 .... 93 D1
Le Déluge 60 .... 34 A3
Delut 55 .... 40 B2
Deluz 25 .... 141 E3
Demandolx 04 .... 268 B3
Demange-aux-Eaux 55 .... 93 D1
Demangevelle 70 .... 118 A2
Demi-Quartier 74 .... 196 B3
La Demie 70 .... 141 E1
Demigny 71 .... 158 A3
Demoiselle Coiffée 05 .... 233 D4
Demoiselles (Grotte des) 34 .... 262 C4
Demoiselles Coiffées 05 .... 249 F2
Démouville 14 .... 29 F4
Dému 32 .... 274 A1
Démuin 80 .... 18 C3
Denain 59 .... 9 E3
Dénat 81 .... 259 E4
Denazé 53 .... 104 C3
Dénecourt (Tour) 77 .... 87 F2
Denée 49 .... 128 B3
Dénestanville 76 .... 16 A3
Deneuille-lès-Chantelle 03 .... 172 A4
Deneuille-les-Mines 03 .... 171 D3
Deneuvre 54 .... 95 E2
Denèvre 70 .... 140 B1
Dénezé-sous-Doué 49 .... 129 D4
Dénezé-sous-le-Lude 49 .... 129 F2
Denezières 39 .... 177 D1
Denguin 64 .... 272 C4
Denicé 69 .... 192 B2
Denier 62 .... 7 F3
Denipaire 88 .... 95 F2
Dennebrœucq 62 .... 7 D1
Dennemont 78 .... 59 F2
Denneville 50 .... 26 B3
Dennevy 71 .... 157 F3
Denney 90 .... 119 F4
Denone (Château de) 63 .... 189 F2
Denonville 28 .... 86 A3
Denting 57 .... 42 B4
Déols 36 .... 152 A4
Der-Chantecoq (Lac du) 51 .... 91 E1
Derbamont 88 .... 94 B3
Dercé 86 .... 149 D2
Derchigny 76 .... 16 B2
Dercy 02 .... 20 C4
Dernacueillette 11 .... 303 D4
Dernancourt 80 .... 19 D2
Derval 44 .... 103 E4
Désaignes 07 .... 228 B3
Désandans 25 .... 142 B1
Descartes 37 .... 150 A2
Le Deschaux 39 .... 159 E2
Le Désert 14 .... 55 D2
Le Désert 38 .... 231 E3
Désertines 03 .... 170 C3
Désertines 53 .... 81 D2
Les Déserts 73 .... 213 E1
Déservillers 25 .... 160 B2
Desges 43 .... 226 A2
Desingy 74 .... 195 D2
Desmonts 45 .... 87 E4
Desnes 39 .... 159 E4
Desseling 57 .... 69 E3
Dessenheim 68 .... 96 C4
Dessia 39 .... 176 B3
Destord 88 .... 95 D3
La Destrousse 13 .... 285 E4
Destry 57 .... 69 D2
Desvres 62 .... 2 B4
Détain-et-Bruant 21 .... 158 A1

Détrier 73 ... 213 E2
Le Détroit 14 ... 56 A3
Les Détroits 48 ... 243 F4
Dettey 71 ... 156 C4
Dettwiller 67 ... 70 C2
Deuil-la-Barre 95 ... 61 D2
Deuillet 02 ... 36 B1
Deûlémont 59 ... 4 B3
Les Deux-Alpes 38 ... 231 E2
Deux Amants (Côte des) 27 ... 32 B3
Deux-Chaises 03 ... 171 F3
Deux-Évailles 53 ... 81 E4
Les Deux-Fays 39 ... 159 E3
Deux-Jumeaux 14 ... 27 F3
Deux-Verges 15 ... 225 E4
Les Deux-Villes 08 ... 23 F4
Deuxnouds-aux-Bois 55 ... 67 D2
Deuxnouds-devant-Beauzée 55 ... 66 B2
Deuxville 54 ... 68 C4
Devay 58 ... 155 E4
Devecey 25 ... 141 D3
Devesset 07 ... 228 A2
Devèze 65 ... 298 C1
Devèze (Grotte de la) 34 ... 279 E3
Deviat 16 ... 201 E3
Dévillac 47 ... 238 C2
Deville 08 ... 22 C2
Déville-lès-Rouen 76 ... 32 A2
La Devinière (Musée) 37 ... 149 D1
Devise 80 ... 19 F3
Devrouze 71 ... 158 C4
Deycimont 88 ... 95 D4
Deyme 31 ... 276 C3
Deyvillers 88 ... 95 D4
Le Dézert 50 ... 27 E4
Dezize-lès-Maranges 71 ... 157 F3
Dhuisy 77 ... 62 B1
Dhuizel 02 ... 37 D3
Dhuizon 41 ... 132 C1
Diable (Roche du) 88 ... 119 F1
Diable (Roches du) 29 ... 99 F1
Diancey 21 ... 157 D1
Diane-Capelle 57 ... 69 F3
Diant 77 ... 88 B4
Diarville 54 ... 94 A2
Le Diben 29 ... 49 E2
Diconne 71 ... 158 C4
Dicy 89 ... 112 B3
Didenheim 68 ... 120 B2
Die 26 ... 230 A4
Diebling 57 ... 43 D4
Diebolsheim 67 ... 97 D2
Diedendorf 67 ... 69 F2
Dieffenbach-au-Val 67 ... 96 B1
Dieffenbach-lès-Wœrth 67 ... 45 D4
Dieffenthal 67 ... 96 C2
Diefmatten 68 ... 120 A3
Dielette 50 ... 24 B3
Dième 69 ... 192 A3
Diemeringen 67 ... 44 A4
Diémoz 38 ... 211 E2
Diénay 21 ... 139 E2
Dienne 15 ... 224 C1
Dienné 86 ... 166 C3
Diennes-Aubigny 58 ... 155 F3
Dienville 10 ... 91 D3
Dieppe 76 ... 16 A2
Dieppe-sous-Douaumont 55 ... 40 B4
Dieppedalle-Croisset 76 ... 32 A2
Dierre 37 ... 131 E3
Dierrey-Saint-Julien 10 ... 89 F3
Dierrey-Saint-Pierre 10 ... 89 F3
Diesen 57 ... 42 C4
Dietwiller 68 ... 120 C3
Dieudonné 60 ... 34 B4
Dieue-sur-Meuse 55 ... 66 C1
Dieulefit 26 ... 247 E2
Dieulivol 33 ... 237 E1
Dieulouard 54 ... 68 A3
Dieupentale 82 ... 257 F4
Dieuze 57 ... 69 E3
Diéval 62 ... 7 F2
Diffembach-lès-Hellimer 57 ... 69 E1
Diges 89 ... 113 D4
Digna 39 ... 176 B2
Dignac 16 ... 201 F2
La Digne-d'Amont 11 ... 302 A3
La Digne-d'Aval 11 ... 302 A3
Digne-les-Bains 04 ... 267 F2
Dignonville 88 ... 95 D3
Digny 28 ... 84 C2
Digoin 71 ... 173 E2
Digoine (Château de) 71 ... 174 A2
Digosville 50 ... 25 D2
Digulleville 50 ... 24 B1
Dijon 21 ... 139 E3
Dilo 89 ... 113 E1
Dimancheville 45 ... 87 D4
Dimbsthal 67 ... 70 B3
Dimechaux 59 ... 10 C2
Dimont 59 ... 10 C2
Dinan 22 ... 78 C2
Dinan (Pointe de) 29 ... 47 D4
Dinard 35 ... 52 C4
Dinéault 29 ... 73 F2
Dingé 35 ... 79 E2
Dingsheim 67 ... 71 D3
Dingy-en-Vuache 74 ... 195 D1
Dingy-Saint-Clair 74 ... 195 F3
Dinozé 88 ... 94 C4
Dinsac 87 ... 168 A4
Dinsheim 67 ... 70 C4
Dinteville 52 ... 115 F1
Dio-et-Valquières 34 ... 280 B2
Dionay 38 ... 229 F1
Dions 30 ... 263 F3
Diors 36 ... 152 A4
Diou 03 ... 173 D2
Diou 36 ... 152 C2
Dirac 16 ... 201 F2
Dirinon 29 ... 47 F3
Dirol 58 ... 136 B4
Disneyland Paris 77 ... 61 F3
Dissais 85 ... 163 E2
Dissangis 89 ... 137 D1
Dissay 86 ... 166 B1
Dissay-sous-Courcillon 72 ... 130 B1
Dissé-sous-Ballon 72 ... 83 D4
Dissé-sous-le-Lude 72 ... 129 F1
Distré 49 ... 129 E4
Distroff 57 ... 41 F2
Diusse 64 ... 273 E2
Divajeu 26 ... 247 E1
Dives 60 ... 35 E1
Dives-sur-Mer 14 ... 30 A3
Divion 62 ... 7 F2
Divonne-les-Bains 01 ... 177 F3
Dixmont 89 ... 113 D1
Dizimieu 38 ... 193 F4
Dizy 51 ... 64 A1
Dizy-le-Gros 02 ... 21 E4
Doazit 40 ... 272 B1
Doazon 64 ... 272 B3
Docelles 88 ... 95 D4
Doëlan 29 ... 99 F3
Dœuil-sur-le-Mignon 17 ... 182 A1
Dognen 64 ... 272 A4
Dogneville 88 ... 94 C4
Dohem 62 ... 3 D4
Dohis 02 ... 21 F3
Doignies 59 ... 8 C4
Doingt 80 ... 19 E2
Doissat 24 ... 239 E1
Doissin 38 ... 212 A2
Doix 85 ... 164 A3
Doizieux 42 ... 210 B3
Dol-de-Bretagne 35 ... 79 E1
Dolaincourt 88 ... 93 F3
Dolancourt 10 ... 91 E4
Dolcourt 54 ... 93 F1
Dole 39 ... 159 E1
Dolignon 02 ... 21 F4
Dolleren 68 ... 119 F3
Dollon 72 ... 107 F2
Dollot 89 ... 88 B4
Dolmayrac 47 ... 238 B4
Dolo 22 ... 78 A2
Dolomieu 38 ... 212 A1
Dolus-d'Oléron 17 ... 180 B3
Dolus-le-Sec 37 ... 150 B1
Dolving 57 ... 69 F3
Dom-le-Mesnil 08 ... 23 D4
Domagné 35 ... 103 F1
Domaize 63 ... 208 B1
Domalain 35 ... 104 A2
Domancy 74 ... 196 B2
Domarin 38 ... 211 F1
Domart-en-Ponthieu 80 ... 18 A1
Domart-sur-la-Luce 80 ... 18 C3
Domats 89 ... 112 B1
Domazan 30 ... 264 B3
Dombasle-devant-Darney 88 ... 94 A4
Dombasle-en-Argonne 55 ... 39 F4
Dombasle-en-Xaintois 88 ... 94 A3
Dombasle-sur-Meurthe 54 ... 68 C4
Domblain 52 ... 92 A2
Domblans 39 ... 159 E4
Dombras 55 ... 40 B2
Dombrot-le-Sec 88 ... 93 F4
Dombrot-sur-Vair 88 ... 93 F3
Domecy-sur-Cure 89 ... 136 C3
Domecy-sur-le-Vault 89 ... 136 C2
Doméliers 60 ... 34 A1
Domène 38 ... 231 D1
Domérat 03 ... 170 C3
Domesmont 80 ... 18 A1
Domessargues 30 ... 263 E3
Domessin 73 ... 212 C2
Domèvre-en-Haye 54 ... 67 F3
Domèvre-sous-Montfort 88 ... 94 A3
Domèvre-sur-Avière 88 ... 94 C4
Domèvre-sur-Durbion 88 ... 94 C3
Domèvre-sur-Vezouze 54 ... 95 E1
Domeyrat 43 ... 226 B1
Domeyrot 23 ... 170 A4
Domezain-Berraute 64 ... 271 F4
Domfaing 88 ... 95 E3
Domfessel 67 ... 44 A4
Domfront 60 ... 35 D1
Domfront 61 ... 81 E1
Domfront-en-Champagne 72 ... 106 C1
Domgermain 54 ... 67 F4
La Dominelais 35 ... 103 E3
Domino 17 ... 180 B2
Dominois 80 ... 6 C3
Domjean 50 ... 54 C1
Domjevin 54 ... 95 E1
Domjulien 88 ... 94 A3
Domléger 80 ... 7 D4
Domloup 35 ... 103 F1
Dommarie-Eulmont 54 ... 94 A2
Dommarien 52 ... 116 C4
Dommartemont 54 ... 68 B4
Dommartin 01 ... 175 E3
Dommartin 25 ... 161 D2
Dommartin 58 ... 156 A2
Dommartin 69 ... 192 C4
Dommartin 80 ... 18 B3
Dommartin-aux-Bois 88 ... 94 B4
Dommartin-Dampierre 51 ... 65 F1
Dommartin-la-Chaussée 54 ... 67 F1
Dommartin-la-Montagne 55 ... 67 D1
Dommartin-le-Coq 10 ... 90 C2
Dommartin-le-Franc 52 ... 92 A2
Dommartin-le-Saint-Père 52 ... 92 A2
Dommartin-lès-Cuiseaux 71 ... 176 A2
Dommartin-lès-Remiremont 88 ... 119 E1
Dommartin-lès-Toul 54 ... 67 F4
Dommartin-lès-Vallois 88 ... 94 A4
Dommartin-Lettrée 51 ... 64 C4
Dommartin-sous-Amance 54 ... 68 B3
Dommartin-sous-Hans 51 ... 65 F1
Dommartin-sur-Vraine 88 ... 93 F3
Dommartin-Varimont 51 ... 65 F2
Dommary-Baroncourt 55 ... 40 C3
Domme 24 ... 221 F4
Dommery 08 ... 22 B4
Dommiers 02 ... 36 A3
Domnon-lès-Dieuze 57 ... 69 E2
Domont 95 ... 61 D2
Dompaire 88 ... 94 B4
Dompcevrin 55 ... 67 D2
Dompierre 60 ... 35 D1
Dompierre 61 ... 55 E4
Dompierre 88 ... 95 D3
Dompierre-aux-Bois 55 ... 67 D1
Dompierre-Becquincourt 80 ... 19 D2
Dompierre-du-Chemin 35 ... 80 B3
Dompierre-en-Morvan 21 ... 137 F3
Dompierre-les-Églises 87 ... 185 F1
Dompierre-les-Ormes 71 ... 174 B3
Dompierre-les-Tilleuls 25 ... 160 C3
Dompierre-sous-Sanvignes 71 ... 174 A1
Dompierre-sur-Authie 80 ... 6 C3
Dompierre-sur-Besbre 03 ... 173 D2
Dompierre-sur-Chalaronne 01 ... 193 D1
Dompierre-sur-Charente 17 ... 199 F1
Dompierre-sur-Helpe 59 ... 10 B3
Dompierre-sur-Héry 58 ... 136 B4
Dompierre-sur-Mer 17 ... 163 F4
Dompierre-sur-Mont 39 ... 176 C1
Dompierre-sur-Nièvre 58 ... 135 F4
Dompierre-sur-Veyle 01 ... 193 F2
Dompierre-sur-Yon 85 ... 145 F4
Dompnac 07 ... 245 E2
Domprel 25 ... 142 A4
Dompremy 51 ... 65 E4
Domprix 54 ... 41 D3
Domps 87 ... 204 C1
Domptail 88 ... 95 D2
Domptail-en-l'Air 54 ... 94 B1
Domptin 02 ... 62 C2
Domqueur 80 ... 17 F1
Domremy-aux-Bois 55 ... 66 C4
Domremy-en-Ornois 52 ... 92 B3
Domremy-la-Canne 55 ... 40 C3
Domrémy-la-Pucelle 88 ... 93 E2
Domsure 01 ... 176 A3
Domvallier 88 ... 94 A3
Domvast 80 ... 6 C4
Don 59 ... 8 B1
Donazac 11 ... 302 A3
Donchery 08 ... 23 D4
Doncières 88 ... 95 D2
Doncourt-aux-Templiers 55 ... 67 E1
Doncourt-lès-Conflans 54 ... 41 E4
Doncourt-lès-Longuyon 54 ... 40 C2
Doncourt-sur-Meuse 52 ... 93 D4
Dondas 47 ... 256 C1
Donges 44 ... 125 E3
Donjeux 52 ... 92 B3
Donjeux 57 ... 68 C2
Le Donjon 03 ... 173 D3
Donnay 14 ... 55 F2
Donnazac 81 ... 259 D3
Donnelay 57 ... 69 D3
Donnemain-Saint-Mamès 28 ... 109 D1
Donnemarie 52 ... 116 C1
Donnemarie-Dontilly 77 ... 88 B2
Donnement 10 ... 91 D2
Donnenheim 67 ... 71 D2
Donnery 45 ... 110 B3
Donneville 31 ... 276 C3
Donnezac 33 ... 199 F4
Donon (Col du) 67 ... 70 A4
Dontreix 23 ... 188 B3
Dontrien 51 ... 38 B4
Donville-les-Bains 50 ... 53 F2
Donzac 33 ... 236 C1
Donzac 82 ... 256 C2
Donzacq 40 ... 272 A1
Le Donzeil 23 ... 187 D2
Donzenac 19 ... 222 B1
Donzère 26 ... 246 C3
Donzy 58 ... 135 E3
Donzy-le-National 71 ... 174 C3
Donzy-le-Pertuis 71 ... 175 D3

DIJON

Briand (Av. A.) ... EX 8
Brosses (Bd de) ... CY 9
Champagne (Bd de) ... EX 14
Charrue (R.) ... DY 18
Chouette (R. de la) ... DY 21
Comte (R. A.) ... DY 27
Darcy (Pl.) ... CY
Dr-Chaussier (R.) ... CY 32
Dubois (Pl. A.) ... CY 33
École-de-Droit (R.) ... DY 35
Foch (Av. Mar.) ... CY 43
Godrans (R. des) ... DY 51
Grangier (Pl.) ... DY 54
Libération (Pl. de la) ... DY 57
Liberté (R. de la) ... CY
Magenta (R.) ... EZ 58
Michelet (R.) ... CY 64
Petit-Potet (R. du) ... DY 71
Rameau (R.) ... DY 77
Rude (R. F.) ... DY 81
St-Bénigne (Pl.) ... CY 82
St-Bernard (Pl.) ... DY 83
St-Michel (Pl.) ... DY 86
Vaillant (R.) ... DY 92
Verdun (Bd de) ... EX 93
1er-Mai (Pl. du) ... CZ 94
1re-Armée-Française (Av.) ... CY 95
26e-Dragons (R. du) ... EX 98

DUNKERQUE

Albert-Ier (R.) ..... CZ 2
Alexandre-III (Bd) ..... CZ 3
Arbres (R. des) ..... CDY 6
Asseman (Pl. P.) ..... DY 7
Bergues (R. du Canal-de) ..... CZ 9
Bollaert (Pl. Émile) ..... CZ 12
Calonne (Pl.) ..... DZ 16
Carnot (Bd) ..... DY 18
Carton Lurat (Av.) ..... DZ 19
Clemenceau (R.) ..... CZ 21
Digue de Mer ..... DY
Écluse-de-Bergues (R.) ..... CZ 26
Faidherbe (Av.) ..... DY
Fusiliers-Marins (R.) ..... CZ 30
Gare (Pl. de la) ..... CZ 32
Gaulle (Pl. du Gén.-de) ..... CZ 33
Geeraert (Av. Adolphe) ..... DY
Hermitte (R. l') ..... CY 35
Hollandais (Quai des) ..... CZ 36
Hôtel-de-Ville (R. de l') ..... DY 37
Jardins (Quai des) ..... CZ 38
Jaurès (R. Jean) ..... CZ 40
Jean-Bart (Pl.) ..... CZ 41
Jeu-de-Paume (R. du) ..... CZ 42
Leclerc (R. du Mar.) ..... CY 43
Leughenaer (R. du) ..... CY 44
Lille (R. de) ..... CZ 45
Magasin-Général (R.) ..... CZ 48
Malo (Av. Gaspard) ..... DY 49
Mar.-de-France (Av. des) ..... DY 51
Minck (Pl. du) ..... CY 53
Paris (R. de) ..... CZ 54
Prés.-Poincaré (R. du) ..... CZ 57
Prés.-Wilson (R. du) ..... CZ 58
Quatre-Écluses (Quai) ..... CZ 59
Thiers (R.) ..... CZ 65
Turenne (Pl.) ..... DY 67
Valentin (Pl. C.) ..... CZ 68
Verley (Bd Paul) ..... DY 69
Victoire (Pl. et R. de la) ..... CDY 70
Victor-Hugo (Bd) ..... CZ 72

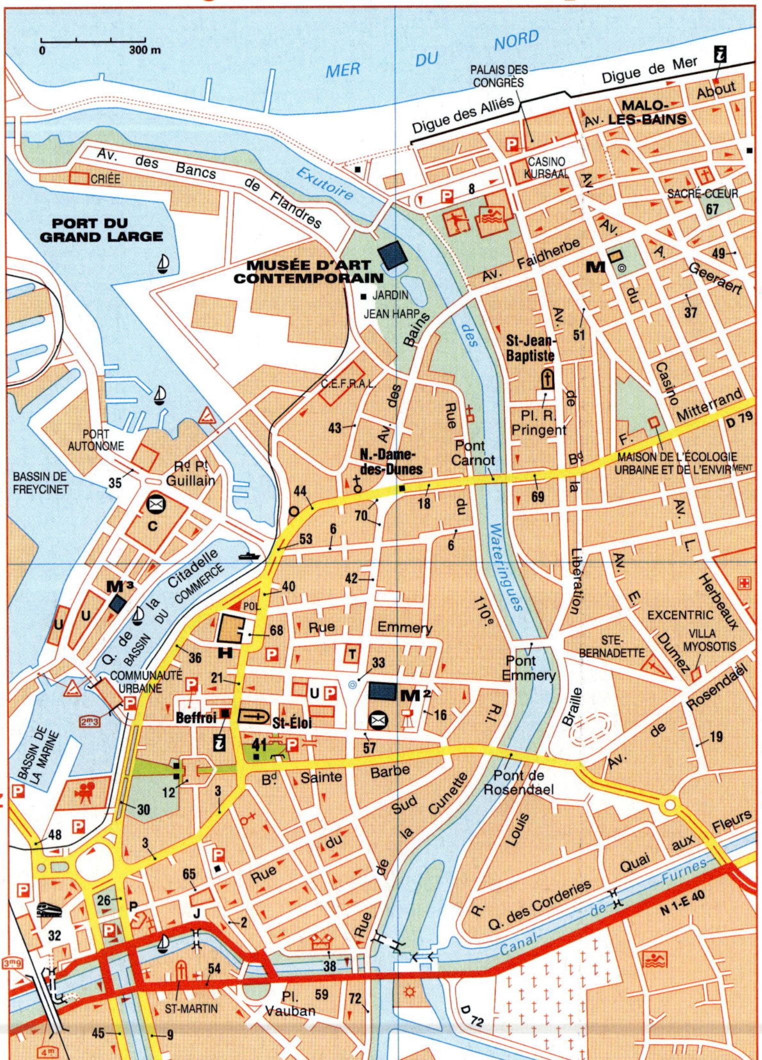

Donzy-le-Pré *58* 135 E3
Doranges *63* 208 B3
Dorans *90* 142 C1
Dorat *63* 190 A3
Le Dorat *87* 185 E1
Dorceau *61* 84 A2
Dordives *45* 111 F1
Dore-l'Église *63* 208 C3
La Dorée *53* 80 C2
Dorengt *02* 10 A4
Dorignies *59* 8 C2
Dorlisheim *67* 70 C4
Dormans *51* 63 E1
Dormelles *77* 88 A3
La Dornac *24* 222 A2
Dornas *07* 228 A4
Dornecy *58* 136 B3
Dornes *58* 172 B1
Dornot *57* 68 A1
Dorres *66* 310 C3
Dortan *01* 176 C3
Dosches *10* 90 C3
Dosnon *10* 90 C1
Dossenheim-Kochersberg *67* 70 C3
Dossenheim-sur-Zinsel *67* 70 B1
Douadic *36* 168 A1
Douai *59* 8 C2
Douains *27* 59 E1
Douarnenez *29* 73 E3
Douaumont *55* 40 B4
Doubs *25* 161 D2
Doucelles *72* 82 C4
Douchapt *24* 220 A1
Douchy *02* 19 F3
Douchy *45* 112 B2
Douchy-lès-Ayette *62* 8 A4
Douchy-les-Mines *59* 9 E3
Doucier *39* 177 D1
Doucy *73* 214 A2
Doucy-en-Bauges *73* 195 E4
Doudeauville *62* 2 B4
Doudeauville *76* 33 E1
Doudeauville-en-Vexin *27* 33 D3
Doudelainville *80* 17 E1
Doudeville *76* 15 E2
Doudrac *47* 238 B1
Doue *77* 62 B3
Doué-la-Fontaine *49* 129 D4
Douelle *46* 240 A3
Le Douhet *17* 181 F4
Douillet *72* 82 B4
Douilly *80* 19 F3
Doulaincourt *52* 92 B3
Doulaize *25* 160 B1
Doulcon *55* 39 F2
Doulevant-le-Château *52* 92 A3
Doulevant-le-Petit *52* 92 A2
Doulezon *33* 219 D4
Le Doulieu *59* 4 A4
Doullens *80* 7 E4
Doumely-Bégny *08* 22 A4
Doumy *64* 272 C3
Dounoux *88* 118 C1
Les Dourbes *04* 268 A2
Dourbies *30* 262 A2
Dourdain *35* 80 A4
Dourdan *91* 86 B2
Dourges *62* 8 C2
Dourgne *81* 278 A3
Douriez *62* 6 C3
Dourlers *59* 10 B3
Le Dourn *81* 260 A3
Dournazac *87* 203 D1
Dournon *39* 160 B2
Dours *65* 298 A1
Doussard *74* 195 F4
Doussay *86* 149 D3
Douvaine *74* 178 A3
Douville *24* 220 B3
Douville-en-Auge *14* 30 A3
Douville-sur-Andelle *27* 32 C3
Douvrend *76* 16 B3
Douvres *01* 194 A2
Douvres-la-Délivrande *14* 29 E3
Douvrin *62* 8 B1
Doux *08* 38 B1
Doux *79* 148 C4
Douy *28* 109 D2
Douy-la-Ramée *77* 62 A1
Douzains *47* 238 B2
Douzat *16* 201 E1
La Douze *24* 221 D2
Douzens *11* 303 D2
Douzies *59* 10 B2
Douzillac *24* 220 A2
Douzy *08* 23 E4
Doville *50* 24 C4
Doye *39* 160 B4
La Doye *39* 177 F2
Doyet *03* 171 D4
Dozulé *14* 30 A4
Dracé *69* 192 C1
Draché *37* 149 F2
Drachenbronn *67* 45 E4
Dracy *89* 112 C4
Dracy-le-Fort *71* 158 A4
Dracy-lès-Couches *71* 157 E3
Dracy-Saint-Loup *71* 157 D2
Dragey *50* 53 F4
Draguignan *83* 287 D2
Draillant *74* 178 B3
Drain *49* 127 D3
Draix *04* 268 A1
Draize *08* 22 A4
Drambon *21* 139 F3
Dramelay *39* 176 C3
Le Dramont *83* 287 F3
Drancy *93* 61 D2
Drap *06* 288 C1
Dravegny *02* 37 D4
Draveil *91* 61 D4
Drée *21* 138 B3
Drée (Château de) *71* 174 A4
Drefféac *44* 125 E2
Drémil-Lafage *31* 277 D2
Le Drennec *29* 47 F2
Dreslincourt *60* 35 F1
Dreuil-Hamel *80* 17 F2
Dreuil-lès-Amiens *80* 18 A2
Dreuil-lès-Molliens *80* 17 F2
Dreuilhe *09* 301 E4
Dreux *28* 59 D4
Drevant *18* 170 C1
Dricourt *08* 38 C2
Driencourt *80* 19 F2
Drignac *15* 224 A1
Drincham *59* 3 E2
Drocourt *62* 8 C2
Drocourt *78* 60 A1
Droisy *27* 58 C3
Droisy *74* 195 D2
Droitaumont *54* 41 D4
Droitfontaine *25* 142 B3
Droiturier *03* 173 D4
Droizy *02* 36 B3
Drom *01* 176 B4
Dromesnil *80* 17 E2
Drosay *76* 15 E2
Drosnay *51* 91 E1
Droué *41* 108 C2
Droue-sur-Drouette *28* 85 F1
Drouges *35* 104 A2
Drouilly *51* 65 D3
Droupt-Saint-Basle *10* 90 A2
Droupt-Sainte-Marie *10* 90 A2
Drouville *54* 68 C4
Drouvin-le-Marais *62* 8 A1
Droux *87* 185 F1
Droyes *52* 91 E2
Drubec *14* 30 B3
Drucat *80* 6 C4
Drucourt *27* 57 E1
Drudas *31* 276 A1
Druelle *12* 242 B4
Drugeac *15* 224 A1
Druillat *01* 193 F2
Drulhe *12* 241 E3
Drulingen *67* 70 A1
Drumettaz-Clarafond *73* 213 D1
Drusenheim *67* 71 F2
Druval *14* 30 A4
Druy-Parigny *58* 155 D3
Druye *37* 130 B4
Druyes-les-Belles-Fontaines *89* 136 A2
Dry *45* 109 F4
Duault *22* 76 A2
Ducey *50* 54 A4
Duclair *76* 15 F4
Ducy-Sainte-Marguerite *14* 29 D4
Duerne *69* 210 B1
Duesme *21* 138 B1
Duffort *32* 274 B4
Dugny *93* 61 D2
Dugny-sur-Meuse *55* 66 C1
Duhort-Bachen *40* 273 D1
Duilhac-sous-Peyrepertuse *11* 303 D4
Duingt *74* 195 F3
Duisans *62* 8 A3
Dullin *73* 212 C2
Dumes *40* 272 B1
Dun *09* 301 E3
Dun-le-Palestel *23* 169 D4
Dun-le-Poëlier *36* 152 A1
Dun-les-Places *58* 137 E4
Dun-sur-Auron *18* 153 F3
Dun-sur-Grandry *58* 156 A1
Dun-sur-Meuse *55* 39 F2
Duneau *72* 107 E1
Dunes *82* 256 C2
Dunet *36* 168 B3
Dung *25* 142 B1
Dunière-sur-Eyrieux *07* 228 C4
Dunières *43* 228 A1
Dunkerque *59* 3 E1
Duntzenheim *67* 70 C2
Duppigheim *67* 71 D4
Duran *32* 274 C2
Durance *47* 255 E1
Duranus *06* 289 D3
Duranville *27* 31 D4
Duras *47* 237 E1
Duravel *46* 239 E3
Durban *32* 274 C3
Durban-Corbières *11* 303 E3
Durban-sur-Arize *09* 300 B3
Durbans *46* 240 C1
Durbelière (Château de la) *79* 147 E2
Durcet *61* 55 F4
Durdat-Larequille *03* 171 D4
Dureil *72* 106 A3
Durenque *12* 260 B2
Durette *69* 192 B1
Durfort *09* 300 C1
Durfort *81* 278 A4
Durfort-et-Saint-Martin-de-Sossenac *30* 263 D3
Durfort-Lacapelette *82* 257 E1
Durlinsdorf *68* 120 B4
Durmenach *68* 120 C4
Durmignat *63* 189 D1
Durnes *25* 160 C1
Durningen *67* 70 C2
Durrenbach *67* 71 D1
Durrenentzen *68* 96 C3
Durstel *67* 70 A1
Durtal *49* 106 A4
Durtol *63* 189 E4
Dury *02* 19 F4
Dury *62* 8 C3
Dury *80* 18 B3
Dussac *24* 203 E3
Duttlenheim *67* 70 C4
Duvy *60* 35 E4
Duzey *55* 40 C2
Dyé *89* 114 A3
Dyo *71* 174 A3

E

Eancé *35* 104 A3
Eaubonne *95* 60 C2
Eaucourt-sur-Somme *80* 17 E1
Eaunes *31* 276 B4
Eaux-Bonnes *64* 296 C3
Eaux-Chaudes *64* 296 C3
Eaux-Puiseaux *10* 114 A1
Eauze *32* 255 D4
Ébange *57* 41 F3
Ébaty *21* 158 A3
Ebaupinaye (Château d') *79* 147 F2
Ebblinghem *59* 3 E3
Ébéon *17* 182 B3
Eberbach-Seltz *67* 45 F4
Eberbach-Wœrth *67* 45 D4
Ebersheim *67* 96 C2
Ebersmunster *67* 96 C1
Ébersviller *57* 42 A3
Éblange *57* 42 B3
Ébouleau *02* 21 D4
Ébréon *16* 183 E3
Ébreuil *03* 189 E1
L'Écaille *08* 38 A2
Écaillon *59* 9 D3
Écajeul *14* 56 B1
Ecalgrain (Baie d') *50* 24 A1
Écalles-Alix *76* 15 F3
Écaquelon *27* 31 E3
Écardenville-la-Campagne *27* 58 A1
Écardenville-sur-Eure *27* 59 D1
Écausseville *50* 25 D3
Écauville *27* 58 B1
Eccica-Suarella *2A* 316 C4
Eccles *59* 10 C2
Échalas *69* 210 C2
Échallat *16* 201 D1
Échallon *01* 177 D4
Échalot *21* 138 C1
Échalou *61* 55 F4
Échandelys *63* 208 B2
Échannay *21* 138 B4
Écharcon *91* 87 D1
Les Écharmeaux *69* 192 A1
Échassières *03* 189 D1
Échauffour *61* 57 E4
Échavanne *70* 119 E4
Échay *25* 160 A1
Échebrune *17* 199 F2
L'Échelle *08* 22 B3
L'Échelle-Saint-Aurin *80* 19 D4
Les Échelles *73* 212 C3
Échemines *10* 89 F3
Échemiré *49* 129 D1
Échenans *25* 142 B1
Échenans-sous-Mont-Vaudois *70* 142 B1
Échenay *52* 92 C2
Échenevex *01* 177 F3
Échenon *21* 159 D1
Échenoz-la-Méline *70* 141 E1
Échenoz-le-Sec *70* 141 E1
Échery *68* 96 A2
Les Échets *01* 193 D3
Échevanne *70* 140 B2
Échevannes *21* 139 E2
Échevannes *25* 160 C1
Échevis *26* 230 A2
Échevronne *21* 158 A1
Échigey *21* 139 E4
Échillais *17* 181 D3
Échilleuses *45* 111 D1
Échinghen *62* 2 A4
Échiré *79* 164 C3
Échirolles *38* 230 C1
Échouboulains *77* 88 A2
Échourgnac *24* 219 F1
Eckartswiller *67* 70 B2
Eckbolsheim *67* 71 D3
Eckmühl (Phare d') *29* 98 A2
Eckwersheim *67* 71 D2
Éclaibes *59* 10 B2
Éclaires *51* 66 A1
Éclance *10* 91 E3
Éclans *39* 159 E1
Eclaron *52* 91 F1
Eclassan *07* 228 C1
Écleux *39* 159 F2
Éclimeux *62* 7 D2
Eclose *38* 211 F2
Écluse (Défilé de l') *74* 195 D1
Éclusier-Vaux *80* 19 D2
Écluzelles *28* 59 E4
Écly *08* 38 A1
Écoche *42* 191 F1
Écoivres *62* 7 E3
École *73* 213 E1
École-Valentin *25* 141 D4
Écollemont *51* 91 E1
Écoman *41* 109 D3
Écommoy *72* 107 D3
Écomusée de Haute-Alsace *68* 120 B1
Écoquenéauville *50* 25 E4
Écorcei *61* 57 F4
Les Écorces *25* 142 C4
Écorches *61* 56 C3
Écordal *08* 38 C1
Écorpain *72* 107 F2
Écos *27* 33 D4
Écot *25* 142 B2
Ecot-la-Combe *52* 92 C4
Écotay-l'Olme *42* 209 E2
Écots *14* 56 C2
Écouché *61* 56 B4
Écouen *95* 61 D2
Écouflant *49* 128 B2
Écouis *27* 32 C3
Écourt-Saint-Quentin *62* 8 C3
Écoust-Saint-Mein *62* 8 B4
Écouves (Forêt d') *61* 82 C1
Écouviez *55* 40 B1
L'Écouvotte *25* 141 F3
Écoyeux *17* 182 B4
Ecquedecques *62* 7 F1
Ecques *62* 3 E4
Ecquetot *27* 32 A4
Ecquevilly *78* 60 B2
Écrainville *76* 14 C3
Écrammeville *14* 27 F3
Les Écrennes *77* 88 A2
Écretteville-lès-Baons *76* 15 E3
Écretteville-sur-Mer *76* 15 D2
Écriennes *51* 65 E4
Écrille *39* 176 C2
Écromagny *70* 119 D3

Écrosnes 28 ... 85 F1
Écrouves 54 ... 67 F4
Ectot-l'Auber 76 ... 15 F3
Ectot-lès-Baons 76 ... 15 F3
Écublé 28 ... 85 D1
Écueil 51 ... 37 E4
Écueillé 36 ... 151 E1
Écuélin 59 ... 10 B2
Écuelle 70 ... 140 A1
Écuelles 71 ... 158 B2
Écuelles 77 ... 88 A3
Écuillé 49 ... 128 B1
Écuires 62 ... 6 B2
Écuisses 71 ... 157 E4
Éculleville 50 ... 24 B2
Écully 69 ... 192 C4
Écuras 16 ... 202 B1
Écurat 17 ... 181 F4
Écurcey 25 ... 142 C2
Écurey-en-Verdunois 55 ... 40 A2
Écurie 62 ... 8 B3
Écury-le-Repos 51 ... 64 A3
Écury-sur-Coole 51 ... 64 C2
Écutigny 21 ... 157 F1
Écuvilly 60 ... 19 E4
Edern 29 ... 75 D4
Édon 16 ... 202 A3
Les Éduts 17 ... 182 C2
Eecke 59 ... 4 A3
Effiat 63 ... 189 F2
Effincourt 52 ... 92 B2
Effry 02 ... 21 E2
Égat 66 ... 310 C3
Égleny 89 ... 113 D4
Égletons 19 ... 205 E3
Égligny 77 ... 88 B2
Eglingen 68 ... 120 B3
L'Église-aux-Bois 19 ... 204 C1
Église-Neuve-de-Vergt 24 ... 220 C2
Église-Neuve-d'Issac 24 ... 220 A3
Égliseneuve-d'Entraigues 63 ... 206 D3
Égliseneuve-des-Liards 63 ... 208 A2
Égliseneuve-près-Billom 63 ... 208 A1
Les Églises d'Argenteuil 17 ... 182 B2
Églisolles 63 ... 209 D3
Les Églisottes-et-Chalaures 33 ... 219 D2
Égly 91 ... 86 C1
Égreville 77 ... 112 A1
Égriselles-le-Bocage 89 ... 112 C1
Égry 45 ... 111 D1
Éguelshardt 57 ... 44 C4
Éguenigue 90 ... 119 F4
L'Éguille 17 ... 181 D4
Éguilles 13 ... 284 C2
Éguilly 21 ... 138 A4
Éguilly-sous-Bois 10 ... 115 D1
Éguisheim 68 ... 96 B4
Éguzon 36 ... 168 C3
Éguzon (Barrage d') 36 ... 168 C3
Éhuns 70 ... 118 C3
Eichhoffen 67 ... 96 C1
Eincheville 57 ... 69 D1
Einvaux 54 ... 94 C1
Einville-au-Jard 54 ... 68 C4
Eix 55 ... 40 B4
Élan 08 ... 22 C4
Élancourt 78 ... 60 B4
Elbach 68 ... 120 A3
Elbeuf 76 ... 32 A3
Elbeuf-en-Bray 76 ... 33 E2
Elbeuf-sur-Andelle 76 ... 32 C2
Élencourt 60 ... 17 E4
Élesmes 59 ... 10 C1
Életot 76 ... 15 D2
Éleu-Dit-Leauwette 62 ... 8 B2
Élincourt 59 ... 20 B1
Élincourt-Sainte-Marguerite 60 ... 35 E1
Élisabethville 78 ... 60 A2
Élise-Daucourt 51 ... 65 F1
Elizaberry 64 ... 270 C3
Ellecourt 76 ... 17 D3
Elliant 29 ... 99 D1
Ellon 14 ... 29 D4
Elne 66 ... 313 D2
Elnes 62 ... 3 D4
Éloie 90 ... 119 F4
Éloise 74 ... 194 C1
Éloyes 88 ... 119 D1
Elsenheim 67 ... 96 C3
Elvange 57 ... 68 C1
Elven 56 ... 101 E3
Elzange 57 ... 42 A2
Émagny 25 ... 140 C3
Émalleville 27 ... 58 C1
Émancé 78 ... 85 F1
Émanville 27 ... 58 B1
Émanville 76 ... 15 F3
Emberménil 54 ... 69 E4
Embourie 16 ... 183 E2
Embres-et-Castelmaure 11 ... 303 E4
Embreville 80 ... 17 D1
Embrun 05 ... 250 B2
Embry 62 ... 6 C1
Émerainville 77 ... 61 E3
Émerchicourt 59 ... 9 D3
Émeringes 69 ... 175 D4
Éméville 60 ... 35 F3
Émiéville 14 ... 29 F4
Emlingen 68 ... 120 B3
Emmerin 59 ... 8 C1
Émondeville 50 ... 25 D4
Empeaux 31 ... 276 A3
Empurany 07 ... 228 B2
Empuré 16 ... 183 E2
Empury 58 ... 136 C3
Encausse 32 ... 275 F1
Encausse-les-Thermes 31 ... 299 D3
Enchanet (Barrage d') 15 ... 223 F2
Enchastrayes 04 ... 250 C3
Enchenberg 57 ... 44 B4
L'Enclave-de-la-Martinière 79 ... 165 E4
Encourtiech 09 ... 300 A3
Encrenaz (Col de l') 74 ... 178 C4
Endoufielle 32 ... 275 F3
Énencourt-le-Sec 60 ... 33 F3
Énencourt-Léage 60 ... 33 F3
Enfer (Gouffre d') 42 ... 210 A3
Enfer (Portes d') 86 ... 167 E4
Enfonvelle 52 ... 117 F2
Engarran (Château de l') 34 ... 281 E2
Engayrac 47 ... 256 C1
Engayresque (Col d') 12 ... 261 E1
Engente 10 ... 91 F4
Engenthal 67 ... 70 B3
Engenville 45 ... 86 C4
Enghien-les-Bains 95 ... 61 D2
Engins 38 ... 230 B1
Englancourt 02 ... 21 D2
Englebelmer 80 ... 18 C1
Englefontaine 59 ... 9 F4
Englesqueville-en-Auge 14 ... 30 B3
Englesqueville-la-Percée 14 ... 27 F2
Englos 59 ... 4 B4
Engomer 09 ... 299 F4
Engraviès 09 ... 301 E3
Enguinegatte 62 ... 7 E1
Engwiller 67 ... 71 D1
Ennemain 80 ... 19 E3
Ennery 57 ... 41 F3
Ennery 95 ... 60 C1
Ennetières-en-Weppes 59 ... 4 B4
Ennevelin 59 ... 9 D1
Ennezat 63 ... 189 F3
Ennordres 18 ... 134 A3
Enquin-les-Mines 62 ... 7 E1
Enquin-sur-Baillons 62 ... 6 C1
Ens 65 ... 307 E4
Ensérune (Oppidum d') 34 ... 304 C1
Ensigné 79 ... 182 C2
Ensisheim 68 ... 120 C1
Ensuès-la-Redonne 13 ... 284 B4
Entrages 04 ... 267 F2
Entraigues 38 ... 231 D3
Entraigues 63 ... 189 F3
Entraigues-sur-la-Sorgue 84 ... 265 D3
Entrains-sur-Nohain 58 ... 135 F2
Entrammes 53 ... 105 D2
Entrange 57 ... 41 E2
Entraunes 06 ... 268 C1
Entraygues-sur-Truyère 12 ... 242 B2
Entre-deux-Eaux 88 ... 95 F3
Entre-deux-Guiers 38 ... 212 C3
Entre-deux-Monts 39 ... 177 E1
Entrecasteaux 83 ... 286 C2
Entrechaux 84 ... 265 E1
Entremont 74 ... 196 A2
Entremont-le-Vieux 73 ... 213 D2
Entrepierres 04 ... 267 E1
Entressen 13 ... 284 A2
Entrevaux 04 ... 269 D3
Entrevennes 04 ... 267 E3
Entrevernes 74 ... 195 F4
Entzheim 67 ... 71 D4
Enval 63 ... 189 E3
Enveitg 66 ... 310 C4
Envermeu 76 ... 16 B2
Envronville 76 ... 15 E3
Éoulx 04 ... 268 B4
Éourres 05 ... 266 C1
Éoux 31 ... 299 E1
Épagne 10 ... 91 D3
Épagne-Epagnette 80 ... 17 E1
Épagny 02 ... 36 A2
Épagny 21 ... 139 E2
Épagny 74 ... 195 E2
Épaignes 27 ... 31 D3
Épaney 14 ... 56 B2
Épannes 79 ... 164 B4
Éparcy 02 ... 21 E2
Les Éparges 55 ... 67 D1
Épargnes 17 ... 199 D2
Les Éparres 38 ... 211 F2
Épau (Abbaye de l') 72 ... 107 D2
Épaumesnil 80 ... 17 E2
Épaux-Bézu 02 ... 62 C1
Épeautrolles 28 ... 85 D3
Épécamps 80 ... 18 A1
Épégard 27 ... 31 F4
Épehy 80 ... 19 F1
Épeigné-les-Bois 37 ... 131 F4
Épeigné-sur-Dême 37 ... 130 C1
Épénancourt 80 ... 19 E3
Épenède 16 ... 184 B2
Épenouse 25 ... 141 F4
Épenoy 25 ... 161 D1
Épense 51 ... 65 F2
Épercieux-Saint-Paul 42 ... 191 F4
Éperlecques 62 ... 3 D3
Épernay 51 ... 64 A1
Épernay-sous-Gevrey 21 ... 139 E4
Épernon 28 ... 85 F1
Éperrais 61 ... 83 F2
Épersy 73 ... 195 D4
Épertully 71 ... 157 F2
Épervans 71 ... 158 A4
Les Epesses 85 ... 146 C3
Épeugney 25 ... 160 B1
Epfig 67 ... 96 C1
Épiais 41 ... 109 D4
Épiais-lès-Louvres 95 ... 61 E1
Épiais-Rhus 95 ... 60 B1
Épieds 02 ... 63 D1
Épieds 27 ... 59 E2
Épieds 49 ... 148 B1
Épieds-en-Beauce 45 ... 109 F2
Épierre 73 ... 213 F2
Épiez-sur-Chiers 54 ... 40 B1
Épiez-sur-Meuse 55 ... 93 E1
Épinac 71 ... 157 E2
Épinal 88 ... 94 C4
Épinant 52 ... 117 D2
Épinay 27 ... 57 F2
Épinay-Champlâtreux 95 ... 61 D1
L'Épinay-le-Comte 61 ... 81 D2
Épinay-sous-Sénart 91 ... 61 E4
Épinay-sur-Duclair 76 ... 15 F4
Épinay-sur-Odon 14 ... 55 E1
Épinay-sur-Orge 91 ... 61 D4
Épinay-sur-Seine 93 ... 61 D2
L'Épine 05 ... 248 C3
L'Épine 51 ... 65 D2
L'Épine 85 ... 144 A2
Épine (Col de l') 73 ... 212 C1
L'Épine-aux-Bois 02 ... 63 D3
Épineau-les-Voves 89 ... 113 D2
Épineu-le-Chevreuil 72 ... 106 B1
Épineuil 89 ... 114 A3
Épineuil-le-Fleuriel 18 ... 170 C2
Épineuse 60 ... 35 D2
Épineux-le-Seguin 53 ... 105 F2
Épiniac 35 ... 79 E1
Épinonville 55 ... 39 F3
Épinouze 26 ... 211 D4
Épinoy 62 ... 9 D4
Épire 49 ... 128 B3
Épiry 58 ... 155 F1
Épisy 77 ... 87 F3
Épizon 52 ... 92 C3
Éplessier 80 ... 17 F3
Épluches 95 ... 60 C1
Éply 54 ... 68 A2
Époisses 21 ... 137 E2
Épône 78 ... 60 A2
Épothémont 10 ... 91 E2
Épouville 76 ... 14 B4
Époye 51 ... 38 A3
Eppe-Sauvage 59 ... 10 C3
Eppes 02 ... 37 D1
Eppeville 80 ... 19 F4
Epping 57 ... 43 F4
Épretot 76 ... 14 C4
Épreville 76 ... 14 C2
Épreville-en-Lieuvin 27 ... 31 D4
Épreville-en-Roumois 27 ... 31 F3
Épreville-près-le-Neubourg 27 ... 58 B1
Épron 14 ... 29 E4
Eps 62 ... 7 E2
Épuisay 41 ... 108 B3
Équancourt 80 ... 19 F1
Équemauville 14 ... 30 C2
Équennes-Éramecourt 80 ... 17 F4
Équeurdreville-Hainneville 50 ... 24 C2
Équevilley 70 ... 118 B3
Équevillon 39 ... 160 B4
Équihen-Plage 62 ... 2 A4
Équilly 50 ... 54 A3
Équirre 62 ... 7 E2
Éragny 95 ... 60 B2
Éragny-sur-Epte 60 ... 33 E3
Eraines 14 ... 56 B2
Éramecourt 80 ... 17 F4
Éraville 16 ... 201 D2
Erbajolo 2B ... 317 E1
Erbalunga 2B ... 315 F1
Erbéviller-sur-Amezule 54 ... 68 C3
Erbray 44 ... 104 A4
Erbrée 35 ... 104 B1
Ercé 09 ... 300 B4
Ercé-en-Lamée 35 ... 103 E3
Ercé-près-Liffré 35 ... 79 F3
Erceville 45 ... 86 B4
Erches 80 ... 19 D4
Ercheu 80 ... 19 E4
Erchin 59 ... 9 D3
Erching 57 ... 43 F4
Erckartswiller 67 ... 70 B1
Ercourt 80 ... 17 D1
Ercuis 60 ... 34 B4
Erdeven 56 ... 100 B4
Éréac 22 ... 78 A3
Ergersheim 67 ... 70 C3
Ergnies 80 ... 17 F1
Ergny 62 ... 6 C1
Ergué-Gabéric 29 ... 73 F4
Érigné 49 ... 128 B3
Érin 62 ... 7 E2
Éringes 21 ... 138 A1
Éringhem 59 ... 3 E2
Ériseul 52 ... 116 B3
Érize-la-Brûlée 55 ... 66 B3
Érize-la-Grande 55 ... 66 B2
Érize-la-Petite 55 ... 66 B2
Érize-Saint-Dizier 55 ... 66 B3
Erlon 02 ... 21 D4
Erloy 02 ... 21 D2
Ermenonville 60 ... 61 F1
Ermenonville-la-Grande 28 ... 85 D3
Ermenonville-la-Petite 28 ... 85 D4
Ermenouville 76 ... 15 E2
Ermitage-du-Frère-Joseph 88 ... 119 F2
Ermont 95 ... 60 C2
Ernecourt 55 ... 66 C4
Ernée 53 ... 80 C3
Ernemont-Boutavent 60 ... 33 E1
Ernemont-la-Villette 76 ... 33 E2
Ernemont-sur-Buchy 76 ... 32 C1
Ernes 14 ... 56 B1
Ernestviller 57 ... 43 D4
Ernolsheim-Bruche 67 ... 70 C3
Ernolsheim-lès-Saverne 67 ... 70 B2
Erny-Saint-Julien 62 ... 7 E1
Érôme 26 ... 229 D1
Érondelle 80 ... 17 E1
Érone 2B ... 315 E4
Éroudeville 50 ... 25 D3
Erp 09 ... 300 A4
Erquery 60 ... 34 C2
Erquières 62 ... 7 D3
Erquinghem-le-Sec 59 ... 4 B4
Erquinghem-Lys 59 ... 4 B4
Erquinvillers 60 ... 34 C2
Erquy 22 ... 52 A4
Err 66 ... 310 C4
Erre 59 ... 9 E3
Errevet 70 ... 119 E4
Errouville 54 ... 41 D2
Ersa 2B ... 314 D1
Erstein 67 ... 97 D1
Erstroff 57 ... 69 E1
Ervauville 45 ... 112 B1
Ervillers 62 ... 8 B4
Ervy-le-Châtel 10 ... 114 A2
Esbareich 65 ... 298 C4
Esbarres 21 ... 158 C1
Esbly 77 ... 61 F3
Esboz-Brest 70 ... 118 C3
Escala 65 ... 298 B2
Escalans 40 ... 255 D3
Les Escaldes 66 ... 310 C3
L'Escale 04 ... 267 E2
Escales 11 ... 303 E1
Escalette (Pas de l') 34 ... 261 F4
Escalles 62 ... 2 B2
Escalquens 31 ... 277 D3
Escames 60 ... 33 E1
Escamps 46 ... 240 B4
Escamps 89 ... 113 D4
Escandolières 12 ... 242 A3
Escanecrabe 31 ... 299 D1
Escardes 51 ... 63 D4
L'Escarène 06 ... 289 E3
Escarmain 59 ... 9 F4
Escaro 66 ... 311 E3
Escassefort 47 ... 237 F2
Escatalens 82 ... 257 E3
Escaudain 59 ... 9 E3
Escaudes 33 ... 236 C4
Escaudœuvres 59 ... 9 D4
Escaufourt 59 ... 20 B1
Escaunets 65 ... 273 E4
Escautpont 59 ... 9 F2
Escazeaux 82 ... 257 D4
Eschau 67 ... 71 D4
Eschbach 67 ... 71 D1
Eschbach-au-Val 68 ... 96 A4
Eschbourg 67 ... 70 B1
Eschêne-Autrage 90 ... 120 A4
Eschentzwiller 68 ... 120 C2
Escherange 57 ... 41 E2
Esches 60 ... 34 A4
Eschwiller 67 ... 70 A1
Esclagne 09 ... 301 E3
Esclainvillers 80 ... 18 B4
Esclanèdes 48 ... 244 A3
Esclangon 04 ... 250 A4
Esclassan-Labastide 32 ... 274 C4
Esclauzels 46 ... 240 B3
Esclavelles 76 ... 16 C4
Esclavolles-Lurey 51 ... 89 E1
Escles 88 ... 94 B4
Escles-Saint-Pierre 60 ... 17 E4
Esclimont 28 ... 86 A2
Esclottes 47 ... 237 E1
Escobecques 59 ... 4 B4
Escœuilles 62 ... 2 C4
Escoire 24 ... 221 D1
Escolives-Sainte-Camille 89 ... 113 E4
Escombres-et-le-Chesnois 08 ... 23 E4
Esconac 33 ... 236 A1
Escondeaux 65 ... 274 A4
Esconnets 65 ... 298 A2
Escorailles 15 ... 223 F1
Escornebœuf 32 ... 275 F2
Escorpain 28 ... 58 C4
Escos 64 ... 271 F3
Escosse 09 ... 300 C2
Escot 64 ... 296 B2
Escots 65 ... 298 A2
Escou 64 ... 296 B1
Escoubès 64 ... 273 D3
Escoubès-Pouts 65 ... 297 F2
Escoublère (Manoir de l') 53 ... 105 E4
Escoulis 31 ... 299 F2
Escouloubre 11 ... 311 D1
Escource 40 ... 252 C1
Escoussans 33 ... 236 C1
Escoussens 81 ... 278 B3
Escout 64 ... 296 B1
Escoutoux 63 ... 190 B4
Escoville 14 ... 29 F4
Escragnolles 06 ... 269 D4
Escrennes 45 ... 110 C1
Escrignelles 45 ... 112 A4
Escrinet (Col de l') 07 ... 246 B1
Escroux 81 ... 279 D1
Escueillens 11 ... 301 F2
Escurès 64 ... 273 E3
Escures-sur-Favières 14 ... 56 B1
Escurolles 03 ... 189 F1
Ésery 74 ... 195 F1
Eslettes 76 ... 32 A1
Esley 88 ... 94 A4
Eslourenties-Daban 64 ... 273 E4
Esmans 77 ... 88 A3
Esmery-Hallon 80 ... 19 F4
Esmoulières 70 ... 119 D3
Esmoulins 70 ... 140 B3
Esnandes 17 ... 163 E4
Esnans 25 ... 141 F3
Esnes 59 ... 20 A1
Esnes-en-Argonne 55 ... 40 A4
Esnoms-au-Val 52 ... 116 B4
Esnon 89 ... 113 E2
Esnouveaux 52 ... 116 C1
Espagnac 19 ... 223 D1
Espagnac-Sainte-Eulalie 46 ... 240 C2
Espagnols (Pointe des) 29 ... 47 E3
Espalais 82 ... 256 C2
Espalem 43 ... 207 F4
Espalion 12 ... 242 C3
Espaly-Saint-Marcel 43 ... 227 D2
Espanès 31 ... 276 C3
Espaon 32 ... 275 E4
Esparron 05 ... 249 D3
Esparron 31 ... 299 E1
Esparron 83 ... 285 F2
Esparron-de-Verdon 04 ... 286 A1
Esparron-la-Bâtie 04 ... 249 F4
Esparros 65 ... 298 B3
Esparsac 82 ... 257 D4
Espartignac 19 ... 204 B3
Espas 32 ... 273 F1
Espaubourg 60 ... 33 F2
Espèche 65 ... 298 B2
Espéchède 64 ... 273 E4
Espédaillac 46 ... 240 C2
Espelette 64 ... 270 C4
Espeluche 26 ... 247 D2
Espenel 26 ... 247 F1
Espérausses 81 ... 279 D1
Espéraza 11 ... 302 B4
Esperce 31 ... 300 C1
Espère 46 ... 240 A3
L'Espérou 30 ... 262 B2
Espès-Undurein 64 ... 295 F1
Espeyrac 12 ... 242 B2
Espeyroux 46 ... 241 D1
Espezel 11 ... 310 C1
Espieilh 65 ... 298 A2
Espiens 47 ... 255 F1
Espiet 33 ... 218 C4
Espinas 82 ... 258 C1
Espinasse 15 ... 225 D4
Espinasse 63 ... 188 C2
Espinasse-Vozelle 03 ... 189 F1
Espinasses 05 ... 249 F2
Espinchal 63 ... 207 D3
Espinouse 04 ... 267 E2
Espins 14 ... 55 F1
Espira-de-Conflent 66 ... 311 F2
Espira-de-l'Agly 66 ... 312 C1
Espirat 63 ... 190 A4
Espiute 64 ... 271 F4
Esplantas 43 ... 226 B3
Esplas 09 ... 300 C2
Esplas-de-Sérou 09 ... 300 B3
Espoey 64 ... 297 E1
Espondeilhan 34 ... 280 B3
Esprels 70 ... 141 F1
Esquay-Notre-Dame 14 ... 55 F1
Esquay-sur-Seulles 14 ... 29 D3
Esquéhéries 02 ... 10 A4
Esquelbecq 59 ... 3 F2
Esquennoy 60 ... 18 B4
Esquerchin 59 ... 8 C2
Esquerdes 62 ... 3 D4
Esquibien 29 ... 72 C3
Esquièze-Sère 65 ... 297 F4
Esquillon (Pointe de l') 06 ... 288 A4
Esquiule 64 ... 296 A1
Essalois (Château d') 42 ... 209 F3
Les Essards 16 ... 219 E1
Les Essards 17 ... 181 E4
Les Essards 37 ... 130 A3
Les Essards-Taignevaux 39 ... 159 D3
Essarois 21 ... 115 F4
Essars 62 ... 8 A1
Les Essarts 27 ... 58 B3
Les Essarts 41 ... 107 F4
Les Essarts 76 ... 32 A3
Les Essarts 85 ... 146 A4
Les Essarts-le-Roi 78 ... 60 A4
Les Essarts-le-Vicomte 51 ... 63 E4
Les Essarts-lès-Sézanne 51 ... 63 E4
Les Essarts-Varimpré 76 ... 16 C3
Essavilly 39 ... 160 B3
Essay 61 ... 83 D1
Esse 16 ... 184 C2
Essé 35 ... 103 F2
Essegney 88 ... 94 B2
Les Esseintes 33 ... 237 D2
Essert 89 ... 136 C1
Essert 90 ... 119 F4
Essert-Romand 74 ... 178 C4
Essertaux 80 ... 18 A4
Essertenne 71 ... 157 E4
Essertenne-et-Cecey 70 ... 140 A3
Essertines-en-Châtelneuf 42 ... 209 D1
Essertines-en-Donzy 42 ... 192 A4
Esserts-Blay 73 ... 214 A1
Esserts-Salève 74 ... 195 F1
Esserval-Combe 39 ... 160 B3
Esserval-Tartre 39 ... 160 B3
Essey 21 ... 138 B4
Essey-et-Maizerais 54 ... 67 E2
Essey-la-Côte 54 ... 94 C2
Essey-les-Eaux 52 ... 116 C1
Essey-lès-Nancy 54 ... 68 B4
Essey-les-Ponts 52 ... 115 F1
Essia 39 ... 176 C1
Essigny-le-Grand 02 ... 20 A3
Essigny-le-Petit 02 ... 20 B2
Essises 02 ... 63 D2
Essômes-sur-Marne 02 ... 63 D1
Esson 14 ... 55 F2
Essoyes 10 ... 115 D1
Essuiles 60 ... 34 B2
Les Estables 43 ... 227 F3
Estables 48 ... 244 B1
Establet 26 ... 248 B2
Estadens 31 ... 299 E3
Estagel 66 ... 312 C1
Estaing 12 ... 242 C2
Estaing 65 ... 297 E3
Estaires 59 ... 4 A4
Estal 46 ... 223 D3
Estampes 32 ... 274 B4
Estampures 65 ... 274 B4
Estancarbon 31 ... 299 E2
Estandeuil 63 ... 208 A1
Estang 32 ... 254 C4
L'Estaque 13 ... 284 C4
Estarvielle 65 ... 298 B4
Estavar 66 ... 310 C4
Esteil 63 ... 208 A3
Estenc 06 ... 251 D4
Esténos 31 ... 299 D4
Estensan 65 ... 298 B4
Estérençuby 64 ... 295 D2
Esternay 51 ... 63 E4
Esterre 65 ... 297 F4
Estevelles 62 ... 8 C2
Esteville 76 ... 32 B1
Estézargues 30 ... 264 B3
Estialescq 64 ... 296 B1
Estibeaux 40 ... 271 F2
Estigarde 40 ... 254 C2
Estillac 47 ... 256 A2
Estipouy 32 ... 274 B2
Estirac 65 ... 273 F3
Estissac 10 ... 89 F4
Estivals 19 ... 222 A2
Estivareilles 03 ... 170 C3
Estivareilles 42 ... 209 E3
Estivaux 19 ... 204 A4
Estoher 66 ... 311 F2
Estos 64 ... 296 B1
Estoublon 04 ... 267 F3
Estouches 91 ... 86 C3
Estourmel 59 ... 9 E4
Éstouteville-Écalles 76 ... 32 C1
Estouy 45 ... 87 D4
Estrablin 38 ... 211 D2
Estramiac 32 ... 256 C4
Estrebay 08 ... 22 A3
Estrébœuf 80 ... 6 A4
L'Estréchure 30 ... 262 C2
Estrée 62 ... 6 B1
Estrée-Blanche 62 ... 7 E1
Estrée-Cauchy 62 ... 8 A2
Estrée-Wamin 62 ... 7 F3
Estréelles 62 ... 6 B1
Estrées 02 ... 20 A2
Estrées 59 ... 8 C3
Estrées-Deniécourt 80 ... 19 E3
Estrées-en-Chaussée 76 ... 19 F3
Estrées-la-Campagne 14 ... 56 A1
Estrées-lès-Crécy 80 ... 6 C3
Estrées-Saint-Denis 60 ... 35 D2
Estrées-sur-Noye 80 ... 18 B3
Estrennes 88 ... 94 A3
Estreux 59 ... 9 F3
Estrun 59 ... 9 E3
Estry 14 ... 55 D2
Esves-le-Moutier 37 ... 150 B2
Esvres 37 ... 131 D4
Eswars 59 ... 9 D4
Étable 73 ... 213 E2
Étables 07 ... 228 C2
Étables-sur-Mer 22 ... 51 D3
Étagnac 16 ... 184 C3
Étaimpuis 76 ... 16 A4
Étain 55 ... 40 C4
Étaing 62 ... 8 C3
Étainhus 76 ... 14 C3
Étais 21 ... 115 D4
Étais-la-Sauvin 89 ... 136 A2
Étalans 25 ... 141 F4
Étalante 21 ... 138 C1
Étalle 08 ... 22 B3
Étalleville 76 ... 15 F2
Étalon 80 ... 19 E3
Étalondes 76 ... 16 C1
Étampes 91 ... 86 C2
Étampes-sur-Marne 02 ... 63 D1
L'Étang-Bertrand 50 ... 24 C3
L'Étang-la-Ville 78 ... 60 B3
Étang-sur-Arroux 71 ... 156 C3
L'Étang-Vergy 21 ... 158 A1
Les Étangs 57 ... 42 A4
Étaples 62 ... 6 B1
Étaule 89 ... 137 D2
Étaules 17 ... 180 C4
Étaules 21 ... 139 D3
Étauliers 33 ... 217 E1
Étaves-et-Bocquiaux 02 ... 20 B2
Étavigny 60 ... 62 A1
Etcharry 64 ... 271 F4
Etchebar 64 ... 295 F2
Éteaux 74 ... 195 F1
Éteignières 08 ... 22 A2
Éteimbes 68 ... 120 A3
Étel 56 ... 100 B4
Ételfay 80 ... 18 C4

L'Etelon *03* 170 C1
Étercy *74* 195 D3
Éternoz *25* 160 B2
Éterpigny *62* 8 C3
Éterpigny *80* 19 E2
Éterville *14* 29 E4
Étevaux *21* 139 F3
Eth *59* 10 A1
Étienville *50* 25 D4
Étigny *89* 112 C1
Les Étilleux *28* 84 A4
Étinehem *80* 19 D2
Étiolles *91* 87 E1
Étival *39* 177 D2
Étival-Clairefontaine *88* 95 F2
Étival-lès-le-Mans *72* 106 C2
Étivey *89* 137 E1
Étobon *70* 119 E4
Étoges *51* 63 F3
L'Étoile *39* 159 E4
L'Étoile *80* 17 F1
Étoile-Saint-Cyrice *05* 248 C4
Étoile-sur-Rhône *26* 229 D4
Éton *55* 40 C3
Étormay *21* 138 B1
Étouars *24* 202 B2
Étourvy *10* 114 B2
Étoutteville *76* 15 E3
Étouvans *25* 142 B2
Étouvelles *02* 36 C1
Étouvy *14* 55 D2
Étouy *60* 34 C2
Étrabonne *25* 140 C4
Étrappe *25* 142 A2
L'Étrat *42* 210 A3
Étray *25* 161 D1
Étraye *55* 40 A3
Étréaupont *02* 21 E2
Étrechet *36* 152 A4
Étréchy *18* 154 A1
Étréchy *51* 64 A3
Étréchy *91* 86 C2
Étréham *14* 28 C3
Étreillers *02* 19 F3
Étréjust *80* 17 E2
Étrelles *35* 104 B1
Étrelles-et-la-Montbleuse *70* 140 C2
Étrelles-sur-Aube *10* 89 F1
Étrembières *74* 178 A4
Étrépagny *27* 33 D3
Étrepigney *39* 159 F1
Étrépigny *08* 22 C4
Étrépilly *02* 62 C1
Étrépilly *77* 62 A1
Étrepy *51* 65 F3
Étretat *76* 14 B2
Étreux *02* 10 A4
Étreval *54* 94 A2
Étréville *27* 31 E3
Étrez *01* 176 A3
Étriac *16* 201 D2
Étriché *49* 128 C1
Étricourt-Manancourt *80* 19 E1
Étrigny *71* 175 D1
Étrochey *21* 115 D3
Étrœungt *59* 10 B4
Étroitefontaine *70* 142 A1
Étroussat *03* 189 F1
Étrun *62* 8 A3
Etsaut *64* 296 B4
Ettendorf *67* 70 C1
Etting *57* 44 A4
Étueffont *90* 119 F4
Étupes *25* 142 C1
Éturqueraye *27* 31 E3
Étusson *79* 147 F2
Étuz *70* 141 D3
Etzling *57* 43 D4
Eu *76* 16 C1
Euffigneix *52* 116 A1
Eugénie-les-Bains *40* 273 D1
Euilly-et-Lombut *08* 23 E4
Eulmont *54* 68 B3
Eup *31* 299 D4
Eurre *26* 229 E4
Eurville-Bienville *52* 92 A1
Eus *66* 311 F2
Euvezin *54* 67 F2
Euville *55* 67 D3
Euvy *51* 64 A4
Euzet *30* 263 F2
Évaillé *72* 107 F3
Évans *39* 140 C4
Évaux-et-Ménil *88* 94 B3
Évaux-les-Bains *23* 188 A1
Ève *60* 61 F1
Évecquemont *78* 60 B2
Évenos *83* 291 F3
Évergnicourt *02* 37 F2
Everly *77* 88 C2
Évette-Salbert *90* 119 F4
Éveux *69* 192 B4
Évian-les-Bains *74* 178 C2
Évigny *08* 22 C4
Évillers *25* 160 C2
Évin-Malmaison *62* 8 C2
Évires *74* 195 F2
Évisa *2A* 316 B1
Évosges *01* 194 A2
Évran *22* 78 C2
Évrange *57* 41 F1
Évrecy *14* 55 F1
Èvres *55* 66 A2
Évreux *27* 58 C2
Évricourt *60* 35 F1
Évriguet *56* 102 A1
Évron *53* 81 F4
Évry *89* 88 C4
Évry *91* 87 D1
Évry-Grégy-sur-Yerres *77* 87 E1
Excenevex *74* 178 B3
Excideuil *24* 203 E4
Exermont *08* 39 E3
Exideuil *16* 184 C3
Exincourt *25* 142 C1
Exireuil *79* 165 E3
Exmes *61* 57 D4
Exoudun *79* 165 E3
Expiremont *17* 199 F4
Eybens *38* 230 C1
Eybouleuf *87* 186 A4
Eyburie *19* 204 B3
Eycheil *09* 300 A3
Eydoche *38* 212 A3
Eygalayes *26* 266 B1
Eygalières *13* 284 A1
Eygaliers *26* 265 F1
Eygliers *05* 250 C1
Eygluy-Escoulin *26* 229 F4
Eyguians *05* 249 D4
Eyguières *13* 284 A1
Eygurande *19* 206 A1
Eygurande-Gardedeuil *24* 219 E2
Eyharce *64* 295 D1
Eyjeaux *87* 186 A4
Eyliac *24* 221 D1
Eymet *24* 238 A1
Eymeux *26* 229 F2
Eymouthiers *16* 202 B1
Eymoutiers *87* 204 C1
Eyne *66* 311 D3
Eyne 2600 *66* 311 D3
Eynesse *33* 219 E4
Eyragues *13* 265 D4
Eyrans *33* 217 E1
Eyrein *19* 205 D4
Eyrenville *24* 238 B1
Eyres-Moncube *40* 272 B1
Eyrignac (Jardins d') *24* 221 F3
Eyroles *26* 247 F3
Eysines *33* 217 D3
Eysson *25* 142 A4
Eysus *64* 296 B2
Eyvirat *24* 202 C4
Eywiller *67* 70 A1
Eyzahut *26* 247 E2
Eyzerac *24* 203 D3
Les Eyzies-de-Tayac *24* 221 E3
Eyzin-Pinet *38* 211 E3
Ézanville *95* 61 D1
Èze *06* 289 E4
Ézy-sur-Eure *27* 59 E3

F

Fa *11* 302 A4
Fabas *09* 300 A2
Fabas *31* 275 E4
Fabas *82* 257 F4
Fabras *07* 245 F1
Fabrègues *34* 281 E3
Fabrezan *11* 303 E2
Faches-Thumesnil *59* 8 C1
Fâchin *58* 156 B2
Facture *33* 235 D1
Fades (Viaduc des) *63* 188 C3
Fage (Gouffre de la) *19* 222 B2
La Fage-Montivernoux *48* 243 F1
La Fage-Saint-Julien *48* 225 F4
Fageole (Col de la) *15* 225 E2
Le Faget *31* 277 E2
Faget-Abbatial *32* 275 D3
Fagnières *51* 64 C2
Fagnon *08* 22 C4
Fahy-lès-Autrey *70* 140 A2
Failly *57* 41 F4
Faimbe *25* 142 B2
Fain-lès-Montbard *21* 138 A1
Fain-lès-Moutiers *21* 137 F1
Fains *27* 59 D2
Fains-la-Folie *28* 85 F4
Fains-les-Sources *55* 66 B3
Faissault *08* 38 C1
Fajac-en-Val *11* 302 C2
Fajac-la-Relenque *11* 301 E1
Fajoles *46* 222 A4
La Fajolle *11* 310 C1
Fajolles *82* 257 D3
Falaise *08* 39 D2
Falaise *14* 56 B2
La Falaise *78* 60 A2
Falck *57* 42 B3
Faleyras *33* 218 C4
Falga *31* 277 E3
Le Falgoux *15* 224 B1
Falgueyrat *24* 238 B1
Falicon *06* 288 C2
Falkwiller *68* 120 A3
Fallencourt *76* 17 D3
Fallerans *25* 160 C1
Falleron *85* 145 E3
Falletans *39* 159 E1
Fallières *88* 119 D1
Fallon *70* 142 A1
La Faloise *80* 18 B4
Fals *47* 256 B2
Falvy *80* 19 E3
Famars *59* 9 F3
Famechon *62* 7 F4
Famechon *80* 17 F3
Fameck *57* 41 F3
Familly *14* 57 E2
Fampoux *62* 8 B3
Fanget (Col du) *04* 250 A4
Fanjeaux *11* 301 F2
Fanlac *24* 221 E2
Le Faou *29* 73 F1
Le Faouët *22* 50 C2
Le Faouët *56* 99 F1
Faramans *01* 193 E3
Faramans *38* 211 F3
Farbus *62* 8 B3
Farceaux *27* 33 D3
Farcheville (Château de) *91* 87 D2
La Fare-en-Champsaur *05* 249 E1
La Fare-les-Oliviers *13* 284 B2
Farébersviller *57* 43 D4
Fareins *01* 192 C2
Faremoutiers *77* 62 B3
Farges *01* 195 D1
Les Farges *24* 221 F2
Farges-Allichamps *18* 153 E4
Farges-en-Septaine *18* 153 F2
Farges-lès-Chalon *71* 158 A3
Farges-lès-Mâcon *71* 175 E2
Fargniers *02* 20 A4
Fargues *33* 236 B2
Fargues *40* 272 C1
Fargues *46* 239 F4
Fargues-Saint-Hilaire *33* 217 F4
Fargues-sur-Ourbise *47* 255 E1
Farincourt *52* 117 E4
Farinole *2B* 315 E1
La Farlède *83* 292 B2
Farnay *42* 210 B2
Faron (Mont) *83* 291 F3
Faronville *45* 86 B4
Farrou *12* 241 E4
Farschviller *57* 43 D4
Fatines *72* 107 D1
Fatouville-Grestain *27* 30 C2
Le Fau *15* 224 B2
Fau-de-Peyre *48* 243 F1
Fauch *81* 259 F4
Faucigny *74* 195 F1
La Faucille (Col de) *01* 177 F3
Faucogney-et-la-Mer *70* 119 D3
Faucompierre *88* 95 E4
Faucon *84* 247 F4
Faucon-de-Barcelonnette *04* 250 C3
Faucon-du-Caire *04* 249 F3
Fauconcourt *88* 95 D2
Faucoucourt *02* 36 C1
Faudoas *82* 257 D4
Le Fauga *31* 276 B4
Faugères *07* 245 F3
Faugères *34* 280 B2
Fauguernon *14* 30 C4
Fauguerolles *47* 237 F3
Fauillet *47* 237 F3
Le Faulq *14* 30 C4
Faulquemont *57* 69 D1
Faulx *54* 68 B3
Faumont *59* 9 D2
Fauquembergues *62* 7 D1
La Faurie *05* 248 C2
Faurilles *24* 238 C1
Fauroux *82* 257 D1
Faussergues *81* 260 A3
La Faute-sur-Mer *85* 163 D3
Fauverney *21* 139 E4
Fauville *27* 58 C1
Fauville-en-Caux *76* 15 D3
Faux *08* 38 B1
Faux *24* 220 B4
Faux de Verzy *51* 38 A4
Faux-Fresnay *51* 90 A1
Faux-la-Montagne *23* 205 D1
Faux-Mazuras *23* 186 C3
Faux-Vésigneul *51* 64 C3
Faux-Villecerf *10* 89 F3
Favalello *2B* 317 E1
Favars *19* 204 C4
La Favède *30* 263 D1
Faveraye-Mâchelles *49* 128 B4
Faverdines *18* 170 C1
Faverelles *45* 135 D1
Faverges *74* 195 F4
Faverges-de-la-Tour *38* 212 B1
Faverney *70* 118 B3
Faverois *90* 120 A4
Faverolles *02* 36 A4
Faverolles *15* 225 E3
Faverolles *28* 59 F4
Faverolles *36* 151 E1
Faverolles *52* 116 B2
Faverolles *61* 56 A4
Faverolles *80* 19 D4
Faverolles-et-Coëmy *51* 37 E4
Faverolles-la-Campagne *27* 58 B2
Faverolles-lès-Lucey *21* 115 F3
Faverolles-les-Mares *27* 57 F1
Faverolles-sur-Cher *41* 131 F3
La Favière *39* 160 B4
La Favière *83* 293 D2
La Favière (Plage de) *83* 293 D2
Favières *28* 84 C2
Favières *54* 93 F2
Favières *77* 61 F4
Favières *80* 6 B4
Favone *2A* 319 F1
Favresse *51* 65 E4
Favreuil *62* 19 E1
Favrieux *78* 59 F2
Le Favril *27* 31 D4
Le Favril *28* 84 C2
Le Favril *59* 10 A3
Fay *61* 57 E4
Le Fay *71* 176 A1
Fay *72* 106 C2
Fay *80* 19 E2
Fay-aux-Loges *45* 110 C3
Fay-de-Bretagne *44* 126 A2
Fay-en-Montagne *39* 159 F4
Fay-le-Clos *26* 229 D1
Fay-les-Étangs *60* 33 F4
Fay-lès-Marcilly *10* 89 E3
Fay-lès-Nemours *77* 87 F4
Le Fay-Saint-Quentin *60* 34 B2
Fay-sur-Lignon *43* 227 F3
Faycelles *46* 241 D2
La Faye *16* 183 E2
Faye *41* 108 C4
La Faye (Pas de) *06* 287 F1
Faye-d'Anjou *49* 128 B4
Faye-la-Vineuse *37* 149 E2
Faye-l'Abbesse *79* 148 A3
Faye-sur-Ardin *79* 164 C2
Le Fayel *60* 35 D3
Fayence *83* 287 E1
Fayet *02* 20 A3
Fayet *12* 279 F1
Le Fayet *74* 196 C3
Fayet-le-Château *63* 208 A1
Fayet-Ronaye *63* 208 B3
Fayl-Billot *52* 117 E3
Faymont *70* 142 A1
Faymoreau *85* 164 B2
Fayrac *24* 221 E4
Fays *52* 92 A2
Fays *88* 95 E4
Fays-la-Chapelle *10* 114 A1
Fayssac *81* 259 D3
Féas *64* 296 A2
Febvin-Palfart *62* 7 E1
Fécamp *76* 14 C2
Féchain *59* 9 D3
Fêche-l'Église *90* 120 A4
La Féclaz *73* 213 D1
Fécocourt *54* 94 A2
Fédry *70* 140 C1
Fegersheim *67* 71 D4
Fégréac *44* 125 E1
Feigères *74* 195 E1
Feigneux *60* 35 F4
Feignies *59* 10 B2
Feillens *01* 175 E3
Feings *41* 132 A3
Feings *61* 83 F1
Feins *35* 79 E3
Feins-en-Gâtinais *45* 112 A4
Feissons-sur-Isère *73* 214 A1
Feissons-sur-Salins *73* 214 B2
Le Fel *12* 242 B1
Fel *61* 56 C3
Felce *2B* 315 F4
Feldbach *68* 120 B4
Feldkirch *68* 120 B1
Feliceto *2B* 314 C3
Félines *07* 210 C4
Félines *43* 208 C4
Félines-Minervois *34* 279 D4
Félines-sur-Rimandoule *26* 247 E2
Félines-Termenès *11* 303 D3
Felleries *59* 10 C3
Fellering *68* 120 A1
Felletin *23* 187 F3
Felluns *66* 311 F1
Felon *90* 120 A3
Felzins *46* 241 E2
Fenain *59* 9 E3
Fénay *21* 139 E4
Fendeille *11* 301 F1
Fénery *79* 165 D1
Fénétrange *57* 69 F2
Feneu *49* 128 B1
Féneyrols *82* 258 C2
Féniers *23* 205 E1
Féniers (Abbaye de) *15* 206 C4
Fenioux *17* 181 F3
Fenioux *79* 164 C2
Fenneviller *54* 95 F1
Fénols *81* 259 D4
Le Fenouiller *85* 144 C4
Fenouillet *31* 276 B1
Fenouillet *66* 311 F1
Fenouillet (Sommet du) *83* 292 B2
Fenouillet-du-Razès *11* 301 F2
Fépin *08* 11 F4
Fer à Cheval (Cirque du) *74* 196 C1
Ferayola *2B* 314 A4
Fercé *44* 103 F3
Fercé-sur-Sarthe *72* 106 B3
Ferdrupt *88* 119 E2
La Fère *02* 20 B4
Fère (Château de) *02* 36 C4
Fère-Champenoise *51* 64 A4
Fère-en-Tardenois *02* 36 C4
Fèrebrianges *51* 63 F3
La Férée *08* 22 A3
Férel *56* 123 F3
Ferfay *62* 7 F1
Féricy *77* 87 F2
Férin *59* 8 C3
Fermanville *50* 25 D2
Ferme de Navarin (Monument de la) *51* 38 C4
La Fermeté *58* 155 D2
Ferney-Voltaire *01* 177 F4
Fernoël *63* 188 A4
Férolles *45* 110 C3
Férolles-Attilly *77* 61 E4
Féron *59* 10 C4
Ferques *62* 2 B3
Ferrals-les-Corbières *11* 303 E2
Ferrals-les-Montagnes *34* 279 D4
Ferran *11* 302 A2
Ferrassières *26* 266 B1
Le Ferré *35* 80 A1
Ferrensac *47* 238 B1
Ferrère *65* 298 C3
Les Ferres *06* 269 F3
Ferrette *68* 120 C4
Ferreux *10* 89 E2
La Ferrière *22* 77 F4
La Ferrière *37* 131 D1
La Ferrière *38* 213 E4
La Ferrière *85* 146 A4
La Ferrière-Airoux *86* 166 B4
La Ferrière-au-Doyen *14* 55 D1
La Ferrière-au-Doyen *61* 57 E4
La Ferrière-aux-Étangs *61* 55 F4
La Ferrière-Béchet *61* 82 C1
La Ferrière-Bochard *61* 82 B2
La Ferrière-de-Flée *49* 104 C4
La Ferrière-Duval *14* 55 E2
La Ferrière-en-Parthenay *79* 165 F1
Ferrière-et-Lafolie *52* 92 A2
La Ferrière-Harang *14* 55 D2
Ferrière-la-Grande *59* 10 B2
Ferrière-la-Petite *59* 10 C2
Ferrière-Larçon *37* 150 B2
Ferrière-sur-Beaulieu *37* 150 C1
La Ferrière-sur-Risle *27* 58 A2
Ferrières *17* 164 A4
Ferrières *50* 80 C1
Ferrières *54* 94 B1
Ferrières *60* 34 C1
Ferrières *65* 297 D3
Ferrières *74* 195 E2
Ferrières *80* 18 A2
Ferrières *81* 278 C2
Ferrières-en-Bray *76* 33 E2
Ferrières-en-Brie *77* 61 F3
Ferrières-en-Gâtinais *45* 111 F1
Ferrières-Haut-Clocher *27* 58 B2
Ferrières-la-Verrerie *61* 57 E4
Ferrières-le-Lac *25* 142 C3
Ferrières-les-Bois *25* 140 C4
Ferrières-lès-Ray *70* 140 C1
Ferrières-lès-Scey *70* 118 A4
Ferrières-les-Verreries *34* 262 C4
Ferrières-Poussarou *34* 279 F3
Ferrières-Saint-Hilaire *27* 57 F1
Ferrières-Saint-Mary *15* 225 E1
Ferrières-sur-Ariège *09* 301 D4
Ferrières-sur-Sichon *03* 190 B2
Ferrussac *43* 226 A2
Fertans *25* 160 B1
La Ferté *39* 159 F2
La Ferté-Alais *91* 87 D2
La Ferté-Beauharnais *41* 133 D2
La Ferté-Bernard *72* 83 F4
La Ferté-Chevresis *02* 20 C4
La Ferté-Frênel *61* 57 E3
La Ferté-Gaucher *77* 62 C4
La Ferté-Hauterive *03* 172 B3
La Ferté-Imbault *41* 133 E3
La Ferté-Loupière *89* 112 C3
La Ferté-Macé *61* 81 F1
La Ferté-Milon *02* 36 A4
La Ferté-Saint-Aubin *45* 110 B4
La Ferté-Saint-Cyr *41* 132 C1
La Ferté-Saint-Samson *76* 33 D1
La Ferté-sous-Jouarre *77* 62 B2
La Ferté-sur-Chiers *08* 40 A1
La Ferté-Vidame *28* 84 B1
La Ferté-Villeneuil *28* 109 D2
Fertrève *58* 155 F2
Fervaches *50* 54 C1
Fervaques *14* 57 D1
Fescamps *80* 19 D4
Fesches-le-Châtel *25* 142 C1
Fesmy-le-Sart *02* 10 A4
Fesques *76* 16 C3
Fessanvilliers-Mattanvilliers *28* 58 B4
Fessenheim *68* 121 D1
Fessenheim-le-Bas *67* 70 C3
Fessevillers *25* 142 C3
Les Fessey *70* 119 D3
Fessy *74* 178 B4
Festalemps *24* 219 F1
Festes-et-Saint-André *11* 302 A3
Festieux *02* 37 D1
Festigny *51* 63 F1
Festigny *89* 136 B2
Festre (Col du) *05* 249 D1
Festubert *62* 8 A1
Le Fête *21* 157 E1
Féternes *74* 178 C3
Fétigny *39* 176 C2
Feucherolles *78* 60 B3
Feuchy *62* 8 B3
Feugarolles *47* 255 F1
Feugères *50* 27 D4
Feuges *10* 90 B3
Feuguerolles *27* 58 C1
Feuguerolles-sur-Orne *14* 55 F1
Feuguerolles-sur-Seulles *14* 29 D4
Feuilla *11* 303 F4
Feuillade *16* 202 A2
La Feuillade *24* 222 A2
La Feuillée *29* 49 E4
Feuillères *80* 19 E2
La Feuillie *50* 26 C4
La Feuillie *76* 33 D2
Feule *25* 142 B3
Feuquières *60* 17 E4
Feuquières-en-Vimeu *80* 17 D1
Feurs *42* 191 F4
Feusines *36* 169 F2
Feux *18* 135 D4
Fèves *57* 41 F4
Féy *57* 68 A1
Fey-en-Haye *54* 67 F2
Feyt *19* 206 A1
Feytiat *87* 186 A4
Feyzin *69* 211 D1
Fiac *81* 277 F1
Ficaja *2B* 315 F4
Ficajola *2A* 316 A1
Ficheux *62* 8 B4
Fichous-Riumayou *64* 272 C3
Le Fidelaire *27* 58 A2
Le Fied *39* 159 F4
Le Fief-Sauvin *49* 127 E4
Fieffes *80* 18 A1
Fiefs *62* 7 E1
Fiennes *62* 2 B3
Fienvillers *80* 18 A1
Fier (Gorges du) *74* 195 E3
Fierville-la-Campagne *14* 56 B1
Fierville-les-Mines *50* 24 C4
Fierville-les-Parcs *14* 30 C4
Le Fieu *33* 219 D2
Fieulaine *02* 20 B2
Fieux *47* 255 F2
Figanières *83* 287 D2
Figareto *2B* 315 C4
Figari *2A* 319 D3
Figarol *31* 299 E2
Figeac *46* 241 E2
Fignévelle *88* 117 F2
Fignières *80* 18 C4
Filain *02* 36 C2
Filain *70* 141 E1
Filitosa (Station Préhistorique de) *2A* 318 C1
Fillé *72* 106 C3
Fillières *54* 41 D2
Fillièvres *62* 7 D3
Fillinges *74* 195 F1
Fillols *66* 311 F3
Filstroff *57* 42 B2
Fiménil *88* 95 E4
Findrol *74* 195 F1
Finestret *66* 311 F2
Finhan *82* 257 E4
Finiels (Col de) *48* 244 C3
Les Fins *25* 161 E1
Fins *80* 19 F1
Fiquefleur-Équainville *27* 30 C2
Firbeix *24* 203 D2
Firfol *14* 30 C4
Firmi *12* 241 F2
Firminy *42* 209 F3
Fislis *68* 120 C4
Fismes *51* 37 D3
Fitignieu *01* 194 B3
Fitilieu *38* 212 B2
Fitou *11* 303 F4
Fitz-James *60* 34 C3
Fix-Saint-Geneys *43* 226 C1
Fixem *57* 41 F2
Fixin *21* 139 D4
Flabas *55* 40 B3
Flacé-lès-Mâcon *71* 175 D4
Flacey *21* 139 E2
Flacey *28* 109 D1
Flacey-en-Bresse *71* 176 B1
La Flachère *38* 213 D3
Flachères *38* 211 F2
Flacourt *78* 59 F2
Flacy *89* 89 E4
Flagey *25* 160 B1
Flagey *52* 116 C3
Flagey-Echézeaux *21* 158 B1
Flagey-lès-Auxonne *21* 159 D1
Flagey-Rigney *25* 141 E2
Flagnac *12* 241 F2
Flagy *70* 118 B4
Flagy *71* 174 C2
Flagy *77* 88 A3
Flaignes-Havys *08* 22 A3
Flaine *74* 196 B2
Flainval *54* 68 C4
Flamanville *50* 24 B3
Flamanville *76* 15 F3
Flamarens *32* 256 C3
La Flamengrie *02* 10 B4
La Flamengrie *59* 10 A1
Flamets-Frétils *76* 17 D4
Flammerans *21* 140 A4
Flammerécourt *52* 92 A3
Flancourt-Catelon *27* 31 F3
Flangebouche *25* 142 A4
Flaran (Abbaye de) *32* 255 F4
Flassan *84* 265 F2
Flassans-sur-Issole *83* 286 C3
Flassigny *55* 40 B2
Flastroff *57* 42 B2
Flat *63* 207 F2
Flaucourt *80* 19 E2
Flaugeac *24* 238 A1
Flaugnac *46* 257 F1
Flaujac-Gare *46* 240 C1
Flaujac-Poujols *46* 240 A4
Flaujagues *33* 219 E4
Flaumont-Waudrechies *59* 10 B3
Flaux *30* 264 B3
Flavacourt *60* 33 F3
Flaviac *07* 246 C1
Flavignac *87* 203 E1
Flavignerot *21* 139 D4
Flavigny *18* 154 A2
Flavigny *51* 64 A2
Flavigny-le-Grand-et-Beaurain *02* 20 C2
Flavigny-sur-Moselle *54* 94 B1
Flavigny-sur-Ozerain *21* 138 B2

Flavin 12 260 B1
Flavy-le-Martel 02 20 A4
Flavy-le-Meldeux 60 19 F4
Flaxieu 01 194 C4
Flaxlanden 68 120 C3
Flayat 23 188 A4
Flayosc 83 287 D2
Fléac 16 201 E1
Fléac-sur-Seugne 17 199 E2
La Flèche 72 106 B4
Fléchères (Château de) 01 192 C2
Fléchin 62 7 E1
Fléchy 60 18 A4
Fleckenstein (Château de) 67 45 D3
Flée 21 137 F2
Flée 72 107 E4
Fleigneux 08 23 D3
Fleisheim 57 70 A2
Le Fleix 24 219 F4
Fleix 86 167 D2
Fléré-la-Rivière 36 150 C2
Flers 61 55 E4
Flers 62 7 E3
Flers 80 19 E1
Flers-en-Escrebieux 59 8 C2
Flers-sur-Noye 80 18 A4
Flesquières 59 9 D4
Flesselles 80 18 A1
Flétrange 57 69 D1
Flêtre 59 4 A3
Fléty 58 156 B4
Fleurac 16 201 D1
Fleurac 24 221 E3
Fleurance 32 256 B4
Fleurat 23 169 D4
Fleurbaix 62 4 B4
Fleuré 61 56 B4
Fleuré 86 166 C2
Fleurey 25 142 C3
Fleurey-lès-Faverney 70 118 A4
Fleurey-lès-Lavoncourt 70 117 F4
Fleurey-lès-Saint-Loup 70 118 C2
Fleurey-sur-Ouche 21 138 C3
Fleurie 69 192 C1
Fleuriel 03 172 A4
Fleurieu-sur-Saône 69 192 C3
Fleurieux-sur-l'Arbresle 69 192 B4
Fleurigné 35 80 B3
Fleurigny 89 89 D4
Fleurines 60 35 D4
Fleurville 71 175 E3
Fleury 02 36 A4
Fleury 11 304 C1
Fleury 50 54 A3
Fleury 57 68 A1
Fleury 60 33 F4
Fleury 62 7 E2
Fleury 80 18 A4
Fleury-devant-Douaumont 55 40 B4
Fleury-en-Bière 77 87 E2
Fleury-la-Forêt 27 33 D2
Fleury-la-Montagne 71 191 E1
Fleury-la-Rivière 51 63 F1
Fleury-la-Vallée 89 113 D3
Fleury-les-Aubrais 45 110 A3
Fleury-Mérogis 91 87 D1
Fleury-sur-Aire 55 66 B1
Fleury-sur-Andelle 27 32 C3
Fleury-sur-Loire 58 155 D4
Fleury-sur-Orne 14 29 E4
Flévieu 01 194 A4
Fléville 08 39 E3
Fléville-devant-Nancy 54 68 B4
Fléville-Lixières 54 41 D3
Flévy 57 41 F3
Flexanville 78 59 F3
Flexbourg 67 70 C3
Fley 71 174 C1
Fleys 89 114 A3
Flez-Cuzy 58 136 B3
Fligny 08 22 A2
Flin 54 95 D1
Flines-lès-Mortagne 59 9 E1
Flines-lez-Raches 59 9 D2
Flins-Neuve-Église 78 59 F3
Flins-sur-Seine 78 60 A2
Flipou 27 32 B3
Flirey 54 67 F2
Flixecourt 80 17 F1
Flize 08 22 C4
La Flocellière 85 147 D3
Flocourt 57 68 C1
Flocques 76 16 C1
Flogny-la-Chapelle 89 114 A2
Floing 08 23 D4
Floirac 17 199 D2
Floirac 33 217 E4
Floirac 46 222 B3
Florac 48 244 B4
Florange 57 41 F3
Florémont 88 94 B2
Florensac 34 280 C4
Florent-en-Argonne 51 39 E4
Florentia 39 176 B3
Florentin 81 259 D4
Florentin-la-Capelle 12 242 B2
Floressas 46 239 E3
Florimont 90 120 A4
Florimont-Gaumier 24 239 F1
Floringhem 62 7 F1
Flornoy 52 92 A1
La Flotte 17 163 D4
Flottemanville 50 25 D3
Flottemanville-Hague 50 24 B2
Floudès 33 237 D2
Floure 11 302 C2
Flourens 31 277 D2
Floursies 59 10 B3
Floyon 59 10 B4
Flumet 73 196 B3
Fluquières 02 19 F3
Fluy 80 18 A3
Foameix 55 40 C3
Foce 2A 319 D2
Focicchia 2B 317 E1
Foëcy 18 152 C1
Le Fœil 22 51 D4
Foisches 08 13 D3
Foissac 12 241 D3
Foissac 30 263 F2
Foissiat 01 176 A3
Foissy 21 157 E1
Foissy-lès-Vézelay 89 136 C3
Foissy-sur-Vanne 89 89 D4
Foix 09 301 D3
Folcarde 31 277 E4
Folelli 2B 315 F3
Folembray 02 36 B1
Folgensbourg 68 120 C4
Le Folgoët 29 47 F2
La Folie 14 27 F3
Folies 80 19 D3
Folkling 57 43 D4
Follainville-Dennemont 78 59 F2
Folles 87 186 A1
La Folletière 76 15 F3
La Folletière (Château de) 27 59 E2
La Folletière-Abenon 14 57 E2
Folleville 27 31 D4
Folleville 80 18 B4
Folligny 50 54 A3
Folpersviller 57 43 E4
Folschviller 57 42 C4
Fomerey 88 94 C4
Fomperron 79 165 E2
Fonbeauzard 31 276 C2
Foncegrive 21 139 E1
Fonches-Fonchette 80 19 E3
Foncine-le-Bas 39 177 F1
Foncine-le-Haut 39 177 F1
Foncquevillers 62 8 A4
Fond-de-France 38 213 E4
Fondamente 12 261 E4
Fondettes 37 130 C3
Fondremand 70 141 D2
Fongalop 24 239 D1
Fongrave 47 238 A4
Fongueusemare 76 14 C3
Fonroque 24 238 A1
Fons 07 246 A2
Fons 30 263 F4
Fons 46 241 D1
Fons-sur-Lussan 30 263 F1
Fonsommes 02 20 B2
Fonsorbes 31 276 A3
Font-Romeu-Odeillo-Via 66 310 C3
Fontain 25 141 D4
Fontaine 10 91 E4
Fontaine 38 230 C1
Fontaine 90 120 A3
Fontaine-au-Bois 59 10 A3
Fontaine-au-Pire 59 9 E4
Fontaine-Bellenger 27 32 B4
Fontaine-Bonneleau 60 18 A4
Fontaine-Chaalis 60 35 D4
Fontaine-Chalendray 17 183 D3
Fontaine-Couverte 53 104 B2
Fontaine-Daniel 53 81 E3
Fontaine-de-Vaucluse 84 265 E3
Fontaine-Denis-Nuisy 51 89 E1
Fontaine-en-Bray 76 16 C4
Fontaine-en-Dormois 51 39 D4
Fontaine-Étoupefour 14 29 E4
Fontaine-Fourches 77 89 D3
Fontaine-Française 21 139 F2
Fontaine-Guérard (Abbaye de) 27 32 C3
Fontaine-Guérin 49 129 D2
Fontaine-Henry 14 29 E3
Fontaine-Heudebourg 27 59 D1
Fontaine-la-Gaillarde 89 89 D4
Fontaine-la-Guyon 28 85 D2
Fontaine-la-Louvet 27 31 D4
Fontaine-la-Mallet 76 14 B4
Fontaine-la-Rivière 91 86 C3
Fontaine-la-Soret 27 31 E4
Fontaine-l'Abbé 27 58 A1
Fontaine-Lavaganne 60 33 F1
Fontaine-le-Bourg 76 32 B1
Fontaine-le-Comte 86 166 B2
Fontaine-le-Dun 76 15 F2
Fontaine-le-Pin 14 56 A2
Fontaine-le-Port 77 87 F2
Fontaine-le-Puits 73 214 B2
Fontaine-le-Sec 80 17 E2
Fontaine-les-Bassets 61 56 C3
Fontaine-lès-Boulans 62 7 E1
Fontaine-lès-Cappy 80 19 D2
Fontaine-lès-Clercs 02 20 A3
Fontaine-lès-Clerval 25 142 A2
Fontaine-les-Coteaux 41 108 A4
Fontaine-lès-Croisilles 62 8 B4
Fontaine-lès-Dijon 21 139 D3
Fontaine-les-Grès 10 90 A2
Fontaine-lès-Hermans 62 7 E1
Fontaine-lès-Luxeuil 70 118 C3
Fontaine-les-Ribouts 28 85 D1
Fontaine-lès-Vervins 02 21 E3
Fontaine-l'Étalon 62 7 D3
Fontaine-Luyères 10 90 B3
Fontaine-Mâcon 10 89 D2
Fontaine-Milon 49 129 D2
Fontaine-Notre-Dame 02 20 B2
Fontaine-Notre-Dame 59 9 D4
Fontaine-Raoul 41 108 C2
Fontaine-Saint-Lucien 60 34 A2
La Fontaine-Saint-Martin 72 106 C4
Fontaine-Simon 28 84 B2
Fontaine-sous-Jouy 27 59 D1
Fontaine-sous-Montaiguillon 77 89 D1
Fontaine-sous-Montdidier 80 18 C4
Fontaine-sous-Préaux 76 32 B2
Fontaine-sur-Ay 51 64 B1
Fontaine-sur-Coole 51 64 C3
Fontaine-sur-Maye 80 6 C4
Fontaine-sur-Somme 80 17 F1
Fontaine-Uterte 02 20 B2
Fontainebleau 77 87 F3
Fontainebrux 39 159 E4
Fontaines 71 158 A3
Fontaines 85 164 A3
Fontaines 89 112 C4
Fontaines-d'Ozillac 17 199 F3
Fontaines-en-Duesmois 21 138 B1
Fontaines-en-Sologne 41 132 B2
Fontaines-les-Sèches 21 114 C4
Fontaines-Saint-Clair 55 40 A2
Fontaines-Saint-Martin 69 193 D3
Fontaines Salées (Fouilles des) 89 136 C2
Fontaines-sur-Marne 52 92 B1
Fontaines-sur-Saône 69 193 D4
Les Fontainettes 60 33 F2
Fontains 77 88 B2
Fontan 06 289 F2
Fontanès 30 263 E4
Fontanès 34 263 D4
Fontanès 42 210 A2
Fontanes 46 240 A4
Fontanes 48 244 C1
Fontanès-de-Sault 11 311 D1
Fontanes-du-Causse 46 240 B1
Fontanges 15 224 B2
Fontangy 21 138 A3
Fontanières 23 188 A2
Fontanil-Cornillon 38 212 C4
Fontannes 43 208 A4
Fontans 48 244 A1
Fontarèches 30 264 A2
Fontcaude (Abbaye de) 34 280 A4
Fontclaireau 16 183 F3
Fontcouverte 11 303 E2
Fontcouverte 17 181 F4
Fontcouverte-la-Toussuire 73 213 F4
Fontdouce (Abbaye de) 17 182 B4
La Fontelaye 76 15 F3
Fontenai-les-Louvets 61 82 B1
Fontenai-sur-Orne 61 56 B4
Fontenailles 77 88 A1
Fontenailles 89 136 A1
Fontenay 27 33 D4
Fontenay 36 152 A2
Fontenay 50 54 C4
Fontenay 71 174 A2
Fontenay 76 14 B3
Fontenay 88 95 D4
Fontenay (Abbaye de) 21 138 A1
Fontenay-aux-Roses 92 61 D3
Fontenay-de-Bossery 10 89 D2
Fontenay-en-Parisis 95 61 D1
Fontenay-le-Comte 85 164 A2
Fontenay-le-Fleury 78 60 B3
Fontenay-le-Marmion 14 56 A1
Fontenay-le-Pesnel 14 29 D4
Fontenay-le-Vicomte 91 87 D1
Fontenay-lès-Briis 91 86 C1
Fontenay-Mauvoisin 78 59 F2
Fontenay-près-Chablis 89 113 F3
Fontenay-près-Vézelay 89 136 C3
Fontenay-Saint-Père 78 60 A2
Fontenay-sous-Bois 94 61 E3
Fontenay-sous-Fouronnes 89 136 B1
Fontenay-sur-Conie 28 109 F1
Fontenay-sur-Eure 28 85 E3
Fontenay-sur-Loing 45 111 F1
Fontenay-sur-Mer 50 25 E3
Fontenay-sur-Vègre 72 106 A3
Fontenay-Torcy 60 33 E1
Fontenay-Trésigny 77 62 A4
Fontenelle 02 10 B4
Fontenelle 21 139 F2
La Fontenelle 35 79 F2
La Fontenelle 41 108 B1
Fontenelle 90 119 F4
Fontenelle (Château de) 04 267 E2
Fontenelle-en-Brie 02 63 D2
Fontenelle-Montby 25 141 F2
Les Fontenelles 25 142 B4
Fontenelles (Abbaye des) 85 145 F4
Fontenermont 14 54 B3
Fontenet 17 182 B3
Fontenille 16 183 F3
Fontenille 79 183 D1
Fontenilles 31 276 A3
Les Fontenis 70 141 D2
Fontenois-la-Ville 70 118 B2
Fontenois-lès-Montbozon 70 141 E2
Fontenotte 25 141 F3
Fontenouilles 89 112 B3
Fontenoy 02 36 A2
Fontenoy 89 135 F1
Fontenoy-la-Joûte 54 95 D2
Fontenoy-le-Château 88 118 B2
Fontenoy-sur-Moselle 54 67 F4
Fontenu 39 160 A4
Fonteny 39 160 A3
Fonteny 57 68 C2
Fonters-du-Razès 11 301 F1
Fontès 34 280 C3
Fontet 33 237 D2
Fontette 10 115 E1
Fontevraud-l'Abbaye 49 148 C1
Fontfreide 63 207 E1
Fontfroide (Abbaye de) 11 303 F2
Fontgombault 36 167 F1
Fontguenand 36 132 B4
Fontienne 04 267 D2
Fontiers-Cabardès 11 278 B4
Fontiès-d'Aude 11 302 C2
Fontjoncouse 11 303 E3
Fontoy 57 41 E2
Fontpédrouse 66 311 D3
Fontrabiouse 66 311 D2
Fontrailles 65 274 B4
Fontvannes 10 90 A4
Fontvieille 13 283 E1
Forbach 57 43 D4
Força Réal (Ermitage de) 66 312 C1
Forcalqueiret 83 286 B4
Forcalquier 04 266 C3
La Force 11 302 A2
La Force 24 220 A4
Forcé 53 105 D1
Forcelles-Saint-Gorgon 54 94 A2
Forcelles-sous-Gugney 54 94 A2
Forceville 80 18 C1
Forceville-en-Vimeu 80 17 E2
Forcey 52 92 C4
Forciolo 2A 316 C4
La Forclaz 74 178 C3
Forclaz (Col de la) 74 195 F3
Forest-en-Cambrésis 59 9 F4
Forest-l'Abbaye 80 6 C4
La Forest-Landerneau 29 47 F3
Forest-Montiers 80 6 B3
Forest-Saint-Julien 05 249 F1
Forest-sur-Marque 59 5 D4
Foreste 02 19 F3
La Forestière 51 89 E1
Forestière (Aven de la) 30 246 A4
La Forêt 33 217 D3
La Forêt-Auvray 61 56 A3
La Forêt-de-Tessé 16 183 E2
La Foret-du-Parc 27 59 D2
La Forêt-du-Temple 23 169 E3
La Forêt-Fouesnant 29 98 F1
Forêt-la-Folie 27 33 D4
La Forêt-le-Roi 91 86 B2
La Forêt-Sainte-Croix 91 86 C3
La Forêt-sur-Sèvre 79 147 E4
Forfry 77 62 A1
La Forge 88 119 E1
Forges 17 181 E1
Forgès 19 223 D1
Les Forges 23 187 F1
Forges 49 129 D4
Les Forges 56 101 E1
Forges 61 82 C2
Forges 77 88 A3
Les Forges 79 165 F2
Les Forges 88 94 C4
Les Forges-de-Paimpont 35 102 B1
Forges-la-Forêt 35 104 A3
Forges-les-Bains 91 86 B1
Forges-les-Eaux 76 33 D1
Forges-sur-Meuse 55 40 A3
Forgevieille 23 168 C4
Forgues 31 275 F4
La Forie 63 208 C2
Forléans 21 137 F2
Formentin 14 30 B4
Formerie 60 17 E4
Formigny 14 27 F3
Formiguères 66 311 D2
Fornex 09 300 B2
Fors 79 164 C4
Forstfeld 67 71 F1
Forstheim 67 71 D1
Fort-Bloqué 56 99 F3
Fort-du-Plasne 39 177 E1
Fort-Louis 67 71 F1
Fort-Mahon-Plage 80 6 A3
Fort-Mardyck 59 3 E1
Fort-Médoc 33 217 D1
Fort-Moville 27 31 D3
Fortan 41 108 B3
Fortel-en-Artois 62 7 E3
La Forteresse 38 212 A4
Fortschwihr 68 96 C3
Fos 31 299 D4
Fos 34 280 B2
Fos-sur-Mer 13 284 A3
Le Fossat 09 300 C2
Fossé 08 39 E2
Fossé 41 132 A1
Fosse 66 311 F1
Le Fossé 76 33 D1
La Fosse (Hameau troglodytique de) 49 129 D4
La Fosse Arthour 50 81 D1
La Fosse-Corduan 10 89 E2
La Fosse-de-Tigné 49 128 C4
Fossemagne 24 221 D2
Fossemanant 80 18 A3
Les Fosses 79 182 B1
Fosses 95 61 E1
Fossès-et-Baleyssac 33 237 E2
La Fossette 83 293 D2
Fosseuse 60 34 B4
Fosseux 62 8 A3
Fossieux 57 68 B2
Fossoy 02 63 D1
Fou (Gorges de la) 66 312 B4
Foucarmont 76 17 D3
Foucart 76 15 D3
Foucarville 50 25 E4
Foucaucourt-en-Santerre 80 19 D3
Foucaucourt-Hors-Nesle 80 17 E2
Foucaucourt-sur-Thabas 55 66 A1
Fouchécourt 70 118 A3
Fouchécourt 88 117 F1
Foucherans 25 141 E4
Foucherans 39 159 E1
Fouchères 10 114 C1
Fouchères 89 112 B1
Fouchères-aux-Bois 55 92 B1
Foucherolles 45 112 B1
Fouchy 67 96 B1
Foucrainville 27 59 D2
Fouday 67 96 A1
Fouencamps 80 18 B3
Fouesnant 29 73 F4
Foufflin-Ricametz 62 7 F3
Foug 54 67 E4
Fougaron 31 299 E3
Fougax-et-Barrineuf 09 301 F4
Fougeré 49 129 D1
Fougeré 85 163 E1
Fougères 35 80 B3
Fougères-sur-Bièvre 41 132 A2
Les Fougerêts 56 102 B3
Fougerolles 36 169 E2
Fougerolles 70 118 C2
Fougerolles-du-Plessis 53 80 C2
Fougueyrolles 24 219 E4
La Fouillade 12 259 D1
Fouilleuse 60 35 D2
Fouilloux 05 249 E3
La Fouillouse 42 209 F2
Le Fouilloux 17 219 D1
Fouillouze 04 251 D2
Fouilloy 60 17 E4
Fouilloy 80 18 C2
Fouju 77 87 F1
Foulain 52 116 B1
Foulangues 60 34 B3
Foulayronnes 47 256 B1
Foulbec 27 31 D2
Foulcrey 57 69 E4
Fouleix 24 220 B3
Foulenay 39 159 E3
Fouligny 57 42 B4
Foulognes 14 28 C4
Foulzy 08 22 A3
Fouquebrune 16 201 F2
Fouquenies 60 34 A2
Fouquereuil 62 8 A1
Fouquerolles 60 34 B2
Fouquescourt 80 19 D3
Fouqueure 16 183 E3
Fouqueville 27 32 A4
Fouquières-lès-Béthune 62 8 A1
Fouquières-lès-Lens 62 8 C2
Four 38 211 F2
Fouras 17 180 C2
Fourbanne 25 141 F3
Fourcatier-et-Maison-Neuve 25 161 D4
Fourcès 32 255 E3
Fourchambault 58 154 C2
Fourchaud (Château de) 03 172 A3
Fourches 14 56 B3
Fourcigny 80 17 E3
Fourdrain 02 36 C1
Fourdrinoy 80 18 A2
Fourg 25 160 A1
Fourges 27 59 F1
Les Fourgs 25 161 D3
Fourilles 03 172 A4
Fourmagnac 46 241 D1
Fourmetot 27 31 E3
Fourmies 59 10 C4
Fournaudin 89 113 E1
Fourneaux 23 187 E2
Fourneaux 42 191 F3
Fourneaux 45 110 A3
Fourneaux 50 54 C2
Fourneaux 73 214 C4
Fourneaux-le-Val 14 56 A3
Fournels 48 225 E4
Fournès 30 264 B3
Fournes-Cabardès 11 278 C4
Fournes-en-Weppes 59 8 B1
Le Fournet 14 30 B4
Fournet-Blancheroche 25 142 C4
Fourneville 14 30 C3
Fournival 60 34 C2
Fournols 63 208 B2
Fournoulès 15 241 F1
Fouronnes 89 136 B1
Fourques 30 283 D1
Fourques 66 312 C3
Fourques-sur-Garonne 47 237 E3
Fourqueux 78 60 B3
Fourquevaux 31 277 D3
Fours 33 217 E1
Fours 58 155 F4
Fours-en-Vexin 27 33 D4
Fourtou 11 302 C4
Foussais-Payré 85 164 B2
Foussemagne 90 120 A3
Le Fousseret 31 299 F1
Foussignac 16 201 D1
Foussignargues 30 245 F4
Fouvent-le-Bas 70 117 E4
Fouvent-le-Haut 70 140 B1
La Foux 83 287 E4
La Foux-d'Allos 04 250 C4
Fouzilhon 34 280 B3
Foville 57 68 B2
Fox-Amphoux 83 286 B2
La Foye-Monjault 79 182 A1
Fozières 34 280 C1
Fozzano 2A 318 C2
Fragnes 71 158 A3
Frahier-et-Chatebier 70 119 E4
Fraignot-et-Vesvrotte 21 139 D1
Fraillicourt 08 21 F4
Fraimbois 54 95 D1
Frain 88 117 F1
Frais 90 120 A3
Frais-Marais 59 9 D2
Fraisans 39 159 F1
Fraisnes-en-Saintois 54 94 A2
Fraisse 24 219 F3
Fraisse-Cabardès 11 278 B4
Fraissé-des-Corbières 11 303 F3
Fraisse-sur-Agout 34 279 E2
Fraisses 42 209 F3
Fraissines 81 260 A3
Fraissinet-de-Fourques 48 262 B1
Fraissinet-de-Lozère 48 244 C4
Fraize 88 95 F4
Fralignes 10 90 C4
La Framboisière 28 84 B1
Frambouhans 25 142 C4
Framecourt 62 7 E3
Framerville-Rainecourt 80 19 D3
Framicourt 80 17 D2
Framont 70 140 B1
Frampas 52 91 F1
Francalmont 70 118 B3
Francaltroff 57 69 E1
Francardo 2B 315 D4
Francarville 31 277 E2
Francastel 60 34 A1
Françay 41 131 F1
Francazal 31 299 F3
Francescas 47 255 F2
Francheleins 01 192 C2
Franchesse 03 171 F1
Francheval 08 23 E4
Franchevelle 70 119 D4
La Francheville 08 22 C4
Francheville 21 139 D2
Francheville 27 58 A3
Francheville 39 159 E3
Francheville 51 65 D2
Francheville 54 67 F3
Francheville 61 82 B1
Francheville 69 192 C4
Francières 60 35 D2
Francières 80 17 F1
Francillon 36 151 F3
Francillon-sur-Roubion 26 247 E1
Francilly-Selency 02 20 A3
Francin 73 213 E2
Franclens 74 194 C2
François 79 165 D3
Francon 31 299 F1
Franconville 54 94 C1
Franconville 95 60 C2
Francoulès 46 240 A2
Francourt 70 117 E4
Francourville 28 85 F3
Francs 33 219 D3
Francueil 37 131 E4
Franey 25 140 C4
Frangy 74 195 D2
Frangy-en-Bresse 71 159 D4
Franken 68 120 C3
Franleu 80 17 D1
Franois 25 141 D4
Franquevielle 31 298 C2
Franqueville 02 21 D3
Franqueville 27 31 E4
Franqueville 80 18 A1
Franqueville-Saint-Pierre 76 32 B2
La Franqui 11 304 C4
Frans 01 192 C2
Fransart 80 19 D3
Fransèches 23 187 E2
Fransu 80 18 A1
Fransures 80 18 A4
Franvillers 80 18 C2
Franxault 21 159 D1
Frapelle 88 96 A2
Fraquelfing 57 69 F4
Fraroz 39 160 B4
Frasnay-Reugny 58 155 E2
Frasne 25 160 C3
Frasne-le-Château 70 140 C2
Frasne-les-Meulières 39 140 A4
La Frasnée 39 177 D1
Le Frasnois 39 177 E1
Frasnoy 59 10 A2
La Frasse 74 196 B1
Frasseto 2A 317 D4
Frauenberg 57 43 E4
Frausseilles 81 259 D3
Fravaux 10 91 E4
Le Frayssé 81 260 A4
Frayssinet 46 240 A1
Frayssinet-le-Gélat 46 239 E2
Frayssinhes 46 223 D4
Frazé 28 84 C4
Fréauville 76 16 C3
Frebécourt 88 93 E2
Frébuans 39 176 B1
Le Frêche 40 254 B3
Fréchède 65 274 A4
Fréchencourt 80 18 B2
Fréchendets 65 298 A2
Le Fréchet 31 299 F2
Fréchet-Aure 65 298 B4
Le Fréchou 47 255 F2
Fréchou-Fréchet 65 298 A1
Frécourt 52 117 D2

Frédéric-Fontaine 70 119 E4
La Frédière 17 181 F3
Frédille 36 151 E2
Frégimont 47 256 A1
Frégouville 32 275 F2
Fréhel 22 52 A4
Fréhel (Cap) 22 52 A4
Freigné 49 127 E1
Freissinières 05 232 B4
La Freissinouse 05 249 E2
Freistroff 57 42 B3
Freix-Anglards 15 224 A3
Fréjairolles 81 259 F4
Fréjeville 81 278 A2
Fréjus 83 287 F3
Fréjus (Parc Zoologique) 83 287 F2
Fréjus (Tunnel du) 73 214 C4
Fréland 68 96 B3
Frelinghien 59 4 B4
Frémainville 95 60 A1
Frémécourt 95 60 B1
Fréménil 54 95 E1
Frémeréville-sous-les-Côtes 55 67 E3
Frémery 57 68 C2
Frémestroff 57 69 E1
Frémicourt 62 19 E1
Fremifontaine 88 95 E3
Frémontiers 80 17 F3
Frémonville 54 69 F4
La Frénaye 76 15 D4
Frencq 62 6 B1
Frêne (Col du) 73 213 E1
Frenelle-la-Grande 88 94 A3
Frenelle-la-Petite 88 94 A3
Frênes 61 55 E3
Freneuse 76 32 A3
Freneuse 78 59 F1
Freneuse-sur-Risle 27 31 E4
Freney 73 214 B4
Le Freney-d'Oisans 38 231 E2
Fréniches 60 19 F4
Frénois 21 139 D2
Frénois 88 94 A4
Frénouse (Musée de la) 53 104 C2
Frénouville 14 29 F4
Frépillon 95 60 C1
Fresles 76 16 B4
La Fresnaie-Fayel 61 57 D3
La Fresnais 35 53 D4
Fresnay 10 91 F3
Fresnay-en-Retz 44 145 D1
Fresnay-le-Comte 28 85 E3
Fresnay-le-Gilmert 28 85 E2
Fresnay-le-Long 76 16 A4
Fresnay-le-Samson 61 57 D3
Fresnay-l'Évêque 28 86 A4
Fresnay-sur-Sarthe 72 82 C3
La Fresnaye-au-Sauvage 61 56 A4
La Fresnaye-sur-Chédouet 72 83 D2
Le Fresne 27 58 B2
Le Fresne 51 65 E2
Le Fresne-Camilly 14 29 E3
Fresne-Cauverville 27 31 D4
Fresné-la-Mère 14 56 B2
Fresne-l'Archevêque 27 32 C3
Fresne-le-Plan 76 32 C2
Fresne-Léguillon 60 33 F4
Le Fresne-Poret 50 55 D4
Fresne-Saint-Mamès 70 140 C1
Le Fresne-sur-Loire 44 127 F3
Fresneaux-Montchevreuil 60 34 A3
Fresnes 02 36 B1
Fresnes 21 138 A1
Fresnes 41 132 A3
Fresnes 89 114 A4
Fresnes 94 61 D4
Fresnes-au-Mont 55 66 C2
Fresnes-en-Saulnois 57 68 C2
Fresnes-en-Tardenois 02 36 C4
Fresnes-en-Woëvre 55 67 D1
Fresnes-lès-Montauban 62 8 C3
Fresnes-lès-Reims 51 37 F3
Fresnes-Mazancourt 80 19 E3
Fresnes-sur-Apance 52 117 F2
Fresnes-sur-Escaut 59 9 F2
Fresnes-sur-Marne 77 61 F2
Fresnes-Tilloloy 80 17 E2
Fresneville 80 17 E2
Fresney 27 59 D2
Fresney-le-Puceux 14 56 A1
Fresney-le-Vieux 14 55 F1
Fresnicourt-le-Dolmen 62 8 A2
Fresnières 60 35 E1
Fresnois-la-Montagne 54 40 C1
Fresnoy 62 7 D2
Fresnoy-Andainville 80 17 E2
Fresnoy-au-Val 80 17 F3
Fresnoy-en-Bassigny 52 117 E1
Fresnoy-en-Chaussée 80 18 C3
Fresnoy-en-Gohelle 62 8 B2
Fresnoy-en-Thelle 60 34 B4
Fresnoy-Folny 76 16 C2
Fresnoy-la-Rivière 60 35 F3
Fresnoy-le-Château 10 90 C4
Fresnoy-le-Grand 02 20 B2
Fresnoy-le-Luat 60 35 E4
Fresnoy-lès-Roye 80 19 D4
Frespech 47 238 C4
Fresquiennes 76 32 A1
Fressac 30 263 D3
Fressain 59 9 D3
Fressancourt 02 36 B1
Fresse 70 119 E3
Fresse-sur-Moselle 88 119 E2
Fresselines 23 169 D3
Fressenneville 80 17 D1
Fressies 59 9 D3
Fressin 62 7 D2
Fressines 79 165 D4
Le Frestoy-Vaux 60 35 D1
Fresville 50 25 D4
Le Fret 29 47 E4
Fréterive 73 213 F1
Fréteval 41 108 C3
Fréthun 62 2 B2
Fretigney-et-Velloreille 70 141 D2
Frétigny 28 84 B3
Fretin 59 9 D1
Frétoy 77 62 C4
Frétoy-le-Château 60 19 E4
La Frette 38 212 A3
La Frette 71 175 F1
La Frette-sur-Seine 95 60 C2
Frettecuisse 80 17 E2
Frettemeule 80 17 D1
Frettemolle 80 17 E4
Fretterans 71 159 D3
Frettes 70 117 D4
Le Fréty 08 22 A4
Freulleville 76 16 B3
Frévent 62 7 E3
Fréville 76 15 F4
Fréville 88 93 D3
Fréville-du-Gâtinais 45 111 D2
Frévillers 62 7 F2
Frévin-Capelle 62 8 A3
Freybouse 57 69 E1
Freycenet-la-Cuche 43 227 E3
Freycenet-la-Tour 43 227 E3
Freychenet 09 301 D4
Freyming-Merlebach 57 42 C4
Freyssenet 07 246 B1
Friaize 28 84 C2
Friardel 14 57 E2
Friaucourt 80 16 C1
Friauville 54 41 D4
Fribourg 57 69 E3
Fricamps 80 17 F3
Frichemesnil 76 32 B1
Fricourt 80 19 D2
Fridefont 15 225 E4
Friedolsheim 67 70 C2
Frières-Faillouël 02 20 A4
Friesen 68 120 B4
Friesenheim 67 97 D1
Frignicourt 51 65 E4
Le Friolais 25 142 B4
Frise 80 19 E2
Friville-Escarbotin 80 17 D1
Frizon 88 94 C3
Froberville 76 14 C2
Frocourt 60 34 A3
Frœningen 68 120 B3
Frœschwiller 67 45 D4
Froges 38 213 D4
Frohen-le-Grand 80 7 E4
Frohen-le-Petit 80 7 E4
Frohmuhl 67 70 B1
Froideconche 70 118 C3
Froidefontaine 39 160 B3
Froidefontaine 90 142 C1
Froidestrées 02 21 E2
Froideterre 70 119 D4
Froidevaux 25 142 B3
Froideville 39 159 E3
Froidfond 85 145 D3
Froidmont-Cohartille 02 20 C4
Froidos 55 66 A1
Froissy 60 34 B1
Frôlois 21 138 B2
Frolois 54 94 A1
Fromelennes 08 13 D3
Fromelles 59 8 B1
Fromental 87 186 A1
Fromentières 51 63 F3
Fromentières 53 105 E3
Fromentine 85 144 B2
Fromentine (Pont de) 85 144 B2
Fromeréville-les-Vallons 55 40 A4
Fromezey 55 40 C4
Fromont 77 87 E4
Fromy 08 40 A1
Froncles-Buxières 52 92 B3
Fronsac 31 299 D3
Fronsac 33 218 C3
Frontenac 33 236 C1
Frontenac 46 241 D2
Frontenard 71 158 C3
Frontenas 69 192 B3
Frontenaud 71 176 A2
Frontenay 39 159 F4
Frontenay-Rohan-Rohan 79 164 C4
Frontenay-sur-Dive 86 148 C3
Frontenex 73 213 F1
Frontignan 34 281 E3
Frontignan-de-Comminges 31 299 D3
Frontignan-Plage 34 281 E4
Frontignan-Savès 31 275 F4
Fronton 31 257 F4
Frontonas 38 211 F1
Fronville 52 92 B2
Frossay 44 125 F4
Frotey-lès-Lure 70 119 D4
Frotey-lès-Vesoul 70 141 E1
Frouard 54 68 A3
Frouville 95 60 C1
Frouzins 31 276 B3
Froville 54 94 C2
Froyelles 80 6 C4
Frozes 86 166 A1
Frucourt 80 17 E2
Frugères-les-Mines 43 207 F3
Fruges 62 7 D1
Frugières-le-Pin 43 208 A4
Fruncé 28 84 C3
Fry 76 33 D1
Fuans 25 142 B4
Fublaines 77 62 A2
Le Fugeret 04 268 C2
Le Fuilet 49 127 E3
Fuilla 66 311 E3
Fuissé 71 175 D4
Fuligny 10 91 E3
Fulleren 68 143 E1
Fultot 76 15 E2
Fulvy 89 114 B4
Fumay 08 11 F4
Fumel 47 239 D3
Fumichon 14 30 C4
Furchhausen 67 70 C2
Furdenheim 67 70 C3
Fures 38 212 B4
Furiani 2B 315 F2
Furmeyer 05 249 D2
Fussey 21 158 A1
Fussy 18 153 E1
La Fuste 04 267 D4
Fustérouau 32 273 F1
Fustignac 31 299 F1
Futeau 55 66 A1
Futuroscope 86 166 B1
Fuveau 13 285 D3
Fyé 72 82 C3
Fyé 89 113 F3

G

Gaas 40 271 E2
Gabarnac 33 236 C2
Gabarret 40 255 D3
Gabas 64 296 C4
Gabaston 64 273 D4
Gabat 64 271 E4
Gabian 34 280 B3
Gabillou 24 221 E1
Gabre 09 300 C3
Gabriac 12 242 C3
Gabriac 48 262 C1
Gabrias 48 244 A2
Gacé 61 57 D3
La Gacilly 56 102 B3
Gâcogne 58 137 D4
Gadancourt 95 60 A1
Gadencourt 27 59 E2
Gaël 35 78 B4
Gageac-et-Rouillac 24 220 A4
Gages-le-Haut 12 242 C4
Gagnac-sur-Cère 46 223 D3
Gagnac-sur-Garonne 31 276 B1
Gagnières 30 245 F4
Gagny 93 61 E3
Gahard 35 79 F3
Gailhan 30 263 E4
Gaillac 81 258 C4
Gaillac-d'Aveyron 12 243 D4
Gaillac-Toulza 31 300 C1
Gaillagos 65 297 E3
Gaillan-en-Médoc 33 198 C4
Gaillard 74 178 A4
Gaillardbois-Cressenville 27 32 C3
La Gaillarde 76 15 F1
Gaillefontaine 76 17 D4
Gaillères 40 254 A3
Gaillon 27 32 C4
Gaillon-sur-Montcient 78 60 A2
Gainneville 76 14 B4
Gaja-et-Villedieu 11 302 A2
Gaja-la-Selve 11 301 F2
Gajac 33 236 C3
Gajan 09 300 A3
Gajan 30 263 F4
Gajoubert 87 185 D1
Galametz 62 7 D3
Galamus (Gorges du) 11 302 C4
Galan 65 298 B1
Galapian 47 238 A4
Galargues 34 282 A1
La Galère 06 288 A4
Galéria 2B 314 A4
Galey 09 299 E4
Galez 65 298 B1
Galfingue 68 120 B3
Galgan 12 241 F3
Galgon 33 218 C2
Galiax 32 273 F2
Galibier (Col du) 05 232 A2
Galié 31 299 D3
Galinagues 11 310 C1
Gallardon 28 85 F2
Gallargues-le-Montueux 30 282 B1
Gallerande (Château de) 72 106 C4
Le Gallet 60 34 A1
Galluis 78 60 A3
Gamaches 80 17 D2
Gamaches-en-Vexin 27 33 D3
Gamarde-les-Bains 40 271 F1
Gamarthe 64 295 E1
Gambais 78 59 F4
Gambaiseuil 78 59 F4
Gambsheim 67 71 E2
Gan 64 296 C1
Ganac 09 300 C4
Ganagobie 04 267 D2
Ganagobie (Prieuré de) 04 267 D2
Gancourt-Saint-Étienne 76 33 E1
Gandelain 61 82 B2
Gandelu 02 62 C1
Gandrange 57 41 F3
Ganges 34 262 C3
Gannat 03 189 F2
Gannay-sur-Loire 03 155 F4
Gannes 60 34 C1
Les Gannes 63 206 B2
Gans 33 236 C3
Ganties 31 299 E3
Ganzeville 76 14 C2
Gap 05 249 E2
Gapennes 80 6 C4
Gâprée 61 83 D1
Garabit (Viaduc de) 15 225 F3
Garac 31 276 A1
Garancières 78 60 A3
Garancières-en-Beauce 28 86 A2
Garancières-en-Drouais 28 59 D4
Garanou 09 310 B1
Garat 16 201 F1
Garcelles-Secqueville 14 56 A1
Garche 57 41 F2
Garches 92 60 C3
Garchizy 58 154 C2
Garchy 58 135 E4
Gardanne 13 285 D3
La Garde 04 268 B4
La Garde 38 231 E2
La Garde 48 225 F4
La Garde 83 292 A2
La Garde-Adhémar 26 246 C3
La Garde-Freinet 83 287 D4
La Garde-Guérin 48 245 D3
Gardefort 18 135 D4
Gardegan-et-Tourtirac 33 219 D3
Gardères 65 297 E1
Les Gardes 49 147 D1
Gardes-le-Pontaroux 16 201 F2
Gardie 11 302 B3
Gardonne 24 219 F4
Gardouch 31 277 D4
Garein 40 253 F2
Garencières 27 59 E1
La Garenne-Colombes 92 60 C3
Garennes-sur-Eure 27 59 E2
Garentreville 77 87 E4
Garéoult 83 286 A4
La Garette 79 164 B4
Gargan (Mont) 87 204 B2
Garganvillar 82 257 D3
Gargas 31 276 C1
Gargas 84 266 A3
Gargenville 78 60 A2
Garges-lès-Gonesse 95 61 D2
Gargilesse-Dampierre 36 168 C2
Garidech 31 277 D1
Gariès 82 257 D4
Garigny 18 154 B1
Garin 31 307 F4
Garindein 64 295 F1
Garlan 29 49 E3
Garlède-Mondebat 64 273 D3
Garlin 64 273 D2
Le Garn 30 246 B4
La Garnache 85 145 D3
Garnat-sur-Engièvre 03 173 D1
Garnay 28 59 D4
Garnerans 01 175 E4
Garnetot 14 56 C2
La Garonne 83 292 B3
Garons 30 282 C1
Garos 64 272 C3
Garravet 32 275 E4
Garrebourg 57 70 A2
Garrevaques 81 277 F3
Garrey 40 271 F1
Le Garric 81 259 E3
Garrigues 34 263 E4
Garrigues 81 277 E1
Garrigues-Sainte-Eulalie 30 263 F3
Garrosse 40 253 D2
Gars 06 269 D3
Gartempe 23 186 C1
Gas 28 85 F1
Gaschney 68 96 A4
Gasny 27 59 F1
Gasques 82 256 C2
Gassin 83 293 E1
Le Gast 14 54 C3
Gastes 40 234 B4
Gastines 53 104 B2
Gastins 77 88 B1
Gasville-Oisème 28 85 E2
Gâtelles 28 85 D1
Gatey 39 159 D2
Gathemo 50 54 C3
Gatteville-le-Phare 50 25 E2
Gattières 06 288 B1
Gatuzières 48 262 A1
Gaubertin 45 111 D1
La Gaubretière 85 146 B2
Gauchin-Légal 62 8 A2
Gauchin-Verloingt 62 7 E2
Gauchy 02 20 A3
Gauciel 27 59 D1
La Gaudaine 28 84 B3
La Gaude 06 269 F4
Gaudechart 60 33 F1
Gaudent 65 298 C3
Gaudiempré 62 7 F4
Gaudiès 09 301 E2
Gaudonville 32 256 C4
Gaudreville-la-Rivière 27 58 B2
Gaugeac 24 239 D1
Gaujac 30 264 B2
Gaujac 32 275 E3
Gaujac 47 237 E3
Gaujacq 40 272 A1
Gaujan 32 275 D4
Le Gault-du-Perche 41 108 B1
Le Gault-Saint-Denis 28 85 E4
Le Gault-Soigny 51 63 E3
Gauré 31 277 D2
Gauriac 33 217 E2
Gauriaguet 33 217 F2
Gaussan 65 298 C1
Gausson 22 77 E3
Les Gautherets 71 174 A1
Gauville 61 57 F3
Gauville 80 17 E3
Gauville-la-Campagne 27 58 C1
Gavarnie 65 306 B4
Gavarnie (Port de) 65 306 E4
Gavarret-sur-Aulouste 32 275 D1
Gavaudun 47 239 D2
Gavet 38 231 D2
Gavignano 2B 315 E4
Gavisse 57 41 F2
La Gavotte 13 284 C4
Gavray 50 54 A2
Le Gâvre 44 126 A1
Gavrelle 62 8 B3
Gâvres 56 100 A3
Gavrinis (Cairn de) 56 122 C2
Gavrus 14 29 D4
Gayan 65 273 F4
Gaye 51 63 F4
Gayon 64 273 E3
Gazaupouy 32 256 A3
Gazave 65 298 B3
Gazax-et-Baccarisse 32 274 A2
Gazeran 78 86 A1
Gazinet 33 217 D4
Gazost 65 297 F3
Géanges 71 158 A2
Geaune 40 273 D2
Geay 17 181 E3
Geay 79 148 A3
Gèdre 65 306 C4
Gée 49 129 D2
Gée-Rivière 32 273 E1
Geffosses 50 26 C4
Géfosse-Fontenay 14 25 F4
Gehée 36 151 E2
Geishouse 68 120 A1
Geispitzen 68 120 C3
Geispolsheim 67 71 D4
Geiswasser 68 97 D4
Geiswiller 67 70 C2
Gélacourt 54 95 E1
Gélannes 10 89 E2
Gélaucourt 54 94 A2
Gellainville 28 85 E3
Gellenoncourt 54 68 C4
Gelles 63 188 C4
Gellin 25 160 C4
Gelos 64 296 C1
Geloux 40 253 F3
Gelucourt 57 69 E3
Gelvécourt-et-Adompt 88 94 B4
Gémages 61 83 F3
Gemaingoutte 88 96 A2
Gembrie 65 298 C3
Gemeaux 21 139 E2
Gémenos 13 285 E4
Gémigny 45 109 F2
Gémil 31 277 D1
Gemmelaincourt 88 94 A3
Gémonval 25 142 A1
Gémonville 54 93 F2
Gémozac 17 199 D2
Genac 16 183 E4
Genainville 95 60 A1
Genas 69 193 D4
Génat 09 309 F1
Genay 21 137 F2
Genay 69 192 C3
Gençay 86 166 B3
Gendreville 88 93 E4
Gendrey 39 140 B4
Gené 49 128 A1
Génébrières 82 258 A3
Genech 59 9 D1
Génelard 71 174 A2
Générac 30 282 C1
Générac 33 217 E1
Générargues 30 263 D2
Générest 65 298 C3
Generville 11 301 F1
Geneslay 61 81 F1
Le Genest 53 104 C1
Genestelle 07 246 A1
Geneston 44 145 F1
La Genête 71 175 F2
La Genétouze 17 219 D1
La Génétouze 85 145 F4
Genêts 50 53 F4
Les Genettes 61 57 F4
Geneuille 25 141 D3
La Genevraie 61 57 D4
La Genevraye 77 87 F3
Genevreuille 70 118 C4
Genevrey 70 118 C4
Genevrières 52 117 E4
La Genevroye 52 92 A3
Geney 25 142 A2
La Geneytouse 87 186 A4
Génicourt 95 60 B1
Génicourt-sous-Condé 55 66 B3
Génicourt-sur-Meuse 55 66 C1
Genilac 42 210 B2
Genillé 37 150 C1
Genin (Lac) 01 177 D4
Génis 24 203 E4
Génissac 33 218 C4
Génissiat (Barrage de) 01 194 C2
Génissieux 26 229 E2
Genlis 21 139 F4
Gennes 25 141 E4
Gennes 49 129 D3
Gennes-Ivergny 62 7 D3
Gennes-sur-Glaize 53 105 E3
Gennes-sur-Seiche 35 104 B2
Genneteil 49 129 F1
Gennetines 03 172 B1
Genneton 79 147 F1
Genneville 14 30 C3
Gennevilliers 92 61 D2
Genod 39 176 C3
Génois (Pont) 2B 314 C4
Génois (Pont) 2B 317 E1
Génolhac 30 245 D4
Génos 31 299 D3
Génos 65 307 E4
Genouillac 16 184 B4
Genouillac 23 169 F4
Genouillé 17 181 E2
Genouillé 86 184 A1
Genouilleux 01 192 C1
Genouilly 18 152 B1
Genouilly 71 174 C1
Genrupt 52 117 E2
Gensac 33 219 E4
Gensac 65 273 F3
Gensac 82 257 D3
Gensac-de-Boulogne 31 298 C1
Gensac-la-Pallue 16 200 C1
Gensac-sur-Garonne 31 300 A1
Genté 16 200 C1
Gentelles 80 18 C3
Gentilly 94 61 D3
Gentioux 23 187 D4
Genvry 60 35 F1
Georfans 70 142 A1
Géovreisset 01 176 C4
Géovreissiat 01 194 B1
Ger 50 55 D4
Ger 64 297 E1
Ger 65 297 E2
Geraise 39 160 A2
Gérardmer 88 119 F1
Géraudot 10 90 C3
Gérauvilliers 55 93 D1
Gerbaix 73 212 C1
Gerbamont 88 119 E1
Gerbécourt 57 68 C2
Gerbécourt-et-Haplemont 54 94 B1
Gerbépal 88 95 F4
Gerberoy 60 33 F1
Gerbéviller 54 95 D1
Gerbier de Jonc (Mont) 07 227 F4
Gercourt-et-Drillancourt 55 40 A3
Gercy 02 21 D3
Gerde 65 298 A2
Gerderest 64 273 E4
Gère-Bélesten 64 296 C3
Gergny 02 21 E2
Gergovie (Plateau de) 63 207 E1
Gergueil 21 138 C4
Gergy 71 158 B3
Gerland 21 158 B1
Germ 65 307 E4
Germagnat 01 176 B3
Germagny 71 174 C1
Germaine 02 19 F3
Germaine 51 64 A1
Germaines 52 116 A3
Germainville 28 59 E4
Germainvilliers 52 117 E1
Germay 52 92 C2
Germéfontaine 25 142 A4
Germenay 58 136 B4
Germignac 17 199 F2
Germigney 39 159 F2
Germigney 70 140 A3
Germignonville 28 85 F4
Germigny 51 37 E4
Germigny 89 113 F2
Germigny-des-Prés 45 110 C3
Germigny-l'Évêque 77 62 A2
Germigny-l'Exempt 18 154 B3
Germigny-sous-Coulombs 77 62 B1
Germigny-sur-Loire 58 154 B2
Germinon 51 64 B3
Germiny 54 94 A1
Germisay 52 92 C2
Germolles (Château de) 71 158 A4
Germolles-sur-Grosne 71 174 C4
Germond-Rouvre 79 164 C2
Germondans 25 141 E2
Germont 08 39 E2
Germonville 54 94 B2
Germs-sur-l'Oussouet 65 297 F3
Gernelle 08 23 D3
Gernicourt 02 37 E2
Géronce 64 296 A1
Gerponville 76 15 D2
Gerrots 14 30 A4
Gerstheim 67 97 D1
Gertwiller 67 96 C1
Geruge 39 176 C1
Gervans 26 229 D2
Gerville 76 14 C2
Gerville-la-Forêt 50 26 C3
Géry 55 66 C3
Gerzat 63 189 E4
Gesnes 53 81 E4
Gesnes-en-Argonne 55 39 F3
Gesnes-le-Gandelin 72 82 C3
Gespunsart 08 23 D3
Gestas 64 271 F4
Gesté 49 127 E4
Gestel 56 100 A2
Gestiès 09 309 F1

Gesvres 53 ..... 82 B3
Gesvres-le-Chapitre 77 ..... 62 A1
Gétigné 44 ..... 146 A1
Les Gets 74 ..... 178 C4
Geu 65 ..... 297 E3
Geudertheim 67 ..... 71 D2
Géus-d'Arzacq 64 ..... 272 C3
Geüs-d'Oloron 64 ..... 296 A1
Gévezé 35 ..... 79 D4
Gevigney-et-Mercey 70 ..... 118 A3
Gevingey 39 ..... 176 B1
Gevresin 25 ..... 160 B2
Gevrey-Chambertin 21 ..... 139 D4
Gevrolles 21 ..... 115 F2
Gevry 39 ..... 159 E1
Gex 01 ..... 177 F3
Geyssans 26 ..... 229 E1
Gez 65 ..... 297 E3
Gez-ez-Angles 65 ..... 297 F2
Gézaincourt 80 ..... 7 E4
Gezier-et-Fontenelay 70 ..... 140 C3
Gézoncourt 54 ..... 67 F3
Ghisonaccia 2B 317 F3
Ghisoni 2B 317 E2
Ghissignies 59 ..... 9 F4
Ghyvelde 59 ..... 3 F1
Giat 63 ..... 188 A4
Gibeaumeix 54 ..... 93 E1
Gibel 31 ..... 301 D1
Gibercourt 02 ..... 20 A4
Giberville 14 ..... 29 F4
Gibles 71 ..... 174 B4
Gibourne 17 ..... 182 C3
Gibret 40 ..... 272 A1
Le Gicq 17 ..... 182 C3
Gidy 45 ..... 110 A2
Giel-Courteilles 61 ..... 56 A3
Gien 45 ..... 134 B1
Gien-sur-Cure 58 ..... 156 C1
Giens 83 ..... 292 B3
Gières 38 ..... 230 C1
La Giettaz 73 ..... 196 A3
Giéville 50 ..... 54 C1
Gièvres 41 ..... 132 C4
Giey-sur-Aujon 52 ..... 116 B2
Giez 74 ..... 195 F4
Gif-sur-Yvette 91 ..... 60 C4
Giffaumont-
Champaubert 51 ..... 91 F1
Gigean 34 ..... 281 E3
Gignac 34 ..... 281 D2
Gignac 46 ..... 222 A3
Gignac 84 ..... 266 B3
Gignac-la-Nerthe 13 ..... 284 B4
Gignat 63 ..... 207 F3
Gignéville 88 ..... 117 F1
Gigney 88 ..... 94 C4
Gigny 39 ..... 176 B2
Gigny 89 ..... 114 C3
Gigny-Bussy 51 ..... 91 D1
Gigny-sur-Saône 71 ..... 175 E1
Gigondas 84 ..... 265 E1
Gigors 04 ..... 249 F3
Gigors-et-Lozeron 26 ..... 229 E4
Gigouzac 46 ..... 240 A2
Gijounet 81 ..... 279 D1
Gildwiller 68 ..... 120 B3
Gilette 06 ..... 269 F3
Gilhac-et-Bruzac 07 ..... 228 C4
Gilhoc-sur-Ormèze 07 ..... 228 C3
Gillancourt 52 ..... 92 A4
Gillaumé 52 ..... 92 C2
Gilles 28 ..... 59 E2
Gilley 25 ..... 161 E1
Gilley 52 ..... 117 E4
Gillois 39 ..... 160 B4
Gillonnay 38 ..... 211 F3
Gilly-lès-Cîteaux 21 ..... 158 B1
Gilly-sur-Isère 73 ..... 214 A1
Gilly-sur-Loire 71 ..... 173 D2
Gilocourt 60 ..... 35 E3
Gimat 82 ..... 257 D4
Gimbrède 32 ..... 256 B2
Gimbrett 67 ..... 71 D2
Gimeaux 63 ..... 189 E3
Gimécourt 55 ..... 66 C3
Gimel-les-Cascades 19 ..... 205 D4
Gimeux 16 ..... 199 F1
La Gimond 42 ..... 210 A2
Gimont 32 ..... 275 E2
Gimouille 58 ..... 154 C3
Ginai 61 ..... 57 D4
Ginals 82 ..... 258 C1
Ginasservis 83 ..... 285 F1
Ginchy 80 ..... 19 E1
Gincla 11 ..... 311 E1
Gincrey 55 ..... 40 C3
Gindou 46 ..... 239 F2
Ginestas 11 ..... 303 F1
Ginestet 24 ..... 220 A3
Gingsheim 67 ..... 71 D2
Ginoles 11 ..... 302 A4
Ginouillac 46 ..... 240 B1
Gintrac 46 ..... 222 C4
Giocatojo 2B 315 E3
Gionges 51 ..... 64 A2
Gions-de-Mamou 15 ..... 224 B3
Gioux 23 ..... 187 E4
Gipcy 03 ..... 171 F2
Girac 46 ..... 222 C3
Girancourt 88 ..... 94 C4
Giraumont 54 ..... 41 E4
Giraumont 60 ..... 35 E2
Girauvoisin 55 ..... 67 D3
Gircourt-lès-Viéville 88 ..... 94 B3
Girecourt-sur-Durbion 88 ..... 95 D3
Girefontaine 70 ..... 118 B2
Giremoutiers 77 ..... 62 B3
Girgols 15 ..... 224 A2
Giriviller 54 ..... 94 C2
Girmont 88 ..... 94 C3
Girmont-Val-d'Ajol 88 ..... 119 D2
Girolles 45 ..... 111 F1
Girolles 89 ..... 136 C2
Giromagny 90 ..... 119 F3
Giron 01 ..... 177 D4
Gironcourt-sur-Vraine 88 ..... 93 F3
Gironde-sur-Dropt 33 ..... 237 D2
Girondelle 08 ..... 22 A3
Gironville 77 ..... 87 E4
Gironville-et-Neuville 28 ..... 85 D1
Gironville-sous-les-Côtes 55 ..... 67 E3
Gironville-sur-Essonne 91 ..... 87 D3
Le Girouard 85 ..... 162 C1
Giroussens 81 ..... 277 E1
Giroux 36 ..... 152 B2
Girovillers-sous-Montfort 88 ..... 94 A3
Giry 58 ..... 136 A4
Gisay-la-Coudre 27 ..... 57 F2
Giscaro 32 ..... 275 F2
Giscos 33 ..... 236 C4
Gisors 27 ..... 33 E3
Gissac 12 ..... 261 D4
Gissey-le-Vieil 21 ..... 138 A3
Gissey-sous-Flavigny 21 ..... 138 B2
Gissey-sur-Ouche 21 ..... 138 C4
Gisy-les-Nobles 89 ..... 88 C4
Giuncaggio 2B 317 F1
Giuncheto 2A 318 C3
Givardon 18 ..... 154 A4
Givarlais 03 ..... 171 D3
Givenchy-en-Gohelle 62 ..... 8 B2
Givenchy-le-Noble 62 ..... 7 F3
Givenchy-lès-la-Bassée 62 ..... 8 B1
Giverny 27 ..... 59 E1
Giverville 27 ..... 31 D4
Givet 08 ..... 13 D3
Givonne 08 ..... 23 E4
Givors 69 ..... 210 C2
Givraines 45 ..... 111 D1
Givrand 85 ..... 144 C4
Givrauval 55 ..... 66 C4
Le Givre 85 ..... 163 D2
Givrezac 17 ..... 199 E2
Givron 08 ..... 22 A4
Givry 08 ..... 38 C2
Givry 71 ..... 157 F4
Givry 89 ..... 136 C2
Givry-en-Argonne 51 ..... 65 F2
Givry-lès-Loisy 51 ..... 64 A3
Givrycourt 57 ..... 69 F2
Gizaucourt 51 ..... 65 F1
Gizay 86 ..... 166 B3
Gizeux 37 ..... 129 F3
Gizia 39 ..... 176 B2
Gizy 02 ..... 37 D1
La Glacerie 50 ..... 24 C2
Glacière (Grotte de la) 25 ..... 141 F4
Glageon 59 ..... 10 C3
Glaignes 60 ..... 35 E4
Glainans 25 ..... 142 A2
Glaine-Montaigut 63 ..... 190 A4
Glaire 08 ..... 23 D4
Le Glaizil 05 ..... 231 E4
Glamondans 25 ..... 141 F3
Gland 02 ..... 63 D1
Gland 89 ..... 114 C3
Glandage 26 ..... 248 B1
Glandon 87 ..... 203 F3
Glandon (Col du) 73 ..... 213 F4
Glanes 46 ..... 223 D3
Glanges 87 ..... 204 A1
Glannes 51 ..... 65 D4
Glanon 21 ..... 158 B2
Glanville 14 ..... 30 B3
Glatens 82 ..... 256 C4
Glatigny 50 ..... 26 B3
Glatigny 57 ..... 42 A4
Glatigny 60 ..... 33 F2
Glay 25 ..... 142 C2
Gleizé 69 ..... 192 C2
Glénac 56 ..... 102 B4
Glénat 15 ..... 223 F3
Glénay 79 ..... 148 A3
Glénic 23 ..... 187 D1
Glennes 02 ..... 37 D3
Glénouze 86 ..... 148 C2
Glère 25 ..... 143 D3
Glicourt 76 ..... 16 B2
Glisolles 27 ..... 58 B2
Glisy 80 ..... 18 B3
Glomel 22 ..... 76 A3
Glonville 54 ..... 95 E1
Glorianes 66 ..... 312 B3
Glos 14 ..... 57 D1
Glos-la-Ferrière 61 ..... 57 F3
Glos-sur-Risle 27 ..... 31 E3
Gluges 46 ..... 222 B3
Gluiras 07 ..... 228 B4
Glun 07 ..... 229 D2
Glux-en-Glenne 58 ..... 156 B2
Goas 82 ..... 257 D4
La Godefroy 50 ..... 54 A4
Godenvillers 60 ..... 35 D1
Goderville 76 ..... 14 C3
Godewaersvelde 59 ..... 4 A3
Godisson 61 ..... 57 D4
La Godivelle 63 ..... 207 D3
Godoncourt 88 ..... 117 F2
Gœrlingen 67 ..... 70 A2
Gœrsdorf 67 ..... 45 D4
Goès 64 ..... 296 B1
Goetzenbruck 57 ..... 44 B4
Gœulzin 59 ..... 8 C3
Gogney 54 ..... 69 E4
Gognies-Chaussée 59 ..... 10 B1
La Gohannière 50 ..... 54 A4
Gohier 49 ..... 128 C3
Gohory 28 ..... 108 C1
Goin 57 ..... 68 B1
Goincourt 60 ..... 34 A2
Golancourt 60 ..... 19 F4
Golbey 88 ..... 94 C4
Goldbach 68 ..... 120 A1
Golfe-Juan 06 ..... 288 B3
Golfech 82 ..... 256 C2
Golinhac 12 ..... 242 B2
Golleville 50 ..... 24 C4
Gombergean 41 ..... 131 F1
Gomelange 57 ..... 42 B3
Gomené 22 ..... 77 F4
Gomer 64 ..... 297 E1
Gometz-la-Ville 91 ..... 60 C4
Gometz-le-Châtel 91 ..... 60 C4
Gomiécourt 62 ..... 8 B4
Gommecourt 62 ..... 8 A4
Gommecourt 78 ..... 59 F1
Gommegnies 59 ..... 10 A2
Gommenec'h 22 ..... 50 C3
Gommersdorf 68 ..... 120 A3
Gommerville 28 ..... 86 B3
Gommerville 76 ..... 14 C4
Gomméville 21 ..... 115 D2
Gomont 08 ..... 38 A1
Gonaincourt 52 ..... 93 D4
Goncelin 38 ..... 213 D3
Goncourt 52 ..... 93 D4
Gond-Pontouvre 16 ..... 201 F1
Gondecourt 59 ..... 8 C1
Gondenans-les-Moulins 25 ..... 141 F2
Gondenans-Montby 25 ..... 142 A2
Gondeville 16 ..... 201 D1
Gondrecourt-Aix 54 ..... 41 D3
Gondrecourt-le-Château 55 ..... 93 D1
Gondreville 45 ..... 111 F2
Gondreville 54 ..... 67 F4
Gondreville 60 ..... 35 F4
Gondrexange 57 ..... 69 F4
Gondrexon 54 ..... 69 E4
Gondrin 32 ..... 255 E4
Les Gonds 17 ..... 181 F4
Gonesse 95 ..... 61 D2
Gonez 65 ..... 298 A1
Gonfaron 83 ..... 286 C4
Gonfreville 50 ..... 27 D3
Gonfreville-Caillot 76 ..... 14 C3
Gonfreville-l'Orcher 76 ..... 14 B4
La Gonfrière 61 ..... 57 E3
Gonnehem 62 ..... 8 A1
Gonnelieu 59 ..... 19 F1
Gonnetot 76 ..... 15 F2
Gonneville 50 ..... 25 D2
Gonneville-en-Auge 14 ..... 29 F3
Gonneville-la-Mallet 76 ..... 14 B3
Gonneville-sur-Honfleur 14 ..... 30 C2
Gonneville-sur-Mer 14 ..... 30 A3
Gonneville-sur-Scie 76 ..... 16 A3
Gonsans 25 ..... 141 F4
Gontaud-de-Nogaret 47 ..... 237 F3
La Gonterie-Boulouneix 24 ..... 202 B3
Gonvillars 70 ..... 142 B1
Gonzeville 76 ..... 15 F2
Goos 40 ..... 271 F1
Gorbio 06 ..... 289 E4
Gorcy 54 ..... 40 C1
Gordes 84 ..... 265 F3
Gorenflos 80 ..... 17 F1
Gorges 44 ..... 146 A1
Gorges 50 ..... 27 D3
Gorges 80 ..... 18 A1
La Gorgue 59 ..... 4 A4
Gorhey 88 ..... 94 B4
Gornac 33 ..... 236 C1
Gorniès 34 ..... 262 B4
Gorre 87 ..... 203 D1
Gorrevod 01 ..... 175 E3
Gorron 53 ..... 81 D2
Gorses 46 ..... 223 E4
Gorze 57 ..... 67 F1
Gosnay 62 ..... 8 A1
Gosné 35 ..... 79 F3
Gosselming 57 ..... 69 F3
Gotein-Libarrenx 64 ..... 295 F1
Gottenhouse 67 ..... 70 B2
Gottesheim 67 ..... 70 C2
Gouaix 77 ..... 88 C2
Goualade 33 ..... 236 C4
Gouarec 22 ..... 76 B3
Gouaux 65 ..... 298 B4
Gouaux-de-Larboust 31 ..... 307 F4
Gouaux-de-Luchon 31 ..... 299 D4
Gouberville 50 ..... 25 E2
Gouchaupre 76 ..... 16 B2
Goudargues 30 ..... 264 A1
Goudelancourt-
lès-Berrieux 02 ..... 37 E2
Goudelancourt-
lès-Pierrepont 02 ..... 21 D4
Goudelin 22 ..... 50 C3
Goudet 43 ..... 227 D4
Goudex 31 ..... 275 F4
Goudon 65 ..... 298 A1
Goudourville 82 ..... 256 C2
Gouesnach 29 ..... 73 F4
La Gouesnière 35 ..... 53 D4
Gouesnou 29 ..... 47 E3
Gouex 86 ..... 167 D3
Gouézec 29 ..... 75 D3
Gougenheim 67 ..... 70 C2
Gouhelans 25 ..... 141 F2
Gouhenans 70 ..... 142 A1
Gouillons 28 ..... 86 A3
Gouise 03 ..... 172 B3
Goujounac 46 ..... 239 F2
La Goulafrière 27 ..... 57 E2
Goulaine (Château de) 44 ..... 126 C4
Goulet 61 ..... 56 B4
Goulien 29 ..... 72 C3
Goulier 09 ..... 309 F1
Goulles 19 ..... 223 E2
Les Goulles 21 ..... 116 A3
Gouloux 58 ..... 137 E4
Goult 84 ..... 265 F4
Goulven 29 ..... 47 F1
Goumois 25 ..... 143 D3
Goupillières 14 ..... 55 F1
Goupillières 27 ..... 58 A1
Goupillières 76 ..... 32 A1
Goupillières 78 ..... 60 A3
Gouraincourt 55 ..... 40 C3
Le Gouray 22 ..... 77 F2
Gourbera 40 ..... 252 C4
Gourbesville 50 ..... 25 D4
Gourbit 09 ..... 300 C4
Gourchelles 60 ..... 17 E4
Gourdan-Polignan 31 ..... 298 C2
Gourdièges 15 ..... 225 D3
Gourdon 06 ..... 269 E4
Gourdon 07 ..... 246 A1
Gourdon 46 ..... 240 A1
Gourdon 71 ..... 174 B1
Gourdon-Murat 19 ..... 205 D2
Gourette 64 ..... 297 D3
Gourfaleur 50 ..... 54 B1
Gourfouran
(Gouffre de) 05 ..... 232 B4
Gourgançon 51 ..... 64 A4
Gourgé 79 ..... 148 B4
Gourgeon 70 ..... 117 F4
Gourgue 65 ..... 298 A2
Gourhel 56 ..... 102 A2
Gourin 56 ..... 75 F4
Gourlizon 29 ..... 73 E3
Gournay 36 ..... 169 D2
Gournay 76 ..... 14 B4
Gournay 79 ..... 183 D1
Gournay-en-Bray 76 ..... 33 E2
Gournay-le-Guérin 27 ..... 58 A4
Gournay-sur-Aronde 60 ..... 35 D2
Gournay-sur-Marne 93 ..... 61 E3
Les Gours 16 ..... 183 D3
Gours 33 ..... 219 D3
Gourvieille 11 ..... 277 E4
Gourville 16 ..... 183 D4
Gourvillette 17 ..... 182 C3
Goury 50 ..... 24 A1
Gourzon 52 ..... 92 A1
Goussaincourt 55 ..... 93 E2
Goussainville 28 ..... 59 E4
Goussainville 95 ..... 61 E2
Goussancourt 02 ..... 37 D4
Gousse 40 ..... 253 D4
Goussonville 78 ..... 60 A2
Goustranville 14 ..... 30 A4
La Goutelle 63 ..... 188 C4
Goutevernisse 31 ..... 300 A1
Goutrens 12 ..... 242 A3
Gouts 40 ..... 253 E4
Gouts 82 ..... 239 D4
Gouts-Rossignol 24 ..... 202 A3
Gouttières 27 ..... 58 A1
Gouttières 63 ..... 188 C2
Goutz 32 ..... 256 B4
Gouvernes 77 ..... 61 F3
Gouves 62 ..... 8 A3
Gouvets 50 ..... 54 B2
Gouvieux 60 ..... 34 C4
Gouville 27 ..... 58 B3
Gouville-sur-Mer 50 ..... 26 B4
Gouvix 14 ..... 56 A1
Goux 32 ..... 273 F2
Goux 39 ..... 159 E1
Goux-lès-Dambelin 25 ..... 142 B2
Goux-les-Usiers 25 ..... 160 C2
Goux-sous-Landet 25 ..... 160 A1
Gouy 02 ..... 20 A1
Gouy 76 ..... 32 B3
Gouy-en-Artois 62 ..... 8 A3
Gouy-en-Ternois 62 ..... 7 F3
Gouy-les-Groseillers 60 ..... 18 A4
Gouy-l'Hôpital 80 ..... 17 F3
Gouy-Saint-André 62 ..... 6 C2
Gouy-Servins 62 ..... 8 A2
Gouy-sous-Bellonne 62 ..... 8 C3
Gouzangrez 95 ..... 60 A1
Gouze 64 ..... 272 B3
Gouzeaucourt 59 ..... 19 F1
Gouzens 31 ..... 300 A2
Gouzon 23 ..... 187 F1
Gouzougnat 23 ..... 187 F1
Goven 35 ..... 103 D1
Goviller 54 ..... 94 A1
Goxwiller 67 ..... 70 C4
Goyencourt 80 ..... 19 D4
Goyrans 31 ..... 276 C3
Grabels 34 ..... 281 E2
Graçay 18 ..... 152 A1
Grâce-Uzel 22 ..... 77 E3
Grâces 22 ..... 50 B3
Gradignan 33 ..... 217 E4
Graffigny-Chemin 52 ..... 93 E4
Gragnague 31 ..... 277 D2
Graignes 50 ..... 27 E3
Grailhen 65 ..... 298 B4
Graimbouville 76 ..... 14 C3
Graincourt-
lès-Havrincourt 62 ..... 8 C4
Grainville 27 ..... 32 C3
Grainville-la-Teinturière 76 ..... 15 E2
Grainville-Langannerie 14 ..... 56 A1
Grainville-sur-Odon 14 ..... 29 D4
Grainville-sur-Ry 76 ..... 32 C2
Grainville-Ymauville 76 ..... 14 C3
Le Grais 61 ..... 56 A4
Graissac 12 ..... 242 C1
Graissessac 34 ..... 280 A2
Graix 42 ..... 210 B4
Le Grallet 17 ..... 198 B1
Gramat 46 ..... 240 C1
Gramazie 11 ..... 302 A2
Grambois 84 ..... 266 B4
Grammond 42 ..... 210 A2
Grammont 70 ..... 142 A1
Gramond 12 ..... 259 F1
Gramont 82 ..... 256 C3
Granace 2A 318 C2
Grancey-le-Château 21 ..... 116 A4
Grancey-sur-Ource 21 ..... 115 E2
Grand 88 ..... 93 D2
Le Grand-Abergement 01 ..... 194 B2
Grand-Auverné 44 ..... 127 D1
Grand-Ballon 68 ..... 120 A1
Grand Bois ou de la
République (Col du) 42 ..... 210 A4
Le Grand-Bornand 74 ..... 196 A2
Le Grand-Bourg 23 ..... 186 B1
Grand-Brassac 24 ..... 202 A4
Grand-Camp 27 ..... 57 F1
Grand-Camp 76 ..... 15 D4
Grand-Castang 24 ..... 220 C3
Le Grand-Celland 50 ..... 54 B4
Grand-Champ 56 ..... 101 D3
Grand-Charmont 25 ..... 142 C1
Grand-Châtel 39 ..... 177 D3
La Grand-Combe 30 ..... 263 E1
Grand-Corent 01 ..... 176 B4
Grand-Couronne 76 ..... 32 A3
La Grand-Croix 42 ..... 210 B2
Grand-Failly 54 ..... 40 B2
Grand-Fayt 59 ..... 10 A3
Grand Fenestrez 01 ..... 194 C3
Grand-Fort-Philippe 59 ..... 3 D1
Grand-Fougeray 35 ..... 103 D4
Grand-Laviers 80 ..... 6 B4
Le Grand-Lemps 38 ..... 212 A3
Le Grand-Lucé 72 ..... 107 E3
Le Grand-Madieu 16 ..... 184 A3
Grand Phare 85 ..... 144 A4
Le Grand Piquey 33 ..... 234 B1
Le Grand-Pressigny 37 ..... 150 A3
Grand-Puch
(Château du) 33 ..... 217 F4
Le Grand-Quevilly 76 ..... 32 A2
Grand-Rozoy 02 ..... 36 B4
Grand-Rullecourt 62 ..... 7 F3
Le Grand-Serre 26 ..... 211 E4
Grand Taureau 25 ..... 161 D2
Grand-Vabre 12 ..... 242 A2
Le Grand-Valtin 88 ..... 95 F4
Grand-Verly 02 ..... 20 C2
Le Grand-Village-Plage 17 ..... 180 B3
Grandcamp-Maisy 14 ..... 25 F4
Grandchain 27 ..... 57 F1
Grandchamp 08 ..... 22 A4
Grandchamp 52 ..... 117 D4
Grandchamp 72 ..... 82 C3
Grandchamp 78 ..... 59 F4
Grandchamp 89 ..... 112 B4
Grandchamp-
des-Fontaines 44 ..... 126 B3
Grandchamp-le-Château 14 ..... 56 C1
Grand'Combe-Châteleu 25 ..... 161 E1
Grand'Combe-des-Bois 25 ..... 142 C4
Grandcourt 76 ..... 16 C2
Grandcourt 80 ..... 19 D1
Grande Chartreuse
(Couvent de la) 38 ..... 212 C3
La Grande-Fosse 88 ..... 96 A1
La Grande-Motte 34 ..... 282 A2
La Grande-Paroisse 77 ..... 88 A3
La Grande-Résie 70 ..... 140 B3
Grande-Rivière 39 ..... 177 E2
Grande-Synthe 59 ..... 3 E1
La Grande-Verrière 71 ..... 156 C2
Grandecourt 70 ..... 140 C1
Les Grandes-Armoises 08 ..... 39 E1
Les Grandes-Chapelles 10 ..... 90 A2
Les Grandes-Dalles 76 ..... 15 D1
Les Grandes-Loges 51 ..... 64 C1
Les Grandes-Rivières 17 ..... 181 D1
Les Grandes-Ventes 76 ..... 16 B3
Grandeyrolles 63 ..... 207 E2
Grandfontaine 25 ..... 141 D4
Grandfontaine 67 ..... 70 A4
Grandfontaine-Fournets 25 ..... 161 E1
Grandfontaine-
sur-Creuse 25 ..... 142 A4
Grandfresnoy 60 ..... 35 D3
Grandham 08 ..... 39 E3
Grandjean 17 ..... 181 F3
Grand'Landes 85 ..... 145 E3
Grandlup-et-Fay 02 ..... 21 D4
Grandmesnil 14 ..... 56 C2
Grandmesnil 54 ..... 67 F4
Grandouet 14 ..... 30 B4
Grandpré 08 ..... 39 E3
Grandpuits 77 ..... 88 A1
Grandrieu 48 ..... 226 B4
Grandrieux 02 ..... 21 F4
Grandrif 63 ..... 208 C2
Grandris 69 ..... 192 A2
Grandrû 60 ..... 36 A1
Grandrupt 88 ..... 96 A1
Grandrupt-de-Bains 88 ..... 118 B1
Les Grands-Chézeaux 87 ..... 168 B4
Grandsaigne 19 ..... 205 D3
Grandval 63 ..... 208 B2
Grandval (Barrage de) 15 ..... 225 E3
Grandvals 48 ..... 243 E1
Grandvaux 71 ..... 174 A2
Grandvelle-
et-le-Perrenot 70 ..... 141 D2
Grandvillars 90 ..... 120 A4
La Grandville 08 ..... 23 D3
Grandville 10 ..... 90 C1
Grandvillers 88 ..... 95 E3
Grandvillers-aux-Bois 60 ..... 35 D2
Grandvilliers 27 ..... 58 C3
Grandvilliers 60 ..... 17 F4
Grane 26 ..... 247 D1
Granès 11 ..... 302 B4
La Grange 25 ..... 142 B3
Grange-de-Vaivre 39 ..... 160 A2
Grange-le-Bocage 89 ..... 89 D3
Grangent (Barrage de) 42 ..... 209 F3
Grangermont 45 ..... 87 D4
Granges 01 ..... 176 B4
Les Granges 10 ..... 114 B1
Granges 71 ..... 157 F4
Les Granges (Château) 58 ..... 135 E3
Granges-d'Ans 24 ..... 221 E1
Granges-de-Vienney 25 ..... 141 E4
Les Granges-Gontardes 26 ..... 246 C3
Granges-la-Ville 70 ..... 142 A1
Granges-le-Bourg 70 ..... 142 A1
Les Granges-le-Roi 91 ..... 86 B2
Granges-les-Beaumont 26 ..... 229 E2
Granges-lès-Valence 07 ..... 229 D3
Granges-Maillot 25 ..... 160 C2
Granges-Narboz 25 ..... 161 D3
Granges-Sainte-Marie 25 ..... 161 D3
Granges-sur-Aube 51 ..... 89 F1
Granges-sur-Baume 39 ..... 159 F4
Granges-sur-Lot 47 ..... 238 A4
Granges-sur-Vologne 88 ..... 95 E4
Les Grangettes 25 ..... 161 D3
Grangues 14 ..... 30 A3
Granier 73 ..... 214 B1
Granier (Col du) 73 ..... 213 D2
Granieu 38 ..... 212 B1
Granon (Col de) 05 ..... 232 B2
Grans 13 ..... 284 A2
Granville 50 ..... 53 F3
Granzay 79 ..... 164 C4
Gras 07 ..... 246 B3
Les Gras 25 ..... 161 E2
Gras (Plateau des) 07 ..... 246 B3
Grassac 16 ..... 202 A2
Grasse 06 ..... 288 A2
Grassendorf 67 ..... 71 D1
Grateloup-
Saint-Gayrand 47 ..... 238 A3
Gratens 31 ..... 276 A4
Gratentour 31 ..... 276 C1
Gratibus 80 ..... 18 C4
Gratot 50 ..... 53 F1
Gratreuil 51 ..... 39 D4
Grattepanche 80 ..... 18 B3
Le Gratteris 25 ..... 141 E4
Grattery 70 ..... 118 A4
Le Grau-d'Agde 34 ..... 305 E1
Grau de Maury 66 ..... 303 D4
Le Grau-du-Roi 30 ..... 282 B3
Graufthal 67 ..... 70 B1
Les Graulges 24 ..... 202 A2
Graulhet 81 ..... 277 F1
Grauves 51 ..... 64 A2
Graval 76 ..... 16 C4
La Grave 05 ..... 232 A2
La Grave 06 ..... 288 C1
Grave (Pointe de) 33 ..... 198 B2
Gravelines 59 ..... 3 D1
La Gravelle 53 ..... 104 C1
Gravelotte 57 ..... 41 E4
La Graverie 14 ..... 55 D2
Graveron-Sémerville 27 ..... 58 B1
Graves-Saint-Amant 16 ..... 201 D1
Graveson 13 ..... 264 C4
Gravières 07 ..... 245 E3
Gravigny 27 ..... 58 C1
Gravon 77 ..... 88 B3
Gray 70 ..... 140 B2
Gray-la-Ville 70 ..... 140 B2
Grayan-et-l'Hôpital 33 ..... 198 B3
Graye-et-Charnay 39 ..... 176 B2
Graye-sur-Mer 14 ..... 29 E3
Grayssas 47 ..... 256 C1
Grazac 31 ..... 300 C1
Grazac 43 ..... 227 F1
Grazac 81 ..... 258 B4
Grazay 53 ..... 81 F3
Gréalou 46 ..... 241 D2
Gréasque 13 ..... 285 D3
Grébault-Mesnil 80 ..... 17 D1
Grécourt 80 ..... 19 F4
Gredisans 39 ..... 159 E1
La Grée-Penvins 56 ..... 123 D2
La Grée-Saint-Laurent 56 ..... 101 F1
Gréez-sur-Roc 72 ..... 108 A1
Greffeil 11 ..... 302 C3
Grèges 76 ..... 16 A2
Grégy-sur-Yerres 77 ..... 61 E4
Grémecey 57 ..... 68 C3
Grémévillers 60 ..... 33 F1
Gremilly 55 ..... 40 B3
Grémonville 76 ..... 15 F3
Grenade 31 ..... 276 B1
Grenade-sur-l'Adour 40 ..... 272 C1
Grenand-
lès-Sombernon 21 ..... 138 C4
Grenant 52 ..... 117 D4
Grenay 38 ..... 211 E1
Grenay 62 ..... 8 B2
Grendelbruch 67 ..... 70 B4
Greneville-en-Beauce 45 ..... 86 C4
Grenier-Montgon 43 ..... 207 F4
Gréning 57 ..... 69 E1
Grenoble 38 ..... 230 C1

GRENOBLE

Alsace-Lorraine (Av.)...DYZ 3
Barnavel (R.)................EFY 5
Bayard (R.)......................FY 6
Belgique (Av. Albert-Ier-de) ......EFZ 7
Belgrade (R. de)............EY 9
Bistesi (R.).......................FZ 10
Blanchard (R. P.)..........EYZ
Bonne (R. de) ....EZ 12
Brenier (R. C.) ....DY 13
Brocherie (R.) ....EY 15
Casimir-Perier (R.)..........EZ 16
Champollion (R.)...........FZ 17
Chenoise (R.) ....EFY 18
Clot-Bey (R.)...............EYZ 21
Diables-Bleus (Bd des)..FZ 24
Dr-Girard (Pl.)................FY 26
Driant (Bd Col.)..............FZ 27
Dubedout (Pl. H.)..........DY 28
Fantin-Latour (R.)...........FZ 32
Flandrin (R. J.)..............GZ 33
Foch (Bd Mar.) ....DEZ
Fourier (R.).......................FZ 34
Grande-Rue..................EY 37
Grenette (Pl.)................EY
Lafayette (R.)................EY 39
Lavalette (Pl.)................FY 40
L'Herminier (R. Cdt) ....FY 41
Lyautey (Bd Mar.) ....EZ 42
Montorge (R.)................EY 43
Palanka (R.) ....EY 44
Pasteur (Pl.) ....FZ 45
Perrière (Q.)...................EY 46
Poulat (R. F.) ....EZ 48
Rivet (Pl. G.) ....EZ 53
Rousseau (R. J.-J.) ....EY 55
St-André (Pl.) ....EY 56
Ste-Claire (Pl.) ....EY 57
Servan (R.)......................FY 59
Strasbourg (R. de).........FZ 62
Très-Cloîtres (R.)...........FY 63
Vicat (R.)........................EZ 66
Victor-Hugo (Pl.) ....EZ
Voltaire (R.)....................FY 68

LYON
D
E
F
G
Y
Z
FORT DE LA BASTILLE
Jardin L. Moret
Parc Guy-Pape
ESPLANADE
Pl. A. Briand
Jardin des Dauphins
MUSÉE DAUPHINOIS
INSTUT DE GÉOGRAPHIE
INSTUT DE GÉOLOGIE
FORT RABOT
Pont de la Citadelle
ST-LAURENT
MUSÉE DE GRENOBLE
SQUARE A. MICHALON
L'ILE VERTE
ST-ROCH
SABLONS
ISÈRE
Pont de la Porte de France
Pont M. Gontard
Quai de France
St-André
Pl. N.-Dame
N.-Dame
ST-HUGUES
CITÉ ADMINISTRATIVE
Pont du Sablon
Pl. Grenette
JARDIN DE VILLE
ST-LOUIS
Pl. V.-Hugo
Pl. de Verdun
Place Jean Moulin
Malakoff
SACRÉ-CŒUR
ST-BRUNO
HÔTEL DU DÉPARTEMENT
JARDIN DES PLANTES
ST-JOSEPH
Pl. A. Malraux
Pl. P. Mistral
Tour Perret
Parc Paul - Mistral
PALAIS DES SPORTS
ANNEAU DE VITESSE
JARDIN HOCHE
R. Commandant Perreau
Cours Berriat
Cs La Fontaine
R. Lesdiguières
Bd Mal Joffre
ST-JACQUES
Bd J. Vallier
Mallifaud
Moyrand
0
300 m

Grenois 58..............................136 B4
Grentheville 14........................29 F4
Grentzingen 68......................120 C4
Greny 76 ....16 B2
Gréolières 06.........................269 E4
Gréolières-les-Neiges 06......269 E3
Gréoux-les-Bains 04............267 D4
Grépiac 31 ....276 C4
Le Grès 31 ....276 A1
Grésigny-Sainte-Reine 21....138 A1
Gresin 73 ....212 C1
La Gresle 42 ....191 F2
Gresse-en-Vercors 38 ....230 B3
Gressey 78...............................59 F3
Gresswiller 67 ....70 C4
Gressy 77.................................61 F2
Grésy-sur-Aix 73...................195 D4
Grésy-sur-Isère 73 ....213 F1
Gretz-Armainvilliers 77...........61 F4
Greucourt 70 ....140 C1
Greuville 76 ....15 F2
Greux 88 ....93 E2
La Grève-sur-Mignon 17......164 A4
Les Grèves 22..........................51 E4
Gréville-Hague 50 ....24 B2
Grévillers 62 ....19 E1
Grevilly 71 ....175 D2
Grez 60.....................................17 F4
Le Grez 72................................82 B4
Grez-en-Bouère 53...............105 E3
Grez-Neuville 49 ....128 A1
Grez-sur-Loing 77...................87 F3
Grézac 17...............................198 C1
Grézels 46..............................239 E3
Grèzes 24...............................222 A2
Grèzes 43...............................226 B3
Grèzes 46...............................240 C2
Grèzes 48...............................244 A3
Grézet-Cavagnan 47 ....237 E4
Grézian 65 ....298 B4
Grézieu-la-Varenne 69..........192 C4
Grézieu-le-Marché 69 ....210 A1
Grézieux-le-Fromental 42.....209 E1
Grézillac 33...........................218 C4
Grézillé 49.............................128 C3
Grézolles 42...........................191 D4
Gricourt 02...............................20 A2
Grièges 01 ....175 E4
La Grière 85...........................162 C3
Gries 67....................................71 E2
Griesbach 67 ....71 D1
Griesbach-au-Val 68................96 B4
Griesbach-le-Bastberg 67.......70 C1
Griesheim-près-Molsheim 67...............70 C4
Griesheim-sur-Souffel 67.......71 D3
Grignan 26.............................247 D3
Grigneuseville 76 ....16 A4
Grignols 24............................220 B2
Grignols 33............................237 D4
Grignon 21 ....138 A1
Grignon 73 ....214 A1
Grignoncourt 88....................117 F2
Grigny 62 ....7 D2
Grigny 69...............................210 C1
Grigny 91 ....87 D1
La Grigonnais 44 ....126 B1
Grillemont (Château de) 37.150 A1
Grillon 84...............................247 D3
Grilly 01 ....177 F3
Grimaucourt-en-Woëvre 55 ...40 B4
Grimaucourt-près-Sampigny 55 ....67 D3
Grimaud 83 ....287 E4
La Grimaudière 86...............148 C4
Grimault 89 ....137 D1
Grimbosq 14............................55 F1
Grimesnil 50 ....54 A2
Grimone 26 ....248 C1
Grimone (Col de) 26............248 C1
Grimonviller 54 ....94 A2
Grincourt-lès-Pas 62..................7 F4
Grindorff-Bizing 57 ....42 B2
Gripp 65.................................298 A3
La Gripperie-Saint-Symphorien 17.......181 D4
Gripport 54 ....94 B2
Gript 79..................................164 C4
Gris-Nez (Cap) 62 ....2 A2
Griscourt 54.............................68 A3
Griselles 21...........................114 C3
Griselles 45...........................112 A1
Grisolles 02..............................63 D1
Grisolles 82 ....257 F4
Grisy 14....................................56 B2
Grisy-les-Plâtres 95.................60 B1
Grisy-Suisnes 77......................61 F4
Grisy-sur-Seine 77 ....88 C2
La Grive 38............................211 F1
Grives 24 ....239 E1
Grivesnes 80............................18 C4
Grivillers 80 ....19 D4
Grivy-Loisy 08 ....38 C2
Groffliers 62 ....6 A2
La Groise 59 ....10 A3
Groises 18 ....154 A1
Groissiat 01 ....176 C4
Groisy 74 ....195 E2
Groix 56 ....99 F4
Groléjac 24 ....221 F4
Gron 18..................................154 A1
Gron 89..................................112 C1
Gronard 02 ....21 D3
Le Gros Cerveau 83..............291 E3
Gros-Chastang 19.................223 D1
Gros-Réderching 57................43 F4
Le Gros-Theil 27......................31 F4
Grosbliederstroff 57................43 E4
Grosbois 25...........................141 F3
Grosbois (Château de) 94......61 E4
Grosbois-en-Montagne 21...138 B3
Grosbois-lès-Tichey 21.........158 C2
Grosbreuil 85 ....162 B1
Les Groseillers 79.................165 D2
Groslay 95 ....61 D2
Groslée 01 ....194 B4
Grosley-sur-Risle 27................58 A1
Grosmagny 90 ....119 F4
Grosne 90...............................120 A4
Grospierres 07 ....246 A3
Grosrouvre 78 ....60 A4
Grosrouvres 54 ....67 F3
Grossa 2A..............................318 C2
Grosseto-Prugna 2A.............316 C4
Grossœuvre 27........................58 C2
Grossouvre 18.......................154 B3
Grostenquin 57 ....69 E1
Grosville 50 ....24 B3
Le Grouanec 29.......................47 E1
Grouches-Luchuel 80................7 F4
Grougis 02 ....20 B2
Grouin (Pointe du) 35.............53 D4
La Groulais (Château de) 44 ....126 A2
La Groutte 18 ....170 C1
Grozon 39..............................159 F3
Gruchet-le-Valasse 76.............15 D4
Gruchet-Saint-Siméon 76.......15 F1
Grues 85................................163 D3
Gruey-lès-Surance 88...........118 B1
Gruffy 74................................195 E4
Grugé-l'Hopital 49 ....104 B4
Grugies 02 ....20 A3
Grugny 76.................................32 B1
Gruissan 11 ....304 C2
Gruissan-Plage 11................304 C2
Grumesnil 76............................33 E1
Grun-Bordas 24.....................220 B2
Grundviller 57 ....69 F1
Gruny 80 ....19 E4
Grury 71.................................173 E1
Gruson 59 ....9 D1
Grusse 39 ....176 B1
Grussenheim 68......................96 C3
Grust 65.................................297 E4
Gruyères 08 ....22 B4
Le Gua 17 ....181 D4
Le Gua 38 ....230 C2
Guagno 2A 316 C2
Guagno-les-Bains 2A...........316 C2
Guainville 28 ....59 E2
Guarbecque 62 ....3 F4
Guargualé 2A........................318 C1
Guchan 65 ....298 B4
Guchen 65 ....298 B4
Gudas 09 ....301 D3
Gudmont 52 ....92 B3
Le Gué-d'Alleré 17................181 E1
Le Gué-de-la-Chaîne 61..........83 E3
Le Gué-de-Longroi 28.............85 F2
Le Gué-de-Velluire 85...........163 F3
Gué-d'Hossus 08.....................11 E4
Le Gué-du-Loir 41.................108 B3
Guebenhouse 57......................43 D4
Gueberschwihr 68...................96 B4
Guébestroff 57 ....69 E2
Guéblange-lès-Dieuze 57 ....69 D3
Guébling 57.............................69 E2
Guebwiller 68........................120 B1
Guécélard 72.........................106 C3
Le Guédéniau 49...................129 E2
Guégon 56.............................101 F2
Guéhébert 50...........................54 A2
Guéhenno 56.........................101 E2
Le Guélian 72 ....82 C4
Gueltas 56................................77 D4
Guémappe 62 ....8 B3
Guémar 68...............................96 C3
Guémené-Penfao 44.............103 D4
Guémené-sur-Scorff 56..........76 B4
Guémicourt 80 ....17 E3
Guemps 62..................................2 C2
Guénange 57............................41 F3
Guengat 29 ....73 E3
Guénin 56...............................100 C2
Guénouvry 44 ....126 A1
Guenroc 22 ....78 C3
Guenrouet 44 ....125 F1
Guentrange 57 ....41 F2
Guenviller 57 ....42 C4
Guêprei 61 ....56 C3
Guer 56..................................102 B2
Guérande 44..........................123 E4
Guérard 77...............................62 A3
Guerbigny 80............................19 D4
La Guerche 37.......................150 A3
La Guerche-de-Bretagne 35 ....104 A2
La Guerche-sur-l'Aubois 18.................154 B3
Guercheville 77 ....87 E4
Guerchy 89............................113 D3
Guéreins 01...........................192 C1
Guéret 23...............................187 D1
Guerfand 71 ....158 B4
Guérigny 58...........................154 C1
Guérin 47...............................237 E3
La Guérinière 85...................144 B2
Guerlédan (Lac de) 22............76 C3
Guerlesquin 29........................49 F3
Guermange 57 ....69 E3
Guermantes 77........................61 F3
Guern 56................................100 C1
Guernanville 27.......................58 A3
Guernes 78 ....59 F2
Le Guerno 56 ....123 F2
Guerny 27.................................33 E4
Guéron 14.................................28 C3
La Guéroulde 27 ....58 B3
Guerpont 55 ....66 B4

Guerquesalles 61 ... 57 D2
Les Guerreaux 71 ... 173 E2
Guerstling 57 ... 42 B2
Guerting 57 ... 42 B4
Guerville 76 ... 16 C2
Guerville 78 ... 59 F2
Guéry (Col de) 63 ... 206 C2
Gueschart 80 ... 7 D4
Guesnain 59 ... 9 D3
Guesnes 86 ... 149 D3
Guessling-Hémering 57 ... 69 D1
Guéthary 64 ... 270 B3
Le Guétin 18 ... 154 C3
Gueudecourt 80 ... 19 E1
Gueugnon 71 ... 173 F1
Gueures 76 ... 15 F1
Gueutteville 76 ... 16 D4
Gueutteville-les-Grès 76 ... 15 E1
Gueux 51 ... 37 E4
Guevenatten 68 ... 120 A3
Guewenheim 68 ... 120 A2
Gueynard 33 ... 217 F2
Gueytes-et-Labastide 11 ... 301 F3
Gueyze 47 ... 255 E2
Gugnécourt 88 ... 95 D3
Gugney 54 ... 94 A2
Gugney-aux-Aulx 88 ... 94 B3
Guibermesnil 80 ... 17 E3
Guibeville 91 ... 86 C1
Guichainville 27 ... 58 C2
Guiche 64 ... 271 D2
La Guiche 71 ... 174 B2
Guichen 35 ... 103 D2
Guiclan 29 ... 49 D3
Guidel 56 ... 99 F2
Guidon du Bouquet 30 ... 263 F2
La Guierche 72 ... 107 D1
Guignecourt 60 ... 34 A2
Guignemicourt 80 ... 18 A3
Guignen 35 ... 103 D2
Guignes 77 ... 87 F1
Guigneville 45 ... 86 C4
Guigneville-sur-Essonne 91 ... 87 D2
Guignicourt 02 ... 37 F2
Guignicourt-sur-Vence 08 ... 22 C4
La Guignière 37 ... 130 C3
Guignonville 45 ... 86 C4
Guigny 62 ... 6 C3
Guilberville 50 ... 54 C1
Le Guildo 22 ... 78 B1
Guiler-sur-Goyen 29 ... 73 D3
Guilers 29 ... 47 E3
Guilherand-Granges 07 ... 229 D3
Guillac 33 ... 218 C4
Guillac 56 ... 101 F2
Guillaucourt 80 ... 19 D3
Guillaumes 06 ... 269 D1
Guillemont 80 ... 19 E1
La Guillermie 03 ... 190 B3
Guillerval 91 ... 86 B3
Guillestre 05 ... 250 C1
Guilleville 28 ... 86 A4
Guilliers 56 ... 102 A1
Guilligomarc'h 29 ... 100 A1
Guillon 89 ... 137 E2
Guillon-les-Bains 25 ... 141 F3
Guillonville 28 ... 109 F1
Guillos 33 ... 235 F2
Guilly 36 ... 152 A2
Guilly 45 ... 110 C4
Guilmécourt 76 ... 16 B2
Guilvinec 29 ... 98 B2
Guimaëc 29 ... 49 F2
Guimiliau 29 ... 49 D4
Guimps 16 ... 200 C3
Guinarthe-Parenties 64 ... 271 F4
Guincourt 08 ... 38 C1
Guindrecourt-aux-Ormes 52 ... 92 A2
Guindrecourt-sur-Blaise 52 ... 92 A3
Guinecourt 62 ... 7 E3
Guînes 62 ... 2 C2
Guingamp 22 ... 50 C3
Guinglange 57 ... 68 C1
Guinkirchen 57 ... 42 A3
Guinzeling 57 ... 69 E2
Guipavas 29 ... 47 F3
Guipel 35 ... 79 E3
Guipronvel 29 ... 47 E2
Guipry 35 ... 103 D3
Guipy 58 ... 136 B4
Guirlange 57 ... 42 B3
Guiry-en-Vexin 95 ... 60 A1
Guiscard 60 ... 19 F4
Guiscriff 56 ... 75 F4
Guise 02 ... 20 C2
Guiseniers 27 ... 33 D4
Le Guislain 50 ... 54 B2
Guisseny 29 ... 47 F1
Guisy 62 ... 7 D2
Guitalens 81 ... 278 A2
Guitera-les-Bains 2A ... 317 D4
Guitinières 17 ... 199 E3
Guitrancourt 78 ... 60 A2
Guîtres 33 ... 218 C2
Guitry 27 ... 33 D4
Guitté 22 ... 78 C3
Guivry 02 ... 19 F4
Guizancourt 80 ... 17 F4
Guizengeard 16 ... 201 D4
Guizerix 65 ... 274 C4
Gujan-Mestras 33 ... 234 C1
Gumbrechtshoffen 67 ... 71 D1
Gumery 10 ... 89 D2
Gumiane 26 ... 247 F2
Gumières 42 ... 209 D2
Gumond 19 ... 223 D1
Gundershoffen 67 ... 71 D1
Gundolsheim 68 ... 120 B1
Gungwiller 67 ... 70 A1
Gunsbach 68 ... 96 B4
Gunstett 67 ... 45 D4
Guntzviller 57 ... 70 A2
Guny 02 ... 36 B1
Guran 31 ... 299 D4
Gurat 16 ... 201 F3
Gurcy-le-Châtel 77 ... 88 B2
Gurgy 89 ... 113 E3
Gurgy-la-Ville 21 ... 116 A3
Gurgy-le-Château 21 ... 116 A3
Gurmençon 64 ... 296 B2
Gurs 64 ... 272 A4
Gurunhuel 22 ... 50 B4
Gury 60 ... 35 E1
Gussainville 55 ... 40 C4
Gussignies 59 ... 10 A1
Guyancourt 78 ... 60 B4
Guyans-Durnes 25 ... 160 C1
Guyans-Vennes 25 ... 142 A4
Guyencourt 02 ... 37 E3
Guyencourt-Saulcourt 80 ... 19 F2
Guyencourt-sur-Noye 80 ... 18 B3
La Guyonnière 85 ... 146 A2
Guyonvelle 52 ... 117 E3
Guzargues 34 ... 281 F1
Guzet-Neige 09 ... 309 E1
Gy 70 ... 140 C2
Gy-en-Sologne 41 ... 132 B3
Gy-les-Nonains 45 ... 112 A2
Gy-l'Évêque 89 ... 113 E4
Gye 54 ... 67 F4
Gyé-sur-Seine 10 ... 115 D2

H

Habarcq 62 ... 8 A3
Habas 40 ... 271 F2
Habère-Lullin 74 ... 178 B4
Habère-Poche 74 ... 178 B4
L'Habit 27 ... 59 D3
L'Habitarelle 48 ... 245 D3
L'Habitarelle 48 ... 244 C2
Hablainville 54 ... 95 E1
Habloville 61 ... 56 B3
Habonville 54 ... 41 E4
Haboudange 57 ... 69 D2
Habsheim 68 ... 120 C2
Hachan 65 ... 298 C1
Hâcourt 52 ... 93 D4
Hacqueville 27 ... 33 D3
Hadancourt-le-Haut-Clocher 60 ... 33 F4
Hadigny-les-Verrières 88 ... 94 C3
Hadol 88 ... 118 C1
Hadonville-lès-Lachaussée 55 ... 67 E1
Haegen 67 ... 70 B2
Hagécourt 88 ... 94 B4
Hagedet 65 ... 273 F3
Hagen 57 ... 41 F1
Hagenbach 68 ... 120 B3
Hagenthal-le-Bas 68 ... 121 D4
Hagenthal-le-Haut 68 ... 121 D4
Haget 32 ... 274 A4
Hagetaubin 64 ... 272 B3
Hagetmau 40 ... 272 B1
Hagéville 54 ... 67 F1
Hagnéville-et-Roncourt 88 ... 93 F3
Hagnicourt 08 ... 38 C1
Hagondange 57 ... 41 F3
La Hague (Usine atomique de) 50 ... 24 B2
Haguenau 67 ... 71 E1
La Haie-Fouassière 44 ... 126 C4
La Haie-Longue 49 ... 128 A3
La Haie-Traversaine 53 ... 81 E3
Les Haies 69 ... 210 C2
Haigneville 54 ... 94 C1
Haillainville 88 ... 94 C2
Le Haillan 33 ... 217 D3
Hailles 80 ... 18 B3
Haillicourt 62 ... 8 A2
Haimps 17 ... 182 C3
Haims 86 ... 167 E2
Hainvillers 60 ... 35 D1
Haironville 55 ... 66 A4
Haisnes 62 ... 8 B1
Haleine 61 ... 81 F1
Halinghen 62 ... 6 B1
Hallencourt 80 ... 17 E2
Hallennes-lez-Haubourdin 59 ... 4 C4
Hallering 57 ... 42 B4
Les Halles 69 ... 210 A1
Halles-sous-les-Côtes 55 ... 39 F2
Hallignicourt 52 ... 65 F4
Hallines 62 ... 3 D4
Halling-lès-Boulay 57 ... 42 B4
Hallivillers 80 ... 18 B4
La Hallotière 76 ... 33 D1
Halloville 54 ... 95 E1
Halloy 60 ... 17 F4
Halloy 62 ... 7 F4
Halloy-lès-Pernois 80 ... 18 A1
Hallu 80 ... 19 D3
Halluin 59 ... 4 C3
Halsou 64 ... 270 C3
Halstroff 57 ... 42 B2
Le Ham 14 ... 30 A4

Alma (R. de l')	EY	3
Anfray (R.)	GZ	5
Archinard (Av. Gén.)	GZ	9
Bernardin-de-St-Pierre (R.)	FZ	13
Bretagne (R. de)	FGZ	14
Briand (R. A.)	HY	
Brindeau (R. L.)	EFZ	15
Chevalier-de-la Barre (Cours)	HZ	18
Churchill (Bd W.)	HZ	24
Commerce (Passerelle du)	GZ	26
Delavigne (Quai C.)	GZ	29
Delavigne (R. C.)	GHY	
Drapiers (R. des)	FZ	32
Étretat (R. d')	EY	
Faidherbe (R. Gén.)	GZ	36
Féré (Quai Michel)	FZ	37
Genestal (R. H.)	FY	43
Honegger (R. A.)	FZ	46
Hôtel-de-Ville (Pl. de l')	FYZ	47
Huet (R. A.-A.)	FY	49
Ile (Quai de l')	GZ	51
Joffre (R. Maréchal)	GHY	
Kennedy (Chée J.)	EFZ	53
La Bourdonnais (R.)	EY	54
Lamblardie (Quai)	FGZ	57
Leclerc (Av. Gén.)	FY	58
Lemaître (R. F.)	EZ	60
Le Testu (Quai G.)	FZ	61
Louer (R. J.)	FY	63
Massillon (R.)	HY	65
Maupassant (R. G.-de)	EY	67
Mouchez (Bd Amiral)	HZ	68
Neustrie (R. de)	HY	71
Notre-Dame (Quai)	FZ	72
Paris (R. de)	FZ	
Pasteur (R.)	HY	75
Perret (Pl. Auguste)	FZ	76
Pompidou (Chée G.)	GZ	78
République (Cours de la)	HY	
Risson (R. F.)	GY	80
Victor-Hugo (R.)	FZ	91
Videcoq (Quai)	FZ	92
Voltaire (R.)	EFZ	94
Wilson (R. Président)	EY	96
24e-Territorial (Chée du)	GZ	97

Le Ham 50 .... 25 D4
Le Ham 53 .... 81 F3
Ham 80 .... 19 F4
Ham (Roches de) 50 .... 54 C1
Ham-en-Artois 62 .... 7 F1
Ham-les-Moines 08 .... 22 B3
Ham-sous-Varsberg 57 .... 42 C4
Ham-sur-Meuse 08 .... 13 D3
Hamars 14 .... 55 F1
Hambach 57 .... 43 E4
Hambers 53 .... 81 F4
Hamblain-les-Prés 62 .... 8 C3
Hambye 50 .... 54 A2
Hambye (Abbaye de) 50 .... 54 B2
Hameau-de-la-Mer 50 .... 24 C2
Hamel 59 .... 8 C3
Le Hamel 60 .... 17 F4
Le Hamel 80 .... 18 C2
Hamelet 80 .... 18 C2
Hamelin 50 .... 80 B1
Hamelincourt 62 .... 8 B4
Hames-Boucres 62 .... 2 B2
Hammeville 54 .... 94 A1
Hamonville 54 .... 67 E3
Hampigny 10 .... 91 E2
Hampont 57 .... 69 D2
Han-devant-Pierrepont 54 .... 40 C2
Han-lès-Juvigny 55 .... 40 A1
Han-sur-Meuse 55 .... 67 D2
Han-sur-Nied 57 .... 68 C1
Hanau (Étang de) 57 .... 44 C4
Hanc 79 .... 183 E2
Hanches 28 .... 85 F1
Hancourt 80 .... 19 F2
Handschuheim 67 .... 71 D3
Hangard 80 .... 18 C3
Hangenbieten 67 .... 71 D3
Hangest-en-Santerre 80 .... 18 C4
Hangest-sur-Somme 80 .... 17 F2
Hangviller 57 .... 70 A1
Hannaches 60 .... 33 E2
Hannapes 02 .... 20 C2
Hannappes 08 .... 21 F3
Hannescamps 62 .... 8 A4
Hannocourt 57 .... 68 C2
Hannogne-Saint-Martin 08 .... 23 D4
Hannogne-Saint-Rémy 08 .... 37 F1
Hannonville-sous-les-Côtes 55 .... 67 D1
Hannonville-Suzémont 54 .... 67 E1
Le Hanouard 76 .... 15 E2
Hans 51 .... 65 E1
Hantay 59 .... 8 B1
Hantz (Col du) 88 .... 96 A1
Hanvec 29 .... 73 F1
Hanviller 57 .... 44 C3
Hanvoile 60 .... 33 F2
Haplincourt 62 .... 19 E1
Happencourt 02 .... 20 A3
Happonvilliers 28 .... 84 C3
Harambels 64 .... 271 E4
Haramont 02 .... 35 F3
Haraucourt 08 .... 23 E4
Haraucourt 54 .... 68 C4
Haraucourt-sur-Seille 57 .... 69 D3
Haraumont 55 .... 40 A3
Haravesnes 62 .... 7 D3
Haravilliers 95 .... 34 A4
Harbonnières 80 .... 18 C3
Harbouey 54 .... 95 F1
Harcanville 76 .... 15 E2
Harchéchamp 88 .... 93 E2
Harcigny 02 .... 21 E3
Harcourt 27 .... 31 F4
Harcy 08 .... 22 B3
Hardancourt 88 .... 95 D2
Hardanges 53 .... 81 F3
Hardecourt-aux-Bois 80 .... 19 E2
Hardelot-Plage 62 .... 2 A4
Hardencourt-Cocherel 27 .... 59 D1
Hardifort 59 .... 3 F3
Hardinghen 62 .... 2 B3
Hardinvast 50 .... 24 C2
Hardivillers 60 .... 34 B1
Hardivillers-en-Vexin 60 .... 33 F3
La Hardoye 08 .... 21 F4
Hardricourt 78 .... 60 A2
La Harengère 27 .... 32 A4
Haréville 88 .... 94 A4
Harfleur 76 .... 14 B4
Hargarten-aux-Mines 57 .... 42 B3
Hargeville 78 .... 59 F3
Hargeville-sur-Chée 55 .... 66 B3
Hargicourt 02 .... 20 A2
Hargicourt 80 .... 18 C4
Hargnies 08 .... 13 D4
Hargnies 59 .... 10 B2
Haricourt 27 .... 59 E1
Harly 02 .... 20 A3
Harméville 52 .... 92 C2
Harmonville 88 .... 93 F2
La Harmoye 22 .... 77 D2
Harnes 62 .... 8 B2
Harol 88 .... 94 B4
Haroué 54 .... 94 B2
Harponville 80 .... 18 C1
Harprich 57 .... 69 D1
Harquency 27 .... 33 D4
Harreberg 57 .... 70 A3
Harréville-les-Chanteurs 52 .... 93 E3
Harricourt 08 .... 39 E2
Harricourt 52 .... 92 A3
Harsault 88 .... 118 B1
Harskirchen 67 .... 69 F2
Hartennes-et-Taux 02 .... 36 B3
Hartmannswiller 68 .... 120 B1
Hartzviller 57 .... 70 A3
Harville 55 .... 67 E1
Hary 02 .... 21 E3
Haselbourg 57 .... 70 A2
Hasnon 59 .... 9 E2
Hasparren 64 .... 271 D3
Haspelschiedt 57 .... 44 C3
Haspres 59 .... 9 E3
Hastingues 40 .... 271 E2
Hatrize 54 .... 41 D4
Hatten 67 .... 45 F4
Hattencourt 80 .... 19 D3
Hattenville 76 .... 15 D3
Hattigny 57 .... 69 F4
Hattmatt 67 .... 70 C2
Hattonchâtel 55 .... 67 E1
Hattonville 55 .... 67 E1
Hattstatt 68 .... 96 B4
Hauban 65 .... 298 A2
Haubourdin 59 .... 4 C4
Hauconcourt 57 .... 41 F3
Haucourt 60 .... 33 F2
Haucourt 62 .... 8 C3
Haucourt 76 .... 17 D4
Haucourt-en-Cambrésis 59 .... 20 A1
Haucourt-la-Rigole 55 .... 40 C3
Haucourt-Moulaine 54 .... 41 D1
Haudainville 55 .... 40 B4
Haudiomont 55 .... 40 B4
Haudivillers 60 .... 34 B2
Haudonville 54 .... 94 C1
Haudrecy 08 .... 22 C3
Haudricourt 76 .... 17 D4
Haulchin 59 .... 9 E3
Haulies 32 .... 275 D2
Haulmé 08 .... 22 C2
Haumont-lès-Lachaussée 55 .... 67 E1
Haumont-près-Samogneux 55 .... 40 A3
Hauriet 40 .... 272 B1
Hausgauen 68 .... 120 C3
Haussez 76 .... 33 E1
Haussignémont 51 .... 65 E4
Haussimont 51 .... 64 B4
Haussonville 54 .... 94 B1
Haussy 59 .... 9 F4
Haut-Asco 2B 314 C4
Haut-Barr (Château du) 67 .... 70 B2
Haut-Clocher 57 .... 69 F3
Le Haut-Corlay 22 .... 76 C2
Haut-de-Bosdarros 64 .... 297 D1
Le Haut-du-Them 70 .... 119 E3
Haut-Kœnigsbourg (Château du) 67 .... 96 B2
Haut-Lieu 59 .... 10 B3
Haut-Loquin 62 .... 2 C3
Haut-Maînil 62 .... 7 D3
Haut-Mauco 40 .... 253 F4
Le Haut Planet (Balcon) 78 .... 59 F4
Hautaget 65 .... 298 C3
Hautbos 60 .... 33 F1
Haute-Avesnes 62 .... 8 A3
La Haute-Beaume 05 .... 248 C2
La Haute-Chapelle 61 .... 81 E1
Haute-Epine 60 .... 34 A1
Haute-Goulaine 44 .... 126 C4
Haute-Isle 95 .... 59 F1
Haute-Kontz 57 .... 42 A1
La Haute-Maison 77 .... 62 B3
Haute Provence (Observatoire de) 04 .... 266 C3
Haute-Rivoire 69 .... 210 A1
Haute-Vigneulles 57 .... 42 B4
Hautecloque 62 .... 7 E3
Hautecombe (Abbaye de) 73 .... 195 D4
Hautecôte 62 .... 7 E3
Hautecour 39 .... 177 D1
Hautecour 73 .... 214 B2
Hautecourt-lès-Broville 55 .... 40 B4
Hautecourt-Romanèche 01 .... 194 A1
Hautefage 19 .... 223 E2
Hautefage-la-Tour 47 .... 238 C4
Hautefaye 24 .... 202 A2
Hautefeuille 77 .... 62 A4
Hautefond 71 .... 174 A3
Hautefontaine 60 .... 36 A3
Hautefort 24 .... 203 E4
Hauteluce 73 .... 196 B4
Hautepierre-le-Châtelet 25 .... 160 C1
Hauterive 03 .... 190 A2
Hauterive 61 .... 83 D2
Hauterive 89 .... 113 E3
Hauterive-la-Fresse 25 .... 161 D2
Hauterives 26 .... 211 E4
Hauteroche 21 .... 138 B2
Hautes-Duyes 04 .... 267 F1
Les Hautes-Rivières 08 .... 23 D2
Hautesvignes 47 .... 237 F3
Hautevelle 70 .... 118 C3
Hautevesnes 02 .... 62 C1
Hauteville 02 .... 20 B2
Hauteville 08 .... 38 A1
Hauteville 51 .... 91 F1
Hauteville 62 .... 8 A3
Hauteville 73 .... 213 F2
La Hauteville 78 .... 59 F4
Hauteville-Gondon 73 .... 214 C1
Hauteville-la-Guichard 50 .... 27 D4
Hauteville-lès-Dijon 21 .... 139 D3
Hauteville-Lompnes 01 .... 194 B2
Hauteville-sur-Fier 74 .... 195 D3
Hauteville-sur-Mer 50 .... 53 F1
L'Hautil 78 .... 60 B2
Haution 02 .... 21 D3
Hautmont 59 .... 10 B2
Hautmougey 88 .... 118 B1
Hautot-l'Auvray 76 .... 15 E2
Hautot-le-Vatois 76 .... 15 E3
Hautot-Saint-Sulpice 76 .... 15 E3
Hautot-sur-Mer 76 .... 16 A2
Hautot-sur-Seine 76 .... 32 A3
Hautteville-Bocage 50 .... 25 D4
Hautvillers 51 .... 64 A1
Hautvillers-Ouville 80 .... 6 B4
Hauville 27 .... 31 F2
Hauviné 08 .... 38 B3
Haux 33 .... 236 B1
Haux 64 .... 295 F2
Havange 57 .... 41 E2
Havelu 28 .... 59 E3
Haveluy 59 .... 9 E3
Havernas 80 .... 18 A1
Haverskerque 59 .... 3 F4
Le Havre 76 .... 14 B4
Le Havre-Antifer (Port pétrolier) 76 .... 14 B3
Havrincourt 62 .... 19 F1
Havys 08 .... 22 A3
L'Hay-les-Roses 94 .... 61 D4
Hayange 57 .... 41 E3
Haybes 08 .... 11 F4
La Haye 76 .... 32 C2
La Haye 88 .... 118 B1
La Haye-Aubrée 27 .... 31 E2
La Haye-Bellefond 50 .... 54 B1
La Haye-de-Calleville 27 .... 31 F4
La Haye-de-Routot 27 .... 31 E2
La Haye-d'Ectot 50 .... 24 B4
La Haye-du-Puits 50 .... 26 C3
La Haye-du-Theil 27 .... 31 F4
La Haye-le-Comte 27 .... 32 B4
La Haye-Malherbe 27 .... 32 A4
La Haye-Pesnel 50 .... 54 A3
La Haye-Saint-Sylvestre 27 .... 57 F2
Les Hayes 41 .... 108 A4
Hayes 57 .... 42 A4
Haynecourt 59 .... 9 D4
Les Hays 39 .... 159 D3
Hazebrouck 59 .... 3 F4
Hazembourg 57 .... 69 F1
Héas 65 .... 306 C4
Le Heaulme 95 .... 34 A4
Héauville 50 .... 24 B2
Hébécourt 27 .... 33 E3
Hébécourt 80 .... 18 A3
Hébécrevon 50 .... 27 E4
Héberville 76 .... 15 F2
Hébuterne 62 .... 8 A4
Hèches 65 .... 298 B3
Hecken 68 .... 120 A3
Hecmanville 27 .... 31 E4
Hécourt 27 .... 59 E2
Hécourt 60 .... 33 E1
Hecq 59 .... 10 A3
Hectomare 27 .... 32 A4
Hédauville 80 .... 18 C1
Hédé 35 .... 79 D3
Hédouville 95 .... 34 A4
Hegeney 67 .... 71 D1
Hégenheim 68 .... 121 D4
Heidolsheim 67 .... 96 C2
Heidwiller 68 .... 120 B3
Heiligenberg 67 .... 70 B4
Heiligenstein 67 .... 96 C1
Heillecourt 54 .... 68 B4
Heilles 60 .... 34 B3
Heilly 80 .... 18 C2
Heiltz-le-Hutier 51 .... 65 F4
Heiltz-le-Maurupt 51 .... 65 F3
Heiltz-l'Évêque 51 .... 65 E3
Heimersdorf 68 .... 120 B4
Heimsbrunn 68 .... 120 B2
Heining-lès-Bouzonville 57 .... 42 B3
Heippes 55 .... 66 B1
Heiteren 68 .... 97 D4
Heiwiller 68 .... 120 C3
Hélesmes 59 .... 9 E3
Hélette 64 .... 271 D4
Helfaut 62 .... 3 E4
Helfrantzkirch 68 .... 120 C3
Helléan 56 .... 101 F1
Hellemmes-Lille 59 .... 4 C4
Hellenvilliers 27 .... 58 C3
Hellering-lès-Fénétrange 57 .... 69 F3
Helleville 50 .... 24 B3
Hellimer 57 .... 69 E1
Héloup 61 .... 82 C3
Helstroff 57 .... 42 B4
Hem 59 .... 5 D4
Hem-Hardinval 80 .... 7 E4
Hem-Lenglet 59 .... 9 D3
Hem-Monacu 80 .... 19 E2
Hémevez 50 .... 25 D3
Hémévillers 60 .... 35 D2
Hémilly 57 .... 68 C1
Héming 57 .... 69 F4
Hémonstoir 22 .... 77 D4
Hénaménil 54 .... 69 D4
Hénanbihen 22 .... 78 A1
Hénansal 22 .... 78 A1
Hendaye 64 .... 270 A4
Hendecourt-lès-Cagnicourt 62 .... 8 C4
Hendecourt-lès-Ransart 62 .... 8 A4
Hénencourt 80 .... 18 C1
Henflingen 68 .... 120 B4
Hengoat 22 .... 50 C2
Hengwiller 67 .... 70 B3
Hénin-Beaumont 62 .... 8 C2
Hénin-sur-Cojeul 62 .... 8 B4
Héninel 62 .... 8 B4
Hennebont 56 .... 100 A2
Hennecourt 88 .... 94 B4
Hennemont 55 .... 40 C4
Henneveux 62 .... 2 B4
Hennezel 88 .... 118 A1
Hennezis 27 .... 33 D4
Hénon 22 .... 77 E2
Hénonville 60 .... 34 A4
Hénouville 76 .... 15 F4
Henrichemont 18 .... 134 B4
Henridorff 57 .... 70 A2
Henriville 57 .... 43 D4
Hénu 62 .... 7 F4
Henvic 29 .... 49 D2
Hérange 57 .... 70 A2
L'Herbaudière 85 .... 144 A1
Herbault 41 .... 131 F1
Herbeauvilliers 77 .... 87 E4
Herbécourt 80 .... 19 E2
Herbelles 62 .... 3 D4
L'Herbergement 85 .... 146 A2
Herbeuval 08 .... 40 D1
Herbeuville 55 .... 67 D1
Herbeville 78 .... 60 A3
Herbéviller 54 .... 95 E1
Herbeys 38 .... 230 C1
Les Herbiers 85 .... 146 C3
Herbignac 44 .... 123 F3
Herbinghen 62 .... 2 C3
Herbisse 10 .... 90 B1
Herbitzheim 67 .... 69 F1
Herblay 95 .... 60 C2
Herbsheim 67 .... 97 D1
Hercé 53 .... 81 D2
Herchies 60 .... 34 A2
La Hérelle 60 .... 34 C1
Hérenguerville 50 .... 53 F1
Hérépian 34 .... 280 A2
Hères 65 .... 273 F2
Hergnies 59 .... 9 F2
Hergugney 88 .... 94 B2
Héric 44 .... 126 B2
Héricourt 62 .... 7 E3
Héricourt 70 .... 142 B1
Héricourt-en-Caux 76 .... 15 E2
Héricourt-sur-Thérain 60 .... 33 E1
Héricy 77 .... 87 F2
La Hérie 02 .... 21 E2
Le Hérie-la-Viéville 02 .... 20 C3
Hériménil 54 .... 94 C1
Hérimoncourt 25 .... 142 C2
Hérin 59 .... 9 E3
Hérissart 80 .... 18 B1
Hérisson 03 .... 171 D2
Hérisson (Cascades du) 39 .... 177 D1
Herleville 80 .... 19 D3
La Herlière 62 .... 8 A4
Herlies 59 .... 8 B1
Herlin-le-Sec 62 .... 7 E3
Herlincourt 62 .... 7 E3
Herly 62 .... 6 C1
Herly 80 .... 19 E4
L'Herm 09 .... 301 D3
Herm 40 .... 252 C4
L'Herm (Château de) 24 .... 221 D2
Hermanville 76 .... 16 D3
Hermanville-sur-Mer 14 .... 29 F3
Les Hermaux 48 .... 243 E3
Hermaville 62 .... 8 A3
Hermé 77 .... 89 D2
Hermelange 57 .... 69 F4
Hermelinghen 62 .... 2 C3
L'Hermenault 85 .... 164 A2
Herment 63 .... 206 B1
Hermeray 78 .... 85 F1
Hermerswiller 67 .... 45 E4
Hermes 60 .... 34 B3
Hermeville 76 .... 14 C3
Herméville-en-Woëvre 55 .... 40 C4
Hermies 62 .... 19 F1
Hermillon 73 .... 214 A4
Hermin 62 .... 8 A2
L'Hermitage 35 .... 79 D4
L'Hermitage-Lorge 22 .... 77 D2
Les Hermites 37 .... 131 D1
L'Hermitière 61 .... 83 F4
Hermival-les-Vaux 14 .... 30 C4
Hermonville 51 .... 37 E3
Hernicourt 62 .... 7 E2
Herny 57 .... 68 C1
Le Héron 76 .... 32 C2
Héronchelles 76 .... 32 C1
Hérouville 95 .... 60 C1
Hérouville-Saint-Clair 14 .... 29 E4
Hérouvillette 14 .... 29 F4
Herpelmont 88 .... 95 E4
La Herpinière (Moulin) 49 .... 129 E4
Herpont 51 .... 65 E2
Herpy-l'Arlésienne 08 .... 38 A1
Herqueville 27 .... 32 B4
Herqueville 50 .... 24 B2
Herran 31 .... 299 E3
Herré 40 .... 255 D3
Herrère 64 .... 296 B1
Herrin 59 .... 8 C1
Herrlisheim 67 .... 71 E2
Herrlisheim-près-Colmar 68 .... 96 B4
Herry 18 .... 135 D4
Hersbach 67 .... 70 B4
Herserange 54 .... 41 D1
Hersin-Coupigny 62 .... 8 A2
Hertzing 57 .... 69 F4
Hervelinghen 62 .... 2 B2
Hervilly 80 .... 19 F2
Héry 58 .... 136 B4
Héry 89 .... 113 E3
Héry-sur-Alby 74 .... 195 D4
Herzeele 59 .... 3 F2
Hesbécourt 80 .... 19 F2
Hescamps-Saint-Clair 80 .... 17 E4
Hesdigneul-lès-Béthune 62 .... 8 A1
Hesdigneul-lès-Boulogne 62 .... 2 A4
Hesdin 62 .... 7 D2
Hesdin-l'Abbé 62 .... 2 B4
Hésingue 68 .... 121 D4
Hesmond 62 .... 6 C2
Hesse 57 .... 69 F3
Hessenheim 67 .... 97 D2
Hestroff 57 .... 42 A3
Hestrud 59 .... 10 C2
Hestrus 62 .... 7 E2
Hétomesnil 60 .... 34 A1
Hettange-Grande 57 .... 41 F2
Hettenschlag 68 .... 96 C4
Heubécourt-Haricourt 27 .... 59 E1
Heuchin 62 .... 7 E2
Heucourt-Croquoison 80 .... 17 E2
Heudebouville 27 .... 32 B4
Heudicourt 27 .... 33 E3
Heudicourt 80 .... 19 F1
Heudicourt-sous-les-Côtes 55 .... 67 E2
Heudreville-en-Lieuvin 27 .... 31 D4
Heudreville-sur-Eure 27 .... 58 C1
Heugas 40 .... 271 E1
Heugleville-sur-Scie 76 .... 16 A4
Heugnes 36 .... 151 E2
Heugon 61 .... 57 E3
Heugueville-sur-Sienne 50 .... 53 F1
Heuilley-Cotton 52 .... 116 C4
Heuilley-le-Grand 52 .... 116 C4
Heuilley-sur-Saône 21 .... 140 A3
Heuland 14 .... 30 A3
Heume-l'Église 63 .... 206 C1
La Heunière 27 .... 59 E1
Heuqueville 27 .... 32 C3
Heuqueville 76 .... 14 B3
Heuringhem 62 .... 3 E4
Heurteauville 76 .... 31 F2
Heurtevent 14 .... 56 C2
Heussé 50 .... 80 C1
Heutrégiville 51 .... 38 A3
Heuzecourt 80 .... 7 D4
Hévilliers 55 .... 92 C1
Heyrieux 38 .... 211 E1
Hézecques 62 .... 7 D1
Le Hézo 56 .... 101 E4
Hibarette 65 .... 297 F2
Hières-sur-Amby 38 .... 193 F4
Hierges 08 .... 13 D3
Hiermont 80 .... 7 D4
Hiers-Brouage 17 .... 180 C3
Hiersac 16 .... 201 E1
Hiesse 16 .... 184 B2
Hiesville 50 .... 25 E4
Hiéville 14 .... 56 C1
Higuères-Souye 64 .... 273 D4
Hiis 65 .... 297 F2
Hilbesheim 57 .... 70 A2
Hillion 22 .... 51 E4
Hilsenheim 67 .... 97 D2
Hilsprich 57 .... 69 F1
Hinacourt 02 .... 20 A4
Hinckange 57 .... 42 A4
Hindisheim 67 .... 71 D4
Hindlingen 68 .... 120 B4
Hinges 62 .... 8 A1
Le Hinglé 22 .... 78 C2
Hinsbourg 67 .... 70 B1
Hinsingen 67 .... 69 F1
Hinx 40 .... 271 F1
Hipsheim 67 .... 71 D4
Hirel 35 .... 53 D4
Hirmentaz 74 .... 178 C4
Hirschland 67 .... 70 A1
Hirsingue 68 .... 143 E1
Hirson 02 .... 21 F2
Hirtzbach 68 .... 143 E1
Hirtzfelden 68 .... 120 C1
His 31 .... 299 F3
Hitte 65 .... 298 A2
Hoc (Pointe du) 14 .... 25 F4
Hochfelden 67 .... 70 C2
Hochstatt 68 .... 120 B3
Hochstett 67 .... 71 D2
Hocquigny 50 .... 54 A3
Hocquincourt 80 .... 17 E2
Hocquinghen 62 .... 2 C3
Hodenc-en-Bray 60 .... 33 F2
Hodenc-l'Évêque 60 .... 34 A3
Hodeng-au-Bosc 76 .... 17 D3
Hodeng-Hodenger 76 .... 33 D1
Hodent 95 .... 60 A1
Hœdic 56 .... 122 C4
Hœnheim 67 .... 71 D3
Hœrdt 67 .... 71 E2
Hoéville 54 .... 68 C4
Hoffen 67 .... 45 E4
Les Hogues 27 .... 32 C2
La Hoguette 14 .... 56 B3
Hohatzenheim 67 .... 71 D2
Hohengœft 67 .... 70 C3
Hohfrankenheim 67 .... 70 C2
Hohneck 68 .... 96 A4
Hohrod 68 .... 96 A4
Hohrodberg 68 .... 96 A4
Le Hohwald 67 .... 96 B1
Hohwiller 67 .... 45 E4
Holacourt 57 .... 68 C1
Holling 57 .... 42 B3
Holnon 02 .... 20 A3
Holque 59 .... 3 D2
Holtzheim 67 .... 71 D3
Holtzwihr 68 .... 96 C3
Holving 57 .... 69 F1
Hombleux 80 .... 19 E4
Homblières 02 .... 20 B3
Hombourg 68 .... 121 D2
Hombourg-Budange 57 .... 42 A3
Hombourg-Haut 57 .... 42 C4
L'Hôme-Chamondot 61 .... 84 A1
Homécourt 54 .... 41 E3
Hommarting 57 .... 70 A2
L'Homme-d'Armes 26 .... 246 C2
Hommert 57 .... 70 A3
Hommes 37 .... 130 A3
Le Hommet-d'Arthenay 50 .... 27 E4
Homps 11 .... 303 E1
Homps 32 .... 256 C4
Hon-Hergies 59 .... 10 A1
Hondainville 60 .... 34 B3
Hondeghem 59 .... 3 F3
Hondevilliers 77 .... 62 C3
Hondouville 27 .... 58 C1
Hondschoote 59 .... 3 F1
Honfleur 14 .... 30 C2
Honguemare-Guenouville 27 .... 31 F3
Honnechy 59 .... 20 B1
Honnecourt-sur-Escaut 59 .... 20 A1
L'Honor-de-Cos 82 .... 257 F2
Honskirch 57 .... 69 F2
Hontanx 40 .... 254 B4
L'Hôpital 22 .... 51 E4
L'Hôpital 48 .... 245 D4
L'Hôpital 57 .... 42 C4
Hôpital-Camfrout 29 .... 47 F4
L'Hôpital-d'Orion 64 .... 272 A3
L'Hôpital-du-Grosbois 25 .... 141 E4
L'Hôpital-le-Grand 42 .... 209 F2
L'Hôpital-le-Mercier 71 .... 173 F3
L'Hôpital-Saint-Blaise 64 .... 296 A1
L'Hôpital-Saint-Lieffroy 25 .... 142 A2
L'Hôpital-sous-Rochefort 42 .... 191 D4
L'Hôpital-sur-Rhins 42 .... 191 E3
Les Hôpitaux-Neufs 25 .... 161 D3
Les Hôpitaux-Vieux 25 .... 161 D3
Horbourg 68 .... 96 C3
Hordain 59 .... 9 E3
La Horgne 08 .... 22 C4
Horgues 65 .... 297 F1
L'Horme 42 .... 210 B2
Hornaing 59 .... 9 E2
Hornoy 80 .... 17 E3
Le Horps 53 .... 81 F2
Horsarrieu 40 .... 272 B1
Hortes 52 .... 117 D3
Horville-en-Ornois 55 .... 93 D2
L'Hosmes 27 .... 58 B3
Hospice de France 31 .... 308 A1
L'Hospitalet 04 .... 266 C2
L'Hospitalet 46 .... 222 B4
L'Hospitalet-du-Larzac 12 .... 261 F3
L'Hospitalet-près-l'Andorre 09 .... 310 B2
Hossegor 40 .... 270 C1
Hosta 64 .... 295 E1
Hoste 57 .... 43 D4
Hostens 33 .... 235 F3
Hostias 01 .... 194 B3
Hostun 26 .... 229 F2
L'Hôtellerie 14 .... 31 D4
L'Hôtellerie-de-Flée 49 .... 104 C4
Hotonnes 01 .... 194 C2
Hotot-en-Auge 14 .... 30 A4
Hottot-les-Bagues 14 .... 29 D4
Hottviller 57 .... 44 B3
La Houblonnière 14 .... 56 C1
Les Houches 74 .... 196 C3
Houchin 62 .... 8 A2
Houdain 62 .... 7 F2
Houdain-lez-Bavay 59 .... 10 A1
Houdan 78 .... 59 F3
Houdancourt 60 .... 35 D3
Houdelaincourt 55 .... 93 D1
Houdelaucourt-sur-Othain 55 .... 40 C3
Houdelmont 54 .... 94 A1
Houdemont 54 .... 68 B4
Houdetot 76 .... 15 F1
Houdilcourt 08 .... 37 F2
Houdreville 54 .... 94 A1
Houécourt 88 .... 93 F3
Houeillès 47 .... 255 D1
Houesville 50 .... 25 E4
Houetteville 27 .... 58 C1
Houéville 88 .... 93 F2
Houeydets 65 .... 298 B2
Le Houga 32 .... 273 E1
Houilles 78 .... 60 C2
Houlbec-Cocherel 27 .... 59 D1
Houlbec-près-le-Gros-Theil 27 .... 31 F4
Houldizy 08 .... 22 C3
Houlette 16 .... 182 C4
Houlgate 14 .... 30 A3
Houlle 62 .... 3 D3
Le Houlme 76 .... 32 A2
L'Houmeau 17 .... 163 E4
Hounoux 11 .... 301 F2
Houplin-Ancoisne 59 .... 8 C1
Houplines 59 .... 4 B4
Houppeville 76 .... 32 A1
Houquetot 76 .... 14 C3
Hourc 65 .... 298 A1
Le Hourdel 80 .... 6 A4
Hourges 51 .... 37 D3
Hours 64 .... 297 E1
Hourtin 33 .... 216 B1
Hourtin-Plage 33 .... 198 A4
Hourtous (Roc des) 48 .... 243 F4
Houry 02 .... 21 D3
Houssay 41 .... 108 B4
Houssay 53 .... 105 D2
La Houssaye 27 .... 58 A1
La Houssaye-Béranger 76 .... 16 A4
La Houssaye-en-Brie 77 .... 62 A4
Le Housseau 53 .... 81 F2
Houssen 68 .... 96 C3
Housseras 88 .... 95 E3
Housset 02 .... 20 C3
Housséville 54 .... 94 A2

La Houssière 88 95 F4
La Houssoye 60 33 F3
Houtaud 25 161 D2
Houtkerque 59 3 F2
Houtteville 50 25 D4
Houville-en-Vexin 27 32 C3
Houville-la-Branche 28 85 F2
Houvin-Houvigneul 62 7 F3
Houx 28 85 F1
Hoymille 59 3 F1
Huanne-Montmartin 25 141 F2
Hubersent 62 6 B1
Hubert-Folie 14 29 F4
Huberville 50 25 D3
Huby-Saint-Leu 62 7 D2
Huchenneville 80 17 E1
Huclier 62 7 E2
Hucqueliers 62 6 C1
Hudimesnil 50 53 F2
Hudiviller 54 68 C4
Huelgoat 29 75 E2
Huest 27 58 C1
Huêtre 45 110 A2
Huez 38 231 E2
Hugier 70 140 B3
Hugleville-en-Caux 76 16 D4
Huillé 49 129 D1
Huilliécourt 52 93 D4
Huilly-sur-Seille 71 175 F1
Huiron 51 65 D4
Huismes 37 130 A4
Huisnes-sur-Mer 50 53 F4
D'Huison-Longueville 91 87 D2
Huisseau-en-Beauce 41 108 B4
Huisseau-sur-Cosson 41 132 B1
Huisseau-sur-Mauves 45 109 F3
L'Huisserie 53 105 D1
Hulluch 62 8 B1
Hultehouse 57 70 B2
Humbauville 51 65 D4
Humbécourt 52 91 F1
Humbercamps 62 8 A4
Humbercourt 80 7 F4
Humbert 62 6 C1
Humberville 52 92 C3
Humbligny 18 134 C4
La Hume 33 234 C1
Humerœuille 62 7 E2
Humes 52 116 C2
Humières 62 7 E2
Hunaudaye (Château de la) 22 78 A1
Hunawihr 68 96 B3
Hundling 57 43 D4
Hundsbach 68 120 C3
Huningue 68 121 D3
Hunspach 67 45 E4
Hunting 57 42 A2
Huos 31 298 C2
Huparlac 12 242 C1
Huppain 14 28 C3
Huppy 80 17 E1
Hurbache 88 95 F2
Hure 33 237 D2
Hurecourt 70 118 A2
Hures-la-Parade 48 261 F1
Huriel 03 170 C3
Hurigny 71 175 D3
Hurtières 38 213 D4
Hurtigheim 67 71 D3
Husseren-les-Châteaux 68 96 B4
Husseren-Wesserling 68 120 A1
Hussigny-Godbrange 54 41 D1
Husson 50 80 C1
La Hutte 72 82 C3
Huttendorf 67 71 D1
Huttenheim 67 97 D1
Hyds 03 171 E4
Hyémondans 25 142 B2
Hyencourt-le-Grand 80 19 E3
Hyenville 50 53 F1
Hyères 83 292 B2
Hyères-Plage 83 292 B3
Hyet 70 141 E2
Hyèvre-Magny 25 142 A3
Hyèvre-Paroisse 25 142 A3
Hymont 88 94 B3

I

Ibarrolle 64 295 E1
Ibarron 64 270 B4
Ibigny 57 69 F4
Ibos 65 297 F1
Ichtratzheim 67 71 D4
Ichy 77 87 E4
Idaux-Mendy 64 295 F1
Idrac-Respaillès 32 274 C3
Idron 64 273 D4
Ids-Saint-Roch 18 170 A1
If (Château d') 13 284 C4
Iffendic 35 78 C4
Les Iffs 35 79 D3
Ifs 14 29 E4
Les Ifs 76 16 C2
Igé 61 83 E3
Igé 71 175 D3
Ignaucourt 80 18 C3
Ignaux 09 310 B1
Igney 54 69 E4
Igney 88 94 C3
Ignol 18 154 A2
Igny 70 140 C2
Igny 91 60 C4
Igny-Comblizy 51 63 F2
Igon 64 297 D2
Igornay 71 157 D2
Igoville 27 32 B3
Iguerande 71 191 E1
Iholdy 64 271 D4
Ilay 39 177 E1
Ile-aux-Moines 56 101 D4
L'Ile-Bouchard 37 149 E1
Ile-d'Aix 17 180 C2
Ile-d'Arz 56 101 D4
Ile-de-Batz 29 49 D1
Ile-de-Bréhat 22 51 D1
Ile-de-Sein 29 72 B3
L'Ile-d'Elle 85 163 F3
Ile-d'Houat 56 122 B3
L'Ile-d'Olonne 85 162 A1
Ile-Molène 29 46 B3
L'Ile-Rousse 2B 314 C2
L'Ile-Saint-Denis 93 61 D2
Ile-Tudy 29 98 B2
Ilhan 65 298 B4
Ilharre 64 271 E3
Ilhat 09 301 E4
Les Ilhes 11 278 C4
Ilhet 65 298 B3
Ilheu 65 298 C3
Illange 57 41 F3
Illartein 09 299 F4
Las Illas 66 312 C4
Illats 33 236 B2
Ille-sur-Têt 66 312 B2
Illeville-sur-Montfort 27 31 E3
Illfurth 68 120 B3
Illhaeusern 68 96 C3
Illiat 01 193 D1
Illier-et-Laramade 09 309 F1
Illiers-Combray 28 85 D3
Illiers-l'Évêque 27 59 D3
Illies 59 8 B1
Illifaut 22 78 A4
Illkirch-Graffenstaden 67 71 D4
Illois 76 17 D4
Illoud 52 93 D4
Illy 08 23 D3
Illzach 68 120 C2
Ilonse 06 269 F2
Imbleville 76 15 F2
Imbsheim 67 70 C1
Imécourt 08 39 E2
Imling 57 69 F3
Immonville 54 41 D3
Imphy 58 155 D3
Imsthal (Étang d') 67 70 B1
Inaumont 08 38 A1
Incarville 27 32 B4
Incheville 76 16 C1
Inchy 59 9 F4
Inchy-en-Artois 62 8 C4
Incourt 62 7 D2
Indevillers 25 143 D3
Indre 44 126 A4
Ineuil 18 153 D4
Les Infournas 05 249 E1
Infreville 27 31 F3
Ingenheim 67 70 C2
Ingersheim 68 96 B3
Inghem 62 3 E4
Inglange 57 42 A2
Ingolsheim 67 45 E4
Ingouville 76 15 E1
Ingrandes 36 167 F1
Ingrandes 49 127 F3
Ingrandes 86 149 F3
Ingrandes-de-Touraine 37 130 A4
Ingrannes 45 110 C2
Ingré 45 110 A3
Inguiniel 56 100 B1
Ingwiller 67 70 C1
Injoux-Génissiat 01 194 C2
Innenheim 67 71 D4
Innimond 01 194 B4
Inor 55 39 F1
Insming 57 69 E1
Insviller 57 69 F2
Intraville 76 16 B2
Intres 07 228 A3
Intréville 28 86 B4
Intville-la-Guétard 45 86 C4
Inval-Boiron 80 17 E2
Inxent 62 6 B1
Inzinzac-Lochrist 56 100 B2
Ippécourt 55 66 B1
Ippling 57 43 E4
Irai 61 58 A4
Irais 79 148 B3
Irancy 89 113 E4
Iré-le-Sec 55 40 A2
Iré-les-Prés 55 40 A1
Irigny 69 210 C1
Irissarry 64 271 D4
Irles 80 19 D1
Irmstett 67 70 C3
Irodouër 35 78 C3
Iron 02 10 A4
Irouléguy 64 295 D1
Irreville 27 58 C1
Irvillac 29 48 C4
Is-en-Bassigny 52 117 D1
Is-sur-Tille 21 139 E2
Isbergues 62 3 F4
Isches 88 117 F1
Isdes 45 133 F1
Isenay 58 155 F3
Iseran (Col de l') 73 215 E2
Isigny-le-Buat 50 54 B4
Isigny-sur-Mer 14 27 E3
Island 89 137 D2
Isle 87 185 F4
L'Isle-Adam 95 60 C1
L'Isle-Arné 32 275 E2
Isle-Aubigny 10 90 C2
Isle-Aumont 10 90 B4
L'Isle-Bouzon 32 256 B3
Isle-Briand (Haras de l') 49 128 A1
L'Isle-d'Abeau 38 211 F1
L'Isle-d'Abeau (Ville Nouvelle) 38 211 E1
L'Isle-de-Noé 32 274 B2
L'Isle-d'Espagnac 16 201 F1
L'Isle-en-Dodon 31 275 E4
Isle-et-Bardais 03 171 D1
L'Isle-Jourdain 32 276 A2
L'Isle-Jourdain 86 167 D4
Isle-Saint-Georges 33 236 A1
Isle-Savary (Château d') 36 151 D3
L'Isle-sur-la-Sorgue 84 265 E3
L'Isle-sur-le-Doubs 25 142 A2
Isle-sur-Marne 51 65 E4
L'Isle-sur-Serein 89 137 D1
Les Isles-Bardel 14 56 A3
Isles-les-Meldeuses 77 62 B2
Isles-lès-Villenoy 77 62 A2
Isles-sur-Suippe 51 38 A3
Les Islettes 55 66 A1
Isneauville 76 32 B2
Isola 06 269 F1
Isola 2000 06 251 F4
Isolaccio-di-Fiumorbo 2B 317 E3
Isômes 52 139 F1
Ispagnac 48 244 B4
Ispe 40 234 B3
Ispoure 64 295 D1
Isques 62 2 A4
Issac 24 220 A2
Les Issambres 83 287 F4
Issamoulenc 07 228 A4
Issancourt-et-Rumel 08 23 D3
Issanlas 07 245 E1
Issans 25 142 B1
Les Issards 09 301 E2
Issarlès 07 227 E4
Issé 44 126 C1
Isse 51 64 B1
Issel 11 277 F4
Issendolus 46 240 C1
Issenhausen 67 70 C1
Issenheim 68 120 B1
Issepts 46 241 D1
Isserpent 03 190 B1
Isserteaux 63 208 A1
Issigeac 24 238 B1
Issirac 30 264 A1
Issoire 63 207 F2
Issolud (Puy d') 46 222 C3
Issoncourt 55 66 B2
Issor 64 296 B2
Issou 78 60 A2
Issoudun 36 152 B3
Issoudun-Létrieix 23 187 E2
Issus 31 276 C4
Issy-les-Moulineaux 92 60 C3
Issy-l'Évêque 71 173 E1
Istres 13 284 A3
Les Istres-et-Bury 51 64 B2
Isturits 64 271 D4
Itancourt 02 20 A3
Iteuil 86 166 B2
Ithorots-Olhaïby 64 271 F4
Ittenheim 67 71 D3
Itterswiller 67 96 C1
Itteville 91 87 D2
Itxassou 64 270 C4
Itzac 81 258 C3
Ivergny 62 7 F4
Iverny 77 61 F2
Iviers 02 21 F3
Iville 27 31 F4
Ivors 60 35 F4
Ivory 39 160 A2
Ivoy-le-Pré 18 134 B3
Ivrey 39 160 A2
Ivry (Obélisque d') 27 59 E2
Ivry-en-Montagne 21 157 F2
Ivry-la-Bataille 27 59 E3
Ivry-le-Temple 60 34 A4
Ivry-sur-Seine 94 61 D3
Iwuy 59 9 E4
Izaourt 65 298 C3
Izaut-de-l'Hôtel 31 299 D3
Izaux 65 298 B2
Izé 53 82 A4
Izeaux 38 212 A4
Izel-lès-Équerchin 62 8 C3
Izel-lès-Hameaux 62 7 F3
Izenave 01 194 B2
Izernore 01 176 C4
Izeron 38 230 A1
Izeste 64 296 C2
Izeure 21 158 C1
Izier 21 139 E4
Izieu 01 212 B1
Izoard (Col d') 05 232 C3
Izon 33 217 F3
Izon-la-Bruisse 26 248 C4
Izotges 32 273 F2
Izy 45 110 B1

J

Jablines 77 61 F2
Jabreilles-les-Bordes 87 186 B2
Jabrun 15 225 D4
Jacob-Bellecombette 73 213 D2
Jacou 34 281 F2
Jacque 65 274 A4
Jagny-sous-Bois 95 61 D1
Jaignes 77 62 B2
Jaillans 26 229 F2
La Jaille-Yvon 49 105 D4
Jaillon 54 67 F3
Jailly 58 155 E1
Jailly-les-Moulins 21 138 B2
Jainvillotte 88 93 E3
Jalesches 23 169 F4
Jaleyrac 15 224 A1
Jaligny-sur-Besbre 03 172 C3
Jallais 49 127 F4
Jallanges 21 158 C2
Jallans 28 109 D1
Jallaucourt 57 68 C2
Jallerange 25 140 B4
Jalognes 18 134 C4
Jalogny 71 174 C3
Jâlons 51 64 B2
La Jalousie 14 56 A1
Jambles 71 157 F4
Jambville 78 60 A1
Jaméricourt 60 33 F3
Jametz 55 40 A2
Jameyzieu 38 193 E4
Janailhac 87 203 F1
Janaillat 23 186 C2
Jancigny 21 140 A3
Jandun 08 22 B4
Janneyrias 38 193 E4
Jans 44 126 B1
Jansac 26 248 A1
Janville 14 29 F4
Janville 28 86 A4
Janville 60 35 E2
Janville-sur-Juine 91 86 C2
Janvilliers 51 63 E3
Janvry 51 37 E4
Janvry 91 86 C1
Janzé 35 103 F2
Jarcieu 38 211 D4
La Jard 17 199 E1
Jard-sur-Mer 85 162 C2
Le Jardin 19 205 E4
Jardin 38 211 D2
Jardres 86 166 C2
Jargeau 45 110 C3
Jarjayes 05 249 F2
Jarménil 88 95 D4
Jarnac 16 201 D1
Jarnac-Champagne 17 199 F2
Jarnages 23 187 E1
La Jarne 17 181 D1
Jarnioux 69 192 B3
Jarnosse 42 191 F1
Jarny 54 41 D4
Jarret 65 297 F2
La Jarrie 17 181 D1
Jarrie 38 230 C1
La Jarrie-Audouin 17 182 B2
Jarrier 73 214 A4
Jars 18 134 C3
Jarsy 73 213 F1
Jarville-la-Malgrange 54 68 B4
Jarzé 49 129 D1
Jas 42 191 F4
Jasney 70 118 B3
Jassans-Riottier 01 192 C2
Jasseines 10 90 C2
Jasseron 01 176 A4
Jasses 64 272 A4
Jatxou 64 270 C3
Jau (Col de) 11 311 E2
Jau-Dignac-et-Loirac 33 198 C3
Jaucourt 10 91 E4
La Jaudonnière 85 163 F1
Jaudrais 28 84 C1
Jaujac 07 245 F2
Jauldes 16 183 F4
Jaulges 89 113 F2
Jaulgonne 02 63 E1
Jaulnay 37 149 E3
Jaulnes 77 88 C3
Jaulny 54 67 F2
Jaulzy 60 35 F3
Jaunac 07 228 A3
Jaunay-Clan 86 166 B1
Jaures 24 220 B2
Jausiers 04 250 C3
Jaux 60 35 E3
Jauzé 72 83 E4
Javaugues 43 208 A4
Javené 35 80 B3
Javerdat 87 185 D3
Javerlhac-et-la-Chapelle-Saint-Robert 24 202 B2
Javernant 10 114 A1
La Javie 04 268 A1
Javols 48 244 A1
Javrezac 16 199 F1
Javron 53 82 A2
Jax 43 226 B1
Jaxu 64 295 D1
Jayac 24 222 A2
Jayat 01 175 F3
Jazeneuil 86 165 F2
Jazennes 17 199 E2
Jeancourt 02 19 F2
Jeandelaincourt 54 68 B2
Jeandelize 54 41 D4
Jeanménil 88 95 E3
Jeansagnière 42 209 D1
Jeantes 02 21 E3
Jebsheim 68 96 C3
Jegun 32 274 C1
La Jemaye 24 219 F1
Jenlain 59 9 F3
Jenzat 03 189 F1
Jésonville 88 94 A4
Jessains 10 91 E3
Jetterswiller 67 70 C3
Jettingen 68 120 C3
Jeu-les-Bois 36 169 E1
Jeu-Maloches 36 151 E2
Jeufosse 78 59 E1
Jeugny 10 114 B1
Jeumont 59 10 C1
Jeurre 39 177 D3
Jeux-lès-Bard 21 137 F2
Jeuxey 88 95 D4
Jevoncourt 54 94 B2
Jezainville 54 68 A2
Jézeau 65 298 B4
Joannas 07 245 F2
Job 63 208 C2
Jobourg 50 24 A2
Jobourg (Nez de) 50 24 A2
Joch 66 311 F2
Jœuf 54 41 E3
Joganville 50 25 D3
Joigny 89 113 D2
Joigny-sur-Meuse 08 22 C3
Joinville 52 92 B2
Joinville-le-Pont 94 61 E3
Joiselle 51 63 E4
Jolimetz 59 10 A2
Jolivet 54 68 C4
Jonage 69 193 E4
Joncels 34 280 B1
La Jonchère 85 163 D2
La Jonchère-Saint-Maurice 87 186 A2
Jonchères 26 248 A2
Joncherey 90 120 A4
Jonchery 52 116 B1
Jonchery-sur-Suippe 51 38 B4
Jonchery-sur-Vesle 51 37 E3
Joncourt 02 20 A2
Joncreuil 10 91 E2
Joncy 71 174 C1
Jongieux 73 194 C4
Jonquerets-de-Livet 27 57 F1
Jonquerettes 84 265 D3
Jonquery 51 37 E4
Jonquières 11 303 E3
Jonquières 34 280 C2
Jonquières 60 35 E3
Jonquières 81 278 A2
Jonquières 84 265 D2
Jonquières-Saint-Vincent 30 264 B4
Jons 69 193 E4
Jonval 08 38 C1
Jonvelle 70 117 F2
Jonville-en-Woëvre 55 67 E1
Jonzac 17 199 F3
Jonzier-Épagny 74 195 D1
Jonzieux 42 210 A4
Joppécourt 54 41 D2
Jorquenay 52 116 C2
Jort 14 56 B2
Jorxey 88 94 B3
Josat 43 226 B1
Joserand 63 189 E2
Josnes 41 109 E4
Josse 40 271 D1
Josselin 56 101 F2
Jossigny 77 61 F3
Jou-sous-Monjou 15 224 C3
Jouac 87 168 A4
Jouaignes 02 36 C3
Jouancy 89 114 B4
Jouarre 77 62 B2
Jouars-Pontchartrain 78 60 A3
Jouaville 54 41 E4
Joucas 84 265 F3
Joucou 11 311 D1
Joudes 71 176 B2
Joudreville 54 41 D3
Joué-du-Bois 61 82 A1
Joué-du-Plain 61 56 B4
Joué-en-Charnie 72 106 A2
Joué-Étiau 49 128 B4
Joué-l'Abbé 72 107 D1
Joué-lès-Tours 37 130 C3
Joué-sur-Erdre 44 126 C2
Jouet-sur-l'Aubois 18 154 B2
Jouey 21 157 E1
Jougne 25 161 D4
Jouhe 39 159 E1
Jouhet 86 167 E2
Jouillat 23 169 E4
Jouques 13 285 E2
Jouqueviel 81 259 E1
Jourgnac 87 203 F1
Journans 01 193 F1
Journet 86 167 F3
Journiac 24 221 D3
Journy 62 2 C3
Jours-en-Vaux 21 157 F2
Jours-lès-Baigneux 21 138 B1
Joursac 15 225 E1
Joussé 86 166 C4
Jouvençon 71 175 F1
La Jouvente 35 52 C4
Joux 69 192 A3
Joux (Château de) 25 161 D3
Joux (Forêt de la) 39 160 B3
Joux-la-Ville 89 137 D1
Joux Plane (Col de la) 74 196 C1
Joux Verte (Col de la) 74 179 D4
Jouy 28 85 E2
Jouy 89 112 A1
Jouy-aux-Arches 57 68 A1
Jouy-en-Argonne 55 40 A4
Jouy-en-Josas 78 60 C4
Jouy-en-Pithiverais 45 110 B1
Jouy-le-Châtel 77 62 B4
Jouy-le-Moutier 95 60 B2
Jouy-le-Potier 45 110 A4
Jouy-lès-Reims 51 37 E4
Jouy-Mauvoisin 78 59 F2
Jouy-sous-les-Côtes 55 67 E3
Jouy-sous-Thelle 60 33 F3
Jouy-sur-Eure 27 59 D1
Jouy-sur-Morin 77 62 C3
Joyeuse 07 245 F3
Joyeux 01 193 E2
Joze 63 189 F4
Jû-Belloc 32 273 F2
Juan-les-Pins 06 288 B3
Juaye-Mondaye 14 28 C4
Jubainville 88 93 E2
La Jubaudière 49 127 F4
Jubécourt 55 66 B1
Jublains 53 81 F4
Le Juch 29 73 E3
Jugazan 33 218 C4
Jugeals-Nazareth 19 222 B2
Jugon-les-Lacs 22 78 A2
Jugy 71 175 E1
Juicq 17 181 F3
Juif 71 175 F1
Juignac 16 201 E3
Juigné-des-Moutiers 44 104 A4
Juigné-sur-Loire 49 128 B3
Juigné-sur-Sarthe 72 106 A3
Juignettes 27 57 F3
Juillac 19 203 F4
Juillac 32 274 A3
Juillac 33 219 E4
Juillac-le-Coq 16 200 C2
Juillaguet 16 201 F3
Juillan 65 297 F1
Juillé 16 183 E3
Juillé 72 82 C4
Juillé 79 182 C1
Juillenay 21 137 F3
Juilles 32 275 E2
Juilley 50 80 A1
Juilly 21 138 A2
Juilly 77 61 F2
Jujols 66 311 E3
Jujurieux 01 194 A2
Julianges 48 225 F3
Juliénas 69 175 D4
Julienne 16 200 C1
Julienrupt 88 119 E1
Jullianges 43 208 C4
Jullié 69 175 D4
Jullouville 50 53 F3
Jully 89 114 C4
Jully-lès-Buxy 71 175 D1
Jully-sur-Sarce 10 114 C1
Julos 65 297 F2
Julvécourt 55 66 B1
Jumeauville 78 60 A2
Jumeaux 63 208 A3
Les Jumeaux 79 148 B4
Jumel 80 18 B4
Jumelles 27 58 C2
Jumelles 49 129 E2
La Jumellière 49 128 A4
Jumencourt 02 36 B2
Jumièges 76 31 F2
Jumigny 02 37 D2
Jumilhac-le-Grand 24 203 E3
Junas 30 282 A1
Junay 89 114 A3
Juncalas 65 297 F2
Jungholtz 68 120 B1
Junhac 15 242 A1
Les Junies 46 239 F2
Juniville 08 38 B2
Jupilles 72 107 E4
Jurançon 64 272 C4
Juranville 45 111 E2
Juré 42 191 D3
Jurignac 16 201 D2
Jurques 14 55 E1
Jurvielle 31 298 C4
Jury 57 68 B1
Juscorps 79 165 D4
Jusix 47 237 E2
Jussac 15 224 A3
Jussarupt 88 95 E4
Jussas 17 199 F4
Jussecourt-Minecourt 51 65 F3
Jussey 70 117 F3
Jussy 02 20 A4
Jussy 57 41 E4
Jussy 74 195 E1
Jussy 89 113 E4
Jussy-Champagne 18 153 F2
Jussy-le-Chaudrier 18 154 B1
Justian 32 255 F4
Justine-Herbigny 08 38 A1
Justiniac 09 300 C1
Jutigny 77 88 C2
Juvaincourt 88 94 A3
Juvancourt 10 115 F1
Juvanzé 10 91 D3
Juvardeil 49 128 B1
Juvelize 57 69 D3
Juvignac 34 281 E2
Juvigné 53 80 C4
Juvignies 60 34 A1
Juvigny 02 36 B2
Juvigny 51 64 C1
Juvigny 74 178 A4
Juvigny-en-Perthois 55 92 B1
Juvigny-le-Tertre 50 54 C4

Juvigny-sous-Andaine 61 ... 81 F1
Juvigny-sur-Loison 55 ... 40 A2
Juvigny-sur-Orne 61 ... 56 C4
Juvigny-sur-Seulles 14 ... 29 D4
Juville 57 ... 68 B2
Juvinas 07 ... 246 A1
Juvincourt-et-Damary 02 ... 37 E2
Juvisy-sur-Orge 91 ... 61 D4
Juvrecourt 54 ... 69 D3
Juxue 64 ... 295 E1
Juzanvigny 10 ... 91 E2
Juzennecourt 52 ... 92 A4
Juzes 31 ... 277 E3
Juzet-de-Luchon 31 ... 307 F4
Juzet-d'Izaut 31 ... 299 D3
Juziers 78 ... 60 A2

K

Kalhausen 57 ... 44 A4
Kaltenhouse 67 ... 71 E1
Kanfen 57 ... 41 E2
Kappelen 68 ... 120 C3
Kappelkinger 57 ... 69 F1
Les Karellis 73 ... 214 A4
Katzenthal 68 ... 96 B3
Kauffenheim 67 ... 71 F1
Kaysersberg 68 ... 96 B3
Kédange-sur-Canner 57 ... 42 A3
Keffenach 67 ... 45 E4
Kembs 68 ... 121 D3
Kembs-Loéchlé 68 ... 121 D3
Kemplich 57 ... 42 A2
Kerazan (Manoir de) 29 ... 98 B2
Kerbach 57 ... 43 D4
Kerbors 22 ... 50 C1
Kerdéniel (Pointe de) 29 ... 47 E4
Kerdévot (Chapelle de) 29 ... 99 D1
Kerfany-les-Pins 29 ... 99 E2
Kerfons (Chapelle de) 22 ... 50 A2
Kerfot 22 ... 50 C2
Kerfourn 56 ... 101 D1
Kergloff 29 ... 75 F2
Kergonadeac'h (Château de) 29 ... 48 C2
Kergrist 56 ... 77 D4
Kergrist (Château de) 22 ... 50 A2
Kergrist-Moëlou 22 ... 76 B2
Kergroadès (Château de) 29 ... 47 D2
Kerguehennec (Château de) 56 ... 101 E2
Kerien 22 ... 76 B2
Kérity 29 ... 98 A2
Kerjean (Château de) 29 ... 48 C3
Kerlaz 29 ... 73 E3
Kerling-lès-Sierck 57 ... 42 A2
Kerlouan 29 ... 47 F1
Kermaria 56 ... 101 D2
Kermaria (Chapelle) 22 ... 51 D2
Kermaria-Sulard 22 ... 50 B1
Kermoroc'h 22 ... 50 B3
Kernascléden 56 ... 100 A1
Kernével 29 ... 99 E1
Kernilis 29 ... 47 F2
Kernouës 29 ... 47 F2
Kérouzéré (Château de) 29 ... 49 D2
Kerpape 56 ... 100 A3
Kerpert 22 ... 76 C2
Kerprich-aux-Bois 57 ... 69 F3
Kersaint 29 ... 47 D2
Kersaint-Plabennec 29 ... 47 F3
Kertzfeld 67 ... 97 D1
Kervignac 56 ... 100 B3
Keskastel 67 ... 69 F1
Kesseldorf 67 ... 71 F1
Kienheim 67 ... 70 C2
Kientzheim 68 ... 96 B3
Kientzville 67 ... 96 C2
Kiffis 68 ... 143 F2
Killem 59 ... 3 F2
Kilstett 67 ... 71 E2
Kindwiller 67 ... 70 C1
Kingersheim 68 ... 120 C2
Kintzheim 67 ... 96 C2
Kirchberg 68 ... 119 F3
Kirchheim 67 ... 70 C3
Kirrberg 67 ... 69 F2
Kirrwiller 67 ... 70 C1
Kirsch-lès-Sierck 57 ... 42 A2
Kirschnaumen 57 ... 42 A2
Kirviller 57 ... 69 F1
Klang 57 ... 42 A3
Kleinfrankenheim 67 ... 70 C3
Kleingœft 67 ... 70 C2
Klingenthal 67 ... 70 C4
Knœringue 68 ... 120 C4
Knœrsheim 67 ... 70 C2
Knutange 57 ... 41 E2
Koeking 57 ... 41 F2
Kœnigsmacker 57 ... 41 F2
Kœstlach 68 ... 120 B4
Kœtzingue 68 ... 120 C3
Kœur-la-Grande 55 ... 67 D3
Kœur-la-Petite 55 ... 67 D3
Kogenheim 67 ... 96 C1
Kolbsheim 67 ... 71 D3
Krautergersheim 67 ... 71 D4
Krautwiller 67 ... 71 D2
Le Kremlin-Bicêtre 94 ... 61 D3
Kreuzweg (Col du) 67 ... 96 B1
Kriegsheim 67 ... 71 D2
Kruth 68 ... 119 F2
Kuhlendorf 67 ... 45 E4
Kunheim 68 ... 97 D3
Kuntzig 57 ... 41 F2
Kurtzenhouse 67 ... 71 E2
Kuttolsheim 67 ... 70 C3
Kutzenhausen 67 ... 45 E4

L

Laà-Mondrans 64 ... 272 A3
Laas 32 ... 274 B3
Laas 45 ... 110 C1
Laàs 64 ... 271 F4
Labalme 01 ... 194 A1
Labarde 33 ... 217 D2
Labaroche 68 ... 96 B3
Labarrère 32 ... 255 E3
Labarthe 32 ... 274 C3
Labarthe 82 ... 257 F1
Labarthe (Moulin de) 33 ... 219 D4
Labarthe-Bleys 81 ... 259 D2
Labarthe-Inard 31 ... 299 E2
Labarthe-Rivière 31 ... 299 D2
Labarthe-sur-Lèze 31 ... 276 C3
Labarthète 32 ... 273 E2
Labassère 65 ... 297 F2
Labastide 65 ... 298 B3
Labastide-Beauvoir 31 ... 277 D3
Labastide-Castel-Amouroux 47 ... 237 E4
Labastide-Cézéracq 64 ... 272 B4
Labastide-Chalosse 40 ... 272 B2
Labastide-Clermont 31 ... 276 A4
Labastide-d'Anjou 11 ... 277 E4
Labastide-d'Armagnac 40 ... 254 C3
Labastide-de-Lévis 81 ... 259 D3
Labastide-de-Penne 82 ... 258 B1
Labastide-de-Virac 07 ... 246 A4
Labastide-Dénat 81 ... 259 E4
Labastide-du-Haut-Mont 46 ... 223 E4
Labastide-du-Temple 82 ... 257 E2
Labastide-du-Vert 46 ... 239 F3
Labastide-en-Val 11 ... 302 C3
Labastide-Esparbairenque 11 ... 278 C4
Labastide-Gabausse 81 ... 259 E3
Labastide-Marnhac 46 ... 240 A4
Labastide-Monréjeau 64 ... 272 C4
Labastide-Murat 46 ... 240 B2
Labastide-Paumès 31 ... 275 F4
Labastide-Rouairoux 81 ... 279 D3
Labastide-Saint-Georges 81 ... 277 E1
Labastide-Saint-Pierre 82 ... 257 F4
Labastide-Saint-Sernin 31 ... 276 C1
Labastide-Savès 32 ... 275 F3
Labastide-sur-Bésorgues 07 ... 245 F1
Labastide-Villefranche 64 ... 271 E3
Labastidette 31 ... 276 B3
Labathude 46 ... 241 D1
Labatie-d'Andaure 07 ... 228 B2
Labatmale 64 ... 297 E1
Labatut 09 ... 300 C1
Labatut 40 ... 271 F2
Labatut 64 ... 273 F3
Labatut-Rivière 65 ... 273 F3
Labbeville 95 ... 60 C1
Labeaume 07 ... 246 A3
Labécède-Lauragais 11 ... 277 F4
Labège 31 ... 276 C3
Labégude 07 ... 246 A1
Labéjan 32 ... 274 C3
Labenne 40 ... 270 C2
Labenne-Océan 40 ... 270 C2
Labergement-du-Navois 25 ... 160 B2
Labergement-Foigney 21 ... 139 F4
Labergement-lès-Auxonne 21 ... 159 D1
Labergement-lès-Seurre 21 ... 158 B2
Labergement-Sainte-Marie 25 ... 160 C4
Laberlière 60 ... 35 E1
Labescau 33 ... 237 D3
Labesserette 15 ... 242 A1
Labessette 63 ... 206 B3
Labessière-Candeil 81 ... 277 F1
Labets-Biscay 64 ... 271 E4
Labeuville 55 ... 67 E1
Labeuvrière 62 ... 8 A1
Labeyrie 64 ... 272 B2
Lablachère 07 ... 245 F3
Laboissière-en-Santerre 80 ... 19 D4
Laboissière-en-Thelle 60 ... 34 A3
Laboissière-Saint-Martin 80 ... 17 E3
Laborde 65 ... 298 B3
Laborel 26 ... 248 C4
Labosse 60 ... 33 F3
Labouheyre 40 ... 253 D1
Labouiche (Rivière souterraine de) 09 ... 301 D3
Laboulbène 81 ... 278 B2
Laboule 07 ... 245 F2
Labouquerie 24 ... 238 C1
Labourret (Col du) 04 ... 250 A4
Labourgade 82 ... 257 E3
Labourse 62 ... 8 A1
Laboutarie 81 ... 278 A1
Labretonie 47 ... 237 F3
Labrihe 32 ... 275 E1
Labrit 40 ... 253 F2
Labroquère 31 ... 298 C3
Labrosse 45 ... 87 D4
Labrousse 15 ... 224 B4
Labroye 62 ... 6 C3
Labruguière 81 ... 278 B3
Labruyère 21 ... 158 C2
Labruyère 60 ... 34 C3
Labruyère-Dorsa 31 ... 276 C4
Labry 54 ... 41 D4
Labuissière 62 ... 8 A1
Laburgade 46 ... 240 B4
Lac-des-Rouges-Truites 39 ... 177 E1
Le Lac-d'Issarlès 07 ... 227 E4
Lacabarède 81 ... 279 D3
Lacadée 64 ... 272 B2
Lacajunte 40 ... 272 C2
Lacalm 12 ... 243 D1
Lacam-d'Ourcet 46 ... 223 D4
Lacanau 33 ... 216 B2
Lacanau-de-Mios 33 ... 235 D1
Lacanau-Océan 33 ... 216 A2
Lacanche 21 ... 157 E1
Lacapelle-Barrès 15 ... 224 C3
Lacapelle-Biron 47 ... 239 D2
Lacapelle-Cabanac 46 ... 239 E3
Lacapelle-del-Fraisse 15 ... 242 A1
Lacapelle-Livron 82 ... 258 C1
Lacapelle-Marival 46 ... 241 D1
Lacapelle-Pinet 81 ... 259 F2
Lacapelle-Ségalar 81 ... 259 D2
Lacapelle-Viescamp 15 ... 223 F3
Lacarre 64 ... 295 D1
Lacarry-Arhan-Charritte-de-Haut 64 ... 295 F2
Lacassagne 65 ... 274 A4
Lacaugne 31 ... 300 B1
Lacaune 81 ... 279 E1
Lacaussade 47 ... 238 C3
Lacave 09 ... 299 F3
Lacave 46 ... 222 B4
Lacaze 81 ... 278 C1
Lacelle 19 ... 204 C1
Lacenas 69 ... 192 B2
Lacépède 47 ... 238 A4
Lachaise 16 ... 200 C2
Lachalade 55 ... 39 E4
Lachambre 57 ... 42 C4
Lachamp 48 ... 244 A2
Lachamp-Raphaël 07 ... 227 F4
Lachapelle 47 ... 237 F2
Lachapelle 54 ... 95 E2
Lachapelle 80 ... 17 F3
Lachapelle 82 ... 256 C3
Lachapelle-aux-Pots 60 ... 33 F2
Lachapelle-Auzac 46 ... 222 A3
Lachapelle-en-Blaisy 52 ... 92 A4
Lachapelle-Graillouse 07 ... 227 E4
Lachapelle-Saint-Pierre 60 ... 34 B4
Lachapelle-sous-Aubenas 07 ... 246 A2
Lachapelle-sous-Chanéac 07 ... 228 A3
Lachapelle-sous-Chaux 90 ... 119 F4
Lachapelle-sous-Gerberoy 60 ... 33 F1
Lachapelle-sous-Rougemont 90 ... 120 A3
Lachassagne 69 ... 192 C3
Lachau 26 ... 266 B1
Lachaussée 55 ... 67 E1
Lachaussée-du-Bois-d'Écu 60 ... 34 A1
Lachaux 63 ... 190 B2
Lachelle 60 ... 35 E2
Lachy 51 ... 63 F4
Lacollonge 90 ... 120 A3
Lacombe 11 ... 278 B4
Lacommande 64 ... 296 C1
Lacoste 34 ... 280 C2
Lacoste 84 ... 265 F4
Lacougotte-Cadoul 81 ... 277 E2
Lacour 82 ... 239 D4
Lacour-d'Arcenay 21 ... 137 F3
Lacourt 09 ... 300 A4
Lacourt-Saint-Pierre 82 ... 257 F3
Lacq 64 ... 272 B3
Lacquy 40 ... 254 B3
Lacrabe 40 ... 272 B2
Lacres 62 ... 6 B1
Lacroisille 81 ... 277 F2
Lacroix-Barrez 12 ... 242 B1
Lacroix-Falgarde 31 ... 276 C3
Lacroix-Saint-Ouen 60 ... 35 E3
Lacroix-sur-Meuse 55 ... 67 D2
Lacropte 24 ... 220 C2
Lacrost 71 ... 175 E2
Lacrouzette 81 ... 278 B2
Lacs 36 ... 169 F2
Ladapeyre 23 ... 169 F4
Ladaux 33 ... 236 C1
Ladern-sur-Lauquet 11 ... 302 B2
Ladevèze-Rivière 32 ... 273 F2
Ladevèze-Ville 32 ... 273 F2
Ladignac-le-Long 87 ... 203 E2
Ladignac-sur-Rondelles 19 ... 223 D1
Ladinhac 15 ... 242 B1
Ladirat 46 ... 223 D4
Ladiville 16 ... 201 D2
Ladoix 21 ... 158 A1
Ladoix-Serrigny 21 ... 158 A1
Ladon 45 ... 111 E2
Lados 33 ... 236 C3
Ladoye-sur-Seille 39 ... 159 F4
Laduz 89 ... 113 D3
Lafage 11 ... 301 E2
Lafage-sur-Sombre 19 ... 205 E4
Lafare 84 ... 265 E1
Lafarre 07 ... 228 B2
Lafarre 43 ... 227 E4
Lafat 23 ... 168 C4
Lafauche 52 ... 93 D3
Laféline 03 ... 172 A3

LAVAL

Avesnières (Q. d') ... Z 2
Avesnières (R. d') ... Z 3
Briand (Pont A.) ... Y 8
Britais (R. du) ... Y 9
Chapelle (R. de) ... Z 12
Déportés (R. des) ... Y 13
Douanier-Rousseau (R.) ... Z 14
Gambetta (Quai) ... Y 16
Gaulle (R. Gén.-de) ... Y
Gavre (Q. B. de) ... Y 17
Grande-Rue ... Z 19
Hardy-de-Lévaré (Pl.) ... Z 22
Jean-Fouquet (Q.) ... Y 26
La Trémoille (Pl. de) ... Z 28
Moulin (Pl. J.) ... Y 34
Orfèvres (R. des) ... Z 36
Paix (R. de la) ... Y
Paradis (R. de) ... Z 37
Pin-Doré (R. du) ... Z 40
Pont-de-Mayenne (R. du) ... Z 43
Renaise (R.) ... Y 44
Résistance (Crs de la) ... Y 45
Serruriers (R. des) ... Z 47
Solferino (R.) ... Y 48
Souchu-Servinière (R.) ... Y 50
Strasbourg (R. de) ... Y 52
Trinité (R. de la) ... Z 55
Val-de-Mayenne (R. du) ... YZ 60

Laferté-sur-Amance 52 ... 117 E3
Laferté-sur-Aube 52 ... 115 F1
Lafeuillade-en-Vézie 15 ... 224 A4
Laffaux 02 ... 36 B2
Laffite-Toupière 31 ... 299 E2
Laffrey 38 ... 230 C2
Lafite Rothschild (Château de) 33 ... 199 D4
Lafitole 65 ... 273 F3
Lafitte 82 ... 257 E3
Lafitte-sur-Lot 47 ... 238 A4
Lafitte-Vigordane 31 ... 300 A1
Lafosse 33 ... 217 E2
Lafox 47 ... 256 B1
Lafrançaise 82 ... 257 E2
Lafraye 60 ... 34 B2
Lafresnoye 80 ... 17 E3
Lafrimbolle 57 ... 69 F4
Lagamas 34 ... 281 D2
Lagarde 09 ... 301 F3
Lagarde 31 ... 277 D4
Lagarde 32 ... 256 A3
Lagarde 57 ... 69 E4
Lagarde 65 ... 273 F4
Lagarde d'Apt 84 ... 266 B3
Lagarde-Enval 19 ... 222 C1
Lagarde-Hachan 32 ... 274 C4
Lagarde-Paréol 84 ... 265 D1
Lagarde-sur-le-Né 16 ... 200 C2
Lagardelle 46 ... 239 E3
Lagardelle-sur-Lèze 31 ... 276 B4
Lagardère 32 ... 255 F4
Lagardiolle 81 ... 278 A3
Lagarrigue 47 ... 238 A4
Lagarrigue 81 ... 278 B2
Lagatjar (Alignements de) 29 ... 47 D4
Lageon 79 ... 148 A4
Lagery 51 ... 37 D4
Lagesse 10 ... 114 B2
Laghet 06 ... 289 E4
Lagleygeolle 19 ... 222 C2
Laglorieuse 40 ... 254 A4
Lagnes 84 ... 265 E3
Lagney 54 ... 67 F4
Lagnicourt-Marcel 62 ... 8 C4
Lagnieu 01 ... 193 F3
Lagny 60 ... 35 F1
Lagny-le-Sec 60 ... 61 F1
Lagny-sur-Marne 77 ... 61 F3
Lagor 64 ... 272 B4
Lagorce 07 ... 246 A3
Lagorce 33 ... 219 D2
Lagord 17 ... 163 E4
Lagos 64 ... 297 D1
Lagrâce-Dieu 31 ... 276 C4
Lagrand 05 ... 249 D4
Lagrange 40 ... 254 C3
Lagrange 65 ... 298 B2
Lagrange 90 ... 120 A3
Lagrasse 11 ... 303 D2
Lagraulas 32 ... 274 A1
Lagraulet-du-Gers 32 ... 255 E4
Lagraulet-Saint-Nicolas 31 ... 276 A1
Lagraulière 19 ... 204 B4
Lagrave 81 ... 259 D4
Lagruère 47 ... 237 F3
Laguenne 19 ... 222 C1
Laguépie 82 ... 259 D2
Laguian-Mazous 32 ... 274 A4
Laguinge-Restoue 64 ... 295 F2
Laguiole 12 ... 243 D1
Lagupie 47 ... 237 E2
Lahage 31 ... 275 F3
Laharie 40 ... 253 D2
Laharmand 52 ... 92 B4
Lahas 32 ... 275 E3
Lahaye-Saint-Romain 80 ... 17 F4
Lahaymeix 55 ... 66 C2
Lahayville 55 ... 67 E2
Laheycourt 55 ... 66 A2
Lahitère 31 ... 300 A2
Lahitte 32 ... 275 D2
Lahitte 65 ... 298 B2
Lahitte-Toupière 65 ... 273 F3
Lahonce 64 ... 270 C3
Lahontan 64 ... 271 F2
Lahosse 40 ... 272 A1
Lahourcade 64 ... 272 B4
Lahoussoye 80 ... 18 C2
Laifour 08 ... 22 C2
La Laigne 17 ... 164 A4
Laigné 53 ... 105 D3
Laigné-en-Belin 72 ... 107 D3
Laignelet 35 ... 80 B2
Laignes 21 ... 114 C3
Laigneville 60 ... 34 C3
Laigny 02 ... 21 D3
Laillé 35 ... 103 E2
Lailly 89 ... 89 E4
Lailly-en-Val 45 ... 109 F4
Laimont 55 ... 66 A3
Lain 89 ... 136 A1
Laines-aux-Bois 10 ... 90 A4
Lains 39 ... 176 B3
Lainsecq 89 ... 135 F2
Lainville-en-Vexin 78 ... 60 A1
Laire 25 ... 142 B1
Laires 62 ... 7 E1
Lairière 11 ... 302 C3
Lairoux 85 ... 163 D2
Laissac 12 ... 243 D4
Laissaud 73 ... 213 E2
Laissey 25 ... 141 E3
Laître-sous-Amance 54 ... 68 B3
Laives 71 ... 175 D1
Laix 54 ... 41 D2
Laiz 01 ... 175 E4
Laizé 71 ... 175 D3
Laize-la-Ville 14 ... 56 A1
Laizy 71 ... 156 C3
Lajo 48 ... 226 A4
Lajoux 39 ... 177 E3
Lalacelle 61 ... 82 B2
Lalande 89 ... 135 F1
Lalande-de-Pomerol 33 ... 218 C3
Lalande-en-Son 60 ... 33 E3
Lalandelle 60 ... 33 F2
Lalandusse 47 ... 238 B1
Lalanne 32 ... 256 B4
Lalanne 65 ... 298 C1
Lalanne-Arqué 32 ... 275 D4
Lalanne-Trie 65 ... 274 B4
Lalaye 67 ... 96 B1
Lalbarède 81 ... 278 A2
Lalbenque 46 ... 240 B4
Laleu 61 ... 83 E1
Laleu 80 ... 17 F2
Lalevade-d'Ardèche 07 ... 246 A1
Lalheue 71 ... 175 D1
Lalinde 24 ... 220 C4
Lalizolle 03 ... 189 D1
Lallaing 59 ... 9 D2
Lalleu 35 ... 103 F3
Lalley 38 ... 230 C4
Lalleyriat 01 ... 194 C1
Lalobbe 08 ... 22 A4
Lalœuf 54 ... 94 A2
Lalongue 64 ... 273 E3
Lalonquette 64 ... 273 D3
Laloubère 65 ... 297 F1
Lalouret-Laffiteau 31 ... 299 D2
Lalouvesc 07 ... 228 B2
Laluque 40 ... 253 D4
Lama 2B ... 315 D2
Lamadeleine-Val-des-Anges 90 ... 119 F3
Lamagdelaine 46 ... 240 A4
Lamagistère 82 ... 256 C2
Lamaguère 32 ... 275 D3
Lamaids 03 ... 170 B4
Lamairé 79 ... 148 B4
Lamalou-les-Bains 34 ... 280 A2
Lamancine 52 ... 92 B4
Lamanère 66 ... 311 F4
Lamanon 13 ... 284 A1
Lamarche 88 ... 117 F1
Lamarche-en-Woëvre 55 ... 67 E2
Lamarche-sur-Saône 21 ... 140 A4
Lamargelle 21 ... 138 C2
Lamargelle-aux-Bois 52 ... 116 A4
Lamaronde 80 ... 17 E3
Lamarque 33 ... 217 D2
Lamarque-Pontacq 65 ... 297 E1
Lamarque-Rustaing 65 ... 298 B1
Lamasquère 31 ... 276 B3
Lamastre 07 ... 228 B3
Lamath 54 ... 94 C1
Lamativie 46 ... 223 E3
Lamayou 64 ... 273 F4
Lamazère 32 ... 274 C2
Lamazière-Basse 19 ... 205 E4
Lamazière-Haute 19 ... 206 A1
Lambach 57 ... 44 B4
Lambader 29 ... 49 D3
Lamballe 22 ... 51 F4
Lambersart 59 ... 4 C4
Lambert 04 ... 267 F1
Lamberville 50 ... 55 D1
Lamberville 76 ... 16 D3
Lambesc 13 ... 284 C1
Lamblore 28 ... 84 B1
Lambres 62 ... 3 E4
Lambres-lez-Douai 59 ... 8 C3
Lambrey 70 ... 118 A3
Lambruisse 04 ... 268 A2
Laméac 65 ... 274 A4
Lamécourt 60 ... 34 C2
Lamelouze 30 ... 263 D1
Lamenay-sur-Loire 58 ... 155 F4
Lamérac 16 ... 200 C3
Lametz 08 ... 39 D1
Lamillarié 81 ... 259 E4
Lammerville 76 ... 16 D3
Lamnay 72 ... 107 F1
Lamongerie 19 ... 204 B2
Lamontélarié 81 ... 279 D2
Lamontgie 63 ... 208 A3
Lamontjoie 47 ... 256 A2
Lamonzie-Montastruc 24 ... 220 B3
Lamonzie-Saint-Martin 24 ... 220 A4
Lamorlaye 60 ... 34 C4
Lamorville 55 ... 67 D2
Lamothe 40 ... 253 F4
Lamothe 43 ... 208 A4
Lamothe-Capdeville 82 ... 257 F2

Lamothe-Cassel 46 240 A2
Lamothe-Cumont 82 256 C4
Lamothe-en-Blaisy 52 92 A4
Lamothe-Fénelon 46 222 A4
Lamothe-Goas 32 256 A4
Lamothe-Landerron 33 237 E2
Lamothe-Montravel 24 219 D4
Lamotte-Beuvron 41 133 E1
Lamotte-Brebière 80 18 B2
Lamotte-Buleux 80 6 C4
Lamotte-du-Rhône 84 264 C1
Lamotte-Warfusée 80 18 C3
Lamouilly 55 40 A1
Lamoura 39 177 E3
Lampaul 29 46 B2
Lampaul-Guimiliau 29 49 D3
Lampaul-Plouarzel 29 47 D2
Lampaul-Ploudalmézeau 29 47 D2
Lampertheim 67 71 D3
Lampertsloch 67 45 E4
Lamure-sur-Azergues 69 192 A2
Lanans 25 142 A3
Lanarce 07 245 E1
Lanarvily 29 47 F2
Lanas 07 246 A2
Lancé 41 108 B4
Lanchères 80 6 A4
Lanches-Saint-Hilaire 80 18 A1
Lanchy 02 19 F3
Lancié 69 192 C1
Lancieux 22 52 B4
Lancôme 41 131 F1
Lançon 08 39 E3
Lançon 65 298 B4
Lançon-Provence 13 284 B2
Lancrans 01 194 C1
Landal (Château de) 35 79 E1
Landange 57 69 F4
Landas 59 9 E2
Landaul 56 100 C3
Landaville 88 93 E3
Landavran 35 80 A4
La Lande-Chasles 49 129 E2
La Lande-d'Airou 50 54 A3
La Lande-de-Fronsac 33 217 F3
La Lande-de-Goult 61 82 B1
La Lande-de-Lougé 61 56 A4
La Lande-Patry 61 55 E3
La Lande-Saint-Léger 27 30 C3
La Lande-Saint-Siméon 61 55 F3
La Lande-sur-Drôme 14 55 D1
La Lande-sur-Eure 61 84 A1
La Lande-Vaumont 14 55 D3
Landéan 35 80 B2
Landebaëron 22 50 B3
Landébia 22 78 A1
La Landec 22 78 B2
Landécourt 54 94 C1
Landéda 29 47 E1
Landéhen 22 77 F2
Landeleau 29 75 E3
Landelles 28 84 C2
Landelles-et-Coupigny 14 54 C2
Landemont 49 127 D4
Landepéreuse 27 57 F2
Landerneau 29 47 F3
Landeronde 85 145 E4
Landerrouat 33 237 E1
Landerrouet-sur-Ségur 33 237 D1
Landersheim 67 70 C2
Landes 17 181 F2
Landes-Genusson 85 146 B2
Landes-le-Gaulois 41 131 F1
Landes-sur-Ajon 14 55 E1
Landes-Vieilles-et-Neuves 76 17 D3
Landévant 56 100 B3
Landévennec 29 47 F4
Landevieille 85 162 A1
Landéville 52 92 C3
Landeyrat 15 207 D4
Landifay-
et-Bertaignemont 02 20 C3
Landigou 61 55 F4
Le Landin 27 31 F2
Landiras 33 236 B2
Landisacq 61 55 E3
Landivisiau 29 48 C3
Landivy 53 80 C2
Landogne 63 188 B3
Landonvillers 57 42 A4
Landorthe 31 299 E2
Landos 43 227 D4
Landouge 87 185 F4
Landouzy-la-Cour 02 21 E3
Landouzy-la-Ville 02 21 E3
Landrais 17 181 E1
Le Landreau 44 127 D4
Landrecies 59 10 A3
Landrecourt 55 66 C1
Landrellec 22 50 A1
Landremont 54 68 A2
Landres 54 41 D3
Landres-et-Saint-Georges 08 39 E3
Landresse 25 142 A3
Landrethun-le-Nord 62 2 B3
Landrethun-lès-Ardres 62 2 C3
Landrévarzec 29 73 F3
Landreville 10 115 D1
Landrichamps 08 13 D3
Landricourt 02 36 B2
Landricourt 51 91 F1
Landroff 57 69 D1
Landry 73 214 C1
Landser 68 120 C3
Landudal 29 75 D4
Landudec 29 73 E3
Landujan 35 78 C3
Landunvez 29 47 D2
Lanéria 39 176 B3
Lanespède 65 298 A2
Lanessan (Château de) 33 217 D1
Lanester 56 100 A3
Lanet 11 302 C3
Laneuvelle 52 117 E2
Laneuvelotte 54 68 B3
Laneuveville-aux-Bois 54 69 D4
Laneuveville-
derrière-Foug 54 67 E4
Laneuveville-
devant-Bayon 54 94 B2
Laneuveville-
devant-Nancy 54 68 B4
Laneuveville-en-Saulnois 57 68 C2
Laneuveville-lès-Lorquin 57 69 F4
Laneuville-à-Bayard 52 92 A1
Laneuville-à-Rémy 52 91 F2
Laneuville-au-Bois 52 92 C2
Laneuville-au-Pont 52 91 F1
Laneuville-au-Rupt 55 67 D4
Laneuville-sur-Meuse 55 39 F1
Laneuvilleroy 60 35 D2
Lanfains 22 77 D2
Lanfroicourt 54 68 B3
Langan 35 79 D3
Langast 22 77 E3
Langatte 57 69 F3
Langé 36 151 F2
Langeac 43 226 B2
Langeais 37 130 B3
Langensoultzbach 67 45 D4
Langeron 58 154 C4
Langesse 45 111 F3
Langey 28 108 C2
Langlade 30 263 F4
Langley 88 94 C2
Langoat 22 50 B2
Langoëlan 56 76 B4
Langogne 48 245 D1
Langoiran 33 236 B1
Langolen 29 75 D4
Langon 33 236 C2
Langon 35 103 D4
Langon 41 133 D4
Le Langon 85 163 F2
Langonnet 56 75 F4
Langonnet (Abbaye de) 56 76 A4
Langouet 35 79 D3
Langourla 22 78 A3
Langres 52 116 C3
Langrolay-sur-Rance 22 78 C1
Langrune-sur-Mer 14 29 E3
Languédias 22 78 B2
Languenan 22 78 B1
Langueux 22 51 E4
Languevoisin-Quiquery 80 19 E4
Languidic 56 100 B2
Languidou (Chapelle de) 29 73 D4
Languimberg 57 69 E3
Languivoa (Chapelle de) 29 73 E4
Langy 03 172 C4
Lanhélin 35 79 D2
Lanhères 55 40 C4
Lanhouarneau 29 48 C3
Lanildut 29 47 D2
Laning 57 69 E1
Laniscat 22 76 C3
Laniscourt 02 36 C1
Lanleff 22 51 D2
Lanloup 22 51 D2
Lanmérin 22 50 B2
Lanmeur 29 49 E2
Lanmodez 22 50 C1
Lann-Bihoué 56 100 A3
Lanne 65 297 F2
Lanne-en-Barétous 64 296 A2
Lanne-Soubiran 32 273 E1
Lannéanou 29 49 F4
Lannebert 22 51 D3
Lannecaube 64 273 D3
Lannédern 29 75 D2
Lannemaignan 32 254 C3
Lannemezan 65 298 B2
Lannepax 32 255 E4
Lanneplaà 64 272 A3
Lanneray 28 109 D1
Lannes 47 255 F2
Lannes 52 116 C2
Lanneuffret 29 48 C3
Lannilis 29 47 E2
Lannion 22 50 A2
Lannoy 59 5 D4
Lannoy-Cuillère 60 17 E4
Lannux 32 273 E2
Lano 2B 315 E4
Lanobre 15 206 B3
Lanouaille 24 203 E3
Lanouée 56 101 F1
Lanoux 09 300 C2
Lanquais 24 220 B4
Lanques-sur-Rognon 52 116 C1
Lanquetot 76 15 D3
Lanrelas 22 78 A3
Lanrigan 35 79 E2
Lanrivain 22 76 B2
Lanrivoaré 29 47 D2
Lanrodec 22 50 C4
Lans 71 158 B4
Lans-en-Vercors 38 230 B1
Lansac 33 217 E2
Lansac 65 298 A1
Lansac 66 312 B1
Lansargues 34 282 A2
Lanslebourg-
Mont-Cenis 73 215 D4
Lanslevillard 73 215 D3
Lanta 31 277 D3
Lantabat 64 295 E1
Lantages 10 114 C1
Lantan 18 153 F3
Lantéfontaine 54 41 D3
Lantenay 01 194 B2
Lantenay 21 139 D3
Lantenne-Vertière 25 140 C4
Lantenot 70 119 D3
La Lanterne-
et-les-Armonts 70 119 D3
Lanteuil 19 222 B2
Lanthenans 25 142 B2
Lanthes 21 158 C2
Lantheuil 14 29 D3
Lantic 22 51 D3
Lantignié 69 192 B1
Lantillac 56 101 E1
Lantilly 21 138 A2
Lanton 33 234 C1
Lantosque 06 289 D2
Lantriac 43 227 E3
Lanty 58 156 A4
Lanty-sur-Aube 52 115 F2
Lanuéjols 30 262 A2
Lanuéjols 48 244 B3
Lanuéjouls 12 241 E3
Lanvallay 22 78 C2
Lanvaudan 56 100 B2
Lanvellec 22 49 F3
Lanvénégen 56 99 F1
Lanvéoc 29 47 E4
Lanvézéac 22 50 B2
Lanvollon 22 51 D3
Lanzac 46 222 A4
Laon 02 37 D1
Laons 28 58 C4
Laouzas (Barrage de) 81 279 E2
Lapalisse 03 172 C4
Lapalud 84 246 C4
Lapan 18 153 D3
Lapanouse 12 243 E4
Lapanouse-de-Cernon 12 261 E3
Laparade 47 238 A4
Laparrouquial 81 259 D2
Lapège 09 309 F1
Lapenche 82 258 B1
Lapenne 09 301 E2
Lapenty 50 80 C1
Laperche 47 238 A2
Laperrière-sur-Saône 21 159 D1
Lapeyre 65 274 B4
Lapeyrère 31 300 B1
Lapeyrouse 01 193 D2
Lapeyrouse 63 189 D1
Lapeyrouse-Fossat 31 276 C1
Lapeyrouse-Mornay 26 211 E4
Lapeyrugue 15 242 B1
Lapleau 19 205 F4
Laplume 47 256 A2
Lapoutroie 68 96 A3
Lapouyade 33 218 C2
Lappion 02 37 E1
Laprade 11 278 B4
Laprade 16 201 F4
Lapradelle 11 311 E1
Laprugne 03 190 C2
Laps 63 207 F1
Lapte 43 227 F1
Lapugnoy 62 7 F1
Laquenexy 57 68 B1
Laqueuille 63 206 C1
Laragne-Montéglin 05 249 D4
Larajasse 69 210 B1
Laramière 46 241 D4
Laran 65 298 C1
Larbey 40 272 A1
Larbont 09 300 B3
Larbroye 60 35 F1
Larcan 31 299 D2
Larcat 09 310 A1
Larçay 37 131 D3
Larceveau-Arros-Cibits 64 295 E1
Larchamp 53 80 C3
Larchamp 61 55 E4
Larchant 77 87 E4
Larche 04 251 D2
Larche 19 222 A2
Larche (Col de) 04 251 D3
Le Larderet 39 160 B3
Lardier-et-Valença 05 249 E3
Lardiers 04 266 C2
Le Lardin-Saint-Lazare 24 221 F2
Lardy 91 86 C2
Larée 32 254 C3
Laréole 31 275 F1
Largeasse 79 147 F4
Largentière 07 245 F2
Largillay-Marsonnay 39 176 C1
Largitzen 68 120 B4
Largny-sur-Automne 02 35 F4
Largoët (Forteresse de) 56 101 E3
Larians-et-Munans 70 141 E2
Larivière 90 120 A3
Larivière-sur-Apance 52 117 E1
Larmor-Baden 56 101 D4
Larmor-Plage 56 100 A3
Larnage 26 229 D2
Larnagol 46 240 C3
Larnas 07 246 B3
Larnat 09 310 A1
Larnaud 39 159 E4
Larnod 25 141 D4
Laroche-près-Feyt 19 206 B1
Laroche-Saint-Cydroine 89 113 D2
Larochemillay 58 156 B3
Larodde 63 206 B2
Laroin 64 272 C4
Larone (Col de) 2A 317 E4
Laronxe 54 95 D1
Laroque 33 236 B1
Laroque 34 262 C3
Laroque-de-Fa 11 303 D4
Laroque-des-Albères 66 313 D3
Laroque-des-Arcs 46 240 A3
Laroque-d'Olmes 09 301 E3
Laroque-Timbaut 47 238 C4
Laroquebrou 15 223 F3
Laroquevieille 15 224 B3
Larouillies 59 10 B4
Larra 31 276 B1
Larrau 64 295 F3
Larrazet 82 257 D3
Larré 56 101 F4
Larré 61 82 C2
Larressingle 32 255 F3
Larressore 64 270 C4
Larret 29 47 D2
Larret 70 140 B1
Larreule 64 272 C3
Larreule 65 273 F3
Larrey 21 115 D3
Larribar-Sorhapuru 64 271 E4
Larringes 74 178 C3
Larrivière 40 272 C1
Larrivoire 39 177 D3
Larroque 31 299 D1
Larroque 65 274 C4
Larroque 81 258 B3
Larroque-Engalin 32 256 A3
Larroque-Saint-Sernin 32 256 A4
Larroque-sur-l'Osse 32 255 E3
Larroque-Toirac 46 241 D3
Lartigue 32 275 D3
Lartigue 33 254 C1
Laruns 64 296 C3
Laruscade 33 217 F2
Larzac 24 239 D1
Larzicourt 51 91 E1
Lasalle 30 263 D2
Lasbordes 11 302 A1
Lascabanes 46 239 F4
Lascaux 19 204 A4
Lascaux (Grotte de) 24 221 E2
Lascazères 65 273 F3
Lascelle 15 224 B3
Laschamps-de-Chavanat 23 187 D1
Lasclaveries 64 273 D3
Lasfaillades 81 278 C2
Lasgraisses 81 259 D4
Laslades 65 298 A1
Lassales 65 298 C1
Lassay-les-Châteaux 53 81 F2
Lassay-sur-Croisne 41 132 C3
Lasse 49 129 E2
Lasse 64 295 D1
Lasserade 32 273 F2
Lasséran 32 274 C2
Lasserre 09 300 A3
Lasserre 31 276 A2
Lasserre 47 255 F2
Lasserre 64 273 E3
Lasserre-de-Prouille 11 302 A2
Lasseube 64 296 C1
Lasseube-Propre 32 275 D2
Lasseubetat 64 296 C1
Lassicourt 10 91 D2
Lassigny 60 35 E1
Lasson 14 29 E4
Lasson 89 113 F1
Lassouts 12 243 D3
Lassur 09 310 A1
Lassy 14 55 E2
Lassy 35 103 D2
Lassy 95 61 D1
Lastelle 50 26 C3
Lastic 15 225 F2
Lastic 63 206 B1
Lastioulles (Barrage de) 15 206 B3
Lastours 11 278 C4
Lataule 60 35 D1
Le Latet 39 160 A3
La Latette 39 160 B4
Lathuile 74 195 F4
Lathus 86 167 F4
Latillé 86 165 F1
Latilly 02 36 B4
Latoue 31 299 E2
Latouille-Lentillac 46 223 D4
Latour 31 300 B1
Latour-Bas-Elne 66 313 E2
Latour-de-Carol 66 310 B4
Latour-de-France 66 312 B1
Latour-en-Woëvre 55 67 E1
Latrape 31 300 B1
Latrecey 52 115 F2
Latresne 33 217 E4
Latrille 40 273 D2
Latronche 19 205 F4
Latronquière 46 223 E4
Lattainville 60 33 E4
La Latte (Fort) 22 52 B4
Lattes 34 281 F2
Lattre-Saint-Quentin 62 8 A3
Lau-Balagnas 65 297 E3
Laubach 67 71 D1
Laubert 48 244 B2
Les Laubies 48 244 A1
Laubressel 10 90 B3
Laubrières 53 104 B2
La Lauch (Lac de) 68 120 A1
Laucourt 80 19 D4
Laudrefang 57 42 C4
Laudun-l'Ardoise 30 264 B2
Laugnac 47 238 B4
Laujuzan 32 254 C4
Laulne 50 26 C3
Laumesfeld 57 42 A2
Launac 31 276 A1
Launaguet 31 276 C2
Launay 27 58 A1
Launay-Villiers 53 80 C4
Launois-sur-Vence 08 22 B4
Launoy 02 36 B4
Launstroff 57 42 B2
La Laupie 26 247 D2
Laurabuc 11 301 F1
Laurac 11 301 F1
Laurac-en-Vivarais 07 245 F3
Lauraët 32 255 E3
Lauraguel 11 302 A2
Laure-Minervois 11 302 C1
Laurède 40 272 A1
Laurenan 22 77 F3
Laurens 34 280 B3
Lauresses 46 241 E1
Lauret 34 263 D4
Lauret 40 273 D2
Laurie 15 207 E4
Laurière 24 221 D1
Laurière 87 186 A2
Lauris 84 284 C1
Lauroux 34 280 B1
Laussac 12 224 C4
Laussonne 43 227 E3
Laussou 47 238 C2
Lautaret (Col du) 05 232 A2
Lautenbach 68 120 A1
Lautenbachzell 68 120 A1
Lauterbourg 67 45 C4
Lauthiers 86 167 D1
Lautignac 31 275 F4
Lautrec 81 278 A1
Lauw 68 120 A2
Lauwin-Planque 59 8 C2
Laux-Montaux 26 248 B4
Lauzach 56 101 F4
Lauzerte 82 257 E1
Lauzerville 31 277 D3
Lauzès 46 240 B2
Le Lauzet-Ubaye 04 250 B3
Lauzières 17 163 E4
Lauzun 47 238 A2
Lava (Col de) 2A 316 A1
Lava (Golfe de) 2A 316 A3
Lavacquerie 60 18 A4
Laval 38 213 D4
Laval 53 105 D1
Laval (Chalets de) 05 232 B2
Laval-Atger 48 226 C4
Laval-d'Aix 26 248 A1
Laval-d'Aurelle 07 245 D2
Laval-de-Cère 46 223 D3
Laval-du-Tarn 48 244 A4
Laval-en-Brie 77 88 B2
Laval-en-Laonnois 02 36 C2
Laval-le-Prieuré 25 142 B4
Laval-Morency 08 22 B3
Laval-Pradel 30 263 E1
Laval-Roquecezière 12 279 D1
Laval-Saint-Roman 30 246 B4
Laval-sur-Doulon 43 208 B4
Laval-sur-Luzège 19 223 E1
Laval-sur-Tourbe 51 39 D4
Laval-sur-Vologne 88 95 E4
Lavalade 24 239 D1
Lavaldens 38 231 D2
Lavalette 11 302 B2
Lavalette 31 277 D2
Lavalette 34 280 B1
Lavalette (Barrage de) 43 227 F1
Lavallée 55 66 C3
Le Lavancher 74 197 D2
Lavancia-Epercy 39 177 D3
Le Lavandou 83 293 D2
Lavangeot 39 159 E1
Lavannes 51 38 A3
Lavans-lès-Dole 39 159 F1
Lavans-lès-Saint-Claude 39 177 D3
Lavans-Quingey 25 160 A1
Lavans-sur-Valouse 39 176 C3
Lavans-Vuillafans 25 160 C1
Lavaqueresse 02 10 A4
Lavardac 47 255 F1
Lavardens 32 274 C1
Lavardin 41 108 A4
Lavardin 72 106 C1
Lavaré 72 107 F1
Lavars 38 230 C4
Lavasina 2B 315 F1
Lavastrie 15 225 E3
Lavatoggio 2B 314 B3
Lavau 10 90 B3
Lavau 89 135 E1
Lavau-sur-Loire 44 125 F3
Lavaudieu 43 208 A4
Lavaufranche 23 170 A4
Lavault-de-Frétoy 58 156 A1
Lavault-Sainte-Anne 03 170 C4
Les Lavaults 89 137 E3
Lavaur 24 239 E2
Lavaur 81 277 E1
Lavaurette 82 258 B1
Lavausseau 86 165 F2
Lavaveix-les-Mines 23 187 E2
Lavazan 33 237 D3
Laveissenet 15 225 D2
Laveissière 15 224 C2
Lavelanet 09 301 E4
Lavelanet-
de-Comminges 31 300 A1
Laveline-
devant-Bruyères 88 95 E4
Laveline-du-Houx 88 95 E4
Lavenay 72 107 F4
Laventie 62 4 A4
Lavéra 13 284 A4
Laveraët 32 274 A3
Lavercantière 46 239 F2
Laverdines 18 154 A2
Lavergne 46 222 C4
Lavergne 47 238 A2
Lavernat 72 107 D4
Lavernay 25 140 C4
Lavernhe 12 243 E4
Lavernose-Lacasse 31 276 B4
Lavernoy 52 117 D2
Laverrière 60 17 F4
Laversine 02 36 A3
Laversines 60 34 B2
Lavérune 34 281 E2
Laveyron 26 229 D1
Laveyrune 07 245 D2
Laveyssière 24 220 A3
Lavieu 42 209 E2
Laviéville 80 18 C2
Lavigerie 15 224 C2
Lavignac 87 203 E1
Lavignéville 55 67 D2
Lavigney 70 117 F4
Lavignolle 33 235 E2
Lavigny 39 159 F4
Lavillatte 07 245 D1
Laville-aux-Bois 52 116 B1
Lavilledieu 07 246 A2
Lavilleneuve 52 117 D1
Lavilleneuve-au-Roi 52 92 A4
Lavilleneuve-aux-Fresnes 52 91 F4
Lavilletertre 60 33 F4
Lavincourt 55 66 B4
Laviolle 07 246 A1
Laviron 25 142 A3
Lavit-de-Lomagne 82 256 C3
Lavoine 03 190 C3
Lavoncourt 70 140 C1
Lavours 01 194 C4
Lavoûte-Chilhac 43 226 A1
Lavoûte-sur-Loire 43 227 D2
Lavoux 86 166 C1
Lavoye 55 66 B1
Lawarde-Mauger-l'Hortoy 80 18 B4
Laxou 54 68 A4
Lay 42 191 F3
Lay-Lamidou 64 272 A4
Lay-Saint-Christophe 54 68 B3
Lay-Saint-Remy 54 67 E4
Laye 05 249 E1
Laymont 32 275 F4
Layrac 47 256 B2
Layrac-sur-Tarn 31 258 A4
Layrisse 65 297 F2
Lays-sur-le-Doubs 71 158 C3
Laz 29 75 E3
Lazenay 18 152 C2
Lazer 05 249 D4
Léalvillers 80 18 C1
Léaupartie 14 30 B4
Léaz 01 195 D1
Lebetain 90 120 A4
Lebeuville 54 94 B2
Lebiez 62 6 C2
Leboulin 32 275 D2
Lebreil 46 239 E4
Lebucquière 62 19 E1
Lécaude 14 56 C1
Lecci 2A 319 E2
Lecelles 59 9 E2
Lecey 52 117 D3
Lechâtelet 21 158 C1
Léchelle 62 19 E1
Léchelle 77 89 D1
La Léchère 73 214 A2
Les Lèches 24 220 A3
Lechiagat 29 98 B2
Lécluse 59 8 C3
Lécourt 52 117 D1
Lécousse 35 80 B3
Lecques 30 263 E4
Les Lecques 83 291 D3
Lect 39 177 D3
Lectoure 32 256 B3
Lecumberry 64 295 E2
Lécussan 31 298 C2
Lédas-et-Penthiès 81 259 F2
le Lédat 47 238 B3
Lédenon 30 264 B3
Lédergues 12 260 A2
Lederzeele 59 3 E3
Ledeuix 64 296 B1
Lédignan 30 263 E3
Ledinghem 62 2 C4
Ledringhem 59 3 F2
Lée 64 297 D1
Leers 59 5 D4
Lées-Athas 64 296 B3
Lefaux 62 6 B1
Leffard 14 56 A2
Leffincourt 08 38 C2
Leffond 70 117 D4
Leffonds 52 116 B2
Leffrinckoucke 59 3 F1
Leforest 62 8 C2
Lège 31 298 C4
Legé 44 145 E3
Lège-Cap-Ferret 33 216 A4
Légéville-et-Bonfays 88 94 B4
Léglantiers 60 35 D2
Légna 39 176 C3
Légny 69 192 B3
Léguevin 31 276 A2
Léguillac-de-Cercles 24 202 B3
Léguillac-de-l'Auche 24 220 B1
Lehaucourt 02 20 A2

Bapaume (R. de)	CX	7
Beethoven (Av.)	AX	12
Bernos (R.)	DV	13
Bigo-Danel (Bd)	BV	18
Carrel (R. Armand)	CX	25
Colpin (R. du Lt)	BV	33
Courmont (R.)	CX	37
Cuvier (Av.)	BV	42
Esplanade (Façade de l')	BUV	54
Fébvrier (Pl. J.)	CX	56
Fontenoy (R. de)	CX	60
Gaulle (R. du Gén.-de)	CU	67
Justice (R. de la)	BX	85
Lambret (Av. Oscar)	AX	88
Lebas (Bd J.-B.)	CV	93
Magasin (R. du)	BU	104
Manuel (R.)	BV	106
Marronniers (Allée des)	BU	109
Marx-Dormoy (Av.)	AV	111
Maubeuge (R. de)	CX	112
Max (Av. Adolphe)	BU	114
Meurein (R.)	BV	118
St. Sébastien (R.)	BCU	140
Stations (R. des)	BV	145
Valenciennes (R. de)	CX	156
Verdun (Bd de)	DX	159
Wazemmes (R. de)	BCX	163
43e-Rég.-d'Infanterie (Av. du)	BV	168

Léhélec (Château de) *56* 123 F2
Léhon *22* 78 C2
Leigné-les-Bois *86* 150 A4
Leigné-sur-Usseau *86* 149 E3
Leignes-sur-Fontaine *86* 167 E2
Leigneux *42* 191 D4
Leimbach *68* 120 A2
Leintrey *54* 69 E4
Leiterswiller *67* 45 E4
Lélex *01* 177 E3
Lelin-Lapujolle *32* 273 E1
Lelling *57* 69 D1
Lemainville *54* 94 B1
Lembach *67* 45 D4
Lemberg *57* 44 B4
Lembeye *64* 273 E3
Lembras *24* 220 B4
Lemé *02* 21 D3
Lème *64* 273 D3
Leménil-Mitry *54* 94 B2
Lémeré *37* 149 E1
Lemmecourt *88* 93 E3
Lemmes *55* 66 B1
Lemoncourt *57* 68 C2
Lempaut *81* 278 A3
Lempdes *63* 189 F4
Lempdes-sur-Allagnon *43* 207 F3
Lempire *02* 19 F2
Lempire-aux-Bois *55* 66 C1
Lemps *07* 228 C2
Lemps *26* 248 A4
Lempty *63* 189 F4
Lempzours *24* 202 C4
Lemud *57* 68 B1
Lemuy *39* 160 B3
Lénault *14* 55 E2
Lenax *03* 173 E4
Lencloître *86* 149 E4
Lencouacq *40* 254 A2
Lendresse *64* 272 B3
Lengelsheim *57* 44 B3
Lengronne *50* 54 A2
Lenharrée *51* 64 B3
Léning *57* 69 E1
Lénizeul *52* 117 D1
Lennon *29* 75 D3
Lenoncourt *54* 68 B4
Lens *62* 8 B2
Lens-Lestang *26* 211 E4
Lent *01* 193 E1
Lent *39* 160 B4
Lentigny *42* 191 D2
Lentillac-Lauzès *46* 240 B2
Lentillac-Saint-Blaise *46* 241 E2
Lentillères *07* 246 A2
Lentilles *10* 91 E2
Lentilly *69* 192 B4
Lentiol *38* 211 E4
Lento *2B* 315 E3
Léobard *46* 239 F1
Léogeats *33* 236 B2
Léognan *33* 235 F1
Léojac *82* 258 A3
Léon *40* 252 B3
Léoncel *26* 229 F3
Léotoing *43* 207 F4
Léouville *45* 86 B4
Léoville *17* 199 F3
Lépanges-sur-Vologne *88* 95 E4
Lépaud *23* 188 A1
Lépin-le-Lac *73* 212 C2
Lépinas *23* 187 D2
Lépine *62* 6 B2
Lépron-les-Vallées *08* 22 B3
Lepuix *90* 119 F3
Lepuix-Neuf *90* 120 A4
Léran *09* 301 F3
Lercoul *09* 309 F1
Léré *18* 135 D2
Léren *64* 271 E3
Lérigneux *42* 209 D2
Lerm-et-Musset *33* 236 C4
Lerné *37* 148 C1
Lérouville *55* 67 D3
Lerrain *88* 94 B4
Léry *21* 138 C1
Léry *27* 32 B3
Lerzy *02* 10 B4
Lesbœufs *80* 19 E1
Lesbois *53* 81 D2
Lescar *64* 272 C4
Leschaux *74* 195 E4
Leschelles *02* 10 A4
Lescheraines *73* 195 E4
Leschères *39* 177 D2
Leschères-sur-le-Blaiseron *52* 92 A3
Lescherolles *77* 63 D4
Lescheroux *01* 175 F3
Lesches *77* 61 F2
Lesches-en-Diois *26* 248 B2
Lesconil *29* 98 B2
Lescouët-Gouarec *22* 76 B4
Lescouët-Jugon *22* 78 A2
Lescousse *09* 300 C2
Lescout *81* 278 A3
Lescun *64* 296 B3
Lescuns *31* 299 F1
Lescure *09* 300 A3
Lescure-d'Albigeois *81* 259 E3
Lescure-Jaoul *12* 259 E1
Lescurry *65* 274 A4
Lesdain *59* 20 A1
Lesdins *02* 20 A2
Lesges *02* 36 C3
Lesgor *40* 253 D4
Lésigny *77* 61 E4
Lésigny *86* 150 A3
Le Leslay *22* 51 D4
Lesme *71* 173 D1
Lesménils *54* 68 A2
Lesmont *10* 91 D2
Lesneven *29* 47 F2
Lesparre-Médoc *33* 198 C4
Lesparrou *09* 301 F4
Lespéron *07* 245 D1
Lesperon *40* 252 C3
Lespesses *62* 7 F1
Lespielle *64* 273 E3
Lespignan *34* 305 D1
Lespinasse *31* 276 C1
Lespinasse (Château de) *43* 207 F4
Lespinassière *11* 279 D4
Lespinoy *62* 6 C2
Lespiteau *31* 299 D2
Lesponne *65* 298 A3
Lespouey *65* 298 A1
Lespourcy *64* 273 E4
Lespugue *31* 299 D1
Lesquerde *66* 312 B1
Lesquielles-Saint-Germain *02* 20 C2
Lesquin *59* 9 D1
Lessac *16* 184 C2
Lessard-en-Bresse *71* 158 C4
Lessard-et-le-Chêne *14* 56 C1
Lessard-le-National *71* 158 A3
Lessay *50* 26 C3
Lesse *57* 68 C1
Lesseux *88* 96 A2
Lesson *85* 164 C3
Lessy *57* 41 F4
Lestanville *76* 15 F2
Lestards *19* 205 D2
Lestelle-Bétharram *64* 297 D2
Lestelle-de-Saint-Martory *31* 299 E2
Lesterps *16* 184 C2
Lestiac-sur-Garonne *33* 236 B1
Lestiou *41* 109 E4
Lestrade-et-Thouels *12* 260 B2
Lestre *50* 25 E3
Lestrem *62* 4 A4
Létanne *08* 39 F1
Léthuin *28* 86 A3
Letia *2A* 316 B2
Létra *69* 192 B3
Létricourt *54* 68 B2
Letteguives *27* 32 C2
Lettret *05* 249 E3
Leubringhen *62* 2 B2
Leuc *11* 302 B2
Leucamp *15* 242 B1
Leucate *11* 304 C4
Leucate-Plage *11* 304 C4
Leuchey *52* 116 B4
Leudeville *91* 87 D1
Leudon-en-Brie *77* 62 C4
Leuglay *21* 115 F3
Leugny *86* 150 A3
Leugny *89* 136 A1
Leugny (Château de) *37* 131 D3
Leuhan *29* 75 E4
Leuilly-sous-Coucy *02* 36 B2
Leulinghem *62* 3 D3
Leulinghen-Bernes *62* 2 B3
Leurville *52* 92 C3
Leury *02* 36 B2
Leutenheim *67* 71 F1
Leuville-sur-Orge *91* 86 C1
Leuvrigny *51* 63 F1
Le Leuy *40* 253 F4
Leuze *02* 21 F3
La Levade *30* 263 D1
Levainville *28* 85 F2
Leval *59* 10 B3
Leval *90* 120 A2
Levallois-Perret *92* 60 C3
Levant (Ile du) *83* 293 D3
Levaré *53* 80 C2
Levécourt *52* 93 D4
Levens *06* 288 C1
Levergies *02* 20 A2
Levernois *21* 158 A2
Léves *28* 85 E2
Les Lèves-et-Thoumeyragues *33* 219 E4
Levesville-la-Chenard *28* 86 A3
Levet *18* 153 E3
Levie *2A* 319 D2
Levier *25* 160 B2
Lévignac *31* 276 A2
Lévignac-de-Guyenne *47* 237 E2
Lévignacq *40* 252 C2
Lévignen *60* 35 F4
Lévigny *10* 91 E3
Levis *89* 136 A1
Lévis-Saint-Nom *78* 60 B4
Levoncourt *55* 66 C3
Levoncourt *68* 143 E2
Levroux *36* 151 F2
Lewarde *59* 9 D3
Lexos *82* 258 C2
Lexy *54* 40 C1
Ley *57* 69 D3
Leychert *09* 301 E4
Leydé (Pointe de) *29* 73 D2
Leyme *46* 223 D4
Leymen *68* 121 D4
Leyment *01* 193 F3
Leynes *71* 175 D4
Leynhac *15* 241 F1
Leyr *54* 68 B3
Leyrat *23* 170 A3
Leyrieu *38* 193 F4
Leyritz-Moncassin *47* 237 E4
Leyssard *01* 194 A1
Leyvaux *15* 207 E4
Leyviller *57* 69 E1
Lez *31* 299 D4
Lez-Fontaine *59* 10 C2
Lézan *30* 263 E3

Lézardrieux 22 ... 50 C1
Lézat 39 ... 177 E2
Lézat-sur-Lèze 09 ... 300 B1
Lezay 79 ... 165 F4
Lezennes 59 ... 4 C4
Lezéville 52 ... 92 C2
Lezey 57 ... 69 D3
Lézignac-Durand 16 ... 184 B4
Lézignan 65 ... 297 F2
Lézignan-Corbières 11 ... 303 E1
Lézignan-la-Cèbe 34 ... 280 C3
Lézigné 49 ... 129 D1
Lézigneux 42 ... 209 E2
Lézinnes 89 ... 114 B4
Lezoux 63 ... 190 A4
Lhéraule 60 ... 33 F2
Lherm 31 ... 276 A4
Lherm 46 ... 239 F2
Lhéry 51 ... 37 D4
Lhez 65 ... 298 A4
Lhommaizé 86 ... 166 C3
Lhomme 72 ... 107 F4
Lhôpital 01 ... 194 C2
Lhor 57 ... 69 E2
Lhospitalet 46 ... 240 A4
Lhoumois 79 ... 148 B4
Lhuis 01 ... 194 B1
Lhuître 10 ... 90 C1
Lhuys 02 ... 36 C3
Liac 65 ... 273 F4
Liancourt 60 ... 34 C3
Liancourt-Fosse 80 ... 19 E4
Liancourt-Saint-Pierre 60 ... 33 F4
Liart 08 ... 22 A3
Lias 32 ... 276 A2
Lias-d'Armagnac 32 ... 254 C4
Liausson 34 ... 280 C2
Libaros 65 ... 298 B1
Libération (Croix de la) 71 ... 157 D3
Libercourt 62 ... 8 C2
Libermont 60 ... 19 E4
Libourne 33 ... 218 C3
Librecy 08 ... 22 A4
Licey-sur-Vingeanne 21 ... 139 F2
Lichans-Sunhar 64 ... 295 F2
Lichères 16 ... 183 F3
Lichères-
près-Aigremont 89 ... 114 A4
Lichères-sur-Yonne 89 ... 136 B2
Lichos 64 ... 271 F4
Lichtenberg 67 ... 44 C4
Licourt 80 ... 19 E3
Licq-Athérey 64 ... 295 F2
Licques 62 ... 2 C3
Licy-Clignon 02 ... 62 C1
Lidrezing 57 ... 69 D2
Liebenswiller 68 ... 120 C4
Liebsdorf 68 ... 120 B4
Liebvillers 25 ... 142 C3
Liederschiedt 57 ... 44 C3
Lieffrans 70 ... 141 D1
Le Liège 37 ... 131 F4
Liéhon 57 ... 68 B1
Liencourt 62 ... 7 F3
Lieoux 31 ... 299 E2
Lièpvre 68 ... 96 B2
Liéramont 80 ... 19 F2
Liercourt 80 ... 17 E1
Lières 62 ... 7 F1
Liergues 69 ... 192 B2
Liernais 21 ... 137 F4
Liernolles 03 ... 173 D3
Lierval 02 ... 37 D2
Lierville 60 ... 33 F4
Lies 65 ... 298 A2
Liesle 25 ... 160 A1
Liesse-Notre-Dame 02 ... 37 E1
Liessies 59 ... 10 C3
Liesville-sur-Douve 50 ... 25 D4
Liettres 62 ... 7 E1
Lieu-Saint-Amand 59 ... 9 E3
Lieuche 06 ... 269 E2
Lieucourt 70 ... 140 B3
Lieudieu 38 ... 211 F3
Lieurac 09 ... 301 E3
Lieuran-Cabrières 34 ... 280 C2
Lieuran-lès-Béziers 34 ... 280 B4
Lieurey 27 ... 31 D4
Lieuron 35 ... 102 C3
Lieury 14 ... 56 C2
Lieusaint 50 ... 25 D3
Lieusaint 77 ... 87 E1
Lieutadès 15 ... 225 D4
Lieuvillers 60 ... 34 C2
Liévans 70 ... 118 C4
Liévin 62 ... 8 B2
Lièvremont 25 ... 161 D2
Liez 02 ... 20 A4
Liez 85 ... 164 B3
Liézey 88 ... 119 E1
Liffol-le-Grand 88 ... 93 D3
Liffol-le-Petit 52 ... 93 D3
Liffré 35 ... 79 F4
Ligardes 32 ... 256 A2
Ligescourt 80 ... 6 C3
Liget (Chartreuse du) 37 ... 150 C1
Liginiac 19 ... 206 A3
Liglet 86 ... 167 F2
Lignac 36 ... 168 A3
Lignairolles 11 ... 301 F2
Lignan-de-Bazas 33 ... 236 C3
Lignan-de-Bordeaux 33 ... 217 F4
Lignan-sur-Orb 34 ... 280 B4
Lignareix 19 ... 205 F2
Ligné 16 ... 183 E3
Ligné 44 ... 126 C2
Lignères 61 ... 57 D4
Lignereuil 62 ... 7 F3
Lignerolles 03 ... 170 C4
Lignerolles 21 ... 116 A3
Lignerolles 27 ... 59 D3
Lignerolles 36 ... 170 A2
Lignerolles 61 ... 83 F1
Lignéville 88 ... 93 F4
Ligneyrac 19 ... 222 B2
Lignières 10 ... 114 A2
Lignières 18 ... 152 C4
Lignières 41 ... 108 C3
Lignières 80 ... 19 D4
Lignières-Châtelain 80 ... 17 E3
Lignières-de-Touraine 37 ... 130 B4
Lignières-en-Vimeu 80 ... 17 E2
Lignières-la-Carelle 72 ... 82 C2
Lignières-Orgères 53 ... 82 A1
Lignières-Sonneville 16 ... 200 C2
Lignières-sur-Aire 55 ... 66 C3
Lignol 56 ... 100 B1
Lignol-le-Château 10 ... 91 F4
Lignon 51 ... 91 D1
Lignorelles 89 ... 113 F3
Lignou 61 ... 56 A4
Ligny-en-Barrois 55 ... 66 C4
Ligny-en-Brionnais 71 ... 174 A4
Ligny-en-Cambrésis 59 ... 20 B1
Ligny-le-Châtel 89 ... 113 F3
Ligny-le-Ribault 45 ... 133 D1
Ligny-lès-Aire 62 ... 7 E1
Ligny-Saint-Flochel 62 ... 7 F3
Ligny-sur-Canche 62 ... 7 E3
Ligny-Thilloy 62 ... 19 E1
Ligré 37 ... 149 D1
Ligron 72 ... 106 B4
Ligsdorf 68 ... 120 C4
Ligueil 37 ... 150 A2
Ligueux 24 ... 202 C4
Ligueux 33 ... 219 F4
Ligugé 86 ... 166 B2
Lihons 80 ... 19 D3
Lihus 60 ... 34 A1
Les Lilas 93 ... 61 D3
Lilhac 31 ... 299 E1
Lilignod 01 ... 194 C2
Lille 59 ... 4 C4
Lillebonne 76 ... 15 D4
Lillemer 35 ... 79 D1
Lillers 62 ... 7 F1
Lilly 27 ... 33 D2
Limalonges 79 ... 183 F1
Limans 04 ... 266 C3
Limanton 58 ... 156 A2
Limas 69 ... 192 C2
Limay 78 ... 59 F2
Limbrassac 09 ... 301 E3
Limé 02 ... 36 C3
Limeil-Brévannes 94 ... 61 E4
Limendous 64 ... 297 E1
Limeray 37 ... 131 E2
Limersheim 67 ... 71 D4
Limerzel 56 ... 102 A4
Limésy 76 ... 15 F3
Limetz-Villez 78 ... 59 E1
Limeuil 24 ... 221 D4
Limeux 18 ... 152 C2
Limeux 80 ... 17 E1
Limey-Remenauville 54 ... 67 F2
Limeyrat 24 ... 221 D1
Limoges 87 ... 185 F4
Limoges-Fourches 77 ... 87 F1
Limogne-en-Quercy 46 ... 240 C4
Limoise 03 ... 171 F1
Limon 58 ... 155 D2
Limonest 69 ... 192 C4
Limons 63 ... 190 A3
Limont-Fontaine 59 ... 10 B2
Limony 07 ... 210 C4
Limours-en-Hurepoix 91 ... 86 B1
Limousis 11 ... 278 C4
Limoux 11 ... 302 B3
La Limouzinière 44 ... 145 E2
La Limouzinière 85 ... 163 D1
Limpiville 76 ... 15 D2
Linac 46 ... 241 E1
Linard 23 ... 169 E3
Linards 87 ... 204 B1
Linars 16 ... 201 E1
Linas 91 ... 86 C1
Linay 08 ... 23 F4
Linazay 86 ... 183 F1
Lincel 04 ... 266 C3
Lincheux-Hallivillers 80 ... 17 F3
Lindebeuf 76 ... 15 F2
Le Lindois 16 ... 184 B4
Lindre-Basse 57 ... 69 E3
Lindre-Haute 57 ... 69 E3
Lindry 89 ... 113 D4
Linexert 70 ... 119 D3
Lingé 36 ... 150 C4
Lingeard 50 ... 54 C4
Lingèvres 14 ... 29 D4
Linghem 62 ... 7 E1
Lingolsheim 67 ... 71 D3
Lingreville 50 ... 53 F2
Linguizzetta 2B ... 317 F1
Linières-Bouton 49 ... 129 F2
Liniers 86 ... 166 C1
Liniez 36 ... 152 A2
Linsdorf 68 ... 120 C4
Linselles 59 ... 4 C3
Linthal 68 ... 120 A1
Linthelles 51 ... 63 F4
Linthes 51 ... 63 F4
Lintot 76 ... 15 D4
Lintot-les-Bois 76 ... 16 A3
Linxe 40 ... 252 B3
Liny-devant-Dun 55 ... 39 F3
Linzeux 62 ... 7 E3

LIMOGES

Aine (Pl. d') ... BZ 2
Allois (R. des) ... DZ 6
Amphithéâtre (R. de l') ... BY 8
Barreyrrette (Pl. de la) ... CZ 12
Bénédictins (Av. des) ... DY 14
Betoulle (Pl. L.) ... CZ 16
Boucherie (R. de la) ... CZ 18
Cathédrale (R. de la) ... DZ 23
Clocher (R. du) ... CZ 25
Collège (R. du) ... CZ 26
Consulat (R. du) ... CZ
Coopérateurs (R. des) ... BY 27
Dupuytren (R.) ... CZ 30
Ferrerie (R.) ... CZ 33
Fonderie (R. de la) ... BY 35
Fontaine-des-Barres (Pl.) ... CY 37
Gambetta (Bd) ... BCZ
Giraudoux (Sq. J.) ... CY 42
Haute-Cité (R.) ... DZ 46
Jacobins (Pl. des) ... CZ 49
Jean-Jaurès (R.) ... CYZ
Louis-Blanc (Bd) ... CZ
Louvrier-de-Lajolais (R.) ... BY 55
Manigne (Pl.) ... CZ 57
Maupas (R. du) ... DY 59
Michels (R. Charles) ... CZ 63
Motte (Pl. de la) ... CZ 66
Périn (Bd G.) ... CY 71
Préfecture (R. de la) ... CY 83
Raspail (R.) ... DZ 89
Réforme (R. de la) ... CY 91
République (Pl. de la) ... CY 95
St-Martial (R.) ... CY 107
St-Maurice (Bd) ... DZ 109
St-Pierre (Pl.) ... CZ 110
Stalingrad (Pl.) ... CY 113
Temple (Cour du) ... CZ 115
Temple (R. du) ... CZ 116
Tourny (Carr.) ... CY 118
Victor-Hugo (Bd) ... BY 120
Vigne-de-Fer (R.) ... CZ 122
71e-Mobile (R. du) ... CZ 125

Liocourt 57 ... 68 B2
Liomer 80 ... 17 E3
Le Lion-d'Angers 49 ... 128 A1
Lion-devant-Dun 55 ... 40 A2
Lion-en-Beauce 45 ... 110 A1
Lion-en-Sullias 45 ... 111 E4
Lion-sur-Mer 14 ... 29 F3
Liorac-sur-Louyre 24 ... 220 B3
Le Lioran 15 ... 224 C2
Liouc 30 ... 263 D4
Le Liouquet 13 ... 291 D3
Liourdres 19 ... 222 C3
Liouville 55 ... 67 D3
Lioux 84 ... 266 A3
Lioux-les-Monges 23 ... 188 A3
Liposthey 40 ... 235 D4
Lipsheim 67 ... 71 D4
Lirac 30 ... 264 C2
Liré 49 ... 127 D3
Lirey 10 ... 114 B1
Lironcourt 88 ... 117 F2
Lironville 54 ... 67 F2
Liry 08 ... 38 C3
Lisbourg 62 ... 7 E1
Liscia (Golfe de la) 2A ... 316 B3
Lisieux 14 ... 30 C4
Lisle 24 ... 202 B4
Lisle 41 ... 108 C3
Lisle-en-Barrois 55 ... 66 B2
Lisle-en-Rigault 55 ... 66 A4
Lisle-sur-Tarn 81 ... 258 C4
Lislet 02 ... 21 E4
Lison 14 ... 27 F3
Lison (Source du) 25 ... 160 B2
Lisores 14 ... 57 D2
Lisors 27 ... 33 D3
Lissac 09 ... 300 C1
Lissac 43 ... 226 C2
Lissac-et-Mouret 46 ... 241 D2
Lissac-sur-Couze 19 ... 222 A2
Lissay-Lochy 18 ... 153 E2
Lisse 47 ... 255 E2
Lisse-en-Champagne 51 ... 65 E3
Lisses 91 ... 87 D1
Lisseuil 63 ... 189 D2
Lissey 55 ... 40 A2
Lissieu 69 ... 192 C3
Lissy 77 ... 87 F1
Listrac-de-Durèze 33 ... 219 E4
Listrac-Médoc 33 ... 217 D2
Lit-et-Mixe 40 ... 252 B2
Lithaire 50 ... 26 C3
Litteau 14 ... 27 F4
Littenheim 67 ... 70 C2
Littry 14 ... 27 F4
Litz 60 ... 34 B2
Livaie 61 ... 82 B2
Livarot 14 ... 56 C2
Liverdun 54 ... 68 A3
Liverdy-en-Brie 77 ... 61 F4
Livernon 46 ... 241 D2
Livers-Cazelles 81 ... 259 D2
Livet 53 ... 105 F1
Livet-en-Saosnois 72 ... 83 D3
Livet-et-Gavet 38 ... 231 D2
Livet-sur-Authou 27 ... 31 E4
Livilliers 95 ... 60 B1
Livinhac-le-Haut 12 ... 241 F2
La Livinière 34 ... 303 D1
Livré 53 ... 104 C3
Livré-sur-Changeon 35 ... 80 A4
Livron 64 ... 297 E1
Livron-sur-Drôme 26 ... 229 D4
Livry 14 ... 55 D1
Livry 58 ... 154 C4
Livry-Gargan 93 ... 61 E2
Livry-Louvercy 51 ... 64 C1
Livry-sur-Seine 77 ... 87 F2
Lixhausen 67 ... 70 C1
Lixheim 57 ... 70 A2
Lixières 54 ... 68 B2
Lixing-lès-Rouhling 57 ... 43 E4
Lixing-lès-Saint-Avold 57 ... 69 E1
Lixy 89 ... 88 B4
Lizac 82 ... 257 E2
Lizant 86 ... 183 F2
Lizeray 36 ... 152 B2
Lizières 23 ... 186 B1
Lizine 25 ... 160 B1
Lizines 77 ... 88 C2
Lizio 56 ... 101 F2
Lizos 65 ... 298 A1
Lizy 02 ... 36 C1
Lizy-sur-Ourcq 77 ... 62 B2
La Llagonne 66 ... 311 D3
Llauro 66 ... 312 C3
Llo 66 ... 311 D4
Llous 66 ... 310 C4
Llupia 66 ... 312 C2
Lobsann 67 ... 45 E4
Loc-Brévalaire 29 ... 47 F2
Loc Dieu (Ancienne
Abbaye de) 12 ... 241 D4
Loc-Eguiner 29 ... 48 C4
Loc-Eguiner-
Saint-Thégonnec 29 ... 49 D4
Loc-Envel 22 ... 50 A4
Locarn 22 ... 76 A2
Loché 71 ... 175 D4
Loché-sur-Indrois 37 ... 151 D1
Loches 37 ... 150 C1
Loches-sur-Ource 10 ... 115 D1
Le Locheur 14 ... 55 F1
Lochieu 01 ... 194 C3
Lochwiller 67 ... 70 C2
Locmalo 56 ... 76 B4
Locmaria 22 ... 50 A3
Locmaria 56 ... 122 B4
Locmaria (Chapelle de) 29 ... 47 F2
Locmaria-Berrien 29 ... 75 E2
Locmaria-Grand-Champ 56 ... 101 D3
Locmaria-Plouzané 29 ... 47 D3
Locmariaquer 56 ... 122 C2
Locmélar 29 ... 48 C4
Locminé 56 ... 101 D2
Locmiquélic 56 ... 100 A3
Locoal-Mendon 56 ... 100 B3
Locon 62 ... 8 A1
Loconville 60 ... 33 F4
Locqueltas 56 ... 101 D3
Locquémeau 22 ... 49 F2
Locquénolé 29 ... 49 E2
Locquignol 59 ... 10 A2
Locquirec 29 ... 49 F2
Locronan 29 ... 73 E3
Loctudy 29 ... 98 B2
Locunolé 29 ... 99 F1
Loddes 03 ... 173 D4
Lodes 31 ... 299 D2
Lodève 34 ... 280 B1
Lods 25 ... 160 C1
Lœuilley 70 ... 140 A2
Lœuilly 80 ... 18 A3
Loëx 74 ... 178 A4
Loffre 59 ... 9 D3
La Loge 62 ... 7 D2
La Loge-aux-Chèvres 10 ... 91 D4
La Loge des Gardes 03 ... 190 C2
Loge-Fougereuse 85 ... 164 B1
La Loge-Pomblin 10 ... 114 B1
Logelbach 68 ... 96 B3
Logelheim 68 ... 96 C4
Les Loges 14 ... 55 D1
Les Loges 52 ... 117 D3
Les Loges 72 ... 107 F2
Les Loges 76 ... 14 C2
Les Loges-en-Josas 78 ... 60 C4
Les Loges-Marchis 50 ... 80 B1
Les Loges-Margueron 10 ... 114 B1
Les Loges-Saulces 14 ... 56 A3
Les Loges-sur-Brécey 50 ... 54 B3
Le Logis-du-Pin 83 ... 268 C4
Le Logis-Neuf 01 ... 175 F4
Le Logis-Neuf 13 ... 285 D4
Lognes 77 ... 61 E3
Logny-Bogny 08 ... 22 A3
Logny-lès-Aubenton 02 ... 21 F3
Logny-lès-Chaumont 08 ... 21 F4
Logonna-Daoulas 29 ... 47 F4
Logrian-Florian 30 ... 263 E3
Logron 28 ... 109 D1
Loguivy-de-la-Mer 22 ... 50 C1
Loguivy-Plougras 22 ... 50 A4
Lohéac 35 ... 102 C2
Lohitzun-Oyhercq 64 ... 271 F4
Lohr 67 ... 70 A1
Lohuec 22 ... 49 F4
Loigné-sur-Mayenne 53 ... 105 D3
Loigny-la-Bataille 28 ... 109 F1
Loiré 49 ... 127 F1
Loire-les-Marais 17 ... 181 D2
Loiré-sur-Nie 17 ... 182 C3
Loire-sur-Rhône 69 ... 210 C2
Loiron 53 ... 104 C1
Loisail 61 ... 83 F2
Loisey-Culey 55 ... 66 B3
Loisia 39 ... 176 B2
Loisieux 73 ... 212 C1
Loisin 74 ... 178 A3
Loison 55 ... 40 C3
Loison-sous-Lens 62 ... 8 B2
Loison-sur-Créquoise 62 ... 6 C2
Loisy 54 ... 68 A2
Loisy 71 ... 175 F1
Loisy-en-Brie 51 ... 64 A3
Loisy-sur-Marne 51 ... 65 D4
Loivre 51 ... 37 F3
Loix 17 ... 162 C4
Loizé 79 ... 183 D1
Lolif 50 ... 54 A3
Lolme 24 ... 238 C1
Lombard 25 ... 160 A1
Lombard 39 ... 159 E4
Lombers 81 ... 278 A1
Lombez 32 ... 275 E3
Lombia 64 ... 273 E4
Lombray 02 ... 36 A1
Lombrès 65 ... 298 C3

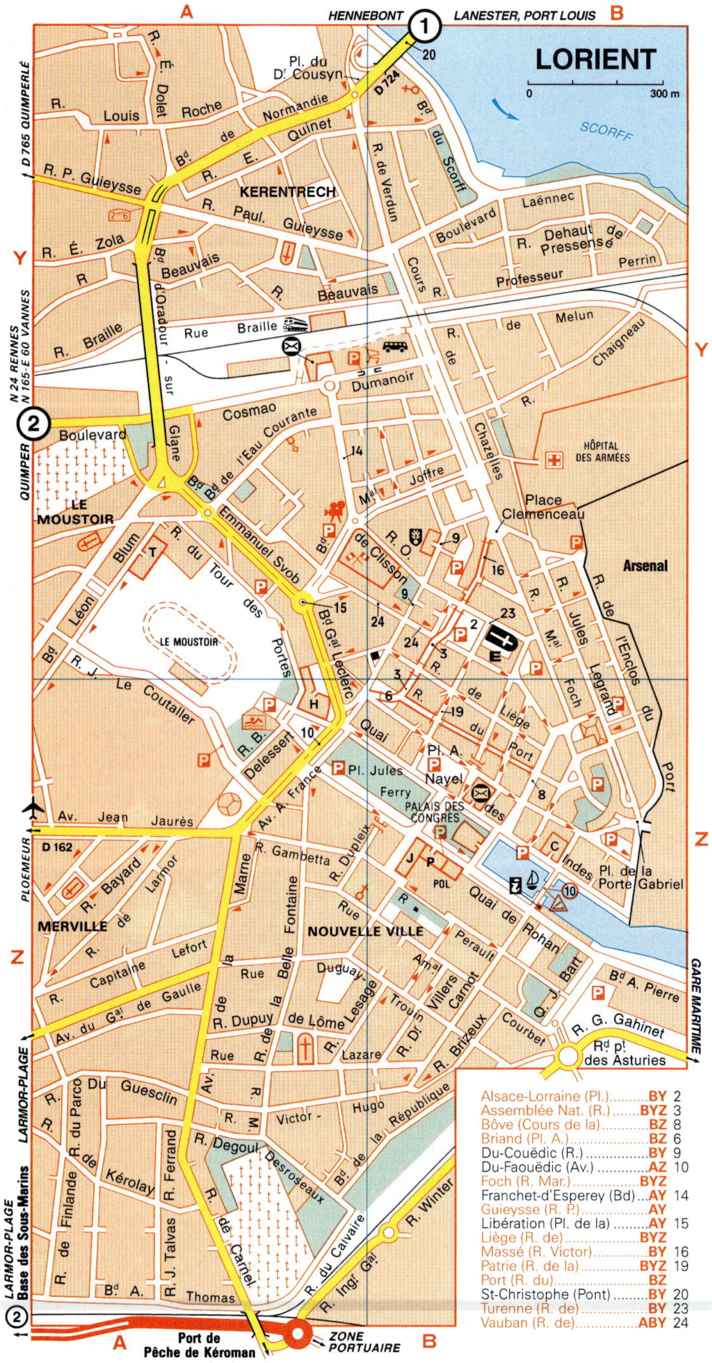
LORIENT
Alsace-Lorraine (Pl.) BY 2
Assemblée Nat. (R.) BYZ 3
Bôve (Cours de la) BZ 8
Briand (Pl. A.) BZ 6
Du-Couëdic (R.) BY 9
Du-Faouëdic (Av.) AZ 10
Foch (R. Mar.) BYZ
Franchet-d'Esperey (Bd) AY 14
Guieysse (R. P.) AY
Libération (Pl. de la) AY 15
Liège (R. de) BYZ
Massé (R. Victor) BY 16
Patrie (R. de la) BYZ 19
Port (R. du) BZ
St-Christophe (Pont) BY 20
Turenne (R. de) BY 23
Vauban (R. de) ABY 24

Lombreuil 45 111 E2
Lombron 72 107 E1
Lomener 56 99 F3
Lomme 59 4 C4
Lommerange 57 41 E3
Lommoye 78 59 E2
Lomné 65 298 B3
Lomont 70 119 E4
Lomont-sur-Crête 25 142 A3
Lompnas 01 194 B4
Lompnieu 01 194 B2
Lompret 59 4 C4
Lonçon 64 272 C3
La Londe 76 32 A3
La Londe-les-Maures 83 292 C2
Londigny 16 183 E2
Londinières 76 16 C3
Long 80 17 F1
Longages 31 276 A4
Longaulnay 35 78 C3
Longavesnes 80 19 F2
Longchamp 21 139 F4
Longchamp 52 117 D1
Longchamp 73 214 A3
Longchamp 88 95 D3
Longchamp-
sous-Châtenois 88 93 F3
Longchamp-sur-Aujon 10 115 F1
Longchamps 02 20 C2
Longchamps 27 33 D3
Longchamps-sur-Aire 55 66 C2
Longchaumois 39 177 E2
Longcochon 39 160 B4
Longeau 52 116 C4
Longeault 21 139 F4
Longeaux 55 66 C4
Longechaux 25 142 A4
Longechenal 38 212 A3
Longecourt-en-Plaine 21 139 E4
Longecourt-lès-Culêtre 21 157 E1
Longefoy 73 214 B2
Longemaison 25 161 D1
Longemer 88 119 F1
Longepierre 71 158 C2
Le Longeron 49 146 C2
Longes 69 210 C2
Longessaigne 69 192 A4
Longevelle 70 142 A1
Longevelle-lès-Russey 25 142 B4
Longevelle-sur-Doubs 25 142 B2
Longèves 17 163 F4
Longèves 85 164 A2
Longeville 25 160 C1
La Longeville 25 161 E2
Longeville-en-Barrois 55 66 B4
Longeville-lès-Metz 57 41 F4
Longeville-
lès-Saint-Avold 57 42 C4
Longeville-sur-la-Laines 52 91 E2
Longeville-sur-Mer 85 162 C2
Longeville-sur-Mogne 10 114 B1
Longevilles-Mont-d'Or 25 161 D4
Longfossé 62 2 B4
La Longine 70 119 D2
Longjumeau 91 61 D4
Longlaville 54 41 D1
Longmesnil 76 33 D1
Longnes 72 106 B2
Longnes 78 59 F2
Longny-au-Perche 61 84 A2
Longperrier 77 61 F1
Longpont 02 36 A3
Longpont-sur-Orge 91 87 D1
Longpré-le-Sec 10 91 D4
Longpré-les-Corps-Saints 80 17 F1
Longraye 14 28 C4
Longré 16 183 E2
Longroy 76 16 C2
Longsols 10 90 C2
Longué 49 129 E3
Longueau 80 18 B3
Longuefuye 53 105 E3
Longueil 76 15 F1
Longueil-Annel 60 35 E2
Longueil-Sainte-Marie 60 35 E3
Longuenesse 62 3 E3
Longuenoë 61 82 B2
Longuerue 76 32 C1
Longues 63 207 F1
Longues-sur-Mer 14 28 C3
Longuesse 95 60 B1
Longueval 80 19 D1
Longueval-Barbonval 02 37 D3
Longueville 14 27 F3
Longueville 47 237 F3
Longueville 50 53 F2
La Longueville 59 10 B2
Longueville 62 2 C3
Longueville 77 88 C2
Longueville-sur-Aube 10 90 A1
Longueville-sur-Scie 76 16 A3
Longuevillette 80 7 E4
Longuyon 54 40 C2
Longvic 21 139 E4
Longvilliers 14 55 E1
Longvillers 80 7 D4
Longvilliers 62 6 B1
Longvilliers 78 86 B1
Longwé 08 39 D2
Longwy 54 40 C1
Longwy-sur-le-Doubs 39 159 D2
Lonlay-l'Abbaye 61 55 E4
Lonlay-le-Tesson 61 56 A4
Lonnes 16 183 F3
Lonny 08 22 B3
Lonrai 61 82 C2
Lons 64 272 C4
Lons-le-Saunier 39 176 C1
Lonzac 17 199 F2
Le Lonzac 19 204 C3
Looberghe 59 3 E2
Loon-Plage 59 3 D1
Loos 59 4 C4
Loos-en-Gohelle 62 8 B2
Looze 89 113 D2
Lopérec 29 73 F1
Loperhet 29 47 F3
Lopigna 2A 316 B2
Loqueffret 29 75 D2
Lor 02 37 F1
Loray 25 142 A4
Lorcières 15 225 F3
Lorcy 45 111 E2
Lordat 09 310 B1
Loré 61 81 E2
Lorentzen 67 44 A4
Loreto-di-Casinca 2B 315 F3
Loreto-di-Tallano 2A 319 D2
Lorette 42 210 B2
Le Loreur 50 54 A2
Loreux 41 133 D3
Le Lorey 50 54 A1
Lorey 54 94 B1
Lorges 41 109 E3
Lorgies 62 8 B1
Lorgues 83 286 C2
La Lorie (Château de) 49 104 C4
Lorient 56 100 A3
Loriges 03 172 B4
Lorignac 17 199 D3
Lorigné 79 183 E1
Loriol-du-Comtat 84 265 E2
Loriol-sur-Drôme 26 229 D4
Lorlanges 43 207 F4
Lorleau 27 33 D2
Lormaison 60 34 A4
Lormaye 28 85 E1
Lormes 58 136 C4
Lormont 33 217 E3
Lornay 74 195 D3
Loromontzey 54 94 C2
Le Loroux 35 80 B2
Le Loroux-Bottereau 44 126 C4
Lorp-Sentaraille 09 300 A3
Lorquin 57 69 F4
Lorrez-le-Bocage 77 88 A4
Lorris 45 111 E3
Lorry-lès-Metz 57 41 F4
Lorry-Mardigny 57 68 A1
Lortet 65 298 B3
Loscouët-sur-Meu 22 78 B4
Losne 21 158 C1
Losse 40 254 C2
Lostanges 19 222 C2
Lostroff 57 69 E2
Lothey 29 73 F2
Lottinghen 62 2 C4
Le Lou-du-Lac 35 78 C4
Louailles 72 106 A3
Louan 77 89 D1
Louannec 22 50 A1
Louans 37 150 A1
Louargat 22 50 B3
Louâtre 02 36 B4
Loubajac 65 297 E2
Loubaresse 07 245 E2
Loubaresse 15 225 F3
Loubaut 09 300 B2
Loubédat 32 273 F1
Loubejac 24 239 E2
Loubens 09 300 C3
Loubens 33 237 D2
Loubens-Lauragais 31 277 E2
Loubers 81 258 C3
Loubersan 32 274 C3
Loubès-Bernac 47 237 F1
Loubeyrat 63 189 E3
Loubieng 64 272 A3
La Loubière 12 242 C4
Loubières 09 301 D3
Loubigné 79 183 D2
Loubillé 79 183 D2
Loublande 79 147 D2
Loubressac 46 222 C4
Loucé 61 56 B4
Loucelles 14 29 D4
Louchats 33 235 F2
Louches 62 2 C3
Louchy-Montfand 03 172 A4
Loucrup 65 297 F2
Loudéac 22 77 E4
Loudenvielle 65 307 E4
Loudervielle 65 307 E4
Loudes 43 226 C2
Loudet 31 298 C2
Loudrefing 57 69 E2
Loudun 86 148 C2
Loué 72 106 B2
La Loue (Source de) 25 161 D2
Louens 33 217 D3
Louer 40 271 F1
Louerre 49 128 C4
Louesme 21 115 F3
Louesme 89 112 B4
Louestault 37 130 C1
Loueuse 60 33 F1
Louey 65 297 F1
Lougé-sur-Maire 61 56 A4
Lougratte 47 238 B2
Lougres 25 142 B2
Louhans 71 176 A1
Louhossoa 64 270 C4
Louignac 19 221 F1
Louin 79 148 B4
Louisfert 44 103 F4
Louit 65 274 A4
Loulans-Verchamp 70 141 E2
Loulay 17 182 B2
Loulle 39 160 A4
La Loupe 28 84 B2
Loupeigne 02 36 C4
Loupershouse 57 43 D4
Loupes 33 217 F4
Loupfougères 53 81 F3
Loupia 11 302 A3
Loupiac 12 241 E2
Loupiac 15 224 A2
Loupiac 33 236 B2
Loupiac 46 222 A4
Loupiac 81 258 C4
Loupiac-de-la-Réole 33 237 D2
Loupian 34 281 D3
Louplande 72 106 C2
Loupmont 55 67 E2
Louppy-le-Château 55 66 A3
Louppy-sur-Chée 55 66 B3
Louppy-sur-Loison 55 40 A2
Loups du Gévaudan
(Parc des) 48 243 F2
La Louptière-Thénard 10 89 D3
Lourches 59 9 E3
Lourde 31 299 D3
Lourdes 65 297 E2
Lourdios-Ichère 64 296 B2
Lourdoueix-Saint-Michel 36 169 D3
Lourdoueix-Saint-Pierre 23 169 E3
Lourenties 64 297 E1
Loures-Barousse 65 298 C3
Louresse-Rochemenier 49 128 C4
Lourmais 35 79 E2
Lourmarin 84 266 A4
Lournand 71 174 C3
Lourouer-Saint-Laurent 36 169 F1
Le Louroux 37 150 A1
Le Louroux-Béconnais 49 127 F2
Louroux-Bourbonnais 03 171 E2
Louroux-de-Beaune 03 171 E4
Louroux-de-Bouble 03 189 D1
Louroux-Hodement 03 171 D3
Lourquen 40 272 A1
Lourties-Monbrun 32 274 C3
Loury 45 110 B2
Louslitges 32 274 A2
Loussous-Débat 32 273 F2
Loutehel 35 102 B2
Loutremange 57 42 A4
Loutzviller 57 44 B3
Louvagny 14 56 B2
Louvaines 49 105 D4
Louvatange 39 140 C4
Louveciennes 78 60 C3
Louvemont 52 91 F1
Louvemont-Côte-
du-Poivre 55 40 B3
Louvencourt 80 18 C1
Louvenne 39 176 B3
Louvergny 08 39 D1
Louverné 53 105 D1
Le Louverot 39 159 E4
Louversey 27 58 B2
Louvetot 76 15 E3
Louvie-Juzon 64 296 C2
Louvie-Soubiron 64 296 C3
La Louvière-Lauragais 11 301 E1
Louvières 14 27 F2
Louvières 52 116 C1
Louvières-en-Auge 61 56 C3
Louviers 27 32 B4
Louvigné 53 105 E1
Louvigné-de-Bais 35 104 A1
Louvigné-du-Désert 35 80 B2
Louvignies-Bavay 59 10 A2
Louvignies-Quesnoy 59 9 F4
Louvigny 14 29 E4
Louvigny 57 68 A2
Louvigny 64 272 C3
Louvigny 72 83 D3
Louvil 59 9 D1
Louville-la-Chenard 28 86 A3
Louvilliers-en-Drouais 28 59 D4
Louvilliers-lès-Perche 28 84 C1
Louvois 51 64 B1
Louvrechy 80 18 B4
Louvres 95 61 E1
Louvroil 59 10 B2
Louye 27 59 D3
Louzac 16 182 B4
Louze 52 91 E2
Louzes 72 83 D2
Louzignac 17 182 C4
Louzouer 45 112 A2
Louzy 79 148 B2
Lovagny 74 195 E3
Loxéville 55 66 C4
Loyat 56 102 A1
La Loye 39 159 E2
Loye-sur-Arnon 18 170 B1
La Loyère 71 158 A3
Loyettes 01 193 F4
Lozanne 69 192 C3
Lozari 2B 314 C2
Lozay 17 182 A2
Loze 82 258 C1
Lozère (Mont) 48 244 C3
Lozinghem 62 7 F1
Lozon 50 27 D4
Lozzi 2B 314 C4
Luant 36 151 F4
Le Luart 72 107 F1
Lubbon 40 255 D2
Lubécourt 57 68 C2
Lubersac 19 204 A3
Lubey 54 41 D3
Lubilhac 43 225 F1
Lubine 88 96 A2
Lublé 37 130 A2
Lubret-Saint-Luc 65 274 B4
Luby-Betmont 65 298 B1
Luc 12 242 B4
Luc 48 245 D1
Luc 65 298 A2
Le Luc 83 286 C3
Luc-Armau 64 273 E3
Luc-en-Diois 26 248 B1
Luc-sur-Aude 11 302 B3
Luc-sur-Mer 14 29 E3
Luc-sur-Orbieu 11 303 E2
Lucarré 64 273 E4
Luçay-le-Libre 36 152 B2
Luçay-le-Mâle 36 151 E1
Lucbardez-et-Bargues 40 254 A3
Lucciana 2B 315 F2
Lucé 28 85 E2
Lucé 61 81 E1
Lucé-sous-Ballon 72 83 D4
Luceau 72 107 E4
Lucelle 68 143 E2
Lucenay 69 192 C3
Lucenay-le-Duc 21 138 A1
Lucenay-lès-Aix 58 172 C1
Lucenay-l'Évêque 71 156 C1
Lucéram 06 289 E3
Lucerne (Abbaye de la) 50 53 F3
La Lucerne-d'Outremer 50 54 A3
Lucey 21 115 F3
Lucey 54 67 F4
Lucey 73 194 C4
Lucgarier 64 297 E1
Luchapt 86 184 C1
Luchat 17 181 E4
Luché-Pringé 72 106 C4
Luché-sur-Brioux 79 183 D1
Luché-Thouarsais 79 148 A3
Lucheux 80 7 F4
Luchy 60 34 A1
Lucinges 74 178 A4
Lucmau 33 236 B4
Luçon 85 163 E2
Lucq-de-Béarn 64 272 B4
Lucquy 08 38 B1
Les Lucs-sur-Boulogne 85 145 F3
Lucy 51 63 F2
Lucy 57 68 C2
Lucy 76 16 C3
Lucy-le-Bocage 02 62 C1
Lucy-le-Bois 89 137 D2
Lucy-sur-Cure 89 136 C1
Lucy-sur-Yonne 89 136 B2
Le Lude 72 129 F1
Ludes 51 37 F4
Ludesse 63 207 E2
Ludiès 09 301 D2
Ludon-Médoc 33 217 E3
Ludres 54 68 A4
Lüe 40 253 D1
Lué-en-Baugeois 49 129 D2
Luemschwiller 68 120 B3
Luère (Col de la) 69 192 B4
Lugagnac 46 240 C4
Lugagnan 65 297 E2
Lugaignac 33 218 C4
Lugan 12 241 F3
Lugan 81 277 E1
Lugarde 15 206 C4
Lugasson 33 218 C4
Luglon 40 253 E2
Lugny 02 21 D3
Lugny 71 175 D2
Lugny-Bourbonnais 18 153 F3
Lugny-Champagne 18 154 A1
Lugny-lès-Charolles 71 174 A3
Lugo-di-Nazza 2B 317 E2
Lugon-et-l'Ile-du-Carnay 33 217 F3
Lugos 33 235 D3
Lugrin 74 178 C2
Lugy 62 7 D1
Le Luhier 25 142 B4
Luigné 49 128 C4
Luigny 28 84 B4
Luisans 25 161 E1
Luisant 28 85 E2
Luisetaines 77 88 C2
Luitré 35 80 B3
Lullin 74 178 C3
Lully 74 178 B3
Lumbin 38 213 D4
Lumbres 62 3 D4
Lumeau 28 110 A1
Lumes 08 22 C3
Luméville-en-Ornois 55 92 C2
Lumigny 77 62 A4
Lumio 2B 314 B3
Lunac 12 259 E1
Lunan 46 241 E2
Lunaret (Zoo de) 34 281 F2
Lunas 24 220 A3
Lunas 34 280 B1
Lunax 31 275 D4
Lunay 41 108 B3
Luneau 03 173 E3
Lunegarde 46 240 C1
Lunel 34 282 A1
Lunel-Viel 34 282 A1
Luneray 76 15 F1
Lunery 18 153 D3
Lunéville 54 94 C1
Le Luot 50 54 A3
Lupcourt 54 68 B4
Lupé 42 210 C3

LYON

Annonciade (R. de l') .... FV 5
Antiquaille (R. de l') .... EY 7
Basses-Vercheres (R. des) .. EY 10
Bonaparte (Pont) .... FY 12
Burdeau (R.) .... FV 16
Carmélites (Montée des) .... FV 21
Churchill (Pt W.) .... GV 31
Courmont (Quai J.) .... FX 33
Croix-Rousse (Grande R. de la) .... FV 35
Épargne (R. de l') .... HZ 41
Farges (R. des) .... EY 46
Favre (Bd J.) .... HX 48
Ferry (Pl. J.) .... HX 51
France (Bd A.) .... HV 57
Gallieni (Pont) .... FY 65
Gerlier (R. Cardinal) .... EY 69
Grenette (R.) .... FX 71
Guillotière (Grande R. de la) .... GYZ
Guillotière (Pt de la) .... FY 73
Herbouville (Cours d') .... FV 75
Jaurès (Av. J.) .... GY
Joffre (Quai Mar.) .... EY 82
Juin (Pt Alphonse) .... FX 84
Kitchener Marchand (Pt) .... EY 85
Koenig (Pt Gén.) .... EV 86
La Fayette (Pont) .... GX 88
La Part Dieu .... HXY
Lassagne (Quai A.) .... FV 93
Lattre de Tassigny (Pt de) ... FV 94
Marius-Vivier-Merle (Bd) .... HY 101
Montrochet (R. P.) .... EZ 105
Morand (Pont) .... FVX 107
Moulin (Quai J.) .... FX 109
Pradel (Pl. L.) .... FX 123
Pré-Gaudry (R.) .... FZ 125
Prés. Herriot (R. du) .... FX 127
Repos (R. du) .... GZ 131
République (R. de la) .... FXY 136
Rolland (Quai R.) .... FX 140
St-Antoine (Quai) .... FX 147
St-Bartélemy (Montée) .... EX 149
Sarrail (Quai Gén.) .... GX 157
Terme (R.) .... FV 166
Université (Pont de l') .... FY 171
Université (R. de l') .... GY 172
Victor-Hugo (R.) .... FY 176
Villette (R. de la) .... HY 178
Vitton (Cours) .... HV
Vivier (R. du) .... GZ 180
Wilson (Pont) .... FY 182
1re-Div.-Fr.-Libre (Av.) .... EY 186

CALUIRE ET CUIRE

Peissel (R. F.) .... FU 117
Soldats (Montée des) .... HU 163

VILLEURBANNE

Dutrievoz (Av. A.) .... HV 39
Rossellini (Av. R.) .... HV 144

Lupersat 23 188 A3
Lupiac 32 274 A1
Luplanté 28 85 D3
Luppé-Violles 32 273 E1
Luppy 57 68 B1
Lupsault 16 183 D3
Lupstein 67 70 C2
Luquet 65 297 E1
Lurais 36 167 F1
Luray 28 59 D4
Lurbe-Saint-Christau 64 296 B2
Lurcy 01 192 C2
Lurcy-le-Bourg 58 155 D1
Lurcy-Lévis 03 154 B4
Luré 42 191 D3
Lure 70 119 D4
Lureuil 36 150 C4
Luri 2B 314 D1
Luriecq 42 209 E3
Lurs 04 267 D3
Lury-sur-Arnon 18 152 C1
Lus-la-Croix-Haute 26 248 C1
Lusanger 44 103 E4
Lusans 25 141 E3
Luscan 31 299 D3
Lusignac 24 201 F4
Lusignan 86 166 A3
Lusignan-Petit 47 256 A1
Lusigny 03 172 C2
Lusigny-sur-Barse 10 90 C4
Lusigny-sur-Ouche 21 157 F1
Lussac 16 184 A3
Lussac 17 199 F3
Lussac 33 219 D3
Lussac-les-Châteaux 86 167 D3
Lussac-les-Églises 87 168 A4
Lussagnet 40 254 B4
Lussagnet-Lusson 64 273 E3
Lussan 30 264 A2
Lussan 32 275 D2
Lussan-Adeilhac 31 299 F1
Lussant 17 181 E2
Lussas 07 246 B2
Lussas-et-Nontronneau 24 202 B2
Lussat 23 188 A1
Lussat 63 189 F4
Lussault-sur-Loire 37 131 E3
Lusse 88 96 A2
Lusseray 79 183 D1
Lustar 65 298 B1
Lustrac (Moulin de) 47 239 D3
Luthenay-Uxeloup 58 155 D3
Luthézieu 01 194 B3
Lutilhous 65 298 B2
Luttange 57 42 A3
Luttenbach-près-Munster 68 96 A4
Lutter 68 120 C4
Lutterbach 68 120 B2
Lutz-en-Dunois 28 109 D1
Lutzelbourg 57 70 B2
Lutzelhouse 67 70 B4
Luvigny 88 70 A4
Lux 21 139 E2
Lux 31 277 E4
Lux 71 158 A4
Luxé 16 183 E3
Luxe-Sumberraute 64 271 E4
Luxémont-et-Villotte 51 65 E4
Luxeuil-les-Bains 70 118 C3
Luxey 40 235 F4
Luxiol 25 141 F2
Luyères 10 90 B3
Luynes 13 285 D3
Luynes 37 130 B3
Luz-Ardiden 65 297 E4
Luz-Saint-Sauveur 65 297 F4
Luzancy 77 62 C2
Luzarches 95 61 D1
Luzay 79 148 A3
Luzé 37 149 E2
Luze 70 142 B1
Luzech 46 239 F3
Luzenac 09 310 B1
Luzeret 36 168 B2
La Luzerne 50 27 E4
Luzillat 63 190 A3
Luzillé 37 131 E4
Luzinay 38 211 D2
Luzoir 02 21 E2
Luzy 58 156 B4
Luzy-Saint-Martin 55 39 F1
Luzy-sur-Marne 52 116 B1
Ly-Fontaine 02 20 A4
Lyas 07 228 B4
Lyaud 74 178 C3
Lye 36 132 B4
Lynde 59 3 F4
Lyoffans 70 119 D4
Lyon 69 192 C4
Lyon-Saint-Exupéry (Aéroport de) 69 193 E4
Lyons-la-Forêt 27 33 D2
Lys 58 136 B3
Lys 64 297 D2
Lys-Chantilly 60 34 C4
Lys-lez-Lannoy 59 5 D4
Lys-Saint-Georges 36 169 E1

M

Maast-et-Violaine 02 36 C3
Maâtz 52 117 D4
Mably 42 191 E2
Macau 33 217 E2
Macaye 64 271 D4
Macé 61 82 C1
Macey 10 90 A3
Macey 50 79 F1
Machault 08 38 C3
Machault 77 88 A2
Maché 85 145 E4
Machecoul 44 145 D2
Mâchecourt 02 21 D4
Machemont 60 35 E2
Macheren 57 42 C4
Machézal 42 191 F3
Machiel 80 6 C3
Machilly 74 178 A4
La Machine 58 155 E3
Machine (Col de la) 26 230 A3
Machy 10 114 B1
Machy 80 6 B3
Macinaggio 2B 314 A1
Mackenheim 67 97 D2
Mackwiller 67 70 A1
Maclas 42 210 C4
Maclaunay 51 63 E3
Macogny 02 36 A4
Mâcon 71 175 E4
Maconcourt 52 92 B2
Maconcourt 88 93 F2
Maconge 21 138 B4
Macornay 39 176 C1
Mâcot-la-Plagne 73 214 C1
Macqueville 17 182 C4
Macquigny 02 20 C2
Madaillan 47 256 A1
Madecourt 88 94 A3
Madegney 88 94 B3
La Madelaine-sous-Montreuil 62 6 B2
La Madeleine 44 126 C3
La Madeleine 54 68 B4
La Madeleine 59 4 C4
Madeleine (Col de la) 73 214 A2
Madeleine (Grotte de la) 07 246 B4
La Madeleine-Bouvet 61 84 B2
La Madeleine-de-Nonancourt 27 58 C4
La Madeleine-sur-Loing 77 87 F4
La Madeleine-Villefrouin 41 109 D4
Madeloc (Tour) 66 313 E3
Madic 15 206 A4
Madière 09 300 C2
Madières 34 262 B4
Madirac 33 217 F4
Madiran 65 273 E2
Madone de Fenestre 06 289 D1
Madonne-et-Lamerey 88 94 B4
La Madrague 83 291 E3
La Madrague-de-la-Ville 13 284 C4
La Madrague-de-Montredon 13 290 B3
Madranges 19 204 C3
Madré 53 81 F2
Madriat 63 207 F3
Maël-Carhaix 22 76 A2
Maël-Pestivien 22 76 B2
Maennolsheim 67 70 C2
Maffliers 95 61 D1
Maffrécourt 51 65 F1
Magagnosc 06 288 A2
Magalas 34 280 B3
La Magdelaine 16 183 E2
La Magdeleine (Chapelle de) 44 126 A1
La Magdeleine-sur-Tarn 31 258 A4
Le Mage 61 84 A2
Magenta 51 64 A1
Les Mages 30 263 E1
Magescq 40 252 B4
Magland 74 196 B2
Magnac-Bourg 87 204 A2
Magnac-Laval 87 185 F1
Magnac-Lavalette-Villars 16 201 F2
Magnac-sur-Touvre 16 201 F1
Magnan 32 273 E1
Magnant 10 91 D4
Magnanville 78 59 F2
Magnas 32 256 B4
Magnat-l'Étrange 23 187 F4
Magné 79 164 C4
Magné 86 166 B3
Magnet 03 190 A1
Magneux 51 37 D3
Magneux 52 92 A1
Magneux-Haute-Rive 42 209 F1
Magneville 50 24 C4
Magnicourt 10 90 C2
Magnicourt-en-Comte 62 7 F2
Magnicourt-sur-Canche 62 7 F3
Magnien 21 157 E1
Magnières 54 95 D2
Magnieu 01 194 C4
Les Magnils-Reigniers 85 163 E2
Magnivray 70 119 D3
Magnoncourt 70 118 B2
Le Magnoray 70 141 E1
Magny 28 85 D3
Le Magny 36 169 E2
Magny 68 120 A3
Les Magny 70 142 A1
Le Magny 88 118 B2
Magny 89 137 D2
Magny-Châtelard 25 141 F4
Magny-Cours 58 154 C3
Magny-Danigon 70 119 D4
Magny-en-Bessin 14 29 D3
Magny-en-Vexin 95 33 E4
Magny-Fouchard 10 91 D4
Magny-Jobert 70 119 D4
Magny-la-Campagne 14 56 B1
Magny-la-Fosse 02 20 A2
Magny-la-Ville 21 138 A2
Magny-Lambert 21 115 E4
Magny-le-Désert 61 82 A1
Magny-le-Freule 14 56 B1
Magny-le-Hongre 77 61 F3
Magny-lès-Aubigny 21 158 C1
Magny-les-Hameaux 78 60 B4
Magny-lès-Jussey 70 118 A3
Magny-lès-Villers 21 158 A1
Magny-Lormes 58 136 C4
Magny-Montarlot 21 139 F4
Magny-Saint-Médard 21 139 F3
Magny-sur-Tille 21 139 E4
Magny-Vernois 70 119 D4
Magoar 22 76 B2
Magrie 11 302 B3
Magrin 81 277 F2
Magstatt-le-Bas 68 120 C3
Magstatt-le-Haut 68 120 C3
Maguelone 34 281 F3
Mahalon 29 73 D3
Mahéru 61 57 E4
Maîche 25 142 C3
Maidières 54 68 A2
Maignaut-Tauzia 32 255 F4
Maigné 72 106 B2
Maignelay-Montigny 60 34 C1
Mailhac 11 303 E1
Mailhac-sur-Benaize 87 168 B4
Mailhoc 81 259 E3
Mailholas 31 300 B1
Maillane 13 264 C4
Maillas 40 254 C1
Maillat 01 194 B1
Maillé 37 149 F2
Maillé 85 164 A3
Maillé 86 166 A1
Maillé (Château de) 29 48 C2
Maillebois 28 84 C1
La Mailleraye-sur-Seine 76 15 E4
Maillères 40 254 A2
Mailleroncourt-Charette 70 118 B4
Mailleroncourt-Saint-Pancras 70 118 B2
Maillet 03 171 D3
Maillet 36 169 D2
Mailley-et-Chazelot 70 141 D1
Maillezais 85 164 B3
Maillot 89 88 C4
Mailly 71 173 F4
Mailly-Champagne 51 37 F4
Mailly-la-Ville 89 136 C1
Mailly-le-Camp 10 64 B4
Mailly-le-Château 89 136 B1
Mailly-Maillet 80 18 C1
Mailly-Raineval 80 18 B4
Mailly-sur-Seille 54 68 B2
Les Maillys 21 159 D1
Maimbeville 60 34 C2
Mainbresson 08 21 F4
Mainbressy 08 21 F4
Maincourt-sur-Yvette 78 60 B4
Maincy 77 87 F1
Maine-de-Boixe 16 183 F4
Mainfonds 16 201 E2
Maing 59 9 F3
Mainneville 27 33 E3
Mainsat 23 188 A2
Maintenay 62 6 B2
Maintenon 28 85 E1
Mainterne 28 58 C4
Mainville 54 41 D3
Mainvillers 57 68 C1
Mainvilliers 28 85 E2
Mainvilliers 45 86 C4
Mainxe 16 200 C1
Mainzac 16 202 A2
Mairé 86 150 A3
Mairé-Levescault 79 183 E1
Mairieux 59 10 B1
Mairy 08 23 E4
Mairy-Mainville 54 41 D3
Mairy-sur-Marne 51 64 C3
Maisdon-sur-Sèvre 44 146 A1
Maisey-le-Duc 21 115 E3
Maisières-Notre-Dame 25 160 B1
Maisnières 80 17 D1
Le Maisnil 59 4 B4
Maisnil 62 7 E3
Maisnil-lès-Ruitz 62 8 A2
Maisod 39 177 D2
Maison-des-Champs 10 91 E4
La Maison-Dieu 58 136 B3
Maison-du-Roy 05 250 C1
Maison-Feyne 23 169 D4
Maison-Jeannette 24 220 B2
Maison-Maugis 61 83 F2
Maison-Neuve 07 245 F4
Maison-Neuve 16 202 A2
Maison-Ponthieu 80 7 D4
Maison-Roland 80 7 D4
Maison-Rouge 77 88 B1
Maisoncelle 62 7 D2
Maisoncelle-et-Villers 08 39 E1
Maisoncelle-Saint-Pierre 60 34 A2
Maisoncelle-Tuilerie 60 34 B1
Maisoncelles 52 117 D1
Maisoncelles 72 107 F2
Maisoncelles-du-Maine 53 105 E2
Maisoncelles-en-Brie 77 62 A3
Maisoncelles-en-Gâtinais 77 87 E4
Maisoncelles-la-Jourdan 14 55 D3
Maisoncelles-Pelvey 14 55 E1
Maisoncelles-sur-Ajon 14 55 F1
Maisonnais 18 170 A1
Maisonnais 79 183 D1
Maisonnais-sur-Tardoire 87 202 C1
Maisonneuve 86 148 C4
Maisonnisses 23 187 D2
Maisons 11 303 D4
Maisons 14 28 C3
Maisons 28 86 A3
Maisons-Alfort 94 61 D3
Les Maisons Blanches 79 183 F1
Maisons-du-Bois 25 161 D2
Maisons-en-Champagne 51 65 D4
Maisons-Laffitte 78 60 C2
Maisons-lès-Chaource 10 114 B2
Maisons-lès-Soulaines 10 91 F3
Maisonsgoutte 67 96 B1
Maisontiers 79 148 A4
Maisse 91 87 D3
Maissemy 02 20 A2
Maixe 54 68 C4
Maizeray 55 40 C4
Maizeroy 57 42 A4
Maizery 57 42 A4
Maizet 14 55 F1
Maizey 55 67 D2
Maizicourt 80 7 D4
Maizière 58 135 E4
Maizières 14 56 B1
Maizières 52 92 A2
Maizières 54 94 A1
Maizières 62 7 F3
Maizières 70 141 D2
Maizières-la-Grande-Paroisse 10 89 F2
Maizières-lès-Brienne 10 91 E2
Maizières-lès-Metz 57 41 F3
Maizières-les-Vic 57 69 E3
Maizières-sur-Amance 52 117 E3
Maizilly 42 191 F1
Maizy 02 37 D3
Majastres 04 268 A3
Malabat 32 274 A3
La Malachère 70 141 D2
Malafretaz 01 175 F3
Mâlain 21 138 C3
Malaincourt 88 93 E4
Malaincourt-sur-Meuse 52 93 D4
Malakoff 92 61 D3
Malancourt 55 39 F3
Malancourt-la-Montagne 57 41 E3
Malandry 08 39 F1
Malange 39 140 B4
Malans 25 160 B1
Malans 70 140 B4
Malansac 56 102 A4
Malarce-sur-la-Thines 07 245 E3
Malataverne 26 246 C3
Malaucène 84 265 E1
Malaucourt-sur-Seille 57 68 C2
Malaumont 55 67 D3
Malaunay 76 32 A1
Malause 82 257 D2
Malaussanne 64 272 C2
Malaussène 06 269 F3
Malauzat 63 189 E4
Malavillers 54 41 D2
Malay 71 175 D2
Malay-le-Grand 89 113 D1
Malay-le-Petit 89 113 D1
Malbo 15 224 C3
Malbosc 07 245 E4
Malbouhans 70 119 D4
Malbouzon 48 243 E1
Malbrans 25 160 B1
Malbuisson 25 161 D3
Mâle 61 84 A4
Malegoude 09 301 F2
Malemort-du-Comtat 84 265 F2
Malemort-sur-Corrèze 19 222 B1
La Malène 48 244 A4
Malepeyre (Sabot de) 48 243 F4
Malesherbes 45 87 D4
Malestroit 56 102 A3
Malétable 61 83 F1
Maleville 12 241 E4
Malfalco (Anse de) 2B 315 D1
Malguénac 56 76 C4
La Malhoure 22 77 F2
Malicornay 36 169 D2
Malicorne 03 171 D4
Malicorne 89 112 B3
Malicorne-sur-Sarthe 72 106 B3
Maligny 21 157 E1
Maligny 89 113 F3
Malijai 04 267 E2
Malincourt 59 20 A1
Malintrat 63 189 F4
Malissard 26 229 D3
Malaville 16 201 D2
Malle (Château de) 33 236 B2
Mallefougasse 04 267 D2
Malleloy 54 68 A3
Mallemoisson 04 267 F2
Mallemort 13 284 B1
Malléon 09 301 D3
Malleret 23 188 A4
Malleret-Boussac 23 170 A4
Mallerey 39 176 B1
Mallet (Belvédère de) 15 225 E3
Malleval 38 230 A1
Malleval 42 210 C3
Malleville-les-Grès 76 15 D1
Malleville-sur-le-Bec 27 31 F4
Mallièvre 85 147 D3

LE MANS
0
200 m
C
D
V
X
Y
CATHÉDRALE ST-JULIEN
MUSÉE DE TESSÉ
N.-D. du Pré
LE VIEUX MANS
Pl. et quinconces des Jacobins
Pl. Gambetta
CENTRE DES EXPOSITIONS
MAISON D'ARRÊT
la Visitation
MÉDIATHÈQUE LOUIS ARAGON
LA COUTURE
HÔTEL DU DÉPARTEMENT
CITÉ ADMINISTRATIVE
PALAIS DES CONGRÈS
ST-JOSEPH
GARE SUD
HÔPITAL SPÉCIALISÉ
STE-JEANNE-D'ARC
Sarthe
Av. Rubillard
Rue Voltaire
Delagenière
Paderborn
Pl. Washington
Pl. A. Briand
Bd A. France
R. Victor-Hugo
R. Beauverger
Rue de la Fuie
R. de l'Étoile
R. A. Maignan
R. Berthelot
Av. L. Bollée
R. Chanzy
R. Coëffort
Av. J. Jaurès
Zola
Gare
Oyon

Barbier (R.) CX 7
Barillerie (R. de la) CX 9
Blondeau (R. Claude) DX 12
Bolton (R. de) DX 13
Courthardy (R.) DX 21
Dr-Gallouëdec (R.) CV 24
Eichthal (R. d') CV 27
Éperon (Pl. de l') CX 28
Galère (R. de la) CX 33
Gambetta (R.) CX
Gaulle (Av. du Gén.-de) DX 34
Levasseur (Bd René) DX 45
Marchande (R.) DX 48
Mendès-France (R. P.) DX 52
Minimes (R. des) CX
Mission (R. de la) DY 53
Mitterrand (Av. F.) DX 54
Nationale (R.) DY
Perle (R. de la) DX 61
Reine-Bérengère (R. de la) DX 69
République (Pl. de la) CX 70
Rhin-et-Danube (Av.) CV 72
Roosevelt (Pl. F.) CX 75
Rostov-s-le Don (Av. de) DX 76
St-Jacques (R.) DX 79
Triger (R. Robert) DV 81
Wright (R. Wilbur) CV 84
Yssoir (Pont) CV 85
33e-Mobiles (R. du) DX 88

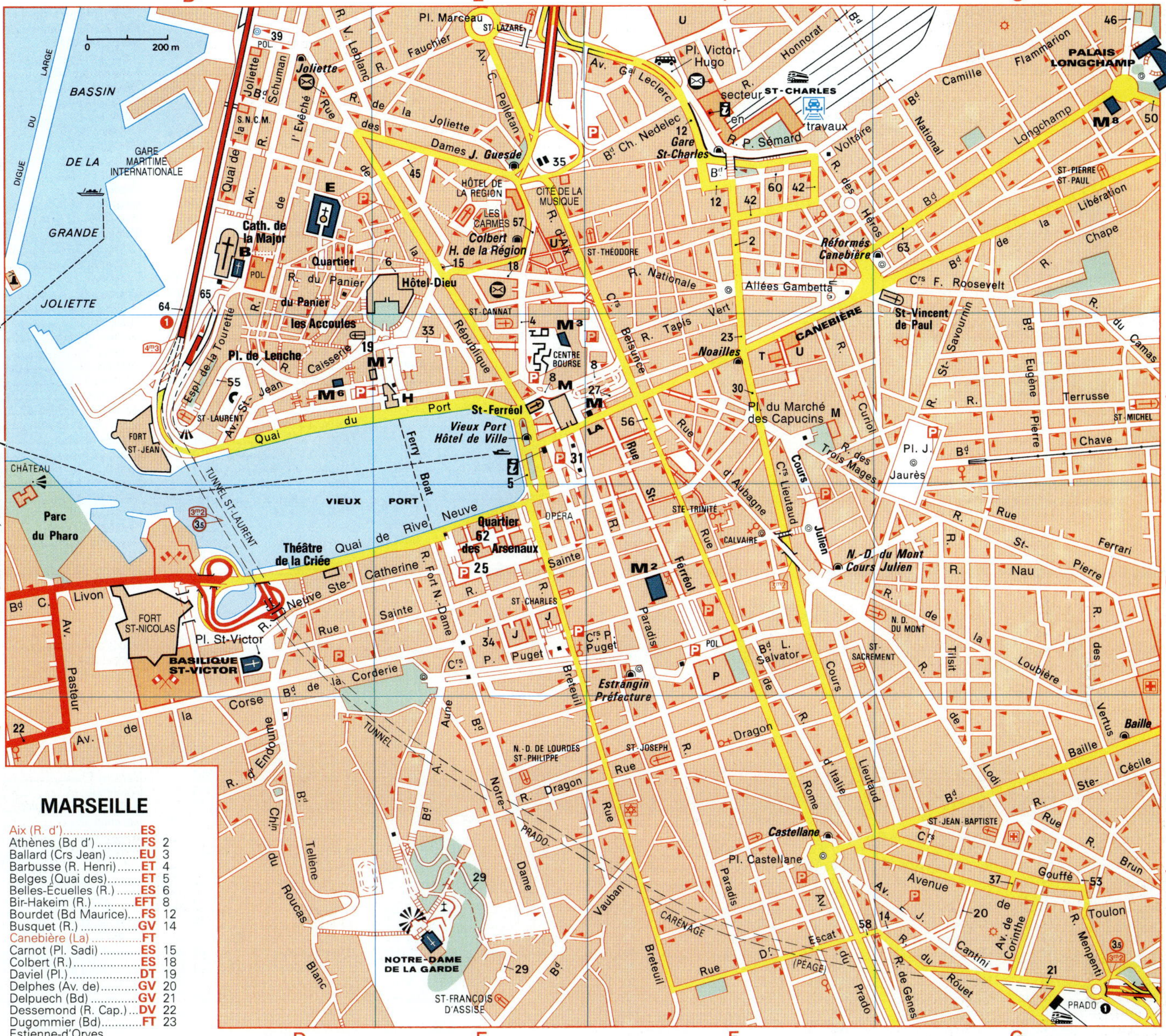
MARSEILLE
VIEUX PORT
PALAIS LONGCHAMP
NOTRE-DAME DE LA GARDE
BASILIQUE ST-VICTOR
CANEBIÈRE
ST-CHARLES

MARSEILLE

Aix (R. d') ES
Athènes (Bd d') FS 2
Ballard (Crs Jean) EU 3
Barbusse (R. Henri) ET 4
Belges (Quai des) ET 5
Belles-Écuelles (R.) ES 6
Bir-Hakeim (R.) EFT 8
Bourdet (Bd Maurice) FS 12
Busquet (R.) GV 14
Canebière (La) FT
Carnot (Pl. Sadi) ES 15
Colbert (R.) ES 18
Daviel (Pl.) DT 19
Delphes (Av. de) GV 20
Delpuech (Bd) GV 21
Dessemond (R. Cap.) DV 22
Dugommier (Bd) FT 23
Estienne-d'Orves (Crs d') EU 25
Fabres (R. des) FT 27
Fort-du-Sanctuaire (R. du) EV 29
Garibaldi (Bd) FT 30
Gaulle (Pl. Gén.-de) ET 31
Grand'Rue ET 33
Grignan (R.) EU 34
Guesde (Pl. J.) ES 35
Iéna (R. d') GV 37
Joliette (Pl. de la) DS 39
Liberté (Bd de la) FS 42
Moisson (R. F.) ES 45
Montricher (Bd) GS 46
Paradis (R.) FUV
Philipon (Bd) GS 51
Raynouard (Traverse) GV 53
St-Ferréol (R.) FU
St-Laurent (R.) DT 55
St-Louis (Crs) FT 56
Ste-Barbe (R.) ES 57
Ste-Philomène (R.) FV 58
Sembat (R. Marcel) FS 60
Thiars (Pl.) EU 62
Thierry (Crs. J.) GS 63
Tourette (Quai) DS 64
Vaudoyer (Av.) DS 65

Malling *57* 41 F2
Malloué *14* 54 C2
La Malmaison *02* 37 F1
Malmerspach *68* 120 A1
Malmy *51* 39 D4
Malnoue *77* 61 E3
Malo-les-Bains *59* 3 E1
Malons-et-Elze *30* 245 E3
Malouy *27* 57 F1
Malpart *80* 18 C4
Malpas *25* 161 D3
Malras *11* 302 A3
Malrevers *43* 227 D2
Malromé (Château de) *33* 236 C2
Malroy *57* 41 F4
Maltat *71* 173 D1
Maltot *14* 29 E4
Malval *23* 169 E4
Malval (Col de) *69* 192 B4
Malvalette *43* 209 F4
Malves-en-Minervois *11* 302 C1
Malvezie *31* 299 D3
Malvières *43* 208 C4
Malviès *11* 302 A2
Malville *44* 125 F3
Malvillers *70* 117 F4
Malzéville *54* 68 B4
Le Malzieu-Forain *48* 226 A4
Le Malzieu-Ville *48* 226 A4
Malzy *02* 21 D2
Mambouhans *25* 142 B2
Mamers *72* 83 E3
Mametz *62* 3 E4
Mametz *80* 19 D2
Mamey *54* 67 F2
Mamirolle *25* 141 E4
Manas *26* 247 E2
Manas-Bastanous *32* 274 B4
Manaurie *24* 221 D3
Mance *54* 41 D3
La Mancelière *28* 84 B1
La Mancellière *50* 54 B4
La Mancellière-sur-Vire *50* 54 C1
Mancenans *25* 142 A2
Mancenans-Lizerne *25* 142 C3
Mancey *71* 175 D1
Manchecourt *45* 87 D4
Manciet *32* 255 D4
Mancieulles *54* 41 D3
Mancioux *31* 299 F2
Mancy *51* 64 A2
Mandacou *24* 238 B1
Mandagout *30* 262 B3
Mandailles-Saint-Julien *15* 224 B2
Mandelieu-la-Napoule *06* 288 A3
Manderen *57* 42 A1
Mandeure *25* 142 C2
Mandeville *27* 32 A4
Mandeville-en-Bessin *14* 28 B3
Mandray *88* 95 F3
Mandres *27* 58 A4
Mandres-aux-Quatre-Tours *54* 67 E3
Mandres-en-Barrois *55* 92 C2
Mandres-la-Côte *52* 116 C1
Mandres-les-Roses *94* 61 E4
Mandres-sur-Vair *88* 93 F4
Mandrevillars *70* 119 E4
Manduel *30* 264 A4
Mane *04* 266 C3
Mane *31* 299 F2
Manéglise *76* 14 B3
Manéhouville *76* 16 A3
Manent-Montané *32* 274 C4
Manerbe *14* 30 B4
Mangiennes *55* 40 B2
Manglieu *63* 208 A2
Mangonville *54* 94 B2
Manhac *12* 260 A1
Manheulles *55* 40 C4
Manhoué *57* 68 B3
Manicamp *02* 36 A1
Manicourt *80* 19 E3
Manigod *74* 196 A3
Manin *62* 7 F3
Maninghem *62* 6 C1
Maninghen-Henne *62* 2 A3
Maniquerville *76* 14 C2
Manlay *21* 157 D1
Manneville-ès-Plains *76* 15 E1
Manneville-la-Goupil *76* 14 C3
Manneville-la-Pipard *14* 30 C3
Manneville-la-Raoult *27* 30 C3
Manneville-sur-Risle *27* 31 E3
Mannevillette *76* 14 B3
Mano *40* 235 E3
Le Manoir *14* 29 D3
Le Manoir *27* 32 B3
Manois *52* 92 C3
Manom *57* 41 F2
Manoncourt-en-Vermois *54* 68 B4
Manoncourt-en-Woëvre *54* 67 F3
Manoncourt-sur-Seille *54* 68 B2
Manonville *54* 67 F3
Manonviller *54* 95 D1
Manosque *04* 267 D4
Manot *16* 184 B3
Manou *28* 84 B2
Manre *08* 38 C3
Le Mans *72* 107 D2
Mansac *19* 222 A1
Mansan *65* 274 A4
Mansat-la-Courrière *23* 186 C3
Manse (Col de) *05* 249 F1
Mansempuy *32* 275 E1
Mansencôme *32* 255 F4
Manses *09* 301 E2
Mansigné *72* 106 C4
Mansle *16* 183 F3
Manso *2B* 314 B4
Mansonville *82* 256 C3
Manspach *68* 120 A3
Mant *40* 272 C2
Mantaille (Château de) *26* 211 D4
Mantallot *22* 50 B2
Mantenay-Montlin *01* 175 F3
Mantes-la-Jolie *78* 59 F2
Mantes-la-Ville *78* 59 F2
Mantet *66* 311 E3
Manteyer *05* 249 E2
Manthelan *37* 150 A1
Manthelon *27* 58 C2
Manthes *26* 211 E4
Mantilly *61* 81 D1
Mantoche *70* 140 A2
Mantry *39* 159 E3
Manvieux *14* 29 D3
Many *57* 68 C1
Manzac-sur-Vern *24* 220 B2
Manzat *63* 189 D3
Manziat *01* 175 E3
Maquens *11* 302 B2
Marac *52* 116 B2
Marainville-sur-Madon *88* 94 B2
Marainviller *54* 69 D4
Le Marais (Château) *91* 86 B1
Le Marais-la-Chapelle *14* 56 B3
Marais-Vernier *27* 31 D2
Marambat *32* 274 B1
Marandeuil *21* 139 F3
Marange-Silvange *57* 41 F4
Marange-Zondrange *57* 42 B4
Marangea *39* 176 C2
Marans *17* 163 F4
Marans *49* 127 F1
Maransin *33* 218 C2
Marant *62* 6 C2
Maranville *52* 115 F1
Maranwez *08* 22 A4
Marast *70* 141 F1
Marat *63* 208 C1
Marat-la-Grande *55* 66 B2
Marault *52* 92 B4
Maraussan *34* 280 A4
Maravat *32* 275 E1
Maray *41* 133 D4
Maraye-en-Othe *10* 113 F1
Marbache *54* 68 A3
Marbaix *59* 10 B3
Marbeuf *27* 32 A4
Marbéville *52* 92 A3
Marbotte *55* 67 D3
Marboué *28* 109 D1
Marboz *01* 176 A3
Marby *08* 22 A3
Marc-la-Tour *19* 223 D1
Marçais *18* 170 B1
Marçay *37* 149 D1
Marçay *86* 166 A2
Marcé *49* 128 C1
Marcé-sur-Esves *37* 150 A2
Marcei *61* 56 C4
Marcelcave *80* 18 C3
Marcellaz *74* 195 F1
Marcellaz-Albanais *74* 195 D3
Marcellois *21* 138 B3
Marcellus *47* 237 E3
Marcenais *33* 217 F2
Marcenat *03* 172 B4
Marcenat *15* 206 C3
Marcenay *21* 115 D3
Marcenod *42* 210 A2
Marcevol *66* 311 F2
Marcey-les-Grèves *50* 54 A4
Marchainville *61* 84 A1
Marchais *02* 37 E1
Marchais-Beton *89* 112 B3
Marchais-en-Brie *02* 63 D3
Marchal *15* 206 B3
Marchamp *01* 194 B4
Marchampt *69* 192 B1
Marchastel *15* 206 C4
Marchastel *48* 243 E2
Marchaux *25* 141 E3
La Marche *58* 154 B1
Marché-Allouarde *80* 19 E4
Marchélepot *80* 19 E3
Marchemaisons *61* 83 D2
Marchémoret *77* 61 F1
Marchenoir *41* 109 D3
Marcheprime *33* 235 D1
Marches *26* 229 E3
Les Marches *73* 213 E2
Marcheseuil *21* 157 D1
Marchésieux *50* 27 D4
Marchéville *28* 85 D3
Marcheville *80* 6 C4
Marchéville-en-Woëvre *55* 67 E1
Marchezais *28* 59 E4
Marchiennes *59* 9 D2
Marchon *01* 177 D4
Marciac *32* 274 A3
Marcieu *38* 230 C3
Marcieux *73* 212 C1
Marcigny *71* 173 F4
Marcigny-sous-Thil *21* 138 A3
Marcilhac-sur-Célé *46* 240 C2
Marcillac *33* 199 E4
Marcillac-la-Croisille *19* 205 E4
Marcillac-la-Croze *19* 222 C2
Marcillac-Lanville *16* 183 E4
Marcillac-Saint-Quentin *24* 221 F3
Marcillac-Vallon *12* 242 A3
Marcillat *63* 189 E2
Marcillat-en-Combraille *03* 188 B1
Marcillé-la-Ville *53* 81 F3
Marcillé-Raoul *35* 79 E2
Marcillé-Robert *35* 104 A2
Marcilloles *38* 211 F4
Marcilly *50* 54 A4

MELUN

Alsace-Lorraine (Q.)............BZ 2
Carnot (R.)............................AY 3
Courtille (R. de la)................BZ 9
Doumer (R. Paul)................BY 13
Godin (Av. E.).......................AZ 19
Miroir (R. du).......................AY 25
Montagne-du-Mée
(R. de la)..........................AY 26
N.-Dame (Pl.).......................BZ 32
Pouteau (R. René)...............BY 34
Prés.-Despatys
(R.)....................................AY 35
St-Ambroise (R.)..................AZ
St-Aspais (R.)......................BY 41
St-Étienne (R.).....................AZ 43

Marcilly 77..............................62 A1
Marcilly-d'Azergues 69.........192 C3
Marcilly-en-Bassigny 52.......117 D2
Marcilly-en-Beauce 41..........108 B4
Marcilly-en-Gault 41.............133 D2
Marcilly-en-Villette 45..........110 B4
Marcilly-et-Dracy 21.............138 A3
Marcilly-la-Campagne 27.......58 C3
Marcilly-la-Gueurce 71.........174 A3
Marcilly-le-Châtel 42............209 E1
Marcilly-le-Hayer 10................89 E3
Marcilly-lès-Buxy 71.............157 F4
Marcilly-Ogny 21..................138 A4
Marcilly-sur-Eure 27................59 D3
Marcilly-sur-Maulne 37........130 A2
Marcilly-sur-Seine 51..............89 F1
Marcilly-sur-Tille 21.............139 E2
Marcilly-sur-Vienne 37.........149 F2
Marck 62....................................2 C2
Marckolsheim 67......................97 D3
Marclopt 42............................209 F1
Marcoing 59..............................19 F1
Marcolès 15............................224 A4
Marcollin 38...........................211 E4
Marcols-les-Eaux 07..............228 A4
Marçon 72..............................107 E4
Marconnay
(Château de) 86...................165 F2
Marconne 62..............................7 D2
Marconnelle 62...........................7 D2
Marcorignan 11.......................303 F1
Marcoule 30............................264 C2
Marcoussis 91...........................86 C1
Marcoux 04.............................267 F1
Marcoux 42.............................209 E1
Marcq 08...................................39 E3
Marcq 78...................................60 A3
Marcq-en-Barœul 59....................4 C4
Marcq-en-Ostrevant 59................9 D3
Marcy 02...................................20 B3
Marcy 58.................................136 A4
Marcy 69.................................192 C3
Marcy-l'Étoile 69....................192 C4
Marcy-sous-Marle 02.................21 D4
Mardeuil 51...............................64 A1
Mardié 45................................110 B3
Mardilly 61................................57 D3
Mardor 52................................116 B3
Mardore 69..............................191 F2
Mardyck 59..................................3 E1
La Mare-d'Ovillers 60................34 B4
Mareau-aux-Bois 45................110 C1
Mareau-aux-Prés 45................110 A3
Marèges (Barrage de) 19.....206 A3
Mareil-en-Champagne 72....106 A2
Mareil-en-France 95..................61 D1
Mareil-le-Guyon 78...................60 A3
Mareil-Marly 78.........................60 B3
Mareil-sur-Loir 72...................106 B4
Mareil-sur-Mauldre 78..............60 A3
Mareilles 52...............................92 C4
Marenla 62..................................6 C2
Marennes 17...........................180 C3
Marennes 69...........................211 D1
Mareschè 72..............................82 C4
Maresches 59..............................9 F3
Maresquel-Ecquemicourt 62.....6 C2
Marest 62....................................7 F2
Marest-Dampcourt 02...............36 A1
Marest-sur-Matz 60..................35 E2
Marestaing 32..........................275 F2
Marestmontiers 80....................18 C4
Maresville 62...............................6 B1
Les Marêts 77............................62 C4
Maretz 59...................................20 B1
Mareugheol 63.........................207 F3
Mareuil 16...............................183 D4
Mareuil 24...............................202 A3
Mareuil-Caubert 80...................17 E1
Mareuil-en-Brie 51....................63 F2
Mareuil-en-Dôle 02...................36 C4
Mareuil-la-Motte 60..................35 E1
Mareuil-le-Port 51.....................63 F1
Mareuil-lès-Meaux 77...............62 A2
Mareuil-sur-Arnon 18.............152 C3
Mareuil-sur-Ay 51......................64 A1
Mareuil-sur-Cher 41...............132 A4
Mareuil-sur-Lay 85.................163 E2
Mareuil-sur-Ourcq 60...............62 B1
Marey 88.................................117 F1
Marey-lès-Fussey 21..............158 A1
Marey-sur-Tille 21..................139 E1
Marfaux 51................................37 E4
Marfontaine 02..........................21 D3
Margaux 33.............................217 D2
Margencel 74...........................178 B3
Margency 95..............................61 D2
Margerides 19.........................206 A3
Margerie-Chantagret 42.........209 E2
Margerie-Hancourt 51..............91 D1
Margès 26...............................229 E1
Margilley 70.............................140 A1
Margival 02...............................36 B2
Le Margnès 81........................279 D2
Margny 08.................................23 C4
Margny 51.................................63 E2
Margny-aux-Cerises 60............19 E4
Margny-lès-Compiègne 60.......35 E2
Margny-sur-Matz 60..................35 E1
Margon 28.................................84 A3
Margon 34...............................280 B3
Margouët-Meymes 32.............273 F1
Margueray 50............................54 B2
Marguerittes 30.......................264 A4
Margueron 33..........................219 F4
Marguestau 32.........................255 D4
Margut 08..................................40 A1
Mariac 07................................228 A3
Mariaud 04..............................250 B4
Maricourt 80..............................19 D2
Marie 06..................................269 F2
Marienthal 67............................71 E2
Marieulles 57.............................68 A1
Marieux 80.................................18 B1
Marigna-sur-Valouse 39.........176 C2
Marignac 17............................199 F2
Marignac 31............................299 D4
Marignac 82............................256 C4
Marignac-en-Diois 26.............230 A4
Marignac-Lasclares 31...........300 A1
Marignac-Laspeyres 31..........299 F1
Marignana 2A..........................316 B1
Marignane 13..........................284 B3
Marigné 49..............................105 E4
Marigné-Laillé 72....................107 D3
Marigné-Peuton 53.................105 D3
Marignier 74............................196 A1
Marignieu 01...........................194 C4
Marigny 03..............................172 A2
Marigny 39..............................160 A4
Marigny 50.................................27 D4
Marigny 51.................................63 F4
Marigny 71..............................174 B1
Marigny 79..............................182 B1
Marigny-Brizay 86...................149 E4
Marigny-Chemereau 86..........166 A3
Marigny-en-Orxois 02..............62 C1
Marigny-le-Cahouët 21...........138 A2
Marigny-le-Châtel 10................89 F3
Marigny-l'Église 58.................137 D3
Marigny-lès-Reullée 21..........158 B2
Marigny-les-Usages 45..........110 B2
Marigny-Marmande 37...........149 F2
Marigny-Saint-Marcel 74........195 D3
Marigny-sur-Yonne 58............136 B4
Marillac-le-Franc 16...............202 A1
Le Marillais 49........................127 E3
Marillet 85...............................164 B1
Marimbault 33.........................236 C3
Marimont-lès-Bénestroff 57......69 E2
Marin 74..................................178 C3
Marines 95.................................60 B1
Les Marines-de-Cogolin 83....287 E4
Maringes 42............................210 A1
Maringues 63..........................189 F3
Mariol 03.................................190 A2
Marions 33..............................237 D4
Marissel 60................................34 A2
Marizy 71................................174 B2
Marizy-Saint-Mard 02...............36 A4
Marizy-Sainte-Geneviève 02....36 A4
Le Markstein 68......................120 A1
Marle 02....................................21 D4
Marlemont 08............................22 A3
Marlenheim 67..........................70 C3
Marlens 74..............................196 A4
Marlers 80.................................17 E3
Marles-en-Brie 77.....................62 A4
Marles-les-Mines 62...................7 F1
Marles-sur-Canche 62................6 C2
Marlhes 42..............................210 A4
Marliac 31...............................300 C1
Marliens 21.............................139 E4
Marlieux 01.............................193 E2
Marlioz 74...............................195 D2
Marly 57....................................68 A1
Marly 59......................................9 F3
Marly-Gomont 02......................21 D2
Marly-la-Ville 95........................61 E1
Marly-le-Roi 78..........................60 B3
Marly-sous-Issy 71..................156 B4
Marly-sur-Arroux 71................173 F1
Marmagne 18..........................153 D1
Marmagne 21..........................138 A1
Marmagne 71..........................157 D3
Marmande 47...........................237 E3
Marmanhac 15........................224 A3
Marmeaux 89...........................137 E1
Marmesse 52...........................116 A1
Marminiac 46...........................239 F1
Marmont-Pachas 47................256 A2
Marmouillé 61............................57 D4
Marmoutier 67...........................70 B2
Marnac 24...............................221 E4
Marnand 69.............................191 F2
Marnans 38.............................211 F4
Marnaves 81...........................258 C2
Marnay 70...............................140 C3
Marnay 71...............................158 B4
Marnay 86...............................166 B3
Marnay-sur-Marne 52.............116 B2
Marnay-sur-Seine 10................89 E2
Marnaz 74...............................196 A1
La Marne 44............................145 E2
Marne-la-Vallée 77....................61 F3
Marnefer 61...............................57 F3
Marnes 79...............................148 C3
Marnes-la-Coquette 92.............60 C3
Marnézia 39............................176 C1
Marnhagues-et-Latour 12.......261 D4
Marnoz 39...............................160 A2
Marœuil 62..................................8 A3
Maroilles 59...............................10 A3
La Marolle-en-Sologne 41......133 D1
Marolles 14...............................30 C4
Marolles 41.............................132 A1
Marolles 51...............................65 E4
Marolles 60...............................36 A4
Marolles-en-Beauce 91.............86 C3
Marolles-en-Brie 77..................62 B4
Marolles-en-Brie 94..................61 E4
Marolles-en-Hurepoix 91...........87 D1
Marolles-lès-Bailly 10...............90 C4
Marolles-les-Braults 72.............83 D4
Marolles-les-Buis 28.................84 B3
Marolles-lès-
Saint-Calais 72....................108 A3
Marolles-sous-Lignières 10..114 A2
Marolles-sur-Seine 77...............88 B3
Marollette 72.............................83 D3
Marols 42................................209 E3
Maromme 76.............................32 A2
Mâron 36.................................152 B4
Maron 54...................................68 A4
Maroncourt 88...........................94 B3
Maroué 22.................................77 F2
Maroutière
(Château de la) 53...............105 D3
Marpain 39..............................140 B4
Marpaps 40.............................272 B2
Marpent 59................................10 C2
Marpiré 35.................................80 A4
Marquaix 80..............................19 F2
Marquay 24.............................221 E3
Marquay 62..................................7 F2
Marquefave 31.........................276 B4
Marquéglise 60..........................35 E1
Marquein 11............................301 E1
Marquenterre (Parc du) 80.........6 A3
Marquerie 65...........................298 A1
Marques 76................................17 D3
Marquette-en-Ostrevant 59........9 D3
Marquette-lez-Lille 59.................4 C4
Marquigny 08.............................39 D1
Marquillies 59..............................8 B1
Marquion 62................................8 C4
Marquise 62.................................2 B3
Marquivillers 80..........................19 D4
Marquixanes 66.......................311 F2
Marray 37................................130 C1
La Marre 39.............................159 F4
Marre 55....................................40 A4
Mars 07...................................228 A2
Les Mars 23.............................188 A3
Mars 30...................................262 B3
Mars 42...................................191 F1
Mars-la-Tour 54.........................41 D4
Mars-sous-Bourcq 08................38 C2
Mars-sur-Allier 58....................154 C3
Marsa 11..................................311 D1
Marsac 16................................183 E4
Marsac 23................................186 B2
Marsac 65................................273 F4
Marsac 82................................256 C3
Marsac-en-Livradois 63..........208 C3
Marsac-sur-Don 44.................126 B1
Marsac-sur-l'Isle 24................220 B1
Marsainvilliers 45......................86 C4
Marsais 17...............................181 F1
Marsais-Sainte-
Radégonde 85......................164 A2
Marsal 57...................................69 D3
Marsal 81.................................259 F3
Marsalès 24..............................239 D1
Marsan 32................................275 D2
Marsaneix 24............................220 C2
Marsangis 51..............................89 F1
Marsangy 89.............................112 C1
Marsannay-la-Côte 21.............139 D4
Marsannay-le-Bois 21.............139 E2
Marsanne 26............................247 D1
Marsas 33................................217 F2
Marsas 65................................298 A3
Marsat 63.................................189 E3
Marsaz 26................................229 D1
Marseillan 32...........................274 B3
Marseillan 34...........................281 D4
Marseillan 65...........................274 A4
Marseillan-Plage 34.................281 D4
Marseille 13.............................284 C4
Marseille-en-Beauvaisis 60....33 F1
Marseille-lès-Aubigny 18.....154 B2
Marseillette 11.........................303 D1
Marsillargues 34......................282 B2
Marsilly 17...............................163 E4
Marsilly 57.................................42 A4
Marsinval 78..............................60 B2
Marsolan 32.............................256 A3
Marson 51..................................65 D2
Marson-sur-Barboure 55..........66 C4
Marsonnas 01..........................175 F3
Marsoulas 31...........................299 F2
Marsous 65..............................297 D3
Marspich 57...............................41 E2
Marssac-sur-Tarn 81..............259 D4
Martagny 27...............................33 E2
Martailly-lès-Brancion 71.....175 D2
Martainneville 80.......................17 D1
Martainville 14...........................56 A2
Martainville 27...........................31 D3
Martainville-Épreville 76...........32 C2
Martaizé 86..............................148 C3
Martel 46..................................222 B3
Marthemont 54...........................94 A1
Marthille 57................................69 D2
Marthod 73...............................196 A4
Marthon 16...............................202 A2
Martiel 12.................................241 D4
Martigna 39..............................177 D3
Martignac 46.............................239 E2
Martignargues 30.....................263 F2
Martignas-sur-Jalle 33............217 D4
Martignat 01.............................176 C4
Martigné-Briand 49..................128 C4
Martigné-Ferchaud 35.............104 A3
Martigné-sur-Mayenne 53.........81 E4
Martigny 02...............................21 F3
Martigny 50...............................80 B1
Martigny 76...............................16 A3
Martigny-Courpierre 02.............37 D2
Martigny-le-Comte 71.............174 B2
Martigny-les-Bains 88.............117 F1
Martigny-les-
Gerbonvaux 88........................93 E2
Martigny-sur-l'Ante 14..............56 A2
Martigues 13............................284 A4
Martillac 33..............................235 F1
Martimpré (Col de) 88...............95 F4
Martin-Église 76........................16 A2
Martincourt 54...........................67 F3
Martincourt 60...........................33 F1
Martincourt-sur-Meuse 55.........39 F1
Le Martinet 30..........................263 E1
Martinet 85...............................145 E4
Martinpuich 62...........................19 D1
Martinvast 50.............................24 C2
Martinvelle 88...........................118 A2
Martisserre 31..........................275 E4
Martizay 36..............................150 C4
Martot 27...................................32 A3
Martragny 14.............................29 D3
La Martre 83.............................268 C4
Martres 33................................236 C1
Les Martres-d'Artière 63.........189 F4
Martres-de-Rivière 31.............299 D2
Les Martres-de-Veyre 63.........207 F1
Martres-sur-Morge 63.............189 F3
Martres-Tolosane 31...............299 F1
Martrin 12................................260 B3
Martrois 21..............................138 B3
La Martyre 29.............................48 C4
Les Martys 11..........................278 B4
Maruéjols-lès-Gardon 30........263 E3
Marval 87................................202 C1
Marvaux-Vieux 08.....................39 D3
Marvejols 48............................243 F2
Marvelise 25............................142 A1
Marville 55.................................40 B2
Marville-les-Bois 28..................85 D1
Marville-Moutiers-Brûlé 28.......59 D4
Mary 71...................................174 B1
Mary-sur-Marne 77....................62 B2
Marzal (Aven de) 07................246 B4
Marzan 56...............................123 F2
Marzens 81..............................277 E2
Marzy 58..................................154 C2
Le Mas 06................................269 E3
Mas-Blanc-des-Alpilles 13.....264 C4
Mas-Cabardès 11....................278 B4
Mas Camargues 48................245 D4
Le Mas-d'Agenais 47..............237 F3
Le Mas-d'Artige 23.................205 F1
Mas-d'Auvignon 32................256 A4
Le Mas-d'Azil 09....................300 B2
Mas-d'Azil (Grotte du) 09.......300 B3
Mas-de-Londres 34................281 E1
Le Mas-de-Tence 43...............228 A2
Mas-des-Cours 11..................302 C2
Mas-d'Orcières 48..................244 C3
Mas-Grenier 82.......................257 E4
Mas-Saint-Chély 48................244 A4
Mas-Saintes-Puelles 11..........301 E1
Le Mas-Soubeyran 30.............263 D2
Mas-Thibert 13........................283 E2
Masbaraud-Mérignat 23.........186 C3
Mascaraàs-Haron 64..............273 D2
Mascaras 32...........................274 A2
Mascaras 65...........................298 A1
Mascarville 31........................277 E3
Masclat 46..............................222 A4
Masevaux 68..........................120 A2
Maslacq 64............................272 A3
Masléon 87............................186 B4
Maslives 41............................132 B1
Masmejan 48..........................245 D4
Le Masnau-Massuguiès 81..279 D1
Masnières 59............................20 A1
Masny 59....................................9 D3
Los Masos 66..........................311 F2
Masparraute 64.......................271 E3
Maspie-Lalonquère-
Juillacq 64..........................273 E3
Masquières 47.........................239 E3
Massabrac 31..........................300 B1
Massac 11...............................303 D4
Massac 17...............................182 C3
Massac-Séran 81.....................277 E2
Massaguel 81..........................278 A3
Massais 79..............................148 A2
Massals 81..............................260 A4
Massanes 30...........................263 E3
Massangis 89..........................137 D1
Massat 09................................300 B4
Massay 18...............................152 B1
Le Massegros 48.....................243 F4
Masseilles 33..........................237 D3
Massels 47..............................238 C4
Massérac 44............................102 C4
Masseret 19.............................204 B2
Masseube 32...........................274 C3
Massiac 15..............................225 F1
Massieu 38..............................212 B3
Massieux 01............................192 C3
Massiges 51..............................39 D4
Massignac 16...........................184 B4
Massignieu-de-Rives 01.........194 C4
Massillargues-Attuech 30......263 E3
Massilly 71..............................175 D2
Massingy 21............................115 E3
Massingy 74............................195 D3
Massingy-lès-Semur 21.........138 A2
Massingy-lès-Vitteaux 21......138 B3
Massognes 86.........................148 C4
Massoins 06............................269 F2
Massongy 74...........................178 A3
Massoulès 47..........................239 D4
Massugas 33...........................219 E4
Massy 71................................174 C2
Massy 76..................................16 C4
Massy 91..................................60 C4
Mastaing 59................................9 E3
Matafelon-Granges 01............176 C4
Les Matelles 34.......................281 E1
Matemale 66............................311 D3
Matha 17.................................182 C3
Mathaux 10...............................91 D3
Mathay 25...............................142 C2
Mathenay 39............................159 F2
Les Mathes 17.........................180 C4
Mathieu 14................................29 E3
Mathons 52...............................92 A2
Mathonville 76...........................32 C1
Matignicourt-Goncourt 51........65 E4
Matignon 22...............................52 B4
Matigny 80.................................19 F3
Matougues 51............................64 B2
Matour 71................................174 B4
Matra 2B.................................317 F1
Matringhem 62............................7 D1
Mattaincourt 88..........................94 A3
Mattexey 54...............................95 D2
Matton-et-Clémency 08.............23 F4
Mattstall 67................................45 D4
Matzenheim 67..........................97 D1
Maubec 38...............................211 F2
Maubec 82...............................256 C4
Maubec 84...............................265 F4
Maubert-Fontaine 08.................22 A2
Maubeuge 59.............................10 B2
Maubourguet 65......................273 F3
Maubuisson 33........................216 A2
Mauchamps 91..........................86 C2
Maucomble 76...........................16 B4
Maucor 64...............................273 D4
Maucourt 60..............................19 F4
Maucourt 80..............................19 D3
Maucourt-sur-Orne 55..............40 B3
Maudétour-en-Vexin 95.............60 A1
Mauguio 34..............................282 A2
Maulain 52...............................117 D1
Maulais 79...............................148 B3
Maulan 55..................................66 B4
Maulay 86................................149 D2
Maulde 59....................................9 E1
Maule 78....................................60 A2
Mauléon 79..............................147 D2
Mauléon-Barousse 65.............298 C3
Mauléon-d'Armagnac 32.........254 C3
Mauléon-Licharre 64...............295 F1
Maulers 60.................................34 A1
Maulette 78................................59 F3
Maulévrier 49...........................147 D2
Maulévrier-
Sainte-Gertrude 76..................15 E4
Maulichères 32........................273 E1
Maumusson 44........................127 E2
Maumusson 82........................256 C4
Maumusson-Laguian 32.........273 E2
Mauny 76...................................31 F3
Maupas 10...............................114 B1
Le Maupas 21..........................138 A4
Maupas 32...............................254 C4
Maupas (Château de) 18.......134 B4
Mauperthuis 77..........................62 B4
Maupertuis 50............................54 B2
Maupertus-sur-Mer 50...............25 D2
Mauprévoir 86.........................184 B1
Mauquenchy 76.........................33 D1
Mauran 31...............................299 F2
Maure 64.................................273 E4
Maure (Col de) 04...................250 A4
Maure-de-Bretagne 35...........102 C2
Maurecourt 78............................60 B2
Mauregard 77.............................61 E1
Mauregny-en-Haye 02...............37 E1
Maureilhan 34.........................280 A4

METZ

Allemands (R. des) DV 2
Ambroise-Thomas (R.) CX 3
Armes (Pl. d') DV 5
Augustins (R. des) DX 6
Chambière (R.) DV 10
Chambre (Pl. de) CV 12
Champé (R. du) DV 13
Chanoine-Collin (R.) DV 15
Charlemagne (R.) CX 17
Chèvre (R. de la) DX 19
Clercs (R. des) CV
Coëtlosquet (R. du) CX 22
Coislin (Pl.) DX 23
Enfer (R. d') DV 25
En Fournirue DV
Fabert (R.) CV 26
Faisan (R. du) CV 27
Fontaine (R. de la) DX 29
Gaulle (Pl. du Gén.-de) DX 31
Gde-Armée (R. de la) DV 34
Hache (R. de la) DV 39
Jardins (R. des) DV
Juge-Pierre-Michel (R. du) CV 46
La Fayette (R.) CX 47
Lasalle (R.) DX 49
Lattre-de-T. (Av. de) CX 51
Leclerc-de-H. (Av.) CX 52
Mondon (Pl. R.) CX 57
Paix (R. de la) CV 61
Palais (R. du) CV 62
Paraiges (Pl. des) DV 63
Parmentiers (R. des) DX 64
Petit-Paris (R. du) CV 65
Pierre-Hardie (R. de la) CV 66
Pont Moreau (R. du) CDV 70
Prés.-Kennedy (Av.) CX 73
République (Pl. de la) CX 75
St-Eucaire (R.) DV 76
St-Gengoulf (R.) CX 77
St-Georges (R.) CV 78
St-Louis (Pl.) DVX
St-Simplice (Pl.) DV 80
St-Thiébault (Pl.) DX 82
Ste-Marie (R.) CV 84
Salis (R. de) CX 86
Schuman (Av. R.) CX
Serpenoise (R.) CV
Sérot (Bd Robert) CV 87
Taison (R.) DV 88
Tanneurs (R. des) DV 90
Tête d'Or (R. de la) DV
Trinitaires (R. des) DV 93
Verlaine (R.) CX 97

C
D
V
X
St-Vincent
Pl. de la Comédie
HÔTEL DU DÉPARTEMENT
Sq. du Luxembourg
CLOCHER
MOSELLE
CITÉ UNIVERSITAIRE
Moyen Pont
ST-ÉTIENNE
CITÉ ADMVE
STE-SÉGOLÈNE
TOUR DE LA SORCIÈRE
Marchant
Paixhans
R. des Murs
En Fournirue
PORTE DES ALLEMANDS
CENTRE ST-JACQUES
ESPLANADE
LAC DES CYGNES
PL. ST-LOUIS
Pl. des Charrons
ST-MAXIMIN
Arsenal
St-Martin
STE-BLANDINE
Pl. Mazelle
PORTE SERPENOISE
TOUR CAMOUFLE
Pl. du Roi George
R. Wilson
Foch
Gambetta
Pasteur
Passage de l'Amphithéâtre
LES ARENES
Seille
D 913 NOMENY
200 m

Maureillas-las-Illas 66 312 C3
Mauremont 31 277 D3
Maurens 24 220 A3
Maurens 31 277 E3
Maurens 32 275 F2
Maurens-Scopont 81 277 E2
Maurepas 78 60 B4
Maurepas 80 19 E2
Mauressac 31 276 C4
Mauressargues 30 263 E3
Maureville 31 277 D3
Mauriac 15 223 F1
Mauriac 33 237 D1
Mauries 40 273 D2
Maurin 04 251 D1
Maurin 34 281 F2
Maurines 15 225 E4
Maurois 59 20 B1
Mauron 56 102 A1
Mauroux 32 256 C4
Mauroux 46 239 E3
Maurrin 40 254 A4
Maurs 15 241 F1
Maurupt-le-Montois 51 65 F4
Maury 66 312 B1
Maury (Barrage de) 12 242 C1
Mausoléo 2B 314 C3
Maussac 19 205 E3
Maussane-les-Alpilles 13 283 F1
Maussans 70 141 F2
Mausson (Château de) 53 80 B2
Mautes 23 188 A3
Mauvages 55 93 D1
Mauvaisin 31 276 C4
Mauves 07 229 D2
Mauves-sur-Huisne 61 83 F2
Mauves-sur-Loire 44 126 C3
Mauvezin 31 275 F4
Mauvezin 32 275 E1
Mauvezin 65 298 A2
Mauvezin-d'Armagnac 40 254 C3
Mauvezin-de-Prat 09 299 F3
Mauvezin-de-Sainte-Croix 09 300 A2
Mauvezin-sur-Gupie 47 237 E2
Mauvières 36 167 F2
Mauvilly 21 115 E4
Maux 58 156 A2
Mauzac 31 276 B4
Mauzac-et-Saint-Meyme-de-Rozens 24 220 C4
Mauzé-sur-le-Mignon 79 181 F1
Mauzé-Thouarsais 79 148 A2
Mauzens-et-Miremont 24 221 D3
Mauzun 63 208 A1
Mavaleix 24 203 D2
Maves 41 109 D4
Mavilly-Mandelot 21 157 F2
La Maxe 57 41 F4
Maxent 35 102 C1
Maxéville 54 68 A4
Maxey-sur-Meuse 88 93 E2
Maxey-sur-Vaise 55 93 E1
Maxilly-sur-Léman 74 178 C2
Maxilly-sur-Saône 21 140 A3
Maxou 46 240 A2
Maxstadt 57 69 E1
May-en-Multien 77 62 B1
Le May-sur-Èvre 49 146 C1
May-sur-Orne 14 56 A1
Mayac 24 203 D4
Mayenne 53 81 E3
Mayet 72 107 D4
Le Mayet-de-Montagne 03 190 B2
Le Mayet-d'École 03 189 F1
Maylis 40 272 B1
Maynal 39 176 B1
Les Mayons 83 286 D4
Mayot 02 20 B4
Mayrac 46 222 B3
Mayran 12 242 A4
La Mayrand 63 207 E3
Mayrègne 31 298 C4
Mayres 07 245 E1
Mayres 07 228 C3
Mayres 63 208 C3
Mayres-Savel 38 230 C3
Mayreste (Belvédère de) 04 268 A4
Mayreville 11 301 E1
Mayrinhac-Lentour 46 222 C4
Mayronnes 11 303 D3
Maysel 60 34 C4
Mazamet 81 278 C3
Mazan 84 265 E2
Mazan-l'Abbaye 07 245 E1
Mazangé 41 108 B3
Mazaugues 83 286 A4
Mazaye 63 189 D4
Mazé 49 129 D2
Le Mazeau 85 164 B3
Mazeirat 23 187 D1
Mazeley 88 94 C3
Mazerat-Aurouze 43 226 B1
Mazeray 17 181 F3
Mazères 09 301 D1
Mazères 33 236 C3
Mazères (Église de) 65 273 F2
Mazères-de-Neste 65 298 C2
Mazères-Lezons 64 297 D1
Mazères-sur-Salat 31 299 F2
Mazerier 03 189 F1
Mazerny 08 38 C1
Mazerolles 16 184 B4
Mazerolles 17 199 E2
Mazerolles 40 254 A4
Mazerolles 64 272 C3
Mazerolles 65 274 B4
Mazerolles 86 167 D3
Mazerolles-du-Razès 11 302 A2
Mazerolles-le-Salin 25 140 C4
Mazerulles 54 68 C3
Mazet-Saint-Voy 43 227 F2
Mazeuil 86 148 C4
Mazeyrat-Crispinhac 43 226 B2
Mazeyrolles 24 239 E1
La Mazière-aux-Bons-Hommes 23 188 A3
Mazières 16 184 B4
Mazières-de-Touraine 37 130 B3
Mazières-en-Gâtine 79 165 D2
Mazières-en-Mauges 49 147 D2
Mazières-Naresse 47 238 C1
Mazières-sur-Béronne 79 183 D1
Mazille 71 174 C3
Mazingarbe 62 8 A2
Mazinghem 62 7 F1
Mazinghien 59 20 C1
Mazion 33 217 E1
Mazirat 03 188 B1
Mazirot 88 94 B3
Le Mazis 80 17 E2
Mazoires 63 207 E3
Mazouau 65 298 B3
Mazuby 11 310 C1
Les Mazures 08 22 C2
Mazzola 2B 317 E1
Méailles 04 268 C2
Méallet 15 224 A1
Méasnes 23 169 D3
Meaucé 28 84 B2
Méaudre 38 230 B1
La Meauffe 50 27 E4
La Méaugon 22 51 D4
Meaulne 03 170 C2
Méaulte 80 19 D2
Méautis 50 27 D3
Meaux 77 62 A2
Meaux-la-Montagne 69 192 A2
Meauzac 82 257 E2
Mecé 35 80 A4
Mechmont 46 240 A2
Mécleuves 57 68 B1
Mecquignies 59 10 A2
Mécrin 55 67 D3
Mécringes 51 63 D3
Médan 78 60 B2
Médavy 61 56 C4
La Mède 13 284 B4
Medeyrolles 63 208 C3
Médière 25 142 A2
Médillac 16 219 E1
Médis 17 198 C1
Médonnet (Chapelle du) 74 196 B2
Médonville 88 93 E4
Médous (Grotte de) 65 298 A3
Médréac 35 78 C3
Le Mée 28 109 E2
Mée 53 104 C3
Le Mée-sur-Seine 77 87 E2
Les Mées 04 267 E2
Mées 40 271 E1
Les Mées 72 83 D3
Mégange 57 42 A3
Megève 74 196 B3
Mégevette 74 178 B4
Mégrit 22 78 B2
Méharicourt 80 19 D3
Méharin 64 271 E4
Méhers 41 132 B3
Méhoncourt 54 94 C1
Méhoudin 61 81 F2
Mehun-sur-Yèvre 18 153 D1
La Meignanne 49 128 A2
Meigné 49 129 D4
Meigné-le-Vicomte 49 129 F2
Meigneux 77 88 B2
Meigneux 80 17 E3
Meilhac 87 203 E1
Meilhan 32 275 D4
Meilhan 40 253 E4
Meilhan-sur-Garonne 47 237 D2
Meilhards 19 204 B2
Meilhaud 63 207 E2
Meillac 35 79 D2
Meillant 18 153 E4
Meillard 03 172 A3
Le Meillard 80 7 E4
La Meilleraie-Tillay 85 147 D4
Meilleray 77 63 D3
La Meilleraye-de-Bretagne 44 126 C1
Meillerie 74 179 D2
Meillers 03 171 F2
Meillier-Fontaine 08 22 C3
Meillon 64 297 D1
Meillonnas 01 176 B4
Meilly-sur-Rouvres 21 138 B4
Meisenthal 57 44 B4
Meistratzheim 67 70 C4
Le Meix 21 139 D1
Le Meix-Saint-Epoing 51 63 E4
Le Meix-Tiercelin 51 91 D1
Méjanes 13 283 D2
Méjannes-le-Clap 30 264 A1
Méjannes-lès-Alès 30 263 E2
Mela 2A 319 D2
Mélagues 12 280 A1
Mélamare 76 15 D4
Melan 04 267 F1
Melay 49 128 A4
Melay 52 117 F2
Melay 71 191 E1
Le Mêle-sur-Sarthe 61 83 E2
Mélecey 70 142 A1
Melesse 35 79 E4
Melgven 29 99 D1
Mélicocq 60 35 E2
Mélicourt 27 57 E2
Méligny-le-Grand 55 67 D4
Méligny-le-Petit 55 67 D4
Melin 70 117 F4
Melincourt 70 118 B2
Mélisey 70 119 D3
Mélisey 89 114 B3
Meljac 12 260 A2
Mellac 29 99 F2
Mellé 35 80 B2
Melle 79 165 E4
Mellecey 71 157 F4
Melleran 79 183 E1
Melleray 72 108 A1
Melleray (Abbaye de) 44 126 C1
Melleray-la-Vallée 53 81 E2
Melleroy 45 112 A3
Melles 31 299 D4
Melleville 76 16 C2
Mellionnec 22 76 B3
Mello 60 34 C4
Meloisey 21 157 F2
Melrand 56 100 C1
Melsheim 67 70 C2
Melun 77 87 F2
Melve 04 249 E4
Melz-sur-Seine 77 89 D2
Membrey 70 140 C1
La Membrolle-sur-Choisille 37 130 C3
La Membrolle-sur-Longuenée 49 128 A1
Membrolles 41 109 E2
Méménil 88 95 D4
Memmelshoffen 67 45 E4
Le Mémont 25 142 B4
Mémorial Canadien 62 8 B2
Menades 89 136 C2
Ménarmont 88 95 D2
Menars 41 132 A1
Menat 63 189 D2
Menaucourt 55 66 C4
Mencas 62 7 D1
Menchhoffen 67 70 C1
Mende 48 244 B3
Mendionde 64 271 D4
Menditte 64 295 F1
Mendive 64 295 E2
Ménéac 56 77 F4
Menée (Col de) 38 230 B4
Ménerbes 84 265 F4
Ménerval 76 33 E1
Ménerville 78 59 F2
Menesble 21 116 A4
Méneslies 80 16 C1
Ménesplet 24 219 E2
Ménesqueville 27 32 C3
Ménessaire 21 156 C1
Menestreau 58 135 F3
Ménestreau-en-Villette 45 110 B4
Menet 15 206 B4
Menetou-Couture 18 154 B2
Menetou-Râtel 18 134 C3
Menetou-Salon 18 134 B4
Menetou-sur-Nahon 36 132 C4
Ménétréol-sous-Sancerre 18 135 D4
Ménétréol-sur-Sauldre 18 134 A3
Ménétréols-sous-Vatan 36 152 A2
Ménetreuil 71 175 F1
Ménétreux-le-Pitois 21 138 A1
Ménétrol 63 189 E3
Menétru-le-Vignoble 39 159 F4
Menétrux-en-Joux 39 177 D1
Ménévillers 60 35 D1
Ménez-Bré 22 50 B3
Ménez-Hom 29 73 E2
Ménez-Meur (Domaine de) 29 73 F1
Menglon 26 248 B1
Ménigoute 79 165 F2
Ménil 53 105 D4
Le Ménil 88 119 E2
Ménil-Annelles 08 38 B2
Ménil-aux-Bois 55 66 C3
Le Ménil-Bérard 61 57 E4
Le Ménil-Broût 61 83 D2
Le Ménil-Ciboult 61 55 D3
Le Ménil-de-Briouze 61 55 F4
Ménil-de-Senones 88 95 F2
Ménil-en-Xaintois 88 94 A3
Ménil-Erreux 61 83 D2
Ménil-Froger 61 57 D4
Ménil-Glaise 61 56 B4
Ménil-Gondouin 61 56 A4
Le Ménil-Guyon 61 83 D1
Ménil-Hermei 61 56 A3
Ménil-Hubert-en-Exmes 61 57 D3
Ménil-Hubert-sur-Orne 61 55 F3
Ménil-Jean 61 56 A4
Ménil-la-Horgne 55 67 D4
Ménil-la-Tour 54 67 F3
Ménil-Lépinois 08 38 A3
Le Ménil-Scelleur 61 82 B1
Ménil-sur-Belvitte 88 95 E2
Ménil-sur-Saulx 55 92 B1
Le Ménil-Vicomte 61 57 D4
Ménil-Vin 61 56 A3
Ménilles 27 59 D1
Ménillot 54 67 F4
La Ménitré 49 129 D3
Mennecy 91 87 D1
Mennessis 02 20 A4
Mennetou-sur-Cher 41 133 D4
Menneval 27 57 F1
Menneville 02 37 F2
Menneville 62 2 C4
Mennevret 02 20 C2
Mennouveaux 52 116 C1
Ménoire 19 222 C2
Menomblet 85 147 D4
Menoncourt 90 119 F4
Ménonval 76 16 C3
Menotey 39 159 E1
Menou 58 135 F3
Menouville 95 60 C1
Le Menoux 36 168 C2
Menoux 70 118 B3
Mens 38 230 C4
Mensignac 24 220 B1
Menskirch 57 42 A3
Mentheville 76 14 C2
Menthon-Saint-Bernard 74 195 F3
Menthonnex-en-Bornes 74 195 E1
Menthonnex-sous-Clermont 74 195 D2
Mentières 15 225 E2
Menton 06 289 F4
Mentque-Nortbécourt 62 3 D3
Menucourt 95 60 B2
Les Menuires 73 214 B3
Les Menus 61 84 B2
Menville 31 276 A2
Méobecq 36 151 E4
Méolans 04 250 B3
Méolans-Revel 04 250 B3
Méon 49 129 F2
Méounes-lès-Montrieux 83 286 A4
Mépieu 38 194 A4
Mer 41 109 E4
Mer de Sable (La) 60 61 F1
Méracq 64 272 C3
Méral 53 104 C2
Méras 09 300 B2
Mercatel 62 8 B4
Mercenac 09 299 F3
Merceuil 21 158 A2
Mercey 21 157 E1
Mercey 27 59 E1
Mercey-le-Grand 25 140 C4
Mercey-sur-Saône 70 140 B1
Mercin-et-Vaux 02 36 B3
Merck-Saint-Liévin 62 3 D4
Merckeghem 59 3 E2
Mercœur 19 223 D3
Mercœur 43 225 F1
Mercuer 07 246 A2
Mercuès 46 240 A3
Mercurey 71 157 F3
Mercurol 26 229 D2
Mercury 73 213 F1
Mercus-Garrabet 09 301 D4
Mercy 03 172 C3
Mercy 89 113 E2
Mercy-le-Bas 54 41 D2
Mercy-le-Haut 54 41 D2
Merdrignac 22 78 A4
Méré 78 60 A4
Méré 89 113 F3
Méreau 18 152 C1
Méréaucourt 80 17 F4
Méréglise 28 84 C4
Mérélessart 80 17 E2
Mérens 32 274 C1
Mérens-les-Vals 09 310 B2
Mérenvielle 31 276 A2
Méreuil 05 248 C3
Méréville 54 94 A1
Méréville 91 86 B3
Merey 27 59 E2
Mérey-sous-Montrond 25 141 E4
Mérey-Vieilley 25 141 D3
Merfy 51 37 E3
Mergey 10 90 A3
Meria 2B 314 D1
Mérial 11 310 C1
Méribel 73 214 B3
Méribel-Mottaret 73 214 B3
Méricourt 62 8 B2
Méricourt 78 59 F1
Méricourt-en-Vimeu 80 17 F2
Méricourt-l'Abbé 80 18 C2
Méricourt-sur-Somme 80 19 D2
Mériel 95 60 C1
Mérifons 34 280 B2
Mérignac 16 201 D1
Mérignac 17 200 C4
Mérignac 33 217 D4
Mérignas 33 219 D4
Mérignat 01 194 A2
Mérignies 59 9 D1
Mérigny 36 167 E1
Mérigon 09 300 A2
Mérilheu 65 298 A2
Mérillac 22 78 A3
Mérinchal 23 188 A3
Mérindol 84 284 B1
Mérindol-les-Oliviers 26 247 F4
Mérinville 45 112 A1
Le Mériot 10 89 D2
Méritein 64 272 A4
Merkwiller-Pechelbronn 67 45 E4
Merlande (Prieuré de) 24 220 B1
Merlas 38 212 C3
La Merlatière 85 146 A4
Merlaut 51 65 E4
Merle (Tours de) 19 223 E2
Merle-Leignec 42 209 E3
Merléac 22 77 D3
Le Merlerault 61 57 D4
Merles 82 257 D2
Merles-sur-Loison 55 40 B2
Merlet (Parc du Balcon de) 74 196 C2
Merlette 05 250 A1
Merlevenez 56 100 B3
Merlieux-et-Fouquerolles 02 36 C1
Merlimont 62 6 A2
Merlimont-Plage 62 6 A2
Merlines 19 206 A1
Mernel 35 102 C2
Mérobert 91 86 B3
Méron 49 148 B1
Mérona 39 176 C1
Mérouville 28 86 A4
Meroux 90 142 C1
Merpins 16 199 F1
Merrey 52 117 D1
Merrey-sur-Arce 10 115 D1
Merri 61 56 B3
Merris 59 4 A4
Merry-la-Vallée 89 113 D4
Merry-Sec 89 136 A1
Merry-sur-Yonne 89 136 B2
Mers-les-Bains 80 16 C1
Mers-sur-Indre 36 169 E1
Merschweiller 57 42 A1
Mersuay 70 118 B3
Merten 57 42 C3
Mertrud 52 91 F2

MONACO MONTE-CARLO

Albert-1er (Bd) ... CYZ
Armes (Pl. d') ... CZ 2
Basse (R.) ... CDZ 3
Castro (R. Col.-de) ... CZ 7
Comte-Félix-Gastaldi (R.) ... DZ 10
Crovetto-Frères (Av.) ... CZ 12
Gaulle (Av. du Gén.-de) ... DX 14
Grimaldi (R.) ... CYZ
Kennedy (Av. J.-F.) ... DY 23
Larvotto (Bd du) ... DX 25
Leclerc (Bd du Gén.) ... DX 26
Libération (Pl. de la) ... DX 27
Madone (Av. de la) ... DX 28
Major (Rampe) ... CZ 29
Monte-Carlo (Av. de) ... DY 30
Moulins (Bd des) ... DX 32
Notari (R. L.) ... CYZ 33
Ostende (Av. d') ... DY 34
Palais (Pl. du) ... CZ 35
Papalins (Av. des) ... CZ 36
Pêcheurs (Ch. des) ... DZ 40
Porte-Neuve (Av. de la) ... DZ 41
Prince Héréditaire Albert (Av.) ... CZ 42
Prince Pierre (Av.) ... CZ 44
Princesse Antoinette (Av.) ... CY 46
Pcesse Caroline (R.) ... CZ 48
Pcesse Charlotte (Bd) ... DXY
Pcesse Marie-de Lorraine (R.) ... DZ 54
République (Bd de la) ... DX 58
Spélugues (Av. des) ... DX 62
Ste-Dévote (Pl.) ... CY 63
Suffren-Reymond (R.) ... CZ 64

Messé 79 ... 166 A4
Messei 61 ... 55 F4
Messein 54 ... 68 A4
Messeix 63 ... 206 B2
Messemé 86 ... 149 D2
Messery 74 ... 178 A3
Messeux 16 ... 184 A2
Messey-sur-Grosne 71 ... 175 D1
Messia-sur-Sorne 39 ... 176 C1
Messigny-et-Vantoux 21 ... 139 D3
Messilhac (Château de) 15 ... 224 B4
Messimy 69 ... 210 C1
Messimy-sur-Saône 01 ... 192 C2
Messincourt 08 ... 23 F4
Messon 10 ... 90 A4
Messy 77 ... 61 F2
Mesterrieux 33 ... 237 D1
Mestes 19 ... 205 F3
Mesves-sur-Loire 58 ... 135 E4
Mesvres 71 ... 157 D3
Métabief 25 ... 161 D4
Les Métairies 16 ... 201 D1
Métairies-Saint-Quirin 57 ... 69 F4
Méteren 59 ... 4 A3
Méthamis 84 ... 265 F2
Métigny 80 ... 17 F2
Metting 57 ... 70 A1
Mettray 37 ... 130 C2
Metz 57 ... 41 F4
Metz-en-Couture 62 ... 19 F1
Metz-le-Comte 58 ... 136 B3
Metz-Robert 10 ... 114 B1
Metz-Tessy 74 ... 195 E2
Metzeral 68 ... 96 A4
Metzeresche 57 ... 42 A3
Metzervisse 57 ... 41 F3
Metzing 57 ... 43 D4
Meucon 56 ... 101 D3
Meudon 92 ... 60 C3
Meuilley 21 ... 158 A1
Meulan 78 ... 60 A2
Meulers 76 ... 16 B3
Meulin 71 ... 174 C3
Meulles 14 ... 57 D2
Meulson 21 ... 115 E4
Meunet-Planches 36 ... 152 B4
Meunet-sur-Vatan 36 ... 152 B2
Meung-sur-Loire 45 ... 109 F3
Meurcé 72 ... 83 D4
Meurchin 62 ... 8 B1
Meurcourt 70 ... 118 B3
La Meurdraquière 50 ... 54 A2
Meures 52 ... 92 A4
Meurival 02 ... 37 D3
Meursac 17 ... 199 D1
Meursanges 21 ... 158 B2
Meursault 21 ... 158 A2
Meurville 10 ... 91 E4
Meuse 52 ... 117 D2
Meusnes 41 ... 132 B4
Meussia 39 ... 177 D2
Meuvaines 14 ... 29 D3
Meuvy 52 ... 117 D1
Meux 17 ... 199 F3
Le Meux 60 ... 35 E3
Meuzac 87 ... 204 A2
Mévoisins 28 ... 85 F1
Mévouillon 26 ... 266 A1
Meximieux 01 ... 193 F3
Mexy 54 ... 41 D1
Mey 57 ... 41 F4
Meyenheim 68 ... 120 C1
Meylan 38 ... 212 C4
Meylan 47 ... 255 E2
Meymac 19 ... 205 E2
Meynes 30 ... 264 B4
Meyrals 24 ... 221 E3
Meyrand (Col de) 07 ... 245 E2
Meyrannes 30 ... 263 E1
Meyrargues 13 ... 285 D1
Meyras 07 ... 245 F1
Meyreuil 13 ... 285 D3
Meyriat 01 ... 194 A1
Meyrié 38 ... 211 F2
Meyrieu-les-Étangs 38 ... 211 F2
Meyrieux-Trouet 73 ... 212 C1
Meyrignac-l'Église 19 ... 205 D3
Meyronne 46 ... 222 B4
Meyronnes 04 ... 251 D2
Meyrueis 48 ... 262 A1
Meys 69 ... 210 A1
Meyssac 19 ... 222 C2
Meysse 07 ... 246 C2
Meyssiès 38 ... 211 E3
Meythet 74 ... 195 E3
La Meyze 87 ... 203 F2
Meyzieu 69 ... 193 D4
Mézangers 53 ... 81 F4
Mèze 34 ... 281 D4
Mézel 04 ... 267 F2
Mezel 63 ... 189 F4
Mézenc (Mont) 43 ... 227 F3
Mézens 81 ... 277 D1
Mézeray 72 ... 106 B3
Mézères 43 ... 227 E1
Mézériat 01 ... 175 F4
Mézerolles 80 ... 7 E4
Mézerville 11 ... 301 E1
Mézidon 14 ... 56 B1
La Mézière 35 ... 79 D4
Mézières-au-Perche 28 ... 85 D4
Mézières-en-Brenne 36 ... 151 D4
Mézières-en-Drouais 28 ... 59 E4
Mézières-en-Gâtinais 45 ... 111 E2
Mézières-en-Santerre 80 ... 18 C3
Mézières-en-Vexin 27 ... 33 D4
Mézières-lez-Cléry 45 ... 110 A3
Mézières-sous-Lavardin 72 ... 106 C1
Mézières-sur-Couesnon 35 ... 79 F3
Mézières-sur-Issoire 87 ... 185 D1
Mézières-sur-Oise 02 ... 20 B3
Mézières-sur-Ponthouin 72 ... 83 D4
Mézières-sur-Seine 78 ... 60 A2
Mézilhac 07 ... 228 A4
Mézilles 89 ... 112 C4
Mézin 47 ... 255 E2
Méziré 90 ... 142 C1
Mézos 40 ... 252 C2
Mézy-Moulins 02 ... 63 D1
Mézy-sur-Seine 78 ... 60 A2
Mezzavia 2A ... 316 B4
Mhère 58 ... 137 D4
Mialet 24 ... 203 D2
Mialet 30 ... 263 D2
Mialos 64 ... 272 C3
Miannay 80 ... 17 D1
Michaugues 58 ... 136 B4
Michelbach 68 ... 120 A2
Michelbach-le-Bas 68 ... 120 C3
Michelbach-le-Haut 68 ... 120 C4
Michery 89 ... 88 C3
Midi de Bigorre (Pic du) 65 ... 298 A3
Midrevaux 88 ... 93 D2
Mièges 39 ... 160 B3
Miel (Maison du) 63 ... 189 D3
Miélan 32 ... 274 B3
Miellin 70 ... 119 E3
Miermaigne 28 ... 84 B4
Miers 46 ... 222 C4
Miéry 39 ... 159 F3
Mietesheim 67 ... 71 D1
Mieussy 74 ... 196 A1
Mieuxcé 61 ... 82 C3
Mifaget 64 ... 297 D2
Migé 89 ... 136 B1
Migennes 89 ... 113 E2
Miglos 09 ... 310 A1
Mignafans 70 ... 142 A1
Mignaloux-Beauvoir 86 ... 166 B2
Mignavillers 70 ... 142 A1
Migné 36 ... 168 B1
Migné-Auxances 86 ... 166 B1
Mignères 45 ... 111 E2
Mignerette 45 ... 111 E2
Mignéville 54 ... 95 E1
Mignières 28 ... 85 E3
Mignovillard 39 ... 160 C3
Migny 36 ... 152 C2
Migré 17 ... 181 F2
Migron 17 ... 182 B4
Mijanès 09 ... 310 C1
Mijoux 01 ... 177 E3
La Milesse 72 ... 106 C1
Milhac 46 ... 222 A4
Milhac-d'Auberoche 24 ... 221 D2
Milhac-de-Nontron 24 ... 202 C3
Milhaguet 87 ... 202 C1
Milhars 81 ... 258 C2
Milhas 31 ... 299 E3
Milhaud 30 ... 263 F4
Milhavet 81 ... 259 D3
Milizac 29 ... 47 E2
Millac 86 ... 184 C1
Millam 59 ... 3 E2
Millançay 41 ... 133 D3
Millas 66 ... 312 C2
Millau 12 ... 261 E2
Millay 58 ... 156 B3
Millebosc 76 ... 16 C2
Millemont 78 ... 59 F3
Millencourt 80 ... 18 C2
Millencourt-en-Ponthieu 80 ... 6 C4
Millery 21 ... 137 F2
Millery 54 ... 68 A3
Millery 69 ... 210 C1
Les Milles 13 ... 284 C3
Millevaches 19 ... 205 E1
Millières 50 ... 26 C4
Millières 52 ... 116 C1
Millonfosse 59 ... 9 E2
Milly 50 ... 80 C1
Milly 89 ... 113 F3
Milly-la-Forêt 91 ... 87 E3
Milly-Lamartine 71 ... 175 D3
Milly-sur-Bradon 55 ... 39 F2
Milly-sur-Thérain 60 ... 34 A2
Milon-la-Chapelle 78 ... 60 B4
Mimbaste 40 ... 271 F1
Mimet 13 ... 285 D3
Mimeure 21 ... 157 E1
Mimizan 40 ... 252 B1
Mimizan-Plage 40 ... 252 B1
Minard (Pointe de) 22 ... 51 D2

Mertzen 68 ... 120 B4
Mertzwiller 67 ... 71 D1
Méru 60 ... 34 A4
Merval 02 ... 37 D3
Mervans 71 ... 158 C4
Mervent 85 ... 164 A2
Merviel 09 ... 301 E3
Mervilla 31 ... 276 C3
Merville 31 ... 276 B1
Merville 59 ... 4 A4
Merville-Franceville-Plage 14 ... 29 F3
Merviller 54 ... 95 E1
Merxheim 68 ... 120 B1
Méry 73 ... 213 D1
Méry-Corbon 14 ... 30 A4
Méry-ès-Bois 18 ... 134 A4
Méry-la-Bataille 60 ... 35 D1
Méry-Prémecy 51 ... 37 E4
Méry-sur-Cher 18 ... 133 E4
Méry-sur-Marne 77 ... 62 C2
Méry-sur-Oise 95 ... 60 C1
Méry-sur-Seine 10 ... 90 A2
Le Merzer 22 ... 50 C3
Mésandans 25 ... 141 F2
Mésanger 44 ... 127 D2
Mésangueville 76 ... 33 D1
Mesbrecourt-Richecourt 02 ... 20 C4
Meschers-sur-Gironde 17 ... 198 C2
Mescla (Balcons de la) 04 ... 268 A4
Mescoules 24 ... 238 A1
Le Mesge 80 ... 17 F2
Mesgrigny 10 ... 90 A2
Mésigny 74 ... 195 D2
Meslan 56 ... 100 A1
Mesland 41 ... 131 F2
Meslay 14 ... 55 F2
Meslay 41 ... 108 C3
Meslay (Grange de) 37 ... 131 D2
Meslay-du-Maine 53 ... 105 E2
Meslay-le-Grenet 28 ... 85 D3
Meslay-le-Vidame 28 ... 85 E4
Meslières 25 ... 142 C2
Meslin 22 ... 51 F4
Mesmay 25 ... 160 A1
Mesmont 08 ... 38 B1
Mesmont 21 ... 138 C3
Mesnac 16 ... 182 B4
Mesnard-la-Barotière 85 ... 146 B3
Mesnay 39 ... 160 A3
Les Mesneux 51 ... 37 F4
La Mesnière 61 ... 83 E2
Mesnières-en-Bray 76 ... 16 C3
Le Mesnil 50 ... 24 B4
Le Mesnil-Adelée 50 ... 54 B4
Le Mesnil-Amand 50 ... 54 A2
Le Mesnil-Amelot 77 ... 61 E2
Le Mesnil-Amey 50 ... 27 E4
Le Mesnil-Angot 50 ... 27 E3
Le Mesnil-au-Grain 14 ... 55 E1
Le Mesnil-au-Val 50 ... 24 C2
Le Mesnil-Aubert 50 ... 54 A2
Le Mesnil-Aubry 95 ... 61 D1
Le Mesnil-Auzouf 14 ... 55 D2
Le Mesnil-Bacley 14 ... 56 C2
Le Mesnil-Benoist 14 ... 54 C3
Le Mesnil-Bœufs 50 ... 54 B4
Le Mesnil-Bonant 50 ... 54 A2
Mesnil-Bruntel 80 ... 19 E2
Le Mesnil-Caussois 14 ... 54 C3
Mesnil-Clinchamps 14 ... 54 C3
Le Mesnil-Conteville 60 ... 17 F4
Mesnil-Domqueur 80 ... 7 D4
Le Mesnil-Drey 50 ... 54 A3
Le Mesnil-Durand 14 ... 56 C1
Le Mesnil-Durdent 76 ... 15 E1
Mesnil-en-Arrouaise 80 ... 19 E1
Le Mesnil-en-Thelle 60 ... 34 B4
Le Mesnil-en-Vallée 49 ... 127 F3
Le Mesnil-Esnard 76 ... 32 B2
Le Mesnil-Eudes 14 ... 57 D1
Mesnil-Eudin 80 ... 17 E2
Le Mesnil-Eury 50 ... 27 D4
Mesnil-Follemprise 76 ... 16 B3
Le Mesnil-Fuguet 27 ... 58 C1
Le Mesnil-Garnier 50 ... 54 A2
Le Mesnil-Germain 14 ... 57 D1
Le Mesnil-Gilbert 50 ... 54 C4
Le Mesnil-Guillaume 14 ... 57 D1
Le Mesnil-Hardray 27 ... 58 B2
Le Mesnil-Herman 50 ... 54 B1
Le Mesnil-Hue 50 ... 54 A2
Le Mesnil-Jourdain 27 ... 32 B4
Mesnil-la-Comtesse 10 ... 90 B2
Le Mesnil-le-Roi 78 ... 60 C2
Mesnil-Lettre 10 ... 90 C2
Le Mesnil-Lieubray 76 ... 33 D1
Mesnil-Martinsart 80 ... 19 D1
Le Mesnil-Mauger 14 ... 56 C1
Mesnil-Mauger 76 ... 16 C4
Le Mesnil-Opac 50 ... 54 B1
Le Mesnil-Ozenne 50 ... 54 B4
Mesnil-Panneville 76 ... 15 F3
Le Mesnil-Patry 14 ... 29 D4
Le Mesnil-Rainfray 50 ... 54 C4
Mesnil-Raoul 76 ... 32 B2
Le Mesnil-Raoult 50 ... 54 C1
Le Mesnil-Réaume 76 ... 16 C2
Le Mesnil-Robert 14 ... 54 C2
Le Mesnil-Rogues 50 ... 54 A2
Mesnil-Rousset 27 ... 57 F3
Le Mesnil-Rouxelin 50 ... 27 E4
Le Mesnil-Saint-Denis 78 ... 60 B4
Le Mesnil-Saint-Firmin 60 ... 34 C1
Mesnil-Saint-Georges 80 ... 34 C1
Mesnil-Saint-Laurent 02 ... 20 A3
Mesnil-Saint-Loup 10 ... 89 F3
Mesnil-Saint-Nicaise 80 ... 19 E3
Mesnil-Saint-Père 10 ... 90 C4
Mesnil-Sellières 10 ... 90 B3
Le Mesnil-Simon 14 ... 56 C1
Le Mesnil-Simon 28 ... 59 E3
Le Mesnil-sous-Jumièges 76 ... 31 F2
Mesnil-sous-les-Côtes 55 ... 67 D1
Mesnil-sous-Vienne 27 ... 33 E3
Le Mesnil-sur-Blangy 14 ... 30 C3
Le Mesnil-sur-Bulles 60 ... 34 B2
Mesnil-sur-l'Estrée 27 ... 59 D4
Le Mesnil-sur-Oger 51 ... 64 A2
Le Mesnil-Thébault 50 ... 54 B4
Le Mesnil-Théribus 60 ... 33 F3
Le Mesnil-Thomas 28 ... 84 C1
Le Mesnil-Tôve 50 ... 54 C4
Mesnil-Val 76 ... 16 B1
Le Mesnil-Véneron 50 ... 27 E4
Mesnil-Verclives 27 ... 33 D3
Le Mesnil-Vigot 50 ... 27 D4
Le Mesnil-Villeman 50 ... 54 A2
Le Mesnil-Villement 14 ... 56 A3
Le Mesnilbus 50 ... 27 D4
Le Mesnillard 50 ... 54 B4
Mesnois 39 ... 176 C1
Les Mesnuls 78 ... 60 A4
Mespaul 29 ... 49 D2
Mesplède 64 ... 272 B3
Mesples 03 ... 170 B3
Mespuits 91 ... 86 C3
Mesquer 44 ... 123 E3
Messac 17 ... 200 C4
Messac 35 ... 103 D3
Messais 86 ... 148 C3
Messanges 21 ... 158 A1
Messanges 40 ... 252 A4
Messas 45 ... 109 F4

MONTAUBAN

Bourdelle (Pl.) ... Z 4
Bourjade (Pl. L.) ... Z 6
Cambon (R.) ... Z 9
Carmes (R. des) ... Z 10
Comédie (R. de la) ... Z 13
Consul-Dupuy (Allée du) ... Z 14
Coq (Pl. du) ... Z 16
Dr-Lacaze (R. du) ... Z 19
Guibert (Pl.) ... Z 29
Hôtel-de-Ville (R. de l') ... Z 31
Lafon (R. Mary) ... Z 32
Lagrange (R. L.) ... Z 35
Malcousinat (R.) ... Z 36
Martyrs (carrefour des) ... Z 46
Michelet (R.) ... Z 51
Midi-Pyrénées (Bd) ... Z 52
Monet (R. J.) ... Z 53
Montmurat (Q. de) ... Z 54
Mortarieu (Allées de) ... Z 56
Nationale (Pl.) ... Z
Notre-Dame (R.) ... Z 60
Piquard (Sq. Gén.) ... Z 62
République (R. de la) ... Z 63
Résistance (R. de la) ... Z 64
Roosevelt (Pl. F.) ... Z 66
Sapiac (Pont de) ... Z 68
Verdun (Q. de) ... Z 71
22-Septembre (Pl. du) ... Z 76

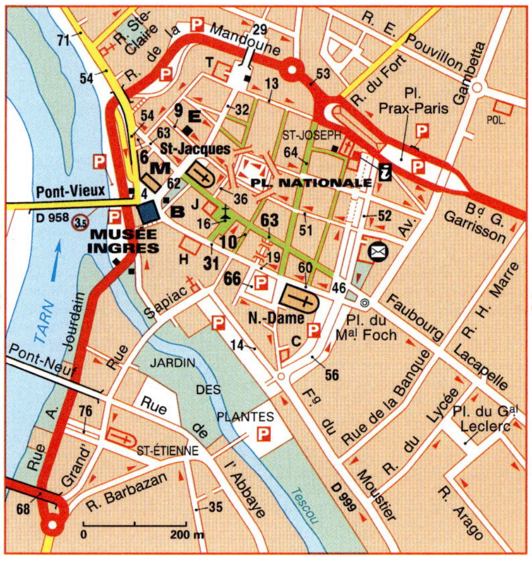

Minaucourt-le-Mesnil-lès-Hurlus *51* 39 D4
Mindin *44* 125 E3
Minerve *34* 279 E4
Mingot *65* 274 A4
Mingoval *62* 8 A2
Miniac-Morvan *35* 79 D1
Miniac-sous-Bécherel *35* 78 C3
Minier (Col du) *30* 262 B2
Les Minières *27* 58 C3
Le Minihic-sur-Rance *35* 78 C1
Minihy-Tréguier *22* 50 B2
Minorville *54* 67 F3
Minot *21* 115 F4
Minversheim *67* 71 D2
Minzac *24* 219 E3
Minzier *74* 195 D2
Miolans (Château de) *73* 213 F1
Miolles *81* 260 A4
Miomo *2B* 315 F1
Mionnay *01* 193 D3
Mions *69* 211 D1
Mios *33* 235 D1
Miossens-Lanusse *64* 273 D3
Mirabeau *04* 267 E2
Mirabeau *84* 285 E1
Mirabel *07* 246 B2
Mirabel *82* 258 A2
Mirabel (Parc d'attractions) *63* 189 E4
Mirabel-aux-Baronnies *26* 247 E4
Mirabel-et-Blacons *26* 247 E1
Miradoux *32* 256 B3
Miramar *06* 288 A4
Miramas *13* 284 A2
Mirambeau *17* 199 E3
Mirambeau *31* 275 E4
Miramont-d'Astarac *32* 274 C2
Miramont-de-Comminges *31* 299 D2
Miramont-de-Guyenne *47* 237 F2
Miramont-de-Quercy *82* 257 D1
Miramont-Latour *32* 275 D1
Miramont-Sensacq *40* 273 D2
Mirande *32* 274 B3
Mirandol-Bourgnounac *81* 259 E2
Mirannes *32* 274 B2
Miraumont *80* 19 D1
Miraval-Cabardès *11* 278 B4
Mirbel *52* 92 A3
Miré *49* 105 E4
Mirebeau *86* 149 D4
Mirebeau-sur-Bèze *21* 139 F3
Mirebel *39* 159 F4
Mirecourt *88* 94 A3
Mirefleurs *63* 207 F1
Miremont *31* 276 C4
Miremont *63* 188 C3
Mirepeisset *11* 303 F1
Mirepeix *64* 297 D1
Mirepoix *09* 301 E2
Mirepoix *32* 275 D1
Mirepoix-sur-Tarn *31* 258 A4
Mireval *34* 281 E3
Mireval-Lauragais *11* 301 F1
Miribel *01* 193 D4
Miribel *26* 229 E1
Miribel-Lanchâtre *38* 230 B3
Miribel-les-Échelles *38* 212 C3
Mirmande *26* 247 D1
Le Miroir *71* 176 A2
Miromesnil (Château de) *76* 16 A3
Mirvaux *80* 18 B1
Mirville *76* 14 C3
Miscon *26* 248 B1
Miserey *27* 59 D2
Miserey-Salines *25* 141 D3
Misérieux *01* 192 C2
Misery *80* 19 E3
Mison *04* 249 D4
Missé *79* 148 B2
Missècle *81* 277 F1
Missègre *11* 302 C3
Missery *21* 138 A4
Missillac *44* 125 E2
Missiriac *56* 102 A3
Misson *40* 271 F2
Missy *14* 29 D4
Missy-aux-Bois *02* 36 B3
Missy-lès-Pierrepont *02* 21 D4
Missy-sur-Aisne *02* 36 C3
Misy-sur-Yonne *77* 88 B3
Mitry-le-Neuf *77* 61 E2
Mitry-Mory *77* 61 E2
Mitschdorf *67* 45 D4
Mittainville *78* 59 F4
Mittainvilliers *28* 85 D2
Mittelbergheim *67* 96 C1
Mittelbronn *57* 70 A2
Mittelhausbergen *67* 71 D3
Mittelhausen *67* 71 D2
Mittelschaeffolsheim *67* 71 D2
Mittelwihr *68* 96 B3
Mittersheim *57* 69 F2
Mittlach *68* 96 A4
Mittois *14* 56 C1
Mitzach *68* 120 A1
Mizérieux *42* 191 E4
Mizoën *38* 231 F2
Mobecq *50* 26 C3
Moca-Croce *2A* 318 C1
Modane *73* 214 C4
Modène *84* 265 E2
Moëlan-sur-Mer *29* 99 E2
Les Moëres *59* 3 F1
Mœrnach *68* 120 B4
Moëslains *52* 91 F1
Mœurs-Verdey *51* 63 E4
Mœuvres *59* 8 C4
Moëze *17* 181 D3
Moffans-et-Vacheresse *70* 119 D4
La Mogère (Château de) *34* 281 F2
Mogeville *55* 40 B3
Mognard *73* 195 D4
Mogneneins *01* 192 C1
Mognéville *55* 66 A3
Mogneville *60* 34 C3
Mogues *08* 23 F4
Mohon *56* 101 F1
Moidieu-Détourbe *38* 211 E2
Moidrey *50* 79 F1
Moigné *35* 103 D1
Moigny-sur-École *91* 87 D2
Moimay *70* 141 F1
Moineville *54* 41 E4
Moings *17* 199 F2
Moingt *42* 209 E2
Moinville-la-Jeulin *28* 85 F3
Moirans *38* 212 B4
Moirans-en-Montagne *39* 177 D3
Moirax *47* 256 B2
Moiré *69* 192 B3
Moiremont *51* 39 E4
Moirey *55* 40 B3
Moiron *39* 176 C1
Moiry *08* 40 A1
Moisdon-la-Rivière *44* 126 C1
Moisenay *77* 87 F1
Moislains *80* 19 E2
Moissac *82* 257 D2
Moissac-Bellevue *83* 286 B1
Moissac-Vallée-Française *48* 262 C1
Moissannes *87* 186 B3
Moissat *63* 190 A4
Moisselles *95* 61 D1
Moissey *39* 140 A4
Moissieu-sur-Dolon *38* 211 E3
Moisson *78* 59 F1
Moissy-Cramayel *77* 87 E1
Moissy-Moulinot *58* 136 C3
Moisville *27* 58 C3
Moisy *41* 109 D3
Moïta *2B* 317 F1
Les Moitiers-d'Allonne *50* 24 B4
Les Moitiers-en-Bauptois *50* 25 D4
Moitron *21* 115 F4
Moitron-sur-Sarthe *72* 82 C4
Moivre *51* 65 E2
Moivrons *54* 68 B3
Molac *56* 101 F3
Molagnies *76* 33 E1
Molain *02* 20 B1
Molain *39* 160 A3
Molamboz *39* 159 F2
Molandier *11* 301 D1
Molas *31* 275 E4
Molay *39* 159 D2
Molay *70* 117 E4
Môlay *89* 114 A4
Le Molay-Littry *14* 28 B3
La Môle *83* 293 D2
Moléans *28* 109 D1
Molèdes *15* 207 E4
Molène (Ile) 46 B3
Molère *65* 298 B2
Molesme *21* 114 C2
Molesmes *89* 136 A1
Molezon *48* 262 B1
Moliens *60* 17 E4
Molières *24* 220 C4
Molières *46* 223 D4
Molières *82* 257 F1
Les Molières *91* 60 B4
Molières-Cavaillac *30* 262 B3
Molières-Glandaz *26* 248 A1
Molières-sur-Cèze *30* 263 E1
Moliets-et-Maa *40* 252 A4
Moliets-Plage *40* 252 A4
Molinchart *02* 36 C1
Molines-en-Queyras *05* 233 D4
Molinet *03* 173 E3
Molineuf *41* 131 F1
Molinges *39* 177 D3
Molinghem *62* 3 F4
Molinons *89* 89 E4
Molinot *21* 157 F2
Molins-sur-Aube *10* 90 C2
Molitg-les-Bains *66* 311 F2
Mollans *70* 118 C4
Mollans-sur-Ouvèze *26* 265 F1
Mollard (Col du) *73* 214 A4
Mollau *68* 119 F2
Mollégès *13* 265 D4
Molles *03* 190 B1
Les Mollettes *73* 213 E2
Molleville *11* 301 E1
Molliens-au-Bois *80* 18 B2
Molliens-Dreuil *80* 17 F2
La Mollière *80* 6 A4
Mollkirch *67* 70 B4
Molompize *15* 225 E1
Molosmes *89* 114 B3
Moloy *21* 139 D2
Molphey *21* 137 F3
Molpré *39* 160 B3
Molring *57* 69 E2
Molsheim *67* 70 C4
Moltifao *2B* 315 D3
Les Molunes *39* 177 E3
Momas *64* 272 C3
Mombrier *33* 217 E2
Momères *65* 297 F1

MONTPELLIER

Anatole-France (R.) .... BU 3
Arceaux (Bd des) .... AU 7
Bazille (R. F.) .... BCV 12
Blum (R. Léon) .... CU 13
Broussonnet (R. A.) .... AT 18
Chancel (Av.) .... AT 25
Citadelle (Allée) .... CU 26
Clapiès (R.) .... AU 28
Comte (R. A.) .... AU 29
Délicieux (R. B.) .... CT 31
États-du-Languedoc (Av.) .... CU 35
Fabre-de-Morlhon (Bd) .... BV 36
Fg-Boutonnet (R.) .... BT 37
Fg-de-Nîmes (R.) .... CT 41
Flahault (Av. Ch.) .... AT 43
Fontaine-de-Lattes (R.) .... CU 44
Henri-II-de-Montmorency (Allée) .... CU 51
Leclerc (Av. du Mar.) .... CV 58
Millénaire (Pl. du) .... CU 62
Nombre-d'Or (Pl. du) .... CU 64
Olivier (R. A.) .... CU 66
Polygone (Le) .... CU
Pont-de-Lattes (R. du) .... CU 69
Pont-Juvénal (Av.) .... CDU 70
Près-d'Arènes (Av. des) .... BV 71
Prof. E. Antonelli (Av.) .... CDV 72
Proudhon (R.) .... BT 73
René (R. H.) .... CV 74
Villeneuve-d'Angoulême (Av.) .... ABV 88

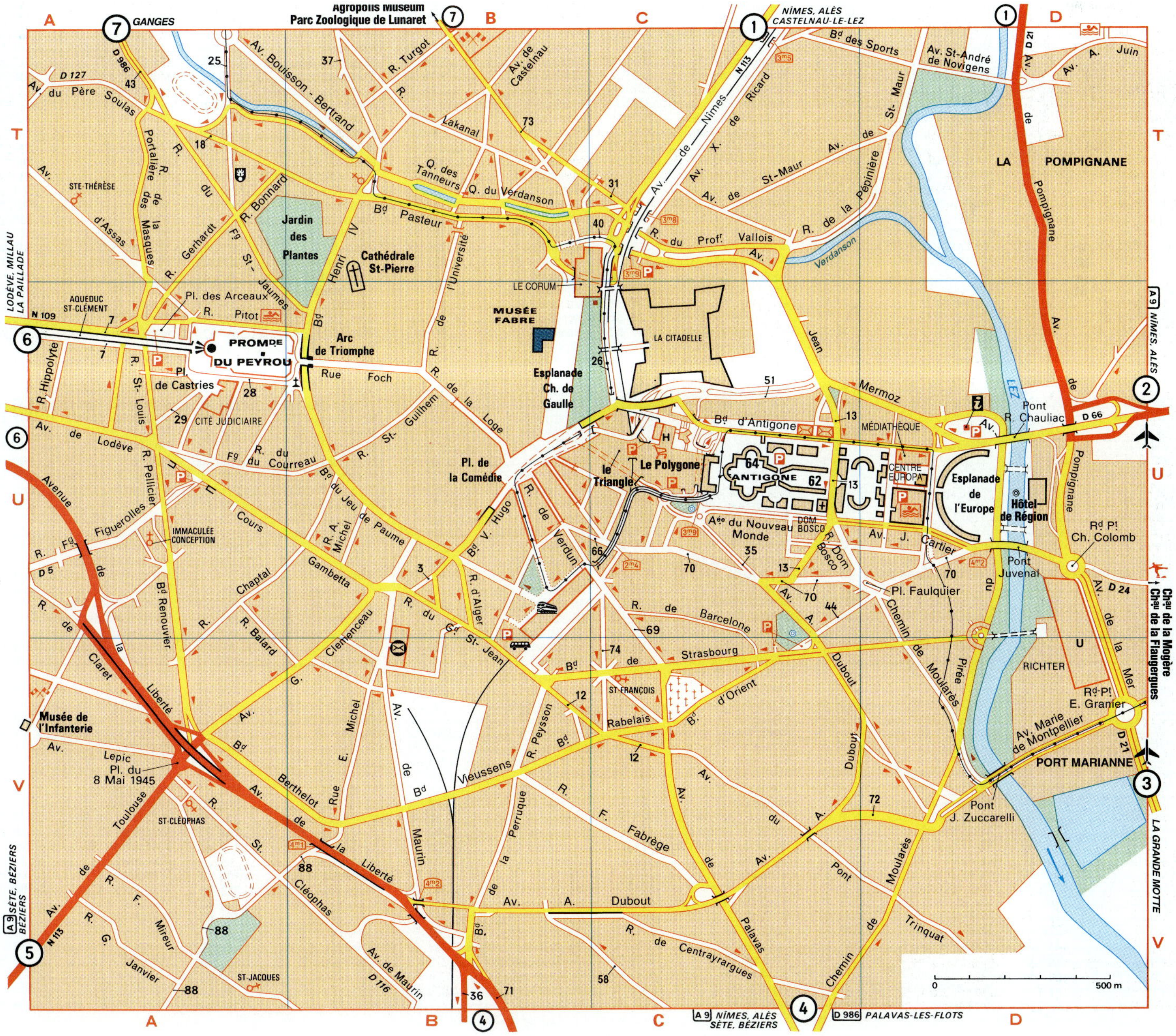

Momerstroff 57 42 B4
Mommenheim 67 71 D2
Momuy 40 272 B2
Momy 64 273 E4
Mon Idée 08 22 A2
Monacia-d'Aullène 2A 319 D3
Monacia-d'Orezza 2B 315 F4
Monampteuil 02 36 C2
Monassut-Audiracq 64 273 E3
Le Monastère 12 242 B4
Le Monastier 48 243 F3
Le Monastier-sur-Gazeille 43 227 E3
Monay 39 159 E3
Monbadon 33 219 D3
Monbahus 47 238 B2
Monbalen 47 238 C4
Monbardon 32 275 D4
Monbazillac 24 220 A4
Monbéqui 82 257 E4
Monblanc 32 275 F3
Monbos 24 238 A1
Monbouan (Château de) 35 104 A1
Monbrun 32 275 F2
Moncale 2B 314 B3
Moncassin 32 274 C3
Moncaup 31 299 D3
Moncaup 64 273 E3
Moncaut 47 256 A2
Moncayolle-Larrory-Mendibieu 64 295 F1
Moncé-en-Belin 72 107 D3
Moncé-en-Saosnois 72 83 E4
Monceau-le-Neuf-et-Faucouzy 02 20 C3
Monceau-le-Waast 02 37 D1
Monceau-lès-Leups 02 20 B4
Monceau-Saint-Waast 59 10 B3
Monceau-sur-Oise 02 20 C2
Les Monceaux 14 56 C1
Monceaux 60 35 D3
Monceaux-au-Perche 61 83 F2
Monceaux-en-Bessin 14 28 C3
Monceaux-l'Abbaye 60 17 E4
Monceaux-le-Comte 58 136 C3
Monceaux-sur-Dordogne 19 223 D2
Moncel-lès-Lunéville 54 95 D1
Moncel-sur-Seille 54 68 C3
Moncel-sur-Vair 88 93 E2
La Moncelle 08 23 E4
Moncetz-l'Abbaye 51 65 E4
Moncetz-Longevas 51 65 D2
Moncey 25 141 E3
Monchaux 80 6 A3
Monchaux-Soreng 76 17 D2
Monchaux-sur-Écaillon 59 9 E3
Moncheaux 59 8 C2
Moncheaux-lès-Frévent 62 7 E3
Monchecourt 59 9 D3
Monchel-sur-Canche 62 7 E3
Moncheux 57 68 B2
Monchiet 62 8 A4
Monchy-au-Bois 62 8 A4
Monchy-Breton 62 7 F2
Monchy-Cayeux 62 7 E2
Monchy-Humières 60 35 E2
Monchy-Lagache 80 19 F3
Monchy-le-Preux 62 8 B3
Monchy-Saint-Éloi 60 34 C3
Monchy-sur-Eu 76 16 C2
Moncla 64 273 D2
Monclar 32 254 C3
Monclar 47 238 A3
Monclar-de-Quercy 82 258 B3
Monclar-sur-Losse 32 274 B3
Moncley 25 140 C3
Moncontour 22 77 F2
Moncontour 86 148 C3
Moncorneil-Grazan 32 275 D3
Moncourt 57 69 D3
Moncoutant 79 147 E4
Moncrabeau 47 255 F2
Moncy 61 55 E3
Mondavezan 31 299 F1
Mondelange 57 41 F3
Mondement-Montgivroux 51 63 F3
Mondescourt 60 36 A1
Mondevert 35 104 B1
Mondeville 14 29 F4
Mondeville 91 87 D2
Mondicourt 62 7 F4
Mondigny 08 22 C4
Mondilhan 31 299 D1
Mondion 86 149 F3
Mondon 25 141 F2
Mondonville 31 276 B2
Mondonville-Saint-Jean 28 86 A3
Mondorff 57 125 E2
Mondoubleau 41 108 B2
Mondouzil 31 277 D2
Mondragon 84 264 C1
Mondrainville 14 29 D4
Mondrecourt 55 66 B2
Mondrepuis 02 10 C4
Mondreville 77 111 E1
Mondreville 78 59 E3
Monein 64 272 B4
Monès 31 275 F4
Monesple 09 300 C2
Monestier 03 171 F4
Monestier 07 228 B1
Monestier 24 219 F4
Le Monestier 63 208 B2
Monestier-d'Ambel 38 231 D4
Monestier-de-Clermont 38 230 C3
Le Monestier-du-Percy 38 230 C4
Monestier-Merlines 19 206 A1
Monestier-Port-Dieu 19 206 B3
Monestiés 81 259 E2
Monestrol 31 277 D4
Monétay-sur-Allier 03 172 A3
Monétay-sur-Loire 03 173 D3
Monéteau 89 113 E3
Monêtier-Allemont 05 249 E3
Le Monêtier-les-Bains 05 232 B2
Monfaucon 24 219 F3
Monfaucon 65 273 F3
Monferran-Plavès 32 275 D3
Monferran-Savès 32 275 F2
Monflanquin 47 238 C2
Monfort 32 275 E1
Monfréville 14 27 F3
Mongaillard 47 255 F1
Mongausy 32 275 E3
Mongauzy 33 237 D2
Monget 40 272 C2
La Mongie 65 298 A4
Monguilhem 32 254 C4
Monheurt 47 237 F4
Monhoudou 72 83 D3
Monieux 84 266 A2
Monistrol-d'Allier 43 226 B3
Monistrol-sur-Loire 43 209 F4
Monlaur-Bernet 32 274 C4
Monléon-Magnoac 65 298 C1
Monlet 43 226 C1
Monlezun 32 274 A3
Monlezun-d'Armagnac 32 254 C4
Monlong 65 298 C1
Monmadalès 24 220 B4
Monmarvès 24 238 B1
Monnai 61 57 E3
Monnaie 37 131 D2
Monneren 57 42 A2
La Monnerie-le-Montel 63 190 B3
Monnerville 91 86 B3
Monnes 02 36 A4
Monnet-la-Ville 39 160 A4
Monnetay 39 176 C2
Monnetier-Mornex 74 195 F1
Monneville 60 33 F4
Monnières 39 159 E1
Monnières 44 146 A1
Monoblet 30 263 D3
Monpardiac 32 274 A3
Monpazier 24 239 D1
Monpezat 64 273 E3
Monplaisant 24 221 D4
Monprimblanc 33 236 C1
Mons 16 183 D3
Mons 17 182 B4
Mons 30 263 F2
Mons 31 277 D2
Mons 34 279 F2
Mons 63 190 A2
Mons 83 287 E1
Mons-Boubert 80 6 B4
Mons-en-Barœul 59 4 C4
Mons-en-Chaussée 80 19 F3
Mons-en-Laonnois 02 36 C1
Mons-en-Montois 77 88 B2
Mons-en-Pévèle 59 9 D2
Monsac 24 220 C4
Monsaguel 24 238 B1
Monsec 24 202 B3
Monségur 33 237 E1
Monségur 40 272 B2
Monségur 47 239 D3
Monségur 64 273 F3
La Monselie 15 206 B4
Monsempron-Libos 47 239 D3
Monsireigne 85 146 C4
Monsols 69 174 C4
Monsteroux-Milieu 38 211 D3
Monsures 80 18 A4
Monswiller 67 70 B2
Mont 64 272 B3
Mont 65 298 B4
Mont 71 173 E1
Le Mont 88 96 A1
Mont (Signal de) 71 173 E1
Mont-Bernanchon 62 8 A1
Mont-Bertrand 14 54 C2
Mont Blanc (Tunnel du) 74 197 D3
Mont-Bonvillers 54 41 D3
Le Mont-Caume 83 291 F3
Mont-Cauvaire 76 32 B1
Mont-Cenis (Col du) 73 215 D4
Mont-Cindre 69 192 C4
Mont-d'Astarac 32 274 C4
Mont-Dauphin 05 250 C1
Mont-de-Galié 31 299 D3
Mont-de-Lans 38 231 F2
Mont-de-Laval 25 142 B4
Mont-de-l'If 76 15 F3
Mont-de-Marrast 32 274 B4
Mont-de-Marsan 40 254 A3
Mont-de-Vougney 25 142 B4
Mont des Cats 59 4 A3
Mont-devant-Sassey 55 39 F2
Le Mont-Dieu 08 39 D1
Mont-Disse 64 273 E2
Mont-Dol 35 79 D1
Le Mont-Dore 63 206 C2
Mont-d'Origny 02 20 B3
Mont du Chat 73 212 C1
Mont-et-Marré 58 155 F1
Mont-Laurent 08 38 B2
Mont-le-Franois 70 140 B1
Mont-le-Vernois 70 141 D1
Mont-le-Vignoble 54 67 F4
Mont-lès-Lamarche 88 117 F1
Mont-lès-Neufchâteau 88 93 E3
Mont-lès-Seurre 71 158 C2
Mont-l'Étroit 54 93 E1
Mont-l'Évêque 60 35 D4
Mont-Louis 66 311 D3
Mont Noir 59 4 A3
Mont-Notre-Dame 02 36 C3
Mont-près-Chambord 41 132 B2
Mont-Roc 81 278 C1
Mont Roland (Sanctuaire du) 39 159 E1
Mont-Rond (Sommet du) 01 177 E3
Le Mont-Saint-Adrien 60 34 A2
Mont-Saint-Aignan 76 32 A2
Mont-Saint-Éloi 62 8 A3
Mont-Saint-Jean 02 21 F3
Mont-Saint-Jean 21 138 A4
Mont-Saint-Jean 72 82 B4
Mont-Saint-Léger 70 140 C1
Mont-Saint-Martin 02 37 D3
Mont-Saint-Martin 08 38 C3
Mont-Saint-Martin 38 212 C4
Mont-Saint-Martin 54 41 D1
Le Mont-Saint-Michel 50 53 F4
Mont-Saint-Père 02 63 D1
Mont-Saint-Remy 08 38 B2
Mont-Saint-Sulpice 89 113 E2
Mont-Saint-Vincent 71 174 B1
Mont-Saxonnex 74 196 A1
Mont-sous-Vaudrey 39 159 E2
Mont-sur-Courville 51 37 D4
Mont-sur-Meurthe 54 94 C1
Mont-sur-Monnet 39 160 A4
Mont Thou 69 192 C4
Mont-Villers 55 67 D1
Montabard 61 56 B3
Montabès (Puy de) 12 242 B2
Montabon 72 107 E4
Montabot 50 54 B2
Montacher-Villegardin 89 112 B1
Montadet 32 275 E4
Montady 34 280 A4
Montagagne 09 300 C3
Montagna-le-Reconduit 39 176 B2
Montagna-le-Templier 39 176 B3
Montagnac 04 267 E4
Montagnac 30 263 E3
Montagnac 34 280 C3
Montagnac-d'Auberoche 24 221 D1
Montagnac-la-Crempse 24 220 B3
Montagnac-sur-Auvignon 47 256 A1
Montagnac-sur-Lède 47 238 C2
Montagnat 01 193 F1
Montagne 33 219 D3
Montagne 38 229 F1
La Montagne 44 126 A4
La Montagne 70 119 D2
Montagne de Dun 71 174 B4
Montagne-Fayel 80 17 F2
Montagney 25 141 F2
Montagney 70 140 B3
Montagnieu 01 194 A4
Montagnieu 38 212 A2
Montagnol 12 261 D4
Montagnole 73 213 D2
Montagny 42 191 F2
Montagny 69 210 C1
Montagny 73 214 B2
Montagny-en-Vexin 60 33 E4
Montagny-lès-Beaune 21 158 A2
Montagny-lès-Buxy 71 157 F4
Montagny-les-Lanches 74 195 E3
Montagny-lès-Seurre 21 158 C2
Montagny-près-Louhans 71 176 A1
Montagny-Sainte-Félicité 60 61 F1
Montagny-sur-Grosne 71 174 C3
Montagoudin 33 237 D2
Montagrier 24 202 A4
Montagudet 82 257 E1
Montagut 64 272 C2
Montaignac-Saint-Hippolyte 19 205 D4
Montaigu 02 37 E1
Montaigu 39 176 C1
Montaigu 85 146 A2
Montaigu (Butte de) 53 81 F4
Montaigu-de-Quercy 82 239 D4
Montaigu-la-Brisette 50 25 D3
Montaigu-le-Blin 03 172 C4
Montaigu-les-Bois 50 54 A2
Montaiguët-en-Forez 03 173 D4
Montaigut 63 188 C1
Montaigut-le-Blanc 23 186 C1
Montaigut-le-Blanc 63 207 E2
Montaigut-sur-Save 31 276 A1
Montaillé 72 107 F2
Montailleur 73 213 F1
Montaillou 09 310 B1
Montaimont 73 214 A3
Montain 39 159 E4
Montaïn 82 257 E3
Montainville 28 85 E4
Montainville 78 60 A3
Montal (Château de) 46 223 D4
Montalba-d'Amélie 66 312 C4
Montalba-le-Château 66 312 B2
Montalembert 79 183 F1
Montalet-le-Bois 78 60 A1
Montalieu-Vercieu 38 194 A4
Montalivet-les-Bains 33 198 B3
Montalzat 82 258 A1
Montamat 32 275 E3
Montambert 58 155 F4
Montamel 46 240 A2
Montamisé 86 166 B1
Montamy 14 55 D2
Montanay 69 193 D3
Montanceix 24 220 B1
Montancy 25 143 D2
Montandon 25 142 C3
Montanel 50 79 F1
Montaner 64 273 F4
Montanges 01 194 C1
Montangon 10 90 C3
Montans 81 258 C4
Montapas 58 155 F1
Montarcher 42 209 E3
Montardit 09 300 A3
Montardon 64 273 D4
Montaren-et-Saint-Médiers 30 264 A3
Montargis 45 111 F2
Montarlot 77 88 A3
Montarlot-lès-Champlitte 70 140 A1
Montarlot-lès-Rioz 70 141 D2
Montarnaud 34 281 E2
Montaron 58 156 A3
Montastruc 47 238 A3
Montastruc 65 298 B1
Montastruc 82 257 F2
Montastruc-de-Salies 31 299 E3
Montastruc-la-Conseillère 31 277 D1
Montastruc-Savès 31 275 F4
Le Montat 46 240 A4
Montataire 60 34 C4
Montauban 82 257 F3
Montauban-de-Bretagne 35 78 C4
Montauban-de-Luchon 31 307 F4
Montauban-de-Picardie 80 19 D1
Montauban-sur-l'Ouvèze 26 248 B4
Montaud 34 281 F1
Montaud 38 212 B4
Montaudin 53 80 C2
Montaulieu 26 247 F4
Montaulin 10 90 B4
Montaure 27 32 A4
Montauriol 11 301 E1
Montauriol 47 238 B2
Montauriol 66 312 C3
Montauriol 81 259 F2
Montauroux 83 287 F1
Montaut 09 301 D2
Montaut 24 238 B1
Montaut 31 276 B4
Montaut 32 274 B4
Montaut 40 272 B1
Montaut 47 238 B2
Montaut 64 297 D2
Montaut-les-Créneaux 32 275 D1
Montautour 35 80 B4
Montauville 54 68 A2
Montay 59 9 F4
Montayral 47 239 D3
Montazeau 24 219 E3
Montazels 11 302 B4
Montbard 21 137 F1
Montbarla 82 257 E1
Montbarrey 39 159 F2
Montbarrois 45 111 D2
Montbartier 82 257 F4
Montbavin 02 36 C1
Montbazens 12 241 F3
Montbazin 34 281 E3
Montbazon 37 130 C4
Montbel 09 301 F3
Montbel 48 244 C2
Montbéliard 25 142 C1
Montbéliardot 25 142 B4
Montbellet 71 175 E2
Montbenoît 25 161 D2
Montberaud 31 300 A2
Montbernard 31 299 E1
Montberon 31 276 C1
Montbert 44 145 F1
Montberthault 21 137 E2
Montbeton 82 257 F3
Montbeugny 03 172 C2
Montbizot 72 106 C1
Montblainville 55 39 E3
Montblanc 04 269 D3
Montblanc 34 280 C4
Montboillon 70 141 D3
Montboissier 28 85 D4
Montbolo 66 312 B3
Montbonnot-Saint-Martin 38 212 C4
Montboucher 23 186 C3
Montboucher-sur-Jabron 26 247 D2
Montboudif 15 206 C4
Montbouton 90 142 C2
Montbouy 45 112 A3
Montboyer 16 201 E4
Montbozon 70 141 F2
Montbrand 05 248 C2
Montbras 55 93 E1
Montbray 50 54 B2
Montbré 51 37 F4
Montbrehain 02 20 A2
Montbrison 26 247 E3
Montbrison 42 209 E2
Montbron 16 202 B1
Montbronn 57 44 B4
Montbrun 46 241 D3
Montbrun 48 244 B4
Montbrun (Château de) 87 203 D1
Montbrun-Bocage 31 300 B2
Montbrun-des-Corbières 11 303 E2
Montbrun-Lauragais 31 276 C3
Montbrun-les-Bains 26 266 A1
Montcabrier 46 239 E2
Montcabrier 81 277 E2
Montcaret 24 219 E4
Montcarra 38 212 A1
Montcavrel 62 6 B1
Montceau 38 212 A1
Montceau-et-Écharnant 21 157 F2
Montceau-les-Mines 71 174 B1
Montceaux 01 192 C1
Montceaux-les-Meaux 77 62 A2
Montceaux-lès-Provins 77 63 D4
Montceaux-lès-Vaudes 10 114 B1
Montceaux-l'Étoile 71 173 F3
Montceaux-Ragny 71 175 E1
Montcel 63 189 E2
Le Montcel 73 195 D4
Montcenis 71 157 D4
Montcet 01 175 F4
Montcey 70 118 B4
Montchaboud 38 230 C1
Montchal 42 191 F4
Montchâlons 02 37 D1
Montchamp 14 55 D2
Montchamp 15 225 F2
Montchanin 71 157 E4
Montcharvot 52 117 E2
Montchaton 50 53 F1
Montchaude 16 200 C3
Montchauvet 14 55 D2
Montchauvet 78 59 F3
Montchauvrot 39 159 E3
Montchavin 73 214 C1
Montchenot 51 37 F4
Montchenu 26 229 E1
Montcheutin 08 39 D3
Montchevrel 61 83 D1
Montchevrier 36 169 D2
Montclar 04 250 A3
Montclar 11 302 B2
Montclar 12 260 B3
Montclar-de-Comminges 31 299 F2
Montclar-Lauragais 31 277 D4
Montclar-sur-Gervanne 26 229 F4
Montclard 43 208 B4
Montcléra 46 239 F2
Montclus 05 248 C3
Montclus 30 264 A1
Montcombroux-les-Mines 03 173 D3
Montcony 71 159 D4
Montcorbon 45 112 B2
Montcornet 02 21 E4
Montcornet 08 22 C3
Montcourt 70 118 A2
Montcourt-Fromonville 77 87 F3
Montcoy 71 158 B4
Montcresson 45 111 F3
Montcuit 50 27 D4
Montcuq 46 239 F4
Montcusel 39 176 C3
Montcy-Notre-Dame 08 22 C3
Montdardier 30 262 B3
Montdauphin 77 63 D3
Montdidier 57 69 E2
Montdidier 80 18 C4
Montdoré 70 118 A2
Montdoumerc 46 258 A1
Montdragon 81 278 A1
Montdurausse 81 258 A3
Monte 2B 315 F3
Monte Cecu 2B 315 D4
Monte d'Oro 2A 317 D2
Monteaux 41 131 F2
Montebourg 50 25 D3
Montech 82 257 E3
Montech (Pente d'eau de) 82 257 E3
Montécheroux 25 142 C3
Montegrosso 2B 314 B3
Montégut 32 275 D2
Montégut 40 254 C4
Montégut 65 298 C2
Montégut-Arros 32 274 A4
Montégut-Bourjac 31 299 F1
Montégut-en-Couserans 09 300 A3
Montégut-Lauragais 31 277 F3
Montégut-Plantaurel 09 300 C3
Montégut-Savès 32 275 F3
Monteignet-sur-l'Andelot 03 189 F1
Le Monteil 15 206 B4
Le Monteil 43 227 D2
Le Monteil-au-Vicomte 23 187 D3
Monteille 14 56 C1
Monteils 12 259 D1
Monteils 30 263 F2
Monteils 82 258 A1
Montel-de-Gelat 63 188 B3
Montéléger 26 229 D4
Montélier 26 229 E3
Montélimar 26 246 C2
Le Montellier 01 193 E3
Montels 09 300 C3
Montels 34 304 C1
Montels 81 258 C3
Montemaggiore 2B 314 B3
Montembœuf 16 184 B4
Montenach 57 42 A2
Montenay 53 80 C3
Montendre 17 199 F4
Montendry 73 213 F2
Montenescourt 62 8 A3
Monteneuf 56 102 B2
Montenils 77 63 D3
Montenois 25 142 B1
Montenoison 58 136 A4
Montenoy 54 68 B3
Montépilloy 60 35 D4
Monteplain 39 140 B4
Montépreux 51 64 B4
Monterblanc 56 101 E3
Montereau 45 111 E3
Montereau-Fault-Yonne 77 88 A3
Montereau-sur-le-Jard 77 87 F1
Monterfil 35 102 C1
Montérolier 76 16 B4
Monterrein 56 102 A2
Montertelot 56 101 F2
Montescot 66 313 D2
Montescourt-Lizerolles 02 20 A4
Montespan 31 299 E2
Montesquieu 34 280 B2
Montesquieu 47 256 A1
Montesquieu 82 257 D1
Montesquieu-Avantès 09 300 A3
Montesquieu-des-Albères 66 313 D3
Montesquieu-Guittaut 31 275 E4
Montesquieu-Lauragais 31 277 D4
Montesquieu-Volvestre 31 300 A1
Montesquiou 32 274 B2
Montessaux 70 119 D3
Montesson 52 117 E3
Montesson 78 60 C3
Montestruc-sur-Gers 32 275 D1
Montestrucq 64 272 A3
Le Montet 03 171 F3
Montet-et-Bouxal 46 241 E1
Monteton 47 237 F2
Montets (Col des) 74 197 D2
Monteux 84 265 E2
Montévrain 77 61 F3
Monteynard 38 230 C2
Montézic 12 242 B1
Montfa 09 300 B2
Montfa 81 278 B1
Montfalcon 38 211 F4
Montfarville 50 25 E2
Montfaucon 02 63 D2
Montfaucon 25 141 E4
Montfaucon 30 264 C2
Montfaucon 46 240 B1
Montfaucon-d'Argonne 55 39 F3
Montfaucon-en-Velay 43 227 F1
Montfaucon-montigné 49 146 B1
Montfavet 84 265 D3
Montfermeil 93 61 E3
Montfermier 82 258 A1
Montfermy 63 188 C3
Montferney 25 141 F2
Montferrand 11 277 E4
Montferrand 63 189 E4
Montferrand-du-Périgord 24 239 D1
Montferrand-la-Fare 26 248 B4
Montferrand-le-Château 25 141 D4
Montferrat 38 212 B2
Montferrat 83 287 D1
Montferrer 66 312 B4
Montferrier 09 301 E4
Montferrier-sur-Lez 34 281 F2
Montfey 10 114 A1
Montfiquet 14 27 F4
Montfleur 39 176 B3
Montflours 53 81 D4
Montflovin 25 161 D2
Montfort 04 267 E2
Montfort 24 221 F4
Montfort 25 160 A1
Montfort 49 129 D4
Montfort 64 272 A4
Montfort-en-Chalosse 40 272 A1
Montfort-l'Amaury 78 60 A4
Montfort-le-Gesnois 72 107 E1
Montfort-sur-Argens 83 286 B3
Montfort-sur-Boulzane 11 311 E1
Montfort-sur-Meu 35 78 C4
Montfort-sur-Risle 27 31 E3
Montfranc 12 260 B4
Montfrin 30 264 B4
Montfroc 26 266 B1
Montfuron 04 266 C4
Montgaillard 09 301 D4
Montgaillard 11 303 D4
Montgaillard 40 272 C1
Montgaillard 65 297 F2
Montgaillard 81 258 B4
Montgaillard 82 256 C3
Montgaillard-de-Salies 31 299 F3
Montgaillard-Lauragais 31 277 D4
Montgaillard-sur-Save 31 299 D1
Montgardin 05 249 F2
Montgardon 50 26 C3
Montgaroult 61 56 B4
Montgauch 09 299 F3
Montgaudry 61 83 E2
Montgazin 31 300 B1
Montgé-en-Goële 77 61 F2
Montgeard 31 277 D4
Montgellafrey 73 214 A3
Montgenèvre 05 232 C3
Montgenost 51 89 E1
Montgeoffroy (Château de) 49 129 D2
Montgérain 60 35 D1
Montgermont 35 79 E4
Montgeron 91 61 E4
Montgeroult 95 60 B1
Montgesoye 25 160 C1
Montgesty 46 239 F2
Montgey 81 277 F3
Montgibaud 19 204 A2
Montgilbert 73 213 F2
Montgirod 73 214 B2
Montgiscard 31 277 D3
Montgivray 36 169 F1
Montgobert 02 36 A3

CITÉ JEAN WAGNER
CITÉ ADMINISTRATIVE
ST-JEANNE-D'ARC
ST-JEAN-BOSCO
ST-FRIDOLIN
MAISON D'ARRÊT
LA FILATURE
Pl. de l'Europe Tour
STE-GENEVIÈVE
PARC SALVATOR
PL. DE LA RÉUNION
Temple St-Étienne
MUSÉE HISTORIQUE
SQUARE STEINBACH
Nouveau Quartier
ST-ÉTIENNE
RIEDISHEIM
Parc Tivoli
SACRÉ-CŒUR
Canal du Rhône au Rhin
0
200 m

MULHOUSE

Altkirch (Av. d') .... FZ 4
Augustins (Passage des) .... EY 5
Bonbonnière (R.) .... EY 13
Bonnes-Gens (R. des) .... FY 14
Bons-Enfants (R. des) .... FY 17
Boulangers (R. des) .... FY 18
Briand (Av. Aristide) .... EY 19
Cloche (Quai de la) .... EY 24
Colmar (Av. de) .... EXFY
Dollfus (Av. Gustave) .... GY 27
Dreyfus (R. du Capit.) .... FX 29
Engelmann (Rue) .... FY 30
Ensisheim (R. d') .... FX 33
Fleurs (R. des) .... FYZ 37
Foch (Av. du Mar.) .... FZ 38
Fonderie (R. de la) .... EZ 39
Franciscains (R. des) .... EY 40
Gaulle (Pl. Gén.-de) .... FZ 43
Guillaume-Tell (Pl.) .... FY 48
Halles (R. des) .... FZ 50
Henner (R. J.-J.) .... FZ 53
Henriette (R.) .... FY 56
Jardin-Zoologique (R. du) .... GZ 64
Joffre (Av. du Mar.) .... FYZ 65
Jura (R. du) .... FZ 67
Lambert (Rue) .... FY
Lattre-de-Tassigny (Av. Mar. de) .... FY 71
Loisy (R. du Lt de) .... FX 77
Lorraine (R. de) .... EY 78
Maréchaux (R. des) .... FY 82
Montagne (R. de la) .... FZ 88
Moselle (R. de la) .... FY 91
Président-Kennedy (Av. du) .... EFY
Raisin (R. du) .... EFY 109
République (Pl. de la) .... FY 112
Riedisheim (Pont de) .... FZ 119
Ste-Claire (R.) .... EZ 137
Ste-Thérèse (R.) .... EY 140
Sauvage (R. du) .... FY 145
Schœn (R. Anna) .... EX 146
Somme (R. de la) .... FY 147
Stalingrad (R. de) .... FGY 149
Stoessel (Bd Charles) .... EYZ 152
Tanneurs (R. des) .... EFY 153
Teutonique (Passage) .... FY 154
Tour-du-Diable (R.) .... EZ 156
Trois-Rois (R. des) .... EY 157
Victoires (Pl. des) .... FY 160
Wicky (Av. Auguste) .... FZ 165
Wilson (R.) .... FYZ 166
Zuber (R.) .... FY 172
17-Novembre (R. du) .... FZ 177

Montgon *08* **39** D1
Montgothier *50* **54** B4
Montgradail *11* **301** F2
Montgras *31* **275** F3
Montgreleix *15* **207** D4
Montgru-Saint-Hilaire *02* **36** B4
Montguers *26* **248** B4
Montgueux *10* **90** A3
Montguillon *49* **105** D4
Montguyon *17* **218** C1
Les Monthairons *55* **66** C1
Montharville *28* **85** D4
Monthault *35* **80** B1
Monthaut *11* **302** A2
Monthelie *21* **158** A2
Monthelon *51* **64** A2
Monthelon *71* **156** C2
Monthenault *02* **37** D2
Montheries *52* **92** A4
Montherlant *60* **34** A3
Monthermé *08* **22** C2
Monthiers *02* **62** C1
Monthieux *01* **193** D3
Monthion *73* **214** A1
Monthodon *37* **131** D1
Monthoiron *86* **149** F4
Monthois *08* **39** D3
Montholier *39* **159** F3
Monthou-sur-Bièvre *41* **132** A2
Monthou-sur-Cher *41* **132** A3
Monthuchon *50* **54** A1
Monthurel *02* **63** E1
Monthureux-le-Sec *88* **94** A4
Monthureux-sur-Saône *88* **118** A1
Monthyon *77* **62** A2
Monti *06* **289** E3
Monticello *2B* **314** C2
Montier-en-Der *52* **91** F2
Montier-en-l'Isle *10* **91** E4
Montiéramey *10* **90** C4
Montierchaume *36* **152** A3
Montiers *60* **35** D2
Montiers-sur-Saulx *55* **92** B1
Monties *32* **275** D4
Montignac *24* **221** F2
Montignac *33* **236** C1
Montignac *65* **298** A1
Montignac-Charente *16* **183** E4
Montignac-de-Lauzun *47* **238** A2
Montignac-le-Coq *16* **201** F4
Montignac-Toupinerie *47* **237** F2
Montignargues *30* **263** F3
Montigné *16* **183** D4
Montigné *79* **165** D4
Montigné-le-Brillant *53* **105** D2
Montigné-lès-Rairies *49* **129** D1
Montigné-sur-Moine *49* **146** B1
Montigny *14* **55** F1
Montigny *18* **134** C4
Montigny *45* **110** B1
Montigny *50* **54** B4
Montigny *54* **95** E1
Montigny *72* **83** D2
Montigny *76* **32** A2
Montigny *79* **147** E4
Montigny-aux-Amognes *58* **155** D2
Montigny-devant-Sassey *55* **39** F2
Montigny-en-Arrouaise *02* **20** B2
Montigny-en-Cambrésis *59* **20** B1
Montigny-en-Gohelle *62* **8** C2
Montigny-en-Morvan *58* **156** A1
Montigny-en-Ostrevant *59* **9** D3
Montigny-la-Resle *89* **113** F3
Montigny-l'Allier *02* **62** B1
Montigny-le-Bretonneux *78* **60** B4
Montigny-le-Chartif *28* **84** C4
Montigny-le-Franc *02* **21** E4
Montigny-le-Gannelon *28* **108** C2
Montigny-le-Guesdier *77* **88** C3
Montigny-le-Roi *52* **117** D2
Montigny-Lencoup *77* **88** B2
Montigny-Lengrain *02* **36** A3
Montigny-lès-Arsures *39* **160** A2
Montigny-lès-Cherlieu *70* **117** F3
Montigny-lès-Condé *02* **63** E2
Montigny-lès-Cormeilles *95* **60** C2
Montigny-les-Jongleurs *80* **7** D4
Montigny-lès-Metz *57* **41** F4
Montigny-les-Monts *10* **114** A1
Montigny-lès-Vaucouleurs *55* **93** D1
Montigny-lès-Vesoul *70* **118** A4
Montigny-Montfort *21* **137** F1
Montigny-Saint-Barthélemy *21* **137** F3
Montigny-sous-Marle *02* **21** D4
Montigny-sur-Armançon *21* **138** A3
Montigny-sur-Aube *21* **115** F2
Montigny-sur-Avre *28* **58** B4
Montigny-sur-Canne *58* **155** F3
Montigny-sur-Chiers *54* **40** C1
Montigny-sur-Crécy *02* **20** C4
Montigny-sur-l'Ain *39* **160** A4
Montigny-sur-l'Hallue *80* **18** B2
Montigny-sur-Loing *77* **87** F3
Montigny-sur-Meuse *08* **11** F4
Montigny-sur-Vence *08* **22** C4
Montigny-sur-Vesle *51* **37** E3
Montigny-sur-Vingeanne *21* **140** A1
Montilliers *49* **128** B4
Montillot *89* **136** C2
Montilly *03* **172** A1
Montilly-sur-Noireau *61* **55** E3
Montils *17* **199** E1
Les Montils *41* **132** A2
Montipouret *36* **169** E1
Montirat *11* **302** C2
Montirat *81* **259** E2
Montireau *28* **84** B3
Montiron *32* **275** E2
Montivernage *25* **142** A3
Montivilliers *76* **14** B4
Montjardin *11* **301** F3
Montjaux *12* **261** D2
Montjavoult *60* **33** E4
Montjay *05* **248** C4
Montjay *71* **159** D3
Montjay-la-Tour *77* **61** F2
Montjean *16* **183** E2
Montjean *53* **104** C2
Montjean-sur-Loire *49* **127** F3
Montjézieu *48* **243** F3
Montjoi *11* **302** C3
Montjoi *82* **257** D1
Montjoie *63* **188** C1
Montjoie-en-Couserans *09* **300** A3
Montjoie-le-Château *25* **142** C3
Montjoie-Saint-Martin *50* **80** A1
Montjoire *31* **276** C1
Montjouvent *39* **176** C2
Montjoux *26* **247** F3
Montjoyer *26* **247** D3
Montjustin *04* **266** C4
Montjustin-et-Velotte *70* **141** F1
Montlandon *28* **84** B3
Montlandon *52* **117** D3
Montlaur *11* **303** D2
Montlaur *12* **260** C4
Montlaur *31* **277** D3
Montlaur-en-Diois *26* **248** A1
Montlaux *04* **267** D2
Montlauzun *46* **239** E4
Montlay-en-Auxois *21* **137** F3
Montlebon *25* **161** E1
Montlegun *11* **302** C1
Montlevicq *36* **169** F2
Montlevon *02* **63** E2
Montlhéry *91* **86** C1
Montliard *45* **111** D2
Montlieu-la-Garde *17* **200** C4
Montlignon *95* **61** D2
Montliot-et-Courcelles *21* **115** E3
Montlivault *41* **132** B1
Montlognon *60* **35** D4
Montloué *02* **21** F4
Montlouet *28* **85** F2
Montlouis *18* **153** D4
Montlouis-sur-Loire *37* **131** D3
Montluçon *03* **170** C4
Montluel *01* **193** E3
Montmachoux *77* **88** B3
Montmacq *60* **35** F2
Montmagny *95* **61** D2
Montmahoux *25* **160** B2
Montmain *21* **158** B2
Montmain *76* **32** B2
Montmajour (Abbaye de) *13* **283** E1
Montmalin *39* **159** F2
Montmançon *21* **139** F3
Montmarault *03* **171** E4
Montmarlon *39* **160** B3
Montmarquet *80* **17** E3
Montmartin *60* **35** D2
Montmartin-en-Graignes *50* **27** E3
Montmartin-le-Haut *10* **91** D4
Montmartin-sur-Mer *50* **53** F1
Montmaur *05* **249** D2
Montmaur *11* **277** E4
Montmaur-en-Diois *26* **248** A1
Montmaurin *31* **299** D1
Montmédy *55* **40** A1
Montmeillant *08* **22** A4
Montmelard *71* **174** B4
Montmelas-Saint-Sorlin *69* **192** B2
Montmélian *73* **213** E2
Montmerle-sur-Saône *01* **192** C2
Montmerrei *61* **82** C1
Montmeyan *83* **286** A1
Montmeyran *26* **229** E4
Montmin *74* **195** F4
Montmirail *51* **63** E3
Montmirail *72* **108** A1
Montmiral *26* **229** F1
Montmirat *30* **263** E4
Montmirat (Col de) *48* **244** B3
Montmirey-la-Ville *39* **140** A4
Montmirey-le-Château *39* **140** A4
Montmoreau-Saint-Cybard *16* **201** E3
Montmorency *95* **61** D2
Montmorency-Beaufort *10* **91** D2
Montmorillon *86* **167** E3
Montmorin *05* **248** B3
Montmorin *63* **208** A1
Montmorot *39* **159** E4
Montmort *51* **63** F2
Montmort *71* **156** C4
Montmotier *88* **118** B2
Montmoyen *21* **115** F4
Montmuran (Château de) *35* **79** D3
Montmurat *15* **241** F2
Montner *66* **312** B1
Montoillot *21* **138** B4
Montoir-de-Bretagne *44* **125** E3
Montoire-sur-le-Loir *41* **108** A4
Montois-la-Montagne *57* **41** E3
Montoison *26* **229** D4
Montoldre *03* **172** B4
Montolieu *11* **302** B1
Montolivet *77* **63** D3
Montonvillers *80* **18** B2
Montord *03* **172** A4

Montormel 61...56 C3
Montory 64...296 A2
Montot 21...158 C1
Montot 70...140 B1
Montot-sur-Rognon 52...92 C3
Montouliers 34...279 F4
Montoulieu 09...301 D4
Montoulieu 34...262 C3
Montoulieu-
Saint-Bernard 31...299 E1
Montournais 85...147 D4
Montours 35...80 A2
Montourtier 53...81 E4
Montoussé 65...298 B2
Montoussin 31...299 F1
Montoy-Flanville 57...42 A4
Montpascal 73...214 A3
Montpellier 34...281 F2
Montpellier-de-Médillan 17...199 D1
Montpellier-la-Paillade 34...281 F2
Montpellier-le-Vieux
(Chaos de) 12...261 F2
Montpensier 63...189 F2
Montperreux 25...161 D3
Montpeyroux 12...243 D2
Montpeyroux 24...219 E3
Montpeyroux 34...281 D1
Montpeyroux 63...207 F2
Montpezat 04...267 E4
Montpezat 30...263 E4
Montpézat 32...275 F4
Montpezat-d'Agenais 47...238 A4
Montpezat-de-Quercy 82...258 A1
Montpezat-sous-Bauzon 07...245 F1
Montpinchon 50...54 A1
Montpinçon 14...56 C2
Montpinier 81...278 B2
Montpitol 31...277 D1
Montplonne 55...66 B4
Montpollin 49...129 E1
Montpon-Ménestérol 24...219 E2
Montpont-en-Bresse 71...175 F2
Montpothier 10...89 E1
Montpouillan 47...237 E3
Montpoupon
(Château de) 37...131 F4
Montrabé 31...276 C2
Montrabot 50...27 F4
Montracol 01...193 E1
Montravers 79...147 D3
Montréal 07...245 F2
Montréal 11...302 A1
Montréal 32...255 E3
Montréal 89...137 E2
Montréal (Château de) 24...220 A2
Montréal-la-Cluse 01...194 B1
Montréal-les-Sources 26...248 A3
Montrécourt 59...9 E4
Montredon 11...302 C1
Montredon 46...241 F2
Montredon-
des-Corbières 11...303 F2
Montredon-Labessonnié 81...278 B1
Montregard 43...228 A1
Montréjeau 31...298 C2
Montrelais 44...127 F3
Montrelet 80...18 A1
Montrem 24...220 B1
Montrésor 37...151 D1
Montret 71...175 F1
Montreuil 28...59 D4
Montreuil 53...81 E3
Montreuil 62...6 B2
Montreuil 85...164 A3
Montreuil 93...61 D3
Montreuil-au-Houlme 61...56 A4
Montreuil-aux-Lions 02...62 C2
Montreuil-Bellay 49...148 B1
Montreuil-Bonnin 86...166 A2
Montreuil-des-Landes 35...80 A3
Montreuil-en-Auge 14...30 B4
Montreuil-en-Caux 76...16 A4
Montreuil-en-Touraine 37...131 E2
Montreuil-Juigné 49...128 B2
Montreuil-la-Cambe 61...56 C2
Montreuil-l'Argillé 27...57 E2
Montreuil-le-Chétif 72...82 B4
Montreuil-le-Gast 35...79 E3
Montreuil-le-Henri 72...107 F3
Montreuil-sous-Pérouse 35...80 A4
Montreuil-sur-Barse 10...90 C4
Montreuil-sur-Blaise 52...92 A2
Montreuil-sur-Brêche 60...34 B2
Montreuil-sur-Epte 95...33 E4
Montreuil-sur-Ille 35...79 E3
Montreuil-sur-Loir 49...128 C1
Montreuil-sur-Lozon 50...27 D4
Montreuil-sur-Maine 49...128 A1
Montreuil-sur-Thérain 60...34 B3
Montreuil-sur-Thonnance 52...92 B2
Montreuillon 58...156 A1
Montreux 54...95 F1
Montreux-Château 90...120 A3
Montreux-Jeune 68...120 A3
Montreux-Vieux 68...120 A3
Montrevault 49...127 E4
Montrevel 38...212 A2
Montrevel 39...176 B3
Montrevel-en-Bresse 01...175 F3
Montrichard 41...131 F3
Montricher-Albanne 73...214 A4
Montricoux 82...258 B2
Montrieux-en-Sologne 41...132 C2
Montrigaud 26...229 E1
Montriond 74...179 D4
Montriond (Lac de) 74...179 D4
Montroc-le-Planet 74...197 D2
Montrodat 48...244 A2
Montrol-Sénard 87...185 D2
Montrollet 16...185 D3
Montromant 69...210 B1
Montrond 05...248 C3
Montrond 39...160 A3
Montrond 73...232 A1
Montrond-le-Château 25...160 B1
Montrond-les-Bains 42...209 F1
Montrosier 81...258 C2
Montrottier 69...192 A4
Montroty 76...33 E2
Montrouge 92...61 D3
Montrouveau 41...108 A4
Montroy 17...181 D1
Montrozier 12...242 C4
Montry 77...62 A3
Monts 37...130 C4
Monts 60...34 A4
Monts-de-Vaux 39...159 F3
les Monts d'Olmes 09...301 E4
Monts-en-Bessin 14...29 D4
Monts-en-Ternois 62...7 F3
Monts-sur-Guesnes 86...149 D3
Montsalès 12...241 D3
Montsalier 04...266 B2
Montsalvy 15...242 B1
Montsaon 52...116 A1
Montsapey 73...214 A2
Montsauche-les-Settons 58...137 E4
Montsaugeon 52...116 C4
Montsaunès 31...299 F2
Montsec 55...67 E2
Montsecret 61...55 E3
Montségur 09...301 E4
Montségur-sur-Lauzon 26...247 D4
Montselgues 07...245 E2
Montséret 11...303 E2
Montsérié 65...298 B3
Montseron 09...300 B3
Montseugny 70...140 A3
Montseveroux 38...211 D3
Montsoreau 49...129 E4
Montsoué 40...272 C1
Montsoult 95...61 D1
Montsûrs 53...105 E1
Montsurvent 50...26 C4
Montsuzain 10...90 B2
Montureux-et-Prantigny 70...140 B2
Montureux-lès-Baulay 70...118 A3
Montursin 25...143 D3
Montusclat 43...227 E2
Montussaint 25...141 F2
Montussan 33...217 F3
Montvalen 81...258 B4
Montvalent 46...222 B4
Montvalezan 73...215 D1
Montvendre 26...229 E3
Montverdun 42...209 E1
Montvernier 73...214 A3
Montvert 15...223 E3
Montvicq 03...171 E4
Montviette 14...56 C2
Montville 76...32 A1
Montviron 50...54 A3
Montzéville 55...40 A4
Monviel 47...238 B2
Monze 11...302 C2
Moon-sur-Elle 50...27 F4
Moosch 68...120 A1
Mooslargue 68...120 B4
Moraches 58...136 B4
Moragne 17...181 E2
Morains 51...64 A3
Morainville 28...86 A3
Morainville-Jouveaux 27...31 D4
Morainvilliers 78...60 B2
Morancé 69...192 C3
Morancez 28...85 E3
Morancourt 52...92 A2
Morand 37...131 E2
Morangis 51...64 A2
Morangis 91...61 D4
Morangles 60...34 B4
Morannes 49...105 F4
Moranville 55...40 B4
Moras 38...211 F1
Moras-en-Valloire 26...211 E4
Morbecque 59...3 F4
Morbier 39...177 E2
Morcenx 40...253 D2
Morchain 80...19 E3
Morchamps 25...141 F2
Morchies 62...8 C4
Morcourt 02...20 A3
Morcourt 80...19 D2
Mordelles 35...103 D1
Moréac 56...101 D2
Morée 41...108 C3
Moreilles 85...163 F3
Morello (Col de) 2B...317 D2
Morelmaison 88...93 F3
Morembert 10...90 C2
Moréno (Col de la) 63...207 D1
Morestel 38...212 A1
Moret-sur-Loing 77...88 A3
Morêtel-de-Mailles 38...213 E3
Morette 38...212 A4
Moreuil 80...18 C3
Morey 54...68 A3
Morey 70...117 E4
Morey 71...157 F4
Morey-Saint-Denis 21...139 D4
Morez 39...177 E2
Morfontaine 54...41 D2
Morganx 40...272 B2
Morgat 29...47 E4
Morgemoulin 55...40 C3
Morgny 27...33 D3
Morgny-en-Thiérache 02...21 F3
Morgny-la-Pommeraye 76...32 B2
Morhange 57...69 D2
Moriani-Plage 2B...315 C4
Moriat 63...207 F3
Morienne 76...17 D3
Morienval 60...35 F3
Morières-lès-Avignon 84...265 D3
Moriers 28...85 E4
Morieux 22...51 F4
Moriez 04...268 B3
Morigny 50...54 C2
Morigny-Champigny 91...86 C2
Morillon 74...196 B1
Morimond (Abbaye de) 52...117 E1
Moringhem 62...3 D3
Moriond 73...214 C3
Morionvilliers 52...92 C3
Morisel 80...18 C3
Moriville 88...94 C3
Moriviller 54...94 C1
Morizécourt 88...117 F1
Morizès 33...237 D2
Morlaàs 64...273 D4
Morlac 18...170 B1
Morlaincourt 55...66 C4
Morlaix 29...49 E3
Morlancourt 80...19 D2
Morlanne 64...272 B3
Morlet 71...157 E2
Morley 55...92 B1
Morlhon-le-Haut 12...241 E4
Morlincourt 60...35 F1
Mormaison 85...145 F2
Mormant 77...88 A1
Mormant-sur-Vernisson 45...111 F2
Mormès 32...254 C4
Mormoiron 84...265 F2
Mornac 16...201 F1
Mornac-sur-Seudre 17...181 D4
Mornand-en-Forez 42...209 E1
Mornans 26...247 F2
Mornant 69...210 B1
Mornas 84...264 C1
Mornay 21...140 A1
Mornay 71...174 B2
Mornay-Berry 18...154 A2
Mornay-sur-Allier 18...154 B4
Moroges 71...157 F4
Morogues 18...134 B4
Morosaglia 2B...315 E3
Morre 25...141 D4
Morsain 02...36 A2
Morsains 51...63 E3
Morsalines 50...25 E3
Morsan 27...31 E4
Morsang-sur-Orge 91...87 D1
Morsang-sur-Seine 91...87 E1
Morsbach 57...43 D4
Morsbronn-les-Bains 67...71 D1
Morschwiller 67...71 D1
Morschwiller-le-Bas 68...120 B2
Morsiglia 2B...314 D1
Le Mort-Homme 55...40 A4
Mortagne 88...95 E3
Mortagne-au-Perche 61...83 F2
Mortagne-du-Nord 59...9 F1
Mortagne-sur-Gironde 17...199 D2
Mortagne-sur-Sèvre 85...146 C2
Mortain 50...54 C4
Mortcerf 77...62 A3
La Morte 38...231 D2
Morteau 25...161 E1
Morteaux-Couliboeuf 14...56 B2
Mortefontaine 02...36 A3
Mortefontaine 60...61 E1
Mortefontaine-en-Thelle 60...34 B4
Mortemart 87...185 D2
Mortemer 60...35 D1
Mortemer 76...17 D4
Mortemer (Abbaye de) 27...33 D3
Morterolles-sur-Semme 87...186 A1
Mortery 77...88 C1
Morthemer 86...167 D2
Morthomiers 18...153 D2
Mortiers 02...20 C4
Mortiers 17...200 C3
Morton 86...148 C1
Mortrée 61...82 C1
Mortroux 23...169 E3
Mortzwiller 68...120 A2
Morval 39...176 B3
Morval 62...19 E1
Morvillars 90...142 C1
Morville 50...25 D3
Morville 88...93 F4
Morville-en-Beauce 45...86 C4
Morville-lès-Vic 57...69 D3
Morville-sur-Andelle 76...32 C2
Morville-sur-Nied 57...68 C2
Morville-sur-Seille 54...68 A2
Morvillers 60...33 F1
Morvillers-Saint-Saturnin 80...17 E3
Morvilliers 10...91 E3
Morvilliers 28...84 B1
Mory 62...8 B4
Mory-Montcrux 60...34 C1
Morzine 74...179 D4
Mosles 14...28 C3
Moslins 51...64 A2
Mosnac 16...201 D1
Mosnac 17...199 E2
Mosnay 36...169 D1
Mosnes 37...131 F2
Mosset 66...311 E2
Mosson 21...115 E2
Mostuéjouls 12...261 E1
Motey-Besuche 70...140 B3
Motey-sur-Saône 70...140 C1
La Mothe-Achard 85...162 B1
La Mothe-Saint-Héray 79...165 E3
Mothern 67...45 C4
Motreff 29...75 F3
La Motte 22...77 E3
La Motte 83...287 D2
La Motte-au-Bois 59...3 F4
La Motte-Chalancon 26...248 A3
La Motte-d'Aigues 84...266 B4
La Motte-d'Aveillans 38...230 C3
La Motte-de-Galaure 26...229 D1
La Motte-du-Caire 04...249 E4
La Motte-en-Bauges 73...195 E4
La Motte-
en-Champsaur 05...231 E4
La Motte-Fanjas 26...229 F2
La Motte-Feuilly 36...169 F2
La Motte-Fouquet 61...82 A1
La Motte-Saint-Jean 71...173 E2
La Motte-Saint-Martin 38...230 C3
La Motte-Servolex 73...213 D1
La Motte-Ternant 21...137 F3
La Motte-Tilly 10...89 D2
Mottereau 28...84 C4
Motteville 76...15 F3
Mottier 38...211 F3
Motz 73...194 C3
Mouacourt 54...69 D4
Mouais 44...103 E4
Mouans-Sartoux 06...288 A3
Mouaville 54...41 D4
Mouazé 35...79 E4
Mouchamps 85...146 B4
Mouchan 32...255 F4
Mouchard 39...160 A2
La Mouche 50...54 A3
Mouchès 32...274 B2
Mouchin 59...9 E1
Mouchy-le-Châtel 60...34 B3
Moudeyres 43...227 E3
Mouen 14...29 E4
Mouettes 27...59 D3
Mouffy 89...136 B1
Mouflaines 27...33 D4
Mouflers 80...17 F1
Mouflières 80...17 E2
Mougins 06...288 A3
Mougon 79...165 D4
Mouguerre 64...270 C3
Mouhers 36...169 D2
Mouhet 36...168 B3
Mouhous 64...273 D3
Mouillac 33...217 F2
Mouillac 82...258 B1
La Mouille 39...177 E2
Mouilleron 52...116 B4
Mouilleron-en-Pareds 85...164 A1
Mouilleron-le-Captif 85...145 F4
Mouilly 55...67 D1
Moulainville 55...40 B4
Moularès 81...259 F2
Moulay 53...81 E3
Moulayrès 81...277 F1
Moulédous 65...298 A1
Moulès 13...283 E2
Moulès-et-Baucels 34...262 C3
Mouleydier 24...220 B4
Moulézan 30...263 E3
Moulhard 28...84 B4
Moulicent 61...84 A1
Moulidars 16...201 D1
Mouliets-et-Villemartin 33...219 D4
Mouliherne 49...129 E2
Moulin (Château du) 41...132 C3
Moulin-Chabaud 01...194 A1
Le Moulin-des-Ponts 01...176 A3
Moulin-Mage 81...279 E1
Moulin-Neuf 09...301 F3
Moulin-Neuf 24...219 E2
Moulin-Neuf (Petit musée
auvergnat) 63...207 E2
Moulin-sous-Touvent 60...35 F2
Moulineaux 76...32 A3
Moulines 14...56 A2
Moulines 50...80 C1
Moulinet 06...289 E2
Moulinet 47...238 B2
Le Moulinet-sur-Solin 45...111 E3
Moulins 02...37 D2
Moulins 03...172 B2
Moulins 35...103 F1
Moulins 79...147 D2
Moulins de Paillas 83...293 E1
Moulins-en-Tonnerrois 89...114 B4
Moulins-Engilbert 58...156 A2
Moulins-la-Marche 61...83 E1
Moulins-le-Carbonnel 72...82 B3
Moulins-lès-Metz 57...41 F4
Moulins-Saint-Hubert 55...39 F1
Moulins-sur-Céphons 36...151 F2
Moulins-sur-Orne 61...56 B4
Moulins-sur-Ouanne 89...113 D4
Moulins-sur-Yèvre 18...153 E2
Moulis 09...300 A3
Moulis-en-Médoc 33...217 D2
Moulismes 86...167 E4
Moulle 62...3 D3
Le Moulleau 33...234 B1
Moulon 33...218 C4
Moulon 45...111 E2
Moulot 58...136 A2
Moulotte 55...41 D4
Moult 14...56 B1
Moumoulous 65...274 A4
Moumour 64...296 B1
Mounes-Prohencoux 12...279 F1
Mourède 32...255 F4
Mourens 33...236 C1
Mourenx 64...272 B4
Mouret 12...242 B3
Moureuille 63...189 D1
Mourèze 34...280 C2
Mouriès 13...283 F1
Mouriez 62...6 C3
Le Mourillon 83...291 F4
Mourioux-Vieilleville 23...186 B2
Mourjou 15...241 F1
Mourmelon-le-Grand 51...38 B4
Mourmelon-le-Petit 51...64 C1
Mournans-Charbonny 39...160 B4
Mouron 08...39 D3
Mouron-sur-Yonne 58...156 A1
Mouroux 77...62 B3
Mours 95...60 C1
Mours-Saint-Eusèbe 26...229 E2
Le Mourtis 31...299 D4
Mourvilles-Basses 31...277 D3
Mourvilles-Hautes 31...277 E4
Mouscardès 40...271 F2
Moussac 30...263 F3
Moussac 86...167 D4
Moussages 15...224 A1
Moussan 11...303 F1
Moussé 35...104 A2
Les Mousseaux 78...60 A4
Mousseaux-lès-Bray 77...88 C3
Mousseaux-Neuville 27...59 D2
Mousseaux-sur-Seine 78...59 F1
Moussey 10...90 B4
Moussey 57...69 E4
Moussey 88...95 F2
Les Moussières 39...177 E3

NANCY

Adam (R. Sigisbert)...BX 2
Barrès (R. Maurice)...CY 10
Bazin (R. H.)...CY 13
Benit (R.)...BY 14
Braconnot (R.)...BX 19
Carmes (R. des)...BY 20
Chanoine-Jacob (R.)...AX 23
Chanzy (R.)...AY 24
Cheval-Blanc (R. du)...BY 25
Craffe (R. de la)...AX 27
Croix de Bourgogne
(Espl.)...AZ 28
Dominicains (R. des)...BY 29
Érignac (R. C.)...BY 31
Gambetta (R.)...BY 36
Gaulle (Pl. Gén.-de)...BX 37
Grande-Rue...BXY
Haut-Bourgeois (R.)...AX 39
Héré (R.)...BY 40
Île de Corse (R. de l')...CY 41
Keller (R. Ch.)...AX 46
La Fayette (Pl. de)...BY 47
Louis (R. Baron)...AXY 50
Loups (R. des)...AX 51
Maréchaux (R. des)...BY 53
Mazagran (R.)...AY 54
Mengin (Pl. Henri)...BY 55
Molitor (R.)...CZ 60
Mon-Désert (R. de)...ABZ 61
Monnaie (R. de la)...BY 62
Mgr-Ruch (Pl.)...CY 63
Mouja (R. du Pont)...BY 64
Poincaré (R. H.)...AY 69
Poincaré (R. R.)...AY 70
Point-Central...BY 72
Ponts (R. des)...BYZ 73
Primatiale
(R. de la)...CY 74
Raugraff (R.)...BY 75
St-Dizier (R.)...BY
St-Èpvre (Pl.)...BY 82
St-Georges (R.)...CY
St-Jean (R.)...BY
St-Léon (R.)...AY 85
Source (R. de la)...AY 99
Stanislas (R.)...BY 100
Trois-Maisons
(R. du Fg des)...AX 104
Trouillet (R.)...AXY 105
Visitation (R. de la)...BY 109
XXe-Corps (Av. du)...CY 110

A
B
C
X
Y
Z
0
200 m
VIADUC LOUIS MARIN
Canal de
Pte de la Citadelle
PTE DE LA CRAFFE
LES CORDELIERS
PALAIS DUCAL
PARC ZOOLOGIQUE
La Pépinière
PL. DE LA CARRIÈRE
CITÉ ADMINISTRATIVE
INSTITUT EUROPÉEN CINÉMA ET AUDIOVISUEL
PÔLE UNIVERSITAIRE EUROPÉEN
St-Epvre
PLACE STANISLAS
PORTE STE-CATHERINE
Pl. d'Alliance
Pl. Carnot
Cathédrale
SALLE POIREL
PRINTEMPS
ST-LÉON
Pl. de la République
Sébastien
ST-SÉBASTIEN
PALAIS DES CONGRÈS
COMMUNAUTÉ URBAINE
VIADUC J.F. KENNEDY
PTE ST-NICOLAS
Pl. des Vosges
C.H.U.

NANTES
0 300 m
Parc de Procé
Pl. Paul Doumer
MISÉRICORDE
PARC DES CAPUCINS
Île de Versailles
Maison de l'Erdre
Jardin japonais
CENTRE CAMBRONNE
Pl. de Chateaubriand
JARDIN DES PLANTES
MUSÉE DES BEAUX-ARTS
CATHÉDRALE ST-PIERRE ET ST-PAUL
CHÂTEAU
l'Immaculée
la Psalette
GARE NORD
GARE SUD
Tour LU
Canal St Félix
CITÉ DES CONGRÈS
Pl. Mal Foch
Pl. Royale
Pl. Graslin
MUSÉE DOBRÉE
COURS CAMBRONNE
N-D de Bon-Port
ANCNE ÎLE FEYDEAU
PGE POMMERAYE
Ste-Croix
SQ. ELISA MERCŒUR
C.H.U. HÔTEL DIEU
FACULTÉ DE MÉDECINE ET DE PHARMACIE
LOIRE
Bras de la Madeleine
BEAULIEU-ÎLE DE NANTES
L'Escorteur d'escadre Maillé-Brézé
Place Beaumanoir
Pl. Gal Mellinet
Place L. Daubenton
Pl. Canclaux
Musée de la Poste
TOUR BRETAGNE
STE-MADELEINE
Pl. de Tbilissi

Albert (R. du Roi) .... GY 3
Anne-de-Bretagne (Pont) .... FZ 6
Audibert (Pont Gén.) .... HZ 7
Barillerie (R. de la) .... GY 9
Belleville (R. de) .... EZ 13
Boileau (R.) .... GZ 15
Bossuet (R.) .... GY 16
Boucherie (R. de la) .... GY 18
Bouhier (Pl. R.) .... EZ 19
Bouille (R. de) .... GY 21
Bourse (Pl. de la) .... GZ 24
Brasserie (R. de la) .... EZ 25
Bretagne (Pl. de) .... GY 27
Briand (Pont A.) .... HZ 28
Brunellière (R. Ch.) .... FZ 30
Budapest (R. de) .... GY 31
Calvaire (R. du) .... FY 33
Ceineray (Quai) .... GY 36
Change (Pl. du) .... GY 37
Château (R. du) .... GY 40
Clemenceau (R. G.) .... HY 46
Clisson (Crs Olivier de) .... GZ 48
Commerce (Pl. du) .... GZ 49
Constant (Bd Clovis) .... EY 51
Contrescarpe (R. de la) .... GY 52
Copernic (R.) .... FZ 54
Coulmiers (R. de) .... HY 57
Crébillon (R.) .... FGZ 60
Delorme (Pl.) .... FY 63
Desgrées-du-Lou (R. du Col.) .... EY 64
Distillerie (R. de la) .... GY 66
Douet Garnier (R. du) .... EY 69
Duchesse Anne (Pl.) .... HY 72
Duguay-Trouin (Allée) .... GZ 73
Estienne-d'Orves (Crs d') .... HZ 76
Favre (Quai F.) .... HYZ 78
Feltre (R. de) .... GY 79
Fosse (R. de la) .... GZ 81
Frachon (Bd B.) .... EZ 82
Guinaudeau (R.) .... FZ 88
Haudaudine (Pont) .... GZ 90
Hélie (R. F.) .... FY 91
Henri IV (R.) .... HY 93
Hermitage (R. de l') .... EZ 94
Herriot (R. E.) .... GY 95
Hôtel-de-Ville (R. de l') .... GY 98
J.-J.-Rousseau (R.) .... FGZ 99
Juiverie (R. de la) .... GY 104
Kennedy (Cours J.-F.) .... HY 105
Kervégan (R.) .... GZ 106
Lattre-de-Tassigny (R. Mar. de) .... FGZ 109
Leclerc (R. Mar.) .... GY 114
Littré (R.) .... EY 117
Marne (R. de la) .... GY 120
Martyrs-Nantais-de-la-Résist. (Bd) .... HZ 121
Mathelin-Rodier (R.) .... HY 122
Mazagran (R.) .... FZ 123
Mercœur (R.) .... FGY 124
Merson (Bd L.-O.) .... EY 126
Motte Rouge (Q. de la) .... GY 131
Nations-Unies (Bd des) .... GZ 132
Orléans (R. d') .... GZ 135
Painlevé (R. Paul) .... EY 136
Paix (R. de la) .... GZ 138
Pelleterie (R. de la) .... EFY 139
Petite-Hollande (Pl.) .... GZ 142
Pilori (Pl. du) .... GY 144
Poitou (R. du) .... FY 148
Pommeraye (Pas.) .... GZ 150
Porte-Neuve (R.) .... FGY 151
Racine (R.) .... FZ
Raspail (R.) .... EYZ 152
Refoulais (R. L. de la) .... HY 153
Reine Margot (Allée de la) .... HY 154
République (Pl. de la) .... GZ 156
Riom (R. Alfred) .... EZ 159
Rollin (R.) .... EZ 162
Roosevelt (Crs F.) .... GZ 165
Rosière d'Artois (R.) .... FZ 166
Royale (Pl.) .... GZ
St-André (Cours) .... HY 168
St-Mihiel (Pont) .... GY 172
St-Pierre (Cours) .... HY 174
St-Pierre (Pl.) .... GY 175
St-Rogatien (R.) .... HY 177
Salengro (Pl. R.) .... GY 180
Sanitat (Pl. du) .... FZ 181
Santeuil (R.) .... GZ 183
Scribe (R.) .... FZ 187
Sibille (R. M.) .... FZ 188
Simon (R. Jules) .... EY 189
Talensac (R.) .... GY 192
Thomas (Bd A.) .... EY 195
Verdun (R. de) .... GY 199
Villebois-Mareuil (R.) .... FY 202
Voltaire (R.) .... FZ 205
Waldeck-Rousseau (Pl.) .... GHY 207
50-Otages (Crs des) .... GYZ 208

Mousson *54* **68** A2
Moussonvilliers *61* **84** A1
Moussoulens *11* **302** B1
Moussy *51* **64** A2
Moussy *58* **155** E1
Moussy *95* **60** A1
Moussy-le-Neuf *77* **61** E1
Moussy-le-Vieux *77* **61** E1
Moussy-Verneuil *02* **37** D2
Moustajon *31* **307** F4
Mousterlin *29* **98** C2
Moustéru *22* **50** B4
Moustey *40* **235** E4
Le Moustier *24* **221** E3
Moustier *47* **237** F2
Moustier-en-Fagne *59* **11** D3
Moustier-Ventadour *19* **205** E3
Moustiers-Sainte-Marie *04* **267** F4
Le Moustoir *22* **75** F3
Moustoir-Ac *56* **101** D2
Moustoir-Remungol *56* **101** D1
La Moutade *63* **189** E3
Moutaine *39* **160** A3
Moutardon *16* **183** F2
Le Moutaret *38* **213** E3
Moutchic *33* **216** A2
Mouterhouse *57* **44** C4
Mouterre-Silly *86* **148** C2
Mouterre-sur-Blourde *86* **184** C1
Mouthe *25* **160** C4
Le Moutherot *25* **140** C4
Mouthier-en-Bresse *71* **159** D3
Mouthier-Haute-Pierre *25* **160** C1
Mouthiers-sur-Boëme *16* **201** E2
Mouthoumet *11* **303** D3
Moutier-d'Ahun *23* **187** E2
Moutier-Malcard *23* **169** E3
Moutier-Rozeille *23* **187** F3
Moutiers *28* **86** A4
Moutiers *35* **104** A2
Moutiers *54* **41** E3
Moûtiers *73* **214** B2
Moutiers-au-Perche *61* **84** A2
Les Moutiers-en-Auge *14* **56** C2
Les Moutiers-en-Cinglais *14* **55** F1
Moutiers-en-Puisaye *89* **135** F1
Les Moutiers-en-Retz *44* **144** C1
Les Moutiers-Hubert *14* **57** D2
Moutiers-les-Mauxfaits *85* **163** D2
Moutiers-Saint-Jean *21* **137** F1
Moutiers-sous-Argenton *79* **147** F2
Moutiers-sous-Chantemerle *79* **147** E4
Moutiers-sur-le-Lay *85* **163** E1
Mouton *16* **183** F3
Mouton Rothschild (Château de) *33* **217** D1
Moutonne *39* **176** C2
La Moutonne *83* **292** B2
Moutonneau *16* **183** F3
Moutoux *39* **160** A3
Moutrot *54* **93** F1
Mouvaux *59* **4** C4
Moux *11* **303** D2
Moux-en-Morvan *58* **156** C1
Mouxy *73* **213** D1
Mouy *60* **34** B3
Mouy-sur-Seine *77* **88** C2
Mouzay *37* **150** B1
Mouzay *55* **39** F2
Mouzeil *44* **126** C2
Mouzens *24* **221** E4
Mouzens *81* **277** F3
Mouzeuil-Saint-Martin *85* **163** F2
Mouzieys-Panens *81* **259** D2
Mouzieys-Teulet *81* **259** F4
Mouzillon *44* **146** A1
Mouzon *08* **23** E4
Mouzon *16* **184** B4
Moval *90* **142** C1
Moy-de-l'Aisne *02* **20** B4
Moyaux *14* **30** C4
Moydans *05* **248** B3
Moye *74* **195** D3
Moyemont *88* **95** D2
Moyen *54* **95** D1
Moyencourt *80* **19** E4
Moyencourt-lès-Poix *80* **17** F3
Moyenmoutier *88* **95** F2
Moyenneville *60* **35** D2
Moyenneville *62* **8** B4
Moyenneville *80* **17** E1
Moyenvic *57* **69** D3
Moyeuvre-Grande *57* **41** E3
Moyeuvre-Petite *57* **41** E3
Moyon *50* **54** B1
Moyrazès *12* **242** A4
Moyvillers *60* **35** D2
Mozac *63* **189** E3
Mozé-sur-Louet *49* **128** B3
Muchedent *76* **16** B3
Mudaison *34* **282** A2
Muel *35* **78** B4
Muespach *68* **120** C4
Muespach-le-Haut *68* **120** C4
Mugron *40* **272** A1
Muhlbach-sur-Bruche *67* **70** B4
Muhlbach-sur-Munster *68* **96** A4
Muides-sur-Loire *41* **132** B1
Muidorge *60* **34** A1
Muids *27* **32** C4
Muille-Villette *80* **19** F4
Muirancourt *60* **19** F4
Muizon *51* **37** E3
Les Mujouls *06* **269** E3
La Mulatière *69* **192** C4
Mulcent *78* **59** F3
Mulcey *57* **69** D3
Mulhausen *67* **70** C1
Mulhouse *68* **120** C2
Mulsanne *72* **107** D3
Mulsans *41* **109** D4
Mun *65* **298** A1
Munchhausen *67* **45** C4
Munchhouse *68* **120** C1
Muncq-Nieurlet *62* **3** D3
Mundolsheim *67* **71** D3

Muneville-le-Bingard 50 ..... 26 C4
Muneville-sur-Mer 50 ..... 53 F2
Le Mung 17 ..... 181 F3
Munster 57 ..... 69 F2
Munster 68 ..... 96 A4
Muntzenheim 68 ..... 96 C3
Munwiller 68 ..... 120 C1
Mur-de-Barrez 12 ..... 224 C4
Mur-de-Bretagne 22 ..... 76 C3
Mur-de-Sologne 41 ..... 132 C3
Muracciole 2B 317 D2
Murasson 12 ..... 279 E1
Murat 03 ..... 171 E3
Murat 15 ..... 225 D2
Murat-le-Quaire 63 ..... 206 C2
Murat-sur-Vèbre 81 ..... 279 F1
Murato 2B 315 E2
La Muraz 74 ..... 195 F1
Murbach 68 ..... 120 A1
La Mure 04 ..... 268 B2
La Mure 38 ..... 231 D3
Mureaumont 60 ..... 33 E1
Les Mureaux 78 ..... 60 A2
Mureils 26 ..... 229 D1
Mûres 74 ..... 195 E4
Muret 31 ..... 276 B3
Le Muret 40 ..... 235 D3
Muret-et-Crouttes 02 ..... 36 B3
Muret-le-Château 12 ..... 242 B3
La Murette 38 ..... 212 B3
Murianette 38 ..... 231 D1
Murinais 38 ..... 230 A1
Murles 34 ..... 281 E1
Murlin 58 ..... 154 C1
Muro 2B 314 C3
Murol 63 ..... 207 D2
Murols 12 ..... 242 B1
Muron 17 ..... 181 E2
Murs 36 ..... 150 C3
Murs 84 ..... 265 F3
Mûrs-Erigné 49 ..... 128 B3
Murs-et-Gélignieux 01 ..... 212 B1
Murtin-et-Bogny 08 ..... 22 B3
Murvaux 55 ..... 40 A2
Murviel-lès-Béziers 34 ..... 280 A4
Murviel-lès-Montpellier 34 ... 281 E2
Murville 54 ..... 41 D3
Murzo 2A 316 B2
Mus 30 ..... 282 B1
Muscourt 02 ..... 37 D3
Musculdy 64 ..... 295 F1
Musièges 74 ..... 195 D2
Musigny 21 ..... 157 E1
Musseau 52 ..... 116 B4
Mussey 55 ..... 66 A3
Mussey-sur-Marne 52 ..... 92 B3
Mussidan 24 ..... 220 A2
Mussig 67 ..... 96 C2
Mussy-la-Fosse 21 ..... 138 A2
Mussy-sous-Dun 71 ..... 174 B4
Mussy-sur-Seine 10 ..... 115 D2
Mutigney 39 ..... 140 A4
Mutigny 51 ..... 64 A1
Mutrécy 14 ..... 55 F1
Muttersholtz 67 ..... 96 C2
Mutzenhouse 67 ..... 70 C2
Mutzig 67 ..... 70 C4
Le Muy 83 ..... 287 E3
Muzeray 55 ..... 40 C3
Muzillac 56 ..... 123 E2
Muzy 27 ..... 59 D4
Myans 73 ..... 213 D2
Myennes 58 ..... 135 D3
Myon 25 ..... 160 A2

N

Nabas 64 ..... 271 F4
Nabinaud 16 ..... 201 F4
Nabirat 24 ..... 239 F1
Nabringhen 62 ..... 2 B3
Nachamps 17 ..... 181 F2
Nadaillac 24 ..... 222 A2
Nadaillac-de-Rouge 46 ..... 222 A4
Nades 03 ..... 189 D1
Nadillac 46 ..... 240 B2
Naftel 50 ..... 54 B4
Nagel-Séez-Mesnil 27 ..... 58 B2
Nages 81 ..... 279 E2
Nages-et-Solorgues 30 ..... 263 F4
Nahuja 66 ..... 310 C4
Nailhac 24 ..... 221 E1
Naillat 23 ..... 169 D4
Nailloux 31 ..... 277 D4
Nailly 89 ..... 88 C4
Naintré 86 ..... 149 E4
Nainville-les-Roches 91 ..... 87 E2
Naisey 25 ..... 141 F4
Naives-devant-Bar 55 ..... 66 B3
Naives-en-Blois 55 ..... 67 D4
Naix-aux-Forges 55 ..... 66 C4
Naizin 56 ..... 101 D1
Najac 12 ..... 259 D1
Nalliers 85 ..... 163 F2
Nalliers 86 ..... 167 E1
Nalzen 09 ..... 301 E4
Nambsheim 68 ..... 121 D1
Nampcel 60 ..... 36 A2
Nampcelles-la-Cour 02 ..... 21 E3
Nampont-Saint-Martin 80 ..... 6 B3
Namps-au-Mont 80 ..... 18 A3
Namps-au-Val 80 ..... 18 A3
Nampteuil-sous-Muret 02 ..... 36 C3
Nampty 80 ..... 18 A3
Nan-Sous-Thil 21 ..... 138 A3
Nanc-lès-Saint-Amour 39 ..... 176 B3
Nançay 18 ..... 133 F3
Nance 39 ..... 159 E4
Nances 73 ..... 212 C1
Nanclars 16 ..... 183 F4
Nançois-le-Grand 55 ..... 66 C4
Nançois-sur-Ornain 55 ..... 66 C4
Nancras 17 ..... 181 D4
Nancray 25 ..... 141 E4
Nancray-sur-Rimarde 45 ..... 111 D1
Nancuise 39 ..... 176 C2
Nancy 54 ..... 68 B4
Nancy-sur-Cluses 74 ..... 196 B1
Nandax 42 ..... 191 E2
Nandy 77 ..... 87 E1
Nangeville 45 ..... 87 D3
Nangis 77 ..... 88 B1
Nangy 74 ..... 195 F1
Nannay 58 ..... 135 F4
Nans 25 ..... 141 F2
Les Nans 39 ..... 160 B3
Nans-les-Pins 83 ..... 285 F4
Nans-sous-Sainte-Anne 25 .. 160 B2
Nant 12 ..... 261 F3
Nant-le-Grand 55 ..... 66 B4
Nant-le-Petit 55 ..... 66 B4
Nanteau-sur-Essonne 77 ..... 87 D3
Nanteau-sur-Lunain 77 ..... 88 A4
Nanterre 92 ..... 60 C3
Nantes 44 ..... 126 B4
Nantes-en-Ratier 38 ..... 231 D3
Nanteuil 79 ..... 165 E3
Nanteuil-Auriac-de-Bourzac 24 ..... 201 F3
Nanteuil-en-Vallée 16 ..... 184 A2
Nanteuil-la-Forêt 51 ..... 64 A1
Nanteuil-la-Fosse 02 ..... 36 C2
Nanteuil-le-Haudouin 60 ..... 61 F1
Nanteuil-lès-Meaux 77 ..... 62 A2
Nanteuil-Notre-Dame 02 ..... 36 B4
Nanteuil-sur-Aisne 08 ..... 38 A1
Nanteuil-sur-Marne 77 ..... 62 C2
Nantey 39 ..... 176 B3
Nantheuil 24 ..... 203 D3
Nanthiat 24 ..... 203 D3
Nantiat 87 ..... 185 F2
Nantillé 17 ..... 182 B3
Nantillois 55 ..... 39 F3
Nantilly 70 ..... 140 A2
Nantoin 38 ..... 211 F3
Nantois 55 ..... 66 C4
Nanton 71 ..... 175 D1
Nantouard 70 ..... 140 C2
Nantouillet 77 ..... 61 F2
Nantoux 21 ..... 158 A2
Nantua 01 ..... 194 B1
Naours 80 ..... 18 B1
La Napoule 06 ..... 288 A4
Napt 01 ..... 176 B4
Narbéfontaine 57 ..... 42 B4
Narbief 25 ..... 142 B4
Narbonne 11 ..... 304 C2
Narbonne-Plage 11 ..... 305 D2
Narcastet 64 ..... 297 D1
Narcy 52 ..... 92 A1
Narcy 58 ..... 135 E4
Nargis 45 ..... 111 F1
Narnhac 15 ..... 224 C3
Narp 64 ..... 272 A4
Narrosse 40 ..... 271 F1
La Nartelle 83 ..... 287 E4
Narthoux 81 ..... 259 D2
Nasbinals 48 ..... 243 E1
Nassandres 27 ..... 58 A1
Nassiet 40 ..... 272 B2
Nassigny 03 ..... 170 C2
Nastringues 24 ..... 219 E4
Nattages 01 ..... 194 C4
Natzwiller 67 ..... 96 B1
Naucelle 12 ..... 259 F1
Naucelles 15 ..... 224 A3
Naujac-sur-Mer 33 ..... 198 B4
Naujan-et-Postiac 33 ..... 218 C4
Naurouze (Seuil de) 11 ..... 277 E4
Nauroy 02 ..... 20 A2
Naussac 12 ..... 241 E3
Naussac 48 ..... 245 D1
Naussac (Barrage de) 48 ..... 245 D1
Naussannes 24 ..... 238 C1
Nauvay 72 ..... 83 E4
Nauviale 12 ..... 242 A3
Nauzan 17 ..... 198 B1
Navacelles 30 ..... 263 F1
Navacelles (Cirque de) 34 ..... 262 A4
Navailles-Angos 64 ..... 273 D3
Navarosse 40 ..... 234 B3
Navarrenx 64 ..... 272 A4
Naveil 41 ..... 108 B4
Navenne 70 ..... 141 E1
Naves 03 ..... 189 E1
Naves 07 ..... 245 E4
Naves 19 ..... 204 C4
Naves 59 ..... 9 E4
Naves 73 ..... 214 B2
Navès 81 ..... 278 B3
Nâves-Parmelan 74 ..... 195 F2
Navilly 71 ..... 158 C2
Nay 50 ..... 27 D3
Nay 64 ..... 297 D1
Nayemont-les-Fosses 88 ..... 95 F3
Le Nayrac 12 ..... 242 C2

NICE

Alberti (R.) ..... GHY 2
Alsace-Lorraine (Jardin) ..... EZ 3
Armée-du-Rhin (Pl.) ..... JX 5
Auriol (Pont V.) ..... JV 7
Bellanda (Av.) ..... HV 10
Berlioz (R.) ..... FY 12
Bonaparte (R.) ..... JY 13
Carnot (Bd) ..... JZ 15
Desambrois (Av.) ..... GHX 18
Diables-Bleus (Av. des) ..... JX 19
Europe (Parvis de l') ..... JX 20
Félix-Faure (Av.) ..... GZ 21
France (R. de) ..... DFZ
Gallieni (Av.) ..... HJX 23
Gambetta (Bd) ..... EXZ
Gautier (Pl. P.) ..... HZ 25
Gioffredo (R.) ..... HY
Hôtel-des-Postes (R.) ..... HY 30
Ile-de-Beauté (Pl. de l') ..... JZ 31
J.-Jaurès (Bd) ..... HYZ 32
Liberté (R. de la) ..... GZ 35
Lunel (Quai) ..... JZ 37
Masséna (Esp., Pl.) ..... GZ
Masséna (R.) ..... FGZ 43
Médecin (Av. J.) ..... FGY 44
Meyerbeer (R.) ..... FZ 45
Monastère (Av. et Pl. du) ..... HV 46
Moulin (Pl. J.) ..... HY 47
Paradis (R.) ..... GZ 55
Passy (R. F.) ..... EY 57
Pastorelli (R.) ..... GY 58
Phocéens (Av. des) ..... GZ 59
Ray (Av. du) ..... FV 63
République (Av. de la) ..... JXY 64
Rivoli (R. de) ..... FZ 65
St-François-de-Paule (R.) ..... GHZ 72
St-Jean-Baptiste (Av.) ... HY 73
Saleya (Cours) ..... HZ 82
Sauvan (R. H.) ..... EZ 84
Verdun (Av. de) ..... FGZ 89
Walesa (Bd Lech) ..... JYZ 91
Wilson (Pl.) ..... HY 92

NÎMES

Arènes (Bd des)	CV	2
Aspic (R. de l')	CUV	
Auguste (R.)	CU	4
Bernis (R. de)	CV	6
Chapitre (R. du)	CU	12
Courbet (Bd Amiral)	DUV	14
Crémieux (R.)	DU	16
Curaterie (R.)	DU	17
Daudet (Bd A.)	CU	18
Ducros (R. A.)	CV	19
Fontaine (Q. de la)	CU	20
Gambetta (Bd)	CDU	
Grand'Rue	DU	24
Guizot (R.)	CU	26
Halles (R. des)	CU	27
Horloge (R. de l')	CU	28
Libération (Bd de la)	DV	30
Madeleine (R. de la)	CU	32
Maison carrée (Pl. de la)	CU	33
Marchands (R. des)	CU	35
Nationale (R.)	CDU	
Perrier (R. Gén.)	CU	
Prague (Bd de)	DV	42
République (R. de la)	CV	43
Saintenac (Bd E.)	DU	45
Victor-Hugo (Bd)	CUV	
Violettes (R.)	CV	49

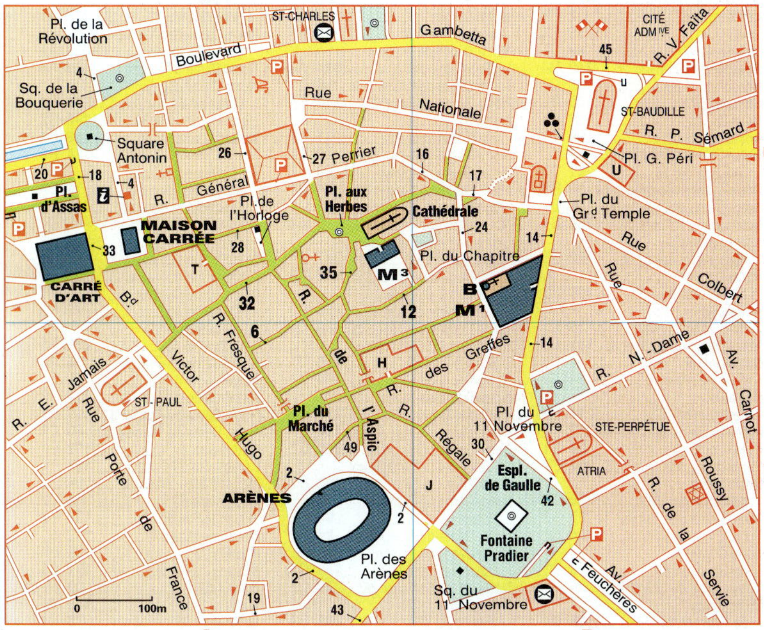

Nazelles-Négron 37 ..... 131 E3
Néac 33 ..... 218 C3
Néant-sur-Yvel 56 ..... 102 A1
Neau 53 ..... 81 F4
Neaufles-Auvergny 27 ..... 58 A3
Neaufles-Saint-Martin 27 ..... 33 E3
Neauphe-sous-Essai 61 ..... 83 D1
Neauphe-sur-Dive 61 ..... 56 C3
Neauphle-le-Château 78 ..... 60 A3
Neauphle-le-Vieux 78 ..... 60 A3
Neauphlette 78 ..... 59 E2
Neaux 42 ..... 191 F3
Nébian 34 ..... 280 C2
Nébias 11 ..... 302 A4
Nébing 57 ..... 69 E2
Nébouzat 63 ..... 207 D1
Nécy 61 ..... 56 B3
Nedde 87 ..... 205 D1
Nédon 62 ..... 7 E1
Nédonchel 62 ..... 7 E1
Neewiller-
près-Lauterbourg 67 ..... 45 F4
Neffes 05 ..... 249 E2
Neffiès 34 ..... 280 C3
Néfiach 66 ..... 312 B2
Nègrepelisse 82 ..... 258 A2
Négreville 50 ..... 24 C3
Négron 37 ..... 131 E3
Négrondes 24 ..... 203 D4
Néhou 50 ..... 24 C4
Nehwiller 67 ..... 45 D4
Nelling 57 ..... 69 E1
Nemours 77 ..... 87 F4
Nempont-Saint-Firmin 62 ..... 6 B3
Nénigan 31 ..... 275 D4
Nenon 39 ..... 159 E1
Néons-sur-Creuse 36 ..... 150 B4
Néoules 83 ..... 286 A4
Néoux 23 ..... 187 F3
Nepvant 55 ..... 40 A1
Nérac 47 ..... 255 F2
Nerbis 40 ..... 272 A1
Nercillac 16 ..... 200 C1
Néré 17 ..... 182 C2
Néret 36 ..... 170 A2
Nérigean 33 ..... 218 C4
Nérignac 86 ..... 167 D4
Néris-les-Bains 03 ..... 171 D4
Nermier 39 ..... 176 C2
Nernier 74 ..... 178 A3
Néron 28 ..... 85 E1
Néronde 42 ..... 191 F4
Néronde-sur-Dore 63 ..... 190 B4
Nérondes 18 ..... 154 A2
Ners 30 ..... 263 E3
Nersac 16 ..... 201 E1
Nervieux 42 ..... 191 E4
Nerville-la-Forêt 95 ..... 60 C1
Néry 60 ..... 35 E3
Neschers 63 ..... 207 F2
Nescus 09 ..... 300 C3
Nesle 80 ..... 19 E3
Nesle-et-Massoult 21 ..... 115 D4
Nesle-Hodeng 76 ..... 16 C4
Nesle-la-Reposte 51 ..... 89 E1
Nesle-le-Repons 51 ..... 63 F1
Nesle-l'Hôpital 80 ..... 17 D2
Nesle-Normandeuse 76 ..... 17 D2
Nesles 62 ..... 2 A4
Nesles 77 ..... 62 A4
Nesles-la-Montagne 02 ..... 63 D2
Nesles-la-Vallée 95 ..... 60 C1
Neslette 80 ..... 17 D2
Nesmy 85 ..... 163 D1
Nesploy 45 ..... 111 D2
Nespouls 19 ..... 222 A2
Nessa 2B 314 C3
Nestier 65 ..... 298 C2
Nettancourt 55 ..... 65 F2
Netzenbach 67 ..... 70 B4
Neublans 39 ..... 159 D3
Neubois 67 ..... 96 B2
Le Neubourg 27 ..... 31 F4
Neuchâtel-Urtière 25 ..... 142 B2
Neuf-Berquin 59 ..... 4 A4
Neuf-Brisach 68 ..... 97 D4
Neuf-Église 63 ..... 189 D2
Neuf-Marché 76 ..... 33 E2
Neuf-Mesnil 59 ..... 10 B2
Neufbosc 76 ..... 16 B4
Le Neufbourg 50 ..... 54 C4
Neufchâteau 88 ..... 93 E3
Neufchâtel-en-Bray 76 ..... 16 C4
Neufchâtel-en-Saosnois 72 ..... 83 D3
Neufchâtel-Hardelot 62 ..... 2 A4
Neufchâtel-sur-Aisne 02 ..... 37 F2
Neufchef 57 ..... 41 E3
Neufchelles 60 ..... 62 B1
Neuffons 33 ..... 237 D1
Neuffontaines 58 ..... 136 C3
Neufgrange 57 ..... 43 E4
Neuflieux 02 ..... 36 A1
Neuflize 08 ..... 38 A2
Neufmaison 08 ..... 22 B3
Neufmaisons 54 ..... 95 E1
Neufmanil 08 ..... 22 C3
Neufmesnil 50 ..... 26 C3
Neufmoulin 80 ..... 6 C4
Neufmoulins 57 ..... 69 F4
Neufmoutiers-en-Brie 77 ..... 62 A4
Le Neufour 55 ..... 39 E4
Neufvillage 57 ..... 69 E2
Neufvy-sur-Aronde 60 ..... 35 D2
Neugartheim 67 ..... 70 C3
Neugartheim-Ittlenheim 67 ..... 70 C3
Neuhaeusel 67 ..... 71 F1
Neuil 37 ..... 149 F1
Neuilh 65 ..... 297 F2
Neuillac 17 ..... 199 F2
Neuillay-les-Bois 36 ..... 151 E4
Neuillé 49 ..... 129 E3
Neuillé-le-Lierre 37 ..... 131 E2
Neuillé-Pont-Pierre 37 ..... 130 B2
Neuilly 27 ..... 59 E2
Neuilly 58 ..... 136 B4
Neuilly 89 ..... 113 D3
Neuilly-en-Donjon 03 ..... 173 E4
Neuilly-en-Dun 18 ..... 154 A4
Neuilly-en-Sancerre 18 ..... 134 C4
Neuilly-en-Thelle 60 ..... 34 B4
Neuilly-en-Vexin 95 ..... 33 F4
Neuilly-la-Forêt 14 ..... 27 E3
Neuilly-le-Bisson 61 ..... 83 D2
Neuilly-le-Brignon 37 ..... 150 A2
Neuilly-le-Dien 80 ..... 7 D4
Neuilly-le-Malherbe 14 ..... 55 F1
Neuilly-le-Réal 03 ..... 172 B3
Neuilly-le-Vendin 53 ..... 82 A2
Neuilly-lès-Dijon 21 ..... 139 E4
Neuilly-l'Évêque 52 ..... 117 D2
Neuilly-l'Hôpital 80 ..... 6 C4
Neuilly-Plaisance 93 ..... 61 E3
Neuilly-Saint-Front 02 ..... 36 B4
Neuilly-sous-Clermont 60 ..... 34 C3
Neuilly-sur-Eure 61 ..... 84 B1
Neuilly-sur-Marne 93 ..... 61 E3
Neuilly-sur-Seine 92 ..... 60 C3
Neuilly-sur-Suize 52 ..... 116 B1
Neulette 62 ..... 7 D2
Neulise 42 ..... 191 F3
Neulles 17 ..... 199 F2
Neulliac 56 ..... 76 C4
Neung-sur-Beuvron 41 ..... 133 D2
Neunhoffen 67 ..... 45 D4
Neunkirchen-
lès-Bouzonville 57 ..... 42 B2
Neure 03 ..... 154 B4
Neurey-en-Vaux 70 ..... 118 B4
Neurey-lès-la-Demie 70 ..... 141 E1
Neussargues-Moissac 15 ..... 225 D2
Neuve-Chapelle 62 ..... 8 B1
Neuve-Eglise 67 ..... 96 B1
La Neuve-Grange 27 ..... 33 D3
La Neuve-Lyre 27 ..... 58 A2
Neuve-Maison 02 ..... 21 E2
Neuvecelle 74 ..... 178 C2
Neuvéglise 15 ..... 225 D3
Neuvelle-lès-Champlitte 70 ..... 140 A1
Neuvelle-lès-Cromary 70 ..... 141 E2
Neuvelle-lès-Grancey 21 ..... 116 A4
Neuvelle-lès-la-Charité 70 ..... 141 D1
La Neuvelle-lès-Lure 70 ..... 119 D4
La Neuvelle-lès-Scey 70 ..... 118 A4
Neuvelle-lès-Voisey 52 ..... 117 F3
Neuves-Maisons 54 ..... 68 A4
La Neuveville-
devant-Lépanges 88 ..... 95 E4
La Neuveville-
sous-Châtenois 88 ..... 93 F3
La Neuveville-
sous-Montfort 88 ..... 94 A4
Neuvic 19 ..... 205 F4
Neuvic 24 ..... 220 A2
Neuvic-Entier 87 ..... 204 B1
Neuvicq 17 ..... 200 C4
Neuvicq-le-Château 17 ..... 183 D4
Neuvillalais 72 ..... 82 B4
Neuville 03 ..... 171 E3
Neuville 19 ..... 222 C2
La Neuville 59 ..... 8 C1
Neuville 63 ..... 208 A1
La Neuville-à-Maire 08 ..... 39 D1
Neuville-au-Bois 80 ..... 17 E2
Neuville-au-Cornet 62 ..... 7 F3
Neuville-au-Plain 50 ..... 25 D4
La Neuville-au-Pont 51 ..... 65 F1
Neuville-aux-Bois 45 ..... 110 B1
La Neuville-aux-Bois 51 ..... 65 F2
La Neuville-aux-Joûtes 08 ..... 21 F2
La Neuville-aux-Larris 51 ..... 37 E4
La Neuville-
aux-Tourneurs 08 ..... 22 A2
Neuville-Bosc 60 ..... 34 A4
La Neuville-Bosmont 02 ..... 21 D4
Neuville-Bourjonval 62 ..... 19 F1
La Neuville-Chant-d'Oisel 76 ..... 32 B3
Neuville-Coppegueule 80 ..... 17 E3
La Neuville-d'Aumont 60 ..... 34 A3
Neuville-Day 08 ..... 39 D1
Neuville-de-Poitou 86 ..... 166 A1
La Neuville-du-Bosc 27 ..... 31 F4
Neuville-en-Avesnois 59 ..... 9 F4
Neuville-en-Beaumont 50 ..... 24 C4
La Neuville-en-Beine 02 ..... 19 F4
Neuville-en-Ferrain 59 ..... 5 D3
La Neuville-en-Hez 60 ..... 34 B2
La Neuville-en-
Tourne-à-Fuy 08 ..... 38 B3
Neuville-en-Verdunois 55 ..... 66 B2
Neuville-Ferrières 76 ..... 16 C4
La Neuville-Garnier 60 ..... 34 A3
La Neuville-Housset 02 ..... 21 D3
La Neuville-lès-Bray 80 ..... 19 D2
Neuville-les-Dames 01 ..... 193 D1
Neuville-lès-Decize 58 ..... 155 D4
Neuville-lès-Dieppe 76 ..... 16 A2
La Neuville-lès-Dorengt 02 ..... 10 A4
Neuville-lès-Lœuilly 80 ..... 18 A3
Neuville-lès-This 08 ..... 22 B3
Neuville-lès-Vaucouleurs 55 ..... 93 E1
La Neuville-lès-Wasigny 08 ..... 22 A4
Neuville-près-Sées 61 ..... 57 D4
Neuville-Saint-Amand 02 ..... 20 A3
La Neuville-Saint-Pierre 60 ..... 34 B1
Neuville-Saint-Rémy 59 ..... 9 D4
Neuville-Saint-Vaast 62 ..... 8 B3
La Neuville-Sire-Bernard 80 ..... 18 C4
Neuville-sous-Arzillières 51 ..... 65 E4
Neuville-sous-Montreuil 62 ..... 6 B2
Neuville-sur-Ailette 02 ..... 37 D2
Neuville-sur-Ain 01 ..... 194 A1
Neuville-sur-Authou 27 ..... 31 E4
Neuville-sur-Brenne 37 ..... 131 E1
Neuville-sur-Escaut 59 ..... 9 E3
La Neuville-sur-Essonne 45 ..... 111 D1
Neuville-sur-Margival 02 ..... 36 B2
Neuville-sur-Oise 95 ..... 60 B2
Neuville-sur-Ornain 55 ..... 66 A3
La Neuville-sur-Oudeuil 60 ..... 34 A1
La Neuville-sur-Ressons 60 ..... 35 E1
Neuville-sur-Saône 69 ..... 192 C3
Neuville-sur-Sarthe 72 ..... 106 C1
Neuville-sur-Seine 10 ..... 115 D2
Neuville-sur-Touques 61 ..... 57 D3
Neuville-sur-Vannes 10 ..... 89 F4
La Neuville-Vault 60 ..... 33 F2
Neuville-Vitasse 62 ..... 8 B3
Neuviller-la-Roche 67 ..... 70 B4
Neuviller-lès-Badonviller 54 ..... 95 F1
Neuviller-sur-Moselle 54 ..... 94 B1
Neuvillers-sur-Fave 88 ..... 96 A2
Neuvillette 02 ..... 20 B3
La Neuvillette 51 ..... 37 F3
Neuvillette 80 ..... 7 E4
Neuvillette-en-Charnie 72 ..... 106 A1
Neuvilley 39 ..... 159 E3
Neuvilly 59 ..... 9 F4
Neuvilly-en-Argonne 55 ..... 39 F4
Neuvireuil 62 ..... 8 B3
Neuvizy 08 ..... 22 B4
Neuvy 03 ..... 172 A2
Neuvy 41 ..... 132 C2
Neuvy 51 ..... 63 D4
Neuvy-au-Houlme 61 ..... 56 A3
Neuvy-Bouin 79 ..... 164 C1
Neuvy-deux-Clochers 18 ..... 134 C4
Neuvy-en-Beauce 28 ..... 86 A4
Neuvy-en-Champagne 72 ..... 106 B1
Neuvy-en-Dunois 28 ..... 85 E4
Neuvy-en-Mauges 49 ..... 127 F4
Neuvy-en-Sullias 45 ..... 110 C4
Neuvy-Grandchamp 71 ..... 173 E1
Neuvy-le-Barrois 18 ..... 154 B3
Neuvy-le-Roi 37 ..... 130 C1
Neuvy-Pailloux 36 ..... 152 B3
Neuvy-Saint-Sépulchre 36 ..... 169 E2
Neuvy-Sautour 89 ..... 113 F2
Neuvy-sur-Barangeon 18 ..... 133 F4
Neuvy-sur-Loire 58 ..... 135 D2
Neuwiller 68 ..... 121 D4
Neuwiller-lès-Saverne 67 ..... 70 B1
Neuzy 71 ..... 173 F2
Névache 05 ..... 232 B2
Nevers 58 ..... 154 C2
Névez 29 ..... 99 E2
Névian 11 ..... 303 F1
Néville 76 ..... 15 E1
Néville-sur-Mer 50 ..... 25 E2
Nevoy 45 ..... 111 E4
Nevy-lès-Dole 39 ..... 159 E2
Nevy-sur-Seille 39 ..... 159 F4
Nexon 87 ..... 203 F1
Ney 39 ..... 160 A4
Neydens 74 ..... 195 E1
Neyrac-les-Bains 07 ..... 245 F1
Les Neyrolles 01 ..... 194 B1
Neyron 01 ..... 193 D4
Nézel 78 ..... 60 A2
Nézignan-l'Évêque 34 ..... 280 C4
Niafles 53 ..... 104 C3
Niaux 09 ..... 310 A1
Niaux (Grotte de) 09 ..... 310 A1
Nibas 80 ..... 17 D1
Nibelle 45 ..... 111 D2
Nibles 04 ..... 249 E4
Nice 06 ..... 288 C2
Nicey 21 ..... 114 C3
Nicey-sur-Aire 55 ..... 66 C2
Nicole 47 ..... 237 F4
Nicorps 50 ..... 54 A1
Nideck (Château
et Cascade du) 67 ..... 70 B3
Niderhoff 57 ..... 69 F4
Niderviller 57 ..... 70 A2
Niederbronn-les-Bains 67 ..... 45 D4
Niederbruck 68 ..... 119 F3
Niederentzen 68 ..... 96 C4
Niederhaslach 67 ..... 70 B4
Niederhausbergen 67 ..... 71 D3

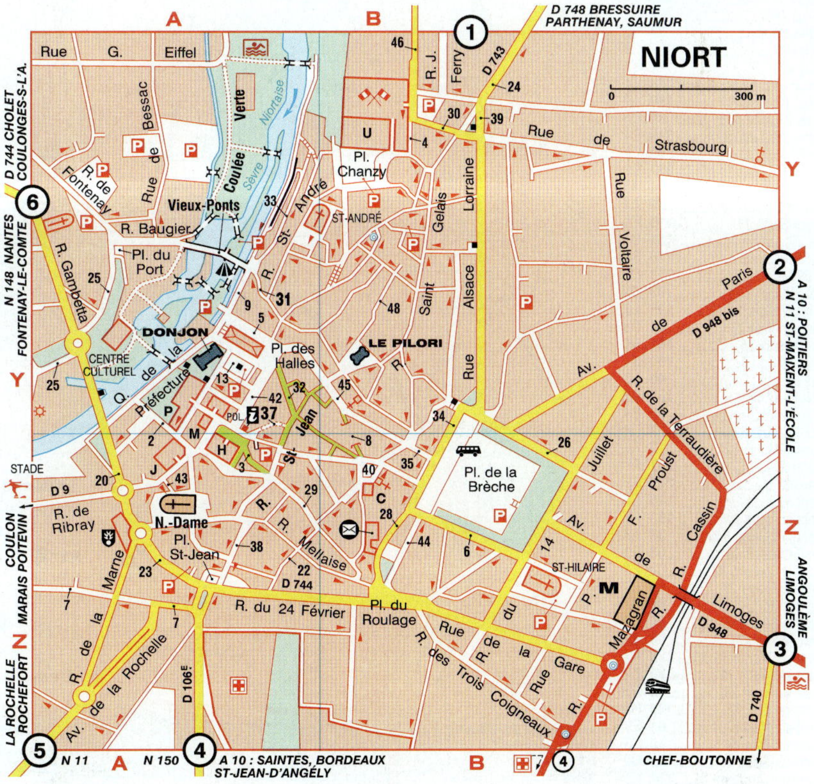

Abreuvoir (R. de l')	AYZ	2
Ancien-Oratoire (R. de l')	AZ	3
Boutteville (R. Th.-de)	BY	4
Brisson (R.)	AY	5
Bujault (Av. J.)	BZ	6
Chabaudy (R.)	AZ	7
Commerce (Passage du)	BZ	8
Cronstadt (Quai)	AY	9
Donjon (Pl. du)	AY	13
Espingole (R. de l')	AZ	20
Huilerie (R. de l')	AZ	22
Largeau (R. Gén.)	AZ	23
Leclerc (R. Mar.)	BY	24
Main (Bd)	AY	25
Martyrs-Résistance (Av.)	BZ	26
Pérochon (R. Ernest)	BZ	28
Petit-Banc (R. du)	AZ	29
Pluviault (R. de)	BY	30
Pont (R. du)	AY	31
Rabot (R. du)	AY	32
Regratterie (R. de la)	AY	33
République (Av. de la)	BY	34
Ricard (R.)	BZ	35
St-Jean (R.)	AYZ	
St-Jean (R. de la Porte)	AZ	38
St-Jean (R. du Petit)	AY	37
Strasbourg (Pl. de)	BY	39
Temple (Pl. du)	BZ	40
Thiers (R.)	AY	42
Tourniquet (R. du)	AZ	43
Verdun (Av. de)	BZ	44
Victor-Hugo (R.)	BY	45
Vieux-Fourneau (R. du)	BY	46
Yver (R.)	BY	48

Niederhergheim 68 ... 96 C4
Niederlarg 68 ... 120 B4
Niederlauterbach 67 ... 45 F4
Niedermodern 67 ... 71 D1
Niedermorschwihr 68 ... 96 B3
Niedernai 67 ... 70 C4
Niederrœdern 67 ... 45 F4
Niederschaeffolsheim 67 ... 71 D2
Niederseebach 67 ... 45 F4
Niedersoultzbach 67 ... 70 C1
Niedersteinbach 67 ... 45 D3
Niederstinzel 57 ... 69 F2
Niedervisse 57 ... 42 B4
Nielles-lès-Ardres 62 ... 2 C3
Nielles-lès-Bléquin 62 ... 2 C4
Nielles-lès-Calais 62 ... 2 B2
Nieppe 59 ... 4 B4
Le Nieppe 59 ... 3 E3
Niergnies 59 ... 9 D4
Nieudan 15 ... 223 F3
Nieuil 16 ... 184 B3
Nieuil-l'Espoir 86 ... 166 C2
Nieul 87 ... 185 F3
Nieul-le-Dolent 85 ... 162 C1
Nieul-le-Virouil 17 ... 199 E3
Nieul-lès-Saintes 17 ... 181 E4
Nieul-sur-l'Autise 85 ... 164 B3
Nieul-sur-Mer 17 ... 163 E4
Nieulle-sur-Seudre 17 ... 181 D4
Nieurlet 59 ... 3 E3
Niévroz 01 ... 193 E4
Niffer 68 ... 121 D2
Niherne 36 ... 151 F4
Nijon 52 ... 93 E4
Nilvange 57 ... 41 E2
Nîmes 30 ... 264 A4
Ninville 52 ... 117 D1
Niort 79 ... 164 C4
Niort-de-Sault 11 ... 310 C1
Niort-la-Fontaine 53 ... 81 E2
Niozelles 04 ... 267 D3
Nissan-lez-Enserune 34 ... 304 C1
Nistos 65 ... 298 C3
Nitry 89 ... 137 D1
Nitting 57 ... 69 F4
Nivelle 59 ... 9 E2
Nivillac 56 ... 123 F2
Nivillers 60 ... 34 A2
Nivolas-Vermelle 38 ... 211 F2
Nivollet-Montgriffon 01 ... 194 A2
Nixéville 55 ... 66 B1
Le Nizan 33 ... 236 C3
Nizan-Gesse 31 ... 298 C1
Nizas 32 ... 275 F3
Nizas 34 ... 280 C3
Nizerolles 03 ... 190 B2
Nizon 29 ... 99 E2
Nizy-le-Comte 02 ... 37 F1
Noailhac 12 ... 242 A2
Noailhac 19 ... 222 B2
Noailhac 81 ... 278 B2
Noaillac 33 ... 237 D2
Noaillan 33 ... 236 B3
Noailles 19 ... 222 B2
Noailles 60 ... 34 B3
Noailles 81 ... 259 D3
Noailly 42 ... 191 E1
Noalhac 48 ... 225 E4
Noalhat 63 ... 190 A3
Noards 27 ... 31 D4
Nocario 2B ... 315 E4
Nocé 61 ... 83 F3
Noceta 2B ... 317 E1
Nochize 71 ... 174 A3
La Nocle-Maulaix 58 ... 156 A4
Nod-sur-Seine 21 ... 115 E4
Nods 25 ... 161 D1
Noé 31 ... 276 B4
Noé 89 ... 113 D1
La Noë-Blanche 35 ... 103 D3
Noë-les-Mallets 10 ... 115 E1
La Noë-Poulain 27 ... 31 D3
Noël-Cerneux 25 ... 161 F1
Noëllet 49 ... 104 B4
Noërs 54 ... 40 C2
Les Noës 42 ... 191 D2
Les Noës-près-Troyes 10 ... 90 B3
Nœux-lès-Auxi 62 ... 7 D4
Nœux-les-Mines 62 ... 8 A2
Nogaret 31 ... 277 F3
Nogaro 32 ... 273 F1
Nogent 52 ... 116 C1
Nogent-en-Othe 10 ... 113 F1
Nogent-l'Abbesse 51 ... 38 A4
Nogent-l'Artaud 02 ... 62 C2
Nogent-le-Bernard 72 ... 83 E4
Nogent-le-Phaye 28 ... 85 E2
Nogent-le-Roi 28 ... 85 E1
Nogent-le-Rotrou 28 ... 84 A3
Nogent-le-Sec 27 ... 58 B2
Nogent-lès-Montbard 21 ... 138 A1
Nogent-sur-Aube 10 ... 90 C2
Nogent-sur-Eure 28 ... 85 D3
Nogent-sur-Loir 72 ... 130 B1
Nogent-sur-Marne 94 ... 61 E3
Nogent-sur-Oise 60 ... 34 C3
Nogent-sur-Seine 10 ... 89 D2
Nogent-sur-Vernisson 45 ... 111 F3
Nogentel 02 ... 63 D2
Nogna 39 ... 176 C1
Noguères 64 ... 272 B4
Nohan 08 ... 23 D2
Nohanent 63 ... 189 E4
Nohant-en-Goût 18 ... 153 F1
Nohant-en-Graçay 18 ... 152 B1
Nohant-Vic 36 ... 169 F1
Nohèdes 66 ... 311 E2
Nohic 82 ... 258 A4
Noidan 21 ... 138 A3
Noidans-le-Ferroux 70 ... 141 D1
Noidans-lès-Vesoul 70 ... 141 E1
Noidant-Chatenoy 52 ... 116 C3
Noidant-le-Rocheux 52 ... 116 C3
Noilhan 32 ... 275 F3
Nointel 60 ... 34 C3
Nointel 95 ... 61 D1
Nointot 76 ... 15 D3
Noir (Lac) 68 ... 96 A3
Noircourt 02 ... 21 F4
Noirefontaine 25 ... 142 C3
Noirémont 60 ... 34 B1
Noirétable 42 ... 190 C4
Noirlac (Abbaye de) 18 ... 153 E4
Noirlieu 51 ... 65 F2
Noirlieu 79 ... 147 F3
Noirmoutier-en-l'Île 85 ... 144 B1
Noiron 70 ... 140 B3
Noiron-sous-Gevrey 21 ... 139 E4
Noiron-sur-Bèze 21 ... 139 F2
Noiron-sur-Seine 21 ... 115 D2
Noironte 25 ... 140 C4
Noirpalu 50 ... 54 A3
Noirterre 79 ... 147 F3
Noirval 08 ... 39 D2
Noiseau 94 ... 61 E4
Noisiel 77 ... 61 E3
Noisseville 57 ... 42 A4
Noisy-le-Grand 93 ... 61 E3
Noisy-le-Roi 78 ... 60 B3
Noisy-le-Sec 93 ... 61 D3
Noisy-Rudignon 77 ... 88 A3
Noisy-sur-École 77 ... 87 E3
Noisy-sur-Oise 95 ... 61 D1
Noizay 37 ... 131 D3
Noizé 79 ... 148 B3
Nojals-et-Clotte 24 ... 238 C1
Nojeon-en-Vexin 27 ... 33 D3
Nolay 21 ... 157 F2
Nolay 58 ... 155 D1
Nolléval 76 ... 33 D2
Nollieux 42 ... 191 D4
Nomain 59 ... 9 D1
Nomdieu 47 ... 256 A2
Nomécourt 52 ... 92 A2
Nomeny 54 ... 68 B2
Nomexy 88 ... 94 C3
Nommay 25 ... 142 C1
Nompatelize 88 ... 95 F3
Nonac 16 ... 201 E3
Nonancourt 27 ... 58 C4
Nonant 14 ... 29 D3
Nonant-le-Pin 61 ... 57 D4
Nonards 19 ... 222 C2
Nonaville 16 ... 201 D2
Noncourt-sur-le-Rongeant 52 ... 92 B2
Nonette 63 ... 207 F3
Nonglard 74 ... 195 E3
Nonhigny 54 ... 95 F1
Nonières 07 ... 228 B3
Les Nonières 26 ... 230 B4
Nonsard 55 ... 67 E2
Nontron 24 ... 202 B2
Nonville 77 ... 87 F4
Nonville 88 ... 118 A1
Nonvilliers-Grandhoux 28 ... 84 C3
Nonza 2B ... 315 E1
Nonzeville 88 ... 95 D3
Noordpeene 59 ... 3 E3
Nordausques 62 ... 3 D3
Nordheim 67 ... 70 C3
Nordhouse 67 ... 71 D4
Nore (Pic de) 11 ... 278 C4
Noreuil 62 ... 8 C4
Norges-la-Ville 21 ... 139 E3
La Norma 73 ... 214 C4
Normandel 61 ... 84 A1
Normandie (Pont de) 76 ... 14 C4
Normanville 27 ... 58 C1
Normanville 76 ... 15 D2
Normée 51 ... 64 B3
Normier 21 ... 138 A3
Norolles 14 ... 30 C4
Noron-la-Poterie 14 ... 28 C4
Noron-l'Abbaye 14 ... 56 A2
Noroy 60 ... 34 C2
Noroy-le-Bourg 70 ... 141 F1
Noroy-lès-Jussey 70 ... 117 F3
Noroy-sur-Ourcq 02 ... 36 A4
Norrent-Fontes 62 ... 7 F1
Norrey-en-Auge 14 ... 56 C2
Norrey-en-Bessin 14 ... 29 D4
Norrois 51 ... 65 E4
Norroy 88 ... 93 F4
Norroy-le-Sec 54 ... 41 D3
Norroy-le-Veneur 57 ... 41 F4
Norroy-lès-Pont-à-Mousson 54 ... 68 A2
Nort-Leulinghem 62 ... 3 D3
Nort-sur-Erdre 44 ... 126 C2
Nortkerque 62 ... 2 C2
Norville 76 ... 15 E4
La Norville 91 ... 86 C1
Nossage-et-Bénévent 05 ... 249 D4
Nossoncourt 88 ... 95 D2
Nostang 56 ... 100 B3
Noth 23 ... 186 B1
Nothalten 67 ... 96 C1
Notre-Dame-d'Aiguebelle (Abbaye de) 26 ... 247 D3
Notre-Dame-d'Aliermont 76 ... 16 B3
Notre-Dame-d'Allençon 49 ... 128 C3
Notre-Dame-d'Aurès 12 ... 260 B1
Notre-Dame d'Ay (Sanctuaire de) 07 ... 228 C1
Notre-Dame-de-Bellecombe 73 ... 196 B3
Notre-Dame-de-Bliquetuit 76 ... 15 E4
Notre-Dame-de-Boisset 42 ... 191 E2
Notre-Dame-de-Bondeville 76 ... 32 A2
Notre-Dame-de-Briançon 73 ... 214 A2
Notre-Dame de Buglose 40 ... 253 D4
Notre-Dame-de-Cenilly 50 ... 54 B1
Notre-Dame de Clausis 05 ... 251 E1
Notre-Dame-de-Commiers 38 ... 230 C2
Notre-Dame-de-Courson 14 ... 57 D2
Notre-Dame-de-Fresnay 14 ... 56 C2
Notre-Dame-de-Garaison 65 ... 298 C1
Notre-Dame-de-Grace 44 ... 125 F2
Notre-Dame-de-Gravenchon 76 ... 15 D4
Notre-Dame de Kérinec (Chapelle) 29 ... 73 D3
Notre-Dame-de-la-Cour 22 ... 51 D3
Notre-Dame de la Gorge 74 ... 196 C3
Notre-Dame-de-la-Grainetière (Abbaye de) 85 ... 146 B3
Notre-Dame-de-la-Mer (Chapelle) 78 ... 59 E1
Notre-Dame-de-la-Rouvière 30 ... 262 C2
Notre-Dame-de-la-Salette 38 ... 231 E3
Notre-Dame de la Serra (Belvédère de) 2B ... 314 A3
Notre-Dame-de-l'Aillant 71 ... 156 C1
Notre-Dame-de-Laus 05 ... 249 F2
Notre-Dame-de-l'Espérance 22 ... 51 E3
Notre-Dame-de-l'Isle 27 ... 59 E1
Notre-Dame-de-Livaye 14 ... 56 C1
Notre-Dame-de-Livoye 50 ... 54 B3
Notre-Dame-de-Londres 34 ... 262 C4
Notre-Dame-de-Lorette 62 ... 8 A2
Notre-Dame de l'Ormeau (Chapelle) 83 ... 287 E1
Notre-Dame-de-l'Osier 38 ... 212 A4
Notre-Dame de Lure (Monastère de) 04 ... 266 C2
Notre-Dame-de-Mésage 38 ... 230 C2
Notre-Dame-de-Montplacé (Chapelle) 49 ... 129 D1
Notre-Dame-de-Monts 85 ... 144 B3
Notre-Dame-de-Piétat (Chapelle de) 64 ... 297 D1
Notre-Dame-de-Riez 85 ... 144 C4
Notre-Dame-de-Sanilhac 24 ... 220 C2
Notre-Dame-de-Timadeuc (Abbaye de) 56 ... 101 E1
Notre-Dame-de-Tréminou (Chapelle) 29 ... 98 B2
Notre-Dame-de-Tronoën 29 ... 98 B2
Notre-Dame de Valvert (Chapelle de) 04 ... 268 C3
Notre-Dame-de-Vaulx 38 ... 230 C2
Notre-Dame de Vie (Ermitage) 06 ... 288 B3
Notre-Dame-d'Elle 50 ... 27 F4
Notre-Dame-d'Épine 27 ... 31 E4
Notre-Dame-des-Anges (Prieuré) 83 ... 286 C4
Notre-Dame-des-Dombes (Abbaye de) 01 ... 193 E2
Notre-Dame des Fontaines (Chapelle) 06 ... 289 F1
Notre-Dame-des-Landes 44 ... 126 A2
Notre-Dame-des-Millières 73 ... 214 A1
Notre-Dame-des-Misères (Chapelle de) 82 ... 258 A2
Notre-Dame-d'Estrées 14 ... 30 A4
Notre-Dame-d'Igny (Abbaye) 51 ... 37 D4
Notre-Dame-d'Oé 37 ... 130 C2
Notre-Dame-d'Or 86 ... 148 C4
Notre-Dame-du-Bec 76 ... 14 B3
Notre-Dame-du-Crann (Chapelle) 29 ... 75 E3
Notre-Dame-du-Cruet 73 ... 213 F3
Notre-Dame-du-Groseau (Chapelle) 84 ... 265 E1
Notre-Dame-du-Guildo 22 ... 52 B4
Notre-Dame-du-Hamel 27 ... 57 E3
Notre-Dame du Haut (Chapelle) 22 ... 77 F2
Notre-Dame-du-Mai (Chapelle) 83 ... 291 F4
Notre-Dame-du-Parc 76 ... 16 A4
Notre-Dame-du-Pé 72 ... 105 F4
Notre-Dame-du-Pré 73 ... 214 B2
Notre-Dame-du-Rocher 61 ... 55 F3
Notre-Dame-du-Touchet 50 ... 80 C1
Nottonville 28 ... 109 E1
La Nouaille 23 ... 187 E4
Nouaillé-Maupertuis 86 ... 166 B2
Nouainville 50 ... 24 C2
Nouan-le-Fuzelier 41 ... 133 E2
Nouan-sur-Loire 41 ... 132 B1
Nouans 72 ... 83 D4
Nouans-les-Fontaines 37 ... 151 D1
Nouart 08 ... 39 F2
Nouâtre 37 ... 149 F2
La Nouaye 35 ... 78 C4

ORLÉANS

Antigna (R.) ... DY 4
Bannier (R.) ... DY
Bothereau (R. R.) ... FY 14
Bourgogne (R. Fg-de) ... FZ 15
Brésil (R. du) ... FY 16
Bretonnerie (R. de la) ... DEY 17
Briand (Bd A.) ... FY 19
Champ-de-Mars (Av.) ... DZ 25
Châtelet (Square du) ... EZ 32
Charpenterie (R. de la) ... EZ 34
Chollet (R. Théophile) ... EY 36
Claye (R. de la) ... FY 38
Coligny (R.) ... FZ 39
Croix-de-la-Pucelle (R.) ... EZ 43
Dauphine (Av.) ... EZ 47
Dolet (R. Étienne) ... EZ 49
Ducerceau (R.) ... EZ 51
Dunois (Pl.) ... DY 52
Dupanloup (R.) ... EFY 53
Escures (R. d') ... EY 55
Étape (Pl. de l') ... EY 56
Ételon (R. de l') ... FY 57
Folie (R. de la) ... FZ 58
Fort-des-Tourelles (Q.) ... EZ 60
Gaulle (Pl. du Gén.-de) ... DZ 65
Hallebarde (R. de la) ... DY 70
Jeanne-d'Arc (R.) ... EY
Madeleine (R. Fg) ... DZ 88
Manufacture (R. de la) ... FY 89
Motte-Sanguin (Bd de la) ... FZ 95
Notre-Dame-de-Recouvrance (R.) ... DZ 97
Oriflamme (R. de l') ... FZ 98
Parisie (R.) ... EZ 100
Poirier (R. du) ... EZ 106
Pte-Madeleine (R.) ... DY 108
Pte-St-Jean (R.) ... DY 109
Pothier (R.) ... EZ 112
Prague (Quai) ... DZ 113
Pressoir Neuf (R. du) ... FY 115
Rabier (R. F.) ... EY 117
République (R. de la) ... EY
Royale (R.) ... EZ 125
St-Euverte (Bd) ... FYZ 126
St-Euverte (R.) ... FY 127
Ste-Croix (Pl.) ... EYZ 139
Secrétain (Av. R.) ... DZ 140
Segellé (Bd P.) ... FY 141
Tabour (R. du) ... EZ 145
Tour Neuve (R. de la) ... FZ 147
Verdun (Bd de) ... DY 152
Vieux-Marché (Pl.) ... DZ 159
Weiss (R. L.) ... FY 160
6-Juin-1944 (Pl. du) ... FY 162

D
E
F
Y
Z
Rue Gratteminot
R. Caban
Rue de Coulmiers
Bd de Châteaudun
R. du Fg Bannier
Patay
Av. de Paris
Pl. Gambetta
MÉDIATHÈQUE
R. du Mal Foch
Xaintrailles
Bd Rocheplatte
ST-PATERNE
Pl. d'Arc
Pl. Albert 1er
R. M. Proust
HÔTEL DU DÉPARTEMENT
PALAIS DES SPORTS
PARC LOUIS PASTEUR
ST-VINCENT
R. d'Alsace-Lorraine
Bd Alexandre Martin
R. J. Lemaitre
R. de Java
R. J. Jugan
Pl. du Champ-St-Marc
ST-MARC
R. St-Marc
CENTRE DE CONFÉRENCES
Campo Santo
CARRE ST-VINCENT
Pl. du Martroi
Pl. Croix Morin
R. des Carmes
R. Jeanne d'Arc
STE-CROIX
HÔTEL DE RÉGION
Rue de Bourgogne
R. Destriches
ST-EUVERTE
Square Ch. Péguy
Cloître St-Aignan
St-Aignan
St-Pierre le Puellier
Pl. du Châtelet
ST-DONATIEN
N.-D. DES MIRACLES
N.-DAME DE RECOUVRANCE
ST-LAURENT
Bd Jean Jaurès
R. Croix de Bois
Quai St-Laurent
Quai Barentin
Quai Cypierre
Quai du Châtelet
Quai du Fort Alleaume
Q. du Roi
Pont du Mal Joffre
Pont George V
Pont René Thinat
LOIRE
Quai des Augustins
Av. de Trévise
R. Tudelle
Pl. St-Charles
A 71
0
300m

PARIS
N 192 LA GARENNE COLOMBES
D 909 ARGENTEUIL
ROUEN CERGY-PONTOISE
ST-GERMAIN-EN-LAYE N 13
CAEN, ROUEN
A 13
1
2
3
4
C
D
E
F
G
COURBEVOIE
FAUBOURG DE L'ARCHE
PÔLE UNIVERSITAIRE LÉONARD DE VINCI
LA GRANDE ARCHE
C.N.I.T.
TOTAL FINA ELF
LA DÉFENSE
ESPLANADE DE LA DÉFENSE
MANHATTAN
LES QUATRE TEMPS
PUTEAUX
PT DE NEUILLY
PTE MAILLOT
SEINE
PONT DE LEVALLOIS-BÉCON
LEVALLOIS-PERRET
ANATOLE FRANCE
LOUISE MICHEL
PORTE D'ASNIÈRES
PORTE DE CHAMPERRET
NEUILLY-SUR-SEINE
LES SABLONS
JARDIN D'ACCLIMATATION
MUSÉE NATIONAL DES ARTS ET TRADITIONS POPULAIRES
PORTE MAILLOT
PALAIS DES CONGRÈS DE PARIS
PÉREIRE-LEVALLOIS
WAGRAM
TERNES
ESPACE WAGRAM
SALLE PLEYEL
COURCELLES
ARGENTINE
ARC DE TRIOMPHE
CH. DE GAULLE-ÉTOILE
PL. CH. DE GAULLE ÉTOILE
OFFICE DU TOURISME
LIDO
GEORGE V
KLÉBER
VICTOR HUGO
BOISSIÈRE
MUSÉE GUIMET
PALAIS GALLIERA
CRAZY HORSE
IÉNA
PALAIS DE TOKYO
ALMA MARCEAU
PT DE L'ALMA
PORTE DAUPHINE
AV. FOCH
PARC DE BAGATELLE
BOIS DE BOULOGNE
PRÉ CATELAN
LAC INFÉRIEUR
LAC SUPÉRIEUR
PORTE DE LA MUETTE
AV. HENRI MARTIN
RUE DE LA POMPE
TROCADÉRO
PL. DU TROCADÉRO
16
PALAIS DE CHAILLOT
MUSÉE CLEMENCEAU
PORTE DE PASSY
MUSÉE MARMOTTAN
LA MUETTE
BOULAINVILLIERS
PASSY
MUSÉE DU VIN
MAISON DE BALZAC
TOUR EIFFEL
PARC DU CHAMP DE MARS
CHAMP DE MARS TOUR EIFFEL
BIR-HAKEIM
RANELAGH
HIPPODROME D'AUTEUIL
JASMIN
AV. DU PRÉST KENNEDY MAISON DE RADIO FRANCE
MAISON DE RADIO FRANCE
DUPLEIX
VILLAGE SUISSE
LA MOTTE PICQUET GRENELLE
CAMBRONNE
MUSÉE KWOK ON
CENTRE BEAUGRENELLE
JAVEL A. CITROËN
AVENUE ÉMILE ZOLA
CHARLES MICHELS
COMMERCE
PORTE D'AUTEUIL
STADE ROLAND GARROS
MUSÉE DU TENNIS
MICHEL ANGE AUTEUIL
MICHEL ANGE MOLITOR
CHARDON LAGACHE
ÉGLISE D'AUTEUIL
MIRABEAU
STE PÉRINE
PORTE MOLITOR

5
D 911
A 15 CERGY-PONTOISE
6
ST DENIS
7
ST DENIS
N 14
8
9
A 1
STADE DE FRANCE
CLICHY
PORTE DE ST. OUEN
PORTE DE CLIGNANCOURT
PORTE DE CLICHY
PORTE D'ASNIÈRES
CIMETIÈRE DES BATIGNOLLES
BOULEVARD VICTOR HUGO
BOULEVARD JEAN JAURÈS
PÉRIPHÉRIQUE
BOULEVARD BERTHIER
BOULEVARD DE REIMS
BOULEVARD PÉREIRE
BOULEVARD NEY
BESSIÈRES
INTERIEUR
AVENUE DE SAINT OUEN
AVENUE DE CLICHY
BICHAT-CLAUDE BERNARD
DIX-HUIT THÉATRE
Square des Batignolles
CIMETIÈRE DE MONTMARTRE
BASILIQUE DU SACRÉ CŒUR
PLACE DU TERTRE
18
17
9
8
2
1
7
6
4
PL. DE CLICHY
BOULEVARD DES BATIGNOLLES
BOULEVARD DE ROCHECHOUART
GARE DU NORD
PARC MONCEAU
MUSÉE CERNUSCHI
MUSÉE NISSIM DE CAMONDO
MUSÉE HENNER
SALLE CORTOT
TH. ARTS HEBERTOT
GARE ST.LAZARE
STE TRINITÉ
ST AUGUSTIN
HAUSSMANN
OPÉRA
FOLIES BERGÈRES
MUSÉE DES CRISTALLERIES DE BACCARAT
BOULEVARD DE STRASBOURG
ARC DE TRIOMPHE
ÉTOILE
AVENUE DES CHAMPS ÉLYSÉES
PALAIS DE L'ÉLYSÉE
STE MARIE MADELEINE
TH. DE LA MADELEINE
LA BOURSE
GRANDS BOULEVARDS
BONNE NOUVELLE
GRAND PALAIS
PETIT PALAIS
PL. DE LA CONCORDE
JARDIN DES TUILERIES
MUSÉE DU LOUVRE
ST ROCH
PALAIS ROYAL
COMÉDIE FRANÇAISE
ST EUSTACHE
FORUM
LES HALLES
CENTRE G. POMPIDOU
MUSÉE D'ART ET D'HISTOIRE DU JUDAÏSME
CONSERVATOIRE DES ARTS ET MÉTIERS
PALAIS DE TOKYO
PRÉSIDENT WILSON
TOUR EIFFEL
PARC DU CHAMP DE MARS
ECOLE MILITAIRE
UNESCO
ASSEMBLÉE NATIONALE
MUSÉE D'ORSAY
HÔTEL DES INVALIDES
LA TOUR MAUBOURG
INVALIDES
MUSÉE RODIN
HÔTEL MATIGNON
ST. GERMAIN DES PRÉS
ST SULPICE
PALAIS DU LUXEMBOURG
JARDIN DU LUXEMBOURG
PL. DU CHÂTELET
CONCIERGERIE
STE CHAPELLE
NOTRE-DAME
HÔTEL DE VILLE
ÎLE ST LOUIS
CLUNY LA SORBONNE
PANTHÉON
INSTITUT DU MONDE ARABE
CAMBRONNE
BOULEVARD DE GRENELLE
BOULEVARD GARIBALDI
BOULEVARD RASPAIL
BOULEVARD ST MICHEL
BOULEVARD DE SÉBASTOPOL

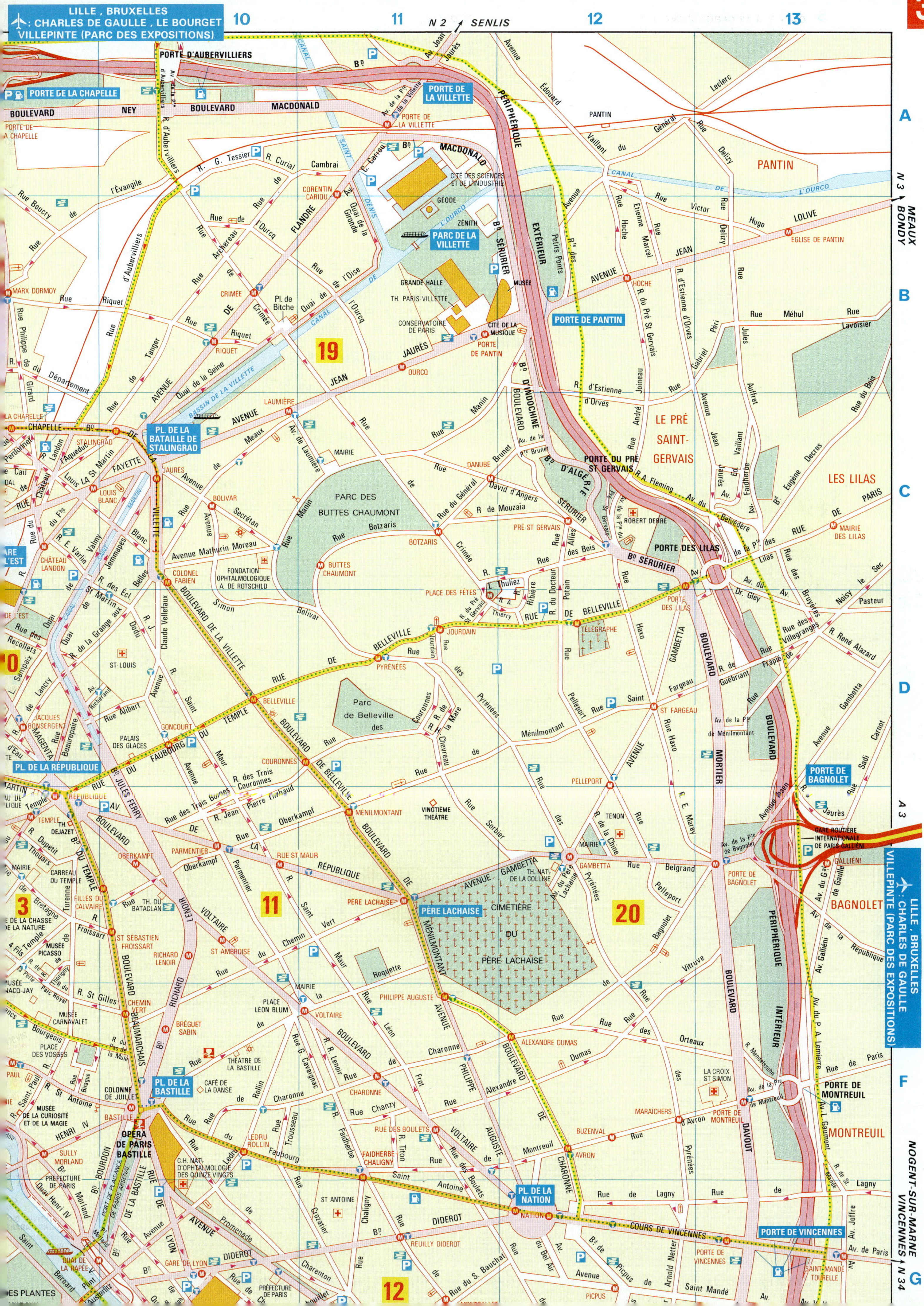
LILLE, BRUXELLES
CHARLES DE GAULLE, LE BOURGET
VILLEPINTE (PARC DES EXPOSITIONS)
10
11
12
13
N 2
SENLIS
A
B
C
D
F
G
A 3
N 3
MEAUX
BONDY
NOGENT-SUR-MARNE
VINCENNES
N 34
PORTE D'AUBERVILLIERS
PORTE DE LA CHAPELLE
PORTE DE LA VILLETTE
BOULEVARD NEY
BOULEVARD MACDONALD
PÉRIPHÉRIQUE
CITÉ DES SCIENCES ET DE L'INDUSTRIE
GÉODE
ZÉNITH
PARC DE LA VILLETTE
GRANDE HALLE
TH. PARIS VILLETTE
CONSERVATOIRE DE PARIS
CITÉ DE LA MUSIQUE
MUSÉE
PORTE DE PANTIN
PANTIN
CANAL DE L'OURCQ
CANAL SAINT DENIS
BASSIN DE LA VILLETTE
ÉGLISE DE PANTIN
19
PL. DE LA BATAILLE DE STALINGRAD
PARC DES BUTTES CHAUMONT
FONDATION OPHTALMOLOGIQUE A. DE ROTSCHILD
LE PRÉ SAINT-GERVAIS
PORTE DU PRÉ ST GERVAIS
LES LILAS
MAIRIE DES LILAS
PORTE DES LILAS
PLACE DES FÊTES
TÉLÉGRAPHE
Parc de Belleville
PL. DE LA RÉPUBLIQUE
PALAIS DES GLACES
VINGTIÈME THÉATRE
PORTE DE BAGNOLET
GARE ROUTIÈRE INTERNATIONALE DE PARIS-GALLIÉNI
BAGNOLET
LILLE, BRUXELLES
CHARLES DE GAULLE
VILLEPINTE (PARC DES EXPOSITIONS)
PÈRE LACHAISE
CIMETIÈRE DU PÈRE LACHAISE
11
20
MUSÉE PICASSO
MUSÉE CARNAVALET
PLACE DES VOSGES
MUSÉE DE LA CURIOSITÉ ET DE LA MAGIE
PL. DE LA BASTILLE
COLONNE DE JUILLET
OPÉRA DE PARIS BASTILLE
THÉATRE DE LA BASTILLE
CAFÉ DE LA DANSE
C.H. NAT.L D'OPHTALMOLOGIE DES QUINZE VINGTS
LA CROIX ST SIMON
PORTE DE MONTREUIL
MONTREUIL
PL. DE LA NATION
COURS DE VINCENNES
PORTE DE VINCENNES
SAINT-MANDÉ TOURELLE
GARE DE LYON
PRÉFECTURE DE PARIS
12
BOULEVARD DE LA VILLETTE
BOULEVARD DE BELLEVILLE
BOULEVARD DE MÉNILMONTANT
BOULEVARD DE CHARONNE
BOULEVARD MORTIER
BOULEVARD DAVOUT
BOULEVARD RICHARD LENOIR
BOULEVARD BEAUMARCHAIS
BOULEVARD DU TEMPLE
AVENUE GAMBETTA
AVENUE JEAN JAURÈS
RUE DE BELLEVILLE
RUE DE MÉNILMONTANT
RUE DES PYRÉNÉES
AVENUE DE LA RÉPUBLIQUE
BOULEVARD VOLTAIRE
RUE DU FAUBOURG ST ANTOINE

BOULOGNE-BILLANCOURT
ISSY-LES-MOULINEAUX
VANVES
CLAMART
MEUDON
PARIS
15
PARC DES PRINCES
STADE ROLAND GARROS
PORTE D'AUTEUIL
PORTE MOLITOR
PORTE DE ST. CLOUD
QUAI D'ISSY
PORTE DE SÈVRES
PORTE DE LA PLAINE
PORTE BRANCION
CAMBRONNE
HÉLIPORT DE PARIS
CENTRE SPORTIF S. LENGLEN
PARC DÉPARTEMENTAL DE L'ÎLE ST GERMAIN
Parc A. Citroën
HÔPITAL EUROPÉEN G. POMPIDOU
PALAIS DES SPORTS
Parc Georges Brassens
BOULEVARD PÉRIPHÉRIQUE
SEINE
ÎLE DE BILLANCOURT
CAEN, ROUEN A 13
AUTOROUTE A 13
D 907
VERSAILLES AUTOROUTE A 10
N 10
A 13, D 1
D 7, A 10
D 906
G
H
J
K
1
2
3
4
5

PARIS

Abbé de l'Epée (R. de l')..........G8
Abbé Groult (R. de l')..............H5
Abbesses (R. des)...................C7
Aboukir (R. d')..........................D8
Acqueduc (R. de l')..................C9
Alain (R.)..................................H6
Albert 1er (Cours)......................E5
Alésia (R. d')..............................J7
Alexander Fleming (R.)...........C12
Alexandre III (Pont)..................E6
Alexandre Dumas (R.).............F12
Algérie (Bd d')........................C12
Alibert (R.)..............................D10
Alleray (R. d')............................H5
Allès (R.).................................C12
Alma (Pont de l')........................E5
Alsace (R. de)............................C9
Ambroise-Paré (R.)....................C8
Amélie (R.).................................F5
Amiral Bruix (Bd de l')..............D3
Amiral de Coligny (R.)...............E8
Amiral Mouchez (R.).................K8
Amsterdam (R. d')......................C7
Anatole France (Quai)...............E6
André Citroën (Quai)................G3
André Citroën (Parc).................G3
André-Rivoire (Av.)...................A7
Arago (Bd).................................H8
Arc de Triomphe.......................H8
Archereau (R.).........................B10
Archevêché (Pont).....................F8
Archives (R. des).......................E9
Arcole (Pont et R. d')..................F8
Argenson (R. d')........................D6
Armaillé (R. d')..........................C4
Artois (R. d')..............................D5
Arts (Pont des)...........................F7
Asnières (Porte d')....................B5
Assas (R. d.)..............................G7
Assemblée Nationale................E6
Assomption (R. de l')..................F3
Auber (R.)..................................D7
Aubervilliers (Porte)................A10
Aubervilliers (R. d')..................A10
August Blanqui (Bd)...................J8
Auguste Comte (R.)...................G7
Aurelle de Paladines (Bd d').....C3
Austerlitz (Gare d')...................G9
Austerlitz (Pont d')....................G9
Austerlitz (Quai d')..................H10
Auteuil (Bd et Porte)................G1
Auteuil (R. d')............................G2
Auteuil aux Lacs (Rte d')..........F1
Avron (R. d').............................F12
Babylone (R. de)........................F6
Bac (R. du).................................F7
Bagnolet (Porte de)..................E13
Bagnolet (R. de)......................E12
Balard (R.).................................G3
Banque (R. de la).......................E8
Banquier (R. du)........................H9
Barbès (Bd)................................B8
Bartet (R.)...................................J5
Bassano (R. de)..........................E5
Bastille (Bd de la)....................G10
Bastille (Pl. de la)....................F10
Batignolles (Bd et R.)................C6
Batignolles (Cimetière des)......A6
Baudricourt (R.)..........................J9
Beaubourg (R.)...........................E9
Beaumarchais (Bd)...................F10
Beaunier (R.)...............................J7
Beaurepaire (R.).........................D9
Beauséjour (Bd de).....................F3
Bel Air (Av. du).........................G12
Belgrand (R.).............................E12
Bellechasse (R. de).....................F6
Bellefond (R. de).........................C8
Belles Feuilles (R.).....................D3
Belleville (Bd et R.)..................D11
Belloy (R. de)..............................D4
Belvédère (Av. du)...................C13
Bercy (Bd, Pont, R.)................H10
Bercy (Palais Omnisport).......H10
Bercy (Porte de).......................J10
Bercy (Quai de)........................H11
Berlier (R.).................................J11
Bernard (R. C.)...........................H8
Berri (R. de)................................D5
Berthier (Bd)...............................B5
Berthollet (R.).............................H8
Bessières (Bd).............................A6
Birague (R.)................................F9
Bir-Hakeim (Pont de)..................F4
Blanche (R.)................................C7
Bleue (R.)....................................D8
Blomet (R.).................................G5
Bobillot (R.).................................J8
Bois (R. des)..............................C12
Boissière (R.)..............................E4
Boissy d'Anglas (R.)..................D6
Bonaparte (R.).............................F7
Bonne Nouvelle (Bd)..................D8
Bosquet (Av.)...............................F5
Botzaris (R.)...............................C11
Boucry (R.)..................................B9
Boulanvilliers (R. de)..................F3
Boulets (R. des)........................G11
Bourdon (Bd).............................F10
Bourdonnais (Av.).......................F5
Bourgogne (R. de).......................F6
Bourse des Valeurs....................D8
Bourse du Commerce................E8
Brancion (Porte)..........................J5
Brancion (R.)...............................H5
Branly (Quai)...............................E4
Bretagne (R. de)..........................E9
Breteuil (Av. de)..........................F6
Brillat Savarin (R.)......................K8
Brune (Bd)...................................J6
Bruneseau (R.)...........................J11
Bruyère (R. la).............................C7
Buffon (R.)..................................G9
Bugeaud (Av.).............................D3
Buttes Chaumont (Parc des)..C11
Cail (R.).......................................C9
Cambacérès (R.).........................D6
Cambrai (R. de).........................A11
Cambronne (R.)..........................G5
Capucines (Bd des)....................D7
Capucines (R. des).....................D7
Cardinal Lemoine (R.)...............G8
Cardinet (R.)...............................B6
Carlo Sarrabezolles (R.)............H2
Cariou (Av. C.)...........................A11
Carnot (Av.)................................D4
Carrousel (Pont du)....................E7
Castagnary (R.)..........................H5
Catalogne (Pl. de).......................H6
Castiglione (R. de).....................E7
Caulaincourt (R. de)..................C7
Caumartin (R. de)......................D7
Censier (R.)................................H9
Cévennes (R. des)......................G3
Chabrol (R. de)...........................C9
Chaillot (Palais de)....................E4
Chaligny (R.)..............................G11
Chalon (R. de)..........................G10
Champ de Mars (Parc)...............F5
Champerret (Porte)....................B4
Championnet (R.).......................A8
Champs Élysées (Av.)................D5
Change (Pont au)........................F8
Chanzy (R.)................................F11
Chapelle (Bd de la).....................C9
Chapelle (Porte de la)................A9
Chapelle (R. de la)......................B9
Chardon Lagache (R.)................G2
Charenton (Porte de).................J12
Charenton (R. de).....................G10
Charles de Gaulle - Étoile (Pl.)..D4
Charles de Gaulle (Pont).........G10
Charlety (Stade)..........................K8
Charonne (Bd de)......................F12
Charonne (R. de).......................F11
Château (R. du)..........................H6
Château d'Eau (R. du)...............D9
Châteaudun (R. de)...................D8
Château Landon (R.)..................C9
Châtelet (Pl. du)..........................F8
Châtillon (Porte de)....................J6
Chaussée d'Antin (R.)................D7
Chemin Vert (R. du).................E10
Cherche Midi (R. du).................G6
Chevaleret (R. du)....................J10
Chine (R.)..................................E12
Choisy (Av. de)............................J9
Choisy (Parc)...............................J9
Choisy (Porte de)........................K9
Chomel (R.).................................F7
Cité (R. de la)...............................F8
Cité Universitaire (Bd)...............K7
Claude Decaen (R.)...................H12
Claude-Farrère (R.)...................G1
Claude Regaud (Av.)................K10
Claude-Terrasse (R.).................H2
Claude Vellefaux (Av.)............D10
Clichy (Av. de)............................B7
Clichy (Bd de).............................C7
Clichy (Pl. de)..............................C7
Clichy (R. de)...............................C7
Clignancourt (Porte)..................A8
Clignancourt (R. de)..................B8
Clisson (R.)...............................H10
Cloître-Notre-Dame (R. du).......F8
Clovis (R.)...................................G8
Commandant-René-Mouchotte (R. du)................H6
Commerce (R. du)......................G4
Comte (R. M. Le).........................E9
Conciergerie...............................F8
Concorde (Pl. de la)...................E6
Concorde (Pont).........................E6
Condorcet (R.)............................C8
Congrès (Palais des).................C3
Constantine (R. de)....................E6
Constantinople (R.)...................C6
Conti (Quai de)...........................F8
Contrescarpe (Pl.).....................G8
Convention (R. de la)................H4
Copernic (R.)..............................D4
Corbineau (R.)..........................H11
Cortambert (R.)..........................E3
Corvisart (R.)..............................J8
Cotentin (R. du)..........................H6
Courcelles (Bd de).....................C5
Courcelles (R. de).......................D5
Couronnes (R. des)..................D11
Courteline (Av.)........................G13
Crimée (R. de)...........................G11
Croix des Petits Champs (R.)...E8
Croix Nivert (R. de la)...............H4
Crozatier (R.)............................G11
Curial (R.)..................................A10
Custine (R.)................................B8
Cuvier (R.).................................G9
Daguerre (R.).............................H6
Damrémont (R.)..........................B7
Danielle Casanova (R.)..............E7
Danton (R.).................................F8
Dantzig (R. de)...........................H5
Daumesnil (Av.).......................H12
Dauphine (Porte)........................D3
Dauphine (R.)..............................F8
David d'Angers (R.)................C12
David-Weill (Av.)........................K7
Davout (Bd)...............................F13
Delcassé (Av.)............................D6
Delessert (Bd).............................F4
Denain (Bd de)............................C9
Denfert Rochereau (Av. et Pl.).H7
Départ (R. du)............................G6
Desnouettes (R.)........................H4
Diderot (Bd)..............................G11
Didot (R.).....................................J6
Dijon (R. de).............................H11
Dr Arnold Netter (Av.)............G12
Dr Blanche (R. du).....................F2
Dr Finlay (R. du).........................F4
Dr Gley (Av. du).......................C13
Dr Potain (R. du)......................C12
Dr Roux (R. du)..........................G5
Dr Tuffier (R. du).......................K9
Dorée (Porte)...........................H12
Doret (Av.)..................................H2
Douai (R. de)..............................C7
Double (Pont au).........................F8
Doudeauville (R.).......................B9
Duméril (R.)...............................H9
Dunkerque (R. de).....................C8
Dupetit Thouars (R.)..................E9
Dupleix (R.)................................F4
Duquesne (Av.)...........................F5
Duranton (R.).............................H4
Dutot (R.)...................................H5
Eblé (R.).....................................G6
Écluses-St-Martin (R. des).....D10
École de Médecine (R. de l')....F8
Écoles (R. des)...........................G8
Edgar Quinet (Bd).....................H7
Edison (R.)..................................J9
Eiffel (Tour).................................F4
Élysée (Palais de l')...................D6
Emeriau (R.)................................F4
Émile Augier (Bd).......................E3
Émile-Faguet (R.).......................K7
Émile Zola (Av.).........................G4
Entrepreneurs (R. des).............G4
Épée de Bois (R. de l')..............G8
Ernest-Renain (R.)......................J4
Est (Gare de l').........................C9
Estrées (R. d')............................F5
États-Unis (Pl. des)...................D4
Etienne Marcel (R.)...................E8
Eugène Varlin (R.).....................C9
Évangile (R. de l')......................B9
Exelmans (Bd)...........................G2
Expositions(Parc des)...............J4
Eylau (Av. d')..............................E4
Fabert (R.)..................................E5
Faidherbe (R.)...........................F11
Faisanderie (R. de la)................D3
Faiguière (R.)............................G6
Fbg du Temple (R.).................D10
Fbg Montmartre (R.).................D8
Fbg Poissonnière (R.)...............C8

JARDIN DU LUXEMBOURG
PALAIS DU LUXEMBOURG
PANTHÉON
INSTITUT DU MONDE ARABE
JARDIN DES PLANTES
GRANDE GALERIE DE L'ÉVOLUTION
GARE D'AUSTERLITZ
MONTPARNASSE
CIMETIÈRE DU MONTPARNASSE
PL. DENFERT ROCHEREAU
ST PIERRE DE MONTROUGE
PL. D'ITALIE
PARC MONTSOURIS
CITÉ INTERNATIONALE UNIVERSITAIRE DE PARIS
STADE CHARLÉTY
PORTE DE VANVES
PORTE DE CHÂTILLON
PORTE D'ORLÉANS
PORTE DE GENTILLY
PORTE D'ITALIE
PORTE D'IVRY
BOULEVARD PÉRIPHÉRIQUE
MALAKOFF
MONTROUGE
GENTILLY
BIBLIOTHÈQUE NATIONALE DE F. MITTERRAND
5
6
13
14
CLAMART VERSAILLES-A 10
6
N 20 ANTONY ÉTAMPES
7
A 6A A 10
8
ORLY, LYON BORDEAUX, NANTES
A 6B A 10
9
N 7 RUNGIS-ORLY

Fbg St-Antoine (R.) G11
Fbg St-Denis (R.) C9
Fbg St-Jacques (R.) H7
Fbg St-Martin (R.) D9
Fbg St-Honoré (R.) D5
Fédération (R. de la) F4
Félix Éboué (Pl.) H12
Félix Faure (Av.) G4
Fer à Moulin (R. du) H9
Fêtes (Pl. des) D11
Flandre (R. de) B10
Flandrin (Bd) D3
Fleurs (Quai aux) F8
Foch (Av.) D4
Fontaine (R.) C7
Fontaine (R. la) F3
Forum E8
Fossés St-Bernard (R.) G9
Four (R. du) F7
France (Av. de) H10
France (Collège de) G8
François 1er (R.) E5
François-Bonvin (R.) G5
François Mauriac (Q.) H10
François-Miron (R.) F9
Francs Bourgeois (R.) F9
Frankiln (R.B) E4
Frankiln D. Roosevelt (Av.) E5
Frapié (R.) D13
Frémicourt (R.) G5
Frères-Morane (R. des) G4
Friedland (Av. de) D5
Froidevaux (R.) H7
Froissart (R.) E9
Gabriel (Av.) D6
Gaîté (R. de la) H6
Gambetta (Av.) D12
Gare (Quai de la) H10
Garibaldi (Bd) G5
Garigliano (Pont du) H2
Gassendi (R.) H7
Gay Lussac (R.) G8
Gazan (R.) J8
Général Brunet (R.) C11
Gén. Guillaumat (R. du) J4
Gén. Koenig (Bd du) C1
Gén. Martial Valin (Bd) H3
Gén. Michel Bizot (Av.) H12
Gén. Leclerc (Av. du) J7
Gén. Lemonnier (Av.) E7
Gén. Sarrail (Av. du) G1
Gentilly (Porte de) K8
Geoffroy St. Hilaire (R.) G9
George V (Av.) D5
Georges Brassens (Parc) J5
Georges Lafenestre (Av.) J5
Georges Pompidou (Centre) E8
Georges Pompidou (Voie) G3
Gergovie (R. de) H6
Gilbert Perroy (Pl.) H6
Gironde (Q. de la) B11
Glacière (Av. de la) H8
Gobelins (Av. des) H9
Godefroy Cavaignac (R.) F11
Gordon-Bennett (Av.) G1
Goutte d'Or (R. de la) C9
Gouvion St-Cyr (Bd) C4
Grande Armée (Av. de la) D4
Grand Palais E6
Grands Augustins (Quai des) F8
Grange aux Belles (R.) D10
Grenelle (Bd de) G5
Grenelle (Pt et Q.) F3
Grenelle (R. de) F5
Grenier St-Lazare (R.) E9
Gros (R.) F3
Guébriant (R. de) D13
Guersant (R.) C4
Gustave Eiffel (Av.) F4
Guy Môquet (R.) B6
Guynemer (R.) G7
Halles (R. des) E8
Haussmann (Bd) D7
Hauteville (R. d') D8
Havre (R. du) C7
Haxo (R.) D12
Héliport de Paris H3
Henri IV (Bd) H9
Henri IV (Quai) G9
Henri Chevreau (R.) D11
Henri Heine (R.) F2
Henri Martin (Av.) E3
Henri Ribière (R.) D12
Hippodrome (Av. de) F1
Hoche (Av.) C5
Hôpital (Bd de l') H9
Hôtel de Ville F8
Hôtel-de-Ville (Quai de l') F9
Ibsen (Av.) E13
Iéna (Av. d') D4
Iéna (Pont d`) E4
Indochine (Bd d') C12
Ingres (Av.) F2
Invalides (Bd des) F6
Invalides (Esplanade et Hôtel) F6
Invalides (Pont des) E5
Issy (Quai d') H2
Issy-les-Moulineaux (Q. d') H2
Italie (Av. d') K9
Italie (Pl. d') J9
Italiens (Bd des) D7
Ivry (Av. d') J9
Ivry (Porte d') K10
Ivry (Quai) J11
Jacob (R.) F7
Jacques Baudry (R.) J5
Javel (R. de) G4
Jean-Baptiste-Pigalle (R.) C7
Jean Bouin (Stade) G1
Jean Jaurès (Av.) B11
Jean Moulin (Av.) J6
Jeanne d'Arc (R.) H9
J.-P. Timbaud (R.) E10
Jean Zay (R.) H6
Jemappes (Quai) C10
Jessaint (R. de) C9
Jeu de Paume E6
Jonquière (R. de la) B6
Joseph Bouvard (Av.) F5
Joseph-Kessel (R.) H11
Joseph Maistre (R.) B7
Jouffroy d`Abbans (R.) C5
Jourdan (Bd) K8
Jourdain (R.) D11
Jules Ferry (Bd) E10
Juliette-Dodu (R.) D10
Junot (Av.) B7
Jussieu (R.) G9
Justice (Palais de) F8
Kellermann (Bd) K9
Kléber (Av.) D4
Küss (R.) K8
La Boétie (R.) D6
La Fayette (R.) C8
Lacépède (R.) G9
Lac Inférieur (Chemin de Ceinture du) E2
Laennec G6
Lagny (R. de) G12
Lagrange (R.) F8
Lamarck (R.) B7
Lamballe (Av. de) F3
Lancry (R. de) D9
Lannes (Bd) D3
Laumière (Av. de) C11
Lavandières-Ste-Opportune (R. des) F8
Leblanc (R.) H3
Lecourbe (R.) G5
Ledru Rollin (Av.) G10
Lefebvre (Bd) J5
Legendre (R.) B6
Légion Étrangère (R. de la) K6
Léon Frapié (R.) D13
Léon Frot (R.) F11
Le Peletier (R.) D7
Lepic (R.) B7
Leriche (R.) H4
Liège œR. de) D7
Lilas (Porte des) C13
Lille (R. de) F7
Linois (R.) G3
Linné (R.) G9
Lisbonne (R. de) C6
Londres (R. de) C7
Longchamp (Allée) D2
Longchamp (R. de) E4
Louis Blanc (R.) C9
Louis Blériot (Quai) G3
Louis Braille (R.) H12
Louis-Phillippe (Pont) F9
Louise-Thuliez (R.) C12
Lourmel (R. de) G4
Louvre (Musée du) E7
Louvre (Quai du) E7
Louvre (R. du) E8
Lowendal (Av. de) F5
Lyon (R. et Gare de) G10
Macdonald (Bd) A11
Mac Mahon (Av.) C4
Madeleine (Bd de la) D7
Mademoiselle (R.) G5
Madrid (R. de) C6
Magenta (Bd de) D9
Mahatma Gandhi (Av.) D2
Maillot (Bd et Porte) C3
Maine (Av. du) H6
Miastre (R. J. de) B7
Malakoff (Av. de) D3
Malaquais (Quai) F7
Malar (R.) E5
Malesherbes (Bd) D6
Mandel (Av. G.) E3
Manin (R.) C11
Marcadet (R.) B7
Marceau (Av.) D5
Mare (R. de la) D11
Mal Galliéni (Av. du) E6
Marey (R. E.) E12
Marie (Pont) F9
Marigny (Av.) D6
Martyrs (R. des) C8
Marx Dormoy (R.) B9
Masséna (Bd) K10
Mathurin Moreau (Av.) C10
Matignon (Av.) D6
Matignon (Hôtel) F6
Maubeuge (R. de) C8
Mazarine (R.) F7
Mazas (Voie) G10
Meaux (R. de) C10
Médicis (R. de) G8
Mégisserie (Quai) F8
Mendelssohn (R.) F13
Ménilmontant (Bd) E11
Ménilmontant (R. de) D12
Messine (Av. de) D6
Michel Ange (R.) G2
Miollis (R.) G5
Mirabeau (Pont) G3
Mirabeau (R.) G2
Miromesnil (R. de) D6
Miron (R. Fr.) F9
Mogador (R. de) D7
Molitor (Porte) G1
Molitor (R.) G2
Monceau (Parc) C5
Monceau (R. de) C6
Moncey (R.) C7
Mongallet (R.) G11
Monge (R.) G8
Montaigne (Av.) D5
Mont-Cenis (R. du) B8
Montebello (Quai de) F8
Montmartre (Cimetière) B7
Montmartre (R.) E8
Montmorency (Bd) F2
Montorgueil (R.) E8
Montparnasse (Bd) G7
Montparnasse (Cimetière du) H7
Montparnasse (Gare) G6
Montparnasse (R. du) G7
Montparnasse (Tour) G6
Montsouris (Parc) K7
Montreuil (Porte de) F13
Montreuil (R. de) F12
Morillons (R. des) H5
Morland (Bd) G9
Mortier (Bd) D13
Motte Picquet (Av.) F5
Mouffetard (R.) H8
Mouton Duvernet (R.) H7
Mouzaïa (R. de) C12
Mozart (Av.) F2
Muette (Porte de la) E2
Muette à Neuilly (Rte.) E2
Murat (Bd) G1
Nansouty (Av.) J7
Nation (Pl. de la) G12
National (Pont) J11
Nationale (R.) J9
Nations Unies (Av.) E4
Neuf (Pont) F8
Neuve-Tolbiac (R.) J10
New York (Av. de) E4
Ney (Bd) A9
Niel (Av.) C4
Nord (Gare du) C9
Norvins (R.) C8
Notre Dame F8
Notre-Dame (Pont) F8
N.-D. de Lorette (R.) C7
N.-D. des Champs (R.) G7
Oberkampf (R.) E10
Observatoire (Av.) H7
Odéon (R. de l') F7
Oise (Quai de l') B11
Olivier de Serres (R.) H4
Opéra E7
Opéra (Av. de l') D7
Ordener (R.) B9
Orléans (Porte) d') K7
Ornano (Bd) B8
Orsay (Musée d`) E7
Orsay (Quai d`) E5
Orsel (R. d') C8
Orteaux (R. des) F12

12
13
PL. DE LA NATION
PORTE DE VINCENNES
NOGENT-SUR-MARNE VINCENNES N 34
COURS DE VINCENNES
GARE DE LYON
GARE D'AUSTERLITZ
JARDIN DES PLANTES
MUSEUM NATIONAL D'HISTOIRE NATURELLE
PRÉFECTURE DE PARIS
UNIVERSITÉ PARIS VI FACULTÉ DE MÉDECINE
GROUPE HOSPITALIER PITIÉ-SALPÉTRIÈRE
PALAIS OMNISPORTS DE PARIS BERCY
PARC DE BERCY
BIBLIOTHÈQUE NATIONALE DE FRANCE F. MITTERRAND
PORTE DE ST MANDÉ
SAINT-MANDÉ
PORTE DORÉE
PORTE DE CHARENTON
PORTE DE BERCY
QUAI D'IVRY
BOIS DE VINCENNES
LAC DAUMESNIL
PARC ZOOLOGIQUE
TEMPLE BOUDDHIQUE
CHARENTON-LE-PONT
IVRY-SUR-SEINE
LE KREMLIN-BICÊTRE
PORTE D'IVRY
PORTE D'ITALIE
BOULEVARD PÉRIPHÉRIQUE
SEINE
MARNE
METZ, NANCY REIMS
A 4
N 7 RUNGIS-ORLY
MAISONS-ALFORT CRÉTEIL
G
H
J
K
9
10
11
12
13

Oudinot (R.) G6
Ourcq (R. de l') B11
Paix (R. de la) D7
Palais (Bd du) F8
Panhard et Levassor (Q.) J11
Panthéon G8
Pantin (Porte de) B12
Paradis (R. de) D8
Parc-Royal (R. du) F9
Parmentier (Av.) E10
Parrot (R.) G10
Pascal (R.) H8
Pas-de-la-Mule (R.) F10
Passerelle Debilly E4
Passy (Porte de) F2
Passy (R. de) F3
Pasteur (Bd) G6
Patay (R. de) J10
Paul Barruel (R.) H5
Paul Doumer (Av.) E3
Pelleport (R.) E12
Pépinière (R. de la) D6
Percier (Av.) D6
Perdonnet (R.) C9
Péreire (Bd) B5
Pére Lachaise (Av. et Cimetière du) E12
Pergolèse (R.) D4
Perle (R. de la) E9
Pershing (Bd) C4
Petites Écuries (R.) D8
Petit Palais E6
Petits Champs (R.) E7
Petits Ponts (Rte des) B12
Peupliers (R. des) J9
Philippe de Girard (R.) B9
Phillippe Auguste (Av.) F11
Picpus (Bd de) G12
Picpus (R. de) G12
Pierre Charron (R.) D5
Pièrre de Coubertin (Av. et Stade) H1
Pierre Demours (R.) C4
Pierre Larousse (Av.) J6
Pierre 1er de Serbie (Av.) E4
Petit Pont F8
Pigalle (R.) C7
Pinel (R.) H9
Pirogues de Bercy (R. des) H11
Plaine (Porte de la) J4
Plantes (Jardin des) G9
Plantes (R. des) J6
Poissonnière (R.) D8
Poissonniers (R. des) B9
Police (Préf. de) F8
Poliveau (R.) H9
Pommard (R. de) H11
Pompe (R. de la) D3
Poniatowski (Bd) H12
Ponthieu(R. de) D5
Pont Neuf (R. du) E8
Portalis (R.) C6
Port Royal œBd du) H8
Postes (Hôtel des) E8
Poteau (R. du) B8
Poterne des Peupliers (R. de la) K9
Pouchet (R.) A6
Poussin (R.) G2
Président Kennedy (Av.) F3
Président Wilson (Av.) E4
Pré St-Gervais (Porte) C12
Pré St-Gervais (R du) D11
Princes (Parc des) G1
Prof.-Hyacinthe-Vincent (R. du) K7
Prony (R. de) C5
Provence (R. de) D7
Prudhon (Av.) E2
Pyramides (R. des) E7
Pyrénées (R. des) F12
Quatre Fils (R. des) E9
Quatre Septembre (R. du) D7
Radio-France (Maison de) F3
Raffet (R.) F2
Rambouillet (R. de) G10
Rambuteau (R.) E9
Ramey (R.) B8
Ranelagh (Jardin du) E2
Ranelagh (R. du) F3
Rapée (Quai de la) G10
Raphael (Av.) E2
Rapp (Av.) E5
Raspail (Bd) H7
Raymond Losserand (R.) H6
Raymond Poincaré (Av.) E4
Raynouard (R.) F3
Réaumur (R.) E8
Recollets (R. des) D9
Regnault (R.) J10
Reille (Av.) J8
Reine (Cours la) E6
Reine Marguerite (Allée de la) D1
Reims (Bd de) B5
Rémusat (R. de) G3
Renard (R. du) F8
René Coty (Av.) J7
Rennes (R. de) G7
République (Av.) E10
République (Bd de la) E10
République (Pl. de la) E9
Reuilly (Bd de) H12
Reuilly (R. de) G11
Ribière (R.) D12
Richard Lenoir (Bd) E10
Richard Lenoir (R.) F11
Richelieu (R. de) D7
Richer (R.) D8
Richerand (R.) D9
Riquet (R.) B10
Rivoli (R. de) F9
Rochechouart (Bd) C8
Rochechouart (R. de) C8
Rocher (R. du) C6
Rodin (Musée) F6
Roland Garros (Stade) G1
Rome (R. de) D6
Roquette (R. de la) F10
Royale (R.) D6
Royal (Palais) E7
Royal (Pont) E7
Rubens (R.) H9
Rungis (R. de) K8
Sablons (R. des) E3
Sacré Cœur (Basilique du) B8
St-Amand (R.) H5
St André des Arts (R.) F8
St-Antoine (R.) F9
St-Augustin D6
St-Bernard (Quai) G9
St-Charles (R.) G3
St-Cloud (Av. de) F1
St-Cloud (Porte de) H1
St-Denis (Bd) D9
St-Denis (Canal) A11
St-Denis (R.) E8
St-Dominique (R.) E5
St-Eleuthère (R.) C8
St-Eustache E8
St-Exupéry (Quai) H2
St-Fargeau (R.) D12
St-Ferdinand (R.) C4
St-Florentin (R.) E6
St-Germain (Bd) F7
St-Germain des Prés F7
St-Gilles (R.) F10
St-Honoré (R.) E7
St-Jacques (Bd) J7
St-Jacques (R.) G8
St-Lambert (R.) H4
St-Lazare (R. et Gare) D7
St-Louis (Pont) F9
St-Louis-en-l'Ile (R.) F9
St-Mandé (Av.de) G12
St-Mandé (Porte de) G13
St-Marcel (Bd) H9
St-Martin (Bd) D9
St-Martin (R.) E9
St-Maur (R.) E11
St-Michel (Bd) G8
St Michel (Pont) F8
St-Michel (Quai) F8
St-Ouen (Av. Porte) B7
St-Paul (R.) F9
St-Pétersbourg (R.) C6
St-Pierre de Montrouge J7
St-Placide (R.) G7
St-Roch E7
St-Saëns (R.) F4
Sts-Pères (R. des) F7
St-Sulpice (R.) F7
St-Vincent (R.) B7
St-Vincent de Paul H7
Ste-Marie Madeleine D6
Ste-Trinité C7
Sampaix (R. L.) D9
Sand (R. G.) G2
Santé (R. de la) H8
Sarrette (R.) J7
Saxe (Av. de) G6
Scribe (R.) D7
Sébastopol (Bd de) E8
Secrétan (Av.) C10
Ségur (Av. de) F5
Seine (Quai de la) B10
Seine (R. de) F7
Sergent Bauchat (R.) G11
Sérurier (Bd) C12
Sèvres (Porte de) H3
Sèvres (R. de) G6
Simon Bolivar (Av.) D10
Singer (R.) F3
Solférino (Passerelle) E7
Sorbier (R.) E11
Sorbonne G8
Soufflot (R.) G8
Soult (Bd) G13
Sports (Palals des) H4
Stéphane Mallarmé (Av.) B4
Strasbourg (Bd de) D9
Suchet (Bd) F2
Suffren (Av. de) G5
Sully (Pont de) G9
Surène (R. de) D6
Suresnes (Rte de) D2
Tage (R. du) K9
Taine (R.) H11
Tanger (R. de) B10
Tardieu (R.) C8
Temple (Bd et R.) E9
Ternes (Av. des) C4
Terroirs-de-France (Av. des) J11
Tertre (Pl. du) B8
Tessier (R. G.) A10
Théâtre (R. du) G4
Théophile Gautier (Av.) G2
Thierry (R. A.) D12
Thorigny (R. de) E9
Titon (R.) F11
Tocqueville (R. de) C6
Tolbiac (Pont de) H11
Tolbiac (R. de) J9
Tombe Issoire (R.) J7
Tour (R. de la) E3
Tour d'Auvergne (R. de la) C8
Tour Eiffel F4
Tourisme (Office du) D4
Tour Maubourg (Bd) E5
Tournelle (Pt. et Q.) F9
Tournon (R. de) F7
Tourville (Av. de) F5
Trocadéro (Pl. du) E4
Trois Bornes (R. des) E10
Tronchet (R.) D7
Trousseau (R.) F10
Tuileries (Jardin des) E7
Tuileries (Quai des) E7
Turbigo (R. de) E9
Turenne (R. de) E9
Ulm (R. d') G8
UNESCO G5
Université (R. de l') E5
Valette (R.) G8
Valmy (Quai de) C9
Van Gogh (R.) G10
Vaneau (R.) F6
Vanves (Porte de) J5
Varenne (R. de) F6
Vaugirard (Bd de) G6
Vaugirard (R. de) H5
Vauquelin (R.) G8
Vauvenargues (R.) B7
Vendôme (Pl.) E7
Vercingétorix (R.) H6
Versailles (Av. de) G2
Victor (Bd) H3
Victor Hugo (Av.) D3
Victoria (Av.) F8
Victor Massé (R.) C7
Vieille du Temple (R.) E9
Vienne (R. de) C6
Vigée Lebrun (R.) H5
Villars (Av. de) F6
Villette (Bd de la) D10
Villette (Porte de la) A11
Villiers (Av. de) C5
Villiot (R.) G9
Vincennes (Cours de) G12
Vincennes (Porte de) G13
Vincent Auriol (Bd) H10
Violet (R.) G4
Vitruve (R.) E12
Vivienne (R.) D8
Volontalres (R. des) H5
Voltaire (Bd) F11
Voltaire (Quai) F7
Vosges (Pl. des) F9
Vouillé (R. de) H5
Vulpian (R.) H8
Wagram (Av. de) C5
Washington (R.) D5
Watt (R.) J11
Wilhem (R.) G2
Winston Churchill (Av.) E6
Yvonne-Le Tac (R.) C8

La Noue 17 180 B1
La Noue 51 63 E4
Noueilles 31 276 C4
Nougaroulet 32 275 D1
Nouhant 23 170 B4
Nouic 87 185 D2
Nouilhan 65 273 F3
Les Nouillers 17 181 F3
Nouillonpont 55 40 C2
Nouilly 57 41 F4
Noulens 32 255 E4
Nourard-le-Franc 60 34 C2
Nourray 41 108 B4
Nousse 40 272 A1
Nousseviller-lès-Bitche 57 44 B3
Nousseviller-Saint-Nabor 57 43 D4
Nousty 64 297 D1
Nouvelle-Église 62 3 D2
Nouvion-en-Ponthieu 80 6 B4
Le Nouvion-en-Thiérache 02 10 A4
Nouvion-et-Catillon 02 20 B4
Nouvion-le-Comte 02 20 C1
Nouvion-le-Vineux 02 37 D2
Nouvion-sur-Meuse 08 23 D4
Nouvoitou 35 103 F1
Nouvron-Vingré 02 36 A2
Nouzerines 23 169 F3
Nouzerolles 23 169 D3
Nouziers 23 169 F2
Nouzilly 37 131 D2
Nouzonville 08 22 C3
Novacelles 63 208 B3
Novalaise 73 212 C1
Novale 2B 315 F4
Novéant-sur-Moselle 57 68 A1
Novel 74 179 D3
Novella 2B 315 D2
Noves 13 265 D4
Noviant-aux-Prés 54 67 F3
Novillard 90 120 A3
Novillars 25 141 E3
Novillers 60 34 B4
Novion-Porcien 08 38 B1
Novy-Chevrières 08 38 B1
Noyal 22 51 F4
Noyal-Châtillon-sur-Seiche 35 103 E1
Noyal-Muzillac 56 123 E2
Noyal-Pontivy 56 77 D4
Noyal-sous-Bazouges 35 79 E2
Noyal-sur-Brutz 44 104 A3
Noyal-sur-Vilaine 35 103 F1
Noyales 02 20 C2
Noyalo 56 101 E4
Noyant 49 129 F2
Noyant-d'Allier 03 171 F2
Noyant-de-Touraine 37 149 F1
Noyant-et-Aconin 02 36 B3
Noyant-la-Gravoyère 49 104 C4
Noyant-la-Plaine 49 128 C4
Noyarey 38 212 B4
Noyelle-Vion 62 7 F3
Noyelles-en-Chaussée 80 6 C4
Noyelles-Godault 62 8 C2
Noyelles-lès-Humières 62 7 D2
Noyelles-lès-Seclin 59 8 C1
Noyelles-lès-Vermelles 62 8 A2
Noyelles-sous-Bellonne 62 8 C3
Noyelles-sous-Lens 62 8 B2
Noyelles-sur-Escaut 59 9 D4
Noyelles-sur-Mer 80 6 B4
Noyelles-sur-Sambre 59 10 A3
Noyelles-sur-Selle 59 9 E3
Noyellette 62 8 A3
Noyen-sur-Sarthe 72 106 B3
Noyen-sur-Seine 77 89 D2
Le Noyer 05 249 E1
Le Noyer 14 134 C3
Le Noyer 18 134 C3
Le Noyer 73 213 E1
Noyer (Col du) 05 249 E1
Le Noyer-en-Ouche 27 58 A2
Noyers 27 33 E4
Noyers 45 111 E3
Noyers 52 117 D1
Noyers 89 114 A4
Noyers-Bocage 14 29 D4
Noyers-le-Val 55 66 A2
Noyers-Pont-Maugis 08 23 D4
Noyers-Saint-Martin 60 34 B1
Noyers-sur-Cher 41 132 A4
Noyers-sur-Jabron 04 267 D1
Noyon 60 35 F1
Nozay 10 90 B2
Nozay 44 126 B1
Nozay 91 86 C1
Nozeroy 39 160 B4
Nozières 07 228 B2
Nozières 18 153 E4
Nuaillé 49 147 D1
Nuaillé-d'Aunis 17 163 F4
Nuaillé-sur-Boutonne 17 182 B2
Nuars 58 136 C3
Nubécourt 55 66 B1
Nuces 12 242 A3
Nucourt 95 33 F4
Nueil-les-Aubiers 79 147 E2
Nueil-sous-Faye 86 149 D2
Nueil-sur-Layon 49 148 A1
Nuelles 69 192 B4
Nuillé-le-Jalais 72 107 E2
Nuillé-sur-Ouette 53 105 E1
Nuillé-sur-Vicoin 53 105 D2
Nuisement-sur-Coole 51 64 C3
Nuits 89 114 C4
Nuits-Saint-Georges 21 158 B1
Nullemont 76 17 D3
Nully 52 91 F3
Nuncq 62 7 E3
Nuret-le-Ferron 36 168 B1
Nurieux-Volognat 01 194 A1
Nurlu 80 19 F1
Nuzéjouls 46 240 A2
Nyer 66 311 E3
Nyoiseau 49 104 C4
Nyons 26 247 F4

O

O (Château d') 61 56 C4
Obenheim 67 97 D1
Oberbronn 67 44 C4
Oberbruck 68 119 F3
Oberdorf 68 120 C4
Oberdorf-Spachbach 67 45 D4
Oberdorff 57 42 B3
Oberentzen 68 120 C1
Obergailbach 57 43 F4
Oberhaslach 67 70 B4
Oberhausbergen 67 71 D3
Oberhergheim 68 96 C4
Oberhoffen-lès-Wissembourg 67 45 E4
Oberhoffen-sur-Moder 67 71 E1
Oberkutzenhausen 67 45 E4
Oberlarg 68 143 E2
Oberlauterbach 67 45 F4
Obermodern 67 70 C1
Obermorschwihr 68 96 B4
Obermorschwiller 68 120 C3
Obernai 67 70 C4
Oberrœdern 67 45 F4
Obersaasheim 68 97 D4
Oberschaeffolsheim 67 71 D3
Obersoultzbach 67 70 C1
Obersteigen 67 70 B3
Obersteinbach 67 45 D3
Oberstinzel 57 69 F3
Obervisse 57 42 B4
Obies 59 10 A2
Objat 19 204 A4
Oblinghem 62 8 A1
Obrechies 59 10 C2
Obreck 57 69 D2
Obsonville 77 87 E4
Obterre 36 150 C3
Obtrée 21 115 E2
Ocana 2A 316 C4
Occagnes 61 56 B3
Occey 52 139 F1
Occhiatana 2B 314 C2
Occoches 80 7 E4
Ochancourt 80 17 D1
Oches 08 39 E1
Ochey 54 93 F1
Ochiaz 01 194 C1
Ochtezeele 59 3 E3
Ocquerre 77 62 B1
Ocqueville 76 15 E2
Octeville 50 24 C2
Octeville-l'Avenel 50 25 D3
Octeville-sur-Mer 76 14 B4
Octon 34 280 B2
Odars 31 277 D3
Odeillo 66 310 C3
Odenas 69 192 B2
Oderen 68 119 F2
Odival 52 116 C1
Odomez 59 9 F2
Odos 65 297 F1
Odratzheim 67 70 C3
Oeillon (Crêt de l') 42 210 B3
Oëlleville 88 94 A3
Oermingen 67 44 A4
Œting 57 43 D4
Oëtre (Roche d') 61 55 F3
Œuf-en-Ternois 62 7 E3
Œuilly 02 37 D2
Œuilly 51 63 F1
Œutrange 57 41 E2
Oëy 55 66 C4
Oeyregave 40 271 E2
Oeyreluy 40 271 E1
Offekerque 62 2 C2
Offemont 90 119 F4
Offendorf 67 71 E2
Offignies 80 17 E3
Offin 62 6 C2
Offlanges 39 140 B4
Offoy 60 17 F4
Offoy 80 19 F3
Offranville 76 16 A3
Offrethun 62 2 B3
Offroicourt 88 94 A3
Offwiller 67 70 C1
Ogenne-Camptort 64 272 A4
Oger 51 64 A2
Ogeu-les-Bains 64 296 C2
Ogéviller 54 95 E1
Ogliastro 2B 314 D2
Ognes 02 36 A1
Ognes 51 64 A4
Ognes 60 62 A1
Ognéville 54 94 A2
Ognolles 60 19 E4
Ognon 60 35 D4
Ogy 57 42 A4
Ohain 59 10 C4
Oherville 76 15 E2
Ohis 02 21 E2
Ohlungen 67 71 D1
Ohnenheim 67 96 C3
L'Oie 85 146 B3
Oigney 70 117 F4
Oignies 62 8 C2
Oigny 21 138 C1
Oigny 41 108 B1
Oigny-en-Valois 02 36 A4
Oingt 69 192 B3
Oinville-Saint-Liphard 28 86 A4
Oinville-sous-Auneau 28 85 F2
Oinville-sur-Montcient 78 60 A1
Oiron 79 148 B2
Oiry 51 64 A1
Oiselay-et-Grachaux 70 141 D2
Oisemont 80 17 E2
Oisilly 21 139 F2
Oisly 41 132 A3
Oison 45 110 B1
Oisseau 53 81 E3
Oisseau-le-Petit 72 82 C3
Oissel 76 32 A3
Oissery 77 62 A1
Oissy 80 17 F2
Oisy 02 10 A4
Oisy 58 136 A2
Oisy 59 9 E3
Oisy-le-Verger 62 9 D3
Oizé 72 106 C3
Oizon 18 134 B2
OK Corral (Parc d'attractions) 13 291 E3
Olargues 34 279 F3
Olby 63 207 D1
Olcani 2B 314 D2
Oléac-Debat 65 298 A1
Oléac-Dessus 65 298 A2
Olemps 12 242 B4
Olendon 14 56 B2
Oléron (Ile d') 17 180 C3
Oléron (Viaduc d') 17 180 C3
Oletta 2B 315 E2
Olette 66 311 E3
Olhain (Château d') 62 8 A2
Olivese 2A 317 D4
Olivet 45 110 A3
Olivet 53 104 C1
Olizy 08 39 D3
Olizy 51 37 D4
Olizy-sur-Chiers 55 39 F1
Ollainville 88 93 F3
Ollainville 91 86 C1
Ollans 25 141 F2
Ollé 28 85 D3
Ollencourt 60 35 F2
Olley 54 41 D4
Ollezy 02 19 F4
Ollières 55 40 C2
Les Ollières 74 195 E2
Ollières 83 285 F3
Les Ollières-sur-Eyrieux 07 228 B4
Olliergues 63 208 B1
Ollioules 83 291 F4
Olloix 63 207 E2
Les Olmes 69 192 B3
Olmet 63 208 B1
Olmet-et-Villecun 34 280 B1
Olmeta-di-Capocorso 2B 315 E1
Olmeta-di-Tuda 2B 315 E2
Olmeto 2A 318 C2
Olmi-Cappella 2B 314 C3
Olmiccia 2A 319 D2
Olmo 2B 315 F3
Olonne-sur-Mer 85 162 B1
Olonzac 34 303 E1
Oloron-Sainte-Marie 64 296 B1
Ols-et-Rinhodes 12 241 D3
Oltingue 68 120 C4
Olwisheim 67 71 D2
Omaha Beach 14 28 C2
Omblèze 26 229 F3
Omécourt 60 33 F1
Omelmont 54 94 A1
Les Omergues 04 266 B1
Omerville 95 59 F1
Omessa 2B 315 D4
Omet 33 236 C1
Omex 65 297 E2
Omey 51 65 D3
Omicourt 08 23 D4
Omiécourt 80 19 E3
Omissy 02 20 A2
Omméel 61 56 C3
Ommeray 57 69 D3
Ommoy 61 56 B3
Omont 08 39 D1
Omonville 76 16 A3
Omonville-la-Petite 50 24 B1
Omonville-la-Rogue 50 24 B1
Omps 15 223 F4
Oms 66 312 C3
Onans 25 142 B1
Onard 40 253 E4
Onay 70 140 B3
Oncieu 01 194 A2
Oncourt 88 94 C3
Oncy-sur-École 91 87 E3
Ondefontaine 14 55 E1
Ondes 31 276 B1
Ondres 40 270 C2
Ondreville-sur-Essonne 45 87 D4
Onesse-et-Laharie 40 252 C2
Onet-le-Château 12 242 B4
Oneux 80 6 C4
Ongles 04 266 C2
Onglières 39 160 B3
Onival 80 16 C1
Onjon 10 90 C3
Onlay 58 156 A2
Onnaing 59 9 F2
Onnion 74 178 B4
Onoz 39 176 C2
Ons-en-Bray 60 33 F2
Ontex 73 194 C4
Onville 54 67 F1
Onvillers 80 35 D1
Onzain 41 131 F2
Oô 31 307 F4
Oost-Cappel 59 3 F2
Opio 06 288 A2
Opme 63 207 E1
Opoul-Périllos 66 303 F4
Oppède 84 265 F4
Oppède-le-Vieux 84 265 F4
Oppedette 04 266 B3
Oppenans 70 141 F1
Oppy 62 8 B3
Optevoz 38 193 F4
Or (Mont d') 25 161 D4
Oraàs 64 271 F3
Oradour 15 225 D3
Oradour 16 183 D3
Oradour-Fanais 16 184 C1
Oradour-Saint-Genest 87 167 F4
Oradour-sur-Glane 87 185 E3
Oradour-sur-Vayres 87 203 D1
Orain 21 140 A1
Orainville 02 37 F3
Oraison 04 267 D3
Orange 84 264 C2
Orbagna 39 176 B1
Orbais-l'Abbaye 51 63 E2
Orban 81 259 E4
Orbec 14 57 E1
Orbeil 63 207 F2
Orbessan 32 275 D3
Orbey 68 96 A3
Orbigny 37 131 F4
Orbigny-au-Mont 52 117 D3
Orbigny-au-Val 52 117 D3
Orbois 14 29 D4
L'Orbrie 85 164 A2
Orçay 41 133 E4
Orcemont 78 86 A1
Orcenais 18 170 B1
Orcet 63 207 F1
Orcevaux 52 116 C4
Orchaise 41 131 F1
Orchamps 39 159 F1
Orchamps-Vennes 25 161 E1
Orches 86 149 E3
Orchies 59 9 D2
Orcier 74 178 B3
Orcières 05 250 A1
Orcinas 26 247 F2
Orcines 63 189 E4
Orcival 63 207 D1
Orconte 51 65 E4
Ordan-Larroque 32 274 C1
Ordiarp 64 295 F1
Ordizan 65 298 A2
Ordonnac 33 198 C4
Ordonnaz 01 194 B3
Ore 31 299 D3
Orègue 64 271 E3
Oreilla 66 311 E3
Orelle 73 214 B4
Oresmaux 80 18 B3
Orezza (Couvent d') 2B 315 F4
Organ 65 298 C1
Orgeans 25 142 B3
Orgedeuil 16 202 A1
Orgeix 09 310 B2
Orgelet 39 176 C2
Orgères 35 103 E1
Orgères 61 57 D4
Orgères-en-Beauce 28 109 F1
Orgères-la-Roche 53 82 A1
Orgerus 78 59 F3
Orges 52 116 A1
Orgeux 21 139 E3
Orgeval 02 37 D1
Orgeval 78 60 B2
Orgibet 09 299 F4
Orglandes 50 25 D4
Orgnac (Aven d') 07 246 A4
Orgnac-l'Aven 07 246 A4
Orgnac-sur-Vézère 19 204 A4
Orgon 13 265 E4
Orgueil 82 257 F4
Oricourt 70 141 F1
Orient (Forêt d') 10 90 C4
Orieux 65 298 B1
Orignac 65 298 A2
Origne 33 235 F3
Origné 53 105 D2
Orignolles 17 218 C1
Origny 21 115 E4
Origny-en-Thiérache 02 21 E2
Origny-le-Butin 61 83 E3
Origny-le-Roux 61 83 E3
Origny-le-Sec 10 89 F2
Origny-Sainte-Benoite 02 20 B3
Orin 64 296 B1
Orincles 65 297 F2
Oriocourt 57 68 C2
Oriol-en-Royans 26 229 F2
Oriolles 16 201 D3
Orion 64 271 F3
Oris-en-Rattier 38 231 D3
Orist 40 271 E1
Orival 16 201 E4
Orival 76 32 A3
Orival 80 17 E3
Orléans 45 110 A3
Orléat 63 190 A4
Orleix 65 298 A1
Orliac 24 239 E1
Orliac-de-Bar 19 204 C4
Orliaguet 24 222 A3
Orliénas 69 210 C1
Orlu 09 310 B2
Orlu 28 86 A3
Orly 94 61 D4
Orly-sur-Morin 77 62 C2
Ormancey 52 116 B2
Ormeaux 77 62 B4
Ormenans 70 141 E2
Ormersviller 57 43 F4
Ormes 10 90 B1
Ormes 27 58 B1
Ormes 45 110 A2
Ormes 51 37 E4
Ormes 71 175 E1
Les Ormes 86 149 F2
Les Ormes 89 112 C3
Ormes-et-Ville 54 94 B1
Les Ormes-sur-Voulzie 77 88 C2
Ormesson 77 87 F4
Ormesson-sur-Marne 94 61 E4
Ormoiche 70 118 C3
Ormoy 28 85 E1
Ormoy 70 118 A2
Ormoy 89 113 E2
Ormoy 91 87 D1
Ormoy-la-Rivière 91 86 C3
Ormoy-le-Davien 60 35 F4
Ormoy-lès-Sexfontaines 52 92 A4
Ormoy-sur-Aube 52 115 F2
Ormoy-Villers 60 35 E4
Ornacieux 38 211 F3
Ornaisons 11 303 E2
Ornans 25 160 C1
Ornel 55 40 C3
Ornes 55 40 B3
Ornex 01 177 F4
Ornézan 32 275 D3
Orniac 46 240 B2
Ornolac-Ussat-les-Bains 09 310 A1
Ornon 38 231 E2
Ornon (Col d') 38 231 E2
Orny 57 68 B1
Oroër 60 34 A2
Oroix 65 273 F4
Oron 57 68 C2
Oroux 79 165 E1
Orphin 78 86 A1
Orpierre 05 248 C4
Orquevaux 52 92 C3
Les Orres 05 250 B2
Orret 21 138 B1
Orriule 64 271 F3
Orrouer 28 85 D3
Orrouy 60 35 E3
Orry-la-Ville 60 61 E1
Ors 59 20 C1
Orsan 30 264 C2
Orsanco 64 271 E4
Orsans 11 301 F2
Orsans 25 141 F4
Orsay 91 60 C4
Orschwihr 68 120 B1
Orschwiller 67 96 C2
Orsennes 36 169 D3
Orsinval 59 9 F3
Orsonnette 63 207 F3
Orsonville 78 86 A2
Ortaffa 66 313 D3
Ortale 2B 315 F4
Orthevielle 40 271 E2
Orthez 64 272 A3
Orthoux-Sérignac-Quilhan 30 263 E4
Ortillon 10 90 C2
Ortiporio 2B 315 E3
Orto 2A 316 C2
Ortoncourt 88 95 D2
Orus 09 309 F1
Orval 18 153 E4
Orval 50 53 F1
Orvault 44 126 B3
Orvaux 27 58 B2
Orve 25 142 A3
Orveau 91 87 D2
Orveau-Bellesauve 45 87 D4
Orville 21 139 E1
Orville 36 152 A1
Orville 45 87 D4
Orville 61 57 D3
Orville 62 7 F4
Orvillers-Sorel 60 35 D1
Orvilliers 78 59 F3
Orvilliers-Saint-Julien 10 89 F2
Orx 40 270 C2
Os-Marsillon 64 272 B4
Osani 2A 316 A1
Osches 55 66 B1
Osenbach 68 96 B4
Oslon 71 158 B4
Osly-Courtil 02 36 A2
Osmanville 14 27 E3
Osmery 18 153 F3
Osmets 65 274 A4
Osmoy 18 153 E2
Osmoy 78 59 F3
Osmoy-Saint-Valery 76 16 B3
Osne-le-Val 52 92 B2
Osnes 08 23 F4
Osny 95 60 B1
L'Ospédale 2A 319 E2
Osquich (Col d') 64 295 E1
Ossages 40 271 F2
Ossas-Suhare 64 295 F2
Osse 25 141 E3
Ossé 35 103 F1
Osse-en-Aspe 64 296 B3
Osséja 66 310 C4
Osselle 25 160 A1
Osselle (Grottes d') 25 160 A1
Ossen 65 297 E2
Ossenx 64 272 A4
Osserain-Rivareyte 64 271 F4
Ossès 64 295 D1
Ossey-les-Trois-Maisons 10 89 F2
Ossun 65 297 F1
Ossun-ez-Angles 65 297 F2
Ostabat-Asme 64 295 E1
Ostel 02 36 C2
Ostheim 68 96 C3
Osthoffen 67 70 C3
Osthouse 67 97 D1
Ostreville 62 7 F2
Ostricourt 59 8 C2
Ostwald 67 71 D3
Ota 2A 316 B3
Othe 54 40 B1
Othis 77 61 F1
Ottange 57 41 E2
Ottersthal 67 70 B2
Otterswiller 67 70 B2
Ottmarsheim 68 121 D2
Ottonville 57 42 B3
Ottrott 67 70 C4
Ottwiller 67 70 A1
Ouagne 58 136 B3
Ouainville 76 15 D2
Ouanne 89 136 A1
Ouarville 28 86 A3
Les Oubeaux 14 27 F3
Ouchamps 41 132 A2
Ouches 42 191 D2
Oucques 41 109 D3
Oudalle 76 14 C4
Oudan 58 136 A3
Oudeuil 60 34 A1
Oudezeele 59 3 F3
Oudincourt 52 92 B4
Oudon 44 127 D3
Oudrenne 57 42 A2
Oudry 71 173 F2
Oueilloux 65 298 A2
Ouerre 28 59 E4
Ouessant 29 46 B2
Ouézy 14 56 B1
Ouffières 14 55 F1
Ouge 70 117 E3
Ouges 21 139 E4
Ougney 39 140 B4
Ougney-Douvot 25 141 F3
Ougny 58 155 F2
Ouhans 25 160 C2
Ouides 43 226 C3
Ouillat (Col de l') 66 313 D3
Ouillon 64 273 D4
Ouilly-du-Houley 14 30 C4
Ouilly-le-Tesson 14 56 A2
Ouilly-le-Vicomte 14 30 C4
Ouistreham 14 29 F3
Oulches 36 168 B1
Oulches-la-Vallée-Foulon 02 37 D2
Oulchy-la-Ville 02 36 B4
Oulchy-le-Château 02 36 B4
Oulins 28 59 E3
Oulles 38 231 E2
Oullins 69 210 C1
Oulmes 85 164 B3
Oulon 58 155 E1
Ounans 39 159 F2
Oupia 34 303 E1
Our 39 159 F1
Ourcel-Maison 60 34 D1
Ourches 26 229 E4
Ourches-sur-Meuse 55 67 E4
Ourde 65 298 C3
Ourdis-Cotdoussan 65 297 F3
Ourdon 65 297 F3
Ourouër 58 155 D2
Ourouer-les-Bourdelins 18 154 A3
Ouroux 69 174 C4
Ouroux-en-Morvan 58 156 B1
Ouroux-sous-le-Bois-Sainte-Marie 71 174 A3
Ouroux-sur-Saône 71 158 B4
Oursbelille 65 297 F1
Ourscamps (Abbaye d') 60 35 F1
Les Oursinières 83 292 B3
Ourtigas (Col de l') 34 279 F2
Ourton 62 7 F2
Ourville-en-Caux 76 15 D2
Ousse 64 297 D1
Ousse-Suzan 40 253 E3
Oussières 39 159 E3
Ousson-sur-Loire 45 134 C1
Oussoy-en-Gâtinais 45 111 F3
Oust 09 300 A4
Oust-Marest 80 16 C1
Ousté 65 297 F3
Outarville 45 86 B4
Outines 51 91 E1
Outreau 62 2 A4
Outrebois 80 7 E4
Outremécourt 52 93 E4
Outrepont 51 65 E3
Outriaz 01 194 B2
Outtersteene 59 4 A4
Ouvans 25 142 A3
Ouve-Wirquin 62 3 D4
Ouveillan 11 303 F1
Ouville 50 54 A1
Ouville-la-Bien-Tournée 14 56 C1
Ouville-la-Rivière 76 15 F1
Ouville-l'Abbaye 76 15 F2
Ouvrouer-les-Champs 45 110 C3
Ouzilly 86 149 E4
Ouzilly-Vignolles 86 148 C3

PAU

Barthou (R. Louis) ... EFZ
Bernadotte (R.) ... DZ 14
Bordenave-d'Abère (R.) ... DZ 15
Cassin (R. René) ... EY 20
Clemenceau(Pl. G.) ... EZ 25
Clemenceau (R. G.) ... FZ 28
Cordeliers (R. des) ... EZ 33
Despourins (R.) ... EY 47
Ducasse (R. Amiral) ... DY 48
Espalungue (R. d') ... DZ 59
Gambetta (R.) ... EZ 72
Gassion (R.) ... DZ 73
Gaulle (Av. Gén. de) ... BV 75
Grammont (Pl.) ... DZ 84
Henri-IV (R.) ... DZ 87
Jeanne-d'Arc (R.) ... DY 88
Lalanne (R. Mathieu) ... EZ 92
Lespy (R.) ... EFY 98
Mermoz (Av. J.) ... DY 105
Monnaie (Pl. de la) ... DZ 106
Monnet (R. J.) ... EYZ 108
Nogue (R.) ... EY 113
Ossau (Av. d') ... EZ 121
Palassou (R.) ... EY 123
Reine Marguerite (Pl.) ... EZ 135
Réveil (R. J.) ... EY 140
St-Louis (R.) ... EZ 146
Say (Av. L.) ... EFZ 149
Serviez (R.) ... EZ
Tran (R.) ... EZ 158
218e R.I. (R. du) ... DY 172

Ouzouer-des-Champs *45* ... 111 F3
Ouzouer-le-Doyen *41* ... 109 D2
Ouzouer-le-Marché *41* ... 109 E3
Ouzouer-sous-Bellegarde *45* ... 111 E2
Ouzouer-sur-Loire *45* ... 111 E4
Ouzouer-sur-Trézée *45* ... 135 D1
Ouzous *65* ... 297 E3
Ovanches *70* ... 141 D1
Ovillers-la-Boisselle *80* ... 19 D1
Oxelaëre *59* ... 3 F3
Oxocelhaya et Isturits (Grottes d') *64* ... 271 D4
Oyé *71* ... 174 A4
Oye-et-Pallet *25* ... 161 D3
Oye-Plage *62* ... 2 C1
Oyes *51* ... 63 F3
Oyeu *38* ... 212 A3
Oyonnax *01* ... 176 C4
Oyré *86* ... 149 F3
Oyrières *70* ... 140 A1
Oysonville *28* ... 86 B3
Oytier-Saint-Oblas *38* ... 211 E2
Oz *38* ... 231 E1
Ozan *01* ... 175 E3
Oze *05* ... 249 D2
Ozenay *71* ... 175 E2
Ozenx *64* ... 272 A3
Ozerailles *54* ... 41 D3
Ozeville *50* ... 25 D3
Ozières *52* ... 93 D4
Ozillac *17* ... 199 F3
Ozoir-la-Ferrière *77* ... 61 F4
Ozoir-le-Breuil *28* ... 109 E2
Ozolles *71* ... 174 B3
Ozon *07* ... 228 C1
Ozon *65* ... 298 A2
Ozouer-le-Repos *77* ... 88 A1
Ozouer-le-Voulgis *77* ... 87 F1
Ozourt *40* ... 271 F1

P

Paars *02* ... 36 C3
Pabu *22* ... 50 C3
La Pacaudière *42* ... 191 D1
Pacé *35* ... 79 D4
Pacé *61* ... 82 B2
Pact *38* ... 211 E4
Pacy-sur-Armançon *89* ... 114 B4
Pacy-sur-Eure *27* ... 59 D2
Padern *11* ... 303 D4
Padiès *81* ... 259 F3
Padirac *46* ... 222 C4
Padirac (Gouffre de) *46* ... 222 C4
Padoux *88* ... 95 D3
Pageas *87* ... 203 E1
Pagney *39* ... 140 B4
Pagney-derrière-Barine *54* ... 67 F4
Pagnoz *39* ... 160 A2
Pagny-la-Blanche-Côte *55* ... 93 E1
Pagny-la-Ville *21* ... 158 C1
Pagny-le-Château *21* ... 158 C2
Pagny-lès-Goin *57* ... 68 B1
Pagny-sur-Meuse *55* ... 67 E4
Pagny-sur-Moselle *54* ... 68 A1
Pagolle *64* ... 295 F1
Pailhac *65* ... 298 B4
Pailharès *07* ... 228 B2
Pailhères (Port de) *09* ... 310 C1
Pailherols *15* ... 224 C3
Pailhès *09* ... 300 C2
Pailhès *34* ... 280 B4
Paillart *60* ... 18 B4
Paillé *17* ... 182 B2
Paillencourt *59* ... 9 D3
Paillet *33* ... 236 B1
Pailloles *47* ... 238 B3
Le Pailly *52* ... 117 D3
Pailly *89* ... 88 C3
Paimbœuf *44* ... 125 E3
Paimpol *22* ... 50 C2
Paimpont *35* ... 102 B1
Pain de Sucre *14* ... 55 F2
Painblanc *21* ... 157 F1
Pair-et-Grandrupt *88* ... 96 A2
Pairis *68* ... 96 A3
Paissy *02* ... 37 D2
Paisy-Cosdon *10* ... 89 F4
Paizay-le-Chapt *79* ... 183 D2
Paizay-le-Sec *86* ... 167 E2
Paizay-le-Tort *79* ... 183 D1
Paizay-Naudouin *16* ... 183 E2
Pajay *38* ... 211 E3
le Pal (Parc d'attractions et animalier) *03* ... 172 C2
Paladru *38* ... 212 B2
Palagaccio *2B* ... 315 F1
Palaggiu (Alignements de) *2A* ... 318 C3
Palairac *11* ... 303 D4
Le Palais *56* ... 122 A3
Le Palais-sur-Vienne *87* ... 186 A4
Palaiseau *91* ... 60 C4
Palaiseul *52* ... 117 D4
Palaja *11* ... 302 C2
Palaminy *31* ... 299 F1
Palante *70* ... 119 D4
Palantine *25* ... 160 A1
Palasca *2B* ... 314 C2
Palau-de-Cerdagne *66* ... 310 C4
Palau-del-Vidre *66* ... 313 D3
Palavas-les-Flots *34* ... 281 F3
Palazinges *19* ... 222 C1
Paley *77* ... 88 A4
Paleyrac *24* ... 221 D4
Palhers *48* ... 243 F3
Palinges *71* ... 174 A2
Pâlis *10* ... 89 F4
Palise *25* ... 141 E3
Palisse *19* ... 205 F3
Palladuc *63* ... 190 B3
Pallanne *32* ... 274 A3
Palleau *71* ... 158 B2
Pallegney *88* ... 94 C3
Le Pallet *44* ... 146 A1
Palleville *81* ... 277 F3
La Pallice *17* ... 180 C1
La Pallu *53* ... 82 A2
Palluau *85* ... 145 E3
Palluau-sur-Indre *36* ... 151 D3
Palluaud *16* ... 201 F4
Pallud *73* ... 196 A4
Palluel *62* ... 8 C3
Palmas *12* ... 243 D4
La Palme *11* ... 303 F3
La Palmyre *17* ... 198 A1
Palneca *2A* ... 317 D3
Palogneux *42* ... 191 D4
Palombaggia (Plage de) *2A* ... 319 F3
La Palud-sur-Verdon *04* ... 268 A4
Paluden *29* ... 47 E1
Paluel *76* ... 15 E1
Pamfou *77* ... 88 A2
Pamiers *09* ... 301 D2
Pampelonne *81* ... 259 F2
Pamplie *79* ... 164 C2
Pamproux *79* ... 165 F3
Panassac *32* ... 274 C4
Panazol *87* ... 186 A4
Pancé *35* ... 103 E2
Pancey *52* ... 92 C2
Pancheraccia *2B* ... 317 F1
Pancy-Courtecon *02* ... 37 D2
Pandrignes *19* ... 223 D1
Pange *57* ... 42 A4
Panges *21* ... 138 C3
Panilleuse *27* ... 33 D4
Panissage *38* ... 212 A2
Panissières *42* ... 192 A4
Panjas *32* ... 254 C4
Panlatte *27* ... 58 C3
Pannecé *44* ... 127 D2
Pannecières *45* ... 86 C4
Pannes *45* ... 111 F2
Pannes *54* ... 67 E2
Pannesière-Chaumard (Barrage de) *58* ... 156 A1
Pannessières *39* ... 159 F4
Panon *72* ... 83 D3
Panossas *38* ... 211 F1
La Panouse *48* ... 244 B1
Pantin *93* ... 61 D3
Panzoult *37* ... 149 E1
Papleux *02* ... 10 B4
La Pâquelais *44* ... 126 A3
Paradou *13* ... 283 F1
Paramé *35* ... 52 C4
Parassy *18* ... 134 B4
Parata *2B* ... 315 F4
Parata (Pointe de la) *2A* ... 316 A4
Paray-Douaville *78* ... 86 A2
Paray-le-Frésil *03* ... 172 C1
Paray-le-Monial *71* ... 173 F3
Paray-sous-Briailles *03* ... 172 B4
Paray-Vieille-Poste *91* ... 61 D4
Paraza *11* ... 303 E1
Parbayse *64* ... 272 B4
Parc-d'Anxtot *76* ... 14 C3
Parçay-les-Pins *49* ... 129 F2
Parçay-Meslay *37* ... 131 D2
Parçay-sur-Vienne *37* ... 149 E1
Parcé *35* ... 80 B3
Parcé-sur-Sarthe *72* ... 106 A3
Parcey *39* ... 159 E2
Parcieux *01* ... 192 C3
Parcoul *24* ... 219 E1
Le Parcq *62* ... 7 D2
Parcy-et-Tigny *02* ... 36 B3
Pardailhan *34* ... 279 E3
Pardaillan *47* ... 237 F1
Pardies *64* ... 272 B4
Pardies-Piétat *64* ... 297 D1
Pardines *63* ... 207 F2
Paréac *65* ... 297 F2
Pareid *55* ... 40 C4
Parempuyre *33* ... 217 E3
Parennes *72* ... 106 A1
Parent *63* ... 207 F2
Parentignat *63* ... 207 F2
Parentis-en-Born *40* ... 234 C4
Parenty *62* ... 6 B1
Parey-Saint-Césaire *54* ... 94 A1
Parey-sous-Montfort *88* ... 93 F3
Parfondeval *02* ... 21 F4
Parfondeval *61* ... 83 E2
Parfondru *02* ... 37 D1
Parfondrupt *55* ... 40 C4
Parfouru-l'Éclin *14* ... 28 C4
Parfouru-sur-Odon *14* ... 55 E1
Pargnan *02* ... 37 D2
Pargny *80* ... 19 E3
Pargny-Filain *02* ... 36 C2
Pargny-la-Dhuys *02* ... 63 E2
Pargny-les-Bois *02* ... 20 C4
Pargny-lès-Reims *51* ... 37 E4
Pargny-Resson *08* ... 38 B1
Pargny-sous-Mureau *88* ... 93 D3
Pargny-sur-Saulx *51* ... 65 F3
Pargues *10* ... 114 B2
Parignargues *30* ... 263 F4
Parigné *35* ... 80 B2
Parigné-le-Pôlin *72* ... 106 C3
Parigné-l'Évêque *72* ... 107 D2
Parigné-sur-Braye *53* ... 81 E3
Parigny *42* ... 191 E2
Parigny *50* ... 80 B1
Parigny-la-Rose *58* ... 136 A3
Parigny-les-Vaux *58* ... 154 C1
Pariou (Puy de) *63* ... 189 D4
Paris *75* ... 61 D3
Paris-Charles-de-Gaulle (Aéroport) *95* ... 61 E2
Paris-l'Hôpital *71* ... 157 F3
Paris-Orly (Aéroport de) *91* ... 61 D4
Parisot *81* ... 277 E1
Parisot *82* ... 258 C1
Parlan *15* ... 223 F4
Parleboscq *40* ... 255 D3
Parly *89* ... 113 D4
Parmain *95* ... 60 C1
Parmilieu *38* ... 194 A3
Parnac *36* ... 168 B3
Parnac *46* ... 239 F3
Parnans *26* ... 229 F2
Parnay *18* ... 153 F3
Parnay *49* ... 129 E4
Parné-sur-Roc *53* ... 105 E2
Parnes *60* ... 33 E4
Parnot *52* ... 117 E2
Les Paroches *55* ... 67 D2
Parois *55* ... 39 F4
Paron *89* ... 88 C4
Paroy *25* ... 160 A1
Paroy *77* ... 88 C2
Paroy-en-Othe *89* ... 113 E2
Paroy-sur-Saulx *52* ... 92 B1
Paroy-sur-Tholon *89* ... 113 D2
Parpeçay *36* ... 151 F1
Parpeville *02* ... 20 C3
Parranquet *47* ... 238 C1
Parroy *54* ... 69 D4
Pars-lès-Chavanges *10* ... 91 D2
Pars-lès-Romilly *10* ... 89 F2
Parsac *23* ... 187 E1
Parsac *33* ... 219 D3
Parthenay *79* ... 165 E1
Parthenay-de-Bretagne *35* ... 79 D4
Partinello *2A* ... 316 A1
Parux *54* ... 95 F1
Parves *01* ... 194 C4
Parville *27* ... 58 C1
Parvillers-le-Quesnoy *80* ... 19 D4
Parzac *16* ... 184 A3
Les Pas *50* ... 79 F1
Le Pas *53* ... 81 E2
Pas-de-Jeu *79* ... 148 B2
Pas de la Graille *04* ... 267 D1
Pas de l'Echelle *74* ... 195 E1
Pas de l'Ours *11* ... 301 F4
Pas-des-Lanciers *13* ... 284 B3
Pas-en-Artois *62* ... 7 F4
Le Pas-Saint-l'Homer *61* ... 84 B2
Pasciolo (Fort de) *2B* ... 317 D2
Pasilly *89* ... 114 B4
Paslières *63* ... 190 A3
Pasly *02* ... 36 B2
Pasques *21* ... 138 C3
Le Pasquier *39* ... 160 A3
Passa *66* ... 312 C3
Le Passage *38* ... 212 B2
Le Passage *47* ... 256 B1
Passais *61* ... 81 D1
Passavant *25* ... 141 F3
Passavant-en-Argonne *51* ... 66 A1
Passavant-la-Rochère *70* ... 118 A2
Passavant-sur-Layon *49* ... 147 F1
Passay *44* ... 145 E1
Passel *60* ... 35 F1
Passenans *39* ... 159 F3
Passin *01* ... 194 C3
Passins *38* ... 212 A1
Passirac *16* ... 201 D4
Passonfontaine *25* ... 161 D1
Passy *71* ... 174 C2
Passy *74* ... 196 B2
Passy *89* ... 112 C1
Passy-en-Valois *02* ... 36 A4
Passy-Grigny *51* ... 63 E1
Passy-sur-Marne *02* ... 63 E1
Passy-sur-Seine *77* ... 89 D2
Pastricciola *2A* ... 316 C2
Patay *45* ... 109 F2
Patornay *39* ... 177 D1
Patrimonio *2B* ... 315 E1
Pau *64* ... 272 C4
Paucourt *45* ... 111 F2

Paudy *36* 152 B2
Paugnat *63* 189 D3
Paulhac *32* 256 B4
Pauillac *33* 217 D1
Paule *22* 76 A3
Paulhac *15* 225 D3
Paulhac *31* 276 C1
Paulhac *43* 208 A4
Paulhac-en-Margeride *48* 226 A3
Paulhaguet *43* 226 B1
Paulhan *34* 280 C3
Paulhe *12* 261 E2
Paulhenc *15* 224 C4
Paulhiac *47* 238 C2
Pauliac (Puy de) *19* 222 C1
Pauligne *11* 302 A3
Paulin *24* 222 A3
La Pauline *83* 292 B2
Paulinet *81* 260 A4
Paulmy *37* 150 B2
Paulnay *36* 150 C3
Paulx *44* 145 D2
Paunat *24* 221 D3
Pause (Col de) *09* 309 D1
Paussac-et-Saint-Vivien *24* 202 B4
Pautaines-Augeville *52* 92 C3
Pauvres *08* 38 B2
Pavant *02* 62 C2
Pavezin *42* 210 C3
Pavie *32* 275 D2
Pavillon (Col du) *69* 192 A1
Le Pavillon-Sainte-Julie *10* 90 A3
Les Pavillons-sous-Bois *93* 61 E3
Pavilly *76* 15 F4
Pavin (Lac) *63* 207 D3
Payns *10* 90 A3
Payra-sur-l'Hers *11* 301 E1
Payrac *46* 222 A4
Payré *86* 166 A3
Payrignac *46* 240 A1
Payrin-Augmontel *81* 278 B3
Payros-Cazautets *40* 272 C2
Payroux *86* 184 B1
Payssous *31* 299 D3
Payzac *07* 245 F3
Payzac *24* 203 F3
Pazayac *24* 222 A2
Paziols *11* 303 E4
Pazy *58* 136 B4
Le Péage *38* 211 E2
Le Péage-de-Roussillon *38* 210 C3
Péas *51* 63 F4
Peaugres *07* 210 C4
Péaule *56* 123 F2
Péault *85* 163 E2
Pébées *32* 275 F3
Pébrac *43* 226 B2
Pech *09* 310 A1
Pech-Luna *11* 301 E1
Pech Merle (Grotte du) *46* 240 B3
Péchabou *31* 276 C3
Pécharic-et-le-Py *11* 301 E2
Péchaudier *81* 277 F3
Pechbonnieu *31* 276 C1
Pechbusque *31* 276 C3
Le Pêchereau *36* 168 C2
Pécorade *40* 273 D1
Le Pecq *78* 60 C3
Pecquencourt *59* 9 D2
Pecqueuse *91* 86 B1
Pécy *77* 88 B1
Pédernec *22* 50 B3
Pégairolles-de-Buèges *34* 262 B4
Pégairolles-de-l'Escalette *34* 280 B1
Pégomas *06* 288 A3
Le Pègue *26* 247 E3
Péguilhan *31* 275 D4
Peigney *52* 116 C3
Peillac *56* 102 A4
Peille *06* 289 E4
Peillon *06* 289 E4
Peillonnex *74* 196 A1
Peintre *39* 140 A4
Les Peintures *33* 219 D2
Peipin *04* 267 D1
Peïra-Cava *06* 289 E2
Peisey-Nancroix *73* 214 C1
Pel-et-Der *10* 91 D3
Pélissanne *13* 284 B2
Pellafol *38* 231 D4
Pelleautier *05* 249 E2
Pellefigue *32* 275 E3
Pellegrue *33* 237 E1
Pelleport *31* 276 A1
Pellerey *21* 138 C2
Le Pellerin *44* 126 A4
La Pellerine *49* 129 F2
La Pellerine *53* 80 B3
Pellevoisin *36* 151 E2
Pellouailles-les-Vignes *49* 128 C2
Pelonne *26* 248 A3
Pelouse *48* 244 B2
Pelousey *25* 141 D3
Peltre *57* 68 B1
Pélussin *42* 210 C3
Pelves *62* 8 B3
Pelvoux *05* 232 B3
Pelvoux (Belvédère du) *05* 232 B4
Pen-Guen *22* 52 B4
Pen-Lan (Pointe de) *56* 123 E2
Penchard *77* 62 A2
Pencran *29* 48 B4
Pendé *80* 6 A4
Pendu (Col du) *07* 245 E1
Pénestin *56* 123 E3
Penguily *22* 77 F2
Penhir (Pointe de) *29* 47 D4
Penhors *29* 73 D4
Penin *62* 7 F3
Penly *76* 16 B2
Penmarch *29* 98 A2
Pennautier *11* 302 B1
La Penne *06* 269 E3
Penne *81* 258 B2
Penne-d'Agenais *47* 238 C4
La Penne-sur-Huveaune *13* 285 D4
La Penne-sur-l'Ouvèze *26* 247 F4
Pennedepie *14* 30 B2
Pennes-le-Sec *26* 248 A1
Les Pennes-Mirabeau *13* 284 C3
Pennesières *70* 141 E2
Penol *38* 211 F3
Pensol *87* 202 C2
Penta-Acquatella *2B* 315 F3
Penta-di-Casinca *2B* 315 F3
Penthièvre *56* 122 A2
Pentrez-Plage *29* 73 E2
Penvénan *22* 50 B1
Penvins (Pointe de) *56* 123 D2
Péone *06* 269 E1
Pépieux *11* 303 D1
Pérassay *36* 170 A3
Peray *72* 83 E4
Perceneige *89* 89 D3
Percey *89* 113 F2
Percey-le-Grand *70* 139 F1
Percey-le-Pautel *52* 116 C4
Percey-sous-Montormentier *52* 139 F1
Le Perchay *95* 60 A1
La Perche *18* 170 C1
Perchède *32* 254 C4
Le Percy *38* 230 C4
Percy *50* 54 B2
Percy-en-Auge *14* 56 B1
Perdreauville *78* 59 F2
Perdrix (Crêt de la) *42* 210 B3
Péré *17* 181 E1
Péré *65* 298 B2
Péreandre (Roche) *07* 228 C1
Péreille *09* 301 E4
Perelli *2B* 315 F4
Pérenchies *59* 4 C4
Péret *34* 280 C2
Péret-Bel-Air *19* 205 E3
Péreuil *16* 201 D2
Péreyres *07* 227 F4
Pergain-Taillac *32* 256 A2
Peri *2A* 316 C3
Le Périer *38* 231 E3
Périers *50* 27 D4
Périers-en-Auge *14* 30 A3
Périers-sur-le-Dan *14* 29 E3
Pérignac *16* 201 E3
Pérignac *17* 199 F1
Pérignat-lès-Sarliève *63* 207 E1
Pérignat-sur-Allier *63* 207 F1
Périgné *79* 182 C1
Périgneux *42* 209 E3
Périgny *03* 172 C4
Périgny *14* 55 E2
Périgny *17* 180 C1
Périgny *41* 108 C4
Périgny *94* 61 E4
Périgny-la-Rose *10* 89 E1
Périgueux *24* 220 C1
Périllos *66* 303 F4
Périssac *33* 217 F2
Perles *02* 37 D3
Perles-et-Castelet *09* 310 B1
Pern *46* 240 A4
Pernand-Vergelesses *21* 158 A1
Pernant *02* 36 A3
Pernay *37* 130 B2
La Pernelle *50* 25 E2
Pernes *62* 7 F2
Pernes-lès-Boulogne *62* 2 B3
Pernes-les-Fontaines *84* 265 E3
Pernois *80* 18 A1
Pero (Plage de) *2A* 316 A2
Pero-Casevecchie *2B* 315 F4
Pérols *34* 281 F2
Pérols-sur-Vézère *19* 205 D2
Péron *01* 177 E4
Péronnas *01* 193 F1
Péronne *71* 175 D3
Péronne *80* 19 E2
Péronne-en-Mélantois *59* 9 D1
Péronville *28* 109 E1
Pérouges *01* 193 E3
La Pérouille *36* 168 C1
Pérouse *90* 119 F4
Pérouse (Rocher de la) *89* 137 D4
Péroy-les-Gombries *60* 35 E4
Perpezac-le-Blanc *19* 221 F1
Perpezac-le-Noir *19* 204 B4
Perpezat *63* 206 C1
Perpignan *66* 313 D2
Les Perques *50* 24 C4
Perquie *40* 254 B4
Perrancey-les-Vieux-Moulins *52* 116 C3
Le Perray-en-Yvelines *78* 60 A4
Perrecy-les-Forges *71* 174 A1
La Perrena *39* 160 B4
Le Perréon *69* 192 B2
Perret *22* 76 B3
Perreuil *71* 157 E4
Perreuse *89* 135 F2
Perreux *42* 191 E2
Perreux *89* 112 B3
Le Perreux-sur-Marne *94* 61 E3
Perrex *01* 175 E4
Perrier *63* 207 F2
Le Perrier *85* 144 C3
La Perrière *61* 83 E3
La Perrière *73* 214 B2
Perrières *14* 56 B2
Perriers-en-Beauficel *50* 54 C4
Perriers-la-Campagne *27* 31 F4
Perriers-sur-Andelle *27* 32 C2
Perrignier *74* 178 B3
Perrigny *39* 176 C1
Perrigny *89* 113 E3
Perrigny-lès-Dijon *21* 139 D4
Perrigny-sur-Armançon *89* 114 C4
Perrigny-sur-l'Ognon *21* 140 A3
Perrigny-sur-Loire *71* 173 E2
Perrogney *52* 116 B3
Le Perron *50* 55 D1
Perros-Guirec *22* 50 A1
Perrou *61* 81 E1
Perrouse *70* 141 D3
Perroy *58* 135 F3
Perruel *27* 32 C2
Perrusse *52* 117 D1
Perrusson *37* 150 C1
Pers *15* 223 F4
Pers *79* 165 F4
Pers-en-Gâtinais *45* 112 A1
Pers-Jussy *74* 195 F1
Persac *86* 167 D4
Persan *95* 34 B4
Perse (Église de) *12* 242 C3
Persquen *56* 100 B1
Pertain *80* 19 E3
Perthes *08* 38 B2
Perthes *52* 65 F4
Perthes *77* 87 E2
Perthes-lès-Brienne *10* 91 D2
Pertheville-Ners *14* 56 B3
Le Perthus *66* 313 D4
Le Pertre *35* 104 B1
Le Pertuis *43* 227 E2
Pertuis *84* 285 D1
Pertuis (Col du) *63* 190 B4
Le Pertuiset *42* 209 F3
Perty (Col de) *26* 248 B4
La Péruse *16* 184 B3
La Pérusse *04* 267 E1
Pervenchères *61* 83 E2
Perville *82* 256 C1
Pescadoires *46* 239 E3
Peschadoires *63* 190 A4
Le Pescher *19* 222 C2
Péseux *25* 142 B3
Peseux *39* 159 D2
Peslières *63* 208 A3
Pesmes *70* 140 B4
Pessac *33* 217 D4
Pessac-sur-Dordogne *33* 219 E4
Pessan *32* 275 D2
Pessans *25* 160 A1
Pessat-Villeneuve *63* 189 F3
La Pesse *39* 177 E4
Pessines *17* 181 E4
Pessoulens *32* 256 C4
Pesteils (Château de) *15* 224 B3
Petersbach *67* 70 B1
Le Petit-Abergement *01* 194 B2
Petit-Appeville *76* 16 A2
Petit-Auverné *44* 127 D1
Petit Ballon *68* 96 A4
Petit-Bersac *24* 201 F4
Le Petit-Bornand-les-Glières *74* 196 A2
Le Petit-Celland *50* 54 B4
Petit-Cœur *73* 214 B2
Petit-Couronne *76* 32 A2
Petit-Croix *90* 120 A3
Le Petit Drumont *88* 119 F2
Petit-Ébersviller *57* 42 C4
Petit-Failly *54* 40 B2
Petit-Fayt *59* 10 A3
Petit-Fort-Philippe *59* 3 D1
Le Petit-Fougeray *35* 103 E2
Petit-Landau *68* 121 D2
Petit-Mars *44* 126 C2
Le Petit-Mercey *39* 140 C4
Petit-Mesnil *10* 91 E3
Petit Minou (Pointe du) *29* 47 D3
Petit-Noir *39* 159 D2
Petit-Palais-et-Cornemps *33* 219 D3
Le Petit-Pressigny *37* 150 B3
Le Petit-Quevilly *76* 32 A2
Petit-Réderching *57* 43 F4
Petit Saint-Bernard (Col du) *73* 197 D4
Petit-Tenquin *57* 69 E1
Petit-Verly *02* 20 C2
Petit-Xivry *54* 40 B2
La Petite-Boissière *79* 147 D3
Petite-Chaux *25* 160 C4
Petite-Forêt *59* 9 F2
La Petite-Fosse *88* 96 A2
La Petite-Marche *03* 188 B1
La Petite-Pierre *67* 70 B1
La Petite-Raon *88* 95 F2
Petite-Rosselle *57* 43 D3
Petite-Synthe *59* 3 E1
La Petite-Verrière *71* 156 C2
Petitefontaine *90* 120 A2
Les Petites-Armoises *08* 39 D1
Les Petites-Dalles *76* 15 D1
Les Petites-Loges *51* 38 A4
Petitmagny *90* 119 F4
Petitmont *54* 95 F1
Les Petits-Robins *26* 229 D4
Petiville *14* 29 F4
Petiville *76* 15 D4
Petosse *85* 164 A2
Petreto-Bicchisano *2A* 318 C1

PERPIGNAN

Alsace-Lorraine (R. d') BY 2
Anciens-Combattants d'Indochine (Pl. des) BY 3
Ange (R. de l') BZ 4
Arago (Pl.) BZ 5
Argenterie (R. de l') BY 6
Barre (R. de la) BY 7
Bartissol (R. E.) BY 8
Batllo (Quai F.) BY 9
Castillet (R. du) BY 21
Clemenceau (Bd G.) BY
Cloche d'Or (R. de la) BYZ 22
Côte des Carmes (R.) CZ 23
Fabriques d'En Nabot (R. des) BY 24
Fabrique d'En Nadal (R. des) BY 25
Fontaine-Neuve (R.) CZ 26
Frontfroide (R.) BY 27
Gambetta (Pl.) BY 28
Grande-la-Monnaie (R.) BZ 31
Lattre-de-Tassigny (Quai de) BZ 32
Loge (R. et pl. de la) BY 33
Louis-Blanc (R.) BY 34
Marchands (R. des) BY 35
Mermoz (Av. J.) CZ 36
Mirabeau (R.) BY 37
Payra (R. J.) BY 38
Péri (Pl. Gabriel) BZ 39
Petite-la-Monnaie (R.) BZ 40
Porte-d'Assaut (R.) BZ 41
Porte-de-Canet (R.) CZ 42
Remparts-la-Réal (R. des) BZ 43
République (R. de la) BY 44
Résistance (Pl. de la) BY 45
Révolution-Française (R. de la) CY 46
Rigaud (Pl.) BZ 47
Sadi-Carnot (Quai) BY 50
St-Jean (R.) BY 52
Théâtre (R. du) BZ 55
Trois-Journées (R. des) BY 58
Vauban (Quai) BY 60
Verdun (Pl. de) BY 64
Victoire (Pl. de la) BY 67
Vielledent (R. J.) CZ 69
Waldeck-Rousseau (R.) CZ 72

D 117 FOIX
A 9: NARBONNE
PALAIS DES EXPOSITIONS
BOMPAS
ST-CYPRIEN-PLAGE
CANET-PLAGE
BAS-VERNET
TÊT
passage à gué
Promenade des Platanes
PALAIS DES CONGRÈS
SQUARE
LE CASTILLET
CATHÉDRALE ST-JEAN
MUSÉE JOSEPH-PUIG
LA PÉPINIÈRE
HÔTEL DU DÉPARTEMENT
Pl. de Catalogne
ST-JOSEPH
Place Salvador Dali
la Miranda
St-Jacques
Pl. Cassanyes
ARSENAL
Pl. des Esplanades
PALAIS DES ROIS DE MAJORQUE
CITADELLE
STE-THÉRÈSE
ST-MARTIN
ANDORRE N 116 : PRADES
A 9 : BARCELONE
CABESTANY
A 9: BARCELONE
THUIR
A 9: LE BOULOU
BARCELONE
ELNE, ST-CYPRIEN
ARGELÈS
300 m

Pettoncourt 57 ... 68 C3
Pettonville 54 ... 95 E1
Peujard 33 ... 217 F2
Peumérit 29 ... 73 E4
Peumerit-Quintin 22 ... 76 B2
Peuplingues 62 ... 2 B2
Peuton 53 ... 105 D3
Peuvillers 55 ... 40 B2
Peux-et-Couffouleux 12 ... 279 F1
Pévange 57 ... 69 D2
Pévy 51 ... 37 E3
Pexiora 11 ... 301 F1
Pexonne 54 ... 95 F1
Pey 40 ... 271 D1
Peymeinade 06 ... 288 A3
Peynier 13 ... 285 E3
Peypin 13 ... 285 E4
Peypin-d'Aigues 84 ... 266 B4
Peyrabout 23 ... 187 D2
La Peyrade 34 ... 281 E4
Le Peyrat 09 ... 301 F3
Peyrat-de-Bellac 87 ... 185 E1
Peyrat-la-Nonière 23 ... 187 F2
Peyrat-le-Château 87 ... 186 C4
La Peyratte 79 ... 165 E1
Peyraube 65 ... 298 A1
Peyraud 07 ... 210 C4
Peyre 40 ... 272 B2
Peyre-Haute (Table d'orientation de) 05 ... 250 C1
Peyrecave 32 ... 256 C3
Peyrefitte-du-Razès 11 ... 301 F3
Peyrefitte-sur-l'Hers 11 ... 301 E1
Peyregoux 81 ... 278 B1
Peyrehorade 40 ... 271 E2
Peyreleau 12 ... 261 F1
Peyrelevade 19 ... 205 E1
Peyrelongue-Abos 64 ... 273 E3
Peyremale 30 ... 245 E4
Peyrens 11 ... 277 F4
Peyrepertuse (Château de) 11 ... 303 D4
Peyresourde 65 ... 307 E4
Peyresourde (Col de) 31 ... 307 E4
Peyrestortes 66 ... 313 D1
Peyret-Saint-André 65 ... 274 C4
Peyriac-de-Mer 11 ... 303 F2
Peyriac-Minervois 11 ... 303 D1
Peyriat 01 ... 194 A1
Peyrière 47 ... 237 F2
Peyrieu 01 ... 212 C1
Peyrignac 24 ... 221 F1
Peyriguère 65 ... 298 A1
Peyrilhac 87 ... 185 E3
Peyrillac-et-Millac 24 ... 222 A4
Peyrilles 46 ... 240 A2
Peyrins 26 ... 229 E2
Peyrissac 19 ... 204 C3
Peyrissas 31 ... 299 E1
Peyro-Clabado (Rocher) 81 ... 278 C2
Peyrol (Pas de) 15 ... 224 C2
Peyrole 81 ... 277 F1
Peyroles 30 ... 262 C2
Peyrolles 11 ... 302 B3
Peyrolles-en-Provence 13 ... 285 E1
Peyroules 04 ... 268 C4
Peyrouse 65 ... 297 E2
Peyrouzet 31 ... 299 E1
Peyruis 04 ... 267 D2
Peyrun 65 ... 274 A4
Peyrus 26 ... 229 E3
Peyrusse 15 ... 225 E1
Peyrusse-Grande 32 ... 274 A2
Peyrusse-le-Roc 12 ... 241 E3
Peyrusse-Massas 32 ... 274 C1
Peyrusse-Vieille 32 ... 274 A2
Peyssies 31 ... 276 A4
Peyzac-le-Moustier 24 ... 221 E3
Peyzieux-sur-Saône 01 ... 192 C1
Pézarches 77 ... 62 A4
Pezé-le-Robert 72 ... 82 B4
Pézenas 34 ... 280 C3
Pézènes-les-Mines 34 ... 280 B2
Pezens 11 ... 302 B1
Pézilla-de-Conflent 66 ... 311 F1
Pézilla-la-Rivière 66 ... 312 C2
Pezou 41 ... 108 C3
Pezuls 24 ... 220 C3
Pézy 28 ... 85 E3
Pfaffenheim 68 ... 96 B4
Pfaffenhoffen 67 ... 71 D1
Pfalzweyer 67 ... 70 B1
Pfastatt 68 ... 120 B2
Pfetterhouse 68 ... 120 B4
Pfettisheim 67 ... 71 D3
Pfulgriesheim 67 ... 71 D3
Phaffans 90 ... 119 F4
Phalempin 59 ... 8 C1
Phalsbourg 57 ... 70 B2
Philippsbourg 57 ... 44 C4
Philondenx 40 ... 272 C2
Phlin 54 ... 68 B2
Pia 66 ... 313 D1
Piacé 72 ... 82 C4
Le Pian-Médoc 33 ... 217 D3
Le Pian-sur-Garonne 33 ... 236 C2
Piana 2A ... 316 A1
Pianella (Pont de) 2A ... 316 B1
Pianello 2B ... 317 E1
Piano 2B ... 315 F3
Pianottoli-Caldarello 2A ... 319 D3
Les Piards 39 ... 177 D2
La Piarre 05 ... 248 C3
Piau-Engaly 65 ... 307 D4
Piazzali 2B ... 315 F4
Piazzole 2B ... 315 F4
Piblange 57 ... 42 A3
Pibrac 31 ... 276 B2
Picarreau 39 ... 159 F4
Picarrou 31 ... 301 D1
Picauville 50 ... 25 D4
Pichanges 21 ... 139 E2
Picherande 63 ... 206 C3
Picquigny 80 ... 18 A2
Pie-d'Orezza 2B ... 315 E4
Pied-de-Borne 48 ... 245 E3
Pied-la-Viste (Table d'orientation de) 05 ... 250 C1
Piedicorte-di-Gaggio 2B ... 317 E1
Piedicroce 2B ... 315 F4
Piedigriggio 2B ... 315 D3
Piedipartino 2B ... 315 E4
Piégon 26 ... 247 F4
Piégros-la-Clastre 26 ... 247 E1
Piégut 04 ... 249 F3
Piégut-Pluviers 24 ... 202 C1
Piémanson (Plage de) 13 ... 283 F4
Piencourt 27 ... 31 D4
Piennes 54 ... 41 D3
Piennes 80 ... 35 D1
Piépape 52 ... 116 C4
Pierlas 06 ... 269 F2
La Pierre 38 ... 213 D4
Pierre-Bénite 69 ... 210 C1
Pierre-Buffière 87 ... 204 A1
Pierre-Carrée (Col de la) 74 ... 196 B2
Pierre-Châtel 38 ... 230 C3
La Pierre Couverte (Dolmen de) 49 ... 129 E1
Pierre d'Avenon 83 ... 293 D2
Pierre-de-Bresse 71 ... 159 D3
Pierre Frite (Menhir de) 49 ... 104 B4
Pierre-Gourde (Château de) 07 ... 228 C4
Pierre-la-Treiche 54 ... 67 F4
Pierre-Levée 77 ... 62 B3
Pierre-Morains 51 ... 64 A3
Pierre-Percée 54 ... 95 F1
Pierre-Perthuis 89 ... 136 C3
La Pierre Plantée 48 ... 244 C2
Pierre-Plantée (Col de la) 48 ... 244 B2
Pierre-qui-Vire (Abbaye de la) 89 ... 137 E3
Pierreclos (Château de) 71 ... 175 D3
Pierrecourt 70 ... 140 B1
Pierrecourt 76 ... 17 D2
Pierrefaites 52 ... 117 E3
Pierrefeu 06 ... 269 F3
Pierrefeu-du-Var 83 ... 292 B1
Pierrefiche 12 ... 243 D3
Pierrefiche 48 ... 244 C1
Pierrefiques 76 ... 14 B3
Pierrefitte 19 ... 204 B3
Pierrefitte 23 ... 187 F1
Pierrefitte 79 ... 148 A3
Pierrefitte 88 ... 94 B4
Pierrefitte-en-Auge 14 ... 30 B3
Pierrefitte-en-Beauvaisis 60 ... 33 F2
Pierrefitte-en-Cinglais 14 ... 55 F2
Pierrefitte-ès-Bois 45 ... 134 C2
Pierrefitte-Nestalas 65 ... 297 E3
Pierrefitte-sur-Aire 55 ... 66 C2
Pierrefitte-sur-Loire 03 ... 173 D2
Pierrefitte-sur-Sauldre 41 ... 133 F2
Pierrefitte-sur-Seine 93 ... 61 D2
Pierrefonds 60 ... 35 F3
Pierrefontaine-lès-Blamont 25 ... 142 C2
Pierrefontaine-les-Varans 25 ... 142 A4
Pierrefontaines 52 ... 116 B3
Pierrefort 15 ... 225 D3
Pierregot 80 ... 18 B2
Pierrelatte 26 ... 246 C4
Pierrelaye 95 ... 60 C2
Pierrelongue 26 ... 265 F1
Pierremande 02 ... 36 B1
Pierremont 62 ... 7 E2
Pierrepont 02 ... 21 D4
Pierrepont 14 ... 56 A2
Pierrepont 54 ... 40 C2
Pierrepont-sur-Avre 80 ... 18 C4
Pierrepont-sur-l'Arentèle 88 ... 95 D3
Pierrerue 04 ... 267 D3
Pierrerue 34 ... 279 F4
Pierres 14 ... 55 D2
Pierres 28 ... 85 E1
Pierreval 76 ... 32 B1
Pierrevert 04 ... 266 C4
Pierreville 50 ... 24 B3
Pierreville 54 ... 94 A1
Pierrevillers 57 ... 41 E3
Pierric 44 ... 103 D4
Pierry 51 ... 64 A2
Pietra-di-Verde 2B ... 317 F1
Pietracorbara 2B ... 314 D2
Pietralba 2B ... 315 D3
Pietranera 2B ... 315 F1
Pietraserena 2B ... 317 E1
Pietricaggio 2B ... 315 F4
Pietrosella 2A ... 318 B1
Pietroso 2B ... 317 E2
Piets-Plasence-Moustrou 64 ... 272 C3
Pieusse 11 ... 302 B3
Les Pieux 50 ... 24 B3
Piève 2B ... 315 E2
Piffonds 89 ... 112 B2
Le Pigeon 46 ... 222 B3
Pigeonnier (Col du) 67 ... 45 E3
Pigerolles 23 ... 187 E4
Pigna 2B ... 314 B2
Pignan 34 ... 281 E2
Pignans 83 ... 286 C4
Pignicourt 02 ... 37 F2
Pignols 63 ... 207 F1
Pigny 18 ... 153 E1
Pihem 62 ... 3 D4
Pihen-lès-Guînes 62 ... 2 B2
Pila-Canale 2A ... 318 C1
Pilat (Mont) 42 ... 210 B3
Pilat-Plage 33 ... 234 B1
Le Pilhon 26 ... 248 B2
Pillac 16 ... 201 F4
Pillemoine 39 ... 160 A4
Les Pilles 26 ... 247 F4
Pillon 55 ... 40 B2
Pimbo 40 ... 272 C2
Pimelles 89 ... 114 B3
Pimorin 39 ... 176 B2
Pimprez 60 ... 35 F1
Le Pin 03 ... 173 E3
Le Pin 14 ... 30 C4
Le Pin 17 ... 200 C4
Le Pin 30 ... 264 B2
Le Pin 38 ... 212 B3
Le Pin 39 ... 159 E4
Le Pin 44 ... 127 E1
Pin 70 ... 140 C3
Le Pin 77 ... 61 E2
Le Pin 79 ... 147 E3
Le Pin 82 ... 257 D3
Pin (Haras du) 61 ... 56 C4
Le Pin-au-Haras 61 ... 56 C4
Pin-Balma 31 ... 276 C2
Le Pin-en-Mauges 49 ... 127 F4
Le Pin-la-Garenne 61 ... 83 F2
Pin-Moriès 48 ... 243 F3
Le Pin-Murelet 31 ... 275 F4
Pinarellu 2A ... 319 F2
Pinas 65 ... 298 B2
Pinay 42 ... 191 E3
Pincé 72 ... 105 F3
Pinçon (Mont) 14 ... 55 E2
Pindères 47 ... 237 D4
Pindray 86 ... 167 E2
Les Pineaux 85 ... 163 E1
Pinel-Hauterive 47 ... 238 B3
Pinet 34 ... 281 D4
Pineuilh 33 ... 219 F4
Piney 10 ... 90 C3
Pino 2B ... 314 D1
Pinols 43 ... 226 A2
Pinon 02 ... 36 C2
Les Pins 16 ... 184 A4
Pins-Justaret 31 ... 276 B3
Pinsac 46 ... 222 B4
Pinsaguel 31 ... 276 B3
Pinsot 38 ... 213 E3
Pintac 65 ... 297 F1
Pinterville 27 ... 32 B4
Pintheville 55 ... 40 C4
Les Pinthières 28 ... 59 E4
Piobetta 2B ... 315 F4
Pioggiola 2B ... 314 C3
Piolenc 84 ... 264 C1
Pionnat 23 ... 187 E1
Pionsat 63 ... 188 C2
Pioussay 79 ... 183 E2
Pipriac 35 ... 102 C3
Piquecos 82 ... 257 F2
Pirajoux 01 ... 176 A3
Piré-sur-Seiche 35 ... 103 F1
Pirey 25 ... 141 D4
Piriac-sur-Mer 44 ... 123 E3
Pirmil 72 ... 106 B2
Pirou 50 ... 26 C4
Pis 32 ... 275 D1
Pisany 17 ... 199 D1
Piscop 95 ... 61 D2
Piseux 27 ... 58 B4
Pisieu 38 ... 211 E3
Pisse (Cascade de la) 38 ... 231 F2
Pisseleu 60 ... 34 A1
Pisseleux 02 ... 36 A4
Pisseloup 52 ... 117 E3
La Pisseure 70 ... 118 B3
Pissos 40 ... 235 E4
Pissotte 85 ... 164 A2
Pissy 80 ... 18 A3
Pissy-Pôville 76 ... 32 A1
Pisy 89 ... 137 E2
Pitgam 59 ... 3 E2
Pithiviers 45 ... 110 C1
Pithiviers-le-Vieil 45 ... 110 C1
Pithon 02 ... 19 F4
Pîtres 27 ... 32 B3
Pittefaux 62 ... 2 B3
Pizançon 26 ... 229 E2
Pizay 01 ... 193 E3
Pizieux 72 ... 83 D3
Le Pizou 24 ... 219 E2
Le Pla 09 ... 311 D2
Pla-d'Adet 65 ... 307 D3
Plabennec 29 ... 47 E2
Placé 53 ... 81 D4
Les Places 27 ... 31 D4
La Placette (Col de) 38 ... 212 C4
Placey 25 ... 140 C4
Plachy-Buyon 80 ... 18 A3
Placy 14 ... 55 F2
Placy-Montaigu 50 ... 55 D1
Le Plagnal 07 ... 245 D1
Plagne 01 ... 177 D4
Plagne 31 ... 299 F2
La Plagne 73 ... 214 C2
Plagnole 31 ... 275 F4
Plagny 58 ... 154 C3
Plaigne 11 ... 301 E2
Plailly 60 ... 61 E1
Plaimbois-du-Miroir 25 ... 142 B4
Plaimbois-Vennes 25 ... 142 A4
Plaimpied-Givaudins 18 ... 153 E2
La Plaine 49 ... 147 E1
Plaine 67 ... 96 A1
Plaine-de-Walsch 57 ... 70 A2
Plaine-Haute 22 ... 51 D4
Plaine-Joux 74 ... 196 C2
La Plaine-sur-Mer 44 ... 125 D4
Plainemont 70 ... 118 B3
Plaines-Saint-Lange 10 ... 115 D2
Plainfaing 88 ... 96 A3
Plainoiseau 39 ... 159 E4
Plainpalais (Col de) 73 ... 213 E1
Les Plains-et-Grands-Essarts 25 ... 142 C3
Plaintel 22 ... 77 E2
Plainval 60 ... 34 C1
Plainville 27 ... 57 E1
Plainville 60 ... 34 C1
Plaisance 12 ... 260 A4
Plaisance 32 ... 273 F2
Plaisance 34 ... 279 F2
Plaisance 86 ... 167 E4
Plaisance-du-Touch 31 ... 276 B2
Plaisia 39 ... 176 C2
Plaisians 26 ... 266 A1
Plaisir 78 ... 60 B3
Plaisir Fontaine (Grotte de) 25 ... 160 C1
Plaissan 34 ... 281 D3
Plaizac 16 ... 183 D4
Plampinet 05 ... 232 C2
Le Plan 31 ... 300 A2
Plan 38 ... 212 A4
Plan-d'Aups 83 ... 285 E4
Plan-de-Baix 26 ... 229 F4
Plan-de-Campagne 13 ... 284 C3
Plan-de-Cuques 13 ... 285 D4
Le Plan-de-Grasse 06 ... 288 A3
Plan-de-la-Tour 83 ... 287 E4
Plan-d'Orgon 13 ... 265 E4
Plan-du-Var 06 ... 288 C1
Planaise 73 ... 213 E2
Planay 21 ... 115 D4
Planay 73 ... 214 C2
La Planche 44 ... 145 F2
Plancher-Bas 70 ... 119 E4
Plancher-les-Mines 70 ... 119 E3
Plancherine 73 ... 213 F1
Les Planches 27 ... 32 B4
Planches 61 ... 57 E4
Les Planches-en-Montagne 39 ... 177 E1
Les Planches-près-Arbois 39 ... 160 A3
Planchez 58 ... 156 B1
Plancoët 22 ... 78 B1
Plancy-l'Abbaye 10 ... 90 A1
La Planée 25 ... 160 C3
Planès 66 ... 311 D3
Planèzes 66 ... 312 B1
Planfoy 42 ... 210 A3
Planguenoual 22 ... 51 F4
Planioles 46 ... 241 E2
Le Planois 71 ... 159 D4
Le Planquay 27 ... 57 E1
Planquery 14 ... 28 C4
Planques 62 ... 7 D2
Las Planques (Église de) 81 ... 259 F2
Planrupt 52 ... 91 F2
Les Plans 30 ... 263 F2
Les Plans 34 ... 280 B1
Le Plantay 01 ... 193 E2
Les Plantiers 30 ... 262 C2
Le Plantis 61 ... 83 E1
Planty 10 ... 89 E4
Planzolles 07 ... 245 F3
Plappeville 57 ... 41 F4
Plascassier 06 ... 288 A3
Plasne 39 ... 159 F3
Plasnes 27 ... 57 F1
Plassac 17 ... 199 E3
Plassac 33 ... 217 D2
Plassac-Rouffiac 16 ... 201 E2
Plassay 17 ... 181 E4
Plateau-d'Assy 74 ... 196 C2
Plats 07 ... 228 C2
Plaudren 56 ... 101 E3
Plauzat 63 ... 207 E2
Plavilla 11 ... 301 F2
Plazac 24 ... 221 E2
Pleaux 15 ... 223 F2
Pléboulle 22 ... 52 A4
Pléchâtel 35 ... 103 D2
Plédéliac 22 ... 78 A1
Plédran 22 ... 51 E4
Pléguien 22 ... 51 D3
Pléhédel 22 ... 51 D2
Pleine-Fougères 35 ... 79 F1
Pleine-Selve 02 ... 20 B3
Pleine-Selve 33 ... 199 E4
Pleine-Sève 76 ... 15 E1
Pleines-Œuvres 14 ... 54 C2
Plélan-le-Grand 35 ... 102 B1
Plélan-le-Petit 22 ... 78 B2
Plélauff 22 ... 76 B3
Plélo 22 ... 51 D3
Plémet 22 ... 77 F4
Plémy 22 ... 77 E2
Plénée-Jugon 22 ... 78 A2
Pléneuf (Pointe de) 22 ... 51 F3
Pléneuf-Val-André 22 ... 51 F3
Plénise 39 ... 160 B3
Plénisette 39 ... 160 B3
Plerguer 35 ... 79 D1
Plérin 22 ... 51 E4
Plerneuf 22 ... 51 D4
Plescop 56 ... 101 D4
Plesder 35 ... 79 D2
Plésidy 22 ... 50 C4
Pleslin 22 ... 78 C1
Plesnois 57 ... 41 F4
Plesnoy 52 ... 117 D3
Plessala 22 ... 77 F3
Plessé 44 ... 125 F1
Plessier-de-Roye 60 ... 35 E1
Le Plessier-Huleu 02 ... 36 B4
Le Plessier-Rozainvillers 80 ... 18 C4
Le Plessier-sur-Bulles 60 ... 34 B2
Le Plessier-sur-Saint-Just 60 ... 34 C2
Le Plessis-aux-Bois 77 ... 61 F2
Plessis-Barbuise 10 ... 89 E1
Le Plessis-Belleville 60 ... 61 F1
Le Plessis-Bouchard 95 ... 60 C2
Le Plessis Bourré (Château) 49 ... 128 B1
Le Plessis-Brion 60 ... 35 F2
Le Plessis-Chenet 91 ... 87 E1
Le Plessis-Dorin 41 ... 108 A1
Plessis-du-Mée 89 ... 89 D3
Le Plessis-Feu-Aussoux 77 ... 62 B4
Le Plessis-Gassot 95 ... 61 D1
Le Plessis-Grammoire 49 ... 128 C2
Le Plessis-Grimoult 14 ... 55 E2
Le Plessis-Grohan 27 ... 58 C2
Le Plessis-Hébert 27 ... 59 D2
Le Plessis-Josso (Château) 56 ... 101 E4
Le Plessis-Lastelle 50 ... 26 C3
Le Plessis-l'Échelle 41 ... 109 E4
Le Plessis-l'Évêque 77 ... 61 F2
Le Plessis-Luzarches 95 ... 61 D1
Le Plessis-Macé 49 ... 128 A1
Le Plessis-Pâté 91 ... 87 D1
Le Plessis-Patte-d'Oie 60 ... 19 F4
Le Plessis-Picard 77 ... 87 E1
Le Plessis-Placy 77 ... 62 A1
Le Plessis-Robinson 92 ... 60 C4
Plessis-Saint-Benoist 91 ... 86 B2
Plessis-Saint-Jean 89 ... 88 C3
Le Plessis-Sainte-Opportune 27 ... 58 B1
Le Plessis-Trévise 94 ... 61 E3
Plessix-Balisson 22 ... 78 B1
Plestan 22 ... 78 A2
Plestin-les-Grèves 22 ... 49 F2
Pleubian 22 ... 50 C1
Pleucadeuc 56 ... 102 A3
Pleudaniel 22 ... 50 C2
Pleudihen-sur-Rance 22 ... 78 C1
Pleugriffet 56 ... 101 E1
Pleugueneuc 35 ... 79 D2
Pleumartin 86 ... 150 A4
Pleumeleuc 35 ... 79 D4
Pleumeur-Bodou 22 ... 50 A1
Pleumeur-Gautier 22 ... 50 C1
Pleure 39 ... 159 E3
Pleurs 51 ... 63 F4
Pleurtuit 35 ... 78 C1
Pleuven 29 ... 73 F4
Pleuvezain 88 ... 93 F2
Pleuville 16 ... 184 B2
Pléven 22 ... 78 A1
Plévenon 22 ... 52 A4
Plévin 22 ... 75 F3
Pleyben 29 ... 75 D3
Pleyber-Christ 29 ... 49 D3
Le Pleyney 38 ... 213 E4
Pliboux 79 ... 183 E1
Plichancourt 51 ... 65 E4
Plieux 32 ... 256 B3
Plivot 51 ... 64 B2
Ploaré 29 ... 73 E3
Plobannalec-Lesconil 29 ... 98 B2
Plobsheim 67 ... 71 D4
Ploemel 56 ... 100 C4
Ploemeur 56 ... 100 A3
Ploërdut 56 ... 76 B4
Ploeren 56 ... 101 D4
Ploërmel 56 ... 102 A2
Plœuc-sur-Lié 22 ... 77 E2
Ploéven 29 ... 73 E2
Ploëzal 22 ... 50 B2
Plogastel-Saint-Germain 29 ... 73 E4
Plogoff 29 ... 72 C3
Plogonnec 29 ... 73 E3
Ploisy 02 ... 36 B3
Plomb 50 ... 54 A4
Plombières-les-Bains 88 ... 118 C2
Plombières-lès-Dijon 21 ... 139 D3
Plomelin 29 ... 73 F4
Plomeur 29 ... 98 B2
Plomion 02 ... 21 E3
Plomodiern 29 ... 73 E2
Plonéis 29 ... 73 E3
Plonéour-Lanvern 29 ... 73 E4
Plonévez-du-Faou 29 ... 75 E3
Plonévez-Porzay 29 ... 73 E2
Plorec-sur-Arguenon 22 ... 78 A1
Plottes 71 ... 175 E2
Plou 18 ... 152 C2
Plouagat 22 ... 51 D4
Plouaret 22 ... 50 A3
Plouarzel 29 ... 47 D3
Plouasne 22 ... 78 C3
Plouay 56 ... 100 A2
Ploubalay 22 ... 52 B4
Ploubazlanec 22 ... 50 C1
Ploubezre 22 ... 50 A2
Ploudalmézeau 29 ... 47 D2
Ploudaniel 29 ... 47 F2
Ploudiry 29 ... 48 C4
Plouëc-du-Trieux 22 ... 50 C2
Plouédern 29 ... 47 F2
Plouégat-Guérand 29 ... 49 F3
Plouégat-Moysan 29 ... 49 F3
Plouénan 29 ... 49 D2
Plouër-sur-Rance 22 ... 78 C1
Plouescat 29 ... 48 C2
Plouézec 22 ... 51 D2
Plouezoc'h 29 ... 49 E2
Ploufragan 22 ... 51 E4
Plougar 29 ... 48 C3
Plougasnou 29 ... 49 E2
Plougastel-Daoulas 29 ... 47 F3
Plougonvelin 29 ... 47 D3
Plougonven 29 ... 49 E3
Plougonver 22 ... 50 A4
Plougoulm 29 ... 49 D2
Plougoumelen 56 ... 100 C4
Plougourvest 29 ... 48 C3
Plougras 22 ... 49 F4
Plougrescant 22 ... 50 B1
Plouguenast 22 ... 77 E3
Plouguerneau 29 ... 47 E1
Plouguernével 22 ... 76 B3
Plouguiel 22 ... 50 B1
Plouguin 29 ... 47 E2
Plouha 22 ... 51 D2
Plouharnel 56 ... 100 B4
Plouhinec 29 ... 73 D3
Plouhinec 56 ... 100 B3
Plouider 29 ... 47 F1
Plouigneau 29 ... 49 F3
Plouisy 22 ... 50 B3
Ploulec'h 22 ... 50 A2
Ploumagoar 22 ... 50 C3
Ploumanach 22 ... 50 A1
Ploumilliau 22 ... 50 A2
Ploumoguer 29 ... 47 D3
Plounéour-Ménez 29 ... 49 D4
Plounéour-Trez 29 ... 47 F1
Plounérin 22 ... 49 F3
Plounéventer 29 ... 48 C3
Plounévez-Lochrist 29 ... 48 C2
Plounévez-Moëdec 22 ... 50 A3
Plounévez-Quintin 22 ... 76 B2
Plounévézel 29 ... 75 F2
Plourac'h 22 ... 49 F4
Plouray 56 ... 76 A4
Plourhan 22 ... 51 D3
Plourin 29 ... 47 D2
Plourin-lès-Morlaix 29 ... 49 E3
Plourivo 22 ... 50 C2
Plouvain 62 ... 8 C3
Plouvara 22 ... 51 D4
Plouvien 29 ... 47 E2
Plouvorn 29 ... 49 D3
Plouyé 29 ... 75 E2
Plouzané 29 ... 47 D3
Plouzélambre 22 ... 49 F2
Plouzévédé 29 ... 48 C3
Plovan 29 ... 73 D4
Ployart-et-Vaurseine 02 ... 37 D2
Le Ployron 60 ... 35 D1
Plozévet 29 ... 73 D3
Pludual 22 ... 51 D2
Pluduno 22 ... 78 B1
Plufur 22 ... 49 F3
Pluguffan 29 ... 73 E4
Pluherlin 56 ... 102 A4
Plumaudan 22 ... 78 B2
Plumaugat 22 ... 78 B3
Plumelec 56 ... 101 E2
Pluméliau 56 ... 100 C1
Plumelin 56 ... 101 D2
Plumergat 56 ... 100 C3
Plumetot 14 ... 29 E3
Plumieux 22 ... 77 F4
Plumont 39 ... 159 F1
Pluneret 56 ... 100 C4
Plurien 22 ... 52 A4
Plusquellec 22 ... 76 A2
Plussulien 22 ... 76 C3
Pluvault 21 ... 139 F4
Pluvet 21 ... 139 F4
Pluvigner 56 ... 100 C3
Pluzunet 22 ... 50 A3
Pocancy 51 ... 64 B2
Pocé-les-Bois 35 ... 104 A1
Pocé-sur-Cisse 37 ... 131 E3
Podensac 33 ... 236 B1
Le Poët 05 ... 249 D4
Le Poët-Célard 26 ... 247 E2
Le Poët-en-Percip 26 ... 248 A4
Le Poët-Laval 26 ... 247 E2
Le Poët-Sigillat 26 ... 248 A4
Pœuilly 80 ... 19 F3
Poey-de-Lescar 64 ... 272 C4
Poey-d'Oloron 64 ... 296 B1
Poëzat 03 ... 189 F2
Poggio-di-Nazza 2B ... 317 E3
Poggio-di-Venaco 2B ... 317 D1
Poggio-d'Oletta 2B ... 315 E2
Poggio-Marinaccio 2B ... 315 E3
Poggio-Mezzana 2B ... 315 F4
Poggiolo 2A ... 316 C2
Pogny 51 ... 65 D3
Poids-de-Fiole 39 ... 176 C1
Poigny 77 ... 88 C2
Poigny-la-Forêt 78 ... 59 F4
Le Poil 04 ... 268 A3
Poil 58 ... 156 C3
Poilcourt-Sydney 08 ... 37 F2
Poilhes 34 ... 304 C1
Poillé-sur-Vègre 72 ... 106 A2
Poilley 35 ... 80 A2
Poilley 50 ... 54 A4
Poilly 51 ... 37 E4
Poilly-lez-Gien 45 ... 134 B1
Poilly-sur-Serein 89 ... 114 A4
Poilly-sur-Tholon 89 ... 113 D3
Poinchy 89 ... 113 F3
Poinçon-lès-Larrey 21 ... 115 D3
Le Poinçonnet 36 ... 152 A4

POITIERS

Abbé-Frémont (Bd) .... DY 2
Alexandre (R. J.) .... DZ 4
Blossac (R. de) .... CZ 10
Boncenne (R.) .... CDY 12
Bouchet (R. Jean) .... DY 14
Bretonnerie (R. de la) .... DY 16
Carnot (R.) .... CZ 17
Chaine (R. de la) .... DY 20
Champagne (R. de) .... DY 21
Clos des Carmes (Pl. du) .... DY 22
Coligny (Bd) .... DZ 23
Cordeliers (R. des) .... DY 25
Descartes (René) .... DY 28
Fg-du-Pont-Neuf .... DZ 30
Gabillet (R. H.) .... DY 34
Gambetta (R.) .... DY 35
Gaulle (Pl. Ch. de) .... DY 36
Grand-Rue .... DY
Grignon de Montfort (R.) .... DY 40
Hôtel-Dieu (R. de l') .... DY 45
Intendant-le-Nain
(R. de l') .... DY 46
Jean-de-Berry (Pl.) .... DY 47
Jeanne-d'Arc (Bd) .... DY 48
Libération (Av. de la) .... CZ 50
Liberté (Pl. de la) .... DY 52
Macé (R. Jean) .... DY 50
Marché-N.-Dame (R. du) .... DYZ 54
Marne (R. de la) .... CY 55
Mouton (R. du) .... DY 63
Oudin (R. H.) .... DY 67
Puygarreau (R. du) .... DZ 70
Rat (R. Pierre) .... DY 71
Riffault (R.) .... DY 74
St-Cyprien (R.) .... DZ 76
St-Germain (R.) .... DY 77
Solférino (Bd) .... CY 89
Thezard (R. Léopold) .... CZ 90
Tison (Bd de) .... CZ 92
Verdun (Bd de) .... CY 94
3 Rois (R. des) .... DY 95
125e R.I. (R. du) .... CZ 97

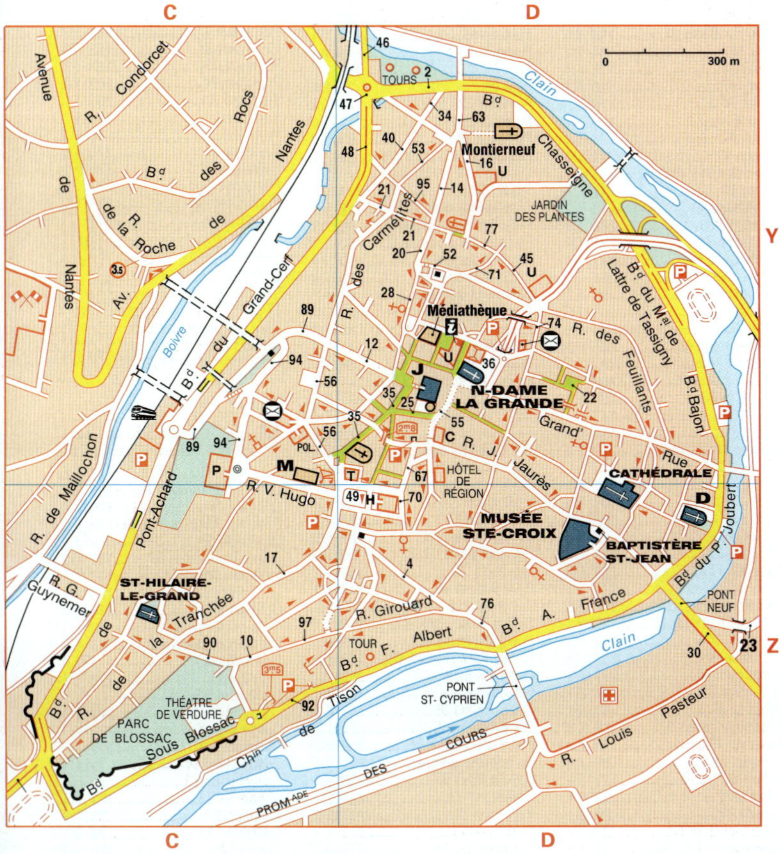

Poincy 77 .... 62 A2
Poinsenot 52 .... 116 A4
Poinson-lès-Fayl 52 .... 117 E4
Poinson-lès-Grancey 52 .... 116 A4
Poinson-lès-Nogent 52 .... 116 C2
Point Sublime 04 .... 268 A4
Point-Sublime 48 .... 243 F4
Pointel 61 .... 56 A4
Pointis-de-Rivière 31 .... 299 D2
Pointis-Inard 31 .... 299 E2
Pointre 39 .... 140 A4
Pointvillers 25 .... 160 A1
Poinville 28 .... 110 A1
Le Poiré-sur-Velluire 85 .... 164 A3
Le Poiré-sur-Vie 85 .... 145 F4
Poiroux 85 .... 162 C2
Poisat 38 .... 230 C1
Poiseul 52 .... 117 D2
Poiseul-la-Grange 21 .... 138 C1
Poiseul-la-Ville-
et-Laperrière 21 .... 138 B1
Poiseul-lès-Saulx 21 .... 139 D1
Poiseux 58 .... 155 D1
Poisieux 18 .... 152 C2
Le Poislay 41 .... 108 B1
Poisoux 39 .... 176 B3
Poisson 71 .... 173 F3
Poissons 52 .... 92 B2
Poissy 78 .... 60 B2
Poisvilliers 28 .... 85 E2
Poisy 74 .... 195 E3
La Poitevinière 49 .... 127 F4
Poitiers 86 .... 166 B2
Poivres 10 .... 64 C4
Poix 51 .... 65 E2
Poix-de-Picardie 80 .... 17 F3
Poix-du-Nord 59 .... 9 F4
Poix-Terron 08 .... 22 C4
Le Poizat 01 .... 194 C1
Pol (Chapelle) 29 .... 47 F1
Polaincourt-
et-Clairefontaine 70 .... 118 A2
Polastron 31 .... 275 F4
Polastron 32 .... 275 E3
Poleymieux-
au-Mont-d'Or 69 .... 192 C3
Poliénas 38 .... 212 A4
Polignac 17 .... 200 C4
Polignac 43 .... 227 D2
Poligné 35 .... 103 E2
Poligny 05 .... 249 E1
Poligny 10 .... 90 C4
Poligny 39 .... 159 F3
Poligny 77 .... 87 F4
Polincove 62 .... 3 D2
Polisot 10 .... 115 D1
Polisy 10 .... 115 D1
Pollestres 66 .... 313 D2
Polliat 01 .... 175 F4
Pollieu 01 .... 194 C4
Pollionnay 69 .... 192 B4
Polminhac 15 .... 224 B3
Polveroso 2B 315 F4
Pomacle 51 .... 38 A3
La Pomarède 11 .... 277 F4
Pomarède 46 .... 239 E2
Pomarez 40 .... 272 A2
Pomas 11 .... 302 B2
Pomay (Château de) 03 .... 172 B2
Pomayrols 12 .... 243 E3
Pomerol 33 .... 218 C3
Pomérols 34 .... 281 D4
Pomeys 69 .... 210 A1
Pommard 21 .... 158 A2
Pommera 62 .... 7 F4
La Pommeraie-
sur-Sèvre 85 .... 147 D3
La Pommeraye 14 .... 55 F2
La Pommeraye 49 .... 127 F3
Pommeret 22 .... 51 F4
Pommereuil 59 .... 20 C1
Pommereux 76 .... 33 D1
Pommeréval 76 .... 16 B4
Pommerieux 53 .... 104 C3
Pommérieux 57 .... 68 A1
Pommerit-Jaudy 22 .... 50 B2
Pommerit-le-Vicomte 22 .... 50 C3
Pommerol 26 .... 248 B3
Pommeuse 77 .... 62 B3
Pommevic 82 .... 257 D2
Pommier 62 .... 8 A4
Pommier-
de-Beaurepaire 38 .... 211 E3
Pommiers 02 .... 36 B2
Pommiers 30 .... 262 B3
Pommiers 36 .... 169 D2
Pommiers 42 .... 191 E4
Pommiers 69 .... 192 C3
Pommiers-la-Placette 38 .... 212 C4
Pommiers-Moulons 17 .... 199 F4
Pomoy 70 .... 118 C4
Pompaire 79 .... 165 E1
Pompéjac 33 .... 236 B3
Pompertuzat 31 .... 276 C3
Pompey 54 .... 68 A3
Pompiac 32 .... 275 F3
Le Pompidou 48 .... 262 B1
Pompierre 88 .... 93 E3
Pompierre-sur-Doubs 25 .... 142 A2
Pompiey 47 .... 255 E1
Pompignac 33 .... 217 F4
Pompignan 30 .... 263 D4
Pompignan 82 .... 257 F4
Pompogne 47 .... 255 D1
Pomponne 77 .... 61 F3
Pomport 24 .... 220 A4
Pomps 64 .... 272 B3
Pomy 11 .... 302 A3
Poncé-sur-le-Loir 72 .... 107 F4
Poncey-lès-Athée 21 .... 140 A4
Poncey-sur-l'Ignon 21 .... 138 C2
Le Ponchel 62 .... 7 D3
Ponches-Estruval 80 .... 6 C3
Ponchon 60 .... 34 B3
Poncin 01 .... 194 A1
Poncins 42 .... 209 E1
Pondaurat 33 .... 237 D2
Le Pondy 18 .... 153 F4
Ponet-et-Saint-Auban 26 .... 230 A4
Ponlat-Taillebourg 31 .... 298 C2
Pons 15 .... 242 B1
Pons 17 .... 199 E2
Ponsampère 32 .... 274 B3
Ponsan-Soubiran 32 .... 274 C4
Ponsas 26 .... 229 D1
Ponson-Debat-Pouts 64 .... 273 F4
Ponson-Dessus 64 .... 273 E4
Ponsonnas 38 .... 231 D3
Pont 21 .... 139 F4
Pont-à-Bucy 02 .... 20 B4
Pont-à-la-Planche 87 .... 185 D3
Pont-à-Marcq 59 .... 9 D1
Pont-à-Mousson 54 .... 68 A2
Pont-à-Vendin 62 .... 8 B2
Pont-Arcy 02 .... 37 D2
Pont-Audemer 27 .... 31 D3
Pont-Authou 27 .... 31 E4
Pont-aux-Moines 45 .... 110 B3
Pont-Aven 29 .... 99 E2
Pont-Bellanger 14 .... 54 C2
Pont-Calleck
(Château et forêt de) 56 .... 100 A1
Le Pont-Chrétien-
Chabenet 36 .... 168 C1
Pont-Croix 29 .... 73 D3
Pont-d'Ain 01 .... 193 F2
Pont-d'Arc 07 .... 246 A4
Le Pont-d'Ardres 62 .... 2 C2
Pont-de-Barret 26 .... 247 E2
Le Pont-de-Beauvoisin 38 .... 212 C2
Le Pont-de-Beauvoisin 73 .... 212 C2
Pont-de-Braye 72 .... 107 F4
Pont-de-Briques 62 .... 2 A4
Pont-de-Buis-
lès-Quimerch 29 .... 73 F1
Pont-de-Chazey-Villieu 01 .... 193 F3
Pont-de-Chéruy 38 .... 193 F4
Le Pont-de-Claix 38 .... 230 C1
Pont-de-Crau 13 .... 283 E1
Pont-de-Dore 63 .... 190 A4
Pont de Gau (Parc
ornithologique du) 13 .... 282 C3
Pont-de-la-Chaux 39 .... 177 E1
Pont-de-la-Maye 33 .... 217 E4
Pont-de-Labeaume 07 .... 245 F1
Pont-de-l'Arche 27 .... 32 B3
Pont-de-Larn 81 .... 278 C3
Pont-de-l'Étoile 13 .... 285 E4
Pont-de-l'Isère 26 .... 229 D2
Pont-de-Lunel 34 .... 282 B1
Pont-de-Menat 63 .... 189 D2
Pont-de-Metz 80 .... 18 A2
Le Pont-de-Montvert 48 .... 244 C4
Pont-de-Pany 21 .... 138 C4
Le Pont-de-Planches 70 .... 141 D1
Pont-de-Poitte 39 .... 177 D1
Pont-de-Roide 25 .... 142 C2
Pont-de-Ruan 37 .... 130 C4
Pont-de-Salars 12 .... 260 C1
Pont-de-Vaux 01 .... 175 E3
Pont-de-Veyle 01 .... 175 E4
Pont-des-Pierres 01 .... 194 C1
Pont-d'Espagne 65 .... 297 E4
Pont-d'Hérault 30 .... 262 B3
Pont-d'Héry 39 .... 160 A3
Pont-d'Ouche 21 .... 157 F1
Pont-d'Ouilly 14 .... 55 F3
Pont-du-Bois 70 .... 118 B2
Pont-du-Casse 47 .... 256 B1
Pont-du-Château 63 .... 189 F4
Pont-du-Châtel 29 .... 47 F2
Pont du Diable
(Gorges du) 74 .... 178 C3
Pont du Dognon 87 .... 186 B3
Pont-du-Fossé 05 .... 249 F1
Pont du Gard 30 .... 264 B3
Pont-du-Loup 06 .... 269 E4
Pont-du-Navoy 39 .... 160 A4
Pont-en-Royans 38 .... 230 A2
Pont-et-Massène 21 .... 137 F2
Pont-Évêque 38 .... 211 D2
Pont-Farcy 14 .... 54 C2
Pont-Hébert 50 .... 27 E4
Pont-James 44 .... 145 E2
Pont-la-Ville 52 .... 115 F1
Pont-l'Abbé 29 .... 98 B2
Pont-l'Abbé 50 .... 25 D4
Pont-l'Abbé-d'Arnoult 17 .... 181 E3
Pont-lès-Bonfays 88 .... 94 B4
Pont-les-Moulins 25 .... 141 F3
Pont-l'Évêque 14 .... 30 B3
Pont-l'Évêque 60 .... 35 F1
Pont-Melvez 22 .... 50 B4
Pont-Noyelles 80 .... 18 B2
Pont-Péan 35 .... 103 E1
Pont-Réan 35 .... 103 D1
Pont-Remy 80 .... 17 E1
Pont-Royal 13 .... 284 B1
Pont-Saint-Esprit 30 .... 264 B1
Pont-Saint-Mard 02 .... 36 B2
Pont-Saint-Martin 44 .... 145 E1
Pont-Saint-Pierre 27 .... 32 B3
Pont-Saint-Vincent 54 .... 68 A4
Pont-Sainte-Marie 10 .... 90 B3
Pont-Sainte-Maxence 60 .... 35 D3
Pont-Salomon 43 .... 209 F4
Pont-Scorff 56 .... 100 A2
Pont-sur-l'Ognon 70 .... 141 F1
Pont-sur-Madon 88 .... 94 B2
Pont-sur-Meuse 55 .... 67 D3
Pont-sur-Sambre 59 .... 10 B2
Pont-sur-Seine 10 .... 89 E2
Pont-sur-Vanne 89 .... 89 D4
Pont-sur-Yonne 89 .... 88 C4
Pont-Trambouze 69 .... 191 F2
Pontacq 64 .... 297 E1
Pontaillac 17 .... 198 B1
Pontailler-sur-Saône 21 .... 140 A3
Pontaix 26 .... 229 F4
Pontamafrey 73 .... 214 A4
Pontanevaux 71 .... 175 D4
Pontarion 23 .... 187 D2
Pontarlier 25 .... 161 D2
Pontarmé 60 .... 35 D4
Pontaubault 50 .... 54 A4
Pontaubert 89 .... 137 D2
Pontault-Combault 77 .... 61 E3
Pontaumur 63 .... 188 C4
Pontavert 02 .... 37 E2
Pontcarré 77 .... 61 F3
Pontcey 70 .... 141 D1
Pontchardon 61 .... 57 D2
Pontcharra 38 .... 213 E3
Pontcharra-sur-Turdine 69 .... 192 A3
Pontcharraud 23 .... 187 F4
Pontchartrain 78 .... 60 A3
Pontchâteau 44 .... 125 E2
Pontcirq 46 .... 239 F2
Ponte-Leccia 2B 315 D3
Ponte Nuovo 2B 315 E3
Pontécoulant 14 .... 55 E2
Ponteilla 66 .... 312 C2
Ponteils-et-Brésis 30 .... 245 E3
Pontempeyrat 43 .... 209 D4
Pontenx-les-Forges 40 .... 234 C4
Le Pontet 33 .... 217 E1
Le Pontet 73 .... 213 F2
Le Pontet 84 .... 265 D3
Les Pontets 25 .... 160 C4
Pontevès 83 .... 286 A2
Ponteyraud 24 .... 219 F1
Pontfaverger-
Moronvilliers 51 .... 38 B3
Pontgibaud 63 .... 189 D4
Pontgouin 28 .... 84 C2
Ponthévrard 78 .... 86 A1
Ponthierry 77 .... 87 E2
Ponthion 51 .... 65 E4
Ponthoile 80 .... 6 B4
Le Ponthou 29 .... 49 F3
Ponthoux 39 .... 177 D3
Pontiacq-Viellepinte 64 .... 273 E4
Pontigné 49 .... 129 E2
Pontigny 89 .... 113 F3
Pontis 04 .... 250 A2
Pontivy 56 .... 76 C4
Pontlevoy 41 .... 132 A3
Pontlieue 72 .... 107 D2
Pontmain 53 .... 80 B2
Pontoise 95 .... 60 B1
Pontoise-lès-Noyon 60 .... 35 F1
Pontonx-sur-l'Adour 40 .... 253 D4
Pontorson 50 .... 79 F1
Pontours 24 .... 220 C4
Pontoux 71 .... 158 C3
Pontoy 57 .... 68 B1
Pontpierre 57 .... 69 D1
Pontpoint 60 .... 35 D3
Pontrieux 22 .... 50 C2
Pontru 02 .... 20 A2
Pontruet 02 .... 20 A2
Ponts 50 .... 54 A4
Les Ponts-de-Cé 49 .... 128 B2
Ponts-et-Marais 76 .... 16 C1
Les Ponts-Neufs 22 .... 51 F4
Pontvallain 72 .... 106 C4
Popian 34 .... 281 D2
Popolasca 2B 315 D4
Porcaro 56 .... 102 B2
Porcelette 57 .... 42 C4
Porchères 33 .... 219 D2
Porcheresse 16 .... 201 E3
La Porcherie 87 .... 204 B2
Porcheux 60 .... 33 F3
Porcheville 78 .... 60 A2
Porcieu-Amblagnieu 38 .... 194 A3
Pordic 22 .... 51 E3
Le Porge 33 .... 216 B3
Pornic 44 .... 144 B1
Pornichet 44 .... 125 D3
Porquéricourt 60 .... 35 F1
Porquerolles (Ile de) 83 .... 292 C3
Porri 2B 315 F3
Pors-Even 22 .... 51 D1
Porsmilin 29 .... 47 D3
Porspoder 29 .... 47 D2
Port 01 .... 194 B1
Le Port 09 .... 300 B4
Port (Col de) 09 .... 300 C4
Port-à-Binson 51 .... 63 F1
Port-Barcarès 66 .... 313 E1
Port-Blanc 22 .... 50 B1
Port-Brillet 53 .... 104 C1
Port-Camargue 30 .... 282 B3
Port-Coton
(Aiguilles de) 56 .... 122 A4
Port-Cros (Ile de) 83 .... 293 D3
Port-d'Atelier 70 .... 118 A3
Port-de-Bouc 13 .... 284 A3
Port-de-Carhaix 29 .... 75 F3
Port-de-Gagnac 46 .... 223 D3
Port-de-Groslée 01 .... 194 B4
Port-de-la-Meule 85 .... 144 A4
Port-de-Lanne 40 .... 271 E2
Port-de-Miramar 83 .... 292 C2
Port-de-Piles 86 .... 149 F2
Port-d'Envaux 17 .... 181 F3
Port-des-Barques 17 .... 180 C2
Port-Donnant 56 .... 122 A4
Port-du-Salut
(Trappe du) 53 .... 105 D2
Port-en-Bessin 14 .... 28 C3
Port-Goulphar 56 .... 122 A4
Port-Grimaud 83 .... 287 E4
Port-Haliguen 56 .... 122 B2
Port-Jérôme 76 .... 15 D4
Port-Joinville 85 .... 144 A4
Port-la-Nouvelle 11 .... 304 C3
Port-Launay 29 .... 73 F2
Port-Lauragais 31 .... 277 E4
Port-le-Grand 80 .... 6 B4
Port-Lesney 39 .... 160 A2
Port-Leucate 11 .... 304 C4
Port-Louis 56 .... 100 A3
Port-Manech 29 .... 99 E2
Port-Maria 56 .... 122 B4
Le Port-Marly 78 .... 60 C3
Port-Miou 291 D3
Port-Mort 27 .... 32 C4
Port-Navalo 56 .... 122 C2
Port Royal des Champs
(Abbaye de) 78 .... 60 B4
Port-Saint-Louis-
du-Rhône 13 .... 283 F4
Port-Saint-Père 44 .... 145 D1
Port-Sainte-Foy-
et-Ponchapt 24 .... 219 F4
Port-Sainte-Marie 47 .... 255 F1
Port-sur-Saône 70 .... 118 A4
Port-sur-Seille 54 .... 68 A2
Port-Vendres 66 .... 313 E3
Port-Villez 78 .... 59 E1
Porta 66 .... 310 B3
La Porta 2B 315 E4
Portbail 50 .... 24 B4
Porte (Col de) 38 .... 212 C4
Porte-Joie 27 .... 32 B4
Porté-Puymorens 66 .... 310 B3
Le Portel 62 .... 2 A4
Portel (Sommet de) 09 .... 300 B4
Portel-des-Corbières 11 .... 303 F3
Portes 27 .... 58 B1
Portes 30 .... 263 E1
Portes (Calvaire de) 01 .... 194 A3
Portes (Chartreuse de) 01 .... 194 A3
Les Portes-en-Ré 17 .... 162 C4
Portes-en-Valdaine 26 .... 247 D2
Portes-lès-Valence 26 .... 229 D3
Portet 64 .... 273 E2
Portet-d'Aspet 31 .... 299 E4
Portet d'Aspet (Col de) 31 .... 299 E4
Portet-de-Luchon 31 .... 307 F4
Portet-sur-Garonne 31 .... 276 C3
Portets 33 .... 236 B1
Porticcio 2A 316 B4
Porticciolo (Marine de) 2B 314 D2
Portieux 88 .... 94 C3
Portiragnes 34 .... 305 E1
Portiragnes-Plage 34 .... 305 E1
Portivy 56 .... 122 A2
Porto 2A 316 A1
Porto-Pollo 2A 318 B2
Porto-Vecchio 2A 319 E2
Ports 37 .... 149 F2
Portsall 29 .... 47 D2
Posanges 21 .... 138 A3
Poses 27 .... 32 B3
Possesse 51 .... 65 F2
La Possonnière 49 .... 128 A3
La Possonnière
(Manoir) 41 .... 107 F4
La Postolle 89 .... 89 D4
Postroff 57 .... 70 A1
Potangis 51 .... 89 E1
Potelières 30 .... 263 F1
Potelle 59 .... 10 A2
La Poterie 22 .... 51 F4
La Poterie-au-Perche 61 .... 84 A1
La Poterie-Cap-d'Antifer 76 .... 14 B3
La Poterie-Mathieu 27 .... 31 D3
Pothières 21 .... 115 D2
Potigny 14 .... 56 A2
Potte 80 .... 19 E3
Pouan-les-Vallées 10 .... 90 B1
Pouançay 86 .... 148 B1
Pouancé 49 .... 104 B4
Pouant 86 .... 149 D2
Poubeau 31 .... 307 F3
Poucharramet 31 .... 276 A4
Pouchergues 65 .... 298 B4
Poudenas 47 .... 255 E2
Poudenx 40 .... 272 B2
Poudis 81 .... 277 F3
Poudrey (Gouffre de) 25 .... 141 F4
Poueyferré 65 .... 297 E2
La Pouëze 49 .... 128 A1
Pouffonds 79 .... 183 D1
La Pouge 23 .... 187 D3
Le Pouget 34 .... 281 D2
Pougnadoires
(Cirque de) 48 .... 244 A4
Pougnadoresse 30 .... 264 B2
Pougné 16 .... 184 A2
Pougne-Hérisson 79 .... 165 D1
Pougny 01 .... 195 D1
Pougny 58 .... 135 E3
Pougues-les-Eaux 58 .... 154 C2
Pougy 10 .... 90 C2
Pouillac 17 .... 200 C4
Pouillat 01 .... 176 B3
Pouillé 41 .... 132 A4
Pouillé 85 .... 163 F2
Pouillé 86 .... 166 C2
Pouillé-les-Côteaux 44 .... 127 E2
Pouillenay 21 .... 138 A2
Pouilley-Français 25 .... 140 C4
Pouilley-les-Vignes 25 .... 141 D4
Pouillon 40 .... 271 F2
Pouillon 51 .... 37 E3
Pouilloux 71 .... 174 B1
Pouilly 57 .... 68 A1
Pouilly 60 .... 34 A4
Pouilly-en-Auxois 21 .... 138 B4
Pouilly-en-Bassigny 52 .... 117 E2
Pouilly-le-Fort 77 .... 87 E1
Pouilly-le-Monial 69 .... 192 B3
Pouilly-lès-Feurs 42 .... 191 F4
Pouilly-les-Nonains 42 .... 191 D2
Pouilly-sous-Charlieu 42 .... 191 E1
Pouilly-sur-Loire 58 .... 135 D4
Pouilly-sur-Meuse 55 .... 39 F1
Pouilly-sur-Saône 21 .... 158 C2
Pouilly-sur-Serre 02 .... 20 C4
Pouilly-sur-Vingeanne 21 .... 140 A1
Le Poujol-sur-Orb 34 .... 280 A2
Poujols 34 .... 280 B1
Poul-Fétan 56 .... 100 B2
Poulaines 36 .... 151 F1
Poulains (Pointe des) 56 .... 122 A3
Poulainville 80 .... 18 B2
Poulan-Pouzols 81 .... 259 E4
Poulangy 52 .... 116 C1
Poulay 53 .... 81 F3
Pouldavid 29 .... 73 E3
Pouldergat 29 .... 73 E3
Pouldouran 22 .... 50 C2
Pouldreuzic 29 .... 73 D4
Le Pouldu 29 .... 99 F3
Poule-les-Écharmeaux 69 .... 192 A1
Pouliacq 64 .... 273 D3
Les Poulières 88 .... 95 E4
Pouligney 25 .... 141 E3
Pouligny-Notre-Dame 36 .... 169 F2
Pouligny-Saint-Martin 36 .... 169 F2
Pouligny-Saint-Pierre 36 .... 167 F1
Le Pouliguen 44 .... 123 E4

Poullan-sur-Mer 29 73 D3
Poullaouen 29 75 F2
Poullignac 16 201 D3
Poulx 30 264 A3
Poumarous 65 298 A2
Poupas 82 256 C3
Poupry 28 110 A1
Pouques-Lormes 58 136 C4
Pourcharesses 48 245 D3
Pourchères 07 246 B1
Pourcieux 83 285 F3
Pourcy 51 37 E4
Pourlans 71 158 C2
Pournoy-la-Chétive 57 68 A1
Pournoy-la-Grasse 57 68 B1
Pourrain 89 113 D4
Pourrières 83 285 E3
Poursac 16 183 F3
Poursay-Garnaud 17 182 B3
Poursiugues-Boucoue 64 272 C2
Pourtalet (Col du) 64 296 C4
Pouru-aux-Bois 08 23 E4
Pouru-Saint-Remy 08 23 E4
Pourville-sur-Mer 76 16 A2
Poussan 34 281 E3
Poussanges 23 187 F4
Poussay 88 94 A3
Pousseaux 58 136 B2
Poussignac 47 237 E4
Poussy-la-Campagne 14 56 A1
Pousthomy 12 260 B4
Le Pout 33 217 F4
Pouvrai 61 83 E4
Pouxeux 88 95 D4
Pouy 65 298 C1
Pouy-de-Touges 31 275 F4
Pouy-Loubrin 32 275 D3
Pouy-Roquelaure 32 256 A2
Pouy-sur-Vannes 10 89 E3
Pouyastruc 65 298 A1
Pouydesseaux 40 254 B3
Pouydraguin 32 273 F2
Pouylebon 32 274 B2
Pouzac 65 298 A2
Le Pouzat 07 228 A3
Pouzauges 85 147 D4
Pouzay 37 149 F1
Pouze 31 276 C4
Pouzilhac 30 264 B2
Le Pouzin 07 228 C4
Pouzioux 86 167 D2
Pouzol 63 189 D2
Pouzolles 34 280 B3
Pouzols 34 281 D2
Pouzols-Minervois 11 303 E1
Pouzy-Mésangy 03 171 F1
Poyanne 40 272 A1
Poyans 70 140 A2
Poyartin 40 271 F1
Poyols 26 248 A2
Pozières 80 19 D1
Pra-Loup 04 250 C3
Le Pradal 34 280 A2
Les Pradeaux 63 207 F2
Pradeaux (Col des) 63 208 C2
Pradel (Col du) 11 310 C1
Pradelle 26 248 A2
Pradelles 43 227 D4
Pradelles 59 4 A3
Pradelles-Cabardès 11 278 C4
Pradelles-en-Val 11 302 C2
Pradère-les-Bourguets 31 276 A2
Prades 07 246 A2
Prades 09 310 B1
Prades 43 226 B2
Prades 48 244 A4
Prades 66 311 F2
Prades 81 277 F2
Prades-d'Aubrac 12 243 D3
Prades-de-Salars 12 260 C1
Prades-le-Lez 34 281 F1
Prades-sur-Vernazobre 34 279 F3
Le Pradet 83 292 B2
Pradettes 09 301 E3
Pradières 09 301 D3
Pradiers 15 207 D4
Pradinas 12 259 F1
Pradines 19 205 D2
Pradines 42 191 F2
Pradines 46 240 A3
Pradons 07 246 A3
Prads 04 250 B4
Prafrance (Bambouseraie de) 30 263 D2
Pragnères (Centrale de) 65 297 F4
Prahecq 79 165 D4
Prailles 79 165 E4
Pralognan-la-Vanoise 73 214 C3
Prâlon 21 138 C3
Pralong 42 209 E1
Pramousquier 83 293 D2
Pramouton 05 250 B2
Prangey 52 116 C4
Pranles 07 228 B4
Pranzac 16 202 A1
Prapoutel-les-Sept-Laux 38 213 E4
Le Prarion 74 196 C3
Praslay 52 116 B4
Praslin 10 114 B1
Prasville 28 85 F4
Prat 22 50 B2
Prat-Bonrepaux 09 299 F3
Prat de Bouc 15 224 C2
Prato-di-Giovellina 2B 315 D4
Prats-de-Carlux 24 221 F3
Prats-de-Mollo-la-Preste 66 311 F4
Prats-de-Sournia 66 311 F1
Prats-du-Périgord 24 239 E1
Pratviel 81 277 E2
Pratz 39 177 D3
Pratz 52 91 F4
Prauthoy 52 116 C4
Pray 41 131 F1
Praye 54 94 A2
Prayet (Col du) 38 230 B4
Prayols 09 301 D4
Prayssac 46 239 F3
Prayssas 47 238 A4
La Praz 73 214 B4
Le Praz 73 214 B2
Praz-Coutant 74 196 C2
Les Praz-de-Chamonix 74 197 D2
Praz-sur-Arly 74 196 B3
Le Pré-d'Auge 14 30 B4
Pré de Madame Carle 05 232 A3
Pré-en-Pail 53 82 A2
Pré-Saint-Évroult 28 85 E4
Le Pré-Saint-Gervais 93 61 D3
Pré-Saint-Martin 28 85 E4
Préaux 07 228 C1
Les Préaux 27 31 D3
Préaux 36 151 D2
Préaux 53 105 F2
Préaux 76 32 B2
Préaux 77 88 A4
Préaux-Bocage 14 55 F1
Préaux-du-Perche 61 83 F3
Préaux-Saint-Sébastien 14 57 D2
Prébois 38 230 C4
Précey 50 54 A4
Préchac 32 256 A4
Préchac 33 236 B3
Préchac 65 297 E3
Préchac-sur-Adour 32 273 F2
Préchacq-Josbaig 64 296 A1
Préchacq-les-Bains 40 253 D4
Préchacq-Navarrenx 64 272 A4
Précieux 42 209 E2
Précigné 72 105 F4
Précilhon 64 296 B1
Précorbin 50 54 C1
Précy 18 154 B1
Précy-le-Sec 89 136 C1
Précy-Notre-Dame 10 91 D2
Précy-Saint-Martin 10 91 D2
Précy-sous-Thil 21 137 F3
Précy-sur-Marne 77 61 F2
Précy-sur-Oise 60 34 C4
Précy-sur-Vrin 89 112 C2
Prédefin 62 7 E1
Préfailles 44 125 D4
Préfontaines 45 111 F1
Prégilbert 89 136 B1
Préguillac 17 199 E1
Préhy 89 113 F4
Preignac 33 236 B2
Preignan 32 275 D1
Preigney 70 117 F3
Preixan 11 302 B2
Prélenfrey 38 230 B2
Prelles 05 232 B3
Prémanon 39 177 F2
Premeaux-Prissey 21 158 A1
Préméry 58 155 D1
Prémesques 59 4 B4
Prémeyzel 01 212 B1
Prémian 34 279 E3
Premières 21 139 F4
Prémierfait 10 90 A2
Prémilhat 03 170 C4
Prémillieu 01 194 B3
Prémont 02 20 B1
Prémontré 02 36 B1
Prendeignes 46 241 E1
Préneron 32 274 B1
La Prénessaye 22 77 E4
Prenois 21 139 D3
Prénouvellon 41 109 E2
Prénovel 39 177 D2
Prény 54 67 F1
Préporché 58 156 A3
Prépotin 61 83 F1
Les Prés 26 248 B2
Présailles 43 227 E3
Préseau 59 9 F3
Présentevillers 25 142 B1
Préserville 31 277 D3
Présilly 39 176 C1
Présilly 74 195 E1
Presle 70 141 F1
Presle 73 213 E2
Presles 14 55 D2
Presles 38 230 A2
Presles 95 60 C1
Presles-en-Brie 77 61 F4
Presles-et-Boves 02 36 C2
Presles-et-Thierny 02 37 D1
Presly 18 134 A3
Presnoy 45 111 E2
Presque (Grotte de) 46 223 D4
Pressac 86 184 B1
Pressagny-l'Orgueilleux 27 59 E1
Pressiat 01 176 B3
Pressignac 16 184 C4
Pressignac-Vicq 24 220 C3
Pressigny 52 117 E4
Pressigny 79 148 B4
Pressigny-les-Pins 45 111 F3
Pressins 38 212 B2
Pressy 62 7 F2
Pressy-sous-Dondin 71 174 C2
La Preste 66 311 E4
La Prétière 25 142 B2
Pretin 39 160 A2
Prétot-Sainte-Suzanne 50 26 C3
Prétot-Vicquemare 76 15 F2
Prêtreville 14 57 D1
Préty 71 175 E2
Pretz-en-Argonne 55 66 B2
Preuilly 18 152 C1
Preuilly (Abbaye de) 77 88 B2
Preuilly-la-Ville 36 167 F1
Preuilly-sur-Claise 37 150 B3
Preures 62 6 C1
Preuschdorf 67 45 E4
Preuseville 76 16 C3
Preutin-Higny 54 41 D3
Preux-au-Bois 59 10 A3
Preux-au-Sart 59 10 A2
Préval 72 83 F4
Prévelles 72 107 E1
Prévenchères 48 245 D3
Préveranges 18 170 A3
Prévessin-Moëns 01 177 F4
La Prévière 49 104 B4
Prévillers 60 34 A1
Prévinquières 12 241 F4
Prévocourt 57 68 C2
Prey 27 58 C2
Prey 88 95 E4
Preyssac-d'Excideuil 24 203 E4
Prez 08 22 A3
Prez-sous-Lafauche 52 93 D3
Prez-sur-Marne 52 92 A1
Priaires 79 181 F1
Priay 01 193 F2
Priez 02 62 C1
Prignac 17 182 B4
Prignac-en-Médoc 33 198 C4
Prignac-et-Marcamps 33 217 E2
Prigonrieux 24 220 A4
Primarette 38 211 E3
Primat 08 39 D3
La Primaube 12 260 B1
Primel-Trégastel 29 49 E2
Primelin 29 72 C3
Primelles 18 153 D3
Prin-Deyrançon 79 164 B4
Prinçay 86 149 D3
Princé 35 80 B4
Pringé 72 106 C4
Pringy 51 65 D3
Pringy 74 195 E2
Pringy 77 87 E2
Prinquiau 44 125 F3
Prinsuéjols 48 243 F1
Printzheim 67 70 C2
Prisces 02 21 D3
Prisches 59 10 A3
Prissac 36 168 B2
Prissé 71 175 D4
Prissé-la-Charrière 79 182 B1
Pritz 53 105 D1
Privas 07 246 B1
Privezac 12 241 F4
Prix-lès-Mézières 08 22 C3
Priziac 56 76 A4
Prizy 71 174 A3
La Proiselière-et-Langle 70 119 D3
Proissans 24 221 F3
Proisy 02 21 D2
Proix 02 20 C2
Projan 32 273 D2
Promilhanes 46 240 C4
Prompsat 63 189 E3
Prondines 63 188 C4
Pronleroy 60 35 D2
Pronville 62 8 C4
Propiac 26 247 F4
Propières 69 192 A1
Propriano 2A 318 C2
Prosnes 51 38 A4
Prouais 28 59 E4
Prouilly 51 37 E3
Proumeyssac (Gouffre de) 24 221 D4
Proupiary 31 299 E2
Proussy 14 55 F2
Prouvais 02 37 F2
Prouville 80 7 D4
Prouvy 59 9 E3
Prouzel 80 18 A3
Provemont 27 33 D3
Provenchère 25 142 B3
Provenchère 70 118 B4
Provenchères-lès-Darney 88 94 A4
Provenchères-sur-Fave 88 96 A2
Provenchères-sur-Marne 52 92 B3
Provenchères-sur-Meuse 52 117 D2
Provency 89 137 D2
Proverville 10 91 E4
Proveysieux 38 212 C4
Proville 59 9 D4
Provin 59 8 B1
Provins 77 88 C1
Proviseux-et-Plesnoy 02 37 F2
Proyart 80 19 D2
Prudemanche 28 58 C4
Prudhomat 46 222 C4
Prugnanes 66 311 F1
Prugny 10 90 A4
Pruillé 49 128 A1
Pruillé-le-Chétif 72 106 C2
Pruillé-l'Éguillé 72 107 E3
Pruines 12 242 B3
Prunay 51 38 A4
Prunay-Belleville 10 89 F3
Prunay-Cassereau 41 108 B4
Prunay-en-Yvelines 78 86 A2
Prunay-le-Gillon 28 85 F3
Prunay-le-Temple 78 59 F3
Prunay-sur-Essonne 91 87 D3
Prunelli-di-Casacconi 2B 315 F3
Prunelli-di-Fiumorbo 2B 317 E3
Prunet 07 245 F2
Prunet 15 224 A4
Prunet 31 277 E2
Prunet-et-Belpuig 66 312 B3
Prunete 2B 314 C4
Prunières 05 250 A2
Prunières 38 230 C3
Prunières 48 226 A4
Pruniers 36 152 C4
Pruniers 49 128 B2
Pruniers-en-Sologne 41 132 C4
Pruno 2B 315 F4
Prunoy 89 112 B3
Prusly-sur-Ource 21 115 E3
Prusy 10 114 B2
Pruzilly 71 175 D4
Puberg 67 70 B1
Publier 74 178 C3
Publy 39 176 C1
Puceul 44 126 B1
Le Puch 09 311 D1
Puch-d'Agenais 47 237 F4
Puchay 27 33 D3
Puchevillers 80 18 B1
Le Puech 34 280 B1
Puéchabon 34 281 D1
Puéchoursi 81 277 F3
Puechredon 30 263 E3
Puellemontier 52 91 E2
Puessans 25 141 F2
Puget 84 284 C1
Puget-Rostang 06 269 E2
Puget-sur-Argens 83 287 E3
Puget-Théniers 06 269 E2
Puget-Ville 83 286 B4
Pugey 25 141 D4
Pugieu 01 194 B4
Puginier 11 277 F4
Pugnac 33 217 E2
Pugny 79 147 F4
Pugny-Chatenod 73 195 D4
Puichéric 11 303 D1
Le Puid 88 96 A1
Puigmal 66 311 D4
Puilacher 34 281 D2
Puilaurens 11 311 E1
Puilboreau 17 163 E4
Puilly-et-Charbeaux 08 23 F4
Puimichel 04 267 E3
Puimisson 34 280 B4
Puimoisson 04 267 F3
La Puisaye 28 84 B1
Puiseaux 45 87 E4
Puiselet-le-Marais 91 86 C3
Puisenval 76 16 C2
Le Puiset 28 86 A4
Le Puiset-Doré 49 127 E4
Puiseux 08 38 C1
Puiseux 28 85 D1
Puiseux-en-Bray 60 33 E2
Puiseux-en-France 95 61 E1
Puiseux-en-Retz 02 36 A3
Puiseux-le-Hauberger 60 34 B4
Puiseux-Pontoise 95 60 B1
Puisieulx 51 37 F4
Puisieux 62 19 D1
Puisieux 77 62 A1
Puisieux-et-Clanlieu 02 20 C3
Puissalicon 34 280 B3
Puisseguin 33 219 D3
Puisserguier 34 280 A4
Puits 21 115 D4
Le Puits-des-Mèzes 52 116 C1
Puits-et-Nuisement 10 91 D4
Puits-la-Vallée 60 34 B1
Puivert 11 302 A4
Pujaudran 32 276 A2
Pujaut 30 264 C3
Pujo 65 273 F4
Pujo-le-Plan 40 254 B4
Les Pujols 09 301 D2
Pujols 33 219 D4
Pujols 47 238 B4
Pujols-sur-Ciron 33 236 B2
Le Puley 71 174 C1
Puligny-Montrachet 21 157 F2
Pullay 27 58 B4
Pulligny 54 94 A1
Pulney 54 94 A2
Pulnoy 54 68 B4
Pulvérières 63 189 D3
Pulversheim 68 120 B1
Punchy 80 19 E3
Punerot 88 93 F2
Puntous 65 274 C4
Puntous de Laguian 32 274 A4
Pupillin 39 159 F3
Pure 08 23 F4
Purgerot 70 118 A4
Pusey 70 118 B4
Pusignan 69 193 E4
Pussay 91 86 B3
Pussigny 37 149 F2
Pussy 73 214 A2
Pusy-et-Épenoux 70 118 B4
Putanges-Pont-Écrepin 61 56 A3
Puteaux 92 60 C3
Putot-en-Auge 14 30 A4
Putot-en-Bessin 14 29 D4
Puttelange-aux-Lacs 57 69 F1
Puttelange-lès-Thionville 57 41 F1
Puttigny 57 69 D2
Puxe 54 41 D4
Puxieux 54 67 F1
Le Puy 25 141 E3
Le Puy 33 237 E1
Puy Crapaud 85 147 D4
Puy-d'Arnac 19 222 C2
Puy de Dôme 63 189 D4
Puy-de-Serre 85 164 B1
Puy du Fou (Château du) 85 146 C3
Puy-du-Lac 17 181 E2
Le Puy-en-Velay 43 227 D2
Puy-Guillaume 63 190 A3
Puy-Hardy 79 164 C2
Puy-l'Évêque 46 239 E3
Puy-Malsignat 23 187 F2
Le Puy-Notre-Dame 49 148 A1
Puy-Saint-André 05 232 B3
Le Puy-Saint-Bonnet 49 146 C2
Puy-Saint-Eusèbe 05 250 A2
Puy-Saint-Gulmier 63 188 B4
Puy-Saint-Martin 26 247 E1
Puy-Saint-Pierre 05 232 C3
Puy-Saint-Vincent 05 232 B3
Le Puy-Sainte-Réparade 13 285 D1
Puy-Sanières 05 250 B2
Puybarban 33 237 D2
Puybegon 81 277 F1
Puybrun 46 222 C3
Puycalvel 81 278 A2
Puycasquier 32 275 D1
Puycelci 81 258 B3
Puycornet 82 257 F2
Puydaniel 31 276 C4
Puydarrieux 65 298 B1
Puydrouard 17 181 D1
La Puye 86 167 D1
Puygaillard-de-Lomagne 82 256 C3
Puygaillard-de-Quercy 82 258 B3
Puygiron 26 247 D2
Puygouzon 81 259 E4
Puygros 73 213 E2
Puyguilhem 24 237 F1
Puyguilhem (Château de) 24 202 C3
Puyjourdes 46 241 D4
Puylagarde 82 240 C4
Puylaroque 82 258 B1
Puylaurens 81 277 F2
Puylausic 32 275 F3
Puyloubier 13 285 E2
Puymangou 24 219 E1
Puymartin (Château de) 24 221 E3
Puymaurin 31 275 E4
Puyméras 84 247 F4
Puymiclan 47 237 F3
Puymirol 47 256 C1
Puymorens (Col de) 66 310 B3
Puymoyen 16 201 F1
Puynormand 33 219 D3
Puyol-Cazalet 40 272 C2
Puyoô 64 271 F2
Puyravault 17 181 E1
Puyravault 85 163 E3
Puyréaux 16 183 F3
Puyrenier 24 202 A3
Puyricard 13 285 D2
Puyrolland 17 181 F2
Puys 76 16 A2
Puységur 32 275 D1
Puysségur 31 275 F1
Puysserampion 47 237 F2
Puyvalador 66 311 D2
Puyvert 84 284 C1
Puzeaux 80 19 E3
Puzieux 57 68 C2
Puzieux 88 94 A3
Py 66 311 E3
Pyla-sur-Mer 33 234 B1
La Pyle 27 31 F4
Pyrénées 2000 66 311 D3
Pys 80 19 D1

Q

Quaëdypre 59 3 F2
Quaix-en-Chartreuse 38 212 C4
Quantilly 18 134 A4
Quarante 34 279 F4
Quarouble 59 9 F2
Quarré-les-Tombes 89 137 D3
La Quarte 70 117 E3
Le Quartier 63 188 C1
Quasquara 2A 316 C4
Quatre-Champs 08 39 D2
Les Quatre Chemins 85 163 E2
Quatre-Routes-d'Albussac 19 222 C2
Les Quatre-Routes-du-Lot 46 222 B3
Quatre Vios (Col des) 07 228 A4
Quatremare 27 32 A4
Quatzenheim 67 70 C3
Quéant 62 8 C4
Queaux 86 167 D4
Québriac 35 79 D3
Quédillac 35 78 B3
Queige 73 196 A4
Quelaines-Saint-Gault 53 105 D2
Les Quelles 67 70 A4
Quelmes 62 3 D3
Quelneuc 56 102 B3
Quéménéven 29 73 F3
Quemigny-Poisot 21 139 D4
Quemigny-sur-Seine 21 138 B1
Quemper-Guézennec 22 50 C2
Quemperven 22 50 B2
Quend 80 6 B3
Quend-Plage-les-Pins 80 6 A3
Quenne 89 113 E4
Quenoche 70 141 E2
Quenza 2A 319 D1
Quercamps 62 3 D3
Querciolo 2B 315 F3
Quercitello 2B 315 E4
Quérénaing 59 9 F3
Quéribus (Château de) 11 303 D4

QUIMPER

Astor (R.) AYZ 2
Beurre (Pl. au) BY 4
Boucheries (R. des) BY 6
Chapeau-Rouge (R.) AY 9
Guéodet (R. du) BY 16
Jacob (Pont Max) AZ 18
Kéréon (R.) AY
Kerguélen (Bd de) BZ 23
Le Hars (R. Th.) BZ 24
Locmaria (Allées) AZ 26
Luzel (R.) BY 28
Mairie (R. de la) BY 29
Parc (R. du) ABZ 34
Résistance-et-du-Gén. de-Gaulle (Pl. de la) AZ 40
Ronarc'h (R. Amiral) AZ 42
St-Corentin (Pl.) BZ 43
St-François (R.) BZ 45
St-Mathieu (R.) AZ 47
Ste-Catherine (R.) BZ 48
Ste-Thérèse (R.) BZ 50
Sallé (R. du) BY 52
Steir (Q. du) AZ 53
Terre-au-Duc (Pl.) AY 54

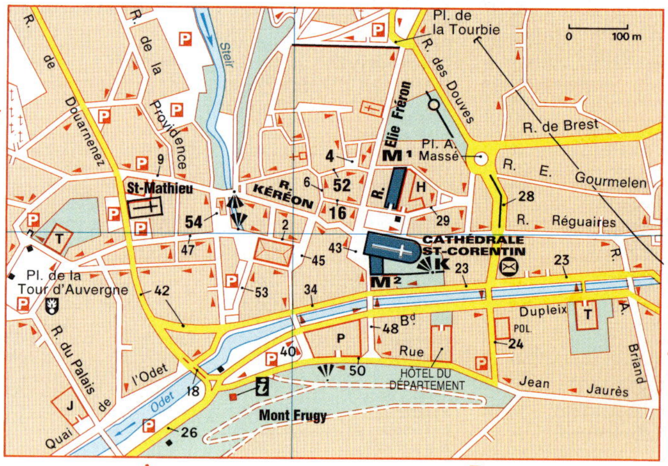

Pl. de la Tourbie
0
100 m
R. de Douarnenez
R. de la Providence
Steir
R. des Douves
R. Élie Fréron
Pl. A. Massé
R. de Brest
R. E. Gourmelen
R. Réguaires
St-Mathieu
R. Kéréon
CATHÉDRALE ST-CORENTIN
Pl. de la Tour d'Auvergne
R. du Palais de Justice
Quai de l'Odet
Odet
Dupleix
Rue
HÔTEL DU DÉPARTEMENT
Mont Frugy
Jean Jaurès
Briand
POL
Y
Z
A
B

Quérigut *09*...........311 D2
Quernes *62*...........7 E1
Quéroy (Grottes du) *16*...........201 F1
Querqueville *50*...........24 C2
Querré *49*...........105 E4
Querrien *29*...........99 F1
Querrieu *80*...........18 B2
Quers *70*...........118 C4
Quesmy *60*...........35 F1
Quesnay-Guesnon *14*...........28 C4
Le Quesne *80*...........17 E3
Le Quesnel *80*...........18 C3
Le Quesnel-Aubry *60*...........34 B2
Le Quesnoy *59*...........9 F3
Le Quesnoy *80*...........19 D4
Le Quesnoy-en-Artois *62*...........7 D3
Quesnoy-le-Montant *80*...........17 D1
Quesnoy-sur-Airaines *80*...........17 F2
Quesnoy-sur-Deûle *59*...........4 C4
Quesques *62*...........2 C4
Quessigny *27*...........59 D2
Quessoy *22*...........77 E2
Quessy *02*...........20 A4
Questembert *56*...........101 F4
Questrecques *62*...........2 B4
Quet-en-Beaumont *38*...........231 D4
Quetigny *21*...........139 E3
Quettehou *50*...........25 E2
Quettetot *50*...........24 C3
Quetteville *14*...........30 C3
Quettreville-sur-Sienne *50*...........53 F1
Queudes *51*...........63 F4
La Queue-en-Brie *94*...........61 E3
La Queue-les-Yvelines *78*...........60 A3
Queuille *63*...........189 D3
Quevauvillers *80*...........18 A3
Quéven *56*...........100 A3
Quévert *22*...........78 C1
Quevillon *76*...........32 A2
Quevilloncourt *54*...........94 A2
Quévreville-la-Poterie *76*...........32 B3
Queyrac *33*...........198 C3
Queyrières *43*...........227 E2
Queyssac *24*...........220 B3
Queyssac-les-Vignes *19*...........222 C3
Quézac *15*...........241 F1
Quézac *48*...........244 B4
Quiberon *56*...........122 A2
Quiberville *76*...........15 F1
Quibou *50*...........54 B1
Quié *09*...........301 D4
Quiers *77*...........88 A1
Quiers-sur-Bézonde *45*...........111 D2
Quiéry-la-Motte *62*...........8 C2
Quierzy *02*...........36 A1
Quiestède *62*...........3 E4
Quiévelon *59*...........10 C2
Quiévrechain *59*...........10 A1
Quièvrecourt *76*...........16 C4
Quiévy *59*...........9 E4
Quilen *62*...........6 C1
Quilinen (Calvaire de) *29*...........73 F3
Quillan *11*...........302 A4
Quillane (Col de) *66*...........311 D3
Quillebeuf-sur-Seine *27*...........15 D4
Le Quillio *22*...........77 D3
Quilly *08*...........38 C2
Quilly *44*...........125 F2
Quily *56*...........101 F2
Quimerch *29*...........73 F1
Quimiac *44*...........123 E3
Quimper *29*...........73 F4
Quimperlé *29*...........99 F2
Quincampoix *76*...........32 B1
Quincampoix-Fleuzy *60*...........17 E4
Quinçay *86*...........166 A1
Quincerot *21*...........137 F1
Quincerot *89*...........114 B2
Quincey *10*...........89 E2
Quincey *21*...........158 B1
Quincey *70*...........141 E1
Quincié-en-Beaujolais *69*...........192 B1
Quincieu *38*...........212 A4
Quincieux *69*...........192 C3
Quincy *18*...........152 C1
Quincy-Basse *02*...........36 B1
Quincy-Landzécourt *55*...........40 A1
Quincy-le-Vicomte *21*...........137 F1
Quincy-sous-le-Mont *02*...........36 C3
Quincy-sous-Sénart *91*...........61 E4
Quincy-Voisins *77*...........62 A3
Quinéville *50*...........25 E3
Quingey *25*...........160 A1
Quinquempoix *60*...........34 C1
Quins *12*...........259 F1
Quinsac *24*...........202 C3
Quinsac *33*...........217 E4
Quinsac *87*...........203 F3
Quinson *04*...........286 A1
Quinssaines *03*...........170 C4
Quint-Fonsegrives *31*...........276 C2
Quintal *74*...........195 E3
La Quinte *72*...........106 C1
Quintenas *07*...........228 C1
Quintenic *22*...........78 A1
Quintigny *39*...........159 E4
Quintillan *11*...........303 E3
Quintin *22*...........77 D2
Le Quiou *22*...........78 C2
Quirbajou *11*...........311 D1
Quiry-le-Sec *80*...........18 B4
Quissac *30*...........263 D4
Quissac *46*...........240 C2
Quistinic *56*...........100 B2
Quittebeuf *27*...........58 B1
Quitteur *70*...........140 B1
Quivières *80*...........19 F3
Quœux-Haut-Maînil *62*...........7 D3

R

Rabastens *81*...........258 B4
Rabastens-de-Bigorre *65*...........274 A4
Rabat-les-Trois-Seigneurs *09*...........300 C4
La Rabatelière *85*...........146 A3
Rablay-sur-Layon *49*...........128 B3
Rabodanges *61*...........56 A3
Rabodanges (Barrage de) *61*...........56 A3
Le Rabot *41*...........133 E1
Rabou *05*...........249 E2
Rabouillet *66*...........311 F1
Racécourt *88*...........94 B3
Rachecourt-sur-Marne *52*...........92 B1
Rachecourt-Suzémont *52*...........92 A2
Raches *59*...........9 D2
Racines *10*...........113 F1
La Racineuse *71*...........158 C3
Racou-Plage *66*...........313 E3
Racquinghem *62*...........3 E4
Racrange *57*...........69 D2
Raddon-et-Chapendu *70*...........119 D3
Radenac *56*...........101 E1
Radepont *27*...........32 C3
Radinghem *62*...........7 D1
Radinghem-en-Weppes *59*...........4 B4
Radon *61*...........82 C2
Radonvilliers *10*...........91 D3
Radule (Bergeries de) *2B*...........316 B1
Raedersdorf *68*...........120 C4
Raedersheim *68*...........120 B1
Raffetot *76*...........15 D3
Rageade *15*...........225 F2
Raguenès-Plage *29*...........99 D2
Rahart *41*...........108 B3
Rahay *72*...........108 A2
Rahling *57*...........44 A4
Rahon *25*...........142 B3
Rahon *39*...........159 E2
Rai *61*...........57 F4
Raids *50*...........27 D3
Raillencourt-Sainte-Olle *59*...........9 D4
Railleu *66*...........311 D3
Raillicourt *08*...........22 B4
Raillimont *02*...........21 F4
Raimbeaucourt *59*...........9 D2
Rainans *39*...........159 E1
Raincheval *80*...........18 B1
Raincourt *70*...........117 F3
Le Raincy *93*...........61 E3
Rainfreville *76*...........15 F2
Rainneville *80*...........18 B2
Rainsars *59*...........10 B3
Rainville *88*...........93 F3
Rainvillers *60*...........34 A2
Les Rairies *49*...........129 D1
Raismes *59*...........9 F2
Raissac *09*...........301 E4
Raissac-d'Aude *11*...........303 F1
Raissac-sur-Lampy *11*...........302 A1
Raix *16*...........183 E2
Raizeux *78*...........85 F1
Ramasse *01*...........194 A1
Ramatuelle *83*...........293 E1
Ramaz (Col de la) *74*...........178 C4
Rambaud *05*...........249 F2
Rambervillers *88*...........95 D3
Rambluzin-et-Benoite-Vaux *55*...........66 C1
Rambouillet *78*...........86 A1
Rambucourt *55*...........67 E3
Ramburelles *80*...........17 D2
Rambures *80*...........17 D2
Ramecourt *62*...........7 E2
Ramecourt *88*...........94 A3
Ramerupt *10*...........90 C2
Ramicourt *02*...........20 A2
Ramillies *59*...........9 D4
Rammersmatt *68*...........120 A2
Ramonchamp *88*...........119 E2
Ramonville-Saint-Agne *31*...........276 C3
Ramoulu *45*...........87 D4
Ramous *64*...........271 F2
Ramousies *59*...........10 C3
Ramouzens *32*...........255 E4
Rampan *50*...........27 E4
Rampieux *24*...........238 C1
Rampillon *77*...........88 B1
Rampont *55*...........66 B1
Rampoux *46*...........239 F2
Rancé *01*...........193 D2
Rancenay *25*...........141 D4
Rancennes *08*...........13 D3
Rances *10*...........91 D2
Ranchal *69*...........192 A1
Ranchette *39*...........177 D3
Ranchicourt *62*...........8 A2
Ranchot *39*...........159 F1
Ranchy *14*...........28 C3
Rancogne *16*...........202 A1
Rançon *76*...........15 E4
Rancon *87*...........185 F1
Rançonnières *52*...........117 D2
Rancoudray *50*...........55 D4
Rancourt *80*...........19 E1
Rancourt *88*...........94 A4
Rancourt-sur-Ornain *55*...........65 F3
Rancy *71*...........175 F1
Randan *63*...........190 A2
Randanne *63*...........207 D1
Randens *73*...........213 F2
Randevillers *25*...........142 A3
Randonnai *61*...........83 F1
Rânes *61*...........56 A4
Rang *25*...........142 A2

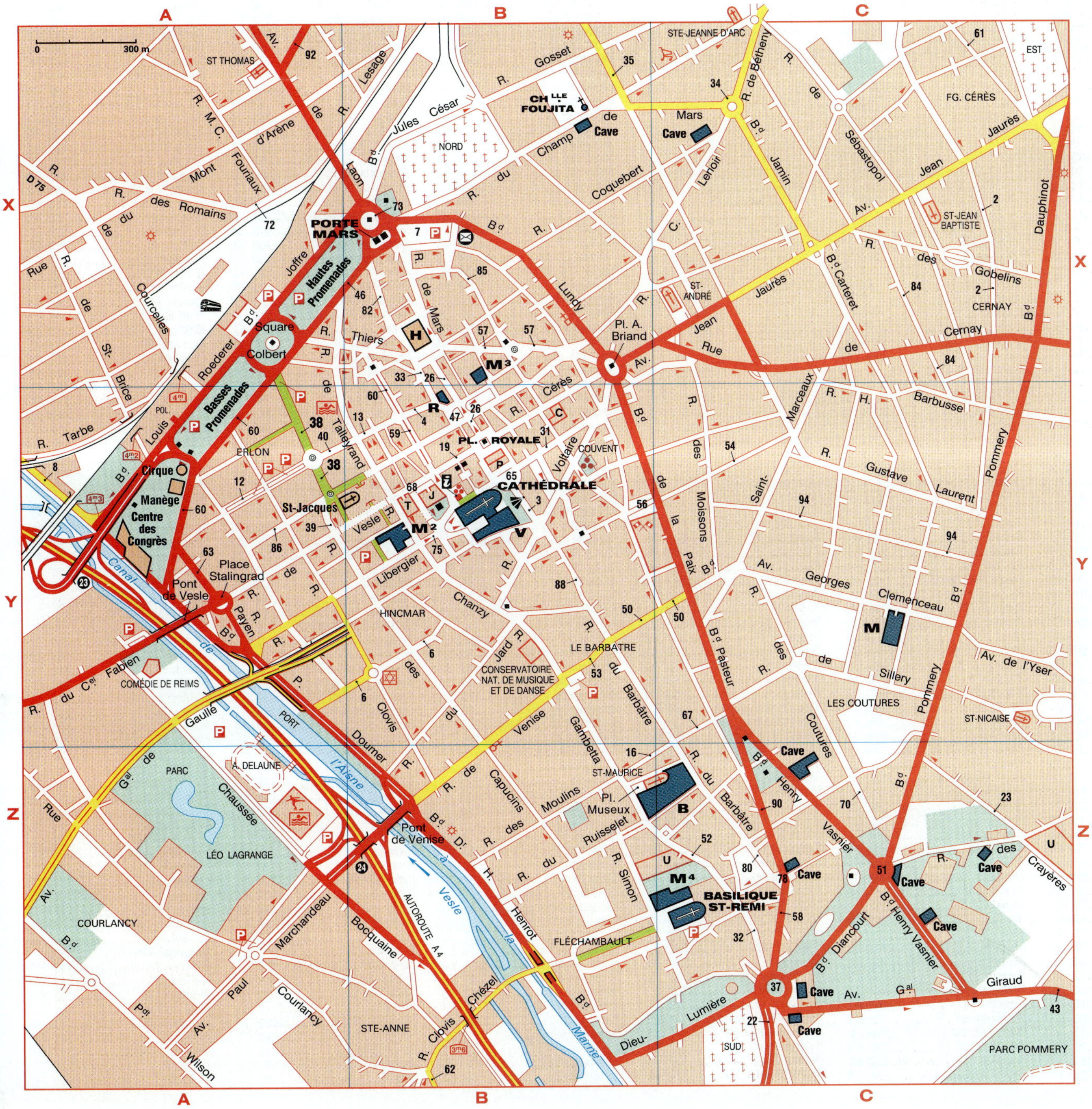

REIMS

Alsace-Lorraine (R. d')	CX	2
Anatole-France (Cours)	BY	3
Arbalète (R. de l')	BY	4
Boulard (R.)	BY	6
Boulingrin (Pl. du)	BX	7
Brébant (Av.)	AY	8
Buirette (R.)	AY	12
Cadran St-Pierre (R.)	BY	13
Carmes (R. des)	BZ	16
Carnégie (Pl.)	BY	17
Carnot (R.)	BY	19
Champagne (Av. de)	CZ	22
Chemin Vert (R. du)	CZ	23
Colbert (R.)	BXY	26
Desteuque (R. E.)	BY	31
Dieu-Lumière (R.)	CZ	32
Dr-Jacquin (R.)	BXY	33
Dr-Knoéri (Pl. du)	CX	34
Dr-Lemoine (R.)	BX	35
Droits-de-l'Homme (Pl. des)	CZ	37
Drouet d'Erlon (Pl.)	AY	38
Dubois (R. Th.)	AY	39
Étape (R. de l')	AY	40
Farman (Av. H.)	CZ	43
Foch (Bd)	ABX	46
Forum (Pl.)	BY	47
Gerbert (R.)	BCY	50
Gouraud (Pl. Gén.)	CZ	51
Grand-Cerf (R. du)	CZ	52
Herduin (R. Lt)	BY	53
Houzeau Muiron (R.)	CY	54
Jamot (R. Paul)	BY	56
J.-J.-Rousseau (R.)	BX	57
Jean-Jaurès (Av.)	BCX	
Lambert (Bd Victor)	CZ	58
Langlet (Crs J.-B.)	BY	59
Laon (Av. de)	ABX	
Leclerc (Bd Général)	AY	60
Lefèbvre (R. E.)	CX	61
Louvois (R. de)	BZ	62
Magdeleine (R.)	AY	63
Martyrs-de-la-Résistance (Pl. des)	BY	65
Montlaurent (R.)	CY	67
Myron-Herrick (Pl.)	BY	68
Philipe (R. Gérard)	CZ	70
Prés.-F.-Roosevelt (R.)	AX	72
République (Pl. de la)	BX	73
Rockefeller (R.)	BY	75
Salines (R. des)	CZ	80
Sarrail (R. Gén.)	BX	82
St-Nicaise (Pl.)	CZ	78
Strasbourg (R. de)	CX	84
Talleyrand (R. de)	ABY	
Temple (R. du)	BX	85
Thillois (R. de)	AY	86
Université (R. de l')	BY	88
Vesle (R. de)	ABY	
Victor-Hugo (Bd)	CZ	90
Zola (R. Émile)	AX	92
16e-et-22e-Dragons (R. des)	CY	94

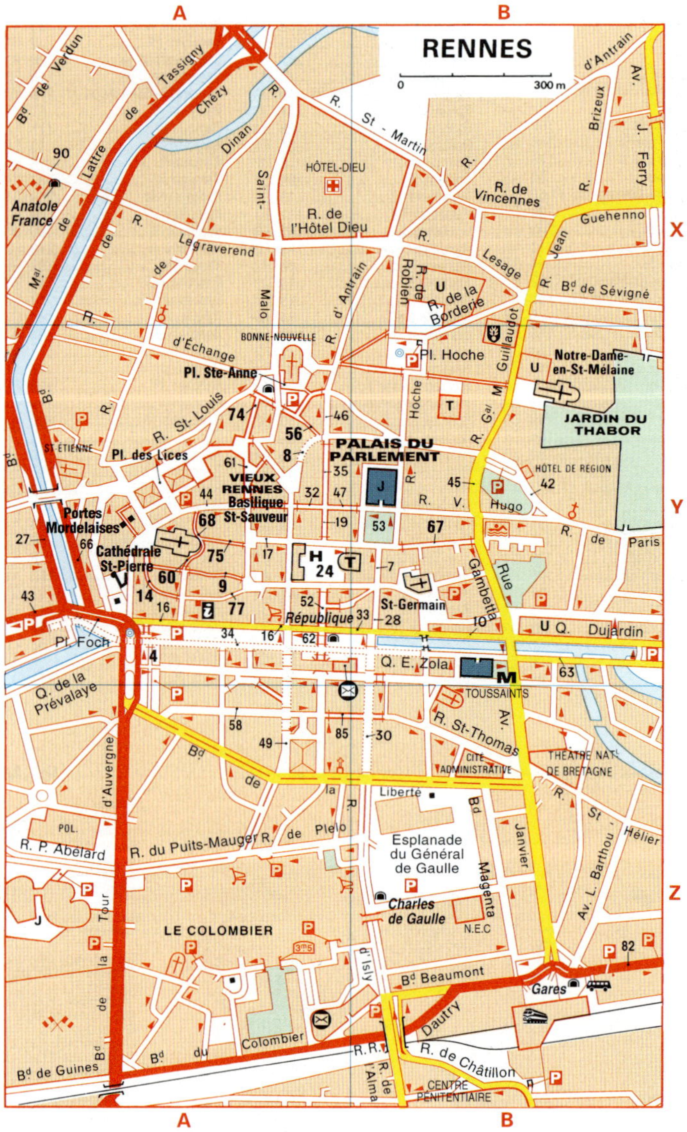

Bretagne (Pl. de) .... AY 4
Cavell (R. Edith) .... BY 7
Champ-Jacquet (R. du) .... AY 8
Chapitre (R. du) .... AY 9
Chateaubriand (Quai) .... BY 10
Dames (R. des) .... AY 14
Duguay-Trouin (Quai) .... AY 16
Du-Guesclin (R.) .... AY 17
Estrées (R. d') .... AY 19
Hôtel-de-Ville (Pl. de l') .... AY 24
Ille-et-Rance (Quai) .... AY 27
Jaurès (R. Jean) .... BY 28
Joffre (R. Mar.) .... BZ 30
La-Fayette (R.) .... AY 32
Lamartine (Quai) .... ABY 33
Lamennais (Quai) .... AY 34
Le-Bastard (R.) .... AY 35
Liberté (Bd de la) .... ABZ
Martenot (R.) .... BY 42
Mitterrand (Mail F.) .... AY 43
Monnaie (R. de la) .... AY 44
Motte (Cont. de la) .... BY 45
Motte-Fablet (R.) .... AY 46
Nationale (R.) .... ABY 47
Nemours (R. de) .... AZ 49
Orléans (R. d') .... AY 52
Palais (Pl. du) .... BY 53
Pont-aux-Foulons (R.) .... AY 56
Poullain-Duparc (R.) .... AZ 58
Psalette (R. de la) .... AY 60
Rallier-du-Baty (R.) .... AY 61
République (Pl. de la) .... AY 62
Richemont (Q. de) .... BY 63
St-Cast (Quai) .... AY 66
St-Georges (R.) .... BY 67
St-Guillaume (R.) .... AY 68
St-Michel (R.) .... AY 74
St-Sauveur (R.) .... AY 75
St-Yves (R.) .... AY 77
Solférino (Bd) .... BZ 82
Vasselot (R.) .... AZ 85
41e-d'Infanterie (R.) .... AX 90

Rang-du-Fliers 62 .... 6 A2
Rangecourt 52 .... 117 D1
Rangen 67 .... 70 C3
Ranguevaux 57 .... 41 E3
Rannée 35 .... 104 A2
Ranrupt 67 .... 96 A1
Rans 39 .... 159 F1
Ransart 62 .... 8 A4
Ranspach 68 .... 120 A4
Ranspach-le-Bas 68 .... 143 F1
Ranspach-le-Haut 68 .... 143 F1
Rantechaux 25 .... 161 D1
Rantigny 60 .... 34 C3
Ranton 86 .... 148 B2
Rantzwiller 68 .... 120 C3
Ranville 14 .... 29 F4
Ranville-Breuillaud 16 .... 183 D3
Ranzevelle 70 .... 118 A2
Ranzières 55 .... 67 D1
Raon-aux-Bois 88 .... 119 D1
Raon-lès-Leau 54 .... 70 A4
Raon-l'Étape 88 .... 95 E2
Raon-sur-Plaine 88 .... 70 A4
Rapaggio 2B 315 F4
Rapale 2B 315 E2
Rapey 88 .... 94 B3
Raphèle-lès-Arles 13 .... 283 E2
Rapilly 14 .... 56 A3
Rapsécourt 51 .... 65 F1
Raray 60 .... 35 E4
Rarécourt 55 .... 66 A1
Rasiguères 66 .... 312 B1
Raslay 86 .... 148 C1
Rasteau 84 .... 265 D1
Le Rat 19 .... 205 E1
Ratenelle 71 .... 175 F2
Ratières 26 .... 229 D1
Ratilly (Château de) 89 .... 135 F2
Ratte 71 .... 176 A1
Ratzwiller 67 .... 44 A4
Raucoules 43 .... 227 F1
Raucourt 54 .... 68 B2
Raucourt-au-Bois 59 .... 10 A2
Raucourt-et-Flaba 08 .... 39 E1
Raulecourt 55 .... 67 E3
Raulhac 15 .... 224 B4
Rauret 43 .... 226 C4
Rauville-la-Bigot 50 .... 24 C3
Rauville-la-Place 50 .... 25 D4
Rauwiller 67 .... 70 A1
Rauzan 33 .... 219 D4
Raveau 58 .... 154 C1
Ravel 63 .... 190 A4
Ravel 69 .... 210 C1
Ravel-et-Ferriers 26 .... 248 B1
Ravenel 60 .... 34 C1
Ravennefontaines 52 .... 117 E1
Ravenoville 50 .... 25 E4
Raves 88 .... 96 A2
Raviège (Lac de la) 81 .... 279 D2
Ravières 89 .... 114 C4
Ravigny 53 .... 82 B2
Raville 57 .... 42 B4
Raville-sur-Sânon 54 .... 68 C4
Ravilloles 39 .... 177 D3
La Ravoire 73 .... 213 D2
Ray-sur-Saône 70 .... 140 C1
Raye-sur-Authie 62 .... 6 C3
Rayet 47 .... 238 C1
Raymond 18 .... 153 F2
Raynans 25 .... 142 B1
Rayol-Canadel-sur-Mer 83 .... 293 D2
Rayssac 81 .... 260 A4
Raz (Pointe du) 29 .... 72 B3
Razac-de-Saussignac 24 .... 219 F4
Razac-d'Eymet 24 .... 238 A1
Razac-sur-l'Isle 24 .... 220 B1
Raze 70 .... 141 D1
Razecueillé 31 .... 299 E3
Razengues 32 .... 275 F2
Razès 87 .... 186 A2
Razimet 47 .... 237 F4
Razines 37 .... 149 E2
Ré (Île de) 17 .... 180 B1
Réal 66 .... 311 D2
Réalcamp 76 .... 17 D3
Réallon 05 .... 250 A1
Réalmont 81 .... 278 A1
Réalville 82 .... 258 A2
Réans 32 .... 255 D4
Réau 77 .... 87 E1
Réau (Ancienne Abbaye de la) 86 .... 184 B1
Réaumont 38 .... 212 B3
Réaumur 85 .... 147 D4
Réaup 47 .... 255 E2
Réauville 26 .... 247 D3
Réaux 17 .... 199 F2
Les Réaux (Château) 37 .... 129 F4
Rebais 77 .... 62 C3
Rebecques 62 .... 3 E4
Rébénacq 64 .... 296 C2
Rebergues 62 .... 2 C3
Rebets 76 .... 32 C2
Rebeuville 88 .... 93 E3
Rebigue 31 .... 276 C3
Rebouc 65 .... 298 B3
Rebouillon 83 .... 287 D2
Rebourguil 12 .... 260 C4
Rebourseaux 89 .... 113 F2
Reboursin 36 .... 152 A1
Rebréchien 45 .... 110 B2
Rebreuve-Ranchicourt 62 .... 8 A2
Rebreuve-sur-Canche 62 .... 7 E3
Rebreuviette 62 .... 7 E3
Recanoz 39 .... 159 E3
Recey-sur-Ource 21 .... 115 F4
Réchésy 90 .... 120 A4
Réchicourt 55 .... 40 C3
Réchicourt-la-Petite 54 .... 69 D3
Réchicourt-le-Château 57 .... 69 E4
Récicourt 55 .... 39 F4
Réclainville 28 .... 85 F3
Reclesne 71 .... 157 D2
Reclinghem 62 .... 7 D1
Réclonville 54 .... 95 E1
Recloses 77 .... 87 F3
Recologne 25 .... 140 C4
Recologne 70 .... 140 C1
Recologne-lès-Rioz 70 .... 141 D2
Recoubeau-Jansac 26 .... 248 A1
Recoules-d'Aubrac 48 .... 243 E1
Recoules-de-Fumas 48 .... 244 A2
Recoules-Prévinquières 12 .... 243 D4
Récourt 52 .... 117 D2
Récourt 62 .... 8 C3
Récourt-le-Creux 55 .... 66 C1
La Recousse 62 .... 3 D3
Recouvrance 90 .... 120 A4
Le Recoux 48 .... 243 E4
Recques-sur-Course 62 .... 6 B1
Recques-sur-Hem 62 .... 3 D3
Recquignies 59 .... 10 C2
Le Reculey 14 .... 55 D2
Reculfoz 25 .... 160 C4
Recurt 65 .... 298 B1
Recy 51 .... 64 C2
Rédange 57 .... 41 D1
Rédené 29 .... 99 F2
Réderis (Cap) 66 .... 313 F3
Redessan 30 .... 264 B4
Réding 57 .... 70 A2
Redon 35 .... 102 B4
La Redorte 11 .... 303 D1
Redortiers 04 .... 266 B2
Réez-Fosse-Martin 60 .... 62 A1
Reffannes 79 .... 165 E2
Reffroy 55 .... 67 D4
Reffuveille 50 .... 54 B4
Refranche 25 .... 160 B1
Régades 31 .... 299 D3
Régat 09 .... 301 F3
Regnauville 62 .... 7 D3
Regnévelle 88 .... 118 A2
Regnéville-sur-Mer 50 .... 53 F1
Regnéville-sur-Meuse 55 .... 40 A3
Regney 88 .... 94 B3
Régnié-Durette 69 .... 192 B1
Regnière-Écluse 80 .... 6 B3
Regniowez 08 .... 11 E4
Regny 02 .... 20 B3
Régny 42 .... 191 F2
La Regrippière 44 .... 127 D4
Réguiny 56 .... 101 E1
Réguisheim 68 .... 120 C1
Régusse 83 .... 286 B1
Rehaincourt 88 .... 94 C2
Rehainviller 54 .... 94 C1
Rehaupal 88 .... 95 E4
Reherrey 54 .... 95 E1
Réhon 54 .... 40 C1
Reichsfeld 67 .... 96 C1
Reichshoffen 67 .... 45 D4
Reichstett 67 .... 71 D3
Reignac 16 .... 200 C3
Reignac 33 .... 199 E4
Reignac-sur-Indre 37 .... 131 E4
Reignat 63 .... 190 A4
Reigneville-Bocage 50 .... 25 D4
Reignier 74 .... 195 F1
Reigny 18 .... 170 B2
Reilhac 15 .... 224 A3
Reilhac 43 .... 226 A2
Reilhac 46 .... 240 C1
Reilhaguet 46 .... 240 A1
Reilhanette 26 .... 266 A1
Reillanne 04 .... 266 C3
Reillon 54 .... 69 E4
Reilly 60 .... 33 F4
Reimerswiller 67 .... 45 E4
Reims 51 .... 37 F4
Reims-la-Brûlée 51 .... 65 E4
Reine Jeanne (Pont de la) 04 .... 267 E1
Reinhardsmunster 67 .... 70 B3
Reiningue 68 .... 120 B2
Reipertswiller 67 .... 44 C4
Reithouse 39 .... 176 C1
Reitwiller 67 .... 71 D2
Réjaumont 32 .... 256 A4
Réjaumont 65 .... 298 C2
Rejet-de-Beaulieu 59 .... 20 C1
Relanges 88 .... 118 A1
Relans 39 .... 159 E4
Le Relecq-Kerhuon 29 .... 47 F3
Relevant 01 .... 193 D1
Rely 62 .... 7 E1
Remaisnil 80 .... 7 E4
Rémalard 61 .... 84 A2
Remaucourt 02 .... 20 A2
Remaucourt 08 .... 38 A1
La Remaudière 44 .... 127 D4
Remaugies 80 .... 35 D1
Remauville 77 .... 88 A4
Rembercourt-aux-Pots 55 .... 66 B2
Rembercourt-sur-Mad 54 .... 67 F1
Rémécourt 60 .... 34 C2
Remelange 57 .... 41 E3
Rémelfang 57 .... 42 B3
Rémelfing 57 .... 43 E4
Rémeling 57 .... 42 B2
Remennecourt 55 .... 65 F3
Remenoville 54 .... 94 C2
Rémérangles 60 .... 34 B2
Réméréville 54 .... 68 C4
Rémering 57 .... 42 B3
Rémering-lès-Puttelange 57 .... 69 F1
Remicourt 51 .... 65 F2
Remicourt 88 .... 94 A3
Remiencourt 80 .... 18 B3
Remies 02 .... 20 B4
La Remigeasse 17 .... 180 B3
Remigny 02 .... 20 A4
Remigny 71 .... 157 F3
Rémilly 57 .... 68 C1
Rémilly 58 .... 156 A4
Remilly-Aillicourt 08 .... 23 E4
Remilly-en-Montagne 21 .... 138 C4
Remilly-les-Pothées 08 .... 22 B3
Remilly-sur-Lozon 50 .... 27 D4
Remilly-sur-Tille 21 .... 139 E3
Remilly-Wirquin 62 .... 3 D4
Réminiac 56 .... 102 A2
Remiremont 88 .... 119 D1
Remoiville 55 .... 40 A2
Remollon 05 .... 249 F2
Remomeix 88 .... 95 F3
Remoncourt 54 .... 69 E4
Remoncourt 88 .... 94 A4
Rémondans-Vaivre 25 .... 142 B2
Rémonville 08 .... 39 F2
Remoray-Boujeons 25 .... 160 C4
Remouillé 44 .... 146 A1
Remoulins 30 .... 264 B3
Removille 88 .... 93 F3
Rempnat 87 .... 205 D1
La Remuée 76 .... 14 C4
Remungol 56 .... 101 D2
Rémuzat 26 .... 248 A3
Remy 60 .... 35 D2
Rémy 62 .... 8 C3
Renac 35 .... 102 C4
Renage 38 .... 212 B4
Renaison 42 .... 191 D2
La Renaissance 17 .... 181 D3
Renansart 02 .... 20 B4
Renaucourt 70 .... 140 C1
La Renaudie 63 .... 208 C1
La Renaudière 49 .... 146 C1
Renauvoid 88 .... 94 C4
Renay 41 .... 108 C3
Renazé 53 .... 104 B3
Rencurel 38 .... 230 B1
René 72 .... 83 D4
Renédale 25 .... 160 C1
Renescure 59 .... 3 E4
Renève 21 .... 140 A3
Réning 57 .... 69 E1
Rennemoulin 78 .... 60 B3
Rennepont 52 .... 115 F1
Rennes 35 .... 79 E4
Rennes-en-Grenouilles 53 .... 81 F2
Rennes-le-Château 11 .... 302 B4
Rennes-les-Bains 11 .... 302 B4
Rennes-sur-Loue 25 .... 160 A2
Renneval 02 .... 21 E4
Renneville 08 .... 21 F4
Renneville 27 .... 32 C2
Renneville 31 .... 277 E4
Renno 2A 316 B2
Le Renouard 61 .... 56 C2
Rentières 63 .... 207 E3
Renty 62 .... 7 D1
Renung 40 .... 273 D1
Renwez 08 .... 22 B3
La Réole 33 .... 237 D2
La Réorthe 85 .... 163 F1
Réotier 05 .... 250 B1
Repaix 54 .... 69 E4
La Répara-Auriples 26 .... 247 E1
Réparsac 16 .... 182 C4
Repel 88 .... 94 A3
Repentigny 14 .... 30 B4
Replonges 01 .... 175 E4
Le Reposoir 74 .... 196 B2
Les Repôts 39 .... 159 D4
Reppe 90 .... 120 A3
Requeil 72 .... 106 C4
Réquista 12 .... 260 A3
Résenlieu 61 .... 57 D3
La Résie-Saint-Martin 70 .... 140 B3
Résigny 02 .... 21 F4
Resson 55 .... 66 B3
Ressons-l'Abbaye 60 .... 34 A3
Ressons-le-Long 02 .... 36 A3
Ressons-sur-Matz 60 .... 35 E1
Les Ressuintes 28 .... 84 B1
Restigné 37 .... 130 A4
Restinclières 34 .... 282 A1
Restonica (Gorges de la) 2B 316 C1
Le Retail 79 .... 164 C2
Rétaud 17 .... 199 D1
Reterre 23 .... 188 A2
Rethel 08 .... 38 B1
Retheuil 02 .... 35 F3
Rethondes 60 .... 35 F2
Rethonvillers 80 .... 19 E4
Réthoville 50 .... 25 D2
Retiers 35 .... 103 F2
Retjons 40 .... 254 B2
Retonfey 57 .... 42 A4
Rétonval 76 .... 17 D3
Retournac 43 .... 227 E1
Retournemer (Lac de) 88 .... 119 F1
Retschwiller 67 .... 45 E4
Rettel 57 .... 42 A2
Rety 62 .... 2 B3
Retzwiller 68 .... 120 A3
Reugney 25 .... 160 C2
Reugny 03 .... 170 C3
Reugny 37 .... 131 D2
Reuil 51 .... 63 F1
Reuil-en-Brie 77 .... 62 B2
Reuil-sur-Brêche 60 .... 34 B1
Reuilly 27 .... 59 D1
Reuilly 36 .... 152 C2
Reuilly-Sauvigny 02 .... 63 E1
Reulle-Vergy 21 .... 139 D4
Reumont 59 .... 20 B1
La Réunion 47 .... 237 E4
Reutenbourg 67 .... 70 B2
Reuves 51 .... 63 F3
Reuville 76 .... 15 F2
Reux 14 .... 30 B3
Revard (Mont) 73 .... 213 D1
Réveillon 51 .... 63 D4
Réveillon 61 .... 83 F2
Revel 31 .... 277 F3
Revel 38 .... 231 D1
Revel-Tourdan 38 .... 211 E3
Revelles 80 .... 18 A3
Revémont 54 .... 40 C2
Revens 30 .... 261 F2
Reventin-Vaugris 38 .... 211 D3
Revercourt 28 .... 58 C4
Revest-des-Brousses 04 .... 266 C3
Revest-du-Bion 04 .... 266 B2
Le Revest-les-Eaux 83 .... 291 F3
Revest-les-Roches 06 .... 269 F3
Revest-Saint-Martin 04 .... 267 D2
La Revêtizon 79 .... 182 B1
Reviers 14 .... 29 E3
Revigny 39 .... 176 C1
Revigny-sur-Ornain 55 .... 66 A3
Réville 50 .... 25 E2
Réville-aux-Bois 55 .... 40 A3
Révillon 02 .... 37 D3
Revin 08 .... 11 F4
Revollat (Croix de) 38 .... 213 D4
Revonnas 01 .... 193 F1
Rexingen 67 .... 70 A1
Rexpoëde 59 .... 3 F2
Reyersviller 57 .... 44 B3
Reygade 19 .... 223 D3
Reynel 52 .... 92 C3
Reynès 66 .... 312 C3
Reynier 04 .... 249 F4
Reyniès 82 .... 257 F4
Reyrevignes 46 .... 241 D2
Reyrieux 01 .... 192 C3
Les Reys-de-Saulce 26 .... 247 D1
Reyssouze 01 .... 175 E3
Reyvroz 74 .... 178 C3
Rezay 18 .... 170 A1
Rezé 44 .... 126 B4
Rézentières 15 .... 225 E2
Rezonville 57 .... 41 E4
Rezza 2A 316 C2
Rhèges 10 .... 90 A1
Le Rheu 35 .... 103 D1
Le Rhien 70 .... 119 E4
Rhinau 67 .... 97 D1
Rhodes 57 .... 69 F3
Rhodon 41 .... 109 D4
Rhodon 78 .... 60 B4
Rhuis 60 .... 35 D3
Ri 61 .... 56 B3
Ria-Sirach 66 .... 311 F2
Riaillé 44 .... 127 D1
Le Rialet 81 .... 278 C3
Rians 18 .... 153 F1
Rians 83 .... 285 F2
Riantec 56 .... 100 A3
Riau (Château du) 03 .... 172 A1
Riaucourt 52 .... 92 B4
Riaville 55 .... 67 E1
Ribagnac 24 .... 220 A4
Ribarrouy 64 .... 273 D3
Ribaute 11 .... 303 D2
Ribaute-les-Tavernes 30 .... 263 E2
Le Ribay 53 .... 81 F3
Ribeaucourt 55 .... 92 C1
Ribeaucourt 80 .... 18 A1
Ribeauville 02 .... 20 C1
Ribeauvillé 68 .... 96 B3
Ribécourt 60 .... 35 F2
Ribécourt-la-Tour 59 .... 19 F1
Ribemont 02 .... 20 B3
Ribemont-sur-Ancre 80 .... 18 C2
Ribennes 48 .... 244 A2
Ribérac 24 .... 219 F1
Ribes 07 .... 245 F3
Ribeyret 05 .... 248 B3
Ribiers 05 .... 267 D1
Ribouisse 11 .... 301 F2
Riboux 83 .... 285 F4
La Ricamarie 42 .... 210 A3
Ricarville 76 .... 15 D3
Ricarville-du-Val 76 .... 16 B3
Ricaud 11 .... 277 F4
Ricaud 65 .... 298 A2
Les Riceys 10 .... 114 C2
La Richardais 35 .... 52 C4
Richardménil 54 .... 94 B1
Richarville 91 .... 86 B2
La Riche 37 .... 130 C3
Riche 57 .... 69 D2
Richebourg 52 .... 116 A2
Richebourg 62 .... 8 B1
Richebourg 78 .... 59 F3
Richecourt 55 .... 67 E2
Richelieu 37 .... 149 E2
Richeling 57 .... 69 F1
Richemont 16 .... 182 B4
Richemont 57 .... 41 F3
Richemont 76 .... 17 D3
Richemont (Col de) 01 .... 194 C2
Richerenches 84 .... 247 D4
Richet 40 .... 235 E4
Richeval 57 .... 69 F4

Richeville 27 ... 33 D4
Richtolsheim 67 ... 97 D2
Richwiller 68 ... 120 B2
Ricourt 32 ... 274 A3
Ricquebourg 60 ... 35 E1
Riec-sur-Belon 29 ... 99 E2
Riedheim 67 ... 70 C1
Riedisheim 68 ... 120 C2
Riedseltz 67 ... 45 E4
Riedwihr 68 ... 96 C3
Riel-les-Eaux 21 ... 115 E2
Riencourt 80 ... 17 F2
Riencourt-lès-Bapaume 62 ... 19 E1
Riencourt-lès-Cagnicourt 62 ... 8 C4
Riervescemont 90 ... 119 F3
Riespach 68 ... 120 B4
Rieucazé 31 ... 299 D2
Rieucros 09 ... 301 E2
Rieulay 59 ... 9 D2
Rieumajou 31 ... 277 E4
Rieumes 31 ... 276 A4
Rieupeyroux 12 ... 241 F4
Rieussec 34 ... 279 E4
Rieutort-de-Randon 48 ... 244 A2
Rieux 31 ... 300 A1
Rieux 51 ... 63 D3
Rieux 56 ... 125 E1
Rieux 60 ... 34 C3
Rieux 62 ... 7 F1
Rieux 76 ... 17 D2
Rieux-de-Pelleport 09 ... 301 D3
Rieux-en-Cambrésis 59 ... 9 E4
Rieux-en-Val 11 ... 303 D2
Rieux-Minervois 11 ... 303 D1
Riez 04 ... 267 E4
Rigarda 66 ... 312 B2
Rigaud 06 ... 269 E2
Rignac 12 ... 241 F4
Rignac 46 ... 222 C4
Rignat 01 ... 193 F1
Rignaucourt 55 ... 66 B2
Rigné 79 ... 148 A2
Rigney 25 ... 141 E2
Rignieux-le-Franc 01 ... 193 F3
Rignosot 25 ... 141 E2
Rignovelle 70 ... 119 D3
Rigny 70 ... 140 B2
Rigny-la-Nonneuse 10 ... 89 E3
Rigny-la-Salle 55 ... 67 E4
Rigny-le-Ferron 10 ... 89 E4
Rigny-Saint-Martin 55 ... 93 E1
Rigny-sur-Arroux 71 ... 173 F2
Rigny-Ussé 37 ... 130 A4
Riguepeu 32 ... 274 B2
Rilhac-Lastours 87 ... 203 E1
Rilhac-Rancon 87 ... 186 A3
Rilhac-Treignac 19 ... 204 C2
Rilhac-Xaintrie 19 ... 223 F1
Rillans 25 ... 141 F2
Rillé 37 ... 130 A2
Rillieux-la-Pape 69 ... 193 D4
Rilly-la-Montagne 51 ... 37 F4
Rilly-Sainte-Syre 10 ... 90 A2
Rilly-sur-Aisne 08 ... 38 C2
Rilly-sur-Loire 41 ... 131 F2
Rilly-sur-Vienne 37 ... 149 F2
Rimaucourt 52 ... 92 C4
Rimbach-près-Guebwiller 68 ... 120 A1
Rimbach-près-Masevaux 68 ... 119 F3
Rimbachzell 68 ... 120 B1
Rimbez-et-Baudiets 40 ... 255 D2
Rimboval 62 ... 0 C1
Rimeize 48 ... 244 A1
Rimling 57 ... 43 F4
Rimogne 08 ... 22 B3
Rimon-et-Savel 26 ... 248 A1
Rimondeix 23 ... 187 E1
Rimons 33 ... 237 D1
Rimont 09 ... 300 B3
Rimou 35 ... 79 F2
Rimplas 06 ... 269 F1
Rimsdorf 67 ... 70 A1
Ringeldorf 67 ... 71 D1
Ringendorf 67 ... 70 C1
Rinxent 62 ... 2 B3
Riocaud 33 ... 219 F4
Riolan (Clue du) 06 ... 269 E3
Riolas 31 ... 275 E4
Riols 34 ... 279 E3
Le Riols 81 ... 259 D2
Riom 63 ... 189 E3
Riom-ès-Montagnes 15 ... 206 C4
Rioms 26 ... 248 B4
Rion-des-Landes 40 ... 253 D3
Rions 33 ... 236 B1
Riorges 42 ... 191 E2
Riotord 43 ... 228 A1
Rioupéroux 38 ... 231 D1
Rioupes (Col de) 05 ... 249 D1
Rioux 17 ... 199 D1
Rioux-Martin 16 ... 201 D4
Rioz 70 ... 141 D2
Ripaille (Domaine de) 74 ... 178 B3
Riquet (Obélisque de) 11 ... 277 E4
Riquewihr 68 ... 96 B3
Ris 63 ... 190 A2
Ris 65 ... 298 B4
Ris-Orangis 91 ... 87 D1
Riscle 32 ... 273 E2
Risoul 05 ... 250 C1
Risoul 1850 05 ... 250 C1
Ristolas 05 ... 233 E4
Ristz (Château du) 03 ... 172 A3
Rittershoffen 67 ... 45 E4
Ritzing 57 ... 42 A2
Riunoguès 66 ... 312 C4
Riupeyrous 64 ... 273 D4
Riva-Bella 14 ... 29 F3
Rivarennes 36 ... 168 B1
Rivarennes 37 ... 130 A4
Rivas 42 ... 209 F2
Rivau (Château du) 37 ... 149 E1
Rive-de-Gier 42 ... 210 B2
Rivecourt 60 ... 35 E3
Rivedoux-Plage 17 ... 180 B1
Rivehaute 64 ... 271 F4
Rivel 11 ... 301 F4
Riventosa 2B ... 317 D1
Rivèrenert 09 ... 300 A3
Riverie 69 ... 210 B2
Rivery 80 ... 18 B2
Les Rives 34 ... 261 F4
Rives 38 ... 212 B3
Rives 47 ... 238 C2
Rivesaltes 66 ... 313 D1
Le Rivier 38 ... 212 B3
La Rivière 33 ... 217 F3
Rivière 37 ... 149 D1
La Rivière 38 ... 212 B4
Rivière 62 ... 8 A4
La Rivière-de-Corps 10 ... 90 A4
La Rivière-Drugeon 25 ... 160 C3
La Rivière-Enverse 74 ... 196 B1
Rivière-les-Fosses 52 ... 139 F1
Rivière-Saas-et-Gourby 40 ... 271 E1
La Rivière-Saint-Sauveur 14 ... 30 C2
Rivière-sur-Tarn 12 ... 261 E1
La Rivière-Thibouville 27 ... 31 E4
Rivières 16 ... 184 A4
Rivières 30 ... 263 F1
Rivières 81 ... 259 D4
Les Rivières-Henruel 51 ... 65 D4
Rivières-le-Bois 52 ... 117 D4
Riville 76 ... 15 D2
Rivolet 69 ... 192 B2
Rix 39 ... 160 B4
Rix 58 ... 136 B3
Rixheim 68 ... 120 C2
La Rixouse 39 ... 177 E2
Rizaucourt 52 ... 91 F3
Roaillan 33 ... 236 C3
Roaix 84 ... 265 E1
Roanne 42 ... 191 E2
Roannes-Saint-Mary 15 ... 224 A4
Robécourt 88 ... 93 E4
Robecq 62 ... 8 A1
Robehomme 14 ... 29 F4
Robersart 59 ... 10 A3
Robert-Espagne 55 ... 66 A4
Robert-le-Diable (Château de) 76 ... 32 A3
Robert-Magny 52 ... 91 F2
Robertot 76 ... 15 E2
Roberval 60 ... 35 D3
Robiac-Rochessadoule 30 ... 263 E1
Robien (Château) 22 ... 77 D2
Robin (Mont) 50 ... 54 B2
La Robine-sur-Galabre 04 ... 267 F1
Robion 04 ... 268 B4
Robion 84 ... 265 E4
Le Roc 46 ... 222 A4
Le Roc-Saint-André 56 ... 101 F2
Rocamadour 46 ... 222 B4
Rocbaron 83 ... 286 B4
Rocé 41 ... 108 C3
Roche 38 ... 211 E2
Roche 41 ... 109 E4
Roche 42 ... 209 D2
La Roche aux Fées 35 ... 103 F2
Roche-Béranger 38 ... 231 D1
La Roche-Bernard 56 ... 123 F2
La Roche-Blanche 44 ... 127 E2
La Roche-Blanche 63 ... 207 E1
La Roche-Canilhac 15 ... 243 E1
La Roche-Canillac 19 ... 223 D1
La Roche-Chalais 24 ... 219 D1
Roche-Charles 63 ... 207 E3
La Roche-Clermault 37 ... 149 D1
La Roche Courbon (Château de) 17 ... 181 E3
Roche-d'Agoux 63 ... 188 B2
La Roche-de-Glun 26 ... 229 D2
La Roche-de-Rame 05 ... 232 B4
La Roche-Derrien 22 ... 50 B2
La Roche-des-Arnauds 05 ... 249 E2
Roche du Prêtre 25 ... 142 B4
La Roche-en-Brenil 21 ... 137 F3
Roche-en-Régnier 43 ... 227 D1
Roche-et-Raucourt 70 ... 140 B1
La Roche-Guyon 95 ... 59 F1
La Roche-Jagu (Château de) 22 ... 50 C2
Roche-la-Molière 42 ... 209 F3
La Roche-l'Abeille 87 ... 203 F2
Roche-le-Peyroux 19 ... 206 A3
Roche-lès-Clerval 25 ... 142 A3
Roche-lez-Beaupré 25 ... 141 E3
La Roche-Mabile 61 ... 82 B2
La Roche-Maurice 29 ... 48 C4
La Roche-Noire 63 ... 207 F1
La Roche-Posay 86 ... 150 A4
La Roche-qui-Boit (Barrage de) 50 ... 80 A1
La Roche-Racan (Château) 37 ... 130 B1
La Roche-Rigault 86 ... 149 D2
Roche-Saint-Secret-Béconne 26 ... 247 E3
La Roche-sur-Foron 74 ... 195 F1
La Roche-sur-Grane 26 ... 247 D1
La Roche-sur-le-Buis 26 ... 248 A4
Roche-sur-Linotte-et-Sorans-les-Cordiers 70 ... 141 E2
La Roche-sur-Yon 85 ... 145 F4
La Roche-Vanneau 21 ... 138 A2
La Roche-Vineuse 71 ... 175 D3
Rochebaudin 26 ... 247 E2
La Rochebeaucourt-et-Argentine 24 ... 202 A3
Rochebloine 07 ... 228 B2
Rochebonne (Château de) 07 ... 228 A3
Rochebrune 05 ... 249 F3
Rochebrune 26 ... 247 F4
Rochebrune (Château de) 16 ... 184 C3
Rochechinard 26 ... 229 F2
Rochechouart 87 ... 184 C4
Rochecolombe 07 ... 246 A2
Rochecorbon 37 ... 131 D3
Rochefort 17 ... 181 D3
Rochefort 21 ... 115 E4
Rochefort 73 ... 212 C1
Rochefort (Rocher de) 42 ... 191 D2
Rochefort-du-Gard 30 ... 264 C3
Rochefort-en-Terre 56 ... 102 A4
Rochefort-en-Valdaine 26 ... 247 D3
Rochefort-en-Yvelines 78 ... 86 B1
Rochefort-Montagne 63 ... 206 C1
Rochefort-Samson 26 ... 229 F3
Rochefort-sur-la-Côte 52 ... 92 B4
Rochefort-sur-Loire 49 ... 128 A3
Rochefort-sur-Nenon 39 ... 159 E1
La Rochefoucauld 16 ... 184 A4
Rochefourchat 26 ... 247 F2
La Rochegiron 04 ... 266 C2
Rochegude 26 ... 265 D1
Rochegude 30 ... 263 F1
Rochejean 25 ... 161 D4
La Rochelambert (Château de) 43 ... 226 C2
La Rochelle 17 ... 180 C1
La Rochelle 70 ... 117 E4
La Rochelle-Normande 50 ... 53 F3
Rochemaure 07 ... 246 C2
La Rochénard 79 ... 164 B4
Rochepaule 07 ... 228 A2
La Rochepot 21 ... 157 F2
Rocher 07 ... 245 F2
Rocher-Portail (Château du) 35 ... 80 A2
Le Rochereau 86 ... 148 C4
Les Rochers-Sévigné (Château) 35 ... 104 B1
Roches 23 ... 169 F4
Roches Blanches (Panorama des) 83 ... 287 D4
Les Roches-de-Condrieu 38 ... 210 C3
Roches-lès-Blamont 25 ... 142 C2
Les Roches-l'Évêque 41 ... 108 A4
Roches-Prémarie-Andillé 86 ... 166 B2
Roches-sur-Marne 52 ... 92 A1
Roches-sur-Rognon 52 ... 92 B3
Rocheservière 85 ... 145 F2
Rochessauve 07 ... 246 B1
Rochesson 88 ... 119 E1
Rochetaillée 42 ... 210 A3
Rochetaillée 52 ... 116 B3
Rochetaillée-sur-Saône 69 ... 192 C4
Rochetoirin 38 ... 212 A2
Rochetrejoux 85 ... 146 C4
La Rochette 04 ... 269 E3
La Rochette 05 ... 249 F1
La Rochette 07 ... 227 F3
La Rochette 16 ... 183 F4
La Rochette 23 ... 187 E2
La Rochette 73 ... 210 E2
La Rochette 77 ... 87 F2
La Rochette-du-Buis 26 ... 248 B4
Rocheville 06 ... 288 A3
Rocheville 50 ... 24 C3
Rochonvillers 57 ... 41 E2
Rochy-Condé 60 ... 34 B2
Rocles 03 ... 171 F3
Rocles 07 ... 245 F2
Rocles 48 ... 244 C1
Roclincourt 62 ... 8 B3
Rocourt 88 ... 117 E1
Rocourt-Saint-Martin 02 ... 36 B4
Rocquancourt 14 ... 56 A1
La Rocque 14 ... 55 E2
Rocquefort 76 ... 15 E3
Rocquemont 60 ... 35 E4
Rocquemont 76 ... 32 C1
Rocquencourt 60 ... 18 B4
Rocquencourt 78 ... 60 C3
Rocques 14 ... 30 C4
Rocquigny 02 ... 10 B4
Rocquigny 08 ... 21 F4
Rocquigny 62 ... 19 E1
Rocroi 08 ... 22 B2
Rodalbe 57 ... 69 D2
Rodelinghem 62 ... 2 C3
Rodelle 12 ... 242 B3
Rodemack 57 ... 41 F1
Roderen 68 ... 120 A2
La Roderie 44 ... 126 A4
Rodern 68 ... 96 C2
Rodès 66 ... 312 B2
Rodez 12 ... 242 B4
Rodilhan 30 ... 264 A4
Rodome 11 ... 311 D1
La Roë 53 ... 104 B2
Roëllecourt 62 ... 7 F2
Rœschwoog 67 ... 71 F1
Rœulx 59 ... 9 E3
Rœux 62 ... 8 B3
Roézé-sur-Sarthe 72 ... 106 C3
Roffey 89 ... 114 A3
Roffiac 15 ... 225 E2
Rogalle 09 ... 300 A4
Rogécourt 02 ... 20 B4
Rogerville 76 ... 14 B4
Rogéville 54 ... 67 F3
Roggenhouse 68 ... 120 C1
Rogliano 2B ... 314 A1
Rogna 39 ... 177 D3
Rognac 13 ... 284 B3
Rognaix 73 ... 214 A1
Rognes 13 ... 284 C1
Rognon 25 ... 141 F2
Rognonas 13 ... 264 C4
Rogny 02 ... 21 D3
Rogny-les-Sept-Écluses 89 ... 112 A4
Rogues 30 ... 262 B4
Rogy 80 ... 18 A4
Rohaire 28 ... 58 A4
Rohan 56 ... 77 E4
Rohr 67 ... 70 C2
Rohrbach-lès-Bitche 57 ... 43 F4
Rohrwiller 67 ... 71 E2
Roiffé 86 ... 148 C1
Roiffieux 07 ... 228 C1
Roiglise 80 ... 19 E4
Roilly 21 ... 137 F3
Roinville 28 ... 85 F2
Roinville 91 ... 86 B2
Roinvilliers 91 ... 86 C3
Roisel 80 ... 19 F2
Les Roises 55 ... 93 E2
Roisey 42 ... 210 C3
Roissard 38 ... 230 C3
Roissy-en-Brie 77 ... 61 F3
Roissy-en-France 95 ... 61 E2
Roiville 61 ... 57 D3
Roizy 08 ... 38 A2
Rolampont 52 ... 116 C2
Rolbing 57 ... 44 B2
Rollainville 88 ... 93 E3
Rollancourt 62 ... 7 D2
Rolland 33 ... 219 D2
Rolleboise 78 ... 59 F2
Rolleville 76 ... 14 B3
Rollot 80 ... 35 D1
Rom 79 ... 166 A4
Romagnat 63 ... 207 E1
La Romagne 08 ... 22 A4
Romagne 33 ... 218 C4
Romagné 35 ... 80 A3
La Romagne 49 ... 146 C1
Romagne 86 ... 166 B4
Romagne-sous-les-Côtes 55 ... 40 B3
Romagne-sous-Montfaucon 55 ... 39 F3
Romagnieu 38 ... 212 B2
Romagny 50 ... 54 C4
Romagny 68 ... 120 A3
Romagny-sous-Rougemont 90 ... 120 A3
Romain 25 ... 141 F2
Romain 39 ... 140 C4
Romain 51 ... 37 D3
Romain 54 ... 94 C1
Romain-aux-Bois 88 ... 117 E1
Romain-sur-Meuse 52 ... 93 D4
Romaines 10 ... 90 C2
Romainville 93 ... 61 D3
Roman 27 ... 58 B3
Romanèche 01 ... 194 A1
Romanèche-Thorins 71 ... 192 C1
Romange 39 ... 159 E1
Romans 01 ... 193 D1
Romans 79 ... 165 E3
Romans-sur-Isère 26 ... 229 E2
Romanswiller 67 ... 70 C3
Romazières 17 ... 183 D2
Romazy 35 ... 79 F2
Rombach-le-Franc 68 ... 96 B2
Rombas 57 ... 41 F3
Rombies-et-Marchipont 59 ... 10 A1
Rombly 62 ... 7 F1
Romegoux 17 ... 181 E3
Romelfing 57 ... 69 F2
Romenay 71 ... 175 F2
Romeny-sur-Marne 02 ... 62 C2
Romeries 59 ... 9 F4
Romery 02 ... 20 C2
Romery 51 ... 64 A1
Romescamps 60 ... 17 E4
Romestaing 47 ... 237 D3
Romette 05 ... 249 F2
Romeyer 26 ... 230 A4
La Romieu 32 ... 256 A3
Romigny 51 ... 37 D4
Romiguières 34 ... 261 F4
Romillé 35 ... 79 D4
Romilly 41 ... 108 B2
Romilly-la-Puthenaye 27 ... 58 A2
Romilly-sur-Aigre 28 ... 109 D2
Romilly-sur-Andelle 27 ... 32 B3
Romilly-sur-Seine 10 ... 89 F2
Romont 88 ... 95 D2
Romorantin-Lanthenay 41 ... 132 C3
Rompon 07 ... 228 C4
Rônai 61 ... 56 B3
Ronce-les-Bains 17 ... 180 C4
Roncenay 10 ... 90 B4
Le Roncenay-Authenay 27 ... 58 C3
Roncey 50 ... 54 A1
Ronchamp 70 ... 119 E4
Ronchaux 25 ... 160 A1
Ronchères 02 ... 63 E1

Admyrauld (R. G.)	CYZ	2
Aufrédy (R.)	CY	4
Augustins (R. des)	CDY	6
Ballangerie (R. de la)	CZ	7
Bancs (Pl. des Petits)	CZ	8
Barentin (Pl.)	CZ	10
Bletterie (R.)	DZ	12
Carmes (R. des)	CZ	14
Chaîne (R. de la)	CZ	16
Champ-de-Mars (Av. du)	DY	17
Chaudrier (R.)	CY	19
Chef-de-Ville (R.)	CZ	21
Commanderie (Cour de la)	CZ	27
Dames (Cours des)	CZ	31
Dupaty (R.)	CY	35
Duperré (Quai)	CZ	37
Escale (R. de l')	CZ	39
Fabrique (R. de la)	DZ	41
Fagots (R. des)	CZ	43
Ferté (R. de la)	DZ	45
Fonderies (R. des)	DYZ	49
Fromentin (R. E.)	CY	51
Gargoulleau (R.)	DY	53
Gentilshommes (R. des)	CDZ	55
Grille (R. de la)	DYZ	57
Hôtel-de-Ville (R. de l')	CZ	60
Marché (Pl. du)	DY	
Maubec (Quai)	DZ	66
Merciers (Gde Rue des)	DY	70
Minage (R. du)	DY	
Monnaie (Av. de la)	CZ	73
Noue (R. de la)	CY	75
Palais (R. du)	CZ	77
Pas-du-Minage (R. du)	DY	79
Pernelle (R.)	CY	81
Port (Petite Rue du)	CZ	83
Port (R. du)	DZ	85
St-Côme (R.)	CY	94
St-François (R.)	DY	96
St-Jean-du-Pérot (R.)	CZ	98
St-Nicolas (R.)	DZ	99
St-Sauveur (R.)	DZ	100
St-Yon (R.)	DY	
Sur-les-Murs (R.)	CZ	110
Temple (Cour du)	CZ	112
Temple (R. du)	CZ	115
Vespucci (Av. Amerigo)	CZ	117
11-Novembre-1918 (Av. du)	DY	121

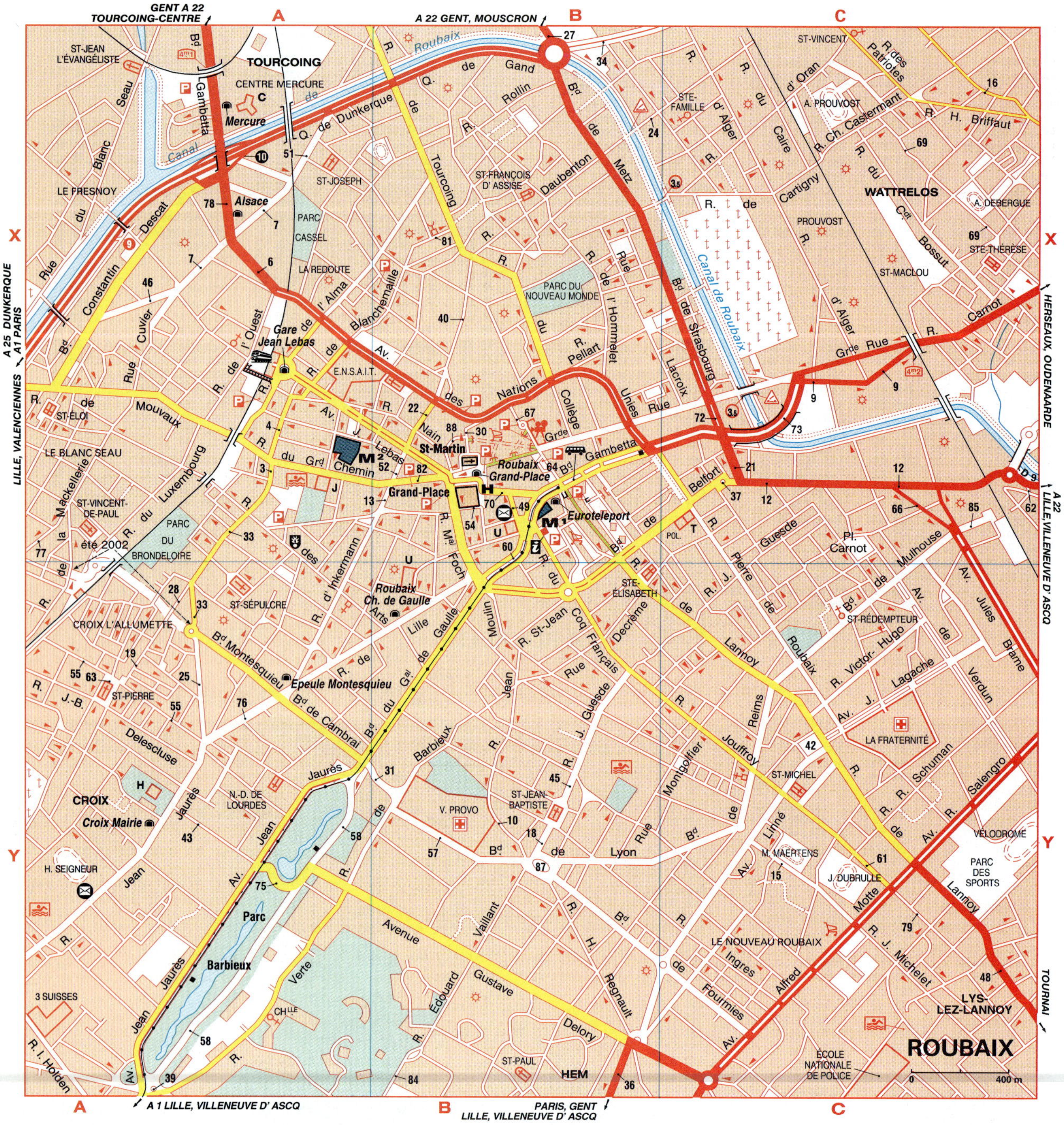

Abreuvoir (Pl. de l') ... AX 3
Alouette (R. de l') ... AX 4
Alsace (Av. d') ... AX 6
Armentières (Bd d') ... AX 7
Avelghem (R. d') ... CX 9
Beaumont (R. de) ... BY 10
Beaurepaire (Bd du) ... CX 12
Bois (R. du) ... BX 13
Braille (R. Louis) ... CY 15
Cateau (Bd du) ... BY 18
Colmar (Bd de) ... CX 21
Communauté-Urbaine (R.) ... BX 22
Constantine (R. de) ... BX 24
Courbet (R. Amiral) ... AY 25
Couteaux (Bd des) ... BX 27
Cugnot (R.) ... AY 28
Curé (R. du) ... BX 30
Douai (Bd de) ... ABY 31
Épeule (R. de l') ... AXY 33
Espierre (R. de l') ... BX 34
Faidherbe (Pl. du Gén.) ... CX 37
Fer-à-Cheval (Carr. du) ... AY 39
Fosse-aux-Chênes (R.) ... BX 40
Fraternité (Pl. de la) ... CY 42
Goujon (R. Jean) ... BY 45
Gounod (R. Ch.) ... AX 46
Grand-Place ... BX
Grande-Rue ... BCX
Halle (R. de la) ... BX 49
Halluin (Bd d') ... AX 51
Hospice (R. de l') ... BX 52
Hôtel-de-Ville (R. de l') ... BX 54
Lacordaire (Bd) ... BY 57
Lannoy (R. de) ... BCY
Lebas (Av. J.) ... ABX
Le Nôtre (Av.) ... AY 58
Leclerc (Bd Gén.) ... BX 60
Leconte-Baillon (R.) ... CY 61
Leers (R. de) ... CX 62
Liberté (Pl. de la) ... BX 64
Molière (R.) ... CX 66
Monnet (R. Jean) ... BX 67
Motte (R. Pierre) ... BX 70
Nadaud (R.) ... CX 72
Nyckès (Pont) ... CX 73
Peuple-Belge (Av. du) ... AY 75
Prof.-Langevin (R. du) ... AY 76
République (Bd de la) ... AX 78
Rousseau (R. J.-J.) ... CY 79
St-Maurice (R.) ... BX 81
Sarrail (R. du Gén.) ... BX 82
Sévigné (R. de) ... CX 85
Travail (Pl. du) ... BY 87
Vieil-Abreuvoir (R. du) ... BX 88
Wastyn (R. J.) ... AX 90

CROIX

Cheuvreuil (R.) ... AY 19
Gaulle (Av. du Gén.-de) ... AY 43
Kléber (R.) ... AY 55
Liberté (Pl. de la) ... AY 63

HEM

Europe (Av. de l') ... BY 36
Schuman (R. Robert) ... BY 84

LYS-LÈZ-LANNOY

Guesde (R. Jules) ... CY 48

WATTRELOS

Briffaut (R. Henri) ... CX 16
Monge (R.) ... CX 69

Ronchères 89 ... 135 E1
Roncherolles-en-Bray 76 ... 33 D1
Roncherolles-sur-le-Vivier 76 ... 32 B2
Ronchin 59 ... 8 C1
Ronchois 76 ... 17 D4
Roncourt 57 ... 41 E4
Roncourt 88 ... 93 E4
Roncq 59 ... 4 C3
La Ronde 17 ... 164 A4
La Ronde 79 ... 147 E4
La Ronde-Haye 50 ... 26 C4
Rondefontaine 25 ... 160 C4
Ronel 81 ... 259 F4
Ronfeugerai 61 ... 55 F3
Rongères 03 ... 172 B4
Ronnet 03 ... 188 C1
Ronno 69 ... 192 A2
Ronquerolles 95 ... 34 B4
Ronsenac 16 ... 201 F3
Ronssoy 80 ... 19 F2
Rontalon 69 ... 210 B1
Ronthon 50 ... 53 F3
Rontignon 64 ... 297 D1
Ronvaux 55 ... 40 B4
Roôcourt-la-Côte 52 ... 92 B4
Roost-Warendin 59 ... 9 D2
Roppe 90 ... 119 F4
Roppenheim 67 ... 71 F1
Roppentzwiller 68 ... 120 C4
Roppeviller 57 ... 44 C3
La Roque-Alric 84 ... 265 E1
La Roque-Baignard 14 ... 30 B4
La Roque-d'Anthéron 13 ... 284 C1
La Roque-Esclapon 83 ... 287 E1
La Roque-Gageac 24 ... 221 F4
La Roque-Sainte-Marguerite 12 ... 261 F2
La Roque-sur-Cèze 30 ... 264 B1
La Roque-sur-Pernes 84 ... 265 E3
Roquebillière 06 ... 289 D2
Roquebrun 34 ... 280 A3
Roquebrune 32 ... 274 B1
Roquebrune 33 ... 237 D1
Roquebrune-Cap-Martin 06 ... 289 E4
Roquebrune-sur-Argens 83 ... 287 E3
La Roquebrussanne 83 ... 286 A4
Roquecor 82 ... 239 D4
Roquecourbe 81 ... 278 B2
Roquecourbe-Minervois 11 ... 303 D1
Roquedols (Château de) 48 ... 262 A2
Roquedur 30 ... 262 B3
Roquefère 11 ... 278 C4
Roquefeuil 11 ... 310 C1
Roquefixade 09 ... 301 E4
Roquefort 32 ... 275 D1
Roquefort 40 ... 254 B2
Roquefort 47 ... 256 A1
Roquefort-de-Sault 11 ... 311 D1
Roquefort-des-Corbières 11 ... 303 F3
Roquefort-la-Bédoule 13 ... 291 D3
Roquefort-les-Cascades 09 ... 301 E3
Roquefort-les-Pins 06 ... 288 B2
Roquefort-sur-Garonne 31 ... 299 F2
Roquefort-sur-Soulzon 12 ... 261 D3
Roquelaure 32 ... 274 C1
Roquelaure (Château de) 12 ... 243 D3
Roquelaure-Saint-Aubin 32 ... 275 F2
Roquemaure 30 ... 264 C2
Roquemaure 81 ... 258 B4
Roquepine 32 ... 256 A4
Roqueredonde 34 ... 280 B1
Roques 31 ... 276 B3
Roques 32 ... 255 F4
Roqueserière 31 ... 277 D1
Roquessels 34 ... 280 B3
Roquesteron 06 ... 269 E3
Roquestéron-Grasse 06 ... 269 E3
Roquetaillade 11 ... 302 A3
Roquetaillade (Château de) 33 ... 236 C3
Roquetoire 62 ... 3 E4
La Roquette 27 ... 32 C4
La Roquette-sur-Siagne 06 ... 288 A3
La Roquette-sur-Var 06 ... 288 C1
Roquettes 31 ... 276 B3
Roquevaire 13 ... 285 E4
Roquevidal 81 ... 277 E2
Roquiague 64 ... 295 F1
La Roquille 33 ... 219 F4
Rorbach-lès-Dieuze 57 ... 69 E2
Rorschwihr 68 ... 96 C2
Rorthais 79 ... 147 D3
Les Rosaires 22 ... 51 E3
Rosanbo (Château de) 22 ... 49 F3
Rosans 05 ... 248 B3
Rosay 39 ... 176 B2
Rosay 76 ... 16 B4
Rosay 78 ... 59 F2
Rosay-sur-Lieure 27 ... 32 C3
Rosazia 2A ... 316 B2
Rosbruck 57 ... 43 D4
Roscanvel 29 ... 47 E4
Roscoff 29 ... 49 D2
Rosel 14 ... 29 E4
Roselend (Barrage de) 73 ... 196 B4
Roselier (Pointe du) 22 ... 51 E4
Rosenau 68 ... 121 D3
Rosendaël 59 ... 3 E1
Rosenwiller 67 ... 70 C4
Roset-Fluans 25 ... 140 C4
Rosey 70 ... 141 D1
Rosey 71 ... 157 F4
Rosheim 67 ... 70 C4
La Rosière 70 ... 119 D2
La Rosière-1850 73 ... 215 D1
Rosières 07 ... 245 F3
Rosières 18 ... 153 D3
Rosières 43 ... 227 E2
Rosières 60 ... 35 E4
Rosières 81 ... 259 E3
Rosières-aux-Salines 54 ... 94 B1
Rosières-devant-Bar 55 ... 66 B3
Rosières-en-Blois 55 ... 93 D1
Rosières-en-Haye 54 ... 67 F3
Rosières-en-Santerre 80 ... 19 D3
Rosières-près-Troyes 10 ... 90 B4
Rosières-sur-Barbèche 25 ... 142 B3
Rosières-sur-Mance 70 ... 117 F3
Rosiers-de-Juillac 19 ... 203 F4
Rosiers-d'Égletons 19 ... 205 E4
Les Rosiers-sur-Loire 49 ... 129 D3
Rosis 34 ... 279 F2
Rosnay 36 ... 168 A1
Rosnay 51 ... 37 E4
Rosnay 85 ... 163 D2
Rosnay-l'Hôpital 10 ... 91 D2
Rosnes 55 ... 66 B2
Rosnoën 29 ... 73 F1
Rosny-sous-Bois 93 ... 61 E3
Rosny-sur-Seine 78 ... 59 F2
Rosoy 60 ... 34 C3
Rosoy 89 ... 112 C1
Rosoy-en-Multien 60 ... 62 B1
Rosoy-le-Vieil 45 ... 112 A1
Rosoy-sur-Amance 52 ... 117 D3
Rospez 22 ... 50 A2
Rospigliani 2B ... 317 E2
Rosporden 29 ... 99 D1
Rossay 86 ... 148 C2
Rosselange 57 ... 41 E3
Rossfeld 67 ... 97 D1
Rossillon 01 ... 194 B3
Rosteig 67 ... 44 B4
Rostrenen 22 ... 76 B3
Rosult 59 ... 9 E2
Rosureux 25 ... 142 B4
Rotalier 39 ... 176 B1
Rotangy 60 ... 34 A1
Rothau 67 ... 70 B4
Rothbach 67 ... 70 C1
Rothéneuf 35 ... 52 C4
Rotherens 73 ... 213 E2
La Rothière 10 ... 91 D3
Rothois 60 ... 33 F1
Rothonay 39 ... 176 C2
Les Rotours 61 ... 56 A3
Rots 14 ... 29 E4
Rott 67 ... 45 E3
Rottelsheim 67 ... 71 D2
Rottier 26 ... 248 A3
Rou-Marson 49 ... 129 D4
Rouairoux 81 ... 279 D3
Rouans 44 ... 125 F4
La Rouaudière 53 ... 104 A3
Roubaix 59 ... 5 D4
Roubia 11 ... 303 E1
Roubion 06 ... 269 F1
Roucamps 14 ... 55 E2
Roucourt 59 ... 9 D3
Roucy 02 ... 37 E3
Roudouallec 56 ... 75 E4
Rouécourt 52 ... 92 A3
Rouède 31 ... 299 E3
Rouellé 61 ... 81 D1
Rouelles 52 ... 116 B3
Rouelles 76 ... 14 B4
Rouen 76 ... 32 A2
Rouessé-Fontaine 72 ... 82 C3
Rouessé-Vassé 72 ... 82 A4
Rouet 34 ... 262 C4
Rouez 72 ... 106 B1
Rouffach 68 ... 96 B4
Rouffange 39 ... 140 B4
Rouffiac 15 ... 223 E2
Rouffiac 16 ... 201 E4
Rouffiac 17 ... 199 F1
Rouffiac 81 ... 259 E4
Rouffiac-d'Aude 11 ... 302 B2
Rouffiac-des-Corbières 11 ... 303 D4
Rouffiac-Tolosan 31 ... 276 C2
Rouffignac 17 ... 199 F4
Rouffignac 24 ... 221 D2
Rouffignac (Grotte de) 24 ... 221 D3
Rouffignac-de-Sigoulès 24 ... 220 A4
Rouffigny 50 ... 54 B3
Rouffilhac 46 ... 222 A4
Rouffillac 24 ... 222 A4
Rouffy 51 ... 64 B2
Rougé 44 ... 103 F3
La Rouge 61 ... 83 F4
Rouge-Perriers 27 ... 31 F4
Rougefay 62 ... 7 D3
Rougegoutte 90 ... 119 F3
Rougemont 21 ... 137 F1
Rougemont 25 ... 141 F2
Rougemont-le-Château 90 ... 119 F3
Rougemontiers 27 ... 31 E3
Rougemontot 25 ... 141 F2
Rougeou 41 ... 132 B3
Rougeries 02 ... 21 D3
Les Rouges-Eaux 88 ... 95 E3
Le Rouget 15 ... 223 F4
Rouget (Cascade du) 74 ... 196 C1
Rougeux 52 ... 117 E3
Rougiers 83 ... 285 F3
Rougiville 88 ... 95 F3
Rougnac 16 ... 202 A2
Rougnat 23 ... 188 B2
Rougon 04 ... 268 A4
Rouhe 25 ... 160 B1
Rouhling 57 ... 43 E4
Rouillac 16 ... 183 D4
Rouillac 22 ... 78 A3
Rouillas-Bas 63 ... 207 E1
Rouillé 86 ... 165 F3
Rouillon 72 ... 106 C2
Rouilly 77 ... 88 C1
Rouilly-Sacey 10 ... 90 C3

Rouilly-Saint-Loup 10 .... 90 B4
Roujan 34 .... 280 B3
Roulans 25 .... 141 E3
Le Roulier 88 .... 95 D4
Roullée 72 .... 83 D2
Roullens 11 .... 302 B2
Roullet 16 .... 201 E2
Roullours 14 .... 55 D3
Roumagne 47 .... 237 F2
Roumare 76 .... 15 F4
Roumazières 16 .... 184 B3
Roumazières-Loubert 16 .... 184 B3
Roumégoux 15 .... 223 F4
Roumégoux 81 .... 278 B1
Roumengoux 09 .... 301 F3
Roumens 31 .... 277 F3
Roumoules 04 .... 267 F4
Rountzenheim 67 .... 71 F1
Roupeldange 57 .... 42 B3
Rouperroux 61 .... 82 B1
Rouperroux-le-Coquet 72 .... 83 E4
Roupy 02 .... 20 A3
La Rouquette 12 .... 241 D4
Roure 06 .... 269 F1
Le Rouret 06 .... 288 A2
Rousies 59 .... 10 B2
Roussac 87 .... 185 F2
Roussas 26 .... 247 D3
Roussay 49 .... 146 B1
Roussayrolles 81 .... 258 C2
Rousseloy 60 .... 34 C3
Roussennac 12 .... 241 F3
Roussent 62 .... 6 B2
Les Rousses 39 .... 177 F2
Rousses 48 .... 262 B1
Rousset 05 .... 249 F2
Rousset 13 .... 285 E3
Le Rousset 71 .... 174 B2
Rousset (Col de) 26 .... 230 A4
Rousset-les-Vignes 26 .... 247 E3
La Roussière 27 .... 57 F2
Roussieux 26 .... 248 B4
Roussillon 38 .... 210 C3
Roussillon 84 .... 265 F3
Roussillon-en-Morvan 71 .... 156 C2
Roussines 16 .... 202 B1
Roussines 36 .... 168 B3
Rousson 30 .... 263 E1
Rousson 89 .... 112 C1
Roussy-le-Village 57 .... 41 F1
Routelle 25 .... 140 C4
Routes 76 .... 15 E2
Routier 11 .... 302 A2
Routot 27 .... 31 E3
Rouvenac 11 .... 302 A4
Rouves 54 .... 68 B2
La Rouvière 30 .... 263 F3
Rouvignies 59 .... 9 E3
Rouville 60 .... 35 E4
Rouville 76 .... 15 D3
Rouvillers 60 .... 35 D2
Rouvray 21 .... 137 E3
Rouvray 27 .... 59 D1
Rouvray 89 .... 113 E3
Rouvray-Catillon 76 .... 33 D1
Rouvray-Saint-Denis 28 .... 86 B4
Rouvray-Saint-Florentin 28 .... 85 E4
Rouvray-Sainte-Croix 45 .... 109 F2
Rouvre 79 .... 165 D3
Rouvrel 80 .... 18 B3
Rouvres 14 .... 56 B1
Rouvres 28 .... 59 E3
Rouvres 77 .... 61 F1
Rouvres-en-Multien 60 .... 62 B1
Rouvres-en-Plaine 21 .... 139 E4
Rouvres-en-Woëvre 55 .... 40 C4
Rouvres-en-Xaintois 88 .... 94 A3
Rouvres-la-Chétive 88 .... 93 E3
Rouvres-les-Bois 36 .... 151 F2
Rouvres-les-Vignes 10 .... 91 F4
Rouvres-Saint-Jean 45 .... 86 C3
Rouvres-sous-Meilly 21 .... 138 B4
Rouvres-sur-Aube 52 .... 116 A3
Rouvrois-sur-Meuse 55 .... 67 D2
Rouvrois-sur-Othain 55 .... 40 C2
Rouvroy 02 .... 20 A3
Rouvroy 62 .... 8 B2
Rouvroy-en-Santerre 80 .... 19 D3
Rouvroy-les-Merles 60 .... 18 B4
Rouvroy-Ripont 51 .... 39 D4
Rouvroy-sur-Audry 08 .... 22 B3
Rouvroy-sur-Marne 52 .... 92 B3
Rouvroy-sur-Serre 02 .... 21 F4
Le Roux 07 .... 245 F1
Rouxeville 50 .... 54 C1
La Rouxière 44 .... 127 E2
Rouxmesnil-Bouteilles 76 .... 16 A2
Rouy 58 .... 155 E2
Rouy-le-Grand 80 .... 19 E3
Rouy-le-Petit 80 .... 19 E3
Rouze 09 .... 311 D1
Rouzède 16 .... 202 B1
Rouziers 15 .... 223 F4
Rouziers-de-Touraine 37 .... 130 C2
Le Rove 13 .... 284 C4
Roville-aux-Chênes 88 .... 95 D2
Roville-devant-Bayon 54 .... 94 B2
Rovon 38 .... 230 A1
Roy-Boissy 60 .... 33 F1
Royan 17 .... 198 B1
Royas 38 .... 211 E2
Royat 63 .... 189 E4
Royaucourt 60 .... 34 C1
Royaucourt-et-Chailvet 02 .... 36 C1
Royaumeix 54 .... 67 F3
Royaumont (Abbaye de) 95 .... 61 D1
Roybon 38 .... 211 F4
Roye 70 .... 119 D4
Roye 80 .... 19 D4
Roye-sur-Matz 60 .... 35 E1
Royer 71 .... 175 D2
Royère-de-Vassivière 23 .... 187 D4
Royères 87 .... 186 A4
Roynac 26 .... 247 D1
Royon 62 .... 6 C2
Royville 76 .... 15 F2
Roz-Landrieux 35 .... 79 D1
Roz-sur-Couesnon 35 .... 79 F1
Rozay-en-Brie 77 .... 62 A4
Le Rozel 50 .... 24 B3
Rozelieures 54 .... 94 C2
Rozérieulles 57 .... 41 E4
Rozerotte 88 .... 94 A3
Rozès 32 .... 255 F4
Rozet-Saint-Albin 02 .... 36 B4
Le Rozier 48 .... 261 F1
Rozier-Côtes-d'Aurec 42 .... 209 E4
Rozier-en-Donzy 42 .... 191 F4
Rozières 52 .... 91 F2
Rozières-en-Beauce 45 .... 109 F2
Rozières-sur-Crise 02 .... 36 B3
Rozières-sur-Mouzon 88 .... 117 E1
Roziers-Saint-Georges 87 .... 186 B4
Rozoy-Bellevalle 02 .... 63 D2
Rozoy-le-Vieil 45 .... 112 A1
Rozoy-sur-Serre 02 .... 21 F4
Ruages 58 .... 136 C4
Ruan 45 .... 110 A1
Ruan-sur-Egvonne 41 .... 108 C2
Ruaudin 72 .... 107 D2
Ruaux 88 .... 118 C2
Rubécourt-et-Lamécourt 08 .... 23 E4
Rubelles 77 .... 87 F1
Rubempré 80 .... 18 B1
Rubercy 14 .... 27 F3
Rubescourt 80 .... 35 D1
Rubigny 08 .... 21 F4
Rubrouck 59 .... 3 E3
Ruca 22 .... 78 A1
Ruch 33 .... 219 D4
Rucqueville 14 .... 29 D3
Rudeau-Ladosse 24 .... 202 B3
Rudelle 46 .... 241 D1
Rue 80 .... 6 B3
La Rue-Saint-Pierre 60 .... 34 B2
La Rue-Saint-Pierre 76 .... 32 B1
Ruederbach 68 .... 120 B4
Rueil-la-Gadelière 28 .... 58 B4
Rueil-Malmaison 92 .... 60 C3
Ruelisheim 68 .... 120 C2
Ruelle-sur-Touvre 16 .... 201 F1
Les Rues-des-Vignes 59 .... 20 A1
Ruesnes 59 .... 9 F3
Rueyres 46 .... 241 D1
Ruffec 16 .... 183 F2
Ruffec 36 .... 168 A1
Ruffey-le-Château 25 .... 140 C3
Ruffey-lès-Beaune 21 .... 158 A2
Ruffey-lès-Echirey 21 .... 139 E3
Ruffey-sur-Seille 39 .... 159 E4
Ruffiac 47 .... 237 D4
Ruffiac 56 .... 102 A3
Ruffieu 01 .... 194 B2
Ruffieux 73 .... 195 D3
Ruffigné 44 .... 103 F3
Rugles 27 .... 58 A3
Rugney 88 .... 94 B3
Rugny 89 .... 114 B3
Rugy 57 .... 41 F3
Ruhans 70 .... 141 E2
Ruillé-en-Champagne 72 .... 106 B1
Ruillé-Froid-Fonds 53 .... 105 E2
Ruillé-le-Gravelais 53 .... 104 C1
Ruillé-sur-Loir 72 .... 107 F4
Ruisseauville 62 .... 7 D2
Ruitz 62 .... 8 A2
Rullac-Saint-Cirq 12 .... 260 A2
Rully 14 .... 55 E3
Rully 60 .... 35 E4
Rully 71 .... 157 F3
Rumaisnil 80 .... 18 A3
Rumaucourt 62 .... 8 C4
Rumegies 59 .... 9 E1
Rumengol 29 .... 73 F1
Rumersheim 67 .... 71 D2
Rumersheim-le-Haut 68 .... 121 D1
Rumesnil 14 .... 30 A4
Rumigny 08 .... 22 A3
Rumigny 80 .... 18 B3
Rumilly 62 .... 7 D1
Rumilly 74 .... 195 D3
Rumilly-en-Cambrésis 59 .... 9 D4
Rumilly-lès-Vaudes 10 .... 114 C1
Ruminghem 62 .... 3 D2
Rumont 55 .... 66 B3
Rumont 77 .... 87 E4
Runan 22 .... 50 B2
Rungis 94 .... 61 D4
Ruoms 07 .... 246 A3
Rupéreux 77 .... 88 C1
Ruppes 88 .... 93 E2
Rupt 52 .... 92 B2
Rupt-aux-Nonains 55 .... 66 B4
Rupt-devant-Saint-Mihiel 55 .... 66 C2
Rupt-en-Woëvre 55 .... 67 D1
Rupt-sur-Moselle 88 .... 119 E2
Rupt-sur-Othain 55 .... 40 B2
Rupt-sur-Saône 70 .... 118 A4
Rurange-lès-Thionville 57 .... 41 F3
Rurey 25 .... 160 B1
Rusio 2B 315 E4
Russ 67 .... 70 B4
Russange 57 .... 41 E1
Le Russey 25 .... 142 B4
Russy 14 .... 28 C3
Russy-Bémont 60 .... 35 F4
Rustenhart 68 .... 120 C1
Rustiques 11 .... 302 C1
Rustrel 84 .... 266 B3
Rustroff 57 .... 42 A2
Rutali 2B 315 E2
Ruvigny 10 .... 90 B4
Ruy 38 .... 211 F2
Ruyaulcourt 62 .... 19 F1
Ruynes-en-Margeride 15 .... 225 F3
Ry 76 .... 32 C2
Rye 39 .... 159 D3
Ryes 14 .... 29 D3

ROUEN

Albane (Cour d') .... BZ 3
Alsace-Lorraine (R. d') .... CZ 6
Aubert (Pl. du Lieutenant) .... CZ 9
Barbey d'Aurevilly (R.) .... AZ 10
Barthélemy (Pl.) .... BZ 12
Belfroy (R.) .... BY 13
Boieldieu (Pont) .... BZ 16
Bons-Enfants (R. des) .... ABY 19
Boucheries-Saint-Ouen (R. des) .... CZ 22
Boudin (R. E.) .... BY 24
Boulet (Quai G.) .... AY 25
Bourg-l'Abbé (R.) .... CY 27
Bourse (Quai de la) .... BZ 28
Bouvreuil (R.) .... BY 30
Calende (Pl. de la) .... BZ 35
Carmes (R. des) .... BYZ
Carrel (R. A.) .... CZ 42
Cartier (Av. Jacques) .... AZ 43
Cathédrale (Pl. de la) .... BZ 45
Cauchoise (R.) .... AY 46
Champ-des-Oiseaux (R. du) .... BY 48
Champlain (Av.) .... BZ 49
Chasselièvre (R.) .... AY 52
Cordier (R. du) .... BY 56
Corneille (Quai Pierre) .... BZ 57
Croix de Fer (R.) .... BYZ 59
Crosne (R. de) .... AY 61
Damiette (R.) .... CZ 63
Delacroix (Allée Eugène) .... BY 66
Donjon (R. du) .... BY 67
Duchamp (Espl. M.) .... BY 68
Eau-de-Robec (R.) .... CZ 70
Ecureuil (R. de l') .... BY 72
Ernemont (R. d') .... CY 76
Faulx (R. des) .... CZ 81
Foch (Pl.) .... BY 84
Ganterie (R.) .... BY
Gaulle (Pl. Général-de) .... CY 89
Giraud (R. Général) .... AZ 90
Grand-Pont (R.) .... BZ
Gros-Horloge (R. du) .... ABYZ
Guillaume-le-Conquérant (Pont) .... AZ 93
Hauts-Mariages (impasse des) .... CZ 94
Hôpital (R. de l') .... BY 96
Jeanne-d'Arc (Pont) .... AZ 100
Jeanne-d'Arc (R.) .... BYZ
Joyeuse (R.) .... CY 101
Juifs (R. aux) .... BYZ 102
Leclerc (R. du Gén.) .... BZ
Libraires (Cour des) .... BZ 108
Mesnager (R. Nicolas) .... AY 111
Neufchatel (Route de) .... CY 115
Ours (R. aux) .... ABZ 116
Paris (Quai de) .... BZ 117
Pie (R. de la) .... AY 120
Poterne (R. de la) .... BY 120
Pucelle-d'Orléans (Pl. de la) .... AZ 121
Racine (R.) .... AY 124
République (R. de la) .... BZ
Requins (R. des) .... CY 128
Rollon (R.) .... AY 129
Saint-Godard (Pl.) .... BY 137
St-Marie (R.) .... CY 138
Schuman (R. Robert) .... CZ 140
Socrate (R.) .... BY 143
Thouret (R.) .... BYZ 147
Vieux-Marché (Pl. du) .... AY
Vieux-Palais (R. du) .... AY 152
19-Avril-1944 (Pl. du) .... BY 155

A
B
C
Y
Z
Gare-Rue Verte
St-Romain
Tour Jeanne d'Arc
PRÉFECTURE DE RÉGION ET DU DÉPARTEMENT
STE-MADELEINE
Musée Flaubert
St-Patrice
MUSÉE DES BEAUX-ARTS
SQUARE VERDREL
ST-GODARD
PL. DU VIEUX MARCHÉ
Musée Corneille
Palais de Justice
PALAIS DE JUSTICE
ST-OUEN
Pl. Henri IV
Belfroi
CATHÉDRALE
AÎTRE ST-MACLOU
ST-MACLOU
MARTAINVILLE
ST-NICAISE
ST-VIVIEN
Théâtre des Arts
Halle aux Toiles
SEINE
CITÉ ADMINISTRATIVE
HÔTEL DU DÉPARTEMENT
Joffre-Mutualité
Pl. Joffre
Place Carnot
BUREAUX DU PORT FLUVIAL
ÎLE LACROIX
HALTE DE PLAISANCE
ESPLANADE DU CHAMP-DE-MARS
Pl. St-Paul
ST-PAUL
ST-SEVER
St-Sever
ROUEN-R.G.
ROUEN-R.D.
Beauvoisine
Boulingrin
Pl. Cauchoise
POL. FLUVIALE
J.B. DE LA SALLE
Pl. le Moyne d'Iberville
200 m

S

Saâcy-sur-Marne 77 62 C2
Saales 67 96 A1
Saales (Col de) 67 96 A1
Saâne-Saint-Just 76 15 F2
Saasenheim 67 97 D2
Sabadel-Latronquière 46 241 E1
Sabadel-Lauzès 46 240 B2
Sabaillan 32 275 E3
Sabalos 65 298 A1
Sabarat 09 300 B2
Sabarros 65 298 B1
Sabazan 32 273 F1
Sablé-sur-Sarthe 72 105 F3
Les Sables-d'Olonne 85 162 A2
Sables-d'Or-les-Pins 22 52 A4
Sablet 84 265 E1
Les Sablettes 83 291 F4
Sablières 07 245 E2
Sablonceaux 17 181 D4
Sablonnières 77 62 C3
Sablons 33 218 C2
Sablons 38 210 C4
Sabonnères 31 275 F3
La Sabotterie 08 38 C1
Sabran 30 264 B1
Sabres 40 253 E1
Saccourvielle 31 307 F3
Sacé 53 81 D4
Sacey 50 79 F1
Saché 37 130 B4
Sachin 62 7 F2
Sachy 08 23 E4
Sacierges-Saint-Martin 36 168 B2
Saclas 91 86 C3
Saclay 91 60 C4
Saconin-et-Breuil 02 36 B3
Sacoué 65 298 C3
Le Sacq 27 58 C3
Sacquenay 21 139 F1
Sacquenville 27 58 C1
Sacy 51 37 E4
Sacy 89 136 C1
Sacy-le-Grand 60 35 D3
Sacy-le-Petit 60 35 D3
Sadeillan 32 274 B4
Sadillac 24 238 A1
Sadirac 33 217 F4
Sadournin 65 274 B4
Sadroc 19 204 B4
Saessolsheim 67 70 C2
Saffais 54 94 B1
Saffloz 39 160 A4
Saffré 44 126 B2
Saffres 21 138 B3
Sagelat 24 221 E4
Sagnat 23 169 D4
Sagnes-et-Goudoulet 07 227 F4
Sagone 2A 316 A2
Sagonne 18 154 A3
Sagy 71 176 A1
Sagy 95 60 B1
Sahorre 66 311 E3
Sahune 26 247 F3
Sahurs 76 32 A3
Sai 61 56 C4
Saignes 15 206 A4
Saignes 46 222 C4
Saigneville 80 6 B4
Saignon 84 266 A4
Saiguède 31 276 A3
Sail-les-Bains 42 173 E4
Sail-sous-Couzan 42 209 D1
Sailhan 65 298 B4
Saillac 19 222 B2
Saillac 46 240 C4
Saillagouse 66 310 C4
Saillans 26 247 F1
Saillans 33 218 C3
Saillant 63 209 D3
Saillat-sur-Vienne 87 184 C3
Saillé 44 123 E4
Saillenard 71 159 D4
Sailly 08 23 F4
Sailly 52 92 C2
Sailly 71 174 C2
Sailly 78 60 A1
Sailly-Achâtel 57 68 B2
Sailly-au-Bois 62 18 C1
Sailly-en-Ostrevent 62 8 C3
Sailly-Flibeaucourt 80 6 B4
Sailly-Labourse 62 8 A1
Sailly-Laurette 80 18 C2
Sailly-le-Sec 80 18 C2
Sailly-lez-Cambrai 59 9 D4
Sailly-lez-Lannoy 59 5 D4
Sailly-Saillisel 80 19 E1
Sailly-sur-la-Lys 62 4 A4
Sain-Bel 69 192 B4
Saincaize-Meauce 58 154 C3
Sainghin-en-Mélantois 59 9 D1
Sainghin-en-Weppes 59 8 B1
Sainneville 76 14 C4
Sainpuits 89 135 F2
Sains 35 79 F1
Sains-du-Nord 59 10 C3
Sains-en-Amiénois 80 18 B3
Sains-en-Gohelle 62 8 A2
Sains-lès-Fressin 62 7 D2
Sains-lès-Marquion 62 8 C4
Sains-lès-Pernes 62 7 E2
Sains-Morainvillers 60 34 C1
Sains-Richaumont 02 20 C3
Le Saint 56 75 F4
Saint-Aaron 22 51 F4
Saint-Abit 64 297 D1
Saint-Abraham 56 101 F2
Saint-Acheul 80 7 D4
Saint-Adjutory 16 184 A4
Saint-Adrien 22 50 C4
Saint-Adrien (Roches de) 76 32 B3
Saint-Affrique 12 261 D3
Saint-Affrique-les-Montagnes 81 278 B3
Saint-Agathon 22 50 C3
Saint-Agil 41 108 B2
Saint-Agnan 02 63 E2
Saint-Agnan 58 137 E4
Saint-Agnan 71 173 E2
Saint-Agnan 81 277 E1
Saint-Agnan 89 88 B3
Saint-Agnan-de-Cernières 27 57 F2
Saint-Agnan-en-Vercors 26 230 A3
Saint-Agnan-le-Malherbe 14 55 E1
Saint-Agnan-sur-Erre 61 84 A3
Saint-Agnan-sur-Sarthe 61 83 E1
Saint-Agnant 17 181 D3
Saint-Agnant-de-Versillat 23 168 C4
Saint-Agnant-près-Crocq 23 188 A4
Saint-Agnant-sous-les-Côtes 55 67 D3
Saint-Agne 24 220 B4
Saint-Agnet 40 273 D2
Saint-Agnin-sur-Bion 38 211 F2
Saint-Agoulin 63 189 E2
Saint-Agrève 07 228 A2
Saint-Aignan 08 23 D4
Saint-Aignan 33 218 C3
Saint-Aignan 41 132 A4
Saint-Aignan 56 76 C3
Saint-Aignan 72 83 D4
Saint-Aignan 82 257 D3
Saint-Aignan-de-Couptrain 53 82 A2
Saint-Aignan-de-Cramesnil 14 56 A1
Saint-Aignan-des-Gués 45 111 D3
Saint-Aignan-des-Noyers 18 154 A4
Saint-Aignan-Grandlieu 44 145 E1
Saint-Aignan-le-Jaillard 45 111 D4
Saint-Aignan-sur-Roë 53 104 B3
Saint-Aignan-sur-Ry 76 32 C2
Saint-Aigny 36 167 F1
Saint-Aigulin 17 219 D1
Saint-Ail 54 41 E4
Saint-Albain 71 175 E3
Saint-Alban 01 194 A1
Saint-Alban 22 51 F4
Saint-Alban 31 276 C1
Saint-Alban-Auriolles 07 246 A3
Saint-Alban-d'Ay 07 228 B1
Saint-Alban-de-Montbel 73 212 C2
Saint-Alban-de-Roche 38 211 F1
Saint-Alban-des-Hurtières 73 213 F2
Saint-Alban-des-Villards 73 213 F4
Saint-Alban-du-Rhône 38 210 C3
Saint-Alban-en-Montagne 07 245 D1
Saint-Alban-les-Eaux 42 191 D2
Saint-Alban-Leysse 73 213 D1
Saint-Alban-sur-Limagnole 48 226 A4
Saint-Albin-de-Vaulserre 38 212 C2
Saint-Alexandre 30 264 B1
Saint-Algis 02 21 D2
Saint-Allouestre 56 101 E2
Saint-Alpinien 23 187 F3
Saint-Alyre-d'Arlanc 63 208 B4
Saint-Alyre-ès-Montagne 63 207 D3
Saint-Amadou 09 301 D2
Saint-Amancet 81 278 A3
Saint-Amand 23 187 F3
Saint-Amand 50 54 C1
Saint-Amand 62 8 A4
Saint-Amand-de-Belvès 24 239 E1
Saint-Amand-de-Coly 24 221 F2
Saint-Amand-de-Vergt 24 220 C3
Saint-Amand-des-Hautes-Terres 27 32 A4
Saint-Amand-en-Puisaye 58 135 E2
Saint-Amand-Jartoudeix 23 186 C3
Saint-Amand-le-Petit 87 186 C4
Saint-Amand-les-Eaux 59 9 E2
Saint-Amand-Longpré 41 108 B4
Saint-Amand-Magnazeix 87 186 A1
Saint-Amand-Montrond 18 153 E4
Saint-Amand-sur-Fion 51 65 E3
Saint-Amand-sur-Ornain 55 66 C4
Saint-Amand-sur-Sèvre 79 147 D3
Saint-Amandin 15 206 C4
Saint-Amans 09 300 C2
Saint-Amans 11 301 F1
Saint-Amans 48 244 A1
Saint-Amans-de-Pellagal 82 257 E1
Saint-Amans-des-Cots 12 242 C1
Saint-Amans-du-Pech 82 239 D4
Saint-Amans-Soult 81 278 C3
Saint-Amans-Valtoret 81 278 C3
Saint-Amant 16 201 E3
Saint-Amant-de-Boixe 16 183 E4
Saint-Amant-de-Bonnieure 16 183 F4
Saint-Amant-de-Graves 16 201 D1
Saint-Amant-de-Nouère 16 183 E4
Saint-Amant-Roche-Savine 63 208 B2
Saint-Amant-Tallende 63 207 E1
Saint-Amarin 68 120 A1
Saint-Ambreuil 71 175 E1
Saint-Ambroix 18 152 C3
Saint-Ambroix 30 263 F1
Saint-Amé 88 119 E1
Saint-Amour 39 176 B3
Saint-Amour-Bellevue 71 175 D4
Saint-Anastaise 63 207 D3
Saint-Andelain 58 135 D4
Saint-Andéol 26 229 F4
Saint-Andéol 38 230 B3
Saint-Andéol-de-Berg 07 246 B2
Saint-Andéol-de-Clerguemort 48 245 D4
Saint-Andéol-de-Fourchades 07 227 F4
Saint-Andéol-de-Vals 07 246 A1
Saint-Andéol-le-Château 69 210 C2
Saint-Andeux 21 137 E3
Saint-Andiol 13 265 D4
Saint-Andoche 70 140 B1
Saint-André 16 182 B4
Saint-André 31 299 E1
Saint-André 32 275 E2
Saint-André 66 313 D3
Saint-André 73 214 B4
Saint-André 81 260 A3
Saint-André (Chapelle) 46 239 F2
Saint-André-Capcèze 48 245 D3
Saint-André-d'Allas 24 221 E4
Saint-André-d'Apchon 42 191 D2
Saint-André-de-Bagé 01 175 E4
Saint-André-de-Boëge 74 178 B4
Saint-André-de-Bohon 50 27 D3
Saint-André-de-Briouze 61 56 A4
Saint-André-de-Buèges 34 262 B4
Saint-André-de-Chalencon 43 209 D4
Saint-André-de-Corcy 01 193 D3
Saint-André-de-Cruzières 07 245 F4
Saint-André-de-Cubzac 33 217 F2
Saint-André-de-Double 24 219 F1
Saint-André-de-la-Marche 49 146 C1
Saint-André-de-la-Roche 06 288 C2
Saint-André-de-Lancize 48 262 C1
Saint-André-de-l'Épine 50 27 F4
Saint-André-de-l'Eure 27 59 D2
Saint-André-de-Lidon 17 199 D1
Saint-André-de-Majencoules 30 262 B3
Saint-André-de-Messei 61 55 F4
Saint-André-de-Najac 12 259 D1
Saint-André-de-Roquelongue 11 303 E2
Saint-André-de-Roquepertuis 30 264 A1
Saint-André-de-Rosans 05 248 B3
Saint-André-de-Sangonis 34 281 D2
Saint-André-de-Seignanx 40 270 C2
Saint-André-de-Valborgne 30 262 B2
Saint-André-de-Vézines 12 261 F2
Saint-André-d'Embrun 05 250 B1
Saint-André-des-Eaux 22 78 C2
Saint-André-des-Eaux 44 123 F4
Saint-André-d'Hébertot 14 30 C3
Saint-André-d'Huiriat 01 175 E4
Saint-André-d'Olérargues 30 264 A1
Saint-André-du-Bois 33 236 C2
Saint-André-en-Barrois 55 66 B1
Saint-André-en-Bresse 71 175 F1
Saint-André-en-Morvan 58 137 D3
Saint-André-en-Royans 38 230 A2
Saint-André-en-Terre-Plaine 89 137 E2
Saint-André-en-Vivarais 07 228 A2
Saint-André-et-Appelles 33 219 F4
Saint-André-Farivillers 60 34 B1
Saint-André-Goule-d'Oie 85 146 B3
Saint-André-la-Côte 69 210 B1
Saint-André-Lachamp 07 245 F3
Saint-André-le-Bouchoux 01 193 E1
Saint-André-le-Coq 63 189 F3
Saint-André-le-Désert 71 174 C2
Saint-André-le-Gaz 38 212 B2
Saint-André-le-Puy 42 209 F1
Saint-André-les-Alpes 04 268 B3
Saint-André-les-Vergers 10 90 B4
Saint-André-lez-Lille 59 4 C4
Saint-André-sur-Cailly 76 32 B1
Saint-André-sur-Orne 14 56 A1
Saint-André-sur-Sèvre 79 147 E4
Saint-André-sur-Vieux-Jonc 01 193 E1
Saint-André-Treize-Voies 85 145 F2
Saint-André-Val-de-Fier 74 195 D3
Saint-Androny 33 217 D1
Saint-Ange-et-Torçay 28 84 C1
Saint-Ange-le-Viel 77 88 A4
Saint-Angeau 16 183 F4
Saint-Angel 03 171 D4
Saint-Angel 19 205 F3
Saint-Angel 63 189 D2
Saint-Anthème 63 209 D2
Saint-Anthot 21 138 B3
Saint-Antoine 05 232 B3
Saint-Antoine 13 284 C4
Saint-Antoine 15 242 A1
Saint-Antoine 25 161 D3
Saint-Antoine 29 49 E2
Saint-Antoine 32 256 C3
Saint-Antoine 33 217 F2
Saint-Antoine-Cumond 24 201 F4
Saint-Antoine-d'Auberoche 24 221 D1
Saint-Antoine-de-Breuilh 24 219 E4
Saint-Antoine-de-Ficalba 47 238 C4
Saint-Antoine-du-Queyret 33 219 D4
Saint-Antoine-du-Rocher 37 130 C2
Saint-Antoine-la-Forêt 76 15 D4
Saint-Antoine-l'Abbaye 38 229 F1
Saint-Antoine-sur-l'Isle 33 219 E2
Saint-Antonin 06 269 E3
Saint-Antonin 32 275 E1
Saint-Antonin-de-Lacalm 81 278 B1
Saint-Antonin-de-Sommaire 27 57 F3
Saint-Antonin-du-Var 83 286 C2
Saint-Antonin-Noble-Val 82 258 C2
Saint-Antonin-sur-Bayon 13 285 E2
Saint-Aoustrille 36 152 B3
Saint-Août 36 152 B4
Saint-Apollinaire 05 250 A2
Saint-Apollinaire 21 139 E3
Saint-Apollinaire-de-Rias 07 228 B3
Saint-Appolinaire 69 192 A2
Saint-Appolinard 38 229 F1
Saint-Appolinard 42 210 B4
Saint-Aquilin 24 220 A1
Saint-Aquilin-d'Augerons 27 57 E2
Saint-Aquilin-de-Corbion 61 83 E1
Saint-Aquilin-de-Pacy 27 59 D2
Saint-Araille 31 275 F4
Saint-Arailles 32 274 B2
Saint-Arcons-d'Allier 43 226 B2
Saint-Arcons-de-Barges 43 227 D4
Saint-Arey 38 230 C3
Saint-Armel 35 103 E1
Saint-Armel 56 123 D2
Saint-Armou 64 273 D3
Saint-Arnac 66 311 F1
Saint-Arnoult 14 30 B3
Saint-Arnoult 41 108 A4
Saint-Arnoult 60 33 F1
Saint-Arnoult 76 15 E4
Saint-Arnoult-des-Bois 28 85 D2
Saint-Arnoult-en-Yvelines 78 86 B1
Saint-Arroman 32 274 C3
Saint-Arroman 65 298 B3
Saint-Arroumex 82 257 D3
Saint-Astier 24 220 B1
Saint-Astier 47 237 F1
Saint-Auban 04 267 E2
Saint-Auban 06 268 C3
Saint-Auban-d'Oze 05 249 D2
Saint-Auban-sur-l'Ouvèze 26 248 A4
Saint-Aubert 59 9 E4
Saint-Aubert-sur-Orne 61 56 A3
Saint-Aubin 02 36 A1
Saint-Aubin 10 89 E2
Saint-Aubin 21 157 F2
Saint-Aubin 36 152 C3
Saint-Aubin 39 159 D2
Saint-Aubin 40 272 B1
Saint-Aubin 47 238 C3
Saint-Aubin 59 10 B3
Saint-Aubin 62 6 B2
Saint-Aubin 91 60 C4
Saint-Aubin-Celloville 76 32 B3
Saint-Aubin-Château-Neuf 89 112 C3
Saint-Aubin-d'Appenai 61 83 D1
Saint-Aubin-d'Arquenay 14 29 F3
Saint-Aubin-d'Aubigné 35 79 E3
Saint-Aubin-de-Baubigné 79 147 E2
Saint-Aubin-de-Blaye 33 199 E4
Saint-Aubin-de-Bonneval 61 57 E2
Saint-Aubin-de-Branne 33 218 C4
Saint-Aubin-de-Cadelech 24 238 A1
Saint-Aubin-de-Courteraie 61 83 E1
Saint-Aubin-de-Crétot 76 15 E3
Saint-Aubin-de-Lanquais 24 220 B4
Saint-Aubin-de-Locquenay 72 82 C4
Saint-Aubin-de-Luigné 49 128 A3
Saint-Aubin-de-Médoc 33 217 D3
Saint-Aubin-de-Nabirat 24 239 F1
Saint-Aubin-de-Scellon 27 31 D4
Saint-Aubin-de-Terregatte 50 80 A1
Saint-Aubin-d'Écrosville 27 58 B1
Saint-Aubin-des-Bois 14 54 B3
Saint-Aubin-des-Bois 28 85 D2
Saint-Aubin-des-Châteaux 44 103 F4
Saint-Aubin-des-Chaumes 58 136 C3
Saint-Aubin-des-Coudrais 72 83 F4
Saint-Aubin-des-Grois 61 83 F3
Saint-Aubin-des-Hayes 27 57 F2
Saint-Aubin-des-Landes 35 104 A1
Saint-Aubin-des-Ormeaux 85 146 C2
Saint-Aubin-des-Préaux 50 53 F3
Saint-Aubin-du-Cormier 35 79 F3
Saint-Aubin-du-Désert 53 82 A3
Saint-Aubin-du-Pavail 35 103 F1
Saint-Aubin-du-Perron 50 27 D4
Saint-Aubin-du-Plain 79 147 F3
Saint-Aubin-du-Thenney 27 57 E1
Saint-Aubin-en-Bray 60 33 F2
Saint-Aubin-en-Charollais 71 174 A2
Saint-Aubin-Épinay 76 32 B2
Saint-Aubin-Fosse-Louvain 53 81 D2
Saint-Aubin-la-Plaine 85 163 F2
Saint-Aubin-le-Cauf 76 16 B3
Saint-Aubin-le-Cloud 79 165 D1
Saint-Aubin-le-Dépeint 37 130 B1
Saint-Aubin-le-Guichard 27 58 A1
Saint-Aubin-le-Monial 03 171 F2
Saint-Aubin-le-Vertueux 27 57 F1
Saint-Aubin-Lébizay 14 30 A4
Saint-Aubin-lès-Elbeuf 76 32 A3
Saint-Aubin-les-Forges 58 154 C1
Saint-Aubin-Montenoy 80 17 F3
Saint-Aubin-Rivière 80 17 E3
Saint-Aubin-Routot 76 14 C4
Saint-Aubin-sous-Erquery 60 34 C2
Saint-Aubin-sur-Aire 55 66 C4
Saint-Aubin-sur-Algot 14 56 C1
Saint-Aubin-sur-Gaillon 27 32 C4
Saint-Aubin-sur-Loire 71 173 D2
Saint-Aubin-sur-Mer 14 29 E3
Saint-Aubin-sur-Mer 76 15 F1
Saint-Aubin-sur-Quillebeuf 27 15 D4
Saint-Aubin-sur-Scie 76 16 A3
Saint-Aubin-sur-Yonne 89 113 D2
Saint-Augustin 03 154 B4
Saint-Augustin 17 198 B1
Saint-Augustin 19 205 D3
Saint-Augustin 77 62 B3
Saint-Augustin-des-Bois 49 128 A2
Saint-Aulaire 19 222 A1
Saint-Aulais-la-Chapelle 16 201 D3
Saint-Aulaye 24 219 E1
Saint-Aunès 34 281 F2
Saint-Aunix-Lengros 32 273 F2
Saint-Aupre 38 212 C3
Saint-Austremoine 43 226 A2
Saint-Auvent 87 185 D4
Saint-Avaugourd-des-Landes 85 162 C2
Saint-Avé 56 101 E4
Saint-Aventin 31 307 F4
Saint-Avertin 37 130 C3
Saint-Avit 16 201 E4
Saint-Avit 26 229 D1
Saint-Avit 40 254 A3
Saint-Avit 41 108 B1
Saint-Avit 47 237 F2
Saint-Avit 47 239 D2
Saint-Avit 63 188 B4
Saint-Avit 81 278 A3
Saint-Avit-de-Soulège 33 219 E4
Saint-Avit-de-Tardes 23 187 F3
Saint-Avit-de-Vialard 24 221 D3
Saint-Avit-Frandat 32 256 B3
Saint-Avit-le-Pauvre 23 187 E3
Saint-Avit-les-Guespières 28 85 D4
Saint-Avit-Rivière 24 239 D1
Saint-Avit-Saint-Nazaire 33 219 F4
Saint-Avit-Sénieur 24 220 C4
Saint-Avold 57 42 C4
Saint-Avre 73 214 A3
Saint-Ay 45 109 F3
Saint-Aybert 59 9 C2
Saint-Aygulf 83 287 F3
Saint-Babel 63 207 F2
Saint Baldoph 73 213 D2
Saint-Bandry 02 36 A3
Saint-Baraing 39 159 D2
Saint-Barbant 87 185 D1
Saint-Bard 23 188 A3
Saint-Bardoux 26 229 D2
Saint-Barnabé 22 77 E4
Saint-Barthélemy 38 211 E4
Saint-Barthélemy 40 271 D2
Saint-Barthélemy 50 54 C4
Saint-Barthélemy 56 100 C2
Saint-Barthélemy 70 119 D3
Saint-Barthélemy 77 63 D3
Saint-Barthélemy-d'Agenais 47 238 A2
Saint-Barthélemy-d'Anjou 49 128 B2
Saint-Barthélemy-de-Bellegarde 24 219 F2
Saint-Barthélemy-de-Bussière 24 202 C1
Saint-Barthélemy-de-Vals 26 229 D1
Saint-Barthélemy-de-Séchilienne 38 231 D2
Saint-Barthélemy-Grozon 07 228 C3
Saint-Barthélemy-le-Meil 07 228 B3
Saint-Barthélemy-le-Plain 07 228 C2
Saint-Barthélemy-Lestra 42 210 A1
Saint-Basile 07 228 B3
Saint-Baslemont 88 94 A4

ST-BRIEUC

Armor (Av. d') BZ 3
Chapitre (R. du) AZ 4
Charbonnerie (R.) AY 5
Gaulle (Pl. Gén. de) AY 18
Glais-Bizoin (R.) ABY 20
Jouallan (R.) AY 26
Le Gorrec (R.P.) AZ 28
Libération (Av. de la) BZ 29
Lycéens-Martyrs (R.) AZ 32
Martray (Pl. du) AY 33
Quinquaine (R.) AY 38
Résistance (Pl. de la) AY 39
Rohan (R. de) AYZ 40
St-Gilles (R.) AY 43
St-Gouéno (R.) AY 44
St-Guillaume (R.) BZ 46
3-Frères-Le Goff (R.) AY 52
3-Frères-Merlin (R.) AY 53

Saint-Baudel 18 .... 153 D4
Saint-Baudelle 53 .... 81 E3
Saint-Baudille-de-la-Tour 38 .... 193 F4
Saint-Baudille-et-Pipet 38 .... 230 C4
Saint-Bauld 37 .... 150 B1
Saint-Baussant 54 .... 67 E2
Saint-Bauzeil 09 .... 301 D2
Saint-Bauzély 30 .... 263 F3
Saint-Bauzile 07 .... 246 C1
Saint-Bauzile 48 .... 244 B3
Saint-Bauzille-de-la-Sylve 34 .... 281 D2
Saint-Bauzille-de-Montmel 34 .... 281 F1
Saint-Bauzille-de-Putois 34 .. 262 C4
Saint-Bazile 87 .... 202 C1
Saint-Bazile-de-la-Roche 19 .... 223 D1
Saint-Bazile-de-Meyssac 19 .... 222 C2
Saint-Béat 31 .... 299 D4
Saint-Beaulize 12 .... 261 E4
Saint-Beauzeil 82 .... 239 D4
Saint-Beauzély 12 .... 261 D2
Saint-Beauzile 81 .... 258 C3
Saint-Beauzire 43 .... 207 F4
Saint-Beauzire 63 .... 189 F4
Saint-Bénézet 30 .... 263 E3
Saint-Bénigne 01 .... 175 E3
Saint-Benin 59 .... 20 B1
Saint-Benin-d'Azy 58 .... 155 E2
Saint-Benin-des-Bois 58 .... 155 E1
Saint-Benoist-sur-Mer 85 .... 163 D2
Saint-Benoist-sur-Vanne 10 .... 89 E4
Saint-Benoît 01 .... 212 B1
Saint-Benoît 04 .... 268 C2
Saint-Benoît 11 .... 302 A3
Saint-Benoît 28 .... 108 B1
Saint-Benoît 86 .... 166 B2
Saint-Benoît-de-Carmaux 81 .... 259 E2
Saint-Benoît-des-Ombres 27 .. 31 E4
Saint-Benoît-des-Ondes 35 .... 53 D4
Saint-Benoît-d'Hébertot 14 .... 30 C3
Saint-Benoît-du-Sault 36 .... 168 B3
Saint-Benoit-en-Diois 26 .... 247 F1
Saint-Benoît-en-Woëvre 55 .... 67 E1
Saint-Benoît-la-Chipotte 88 .... 95 E2
Saint-Benoît-la-Forêt 37 .... 130 A4
Saint-Benoît-sur-Loire 45 .... 111 D4
Saint-Benoît-sur-Seine 10 .... 90 A3
Saint-Bérain 43 .... 226 B2
Saint-Berain-sous-Sanvignes 71 .... 157 D4
Saint-Bérain-sur-Dheune 71 .... 157 F3
Saint-Bernard 01 .... 192 C3
Saint-Bernard 21 .... 158 B1
Saint-Bernard 38 .... 213 D4
Saint-Bernard 57 .... 42 A3
Saint-Bernard 68 .... 120 B3
Saint-Béron 73 .... 212 C2
Saint-Berthevin 53 .... 105 D1
Saint-Berthevin-la-Tannière 53 .... 80 C2
Saint-Bertrand-de-Comminges 31 .... 298 C3
Saint-Biez-en-Belin 72 .... 107 D3
Saint-Bihy 22 .... 77 D2
Saint-Blaise 06 .... 288 C1
Saint-Blaise 74 .... 195 E1
Saint-Blaise (Fouilles de) 13 .... 284 A3
Saint-Blaise-du-Buis 38 .... 212 B3
Saint-Blaise-la-Roche 67 .... 96 A1
Saint-Blancard 32 .... 275 D4
Saint-Blimont 80 .... 6 A4
Saint-Blin 52 .... 92 C3
Saint-Boès 64 .... 272 A2
Saint-Bohaire 41 .... 132 A1
Saint-Boil 71 .... 175 D1
Saint-Boingt 54 .... 94 C2
Saint-Bois 01 .... 212 B1
Saint-Bomer 28 .... 84 A4
Saint-Bômer-les-Forges 61 .... 55 E4
Saint-Bon 51 .... 63 D4
Saint-Bon-Tarentaise 73 .... 214 B2
Saint-Bonnet 16 .... 201 D3
Saint-Bonnet (Signal de) 69 .... 192 B2
Saint-Bonnet-Avalouze 19 ... 222 C1
Saint-Bonnet-Briance 87 .... 204 A1
Saint-Bonnet-de-Bellac 87 ... 185 D1
Saint-Bonnet-de-Chavagne 38 .... 229 F1
Saint-Bonnet-de-Chirac 48 ... 243 F3
Saint-Bonnet-de-Condat 15 . 206 C4
Saint-Bonnet-de-Cray 71 .... 191 E1
Saint-Bonnet-de-Four 03 .... 171 E4
Saint-Bonnet-de-Joux 71 .... 174 B2
Saint-Bonnet-de-Montauroux 48 .... 226 C4
Saint-Bonnet-de-Mure 69 .... 211 E1
Saint-Bonnet-de-Rochefort 03 .... 189 E1
Saint-Bonnet-de-Salers 15 ... 224 A1
Saint-Bonnet-de-Salendrinque 30 .... 263 D3
Saint-Bonnet-de-Valclérieux 26 .... 229 E1
Saint-Bonnet-de-Vieille-Vigne 71 .... 174 A2
Saint-Bonnet-des-Bruyères 69 .... 174 B4
Saint-Bonnet-des-Quarts 42 .... 190 C1
Saint-Bonnet-du-Gard 30 .... 264 B3
Saint-Bonnet-Elvert 19 .... 223 D1
Saint-Bonnet-en-Bresse 71 .. 158 C3
Saint-Bonnet-en-Champsaur 05 .... 249 E1
Saint-Bonnet-la-Rivière 19 ... 204 A4
Saint-Bonnet-le-Bourg 63 .... 208 B3
Saint-Bonnet-le-Chastel 63 .. 208 B3
Saint-Bonnet-le-Château 42 . 209 E3
Saint-Bonnet-le-Courreau 42 .... 209 D1
Saint-Bonnet-le-Froid 43 .... 228 A1
Saint-Bonnet-le-Troncy 69 ... 192 A2
Saint-Bonnet-l'Enfantier 19 .. 204 B4
Saint-Bonnet-lès-Allier 63 .... 207 F1
Saint-Bonnet-les-Oules 42 ... 210 A2
Saint-Bonnet-les-Tours-de-Merle 19 .... 223 E2
Saint-Bonnet-près-Bort 19 ... 206 A3
Saint-Bonnet-près-Orcival 63 .... 207 D1
Saint-Bonnet-près-Riom 63 . 189 E3
Saint-Bonnet-sur-Gironde 17 .... 199 D3
Saint-Bonnet-Tronçais 03 .... 171 D1
Saint-Bonnot 58 .... 136 A4
Saint-Bouize 18 .... 135 D4
Saint-Brancher 89 .... 137 D3
Saint-Branchs 37 .... 131 D4
Saint-Brandan 22 .... 77 D2
Saint-Brès 30 .... 263 F1
Saint-Brès 32 .... 275 E1
Saint-Brès 34 .... 282 A2
Saint-Bresson 30 .... 262 B3
Saint-Bresson 70 .... 119 D2
Saint-Bressou 46 .... 241 D1
Saint-Brevin-les-Pins 44 .... 125 E3
Saint-Brévin-l'Océan 44 .... 125 E4
Saint-Briac-sur-Mer 35 .... 52 B4
Saint-Brice 16 .... 200 C1
Saint-Brice 33 .... 236 C1
Saint-Brice 50 .... 54 A4
Saint-Brice 53 .... 105 F3
Saint-Brice 61 .... 81 E1
Saint-Brice 77 .... 88 C1
Saint-Brice-Courcelles 51 .... 37 F3
Saint-Brice-de-Landelles 50 ... 80 B1
Saint-Brice-en-Coglès 35 .... 80 A2
Saint-Brice-sous-Forêt 95 .... 61 D2
Saint-Brice-sous-Rânes 61 .... 56 A4
Saint-Brice-sur-Vienne 87 .... 185 D3
Saint-Brieuc 22 .... 51 E4
Saint-Brieuc-de-Mauron 56 .... 78 A4
Saint-Brieuc-des-Iffs 35 .... 79 D3
Saint-Bris-des-Bois 17 .... 182 B4
Saint-Bris-le-Vineux 89 .... 113 E4
Saint-Brisson 58 .... 137 E4
Saint-Brisson-sur-Loire 45 ... 134 C1
Saint-Broing 70 .... 140 B2
Saint-Broing-les-Moines 21 . 115 F4
Saint-Broingt-le-Bois 52 .... 117 D4
Saint-Broingt-les-Fosses 52 . 116 C4
Saint-Broladre 35 .... 79 E1
Saint-Bueil 38 .... 212 C2
Saint-Cado 56 .... 100 B3
Saint-Calais 72 .... 108 A3
Saint-Calais-du-Désert 53 .... 82 A2
Saint-Calez-en-Saosnois 72 ... 83 D3
Saint-Cannat 13 .... 284 C2
Saint-Caprais 03 .... 171 D2
Saint-Caprais 18 .... 153 D2
Saint-Caprais 32 .... 275 E2
Saint-Caprais 46 .... 239 E2
Saint-Caprais-de-Blaye 33 .... 199 E4
Saint-Caprais-de-Bordeaux 33 .... 217 F4
Saint-Caprais-de-Lerm 47 .... 256 B1
Saint-Capraise-de-Lalinde 24 .... 220 B4
Saint-Capraise-d'Eymet 24 .. 238 A1
Saint-Caradec 22 .... 77 D3
Saint-Caradec-Trégomel 56 . 100 A1
Saint-Carné 22 .... 78 C2
Saint-Carreuc 22 .... 77 E2
Saint-Cassien 24 .... 238 C1
Saint-Cassien 38 .... 212 B3
Saint-Cassien 86 .... 148 C2
Saint-Cassin 73 .... 213 D2
Saint-Cast-le-Guildo 22 .... 52 B4
Saint-Castin 64 .... 273 D4
Saint-Célerin 72 .... 107 E1
Saint-Céneré 53 .... 105 E1
Saint-Céneri-le-Gérei 61 .... 82 B3
Saint-Céols 18 .... 134 C4
Saint-Céré 46 .... 223 D4
Saint-Cergues 74 .... 178 A4
Saint-Cernin 15 .... 224 A2
Saint-Cernin 46 .... 240 B2
Saint-Cernin-de-Labarde 24 . 238 B1
Saint-Cernin-de-Larche 19 ... 222 A2
Saint-Cernin-de-l'Herm 24 ... 239 E2
Saint-Cernin-de-Reilhac 24 .. 221 D2
Saint-Césaire 17 .... 182 B4
Saint-Césaire 30 .... 264 A4
Saint-Césaire-de-Gauzignan 30 .... 263 F3
Saint-Cézaire (Grottes de) 06 .... 287 F1
Saint-Cézaire-sur-Siagne 06 .... 287 F1
Saint-Cézert 31 .... 276 A1
Saint-Chabrais 23 .... 187 F1
Saint-Chaffrey 05 .... 232 B3
Saint-Chamant 15 .... 224 A2
Saint-Chamant 19 .... 223 D2
Saint-Chamarand 46 .... 240 A1
Saint-Chamas 13 .... 284 A2
Saint-Chamassy 24 .... 221 D4
Saint-Chamond 42 .... 210 B3
Saint-Champ 01 .... 194 C4
Saint-Chaptes 30 .... 263 F3
Saint-Charles 54 .... 41 D1
Saint-Charles-de-Percy 14 .... 55 D2
Saint-Charles-la-Forêt 53 .... 105 E2
Saint-Chartier 36 .... 169 F1
Saint-Chartres 86 .... 148 C3
Saint-Chef 38 .... 212 A1
Saint-Chels 46 .... 240 C3
Saint-Chély-d'Apcher 48 .... 225 F4
Saint-Chély-d'Aubrac 12 .... 243 D2
Saint-Chély-du-Tarn 48 .... 244 A4
Saint-Chéron 51 .... 91 D1
Saint-Chéron 91 .... 86 C1
Saint-Chéron-des-Champs 28 .... 85 E1
Saint-Chinian 34 .... 279 F4
Saint-Christ-Briost 80 .... 19 E3
Saint-Christau 64 .... 296 B2
Saint-Christaud 31 .... 300 A2
Saint-Christaud 32 .... 274 A3
Saint-Christo-en-Jarez 42 .... 210 A2
Saint-Christol 07 .... 228 A4
Saint-Christol 34 .... 282 A1
Saint-Christol 84 .... 266 B2
Saint-Christol-de-Rodières 30 .... 264 B1
Saint-Christol-lès-Alès 30 .... 263 E2
Saint-Christoly-de-Blaye 33 . 217 E1
Saint-Christoly-Médoc 33 .... 198 C3
Saint-Christophe 03 .... 190 B1
Saint-Christophe 16 .... 185 D2
Saint-Christophe 17 .... 181 D1
Saint-Christophe 23 .... 187 D2
Saint-Christophe 28 .... 109 D1
Saint-Christophe 69 .... 174 C4
Saint-Christophe 81 .... 259 D2
Saint-Christophe 86 .... 149 E3
Saint-Christophe-à-Berry 02 .. 36 A2
Saint-Christophe-d'Allier 43 .... 226 C4
Saint-Christophe-de-Double 33 .... 219 D2
Saint-Christophe-de-Valains 35 .... 79 F3
Saint-Christophe-de-Chaulieu 61 .... 55 D3
Saint-Christophe-des-Bardes 33 .... 219 D3
Saint-Christophe-des-Bois 35 .... 80 A4
Saint-Christophe-Dodinicourt 10 .... 91 D2
Saint-Christophe-du-Bois 49 .... 146 C2
Saint-Christophe-du-Foc 50 ... 24 B3
Saint-Christophe-du-Luat 53 .... 105 F1
Saint-Christophe-du-Jambet 72 .... 82 C4
Saint-Christophe-du-Ligneron 85 .... 145 D3
Saint-Christophe-en-Bazelle 36 .... 152 A1
Saint-Christophe-en-Boucherie 36 .... 169 F1
Saint-Christophe-en-Oisans 38 .... 231 F2
Saint-Christophe-en-Bresse 71 .... 158 B4
Saint-Christophe-en-Brionnais 71 .... 174 A4
Saint-Christophe-en-Champagne 72 .... 106 B2
Saint-Christophe-et-le-Laris 26 .... 229 E1
Saint-Christophe-la-Couperie 49 .... 127 D4
Saint-Christophe-la-Grotte 73 .... 212 C3
Saint-Christophe-le-Chaudry 18 .... 170 B2
Saint-Christophe-le-Jajolet 61 .... 56 C4
Saint-Christophe-les-Gorges 15 .... 223 F2
Saint-Christophe-sur-Avre 27 .... 58 A4
Saint-Christophe-sur-Condé 27 .... 31 E3
Saint-Christophe-sur-Dolaison 43 .... 227 D3
Saint-Christophe-sur-Guiers 38 .... 212 C3
Saint-Christophe-sur-le-Nais 37 .... 130 B1
Saint-Christophe-sur-Roc 79 .... 165 D3
Saint-Christophe-Vallon 12 .. 242 A3
Saint-Cibard 33 .... 219 D3
Saint-Cierge-la-Serre 07 .... 228 C4
Saint-Cierge-sous-le-Cheylard 07 .... 228 A3
Saint-Ciergues 52 .... 116 C3
Saint-Ciers-Champagne 17 .. 200 C3
Saint-Ciers-d'Abzac 33 .... 218 C2
Saint-Ciers-de-Canesse 33 ... 217 E2
Saint-Ciers-du-Taillon 17 .... 199 E3
Saint-Ciers-sur-Bonnieure 16 .... 183 F3
Saint-Ciers-sur-Gironde 33 .. 199 E4
Saint-Cirgue 81 .... 259 F3
Saint-Cirgues 43 .... 226 A1
Saint-Cirgues 46 .... 241 E1
Saint-Cirgues-de-Jordanne 15 .... 224 B2
Saint-Cirgues-de-Malbert 15 .... 224 A2
Saint-Cirgues-de-Prades 07 . 245 F2
Saint-Cirgues-en-Montagne 07 .... 245 E1
Saint-Cirgues-la-Loutre 19 ... 223 E2
Saint-Cirgues-sur-Couze 63 . 207 E2
Saint-Cirice 82 .... 256 C2
Saint-Cirq 24 .... 221 D3
Saint-Cirq 82 .... 258 B2
Saint-Cirq-Lapopie 46 .... 240 B3
Saint-Cirq-Madelon 46 .... 221 F4
Saint-Cirq-Souillaguet 46 .... 240 A1
Saint-Civran 36 .... 168 B2
Saint-Clair 07 .... 210 C4
Saint-Clair 46 .... 240 A1
Saint-Clair 82 .... 257 D2
Saint-Clair 83 .... 293 D2
Saint-Clair 86 .... 148 C3
Saint-Clair-d'Arcey 27 .... 57 F1
Saint-Clair-de-Halouze 61 .... 55 E4
Saint-Clair-de-la-Tour 38 .... 212 A2
Saint-Clair-du-Rhône 38 .... 210 C3
Saint-Clair-sur-Epte 95 .... 33 E4
Saint-Clair-sur-Galaure 38 .... 211 E4
Saint-Clair-sur-l'Elle 50 .... 27 F4
Saint-Clair-sur-les-Monts 76 ... 15 E3
Saint-Clar 32 .... 256 B4
Saint-Clar-de-Rivière 31 .... 276 A3
Saint-Claud 16 .... 184 A3
Saint-Claude 39 .... 177 E3
Saint-Claude-de-Diray 41 .... 132 A1
Saint-Clément 02 .... 21 E3
Saint-Clément 03 .... 190 C2
Saint-Clément 07 .... 227 F3
Saint-Clément 15 .... 224 C3
Saint-Clément 19 .... 204 C4
Saint-Clément 30 .... 263 E4
Saint-Clément 50 .... 55 D4
Saint-Clément 54 .... 95 D1
Saint-Clément 89 .... 88 C4
Saint-Clément-à-Arnes 08 .... 38 B3
Saint-Clément-de-la-Place 49 .... 128 A2
Saint-Clément-de-Régnat 63 .... 189 F2
Saint-Clément-de-Rivière 34 .... 281 F1
Saint-Clément-de-Valorgue 63 .... 209 D2
Saint-Clément-de-Vers 69 .... 174 B4
Saint-Clément-des-Baleines 17 .... 162 C4
Saint-Clément-des-Levées 49 .... 129 D3
Saint-Clément-les-Places 69 .... 192 A4
Saint-Clément-sur-Durance 05 .... 250 B1
Saint-Clément-sur-Guye 71 . 174 C1
Saint-Clément-sur-Valsonne 69 .... 192 A3
Saint-Clémentin 79 .... 147 F2
Saint-Clet 22 .... 50 C2
Saint-Cloud 92 .... 60 C3
Saint-Cloud-en-Dunois 28 .... 109 E2
Saint-Colomb-de-Lauzun 47 .... 238 A2
Saint-Colomban 44 .... 145 E2
Saint-Colomban-des-Villards 73 .... 213 F4
Saint-Côme 33 .... 236 C3
Saint-Côme (Chapelle de) 29 .... 73 E2
Saint-Côme-de-Fresné 14 .... 29 D3
Saint-Côme-d'Olt 12 .... 242 C3
Saint-Côme-du-Mont 50 .... 27 D3
Saint-Côme-et-Maruéjols 30 .... 263 F4
Saint-Congard 56 .... 102 A3
Saint-Connan 22 .... 76 C1
Saint-Connec 22 .... 77 D4
Saint-Constant 15 .... 241 F1
Saint-Contest 14 .... 29 E4
Saint-Corneille 72 .... 107 D1
Saint-Cornier-des-Landes 61 .. 55 E4
Saint-Cosme 68 .... 120 A3
Saint-Cosme-en-Vairais 72 .... 83 E4
Saint-Couat-d'Aude 11 .... 303 D1
Saint-Couat-du-Razès 11 .... 302 A3
Saint-Coulitz 29 .... 73 F2
Saint-Coulomb 35 .... 53 D4
Saint-Coutant 16 .... 184 A2
Saint-Coutant 79 .... 165 F4
Saint-Coutant-le-Grand 17 ... 181 E2
Saint-Créac 32 .... 256 C3
Saint-Créac 65 .... 297 F2
Saint-Crépin 05 .... 232 C4
Saint-Crépin 17 .... 181 E2
Saint-Crépin-aux-Bois 60 .... 35 F2
Saint-Crépin-d'Auberoche 24 .... 221 D2
Saint-Crépin-de-Richemont 24 .... 202 B3
Saint-Crépin-et-Carlucet 24 .. 221 F3
Saint-Crépin-Ibouvillers 60 .... 34 A4
Saint-Crespin 14 .... 56 C1
Saint-Crespin 76 .... 16 A3
Saint-Crespin-sur-Moine 49 . 146 B1
Saint-Cricq 32 .... 275 F1
Saint-Cricq-Chalosse 40 .... 272 B1
Saint-Cricq-du-Gave 40 .... 271 F2
Saint-Cricq-Villeneuve 40 .... 254 B4
Saint-Cybardeaux 16 .... 183 D4
Saint-Cybranet 24 .... 221 E4
Saint-Cyprien 19 .... 222 A1
Saint-Cyprien 24 .... 221 E4
Saint-Cyprien 42 .... 209 F2
Saint-Cyprien 46 .... 239 F4
Saint-Cyprien 66 .... 313 E2
Saint-Cyprien-Plage 66 .... 313 E2
Saint-Cyprien-sur-Dourdou 12 .... 242 A2
Saint-Cyr 07 .... 210 C4
Saint-Cyr 39 .... 159 F2
Saint-Cyr 50 .... 25 D3
Saint-Cyr 71 .... 175 E1
Saint-Cyr 86 .... 149 E4
Saint-Cyr 87 .... 185 D4
Saint-Cyr (Mont) 46 .... 240 A3
Saint-Cyr-au-Mont-d'Or 69 .. 192 C4
Saint-Cyr-de-Favières 42 .... 191 E3
Saint-Cyr-de-Salerne 27 .... 31 E4
Saint-Cyr-de-Valorges 42 .... 191 F3
Saint-Cyr-des-Gâts 85 .... 164 A1
Saint-Cyr-du-Bailleul 50 .... 81 D1
Saint-Cyr-du-Doret 17 .... 164 A4
Saint-Cyr-du-Gault 41 .... 131 E1
Saint-Cyr-du-Ronceray 14 .... 57 D1
Saint-Cyr-en-Arthies 95 .... 59 F1
Saint-Cyr-en-Bourg 49 .... 129 E4
Saint-Cyr-en-Pail 53 .... 82 A2
Saint-Cyr-en-Retz 44 .... 145 D1
Saint-Cyr-en-Talmondais 85 .... 163 D2
Saint-Cyr-en-Val 45 .... 110 B3
Saint-Cyr-la-Campagne 27 .... 32 A4
Saint-Cyr-la-Lande 79 .... 148 B2
Saint-Cyr-la-Rivière 91 .... 86 C3
Saint-Cyr-la-Roche 19 .... 204 A4
Saint-Cyr-la-Rosière 61 .... 83 F3
Saint-Cyr-le-Chatoux 69 .... 192 B2
Saint-Cyr-le-Gravelais 53 .... 104 C1
Saint-Cyr-l'École 78 .... 60 B3
Saint-Cyr-les-Champagnes 24 .... 203 F4
Saint-Cyr-les-Colons 89 .... 113 F4
Saint-Cyr-les-Vignes 42 .... 209 F1
Saint-Cyr-sous-Dourdan 91 .... 86 B1
Saint-Cyr-sur-le-Rhône 69 .... 211 D2
Saint-Cyr-sur-Loire 37 .... 130 C3
Saint-Cyr-sur-Menthon 01 .... 175 E4
Saint-Cyr-sur-Mer 83 .... 291 E3
Saint-Cyr-sur-Morin 77 .... 62 C2
Saint-Cyran-du-Jambot 36 ... 150 C2
Saint-Dalmas-de-Tende 06 ... 289 F1
Saint-Dalmas-le-Selvage 06 .... 251 D4
Saint-Dalmas-Valdeblore 06 .... 269 F1
Saint-Daunès 46 .... 239 F4
Saint-Denis 11 .... 278 B4
Saint-Denis 30 .... 263 F1
Saint-Denis 79 .... 165 D2
Saint-Denis 89 .... 88 C4
Saint-Denis 93 .... 61 D2
Saint-Denis-Catus 46 .... 240 A2
Saint-Denis-Combarnazat 63 .... 190 A3
Saint-Denis-d'Aclon 76 .... 15 F1
Saint-Denis-d'Anjou 53 .... 105 F3
Saint-Denis-d'Augerons 27 .... 57 E2
Saint-Denis-d'Authou 28 .... 84 B3
Saint-Denis-de-Cabanne 42 . 191 F1
Saint-Denis-de-Gastines 53 .... 81 D3
Saint-Denis-de-Jouhet 36 .... 169 E2
Saint-Denis-de-l'Hôtel 45 .... 110 C3
Saint-Denis-de-Mailloc 14 .... 57 D1
Saint-Denis-de-Méré 14 .... 55 F3
Saint-Denis-de-Palin 18 .... 153 E3
Saint-Denis-de-Pile 33 .... 218 C2
Saint-Denis-de-Vaux 71 .... 157 F4
Saint-Denis-de-Villenette 61 ... 81 E1
Saint-Denis-des-Coudrais 72 .... 107 E1
Saint-Denis-des-Monts 27 .... 31 F3
Saint-Denis-des-Murs 87 .... 186 B4
Saint-Denis-des-Puits 28 .... 84 C3
Saint-Denis-d'Oléron 17 .... 180 B2
Saint-Denis-d'Orques 72 .... 106 A1
Saint-Denis-du-Béhélan 27 .... 58 B3
Saint-Denis-du-Maine 53 .... 105 E2
Saint-Denis-du-Payré 85 .... 163 D3
Saint-Denis-du-Pin 17 .... 182 A2
Saint-Denis du Tertre (Chapelle) 72 .... 107 E2
Saint-Denis-en-Bugey 01 .... 193 F3
Saint-Denis-en-Margeride 48 .... 244 A1
Saint-Denis-en-Val 45 .... 110 B3
Saint-Denis-la-Chevasse 85 . 146 A3
Saint-Denis-le-Ferment 27 .... 33 E3
Saint-Denis-le-Gast 50 .... 54 A2
Saint-Denis-le-Thiboult 76 .... 32 C2
Saint-Denis-le-Vêtu 50 .... 54 A1
Saint-Denis-lès-Bourg 01 .... 193 E1
Saint-Denis-lès-Martel 46 .... 222 B3
Saint-Denis-les-Ponts 28 .... 109 D1
Saint-Denis-lès-Rebais 77 .... 62 C3
Saint-Denis-Maisoncelles 14 .. 55 D2
Saint-Denis-sur-Coise 42 .... 210 A1
Saint-Denis-sur-Huisne 61 .... 83 F2
Saint-Denis-sur-Loire 41 .... 132 A1
Saint-Denis-sur-Ouanne 89 .. 112 B3
Saint-Denis-sur-Sarthon 61 .... 82 B2
Saint-Denis-sur-Scie 76 .... 16 A4
Saint-Deniscourt 60 .... 33 F1
Saint-Denœux 62 .... 6 C2
Saint-Denoual 22 .... 78 A1
Saint-Derrien 29 .... 48 C3
Saint-Désert 71 .... 157 F4
Saint-Désir 14 .... 30 B4
Saint-Désirat 07 .... 210 C4
Saint-Désiré 03 .... 170 B2
Saint-Dézery 19 .... 206 A2
Saint-Dézéry 30 .... 263 F3
Saint-Didier 21 .... 137 F3
Saint-Didier 35 .... 104 A1
Saint-Didier 39 .... 159 E4
Saint-Didier 58 .... 136 B3
Saint-Didier 84 .... 265 E3
Saint-Didier-au-Mont-d'Or 69 .... 192 C4
Saint-Didier-d'Allier 43 .... 226 C3
Saint-Didier-d'Aussiat 01 .... 175 F4
Saint-Didier-de-Bizonnes 38 .... 212 A3
Saint-Didier-de-Formans 01 .... 192 C3
Saint-Didier-de-la-Tour 38 .... 212 A2
Saint-Didier-des-Bois 27 .... 32 A4
Saint-Didier-en-Bresse 71 .... 158 B3
Saint-Didier-en-Brionnais 71 .... 173 F4
Saint-Didier-en-Donjon 03 ... 173 E3
Saint-Didier-en-Velay 43 .... 209 F4
Saint-Didier-la-Forêt 03 .... 190 A1
Saint-Didier-sous-Aubenas 07 .... 246 A2
Saint-Didier-sous-Écouves 61 .... 82 B1
Saint-Didier-sous-Riverie 69 .... 210 B2
Saint-Didier-sur-Arroux 71 ... 156 C4
Saint-Didier-sur-Beaujeu 69 .... 192 B1
Saint-Didier-sur-Chalaronne 01 .... 192 C1
Saint-Didier-sur-Doulon 43 .. 208 B4
Saint-Didier-sur-Rochefort 42 .... 191 D4
Saint-Dié-des-Vosges 88 .... 95 F3
Saint-Dier-d'Auvergne 63 .... 208 A1
Saint-Diéry 63 .... 207 E2
Saint-Dionizy 30 .... 263 F4
Saint-Disdier 05 .... 231 D4
Saint-Divy 29 .... 47 F3
Saint-Dizant-du-Bois 17 .... 199 E3
Saint-Dizant-du-Gua 17 .... 199 D3
Saint-Dizier 52 .... 66 A4
Saint-Dizier-en-Diois 26 .... 248 B2
Saint-Dizier-la-Tour 23 .... 187 E1
Saint-Dizier-les-Domaines 23 .... 169 F4
Saint-Dizier-l'Évêque 90 .... 143 D2
Saint-Dizier-Leyrenne 23 .... 186 C2
Saint-Dolay 56 .... 125 E1
Saint-Domet 23 .... 187 F2
Saint-Domineuc 35 .... 79 D2
Saint-Donan 22 .... 51 D4
Saint-Donat 63 .... 206 C3
Saint-Donat (Église de) 04 ... 267 D2
Saint-Donat-sur-l'Herbasse 26 .... 229 E1
Saint-Dos 64 .... 271 E3
Saint-Doulchard 18 .... 153 D1
Saint-Drézéry 34 .... 282 A1
Saint-Dyé-sur-Loire 41 .... 132 B1
Saint-Èble 43 .... 226 B2
Saint-Èbremond-de-Bonfossé 50 .... 54 B1
Saint-Edmond 71 .... 191 F1
Saint-Égrève 38 .... 212 C4
Saint-Élier 27 .... 58 B2
Saint-Éliph 28 .... 84 B2
Saint-Élix 32 .... 275 E3
Saint-Élix-le-Château 31 .... 300 A1
Saint-Élix-Séglan 31 .... 299 E1
Saint-Élix-Theux 32 .... 274 C3
Saint-Ellier 49 .... 128 C3
Saint-Ellier-du-Maine 53 .... 80 C2
Saint-Ellier-les-Bois 61 .... 82 B1
Saint-Éloi 01 .... 193 E3
Saint-Éloi 22 .... 50 B3
Saint-Éloi 23 .... 187 D2
Saint-Éloi 58 .... 155 D2
Saint-Éloi-de-Fourques 27 .... 31 F4
Saint-Eloy 29 .... 73 F1
Saint-Éloy-d'Allier 03 .... 170 B2
Saint-Éloy-de-Gy 18 .... 153 D1
Saint-Éloy-la-Glacière 63 .... 208 B2
Saint-Éloy-les-Mines 63 .... 189 D1
Saint-Éloy-les-Tuileries 19 ... 203 F3
Saint-Éman 28 .... 84 C3
Saint-Émiland 71 .... 157 E3
Saint-Émilien-de-Blain 44 .... 126 A2
Saint-Émilion 33 .... 218 C3
Saint-Ennemond 03 .... 172 B1
Saint-Épain 37 .... 149 F1
Saint-Epvre 57 .... 68 C1
Saint-Erblon 35 .... 103 E1
Saint-Erblon 53 .... 104 B3
Saint-Erme-Outre-et-Ramecourt 02 .... 37 E1
Saint-Escobille 91 .... 86 B2
Saint-Esteben 64 .... 271 D4
Saint-Estèphe 16 .... 201 E2
Saint-Estèphe 24 .... 202 B2
Saint-Estèphe 33 .... 199 D4
Saint-Estève 66 .... 313 D2
Saint-Estève 84 .... 265 F2
Saint-Estève-Janson 13 .... 284 C1
Saint-Étienne 42 .... 210 A3
Saint-Étienne-à-Arnes 08 .... 38 B3
Saint-Étienne-au-Mont 62 .... 2 A4
Saint-Étienne-au-Temple 51 ... 65 D1
Saint-Étienne-aux-Clos 19 .... 206 A2
Saint-Étienne-Cantalès 15 .... 223 F3
Saint-Étienne-Cantalès (Barrage de) 15 .... 223 F3
Saint-Étienne-d'Albagnan 34 .... 279 F3
Saint-Étienne-de-Baïgorry 64 .... 294 C1
Saint-Étienne-de-Boulogne 07 .... 246 A1

ST-ÉTIENNE

Albert-Ier (Bd) ... ABX 3
Anatole-France (Pl.) ... BZ 7
Badouillère (R. de la) ... CZ 9
Barbusse (R. H.) ... CZ 12
Bérard (R. P.) ... BCY 14
Bergson (R.) ... BX 16
Boivin (Pl.) ... BY 17
Chavanelle (Pl.) ... CZ 18
Clovis-Hugues (R.) ... BX 20
Comte (Pl. Louis) ... BZ 21
Denfert-Rochereau (Av.) ... CY 26
Descours (R.) ... AZ 27
Dorian (Pl.) ... BY 33
Dormoy (R. M.) ... BXY 34
Dupré (R. G.) ... BY 37
Durafour (R. A.) ... CZ 38
Escoffier (R. D.) ... BY 39
Fougerolle (R.) ... CZ 41
Fourneyron (Pl.) ... CY 42
Foy (R. Gén.) ... BY 44
Frappa (R. J.) ... BZ 47
Gambetta (R.) ... BZ
Gaulle (R. Ch.-de) ... BXY
Gérentet (R.) ... BY 49
Gervais (R. E.) ... CY 50
Gillet (R. F.) ... BY 52
Grand-Moulin (R. du) ... BY 53
Guesde (Pl. J.) ... BY 56
Hôtel-de-Ville (Pl. de l') ... BY 57
Jacob (R.) ... CX 58
Krumnow (Bd F.) ... AY 61
Leclerc (R. du Gén.) ... BZ 62
Libération (Av. de la) ... BCY
Loubet (Av. du Président E.) ... BZ 63
Martyrs-de-Vingré (R. des) ... BYZ 66
Michelet (R.) ... BYZ
Moine (Pl. Antonin) ... CYZ 68
Moulin (Pl. J.) ... CY 72
Mulatière (R. de la) ... CZ 75
Neuve (Pl.) ... BZ 77
Peuple (Pl. du) ... BZ 86
Pointe-Cadet (R.) ... BCZ 87
Président-Wilson (R.) ... BY 89
République (R. de la) ... BCY
Résistance (R. de la) ... BY 91
Rivière (R. du Sergent) ... CX 93
Robert (R.) ... BY 94
Ruel (R. A.) ... AX 99
Sadi-Carnot (Pl.) ... BX 100
St-Jean (R.) ... BY 102
Sauzéa (Cours H.) ... CY 103
Servet (R. M.) ... BY 106
Stalingrad (Square de) ... CX 109
Théâtre (R. du) ... BYZ 112
Thomas (Pl. A.) ... BZ 113
Tilleuls (R. des) ... AX 116
Ursules (Pl. des) ... BZ 117
Valbenoite (Bd) ... CZ 119
Ville (R. de la) ... BY 122
Villebœuf (Pl.) ... CZ 123
11-Novembre (R. du) ... BZ 128

Saint-Étienne-de-Brillouet *85* ... 163 F2
Saint-Étienne-de-Carlat *15* ... 224 B3
Saint-Étienne-de-Chigny *37* ... 130 B3
Saint-Étienne-de-Chomeil *15* ... 206 B4
Saint-Étienne-de-Crossey *38* ... 212 C3
Saint-Étienne-de-Cuines *73* ... 213 F3
Saint-Étienne-de-Fontbellon *07* ... 246 A2
Saint-Étienne-de-Fougères *47* ... 238 B3
Saint-Étienne-de-Fursac *23* ... 186 B1
Saint-Étienne-de-Gourgas *34* ... 280 C1
Saint-Étienne-de-Lisse *33* ... 219 D3
Saint-Étienne-de-l'Olm *30* ... 263 F2
Saint-Étienne-de-Lugdarès *07* ... 245 D1
Saint-Étienne-de-Maurs *15* ... 241 F1
Saint-Étienne-de-Mer-Morte *44* ... 145 D2
Saint-Étienne-de-Montluc *44* ... 126 A3
Saint-Étienne-de-Puycorbier *24* ... 219 F2
Saint-Étienne-de-Saint-Geoirs *38* ... 212 A4
Saint-Étienne-de-Serre *07* ... 228 B4
Saint-Étienne-de-Tinée *06* ... 251 E4
Saint-Étienne-de-Tulmont *82* ... 258 A2
Saint-Étienne-de-Valoux *07* ... 210 C4
Saint-Étienne-de-Vicq *03* ... 190 B1
Saint-Étienne-de-Villeréal *47* ... 238 C2
Saint-Étienne-des-Champs *63* ... 188 B4
Saint-Étienne-des-Guérets *41* ... 131 E1
Saint-Étienne-des-Oullières *69* ... 192 B2
Saint-Étienne-des-Sorts *30* ... 264 C1
Saint-Étienne-d'Orthe *40* ... 271 E2
Saint-Étienne-du-Bois *01* ... 176 A4
Saint-Étienne-du-Bois *85* ... 145 E3
Saint-Étienne-du-Grès *13* ... 283 E1
Saint-Étienne-du-Gué-de-l'Isle *22* ... 77 E4
Saint-Étienne-du-Rouvray *76* ... 32 B3
Saint-Étienne-du-Valdonnez *48* ... 244 B3
Saint-Étienne-du-Vauvray *27* ... 32 B4
Saint-Étienne-du-Vigan *43* ... 227 D4
Saint-Étienne-en-Bresse *71* ... 158 B4
Saint-Étienne-en-Coglès *35* ... 80 A2
Saint-Étienne-en-Dévoluy *05* ... 249 E1
Saint-Étienne-Estréchoux *34* ... 280 A2
Saint-Étienne-la-Cigogne *79* ... 182 B1
Saint-Étienne-la-Geneste *19* ... 206 A3
Saint-Étienne-la-Thillaye *14* ... 30 B3
Saint-Étienne-la-Varenne *69* ... 192 B2
Saint-Étienne-l'Allier *27* ... 31 D3
Saint-Étienne-Lardeyrol *43* ... 227 E2
Saint-Étienne-le-Laus *05* ... 249 F2
Saint-Étienne-le-Molard *42* ... 209 E1
Saint-Étienne-les-Orgues *04* ... 266 C2
Saint-Étienne-lès-Remiremont *88* ... 119 D1
Saint-Étienne-Roilaye *60* ... 35 F3
Saint-Étienne-sous-Barbuise *10* ... 90 B2
Saint-Étienne-sous-Bailleul *27* ... 59 E1
Saint-Étienne-sur-Blesle *43* ... 207 E4
Saint-Étienne-sur-Chalaronne *01* ... 193 D1
Saint-Étienne-sur-Reyssouze *01* ... 175 E3
Saint-Étienne-sur-Suippe *51* ... 37 F2
Saint-Étienne-sur-Usson *63* ... 208 A2
Saint-Étienne-Vallée-Française *48* ... 262 C1
Saint-Eugène *02* ... 63 E1
Saint-Eugène *17* ... 200 C2
Saint-Eugène *71* ... 156 C4
Saint-Eulien *51* ... 65 F4
Saint-Euphraise-et-Clairizet *51* ... 37 E4
Saint-Euphrône *21* ... 138 A2
Saint-Eusèbe *71* ... 157 E4
Saint-Eusèbe *74* ... 195 D3
Saint-Eusèbe-en-Champsaur *05* ... 231 E4
Saint-Eustache *74* ... 195 E4
Saint-Eustache (Col de) *2A* ... 318 C1
Saint-Eustache-la-Forêt *76* ... 15 D4
Saint-Eutrope *16* ... 201 E3
Saint-Eutrope-de-Born *47* ... 238 B2
Saint-Évarzec *29* ... 73 F4
Saint-Evroult-de-Montfort *61* ... 57 D3
Saint-Evroult-Notre-Dame-du-Bois *61* ... 57 E3
Saint-Exupéry *33* ... 237 D1
Saint-Exupéry-les-Roches *19* ... 206 A2
Saint-Fargeau *89* ... 135 E1
Saint-Fargeau-Ponthierry *77* ... 87 E1
Saint-Fargeol *03* ... 188 B1
Saint-Faust *64* ... 296 C1
Saint-Félicien *07* ... 228 B2
Saint-Féliu-d'Amont *66* ... 312 C2
Saint-Féliu-d'Avall *66* ... 312 C2
Saint-Félix *03* ... 190 A1
Saint-Félix *16* ... 201 E3
Saint-Félix *17* ... 181 F1
Saint-Félix *46* ... 241 E2
Saint-Félix *60* ... 34 B3
Saint-Félix *74* ... 195 D4
Saint-Félix-de-Bourdeilles *24* ... 202 B3
Saint-Félix-de-Foncaude *33* ... 237 D1
Saint-Félix-de-l'Héras *34* ... 261 F4
Saint-Félix-de-Lodez *34* ... 280 C2
Saint-Félix-de-Lunel *12* ... 242 B2
Saint-Félix-de-Montceau (Ancienne Abbaye de) *34* ... 281 E3
Saint-Félix-de-Pallières *30* ... 263 D3
Saint-Félix-de-Reillac-et-Mortemart *24* ... 221 D2
Saint-Félix-de-Rieutord *09* ... 301 D3
Saint-Félix-de-Sorgues *12* ... 261 D4
Saint-Félix-de-Tournegat *09* ... 301 E2
Saint-Félix-de-Villadeix *24* ... 220 B3
Saint-Félix-Lauragais *31* ... 277 F3
Saint-Fergeux *08* ... 38 A1
Saint-Ferjeux *70* ... 142 A1
Saint-Ferme *33* ... 237 E1
Saint-Ferréol *31* ... 277 F4
Saint-Ferréol *31* ... 275 D4
Saint-Ferréol *74* ... 195 F4
Saint-Ferréol-d'Auroure *43* ... 209 F4
Saint-Ferréol-des-Côtes *63* ... 208 C2
Saint-Ferréol-Trente-Pas *26* ... 247 F3
Saint-Ferriol *11* ... 302 B4
Saint-Fiacre *22* ... 50 C4
Saint-Fiacre *56* ... 99 F1
Saint-Fiacre *77* ... 62 A2
Saint-Fiacre-sur-Maine *44* ... 145 F1
Saint-Fiel *23* ... 187 D1
Saint-Firmin *05* ... 231 E4
Saint-Firmin *54* ... 94 A2
Saint-Firmin *58* ... 155 E2
Saint-Firmin *71* ... 157 E3
Saint-Firmin-des-Bois *45* ... 112 A2
Saint-Firmin-des-Prés *41* ... 108 C3
Saint-Firmin-sur-Loire *45* ... 134 C1
Saint-Flavy *10* ... 89 F3
Saint-Florent *45* ... 134 B1
Saint-Florent *79* ... 164 C4
Saint-Florent *2B* ... 315 E1
Saint-Florent-des-Bois *85* ... 163 D1
Saint-Florent-le-Vieil *49* ... 127 E3
Saint-Florent-sur-Auzonnet *30* ... 263 E1
Saint-Florent-sur-Cher *18* ... 153 D2
Saint-Florentin *36* ... 152 A2
Saint-Florentin *89* ... 113 F2
Saint-Floret *63* ... 207 E2
Saint-Floris *62* ... 3 F4
Saint-Flour *15* ... 225 E2
Saint-Flour *63* ... 208 A1
Saint-Flour-de-Mercoire *48* ... 245 D1
Saint-Flovier *37* ... 150 C2
Saint-Floxel *50* ... 25 D3
Saint-Folquin *62* ... 3 D2
Saint-Fons *69* ... 211 D1
Saint-Forgeot *71* ... 157 D2
Saint-Forget *78* ... 60 B4
Saint-Forgeux *69* ... 192 A3
Saint-Forgeux-Lespinasse *42* ... 191 D1
Saint-Fort *53* ... 105 D3
Saint-Fort-sur-Gironde *17* ... 199 D3
Saint-Fort-sur-le-Né *16* ... 200 C2
Saint-Fortunat-sur-Eyrieux *07* ... 228 C4
Saint-Fraigne *16* ... 183 E3
Saint-Fraimbault *61* ... 81 E2
Saint-Fraimbault-de-Prières *53* ... 81 E3
Saint-Frajou *31* ... 275 E4
Saint-Franc *73* ... 212 C2
Saint-Franchy *58* ... 155 E1
Saint-François-de-Sales *73* ... 213 E1
Saint-François-Lacroix *57* ... 42 A2
Saint-François-Longchamp *73* ... 214 A3
Saint-Frégant *29* ... 47 F1
Saint-Fréjoux *19* ... 206 A2
Saint-Frézal-d'Albuges *48* ... 244 C2
Saint-Frézal-de-Ventalon *48* ... 245 D4
Saint-Frichoux *11* ... 303 D1
Saint-Frion *23* ... 187 F4
Saint-Fromond *50* ... 27 E4
Saint-Front *16* ... 183 F3
Saint-Front *43* ... 227 E3
Saint-Front-d'Alemps *24* ... 202 C4
Saint-Front-de-Pradoux *24* ... 220 A2
Saint-Front-la-Rivière *24* ... 202 C3
Saint-Front-sur-Lémance *47* ... 239 D2
Saint-Front-sur-Nizonne *24* ... 202 B3
Saint-Froult *17* ... 180 C3
Saint-Fulgent *85* ... 146 B3
Saint-Fulgent-des-Ormes *61* ... 83 E3
Saint-Fuscien *80* ... 18 B3
Saint-Gabriel (Chapelle) *13* ... 283 E1
Saint-Gabriel-Brécy *14* ... 29 D3
Saint-Gal *48* ... 244 A1
Saint-Gal-sur-Sioule *63* ... 189 E2
Saint-Galmier *42* ... 209 F2

Saint-Gand *70* **140** C2
Saint-Ganton *35* **102** C3
Saint-Gatien-des-Bois *14* **30** B3
Saint-Gaudens *31* **299** D2
Saint-Gaudent *86* **183** F1
Saint-Gaudéric *11* **301** F2
Saint-Gault *53* **105** D2
Saint-Gaultier *36* **168** B1
Saint-Gauzens *81* **277** F1
Saint-Gayrand *47* **238** A3
Saint-Gein *40* **254** B4
Saint-Gelais *79* **165** D3
Saint-Gelven *22* **76** C3
Saint-Gély-du-Fesc *34* **281** E1
Saint-Génard *79* **183** D1
Saint-Gence *87* **185** E3
Saint-Généroux *79* **148** B3
Saint-Genès-Champanelle *63* **207** E1
Saint-Genès-Champespe *63* **206** C3
Saint-Genès-de-Blaye *33* **217** E1
Saint-Genès-de-Castillon *33* **219** D3
Saint-Genès-de-Fronsac *33* **217** F2
Saint-Genès-de-Lombaud *33* **217** F4
Saint-Genès-du-Retz *63* **189** F2
Saint-Genès-la-Tourette *63* **208** A2
Saint-Genest *03* **170** C4
Saint-Genest *88* **95** D2
Saint-Genest-d'Ambière *86* **149** E4
Saint-Genest-de-Beauzon *07* **245** F3
Saint-Genest-de-Contest *81* **278** A1
Saint-Genest-Lachamp *07* **228** A4
Saint-Genest-Lerpt *42* **210** A3
Saint-Genest-Malifaux *42* **210** A4
Saint-Genest-sur-Roselle *87* **204** A1
Saint-Geneys-près-Saint-Paulien *43* **227** D1
Saint-Gengoulph *02* **62** C1
Saint-Gengoux-de-Scissé *71* **175** D2
Saint-Gengoux-le-National *71* **174** C1
Saint-Geniès *24* **221** F3
Saint-Geniès-Bellevue *31* **276** C1
Saint-Geniès-de-Comolas *30* **264** C2
Saint-Geniès-de-Fontedit *34* **280** B3
Saint-Geniès-de-Malgoirès *30* **263** F3
Saint-Geniès-de-Varensal *34* **279** F2
Saint-Geniès-des-Mourgues *34* **282** A1
Saint-Geniez *04* **249** E4
Saint-Geniez-d'Olt *12* **243** D3
Saint-Geniez-ô-Merle *19* **223** E2
Saint-Genis *05* **249** D3
Saint-Genis *38* **230** C4
Saint-Genis-de-Blanzac *16* **201** E3
Saint-Genis-de-Saintonge *17* **199** E2
Saint-Génis-des-Fontaines *66* **313** D3
Saint-Genis-d'Hiersac *16* **183** E4
Saint-Genis-du-Bois *33* **236** C1
Saint-Genis-l'Argentière *69* **210** A1
Saint-Genis-Laval *69* **210** C1
Saint-Genis-les-Ollières *69* **192** C4
Saint-Genis-Pouilly *01* **177** F4
Saint-Genis-sur-Menthon *01* **175** F4
Saint-Genix-sur-Guiers *73* **212** B1
Saint-Genou *36* **151** D3
Saint-Genouph *37* **130** C3
Saint-Geoire-en-Valdaine *38* **212** B3
Saint-Geoirs *38* **212** A4
Saint-Georges *15* **225** E3
Saint-Georges *16* **183** F3
Saint-Georges *32* **275** F1
Saint-Georges *33* **219** D3
Saint-Georges *47* **239** D3
Saint-Georges *57* **69** F4
Saint-Georges *62* **7** D3
Saint-Georges *82* **258** B1
Saint-Georges (Gorges de) *11* **311** E1
Saint-Georges-Armont *25* **142** A2
Saint-Georges-Blancaneix *24* **219** F3
Saint-Georges-Buttavent *53* **81** D3
Saint-Georges-d'Annebecq *61* **82** A1
Saint-Georges-d'Aunay *14* **55** E1
Saint-Georges-d'Aurac *43* **226** B1
Saint-Georges-de-Baroille *42* **191** E4
Saint-Georges-de-Bohon *50* **27** D3
Saint-Georges-de-Chesné *35* **80** A3
Saint-Georges-de-Commiers *38* **230** C2
Saint-Georges-de-Cubillac *17* **199** E2
Saint-Georges-de-Didonne *17* **198** C1
Saint-Georges-de-Gréhaigne *35* **79** F1
Saint-Georges-de-la-Rivière *50* **24** B4
Saint-Georges-de-la-Couée *72* **107** F3
Saint-Georges-de-Lévéjac *48* **243** F4
Saint-Georges-de-Livoye *50* **54** B3
Saint-Georges-de-Longuepierre *17* **182** B2
Saint-Georges-de-Luzençon *12* **261** D2
Saint-Georges-de-Montclard *24* **220** B3
Saint-Georges-de-Mons *63* **189** D3
Saint-Georges-de-Montaigu *85* **146** A2
Saint-Georges-de-Noisné *79* **165** D2
Saint-Georges-de-Poisieux *18* **170** C1
Saint-Georges-de-Pointindoux *85* **162** B1
Saint-Georges-de-Reintembault *35* **80** A1
Saint-Georges-de-Reneins *69* **192** C2
Saint-Georges-de-Rex *79* **164** B4
Saint-Georges-de-Rouelley *50* **81** D1
Saint-Georges-d'Elle *50* **27** F4
Saint-Georges-des-Agoûts *17* **199** E3
Saint-Georges-des-Coteaux *17* **181** F4
Saint-Georges-des-Gardes *49* **147** D1
Saint-Georges-des-Groseillers *61* **55** E3
Saint-Georges-des-Hurtières *73* **213** F2
Saint-Georges-des-Sept-Voies *49* **128** C3
Saint-Georges-d'Espéranche *38* **211** E2
Saint-Georges-d'Oléron *17* **180** B2
Saint-Georges-d'Orques *34* **281** E2
Saint-Georges-du-Bois *17* **181** E1
Saint-Georges-du-Bois *49* **129** D2
Saint-Georges-du-Bois *72* **106** C2
Saint-Georges-du-Mesnil *27* **31** D4
Saint-Georges-du-Rosay *72* **83** E4
Saint-Georges-du-Vièvre *27* **31** E4
Saint-Georges-en-Auge *14* **56** C2
Saint-Georges-en-Couzan *42* **209** D1
Saint-Georges-Haute-Ville *42* **209** E2
Saint-Georges-la-Pouge *23* **187** D3
Saint-Georges-Lagricol *43* **209** D4
Saint-Georges-le-Fléchard *53* **105** E1
Saint-Georges-le-Gaultier *72* **82** B3
Saint-Georges-les-Bains *07* **229** D4
Saint-Georges-lès-Baillargeaux *86* **166** B1
Saint-Georges-les-Landes *87* **168** B4
Saint-Georges-Montcocq *50* **27** E4
Saint-Georges-Motel *27* **59** D3
Saint-Georges-Nigremont *23* **187** F4
Saint-Georges-sur-Allier *63* **207** F1
Saint-Georges-sur-Arnon *36* **152** C2
Saint-Georges-sur-Baulche *89* **113** E4
Saint-Georges-sur-Cher *41* **131** F3
Saint-Georges-sur-Erve *53* **82** A4
Saint-Georges-sur-Eure *28* **85** D3
Saint-Georges-sur-Fontaine *76* **32** B1
Saint-Georges-sur-la-Prée *18* **133** D4
Saint-Georges-sur-Layon *49* **128** C4
Saint-Georges-sur-l'Aa *59* **3** D1
Saint-Georges-sur-Loire *49* **128** A2
Saint-Georges-sur-Moulon *18* **153** E1
Saint-Georges-sur-Renon *01* **193** E1
Saint-Geours-d'Auribat *40* **253** E4
Saint-Geours-de-Maremne *40* **271** D1
Saint-Gérand *56* **77** D4
Saint-Gérand-de-Vaux *03* **172** B3
Saint-Gérand-le-Puy *03* **172** C4
Saint-Géraud *47* **237** E2
Saint-Géraud-de-Corps *24* **219** F3
Saint-Géréon *44* **127** D3
Saint-Germain *07* **246** A2
Saint-Germain *10* **90** A4
Saint-Germain *54* **94** C2
Saint-Germain *70* **119** D4
Saint-Germain *86* **167** E2
Saint-Germain (Ermitage de) *74* **195** F3
Saint-Germain-au-Mont-d'Or *69* **192** C3
Saint-Germain-Beaupré *23* **168** C4
Saint-Germain-Chassenay *58* **155** E4
Saint-Germain-d'Anxure *53* **81** D4
Saint-Germain-d'Arcé *72* **130** A1
Saint-Germain-d'Aunay *61* **57** E2
Saint-Germain-de-Belvès *24* **221** E4
Saint-Germain-de-Calberte *48* **262** C1
Saint-Germain-de-Clairefeuille *61* **57** D4
Saint-Germain-de-Confolens *16* **184** C2
Saint-Germain-de-Coulamer *53* **82** A4
Saint-Germain-de-Fresney *27* **59** D2
Saint-Germain-de-Grave *33* **236** C2
Saint-Germain-de-Joux *01* **194** C1
Saint-Germain-de-la-Rivière *33* **217** F3
Saint-Germain-de-la-Coudre *61* **83** F4
Saint-Germain-de-la-Grange *78* **60** A3
Saint-Germain-de-Livet *14* **57** D1
Saint-Germain-de-Longue-Chaume *79* **148** A4
Saint-Germain-de-Lusignan *17* **199** F3
Saint-Germain-de-Marencennes *17* **181** E1
Saint-Germain-de-Martigny *61* **83** E1
Saint-Germain-de-Modéon *21* **137** E3
Saint-Germain-de-Montgommery *14* **57** D2
Saint-Germain-de-Montbron *16* **202** A1
Saint-Germain-de-Pasquier *27* **32** A4
Saint-Germain-de-Prinçay *85* **146** C4
Saint-Germain-de-Salles *03* **189** F1
Saint-Germain-de-Tallevende-la-Lande-Vaumont *14* **55** D3
Saint-Germain-de-Tournebut *50* **25** D3
Saint-Germain-de-Varreville *50* **25** E4
Saint-Germain-de-Vibrac *17* **200** C3
Saint-Germain-d'Ectot *14* **28** C4
Saint-Germain-d'Elle *50* **27** F4
Saint-Germain-des-Angles *27* **58** C1
Saint-Germain-des-Bois *18* **153** E3
Saint-Germain-des-Bois *58* **136** B3
Saint-Germain-des-Champs *89* **137** D3
Saint-Germain-des-Essourts *76* **32** C1
Saint-Germain-des-Fossés *03* **190** A1
Saint-Germain-des-Grois *61* **84** A3
Saint-Germain-des-Prés *24* **203** D4
Saint-Germain-des-Prés *45* **112** A2
Saint-Germain-des-Prés *49* **127** F2
Saint-Germain-des-Prés *81* **278** A3
Saint-Germain-des-Vaux *50* **24** A1
Saint-Germain-d'Esteuil *33* **198** C4
Saint-Germain-d'Étables *76* **16** B3
Saint-Germain-du-Bel-Air *46* **240** A2
Saint-Germain-du-Bois *71* **158** C4
Saint-Germain-du-Corbéis *61* **82** C2
Saint-Germain-du-Crioult *14* **55** E3
Saint-Germain-du-Pert *14* **27** F3
Saint-Germain-du-Pinel *35* **104** B1
Saint-Germain-du-Plain *71* **158** B4
Saint-Germain-du-Puch *33* **217** F4
Saint-Germain-du-Puy *18* **153** E1
Saint-Germain-du-Salembre *24* **220** A1
Saint-Germain-du-Seudre *17* **199** D2
Saint-Germain-du-Teil *48* **243** F3
Saint-Germain-du-Val *72* **106** B4
Saint-Germain-en-Brionnais *71* **174** A3
Saint-Germain-en-Coglès *35* **80** A2
Saint-Germain-en-Laye *78* **60** B3
Saint-Germain-en-Montagne *39* **160** B4
Saint-Germain-et-Mons *24* **220** B4
Saint-Germain-la-Blanche-Herbe *14* **29** E4
Saint-Germain-la-Campagne *27* **57** E1
Saint-Germain-la-Chambotte *73* **195** D4
Saint-Germain-la-Gâtine *28* **85** E2
Saint-Germain-la-Montagne *42* **192** A1
Saint-Germain-la-Poterie *60* **33** F2
Saint-Germain-la-Ville *51* **65** D3
Saint-Germain-l'Aiguiller *85* **147** D4
Saint-Germain-Langot *14* **56** A2
Saint-Germain-Laprade *43* **227** D2
Saint-Germain-Laval *42* **191** E4
Saint-Germain-Laval *77* **88** B3
Saint-Germain-Lavolps *19* **205** F2
Saint-Germain-Laxis *77* **87** F1
Saint-Germain-le-Châtelet *90* **119** F4
Saint-Germain-le-Fouilloux *53* **105** D1
Saint-Germain-le-Gaillard *28* **85** D2
Saint-Germain-le-Gaillard *50* **24** B3
Saint-Germain-le-Guillaume *53* **81** D4
Saint-Germain-le-Rocheux *21* **115** E4
Saint-Germain-le-Vasson *14* **56** A1
Saint-Germain-le-Vieux *61* **83** D1
Saint-Germain-Lembron *63* **207** F3
Saint-Germain-lès-Arlay *39* **159** E4
Saint-Germain-lès-Arpajon *91* **86** C1
Saint-Germain-les-Belles *87* **204** A2
Saint-Germain-lès-Buxy *71* **158** A4
Saint-Germain-lès-Corbeil *91* **87** E1
Saint-Germain-les-Paroisses *01* **194** B4
Saint-Germain-lès-Senailly *21* **137** F1
Saint-Germain-les-Vergnes *19* **204** B4
Saint-Germain-Lespinasse *42* **191** D2
Saint-Germain-l'Herm *63* **208** B3
Saint-Germain-près-Herment *63* **206** B1
Saint-Germain-Source-Seine *21* **138** B2
Saint-Germain-sous-Cailly *76* **32** B1
Saint-Germain-sous-Doue *77* **62** B3
Saint-Germain-sur-Avre *27* **59** D4
Saint-Germain-sur-Ay *50* **26** B3
Saint-Germain-sur-Bresle *80* **17** E3
Saint-Germain-sur-Eaulne *76* **16** C3
Saint-Germain-sur-École *77* **87** E2
Saint-Germain-sur-Ille *35* **79** E3
Saint-Germain-sur-l'Arbresle *69* **192** B3
Saint-Germain-sur-Meuse *55* **67** E4
Saint-Germain-sur-Moine *49* **146** B1
Saint-Germain-sur-Morin *77* **62** A3
Saint-Germain-sur-Renon *01* **193** E2
Saint-Germain-sur-Rhône *74* **194** C1
Saint-Germain-sur-Sarthe *72* **82** C3
Saint-Germain-sur-Sèves *50* **27** D3
Saint-Germain-sur-Vienne *37* **129** F4
Saint-Germain-Village *27* **31** D3
Saint-Germainmont *08* **37** F1
Saint-Germé *32* **273** E1
Saint-Germer-de-Fly *60* **33** E2
Saint-Germier *31* **277** E3
Saint-Germier *32* **275** F2
Saint-Germier *79* **165** F2
Saint-Germier *81* **278** B2
Saint-Géron *43* **207** F4
Saint-Gérons *15* **223** F3
Saint-Gervais *16* **184** A2
Saint-Gervais *30* **264** B1
Saint-Gervais *33* **217** F2
Saint-Gervais *38* **230** B1
Saint-Gervais *85* **144** C2
Saint-Gervais *95* **33** E4
Saint-Gervais-d'Auvergne *63* **189** D2
Saint-Gervais-de-Vic *72* **108** A3
Saint-Gervais-des-Sablons *61* **56** C2
Saint-Gervais-du-Perron *61* **82** C1
Saint-Gervais-en-Belin *72* **107** D3
Saint-Gervais-en-Vallière *71* **158** B2
Saint-Gervais-la-Forêt *41* **132** A1
Saint-Gervais-les-Bains *74* **196** C3
Saint-Gervais-les-Trois-Clochers *86* **149** E3
Saint-Gervais-sous-Meymont *63* **208** B1
Saint-Gervais-sur-Couches *71* **157** E3
Saint-Gervais-sur-Mare *34* **280** A2
Saint-Gervais-sur-Roubion *26* **247** D2
Saint-Gervasy *30* **264** A4
Saint-Gervazy *63* **207** F3
Saint-Géry *24* **219** F3
Saint-Géry *46* **240** B3
Saint-Géry (Château de) *81* **258** C4
Saint-Geyrac *24* **221** D2
Saint-Gibrien *51* **64** C2
Saint-Gildas *22* **50** C4
Saint-Gildas (Pointe de) *44* **125** D4
Saint-Gildas-de-Rhuys *56* **122** C2
Saint-Gildas-des-Bois *44* **125** E1
Saint-Gilles *30* **282** C1
Saint-Gilles *35* **79** D4
Saint-Gilles *36* **168** C2
Saint-Gilles *50* **27** E4
Saint-Gilles *51* **37** D3
Saint-Gilles *71* **157** F3
Saint-Gilles-Croix-de-Vie *85* **144** C4
Saint-Gilles-de-Crétot *76* **15** E4
Saint-Gilles-de-la-Neuville *76* **14** C3
Saint-Gilles-des-Marais *61* **81** E1
Saint-Gilles-du-Mené *22* **77** F3
Saint-Gilles-les-Bois *22* **50** C3
Saint-Gilles-les-Forêts *87* **204** C2
Saint-Gilles-Pligeaux *22* **76** C2
Saint-Gilles-Vieux-Marché *22* **76** C3
Saint-Gineis-en-Coiron *07* **246** B2
Saint-Gingolph *74* **179** D2
Saint-Girod *73* **195** D4
Saint-Girons *09* **300** A3
Saint-Girons *64* **272** A2
Saint-Girons-d'Aiguevives *33* **217** E1
Saint-Girons-Plage *40* **252** A3
Saint-Gladie-Arrive-Munein *64* **271** F4
Saint-Glen *22* **77** F2
Saint-Goazec *29* **75** E3
Saint-Gobain *02* **36** B1
Saint-Gobert *02* **21** D3
Saint-Goin *64* **296** A1
Saint-Gondon *45* **111** E4
Saint-Gondran *35* **79** D3
Saint-Gonéry (Chapelle) *22* **50** B1
Saint-Gonlay *35* **78** C4
Saint-Gonnery *56* **77** D4
Saint-Gor *40* **254** B2
Saint-Gorgon *56* **102** A4
Saint-Gorgon *88* **95** D3
Saint-Gorgon-Main *25* **161** D1
Saint-Gouéno *22* **77** F3
Saint-Gourgon *41* **131** E1
Saint-Gourson *16* **184** A3
Saint-Goussaud *23* **186** B2
Saint-Gouvry *56* **77** E4
Saint-Gratien *80* **18** B2
Saint-Gratien *95* **60** C2
Saint-Gratien-Savigny *58* **155** F3
Saint-Gravé *56* **102** A3
Saint-Grégoire *35* **79** E4
Saint-Grégoire *81* **259** F3
Saint-Grégoire-d'Ardennes *17* **199** F2
Saint-Grégoire-du-Vièvre *27* **31** E4
Saint-Griède *32* **273** E1
Saint-Groux *16* **183** F3
Saint-Guen *22* **77** D3
Saint-Guénolé *29* **98** A2
Saint-Guilhem-le-Désert *34* **281** D1
Saint-Guillaume *38* **230** B3
Saint-Guinoux *35* **79** D1
Saint-Guiraud *34* **280** C1
Saint-Guyomard *56* **101** F3
Saint-Haon *43* **226** C4
Saint-Haon-le-Châtel *42* **191** D2
Saint-Haon-le-Vieux *42* **191** D2
Saint-Héand *42* **210** A2
Saint-Hélen *22* **78** C1
Saint-Hélier *21* **138** B3
Saint-Hellier *76* **16** B4
Saint-Herblain *44* **126** B4
Saint-Herblon *44* **127** E2
Saint-Herbot *29* **75** E2
Saint-Hérent *63* **207** E3
Saint-Hernin *29* **75** F3
Saint-Hervé *22* **77** D3
Saint-Hilaire *03* **171** F2
Saint-Hilaire *11* **302** B2
Saint-Hilaire *16* **200** C3
Saint-Hilaire *25* **141** E3
Saint-Hilaire *31* **276** B4
Saint-Hilaire *38* **213** D4
Saint-Hilaire *43* **208** A4
Saint-Hilaire *46* **241** E1
Saint-Hilaire *63* **188** B2
Saint-Hilaire *91* **86** B2
Saint-Hilaire-au-Temple *51* **64** C1
Saint-Hilaire-Bonneval *87* **204** A1
Saint-Hilaire-Cottes *62* **7** F1
Saint-Hilaire-Cusson-la-Valmitte *42* **209** E4
Saint-Hilaire-de-Beauvoir *34* **282** A1
Saint-Hilaire-de-Brethmas *30* **263** E2
Saint-Hilaire-de-Brens *38* **211** F1
Saint-Hilaire-de-Briouze *61* **56** A4
Saint-Hilaire-de-Chaléons *44* **145** D1
Saint-Hilaire-de-Clisson *44* **146** A1
Saint-Hilaire-de-Court *18* **152** B1
Saint-Hilaire-de-Gondilly *18* **154** B2
Saint-Hilaire-de-la-Noaille *33* **237** D2
Saint-Hilaire-de-la-Côte *38* **212** A3
Saint-Hilaire-de-Lavit *48* **263** D1
Saint-Hilaire-de-Loulay *85* **146** A2
Saint-Hilaire-de-Lusignan *47* **256** A1
Saint-Hilaire-de-Riez *85* **144** C4
Saint-Hilaire-de-Villefranche *17* **182** B3
Saint-Hilaire-de-Voust *85* **164** B1
Saint-Hilaire-des-Landes *35* **80** A3
Saint-Hilaire-des-Loges *85* **164** B2
Saint-Hilaire-d'Estissac *24* **220** A2
Saint-Hilaire-d'Ozilhan *30* **264** B3
Saint-Hilaire-du-Bois *17* **199** E3
Saint-Hilaire-du-Bois *33* **237** D1
Saint-Hilaire-du-Bois *49* **147** E1
Saint-Hilaire-du-Bois *85* **163** F1
Saint-Hilaire-du-Harcouët *50* **80** B1
Saint-Hilaire-du-Maine *53* **80** C4
Saint-Hilaire-du-Rosier *38* **229** F2
Saint-Hilaire-en-Lignières *18* **152** C4
Saint-Hilaire-en-Morvan *58* **156** A2
Saint-Hilaire-en-Woëvre *55* **67** E1
Saint-Hilaire-Foissac *19* **205** E4
Saint-Hilaire-Fontaine *58* **155** F4
Saint-Hilaire-la-Croix *63* **189** E2
Saint-Hilaire-la-Forêt *85* **162** C2
Saint-Hilaire-la-Gérard *61* **82** C1
Saint-Hilaire-la-Gravelle *41* **108** C3
Saint-Hilaire-la-Palud *79* **164** B4
Saint-Hilaire-la-Plaine *23* **187** D1
Saint-Hilaire-la-Treille *87* **168** B4
Saint-Hilaire-le-Château *23* **187** D3
Saint-Hilaire-le-Châtel *61* **83** F1
Saint-Hilaire-le-Grand *51* **38** B4
Saint-Hilaire-le-Lierru *72* **107** E1
Saint-Hilaire-le-Petit *51* **38** B3
Saint-Hilaire-le-Vouhis *85* **146** B4
Saint-Hilaire-les-Andrésis *45* **112** B2
Saint-Hilaire-les-Courbes *19* **205** D2
Saint-Hilaire-les-Monges *63* **188** B4
Saint-Hilaire-les-Places *87* **203** E1
Saint-Hilaire-lez-Cambrai *59* **9** E4
Saint-Hilaire-Luc *19* **205** F4
Saint-Hilaire-Petitville *50* **27** E3
Saint-Hilaire-Peyroux *19* **222** B1
Saint-Hilaire-Saint-Mesmin *45* **110** A3
Saint-Hilaire-Saint-Florent *49* **129** E4
Saint-Hilaire-sous-Charlieu *42* **191** F1
Saint-Hilaire-sous-Romilly *10* **89** E2
Saint-Hilaire-sur-Benaize *36* **167** F2
Saint-Hilaire-sur-Erre *61* **84** A3
Saint-Hilaire-sur-Helpe *59* **10** B3
Saint-Hilaire-sur-Puiseaux *45* **111** F3
Saint-Hilaire-sur-Risle *61* **57** E4
Saint-Hilaire-sur-Yerre *28* **109** D2
Saint-Hilaire-Taurieux *19* **223** D2
Saint-Hilarion *78* **85** F1
Saint-Hilliers *77* **88** C1
Saint-Hippolyte *12* **242** B1
Saint-Hippolyte *15* **224** C1
Saint-Hippolyte *17* **181** E3
Saint-Hippolyte *25* **142** C3
Saint-Hippolyte *33* **219** D3
Saint-Hippolyte *37* **150** C2
Saint-Hippolyte *63* **189** E3
Saint-Hippolyte *66* **313** D1
Saint-Hippolyte *68* **96** C2
Saint-Hippolyte-de-Caton *30* **263** F2
Saint-Hippolyte-de-Montaigu *30* **264** A2
Saint-Hippolyte-du-Fort *30* **263** D3
Saint-Hippolyte-le-Graveyron *84* **265** E2
Saint-Honorat (Ile) *06* **288** B4
Saint-Honoré *38* **231** D3
Saint-Honoré *76* **16** A3
Saint-Honoré-les-Bains *58* **156** A3
Saint-Hostien *43* **227** E2
Saint-Hubert *57* **42** A3
Saint-Hubert *78* **60** A4
Saint-Huruge *71* **174** C1
Saint-Hymer *14* **30** B3
Saint-Hymetière *39* **176** C3
Saint-Igeaux *22* **76** C3
Saint-Igest *12* **241** E3
Saint-Ignan *31* **299** D2
Saint-Ignat *63* **189** F3
Saint-Igneuc *22* **78** A2
Saint-Igny-de-Roche *71* **191** F1
Saint-Igny-de-Vers *69* **174** B4
Saint-Illide *15* **223** F2
Saint-Illiers-la-Ville *78* **59** E2
Saint-Illiers-le-Bois *78* **59** E2
Saint-Ilpize *43* **226** A1
Saint-Imoges *51* **64** A1
Saint-Inglevert *62* **2** B2
Saint-Isidore *06* **288** C2
Saint-Isle *53* **104** C1
Saint-Ismier *38* **213** D4
Saint-Izaire *12* **260** C3
Saint-Jacques *04* **268** A3
Saint-Jacques *06* **288** A3
Saint-Jacques-d'Aliermont *76* **16** B3
Saint-Jacques-d'Ambur *63* **188** C3
Saint-Jacques-d'Atticieux *07* **210** C4
Saint-Jacques-de-la-Lande *35* **103** E1
Saint-Jacques-de-Néhou *50* **24** C4
Saint-Jacques-de-Thouars *79* **148** A2
Saint-Jacques-des-Arrêts *69* **174** C4
Saint-Jacques-des-Blats *15* **224** C2
Saint-Jacques-des-Guérets *41* **108** A4
Saint-Jacques-en-Valgodemard *05* **231** E4
Saint-Jacques-sur-Darnétal *76* **32** B2
Saint-Jacut-de-la-Mer *22* **52** B4
Saint-Jacut-du-Mené *22* **77** F3
Saint-Jacut-les-Pins *56* **102** B4
Saint-Jal *19* **204** B3
Saint-James *50* **80** A1
Saint-Jammes *64* **273** D4
Saint-Jans-Cappel *59* **4** A3
Saint-Jean *06* **288** A3
Saint-Jean *31* **276** C2
Saint-Jean (Chapelle) *27* **32** C2
Saint-Jean (Chapelle) *29* **47** F3
Saint-Jean (Col) *04* **250** A3
Saint Jean (Église) *2B* **317** D1
Saint-Jean-aux-Amognes *58* **155** D2
Saint-Jean-aux-Bois *08* **22** A4
Saint-Jean-aux-Bois *60* **35** F3
Saint-Jean-Balanant *29* **47** E2
Saint Jean Baptiste (Chapelle de) *2A* **319** D2
Saint-Jean-Bonnefonds *42* **210** A3
Saint-Jean-Brévelay *56* **101** E2

Saint-Jean-Cap-Ferrat 06 288 C2
Saint-Jean-Chambre 07 228 B3
Saint-Jean-d'Abbetot 76 14 C4
Saint-Jean-d'Aigues-Vives 09 301 E4
Saint-Jean-d'Alcapiès 12 261 D3
Saint-Jean-d'Angély 17 182 A3
Saint-Jean-d'Angle 17 181 D4
Saint-Jean-d'Ardières 69 192 C1
Saint-Jean-d'Arves 73 213 F4
Saint-Jean-d'Arvey 73 213 D1
Saint-Jean-d'Assé 72 106 C1
Saint-Jean-d'Ataux 24 220 A1
Saint-Jean-d'Aubrigoux 43 208 C4
Saint-Jean-d'Aulps 74 178 C4
Saint-Jean-d'Avelanne 38 212 C2
Saint-Jean-de-Barrou 11 303 E3
Saint-Jean-de-Bassel 57 69 F3
Saint-Jean-de-Beauregard 91 60 C4
Saint-Jean-de-Belleville 73 214 B3
Saint-Jean-de-Beugné 85 163 F2
Saint-Jean-de-Blaignac 33 218 C4
Saint-Jean-de-Bœuf 21 138 C4
Saint-Jean-de-Boiseau 44 126 A4
Saint-Jean-de-Bonneval 10 90 B4
Saint-Jean-de-Bournay 38 211 E2
Saint-Jean-de-Braye 45 110 B3
Saint-Jean-de-Buèges 34 262 B4
Saint-Jean-de-Ceyrargues 30 263 F2
Saint-Jean-de-Chevelu 73 195 D4
Saint-Jean-de-Côle 24 202 C3
Saint-Jean-de-Corcoué 44 145 E2
Saint-Jean-de-Cornies 34 282 A1
Saint-Jean-de-Couz 73 212 C2
Saint-Jean-de-Crieulon 30 263 D3
Saint-Jean-de-Cuculles 34 281 F1
Saint-Jean-de-Daye 50 27 E3
Saint-Jean-de-Duras 47 237 F1
Saint-Jean-de-Folleville 76 15 D4
Saint-Jean-de-Fos 34 281 D1
Saint-Jean-de-Gonville 01 177 E4
Saint-Jean-de-la-Blaquière 34 280 C1
Saint-Jean-de-la-Croix 49 128 B3
Saint-Jean-de-la-Forêt 61 83 F3
Saint-Jean-de-la-Haize 50 54 A4
Saint-Jean-de-la-Léqueraye 27 31 D4
Saint-Jean-de-la-Motte 72 106 C4
Saint-Jean-de-la-Neuville 76 14 C3
Saint-Jean-de-la-Porte 73 213 E2
Saint-Jean-de-la-Rivière 50 24 B4
Saint-Jean-de-la-Ruelle 45 110 A3
Saint-Jean-de-Laur 46 240 C3
Saint-Jean-de-Lier 40 253 D4
Saint-Jean-de-Linières 49 128 A2
Saint-Jean-de-Liversay 17 164 A4
Saint-Jean-de-Livet 14 57 D1
Saint-Jean-de-Losne 21 158 C1
Saint-Jean-de-Luz 64 270 A3
Saint-Jean-de-Marcel 81 259 F2
Saint-Jean-de-Marsacq 40 271 D1
Saint-Jean-de-Maruéjols-et-Avéjan 30 263 F1
Saint-Jean-de-Maurienne 73 214 A4
Saint-Jean-de-Minervois 34 279 E4
Saint-Jean-de-Moirans 38 212 B3
Saint-Jean-de-Monts 85 144 C3
Saint-Jean-de-Muzols 07 229 D2
Saint-Jean-de-Nay 43 226 C2
Saint-Jean-de-Niost 01 193 F3
Saint-Jean-de-Paracol 11 302 A4
Saint-Jean-de-Pourcharesse 07 245 E3
Saint-Jean-de-Rebervilliers 28 85 D1
Saint-Jean-de-Rives 81 277 E1
Saint-Jean-de-Sauves 86 148 C3
Saint-Jean-de-Savigny 50 27 F4
Saint-Jean-de-Serres 30 263 E3
Saint-Jean-de-Sixt 74 196 A2
Saint-Jean-de-Soudain 38 212 A2
Saint-Jean-de-Tholome 74 196 A1
Saint-Jean-de-Thouars 79 148 A2
Saint-Jean-de-Thurac 47 256 B2
Saint-Jean-de-Thurigneux 01 193 D3
Saint-Jean-de-Touslas 69 210 B2
Saint-Jean-de-Trézy 71 157 F3
Saint-Jean-de-Valériscle 30 263 E1
Saint-Jean-de-Vals 81 278 B1
Saint-Jean-de-Vaulx 38 230 C2
Saint-Jean-de-Vaux 71 157 F4
Saint-Jean-de-Védas 34 281 F2
Saint-Jean-de-Verges 09 301 D3
Saint-Jean-Delnous 12 260 A3
Saint-Jean-des-Baisants 50 54 C1
Saint-Jean-des-Bois 61 55 D4
Saint-Jean-des-Champs 50 53 F3
Saint-Jean-des-Échelles 72 107 F1
Saint-Jean-des-Essartiers 14 55 D1
Saint-Jean-des-Mauvrets 49 128 C3
Saint-Jean-des-Ollières 63 208 A1
Saint-Jean-des-Vignes 69 192 C3
Saint-Jean-d'Estissac 24 220 A2
Saint-Jean-d'Étreux 39 176 B3
Saint-Jean-devant-Possesse 51 65 F3
Saint-Jean-d'Eyraud 24 220 A3
Saint-Jean-d'Hérans 38 230 C3
Saint-Jean-d'Heurs 63 190 A4
Saint-Jean-d'Illac 33 217 D4
Saint-Jean-d'Ormont 88 95 F2
Saint-Jean-du-Bois 72 106 B3
Saint-Jean-du-Bouzet 82 256 C3
Saint-Jean-du-Bruel 12 261 F3
Saint-Jean-du-Cardonnay 76 32 A2
Saint-Jean-du-Castillonnais 09 299 E4
Saint-Jean-du-Corail 50 80 C1
Saint-Jean-du-Corail-des-Bois 50 54 B3
Saint-Jean-du-Doigt 29 49 E2
Saint-Jean-du-Falga 09 301 D2
Saint-Jean-du-Gard 30 263 D2
Saint-Jean-du-Marché 88 95 E4
Saint-Jean-du-Pin 30 263 E2
Saint-Jean-du-Thenney 27 57 E1
Saint-Jean-en-Royans 26 229 F2
Saint-Jean-en-Val 63 208 A2
Saint-Jean-et-Saint-Paul 12 261 D3
Saint-Jean-Froidmentel 41 109 D2
Saint-Jean-Kerdaniel 22 50 C3
Saint-Jean-Kourtzerode 57 70 A2
Saint-Jean-la-Bussière 69 191 F2
Saint-Jean-la-Fouillouse 48 244 C1
Saint-Jean-la-Poterie 56 102 B4
Saint-Jean-la-Rivière 06 289 D3
Saint-Jean-la-Vêtre 42 190 C4
Saint-Jean-Lachalm 43 226 C3
Saint-Jean-Lagineste 46 223 D4
Saint-Jean-Lasseille 66 313 D3
Saint-Jean-le-Blanc 14 55 E2
Saint-Jean-le-Blanc 45 110 A3
Saint-Jean-le-Centenier 07 246 B2
Saint-Jean-le-Comtal 32 274 C2
Saint-Jean-le-Priche 71 175 E3
Saint-Jean-le-Puy 42 191 D3
Saint-Jean-le-Thomas 50 53 F3
Saint-Jean-le-Vieux 01 194 A2
Saint-Jean-le-Vieux 38 213 D4
Saint-Jean-le-Vieux 64 295 D1
Saint-Jean-lès-Buzy 55 40 C4
Saint-Jean-les-Deux-Jumeaux 77 62 B2
Saint-Jean-lès-Longuyon 54 40 B2
Saint-Jean-Lespinasse 46 223 D4
Saint-Jean-Lherm 31 277 D1
Saint-Jean-Ligoure 87 203 F1
Saint-Jean-Mirabel 46 241 E2
Saint-Jean-Pied-de-Port 64 295 D1
Saint-Jean-Pierre-Fixte 28 84 A3
Saint-Jean-Pla-de-Corts 66 312 C4
Saint-Jean-Poudge 64 273 E3
Saint-Jean-Poutge 32 274 B1
Saint-Jean-Rohrbach 57 69 E1
Saint-Jean-Roure 07 228 A3
Saint-Jean-Saint-Germain 37 150 C1
Saint-Jean-Saint-Gervais 63 208 A3
Saint-Jean-Saint-Nicolas 05 249 F1
Saint-Jean-Saverne 67 70 B2
Saint-Jean-Soleymieux 42 209 E2
Saint-Jean-sur-Couesnon 35 80 A3
Saint-Jean-sur-Erve 53 105 F1
Saint-Jean-sur-Mayenne 53 105 D1
Saint-Jean-sur-Moivre 51 65 D2
Saint-Jean-sur-Reyssouze 01 175 F3
Saint-Jean-sur-Tourbe 51 65 E1
Saint-Jean-sur-Veyle 01 175 E4
Saint-Jean-sur-Vilaine 35 104 A1
Saint-Jean-Trolimon 29 98 B2
Saint-Jeannet 04 267 F3
Saint-Jeannet 06 269 F4
Saint-Jeanvrin 18 170 A2
Saint-Jeoire 74 196 A1
Saint-Jeoire-Prieuré 73 213 D2
Saint-Jeure-d'Andaure 07 228 A2
Saint-Jeure-d'Ay 07 228 C1
Saint-Jeures 43 227 F2
Saint-Joachim 44 125 E2
Saint-Jodard 42 191 E3
Saint-Joire 55 92 C1
Saint-Jores 50 26 C3
Saint-Jorioz 74 195 E3
Saint-Jory 31 276 B1
Saint-Jory-de-Chalais 24 203 D3
Saint-Jory-las-Bloux 24 203 D4
Saint-Joseph 42 210 B2
Saint-Joseph 50 24 C3
Saint-Joseph-de-Rivière 38 212 C3
Saint-Joseph-des-Bancs 07 246 A1
Saint-Josse 62 6 B2
Saint-Jouan-de-l'Isle 22 78 B3
Saint-Jouan-des-Guérets 35 52 C4
Saint-Jouin 14 30 A4
Saint-Jouin-Bruneval 76 14 B3
Saint-Jouin-de-Blavou 61 83 E2
Saint-Jouin-de-Marnes 79 148 B3
Saint-Jouin-de-Milly 79 147 E4
Saint-Jouvent 87 185 F3
Saint-Juan 25 141 F3
Saint-Judoce 22 78 C2
Saint-Juéry 12 260 B4
Saint-Juéry 48 225 E4
Saint-Juéry 81 259 E3
Saint-Juire-Champgillon 85 163 F1
Saint-Julia 31 277 F3
Saint-Julia-de-Bec 11 302 B4
Saint-Julien 21 139 E3
Saint-Julien 22 51 E4
Saint-Julien 31 300 A1
Saint-Julien 34 279 F2
Saint-Julien 39 176 B3
Saint-Julien 56 122 A2
Saint-Julien 69 192 B2
Saint-Julien 70 117 E4
Saint-Julien 88 117 F1
Saint-Julien-aux-Bois 19 223 E2
Saint-Julien-Beychevelle 33 217 D1
Saint-Julien-Boutières 07 228 A3
Saint-Julien-Chapteuil 43 227 E2
Saint-Julien-d'Ance 43 209 D4
Saint-Julien-d'Armagnac 40 254 C3
Saint-Julien-d'Arpaon 48 244 C4
Saint-Julien-d'Asse 04 267 E3
Saint-Julien-de-Bourdeilles 24 202 B4
Saint-Julien-de-Briola 11 301 F2
Saint-Julien-de-Cassagnas 30 263 F1
Saint-Julien-de-Chédon 41 131 F3
Saint-Julien-de-Civry 71 174 A3
Saint-Julien-de-Concelles 44 126 C4
Saint-Julien-de-Coppel 63 207 F1
Saint-Julien-de-Crempse 24 220 B3
Saint-Julien-de-Gras-Capou 09 301 E3
Saint-Julien-de-Jonzy 71 173 F4
Saint-Julien-de-Jordanne 15 224 B2
Saint-Julien-de-la-Liègue 27 59 D1
Saint-Julien-de-la-Nef 30 262 C3
Saint-Julien-de-Lampon 24 222 A4
Saint-Julien-de-l'Escap 17 182 B3
Saint-Julien-de-l'Herms 38 211 E3
Saint-Julien-de-Mailloc 14 57 E1
Saint-Julien-de-Peyrolas 30 246 B4
Saint-Julien-de-Raz 38 212 C3
Saint-Julien-de-Toursac 15 241 F1
Saint-Julien-de-Vouvantes 44 127 D1
Saint-Julien-des-Chazes 43 226 B2
Saint-Julien-des-Landes 85 162 B1
Saint-Julien-des-Points 48 263 D1
Saint-Julien-d'Eymet 24 238 A1
Saint-Julien-d'Oddes 42 191 D4
Saint-Julien-du-Gua 07 228 A4
Saint-Julien-du-Pinet 43 227 E1
Saint-Julien-du-Puy 81 278 A1
Saint-Julien-du-Sault 89 112 C2
Saint-Julien-du-Serre 07 246 A1
Saint-Julien-du-Terroux 53 81 F2
Saint-Julien-du-Tournel 48 244 C3
Saint-Julien-du-Verdon 04 268 B3
Saint-Julien-en-Beauchêne 05 248 C1
Saint-Julien-en-Born 40 252 B2
Saint-Julien-en-Champsaur 05 249 F1
Saint-Julien-en-Genevois 74 195 E1
Saint-Julien-en-Jarez 42 210 B3
Saint-Julien-en-Quint 26 230 A4
Saint-Julien-en-Saint-Alban 07 228 C4
Saint-Julien-en-Vercors 26 230 A2
Saint-Julien-Gaulène 81 259 F3
Saint-Julien-la-Genête 23 188 A1
Saint-Julien-la-Geneste 63 188 C2
Saint-Julien-la-Vêtre 42 190 C4
Saint-Julien-Labrousse 07 228 B3
Saint-Julien-l'Ars 86 166 C2
Saint-Julien-le-Châtel 23 187 F1
Saint-Julien-le-Faucon 14 56 C1
Saint-Julien-le-Montagnier 83 286 A1
Saint-Julien-le-Pèlerin 19 223 E3
Saint-Julien-le-Petit 87 186 C4
Saint-Julien-le-Roux 07 228 C4
Saint-Julien-le-Vendômois 19 203 F3
Saint-Julien-lès-Gorze 54 67 F1
Saint-Julien-lès-Metz 57 41 F4
Saint-Julien-lès-Montbéliard 25 142 B1
Saint-Julien-les-Rosiers 30 263 E1
Saint-Julien-lès-Russey 25 142 B4
Saint-Julien-les-Villas 10 90 B4
Saint-Julien-Maumont 19 222 C2
Saint-Julien-Molhesabate 43 228 A1
Saint-Julien-Molin-Molette 42 210 B4
Saint-Julien-Mont-Denis 73 214 A4
Saint-Julien-près-Bort 19 206 A3
Saint-Julien-Puy-Lavèze 63 206 C1
Saint-Julien-sous-les-Côtes 55 67 D3
Saint-Julien-sur-Bibost 69 192 B4
Saint-Julien-sur-Calonne 14 30 C3
Saint-Julien-sur-Cher 41 133 D4
Saint-Julien-sur-Dheune 71 157 E4
Saint-Julien-sur-Reyssouze 01 175 F3
Saint-Julien-sur-Sarthe 61 83 E2
Saint-Julien-sur-Veyle 01 193 D1
Saint-Julien-Vocance 07 228 B1
Saint-Junien 87 185 D3
Saint-Junien-la-Bregère 23 186 C3
Saint-Junien-les-Combes 87 185 E2
Saint-Jure 57 68 B2
Saint-Jurs 04 267 F3
Saint-Just 01 193 F1
Saint-Just 07 246 C4
Saint-Just 15 225 F4
Saint-Just 18 153 E2
Saint-Just 24 202 A4
Saint-Just 27 59 E1
Saint-Just 34 282 A2
Saint-Just 35 102 C3
Saint-Just 63 208 C3
Saint-Just-Chaleyssin 38 211 D2
Saint-Just-d'Avray 69 192 A2
Saint-Just-de-Bélengard 11 301 F2
Saint-Just-de-Claix 38 229 F2
Saint-Just-en-Bas 42 209 D1
Saint-Just-en-Brie 77 88 B1
Saint-Just-en-Chaussée 60 34 C2
Saint-Just-en-Chevalet 42 191 D3
Saint-Just-et-le-Bézu 11 302 B4
Saint-Just-et-Vacquières 30 263 F2
Saint-Just-Ibarre 64 295 E1
Saint-Just-la-Pendue 42 191 F3
Saint-Just-le-Martel 87 186 A4
Saint-Just-Luzac 17 181 D4
Saint-Just-Malmont 43 209 F4
Saint-Just-près-Brioude 43 226 A1
Saint-Just-Saint-Rambert 42 209 F2
Saint-Just-Sauvage 51 89 F1
Saint-Just-sur-Dive 49 129 E4
Saint-Just-sur-Viaur 12 259 F2
Saint-Justin 32 274 A3
Saint-Justin 40 254 B3
Saint-Juvat 22 78 C2
Saint-Juvin 08 39 E3
Saint-Lactencin 36 151 E3
Saint-Lager 69 192 B1
Saint-Lager-Bressac 07 246 C1
Saint-Lamain 39 159 F4
Saint-Lambert 14 55 F2
Saint-Lambert 78 60 B4
Saint-Lambert-des-Levées 49 129 E4
Saint-Lambert-du-Lattay 49 128 B3
Saint-Lambert-et-Mont-de-Jeux 08 38 C1
Saint-Lambert-la-Potherie 49 128 A2
Saint-Lambert-sur-Dive 61 56 C3
Saint-Langis-lès-Mortagne 61 83 F2
Saint-Lanne 65 273 E2
Saint-Laon 86 148 C2
Saint-Lary 09 299 E4
Saint-Lary 32 274 C1
Saint-Lary-Boujean 31 299 D1
Saint-Lary-Soulan 65 298 B4
Saint-Lattier 38 229 F2
Saint-Launeuc 22 78 A3
Saint-Laure 63 189 F3
Saint-Laurent 08 22 C3
Saint-Laurent 18 133 F4
Saint-Laurent 22 50 B3
Saint-Laurent 23 187 D1
Saint-Laurent 31 275 E4
Saint-Laurent 47 255 F1
Saint-Laurent 74 195 F1
Saint-Laurent-Blangy 62 8 B3
Saint-Laurent-Bretagne 64 273 E4
Saint-Laurent-Chabreuges 43 208 A4
Saint-Laurent-d'Agny 69 210 C1
Saint-Laurent-d'Aigouze 30 282 B2
Saint-Laurent-d'Andenay 71 157 E4
Saint-Laurent-d'Arce 33 217 F2
Saint-Laurent-de-Belzagot 16 201 E3
Saint-Laurent-de-Brèvedent 76 14 B4
Saint-Laurent-de-Carnols 30 264 B1
Saint-Laurent-de-Céris 16 184 A3
Saint-Laurent-de-Cerdans 66 312 B4
Saint-Laurent-de-Chamousset 69 192 A4
Saint-Laurent-de-Cognac 16 199 F1
Saint-Laurent-de-Condel 14 55 F1
Saint-Laurent-de-Cuves 50 54 B3
Saint-Laurent-de-Gosse 40 271 D2
Saint-Laurent-de-Jourdes 86 166 C3
Saint-Laurent-de-la-Cabrerisse 11 303 E2
Saint-Laurent-de-la-Barrière 17 181 F2
Saint-Laurent-de-la-Prée 17 181 D2
Saint-Laurent-de-la-Mer 22 51 E4
Saint-Laurent-de-la-Plaine 49 128 A3
Saint-Laurent-de-la-Salanque 66 313 D1
Saint-Laurent-de-la-Côte 73 214 B3
Saint-Laurent-de-la-Salle 85 164 A1
Saint-Laurent-de-Lévézou 12 261 D1
Saint-Laurent-de-Lin 37 130 A2
Saint-Laurent-de-Muret 48 243 F2
Saint-Laurent-de-Mure 69 211 E1
Saint-Laurent-de-Neste 65 298 C2
Saint-Laurent-de-Terregatte 50 80 A1
Saint-Laurent-de-Trèves 48 262 B1
Saint-Laurent-de-Vaux 69 210 B1
Saint-Laurent-de-Veyrès 48 243 E1
Saint-Laurent-des-Arbres 30 264 C2
Saint-Laurent-des-Autels 49 127 D3
Saint-Laurent-des-Bâtons 24 220 C3
Saint-Laurent-des-Bois 27 59 D3
Saint-Laurent-des-Bois 41 109 E3
Saint-Laurent-des-Combes 16 201 E4
Saint-Laurent-des-Combes 33 219 D3
Saint-Laurent-des-Hommes 24 219 F2
Saint-Laurent-des-Mortiers 53 105 E4
Saint-Laurent-des-Vignes 24 220 A4
Saint-Laurent-d'Oingt 69 192 B3
Saint-Laurent-d'Olt 12 243 E3
Saint-Laurent-d'Onay 26 229 E1
Saint-Laurent-du-Bois 33 236 C1
Saint-Laurent-du-Cros 05 249 F1
Saint-Laurent-du-Mont 14 30 A4
Saint-Laurent-du-Mottay 49 127 F3
Saint-Laurent-du-Pape 07 228 C4
Saint-Laurent-du-Plan 33 237 D2
Saint-Laurent-du-Pont 38 212 C3
Saint-Laurent-du-Tencement 27 57 E3
Saint-Laurent-du-Var 06 288 C2
Saint-Laurent-du-Verdon 04 286 A1
Saint-Laurent-en-Beaumont 38 231 D3
Saint-Laurent-en-Brionnais 71 174 A4
Saint-Laurent-en-Caux 76 15 F2
Saint-Laurent-en-Gâtines 37 131 D1
Saint-Laurent-en-Grandvaux 39 177 E1
Saint-Laurent-en-Royans 26 230 A2
Saint-Laurent-la-Conche 42 209 F1
Saint-Laurent-la-Gâtine 28 59 E4
Saint-Laurent-la-Roche 39 176 C1
Saint-Laurent-la-Vallée 24 239 E1
Saint-Laurent-la-Vernède 30 264 A2
Saint-Laurent-l'Abbaye 58 135 E3
Saint-Laurent-le-Minier 30 262 B3
Saint-Laurent-les-Bains 07 245 E2
Saint-Laurent-les-Églises 87 186 B3
Saint-Laurent-les-Tours 46 223 D4
Saint-Laurent-Lolmie 46 239 F4
Saint-Laurent-Médoc 33 216 C1
Saint-Laurent-Nouan 41 109 F4
Saint-Laurent-Rochefort 42 191 D4
Saint-Laurent-sous-Coiron 07 246 B2
Saint-Laurent-sur-Gorre 87 185 D4
Saint-Laurent-sur-Manoire 24 220 C1
Saint-Laurent-sur-Mer 14 28 B2
Saint-Laurent-sur-Othain 55 40 B2
Saint-Laurent-sur-Oust 56 102 A3
Saint-Laurent-sur-Saône 01 175 E4
Saint-Laurent-sur-Sèvre 85 146 C2
Saint-Laurs 79 164 C2
Saint-Léger 06 269 D2
Saint-Léger 16 201 E3
Saint-Léger 17 199 E1
Saint-Léger 47 237 F4
Saint-Léger 50 53 F3
Saint-Léger 53 105 F1
Saint-Léger 62 8 B4
Saint-Léger 73 213 F2
Saint-Léger 77 62 C3
Saint-Léger (Pont de) 06 269 E2
Saint-Léger-aux-Bois 60 35 F2
Saint-Léger-aux-Bois 76 17 D3
Saint-Léger-Bridereix 23 168 C4
Saint-Léger-de-Balson 33 236 A3
Saint-Léger-de-Fougeret 58 156 A2
Saint-Léger-de-la-Martinière 79 165 E4
Saint-Léger-de-Montbrun 79 148 B2
Saint-Léger-de-Montbrillais 86 148 B1
Saint-Léger-de-Peyre 48 243 F2
Saint-Léger-de-Rôtes 27 57 F1
Saint-Léger-des-Aubées 28 85 F3
Saint-Léger-des-Bois 49 128 A2
Saint-Léger-des-Prés 35 79 E2
Saint-Léger-des-Vignes 58 155 E4
Saint-Léger-du-Bois 71 157 E2
Saint-Léger-du-Bourg-Denis 76 32 B2
Saint-Léger-du-Gennetey 27 31 F3
Saint-Léger-du-Malzieu 48 225 F4
Saint-Léger-du-Ventoux 84 265 F1
Saint-Léger-Dubosq 14 30 A4
Saint-Léger-en-Bray 60 34 A2
Saint-Léger-en-Yvelines 78 60 A4
Saint-Léger-la-Montagne 87 186 A2
Saint-Léger-le-Guérétois 23 187 D1
Saint-Léger-le-Petit 18 154 B1
Saint-Léger-lès-Authie 80 7 F4
Saint-Léger-lès-Domart 80 18 A1
Saint-Léger-les-Mélèzes 05 249 F1
Saint-Léger lès-Paray 71 173 F2
Saint-Léger-les-Vignes 44 145 E1
Saint-Léger-Magnazeix 87 168 A4
Saint-Léger-près-Troyes 10 90 B4
Saint-Léger-sous-Beuvray 71 156 C3
Saint-Léger-sous-Brienne 10 91 D2
Saint-Léger-sous-Cholet 49 146 C1
Saint-Léger-sous-la-Bussière 71 174 C4
Saint-Léger-sous-Margerie 10 91 D1
Saint-Léger-sur-Bonneville 14 30 C3
Saint-Léger-sur-Bresle 80 17 E3
Saint-Léger-sur-Dheune 71 157 F3
Saint-Léger-sur-Roanne 42 191 D2
Saint-Léger-sur-Sarthe 61 83 D2
Saint-Léger-sur-Vouzance 03 173 E3
Saint-Léger-Triey 21 139 F3
Saint-Léger-Vauban 89 137 E3
Saint-Léomer 86 167 F3
Saint-Léon 03 173 D3
Saint-Léon 31 276 C4
Saint-Léon 33 218 C4
Saint-Léon 47 237 F4
Saint-Léon-d'Issigeac 24 238 C1
Saint-Léon-sur-l'Isle 24 220 A2
Saint-Léon-sur-Vézère 24 221 E3
Saint-Léonard 32 256 B4
Saint-Léonard 51 37 F4
Saint-Léonard 62 2 A4
Saint-Léonard 76 14 C2
Saint-Léonard 88 95 F3
Saint-Léonard-de-Noblat 87 186 A4
Saint-Léonard-des-Bois 72 82 B3
Saint-Léonard-des-Parcs 61 83 D1
Saint-Léonard-en-Beauce 41 109 D3
Saint-Léons 12 261 D1
Saint-Léopardin-d'Augy 03 171 F1
Saint-Léry 56 78 A4
Saint-Leu-d'Esserent 60 34 C4
Saint-Leu-la-Forêt 95 60 C2
Saint-Lézer 65 273 F4
Saint-Lézin 49 128 A4
Saint-Lieux-Lafenasse 81 278 B1
Saint-Lieux-lès-Lavaur 81 277 E1
Saint-Liguaire 79 164 C4
Saint-Lin 79 165 D2
Saint-Lions 04 268 A2
Saint-Lizier 09 300 A3
Saint-Lizier-du-Planté 32 275 F4
Saint-Lô 50 27 E4
Saint-Lô-d'Ourville 50 24 C4
Saint-Lon-les-Mines 40 271 E2
Saint-Longis 72 83 D3
Saint-Lormel 22 78 B1
Saint-Lothain 39 159 F3
Saint-Loube 32 275 F3
Saint-Loubert 33 236 C2
Saint-Loubès 33 217 F3
Saint-Loubouer 40 272 C1
Saint-Louet-sur-Seulles 14 55 E1
Saint-Louet-sur-Vire 50 54 C1
Saint-Louis 57 70 A2
Saint-Louis 68 121 D3
Saint-Louis-de-Montferrand 33 217 E3
Saint-Louis-en-l'Isle 24 220 A2
Saint-Louis-et-Parahou 11 302 B4
Saint-Louis-lès-Bitche 57 44 B4
Saint-Loup 03 172 B4
Saint-Loup 17 181 F2
Saint-Loup 23 187 F1
Saint-Loup 39 159 D2
Saint-Loup 50 54 A4
Saint-Loup 51 63 F4
Saint-Loup 58 135 E3
Saint-Loup 69 192 A3
Saint-Loup 82 256 C2
Saint-Loup (Pic) 34 281 F1
Saint-Loup-Cammas 31 276 C1
Saint-Loup-de-Buffigny 10 89 E2
Saint-Loup-de-Fribois 14 56 C1
Saint-Loup-de-Gonois 45 112 A1
Saint-Loup-de-la-Salle 71 158 A2
Saint-Loup-de-Naud 77 88 C2
Saint-Loup-de-Varennes 71 158 A4
Saint-Loup-des-Chaumes 18 153 E4
Saint-Loup-des-Vignes 45 111 D2
Saint-Loup-d'Ordon 89 112 C2
Saint-Loup-du-Dorat 53 105 F3
Saint-Loup-du-Gast 53 81 E3
Saint-Loup-en-Champagne 08 38 A2
Saint-Loup-en-Comminges 31 298 C1
Saint-Loup-Hors 14 28 C3
Saint-Loup-Lamairé 79 148 B4
Saint-Loup-Nantouard 70 140 B2
Saint-Loup-sur-Aujon 52 116 B3
Saint-Loup-sur-Cher 41 133 D4
Saint-Loup-sur-Semouse 70 118 B2
Saint-Loup-Terrier 08 38 C1
Saint-Loyer-des-Champs 61 56 C4
Saint-Lubin-de-Cravant 28 58 C4
Saint-Lubin-de-la-Haye 28 59 E3
Saint-Lubin-des-Joncherets 28 58 C4
Saint-Lubin-en-Vergonnois 41 131 F1
Saint-Luc 27 59 D2
Saint-Lucien 28 85 F1
Saint-Lucien 76 32 C2
Saint-Lumier-en-Champagne 51 65 E3
Saint-Lumier-la-Populeuse 51 65 F4
Saint-Lumine-de-Clisson 44 146 A1
Saint-Lumine-de-Coutais 44 145 E1
Saint-Lunaire 35 52 C4
Saint-Lupicin 39 177 D3
Saint-Lupien 10 89 F3
Saint-Lyé 10 90 A3

Saint-Lyé-la-Forêt 45 110 B2
Saint-Lyphard 44 123 F3
Saint-Lys 31 276 A3
Saint-Macaire 33 236 C2
Saint-Macaire-du-Bois 49 148 A1
Saint-Macaire-en-Mauges 49 146 C1
Saint-Maclou 27 31 D3
Saint-Maclou-de-Folleville 76 16 A4
Saint-Maclou-la-Brière 76 15 D3
Saint-Macoux 86 183 F1
Saint-Maden 22 78 C3
Saint-Magne 33 235 E2
Saint-Magne-de-Castillon 33 219 D4
Saint-Maigner 63 188 C2
Saint-Maigrin 17 200 C3
Saint-Maime 04 267 D3
Saint-Maime-de-Péreyrol 24 220 B2
Saint-Maixant 23 187 F3
Saint-Maixant 33 236 C2
Saint-Maixent 72 107 F1
Saint-Maixent-de-Beugné 79 164 B2
Saint-Maixent-l'École 79 165 E3
Saint-Maixent-sur-Vie 85 145 D4
Saint-Maixme-Hauterive 28 84 C1
Saint-Malo 35 52 C4
Saint-Malo-de-Beignon 56 102 B2
Saint-Malo-de-Guersac 44 125 E3
Saint-Malo-de-la-Lande 50 53 F1
Saint-Malo-de-Phily 35 103 D2
Saint-Malo-des-Trois-Fontaines 56 101 F1
Saint-Malô-du-Bois 85 146 C2
Saint-Malo-en-Donziois 58 135 F4
Saint-Malon-sur-Mel 35 102 B1
Saint-Mamert 38 211 D3
Saint-Mamert 69 174 C4
Saint-Mamert-du-Gard 30 263 F4
Saint-Mamet 31 307 F4
Saint-Mamet-la-Salvetat 15 223 F4
Saint-Mammès 77 87 F3
Saint-Mandé 94 61 D3
Saint Mandé-sur-Brédoire 17 182 C2
Saint-Mandrier-sur-Mer 83 291 F4
Saint-Manvieu-Bocage 14 54 C3
Saint-Manvieu-Norrey 14 29 D4
Saint-Marc 15 225 F3
Saint-Marc 44 125 D3
Saint-Marc-à-Frongier 23 187 E3
Saint-Marc-à-Loubaud 23 187 E4
Saint-Marc-du-Cor 41 108 B2
Saint-Marc-Jaumegarde 13 285 D2
Saint-Marc-la-Lande 79 165 D2
Saint-Marc-le-Blanc 35 79 F2
Saint-Marc-sur-Couesnon 35 80 A3
Saint-Marc-sur-Seine 21 115 E4
Saint-Marcan 35 79 E1
Saint-Marceau 08 22 C4
Saint-Marceau 72 82 C4
Saint-Marcel 08 22 B3
Saint-Marcel 27 59 E1
Saint-Marcel 36 168 C1
Saint-Marcel 54 41 E4
Saint-Marcel 56 101 F3
Saint-Marcel 70 117 F3
Saint-Marcel 71 158 A4
Saint-Marcel 73 214 B2
Saint-Marcel 81 259 D2
Saint-Marcel-Bel-Accueil 38 211 F1
Saint-Marcel-d'Ardèche 07 246 C4
Saint-Marcel-de-Careiret 30 264 A2
Saint-Marcel-de-Félines 42 191 F3
Saint-Marcel-du-Périgord 24 220 C3
Saint-Marcel-d'Urfé 42 191 D3
Saint-Marcel-en-Dombes 01 193 D3
Saint-Marcel-en-Marcillat 03 188 B1
Saint-Marcel-en-Murat 03 171 F4
Saint-Marcel-l'Éclairé 69 192 A3
Saint-Marcel-lès-Annonay 07 210 B4
Saint-Marcel-lès-Sauzet 26 247 D2
Saint-Marcel-lès-Valence 26 229 D3
Saint-Marcel-Paulel 31 277 D2
Saint-Marcel-sur-Aude 11 303 F1
Saint-Marcelin-de-Cray 71 174 C2
Saint-Marcellin 38 230 A1
Saint-Marcellin-de-Vars 05 250 C1
Saint-Marcellin-en-Forez 42 209 F2
Saint-Marcellin-lès-Vaison 84 265 E1
Saint-Marcet 31 299 D1
Saint-Marcory 24 239 D1
Saint-Marcouf 14 27 F3
Saint-Marcouf 50 25 E3
Saint-Mard 02 36 C2
Saint-Mard 17 181 F1
Saint-Mard 54 94 B1
Saint-Mard 77 61 F1
Saint-Mard 80 19 D4
Saint-Mard-de-Réno 61 83 F2
Saint-Mard-de-Vaux 71 157 F4
Saint-Mard-lès-Rouffy 51 64 B2
Saint-Mard-sur-Auve 51 65 E1
Saint-Mard-sur-le-Mont 51 65 F2
Saint-Mards 76 16 A3
Saint-Mards-de-Blacarville 27 31 D3
Saint-Mards-de-Fresne 27 57 E1
Saint-Mards-en-Othe 10 89 F4
Saint-Marien 23 170 A3
Saint-Mariens 33 217 F1
Saint-Mars-de-Coutais 44 145 E1
Saint-Mars-de-Locquenay 72 107 E2
Saint-Mars-d'Égrenne 61 81 D1
Saint-Mars-d'Outillé 72 107 D3
Saint-Mars-du-Désert 44 126 C3
Saint-Mars-du-Désert 53 82 B3
Saint-Mars-en-Brie 77 62 C4
Saint-Mars-la-Brière 72 107 E2
Saint-Mars-la-Jaille 44 127 D1
Saint-Mars-la-Réorthe 85 146 C3
Saint-Mars-sous-Ballon 72 83 D4
Saint-Mars-sur-Colmont 53 81 E3
Saint-Mars-sur-la-Futaie 53 80 C2
Saint-Marsal 66 312 B3
Saint-Marsault 79 147 E4
Saint-Martial 07 227 F4
Saint-Martial 15 225 E4
Saint-Martial 16 201 E3
Saint-Martial 17 182 B2
Saint-Martial 30 262 C3
Saint-Martial 33 236 C1
Saint-Martial-d'Albarède 24 203 E4
Saint-Martial-d'Artenset 24 219 F2
Saint-Martial-de-Gimel 19 205 D4
Saint-Martial-de-Mirambeau 17 199 E3
Saint-Martial-de-Nabirat 24 239 F1
Saint-Martial-de-Valette 24 202 B2
Saint-Martial-de-Vitaterne 17 199 F3
Saint-Martial-Entraygues 19 223 D2
Saint-Martial-le-Mont 23 187 E2
Saint-Martial-le-Vieux 23 205 F1
Saint-Martial-sur-Isop 87 185 D1
Saint-Martial-sur-Né 17 199 F2
Saint-Martial-Viveyrol 24 201 F4
Saint-Martin 32 274 B3
Saint-Martin 50 53 F2
Saint-Martin 54 95 E1
Saint-Martin 56 102 A3
Saint-Martin 65 297 F2
Saint-Martin 66 311 F1
Saint-Martin 67 96 B1
Saint-Martin 83 285 F2
Saint Martin (Casella) 2B 317 E1
Saint-Martin-au-Bosc 76 17 D3
Saint-Martin-au-Laërt 62 3 E3
Saint-Martin-aux-Arbres 76 15 F3
Saint-Martin-aux-Bois 60 35 D1
Saint-Martin-aux-Buneaux 76 15 D1
Saint-Martin-aux-Chartrains 14 30 B3
Saint-Martin-aux-Champs 51 65 D3
Saint-Martin-Belle-Roche 71 175 E3
Saint-Martin-Bellevue 74 195 E2
Saint-Martin-Boulogne 62 2 A4
Saint-Martin-Cantalès 15 223 F2
Saint-Martin-Château 23 186 C4
Saint-Martin-Chennetron 77 89 D1
Saint-Martin-Choquel 62 2 C4
Saint-Martin-d'Abbat 45 110 C3
Saint-Martin-d'Ablois 51 63 F2
Saint-Martin-d'Août 26 229 E1
Saint-Martin-d'Arberoue 64 271 D4
Saint-Martin-d'Arc 73 214 A4
Saint-Martin-d'Arcé 49 129 E1
Saint-Martin-d'Ardèche 07 246 B4
Saint-Martin-d'Armagnac 32 273 F1
Saint-Martin-d'Arrossa 64 295 D1
Saint-Martin-d'Ary 17 218 C1
Saint-Martin-d'Aubigny 50 27 D4
Saint-Martin-d'Audouville 50 25 D3
Saint-Martin-d'Auxigny 18 153 E1
Saint-Martin-d'Auxy 71 157 E4
Saint-Martin-de-Bavel 01 194 C3
Saint-Martin-de-Beauville 47 256 C1
Saint-Martin-de-Belleville 73 214 B3
Saint-Martin-de-Bernegoue 79 165 D4
Saint-Martin-de-Bienfaite 14 57 E1
Saint-Martin-de-Blagny 14 27 F3
Saint-Martin-de-Bonfossé 50 54 B1
Saint-Martin-de-Boscherville 76 15 F4
Saint-Martin-de-Bossenay 10 89 E2
Saint-Martin-de-Boubaux 48 263 D1
Saint-Martin-de-Bréthencourt 78 86 A2
Saint-Martin-de-Brômes 04 267 E4
Saint-Martin-de-Caralp 09 300 C3
Saint-Martin-de-Castillon 84 266 B4
Saint-Martin-de-Cenilly 50 54 A1
Saint-Martin-de-Clelles 38 230 C4
Saint-Martin-de-Commune 71 157 E3
Saint-Martin-de-Connée 53 82 A4
Saint-Martin-de-Cornas 69 210 C2
Saint-Martin-de-Coux 17 219 D1
Saint-Martin-de-Crau 13 283 F2
Saint-Martin-de-Curton 47 237 D4
Saint-Martin-de-Fenollar (Chapelle de) 66 312 C3
Saint-Martin-de-Fontenay 14 56 A1
Saint-Martin-de-Fraigneau 85 164 B3
Saint-Martin-de-Fresnay 14 56 C2
Saint-Martin-de-Fressengeas 24 203 D3
Saint-Martin-de-Fugères 43 227 D3
Saint-Martin-de-Goyne 32 256 A3
Saint-Martin-de-Gurson 24 219 E3
Saint-Martin-de-Hinx 40 271 D2
Saint-Martin-de-Juillers 17 182 B3
Saint-Martin-de-Jussac 87 185 D3
Saint-Martin-de-la-Brasque 84 266 B4
Saint-Martin-de-la-Coudre 17 181 F2
Saint-Martin-de-la-Cluze 38 230 C2
Saint-Martin-de-la-Lieue 14 57 D1
Saint-Martin-de-la-Mer 21 137 F4
Saint-Martin-de-la-Place 49 129 D3
Saint-Martin-de-la-Porte 73 214 A4
Saint-Martin-de-Lamps 36 151 F2
Saint-Martin-de-Landelles 50 80 B1
Saint-Martin-de-Lansuscle 48 262 C1
Saint-Martin-de-l'Arçon 34 279 F2
Saint-Martin-de-Laye 33 218 C2
Saint-Martin-de-Lenne 12 243 D3
Saint-Martin-de-Lerm 33 237 D1
Saint-Martin-de-Lixy 71 191 F1
Saint-Martin-de-Londres 34 281 E1
Saint-Martin-de-Mâcon 79 148 B2
Saint-Martin-de-Mailloc 14 57 D1
Saint-Martin-de-Mieux 14 56 A3
Saint-Martin-de-Nigelles 28 85 F1
Saint-Martin-de-Peille (Église) 06 289 E4
Saint-Martin-de-Queyrières 05 232 B3
Saint-Martin-de-Ré 17 163 D4
Saint-Martin-de-Ribérac 24 220 A1
Saint-Martin-de-Saint-Maixent 79 165 E3
Saint-Martin-de-Salencey 71 174 C2
Saint-Martin-de-Sallen 14 55 F2
Saint-Martin-de-Sanzay 79 148 B1
Saint-Martin-de-Seignanx 40 270 C2
Saint-Martin-de-Sescas 33 236 C2
Saint-Martin-de-Tallevende 14 54 C3
Saint-Martin-de-Valamas 07 228 A3
Saint-Martin-de-Valgalgues 30 263 E1
Saint-Martin-de-Varreville 50 25 E4
Saint-Martin-de-Vaulserre 38 212 C2
Saint-Martin-de-Vers 46 240 B2
Saint-Martin-de-Villeréglan 11 302 B2
Saint-Martin-de-Villeréal 47 238 C2
Saint-Martin-d'Écublei 61 57 F3
Saint-Martin-d'Entraigues 79 183 D1
Saint-Martin-d'Entraunes 06 268 C1
Saint-Martin-des-Besaces 14 55 D1
Saint-Martin-des-Bois 41 108 A4
Saint-Martin-des-Champs 18 154 B1
Saint-Martin-des-Champs 29 49 E3
Saint-Martin-des-Champs 50 54 A4
Saint-Martin-des-Champs 77 62 C4
Saint-Martin-des-Champs 78 59 F3
Saint-Martin-des-Champs 89 135 E1
Saint-Martin-des-Combes 24 220 B3
Saint-Martin-des-Entrées 14 29 D3
Saint-Martin-des-Fontaines 85 164 A2
Saint-Martin-des-Lais 03 173 D1
Saint-Martin-des-Landes 61 82 B1
Saint-Martin-des-Monts 72 107 F1
Saint-Martin-des-Noyers 85 146 B4
Saint-Martin-des-Olmes 63 208 C2
Saint-Martin-des-Pézerits 61 83 E1
Saint-Martin-des-Plains 63 207 F3
Saint-Martin-des-Prés 22 77 D2
Saint-Martin-des-Puits 11 303 D3
Saint-Martin-des-Tilleuls 85 146 C2
Saint-Martin-d'Estréaux 42 190 C1
Saint-Martin-d'Hardinghem 62 7 D1
Saint-Martin-d'Hères 38 230 C1
Saint-Martin-d'Heuille 58 155 D2
Saint-Martin-d'Ollières 63 208 A3
Saint-Martin-Don 14 54 C2
Saint-Martin-d'Oney 40 253 F3
Saint-Martin-d'Ordon 89 112 C2
Saint-Martin-d'Oydes 09 300 C2
Saint-Martin-du-Bec 76 14 B3
Saint-Martin-du-Bois 33 218 C2
Saint-Martin-du-Bois 49 105 D4
Saint-Martin-du-Boschet 77 63 D4
Saint-Martin-du-Canigou (Abbaye de) 66 311 F3
Saint-Martin-du-Clocher 16 183 F2
Saint-Martin-du-Fouilloux 49 128 A2
Saint-Martin-du-Fouilloux 79 165 E1
Saint-Martin-du-Frêne 01 194 B1
Saint-Martin-du-Lac 71 173 F4
Saint-Martin-du-Limet 53 104 B3
Saint-Martin-du-Manoir 76 14 B4
Saint-Martin-du-Mesnil-Oury 14 56 C1
Saint-Martin-du-Mont 01 193 F1
Saint-Martin-du-Mont 21 138 C2
Saint-Martin-du-Mont 71 176 A1
Saint-Martin-du-Puy 33 237 D1
Saint-Martin-du-Puy 58 137 D3
Saint-Martin-du-Tartre 71 174 C1
Saint-Martin-du-Tertre 89 88 C4
Saint-Martin-du-Tertre 95 61 D1
Saint-Martin-du-Tilleul 27 57 F1
Saint-Martin-du-Touch 31 276 B2
Saint-Martin-du-Var 06 288 C1
Saint-Martin-du-Vieux-Bellême 61 83 F3
Saint-Martin-du-Vivier 76 32 B2
Saint-Martin-d'Uriage 38 231 D1
Saint-Martin-en-Bière 77 87 E2
Saint-Martin-en-Bresse 71 158 B3
Saint-Martin-en-Campagne 76 16 B2
Saint-Martin-en-Coailleux 42 210 B3
Saint-Martin-en-Gâtinois 71 158 B2
Saint-Martin-en-Haut 69 210 B1
Saint-Martin-en-Vercors 26 230 A2
Saint-Martin-Gimois 32 275 E3
Saint-Martin-la-Campagne 27 58 C1
Saint-Martin-la-Garenne 78 59 F1
Saint-Martin-la-Méanne 19 223 D1
Saint-Martin-la-Patrouille 71 174 C1
Saint-Martin-la-Plaine 42 210 B2
Saint-Martin-la-Sauveté 42 191 D4
Saint-Martin-Labouval 46 240 C3
Saint-Martin-Lacaussade 33 217 D1
Saint-Martin-Laguépie 81 259 D2
Saint-Martin-l'Aiguillon 61 82 B1
Saint-Martin-Lalande 11 301 F1
Saint-Martin-l'Ars 86 184 B1
Saint-Martin-Lars-en-Sainte-Hermine 85 163 F1
Saint-Martin-l'Astier 24 219 F2
Saint-Martin-le-Beau 37 131 D3
Saint-Martin-le-Bouillant 50 54 B3
Saint-Martin-le-Châtel 01 175 F4
Saint-Martin-le-Colonel 26 229 F3
Saint-Martin-le-Gaillard 76 16 C2
Saint-Martin-le-Gréard 50 24 C3
Saint-Martin-le-Hébert 50 24 C3
Saint-Martin-le-Mault 87 168 A3
Saint-Martin-le-Nœud 60 34 A2
Saint-Martin-le-Pin 24 202 B2
Saint-Martin-le-Redon 46 239 E3
Saint-Martin-le-Supérieur 07 246 C1
Saint-Martin-le-Vieil 11 302 A1
Saint-Martin-le-Vieux 87 203 E1
Saint-Martin-le-Vinoux 38 230 C1
Saint-Martin-les-Eaux 04 266 C3
Saint-Martin-lès-Langres 52 116 C3
Saint-Martin-lès-Melle 79 165 E4
Saint-Martin-lès-Seyne 04 250 A3
Saint-Martin-Lestra 42 210 A1
Saint-Martin-l'Heureux 51 38 B4
Saint-Martin-l'Hortier 76 16 C4
Saint-Martin-l'Inférieur 07 246 C2
Saint-Martin-Longueau 60 35 D3
Saint-Martin-Lys 11 311 E1
Saint-Martin-Osmonville 76 16 B4
Saint-Martin-Petit 47 237 E2
Saint-Martin-Rivière 02 20 C1
Saint-Martin-Saint-Firmin 27 31 D3
Saint-Martin-Sainte-Catherine 23 186 B3
Saint-Martin-Sepert 19 204 A3
Saint-Martin-sous-Montaigu 71 157 F3
Saint-Martin-sous-Vigouroux 15 224 C3
Saint-Martin-sur-Armançon 89 114 B3
Saint-Martin-sur-Arve 74 196 B2
Saint-Martin-sur-Cojeul 62 8 B4
Saint-Martin-sur-Ecaillon 59 9 F3
Saint-Martin-sur-la-Renne 52 116 A1
Saint-Martin-sur-la-Chambre 73 214 A3
Saint-Martin-sur-le-Pré 51 64 C2
Saint-Martin-sur-Nohain 58 135 E3
Saint-Martin-sur-Ocre 45 134 C1
Saint-Martin-sur-Ocre 89 113 D3
Saint-Martin-sur-Oreuse 89 89 D4
Saint-Martin-sur-Ouanne 89 112 B3
Saint-Martin-Terressus 87 186 A3
Saint-Martin-Valmeroux 15 224 A2
Saint-Martin-Vésubie 06 289 D1
Saint-Martinien 03 170 C4
Saint-Martory 31 299 F2
Saint-Mary 16 184 A4
Saint-Mary-le-Plain 15 225 F1
Saint-Masmes 51 38 A3
Saint-Mathieu 87 202 C1
Saint-Mathieu (Pointe de) 29 46 C3
Saint-Mathieu-de-Tréviers 34 281 F1
Saint-Mathurin 85 162 B1
Saint-Mathurin-Léobazel 19 223 E3
Saint-Mathurin-sur-Loire 49 128 C3
Saint-Matré 46 239 E4
Saint-Maudan 22 77 E4
Saint-Maudez 22 78 B2
Saint-Maugan 35 78 B4
Saint-Maulvis 80 17 E2
Saint-Maur 18 170 B2
Saint-Maur 32 274 B3
Saint-Maur 36 151 F4
Saint-Maur 39 176 C1
Saint-Maur 60 33 F1
Saint-Maur-de-Glanfeuil (Abbaye de) 49 129 D3
Saint-Maur-des-Bois 50 54 B3
Saint-Maur-des-Fossés 94 61 E3
Saint-Maur-sur-le-Loir 28 109 E1
Saint-Maurice 52 117 D3
Saint-Maurice 58 155 F1
Saint-Maurice 63 207 F1
Saint-Maurice 67 96 B1
Saint-Maurice 94 61 D3
Saint-Maurice-aux-Forges 54 95 E1
Saint-Maurice-aux-Riches-Hommes 89 89 E3
Saint-Maurice-Colombier 25 142 B2
Saint-Maurice-Crillat 39 177 D1
Saint-Maurice-d'Ardèche 07 246 A2
Saint-Maurice-de-Beynost 01 193 D4
Saint-Maurice-de-Cazevieille 30 263 F3
Saint-Maurice-de-Gourdans 01 193 F4
Saint-Maurice-de-Laurençanne 17 199 F4
Saint-Maurice-de-Lestapel 47 238 B2
Saint-Maurice-de-Lignon 43 227 E1
Saint-Maurice-de-Rémens 01 193 F2
Saint-Maurice-de-Rotherens 73 212 C1
Saint-Maurice-de-Satonnay 71 175 D3
Saint-Maurice-de-Tavernole 17 199 F2
Saint-Maurice-de-Ventalon 48 245 D4
Saint-Maurice-des-Champs 71 174 C1
Saint-Maurice-des-Lions 16 184 C3
Saint-Maurice-des-Noues 85 164 B1
Saint-Maurice-d'Ételan 76 15 D4
Saint-Maurice-d'Ibie 07 246 B3
Saint-Maurice-du-Désert 61 81 F1
Saint-Maurice-en-Chalencon 07 228 B4
Saint-Maurice-en-Cotentin 50 24 B4
Saint-Maurice-en-Gourgois 42 209 F3
Saint-Maurice-en-Quercy 46 241 D1
Saint-Maurice-en-Rivière 71 158 B3
Saint-Maurice-en-Trièves 38 230 C4
Saint-Maurice-en-Valgaudemar 05 231 E4
Saint-Maurice-la-Clouère 86 166 B3
Saint-Maurice-la-Fougereuse 79 147 F2
Saint-Maurice-la-Souterraine 23 186 A1
Saint-Maurice-le-Girard 85 164 A1
Saint-Maurice-le-Vieil 89 113 D3
Saint-Maurice-les-Brousses 87 203 F1
Saint-Maurice-lès-Charencey 61 84 A1
Saint-Maurice-lès-Châteauneuf 71 191 F1
Saint-Maurice-lès-Couches 71 157 F3
Saint-Maurice-l'Exil 38 210 C3
Saint-Maurice-Montcouronne 91 86 C1
Saint-Maurice-Navacelles 34 262 A4
Saint-Maurice-près-Crocq 23 188 A4
Saint-Maurice-près-Pionsat 63 188 B2
Saint-Maurice-Saint-Germain 28 84 C2
Saint-Maurice-sous-les-Côtes 55 67 E1
Saint-Maurice-sur-Adour 40 254 A4

ST-MALO

En saison : zone piétonne intra-muros

Broussais (R.) DZ
Cartier (R. J.) DZ 5
Chartres (R. de) DZ 6
Chateaubriand (Pl.) DZ 8
Cordiers (R. des) DZ 13
Dinan (R. de) DZ
Forgeurs (R. du) DZ 18
Fosse (R. de la) DZ 19
Herbes (Pl. aux) DZ 25
Lamennais (Pl. Fr.) DZ 28
Mettrie (R. de la) DZ 35
Pilori (Pl. du) DZ 38
Poids-du-Roi (Pl. du) DZ 39
Poissonnerie (Pl. de la) DZ 42
Porcon-de-la-Barbinais (R.) DZ 43
St-Benoist (R.) DZ 56
St-Vincent (R.) DZ 57
Vauban (Pl.) DZ 70

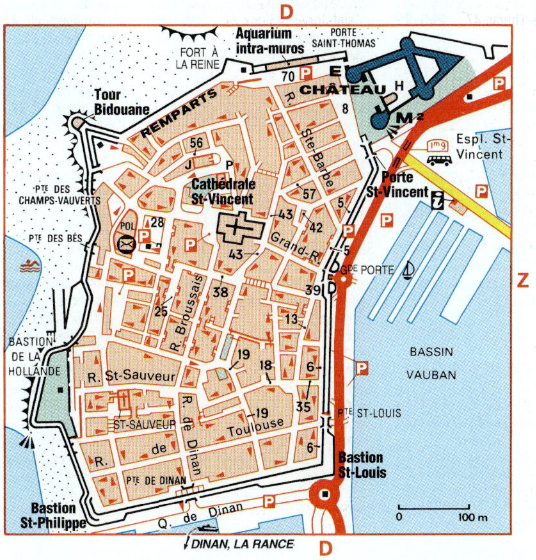

Amérique Latine (Pl. de l') ..... BZ 2
Auriol (R. Vincent) ..... BZ 3
Blancho (Pl. F.) ..... AZ 5
Chêneveaux (R.) ..... AZ 9
Coty (Bd René) ..... BZ 10
Croisic (R. du) ..... AZ 12
Herminier (Av. Cdt-l') ..... AY 13
Ile-de-France (R. de l') ..... AY 14
Jaurès (R. Jean) ..... ABY
Lechat (R. A.B.) ..... AY 15
Légion d'Honneur (Bd. de la) ..... BZ 16
Martyrs-de-la-Résistance (Pl. des) ..... AY 18
Mendès-France (R.) ..... AZ 19
Paix (R. de la) ..... AYZ
Perrin (Bd P.) ..... AY 20
Quatre Z'Horloges (Pl. des) ..... BZ 21
République (Av. de la) AYZ
Salengro (R. R.) ..... AZ 22
Verdun (Bd de) ..... BZ 23
28-Février-1943 (R. du) ..... BZ 24

Saint-Maurice-sur-Aveyron *45* **112** A3
Saint-Maurice-sur-Dargoire *69* **210** B2
Saint-Maurice-sur-Eygues *26* **247** E4
Saint-Maurice-sur-Fessard *45* **111** E2
Saint-Maurice-sur-Huisne *61* .**83** F2
Saint-Maurice-sur-Loire *42* ..**191** E3
Saint-Maurice-sur-Mortagne *88* **95** D2
Saint-Maurice-sur-Moselle *88* **119** F2
Saint-Maurice-sur-Vingeanne *21* **140** A1
Saint-Maurice-Thizouaille *89* **113** D3
Saint-Maurin *47* **256** C1
Saint-Max *54* **68** B4
Saint-Maxent *80* **17** E1
Saint-Maximin *30* **264** A3
Saint-Maximin *38* **213** E3
Saint-Maximin *60* **34** C4
Saint-Maximin-la-Sainte-Baume *83* **285** F3
Saint-Maxire *79* **164** C3
Saint-May *26* **248** A3
Saint-Mayeux *22* **76** C3
Saint-Méard *87* **204** B1
Saint-Méard-de-Drône *24* **220** A1
Saint-Méard-de-Gurçon *24* ..**219** E3
Saint-Médard *16* **201** D2
Saint-Médard *17* **199** F3
Saint-Médard *23* **187** E2
Saint-Médard *31* **299** E2
Saint-Médard *32* **274** C3
Saint-Médard *36* **151** D2
Saint-Médard *40* **254** A4
Saint-Médard *46* **239** F2
Saint-Médard *57* **69** D3
Saint-Médard *64* **272** B2
Saint-Médard *79* **165** D4
Saint-Médard-d'Aunis *17* **181** D1
Saint-Médard-de-Guizières *33* **219** D2
Saint-Médard-de-Mussidan *24* **219** F2
Saint-Médard-de-Presque *46* **223** D4
Saint-Médard-des-Prés *85* ... **164** A2
Saint-Médard-d'Excideuil *24* **203** E4
Saint-Médard-d'Eyrans *33* ... **235** F1
Saint-Médard-en-Forez *42* ... **210** A2
Saint-Médard-en-Jalles *33* ... **217** D3
Saint-Médard-Nicourby *46* .. **241** E1
Saint-Médard-sur-Ille *35* **79** E3
Saint-Méen *29* **47** F2
Saint-Méen-le-Grand *35* **78** B4
Saint-Melaine *35* **104** A1
Saint-Melaine-sur-Aubance *49* **128** B3
Saint-Mélany *07* **245** E2
Saint-Méloir-des-Bois *22* **78** B1
Saint-Méloir-des-Ondes *35* ... **53** D4
Saint-Même-le-Tenu *44* **145** D1
Saint-Même-les-Carrières *16* **201** D1
Saint-Memmie *51* **64** C2
Saint-Menge *88* **93** F3
Saint-Menges *08* **23** D3
Saint-Menoux *03* **172** A2
Saint-Merd-de-Lapleau *19* ... **223** E1
Saint-Merd-la-Breuille *23* **206** A1
Saint-Merd-les-Oussines *19* **205** E1
Saint-Méry *77* **88** A1
Saint-Meslin-du-Bosc *27* **31** F4
Saint-Mesmes *77* **61** F2
Saint-Mesmin *10* **90** A2
Saint-Mesmin *21* **138** B3
Saint-Mesmin *24* **203** F4
Saint-Mesmin *85* **147** D4
Saint-Mexant *19* **204** B4
Saint-Mézard *32* **256** A3
Saint-M'Hervé *35* **80** B4
Saint-M'Hervon *35* **78** C3
Saint-Micaud *71* **174** C1
Saint-Michel *02* **21** F2
Saint-Michel *09* **300** C2
Saint-Michel *16* **201** E1
Saint-Michel *31* **300** A2
Saint-Michel *32* **274** B3
Saint-Michel *34* **262** A4
Saint-Michel *45* **111** D1
Saint-Michel *52* **116** C4
Saint-Michel *64* **295** D2
Saint-Michel *82* **257** D3
Saint-Michel-Chef-Chef *44* ... **125** E4
Saint-Michel-d'Aurance *07* .. **228** A3
Saint-Michel-de-Bannières *46* **222** C3
Saint-Michel-de-Boulogne *07* **246** A1
Saint-Michel-de-Castelnau *33* **236** C4
Saint-Michel-de-Chabrillanoux *07* **228** B4
Saint-Michel-de-Chaillol *05* .. **249** F1
Saint-Michel-de-Chavaignes *72* **107** F2
Saint-Michel-de-Cuxa (Abbaye de) *66* **311** F2
Saint-Michel-de-Dèze *48* **263** D1
Saint-Michel-de-Double *24* .. **219** F2
Saint-Michel-de-Feins *53* **105** E4
Saint-Michel-de-Frigolet (Abbaye) *13* **264** C4
Saint-Michel-de-Fronsac *33* .**218** C3
Saint-Michel-de-la-Pierre *50* .. **27** D4
Saint-Michel-de-la-Roë *53* **104** B3
Saint-Michel-de-Lanès *11* **277** E4
Saint-Michel-de-Lapujade *33* **237** E2
Saint-Michel-de-Livet *14* **56** C1
Saint-Michel-de-Llotes *66* **312** B2
Saint-Michel-de-Maurienne *73* **214** B4
Saint-Michel-de-Montaigne *24* **219** E4
Saint-Michel-de-Montjoie *50* .. **54** C3
Saint-Michel-de-Mourcairol (Château de) *34* **280** A2
Saint-Michel-de-Plélan *22* **78** B1
Saint-Michel-de-Rieufret *33* .**236** B2
Saint-Michel-de-Rivière *24* ... **219** D1
Saint-Michel-de-Saint-Geoirs *38* **212** A4
Saint-Michel-de-Vax *81* **258** C2
Saint-Michel-de-Veisse *23* **187** E3
Saint-Michel-de-Villadeix *24* **220** C3
Saint-Michel-de-Volangis *18* **153** E1
Saint-Michel-des-Andaines *61* **81** F1
Saint-Michel-des-Loups *50* **53** F3
Saint-Michel-d'Euzet *30* **264** B1
Saint-Michel-d'Halescourt *76* **33** E1
Saint-Michel-en-Beaumont *38* **231** D3
Saint-Michel-en-Brenne *36* .. **150** C4
Saint-Michel-en-Grève *22* **49** F2
Saint-Michel-en-l'Herm *85* ... **163** E3
Saint-Michel-Escalus *40* **252** B3
Saint-Michel-et-Chanveaux *49* **104** B4
Saint-Michel-Labadié *81* **260** A3
Saint-Michel-le-Cloucq *85* **164** B2
Saint-Michel-l'Écluse-et-Léparon *24* **219** E1
Saint-Michel-les-Portes *38* ... **230** B3
Saint-Michel-l'Observatoire *04* **266** C3
Saint-Michel-Loubéjou *46* **223** D4
Saint-Michel-Mont-Mercure *85* **146** C3
Saint-Michel-Peyresq *04* **268** B2
Saint-Michel-sous-Bois *62* **6** C1
Saint-Michel-sur-Loire *37* **130** A4
Saint-Michel-sur-Meurthe *88* .**95** F3
Saint-Michel-sur-Orge *91* **87** D1
Saint-Michel-sur-Rhône *42* .. **210** C3
Saint-Michel-sur-Savasse *26* **229** E1
Saint-Michel-sur-Ternoise *62* **7** E2
Saint-Michel-Tubœuf *61* **57** F4
Saint-Mihiel *55* **67** D2
Saint-Mitre-les-Remparts *13* **284** A3
Saint-Molf *44* **123** E3
Saint-Momelin *59* **3** E3
Saint-Mont *32* **273** E2
Saint-Montan *07* **246** C3
Saint-Moré *89* **136** C1
Saint-Moreil *23* **186** C4
Saint-Morel *08* **39** D3
Saint-Morillon *33* **235** F1
Saint-Mury-Monteymond *38* **213** D4
Saint-Myon *63* **189** E3
Saint-Nabor *67* **70** C4
Saint-Nabord *88* **119** D1
Saint-Nabord-sur-Aube *10* **90** B2
Saint-Nauphary *82* **258** A3
Saint-Nazaire *30* **264** B1
Saint-Nazaire *33* **219** F4
Saint-Nazaire *44* **125** D3
Saint-Nazaire *66* **313** D2
Saint-Nazaire (Pont de) *44* ... **125** E3
Saint-Nazaire (Site de) *19* **206** A3
Saint-Nazaire-d'Aude *11* **303** F1
Saint-Nazaire-de-Ladarez *34* **280** A3
Saint-Nazaire-de-Pézan *34* ... **282** A2
Saint-Nazaire-de-Valentane *82* **257** D1
Saint-Nazaire-des-Gardies *30* **263** E3
Saint-Nazaire-en-Royans *26* **229** F2
Saint-Nazaire-le-Désert *26* ... **247** F2
Saint-Nazaire-les-Eymes *38* .**213** D4
Saint-Nazaire-sur-Charente *17* **181** D3
Saint-Nectaire *63* **207** D2
Saint-Nexans *24* **220** B4
Saint-Nic *29* **73** E2
Saint-Nicodème *22* **76** A2
Saint-Nicodème (Chapelle) *56* **100** C1
Saint-Nicolas *62* **8** B3
Saint-Nicolas (Cascade) *68* .. **119** F2
Saint-Nicolas (Chapelle) *56* **76** A4
Saint-Nicolas-aux-Bois *02* **36** C1
Saint-Nicolas-aux-Bois (Abbaye de) *02* **36** C1
Saint-Nicolas-Courbefy *87* ... **203** E2
Saint-Nicolas-d'Aliermont *76* **16** B2
Saint-Nicolas-d'Attez *27* **58** B3
Saint-Nicolas-de-Bliquetuit *76* **15** E4
Saint-Nicolas-de-Bourgueil *37* **129** F4
Saint-Nicolas-de-Brem *85* **162** A1
Saint-Nicolas-de-la-Balerme *47* **256** C2
Saint-Nicolas-de-la-Haie *76* **15** E4
Saint-Nicolas-de-la-Taille *76* .. **15** D4
Saint-Nicolas-de-la-Grave *82* **257** D2
Saint-Nicolas-de-Macherin *38* **212** B3
Saint-Nicolas-de-Pierrepont *50* **26** C3
Saint-Nicolas-de-Port *54* **68** B4
Saint-Nicolas-de-Redon *44* .. **102** B4
Saint-Nicolas-de-Sommaire *61* **57** F3
Saint-Nicolas-de-Véroce *74* .**196** C3
Saint-Nicolas-des-Biefs *03* ... **190** C2
Saint-Nicolas-des-Bois *50* **54** B3
Saint-Nicolas-des-Bois *61* **82** C2
Saint-Nicolas-des-Eaux *56* ... **100** C1
Saint-Nicolas-des-Laitiers *61* .**57** E3
Saint-Nicolas-des-Motets *37* **131** E1
Saint-Nicolas-du-Bosc-l'Abbé *27* **57** F1
Saint-Nicolas-du-Bosc *27* **31** F4
Saint-Nicolas-du-Pélem *22* **76** B2
Saint-Nicolas-du-Tertre *56* ... **102** B3
Saint-Nicolas-en-Forêt *57* **41** F3
Saint-Nicolas-la-Chapelle *10* .. **89** D2
Saint-Nicolas-la-Chapelle *73* **196** B3
Saint-Nicolas-lès-Cîteaux *21* **158** B1
Saint-Nizier-d'Azergues *69* .. **192** A2
Saint-Nizier-de-Fornas *42* **209** E3
Saint-Nizier-du-Moucherotte *38* **230** B1
Saint-Nizier-le-Bouchoux *01* **175** F2
Saint-Nizier-le-Désert *01* **193** E2
Saint-Nizier-sous-Charlieu *42* **191** E1
Saint-Nizier-sur-Arroux *71* ... **156** C4
Saint-Nolff *56* **101** E4
Saint-Nom-la-Bretèche *78* **60** B3
Saint-Offenge-Dessous *73* ... **195** D4
Saint-Offenge-Dessus *73* **195** D4
Saint-Omer *14* **55** F2
Saint-Omer *44* **125** F2
Saint-Omer *62* **3** E3
Saint-Omer-Capelle *62* **3** D2
Saint-Omer-en-Chaussée *60* .. **34** A1
Saint-Ondras *38* **212** B2
Saint-Onen-la-Chapelle *35* **78** B4
Saint-Oradoux-de-Chirouze *23* **206** A1
Saint-Oradoux-près-Crocq *23* **188** A3
Saint-Orens *32* **275** E1
Saint-Orens-de-Gameville *31* **276** C3
Saint-Orens-Pouy-Petit *32* **255** F3
Saint-Ost *32* **274** C4
Saint-Osvin *50* **54** A4
Saint-Ouen *17* **183** D3
Saint-Ouen *41* **108** C3
Saint-Ouen *80* **18** A1
Saint-Ouen *93* **61** D2
Saint-Ouen-d'Attez *27* **58** B3
Saint-Ouen-d'Aunis *17* **163** F4
Saint-Ouen-de-la-Cour *61* **83** F2
Saint-Ouen-de-Mimbré *72* **82** C3
Saint-Ouen-de-Pontcheuil *27* .**32** A4
Saint-Ouen-de-Sécherouvre *61* **83** E1
Saint-Ouen-de-Thouberville *27* **31** F3
Saint-Ouen-des-Alleux *35* **79** F3
Saint-Ouen-des-Besaces *14* ... **55** D1
Saint-Ouen-des-Champs *27* ... **31** D2
Saint-Ouën-des-Toits *53* **80** C4
Saint-Ouën-des-Vallons *53* **81** E4
Saint-Ouen-Domprot *51* **91** D1
Saint-Ouen-du-Breuil *76* **16** A4
Saint-Ouen-du-Mesnil-Oger *14* **30** A4
Saint-Ouen-du-Tilleul *27* **32** A3
Saint-Ouen-en-Belin *72* **107** D3
Saint-Ouen-en-Brie *77* **88** A1
Saint-Ouen-en-Champagne *72* **106** A2
Saint-Ouen-la-Rouërie *35* **79** F2
Saint-Ouen-l'Aumône *95* **60** C1
Saint-Ouen-le-Brisoult *61* **82** A2
Saint-Ouen-le-Houx *14* **57** D2
Saint-Ouen-le-Mauger *76* **15** F2
Saint-Ouen-le-Pin *14* **30** B4
Saint-Ouen-lès-Parey *88* **93** E4
Saint-Ouen-les-Vignes *37* **131** E2
Saint-Ouen-Marchefroy *28* **59** E3
Saint-Ouen-sous-Bailly *76* **16** B2
Saint-Ouen-sur-Gartempe *87* **185** E1
Saint-Ouen-sur-Iton *61* **57** F4
Saint-Ouen-sur-Loire *58* **155** D3
Saint-Ouen-sur-Maire *61* **56** B4
Saint-Ouen-sur-Morin *77* **62** C2
Saint-Oulph *10* **89** F2
Saint-Ours *63* **189** D4
Saint-Ours *73* **195** D4
Saint-Outrille *18* **152** A1
Saint-Oyen *73* **214** A2
Saint-Oyen-Montbellet *71* **175** E2
Saint-Pabu *29* **47** E2
Saint-Paër *27* **33** E3
Saint-Paër *76* **15** F4
Saint-Pair *14* **29** F4
Saint-Pair-du-Mont *14* **30** A4
Saint-Pair-sur-Mer *50* **53** F3
Saint-Pal-de-Chalencon *43* ... **209** D4
Saint-Pal-de-Mons *43* **227** F1
Saint-Pal-de-Senouire *43* **208** C4
Saint-Palais *03* **170** B3
Saint-Palais *18* **134** A4
Saint-Palais *33* **199** E4
Saint-Palais *64* **271** E4
Saint-Palais-de-Négrignac *17* **200** C4
Saint-Palais-de-Phiolin *17* **199** E2
Saint-Palais-du-Né *16* **200** C2
Saint-Palais-sur-Mer *17* **198** B1
Saint-Pancrace *04* **266** C4
Saint-Pancrace *06* **288** C2
Saint-Pancrace *24* **202** B3
Saint-Pancrace *73* **214** A4
Saint-Pancrace *2B* **314** C4
Saint-Pancrasse *38* **213** D4
Saint-Pancré *54* **40** C1
Saint-Pandelon *40* **271** E1
Saint-Pantaléon *46* **239** F4
Saint-Pantaléon *71* **157** D2
Saint-Pantaléon *84* **265** F4
Saint-Pantaléon-de-Lapleau *19* **205** F4
Saint-Pantaléon-de-Larche *19* **222** A2
Saint-Pantaléon-les-Vignes *26* **247** E3
Saint-Pantaly-d'Ans *24* **221** D1
Saint-Pantaly-d'Excideuil *24* **203** E4
Saint-Papoul *11* **277** F4
Saint-Pardon-de-Conques *33* **236** C2
Saint-Pardoult *17* **182** B2
Saint-Pardoux *63* **189** E2
Saint-Pardoux *79* **165** D2
Saint-Pardoux *87* **185** F2
Saint-Pardoux-Corbier *19* **204** A3
Saint-Pardoux-d'Arnet *23* **188** A3
Saint-Pardoux-de-Drône *24* .**220** A1
Saint-Pardoux-du-Breuil *47* .**237** E3
Saint-Pardoux-et-Vielvic *24* .**239** D1
Saint-Pardoux-Isaac *47* **238** A2
Saint-Pardoux-la-Croisille *19* **223** D1
Saint-Pardoux-la-Rivière *24* .**202** C3
Saint-Pardoux-le-Neuf *19* **206** A2
Saint-Pardoux-le-Neuf *23* **187** F3
Saint-Pardoux-le-Vieux *19* ... **205** F2
Saint-Pardoux-les-Cards *23* .**187** E2
Saint-Pardoux-l'Ortigier *19* .. **204** B4
Saint-Pardoux-Morterolles *23* **187** D3
Saint-Pargoire *34* **281** D3
Saint-Parize-en-Viry *58* **155** D4
Saint-Parize-le-Châtel *58* **154** C3
Saint-Parres-aux-Tertres *10* **90** B3
Saint-Parres-lès-Vaudes *10* **90** C4
Saint-Parthem *12* **241** F2
Saint-Pastour *47* **238** B3
Saint-Pastous *65* **297** E3
Saint-Paterne *72* **82** C2
Saint-Paterne-Racan *37* **130** B1
Saint-Pathus *77* **61** F1
Saint-Patrice *37* **130** A4
Saint-Patrice-de-Claids *50* **26** C3
Saint-Patrice-du-Désert *61* **82** A1
Saint-Paul *06* **269** F4
Saint-Paul *19* **223** D1
Saint-Paul *33* **217** E1
Saint-Paul *60* **34** A2
Saint-Paul *61* **55** E4
Saint-Paul *65* **298** C2
Saint-Paul *73* **212** C1
Saint-Paul *87* **186** A4
Saint-Paul *88* **93** F3
Saint-Paul-aux-Bois *02* **36** A1
Saint-Paul-Cap-de-Joux *81* .. **277** F2
Saint-Paul-de-Baïse *32* **274** B1
Saint-Paul-de-Fenouillet *66* .**311** F1
Saint-Paul-de-Fourques *27* **31** F4
Saint-Paul-de-Jarrat *09* **301** D4
Saint-Paul-de-Loubressac *46* **240** A4
Saint-Paul-de-Salers *15* **224** B2
Saint-Paul-de-Serre *24* **220** B2
Saint-Paul-de-Tartas *43* **227** D4
Saint-Paul-de-Varax *01* **193** E1
Saint-Paul-de-Varces *38* **230** C2
Saint-Paul-de-Vern *46* **223** D4
Saint-Paul-de-Vézelin *42* **191** E3
Saint-Paul-des-Landes *15* **223** F3
Saint-Paul-d'Espis *82* **257** D2
Saint-Paul-d'Izeaux *38* **212** A4
Saint-Paul-d'Oueil *31* **298** C4
Saint-Paul-du-Bois *49* **147** F1
Saint-Paul-du-Vernay *14* **28** C4
Saint-Paul-d'Uzore *42* **209** E1
Saint-Paul-en-Born *40* **252** C1
Saint-Paul-en-Chablais *74* **178** C3
Saint-Paul-en-Cornillon *42* ... **209** F3
Saint-Paul-en-Forêt *83* **287** E2
Saint-Paul-en-Gâtine *79* **164** B1
Saint-Paul-en-Jarez *42* **210** B3
Saint-Paul-en-Pareds *85* **146** C3
Saint-Paul-et-Valmalle *34* **281** E2
Saint-Paul-la-Coste *30* **263** D2
Saint-Paul-la-Roche *24* **203** D3
Saint-Paul-le-Froid *48* **226** B4
Saint-Paul-le-Gaultier *72* **82** B3
Saint-Paul-le-Jeune *07* **245** F4
Saint-Paul-lès-Dax *40* **271** E1
Saint-Paul-les-Fonts *30* **264** B2
Saint-Paul-lès-Monestier *38* .**230** C3
Saint-Paul-lès-Romans *26* **229** E2
Saint-Paul-lez-Durance *13* **285** E1
Saint-Paul-Lizonne *24* **201** F4
Saint-Paul-Mont-Penit *85* **145** E3
Saint-Paul-sur-Isère *73* **214** A1
Saint-Paul-sur-Risle *27* **31** D3
Saint-Paul-sur-Save *31* **276** A1
Saint-Paul-sur-Ubaye *04* **250** C2
Saint-Paul-Trois-Châteaux *26* **246** C4
Saint-Paulet *11* **277** E4
Saint-Paulet-de-Caisson *30* .. **264** B1
Saint-Paulien *43* **226** C2
Saint-Pavace *72* **106** C1
Saint-Pé-d'Ardet *31* **299** D3
Saint-Pé-de-Bigorre *65* **297** E2
Saint-Pé-de-Léren *64* **271** E3
Saint-Pé-Delbosc *31* **299** D1
Saint-Pé-Saint-Simon *47* **255** D3
Saint-Pée-sur-Nivelle *64* **270** B4
Saint-Pellerin *28* **108** C1
Saint-Pellerin *50* **27** E3
Saint-Péran *35* **102** C1
Saint-Péravy-Épreux *45* **86** B4
Saint-Péravy-la-Colombe *45* **109** F2
Saint-Péray *07* **229** D3
Saint-Perdon *40* **253** F4
Saint-Perdoux *24* **238** B1
Saint-Perdoux *46* **241** E1
Saint-Père *35* **53** D4
Saint-Père *58* **135** D3
Saint-Père *89* **136** C2
Saint-Père-en-Retz *44* **125** E4
Saint-Père-sur-Loire *45* **111** D4
Saint-Péreuse *58* **156** A2
Saint-Pern *35* **78** C3
Saint-Perreux *56* **102** B4
Saint-Péver *22* **50** C4
Saint-Pey-d'Armens *33* **219** D4
Saint-Pey-de-Castets *33* **219** D4
Saint-Phal *10* **114** A1
Saint-Philbert-de-Bouaine *85* **145** F2
Saint-Philbert-de-Grand-Lieu *44* **145** E1
Saint-Philbert-des-Champs *14* **30** C4
Saint-Philbert-du-Peuple *49* .**129** E3
Saint-Philbert-du-Pont-Charrault *85* **163** F1
Saint-Philbert-en-Mauges *49* **146** C1

Saint-Philbert-sur-Boissey 27.31 F4
Saint-Philbert-sur-Orne 61.....55 F3
Saint-Philbert-sur-Risle 27......31 E3
Saint-Philibert 21.................139 D4
Saint-Philibert 56.................100 C4
Saint-Philibert-
d'Entremont 38.................213 D3
Saint-Philippe-d'Aiguille 33.219 D3
Saint-Philippe-
du-Seignal 33.....................219 F4
Saint-Piat 28..........................85 F1
Saint-Pierre 04......................269 E3
Saint-Pierre 15......................206 A3
Saint-Pierre 31......................277 D2
Saint-Pierre 39......................177 E1
Saint-Pierre 51........................64 C2
Saint-Pierre 67........................96 C1
Saint-Pierre-à-Arnes 08..........38 B3
Saint-Pierre-à-Champ 79......147 F1
Saint-Pierre-à-Gouy 80...........18 A2
Saint-Pierre-Aigle 02...............36 A3
Saint-Pierre-Avez 05............249 D4
Saint-Pierre-Azif 14.................30 B3
Saint-Pierre-Bellevue 23.......187 D3
Saint-Pierre-Bénouville 76.....15 F2
Saint-Pierre-Bois 67................96 B1
Saint-Pierre-Brouck 59.............3 D2
Saint-Pierre-Canivet 14..........56 A2
Saint-Pierre-Chérignat 23.....186 B3
Saint-Pierre-Colamine 63.....207 D2
Saint-Pierre-d'Albigny 73.....213 E1
Saint-Pierre-d'Allevard 38....213 E3
Saint-Pierre-d'Alvey 73........212 C1
Saint-Pierre-d'Amilly 17.......181 F1
Saint-Pierre-d'Argençon 05.248 C2
Saint-Pierre-d'Arthéglise 50...24 B4
Saint-Pierre-d'Aubézies 32...274 A2
Saint-Pierre-d'Aurillac 33.....236 C2
Saint-Pierre-d'Autils 27..........59 E1
Saint-Pierre-de-Bailleul 27.....59 D1
Saint-Pierre-de-Bat 33.........236 C1
Saint-Pierre-
de-Belleville 73.................213 F2
Saint-Pierre-de-Bœuf 42.......210 C3
Saint-Pierre-
de-Bressieux 38................211 F4
Saint-Pierre-de-Buzet 47......255 F1
Saint-Pierre-de-Caubel 47....238 B3
Saint-Pierre-de-Cernières 27..57 F2
Saint-Pierre-
de-Chandieu 69...............211 E1
Saint-Pierre-
de-Chartreuse 38.............213 D3
Saint-Pierre-
de-Chérennes 38.............230 A1
Saint-Pierre-de-Chevillé 72..130 B1
Saint-Pierre-de-Chignac 24..221 D2
Saint-Pierre-de-Clairac 47....256 C1
Saint-Pierre-de-Côle 24........202 C4
Saint-Pierre-
de-Colombier 07..............245 F1
Saint-Pierre-
de-Cormeilles 27................31 D4
Saint-Pierre-
de-Coutances 50................53 F1
Saint-Pierre-de-Curtille 73....194 C4
Saint-Pierre-de-Frugie 24.....203 E2
Saint-Pierre-de-Fursac 23.....186 B1
Saint-Pierre-
de-Genebroz 73...............212 C3
Saint-Pierre-de-Jards 36......152 B1
Saint-Pierre-de-Juillers 17...182 B3
Saint-Pierre-de-la-Fage 34...280 C1
Saint-Pierre-de-Lages 31......277 D2
Saint-Pierre-de-Lamps 36....151 F2
Saint-Pierre-de-l'Ile 17.........182 B2
Saint-Pierre-de-Mailloc 14......57 D1
Saint-Pierre-de-Maillé 86.....167 E1
Saint-Pierre-
de-Manneville 76................32 A2
Saint-Pierre-de-Méaroz 38...231 D3
Saint-Pierre-de-Mésage 38..230 C2
Saint-Pierre-
de-Mézoargues 13............264 C4
Saint-Pierre-de-Mons 33......236 C2
Saint-Pierre-de-Nogaret 48..243 E3
Saint-Pierre-de-Plesguen 35..79 D2
Saint-Pierre-de-Rivière 09....300 C3
Saint-Pierre-de-Salerne 27.....31 E4
Saint-Pierre-de-Semilly 50.....27 F4
Saint-Pierre-de-Soucy 73.....213 E2
Saint-Pierre-de-Trivisy 81.....278 C1
Saint-Pierre-
de-Varennes 71................157 E3
Saint-Pierre-
de-Varengeville 76..............15 F4
Saint-Pierre-de-Vassols 84...265 E2
Saint-Pierre-
dels-Forcats 66................311 D3
Saint-Pierre-
d'Entremont 38.................213 D3
Saint-Pierre-d'Entremont 61..55 E3
Saint-Pierre-
d'Entremont 73.................213 D3
Saint-Pierre-des-Bois 72.......106 B2
Saint-Pierre-
des-Champs 11.................303 D3
Saint-Pierre-des-Corps 37....131 D3
Saint-Pierre-
des-Échaubrognes 79......147 D2
Saint-Pierre-des-Fleurs 27......32 A4
Saint-Pierre-des-Ifs 14............57 D1
Saint-Pierre-des-Ifs 27............31 E3
Saint-Pierre-
des-Jonquières 76.............16 C3
Saint-Pierre-des-Landes 53....80 C3
Saint-Pierre-des-Loges 61......57 E4
Saint-Pierre-des-Nids 53........82 B2
Saint-Pierre-des-Ormes 72.....83 E3
Saint-Pierre-des-Tripiers 48.261 F1
Saint-Pierre-d'Exideuil 86....183 F1
Saint-Pierre-
d'Extravache 73................215 D4
Saint-Pierre-d'Eyraud 24......219 F4
Saint-Pierre-d'Irube 64.........270 C3
Saint-Pierre-d'Oléron 17......180 B2
Saint-Pierre-
du-Bosguérard 27...............31 F4
Saint-Pierre-du-Bû 14.............56 A3
Saint-Pierre-du-Champ 43...227 D1
Saint-Pierre-du-Chemin 85..147 D4
Saint-Pierre-du-Fresne 14......55 D1
Saint-Pierre-du-Jonquet 14....30 A4
Saint-Pierre-du-Lorouër 72..107 E3
Saint-Pierre-du-Mesnil 27......57 F2
Saint-Pierre-du-Mont 14.........25 F4
Saint-Pierre-du-Mont 40.......254 A4
Saint-Pierre-du-Mont 58.......136 A3
Saint-Pierre-du-Palais 17......218 C1
Saint-Pierre-du-Perray 91.......87 E1
Saint-Pierre-du-Regard 61......55 F3
Saint-Pierre-du-Val 27............30 C2
Saint-Pierre-du-Vauvray 27....32 B4
Saint-Pierre-Église 50............25 D2
Saint-Pierre-
en-Faucigny 74.................196 A1
Saint-Pierre-en-Port 76...........15 D2
Saint-Pierre-en-Val 76.............16 C1
Saint-Pierre-en-Vaux 21.......157 E2
Saint-Pierre-es-Champs 60....33 E2
Saint-Pierre-Eynac 43..........227 E2
Saint-Pierre-
la-Bourlhonne 63..............208 C1
Saint-Pierre-la-Bruyère 61......84 A3
Saint-Pierre-la-Cour 53.........104 C1
Saint-Pierre-la-Garenne 27.....32 C4
Saint-Pierre-la-Noaille 42.....191 E1
Saint-Pierre-la-Palud 69.......192 B4
Saint-Pierre-la-Rivière 61.......57 D3
Saint-Pierre-la-Roche 07......246 C1
Saint-Pierre-la-Vieille 14.........55 E2
Saint-Pierre-Lafeuille 46.......240 A3
Saint-Pierre-Langers 50..........53 F3
Saint-Pierre-Laval 03............190 C1
Saint-Pierre-Lavis 76..............15 E3
Saint-Pierre-le-Bost 23.........170 A3
Saint-Pierre-le-Chastel 63....189 D4
Saint-Pierre-
le-Déchausselat 07..........245 E3
Saint-Pierre-le-Moûtier 58....154 C4
Saint-Pierre le Potier 53.......105 D1
Saint-Pierre-le-Vieux 48.......225 F4
Saint-Pierre-le-Vieux 71.......174 C4
Saint-Pierre-le-Vieux 76..........15 F1
Saint-Pierre-le-Vieux 85.......164 A3
Saint-Pierre-le-Viger 76..........15 F1
Saint-Pierre-
les-Aubagne 13................285 E4
Saint-Pierre-lès-Bitry 60.........36 A2
Saint-Pierre-les-Bois 18........170 A1
Saint-Pierre-lès-Elbeuf 76.......32 A3
Saint-Pierre-les-Étieux 18.....153 F4
Saint-Pierre-
lès-Franqueville 02.............21 D3
Saint-Pierre-lès-Nemours 77..87 F4
Saint-Pierre-Montlimart 49..127 E4
Saint-Pierre-Quiberon 56.....122 A2
Saint-Pierre-Roche 63...........206 C1
Saint-Pierre-sur-Dives 14........56 B1
Saint-Pierre-sur-Doux 07......228 A2
Saint-Pierre-sur-Dropt 47.....237 E1
Saint-Pierre-sur-Erve 53.......105 F2
Saint-Pierre-sur-Mer 11........305 D2
Saint-Pierre-sur-Orthe 53.......82 A4
Saint-Pierre-sur-Vence 08.......22 C4
Saint-Pierre-Tarentaine 14......55 D2
Saint-Pierre-Toirac 46...........241 D3
Saint-Pierremont 02................21 D4
Saint-Pierremont 08................39 E2
Saint-Pierremont 88................95 D2
Saint-Pierreville 07...............228 B4
Saint-Pierrevillers 55..............40 C2
Saint-Plaisir 03......................171 E1
Saint-Plancard 31.................298 C2
Saint-Planchers 50..................53 F3
Saint-Plantaire 36.................169 D3
Saint-Point 71.......................174 C3
Saint-Point-Lac 25................161 D3
Saint-Pois 50..........................54 C3
Saint-Poix 53........................104 B2
Saint-Pol-de-Léon 29..............49 D2
Saint-Pol-sur-Mer 59.................3 E1
Saint-Pol-sur-Ternoise 62..........7 E2
Saint-Polgues 42..................191 D3
Saint-Polycarpe 11...............302 B3
Saint-Pompain 79.................164 B3
Saint-Pompon 24..................239 E1
Saint-Poncy 15.....................225 F1
Saint-Pons 04.......................250 C3
Saint-Pons 07.......................246 B2
Saint-Pons (Parc de) 13........285 E4
Saint-Pons-
de-Mauchiens 34..............281 D3
Saint-Pons-
de-Thomières 34..............279 E3
Saint-Pons-la-Calm 30..........264 B2
Saint-Pont 03........................189 F1
Saint-Porchaire 17................181 E4
Saint-Porquier 82.................257 E3
Saint-Pôtan 22........................78 B1
Saint-Pouange 10....................90 B4
Saint-Pourçain-
sur-Besbre 03...................172 C2
Saint-Pourçain-
sur-Sioule 03.....................172 A4
Saint-Prancher 88...................93 F3
Saint-Préjet-Armandon 43...226 B1
Saint-Préjet-d'Allier 43........226 B3
Saint-Prest 28.........................85 E2
Saint-Preuil 16......................200 C2
Saint-Priest 07......................246 B1
Saint-Priest 23......................188 A2
Saint-Priest 69......................211 D1
Saint-Priest-Bramefant 63....190 A2
Saint-Priest-d'Andelot 03.....189 E2
Saint-Priest-de-Gimel 19......205 D4
Saint-Priest-des-Champs 63 188 C3
Saint-Priest-en-Jarez 42.......210 A3
Saint-Priest-en-Murat 03......171 E4
Saint-Priest-la-Feuille 23......186 B1
Saint-Priest-la-Marche 18.....170 A3
Saint-Priest-la-Plaine 23.......186 B1
Saint-Priest-la-Prugne 42.....190 C3
Saint-Priest-la-Roche 42.......191 E3
Saint-Priest-la-Vêtre 42........190 C4
Saint-Priest-le-Betoux 87.....185 F1
Saint-Priest-
les-Fougères 24................203 E2
Saint-Priest-Ligoure 87.........203 F1
Saint-Priest-Palus 23............186 C3
Saint-Priest-sous-Aixe 87.....185 E4
Saint-Priest-Taurion 87.........186 A3
Saint-Prim 38........................210 C3
Saint-Privat 07......................246 A2
Saint-Privat 19......................223 E2
Saint-Privat 34......................280 C1
Saint-Privat-d'Allier 43.........226 C3
Saint-Privat-
de-Champclos 30.............246 A4
Saint-Privat-
de-Vallongue 48................262 C1
Saint-Privat-des-Prés 24.......219 F1
Saint-Privat-des-Vieux 30.....263 E2
Saint-Privat-du-Dragon 43...226 A1
Saint-Privat-du-Fau 48.........226 A3
Saint-Privat-la-Montagne 57..41 E4
Saint-Privé 71.......................157 F4
Saint-Privé 89.......................135 E1
Saint-Prix 03.........................173 D4
Saint-Prix 07.........................228 B3
Saint-Prix 71.........................156 C2
Saint-Prix 95...........................60 C2
Saint-Prix-lès-Arnay 21........157 E1
Saint-Projet 15......................242 A2
Saint-Projet 46......................240 A1
Saint-Projet 82......................240 C4
Saint-Projet-de-Salers 15.....224 B2
Saint-Projet-
Saint-Constant 16.............184 A4
Saint-Prouant 85...................146 C4
Saint-Pryvé-
Saint-Mesmin 45..............110 A3
Saint-Puy 32.........................256 A4
Saint-Python 59.........................9 F4
Saint-Quantin-
de-Rançanne 17...............199 E2
Saint-Quay-Perros 22.............50 A1
Saint-Quay-Portrieux 22.........51 E3
Saint-Quentin 02.....................20 A3
Saint-Quentin-au-Bosc 76......16 B2
Saint-Quentin-de-Baron 33..218 C4
Saint-Quentin-de-Blavou 61...83 E2
Saint-Quentin-
de-Caplong 33..................219 E4
Saint-Quentin-
de-Chalais 16....................201 E4
Saint-Quentin-des-Isles 27.....57 F1
Saint-Quentin-des-Prés 60.....33 E1
Saint-Quentin-du-Dropt 47..238 B1
Saint-Quentin-
en-Mauges 49..................127 F3
Saint-Quentin-
en-Tourmont 80....................6 A3
Saint-Quentin-
en-Yvelines 78....................60 B4
Saint-Quentin-Fallavier 38...211 E1
Saint-Quentin-
la-Chabanne 23................187 E4
Saint-Quentin-la-Motte-
Croix-au-Bailly 80...............16 C1
Saint-Quentin-la-Poterie 30.264 A2
Saint-Quentin-la-Tour 09......301 F3
Saint-Quentin-le-Petit 08........37 F1
Saint-Quentin-le-Verger 51.....89 F1
Saint-Quentin-les-Anges 53.104 C3
Saint-Quentin-
lès-Beaurepaire 49...........129 E1
Saint-Quentin-
les-Chardonnets 61............55 D3
Saint-Quentin-les-Marais 51..65 E3
Saint-Quentin-lès-Troo 41....108 A4
Saint-Quentin-
sur-Charente 16................184 C4
Saint-Quentin-sur-Coole 51....64 C3
Saint-Quentin-
sur-Indrois 37....................131 E4
Saint-Quentin-sur-Isère 38...212 B4
Saint-Quentin-
sur-le-Homme 50................54 A4
Saint-Quentin-
sur-Nohain 58...................135 E3
Saint-Quentin-
sur-Sauxillanges 63..........208 A2
Saint-Quintin-sur-Sioule 63.189 E2
Saint-Quirc 09......................300 C1
Saint-Quirin 57.......................70 A3
Saint-Rabier 24.....................221 E1
Saint-Racho 71.....................174 B4
Saint-Rambert-d'Albon 26...210 C4
Saint-Rambert-
en-Bugey 01.....................194 A3
Saint-Rambert-
l'Ile-Barbe 69....................192 C4
Saint-Raphaël 24...................203 E4
Saint-Raphaël 83...................287 F3
Saint-Régis-du-Coin 42........210 A4
Saint-Règle 37......................131 E3
Saint-Remèze 07..................246 B4
Saint-Remimont 54.................94 B1
Saint-Remimont 88.................93 F4
Saint-Rémy 01......................193 E1
Saint-Rémy 12......................241 E4
Saint-Rémy 14........................55 F2
Saint-Rémy 19......................205 F1
Saint-Rémy 21......................137 F1
Saint-Rémy 24......................219 F3
Saint-Remy 70......................118 A3
Saint-Rémy 71......................158 A4
Saint-Rémy 79......................164 C3
Saint-Remy 88........................95 E2
Saint-Rémy-au-Bois 62.............6 C3
Saint-Rémy-aux-Bois 54.........94 C2
Saint-Rémy-Blanzy 02............36 B4
Saint-Rémy-Boscrocourt 76...16 C1
Saint-Remy-Chaussée 59.......10 B3
Saint-Rémy-de-Blot 63.........189 D2
Saint-Rémy-
de-Chargnat 63.................207 F2
Saint-Rémy-
de-Chaudes-Aigues 15.....243 E1
Saint-Rémy-
de-Maurienne 73..............213 F3
Saint-Rémy-
de-Provence 13................265 D4
Saint-Rémy-de-Salers 15.....224 A2
Saint-Rémy-de-Sillé 72...........82 B4
Saint-Rémy-des-Landes 50....26 B3
Saint-Rémy-des-Monts 72......83 E3
Saint-Remy-du-Nord 59.........10 B2
Saint-Rémy-du-Plain 35.........79 F2
Saint-Rémy-du-Val 72............83 D3
Saint-Remy-en-Bouzemont-
Saint-Genest-et-Isson 51....91 E1
Saint-Remy-en-l'Eau 60.........34 C2
Saint-Rémy-en-Mauges 49..127 E4
Saint-Rémy-
en-Montmorillon 86.........167 E4
Saint-Rémy-en-Rollat 03......190 A1
Saint-Remy-la-Calonne 55.....67 D1
Saint-Rémy-la-Vanne 77.........62 C3
Saint-Rémy-la-Varenne 49...128 C3
Saint-Remy-le-Petit 08...........38 A2
Saint-Rémy-l
ès-Chevreuse 78.................60 B4
Saint-Rémy-l'Honoré 78.........60 A4
Saint-Remy-
sous-Barbuise 10................90 B2
Saint-Remy-sous-Broyes 51...63 F4
Saint-Rémy-sur-Avre 28.........59 D4
Saint-Remy-sur-Bussy 51.......65 D1
Saint-Rémy-sur-Creuse 86...150 A2
Saint-Rémy-sur-Durolle 63..190 B3
Saint-Renan 29.......................47 D3
Saint-René 22.........................51 E4
Saint-Restitut 26...................247 D4
Saint-Révérend 85................145 D4
Saint-Révérien 58.................136 B4
Saint-Rieul 22.........................78 A2
Saint-Rigomer-des-Bois 72....82 C3
Saint-Rimay 41.....................108 B4
Saint-Riquier 80........................6 C4
Saint-Riquier-en-Rivière 76....17 D2
Saint-Riquier-ès-Plains 76......15 E1
Saint-Rirand 42.....................191 D2
Saint-Rivoal 29.......................75 D2
Saint-Robert 19....................221 F1
Saint-Robert 47....................256 C1
Saint-Roch 37.......................130 C2
Saint-Roch-sur-Égrenne 61....81 D1
Saint-Rogatien 17.................180 C1
Saint-Romain 16...................201 E4
Saint-Romain 21...................157 F2
Saint-Romain 63...................209 D3
Saint-Romain 86...................166 B4
Saint-Romain (Mont) 71.......175 D2
Saint-Romain-
au-Mont-d'Or 69...............192 C4
Saint-Romain-d'Ay 07..........228 C1
Saint-Romain-de-Benet 17...199 D1
Saint-Romain-de-Colbosc 76.14 C4
Saint-Romain-
de-Jalionas 38..................193 F4
Saint-Romain-de-Lerps 07...228 C3
Saint-Romain-
de-Monpazier 24..............239 D1
Saint-Romain-de-Popey 69..192 B4
Saint-Romain-de-Surieu 38.211 D3
Saint-Romain-des-Iles 71.....192 C1
Saint-Romain-d'Urfé 42.......190 C3
Saint-Romain-en-Gal 69.......211 D2
Saint-Romain-en-Gier 69.....210 C2
Saint-Romain-en-Jarez 42....210 B2
Saint-Romain-
en-Viennois 84.................265 E1
Saint-Romain-
et-Saint-Clément 24.........203 D3
Saint-Romain-la-Motte 42....191 D2
Saint-Romain-la-Virvée 33...217 F3
Saint-Romain-Lachalm 43....210 A4
Saint-Romain-le-Noble 47....256 C1
Saint-Romain-le-Preux 89....112 C2
Saint-Romain-le-Puy 42.......209 E2
Saint-Romain-
les-Atheux 42...................210 A4
Saint-Romain-
sous-Gourdon 71.............174 B1
Saint-Romain-
sous-Versigny 71.............174 A1
Saint-Romain-sur-Cher 41...132 A4
Saint-Romain-
sur-Gironde 17.................199 D3
Saint-Roman 26....................248 A1
Saint-Roman
(Abbaye de) 30................264 B4
Saint-Roman-de-Bellet 06....288 C1
Saint-Roman-
de-Codières 30.................262 C3
Saint-Roman-
de-Malegarde 84..............247 E4
Saint-Romans 38..................230 A1
Saint-Romans-
des-Champs 79................182 C1
Saint-Romans-lès-Melle 79..183 D1
Saint-Rome 31......................277 D4
Saint-Rome-de-Cernon 12...261 D3
Saint-Rome-de-Dolan 48......261 F1
Saint-Rome-de-Tarn 12........261 D2
Saint-Romphaire 50................54 B1
Saint-Rouin
(Ermitage de) 55.................66 A1
Saint-Rustice 31...................257 F4
Saint-Saëns 76.......................16 B4
Saint-Saire 76.........................16 C4
Saint-Salvadou 12................259 E1
Saint-Salvadour 19...............204 C3
Saint-Salvi-de-Carcavès 81..260 B4
Saint-Salvy 47......................238 A4
Saint-Salvy-de-la-Balme 81.278 C2
Saint-Samson 14....................29 F4
Saint-Samson 53....................82 A2
Saint-Samson 56....................77 E4
Saint-Samson-
de-Bonfossé 50..................54 B1
Saint-Samson-
de-la-Roque 27...................31 D2
Saint-Samson-la-Poterie 60...33 E1
Saint-Samson-sur-Rance 22...78 C1
Saint-Sandoux 63.................207 E1
Saint-Santin 15.....................241 F2
Saint-Santin-Cantalès 15......223 F2
Saint-Santin-de-Maurs 15....241 F2
Saint-Sardos 47....................238 A4
Saint-Sardos 82....................257 E4
Saint-Sardos-
de-Laurenque 47..............239 D2
Saint-Satur 18.......................135 D3
Saint-Saturnin 15..................224 C1
Saint-Saturnin 16..................201 E1

ST-QUENTIN

Aumale (R. d')....................AZ 2
Basilique (Pl. de la)..........ABY 3
Branly (Pl. E.).....................AY 4
Campions (Pl. des)..............AZ 5
Croix-Belle-Porte (R.)..........AY 6
Dufour-Denelle (Pl.).............AZ 7
États-Généraux (R. des)......AY 8
Foy (R. du Gén.)..................AZ 10
Gaulle (Av. Gén.-de)............BZ 13
Gouvernement (R. du).........BY 15
Héros du 2 Septembre 1945
(Pl. des)...........................BZ 16
Herriot (R. Édouard)............BZ 17
Hôtel-de-Ville (Pl. de l')........AZ 18
Isle (R. d')............................BZ
Leclerc (R. Gén.)..................BZ 21
Le Sérurier (R.)....................AY 23
Lyon (R. de)..........................BZ 24
Marché-Franc (Pl. du)..........BZ 25
Mulhouse (Pl.).......................BY 26
Paringault (R.)....................ABY 27
Pompidou (R. G.)..................AY 28
Prés.-J.-F.-Kennedy (R. du)..AY 29
Raspail (R.)...........................AY
Remicourt (Av. de)................BY 31
St-André (R.).........................AY 32
Sellerie (R. de la)..................BZ 33
Sous-Préfecture (R. de la)...BZ 34
Thomas (R. A.).....................AY 36
Toiles (R. des)......................BZ 37
Verdun (Bd)..........................AZ 38
Zola (R. Émile)......................AZ
8-Octobre (Pl. du).................BZ 41

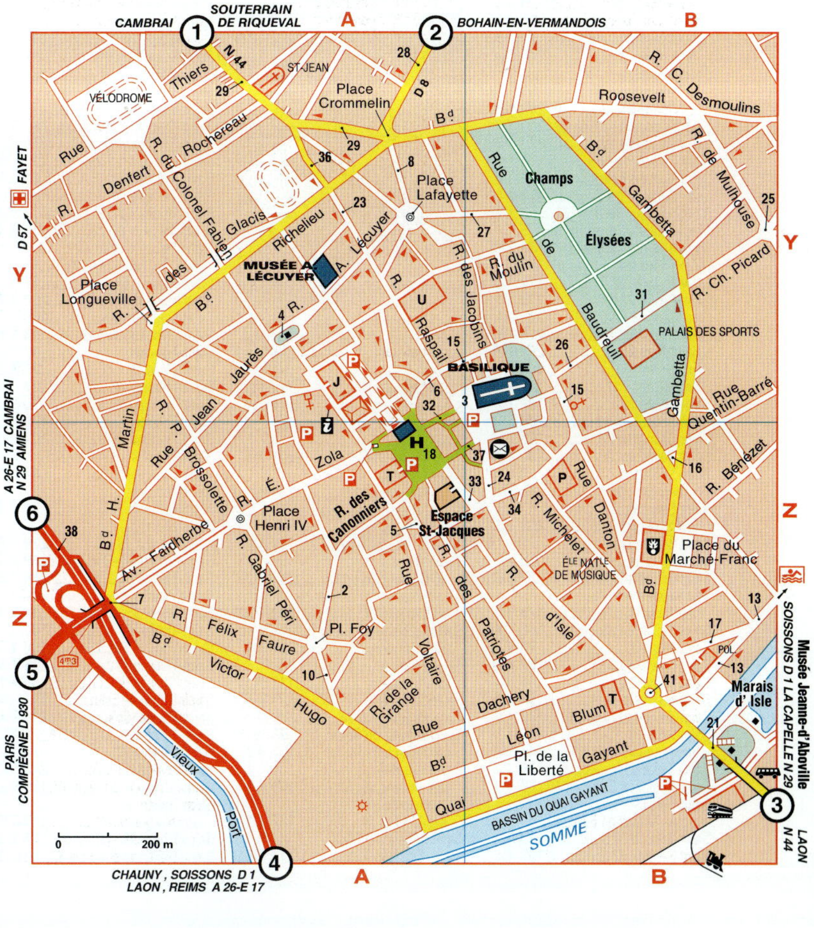

CAMBRAI
SOUTERRAIN DE RIQUEVAL
BOHAIN-EN-VERMANDOIS
A
B
Y
Z
VÉLODROME
ST-JEAN
Place Crommelin
Roosevelt
R. C. Desmoulins
Place Lafayette
Champs Élysées
MUSÉE A. LECUYER
Place Longueville
PALAIS DES SPORTS
BASILIQUE
Espace St-Jacques
Place Henri IV
Pl. Foy
Place du Marché-Franc
Marais d'Isle
Pl. de la Liberté
BASSIN DU QUAI GAYANT
SOMME
Musée Jeanne-d'Aboville
D 57 FAYET
A 26-E 17 CAMBRAI N 29 AMIENS
PARIS COMPIÈGNE D 930
CHAUNY, SOISSONS D 1
LAON, REIMS A 26-E 17
SOISSONS D 1 LA CAPELLE N 29
LAON N 44
200 m

Saint-Saturnin 18 ... 170 A2
Saint-Saturnin 48 ... 243 F3
Saint-Saturnin 51 ... 90 A1
Saint-Saturnin 63 ... 207 E1
Saint-Saturnin 72 ... 106 C1
Saint-Saturnin-de-Lenne 12 ... 243 E3
Saint-Saturnin-de-Lucian 34 ... 280 C1
Saint-Saturnin-du-Bois 17 ... 181 F1
Saint-Saturnin-du-Limet 53 ... 104 B3
Saint-Saturnin-lès-Apt 84 ... 266 A3
Saint-Saturnin-lès-Avignon 84 ... 265 D3
Saint-Saturnin-sur-Loire 49 ... 128 C3
Saint-Saud-Lacoussière 24 ... 202 C4
Saint-Sauflieu 80 ... 18 A3
Saint-Saulge 58 ... 155 E1
Saint-Saulve 59 ... 9 F2
Saint-Saury 15 ... 223 E4
Saint-Sauvant 17 ... 182 B4
Saint-Sauvant 86 ... 165 F3
Saint-Sauves-d'Auvergne 63 ... 206 C2
Saint-Sauveur 05 ... 250 B2
Saint-Sauveur 21 ... 140 A3
Saint-Sauveur 24 ... 220 B4
Saint-Sauveur 29 ... 49 D4
Saint-Sauveur 31 ... 276 C1
Saint-Sauveur 33 ... 216 C1
Saint-Sauveur 38 ... 230 A1
Saint-Sauveur 54 ... 95 F1
Saint-Sauveur 60 ... 35 E3
Saint-Sauveur 70 ... 118 C3
Saint-Sauveur 79 ... 147 F3
Saint-Sauveur 80 ... 18 A2
Saint-Sauveur 86 ... 149 F4
Saint-Sauveur (Chapelle) 64 ... 295 E2
Saint-Sauveur-Camprieu 30 ... 262 A2
Saint-Sauveur-d'Aunis 17 ... 164 A4
Saint-Sauveur-de-Carrouges 61 ... 82 B1
Saint-Sauveur-de-Chaulieu 50 ... 55 D3
Saint-Sauveur-de-Cruzières 07 ... 245 F4
Saint-Sauveur-de-Flée 49 ... 105 D4
Saint-Sauveur-de-Ginestoux 48 ... 244 B1
Saint-Sauveur-de-Landemont 49 ... 127 D3
Saint-Sauveur-de-Meilhan 47 ... 237 D3
Saint-Sauveur-de-Montagut 07 ... 228 B4
Saint-Sauveur-de-Peyre 48 ... 243 F1
Saint-Sauveur-de-Pierrepont 50 ... 24 C4
Saint-Sauveur-de-Puynormand 33 ... 219 D2
Saint-Sauveur-d'Émalleville 76 ... 14 C3
Saint-Sauveur-des-Landes 35 ... 80 A3
Saint-Sauveur-en-Diois 26 ... 247 F1
Saint-Sauveur-en-Puisaye 89 ... 135 F1
Saint-Sauveur-en-Rue 42 ... 210 B4
Saint-Sauveur-Gouvernet 26 ... 248 A4
Saint-Sauveur-la-Pommeraye 50 ... 53 F2
Saint-Sauveur-la-Sagne 63 ... 208 C3
Saint-Sauveur-la-Vallée 46 ... 240 B2
Saint-Sauveur-Lalande 24 ... 219 F3
Saint-Sauveur-le-Vicomte 50 ... 24 C4
Saint-Sauveur-Lendelin 50 ... 26 C4
Saint-Sauveur-les-Bains 65 ... 297 F4
Saint-Sauveur-lès-Bray 77 ... 88 E2
Saint-Sauveur-Levasville 28 ... 85 D1
Saint-Sauveur-sur-École 77 ... 87 E2
Saint-Sauveur-sur-Tinée 06 ... 269 F1
Saint-Sauvier 03 ... 170 B3
Saint-Sauvy 32 ... 275 E1
Saint-Savin 33 ... 217 F1
Saint-Savin 38 ... 211 F1
Saint-Savin 65 ... 297 E3
Saint-Savin 86 ... 167 E2
Saint-Savinien 17 ... 181 F3
Saint-Saviol 86 ... 183 F1
Saint-Savournin 13 ... 285 D3
Saint-Sébastien 23 ... 168 C3
Saint-Sébastien 38 ... 231 D4
Saint-Sébastien (Chapelle) 29 ... 73 F2
Saint-Sébastien-d'Aigrefeuille 30 ... 263 D2
Saint-Sébastien-de-Morsent 27 ... 58 C2
Saint-Sébastien-de-Raids 50 ... 27 D4
Saint-Sébastien-sur-Loire 44 ... 126 B4
Saint-Secondin 86 ... 166 C4
Saint-Ségal 29 ... 73 F2
Saint-Séglin 35 ... 102 C3
Saint-Seine 58 ... 156 A4
Saint-Seine-en-Bâche 21 ... 159 D1
Saint-Seine-l'Abbaye 21 ... 138 C2
Saint-Seine-sur-Vingeanne 21 ... 140 A2
Saint-Selve 33 ... 236 A1
Saint-Senier-de-Beuvron 50 ... 80 A1
Saint-Senier-sous-Avranches 50 ... 54 A4
Saint-Senoch 37 ... 150 B2
Saint-Senoux 35 ... 103 D2
Saint-Sériès 34 ... 282 A1
Saint-Sernin 07 ... 246 A2
Saint-Sernin 11 ... 301 E1
Saint-Sernin 47 ... 237 F1
Saint-Sernin-du-Bois 71 ... 157 E3
Saint-Sernin-du-Plain 71 ... 157 F3
Saint-Sernin-lès-Lavaur 81 ... 277 F3
Saint-Sernin-sur-Rance 12 ... 260 B4
Saint-Sérotin 89 ... 88 C4
Saint-Servais 22 ... 76 A2
Saint-Servais 29 ... 48 C3
Saint-Servan-sur-Mer 35 ... 52 C4
Saint-Servant 56 ... 101 F2
Saint-Setiers 19 ... 205 E1
Saint-Seurin-de-Bourg 33 ... 217 E2
Saint-Seurin-de-Cadourne 33 ... 199 D4
Saint-Seurin-de-Cursac 33 ... 217 E1
Saint-Seurin-de-Palenne 17 ... 199 E1
Saint-Seurin-de-Prats 24 ... 219 E4
Saint-Seurin-d'Uzet 17 ... 198 C2
Saint-Seurin-sur-l'Isle 33 ... 219 D2
Saint-Sève 33 ... 237 D2
Saint-Sever 40 ... 272 B1
Saint-Sever-Calvados 14 ... 54 C3
Saint-Sever-de-Rustan 65 ... 274 A4
Saint-Sever-de-Saintonge 17 ... 199 F1
Saint-Sever-du-Moustier 12 ... 279 E1
Saint-Séverin 16 ... 201 E4
Saint-Séverin-d'Estissac 24 ... 220 A2
Saint-Séverin-sur-Boutonne 17 ... 182 B2
Saint-Siffret 30 ... 264 A3
Saint-Sigismond 45 ... 109 F2
Saint-Sigismond 49 ... 127 F2
Saint-Sigismond 74 ... 196 B1
Saint-Sigismond 85 ... 164 B3
Saint-Sigismond-de-Clermont 17 ... 199 E3
Saint-Silvain-Bas-le-Roc 23 ... 170 A4
Saint-Silvain-Bellegarde 23 ... 187 F3
Saint-Silvain-Montaigut 23 ... 186 C1
Saint-Silvain-sous-Toulx 23 ... 170 A4
Saint-Siméon 27 ... 31 D3
Saint-Siméon 61 ... 81 D2
Saint-Siméon 77 ... 62 C3
Saint-Siméon-de-Bressieux 38 ... 211 F4
Saint-Simeux 16 ... 201 D1
Saint-Simon 02 ... 20 A4
Saint-Simon 15 ... 224 A3
Saint-Simon 16 ... 201 D1
Saint-Simon 46 ... 241 D1
Saint-Simon-de-Bordes 17 ... 199 F3
Saint-Simon-de-Pellouaille 17 ... 199 D1
Saint-Sixt 74 ... 195 F1
Saint-Sixte 42 ... 191 D4
Saint-Sixte 47 ... 256 C2
Saint-Solen 22 ... 78 C2
Saint-Solve 19 ... 204 A4
Saint-Sorlin 69 ... 210 B1
Saint-Sorlin-d'Arves 73 ... 213 F4
Saint-Sorlin-de-Conac 17 ... 199 D3
Saint-Sorlin-de-Morestel 38 ... 212 A1
Saint-Sorlin-de-Vienne 38 ... 211 D3
Saint-Sorlin-en-Bugey 01 ... 194 A3
Saint-Sorlin-en-Valloire 26 ... 211 D4
Saint-Sornin 03 ... 171 F3
Saint-Sornin 16 ... 202 A1
Saint-Sornin 17 ... 181 D4
Saint-Sornin 85 ... 163 D2
Saint-Sornin-la-Marche 87 ... 185 E1
Saint-Sornin-Lavolps 19 ... 204 A4
Saint-Sornin-Leulac 87 ... 185 F1
Saint-Soulan 32 ... 275 E3
Saint-Souplet 59 ... 20 B1
Saint-Souplet-sur-Py 51 ... 38 B4
Saint-Soupplets 77 ... 61 F1
Saint-Sozy 46 ... 222 B4
Saint-Stail 88 ... 96 A1
Saint-Suliac 35 ... 78 C1
Saint-Sulpice 01 ... 175 F4
Saint-Sulpice 46 ... 240 C2
Saint-Sulpice 49 ... 128 C3
Saint-Sulpice 53 ... 105 D2
Saint-Sulpice 58 ... 155 D2
Saint-Sulpice 60 ... 34 A3
Saint-Sulpice 63 ... 206 B1
Saint-Sulpice 70 ... 142 A1
Saint-Sulpice 73 ... 213 D2
Saint-Sulpice 81 ... 277 D1
Saint-Sulpice-d'Arnoult 17 ... 181 E4
Saint-Sulpice-de-Cognac 16 ... 182 B4
Saint-Sulpice-de-Faleyrens 33 ... 218 C3
Saint-Sulpice-de-Favières 91 ... 86 C2
Saint-Sulpice-de-Grimbouville 27 ... 31 D3
Saint-Sulpice-de-Guilleragues 33 ... 237 E2
Saint-Sulpice-de-Mareuil 24 ... 202 B3
Saint-Sulpice-de-Pommiers 33 ... 237 D1
Saint-Sulpice-de-Pommeray 41 ... 132 A1
Saint-Sulpice-de-Roumagnac 24 ... 220 A1
Saint-Sulpice-de-Royan 17 ... 198 B1
Saint-Sulpice-de-Ruffec 16 ... 183 F3
Saint-Sulpice-des-Landes 35 ... 103 E3
Saint-Sulpice-des-Landes 44 ... 127 D1
Saint-Sulpice-des-Rivoires 38 ... 212 B2
Saint-Sulpice-d'Excideuil 24 ... 203 E3
Saint-Sulpice-en-Pareds 85 ... 164 A1
Saint-Sulpice-et-Cameyrac 33 ... 217 F3
Saint-Sulpice-la-Forêt 35 ... 79 E4
Saint-Sulpice-Laurière 87 ... 186 A2
Saint-Sulpice-le-Dunois 23 ... 169 D4
Saint-Sulpice-le-Guérétois 23 ... 187 D1
Saint-Sulpice-le-Verdon 85 ... 145 F3
Saint-Sulpice-les-Bois 19 ... 205 E2
Saint-Sulpice-les-Champs 23 ... 187 E2
Saint-Sulpice-les-Feuilles 87 ... 168 B4
Saint-Sulpice-sur-Lèze 31 ... 276 B4
Saint-Sulpice-sur-Risle 61 ... 57 F3
Saint-Supplet 54 ... 40 C2
Saint-Sylvain 14 ... 56 A1
Saint-Sylvain 19 ... 223 D1
Saint-Sylvain 76 ... 15 E1
Saint-Sylvain-d'Anjou 49 ... 128 C2
Saint-Sylvestre 07 ... 228 C3
Saint-Sylvestre 74 ... 195 E3
Saint-Sylvestre 87 ... 186 A2
Saint-Sylvestre-Cappel 59 ... 3 F3
Saint-Sylvestre-de-Cormeilles 27 ... 31 D4
Saint-Sylvestre-Pragoulin 63 ... 190 A2
Saint-Sylvestre-sur-Lot 47 ... 238 C4
Saint-Symphorien 04 ... 267 E1
Saint-Symphorien 18 ... 153 D4
Saint-Symphorien 27 ... 31 D3
Saint-Symphorien 33 ... 235 F3
Saint-Symphorien 35 ... 79 D3
Saint-Symphorien 37 ... 130 C3
Saint-Symphorien 48 ... 226 B4
Saint-Symphorien 72 ... 106 B1
Saint-Symphorien 79 ... 164 C4
Saint-Symphorien-d'Ancelles 71 ... 192 C1
Saint-Symphorien-de-Mahun 07 ... 228 B1
Saint-Symphorien-de-Thénières 12 ... 242 C1
Saint-Symphorien-de-Lay 42 ... 191 F3
Saint-Symphorien-de-Marmagne 71 ... 157 D3
Saint-Symphorien-des-Monts 50 ... 80 C1
Saint-Symphorien-des-Bruyères 61 ... 57 F3
Saint-Symphorien-des-Bois 71 ... 174 A4
Saint-Symphorien-d'Ozon 69 ... 211 D1
Saint-Symphorien-le-Château 28 ... 86 A2
Saint-Symphorien-le-Valois 50 ... 26 C3
Saint-Symphorien-les-Buttes 50 ... 54 C1
Saint-Symphorien-sous-Chomérac 07 ... 246 C1
Saint-Symphorien-sur-Saône 21 ... 159 D1
Saint-Symphorien-sur-Coise 69 ... 210 A1
Saint-Symphorien-sur-Couze 87 ... 185 F2
Saint-Thégonnec 29 ... 49 D3
Saint-Thélo 22 ... 77 D3
Saint-Théodorit 30 ... 263 E3
Saint-Théoffrey 38 ... 230 C2
Saint-Thibaud-de-Couz 73 ... 213 D2
Saint-Thibault 10 ... 90 B4
Saint-Thibault 18 ... 135 D3
Saint-Thibault 21 ... 138 A3
Saint-Thibault 60 ... 17 E4
Saint-Thibault-des-Vignes 77 ... 61 F3
Saint-Thibaut 02 ... 37 D3
Saint-Thibéry 34 ... 280 C4
Saint-Thiébaud 39 ... 160 A2
Saint-Thiébault 52 ... 93 D4
Saint-Thierry 51 ... 37 F3
Saint-Thois 29 ... 75 D3
Saint-Thomas 02 ... 37 E2
Saint-Thomas 31 ... 276 A3
Saint-Thomas (Col de) 42 ... 190 D3
Saint-Thomas-de-Conac 17 ... 199 D3
Saint-Thomas-de-Courceriers 53 ... 82 A3
Saint-Thomas-en-Argonne 51 ... 39 E4
Saint-Thomas-en-Royans 26 ... 229 F2
Saint-Thomas-la-Garde 42 ... 209 E2
Saint-Thomé 07 ... 246 C3
Saint-Thonan 29 ... 47 F2
Saint-Thual 35 ... 78 C3
Saint-Thurial 35 ... 102 C1
Saint-Thuriau 56 ... 100 C1
Saint-Thurien 27 ... 31 D2
Saint-Thurien 29 ... 99 F1
Saint-Thurin 42 ... 191 D4
Saint-Thyrse (Chapelle) 04 ... 268 B4
Saint-Tricat 62 ... 2 B2
Saint-Trimoël 22 ... 77 F2
Saint-Trinit 84 ... 266 A2
Saint-Trivier-de-Courtes 01 ... 175 F2
Saint-Trivier-sur-Moignans 01 ... 193 D2
Saint-Trojan 33 ... 217 E2
Saint-Trojan-les-Bains 17 ... 180 C3
Saint-Tropez 83 ... 287 E4
Saint-Tugdual 56 ... 76 A4
Saint-Tugen 29 ... 72 C3
Saint-Ulphace 72 ... 108 A1
Saint-Ulrich 68 ... 143 D1
Saint-Uniac 35 ... 78 C4
Saint-Urbain 29 ... 48 B4
Saint-Urbain 85 ... 144 C3
Saint-Urbain-sur-Marne 52 ... 92 B2
Saint-Urcisse 47 ... 256 C2
Saint-Urcisse 81 ... 258 B3
Saint-Urcize 15 ... 243 E1
Saint-Ursin 50 ... 53 F3
Saint-Usage 10 ... 115 E1
Saint-Usage 21 ... 158 C1
Saint-Usuge 71 ... 176 A1
Saint-Utin 51 ... 91 D1
Saint-Uze 26 ... 229 D1
Saint-Vaast-de-Longmont 60 ... 35 E3
Saint-Vaast-d'Équiqueville 76 ... 16 B3
Saint-Vaast-Dieppedalle 76 ... 15 E2
Saint-Vaast-du-Val 76 ... 16 A4
Saint-Vaast-en-Auge 14 ... 30 A3
Saint-Vaast-en-Cambrésis 59 ... 9 E4
Saint-Vaast-en-Chaussée 80 ... 18 A2
Saint-Vaast-la-Hougue 50 ... 25 E2
Saint-Vaast-lès-Mello 60 ... 34 C4
Saint-Vaast-sur-Seulles 14 ... 29 D4
Saint-Vaize 17 ... 181 F4
Saint-Valbert 70 ... 142 B1
Saint-Valentin 36 ... 152 B3
Saint-Valérien 85 ... 163 F2
Saint-Valérien 89 ... 88 B4
Saint-Valery 60 ... 17 E4
Saint-Valery-en-Caux 76 ... 15 E1
Saint-Valery-sur-Somme 80 ... 6 A4
Saint-Vallerin 71 ... 174 C1
Saint-Vallier 16 ... 201 D4
Saint-Vallier 26 ... 228 C1
Saint-Vallier 71 ... 174 B1
Saint-Vallier 88 ... 94 C3
Saint-Vallier-de-Thiey 06 ... 287 F1
Saint-Vallier-sur-Marne 52 ... 116 C3
Saint-Varent 79 ... 148 A3
Saint-Vaury 23 ... 186 C1
Saint-Venant 62 ... 3 F4
Saint-Venec (Chapelle) 29 ... 73 F3
Saint-Vénérand 43 ... 226 C4
Saint-Vérain 58 ... 135 E2
Saint-Véran 05 ... 233 D4
Saint-Vérand 38 ... 230 A1
Saint-Vérand 69 ... 192 B3
Saint-Vérand 71 ... 175 D4
Saint-Vert 43 ... 208 B4
Saint-Viance 19 ... 222 A1
Saint-Viâtre 41 ... 133 D2
Saint-Viaud 44 ... 125 E3
Saint-Victeur 72 ... 82 C3
Saint-Victor 03 ... 170 C3
Saint-Victor 07 ... 228 C2
Saint-Victor 15 ... 223 F3
Saint-Victor 24 ... 202 A4
Saint-Victor-de-Buthon 28 ... 84 B3
Saint-Victor-de-Cessieu 38 ... 212 A2
Saint-Victor-de-Chrétienville 27 ... 57 F1
Saint-Victor-de-Malcap 30 ... 263 F1
Saint-Victor-de-Morestel 38 ... 212 A1
Saint-Victor-de-Réno 61 ... 83 F2
Saint-Victor-d'Épine 27 ... 31 E4
Saint-Victor-des-Oules 30 ... 264 A2
Saint-Victor-en-Marche 23 ... 187 D1
Saint-Victor-et-Melvieu 12 ... 260 C2
Saint-Victor-la-Coste 30 ... 264 B2
Saint-Victor-la-Rivière 63 ... 207 D2
Saint-Victor-l'Abbaye 76 ... 16 A4
Saint-Victor-Malescours 43 ... 209 F4
Saint-Victor-Montvianeix 63 ... 190 B3
Saint-Victor-Rouzaud 09 ... 300 C2
Saint-Victor-sur-Arlanc 43 ... 208 C4
Saint-Victor-sur-Avre 27 ... 58 A4
Saint-Victor-sur-Loire 42 ... 209 F3
Saint-Victor-sur-Ouche 21 ... 138 C4
Saint-Victor-sur-Rhins 42 ... 191 F2
Saint-Victoret 13 ... 284 B3
Saint-Victour 19 ... 206 A3
Saint-Victurnien 87 ... 185 E3
Saint-Vidal 43 ... 226 C2
Saint-Vigor 27 ... 59 D1
Saint-Vigor-des-Mézerets 14 ... 55 E2
Saint-Vigor-des-Monts 50 ... 54 C2
Saint-Vigor-d'Ymonville 76 ... 14 C4
Saint-Vigor-le-Grand 14 ... 29 D3
Saint-Vincent 31 ... 277 E4
Saint-Vincent 43 ... 227 D1
Saint-Vincent 63 ... 207 E2
Saint-Vincent 64 ... 297 E2
Saint-Vincent 82 ... 258 A2
Saint-Vincent-Bragny 71 ... 173 F2
Saint-Vincent-Cramesnil 76 ... 14 C4
Saint-Vincent-de-Barrès 07 ... 246 C1
Saint-Vincent-de-Barbeyrargues 34 ... 281 F1
Saint-Vincent-de-Boisset 42 ... 191 E2
Saint-Vincent-de-Connezac 24 ... 220 A1
Saint-Vincent-de-Cosse 24 ... 221 E4
Saint-Vincent-de-Durfort 07 ... 228 C4
Saint-Vincent-de-Lamontjoie 47 ... 256 A2
Saint-Vincent-de-Mercuze 38 ... 213 D3
Saint-Vincent-de-Paul 33 ... 217 F3
Saint-Vincent-de-Paul 40 ... 271 F1
Saint-Vincent-de-Pertignas 33 ... 219 D4
Saint-Vincent-de-Reins 69 ... 192 A2
Saint-Vincent-de-Salers 15 ... 224 B1
Saint-Vincent-de-Tyrosse 40 ... 271 D1
Saint-Vincent-des-Bois 27 ... 59 E1
Saint-Vincent-des-Landes 44 ... 103 F4
Saint-Vincent-des-Prés 71 ... 174 C2
Saint-Vincent-des-Prés 72 ... 83 E3
Saint-Vincent-d'Olargues 34 ... 279 F3
Saint-Vincent-du-Boulay 27 ... 57 E1
Saint-Vincent-du-Lorouër 72 ... 107 E3
Saint-Vincent-du-Pendit 46 ... 223 D4
Saint-Vincent-en-Bresse 71 ... 175 F1
Saint-Vincent-Jalmoutiers 24 ... 219 F1
Saint-Vincent-la-Châtre 79 ... 165 F4
Saint-Vincent-la-Commanderie 26 ... 229 E3
Saint-Vincent-le-Paluel 24 ... 221 F4
Saint-Vincent-les-Forts 04 ... 250 A3
Saint-Vincent-Lespinasse 82 ... 257 D2
Saint-Vincent-Puymaufrais 85 ... 163 E1
Saint-Vincent-Rive-d'Olt 46 ... 239 F3
Saint-Vincent-Sterlanges 85 ... 146 B4
Saint-Vincent-sur-Graon 85 ... 163 D2
Saint-Vincent-sur-Jabron 04 ... 266 C1
Saint-Vincent-sur-Jard 85 ... 162 C2
Saint-Vincent-sur-l'Isle 24 ... 221 D1
Saint-Vincent-sur-Oust 56 ... 102 B4
Saint-Vinnemer 89 ... 114 B3
Saint-Vit 25 ... 140 C4
Saint-Vital 73 ... 213 F1
Saint-Vite 47 ... 239 D3
Saint-Vitte 18 ... 170 C2
Saint-Vitte-sur-Briance 87 ... 204 B2
Saint-Vivien 17 ... 181 D1
Saint-Vivien 24 ... 219 E3
Saint-Vivien-de-Blaye 33 ... 217 E2
Saint-Vivien-de-Médoc 33 ... 198 B3
Saint-Vivien-de-Monségur 33 ... 237 E2
Saint-Voir 03 ... 172 C3
Saint-Vougay 29 ... 48 C3
Saint-Vrain 51 ... 65 F4
Saint-Vrain 91 ... 87 D2
Saint-Vran 22 ... 78 A3
Saint-Vulbas 01 ... 193 F3
Saint-Waast 59 ... 10 A2
Saint-Wandrille-Rançon 76 ... 15 E4
Saint-Witz 95 ... 61 E1
Saint-Xandre 17 ... 163 E4
Saint-Yaguen 40 ... 253 E3
Saint-Yan 71 ... 173 F3
Saint-Ybard 19 ... 204 B3
Saint-Ybars 09 ... 300 B1
Saint-Ylie 39 ... 159 E1
Saint-Yon 91 ... 86 C1
Saint-Yorre 03 ... 190 A2
Saint-Yrieix-la-Montagne 23 ... 187 E3
Saint-Yrieix-la-Perche 87 ... 203 F2
Saint-Yrieix-le-Déjalat 19 ... 205 D3
Saint-Yrieix-les-Bois 23 ... 187 D2
Saint-Yrieix-sous-Aixe 87 ... 185 E4
Saint-Yrieix-sur-Charente 16 ... 201 E1
Saint-Ythaire 71 ... 174 C2
Saint-Yvi 29 ... 99 D1
Saint-Yvoine 63 ... 207 F2
Saint-Yzan-de-Soudiac 33 ... 217 F1
Saint-Yzans-de-Médoc 33 ... 199 D4
Saint-Zacharie 83 ... 285 E4
Sainte-Adresse 76 ... 14 A4
Sainte-Agathe 63 ... 190 B4
Sainte-Agathe-d'Aliermont 76 ... 16 B3
Sainte-Agathe-en-Donzy 42 ... 191 F4
Sainte-Agathe-la-Bouteresse 42 ... 209 E1
Sainte-Agnès 06 ... 289 E4
Sainte-Agnès 38 ... 213 D4
Sainte-Agnès 39 ... 176 B1
Sainte-Alauzie 46 ... 239 F4
Sainte-Alvère 24 ... 220 C3
Sainte-Anastasie 15 ... 225 D1
Sainte-Anastasie 30 ... 264 A3
Sainte-Anastasie-sur-Issole 83 ... 286 B4
Sainte-Anne 04 ... 250 C2
Sainte-Anne 25 ... 160 B2
Sainte-Anne 32 ... 275 F1
Sainte-Anne 41 ... 108 C4
Sainte-Anne-d'Auray 56 ... 100 C3
Sainte-Anne-d'Evenos 83 ... 291 E3
Sainte-Anne-du-Castellet 83 ... 291 E3
Sainte-Anne-la-Condamine 04 ... 250 C2
Sainte-Anne-la-Palud 29 ... 73 E2
Sainte-Anne-Saint-Priest 87 ... 204 C1
Sainte-Anne-sur-Brivet 44 ... 125 F2
Sainte-Anne-sur-Gervonde 38 ... 211 F2
Sainte-Anne-sur-Vilaine 35 ... 103 D4
Sainte-Aulde 77 ... 62 B2
Sainte-Aurence-Cazaux 32 ... 274 B4
Sainte-Austreberthe 62 ... 7 D3
Sainte-Austreberthe 76 ... 32 A1
Sainte-Avoye 56 ... 100 C4
Sainte-Barbe 57 ... 42 A4
Sainte-Barbe 88 ... 95 E2
Sainte-Barbe (Alignements de) 56 ... 75 F4
Sainte-Barbe-sur-Gaillon 27 ... 32 C4
Sainte-Baume (Gorge de la) 07 ... 246 C3
La Sainte-Baume (Massif de) 83 ... 285 F4
Sainte-Bazeille 47 ... 237 E2
Sainte-Beuve-en-Rivière 76 ... 16 C3
Sainte-Blandine 38 ... 212 A2
Sainte-Blandine 79 ... 165 D4
Sainte-Brigitte 56 ... 76 C4
Sainte-Camelle 11 ... 301 E1
Sainte-Catherine 62 ... 8 B3
Sainte-Catherine 63 ... 208 A3
Sainte-Catherine 69 ... 210 B2
Sainte-Catherine-de-Fierbois 37 ... 150 A1
Sainte-Cécile 36 ... 151 F1
Sainte-Cécile 50 ... 54 B3
Sainte-Cécile 71 ... 174 C3
Sainte-Cécile 85 ... 146 B4
Sainte-Cécile-d'Andorge 30 ... 263 D1
Sainte-Cécile-du-Cayrou 81 ... 258 C3
Sainte-Cécile-les-Vignes 84 ... 265 D1
Sainte-Céronne-lès-Mortagne 61 ... 83 F1
Sainte-Cérotte 72 ... 107 F3
Sainte-Christie 32 ... 275 D1
Sainte-Christie-d'Armagnac 32 ... 255 D4
Sainte-Christine 49 ... 127 F3
Sainte-Christine 63 ... 189 D2
Sainte-Christine 85 ... 164 B3
Sainte-Christine (Chapelle) 29 ... 47 E3
Sainte-Colombe 05 ... 248 C4
Sainte-Colombe 16 ... 183 F4
Sainte-Colombe 17 ... 200 C4
Sainte-Colombe 25 ... 160 C3
Sainte-Colombe 33 ... 219 D3
Sainte-Colombe 35 ... 103 F2
Sainte-Colombe 40 ... 272 B1
Sainte-Colombe 46 ... 241 D1
Sainte-Colombe 50 ... 24 C4
Sainte-Colombe 69 ... 211 D2
Sainte-Colombe 76 ... 15 E2
Sainte-Colombe 77 ... 88 C2
Sainte-Colombe 89 ... 137 D1
Sainte-Colombe-de-Duras 47 ... 237 E1
Sainte-Colombe-de-la-Commanderie 66 ... 312 C2
Sainte-Colombe-de-Peyre 48 ... 243 F1
Sainte-Colombe-de-Villeneuve 47 ... 238 B4
Sainte-Colombe-des-Bois 58 ... 135 E4
Sainte-Colombe-en-Auxois 21 ... 138 A3
Sainte-Colombe-en-Bruilhois 47 ... 256 A1
Sainte-Colombe-la-Commanderie 27 ... 58 B1
Sainte-Colombe-près-Vernon 27 ... 59 D1
Sainte-Colombe-sur-Guette 11 ... 311 E1
Sainte-Colombe-sur-Gand 42 ... 191 F3
Sainte-Colombe-sur-l'Hers 11 ... 301 F4
Sainte-Colombe-sur-Loing 89 ... 135 F1
Sainte-Colombe-sur-Seine 21 ... 115 D3
Sainte-Colome 64 ... 296 C2
Sainte-Consorce 69 ... 192 C4
Sainte-Croix 01 ... 193 E3
Sainte-Croix 02 ... 37 D2
Sainte-Croix 12 ... 241 D3
Sainte-Croix 24 ... 238 C1
Sainte-Croix 26 ... 229 F4
Sainte-Croix 46 ... 239 E4
Sainte-Croix 71 ... 176 A1
Sainte-Croix 81 ... 259 E3
Sainte-Croix (Barrage de) 83 ... 286 B1
Sainte-Croix (Prieuré de) 60 ... 35 F2
Sainte-Croix-à-Lauze 04 ... 266 B3
Sainte-Croix-aux-Mines 68 ... 96 B2
Sainte-Croix-de-Caderle 30 ... 263 D2
Sainte-Croix-de-Mareuil 24 ... 202 A3
Sainte-Croix-de-Quintillargues 34 ... 281 F1
Sainte-Croix-de-Verdon 04 ... 267 F4
Sainte-Croix-du-Mont 33 ... 236 B2
Sainte-Croix-en-Jarez 42 ... 210 B3
Sainte-Croix-en-Plaine 68 ... 96 C4
Sainte-Croix-Grand-Tonne 14 ... 29 D4
Sainte-Croix-Hague 50 ... 24 B2
Sainte-Croix-sur-Aizier 27 ... 31 E2
Sainte-Croix-sur-Buchy 76 ... 32 C1
Sainte-Croix-sur-Mer 14 ... 29 D3
Sainte-Croix-sur-Orne 61 ... 56 A3
Sainte-Croix-Vallée-Française 48 ... 262 C1
Sainte-Croix-Volvestre 09 ... 300 A2
Sainte-Dode 32 ... 274 B4
Sainte-Eanne 79 ... 165 E3
Sainte-Engrâce 64 ... 296 A3
Sainte-Enimie 48 ... 244 A4
Sainte-Eugénie-de-Villeneuve 43 ... 226 B2
Sainte-Eugienne 50 ... 54 A3

Sainte-Eulalie 07 ... 227 F4
Sainte-Eulalie 11 ... 302 B1
Sainte-Eulalie 15 ... 224 A2
Sainte-Eulalie 33 ... 217 E3
Sainte-Eulalie 48 ... 226 A4
Sainte-Eulalie-d'Ans 24 ... 221 E1
Sainte-Eulalie-de-Cernon 12 ... 261 E3
Sainte-Eulalie-d'Eymet 24 ... 238 A1
Sainte-Eulalie-d'Olt 12 ... 243 D3
Sainte-Eulalie-en-Born 40 ... 234 B4
Sainte-Eulalie-en-Royans 26 ... 230 A2
Sainte-Euphémie 01 ... 192 C2
Sainte-Euphémie-sur-Ouvèze 26 ... 248 A4
Sainte-Eusoye 60 ... 34 B1
Sainte-Fauste 36 ... 152 B3
Sainte-Féréole 19 ... 222 B1
Sainte-Feyre 23 ... 187 D1
Sainte-Feyre-la-Montagne 23 ... 187 F3
Sainte-Flaive-des-Loups 85 ... 162 C1
Sainte-Florence 33 ... 219 D4
Sainte-Florence 85 ... 146 B3
Sainte-Florine 43 ... 207 F3
Sainte-Foi 09 ... 301 F2
Sainte-Fortunade 19 ... 222 C1
Sainte-Foy 40 ... 254 B3
Sainte-Foy 71 ... 173 F4
Sainte-Foy 76 ... 16 A3
Sainte-Foy 85 ... 162 B1
Sainte-Foy-d'Aigrefeuille 31 ... 277 D3
Sainte-Foy-de-Belvès 24 ... 239 E1
Sainte-Foy-de-Longas 24 ... 220 C3
Sainte-Foy-de-Montgommery 14 ... 57 D2
Sainte-Foy-de-Peyrolières 31 ... 276 A3
Sainte-Foy-des-Vignes 24 ... 220 A3
Sainte-Foy-la-Grande 33 ... 219 F4
Sainte-Foy-la-Longue 33 ... 236 C2
Sainte-Foy-l'Argentière 69 ... 210 A1
Sainte-Foy-lès-Lyon 69 ... 192 C4
Sainte-Foy-Saint-Sulpice 42 ... 191 E4
Sainte-Foy-Tarentaise 73 ... 215 D1
Sainte-Gauburge 61 ... 83 F3
Sainte-Gauburge-Sainte-Colombe 61 ... 57 E4
Sainte-Gemme 17 ... 181 D4
Sainte-Gemme 32 ... 275 E1
Sainte-Gemme 33 ... 237 E2
Sainte-Gemme 36 ... 151 D3
Sainte-Gemme 51 ... 63 E1
Sainte-Gemme 79 ... 148 A3
Sainte-Gemme 81 ... 259 E2
Sainte-Gemme-en-Sancerrois 18 ... 135 D3
Sainte-Gemme-la-Plaine 85 ... 163 E2
Sainte-Gemme-Martaillac 47 ... 237 E4
Sainte-Gemme-Moronval 28 ... 59 E4
Sainte-Gemmes 41 ... 109 D4
Sainte-Gemmes-d'Andigné 49 ... 104 C4
Sainte-Gemmes-le-Robert 53 ... 81 F4
Sainte-Gemmes-sur-Loire 49 ... 128 B2
Sainte-Geneviève 02 ... 21 F4
Sainte-Geneviève 50 ... 25 E2
Sainte-Geneviève 54 ... 68 A2
Sainte-Geneviève 60 ... 34 B3
Sainte-Geneviève 76 ... 16 C4
Sainte-Geneviève-des-Bois 45 ... 112 A3
Sainte-Geneviève-des-Bois 91 ... 87 D1
Sainte-Geneviève-lès-Gasny 27 ... 59 F1
Sainte-Geneviève-sur-Argence 12 ... 224 C4
Sainte-Hélène 33 ... 216 C3
Sainte-Hélène 48 ... 244 B3
Sainte-Hélène 56 ... 100 B3
Sainte-Hélène 71 ... 157 F4
Sainte-Hélène 88 ... 95 D3
Sainte-Hélène-Bondeville 76 ... 15 D2
Sainte-Hélène-du-Lac 73 ... 213 E2
Sainte-Hélène-sur-Isère 73 ... 213 F1
Sainte-Hermine 85 ... 163 F1
Sainte-Honorine-de-Ducy 14 ... 28 C4
Sainte-Honorine-des-Pertes 14 ... 28 C3
Sainte-Honorine-du-Fay 14 ... 55 F1
Sainte-Honorine-la-Chardonne 61 ... 55 F3
Sainte-Honorine-la-Guillaume 61 ... 55 F3
Sainte-Innocence 24 ... 238 A1
Sainte-Jalle 26 ... 248 A4
Sainte-Jamme-sur-Sarthe 72 ... 106 C1
Sainte-Julie 01 ... 193 F3
Sainte-Juliette 82 ... 257 E1
Sainte-Juliette-sur-Viaur 12 ... 260 A1
Sainte-Léocadie 66 ... 310 C4
Sainte-Lheurine 17 ... 199 F2
Sainte-Livière 52 ... 91 F1
Sainte-Livrade 31 ... 276 A2
Sainte-Livrade-sur-Lot 47 ... 238 B4
Sainte-Lizaigne 36 ... 152 C2
Sainte-Luce 38 ... 231 D3
Sainte-Luce-sur-Loire 44 ... 126 C4
Sainte-Lucie-de-Porto-Vecchio 2A ... 319 F1
Sainte-Lucie-de-Tallano 2A ... 319 D2
Sainte-Lunaise 18 ... 153 D3
Sainte-Magnance 89 ... 137 E2
Sainte-Marguerite 43 ... 226 B1
Sainte-Marguerite 88 ... 95 F3
Sainte-Marguerite (Ile) 06 ... 288 B4
Sainte-Marguerite (Presq'île de) 29 ... 47 E1
Sainte-Marguerite-de-l'Autel 27 ... 58 A2
Sainte-Marguerite-de-Carrouges 61 ... 82 B1
Sainte-Marguerite-d'Elle 14 ... 27 F4
Sainte-Marguerite-de-Viette 14 ... 56 C1
Sainte-Marguerite-des-Loges 14 ... 57 D1
Sainte-Marguerite-en-Ouche 27 ... 57 F1
Sainte-Marguerite-Lafigère 07 ... 245 E3
Sainte-Marguerite-sur-Mer 76 ... 15 F1
Sainte-Marguerite-sur-Fauville 76 ... 15 D3
Sainte-Marguerite-sur-Duclair 76 ... 15 F4
Sainte-Marie 05 ... 248 B3
Sainte-Marie 08 ... 38 C2
Sainte-Marie 15 ... 225 D4
Sainte-Marie 16 ... 201 E4
Sainte-Marie 25 ... 142 B1
Sainte-Marie 32 ... 275 E2
Sainte-Marie 35 ... 102 C4
Sainte-Marie 44 ... 144 B1
Sainte-Marie 58 ... 155 E1
Sainte-Marie 65 ... 299 D3
Sainte-Marie 66 ... 313 E1
Sainte-Marie (Col de) 88 ... 96 A2
Sainte-Marie-à-Py 51 ... 38 C4
Sainte-Marie-au-Bosc 76 ... 14 B3
Sainte-Marie-aux-Anglais 14 ... 56 C1
Sainte-Marie-aux-Chênes 57 ... 41 E4
Sainte-Marie-aux-Mines 68 ... 96 A2
Sainte-Marie-Cappel 59 ... 3 F3
Sainte-Marie-d'Alloix 38 ... 213 D3
Sainte-Marie-d'Alvey 73 ... 212 C1
Sainte-Marie-de-Campan 65 ... 298 A3
Sainte-Marie-de-Chignac 24 ... 220 C2
Sainte-Marie-de-Cuines 73 ... 213 F3
Sainte-Marie-de-Gosse 40 ... 271 D2
Sainte-Marie-de-Ré 17 ... 180 B1
Sainte-Marie-de-Vars 05 ... 250 C1
Sainte-Marie-de-Vatimesnil 27 ... 33 D4
Sainte-Marie-de-Vaux 87 ... 185 E3
Sainte-Marie-des-Chazes 43 ... 226 B2
Sainte-Marie-des-Champs 76 ... 15 E3
Sainte-Marie-du-Bois 50 ... 80 C1
Sainte-Marie-du-Bois 53 ... 81 F2
Sainte-Marie-du-Lac-Nuisement 51 ... 91 F1
Sainte-Marie du Ménez-Hom (Chapelle) 29 ... 73 E2
Sainte-Marie-du-Mont 38 ... 213 D3
Sainte-Marie-du-Mont 50 ... 25 E4
Sainte-Marie-en-Chanois 70 ... 119 D3
Sainte-Marie-en-Chaux 70 ... 118 C3
Sainte-Marie-Kerque 62 ... 3 D2
Sainte-Marie-la-Blanche 21 ... 158 A2
Sainte-Marie-la-Robert 61 ... 82 B1
Sainte-Marie-Lapanouze 19 ... 206 A3
Sainte-Marie-Laumont 14 ... 55 D2
Sainte-Marie-Outre-l'Eau 14 ... 54 C2
Sainte-Marie-Sicché 2A ... 316 C4
Sainte-Marie-sur-Ouche 21 ... 138 C4
Sainte-Marine 29 ... 98 C2
Sainte-Marthe 27 ... 58 B2
Sainte-Marthe 47 ... 237 E3
Sainte-Maure 10 ... 90 B3
Sainte-Maure-de-Peyriac 47 ... 255 E3
Sainte-Maure-de-Touraine 37 ... 149 F1
Sainte-Maxime 83 ... 287 E4
Sainte-Même 17 ... 182 B3
Sainte-Menehould 51 ... 65 F1
Sainte-Mère 32 ... 256 B3
Sainte-Mère-Église 50 ... 25 E4
Sainte-Mesme 78 ... 86 B2
Sainte-Mondane 24 ... 221 F4
Sainte-Montaine 18 ... 134 A2
Sainte-Nathalène 24 ... 221 F3
Sainte-Néomaye 79 ... 165 D3
Sainte-Odile (Mont) 67 ... 70 C4
Sainte-Olive 01 ... 193 D2
Sainte-Opportune 61 ... 55 F4
Sainte-Opportune-du-Bosc 27 ... 31 F4
Sainte-Opportune-la-Mare 27 ... 31 D2
Sainte-Orse 24 ... 221 E1
Sainte-Osmane 72 ... 107 F3
Sainte-Ouenne 79 ... 164 C3
Sainte-Pallaye 89 ... 136 B1
Sainte-Paule 69 ... 192 B3
Sainte-Pazanne 44 ... 145 D1
Sainte-Pexine 85 ... 163 E1
Sainte-Pezenne 79 ... 164 C3
Sainte-Pience 50 ... 54 A3
Sainte-Pôle 54 ... 95 E1
Sainte-Preuve 02 ... 37 E1
Sainte-Radegonde 12 ... 242 B4
Sainte-Radegonde 17 ... 181 E3
Sainte-Radegonde 32 ... 256 A4
Sainte-Radegonde 33 ... 219 D4
Sainte-Radegonde 71 ... 173 F1
Sainte-Radegonde 79 ... 148 A2
Sainte-Radégonde 86 ... 167 D1
Sainte-Radegonde 24 ... 238 C1
Sainte-Radégonde-des-Noyers 85 ... 163 F3
Sainte-Ramée 17 ... 199 E3
Sainte-Reine 70 ... 140 C2
Sainte-Reine 73 ... 213 E1
Sainte-Reine-de-Bretagne 44 ... 125 E2
Sainte-Restitude 2B ... 314 B3
Sainte-Roseline (Chapelle) 83 ... 287 D3
Sainte-Ruffine 57 ... 41 E4
Sainte-Sabine 21 ... 138 B4
Sainte-Sabine 24 ... 238 C1
Sainte-Sabine-sur-Longève 72 ... 106 C1
Sainte-Savine 10 ... 90 A3
Sainte-Scolasse-sur-Sarthe 61 ... 83 E1
Sainte-Segrée 80 ... 17 F4
Sainte-Sève 29 ... 49 E3
Sainte-Sévère 16 ... 182 C4
Sainte-Sévère-sur-Indre 36 ... 169 F2
Sainte-Sigolène 43 ... 227 F1
Sainte-Solange 18 ... 153 F1
Sainte-Soline 79 ... 165 F4
Sainte-Souline 16 ... 201 D3
Sainte-Soulle 17 ... 181 D1
Sainte-Suzanne 25 ... 142 B1
Sainte-Suzanne 53 ... 105 F1
Sainte-Suzanne 64 ... 272 A3
Sainte-Suzanne 09 ... 300 C1
Sainte-Suzanne-en-Bauptois 50 ... 26 C3
Sainte-Suzanne-sur-Vire 50 ... 54 C1
Sainte-Terre 33 ... 219 D4
Sainte-Thérence 03 ... 170 C4
Sainte-Thorette 18 ... 153 D2
Sainte-Tréphine 22 ... 76 B3
Sainte-Trie 24 ... 203 F4
Sainte-Tulle 04 ... 266 C4
Sainte-Valière 11 ... 303 E1
Sainte-Vaubourg 08 ... 38 C2
Sainte-Verge 79 ... 148 A2
Sainte-Vertu 89 ... 114 A4
Sainteny 50 ... 27 D3
Saintes 17 ... 181 F4
Saintes-Maries-de-la-Mer 13 ... 282 C3
Saintines 60 ... 35 E3
Saintry-sur-Seine 91 ... 87 E1
Saints 77 ... 62 B4
Saints 89 ... 135 F1
Saints-Geosmes 52 ... 116 C3
Sainville 28 ... 86 A3
Saires 86 ... 149 D3
Saires-la-Verrerie 61 ... 55 F4
Saisies (Col des) 73 ... 196 B4
Saissac 11 ... 278 A4
Saisseval 80 ... 18 A2
Saisy 71 ... 157 E2
Saivres 79 ... 165 E3
Le Saix 05 ... 249 D3
Saïx 81 ... 278 A2
Saix 86 ... 148 C1
Saizenay 39 ... 160 A2
Saizerais 54 ... 68 A3
Saizy 58 ... 136 C3
Sajas 31 ... 275 F4
Salagnac 24 ... 203 F4
Salagnon 38 ... 212 A1
Salaise-sur-Sanne 38 ... 210 C4
Salans 39 ... 140 C4
Salasc 34 ... 280 B2
Salaunes 33 ... 216 C3
Salavas 07 ... 246 A4
Salavre 01 ... 176 B3
Salazac 30 ... 264 B1
Salbris 41 ... 133 E3
Les Salces 48 ... 243 F3
Saléchan 65 ... 299 D3
Saleich 31 ... 299 F3
Saleignes 17 ... 183 D2
Saleilles 66 ... 313 D2
Les Salelles 07 ... 245 E3
Les Salelles 48 ... 243 F3
Salency 60 ... 35 F1
Salenthal 67 ... 70 B3
Saléon 05 ... 249 D4
Salérans 05 ... 248 C4
Salerm 31 ... 299 E1
Salernes 83 ... 286 C2
Salers 15 ... 224 B2
Sales 74 ... 195 D3
Salesches 59 ... 9 F4
La Salette-Fallavaux 38 ... 231 E4
Salettes 26 ... 247 E2
Salettes 43 ... 227 D4
Saleux 80 ... 18 A3
Salève (Mont) 74 ... 195 E1
Salice 2A ... 316 C2
Saliceto 2B ... 315 E4
Saliès 81 ... 259 E4
Salies-de-Béarn 64 ... 271 F3
Salies-du-Salat 31 ... 299 F2
Salignac 04 ... 267 E1
Salignac 33 ... 217 F2
Salignac-de-Mirambeau 17 ... 199 F4
Salignac-Eyvigues 24 ... 221 F3
Salignac-sur-Charente 17 ... 199 F1
Saligney 39 ... 140 B4
Saligny 85 ... 145 F3
Saligny 89 ... 89 D4
Saligny-le-Vif 18 ... 154 A2
Saligny-sur-Roudon 03 ... 173 D3
Saligos 65 ... 297 F4
Salin-de-Badon 13 ... 283 E3
Salin-de-Giraud 13 ... 283 E4
Salindres 30 ... 263 E1
Saline Royale d'Arc-et-Cenans 25 ... 159 F2
Salinelles 30 ... 263 E4
Salins 15 ... 224 A1
Salins 77 ... 88 B2
Les Salins-d'Hyères 83 ... 292 C2
Salins-les-Bains 39 ... 160 A2
Salins-les-Thermes 73 ... 214 B2
Salives 21 ... 139 D1
Sallagriffon 06 ... 269 E3
Sallanches 74 ... 196 B2
Sallaumines 62 ... 8 B2
La Salle 71 ... 175 E3
La Salle 88 ... 95 E3
La Salle-de-Vihiers 49 ... 147 E1
La Salle-en-Beaumont 38 ... 231 D3
La Salle-et-Chapelle-Aubry 49 ... 127 E4
La Salle-les-Alpes 05 ... 232 B2
La Salle-Prunet 48 ... 244 B4
Sallebœuf 33 ... 217 F4
Sallèdes 63 ... 207 F1
Sallèles-Cabardès 11 ... 278 C4
Sallèles-d'Aude 11 ... 303 F1
Sallen 14 ... 28 C4
Sallenelles 14 ... 29 F3
Sallenôves 74 ... 195 D2
Sallertaine 85 ... 144 C3
Salles 33 ... 235 D2
Les Salles 33 ... 219 D3
Les Salles 42 ... 190 C4
Salles 47 ... 239 D2
Salles 65 ... 297 E3
Salles 79 ... 165 E3
Salles 81 ... 259 D2
Salles-Adour 65 ... 297 F1
Salles-Arbuissonnas-en-Beaujolais 69 ... 192 B2
Salles-Courbatiès 12 ... 241 E3
Salles-Curan 12 ... 260 C1
Salles-d'Angles 16 ... 200 C1
Salles-d'Armagnac 32 ... 255 D4
Salles-d'Aude 11 ... 304 C1
Salles-de-Barbezieux 16 ... 201 D3
Salles-de-Belvès 24 ... 239 D1
Salles-de-Villefagnan 16 ... 183 F3
Les Salles-du-Gardon 30 ... 263 E1
Salles-en-Toulon 86 ... 167 D2
Salles-et-Pratviel 31 ... 298 C4
Salles-la-Source 12 ... 242 B3
Salles-Lavalette 16 ... 201 F3
Les Salles-Lavauguyon 87 ... 184 C4
Salles-lès-Aulnay 17 ... 182 C2
Salles-Mongiscard 64 ... 272 A3
Salles-sous-Bois 26 ... 247 D3
Salles-sur-Garonne 31 ... 300 A1
Salles-sur-l'Hers 11 ... 301 E1
Salles-sur-Mer 17 ... 181 D1
Les Salles-sur-Verdon 83 ... 267 F4
Sallespisse 64 ... 272 A2
Salmagne 55 ... 66 C3
Salmaise 21 ... 138 B2
Salmbach 67 ... 45 F4
Salmiech 12 ... 260 B1
Salomé 59 ... 8 B1
Salon 10 ... 90 A1
Salon 24 ... 220 C2
Salon-de-Provence 13 ... 284 A2
Salon-la-Tour 19 ... 204 B3
Salonnes 57 ... 68 C3
Salornay-sur-Guye 71 ... 174 C2
Salouël 80 ... 18 A3
Salperwick 62 ... 3 E3
Salsein 09 ... 299 F4
Salses-le-Château 66 ... 313 D1
Salsigne 11 ... 278 B4
Salt-en-Donzy 42 ... 209 F1
Les Salvages 81 ... 278 B2
Salvagnac 81 ... 258 B4
Salvagnac-Cajarc 12 ... 241 D3
Salvagnac-Saint-Loup 12 ... 241 E3
La Salvetat-Belmontet 82 ... 258 A3
La Salvetat-Lauragais 31 ... 277 E3
La Salvetat-Peyralès 12 ... 259 E1
La Salvetat-Saint-Gilles 31 ... 276 B2
La Salvetat-sur-Agout 34 ... 279 E2
Salvezines 11 ... 311 E1
Salvi (Col de) 2B ... 314 B3
Salviac 46 ... 239 F1
Salvizinet 42 ... 191 F4
Salza 11 ... 302 C3
Salzuit 43 ... 226 A1
Samadet 40 ... 272 C2
Saman 31 ... 299 D1
Samara 80 ... 18 A2
Samaran 32 ... 274 C4
Samatan 32 ... 275 F3
Samazan 47 ... 237 E3
Sambin 41 ... 132 A3
Sambourg 89 ... 114 B4
Le Sambuc 13 ... 283 E3
Saméon 59 ... 9 E2
Samer 62 ... 2 B4
Samerey 21 ... 159 D1
Sames 64 ... 271 E2
Sammarçolles 86 ... 149 D2
Sammeron 77 ... 62 B2
Samoëns 74 ... 196 C1
Samognat 01 ... 176 C4
Samogneux 55 ... 40 A3
Samois-sur-Seine 77 ... 87 F2
Samonac 33 ... 217 E2
Samoreau 77 ... 87 F2
Samouillan 31 ... 299 F1
Samoussy 02 ... 37 D1
Sampans 39 ... 159 E1
Sampigny 55 ... 67 D3
Sampigny-lès-Maranges 71 ... 157 F3
Sampolo 2A ... 317 D4
Sampzon 07 ... 246 A3
Samson 25 ... 160 A1
Samsons-Lion 64 ... 273 E3
Samuran 65 ... 298 C3
San Cervone (Col de) 2B ... 317 E1
San-Damiano 2B ... 315 F4
San-Gavino-d'Ampugnani 2B ... 315 F4
San-Gavino-di-Carbini 2A ... 319 D1
San-Gavino-di-Fiumorbo 2B ... 317 E3
San-Gavino-di-Tenda 2B ... 315 E2
San-Giovanni-di-Moriani 2B ... 315 F4
San-Giuliano 2B ... 315 F4
San-Lorenzo 2B ... 315 E4
San-Martino-di-Lota 2B ... 315 F1
San Michele de Murato (Église) 2B ... 315 E2
San-Nicolao 2B ... 315 F4
San-Peïre-sur-Mer 83 ... 287 E4
San-Pellegrino 2B ... 315 C3
San Quilico (Chapelle de) 2A ... 319 E3
San Quilico de Cambia (Chapelle) 2B ... 315 E4
San Stefano (Col de) 2B ... 315 E2
Sana 31 ... 299 F1
Sanadoire (Roche) 63 ... 206 C1
Sanary-sur-Mer 83 ... 291 E4
Sancé 71 ... 175 D3
Sancergues 18 ... 154 B1
Sancerre 18 ... 135 D4
Sancey-le-Grand 25 ... 142 A3
Sancey-le-Long 25 ... 142 B3
Sancheville 28 ... 85 E4
Sanchey 88 ... 94 C4
Sancoins 18 ... 154 B4
Sancourt 27 ... 33 E3
Sancourt 59 ... 9 D4
Sancourt 80 ... 19 F3
Sancy 54 ... 41 D2
Sancy 77 ... 62 A3
Sancy (Puy de) 63 ... 206 C2
Sancy-les-Cheminots 02 ... 36 C2
Sancy-lès-Provins 77 ... 63 D4
Sand 67 ... 97 D1
Sandarville 28 ... 85 D3
Sandaucourt 88 ... 93 F3
Sandillon 45 ... 110 B3
Sandouville 76 ... 14 C4
Sandrans 01 ... 193 D2
Sangatte 62 ... 2 B2
Sanghen 62 ... 2 C3
Sanguinaires (Iles) 2A ... 316 A4
Sanguinet 40 ... 234 C3
Sanilhac 07 ... 245 F2
Sanilhac-Sagriès 30 ... 264 A3
Sannat 23 ... 188 A1
Sannerville 14 ... 29 F4
Sannes 84 ... 285 D1
Sannois 95 ... 60 C2
Sanous 65 ... 273 F4
Sanry-lès-Vigy 57 ... 41 F4
Sanry-sur-Nied 57 ... 68 B1
Sans-Vallois 88 ... 94 A4
Sansa 66 ... 311 D2
Sansac-de-Marmiesse 15 ... 224 A4
Sansac-Veinazès 15 ... 242 A1
Sansais 79 ... 164 B4
Sansan 32 ... 275 D3
Sanssac-l'Église 43 ... 226 C2
Sanssat 03 ... 172 B4
Santa-Lucia-di-Mercurio 2B ... 315 E4
Santa-Lucia-di-Moriani 2B ... 315 F4
Santa-Maria 2B ... 314 A2
Santa-Maria-di-Lota 2B ... 315 F1
Santa-Maria-Figaniella 2A ... 318 C2
Santa-Maria-Poggio 2B ... 315 F4
Santa-Maria-Poggio 2B ... 315 E4
Santa-Reparata-di-Balagna 2B ... 314 C2
Santa-Reparata-di-Moriani 2B ... 315 F4
Sant'Andréa-di-Bozio 2B ... 317 E1
Sant'Andréa-di-Cotone 2B ... 315 F4
Sant'Andréa-d'Orcino 2A ... 316 B3
Santans 39 ... 159 F2
Sant'Antonino 2B ... 314 B2
Sant'Appiano (Cathédrale) 2A ... 316 A2
Santeau 45 ... 110 C1
Santec 29 ... 49 D2
Santenay 21 ... 157 F3
Santenay 41 ... 131 F1
Santeny 94 ... 61 E4
Santes 59 ... 8 C1
Santeuil 28 ... 85 F3
Santeuil 95 ... 60 B1
Santigny 89 ... 137 E1
Santilly 28 ... 110 A1
Santilly 71 ... 175 D1
Santo-Pietro-di-Tenda 2B ... 315 E2
Santo-Pietro-di-Venaco 2B ... 317 D1
Santoche 25 ... 142 A2
Santosse 21 ... 157 F2
Santranges 18 ... 134 C2
Sanvensa 12 ... 259 D1
Sanvignes-les-Mines 71 ... 174 A1
Sanxay 86 ... 165 F2
Sanzay 79 ... 147 F2
Sanzey 54 ... 67 F3
Saon 14 ... 28 C3
Saône 25 ... 141 E4
Saonnet 14 ... 28 B3
Saorge 06 ... 289 F2
Saosnes 72 ... 83 D3
Saou 26 ... 247 E1
Le Sap 61 ... 57 E2
Le Sap-André 61 ... 57 E3
Le Sapey 38 ... 231 D2
Sapignicourt 51 ... 65 F4
Sapignies 62 ... 8 B4
Sapogne-et-Feuchères 08 ... 23 D4
Sapogne-sur-Marche 08 ... 23 F4
Sapois 39 ... 160 B4
Sapois 88 ... 119 E1
Saponay 02 ... 36 C4
Saponcourt 70 ... 118 A3
Le Sappey 74 ... 195 E1
Le Sappey-en-Chartreuse 38 ... 212 C4
Saramon 32 ... 275 E3
Saran 45 ... 110 A2
Saraz 25 ... 160 B2
Sarbazan 40 ... 254 B2
Sarcé 72 ... 107 D4
Sarceaux 61 ... 56 B4
Sarcelles 95 ... 61 D2
Sarcenas 38 ... 212 C4
Sarcey 52 ... 116 C1
Sarcey 69 ... 192 B3
Sarcicourt 52 ... 92 A4
Sarcos 32 ... 275 D4
Sarcus 60 ... 17 E4
Sarcy 51 ... 37 E4
Sardan 30 ... 263 E4
Sardent 23 ... 187 D2
Sardieu 38 ... 211 F3
Sardon 63 ... 189 F3
Sardy-lès-Epiry 58 ... 155 F1
Sare 64 ... 270 B4
Sargé-lès-le-Mans 72 ... 107 D2
Sargé-sur-Braye 41 ... 108 A3
Sari-d'Orcino 2A ... 316 B3
Sari-Solenzara 2A ... 317 F4
Sariac-Magnoac 65 ... 274 C4
Sarlabous 65 ... 298 A2
Sarlande 24 ... 203 E3
Sarlat-la-Canéda 24 ... 221 F4
Sarliac-sur-l'Isle 24 ... 221 D1
Sarniguet 65 ... 273 F4
Sarnois 60 ... 17 F4
Saron-sur-Aube 51 ... 89 F1
Sarp 65 ... 298 C3
Sarpourenx 64 ... 272 A3
Sarragachies 32 ... 273 F1
Sarrageois 25 ... 160 C4
Sarraguzan 32 ... 274 B4
Les Sarraix 63 ... 190 B3
Sarralbe 57 ... 69 F1
Sarraltroff 57 ... 69 F3
Sarran 19 ... 205 D3
Sarrance 64 ... 296 B2
Sarrancolin 65 ... 298 B3
Sarrans (Barrage de) 12 ... 224 C4
Sarrant 32 ... 275 F1
Sarras 07 ... 228 C1
Sarrazac 24 ... 203 E3
Sarrazac 46 ... 222 B2
Sarraziet 40 ... 272 C1
Sarre-Union 67 ... 44 A4
Sarrebourg 57 ... 69 F3
Sarrecave 31 ... 298 C1
Sarreguemines 57 ... 43 E4
Sarreinsberg 57 ... 44 B4
Sarreinsming 57 ... 43 E4
Sarremezan 31 ... 299 D1
Sarrewerden 67 ... 70 A1
Sarrey 52 ... 117 D2
Sarriac-Bigorre 65 ... 274 A4
Sarrians 84 ... 265 D2
Sarrigné 49 ... 128 C2
Sarrogna 39 ... 176 C2
Sarrola-Carcopino 2A ... 316 B3
Sarron 40 ... 273 D2
Sarron 60 ... 35 D3
Sarrouilles 65 ... 298 A1
Sarroux 19 ... 206 A3
Sarry 51 ... 64 C2
Sarry 71 ... 173 F4
Sarry 89 ... 137 E1
Le Sars 62 ... 19 D1
Sars-et-Rosières 59 ... 9 E2
Sars-le Bois 62 ... 7 F3
Sars-Poteries 59 ... 10 C3
Le Sart 59 ... 10 A4
Sartène 2A ... 318 C2
Sartes 88 ... 93 E4
Sartilly 50 ... 53 F3
Sarton 62 ... 18 B1
Sartrouville 78 ... 60 C2
Sarzay 36 ... 169 E1
Sarzeau 56 ... 123 D2
Sasnières 41 ... 108 B4
Sassangy 71 ... 157 F4
Sassay 41 ... 132 B3
Sassegnies 59 ... 10 A3
Sassenage 38 ... 230 C1
Sassenay 71 ... 158 A3
Sassetot-le-Malgardé 76 ... 15 F2
Sassetot-le-Mauconduit 76 ... 15 D2
Sasseville 76 ... 15 E2
Sassey 27 ... 59 D1
Sassey-sur-Meuse 55 ... 39 F2
Sassierges-Saint-Germain 36 ... 152 B4
Sassis 65 ... 297 F4

Sassy *14* 56 B2
Sathonay-Camp *69* 193 D4
Sathonay-Village *69* 193 D4
Satillieu *07* 228 B1
Satolas-et-Bonce *38* 211 E1
Saturargues *34* 282 A1
Saubens *31* 276 B3
Saubion *40* 270 C1
Saubole *64* 273 E4
Saubrigues *40* 271 D2
Saubusse *40* 271 D1
Saucats *33* 235 F1
Saucède *64* 296 A1
La Saucelle *28* 84 B1
Sauchay *76* 16 B2
Sauchy-Cauchy *62* 8 C4
Sauchy-Lestrée *62* 8 C4
Sauclières *12* 262 A3
Saucourt-sur-Rognon *52* 92 B3
Saudemont *62* 8 C3
Saudoy *51* 63 F4
Saudron *52* 92 C2
Saudrupt *55* 66 A4
Saugeot *39* 177 D1
Saugnac-et-Cambran *40* 271 F1
Saugnacq-et-Muret *40* 235 E3
Saugnieu *69* 193 E4
Saugon *33* 217 E1
Saugues *43* 226 B3
Sauguis-Saint-Étienne *64* 295 F1
Saugy *18* 152 C2
Saujac *12* 241 D3
Saujon *17* 198 C1
La Saulce *05* 249 E3
Saulce-sur-Rhône *26* 247 D1
Saulces-Champenoises *08* 38 B2
Saulces-Monclin *08* 38 B1
Saulcet *03* 172 A4
Saulchery *02* 62 C2
Le Saulchoy *60* 34 A1
Saulchoy *62* 6 C3
Saulchoy-sous-Poix *80* 17 F3
Saulcy *10* 91 F3
Le Saulcy *88* 96 A1
Saulcy-sur-Meurthe *88* 95 F3
Saules *25* 160 C1
Saules *71* 174 C1
Saulgé *86* 167 E3
Saulgé-l'Hôpital *49* 128 C4
Saulges *53* 105 F2
Saulgond *16* 184 C3
Sauliac-sur-Célé *46* 240 C3
Saulieu *21* 137 F4
Saulles *52* 117 D4
Saulmory-et-Villefranche *55* 39 F2
Saulnay *36* 151 D3
Saulnes *54* 41 D1
Saulnières *28* 85 D1
Saulnières *35* 103 E2
Saulnot *70* 142 B1
Saulny *57* 41 F4
Saulon-la-Chapelle *21* 139 E4
Saulon-la-Rue *21* 139 E4
La Saulsotte *10* 89 D1
Sault *84* 266 A2
Sault-Brénaz *01* 194 A3
Sault-de-Navailles *64* 272 B2
Sault-lès-Rethel *08* 38 B2
Sault-Saint-Remy *08* 38 A2
Saultain *59* 9 F3
Saulty *62* 7 F4
Saulx *70* 118 C4
Saulx-en-Barrois *55* 67 D4
Saulx-en-Woëvre *55* 67 D1
Saulx-le-Duc *21* 139 D2
Saulx-les-Chartreux *91* 60 C4
Saulx-Marchais *78* 60 A3
Saulxerotte *54* 93 F2
Saulxures *52* 117 D2
Saulxures *67* 96 A1
Saulxures-lès-Bulgnéville *88* 93 F4
Saulxures-lès-Nancy *54* 68 B4
Saulxures-lès-Vannes *54* 93 F1
Saulxures-sur-Moselotte *88* 119 E2
Saulzais-le-Potier *18* 170 C2
Saulzet *03* 189 F1
Saulzet-le-Chaud *63* 207 E1
Saulzet-le-Froid *63* 207 D1
Saulzoir *59* 9 E4
Saumane *04* 266 C2
Saumane *30* 262 C2
Saumane-de-Vaucluse *84* 265 E3
Sauméjan *47* 255 D1
Saumeray *28* 85 D4
Saumont *47* 256 A2
Saumont-la-Poterie *76* 33 D1
Saumos *33* 216 B3
Saumur *49* 129 E4
Saunay *37* 131 E1
La Saunière *23* 187 D1
Saunières *71* 158 B3
Sauqueuse-Saint-Lucien *60* 34 A1
Sauqueville *76* 16 A3
Saurais *79* 165 E1
Saurat *09* 300 C4
Sauret-Besserve *63* 188 C3
Saurier *63* 207 E2
Sausheim *68* 120 C2
Saussan *34* 281 E2
Saussay *28* 59 E3
Saussay *76* 15 F3
Saussay-la-Campagne *27* 33 D3
La Saussaye *27* 32 A4
Saussemesnil *50* 25 D3
Saussenac *81* 259 F3
Saussens *31* 277 D2
Sausses *04* 269 D2
Sausset-les-Pins *13* 284 B4
Sausseuzemare-en-Caux *76* 14 C3
Saussey *21* 157 F1
Saussey *50* 54 A1
Saussignac *24* 219 F4
Saussines *34* 282 A1
Saussy *21* 139 D2
Saut de la Mounine *12* 241 D3
Saut des Cuves *88* 119 F1
Sautel *09* 301 E3
Sauternes *33* 236 B2
Sautet (Barrage du) *38* 231 D4
Sauteyrargues *34* 263 D4
Sauto *66* 311 D3
Sautron *44* 126 A3
Sauvage-Magny *52* 91 F2
La Sauvagère *61* 81 F1
Les Sauvages *69* 192 A3
Sauvagnac *16* 184 B4
Sauvagnas *47* 256 B1
Sauvagnat *63* 188 B4
Sauvagnat-Sainte-Marthe *63* 207 F2
Sauvagney *25* 141 D3
Sauvagnon *64* 272 C4
Sauvagny *03* 171 E3
Sauvain *42* 209 D1
Sauvan (Château de) *04* 266 C3
Sauvat *15* 206 A4
Sauve *30* 263 D3
La Sauve *33* 217 F4
Sauvelade *64* 272 A4
Sauverny *01* 177 F3
Sauvessanges *63* 209 D3
La Sauvetat *32* 256 A4
La Sauvetat *43* 227 D4
La Sauvetat *63* 207 F1
La Sauvetat-de-Savères *47* 256 C1
La Sauvetat-du-Dropt *47* 237 F1
La Sauvetat-sur-Lède *47* 238 C3
Sauveterre *30* 264 C2
Sauveterre *32* 275 E3
Sauveterre *65* 273 F3
Sauveterre *81* 279 D3
Sauveterre *82* 257 F1
Sauveterre-de-Béarn *64* 271 F3
Sauveterre-de-Comminges *31* 299 D3
Sauveterre-de-Guyenne *33* 237 D1
Sauveterre-de-Rouergue *12* 259 F1
Sauveterre-la-Lémance *47* 239 D2
Sauveterre-Saint-Denis *47* 256 B2
Sauviac *32* 274 C4
Sauviac *33* 236 C3
Sauvian *34* 305 D1
Sauviat *63* 208 B1
Sauviat-sur-Vige *87* 186 B3
Sauvignac *16* 201 D4
Sauvigney-lès-Gray *70* 140 C2
Sauvigney-lès-Pesmes *70* 140 B3
Sauvigny *55* 93 E1
Sauvigny-le-Beuréal *89* 137 E2
Sauvigny-le-Bois *89* 137 D2
Sauvigny-les-Bois *58* 155 D2
Sauville *08* 39 D1
Sauville *88* 93 E4
Sauvillers-Mongival *80* 18 C4
Sauvimont *32* 275 F3
Sauvoy *55* 67 D4
Saux *46* 239 E4
Saux-et-Pomarède *31* 299 D2
Sauxillanges *63* 208 A2
Le Sauze *04* 250 C3
Sauze *06* 269 D1
Le Sauze-du-Lac *05* 250 A2
Sauzé-Vaussais *79* 183 E1
Sauzelle *17* 180 B2
Sauzelles *36* 167 F1
Sauzet *26* 247 D2
Sauzet *30* 263 F3
Sauzet *46* 239 F3
La Sauzière-Saint-Jean *81* 258 B3
Sauzon *56* 122 A3
Savagna *39* 159 E4
Savarthès *31* 299 E2
Savas *07* 210 C4
Savas-Mépin *38* 211 E2
Savasse *26* 246 C2
Savenay *44* 125 F3
Savenès *82* 257 E4
Savennes *23* 187 D2
Savennes *63* 206 A2
Savennières *49* 128 A3
Saverdun *09* 301 D1
Savères *31* 276 A4
Saverne *67* 70 B2
Saverne (Col de) *67* 70 B2
Saveuse *80* 18 A2
Savianges *71* 174 C1
Savières *10* 90 A3
Savigna *39* 176 C2
Savignac *12* 241 D4
Savignac *33* 237 D2
Savignac-de-Duras *47* 237 E1
Savignac-de-l'Isle *33* 218 C3
Savignac-de-Miremont *24* 221 D3
Savignac-de-Nontron *24* 202 C2
Savignac-Lédrier *24* 203 F4
Savignac-les-Églises *24* 203 D4
Savignac-les-Ormeaux *09* 310 B1
Savignac-Mona *32* 275 F3
Savignac-sur-Leyze *47* 238 C3
Savignargues *30* 263 E3
Savigné *86* 184 A1
Savigné-l'Évêque *72* 107 D1
Savigné-sous-le-Lude *72* 129 F1
Savigné-sur-Lathan *37* 130 A2
Savigneux *01* 192 C2
Savigneux *42* 209 E2
Savignies *60* 33 F2
Savigny *50* 54 A1
Savigny *52* 117 E4
Savigny *69* 192 B4
Savigny *74* 195 D1
Savigny *88* 94 B3
Savigny-en-Revermont *71* 176 B1
Savigny-en-Sancerre *18* 135 D3
Savigny-en-Septaine *18* 153 F2
Savigny-en-Terre-Plaine *89* 137 E2
Savigny-en-Véron *37* 129 F4
Savigny-le-Sec *21* 139 E2
Savigny-le-Temple *77* 87 E1
Savigny-le-Vieux *50* 80 C1
Savigny-lès-Beaune *21* 158 A1
Savigny-Lévescault *86* 166 C2
Savigny-Poil-Fol *58* 156 A4
Savigny-sous-Faye *86* 149 D3
Savigny-sous-Mâlain *21* 138 C3
Savigny-sur-Aisne *08* 39 D3
Savigny-sur-Ardres *51* 37 D4
Savigny-sur-Braye *41* 108 A3
Savigny-sur-Clairis *89* 112 B1
Savigny-sur-Grosne *71* 174 C1
Savigny-sur-Orge *91* 61 D4
Savigny-sur-Seille *71* 175 F1
Savilly *21* 157 D1
Savine (Col de la) *39* 177 E1
Savines-le-Lac *05* 250 A2
Savins *77* 88 C2
Savoillan *84* 266 A1
Savoisy *21* 115 D4
Savolles *21* 139 F3
Savonnières *37* 130 B3
Savonnières-devant-Bar *55* 66 B3
Savonnières-en-Perthois *55* 92 B1
Savonnières-en-Woëvre *55* 67 D2
Savouges *21* 139 E4
Savournon *05* 249 D3
Savoyeux *70* 140 C1
Savy *02* 20 A3
Savy-Berlette *62* 8 A3
Saxel *74* 178 B4
Saxi-Bourdon *58* 155 E2
Saxon-Sion *54* 94 A2
Sayat *63* 189 E4
Saze *30* 264 C3
Sazeray *36* 169 F3
Sazeret *03* 171 E4
Sazilly *37* 149 E1
Sazos *65* 297 F4
Scaër *29* 75 E4
Les Scaffarels *04* 268 C3
Scata *2B* 315 F4
Sceau-Saint-Angel *24* 202 C3
Sceautres *07* 246 B2
Sceaux *89* 137 E2
Sceaux *92* 61 D4
Sceaux-d'Anjou *49* 128 B1
Sceaux-du-Gâtinais *45* 111 E1
Sceaux-sur-Huisne *72* 107 F1
Scey-en-Varais *25* 160 B1
Scey-sur-Saône-et-Saint-Albin *70* 118 A4
Schaeferhof *57* 70 A3
Schaeffersheim *67* 71 D4
Schaffhouse-près-Seltz *67* 45 F4
Schaffhouse-sur-Zorn *67* 70 C2
Schalbach *57* 70 A1
Schalkendorf *67* 70 C1
Scharrachbergheim *67* 70 C3
Scheibenhard *67* 45 F4
Scherlenheim *67* 70 C2
Scherwiller *67* 96 C2
Schillersdorf *67* 70 C1
Schiltigheim *67* 71 D3
Schirmeck *67* 70 B4
Schirrhein *67* 71 E1
Schirrhoffen *67* 71 E1
Schleithal *67* 45 F4
Schlierbach *68* 120 C3
Schlucht (Col de la) *88* 96 A4
Schmittviller *57* 44 A4
Schneckenbusch *57* 70 A2
Schnepfenried *68* 96 A4
Schnersheim *67* 70 C3
Schœnau *67* 97 D2
Schœnbourg *67* 70 B1
Schœneck *57* 43 D3
Schœnenbourg *67* 45 E4
Schopperten *67* 69 F1
Schorbach *57* 44 B3
Schwabwiller *67* 45 E4
Schweighouse *68* 120 B1
Schweighouse-sur-Moder *67* 71 D1
Schweighouse-Thann *68* 120 B2
Schwenheim *67* 70 C2
Schwerdorff *57* 42 B2
Schweyen *57* 44 B3
Schwindratzheim *67* 71 D2
Schwoben *68* 120 B3
Schwobsheim *67* 97 D2
Sciecq *79* 164 C3
Scientrier *74* 195 F1
Scieurac-et-Flourès *32* 274 A2
Sciez *74* 178 B3
Scillé *79* 164 C1
Scionzier *74* 196 B1
Scolca *2B* 315 E3
Scorbé-Clairvaux *86* 149 E4
Scoury *36* 168 B1
Scrignac *29* 49 F4
Scrupt *51* 65 F4
Scy-Chazelles *57* 41 F4
Scye *70* 118 A4
Séailles *32* 274 A1
La Séauve-sur-Semène *43* 209 F4
Sébazac-Concourès *12* 242 B4
Sébécourt *27* 58 A2
Sébeville *50* 25 E4
Seboncourt *02* 20 B2
Sebourg *59* 9 F3
Sébouville *45* 86 C4
Sébrazac *12* 242 B3
Séby *64* 272 C3
Secenans *70* 142 A1
Séchault *08* 39 D3
Sécheras *07* 228 C1
Sécheval *08* 22 C2
Le Séchier *05* 231 E4
Séchilienne *38* 231 D2
Séchin *25* 141 F3
Seclin *59* 8 C1
Secondigné-sur-Belle *79* 182 C1
Secondigny *79* 165 D1
Secourt *57* 68 B2
Secqueville-en-Bessin *14* 29 D4
Sedan *08* 23 D4
Sédeilhac *31* 298 C2
Séderon *26* 266 B1
Sedze-Maubecq *64* 273 E4
Sedzère *64* 273 E4
Seebach *67* 45 F4
Sées *61* 83 D1
Séez *73* 214 C1
Le Ségala *11* 277 E4
Ségalas *47* 238 A2
Ségalas *65* 274 A4
La Ségalassière *15* 223 F4
Séglien *56* 76 B4
Ségny *01* 177 F3
Segonzac *16* 200 C1
Segonzac *19* 203 F4
Segonzac *24* 220 A1
Ségos *32* 273 D2
Ségoufielle *32* 276 A2
Segré *49* 104 C4
Ségreville *31* 277 E3
Ségrie *72* 82 C4
Ségrie-Fontaine *61* 55 F3
Segrois *21* 158 A1
Ségry *36* 152 C3
La Séguinière *49* 146 C1
Ségur *12* 243 D4
Le Ségur *81* 259 D2
Ségur-le-Château *19* 203 F3
Ségur-les-Villas *15* 224 C1
Ségura *09* 301 D3
Séguret *84* 265 E1
Ségus *65* 297 E2
Séhar (Pointe de) *22* 49 F2
Seich *65* 298 C3
Seichamps *54* 68 B4
Seichebrières *45* 110 C2
Seicheprey *54* 67 E2
Seiches-sur-le-Loir *49* 128 C1
Seignalens *11* 301 F2
Seigné *17* 182 C3
Seignelay *89* 113 E3
Seigneulles *55* 66 B3
Seignosse *40* 270 C1
Seigny *21* 138 A1
Seigy *41* 132 A4
Seilh *31* 276 B1
Seilhac *19* 204 C4
Seilhan *31* 298 C3
Seillac *41* 131 F2
Seillans *83* 287 E1
Seillonnaz *01* 194 A4
Seillons-Source-d'Argens *83* 285 F3
Sein (Ile de) 72 B3
Seine (Sources de la) *21* 138 C2
Seine-Port *77* 87 E1
Seingbouse *57* 43 D4
Seissan *32* 274 C3
Seix *09* 300 A4
Le Sel-de-Bretagne *35* 103 E2
Selaincourt *54* 93 F1
Selens *02* 36 A2
Sélestat *67* 96 C2
Séligné *79* 182 C1
Séligney *39* 159 E2
Selincourt *80* 17 E3
La Selle-Craonnaise *53* 104 B3
La Selle-en-Coglès *35* 80 A2
La Selle-en-Hermoy *45* 112 A2
La Selle-en-Luitré *35* 80 B3
La Selle-Guerchaise *35* 104 B2
La Selle-la-Forge *61* 55 E4
La Selle-sur-le-Bied *45* 112 A1
Selles *27* 31 D3
Selles *51* 38 A3
Selles *62* 2 C4
Selles *70* 118 A2
Selles-Saint-Denis *41* 133 D3
Selles-sur-Cher *41* 132 B4
Selles-sur-Nahon *36* 151 E2
Sellières *39* 159 E3
Selommes *41* 108 C4
Seloncourt *25* 142 C2
Selongey *21* 139 E1
Selonnet *04* 250 A3
Seltz *67* 45 F4
La Selve *02* 37 F1
La Selve *12* 260 A2
Selvigny *59* 20 A1
Sem *09* 309 F1
Sémalens *81* 278 A2
Semallé *61* 82 C2
Semarey *21* 138 B4
Sembadel *43* 208 C4
Sembadel-Gare *43* 208 C4
Sembas *47* 238 B4
Semblançay *37* 130 C2
Sembleçay *36* 132 C4
Sembouès *32* 274 A3
Séméac *65* 297 F1
Séméacq-Blachon *64* 273 E3
Semécourt *57* 41 F4
Sémelay *58* 156 A3
Semène *43* 209 F3
Semens *33* 236 C2
Sementron *89* 136 A1
Sémeries *59* 10 B3
Semerville *41* 109 D2
Semezanges *21* 138 C4
Sémézies-Cachan *32* 275 D3
Semide *08* 38 C3
Semillac *17* 199 E3
Semilly *52* 93 D3
Semmadon *70* 117 F4
Semnoz (Montagne du) *74* 195 E4
Semoine *10* 64 B4
Semond *21* 115 E4
Semondans *25* 142 B1
Semons *38* 211 F3
Semousies *59* 10 B3
Semoussac *17* 199 E3
Semoutiers *52* 116 A1
Semoy *45* 110 B3
Sempesserre *32* 256 B3
Sempigny *60* 35 F1
Sempy *62* 6 C1
Semur-en-Auxois *21* 137 F2
Semur-en-Brionnais *71* 173 F4
Semur-en-Vallon *72* 107 F2
Semussac *17* 198 C1
Semuy *08* 38 C2
Le Sen *40* 254 A2
Sénac *65* 274 A4
Senaide *88* 117 F2
Sénaillac-Latronquière *46* 223 E4
Sénaillac-Lauzès *46* 240 B2
Senailly *21* 137 F1
Senan *89* 113 D3
Sénanque (Abbaye de) *84* 265 F3
Senantes *28* 85 E1
Senantes *60* 33 F2
Senard *55* 66 A2
Sénarens *31* 275 F4
Senargent *70* 142 A1
Senarpont *80* 17 D2
Sénart *77* 87 E1
Sénas *13* 284 A1
Senaud *39* 176 B3
Senaux *81* 279 D1
Sencenac-Puy-de-Fourches *24* 202 C4
Senconac *09* 310 A1
Sendets *33* 237 D3
Sendets *64* 273 D4
Séné *56* 101 D4
Sène (Mont de) *71* 157 F3
Sénéchas *30* 245 E4
Sénèque (Tour de) *2B* 314 A1
Sénergues *12* 242 A2
Senesse-de-Senabugue *09* 301 E3
Sénestis *47* 237 F3
Séneujols *43* 226 C3
Senez *04* 268 A3
Sénezergues *15* 242 A1
Sengouagnet *31* 299 E3
Séniergues *46* 240 B1
Senillé *86* 149 F4
Seninghem *62* 2 C4
Senlecques *62* 2 C4
Senlis *60* 35 D4
Senlis *62* 7 D1
Senlis-le-Sec *80* 18 C1
Senlisse *78* 60 B4
Senneçay *18* 153 E3
Sennecé-lès-Mâcon *71* 175 E3
Sennecey-le-Grand *71* 175 E1
Sennecey-lès-Dijon *21* 139 E4
Sennely *45* 133 F1
Sennevières *37* 150 C1
Senneville-sur-Fécamp *76* 14 C2
Sennevoy-le-Bas *89* 114 C3
Sennevoy-le-Haut *89* 114 C3
Senon *55* 40 C3
Senonches *28* 84 B1
Senoncourt *70* 118 A3
Senoncourt-les-Maujouy *55* 66 C1
Senones *88* 95 F2
Senonges *88* 94 A4
Senonnes *53* 104 A3
Senonville *55* 67 D2
Senots *60* 33 F4
Senouillac *81* 259 D3
Sénoville *50* 24 B4
Senozan *71* 175 E3
Sens *89* 88 C4
Sens-Beaujeu *18* 134 C4
Sens-de-Bretagne *35* 79 F3
Sens-sur-Seille *71* 159 D4
Sentein *09* 299 F4
Sentelie *80* 17 F4
Sentenac-de-Sérou *09* 300 B3
Sentenac-d'Oust *09* 300 A4
Sentheim *68* 120 A2
Sentilly *61* 56 B3
La Sentinelle *59* 9 F3
Sentous *65* 298 B1
Senuc *08* 39 D3
Senven-Léhart *22* 50 C4
La Séoube *65* 298 A3
Sépeaux *89* 112 C2
Sepmeries *59* 9 F3
Sepmes *37* 150 A2
Seppois-le-Bas *68* 120 B4
Seppois-le-Haut *68* 120 B4
Sept-Fons (Abbaye de) *03* 173 D2
Sept-Forges *61* 81 E2
Sept-Frères *14* 54 C2
Sept-Meules *76* 16 C2
Sept-Saulx *51* 38 A4
Sept-Sorts *77* 62 B2
Sept-Vents *14* 55 D1
Septème *38* 211 E2
Septèmes-les-Vallons *13* 284 C4
Septeuil *78* 59 F3
Septfonds *82* 258 B1
Septfonds *89* 112 B4
Septfontaines *25* 160 C2
Septmoncel *39* 177 E3
Septmonts *02* 36 B3
Septsarges *55* 39 F3
Septvaux *02* 36 B1
Sepvigny *55* 93 E1
Sepvret *79* 165 E4
Sepx *31* 299 E2
Sequedin *59* 4 C4
Sequehart *02* 20 A2
Le Sequestre *81* 259 E4
Serain *02* 20 B1
Seraincourt *08* 38 A1
Seraincourt *95* 60 A1
Sérandon *19* 206 A4
Séranon *06* 268 C4
Serans *60* 33 F4
Serans *61* 56 B4
Seranville *54* 95 D2
Séranvillers-Forenville *59* 9 E4
Seraucourt *55* 66 B2
Seraucourt-le-Grand *02* 20 A3
Seraumont *88* 93 D2
Serazereux *28* 85 E1
Serbannes *03* 190 A2
Serbonnes *89* 88 C3
Serches *02* 36 C3
Sercœur *88* 95 D3
Sercus *59* 3 F4
Sercy *71* 175 D1
Serdinya *66* 311 E3
Sère *32* 275 D4
Sère-en-Lavedan *65* 297 E3
Sère-Lanso *65* 297 F2
Sère-Rustaing *65* 298 B1
Serécourt *88* 117 F1
Séreilhac *87* 185 E4
Serémange-Erzange *57* 41 E3
Sérempuy *32* 275 E1
Sérénac *81* 259 F3
Sérent *56* 101 F3
Sérévillers *60* 18 B4
Séreyrède (Col de la) *30* 262 B2
Serez *27* 59 D2
Sérézin-de-la-Tour *38* 212 A2
Sérézin-du-Rhône *69* 210 C1
Sergeac *24* 221 E3
Sergenaux *39* 159 E3
Sergenon *39* 159 E3
Sergines *89* 88 C3
Sergy *01* 177 E4
Sergy *02* 36 C4
Séricourt *62* 7 E3
Sériers *15* 225 E3
Sérifontaine *60* 33 E3
Sérignac *16* 201 E4
Sérignac *46* 239 E3
Sérignac *82* 257 D3
Sérignac-Péboudou *47* 238 B2
Sérignac-sur-Garonne *47* 256 A1
Sérignan *34* 305 D1
Sérignan-du-Comtat *84* 265 D1
Sérignan-Plage *34* 305 E1
Sérigné *85* 164 A2
Sérigny *61* 83 F3
Sérigny *86* 149 E3
Sérilhac *19* 222 C2
Seringes-et-Nesles *02* 36 C4
Séris *41* 109 E4
Serley *71* 158 C4
Sermages *58* 156 A2
Sermaise *49* 129 D2
Sermaise *91* 86 B2
Sermaises *45* 86 C4
Sermaize *60* 35 F1
Sermaize-les-Bains *51* 65 F3
Sermamagny *90* 119 F4
Sermange *39* 140 B4
Sermano *2B* 315 E4
Sermentizon *63* 190 A4
Sermentot *14* 29 D4
Sermérieu *38* 212 A1
Sermersheim *67* 97 D1
Sermesse *71* 158 B3
Sermiers *51* 37 F4
Sermizelles *89* 136 C2
Sermoise *02* 36 C3
Sermoise-sur-Loire *58* 154 C3
Sermoyer *01* 175 E2
Sermur *23* 188 A3
Sernhac *30* 264 B3
Serocourt *88* 117 F1
Séron *65* 273 E4
Serpaize *38* 211 D2
La Serpent *11* 302 A3
Serques *62* 3 D3
Serqueux *52* 117 E2
Serqueux *76* 33 D1
Serquigny *27* 58 A1
Serra-di-Ferro *2A* 318 B2
Serra-di-Fiumorbo *2B* 317 E3
Serra di Pigno *2B* 315 F1
Serra-di-Scopamène *2A* 319 D1
Serrabone (Prieuré de) *66* 312 B2
Serralongue *66* 312 B4
Serrant (Château de) *49* 128 A2
Serraval *74* 195 F3

La Serre *12* 260 B4
Serre (Col de) *15* 224 C2
La Serre-Bussière-Vieille *23* 187 F2
Serre-Chevalier *05* 232 B2
Serre-les-Moulières *39* 140 B4
Serre-les-Sapins *25* 141 D4
Serre-Nerpol *38* 212 A4
Serre-Ponçon (Barrage et Lac de) *04* 250 A2
Serres *05* 248 C3
Serres *11* 302 B4
Serres *54* 68 C4
Serres-Castet *64* 273 D4
Serres-et-Montguyard *24* 238 A1
Serres-Gaston *40* 272 C1
Serres-Morlaàs *64* 273 D4
Serres-Sainte-Marie *64* 272 B3
Serres-sur-Arget *09* 300 C3
Serreslous-et-Arribans *40* 272 B1
Serriera *2A* 316 A1
Serrières *07* 210 C4
Serrières *54* 68 A2
Serrières *71* 175 D4
Serrières-de-Briord *01* 194 A4
Serrières-en-Chautagne *73* 194 C3
Serrières-sur-Ain *01* 194 A1
Serrigny *89* 114 A3
Serrigny-en-Bresse *71* 158 C3
Serris *77* 61 F3
Serrouville *54* 41 D2
Serruelles *18* 153 E3
Sers *16* 201 F2
Sers *65* 297 F4
Servais *02* 36 B1
Serval *02* 37 D3
Servance *70* 119 E3
Servanches *24* 219 E1
Servant *63* 189 D1
Servas *01* 193 E1
Servas *30* 263 F2
Servaville-Salmonville *76* 32 B2
Serverette *48* 244 A1
Serves-sur-Rhône *26* 229 D1
Servian *34* 280 B4
Servières *48* 244 A2
Servières-le-Château *19* 223 E2
Serviers-et-Labaume *30* 264 A2
Serviès *81* 277 F2
Serviès-en-Val *11* 302 C2
Servignat *01* 175 F3
Servigney *25* 141 F2
Servigney *70* 118 C4
Servigny *50* 26 C4
Servigny-lès-Raville *57* 42 B4
Servigny-lès-Sainte-Barbe *57* 42 A4
Serville *28* 59 E4
Servilly *03* 172 C4
Servin *25* 142 A3
Servins *62* 8 A2
Servion *08* 22 B3
Servon *50* 80 A1
Servon *77* 61 E4
Servon-Melzicourt *51* 39 D4
Servon-sur-Vilaine *35* 79 F4
Servoz *74* 196 C2
Sery *08* 38 B1
Sery *89* 136 C1
Séry-lès-Mézières *02* 20 B3
Séry-Magneval *60* 35 E4
Serzy-et-Prin *51* 37 D4
Sessenheim *67* 71 F1
Sète *34* 281 E4
Setques *62* 3 D4
Les Settons *58* 137 E4
Seudre (Pont de la) *17* 180 C4
Seugy *95* 61 D1
Seuil *08* 38 B2
Seuillet *03* 190 A1
Seuilly *37* 149 D1
Seur *41* 132 A2
Le Seure *17* 182 B4
Seurre *21* 158 C2
Seux *80* 18 A3
Seuzey *55* 67 D1
Sevelinges *42* 191 F1
Sevenans *90* 142 C1
Sévérac *44* 125 E1
Sévérac-le-Château *12* 243 E4
Sévérac-l'Église *12* 243 D4
Seveux *70* 140 C1
Sevi (Col de) *2A* 316 B1
Sévignac *22* 78 A2
Sévignacq *64* 273 D3
Sévignacq-Meyracq *64* 296 C2
Sévigny *61* 56 B3
Sévigny-la-Forêt *08* 22 B2
Sévigny-Waleppe *08* 37 F1
Sévis *76* 16 A4
Sevrai *61* 56 B4
Sevran *93* 61 E2
Sèvres *92* 60 C3
Sèvres-Anxaumont *86* 166 C2
Sevrey *71* 158 A4
Sévrier *74* 195 E3
Sévry *18* 154 A1
Sewen *68* 119 F3
Sexcles *19* 223 E2
Sexey-aux-Forges *54* 68 A4
Sexey-les-Bois *54* 68 A4
Sexfontaines *52* 92 A4
Seychalles *63* 190 A4
Seyches *47* 237 F2
Seyne *04* 250 A3
La Seyne-sur-Mer *83* 291 F4
Seynes *30* 263 F2
Seynod *74* 195 E3
Seyre *31* 277 D4
Seyresse *40* 271 E1
Seyssel *01* 194 C2
Seyssel *74* 194 C2
Seysses *31* 276 B3
Seysses-Savès *32* 275 F3
Seyssinet-Pariset *38* 230 C1
Seyssins *38* 230 C1
Seyssuel *38* 211 D2
Seythenex *74* 195 F4
Seytroux *74* 178 C4
Sézanne *51* 63 F4
Sézéria *39* 176 C2
Siarrouy *65* 273 F4
Siaugues-Saint-Romain *43* 226 B2
Sibiril *29* 49 D2
Sibiville *62* 7 E3
La Sicaudais *44* 125 F4
Siccieu-Saint-Julien-et-Carisieu *38* 193 F4
Sichamps *58* 155 D1
Sickert *68* 120 A2
Sideville *50* 24 C2
Sidiailles *18* 170 B2
Siecq *17* 182 C4
Siegen *67* 45 F4
Sièges *39* 177 D3
Les Sièges *89* 89 E4
Sierck-les-Bains *57* 42 A2
Sierentz *68* 120 C3
Siersthal *57* 44 B4
Sierville *76* 32 A1
Siest *40* 271 E1
Sieurac *81* 278 A1
Sieuras *09* 300 B2
Siévoz *38* 231 D3
Siewiller *67* 70 A1
Sigale *06* 269 E3
Sigalens *33* 237 D3
Sigean *11* 303 F3
Sigean (Réserve Africaine de) *11* 303 F3
Sigloy *45* 110 C3
Signac *31* 299 D4
Signes *83* 285 F4
Signéville *52* 92 C4
Signy-l'Abbaye *08* 22 A4
Signy-le-Petit *08* 22 A2
Signy-Montlibert *08* 40 A1
Signy-Signets *77* 62 B2
Sigogne *16* 183 D4
Sigolsheim *68* 96 B3
Sigonce *04* 267 D2
Sigottier *05* 248 C3
Sigoulès *24* 238 A1
Sigournais *85* 146 C4
Sigoyer *04* 249 E4
Sigoyer *05* 249 E2
Siguer *09* 309 F1
Sigy *77* 88 C2
Sigy-en-Bray *76* 33 D1
Sigy-le-Châtel *71* 174 C2
Silfiac *56* 76 B4
Silhac *07* 228 B3
Sillans *38* 212 A4
Sillans-la-Cascade *83* 286 B2
Sillars *86* 167 D3
Sillas *33* 237 D4
Sillé-le-Guillaume *72* 82 B4
Sillé-le-Philippe *72* 107 D1
Sillegny *57* 68 A1
Sillery *51* 37 F4
Silley-Amancey *25* 160 C1
Silley-Bléfond *25* 141 F3
Sillingy *74* 195 E2
Silly-en-Gouffern *61* 56 C4
Silly-en-Saulnois *57* 68 B1
Silly-la-Poterie *02* 36 A4
Silly-le-Long *60* 61 F1
Silly-sur-Nied *57* 42 A4
Silly-Tillard *60* 34 A3
Silmont *55* 66 B4
Siltzheim *67* 43 E4
Silvacane (Ancienne Abbaye de) *13* 284 C1
Silvareccio *2B* 315 F3
Silvarouvres *52* 115 F1
Simacourbe *64* 273 E3
Simandre *71* 175 E1
Simandre-sur-Suran *01* 176 B4
Simandres *69* 211 D1
Simard *71* 158 C4
Simencourt *62* 8 A3
Simeyrols *24* 222 A3
Simiane-Collongue *13* 285 D3
Simiane-la-Rotonde *04* 266 B3
Simorre *32* 275 D3
Simplé *53* 104 C3
Le Simserhof (Fort) *57* 44 B3

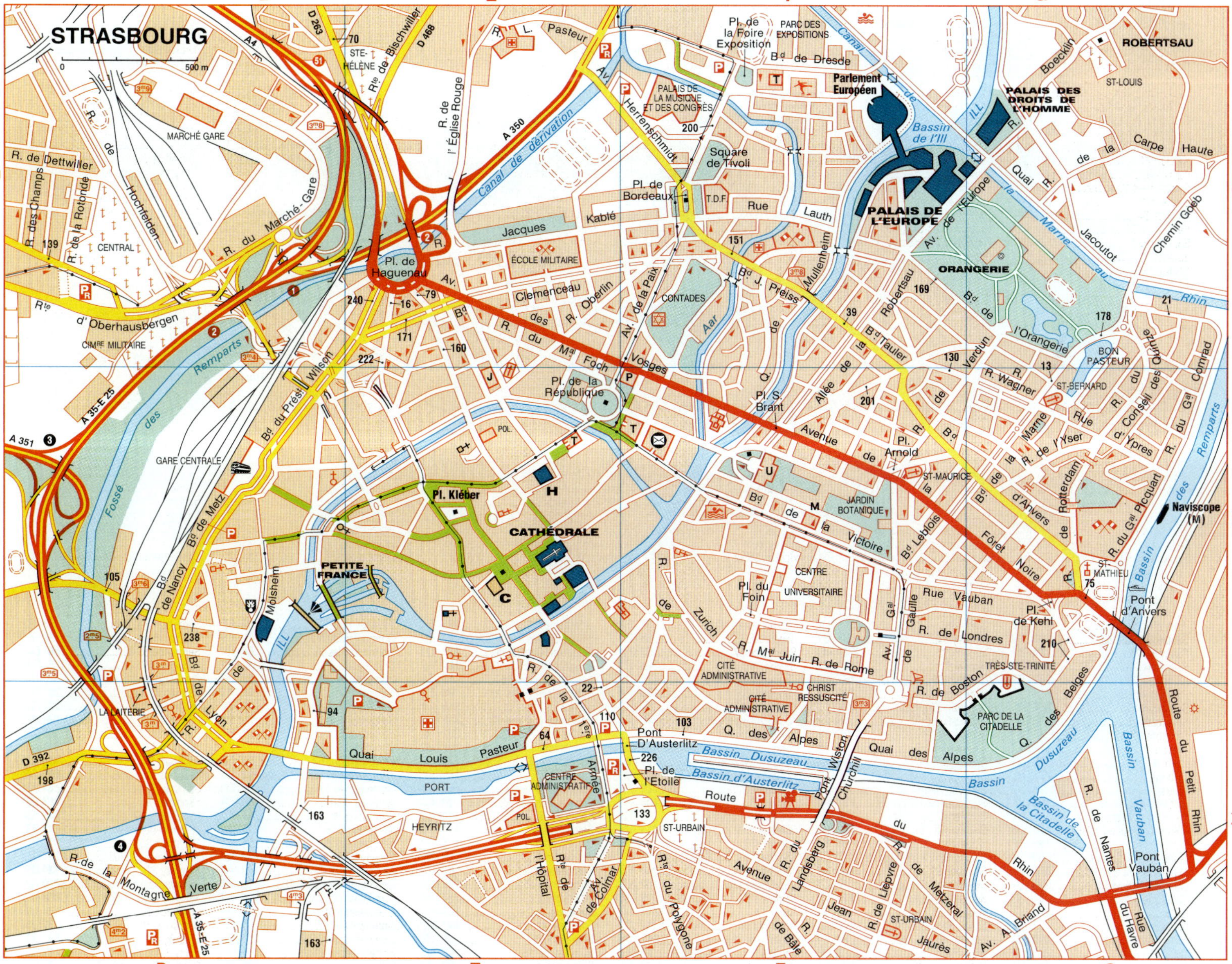

STRASBOURG
500 m
ROBERTSAU
PALAIS DES DROITS DE L'HOMME
Parlement Européen
PALAIS DE L'EUROPE
ORANGERIE
CATHÉDRALE
Pl. Kléber
PETITE FRANCE
GARE CENTRALE
Pl. de Haguenau
Pl. de Bordeaux
Pl. de la République
CONTADES
ÉCOLE MILITAIRE
JARDIN BOTANIQUE
CENTRE UNIVERSITAIRE
CITÉ ADMINISTRATIVE
PARC DE LA CITADELLE
CENTRE ADMINISTRATIF
Pl. de l'Étoile
Pont D'Austerlitz
Bassin Dusuzeau
Bassin d'Austerlitz
Bassin Vauban
PORT
HEYRITZ
ST-URBAIN
Pl. de Kehl
Pont d'Anvers
Pont Vauban
Naviscope (M)
MARCHÉ GARE
CENTRAL
LA LAITERIE
Canal de dérivation
Fossé des Remparts

Bach (Boulevard J.-S.) GUV 13
Bischwiller (R. de) EU 16
Boussingault (R.) GU 21
Brigade Alsace-Lorraine (R. de la) FU 22
Dordogne (Bd de la) EX 39
Fustel-de-Coulanges (Quai) EX 64
Gaulle (Rte du Gén.-de) DEU 70
Grand-Pont (R. du) GV 75
Haguenau (R. de) EU 79
Humann (R.) DX 94
Kœnig (Quai du Gén.) FX 103
Kœnigshoffen (R. de) DV 105
Lattre-de-Tassigny (Pl. du Mar. de) EX 110
Massenet (R.) FUV 130
Mendès-France (Rd-Pt. P.) FX 133
Mittelhausbergen (Route de) DU 139
Ohmacht (R.) FU 151
Pierre (R. du Fg de) EU 160
Plaine des Bouchers (R. de la) DX 163
Président-Edwards (Bd du) FU 169
Président-Poincaré (Bd) EU 171
Richter (R. Fr.-Xavier) GU 178
Schirmeck (Rte de) DX 198
Schutzenberger (Av.) FU 200
Schweighaeuser (R.) FV 201
Tarade (R.) GV 210
Travail (R. du) EUV 222
Vienne (Route de) FX 226
Wasselonne (R. de) DV 238
Wissembourg (R. de) EU 240

Berthelot (R.) GY 12
Boucheries (R. des) GY 20
Bozzo (Av. L.) HX 22
Brunetière (R. F.) GYZ 25
Cathédrale (Traverse) GYZ 32
Churchill (Av. W.) EY 36
Daudet (R. Alphonse) HY 43
Gambetta (Pl.) GYZ 65
Garibaldi (R.) GY 68
Glacière (R. de la) GY 70
Globe (Pl. du) GY 72
Huile (Pl. à l') GZ 80
Infanterie de Marine (Av. de l') GZ 82
Lambert (Pl. Gustave) GY 87
de-Lattre-de-Tassigny (Av. Mar.) HZ 88
Louis-Blanc (Pl.) GZ 92
Magnan (Av. Gén.) FY 94
Méridienne (R.) GZ 97
Micholet (Av. V.) FY 102
Monsenergue (Pl. Ingénieur-Gén.) FY 108
Muraire (R.) GY 114
Notre-Dame (R.) GY 118
Noyer (R. du) GY 120
Orfèvres (Pl. des) GYZ 124
Pastoureau (R. H.) GY 128
Poissonnerie (Pl. de la) GZ 132
Pressensé (R. F. de) GZ 134
Raimu (Pl.) GY 140
Riaux (R. des) GY 142
Seillon (R. H.) GZ 152
Trois-Dauphins (Pl. des) GY 168
Vert-Coteau (Av.) HY 175
Vezzani (Pl. César) GY 178
Visitation (Pl. de la) GHY 180
9e D.I.C. (Rond-Point de la) HZ 188

Sin-le-Noble *59* 9 D2
Sinard *38* 230 C3
Sinceny *02* 36 B1
Sincey-lès-Rouvray *21* 137 E3
Sindères *40* 253 D2
Singles *63* 206 B2
Singleyrac *24* 238 A1
Singly *08* 22 C4
Singrist *67* 70 B3
Sinsat *09* 310 A1
Sinzos *65* 298 A1
Sion *32* 273 F1
Sion *54* 94 A2
Sion-les-Mines *44* 103 E4
Sion-sur-l'Océan *85* 144 C4
Sioniac *19* 223 D3
Sionne *88* 93 E2
Sionviller *54* 69 D4
Siorac-de-Ribérac *24* 220 A1
Siorac-en-Périgord *24* 221 D4
Siouville-Hague *50* 24 B3
Sirac *32* 275 F1
Siracourt *62* 7 E2
Siradan *65* 299 D3
Siran *15* 223 E3
Siran *34* 303 D1
Siran (Château) *33* 217 D2
Sireix *65* 297 E3
Sireuil *16* 201 E1
Sireuil *24* 221 E3
Sirod *39* 160 B4
Siros *64* 272 C4
Sisco *2B* 314 D2
Sissonne *02* 37 E1
Sissy *02* 20 B3
Sistels *82* 256 C2
Sisteron *04* 267 D1
Sivergues *84* 266 A4
Sivignon *71* 174 C3
Sivry *54* 68 B3
Sivry-Ante *51* 65 F2
Sivry-Courtry *77* 87 F2
Sivry-la-Perche *55* 40 A4
Sivry-lès-Buzancy *08* 39 E2
Sivry-sur-Meuse *55* 40 A3
Six-Fours-les-Plages *83* 291 F4
Sixt-Fer-à-Cheval *74* 196 C1
Sixt-sur-Aff *35* 102 B3
Sizun *29* 48 C4
Sizun (Réserve du cap) *29* 72 C3
Smarves *86* 166 B2
Smermesnil *76* 16 C3
Soccia *2A* 316 C2
Sochaux *25* 142 C1
Socoa *64* 270 A3
Socourt *88* 94 B2
Socx *59* 3 F2
Sode *31* 307 F4
Sœurdres *49* 105 E4
Sognes *89* 89 D3
Sognolles-en-Montois *77* 88 C2
Sogny-aux-Moulins *51* 64 C2
Sogny-en-l'Angle *51* 65 F3
Soignolles *14* 56 A1
Soignolles-en-Brie *77* 87 F1
Soilly *51* 63 E1
Soindres *78* 59 F2
Soing *70* 140 C1
Soings-en-Sologne *41* 132 B3
Soirans *21* 139 F4
Soissons *02* 36 B3
Soissons-sur-Nacey *21* 140 A4
Soisy-Bouy *77* 88 C2
Soisy-sous-Montmorency *95* 61 D2
Soisy-sur-École *91* 87 E2
Soisy-sur-Seine *91* 87 D1
Soize *02* 21 F4
Soizé *28* 108 A1
Soizy-aux-Bois *51* 63 F3
Solaize *69* 211 D1
Solaro *2B* 317 E4
Solbach *67* 96 A1
Soleilhas *04* 268 C3
Solemont *25* 142 B3
Solente *60* 19 E4
Solenzara *2A* 317 F4
Le Soler *66* 312 C2
Solérieux *26* 247 D4
Solers *77* 87 F1
Solesmes *59* 9 F4
Solesmes *72* 106 A3
Soleymieu *38* 194 A4
Soleymieux *42* 209 E2
Solférino *40* 253 D1
Solgne *57* 68 B1
Soliers *14* 29 F4
Solignac *87* 185 F4
Solignac-sous-Roche *43* 227 E1
Solignac-sur-Loire *43* 227 D3
Solignat *63* 207 F2
Soligny-la-Trappe *61* 83 F1
Soligny-les-Étangs *10* 89 D3
Sollacaro *2A* 318 C1
Sollières-Sardières *73* 215 D4
Solliès-Pont *83* 292 B2
Solliès-Toucas *83* 292 B2
Solliès-Ville *83* 292 B2
Sologny *71* 175 D3
Solomiac *32* 256 C4
Solre-le-Château *59* 10 C3
Solrinnes *59* 10 C2
Solterre *45* 111 F3
Solutré-Pouilly *71* 175 D4
Somain *59* 9 D3
Sombacour *25* 160 C2
Sombernon *21* 138 C4
Sombrin *62* 7 F4
Sombrun *65* 273 F3
Somloire *49* 147 E2
Sommaing *59* 9 F3
Sommaisne *55* 66 B2
Sommancourt *52* 92 A2
Sommant *71* 156 C2
Sommauthe *08* 39 E1
Somme-Bionne *51* 65 E1
Somme-Suippe *51* 65 D1
Somme-Tourbe *51* 65 E1
Somme-Vesle *51* 65 D2
Somme-Yèvre *51* 65 E2
Sommecaise *89* 112 C3
Sommedieue *55* 66 C1
Sommeilles *55* 66 A2
Sommelans *02* 62 C1
Sommelonne *55* 66 A4
Sommepy-Tahure *51* 38 C4
Sommerance *08* 39 E3
Sommerécourt *52* 93 E4
Sommereux *60* 17 F4
Sommermont *52* 92 B2
Sommeron *02* 10 B4
Sommervieu *14* 29 D3
Sommerviller *54* 68 C4
Sommery *76* 32 C1
Sommesnil *76* 15 E2
Sommesous *51* 64 B4
Sommet-Bucher *05* 233 D4
La Sommette *25* 142 A4
Sommette-Eaucourt *02* 19 F4
Sommeval *10* 114 A1
Sommeville *52* 92 B1
Sommevoire *52* 91 F2
Sommières *30* 282 A1
Sommières-du-Clain *86* 166 B4
Somport (Col du) *64* 296 B4
Sompt *79* 183 D1
Sompuis *51* 64 C4
Somsois *51* 91 D1
Son *08* 38 A1
Sonac *46* 241 D1
Sonchamp *78* 86 A1
Soncourt *88* 93 F2
Soncourt-sur-Marne *52* 92 B4
Sondernach *68* 96 A4
Sondersdorf *68* 120 C4
La Sône *38* 229 F1
Songeons *60* 33 F1
Songeson *39* 177 D1
Songieu *01* 194 C2
Songy *51* 65 D3
Sonnac *12* 241 E2
Sonnac *17* 182 C4
Sonnac-sur-l'Hers *11* 301 F3
Sonnay *38* 211 D4
Sonnaz *73* 213 D1
Sonneville *16* 183 D4
Sons-et-Ronchères *02* 20 C3
Sonthonnax-la-Montagne *01* 176 C4
Sonzay *37* 130 B2
Soorts-Hossegor *40* 270 C1
Sophia-Antipolis *06* 288 B3
Soppe-le-Bas *68* 120 A3
Soppe-le-Haut *68* 120 A2
Sor *09* 299 F4
Sorans-lès-Breurey *70* 141 D2
Sorba (Col de) *2B* 317 D2
Sorbais *02* 21 D2
Sorbets *32* 273 F1
Sorbets *40* 273 D2
Sorbey *55* 40 C2
Sorbey *57* 68 B1
Sorbier *03* 173 D3

Sorbiers *05*.......... **248** B3
Sorbiers *42*.......... **210** A2
Sorbo-Ocagnano *2B*.......... **315** F3
Sorbollano *2A*.......... **319** D1
Sorbon *08*.......... **38** B1
Sorbs *34*.......... **262** A4
Sorcy-Bauthémont *08*.......... **38** C1
Sorcy-Saint-Martin *55*.......... **67** D4
Sorde-l'Abbaye *40*.......... **271** E2
Sore *40*.......... **235** F4
Soréac *65*.......... **274** A4
Sorède *66*.......... **313** D3
Sorel *80*.......... **19** F1
Sorel-en-Vimeu *80*.......... **17** F1
Sorel-Moussel *28*.......... **59** D3
Sorèze *81*.......... **278** A3
Sorgeat *09*.......... **310** B1
Sorges *24*.......... **203** D4
Sorgues *84*.......... **265** D3
Sorigny *37*.......... **130** C4
Les Sorinières *44*.......... **126** B4
Sorio *2B*.......... **315** E2
Sormery *89*.......... **113** F1
Sormonne *08*.......... **22** B3
Sornac *19*.......... **205** F1
Sornay *70*.......... **140** B4
Sornay *71*.......... **175** F1
Sornéville *54*.......... **68** C3
Sorquainville *76*.......... **15** D2
Sorrus *62*.......... **6** B2
Sort-en-Chalosse *40*.......... **271** F1
Sortosville *50*.......... **25** D3
Sortosville-en-Beaumont *50*.. **24** B4
Sos *47*.......... **255** E2
Sospel *06*.......... **289** E3
Sossais *86*.......... **149** E3
Sost *65*.......... **298** C4
Sotta *2A*.......... **319** E3
Sottevast *50*.......... **24** C3
Sotteville *50*.......... **24** B3
Sotteville-lès-Rouen *76*.......... **32** A2
Sotteville-sous-le-Val *76*.......... **32** B3
Sotteville-sur-Mer *76*.......... **15** F1
Soturac *46*.......... **239** D3
Sotzeling *57*.......... **69** D2
Souain-Perthes-lès-Hurlus *51*.......... **38** C4
Soual *81*.......... **278** A3
Souancé-au-Perche *28*.......... **84** A4
Souanyas *66*.......... **311** E3
Souastre *62*.......... **8** A4
Soubès *34*.......... **280** C1
Soubise *17*.......... **181** D3
Soublecause *65*.......... **273** F3
Soubran *17*.......... **199** E3
Soubrebost *23*.......... **187** D3
Soucé *53*.......... **81** E2
Soucelles *49*.......... **128** C1
La Souche *07*.......... **245** F2
Souché *79*.......... **164** C3
Souchez *62*.......... **8** B2
Soucht *57*.......... **44** B4
Soucia *39*.......... **177** D2
Soucieu-en-Jarrest *69*.......... **210** C1
Soucirac *46*.......... **240** A1
Souclin *01*.......... **194** A3
Soucy *02*.......... **36** A3
Soucy *89*.......... **88** C4
Soudaine-Lavinadière *19*.......... **204** C2
Soudan *44*.......... **104** A4
Soudan *79*.......... **165** E3
Soudat *24*.......... **202** B1
Souday *41*.......... **108** A2
Soudé *51*.......... **64** C4
Soudeilles *19*.......... **205** E3
Soudorgues *30*.......... **262** C2
Soudron *51*.......... **64** B3
Soueich *31*.......... **299** E3
Soueix-Rogalle *09*.......... **300** A4
Souel *81*.......... **259** D3
Soues *65*.......... **297** F1
Soues *80*.......... **17** F2
Souesmes *41*.......... **133** F2
Souffelweyersheim *67*.......... **71** D3
Soufflenheim *67*.......... **71** F1
Souffrignac *16*.......... **202** B2
Sougé *36*.......... **151** E3
Sougé *41*.......... **108** A4
Sougé-le-Ganelon *72*.......... **82** B3
Sougéal *35*.......... **79** F1
Sougères-en-Puisaye *89*.......... **136** A2
Sougères-sur-Sinotte *89*.......... **113** E3
Sougraigne *11*.......... **302** B4
Sougy *45*.......... **110** A2
Sougy-sur-Loire *58*.......... **155** E3
Les Souhesmes *55*.......... **66** B1
Souhey *21*.......... **138** A2
Le Souich *62*.......... **7** E4
Souilhanels *11*.......... **277** F4
Souilhe *11*.......... **277** F4
Souillac *46*.......... **222** A4
Souillé *72*.......... **106** C1
Souilly *55*.......... **66** B1
Souilly *77*.......... **61** F2
Soula *09*.......... **301** D4
Soulac-sur-Mer *33*.......... **198** B2
Soulages *15*.......... **225** F2
Soulages-Bonneval *12*.......... **242** C1
Soulaincourt *52*.......... **92** C2
Soulaines-Dhuys *10*.......... **91** E3
Soulaines-sur-Aubance *49*.......... **128** B3
Soulaire-et-Bourg *49*.......... **128** B1
Soulaires *28*.......... **85** F2
Soulan *09*.......... **300** A4
Soulanges *51*.......... **65** D3
Soulangis *18*.......... **153** E1
Soulangy *14*.......... **56** A2
Soulatgé *11*.......... **302** C4
Soulaucourt-sur-Mouzon *52*.. **93** E4
Soulaures *24*.......... **239** D1
Soulce-Cernay *25*.......... **142** C3
Soulgé-sur-Ouette *53*.......... **105** E1
Le Soulié *34*.......... **279** E3
Soulières *51*.......... **64** A2
Soulièvres *79*.......... **148** B3
Soulignac *33*.......... **236** C1
Souligné-Flacé *72*.......... **106** B2
Souligné-sous-Ballon *72*.......... **107** D1
Soulignonne *17*.......... **181** E4
Souligny *10*.......... **90** A4
Soulitré *72*.......... **107** E2
Soullans *85*.......... **144** C3
Soulles *50*.......... **54** B1
Soulom *65*.......... **297** E3
Soulomès *46*.......... **240** B2
Soulor (Col du) *65*.......... **297** D3
Soulosse-sous-Saint-Élophe *88*.......... **93** E2
Soultz-Haut-Rhin *68*.......... **120** B1
Soultz-les-Bains *67*.......... **70** C3
Soultz-sous-Forêts *67*.......... **45** E4
Soultzbach-les-Bains *68*.......... **96** B4
Soultzeren *68*.......... **96** A4
Soultzmatt *68*.......... **96** B4
Soulvache *44*.......... **103** F3
Soumaintrain *89*.......... **113** F2
Soumans *23*.......... **170** B4
Soumensac *47*.......... **237** F1
Souméras *17*.......... **199** F4
Soumont *34*.......... **280** C1
Soumont-Saint-Quentin *14*.... **56** A2
Soumoulou *64*.......... **297** E1
Soupex *11*.......... **277** F4
Soupir *02*.......... **36** C2
Souplicourt *80*.......... **17** E4
Souppes-sur-Loing *77*.......... **87** F4
Souprosse *40*.......... **253** E4
Le Souquet *40*.......... **252** C3
Souraïde *64*.......... **270** C4
Sourans *25*.......... **142** B2
La Source *45*.......... **110** A3
Sourcieux-les-Mines *69*.......... **192** B4
Le Sourd *02*.......... **21** D3
Sourdeval *50*.......... **54** C4
Sourdeval-les-Bois *50*.......... **54** A2
Sourdon *80*.......... **18** B4
Sourdun *77*.......... **89** D2
Le Sourn *56*.......... **100** C1
Sournia *66*.......... **311** F1
Sourniac *15*.......... **206** A4
Sourribes *04*.......... **267** E1
Sours *28*.......... **85** F3
Soursac *19*.......... **205** F4
Sourzac *24*.......... **220** A2
Sous-la-Tour *22*.......... **51** E4
Sous-Parsat *23*.......... **187** D2
Sousceyrac *46*.......... **223** E4
Sousmoulins *17*.......... **199** F4
Souspierre *26*.......... **247** E2
Soussac *33*.......... **237** D1
Soussans *33*.......... **217** D2
Soussey-sur-Brionne *21*.......... **138** B3
Soustelle *30*.......... **263** D1
Soustons *40*.......... **252** B4
Sousville *38*.......... **231** D3
Souternon *42*.......... **191** D3
La Souterraine *23*.......... **168** C4
Soutiers *79*.......... **165** D2
Souvans *39*.......... **159** E2
Souvignargues *30*.......... **263** E4
Souvigné *16*.......... **183** E2
Souvigné *37*.......... **130** B2
Souvigné *79*.......... **165** E3
Souvigné-sur-Même *72*.......... **83** F4
Souvigné-sur-Sarthe *72*.......... **105** F3
Souvigny *03*.......... **172** A2
Souvigny-de-Touraine *37*.......... **131** F3
Souvigny-en-Sologne *41*.......... **133** F1
Souyeaux *65*.......... **298** A1
Souzay-Champigny *49*.......... **129** E4
Souzy *69*.......... **210** A1
Souzy-la-Briche *91*.......... **86** C2
Soveria *2B*.......... **315** D4
Soyans *26*.......... **247** E1
Soyaux *16*.......... **201** F1
Soye *25*.......... **142** A2
Soye-en-Septaine *18*.......... **153** E2
Soyécourt *80*.......... **19** D3
Soyers *52*.......... **117** E3
Soyons *07*.......... **229** D3
Spada *55*.......... **67** D2
Sparsbach *67*.......... **70** B1
Spay *72*.......... **106** C2
Spechbach-le-Bas *68*.......... **120** B3
Spechbach-le-Haut *68*.......... **120** B3
Speloncato *2B*.......... **314** C3
Spelunca (Gorges de) *2A*.......... **316** B1
Spéracèdes *06*.......... **287** F1
Spézet *29*.......... **75** E3
Spicheren *57*.......... **43** D3
Spin'a Cavallu (Pont génois) *2A*.......... **318** C2
Spincourt *55*.......... **40** C3
Sponville *54*.......... **67** E1
Spoy *10*.......... **91** E4
Spoy *21*.......... **139** E2
Spycker *59*.......... **3** E2
Squiffiec *22*.......... **50** C3
Staffelfelden *68*.......... **120** B2
Stains *93*.......... **61** D2
Stainville *55*.......... **66** B4
Stangala (Site du) *29*.......... **73** F3
Staple *59*.......... **3** F3
Stattmatten *67*.......... **71** F1
Stazzona *2B*.......... **315** F4
Steenbecque *59*.......... **3** F4
Steene *59*.......... **3** E2
Steenvoorde *59*.......... **3** F3
Steenwerck *59*.......... **4** B4
Steige *67*.......... **96** B1
Steinbach *68*.......... **120** B2
Steinbourg *67*.......... **70** B2
Steinbrunn-le-Bas *68*.......... **120** C3
Steinbrunn-le-Haut *68*.......... **120** C3
Steinseltz *67*.......... **45** E4
Steinsoultz *68*.......... **120** C4
Stella-Plage *62*.......... **6** A2
Stenay *55*.......... **39** F1
Sternenberg *68*.......... **120** A3
Stetten *68*.......... **120** C3
Stigny *89*.......... **114** C4
Still *67*.......... **70** C4
Stiring-Wendel *57*.......... **43** D3
Stival *56*.......... **76** C4
Stonne *08*.......... **39** E1
Storckensohn *68*.......... **119** F2
Stosswihr *68*.......... **96** A4
Stotzheim *67*.......... **96** C1
Strasbourg *67*.......... **71** E3
Strazeele *59*.......... **4** A3
Strenquels *46*.......... **222** B3
Strueth *68*.......... **120** A4
Struth *67*.......... **70** B1
Stuckange *57*.......... **41** F3
Stundwiller *67*.......... **45** F4
Sturzelbronn *57*.......... **44** C3
Stutzheim-Offenheim *67*.......... **71** D3
Suarce *90*.......... **120** A4
Suaucourt-et-Pisseloup *70*... **117** E4
Suaux *16*.......... **184** B4
Le Subdray *18*.......... **153** D2
Sublaines *37*.......... **131** E4
Subles *14*.......... **28** C3
Subligny *18*.......... **134** C3
Subligny *50*.......... **54** A3
Subligny *89*.......... **112** C1
Suc-au-May *19*.......... **205** D3
Suc-et-Sentenac *09*.......... **309** F1
Succieu *38*.......... **212** A2
Sucé-sur-Erdre *44*.......... **126** B3
Sucy-en-Brie *94*.......... **61** E4
Suèvres *41*.......... **132** B1
Sugères *63*.......... **208** A2
Sugny *08*.......... **38** C3
Suhescun *64*.......... **295** D1
Suilly-la-Tour *58*.......... **135** E3
Suin *71*.......... **174** B3
Suippes *51*.......... **65** D1
Suisse *57*.......... **69** D1
Suizy-le-Franc *51*.......... **63** F2
Sulignat *01*.......... **193** D1
Sully *14*.......... **28** C3
Sully *60*.......... **33** E1
Sully *71*.......... **157** E2
Sully-la-Chapelle *45*.......... **110** C2
Sully-sur-Loire *45*.......... **111** D4
Sulniac *56*.......... **101** E4
Sumène *30*.......... **262** C3
Sundhoffen *68*.......... **96** C4
Sundhouse *67*.......... **97** D2
Super-Barèges *65*.......... **297** F4
Super-Besse *63*.......... **207** D3
Super-Bolquère *66*.......... **311** D3
Super-Lioran *15*.......... **224** C2
Super-Sauze *04*.......... **250** C3
Superbagnères *31*.......... **307** F4
Superdévoluy *05*.......... **249** D1
Supeyres (Col des) *63*.......... **209** D2
Supt *39*.......... **160** B3
Le Suquet *06*.......... **289** D2
Surat *63*.......... **189** F3
Surba *09*.......... **301** D4
Surbourg *67*.......... **45** E4
Surcamps *80*.......... **17** F1
Surdoux *87*.......... **204** B2
Suré *61*.......... **83** E3
Suresnes *92*.......... **60** C3
Surfonds *72*.......... **107** E2
Surfontaine *02*.......... **20** B4
Surgères *17*.......... **181** E1
Surgy *58*.......... **136** B2
Suriauville *88*.......... **93** F4
Surin *79*.......... **164** C2
Surin *86*.......... **184** A2
Suris *16*.......... **184** B4
Surjoux *01*.......... **194** C2
Surmont *25*.......... **142** B3
Surques *62*.......... **2** C3
Surrain *14*.......... **28** C3
Surtainville *50*.......... **24** B3
Surtauville *27*.......... **32** A4
Survie *61*.......... **57** D3
Surville *14*.......... **30** C3
Surville *27*.......... **32** A4
Surville *50*.......... **26** B3
Survilliers *95*.......... **61** E1
Sury *08*.......... **22** B3
Sury-aux-Bois *45*.......... **111** D2
Sury-en-Vaux *18*.......... **135** D3
Sury-ès-Bois *18*.......... **134** C2
Sury-le-Comtal *42*.......... **209** F2
Sury-près-Léré *18*.......... **135** D2
Surzur *56*.......... **123** D2
Sus *64*.......... **272** A4

TOULOUSE

Arnaud-Bernard (R.) .... **EX** 4
Astorg (R. d') .... **FY** 5
Baronie (R.) .... **EY** 9
Boulbonne (R.) .... **FY** 18
Bouquières (R.) .... **FZ** 19
Bourse (Pl. de la) .... **EY** 20
Cantegril (R.) .... **FY** 23
Cartailhac (R. E.) .... **EX** 26
Cujas (R.) .... **EY** 36
Daurade (Quai de la) .... **EY** 38
Esquirol (Pl.) .... **EY** 54
Fonderie (R. de la) .... **EZ** 60
Frères-Lion (R. des) .... **FY** 62
Henry-de-Gorsse (R.) .... **EZ** 76
Jules-Chalande (R.) .... **EY** 79
Lapeyrouse (R.) .... **FY** 85
Magre (R. Genty) .... **EY** 91
Malcousinat (R.) .... **EY** 92
Marchand (R. des) .... **EY** 95
Mercié (R. A.) .... **EY** 103
Peyras (R.) .... **EY** 113
Pleau (R. de la) .... **FZ** 114
Poids-de-l'huile (R.) .... **EY** 115
Polinaires (R. des) .... **EZ** 116
Pomme (R. de la) .... **EFY** 117
Riguepels (R.) .... **FY** 127
Romiguières (R.) .... **EY** 129
Roosevelt (Allées) .... **FXY** 130
Ste-Ursule (R.) .... **EY** 137
Suau (R. J.) .... **EY** 146
Temponières (R.) .... **EY** 147
Trinité (R. de l') .... **EY** 149
Vélane (R.) .... **FZ** 158
3-Journées (R. des) .... **FY** 162
3-Piliers (R. des) .... **EX** 164

Sus-Saint-Léger 62 .... 7 F4
Suscinio (Château de) 56 .... 123 D2
Susmiou 64 .... 272 A4
Sussac 87 .... 204 B1
Sussargues 34 .... 282 A1
Sussat 03 .... 189 E1
Sussey 21 .... 138 A4
Susville 38 .... 230 C3
Sutrieu 01 .... 194 B2
Suzan 09 .... 300 C3
Suzanne 08 .... 38 C1
Suzanne 80 .... 19 D2
Suzannecourt 52 .... 92 B2
Suzay 27 .... 33 D3
Suze 26 .... 229 E4
Suze-la-Rousse 26 .... 247 D4
La Suze-sur-Sarthe 72 .... 106 B3
Suzette 84 .... 265 E1
Suzoy 60 .... 35 F1
Suzy 02 .... 36 C1
Sy 08 .... 39 E1
Syam 39 .... 160 B4
Sylvains-les-Moulins 27 .... 58 C2
Sylvanès 12 .... 261 D4
Le Syndicat 88 .... 119 E1

T

Tabaille-Usquain 64 .... 271 F4
Tabanac 33 .... 236 B1
La Table 73 .... 213 F2
Le Tablier 85 .... 163 D1
Tabre 09 .... 301 E3
La Tâche 16 .... 184 A3
Tachoires 32 .... 275 D3
Tacoignières 78 .... 59 F3
Taconnay 58 .... 136 B4
Taden 22 .... 78 C1
Tadousse-Ussau 64 .... 273 E2
Taglio-Isolaccio 2B 315 F3
La Tagnière 71 .... 156 C4
Tagnon 08 .... 38 A2
Tagolsheim 68 .... 120 B3
Tagsdorf 68 .... 120 B3
Tailhac 43 .... 226 A2
Taillades 84 .... 265 E4
Le Taillan-Médoc 33 .... 217 D3
Taillancourt 55 .... 93 E1
Taillant 17 .... 181 F3
Taillebois 61 .... 55 F3
Taillebourg 17 .... 181 F4
Taillebourg 47 .... 237 E3
Taillecavat 33 .... 237 E1
Taillecourt 25 .... 142 C1
La Taillée 85 .... 163 F3
Taillefontaine 02 .... 35 F3
Taillepied 50 .... 24 C4
Taillet 66 .... 312 B3
Taillette 08 .... 22 B2
Tailleville 14 .... 29 E3
Taillis 35 .... 80 A4
Tailly 08 .... 39 F2
Tailly 21 .... 158 A2
Tailly 80 .... 17 F2
Tain-l'Hermitage 26 .... 229 D2
Taingy 89 .... 136 A1
Taintrux 88 .... 95 F3
Taisnières-en-Thiérache 59 .... 10 A3
Taisnières-sur-Hon 59 .... 10 B1
Taisnil 80 .... 18 A3
Taissy 51 .... 37 F4
Taïx 81 .... 259 E3
Taizé 71 .... 175 D2
Taizé 79 .... 148 B3
Taizé-Aizie 16 .... 183 F2
Taizy 08 .... 38 A1
Tajan 65 .... 298 C1
Talairan 11 .... 303 D3
Talais 33 .... 198 B2
Talange 57 .... 41 F3
Talant 21 .... 139 D3
Talasani 2B 315 F4
Talau 66 .... 311 D3
La Talaudière 42 .... 210 A3
Talazac 65 .... 273 F4
Talcy 41 .... 109 E4
Talcy 89 .... 137 E1
Talence 33 .... 217 E4
Talencieux 07 .... 228 C1
Talensac 35 .... 78 C4
Talissieu 01 .... 194 C3
Talizat 15 .... 225 E2
Tallans 25 .... 141 F2
Tallard 05 .... 249 E3
Tallenay 25 .... 141 D3
Tallende 63 .... 207 E1
Taller 40 .... 252 C3
Talloires 74 .... 195 F3
Tallone 2B 317 F1
Le Tallud 79 .... 165 D1
Tallud-Sainte-Gemme 85 .... 146 C4
Talmas 80 .... 18 B1
Talmay 21 .... 140 A3
Talmont-Saint-Hilaire 85 .... 162 B2
Talmont-sur-Gironde 17 .... 198 C2
Talmontiers 60 .... 33 E3
Taloire 04 .... 268 B4
Talon 58 .... 136 B3
Talus-Saint-Prix 51 .... 63 F3
Taluyers 69 .... 210 C1
Tamaris-sur-Mer 83 .... 291 F4
La Tamarissière 34 .... 305 E1
Tamerville 50 .... 25 D3
Tamié (Abbaye de) 73 .... 213 F1
Tamnay-en-Bazois 58 .... 155 F2
Tamniès 24 .... 221 E3
Tanavelle 15 .... 225 E3
Tanay 21 .... 139 F3
Tancarville 76 .... 15 D4
Tancarville (Pont de) 76 .... 15 D4
Tancoigné 49 .... 128 C4
Tancon 71 .... 191 F1
Tanconville 54 .... 69 F4
Tancrou 77 .... 62 B2
Tancua 39 .... 177 E2
Tangry 62 .... 7 E2
La Tania 73 .... 214 B2
Taninges 74 .... 196 B1
Tanis 50 .... 79 F1
Tanlay 89 .... 114 B3
Tannay 08 .... 39 D1
Tannay 58 .... 136 B3
Tanneron 83 .... 288 A3
Tannerre-en-Puisaye 89 .... 112 B4
La Tannière 53 .... 80 C2
Tannières 02 .... 36 C3
Tannois 55 .... 66 B4
Tanques 61 .... 56 B4
Tantonville 54 .... 94 A2
Le Tanu 50 .... 54 A3
Tanus 81 .... 259 F2
Tanville 61 .... 82 C1
Tanzac 17 .... 199 E2
Taponas 69 .... 192 C1
Taponnat-Fleurignac 16 .... 184 A4
Tappa
(Site préhistorique) 2A 319 E3
Tarabel 31 .... 277 D3
Taradeau 83 .... 287 D3
Tarare 69 .... 192 A3
Tarascon 13 .... 264 C4
Tarascon-sur-Ariège 09 .... 301 D4
Tarasteix 65 .... 273 F4
Tarbes 65 .... 297 F1
Tarcenay 25 .... 141 E4
Tardais 28 .... 84 B1
Tardes 23 .... 188 A1
Tardets-Sorholus 64 .... 295 F2
La Tardière 85 .... 164 B1
Tardinghen 62 .... 2 A2
Tarentaise 42 .... 210 B3
Tarentaise
(Belvédère de la) 73 .... 215 E2
Tarerach 66 .... 311 F2
Targasonne 66 .... 310 C3
Targé 86 .... 149 F4
Target 03 .... 171 F4
Targon 33 .... 236 C1
Tarnac 19 .... 205 D1
Tarnès 33 .... 217 F3
Tarnos 40 .... 270 C2
Taron-Sadirac-
Viellenave 64 .... 273 D3
Tarquimpol 57 .... 69 E3
Tarrano 2B 315 F4
Tarsac 32 .... 273 E1
Tarsacq 64 .... 272 B4
Tarsul 21 .... 139 D2
Tart-l'Abbaye 21 .... 139 F4
Tart-le-Bas 21 .... 139 F4
Tart-le-Haut 21 .... 139 F4
Tartaras 42 .... 210 C2
Tartas 40 .... 253 E4
Tartécourt 70 .... 118 A3
Tartiers 02 .... 36 A2
Tartigny 60 .... 34 C1
Tartonne 04 .... 268 A2
Le Tartre 71 .... 159 D4
Le Tartre-Gaudran 78 .... 59 F4
Tarzy 08 .... 22 A2
Tasdon 17 .... 180 C1
Tasque 32 .... 273 F2
Tassé 72 .... 106 B3
Tassenières 39 .... 159 E2
Tassillé 72 .... 106 B2
Tassin-la-Demi-Lune 69 .... 192 C4
Tasso 2A 317 D4
Tatinghem 62 .... 3 D3
Le Tâtre 16 .... 200 C3
Taugon 17 .... 164 A4
Taulanne 04 .... 268 B3
Taulé 29 .... 49 D3
Taulignan 26 .... 247 E3
Taulis 66 .... 312 B3
Taupont 56 .... 101 F1
Tauriac 33 .... 217 E2
Tauriac 46 .... 222 C3
Tauriac 81 .... 258 B4
Tauriac-de-Camarès 12 .... 280 A1
Tauriac-de-Naucelle 12 .... 259 F2
Tauriers 07 .... 245 F2
Taurignan-Castet 09 .... 300 A3
Taurignan-Vieux 09 .... 300 A3
Taurinya 66 .... 311 F3
Taurize 11 .... 302 C3
Taussac 12 .... 224 B4
Taussac-la-Billière 34 .... 280 A2
Taussat 33 .... 234 C1
Tautavel 66 .... 312 C1
Tauves 63 .... 206 B2
Tauxières-Mutry 51 .... 64 B1
Tauxigny 37 .... 131 D4
Tavaco 2A 316 C3
Tavant 37 .... 149 E1
Tavaux 39 .... 159 D2
Tavaux-et-Pontséricourt 02 .... 21 E4
Tavel 30 .... 264 C3
Tavera 2A 316 C3
Tavernay 71 .... 156 C2
Tavernes 83 .... 286 A2
Taverny 95 .... 60 C2
Tavers 45 .... 109 F4
Tavey 70 .... 142 B1
Taxat-Senat 03 .... 189 E1
Taxenne 39 .... 140 B4
Tayac 33 .... 219 D3
Taybosc 32 .... 275 D1
Tayrac 12 .... 259 F1
Tayrac 47 .... 256 C1
Tazilly 58 .... 156 B4
Le Tech 66 .... 312 B4
Têche 38 .... 230 A1
Técou 81 .... 259 D4
Teghime (Col de) 2B 315 E1
Le Teich 33 .... 234 C1
Teigny 58 .... 136 C3
Le Teil 07 .... 246 C2
Teilhède 63 .... 189 E3
Teilhet 09 .... 301 E2
Teilhet 63 .... 188 C2
Teillay 35 .... 103 E3
Teillay-le-Gaudin 45 .... 86 B4
Teillay-Saint-Benoît 45 .... 110 B1
Teillé 44 .... 127 D2
Teillé 72 .... 82 C4
Teillet 81 .... 259 F4
Teillet-Argenty 03 .... 170 C4
Le Teilleul 50 .... 81 D1
Teillots 24 .... 221 F1
Teissières-de-Cornet 15 .... 224 A3
Teissières-lès-Bouliès 15 .... 224 B4
Télégraphe (Col du) 73 .... 214 A4
Telgruc-sur-Mer 29 .... 47 F4
Tellancourt 54 .... 40 C1
Tellecey 21 .... 139 F3
Tellières-le-Plessis 61 .... 83 E1
Teloché 72 .... 107 D3
Le Temple 33 .... 216 B3
Le Temple 41 .... 108 B2
Le Temple 79 .... 147 D2
Le Temple-de-Bretagne 44 .... 126 A3
Temple-Laguyon 24 .... 221 E1
Le Temple-sur-Lot 47 .... 238 A4
Templemars 59 .... 8 C1
La Templerie 35 .... 80 B3
Templeuve 59 .... 9 D1
Templeux-la-Fosse 80 .... 19 F2
Templeux-le-Guérard 80 .... 19 F2
Tenaille (Ancienne
Abbaye de la) 17 .... 199 E3
Tenay 01 .... 194 A3
Tence 43 .... 227 F2
Tencin 38 .... 213 D4
Tende 06 .... 289 F1
Tende (Col de) 06 .... 289 F1
Tendon 88 .... 95 E4
Tendron 18 .... 154 A2
Tendu 36 .... 168 C1
Teneur 62 .... 7 E2
Tennie 72 .... 106 B1
Tenteling 57 .... 43 D4
Tercé 86 .... 166 C2
Tercillat 23 .... 169 F3
Tercis-les-Bains 40 .... 271 E1
Terdeghem 59 .... 3 F3
Térénez 29 .... 49 E2
Térénez (Pont de) 29 .... 47 F4
Tergnier 02 .... 20 A4
Terjat 03 .... 188 B1
Termes 08 .... 39 D3
Termes 11 .... 303 D3
Termes 48 .... 225 F4
Termes-d'Armagnac 32 .... 273 F1
Termignon 73 .... 215 D4
Terminiers 28 .... 109 F1
Ternand 69 .... 192 B3
Ternant 17 .... 181 F3
Ternant 21 .... 138 C4
Ternant 58 .... 156 A4
Ternant-les-Eaux 63 .... 207 E3
Ternas 62 .... 7 F3
Ternat 52 .... 116 B2
Ternay 41 .... 108 A4
Ternay 69 .... 210 C1
Ternay 86 .... 148 B2
Ternay (Barrage du) 07 .... 210 B4
Les Ternes 15 .... 225 E3
Ternuay-Melay-
et-Saint-Hilaire 70 .... 119 E3
Terny-Sorny 02 .... 36 B2
Terramesnil 80 .... 18 B1
Terrans 71 .... 158 C3
La Terrasse 38 .... 213 D4
Terrasse
(Panorama de la) 69 .... 192 B1
La Terrasse-sur-Dorlay 42 .... 210 B3
Terrasson-Lavilledieu 24 .... 221 F2
Terrats 66 .... 312 C2
Terraube 32 .... 256 A4
Terre-Clapier 81 .... 259 F4

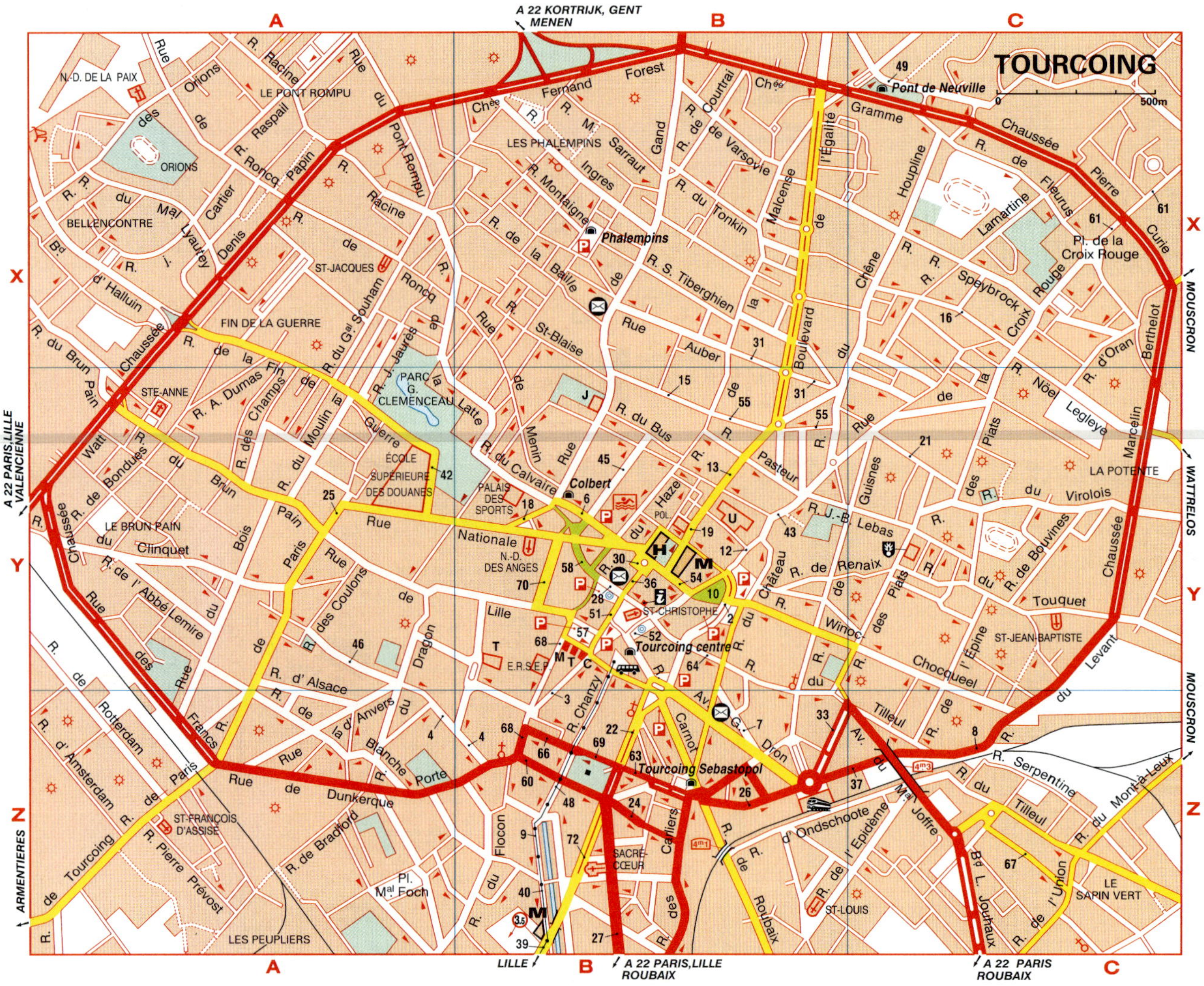
TOURCOING
A 22 KORTRIJK, GENT
MENEN
MOUSCRON
WATTRELOS
A 22 PARIS,LILLE
VALENCIENNE
ARMENTIERES
LILLE
A 22 PARIS,LILLE
ROUBAIX
A 22 PARIS
ROUBAIX

Allende (Bd Salvador) .... BY 2
Anges (R. des) .... BYZ 3
Austerlitz (R. d') .... ABZ 4
Bienfaisance (R. de la) .... BY 6
Brun-Pain (R. du) .... AY
Buisson (R. Ferdinand) .... BZ 7
Chateaubriand (R.) .... CZ 8
Cherbourg (Quai de) .... BZ 9
Clavell (Pl. Miss) .... BY 10
Cloche (R. de la) .... BY 12
Condorcet (R.) .... BY 13
Courbet (R. de l'Amiral) .... BY 15
Croix-Blanche (R. de la) .... CX 16
Croix-Rouge (R. de la) .... CXY
Delobel (R.) .... BY 18
Doumer (R. Paul) .... BY 19
Dron (Av. Gustave) .... BZ
Duguay-Trouin (R.) .... CY 21
Faidherbe (R.) .... BZ 22
Famelart (R.) .... BZ 24
Froissart (R. Jean) .... AY 25
Gambetta (Bd) .... BZ 27
Gand (R. de) .... BXY
Grand'Place .... BY 28
Hassebroucq (Pl. V.) .... BY 30
Hénaux (R. Marcel) .... BXY 31
La-Fayette (Av.) .... BZ 33
Leclerc (R. du Gén.) .... BY 36
Lefrançois
(Av. Alfred) .... CZ 37
Marne (Av. de la) .... BZ 39
Marseille (Quai de) .... BZ 40
Menin (R. de) .... BXY
Millet (Av. Jean) .... AY 42
Moulin-Fagot (R. du) .... BY 43
Nationale (R.) .... ABY
Péri (R. Gabriel) .... BY 45
Petit-Village (R. du) .... AY 46
Pompidou (Av. G.) .... BZ 48
Pont-de-Neuville
(R. du) .... CX 49
République (Pl. de la) .... BY 51
Résistance (Pl. de la) .... BY 52
Ribot (R. Alexandre) .... BY 54
Roosevelt (R. F.) .... BY 55
Roussel (Pl. Ch.-et-A.) .... BY 57
St-Jacques (R.) .... BY 58
Sasselange (R. Ed.) .... BZ 60
Testelin (R. A.) .... CX 61
Thiers (R.) .... BZ 63
Tournai (R. de) .... BY 64
Turenne (R.) .... BZ 66
Ursulines (R. des) .... BYZ 68
Victoire (Pl. de la) .... BZ 69
Wailly (R. de) .... BY 70
Wattine (R. Ch.) .... BZ 72

WATTRELOS

Vaneslander (R. M.) .... CZ 67

Terrebasse 31 ....299 F1
Terrefondrée 21 ....115 F4
Terrehault 72 ....83 E4
Terrenoire 42 ....210 A3
Les Terres-de-Chaux 25 ....142 B3
La Terrisse 12 ....242 C1
Terroles 11 ....302 B3
Terron-sur-Aisne 08 ....39 D2
Terrou 46 ....223 D4
Tersanne 26 ....229 E1
Tersannes 87 ....168 A4
Terssac 81 ....259 E4
Le Tertre Rouge
(Parc zoologique) 72 ....106 B4
Le Tertre-Saint-Denis 78 ....59 F2
Tertry 80 ....19 F3
Terves 79 ....147 F4
Terville 57 ....41 F2
Tessancourt-sur-Aubette 78 ....60 A2
Tessé-Froulay 61 ....81 F1
Tessé-la-Madeleine 61 ....81 F1
Tessel 14 ....29 D4
Tessens 73 ....214 B1
Tesson 17 ....199 E1
Tessonnière 79 ....148 B4
La Tessoualle 49 ....147 D2
Tessy-sur-Vire 50 ....54 C2
La Teste-de-Buch 33 ....234 B1
Tétaigne 08 ....23 E4
Tête des Cuveaux 88 ....119 D1
Téteghem 59 ....3 F1
Téterchen 57 ....42 B3
Téthieu 40 ....271 F1
Teting-sur-Nied 57 ....69 D1
Teuillac 33 ....217 E2
Teulat 81 ....277 D2
Le Teulet 19 ....223 E3
Teurthéville-Bocage 50 ....25 D2
Teurthéville-Hague 50 ....24 B2
Teyjat 24 ....202 B2
Teyran 34 ....281 F1
Teyssières 26 ....247 F3
Teyssieu 46 ....223 D3
Teyssode 81 ....277 F2
Thaas 51 ....90 A1
Thaims 17 ....199 D1
Thairé 17 ....181 D1
Thaix 58 ....155 F3
Thal-Drulingen 67 ....70 A1
Thal-Marmoutier 67 ....70 B2
Thalamy 19 ....206 A2
Thann 68 ....120 A2
Thannenkirch 68 ....96 B2
Thanvillé 67 ....96 B1
Thaon 14 ....29 E3
Thaon-les-Vosges 88 ....94 C3
Tharaux 30 ....263 F1
Tharoiseau 89 ....136 C2
Tharon-Plage 44 ....125 E4
Tharot 89 ....137 D2
Thaumiers 18 ....153 F4
Thauron 23 ....186 C2
Thauvenay 18 ....135 D4
Thèbe 65 ....298 C3
Théding 57 ....43 D4
Thédirac 46 ....239 F2
Thégra 46 ....222 C4
Théhillac 56 ....125 E1
Le Theil 03 ....171 F4
Le Theil 15 ....224 A2
Le Theil 23 ....186 B3
Le Theil 50 ....25 D2
Le Theil 61 ....83 F4
Le Theil-Bocage 14 ....55 E2
Le Theil-de-Bretagne 35 ....103 F2
Le Theil-en-Auge 14 ....30 C3
Le Theil-Nolent 27 ....31 D4
Theil-Rabier 16 ....183 E2
Theil-sur-Vanne 89 ....113 D1
Theillay 41 ....133 E4
Theillement 27 ....31 F3
Theix 56 ....101 E4
Theizé 69 ....192 B3
Thel 69 ....192 A1
Théligny 72 ....84 A4
Thélis-la-Combe 42 ....210 B4
Thélod 54 ....94 A1
Thelonne 08 ....23 D4
Thélus 62 ....8 B3
Théméricourt 95 ....60 A1
Thémines 46 ....240 C1
Théminettes 46 ....241 D1
Thénac 17 ....199 E1
Thénac 24 ....237 F1
Thenailles 02 ....21 E3
Thenay 36 ....168 B1
Thenay 41 ....132 A3
Thenelles 02 ....20 B3
Thénésol 73 ....196 A4
Theneuil 37 ....149 E1
Theneuille 03 ....171 E2
Thénezay 79 ....148 B4
Thénioux 18 ....133 D4
Thenissey 21 ....138 B2
Thénisy 77 ....88 C2
Thennelières 10 ....90 B3
Thennes 80 ....18 C3
Thenon 24 ....221 E1
Thénorgues 08 ....39 E2
Théoule-sur-Mer 06 ....288 A4
Therdonne 60 ....34 A2
Théret (Château du) 23 ....187 D1
Thérines 60 ....33 F1
Thermes-Magnoac 65 ....298 C1
Thérondels 12 ....224 C4
Thérouanne 62 ....3 E4
Thérouldeville 76 ....15 D2
Thervay 39 ....140 B4
Thésée 41 ....132 A3
Thésy 39 ....160 A2
Theuley 70 ....140 C1
Théus 05 ....249 F2
Theuville 28 ....85 F3
Theuville 95 ....34 A4
Theuville-aux-Maillots 76 ....15 D2
Theuvy-Achères 28 ....85 D1
Thevet-Saint-Julien 36 ....169 F1
Théville 50 ....25 D2
Thevray 27 ....58 A2
They-sous-Montfort 88 ....94 A4
They-sous-Vaudemont 54 ....94 A2
Theys 38 ....213 E4
Théza 66 ....313 D2
Thézac 17 ....199 D1
Thézac 47 ....239 D3
Thézan-des-Corbières 11 ....303 E2
Thézan-lès-Béziers 34 ....280 B4
Thèze 04 ....249 E4
Thèze 64 ....273 D3
Thézey-Saint-Martin 54 ....68 B2
Théziers 30 ....264 B3
Thézillieu 01 ....194 B3
Thézy-Glimont 80 ....18 B3
Thiais 94 ....61 D4
Thiancourt 90 ....120 A4
Thianges 58 ....155 E3
Thiant 59 ....9 E3
Thiat 87 ....167 F4
Thiaucourt-Regniéville 54 ....67 F2
Thiaville-sur-Meurthe 54 ....95 E2
Thiberville 27 ....31 D4
Thibie 51 ....64 B2
Thibivillers 60 ....33 F3
Thibouville 27 ....31 F4
Thicourt 57 ....69 D1
Thiébauménil 54 ....95 E1
Thiéblemont-Farémont 51 ....65 E4
Thiébouhans 25 ....142 C3
Thieffrain 10 ....91 D4
Thieffrans 70 ....141 F2
Thiéfosse 88 ....119 E2
Thiel-sur-Acolin 03 ....172 C2
Thiembronne 62 ....3 D4
Thiénans 70 ....141 F2
Thiennes 59 ....3 F4
Thiepval 80 ....19 D1
Thiergeville 76 ....15 D2
Thiernu 02 ....21 D3
Thiers 63 ....190 B4
Thiers-sur-Thève 60 ....35 D4
Thierville 27 ....31 E3
Thierville-sur-Meuse 55 ....40 A4
Thiéry 06 ....269 F2
Thiescourt 60 ....35 E1
Thiétreville 76 ....15 D2
Le Thieulin 28 ....84 C3
Thieulloy-la-Ville 80 ....17 F4
Thieulloy-l'Abbaye 80 ....17 F3
Thieuloy-Saint-Antoine 60 ....33 F1
La Thieuloye 62 ....7 F2
Thieux 60 ....34 B1
Thieux 77 ....61 F2
Thiéville 14 ....56 B1
Thièvres 62 ....7 F4
Thiézac 15 ....224 C3
Thignonville 45 ....86 C4
Thil 01 ....193 E4
Thil 10 ....91 F3
Le Thil 27 ....33 D3
Thil 31 ....276 A1
Thil 51 ....37 F3
Thil 54 ....41 D1
Thil-la-Ville 21 ....138 A3
Thil-Manneville 76 ....16 A3
Le Thil-Riberpré 76 ....17 D4
Thil-sur-Arroux 71 ....156 C4
Thilay 08 ....23 D2
Le Thillay 95 ....61 E2
Thilleux 52 ....91 F2
Les Thilliers-en-Vexin 27 ....33 D4
Thillois 51 ....37 E4
Thillombois 55 ....66 C2
Thillot 55 ....67 E1
Le Thillot 88 ....119 E2
Thilouze 37 ....130 C4
Thimert 28 ....85 D1
Thimonville 57 ....68 C2
Thimory 45 ....111 E3
Thin-le-Moutier 08 ....22 B4
Thines 07 ....245 E3
Thiolières 63 ....208 C2
Thionne 03 ....172 C3
Thionville 57 ....41 F2
Thionville-sur-Opton 78 ....59 F4
Thiouville 76 ....15 E2
Thiraucourt 88 ....94 A3
Thiré 85 ....163 F2
Thiron Gardais 28 ....84 B3
This 08 ....22 B3
Thise 25 ....141 E3
Thivars 28 ....85 E3
Thivencelle 59 ....9 F2
Thiverny 60 ....34 C4
Thiverval-Grignon 78 ....60 A3
Thivet 52 ....116 C2
Thiviers 24 ....203 D3
Thiville 28 ....109 D2
Thizay 36 ....152 B3
Thizay 37 ....149 D1
Thizy 69 ....191 F2
Thizy 89 ....137 E1
Thoard 04 ....267 F1
Thodure 38 ....211 F4
Thoigné 72 ....83 D3
Thoiras 30 ....263 D2
Thoiré-sous-Contensor 72 ....83 D3
Thoiré-sur-Dinan 72 ....107 E4
Thoires 21 ....115 E2
Thoirette 39 ....176 C4
Thoiria 39 ....177 D2
Thoiry 01 ....177 E4
Thoiry 73 ....213 E1
Thoiry 78 ....60 A3
Thoissey 01 ....192 C1
Thoissia 39 ....176 B3
Thoisy-la-Berchère 21 ....137 F4
Thoisy-le-Désert 21 ....138 B4
Thoix 80 ....17 F4
Thol-lès-Millières 52 ....93 D4
Thollet 86 ....168 A3
Thollon-les-Mémises 74 ....179 D3
Le Tholonet 13 ....285 D2
Le Tholy 88 ....119 E1
Thomer-la-Sôgne 27 ....58 C2
Thomery 77 ....87 F3
Thomirey 21 ....157 F1
Thonac 24 ....221 E2
Thônes 74 ....195 F3
Thonnance-lès-Joinville 52 ....92 B2
Thonnance-les-Moulins 52 ....92 C2
Thonne-la-Long 55 ....40 B1
Thonne-le-Thil 55 ....40 A1
Thonne-les-Prés 55 ....40 A1
Thonnelle 55 ....40 A1

TOURS

Amandiers (R. des) ....CY 4
Berthelot (R.) ....BCY 7
Bons Enfants (R. des) ....BY 8
Bordeaux (R. de) ....CZ
Boyer (R. Léon) ....AZ 10
Briçonnet (R.) ....AY 13
Carmes (Pl. des) ....BY 16
Châteauneuf (Pl. de) ....BY 17
Châteauneuf (R. de) ....AY 18
Cœur-Navré (Passage du) ....CY 21
Commerce (R. du) ....BY 22
Constantine (R. de) ....BY 24
Corneille (R.) ....CY 25
Courier (Rue Paul-Louis) ....BY 27
Courteline (R. G.) ....AY 28
Cygne (R. du) ....CY 29
Descartes (R.) ....BZ 33
Dolve (R. de la) ....BZ 35
Favre (R. Jules) ....BY 38
Fusillés (R. des) ....BY 41
Gambetta (R.) ....BZ 43
Giraudeau (R.) ....AZ 46
Grammont (Av. de) ....CZ
Grand-Marché (Pl. du) ....AY 49
Grand Passage ....CZ 50
Grégoire-de-Tours (Pl.) ....DY 52
Grosse-Tour (R. de la) ....AY 55
Halles (Pl. des) ....AZ
Halles (R. des) ....BY
Herbes (Carroi aux) ....AY 56
Lavoisier (R.) ....CY 60
Marceau (R.) ....BYZ
Marceau (R.) ....DY 61
Merville (R. du Prés.) ....BY 65
Meusnier (R. Gén.) ....DY 66
Monnaie (R. de la) ....BY 68
Mûrier (R. du) ....AY 71
Nationale (R.) ....BYZ
Paix (R. de la) ....BY 73
Petit-Cupidon (R. du) ....DY 77
Petit-St-Martin (R. du) ....AY 78
Petites-Boucheries (Pl. des) ....DY 80
Racine (R.) ....DY 84
Rapin (R.) ....AZ 85
St-Pierre-le-Puellier (Pl.) ....ABY 93
Scellerie (R. de la) ....BCY
Sully (R. de) ....BZ 96
Victoire (Pl. de la) ....AY 103
Vinci (R. Léonard de) ....BZ 104

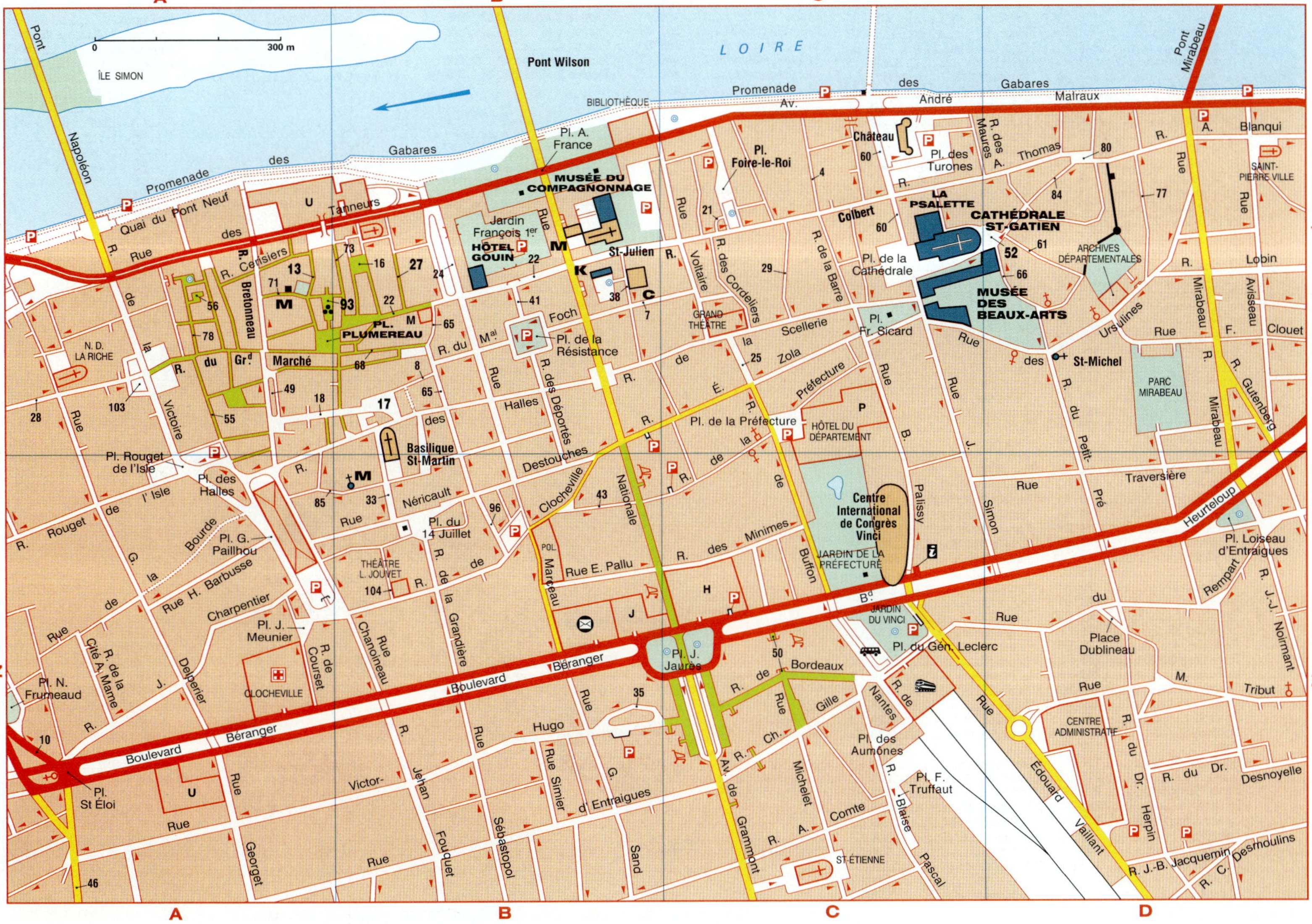

A
B
C
D
Y
Z
LOIRE
ÎLE SIMON
Pont Wilson
Pont Napoléon
Pont Mirabeau
BIBLIOTHÈQUE
Promenade des Gabares
Av. André Malraux
Quai du Pont Neuf
Pl. A. France
MUSÉE DU COMPAGNONNAGE
Jardin François 1er
HÔTEL GOUIN
St-Julien
Pl. Foire-le-Roi
Château
Pl. des Turones
LA PSALETTE
CATHÉDRALE ST-GATIEN
MUSÉE DES BEAUX-ARTS
ARCHIVES DÉPARTEMENTALES
SAINT-PIERRE-VILLE
Pl. de la Cathédrale
Pl. Fr. Sicard
St-Michel
PARC MIRABEAU
PL. PLUMEREAU
N.D. LA RICHE
Pl. de la Résistance
GRAND THÉATRE
Pl. de la Préfecture
HÔTEL DU DÉPARTEMENT
Basilique St-Martin
Pl. Rouget de l'Isle
Pl. des Halles
Pl. G. Paillhou
Pl. du 14 Juillet
THÉATRE L. JOUVET
Centre International de Congrès Vinci
JARDIN DE LA PRÉFECTURE
JARDIN DU VINCI
Pl. du Gén. Leclerc
Pl. J. Jaurès
Pl. J. Meunier
CLOCHEVILLE
Pl. N. Frumeaud
Pl. St Éloi
Pl. des Aumônes
Pl. F. Truffaut
Place Dublineau
CENTRE ADMINISTRATIF
Pl. Loiseau d'Entraigues
ST-ÉTIENNE
Boulevard Béranger
Bd Heurteloup
Rue Nationale
Av. de Grammont
Rue Edouard Vaillant
0
300 m

Thonon-les-Bains 74 ....178 B3
Les Thons 88 ....117 F2
Thonville 57 ....69 D1
Le Thor 84 ....265 E3
Thoraillles 45 ....112 A2
Thoraise 25 ....141 D4
Thorame-Basse 04 ....268 B2
Thorame-Haute 04 ....268 B1
Thorame-Haute-Gare 04 ....268 B2
Thoras 43 ....226 B4
Thoré-la-Rochette 41 ....108 B4
Thorée-les-Pins 72 ....106 C4
Thorenc 06 ....269 D4
Thorens-Glières 74 ....195 F2
Thorey 89 ....114 B3
Thorey-en-Plaine 21 ....139 E4
Thorey-Lyautey 54 ....94 A2
Thorey-sous-Charny 21 ....138 A3
Thorey-sur-Ouche 21 ....157 F1
Thorigné 79 ....165 D4
Thorigné-d'Anjou 49 ....128 A1
Thorigné-en-Charnie 53 ....105 F2
Thorigné-Fouillard 35 ....79 E4
Thorigné-sur-Dué 72 ....107 E2
Thorigny 85 ....163 E1
Thorigny-sur-le-Mignon 79 ....182 A1
Thorigny-sur-Marne 77 ....61 F3
Thorigny-sur-Oreuse 89 ....89 D4
Le Thoronet 83 ....286 C3
Thoronet (Abbaye du) 83 ....286 C3
Thorrenc 07 ....228 C1
Thors 10 ....91 F3
Thors 17 ....182 C4
Thory 80 ....18 B4
Thory 89 ....137 D1
Thoste 21 ....137 F2
Le Thot 24 ....221 E2
Le Thou 17 ....181 D1
Thou 18 ....134 C3
Thou 45 ....135 D1
Thouarcé 49 ....128 B4
Thouaré-sur-Loire 44 ....126 C4
Thouars 79 ....148 A2
Thouars-sur-Arize 09 ....300 A2
Thouars-sur-Garonne 47 ....255 F1
Thouarsais-Bouildroux 85 ....164 A1
Le Thoult-Trosnay 51 ....63 E3
Le Thour 08 ....37 F1
Le Thoureil 49 ....129 D3
Thourie 35 ....103 F3
Thouron 87 ....185 F2
Thourotte 60 ....35 E2
Thoury 41 ....132 C1
Thoury-Férottes 77 ....88 A4
Thoux 32 ....275 F1
Thubœuf 53 ....81 F2
Le Thuel 02 ....21 F4
Thuellin 38 ....212 B1
Thuès-entre-Valls 66 ....311 E3
Thueyts 07 ....245 F1
Thugny-Trugny 08 ....38 B2
La Thuile 73 ....213 E2
Les Thuiles 04 ....250 B3
Thuilley-aux-Groseilles 54 ....93 F1
Thuillières 88 ....94 A4
Thuir 66 ....312 C2
Thuisy 10 ....89 F4
Le Thuit 27 ....32 C4
Le Thuit-Anger 27 ....32 A3
Thuit-Hébert 27 ....31 F3
Le Thuit-Signol 27 ....32 A3
Le Thuit-Simer 27 ....31 F4
Thulay 25 ....142 C2
Thumeréville 54 ....41 D4
Thumeries 59 ....8 C2
Thun-l'Évêque 59 ....9 E4
Thun-Saint-Amand 59 ....9 E2
Thun-Saint-Martin 59 ....9 E4
Thurageau 86 ....149 D4
Thuré 86 ....149 E3
Thuret 63 ....189 F3
Thurey 71 ....158 C4
Thurey-le-Mont 25 ....141 E3
Thurins 69 ....210 B1
Thury 21 ....157 E2
Thury 89 ....135 F1
Thury-en-Valois 60 ....35 F4
Thury-Harcourt 14 ....55 F2
Thury-sous-Clermont 60 ....34 B3
Thusy 74 ....195 D2
Thuy 65 ....298 A1
Thyez 74 ....196 A1
Thyl 73 ....214 B4
Tibiran-Jaunac 65 ....298 C3
Ticheville 61 ....57 D2
Tichey 21 ....159 D2
Tieffenbach 67 ....70 B1
Tiercé 49 ....128 C1
Tiercelet 54 ....41 D2
Le Tiercent 35 ....79 F3
Tierceville 14 ....29 D3
Tieste-Uragnoux 32 ....273 F2
La Tieule 48 ....243 F4
Tiffauges 85 ....146 B2
Tigeaux 77 ....62 A3
Tigery 91 ....87 E1
Tignac 09 ....310 B1
Tigné 49 ....128 C4
Tignécourt 88 ....117 F1
Tignes 73 ....215 D2
Tignes (Barrage de) 73 ....215 D2
Le Tignet 06 ....287 F1
Tignieu-Jameyzieu 38 ....193 F4
Tigny-Noyelle 62 ....6 B3
Tigy 45 ....110 C4
Til-Châtel 21 ....139 E2
Tilh 40 ....272 A2
Tilhouse 65 ....298 B2
Tillac 32 ....274 B3
Tillay-le-Péneux 28 ....110 A1
Tillé 60 ....34 A2
Tillenay 21 ....139 F4
Le Tilleul 76 ....14 B2
Tilleul-Dame-Agnès 27 ....58 B2
Le Tilleul-Lambert 27 ....58 B1
Le Tilleul-Othon 27 ....58 A1
Tilleux 88 ....93 E3
Tillières 49 ....146 B1
Tillières-sur-Avre 27 ....58 C4
Tilloloy 80 ....19 D4
Tillou 79 ....183 D1
Tilloy-et-Bellay 51 ....65 E1
Tilloy-Floriville 80 ....17 D2
Tilloy-lès-Conty 80 ....18 A4
Tilloy-lès-Hermaville 62 ....8 A3
Tilloy-lès-Mofflaines 62 ....8 B3
Tilloy-lez-Cambrai 59 ....9 D4
Tilloy-lez-Marchiennes 59 ....9 E2
Tilly 27 ....59 E1
Tilly 36 ....168 A3
Tilly 78 ....59 F3
Tilly-Capelle 62 ....7 E2
Tilly-la-Campagne 14 ....56 A1
Tilly-sur-Meuse 55 ....66 C1
Tilly-sur-Seulles 14 ....29 D4
Tilques 62 ....3 D3
Tincey-et-Pontrebeau 70 ....140 C1
Tinchebray 61 ....55 D3
Tincourt-Boucly 80 ....19 F2
Tincques 62 ....7 F3
Tincry 57 ....68 C2
Les Tines 74 ....197 D2
Tingry 62 ....2 B4
Tinqueux 51 ....37 F4
Tinténiac 35 ....79 D3
Tintry 71 ....157 E3
Tintury 58 ....155 F2
Tiranges 43 ....209 D4
Tirent-Pontéjac 32 ....275 E2
Tirepied 50 ....54 A4
Tissey 89 ....114 A3
Le Titre 80 ....6 B4
Tiuccia 2A 316 B3
Tivernon 45 ....110 A1
Tiviers 15 ....225 F2
Tivolaggio 2A 318 C2
Tizac-de-Curton 33 ....218 C4
Tizac-de-Lapouyade 33 ....218 C2
Tizzano 2A 318 C3
Tocane-Saint-Apre 24 ....202 A4
Tocqueville 27 ....31 E2
Tocqueville 50 ....25 E2
Tocqueville-en-Caux 76 ....15 F2
Tocqueville-les-Murs 76 ....15 D3
Tocqueville-sur-Eu 76 ....16 B1
Tœufles 80 ....17 D1
Toges 08 ....39 D2
Togny-aux-Bœufs 51 ....65 D3
Tolla 2A 316 C3
Tollaincourt 88 ....117 E1
Tollent 62 ....7 D3
Tollevast 50 ....24 C2
La Tombe 77 ....88 B3
Tombebœuf 47 ....238 A3
Tomblaine 54 ....68 B4
Tomino 2B 314 A1
Les Tonils 26 ....247 F2
Tonnac 81 ....258 C2
Tonnay-Boutonne 17 ....181 F2
Tonnay-Charente 17 ....181 E3
Tonneins 47 ....237 F4
Tonnerre 89 ....114 A3
Tonneville 50 ....24 B2
Tonnoy 54 ....94 B1
Tonquédec 22 ....50 A2
Tonquédec (Château de) 22 ....50 A2
Torcé 35 ....104 A1
Torcé-en-Vallée 72 ....107 E1
Torcé-Viviers-en-Charnie 53 ....106 A1
Torcenay 52 ....117 D3
Torchamp 61 ....81 E1
Torchefelon 38 ....212 A2
Torcheville 57 ....69 E2
Torcieu 01 ....194 A3
Torcy 62 ....7 D2
Torcy 71 ....157 E4
Torcy 77 ....61 F3
Torcy-en-Valois 02 ....62 C1
Torcy-et-Pouligny 21 ....137 F2
Torcy-le-Grand 10 ....90 B1
Torcy-le-Grand 76 ....16 A3
Torcy-le-Petit 10 ....90 B1
Torcy-le-Petit 76 ....16 A3
Tordères 66 ....312 C3
Tordouet 14 ....57 D1
Torfou 49 ....146 B1
Torfou 91 ....86 C2
Torigni-sur-Vire 50 ....54 C1
Tornac 30 ....263 D3
Tornay 52 ....117 E4
Le Torp-Mesnil 76 ....15 F2
Torpes 25 ....141 D4
Torpes 71 ....159 D3
Le Torpt 27 ....30 C3
Le Torquesne 14 ....30 B4
Torre 2A 319 E2
Torreilles 66 ....313 D1
Torsac 16 ....201 F2
Torsiac 43 ....207 F4
Tortebesse 63 ....206 B1
Tortefontaine 62 ....6 C3
Tortequesne 62 ....8 C3
Torteron 18 ....154 B2
Torteval-Quesnay 14 ....28 C4
Tortezais 03 ....171 E3
Tortisambert 14 ....56 C2
Le Tortoir 02 ....36 C1
Torvilliers 10 ....90 A4
Torxé 17 ....181 F3
Tosny 27 ....32 C4
Tosse 40 ....271 D1
Tossiat 01 ....193 F1
Tostat 65 ....273 F4
Tostes 27 ....32 B4
Totainville 88 ....94 A3
Tôtes 14 ....56 C2
Tôtes 76 ....16 A4
Touchay 18 ....170 A1
La Touche 26 ....247 D2
Touche-Trébry (Château de la) 22 ....77 F2
Les Touches 44 ....126 C2
Les Touches-de-Périgny 17 ....182 C3
Toucy 89 ....112 C4
Toudon 06 ....269 F3
Touët-de-l'Escarène 06 ....289 E3
Touët-sur-Var 06 ....269 E3
Touffailles 82 ....257 D1
Toufflers 59 ....5 D4
Touffou (Château de) 86 ....166 C1
Touffréville 14 ....29 F4
Touffreville 27 ....32 C3
Touffreville-la-Cable 76 ....15 D4
Touffreville-la-Corbeline 76 ....15 E3
Touffreville-sur-Eu 76 ....16 B1
Touget 32 ....275 F1
Touille 31 ....299 F2
Touillon 21 ....138 A1
Touillon-et-Loutelet 25 ....161 D3
Toujouse 32 ....254 C4
Toul 54 ....67 F4
Toul Goulic (Gorges de) 22 ....76 B2
Toulaud 07 ....229 D3
Toulenne 33 ....236 C2
Touligny 08 ....22 C4
Toulis-et-Attencourt 02 ....21 D4
Toullaëron (Roc de) 29 ....75 F3
Toulon 83 ....291 F4
Toulon-la-Montagne 51 ....63 F3
Toulon-sur-Allier 03 ....172 B2
Toulon-sur-Arroux 71 ....173 F1
Toulonjac 12 ....241 D4
Toulouges 66 ....312 C2
Toulouse 31 ....276 C2
Toulouse (Croix de) 05 ....232 C3
Toulouse-le-Château 39 ....159 E3
Toulouzette 40 ....272 B1
Toulx-Sainte-Croix 23 ....170 A4
Touques 14 ....30 B3
Le Touquet-Paris-Plage 62 ....6 A1
Touquettes 61 ....57 E3
Touquin 77 ....62 B4
La Tour 06 ....289 D2
La Tour 74 ....196 A1
La Tour-Blanche 24 ....202 A4
La Tour-d'Aigues 84 ....285 D1
La Tour-d'Auvergne 63 ....206 C2
Tour-de-Faure 46 ....240 C3
La Tour-de-Salvagny 69 ....192 C4
La Tour-de-Scay 25 ....141 E2
La Tour-du-Crieu 09 ....301 D2
La Tour-du-Meix 39 ....176 C2
Le Tour-du-Parc 56 ....123 D2
La Tour-du-Pin 38 ....212 A2
Tour-en-Bessin 14 ....28 C3
La Tour-en-Jarez 42 ....210 A3
Tour-en-Sologne 41 ....132 B2
La Tour-Fondue 83 ....292 B3
La Tour-Saint-Gelin 37 ....149 E2
La Tour-sur-Orb 34 ....280 A2
Tourailles 41 ....131 F1
Les Tourailles 61 ....55 F3
Tourailles-sous-Bois 55 ....92 C2
Tourbes 34 ....280 C3
Tourcelles-Chaumont 08 ....38 C2
Tourch 29 ....75 D4
Tourcoing 59 ....5 D4
Tourdun 32 ....274 A2
La Tourette 19 ....205 F2
La Tourette 42 ....209 E3
La Tourette-Cabardès 11 ....278 B4
Tourette-du-Château 06 ....269 F3
Tourgéville 14 ....30 B3
La Tourlandry 49 ....147 E1
Tourlaville 50 ....24 C2
Tourliac 47 ....238 C1
Tourly 60 ....33 F4
Tourmalet (Col du) 65 ....298 A4
Tourmignies 59 ....8 C1
Tourmont 39 ....159 F3
Tournai-sur-Dive 61 ....56 C3
Tournan 32 ....275 E3
Tournan-en-Brie 77 ....61 F4
Tournans 25 ....141 F2
Tournavaux 08 ....22 C2
Tournay 65 ....298 A1
Tournay-sur-Odon 14 ....55 E1
Le Tourne 33 ....236 B1
Tournebu 14 ....56 A2
Tournecoupe 32 ....256 C4
Tournedos-Bois-Hubert 27 ....58 B1
Tournedos-sur-Seine 27 ....32 B3
Tournedoz 25 ....142 B2
Tournefeuille 31 ....276 B2
Tournefort 06 ....269 F2
Tournehem-sur-la-Hem 62 ....3 D3
Tournemire 12 ....261 D3
Tournemire 15 ....224 A2
Tournes 08 ....22 C3
Le Tourneur 14 ....55 D2
Tourneville 27 ....58 C1
Tourniac 15 ....223 F1
Tournières 14 ....27 F3
Tourniol (Col du) 26 ....229 F3
Tournissan 11 ....303 D2
Tournoël (Château de) 63 ....189 E3
Tournois 45 ....109 F2
Tournon 73 ....213 F1
Tournon-d'Agenais 47 ....239 D4
Tournon-Saint-Martin 36 ....150 B4
Tournon-Saint-Pierre 37 ....150 B4
Tournon-sur-Rhône 07 ....229 D2
Tournous-Darré 65 ....298 B1
Tournous-Devant 65 ....298 B1
Tournus 71 ....175 E2
Tourny 27 ....33 D4
Tourouvre 61 ....83 F1
Tourouzelle 11 ....303 E1
Tourreilles 11 ....302 A3
Les Tourreilles 31 ....298 C2
Tourrenquets 32 ....275 D1
Tourrette (Château de la) 07 ....228 C4
Tourrette-Levens 06 ....288 C1
Les Tourrettes 26 ....247 D1
Tourrettes 83 ....287 E1
Tourrettes-sur-Loup 06 ....269 F4
Tourriers 16 ....183 F4
Tours 37 ....130 C3
Tours-en-Savoie 73 ....214 A1
Tours-en-Vimeu 80 ....17 D1
Tours-Saint-Symphorien (Aéroport de) 37 ....130 C3
Tours-sur-Marne 51 ....64 B1
Tours-sur-Meymont 63 ....208 B1
Tourtenay 79 ....148 B2
Tourteron 08 ....38 C1
Tourtoirac 24 ....203 E4
Tourtour 83 ....286 C2
Tourtouse 09 ....300 A2
Tourtrès 47 ....238 A3
Tourtrol 09 ....301 E3
Tourves 83 ....286 A3
Tourville-en-Auge 14 ....30 B3
Tourville-la-Campagne 27 ....31 F4
Tourville-la-Chapelle 76 ....16 B2
Tourville-la-Rivière 76 ....32 B3
Tourville-les-Ifs 76 ....14 C2
Tourville-sur-Arques 76 ....16 A3
Tourville-sur-Odon 14 ....29 D4
Tourville-sur-Pont-Audemer 27 ....31 D3
Tourville-sur-Sienne 50 ....53 F1
Toury 28 ....86 A4
Toury-Lurcy 58 ....155 E4
Toury-sur-Jour 58 ....155 D4
Tourzel-Ronzières 63 ....207 E2
Toussaint 76 ....14 C2
Toussieu 69 ....211 D1
Toussieux 01 ....192 C3
Tousson 77 ....87 D3
La Toussuire 73 ....213 F4
Toussus-le-Noble 78 ....60 C4
Toutainville 27 ....31 D3
Toutenant 71 ....158 C3
Toutencourt 80 ....18 C1
Toutens 31 ....277 E3
Toutes Aures (Col de) 04 ....268 C3
Toutlemonde 49 ....147 D1
Toutry 21 ....137 E2
Touvérac 16 ....200 C3
Le Touvet 38 ....213 D3
Touville 27 ....31 F3
Touvois 44 ....145 E2
Touvre 16 ....201 F1
Touzac 16 ....201 D2
Touzac 46 ....239 E3
Tox 2B 317 F1
Toy-Viam 19 ....205 D1
Trabuc (Grotte de) 30 ....263 D2
Tracol (Col de) 43 ....210 A4
Tracy-Bocage 14 ....55 E1
Tracy-le-Mont 60 ....35 F2
Tracy-le-Val 60 ....35 F2
Tracy-sur-Loire 58 ....135 D4
Tracy-sur-Mer 14 ....29 D3
Trades 69 ....174 C4
Traenheim 67 ....70 C3
Tragny 57 ....68 C2
Traînel 10 ....89 D3
Traînou 45 ....110 B2
Le Trait 76 ....15 F4
Traitiéfontaine 70 ....141 E2
Traize 73 ....212 C1
Tralaigues 63 ....188 B3
Tralonca 2B 315 E4
Tramain 22 ....78 A2
Tramayes 71 ....174 C4
Trambly 71 ....174 C4
Tramecourt 62 ....7 D2
Tramery 51 ....37 E4
Tramezaïgues 65 ....307 D4
Tramolé 38 ....211 F2
Tramont-Émy 54 ....93 F2
Tramont-Lassus 54 ....93 F2
Tramont-Saint-André 54 ....93 F2
Tramoyes 01 ....193 D3
Trampot 88 ....92 C3
Trancault 10 ....89 E3
La Tranche-sur-Mer 85 ....162 C3
La Tranclière 01 ....193 F1
Trancrainville 28 ....86 A4
Trangé 72 ....106 C2
Le Tranger 36 ....151 D3
Trannes 10 ....91 E3
Tranqueville-Graux 88 ....93 F2
Trans 53 ....82 A3
Trans-en-Provence 83 ....287 D2
Trans-la-Forêt 35 ....79 E1
Trans-sur-Erdre 44 ....126 C2
Le Translay 80 ....17 D2
Le Transloy 62 ....19 E1
Tranzault 36 ....169 E1
La Trappe (Abbaye de) 61 ....83 F1
Trappes 78 ....60 B4
Trassanel 11 ....278 C4
Traubach-le-Bas 68 ....120 A3
Traubach-le-Haut 68 ....120 A3
Trausse 11 ....303 D1
Travaillan 84 ....265 D1
Travecy 02 ....20 B4
Traversères 32 ....275 D3
Traves 70 ....141 D1
Le Travet 81 ....259 F4

TROYES

Boucherat (R.) ....CY 4
Champeaux (R.) ....BZ 12
Charbonnet (R.) ....BZ 13
Clemenceau (R. G.) ....BCY 15
Comtes de Champagne (Q. des) ....CY 16
Dampierre (Quai) ....BCY 17
Delestraint (Bd Gén.-Ch.) ....BZ 18
Driant (R. Col.) ....BZ 20
Girardon (R.) ....CY 22
Hennequin (R.) ....CY 23
Huez (R. Claude) ....BYZ 27
Israël (Pl. Alexandre) ....BZ 28
Jaillant-Deschaînets (R.) ....BZ 29
Jaurès (Pl. Jean) ....BZ 31
Joffre (Av. Mar.) ....BZ 33
Langevin (Pl. du Prof.) ....BZ 35
Marché aux Noix (R. du) ....BZ 36
Michelet (R.) ....CY 39
Molé (R.) ....BZ 44
Monnaie (R. de la) ....BZ 45
Paillot de Montabert (R.) ....BZ 47
Palais-de-Justice (R.) ....BZ 48
Préfecture (Pl. de la) ....CZ 49
République (R. de la) ....BZ 51
St-Pierre (Pl.) ....CY 52
St-Rémy (Pl.) ....BY 53
Synagogue (R. de la) ....BZ 54
Tour-Boileau (R. de la) ....BZ 59
Trinité (R. de la) ....BZ 60
Turenne (R. de) ....BZ 61
Voltaire (R.) ....BZ 64
Zola (R. Émile) ....BCZ
1er-R.A.M. (Bd du) ....BZ 69

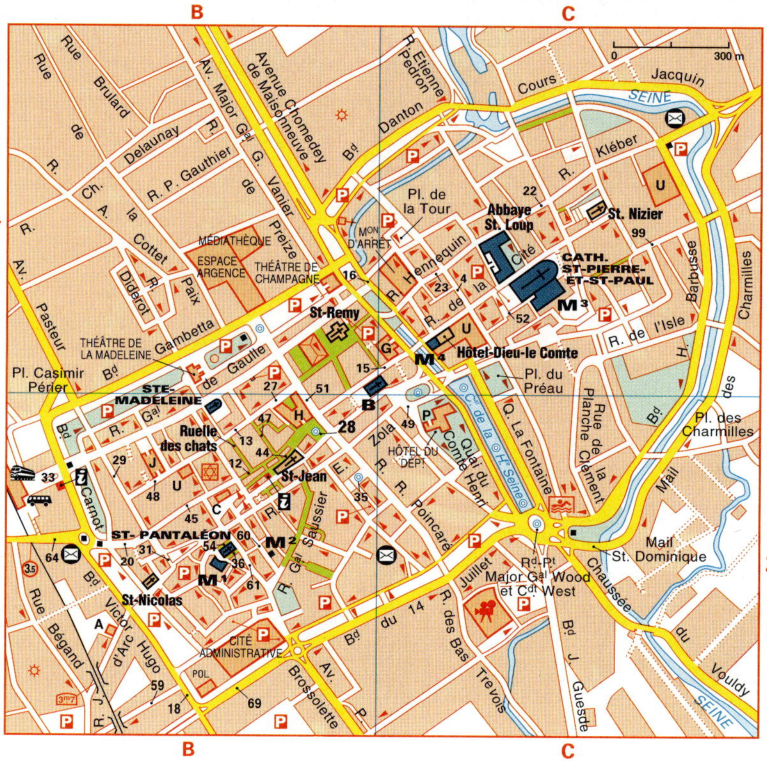

Le Trayas 83 288 A4
Trayes 79 164 C1
Tréal 56 102 B3
Tréauville 50 24 B3
Trébabu 29 47 D3
Treban 03 172 A3
Tréban 81 259 F2
Trébas 81 260 A3
Trébédan 22 78 B2
Trèbes 11 302 C1
Trébeurden 22 49 F1
Trébons 65 297 F2
Trébons-de-Luchon 31 307 F4
Trébons-sur-la-Grasse 31 277 E3
Tréboul 29 73 E3
Tréboul (Pont de) 15 225 D4
Trébrivan 22 76 A2
Trébry 22 77 F2
Tréclun 21 139 F4
Trécon 51 64 B3
Trédaniel 22 77 F2
Trédarzec 22 50 C1
Trédias 22 78 B2
Trédion 56 101 E3
Trédrez-Locquémeau 22 49 F2
Tréduder 22 49 F2
Trefcon 02 19 F3
Treffay 39 160 B4
Treffendel 35 102 C1
Treffiagat 29 98 B2
Treffieux 44 126 B1
Treffléan 56 101 E4
Treffort 38 230 C3
Treffrin 22 75 F2
Tréflaouénan 29 48 C2
Tréflévénez 29 48 C4
Tréflez 29 48 B2
Tréfols 51 63 D3
Tréfumel 22 78 C3
Trégarantec 29 47 F2
Trégarvan 29 47 F4
Trégastel 22 50 A1
Trégastel-Plage 22 50 A1
Tréglamus 22 50 B3
Tréglonou 29 47 E2
Trégomar 22 78 A1
Trégomeur 22 51 D3
Trégon 22 78 B1
Trégonneau 22 50 C3
Trégourez 29 75 D4
Trégrom 22 50 A3
Tréguennec 29 73 D4
Trégueux 22 51 E4
Tréguidel 22 51 D3
Tréguier 22 50 B1
Trégunc 29 99 D2
Tréhet 41 107 F4
Tréhorenteuc 56 102 A1
Le Tréhou 29 48 C4
Treignac 19 204 C2
Treignat 03 170 B4
Treigny 89 135 F2
Treilles 11 303 F4
Treilles-en-Gâtinais 45 111 F1
Treillières 44 126 B3
Treix 52 92 B4
Treize-Arbres (Les) 74 195 E1
Treize-Septiers 85 146 A2
Treize-Vents 85 147 D3
Tréjouls 82 257 E1
Trélans 48 243 E3
Trélazé 49 128 C2
Tréléchamp 74 197 D2
Trélévern 22 50 B1
Trelins 42 209 E1
Trélissac 24 220 C1
Trélivan 22 78 B2
Trelly 50 54 A2
Trélon 59 10 C3
Trélou-sur-Marne 02 63 E1
Trémaouézan 29 47 F2
Trémargat 22 76 B2
Trémauville 76 15 D3
Trémazan 29 47 D2
La Tremblade 17 180 C4
Tremblay 35 79 F2
Le Tremblay 49 104 B4
Tremblay-en-France 93 61 E2
Le Tremblay-le-Vicomte 28 85 D1
Le Tremblay-Omonville 27 58 B1
Le Tremblay-sur-Mauldre 78 60 A4
Tremblecourt 54 67 F3
Le Tremblois 70 140 B3
Tremblois-lès-Carignan 08 23 F4
Tremblois-lès-Rocroi 08 22 B3
Trémeheuc 35 79 E2
Trémel 22 49 F3
Tréméloir 22 51 D3
Trémentines 49 147 D1
Tréméoc 29 73 E4
Tréméreuc 22 78 C1
Trémery 57 41 F3
Trémeur 22 78 B2
Tréméven 22 50 C2
Tréméven 29 99 F2
Trémilly 52 91 F3
Tréminis 38 230 C4
Trémoins 70 142 B1
Trémolat 24 220 C4
Trémons 47 239 D3
Trémont 49 147 F1
Trémont 61 83 D1
Trémont-sur-Saulx 55 66 A4
Trémonzey 88 118 B2
Trémorel 22 78 A4
Trémouille 15 206 C4
Trémouille-Saint-Loup 63 206 B3
Trémouilles 12 260 B1
Trémoulet 09 301 D2
Trémuson 22 51 D4
Trenal 39 176 B1
Trensacq 40 253 E1
Trentels 47 239 D3
Tréogan 22 75 F3
Tréogat 29 73 E4
Tréon 28 59 D4
Tréouergat 29 47 D2
Trépail 51 64 B1
Trépassés (Baie des) 29 72 B3
Trépied 62 6 A1
Le Tréport 76 16 C1
Trépot 25 141 E4
Tréprel 14 56 A2
Trept 38 211 F1
Trésauvaux 55 67 D1
Tresbœuf 35 103 E2
Trescault 62 19 F1
Treschenu-Creyers 26 248 B1
Trescléoux 05 248 C4
Trésilley 70 141 D2
Treslon 51 37 E4
Tresnay 58 172 A1
Trespoux-Rassiels 46 240 A3
Tresques 30 264 B2
Tressaint 22 78 C2
Tressan 34 281 D2
Tressandans 25 141 F2
Tressange 57 41 E2
Tressé 35 79 D1
Tresserre 66 312 C3
Tresserve 73 213 D1
Tresses 33 217 F4
Tressignaux 22 51 D3
Tressin 59 5 D4
Tresson 72 107 F3
Treteau 03 172 C3
La Trétoire 77 62 C3
Trets 13 285 E3
Treux 80 18 C2
Treuzy-Levelay 77 87 F4
Trévans 04 267 F3
Trévé 22 77 E3
Trévenans 90 142 C1
Tréveneuc 22 51 D3
Tréveray 55 92 C1
Trévérec 22 50 C3
Trévérien 35 79 D2
Trèves 30 262 A2
Trèves 69 210 C2
Trèves-Cunault 49 129 D3
Trevey 70 141 E1
Trévezel (Roc) 29 49 D4
Trévien 81 259 E2
Trévières 14 27 F3
Trévignin 73 195 D4
Trévillach 66 311 F2
Tréville 11 277 F4
Trévillers 25 142 C3
Trévilly 89 137 E2
Trevol 03 172 A1
Trévou-Tréguignec 22 50 B1
Trévoux 01 192 C3
Le Trévoux 29 99 E2
Trévron 22 78 C2
Trézelles 03 172 C4
Trézény 22 50 B2
Trézien (Phare de) 29 46 C3
Tréziers 11 301 F3
Trézilidé 29 48 C2
Trézioux 63 208 A1
Triac-Lautrait 16 201 D1
Le Triadou 34 281 F1
Triaize 85 163 E3
Triaucourt-en-Argonne 55 66 A2
Tribehou 50 27 D4
La Tricherie 86 149 E4
Trichey 89 114 B2
Triconville 55 66 C3
Tricot 60 35 D1
Trie-Château 60 33 F3
Trie-la-Ville 60 33 F3
Trie-sur-Baïse 65 274 B4
Triel-sur-Seine 78 60 B2
Triembach-au-Val 67 96 B1
Trieux 54 41 E3
Trigance 83 268 B4
Trigavou 22 78 C1
Trignac 44 125 D3
Trigny 51 37 E3
Triguères 45 112 B2
Trilbardou 77 61 F2
Trilla 66 311 F1
Trilport 77 62 A2
Trimbach 67 45 F4
Trimer 35 79 D3
La Trimouille 86 167 F3
Trimouns
(Carrière de talc de) 09 310 B1
Trinay 45 110 B1
La Trinitat 15 243 D1
La Trinité 06 288 C2
La Trinité 27 59 D2
La Trinité 50 54 B3
La Trinité 73 213 E2
Trinité (Chapelle de la) 29 73 D3
Trinité (Ermitage de la) 2A 319 D4
La Trinité-de-Réville 27 57 F2
La Trinité-de-Thouberville 27 31 F3
La Trinité-des-Laitiers 61 57 E3
La Trinité-du-Mont 76 15 D4
La Trinité-Langonnet 56 76 A3
La Trinité-Porhoët 56 77 F4
La Trinité-sur-Mer 56 100 C4
La Trinité-Surzur 56 101 E4
Triors 26 229 E2
Le Trioulou 15 241 F1
Tripleville 41 109 E2
Triquerville 76 15 E4
Triqueville 27 31 D3
Trith-Saint-Léger 59 9 F3
Tritteling-Redlach 57 42 B4
Trivy 71 174 B3
Trizac 15 224 B1
Trizay 17 181 D3
Trizay-Coutretot-
Saint-Serge 28 84 A3
Trizay-lès-Bonneval 28 85 D4
Troarn 14 29 F4
Troche 19 204 A3
Trochères 21 139 F3
Trocy-en-Multien 77 62 A1
Troësnes 02 36 A4
Troguéry 22 50 B2
Trogues 37 149 F1
Trois Communes
(Pointe des) 06 289 E2
Les Trois-Épis 68 96 B3
Trois-Fonds 23 170 A4
Trois-Fontaines-l'Abbaye 51 66 A4
Trois-Maisons 57 70 B2
Trois-Monts 14 55 F1
Les Trois-Moutiers 86 148 C2
Trois-Palis 16 201 E1
Les Trois-Pierres 76 14 C4
Trois-Puits 51 37 F4
Trois Termes (Pic des) 66 313 D3
Trois-Vèvres 58 155 E3
Trois-Villes 64 295 F2
Troischamps 52 117 D3
Troisfontaines 52 92 A1
Troisfontaines 57 70 A3
Troisgots 50 54 C1
Troissereux 60 34 A2
Troissy 51 63 E1
Troisvaux 62 7 E2
Troisvilles 59 20 B1
Tromarey 70 140 B3
Tromborn 57 42 B3
Tronçais (Forêt de) 03 171 D1
Troncens 32 274 A3
La Tronche 38 230 C1
Le Tronchet 35 79 D1
Le Tronchet 72 82 C4
Tronchoy 52 116 C2
Tronchoy 80 17 E3
Tronchoy 89 114 A3
Tronchy 71 158 B4
Le Troncq 27 31 F4
Trondes 54 67 E4
Tronget 03 171 F3
Tronjoly (Château de) 29 48 C2
Le Tronquay 14 28 C4
Le Tronquay 27 33 D2
Tronsanges 58 154 C1
Tronville 54 67 F1
Tronville-en-Barrois 55 66 B4
Troo 41 108 A4
Trosly-Breuil 60 35 F2
Trosly-Loire 02 36 A1
Trouans 10 90 C1
Troubat 65 298 C3
La Trouche 88 95 F2
Trouhans 21 158 C1
Trouhaut 21 138 C3
Trouillas 66 312 C2
Trouley-Labarthe 65 274 A4
Troumouse (Cirque de) 65 306 C4
Troussencourt 60 34 B1
Troussey 55 67 E4
Troussures 60 33 F3
Trouvans 25 141 F2
Trouville 76 15 D3
Trouville-la-Haule 27 31 E2
Trouville-sur-Mer 14 30 B3
Trouy 18 153 D2
Troye-d'Ariège 09 301 E3
Troyes 10 90 B3
Troyon 55 66 C1
La Truchère 71 175 E2
Truchtersheim 67 71 D3
Trucy 02 37 D2
Trucy-l'Orgueilleux 58 136 A3
Trucy-sur-Yonne 89 136 B1
Le Truel 12 260 C3
Trugny 21 158 C2
Truinas 26 247 E2
Trumilly 60 35 E4
Trun 61 56 C3
Trungy 14 28 C4
Truttemer-le-Grand 14 55 D3
Truttemer-le-Petit 14 55 D3
Truyes 37 131 D4
Tubersent 62 6 B1
Tuchan 11 303 E4
Tucquegnieux 54 41 D3
Tudeils 19 222 C2
Tudelle 32 274 B1
Tuffé 72 107 E1
Tugéras-Saint-Maurice 17 199 F3
Tugny-et-Pont 02 19 F3
Les Tuileries 42 191 E2
La Tuilière 42 190 C3
Tuilière (Roche) 63 206 C1
Tulette 26 247 D4
Tulle 19 204 C4
Tullins 38 212 B4
Tully 80 16 C1
Tupigny 02 20 C2
Tupin-et-Semons 69 210 C2
La Turballe 44 123 E4
La Turbie 06 289 E4
Turcey 21 138 C3
Turckheim 68 96 B3
Turenne 19 222 B2
Turgon 16 184 A3
Turgy 10 114 B2
Turini (Col de) 06 289 E2
Turny 89 113 F2
Turquant 49 129 E4
Turquestein-Blancrupt 57 70 A3
Turqueville 50 25 E4
Turretot 76 14 B3
Turriers 04 249 F3
Tursac 24 221 E3
Tusson 16 183 E3
Tuzaguet 65 298 B2
Le Tuzan 33 235 F3
Tuzie 16 183 F2

U

Uberach 67 71 D1
Ubexy 88 94 B3
Ubraye 04 268 C3
Ucciani 2A 316 C3
Ucel 07 246 A1
Uchacq-et-Parentis 40 253 F3
Uchaud 30 282 B1
Uchaux 84 264 C1
Uchentein 09 299 F4
Uchizy 71 175 E2
Uchon 71 157 D4
Uchon (Signal d') 71 157 D4
Uckange 57 41 F3
Ueberkumen 68 120 B3
Ueberstrass 68 120 B4
Uffheim 68 120 C3
Uffholtz 68 120 B2
Ugine 73 196 A4
Uglas 65 298 B2
Ugnouas 65 273 F4
Ugny 54 40 C1
Ugny-le-Gay 02 19 F4
Ugny-l'Équipée 80 19 F3
Ugny-sur-Meuse 55 67 E4
Uhart-Cize 64 295 D1
Uhart-Mixe 64 271 E4
Uhlwiller 67 71 D1
Uhrwiller 67 70 C1
Ulcot 79 147 F2
Les Ulis 91 60 C4
Ully-Saint-Georges 60 34 B3
Les Ulmes 49 129 D4
Umpeau 28 85 F2
Unac 09 310 B1
Uncey-le-Franc 21 138 B3
Unchair 51 37 D3
Ungersheim 68 120 B1
Unias 42 209 F2
Unienville 10 91 D3
Unieux 42 209 F3
L'Union 31 276 C2
Untermuhthal 57 44 C4
Unverre 28 84 C4
Unzent 09 300 C2
Upaix 05 249 D4
Upie 26 229 E4
Ur 66 310 C4
Urau 31 299 F3
Urbalacone 2A 318 C1
Urbanya 66 311 E2
Urbeis 67 96 B1
Urbeis (Col d') 67 96 A1
Urbès 68 119 F2
Urbise 42 173 E4
Urçay 03 170 C1
Urcel 02 36 C2
Urcerey 90 119 F4
Urciers 36 170 A2
Urcuit 64 270 C3
Urcy 21 138 C4
Urdens 32 256 B4
Urdès 64 272 B3
Urdos 64 296 B4
Urepel 64 294 C2
Urgons 40 272 C2
Urgosse 32 273 F1
Uriage-les-Bains 38 231 D1
Uriménil 88 118 C1
Urmatt 67 70 B4
Urost 64 273 E4
Urou-et-Crennes 61 56 C4
Urrugne 64 270 A4
Urs 09 310 A1
Urschenheim 68 96 C3
Urt 64 271 D3
Urtaca 2B 315 D2
Urtière 25 143 D3
Uruffe 54 93 E1
Urval 24 221 D4
Urville 10 91 E4
Urville 14 56 A1
Urville 50 25 D4
Urville 88 93 E4
Urville-Nacqueville 50 24 B2
Urvillers 02 20 A3
Ury 77 87 E3
Urzy 58 154 C2
Us 95 60 B1
Usclades-et-Rieutord 07 227 F4
Usclas-d'Hérault 34 280 C3
Usclas-du-Bosc 34 280 C1
Usinens 74 194 C2
Ussac 19 222 B1
Ussat 09 310 A1
Ussé (Château d') 37 130 A4
Usseau 79 181 F1
Usseau 86 149 F3
Ussel 15 225 D2
Ussel 19 205 F2
Ussel 46 240 A2
Ussel-d'Allier 03 189 F1
Usson 63 208 A2
Usson-du-Poitou 86 166 C4
Usson-en-Forez 42 209 D3
Ussy 14 56 A2
Ussy-sur-Marne 77 62 B2
Ustaritz 64 270 C3
Ustou 09 309 E1
Utelle 06 289 D3
Utelle (Madone d') 06 289 D3
Uttenheim 67 97 D1
Uttenhoffen 67 71 D1
Uttwiller 67 70 C1
Uvernet-Fours 04 250 C3
Uxeau 71 173 F1
Uxegney 88 94 C4
Uxelles 39 177 D1
Uxem 59 3 F1
Uz 65 297 E3
Uza 40 252 B2
Uzan 64 272 C3
Uzay-le-Venon 18 153 E4
Uzech 46 240 A2
Uzein 64 272 C4
Uzel 22 77 D3
Uzelle 25 142 A2
Uzemain 88 118 C1
Uzer 07 246 A2
Uzer 65 298 A2
Uzerche 19 204 B3
Uzès 30 264 A3
Uzeste 33 236 B3
Uzos 64 297 D1

V

Vaas 72 130 A1
Vabre 81 278 C1
Vabre-Tizac 12 259 E1
Vabres 15 225 F2
Vabres 30 263 D3
Vabres-l'Abbaye 12 260 C3
Vacherauville 55 40 A4
Vachères 04 266 C3
Vachères-en-Quint 26 229 F4
Vacheresse 74 178 C3
La Vacheresse-
et-la-Rouillie 88 93 F4
Vacheresses-les-Basses 28 85 E1
La Vacherie 27 58 C1
Vacognes 14 55 F1
Vacon 55 67 D4
La Vacquerie 14 55 D1
Vacquerie 80 7 D4
La Vacquerie-et-Saint-Martin-
de-Castries 34 280 C1
Vacquerie-le-Boucq 62 7 E3
Vacqueriette-Erquières 62 7 D3
Vacqueville 54 95 E1
Vacqueyras 84 265 D2
Vacquières 34 263 D4
Vacquiers 31 276 C1
Vadans 39 159 F2
Vadans 70 140 B3
Vadelaincourt 55 66 B1
Vadenay 51 64 C1
Vadencourt 02 20 C2
Vadencourt 80 18 C1
Vadonville 55 67 D3
Vagnas 07 246 A4
Vagney 88 119 E1
Vahl-Ebersing 57 69 E1
Vahl-lès-Bénestroff 57 69 E2
Vahl-lès-Faulquemont 57 69 D1
Vaiges 53 105 F1
Vailhan 34 280 B3
Vailhauquès 34 281 E2
Vailhourles 12 241 D4
Vaillac 46 240 B1
Vaillant 52 116 B4
Vailly 10 90 B3
Vailly 74 178 C3
Vailly-sur-Aisne 02 36 C2
Vailly-sur-Sauldre 18 134 C2
Vains 50 54 A4
Vairé 85 162 B1
Vaire-Arcier 25 141 E3
Vaire-le-Petit 25 141 E3
Vaire-sous-Corbie 80 18 C2
Vaires-sur-Marne 77 61 F3
Vaison-la-Romaine 84 265 E1
Vaïssac 82 258 A3
Vaite 70 140 B1
La Vaivre 70 118 C2
Vaivre-et-Montoille 70 118 B4
Le Val 83 286 B3
Val (Château de) 15 206 B3
Le Val-André 22 51 F3
Val-Claret 73 215 D2
Le Val-d'Ajol 88 119 D2
Val-d'Auzon 10 90 C2
Le Val-David 27 59 D2
Val-de-Bride 57 69 D2
Val-de-Chalvagne 04 269 D3
Val-de-Fier 74 195 D3
Le Val-de-Gouhenans 70 142 A1
Le Val-de-Guéblange 57 69 F1
Val-de-la-Haye 76 32 A3
Val-de-Mercy 89 136 B1
Val-de-Reuil 27 32 B3
Val-de-Roulans 25 141 F3
Val-de-Saâne 76 15 F2
Val-de-Vesle 51 38 A4
Val-de-Vière 51 65 E3
Val-d'Épy 39 176 B3
Val-des-Prés 05 232 C2
Val d'Esquières 83 287 E4
Val-d'Isère 73 215 D2
Val-d'Izé 35 80 A4
Val-et-Châtillon 54 95 F1
Val-Louron 65 307 E4
Val-Maravel 26 248 B2
Le Val-Saint-Éloi 70 118 B4
Le Val-Saint-Germain 91 86 B1
Le Val-Saint-Père 50 54 A4
Val-Sainte-Marie 25 160 B1
Val-Suzon 21 139 D3
Val-Thorens 73 214 B4
Valady 12 242 A3
Valailles 27 57 F1
Valaire 41 132 A2
Valanjou 49 128 B4
Valaurie 26 247 D3
Valavoire 04 249 E4
Valay 70 140 B3
Valbeleix 63 207 D3
Valbelle 04 267 D1
Valberg 06 269 E1
Valbonnais 38 231 D3
La Valbonne 01 193 E3
Valbonne 06 288 A3
Valbonne (Ancienne
Chartreuse de) 30 264 B1
Valcabrère 31 298 C3
Valcanville 50 25 E2
Valcebollère 66 310 C4
Valchevrière
(Calvaire de) 38 230 B2
Valcivières 63 208 C2
Valcourt 52 91 F1
Valdahon 25 141 F4
Valdampierre 60 34 A3
Valdeblore 06 289 D1
Le Valdécie 50 24 C4
Valdelancourt 52 116 A1
Valderiès 81 259 F3
Valderoure 06 268 C4
Valdieu-Lutran 68 120 A3
Valdivienne 86 167 D2
Valdoie 90 119 F4
Valdrôme 26 248 B2
Valdurenque 81 278 B2
Valeille 42 209 F1
Valeilles 82 239 D4
Valeins 01 193 D1
Valempoulières 39 160 A3
Valençay 36 151 F1
Valence 26 229 D3
Valence 16 184 A3
Valence-d'Agen 82 256 C2
Valence-d'Albigeois 81 260 A3
Valence-en-Brie 77 88 A2
Valence-sur-Baïse 32 255 F4
Valenciennes 59 9 F3
Valencin 38 211 E1
Valencogne 38 212 B2
Valennes 72 108 A2
Valensole 04 267 E4
Valentigney 25 142 C2
La Valentine 13 285 D3
Valentine 31 299 D2
Valenton 94 61 E4
Valergues 34 282 A2
Valernes 04 249 E4
Valescourt 60 34 C2
Valescure 83 287 F3
Valette 15 206 B4
La Valette 38 231 D3
La Valette 42 191 F4
La Valette-du-Var 83 291 F3
Valeuil 24 202 B4
Valeyrac 33 198 C3
Valezan 73 214 C1
Valferrière (Col de) 06 268 C4
Valff 67 96 C1
Valfin-lès-Saint-Claude 39 177 E2
Valfin-sur-Valouse 39 176 C3
Valflaunès 34 263 D4
Valfleury 42 210 A2
Valframbert 61 82 C2
Valfréjus 73 232 C1
Valfroicourt 88 94 A4
Valgorge 07 245 E2
Valhey 54 68 C4
Valhuon 62 7 F2
Valiergues 19 205 F3
Valignat 03 189 E1
Valigny 03 171 E1
Valines 80 17 D1
Valjouffrey 38 231 E3
Valjouze 15 225 E1
La Valla-en-Gier 42 210 B3
La Valla-sur-Rochefort 42 191 D4
Vallabrègues 30 264 B4
Vallabrix 30 264 A2
Vallan 89 113 E4
Vallangoujard 95 60 C1
Vallans 79 164 C4
Vallant-Saint-Georges 10 90 A2
Vallauris 06 288 B3
Valle-d'Alesani 2B 315 F4
Valle-di-Campoloro 2B 315 F4
Valle-di-Mezzana 2A 316 B3
Valle-di-Rostino 2B 315 E3
Valle-d'Orezza 2B 315 F4
Vallecalle 2B 315 E2
La Vallée 17 181 E3
Vallée (Étang de la) 45 111 D2
La Vallée-au-Blé 02 21 D3
Vallée d'Avérole 73 215 E3
La Vallée-Mulâtre 02 20 C1

Vallègue 31 ... 277 E4
Valleiry 74 ... 195 D1
Vallenay 18 ... 153 E4
Vallentigny 10 ... 91 E2
Vallerange 57 ... 69 D2
Vallérargues 30 ... 264 A2
Valleraugue 30 ... 262 B2
Vallères 37 ... 130 B4
Valleret 52 ... 92 A2
Vallereuil 24 ... 220 A2
Vallerois-le-Bois 70 ... 141 F1
Vallerois-Lorioz 70 ... 141 E1
Valleroy 25 ... 141 E3
Valleroy 52 ... 117 E4
Valleroy 54 ... 41 E4
Valleroy-aux-Saules 88 ... 94 B3
Valleroy-le-Sec 88 ... 94 A4
Vallery 89 ... 88 B4
Vallerysthal 57 ... 70 A3
Vallesvilles 31 ... 277 D2
Vallet 17 ... 199 F4
Vallet 44 ... 127 D4
Valletot 27 ... 31 E3
Vallica 2B ... 314 C3
Vallière 23 ... 187 E3
Vallières 10 ... 114 B2
Vallières 74 ... 195 D3
Vallières-les-Grandes 41 ... 131 F3
Valliguières 30 ... 264 B3
Valliquerville 76 ... 15 E3
Valloire 73 ... 232 A1
Valloires (Abbaye de) 80 ... 6 B3
Vallois 54 ... 95 D2
Les Vallois 88 ... 94 A4
Vallon-en-Sully 03 ... 170 C2
Vallon-Pont-d'Arc 07 ... 246 A3
Vallon-sur-Gée 72 ... 106 B2
Vallorcine 74 ... 197 D1
Vallouise 05 ... 232 B3
Valmagne (Abbaye de) 34 ... 281 D3
Valmanya 66 ... 312 B3
Valmascle 34 ... 280 B2
Valmeinier 73 ... 214 B4
Valmestroff 57 ... 41 F2
Valmigère 11 ... 302 C3
Valmondois 95 ... 60 C1
Valmont 57 ... 42 C4
Valmont 76 ... 15 D2
Valmorel 73 ... 214 A2
Valmunster 57 ... 42 B3
Valmy 51 ... 65 E1
Valognes 50 ... 25 D3
Valojoulx 24 ... 221 E2
Valonne 25 ... 142 B3
Valoreille 25 ... 142 B3
Valouse 26 ... 247 F3
Valprionde 46 ... 239 E4
Valprivas 43 ... 209 E4
Valpuiseaux 91 ... 87 D3
Valras-Plage 34 ... 305 D1
Valréas 84 ... 247 E3
Valros 34 ... 280 C4
Valroufié 46 ... 240 A3
Vals 09 ... 301 E2
Vals-le-Chastel 43 ... 208 B4
Vals-les-Bains 07 ... 246 A1
Vals-près-le-Puy 43 ... 227 D2
Valsaintes 04 ... 266 B3
Valsemé 14 ... 30 B4
Valsenestre 38 ... 231 E3
Valserres 05 ... 249 F2
Valsonne 69 ... 192 A3
Le Valtin 88 ... 96 A3
Valuéjols 15 ... 225 D2
Valvignères 07 ... 246 B3
Valz-sous-Châteauneuf 63 ... 208 A3
Valzergues 12 ... 241 F3
Van (Pointe du) 29 ... 72 B3
Vanault-le-Châtel 51 ... 65 E3
Vanault-les-Dames 51 ... 65 F3
Vançais 79 ... 165 F4
Vancé 72 ... 107 F3
La Vancelle 67 ... 96 B2
Vanclans 25 ... 161 D1
Vandeins 01 ... 175 F4
Vandelainville 54 ... 67 F1
Vandelans 70 ... 141 E2
Vandeléville 54 ... 94 A2
Vandélicourt 60 ... 35 E2
Vandenesse 58 ... 156 A3
Vandenesse-en-Auxois 21 ... 138 B4
Vandeuil 51 ... 37 E3
Vandières 51 ... 63 F1
Vandières 54 ... 68 A2
Vandœuvre-lès-Nancy 54 ... 68 A4
Vandoncourt 25 ... 142 C2
Vandré 17 ... 181 E2
Vandrimare 27 ... 32 C3
Vandy 08 ... 39 D2
Les Vanels 48 ... 262 B1
Vanlay 10 ... 114 A2
Vannaire 21 ... 115 E3
Vanne 70 ... 140 C1
Le Vanneau-Irleau 79 ... 164 B4
Vannecourt 57 ... 69 D2
Vannecrocq 27 ... 31 D3
Vannes 56 ... 101 D4
Vannes-le-Châtel 54 ... 93 E1
Vannes-sur-Cosson 45 ... 110 C4
Vannoz 39 ... 160 A4
Vanosc 07 ... 228 B1
Les Vans 07 ... 245 F3
Vantoux 57 ... 41 F4
Vantoux-et-Longevelle 70 ... 140 C2
Vanves 92 ... 61 D3
Vanvey 21 ... 115 E3
Vanvillé 77 ... 88 B1
Vanxains 24 ... 219 F1

VALENCE

Alsace (Bd d') ... DY
Arménie (R. d') ... DY 4
Augier (R. Émile) ... CYZ
Balais (R. des) ... BCY 5
Bancel (Bd) ... CY 6
Barrault (R. J.-L.) ... DY 7
Belle-Image (R.) ... CY 9
Bonaparte (R. du Lieutenant) ... BCY 12
Chambaud (R. Mirabel) ... BZ 15
Championnet (Pl.) ... BCZ 16
Chapeliers (Côte des) ... BY 17
Clerc (Bd M.) ... DZ 22
Clercs (Pl. des) ... BCZ 23
Docteur-Schweitzer (R. du) ... BY 25
Dragonne (Pl. de la) ... DY 26
Dupré de Loire (Av.) ... DY 27
Farre (R. du Gén.) ... CDZ 29
Félix-Faure (Av.) ... DZ
Gaulle (Bd du Gén.) ... CZ 32
Huguenel (Pl. Ch.) ... CY 36
Jacquet (R. V.) ... BZ 37
Jeu-de-Paume (R. du) ... CYZ 39
Lecardonnel (Pl. L.) ... CY 42
Leclerc (Pl. Gén.) ... DY 43
Liberté (Pl. de la) ... CY 45
Madier-de-Montjau (R.) ... CY 47
Mistral (Pont Frédéric) ... BZ 50
Montalivet (Pl. de) ... DY 51
Ormeaux (Pl. des) ... BZ 55
Palais (Pl. du) ... CZ 56
Paré (R. Ambroise) ... BY 57
Pérollerie (R.) ... BY 59
Petit-Paradis (R.) ... BY 60
Pierre (Pl. de la) ... BY 62
Repenties (R. des) ... BZ 65
République (Pl. de la) ... CZ
St-Didier (R.) ... BCZ 71
St-Estève (Côte) ... BY 72
St-Jacques (Faubourg) ... DY 75
St-Martin (Côte et R.) ... BY 77
St-Nicolas (Q.) ... BY 78
Saunière (R.) ... CZ 80
Semard (Av. J.-P.) ... CZ
Sylvante (Côte) ... BY 84
Temple (R. du) ... BCY 85
Université (Pl. de l') ... CZ 88
Vernoux (R.) ... CY 90
Victor-Hugo (Av.) ... CZ

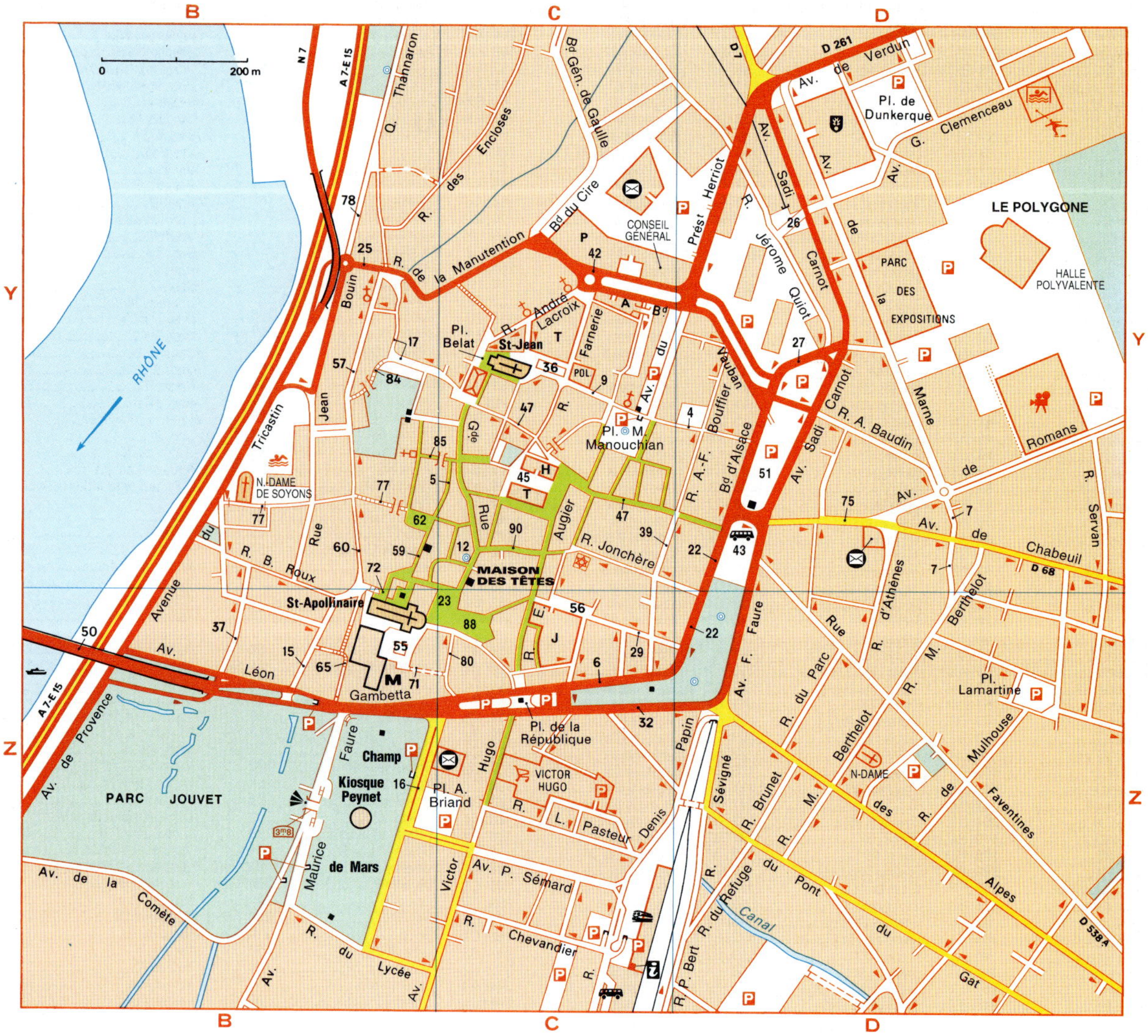

B
C
D
Y
Z
0
200 m
RHÔNE
LE POLYGONE
HALLE POLYVALENTE
PARC DES EXPOSITIONS
CONSEIL GÉNÉRAL
Pl. de Dunkerque
St-Jean
Pl. Belat
Pl. M. Manouchian
MAISON DES TÊTES
St-Apollinaire
N-DAME DE SOYONS
Gambetta
Pl. de la République
Champ de Mars
Kiosque Peynet
PARC JOUVET
Pl. A. Briand
VICTOR HUGO
Pl. Lamartine
N-DAME
Av. de Verdun
Av. de Chabeuil
Av. de Romans
Canal

Vany 57 ... 41 F4
Vanzac 17 ... 200 C3
Vanzay 79 ... 165 F4
Vanzy 74 ... 195 D2
Vaour 81 ... 258 C2
Varacieux 38 ... 212 A4
Varades 44 ... 127 E3
Varages 83 ... 286 A2
Varaignes 24 ... 202 B2
Varaire 46 ... 240 C4
Varaize 17 ... 182 B3
Varambon 01 ... 193 F2
Varanges 21 ... 139 E4
Varangéville 54 ... 68 B4
Varaville 14 ... 29 F3
Varces-Allières-et-Risset 38 ... 230 C2
Vareilles 23 ... 168 C4
Vareilles 71 ... 174 A4
Vareilles 89 ... 89 D4
Varen 82 ... 258 C2
Varengeville-sur-Mer 76 ... 16 D2
Varenguebec 50 ... 25 D4
La Varenne 49 ... 127 D3
Varenne-l'Arconce 71 ... 174 A4
Varenne-Saint-Germain 71 ... 173 F3
La Varenne-Saint-Hilaire 94 ... 61 E3
Varennes 24 ... 220 B4
Varennes 31 ... 277 D3
Varennes 37 ... 150 B2
Varennes 80 ... 18 C1
Varennes 82 ... 258 A4
Varennes 86 ... 149 D4
Varennes 89 ... 113 F3
Varennes-Changy 45 ... 111 F3
Varennes-en-Argonne 55 ... 39 F4
Varennes-Jarcy 91 ... 61 E4
Varennes-le-Grand 71 ... 158 A4
Varennes-lès-Mâcon 71 ... 175 D4
Varennes-lès-Narcy 58 ... 135 E4
Varennes-Saint-Honorat 43 ... 226 B1
Varennes-Saint-Sauveur 71 ... 176 A2
Varennes-sous-Dun 71 ... 174 B4
Varennes-sur-Allier 03 ... 172 B4
Varennes-sur-Amance 52 ... 117 E2
Varennes-sur-Fouzon 36 ... 132 C4
Varennes-sur-Loire 49 ... 129 E4
Varennes-sur-Morge 63 ... 189 F3
Varennes-sur-Seine 77 ... 88 A3
Varennes-sur-Tèche 03 ... 172 C4
Varennes-sur-Usson 63 ... 207 F2
Varennes-Vauzelles 58 ... 154 C2
Varès 47 ... 237 F3
Varesnes 60 ... 35 F1
Varessia 39 ... 176 C1
Varetz 19 ... 222 A1
Varilhes 09 ... 301 D3
Varinfroy 60 ... 62 B1
Variscourt 02 ... 37 F2
Varize 28 ... 109 E1
Varize 57 ... 42 B4
Varmonzey 88 ... 94 B3
Varnéville 55 ... 67 E2
Varneville-Bretteville 76 ... 16 A4
Varney 55 ... 66 A3
Varogne 70 ... 118 B4
Varois-et-Chaignot 21 ... 139 E3
Varouville 50 ... 25 D2
Varrains 49 ... 129 E4
Varreddes 77 ... 62 A2
Vars 05 ... 250 C1
Vars 16 ... 183 E4
Vars 70 ... 140 A1
Vars (Col de) 05 ... 250 C2
Vars-sur-Roseix 19 ... 222 A1
Varsberg 57 ... 42 B4
Varvinay 55 ... 67 D2
Varzay 17 ... 199 D1
Varzy 58 ... 136 A3
Vascœuil 27 ... 32 C2
Vasles 79 ... 165 F2
Vasouy 14 ... 30 B2
Vasperviller 57 ... 70 A3
Vassel 63 ... 189 F4
Vasselay 18 ... 153 E1
Vasselin 38 ... 212 A1
Vassens 02 ... 36 A2
Vasseny 02 ... 36 C3
Vassieux-en-Vercors 26 ... 230 A3
Vassimont-et-Chapelaine 51 ... 64 B4
Vassincourt 55 ... 66 A3
Vassivière (Lac de) 23 ... 187 D4
Vassogne 02 ... 37 D2
Vassonville 76 ... 16 A4
Vassy 14 ... 55 E3
Vassy 89 ... 137 E1
Le Vast 50 ... 25 D2
Vastérival 76 ... 16 D2
Vasteville 50 ... 24 B2
Les Vastres 43 ... 227 F3
Vatan 36 ... 152 A2
Vathiménil 54 ... 95 D1
Vatierville 76 ... 16 C3
Vatilieu 38 ... 212 A4
Vatimont 57 ... 68 C1
Vatry 51 ... 64 C3
Vattetot-sous-Beaumont 76 ... 15 D3
Vattetot-sur-Mer 76 ... 14 C2
Vatteville 27 ... 32 C3
Vatteville-la-Rue 76 ... 15 E4
Vaubadon 14 ... 28 C4
Vauban 71 ... 174 A4
Vaubecourt 55 ... 66 A2
Vaubexy 88 ... 94 B3
Vaucé 53 ... 81 D2
Vaucelles 14 ... 28 C3
Vaucelles (Abbaye de) 59 ... 20 A1
Vaucelles-et-Beffecourt 02 ... 36 C1
Vauchamps 25 ... 141 F3
Vauchamps 51 ... 63 E3
Vauchassis 10 ... 90 A4
Vauchelles 60 ... 35 F1
Vauchelles-lès-Authie 80 ... 18 C1
Vauchelles-lès-Domart 80 ... 17 F1
Vauchelles-les-Quesnoy 80 ... 17 E1
Vauchignon 21 ... 157 F2
Vauchonvilliers 10 ... 91 D4
Vauchoux 70 ... 118 A4
Vauchrétien 49 ... 128 B3
Vauciennes 51 ... 63 F1
Vauciennes 60 ... 35 F4
Vauclaix 58 ... 136 C4
Vauclerc 51 ... 65 E4
Vaucluse 25 ... 142 B3
Vauclusotte 25 ... 142 B3
Vaucogne 10 ... 90 C1
Vauconcourt-Nervezain 70 ... 117 F4
Vaucottes-sur-Mer 76 ... 14 C2
Vaucouleurs 55 ... 93 E1
Vaucourt 54 ... 69 D4
Vaucourtois 77 ... 62 A3
Vaucresson 92 ... 60 C3
Vaudancourt 60 ... 33 E4
Vaudebarrier 71 ... 174 A3
Vaudelnay 49 ... 148 A1
Vaudeloges 14 ... 56 C2
Vaudemange 51 ... 64 B1
Vaudémont 54 ... 94 A2
Vaudémont (Signal de) 54 ... 94 A2
Vaudes 10 ... 90 B4
Vaudesincourt 51 ... 38 B4
Vaudesson 02 ... 36 C2
Vaudeurs 89 ... 113 E1
Vaudevant 07 ... 228 B2
Vaudeville 54 ... 94 B2
Vaudéville 88 ... 95 D3
Vaudeville-le-Haut 55 ... 93 D2
Vaudherland 95 ... 61 E2
Vaudigny 54 ... 94 B2
Le Vaudioux 39 ... 160 A4
Vaudoncourt 55 ... 40 C3
Vaudoncourt 57 ... 42 B4
Vaudoncourt 88 ... 93 F4
Le Vaudoué 77 ... 87 E3
Vaudoy-en-Brie 77 ... 62 B4
Vaudreching 57 ... 42 B3
Vaudrecourt 52 ... 93 E4
Vaudrémont 52 ... 115 F1
Le Vaudreuil 27 ... 32 B4
Vaudreuille 31 ... 277 F4
Vaudreville 50 ... 25 D3
Vaudrey 39 ... 159 F2
Vaudricourt 62 ... 8 A1
Vaudricourt 80 ... 17 D1
Vaudrimesnil 50 ... 26 C4
Vaudringhem 62 ... 2 C4
Vaudrivillers 25 ... 142 A3
Vaudry 14 ... 55 D3
Vaufrey 25 ... 142 C3
Vaugines 84 ... 266 A4
Vaugneray 69 ... 192 B4
Vaugrigneuse 91 ... 86 C1
Vauhallan 91 ... 60 C4
Vaujany 38 ... 231 E1
Vaujours 93 ... 61 E2
Vaulandry 49 ... 129 E1
Le Vaulmier 15 ... 224 B1
Vaulnaveys-le-Bas 38 ... 230 C1
Vaulnaveys-le-Haut 38 ... 231 D1
Vaulry 87 ... 185 E2
Vault-de-Lugny 89 ... 137 D2
Vaulx 62 ... 7 D3
Vaulx 74 ... 195 D3
Vaulx-en-Velin 69 ... 193 D4
Vaulx-Milieu 38 ... 211 F1
Vaulx-Vraucourt 62 ... 8 B4
Le Vaumain 60 ... 33 F3
Vaumas 03 ... 172 C3
Vaumeilh 04 ... 249 E4
Vaumoise 60 ... 35 F4
Vaumort 89 ... 113 D1
Vaunac 24 ... 203 D4
Vaunaveys-la-Rochette 26 ... 229 E4
Vaunoise 61 ... 83 E3
La Vaupalière 76 ... 32 A2
Vaupillon 28 ... 84 B2
Vaupoisson 10 ... 90 C2
Vauquois 55 ... 39 F4
Vauréal 95 ... 60 B1
Vaureilles 12 ... 241 F3
Vaurezis 02 ... 36 B2
Le Vauroux 60 ... 33 F3
Vausse (Prieuré de) 89 ... 137 E1
Vausseroux 79 ... 165 E2
Vautebis 79 ... 165 E2
Vauthiermont 90 ... 120 A3

Vautorte 53 ....81 D3
Vauvenargues 13 ....285 E2
Vauvert 30 ....282 B1
Vauville 14 ....30 B3
Vauville 50 ....24 B2
Vauvillers 70 ....118 A2
Vauvillers 80 ....19 D3
Vaux 03 ....170 C3
Vaux 31 ....277 E3
Vaux 57 ....41 E4
Vaux 86 ....166 A4
Vaux 89 ....113 E4
Vaux (Château de) 49 ....105 E3
Vaux-Andigny 02 ....20 B1
Vaux-Champagne 08 ....38 C2
Les Vaux de Cernay 78 ....60 B4
Vaux-devant-Damloup 55 ....40 B4
Vaux-en-Amiénois 80 ....18 A2
Vaux-en-Beaujolais 69 ....192 B2
Vaux-en-Bugey 01 ....194 A3
Vaux-en-Dieulet 08 ....39 E2
Vaux-en-Pré 71 ....174 C1
Vaux-en-Vermandois 02 ....19 F3
Vaux-et-Chantegrue 25 ....160 C3
Vaux-la-Douce 52 ....117 E3
Vaux-la-Grande 55 ....66 C4
Vaux-la-Petite 55 ....66 C4
Vaux-Lavalette 16 ....201 F3
Vaux-le-Moncelot 70 ....140 C2
Vaux-le-Pénil 77 ....87 F2
Vaux-le-Vicomte (Château de) 77 ....87 F1
Vaux-lès-Mouron 08 ....39 D3
Vaux-lès-Mouzon 08 ....23 E4
Vaux-lès-Palameix 55 ....67 D1
Vaux-les-Prés 25 ....140 C4
Vaux-lès-Rubigny 08 ....21 F4
Vaux-lès-Saint-Claude 39 ....177 D3
Vaux-Marquenneville 80 ....17 E2
Vaux-Montreuil 08 ....38 C1
Vaux-Rouillac 16 ....183 D4
Vaux-Saules 21 ....138 C2
Vaux-sous-Aubigny 52 ....116 C4
Vaux-sur-Aure 14 ....28 C3
Vaux-sur-Blaise 52 ....92 A2
Vaux-sur-Eure 27 ....59 D1
Vaux-sur-Lunain 77 ....88 A4
Vaux-sur-Mer 17 ....198 B1
Vaux-sur-Poligny 39 ....159 F3
Vaux-sur-Risle 27 ....57 F3
Vaux-sur-Saint-Urbain 52 ....92 B3
Vaux-sur-Seine 78 ....60 B2
Vaux-sur-Seulles 14 ....29 D3
Vaux-sur-Somme 80 ....18 C2
Vaux-sur-Vienne 86 ....149 F3
Vaux-Villaine 08 ....22 B3
Vauxaillon 02 ....36 B2
Vauxbons 52 ....116 B3
Vauxbuin 02 ....36 B3
Vauxcéré 02 ....37 D3
Vauxrenard 69 ....192 B1
Vauxtin 02 ....36 C3
Vavincourt 55 ....66 B3
Vavray-le-Grand 51 ....65 E3
Vavray-le-Petit 51 ....65 E3
Vaxainville 54 ....95 E1
Vaxoncourt 88 ....94 C3
Vaxy 57 ....68 C2
Vay 44 ....126 A1
Vaychis 09 ....310 B1
Vaylats 46 ....240 B4
Vayrac 46 ....222 C3
Vayres 33 ....217 F3
Vayres 87 ....184 C4
Vayres (Château de) 86 ....166 B1
Vayres-sur-Essonne 91 ....87 D2
Vazeilles-Limandre 43 ....226 C2
Vazeilles-près-Saugues 43 ....226 B3
Vazerac 82 ....257 F1
Veauce 03 ....189 E1
Veauche 42 ....209 F2
Veauchette 42 ....209 F2
Veaugues 18 ....134 C4
Veaunes 26 ....229 D2
Veauville-lès-Baons 76 ....15 E3
Veauville-lès-Quelles 76 ....15 E2
Vèbre 09 ....310 A1
Vebret 15 ....206 B4
Vebron 48 ....262 B1
Vecchio (Pont du) 2B 317 D2
Veckersviller 57 ....70 A1
Veckring 57 ....42 A2
Vecoux 88 ....119 D1
Vecquemont 80 ....18 C2
Vecqueville 52 ....92 B2
Vedène 84 ....265 D3
Védrines-Saint-Loup 15 ....225 F2
Véel 55 ....66 B3
Végennes 19 ....222 C3
Vého 54 ....69 E4
Veigné 37 ....130 C4
Veigy-Foncenex 74 ....178 A4
Veilhes 81 ....277 E2
Veillac 15 ....206 B3
Veilleins 41 ....132 C3
Veilly 21 ....157 F1
Veix 19 ....205 D3
Velaine-en-Haye 54 ....68 A4
Velaine-sous-Amance 54 ....68 B4
Velaines 55 ....66 C4
Velanne 38 ....212 B2
Velars-sur-Ouche 21 ....139 D3
Velaux 13 ....284 C3
Velennes 60 ....34 B2
Velennes 80 ....18 A3
Velesmes 70 ....140 B2
Velesmes-Essarts 25 ....140 C4
Velet 70 ....140 B2
Vélieux 34 ....279 E4
Vélines 24 ....219 E4
Vélizy-Villacoublay 78 ....60 C4
Velle-le-Châtel 70 ....141 D1
Velle-sur-Moselle 54 ....94 B1
Vellèches 86 ....149 F3
Vellechevreux-et-Courbenans 70 ....142 A1
Velleclaire 70 ....140 C2
Vellefaux 70 ....141 E1
Vellefrey-et-Vellefrange 70 ....140 C2
Vellefrie 70 ....118 B4
Velleguindry-et-Levrecey 70 141 E1
Velleminfroy 70 ....118 C4
Vellemoz 70 ....140 C2
Velleron 84 ....265 E3
Vellerot-lès-Belvoir 25 ....142 B3
Vellerot-lès-Vercel 25 ....142 A4
Velles 36 ....169 D1
Velles 52 ....117 E3
Vellescot 90 ....120 A4
Vellevans 25 ....142 A3
Vellexon-Queutrey-et-Vaudey 70 ....140 C1
Velloreille-lès-Choye 70 ....140 C3
Velluire 85 ....164 A3
Velogny 21 ....138 A3
Velone-Orneto 2B 315 F4
Velorcey 70 ....118 B3
Velosnes 55 ....40 B1
Velotte-et-Tatignécourt 88 ....94 B3
Vélu 62 ....19 E1
Velving 57 ....42 B3
Vélye 51 ....64 B3
Velzic 15 ....224 B3
Vémars 95 ....61 E1
Venables 27 ....32 C4
Venaco 2B 317 D1
Venansault 85 ....145 F4
Venanson 06 ....289 D2
Venarey-les-Laumes 21 ....138 A2
Venarsal 19 ....222 B1
Venas 03 ....171 D3
Venasque 84 ....265 F3
Vence 06 ....269 F4
Vence (Col de) 06 ....269 F4
Vendargues 34 ....281 F2
Vendat 03 ....190 A1
Vendays-Montalivet 33 ....198 B3
Vendegies-au-Bois 59 ....9 F4
Vendegies-sur-Écaillon 59 ....9 F3
Vendeix (Roche) 63 ....206 C2
Vendel 35 ....80 A3
La Vendelée 50 ....53 F1
Vendelles 02 ....19 F2
Vendémian 34 ....281 D2
Vendenesse-lès-Charolles 71 ....174 B3
Vendenesse-sur-Arroux 71 ....173 F1
Vendenheim 67 ....71 D2
Vendes 14 ....29 D4
Vendes 15 ....206 A4
Vendeuil 02 ....20 B4
Vendeuil-Caply 60 ....34 B1
Vendeuvre 14 ....56 B2
Vendeuvre-du-Poitou 86 ....149 D4
Vendeuvre-sur-Barse 10 ....91 D4
Vendeville 59 ....8 C1
Vendhuile 02 ....20 A1
Vendières 02 ....63 D3
Vendin-le-Vieil 62 ....8 B2
Vendin-lès-Béthune 62 ....8 A1
Vendine 31 ....277 E2
Vendœuvres 36 ....151 E4
Vendoire 24 ....201 F3
Vendôme 41 ....108 B4
Vendranges 42 ....191 E3
Vendrennes 85 ....146 B3
Vendres 34 ....305 D1
Vendresse 08 ....39 D1
Vendresse-Beaulne 02 ....37 D2
Vendrest 77 ....62 B1
La Vendue-Mignot 10 ....114 B1
Vénéjan 30 ....264 B1
Venelles 13 ....285 D2
Vénérand 17 ....181 F4
Venère 70 ....140 B3
Vénérieu 38 ....211 F1
Vénérolles 02 ....20 C2
Venerque 31 ....276 C4
Vénès 81 ....278 A1
Venesmes 18 ....153 D4
Vénestanville 76 ....15 F2
Venette 60 ....35 E2
Veneux-les-Sablons 77 ....87 F3
Vénevelles (Manoir de) 72 ....106 C4
Veney 54 ....95 E1
Vengeons 50 ....54 C3
Venise 25 ....141 E3
Venisey 70 ....118 A3
Vénissieux 69 ....211 D1
Venizel 02 ....36 B3
Venizy 89 ....113 F2
Vennans 25 ....141 E3
Vennecy 45 ....110 B2
Vennes 25 ....142 A4
Vennezey 54 ....94 C2
Venon 27 ....32 A4
Venon 38 ....231 D1
Venosc 38 ....231 E2
Venouse 89 ....113 F3
Venoy 89 ....113 E4
Vensac 33 ....198 B3
Vensat 63 ....189 F2
Ventabren 13 ....284 C2
Ventadour (Ruines de) 19 ....205 E3
Ventavon 05 ....249 D3
Ventelay 51 ....37 E3
Ventenac 09 ....301 E3
Ventenac-Cabardès 11 ....302 B1
Ventenac-en-Minervois 11 ....303 F1
Venterol 04 ....249 F3
Venterol 26 ....247 E3
Les Ventes 27 ....58 C2
Les Ventes-de-Bourse 61 ....83 D2
Ventes-Saint-Rémy 76 ....16 B4
Venteuges 43 ....226 B3
Venteuil 51 ....63 F1
Venthon 73 ....196 A4
Ventiseri 2B 317 E3
Ventouse 16 ....184 A3
Ventoux (Mont) 84 ....265 F1
Ventron 88 ....119 F2
La Ventrouze 61 ....83 F1
Venzolasca 2B 315 F3
Ver 50 ....54 A2
Ver-lès-Chartres 28 ....85 E3
Ver-sur-Launette 60 ....61 F1
Ver-sur-Mer 14 ....29 D3
Vérac 33 ....217 F2
Véranne 42 ....210 C3
Vérargues 34 ....282 A1
Véraza 11 ....302 B3
Verberie 60 ....35 E3
Verbiesles 52 ....116 B1
Vercel-Villedieu-le-Camp 25 141 F4
Verchain-Maugré 59 ....9 F3
Verchaix 74 ....196 B1
Vercheny 26 ....247 F1
Les Verchers-sur-Layon 49 ....148 A1
Verchin 62 ....7 E1
Verchocq 62 ....7 D1
Vercia 39 ....176 B1
Verclause 26 ....248 A3
Vercoiran 26 ....248 A4
Vercourt 80 ....6 B3
Verdaches 04 ....250 A4
Verdalle 81 ....278 A3
Verde (Col de) 2B 317 E3
Verdelais 33 ....236 C2
Verdelles (Château de) 72 ....106 A3
Verdelot 77 ....63 D3
Verdenal 54 ....69 E4
Verderel 60 ....34 A2
Verderonne 60 ....34 C3
Verdes 41 ....109 E2
Verdèse 2B 315 F4
Verdets 64 ....296 B1
Le Verdier 81 ....258 C3
La Verdière 83 ....286 A1
Verdigny 18 ....135 D3
Verdille 16 ....183 D3
Verdilly 02 ....63 D1
Verdon 24 ....220 B4
Verdon 51 ....63 E2
Verdon (Grand Canyon du) 04 ....268 A4
Le Verdon-sur-Mer 33 ....198 B2
Verdonnet 21 ....114 C4
Verdun 09 ....310 A1
Verdun 55 ....40 B4
Verdun-en-Lauragais 11 ....278 A4
Verdun-sur-Garonne 82 ....257 E4
Verdun-sur-le-Doubs 71 ....158 B3
Verdus (Musée du) 07 ....246 B1
Vereaux 18 ....154 B3
Verel-de-Montbel 73 ....212 C2
Verel-Pragondran 73 ....213 D1
Vérétz 37 ....131 D3
Vereux 70 ....140 B2
Verfeil 31 ....277 D2
Verfeil 82 ....258 C1
Verfeuil 30 ....264 A1
Vergaville 57 ....69 E2
Vergéal 35 ....104 A1
La Vergenne 70 ....142 A1
Le Verger 35 ....102 C1
Le Verger (Château) 49 ....128 C1
Verger-sur-Dive 86 ....148 C4
Vergeroux 17 ....181 D2
Verges 39 ....176 C1
Vergetot 76 ....14 C3
Vergezac 43 ....226 C2
Vergèze 30 ....282 B1
Vergheas 63 ....188 B2
Vergies 80 ....17 E2
Vergigny 89 ....113 F2
Vergio (Col de) 2B 316 B1
Vergisson 71 ....175 D4
Vergné 17 ....182 B2
La Vergne 17 ....181 F2
Vergoignan 32 ....273 E1
Vergoncey 50 ....80 A1
Vergongheon 43 ....207 F4
Vergonnes 49 ....104 B4
Vergons 04 ....268 B3
Vergranne 25 ....141 F2
Vergt 24 ....220 C2
Vergt-de-Biron 24 ....238 C2
Le Verguier 02 ....19 F2
Véria 39 ....176 B2
Vérignon 83 ....286 C1
Vérigny 28 ....85 D2
Vérin 42 ....210 C3
Vérines 17 ....163 F4
Vérissey 71 ....158 C4
Vérizet 71 ....175 E3
Verjon 01 ....176 B3
Verjux 71 ....158 B3
Verlans 70 ....142 B1
Verlhac-Tescou 82 ....258 A3
Verlin 89 ....112 C2
Verlincthun 62 ....2 B4
Verlinghem 59 ....4 C4
Verlus 32 ....273 E2
Vermand 02 ....19 F2
Vermandovillers 80 ....19 D3
Vermelles 62 ....8 B1
Vermenton 89 ....136 C1
Vermondans 25 ....142 B2
Le Vermont 88 ....96 A1
Vern-d'Anjou 49 ....127 F1
Vern-sur-Seiche 35 ....103 E1
Vernais 18 ....154 A4
Vernaison 69 ....210 C1
Vernajoul 09 ....301 D3
Vernancourt 51 ....65 F3
Vernantes 49 ....129 F3
Vernantois 39 ....176 C1
La Vernarède 30 ....245 E4
Vernas 38 ....193 F4
Vernassal 43 ....226 C1
Vernaux 09 ....310 B1
Vernay 69 ....192 B1
La Vernaz 74 ....178 C3
Verne 25 ....141 F2
Verne (Chartreuse de la) 83 293 D1
Vernègues 13 ....284 B1
Verneiges 23 ....170 B4
Le Verneil 73 ....213 F2
Verneil-le-Chétif 72 ....107 D4
Verneix 03 ....171 D3
La Vernelle 36 ....132 B4
Le Vernet 03 ....190 A2
Le Vernet 04 ....250 A4
Le Vernet 09 ....301 D2
Vernet 31 ....276 C4
Le Vernet 43 ....226 C2
Vernet-la-Varenne 63 ....208 A3
Vernet-les-Bains 66 ....311 F3
Le Vernet-Sainte-Marguerite 63 ....207 D2
Verneugheol 63 ....188 B4
Verneuil 16 ....184 C4
Verneuil 18 ....153 F4
Verneuil 51 ....63 E1
Verneuil 58 ....155 F3
Verneuil-en-Bourbonnais 03 ....172 A4
Verneuil-en-Halatte 60 ....34 C3
Verneuil-Grand 55 ....40 B1
Verneuil-le-Château 37 ....149 E2
Verneuil-l'Étang 77 ....88 A1
Verneuil-Moustiers 87 ....168 A4
Verneuil-Petit 55 ....40 B1
Verneuil-sous-Coucy 02 ....36 B1
Verneuil-sur-Avre 27 ....58 B4
Verneuil-sur-Igneraie 36 ....169 F1
Verneuil-sur-Indre 37 ....150 C2
Verneuil-sur-Seine 78 ....60 B2
Verneuil-sur-Serre 02 ....20 C4
Verneuil-sur-Vienne 87 ....185 E4
Verneusses 27 ....57 E2
Vernéville 57 ....41 E4
Vernie 72 ....82 C4
Vernierfontaine 25 ....160 C1
Vernines 63 ....207 D1
Verniolle 09 ....301 D2
Vernioz 38 ....211 D3
Vernix 50 ....54 B4
Vernoil 49 ....129 F3
Le Vernois 39 ....159 E4
Vernois-le-Fol 25 ....143 D3
Vernois-lès-Belvoir 25 ....142 B3
Vernois-lès-Vesvres 21 ....139 E1
Vernois-sur-Mance 70 ....117 F3
Vernols 15 ....225 D1
Vernon 07 ....245 F3
Vernon 27 ....59 E1
Vernon 86 ....166 C3
Vernonvilliers 10 ....91 E3
Vernosc-lès-Annonay 07 ....228 C1
Vernot 21 ....139 D2
La Vernotte 70 ....140 C2
Vernou-en-Sologne 41 ....132 C2
Vernou-la-Celle-sur-Seine 77 .88 A3
Vernou-sur-Brenne 37 ....131 D3
Vernouillet 28 ....59 D4
Vernouillet 78 ....60 B2
Vernoux 01 ....175 F2
Vernoux-en-Gâtine 79 ....164 C1
Vernoux-en-Vivarais 07 ....228 C3
Vernoux-sur-Boutonne 79 ....182 C1
Le Vernoy 25 ....142 B1
Vernoy 89 ....112 B1
Vernusse 03 ....171 F4
Verny 57 ....68 B1
Vero 2A 316 C3
Véron 89 ....112 C1
Véronne 26 ....247 F1
Véronnes 21 ....139 F2
Verosvres 71 ....174 B3
Verpel 08 ....39 E2
La Verpillière 38 ....211 E1
Verpillières 80 ....19 E4
Verpillières-sur-Ource 10 ....115 E1
Verquières 13 ....265 D4
Verquigneul 62 ....8 A1
Verquin 62 ....8 A1
Verrens-Arvey 73 ....213 F1
La Verrerie (Château de) 18 .134 B3
Verreries-de-Moussans 34 ....279 E3
Verrey-sous-Drée 21 ....138 B3
Verrey-sous-Salmaise 21 ....138 B2
Verricourt 10 ....90 C2
Verrie 49 ....129 D4
La Verrie 85 ....146 C2
La Verrière 78 ....60 B4
Verrières 08 ....39 E1
Verrières 10 ....90 B4
Verrières 12 ....261 E1
Verrières 16 ....200 C2
Verrières 51 ....65 F1
Verrières 61 ....84 A3
Verrières 63 ....207 E2
Verrières 86 ....166 C3

VERSAILLES

Carnot (R.) ....Y
Chancellerie (R. de la) ....Y 3
Chantiers (R. des) ....Z 5
Clemenceau (R. Georges) ....Y 7
Cotte (R. Robert-de) ....Y 10
États-Généraux (R. des) ..Z
Europe (Av. de l') ....Y 14
Foch (R. du Mar.) ....XY
Gambetta (Pl.) ....Y 17
Gaulle (Av. Gén.-de) ....YZ 18
Hoche (R.) ....Y
Indép. Américaine (R. de l') ....Y 20
Leclerc (R. du Gén.) ....Z 24
Mermoz (R. Jean) ....Z 27
Nolhac (R. Pierre-de) ....Y 31
Orangerie (R. de l') ....YZ
Paroisse (R. de la) ....Y
Porte de Buc (R. de la) ....Z 34
Rockefeller (Av.) ....Y 37
Royale (R.) ....Z
Satory (R. de) ....YZ 42
Vieux-Versailles (R. du) ....YZ 47

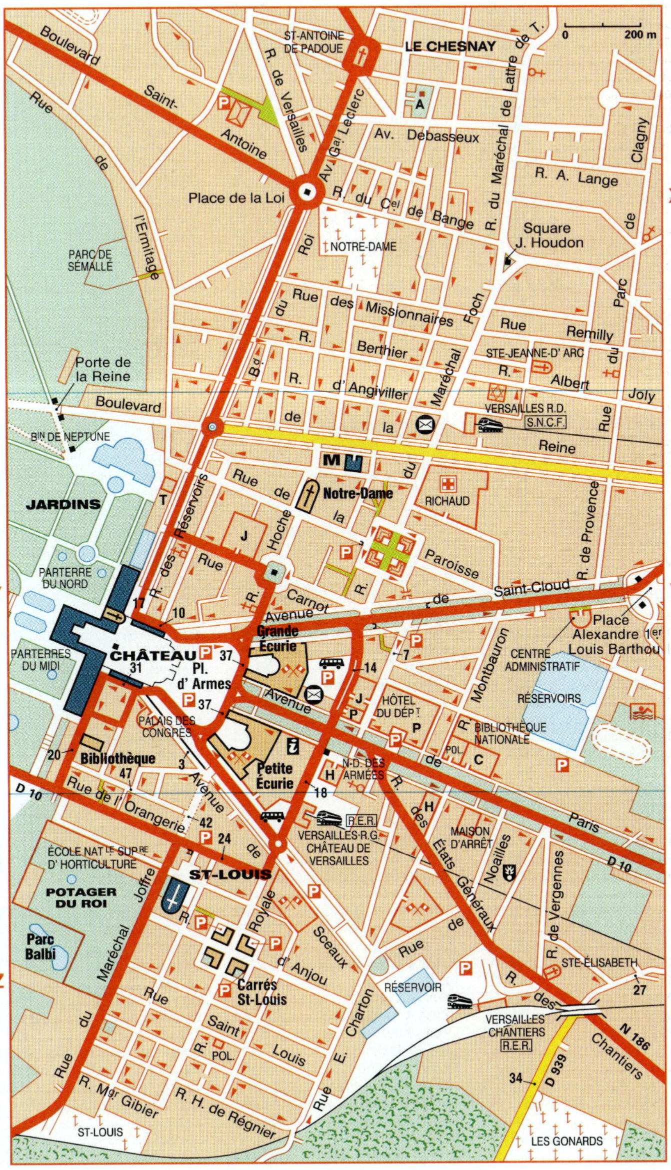
LE CHESNAY
ST-ANTOINE DE PADOUE
Boulevard Saint-Antoine
Place de la Loi
Av. Debasseux
R. A. Lange
Square J. Houdon
NOTRE-DAME
PARC DE SEMAILLE
Porte de la Reine
Bd DE NEPTUNE
JARDINS
PARTERRE DU NORD
PARTERRES DU MIDI
CHÂTEAU
Pl. d'Armes
Grande Écurie
Petite Écurie
Bibliothèque
ST-LOUIS
POTAGER DU ROI
Parc Balbi
Carrés St-Louis
VERSAILLES R.D.
VERSAILLES R.G. CHÂTEAU DE VERSAILLES
VERSAILLES CHANTIERS
CENTRE ADMINISTRATIF
RÉSERVOIRS
BIBLIOTHÈQUE NATIONALE
MAISON D'ARRÊT
Place Alexandre 1er Louis Barthou
ST-LOUIS
LES GONARDS
X
Y
Z

Verrières-de-Joux 25 161 D2
Verrières-du-Grosbois 25 141 F4
Verrières-en-Forez 42 209 D2
Verrières-le-Buisson 91 60 C4
Verrines-sous-Celles 79 165 E4
Verrue 86 149 D3
Verruyes 79 165 D2
Vers 46 240 B3
Vers 71 175 E1
Vers 74 195 E1
Vers-en-Montagne 39 160 A3
Vers-Pont-du-Gard 30 264 B3
Vers-sous-Sellières 39 159 E3
Vers-sur-Méouge 26 266 B1
Vers-sur-Selles 80 18 A3
Versailles 78 60 C3
Versailleux 01 193 E2
Versainville 14 56 B2
La Versanne 42 210 B4
Versaugues 71 173 F3
Verseilles-le-Bas 52 116 C4
Verseilles-le-Haut 52 116 C4
Versigny 02 20 B4
Versigny 60 35 E4
Versols-et-Lapeyre 12 261 D4
Verson 14 29 E4
Versonnex 01 177 F3
Versonnex 74 195 D3
Le Versoud 38 213 D4
Vert 40 253 F2
Vert 78 59 F2
Le Vert 79 182 B1
Vert (Lac) 74 196 C2
Vert-Bois 17 180 B3
Vert-en-Drouais 28 59 D4
Vert-la-Gravelle 51 64 A3
Vert-le-Grand 91 87 D1
Vert-le-Petit 91 87 D1
Vert-Saint-Denis 77 87 E1
Vertain 59 9 F4
Vertaizon 63 189 F4
Vertamboz 39 177 D1
Vertault 21 114 C3
Verte (Ile) 13 291 D3
Verteillac 24 202 A4
Vertes-Feuilles 02 36 A3
Verteuil-d'Agenais 47 238 A3
Verteuil-sur-Charente 16 183 F2
Verthemex 73 212 C1
Vertheuil 33 198 C4
Vertilly 89 89 D3
Vertolaye 63 208 C1
Verton 62 6 B2
Vertou 44 126 C4
Vertrieu 38 194 A3
Vertus 51 64 A2
Les Vertus 76 16 A2
Vertuzey 55 67 E4
Vervant 16 183 E4
Vervant 17 182 B2
Vervezelle 88 95 E3
Vervins 02 21 E3
Véry 55 39 F3
Verzé 71 175 D3
Verzeille 11 302 B2
Verzenay 51 38 A4
Verzy 51 38 A4
Vesaignes-sous-Lafauche 52 92 C3
Vesaignes-sur-Marne 52 116 C2
Vesancy 01 177 F3
Vesc 26 247 F2
Vescemont 90 119 F3
Vescheim 57 70 A2
Vescles 39 176 C3
Vescours 01 175 F2
Vescovato 2B 315 F3
Vesdun 18 170 B2
Vésigneul-sur-Marne 51 65 D3
Vésines 01 175 E3
Vésines 45 111 F2
Le Vésinet 78 60 C3
Vesles-et-Caumont 02 21 D4
Veslud 02 37 D1
Vesly 27 33 E4
Vesly 50 26 C3
Vesoul 70 141 E1
La Vespière 14 57 E1
Vesseaux 07 246 A1
Vessey 50 79 F1
Vestric-et-Candiac 30 282 B1
Vesvres 21 138 B3
Vesvres-sous-Chalancey 52 116 B4
Vétheuil 95 59 F1
Vétraz-Monthoux 74 178 A4
Vétrigne 90 119 F4
Veuil 36 151 F1
Veuilly-la-Poterie 02 62 C1
Veules-les-Roses 76 15 F1
Veulettes-sur-Mer 76 15 D1
Le Veurdre 03 154 B4
Veurey-Voroize 38 212 B4
La Veuve 51 64 C1
Veuves 41 131 F2
Veuvey-sur-Ouche 21 157 F1
Veuxhaulles-sur-Aube 21 115 F2
Vevy 39 176 C1
Vexaincourt 88 70 A4
Le Vey 14 55 F2
Veynes 05 249 D2
Veyrac 87 185 E3
Veyras 07 246 B1
Veyre-Monton 63 207 E1
Veyreau 12 261 F1
Veyrier-du-Lac 74 195 E3
Veyrières 15 206 A4
Veyrières 19 206 A3
Veyrignac 24 221 F4
Veyrines 07 228 B1
Veyrines-de-Domme 24 221 E4
Veyrines-de-Vergt 24 220 C3
Veyrins 38 212 B1
Les Veys 50 27 E3
Veyssilieu 38 211 F1
Veyziat 01 176 C4
Vez 60 35 F4
Vézac 15 224 B4
Vézac 24 221 F4
Vézannes 89 114 A3
Vézaponin 02 36 A2
Vèze 15 207 D4
La Vèze 25 141 E4
Vézelay 89 136 C2
Vézelise 54 94 A1
Vézelois 90 119 F4
Vezels-Roussy 15 224 B4
Vézénobres 30 263 E2
Vézeronce-Curtin 38 212 A1
Vezet 70 140 C1
Vézézoux 43 208 A3
Le Vézier 51 63 D3
Vézières 86 148 C1
Vézillon 27 32 C4
Vézilly 02 37 D4
Vezin-le-Coquet 35 79 D4
Vézinnes 89 114 A3
Vezins 49 147 E1
Vezins 50 80 B1
Vezins (Barrage de) 50 80 B1
Vézins-de-Lévézou 12 261 D1
Vezot 72 83 D3
Vezou (Belvédère du) 15 225 D4
Vezzani 2B 317 E2
Via 66 310 C3
Viabon 28 85 F4
Viala-du-Pas-de-Jaux 12 261 E3
Viala-du-Tarn 12 261 D2
Vialas 48 245 D4
Vialer 64 273 E3
Viam 19 205 D2
Viane 81 279 D1
Vianges 21 157 D1
Vianne 47 255 F1
Viâpres-le-Grand 10 90 A1
Viâpres-le-Petit 10 90 A1
Viarmes 95 61 D1
Vias 34 305 E1
Viaur (Viaduc du) 12 259 F2
Viazac 46 241 E2
Le Vibal 12 242 C4
Vibersviller 57 69 F2
Vibeuf 76 15 F2
Vibrac 16 201 D1
Vibrac 17 199 F3
Vibraye 72 108 A1
Vic 09 300 A4
Vic 36 169 F1
Vic (Roche de) 19 222 C2
Vic-de-Chassenay 21 137 F2
Vic-des-Prés 21 157 F1
Vic-en-Bigorre 65 273 F4
Vic-Fezensac 32 274 B1
Vic-la-Gardiole 34 281 E3
Vic-le-Comte 63 207 F1
Vic-le-Fesq 30 263 E4
Vic-sous-Thil 21 137 F3
Vic-sur-Aisne 02 36 A2
Vic-sur-Cère 15 224 B3
Vic-sur-Seille 57 68 C3
Vicdessos 09 309 F1
Le Vicel 50 25 E2
Vichel 63 207 F3
Vichel-Nanteuil 02 36 B4
Vichères 28 84 B4
Vicherey 88 93 F2
Vichy 03 190 A1
Vico 2A 316 B2
La Vicogne 80 18 B1
La Vicomté-sur-Rance 22 78 C1
Vicq 03 189 E1
Vicq 52 117 E2
Vicq 59 9 F2
Vicq 78 60 A3
Vicq-d'Auribat 40 253 D4
Vicq-Exemplet 36 170 A1
Vicq-sur-Breuilh 87 204 A1
Vicq-sur-Gartempe 86 150 B4
Vicq-sur-Nahon 36 151 F1
Vicques 14 56 B2
Victoire (Abbaye de la) 60 35 D4
Victot-Pontfol 14 30 A4
Vidai 61 83 E2
Vidaillac 46 240 C4
Vidaillat 23 187 D3
Vidauban 83 287 D3
Videcosville 50 25 D3
Videix 87 184 C4
Videlles 91 87 D2
Vidou 65 298 B1
Vidouville 50 55 D1
Vidouze 65 273 E3
Viefvillers 60 34 A1
Vieil-Armand 68 120 B1
Le Vieil-Baugé 49 129 E2
Le Vieil-Dampierre 51 65 F2
Le Vieil-Évreux 27 59 D2
Vieil-Hesdin 62 7 D3
Vieil-Moutier 62 2 C4
Vieille-Brioude 43 208 A4
Vieille-Chapelle 62 8 A1
Vieille-Église 62 3 D2
Vieille-Église-en-Yvelines 78 60 A4
La Vieille-Loye 39 159 F1
La Vieille-Lyre 27 58 A2
Vieille-Toulouse 31 276 C3
Vieilles-Maisons-sur-Joudry 45 111 D3
Vieillespesse 15 225 E2
Vieillevie 15 242 A2
Vieillevigne 31 277 D4
Vieillevigne 44 145 F2
Vieilley 25 141 E3
Vieilmoulin 21 138 B3
Viel-Arcy 02 37 D3
Viel-Saint-Remy 08 22 B4
Viella 32 273 E2
Viella 65 297 F4
Vielle-Adour 65 297 F2
Vielle-Aure 65 298 B4
Vielle-Louron 65 298 B4
Vielle-Saint-Girons 40 252 B3
Vielle-Soubiran 40 254 C2
Vielle-Tursan 40 272 C1
Viellenave-d'Arthez 64 272 C3
Viellenave-de-Navarrenx 64 272 A4
Viellenave-sur-Bidouze 64 271 E3
Vielleségure 64 272 B4
Vielmanay 58 135 E4
Vielmur-sur-Agout 81 278 A2
Vielprat 43 227 D4
Viels-Maisons 02 63 D3
Vielverge 21 140 A4
Viennay 79 165 E1
Vienne 38 211 D2
Vienne-en-Arthies 95 59 F1
Vienne-en-Bessin 14 29 D3
Vienne-en-Val 45 110 C4
Vienne-la-Ville 51 39 E4
Vienne-le-Château 51 39 E4
Viens 84 266 B3
Vienville 88 95 F4
Vier-Bordes 65 297 E3
Viersat 23 170 B4
Vierville 28 86 A3
Vierville 50 25 E4
Vierville-sur-Mer 14 27 F2
Vierzon 18 133 E4
Vierzy 02 36 B3
Viesly 59 9 E4
Viessoix 14 55 D3
Viéthorey 25 142 A2
Vieu 01 194 B3
Vieu-d'Izenave 01 194 B1
Vieugy 74 195 E3
Vieure 03 171 E2
Vieussan 34 279 F3
Vieuvicq 28 84 C4
Vieuvy 53 81 D2
Vieux 14 55 F1
Vieux 81 258 C3
Vieux-Berquin 59 4 A4
Vieux-Boucau-les-Bains 40 252 A4
Vieux-Bourg 14 30 C3
Le Vieux-Bourg 22 76 C2
Le Vieux-Cérier 16 184 A3
Vieux Chambord (Château du) 03 172 C3
Vieux-Champagne 77 88 B1
Vieux-Charmont 25 142 C1
Vieux-Château 21 137 E2
Vieux Château (Le) 85 144 A4
Vieux-Condé 59 9 F2
Vieux-Ferrette 68 120 C4
Vieux-Fumé 14 56 B1
Vieux-lès-Asfeld 08 37 F2
Vieux-Lixheim 57 70 A2
Vieux-Maisons 77 62 C4
Vieux-Manoir 76 32 C1
Le Vieux-Marché 22 50 A3
Vieux-Mareuil 24 202 A3
Vieux-Mesnil 59 10 B2
Vieux-Moulin 60 35 F2
Vieux-Moulin 88 95 F2
Vieux-Moulins 52 116 C3
Vieux-Pierrefeu 06 269 F3
Vieux-Pont 61 56 B4
Vieux-Pont-en-Auge 14 56 C1
Vieux-Port 27 31 E2
Vieux-Reng 59 10 C1
Vieux-Rouen-sur-Bresle 76 17 D3
La Vieux-Rue 76 32 B2
Vieux-Ruffec 16 184 A2
Vieux-Thann 68 120 A2
Vieux-Viel 35 79 F1
Vieux-Villez 27 32 C4
Vieux-Vy-sur-Couesnon 35 79 F3
Vieuzos 65 298 C1
Viévigne 21 139 F2
Viéville 52 92 B4
Viéville-en-Haye 54 67 F2
Viéville-sous-les-Côtes 55 67 E1
Viévy 21 157 E2
Viévy-le-Rayé 41 109 D3
Viey 65 297 F4
Vif 38 230 C2
Viffort 02 63 D2
Le Vigan 30 262 B3
Le Vigan 46 240 A1
Le Vigean 15 224 A1
Le Vigeant 86 167 D4
Le Vigen 87 185 F4
Vigeois 19 204 B4
Viger 65 297 E2
Vigeville 23 187 E1
Viggianello 2A 318 C2
Viglain 45 111 D4
Vignacourt 80 18 A1
Vignage (Rochers du) 61 82 C2
Vignale 2B 315 F3
Vignats 14 56 B3
Le Vignau 40 273 D1
Vignaux 31 275 F1
Les Vigneaux 05 232 B3
Vignec 65 298 B4
Vignely 77 61 F2
Vignemont 60 35 E2
Les Vignères 84 265 E4
Les Vignes 48 261 F1
Vignes 64 272 C3
Vignes 89 137 E2
Vignes-la-Côte 52 92 C3
Vigneul-sous-Montmédy 55 40 A1
Vigneulles 54 94 B1
Vigneulles-lès-Hattonchâtel 55 67 E1
Vigneux-de-Bretagne 44 126 A3
Vigneux-Hocquet 02 21 E4
Vigneux-sur-Seine 91 61 D4
Vignevieille 11 303 D3
Vignieu 38 212 A1
Vignoc 35 79 D3
Vignol 58 136 C3
Vignoles 21 158 A2
Vignolles 16 201 D2
Vignols 19 204 A4
Vignonet 33 218 C4
Vignory 52 92 B3
Vignot 55 67 D3
Vignoux-sous-les-Aix 18 153 E1
Vignoux-sur-Barangeon 18 152 C1
Vigny 57 68 B1
Vigny 95 60 B1
Vigoulant 36 169 F3
Vigoulet-Auzil 31 276 C3
Vigoux 36 168 C2
Vigueron 82 257 D4
Vigy 57 42 A4
Vihiers 49 147 F1
Vijon 36 169 F3
Vilbert 77 62 A4
Vilcey-sur-Trey 54 67 F2
Vildé-Guingalan 22 78 B2
Le Vilhain 03 171 D2
Vilhonneur 16 202 A1
Vilhosc (Prieuré de) 04 267 E1
Villa-Algérienne 33 234 B1
Villabé 91 87 D1
Villabon 18 153 F1
Villac 24 221 F1
Villacerf 10 90 A3
Villacourt 54 94 C2
Villadin 10 89 E3
Villafans 70 142 A1
Village-Neuf 68 121 D3
Villaines-en-Duesmois 21 115 D4
Villaines-la-Carelle 72 83 D3
Villaines-la-Gonais 72 107 F1
Villaines-la-Juhel 53 82 A3
Villaines-les-Prévôtes 21 137 F2
Villaines-les-Rochers 37 130 B4
Villaines-sous-Bois 95 61 D1
Villaines-sous-Lucé 72 107 E3
Villaines-sous-Malicorne 72 106 B4
Villainville 76 14 B3
Villalbe 11 302 B2
Villalet 27 58 C2
Villalier 11 302 C1
Villamblain 45 109 E2
Villamblard 24 220 B2
Villamée 35 80 B2
Villampuy 28 109 E2
Villandraut 33 236 B3
Villandry 37 130 B3
Villanière 11 278 B4
Villanova 2A 316 A4
Villapourçon 58 156 B3
Villar-d'Arêne 05 232 A2
Villar-en-Val 11 302 C2
Villar-Loubière 05 231 F4
Villar-Saint-Anselme 11 302 B3
Villarceaux (Château de) 95 59 F1
Villard 23 169 D4
Le Villard 48 243 F3
Villard 74 178 B4
Villard-Bonnot 38 213 D4
Villard-de-Lans 38 230 B2
Villard-d'Héry 73 213 E2
Villard-Léger 73 213 F2
Villard-Notre-Dame 38 231 E2
Villard-Reculas 38 231 E1
Villard-Reymond 38 231 E2
Villard-Saint-Christophe 38 231 D2
Villard-Saint-Pancrace 05 232 C3
Villard-Saint-Sauveur 39 177 E3
Villard-Sallet 73 213 E2
Villard-sur-Bienne 39 177 E2
Villard-sur-Doron 73 196 B4
Villardebelle 11 302 C3
Villardonnel 11 278 B4
Villards-d'Héria 39 177 D3
Les Villards-sur-Thônes 74 196 A3
Villarembert 73 213 F4
Villargent 70 142 A1
Villargoix 21 137 F4
Villargondran 73 214 A4
Villariès 31 276 C1
Villarlurin 73 214 B2
Villarodin-Bourget 73 214 C4
Villaroger 73 215 D1
Villaroux 73 213 E2
Villars 24 202 C3
Villars 28 85 E4
Villars 42 210 A3
Le Villars 71 175 E2
Villars 84 266 A3
Villars (Grottes de) 24 202 C3
Villars-Colmars 04 268 B1
Villars-en-Azois 52 115 F1
Villars-en-Pons 17 199 E1
Villars-et-Villenotte 21 138 A2
Villars-Fontaine 21 158 A1
Villars-le-Pautel 70 117 F2
Villars-le-Sec 90 143 D2
Villars-lès-Blamont 25 142 C2
Villars-les-Bois 17 182 B4
Villars-les-Dombes 01 193 E2
Villars-Saint-Georges 25 160 A1
Villars-Saint-Marcellin 52 117 F2
Villars-Santenoge 52 116 A4
Villars-sous-Dampjoux 25 142 B3
Villars-sous-Écot 25 142 B2
Villars-sur-Var 06 269 F3
Villarzel-Cabardès 11 302 C1
Villarzel-du-Razès 11 302 B2
Villasavary 11 301 F1
Villate 31 276 B3
Villaudric 31 258 A4
Villautou 11 301 E2
Villavard 41 108 B4
Villaz 74 195 E2
Ville 60 35 F1
Villé 67 96 B1
La Ville 69 191 F1
Ville-au-Montois 54 41 D2
Ville-au-Val 54 68 A2
La Ville-aux-Bois 10 91 E2
La Ville-aux-Bois-lès-Dizy 02 21 E4
La Ville-aux-Bois-lès-Pontavert 02 37 E2
La Ville-aux-Clercs 41 108 C3
La Ville-aux-Dames 37 131 D3
La Ville-aux-Nonains 28 84 C1
Ville-d'Avray 92 60 C3
Ville-devant-Belrain 55 66 C2
Ville-devant-Chaumont 55 40 B3
Ville-di-Paraso 2B 314 C3
Ville-di-Pietrabugno 2B 315 F1
La Ville-Dieu-du-Temple 82 257 E3
Ville-Dommange 51 37 E4
La Ville-du-Bois 91 86 C1
Ville-du-Pont 25 161 E2
Ville-en-Blaisois 52 92 A2
Ville-en-Sallaz 74 196 A1
Ville-en-Selve 51 64 B1
Ville-en-Tardenois 51 37 E4
Ville-en-Vermois 54 68 B4
Ville-en-Woëvre 55 40 C4
La Ville-ès-Nonais 35 78 C1
Ville-Houdlémont 54 40 C1
Ville-Issey 55 67 D4
Ville-la-Grand 74 178 A4
Ville-Langy 58 155 E3
Ville-le-Marclet 80 18 A1
Ville-Saint-Jacques 77 88 A3
Ville-Savoye 02 37 D3
Ville-sous-Anjou 38 211 D3
Ville-sous-la-Ferté 10 115 F1
La Ville-sous-Orbais 51 63 E2
Ville-sur-Ancre 80 18 C2
Ville-sur-Arce 10 115 D1
Ville-sur-Cousances 55 66 B1
Ville-sur-Illon 88 94 B4
Ville-sur-Jarnioux 69 192 B3
Ville-sur-Lumes 08 22 C3
Ville-sur-Retourne 08 38 B2
Ville-sur-Saulx 55 66 A4
Ville-sur-Terre 10 91 F3
Ville-sur-Tourbe 51 39 D4
Ville-sur-Yron 54 41 D4
Villeau 28 85 F4
Villebadin 61 56 C3
Villebarou 41 132 A1
Villebaudon 50 54 B2
Villebazy 11 302 B3
Villebéon 77 88 A4
Villebernier 49 129 E4
Villeberny 21 138 B2
Villebichot 21 158 B1
Villeblevin 89 88 B3
Villebois 01 194 A3
Villebois-Lavalette 16 201 F3
Villebois-les-Pins 26 248 C4
Villebon 28 84 C3
Villebon-sur-Yvette 91 60 C4
Villebougis 89 88 C4
Villebourg 37 130 B1
Villebout 41 108 C2
Villebramar 47 238 A2
Villebret 03 171 D4
Villebrumier 82 258 A4
Villecelin 18 152 C4
Villecerf 77 88 A3
Villecey-sur-Mad 54 67 F1
Villechantria 39 176 B3
Villechauve 41 131 E1
Villechenève 69 192 A4
Villechétif 10 90 B3
Villechétive 89 113 E1
Villechien 50 80 C1
Villecien 89 112 C2
Villécloye 55 40 A1
Villecomtal 12 242 B3
Villecomtal-sur-Arros 32 274 A4
Villecomte 21 139 D2
Villeconin 91 86 C2
Villecourt 80 19 E3
Villecresnes 94 61 E4
Villecroze 83 286 C2
Villedaigne 11 303 F1
Villedieu 15 225 E3
La Villedieu 17 182 C2
Villedieu 21 114 C3
La Villedieu 23 205 D1
Les Villedieu 25 160 C4
La Villedieu 48 244 B1
Villedieu 84 247 E4
La Villedieu-du-Clain 86 166 B3
La Villedieu-en-Fontenette 70 118 B3
Villedieu-la-Blouère 49 146 C1
Villedieu-le-Château 41 107 F4
Villedieu-lès-Bailleul 61 56 C3
Villedieu-les-Poêles 50 54 B3
Villedieu-sur-Indre 36 151 F3
Villedômain 37 151 D2
Villedômer 37 131 D2
Villedoux 17 163 F4
Villedubert 11 302 C1
Villefagnan 16 183 E2
Villefargeau 89 113 E4
Villefavard 87 185 F1
Villeferry 21 138 A2
Villefloure 11 302 C2
Villefollet 79 182 C1
Villefontaine 38 211 E1
Villefort 11 301 F4
Villefort 48 245 D3
Villefranche 32 275 D4
Villefranche-d'Albigeois 81 259 F4
Villefranche-d'Allier 03 171 E3
Villefranche-de-Conflent 66 311 E3
Villefranche-de-Lauragais 31 277 D4
Villefranche-de-Lonchat 24 219 E3
Villefranche-de-Panat 12 260 B2
Villefranche-de-Rouergue 12 241 E4
Villefranche-du-Périgord 24 239 E2
Villefranche-du-Queyran 47 237 E4
Villefranche-le-Château 26 266 B1
Villefranche-Saint-Phal 89 112 B2
Villefranche-sur-Cher 41 132 C4
Villefranche-sur-Mer 06 288 C2
Villefranche-sur-Saône 69 192 C2
Villefrancœur 41 108 C4
Villefrancon 70 140 C2
Villefranque 64 270 C3
Villefranque 65 273 F3
Villegagnon 77 62 C4
Villegailhenc 11 302 B1
Villegardin 89 112 B1
Villegats 16 183 F2
Villegats 27 59 E2
Villegaudin 71 158 C4
Villegenon 18 134 B3
Villegly 11 302 C1
Villegongis 36 151 F3
Villegouge 33 218 B3
Villegouin 36 151 E2
Villegruis 77 89 D1
Villegusien 52 116 C4
Villehardouin 10 90 C3
Villeherviers 41 133 D3
Villejésus 16 183 E3
Villejoubert 16 183 F4
Villejuif 94 61 D3
Villejust 91 60 C4
Villelaure 84 285 D1
Villeloin-Coulangé 37 151 D1
Villelongue 65 297 E3
Villelongue-d'Aude 11 302 A3
Villelongue-de-la-Salanque 66 313 D1
Villelongue-dels-Monts 66 313 D3
Villeloup 10 90 A3
Villemade 82 257 F2
Villemagne 11 278 A4
Villemagne-l'Argentière 34 280 A2
Villemain 79 183 D2
Villemandeur 45 111 F2
Villemanoche 89 88 C3
Villemardy 41 108 C4
Villemaréchal 77 88 A4
Villemareuil 77 62 A2
Villematier 31 258 A4
Villemaur-sur-Vanne 10 89 F4
Villembits 65 298 B1
Villembray 60 33 F2
Villemer 77 88 A3
Villemer 89 113 D3
Villemereuil 10 90 B4
Villemervry 52 116 B4
Villemeux-sur-Eure 28 59 E4
Villemoirieu 38 193 F4
Villemoiron-en-Othe 10 89 F4
Villemoisan 49 127 F2
Villemoisson-sur-Orge 91 61 D4
Villemolaque 66 313 D3
Villemomble 93 61 E3
Villemontais 42 191 D3
Villemontoire 02 36 B3
Villemorien 10 114 C1
Villemorin 17 182 C2
Villemoron 52 116 B4
Villemort 86 167 E2
Villemotier 01 176 A3
Villemoustaussou 11 302 C1
Villemoutiers 45 111 E2
Villemoyenne 10 90 C4
Villemur 65 298 C1
Villemur-sur-Tarn 31 258 A4
Villemurlin 45 134 A1
Villemus 04 266 C4
Villenauxe-la-Grande 10 89 E1
Villenauxe-la-Petite 77 88 C3
Villenave 40 253 E3
Villenave-de-Rions 33 236 B1
Villenave-d'Ornon 33 217 E4
Villenave-près-Béarn 65 273 E4
Villenave-près-Marsac 65 273 F4
Villenavotte 89 88 C4
Villeneuve 01 192 C2
Villeneuve 04 267 D3
Villeneuve 09 299 F4
Villeneuve 12 241 E3
La Villeneuve 23 188 A3
Villeneuve 33 217 E2
La Villeneuve 71 158 C2

La Villeneuve-au-Châtelot 10 89 E1
Villeneuve-au-Chemin 10 113 F1
La Villeneuve-au-Chêne 10 90 C4
La Villeneuve-Bellenoye-et-la-Maize 70 118 B4
Villeneuve-d'Allier 43 226 A1
Villeneuve-d'Amont 25 160 B2
Villeneuve-d'Ascq 59 4 C4
Villeneuve-d'Aval 39 159 F2
Villeneuve-de-Berg 07 246 B2
Villeneuve-de-Duras 47 237 F1
Villeneuve-de-la-Raho 66 313 D2
Villeneuve-de-Marc 38 211 E2
Villeneuve-de-Marsan 40 254 B4
Villeneuve-de-Mézin 47 255 E3
Villeneuve-de-Rivière 31 299 D2
Villeneuve-d'Entraunes 06 269 D1
Villeneuve-des-Escaldes 66 310 C3
Villeneuve-d'Olmes 09 301 E4
Villeneuve-du-Bosc 09 301 D3
Villeneuve-du-Latou 09 300 C1
Villeneuve-du-Paréage 09 301 D2
La Villeneuve-en-Chevrie 78 59 E2
Villeneuve-en-Montagne 71 157 F4
Villeneuve-Frouville 41 109 D4
Villeneuve-la-Comptal 11 301 F1
Villeneuve-la-Comtesse 17 182 B1
Villeneuve-la-Dondagre 89 112 B1
Villeneuve-la-Garenne 92 61 D2
Villeneuve-la-Guyard 89 88 B3
Villeneuve-la-Lionne 51 63 D4
Villeneuve-la-Rivière 66 312 C2
Villeneuve-la-Salle 05 232 B2
Villeneuve-l'Archevêque 89 89 E4
Villeneuve-le-Comte 77 62 A3
Villeneuve-le-Roi 94 61 D4
Villeneuve-Lécussan 31 298 C2
Villeneuve-Lembron 63 207 F3
Villeneuve-lès-Avignon 30 264 C3
Villeneuve-lès-Béziers 34 305 D1
Villeneuve-les-Bordes 77 88 B2
Villeneuve-lès-Bouloc 31 276 C1
Villeneuve-les-Cerfs 63 190 A2
La Villeneuve-lès-Charleville 51 63 E3
Villeneuve-lès-Charnod 39 176 B3
La Villeneuve-les-Convers 21 138 B1
Villeneuve-les-Corbières 11 303 E3
Villeneuve-les-Genêts 89 112 B4
Villeneuve-lès-Lavaur 81 277 E2
Villeneuve-lès-Maguelone 34 281 F3
Villeneuve-lès-Montréal 11 302 A2
Villeneuve-les-Sablons 60 34 A4
Villeneuve-Loubet 06 288 B2
Villeneuve-Loubet-Plage 06 288 B2
Villeneuve-Minervois 11 302 C1
Villeneuve-Renneville-Chevigny 51 64 B2
Villeneuve-Saint-Denis 77 61 F3
Villeneuve-Saint-Georges 94 61 D4
Villeneuve-Saint-Germain 02 36 B3
Villeneuve-Saint-Nicolas 28 85 E4
Villeneuve-Saint-Salves 89 113 E3
Villeneuve-Saint-Vistre-et-Villevotte 51 89 F1
Villeneuve-sous-Charigny 21 138 A2
Villeneuve-sous-Dammartin 77 61 F1
Villeneuve-sous-Pymont 39 159 E4
La Villeneuve-sous-Thury 60 35 F4
Villeneuve-sur-Allier 03 172 A1
Villeneuve-sur-Auvers 91 86 C2
Villeneuve-sur-Bellot 77 62 C3
Villeneuve-sur-Cher 18 153 D2
Villeneuve-sur-Conie 45 109 F2
Villeneuve-sur-Fère 02 36 C4
Villeneuve-sur-Lot 47 238 C3
Villeneuve-sur-Tarn 81 260 A3
Villeneuve-sur-Verberie 60 35 D3
Villeneuve-sur-Vère 81 259 D3
La Villeneuve-sur-Vingeanne 21 140 A1
Villeneuve-sur-Yonne 89 112 C1
Villeneuve-Tolosane 31 276 B3
Villeneuvette 34 280 C2
Villennes-sur-Seine 78 60 B2
Villenouvelle 17 182 B1
Villenouvelle 31 277 D4
Villenoy 77 62 A2
Villentrois 36 151 E1
Villeny 41 132 C1
Villepail 53 82 A2
Villeparisis 77 61 E2
Villeparois 70 118 B4
Villeperdrix 26 248 A3
Villeperdue 37 130 C4
Villeperrot 89 88 C4
Villepinte 11 302 A1
Villepinte 93 61 E2
Villeporcher 41 131 E1
Villepot 44 104 A3
Villepreux 78 60 B3
Villequier 76 15 E4
Villequier-Aumont 02 20 A4
Villequiers 18 154 A2
Viller 57 69 D1
Villerable 41 108 B4
Villerbon 41 132 A1
Villeréal 47 238 C2
Villereau 45 110 B1
Villereau 59 10 A2
Villerest 42 191 E2
Villeret 02 20 A2
Villeret 10 91 E2
Villereversure 01 194 A1
Villermain 41 109 E3
Villeromain 41 108 C4
Villeron 95 61 E1
Villerouge-la-Crémade 11 303 E2
Villerouge-Termenès 11 303 D3
Villeroy 77 61 F2
Villeroy 80 17 E2
Villeroy 89 112 C1
Villeroy-sur-Méholle 55 93 D1
Villers 42 191 F1
Villers 88 94 B3
Villers-Agron-Aiguizy 02 37 D4
Villers-Allerand 51 37 F4
Villers-au-Bois 62 8 A2
Villers-au-Flos 62 19 E1
Villers-au-Tertre 59 9 D3
Villers-aux-Bois 51 64 A2
Villers-aux-Érables 80 18 C3
Villers-aux-Nœuds 51 37 F4
Villers-aux-Vents 55 66 A3
Villers-Bocage 14 55 E1
Villers-Bocage 80 18 B2
Villers-Bouton 70 141 D2
Villers-Bretonneux 80 18 C3
Villers-Brûlin 62 7 F2
Villers-Buzon 25 140 C4
Villers-Campsart 80 17 E3
Villers-Canivet 14 56 A2
Villers-Carbonnel 80 19 E3
Villers-Cernay 08 23 E4
Villers-Châtel 62 8 A2
Villers-Chemin-et-Mont-lès-Étrelles 70 140 C2
Villers-Chief 25 142 A4
Villers-Cotterêts 02 36 A4
Villers-devant-Dun 55 39 F2
Villers-devant-le-Thour 08 37 F1
Villers-devant-Mouzon 08 23 E4
Villers-Écalles 76 15 F4
Villers-en-Argonne 51 65 F1
Villers-en-Arthies 95 59 F1
Villers-en-Cauchies 59 9 E4
Villers-en-Haye 54 68 A3
Villers-en-Ouche 61 57 E3
Villers-en-Prayères 02 37 D3
Villers-en-Vexin 27 33 D4
Villers-Farlay 39 159 F2
Villers-Faucon 80 19 F2
Villers-Franqueux 51 37 E3
Villers-Grélot 25 141 E3
Villers-Guislain 59 19 F1
Villers-Hélon 02 36 B4
Villers-la-Chèvre 54 40 C1
Villers-la-Combe 25 142 A4
Villers-la-Faye 21 158 A1
Villers-la-Montagne 54 41 D1
Villers-la-Ville 70 142 A1
Villers-le-Château 51 64 C2
Villers-le-Lac 25 161 F1
Villers-le-Rond 54 40 B2
Villers-le-Sec 02 20 B3
Villers-le-Sec 51 65 F3
Villers-le-Sec 55 92 C1
Villers-le-Sec 70 141 E1
Villers-le-Tilleul 08 22 C4
Villers-le-Tourneur 08 22 B4
Villers-les-Bois 39 159 E3
Villers-lès-Cagnicourt 62 8 C4
Villers-lès-Guise 02 20 C2
Villers-lès-Luxeuil 70 118 C3
Villers-lès-Mangiennes 55 40 B2
Villers-lès-Moivrons 54 68 B3
Villers-lès-Nancy 54 68 A4
Villers-les-Ormes 36 151 F3
Villers-les-Pots 21 139 F4
Villers-lès-Roye 80 19 D4
Villers-l'Hôpital 62 7 E4
Villers-Marmery 51 64 B1
Villers-Outréaux 59 20 A1
Villers-Pater 70 141 E2
Villers-Patras 21 115 D2
Villers-Plouich 59 19 F1
Villers-Pol 59 9 F3
Villers-Robert 39 159 E2
Villers-Rotin 21 159 D1
Villers-Saint-Barthélemy 60 33 F2
Villers-Saint-Christophe 02 19 F3
Villers-Saint-Frambourg 60 35 D4
Villers-Saint-Genest 60 62 A1
Villers-Saint-Martin 25 141 F3
Villers-Saint-Paul 60 34 C3
Villers-Saint-Sépulcre 60 34 B3
Villers-Semeuse 08 22 C3
Villers-Sir-Simon 62 7 F3
Villers-Sire-Nicole 59 10 C1
Villers-sous-Ailly 80 17 F1
Villers-sous-Chalamont 25 160 B3
Villers-sous-Châtillon 51 63 F1
Villers-sous-Foucarmont 76 17 D3
Villers-sous-Montrond 25 160 B1
Villers-sous-Pareid 55 41 D4
Villers-sous-Prény 54 67 F2
Villers-sous-Saint-Leu 60 34 C4
Villers-Stoncourt 57 68 C1
Villers-sur-Auchy 60 33 E2
Villers-sur-Authie 80 6 B3
Villers-sur-Bar 08 23 D4
Villers-sur-Bonnières 60 33 F1
Villers-sur-Coudun 60 35 E2
Villers-sur-Fère 02 36 C4
Villers-sur-le-Mont 08 22 C4
Villers-sur-le-Roule 27 32 C4
Villers-sur-Mer 14 30 A3
Villers-sur-Meuse 55 66 C1
Villers-sur-Nied 57 68 C2
Villers-sur-Port 70 118 A4
Villers-sur-Saulnot 70 142 B1
Villers-sur-Trie 60 33 F3
Villers-Tournelle 80 18 C4
Villers-Vaudey 70 117 F4
Villers-Vermont 60 33 E1
Villers-Vicomte 60 18 A4
Villerserine 39 159 F3
Villersexel 70 142 A1
Villerupt 54 41 D1
Villerville 14 30 B2
Villery 10 90 A4
Villes 01 194 C1
Villes-sur-Auzon 84 265 F2
Villesalem (Ancien prieuré de) 86 167 F2
Villeselve 60 19 F4
Villeseneux 51 64 B3
Villesèque 46 239 F4
Villesèque-des-Corbières 11 303 F3
Villesèquelande 11 302 B1
Villesiscle 11 302 A1
Villespassans 34 279 F4
Villespy 11 302 A1
Villetaneuse 93 61 D2
La Villetelle 23 188 A3
Villetelle 34 282 B1
Villethierry 89 88 B4
Villeton 47 237 F4
Villetoureix 24 202 A4
Villetritouls 11 302 C2
Villetrun 41 108 C4
La Villette 14 55 F2
Villette 54 40 B1
Villette 73 214 B1
Villette 78 59 F2
Villette-d'Anthon 38 193 E4
Villette-de-Vienne 38 211 D2
Villette-lès-Arbois 39 159 F2
Villette-lès-Dole 39 159 E1
Villette-sur-Ain 01 193 F2
Villette-sur-Aube 10 90 B1
Villettes 27 32 A4
Les Villettes 43 227 F1
Villeurbanne 69 193 D4
Villevallier 89 112 C2
Villevaudé 77 61 F2
Villevenard 51 63 F3
Villevêque 49 128 C1
Villeveyrac 34 281 D3
Villevieille 04 269 D3
Villevieille 30 282 A1
Villevieux 39 159 E4
Villevocance 07 228 B1
Villevoques 45 111 E2
Villexanton 41 109 E4
Villexavier 17 199 F3
Le Villey 39 159 E3
Villey-le-Sec 54 67 F4
Villey-Saint-Étienne 54 67 F3
Villey-sur-Tille 21 139 E1
Villez-sous-Bailleul 27 59 D1
Villez-sur-le-Neubourg 27 31 F4
Villié-Morgon 69 192 B1
Villiers 36 151 D3
Villiers 86 166 A1
Villiers-Adam 95 60 C1
Villiers-au-Bouin 37 130 A1
Villiers-aux-Bois 52 92 A1
Villiers-aux-Chênes 52 91 F3
Villiers-aux-Corneilles 51 89 E1
Villiers-Charlemagne 53 105 D2
Villiers-Couture 17 183 D2
Villiers-en-Bière 77 87 E2
Villiers-en-Bois 79 182 B1
Villiers-en-Désœuvre 27 59 E2
Villiers-en-Lieu 52 65 F4
Villiers-en-Morvan 21 157 D1
Villiers-en-Plaine 79 164 C3
Villiers-Fossard 50 27 E4
Villiers-Herbisse 10 90 B1
Villiers-le-Bâcle 91 60 C4
Villiers-le-Bel 95 61 D2
Villiers-le-Bois 10 114 B2
Villiers-le-Duc 21 115 E3
Villiers-le-Mahieu 78 60 A3
Villiers-le-Morhier 28 85 E1
Villiers-le-Pré 50 80 A1
Villiers-le-Roux 16 183 E2
Villiers-le-Sec 14 29 D3
Villiers-le-Sec 52 116 A1
Villiers-le-Sec 58 136 A3
Villiers-le-Sec 95 61 D1
Villiers-lès-Aprey 52 116 B4
Villiers-les-Hauts 89 114 B4
Villiers-Louis 89 89 D4
Villiers-Saint-Benoît 89 112 C4
Villiers-Saint-Denis 02 62 C2
Villiers-Saint-Fréderic 78 60 A3
Villiers-Saint-Georges 77 89 D1
Villiers-Saint-Orien 28 109 E1
Villiers-sous-Grez 77 87 F3
Villiers-sous-Mortagne 61 83 F1
Villiers-sous-Praslin 10 114 C1
Villiers-sur-Chizé 79 182 C1
Villiers-sur-Loir 41 108 B4
Villiers-sur-Marne 52 92 B3
Villiers-sur-Marne 94 61 E3
Villiers-sur-Morin 77 62 A3
Villiers-sur-Orge 91 87 D1
Villiers-sur-Seine 77 89 D2
Villiers-sur-Suize 52 116 B2
Villiers-sur-Tholon 89 113 D3
Villiers-sur-Yonne 58 136 B3
Villiers-Vineux 89 113 F2
Villiersfaux 41 108 B4
Villieu-Loyes-Mollon 01 193 F3
Villing 57 42 B3
Villognon 16 183 E3
Villon 89 114 B3
Villoncourt 88 95 D3
Villons-les-Buissons 14 29 E4
Villorceau 45 109 F4
Villosanges 63 188 B3
Villotran 60 34 A3
Villotte 88 117 E1
La Villotte 89 112 C4
Villotte-devant-Louppy 55 66 A2
Villotte-Saint-Seine 21 138 C2
Villotte-sur-Aire 55 66 C3
Villotte-sur-Ource 21 115 E3
Villouxel 88 93 D3
Villuis 77 89 D3
Villy 08 39 F1
Villy 89 113 F3
Villy-Bocage 14 55 E1
Villy-en-Auxois 21 138 B3
Villy-en-Trodes 10 90 C4
Villy-le-Bois 10 114 B1
Villy-le-Bouveret 74 195 E2
Villy-le-Maréchal 10 90 B4
Villy-le-Moutier 21 158 B2
Villy-le-Pelloux 74 195 E2
Villy-lez-Falaise 14 56 B2
Villy-sur-Yères 76 16 C2
Vilory 70 118 B4
Vilosnes 55 40 A3
Vilsberg 57 70 B2
Vimarcé 53 82 A4
Vimenet 12 243 D4
Viménil 88 95 D3
Vimines 73 213 D2
Vimont 14 56 B1
Vimory 45 111 F2
Vimoutiers 61 57 D2
Vimpelles 77 88 C2
Vimy 62 8 B2
Vinaigre (Mont) 83 287 F2
Vinantes 77 61 F2
Vinassan 11 304 C1
Vinax 17 182 C2
Vinay 38 230 A1
Vinay 51 64 A2
Vinça 66 311 F2
Vincelles 39 176 B1
Vincelles 51 63 E1
Vincelles 71 176 A1
Vincelles 89 113 E4
Vincelottes 89 113 E4
Vincennes 94 61 D3
Vincent 39 159 E4
Vincey 88 94 C3
Vincly 62 7 D1
Vincy-Manœuvre 77 62 A1
Vincy-Reuil-et-Magny 02 21 E4
Vindecy 71 173 F3
Vindefontaine 50 25 D4
Vindelle 16 201 E1
Vindey 51 63 F4
Vindrac-Alayrac 81 259 D2
Vinets 10 90 C1
Vineuil 36 151 F3
Vineuil 41 132 A1
Vineuil-Saint-Firmin 60 34 C4
La Vineuse 71 174 C2
Vinezac 07 246 A2
Vingrau 66 303 E4
Vingt-Hanaps 61 82 C2
Vinnemerville 76 15 D2
Vinneuf 89 88 B3
Vinon 18 135 D4
Vinon-sur-Verdon 83 285 F1
Vins-sur-Caramy 83 286 B3
Vinsobres 26 247 E4
Le Vintrou 81 278 C3
Vinzelles 63 190 A3
Vinzelles 71 175 D4
Vinzier 74 178 C3
Vinzieux 07 210 C4
Viocourt 88 93 F3
Viodos-Abense-de-Bas 64 295 F1
Violaines 62 8 B1
Violay 42 192 A3
Violès 84 265 D1
Violot 52 117 D4
Viols-en-Laval 34 281 E1
Viols-le-Fort 34 281 E1
Vioménil 88 118 B1
Vion 07 228 C2
Vion 72 106 A3
Vions 73 194 C3
Vionville 57 67 F1
Viozan 32 274 C4
Viplaix 03 170 B3
Vira 09 301 E3
Vira 66 311 F1
Virac 81 259 D3
Virandeville 50 24 B2
Virargues 15 225 D2
Virazeil 47 237 F3
Vire 14 55 D3
Viré 71 175 E3
Viré-en-Champagne 72 106 A2
Vire-sur-Lot 46 239 E3
Vireaux 89 114 B4
Virecourt 54 94 B2
Virelade 33 236 B1
Viremont 39 176 C2
Vireux-Molhain 08 11 F3
Vireux-Wallerand 08 13 D3
Virey 50 80 B1
Virey 70 140 C3
Virey-le-Grand 71 158 A3
Virey-sous-Bar 10 114 C1
Virginy 51 39 D4
Viriat 01 176 A4
Viricelles 42 210 A1
Virieu 38 212 A2
Virieu-le-Grand 01 194 B3
Virieu-le-Petit 01 194 C3
Virigneux 42 210 A1
Virignin 01 194 C4
Viriville 38 211 F4
Virlet 63 188 C1
Virming 57 69 E2
Viroflay 78 60 C3
Virollet 17 199 D2
Vironchaux 80 6 C3
Vironvay 27 32 B4
Virsac 33 217 F2
Virson 17 181 D1
Virville 76 14 C3
Viry 39 177 D4
Viry 71 174 B2
Viry 74 195 E1
Viry-Châtillon 91 61 D4
Viry-Noureuil 02 36 A1
Vis-en-Artois 62 8 C3
Visan 84 247 E4
Viscomtat 63 190 C4
Viscos 65 297 E4
Le Viseney 39 159 E3
Viserny 21 137 F1
Visker 65 297 F2
Vismes-au-Val 80 17 D1
Visoncourt 70 118 C3
Vissac-Auteyrac 43 226 B2
Vissec 30 262 A4
Vissec (Cirque de) 30 262 A4
Visseiche 35 104 A2
Viterbe 81 277 F2
Viterne 54 94 A1
Vitot 27 31 F4
Vitrac 15 223 F4
Vitrac 24 221 F4
Vitrac 63 189 D3
Vitrac-en-Viadène 12 225 D4
Vitrac-Saint-Vincent 16 184 B4
Vitrac-sur-Montane 19 205 D4
Vitrai-sous-L'Aigle 61 58 A4
Vitray 03 171 D1
Vitray-en-Beauce 28 85 E4
Vitray-sous-Brézolles 28 58 C4
Vitré 35 104 A1
Vitré 79 165 E4
Vitreux 39 140 B4
Vitrey 54 94 A1
Vitrey-sur-Mance 70 117 F3
Vitrimont 54 68 C4
Vitrolles 13 284 B3
Vitrolles 84 266 B4
Vitrolles-en-Lubéron 05 249 E3
Vitry-aux-Loges 45 110 C2
Vitry-en-Artois 62 8 C3
Vitry-en-Charollais 71 173 F3
Vitry-en-Montagne 52 116 B3
Vitry-en-Perthois 51 65 E4
Vitry-la-Ville 51 65 D3
Vitry-Laché 58 136 B4
Vitry-le-Croisé 10 115 E1
Vitry-le-François 51 65 E4
Vitry-lès-Cluny 71 174 C2
Vitry-lès-Nogent 52 116 C2
Vitry-sur-Loire 71 173 D1
Vitry-sur-Orne 57 41 F3
Vitry-sur-Seine 94 61 D3
Vittarville 55 40 B2
Vitteaux 21 138 B3
Vittefleur 76 15 E1
Vittel 88 93 F4
Vittersbourg 57 69 F1
Vittoncourt 57 68 C1
Vittonville 54 68 A2
Vitz-sur-Authie 80 7 D3
Viuz-en-Sallaz 74 196 A1
Viuz-la-Chiésaz 74 195 E3
Vivaise 02 36 C1
Vivans 42 191 D1
Vivario 2B 317 D2
Viven 64 272 C3
Viverols 63 209 D3
Vivès 66 312 C3
Vivey 52 116 B4
Le Vivier 66 311 F1
Vivier-au-Court 08 23 D3
Le Vivier-sur-Mer 35 53 E4
Vivières 02 36 A3
Viviers 07 246 C3
Viviers 57 68 C2
Viviers 89 114 A4
Viviers-du-Lac 73 213 D1
Viviers-le-Gras 88 93 F4
Viviers-lès-Lavaur 81 277 E2
Viviers-lès-Montagnes 81 278 A3
Viviers-lès-Offroicourt 88 94 A3
Viviers-sur-Artaut 10 115 D1
Viviers-sur-Chiers 54 40 C1
Viviès 09 301 E3
Viviez 12 241 F2
Viville 16 201 D2
Vivoin 72 82 C4
Vivonne 86 166 A3
Vivy 49 129 E3
Vix 21 115 D3
Vix 85 164 A3
Vizille 38 230 C2
Vizos 65 297 F4
Vizzavona 2B 317 D2
Vizzavona (Col de) 2B 317 D2
Vocance 07 228 B1
Vodable 63 207 E2
Vœgtlinshofen 68 96 B4
Vœlfling-lès-Bouzonville 57 42 B3
Vœllerdingen 67 44 A4
Vœuil-et-Giget 16 201 E2
Vogelgrun 68 97 D4
Voglans 73 213 D1
Vogüé 07 246 A2
Voharies 02 21 D3
Void 55 67 D4
Le Voide 49 147 F1
Voigny 10 91 F4
Voile de la Mariée (Cascade du) 05 232 A3
Voile de la Mariée (Cascade du) 2A 317 D3
Voilemont 51 65 F1
Voillans 25 141 F2
Voillecomte 52 91 F2
Voimhaut 57 68 C1
Voinémont 54 94 B1
Voingt 63 188 B4
Voinsles 77 62 B4
Voipreux 51 64 A2
Voires 25 160 C1
Voiron 38 212 B3
Voiscreville 27 31 F3
Voise 28 85 F3
Voisenon 77 87 F1
Voisey 52 117 F2
Voisines 52 116 B3
Voisines 89 89 D4
Voisins-le-Bretonneux 78 60 B4
Voissant 38 212 C2
Voissay 17 181 F3
Voiteur 39 159 F4
La Voivre 70 119 D3
La Voivre 88 95 F2
Les Voivres 88 118 B1
Voivres-lès-le-Mans 72 106 C2
Volckerinckhove 59 3 E3
Volesvres 71 174 A2
Volgelsheim 68 97 D4
Volgré 89 113 D3
Volksberg 67 44 B4
Vollore-Montagne 63 190 C4
Vollore-Ville 63 190 B4
Volmerange-lès-Boulay 57 42 A4
Volmerange-les-Mines 57 41 E2
Volmunster 57 44 B3
Volnay 21 158 A2
Volnay 72 107 E2
Volon 70 140 B1
Volonne 04 267 E1
Volpajola 2B 315 E3
Volstroff 57 41 F3
Volvent 26 248 A2
Volvic 63 189 E4
Volx 04 267 D3
Vomécourt 88 95 D3
Vomécourt-sur-Madon 88 94 B2
Voncourt 52 117 E4
Voncq 08 38 C2
Vonges 21 140 A3
Vongnes 01 194 C4
Vongy 74 178 B3
Vonnas 01 175 E4
Voray-sur-l'Ognon 70 141 D3
Voreppe 38 212 B4
Vorey 43 227 D1
Vorges 02 37 D1
Vorges-les-Pins 25 141 D4
Vorly 18 153 E3
Vornay 18 153 F2
Vors 12 242 A4
Vosbles 39 176 C3
Vosne-Romanée 21 158 B1
Vosnon 10 113 F1
Vou 37 150 B1
Vouarces 51 90 A1
Vouciennes 51 65 D3
Voudenay 21 157 D1
Voué 10 90 B2
Vouécourt 52 92 B3
Vouël 02 20 A4
Vougécourt 70 118 A2
Vougeot 21 158 B1
Vouglans 39 176 C3
Vouglans (Barrage et lac de) 39 176 C3
Vougrey 10 114 C1
Vougy 42 191 E2
Vougy 74 196 A1
Vouharte 16 183 E4
Vouhé 17 181 E1
Vouhé 79 165 D2
Vouhenans 70 119 D4
Vouillé 79 165 D4
Vouillé 86 166 A1
Vouillé-les-Marais 85 163 F3
Vouillers 51 65 F4
Vouillon 36 152 B4
Vouilly 14 27 F3
Voujeaucourt 25 142 B2
Voulaines-les-Templiers 21 115 F3
Voulangis 77 62 A3
Voulême 86 183 F1
Voulgézac 16 201 E2
Voulon 86 166 A3
Voulpaix 02 21 D3
La Voulte-sur-Rhône 07 228 C4
Voultegon 79 147 F2
Voulton 77 88 C1
Voulx 77 88 A4
Vouneuil-sous-Biard 86 166 B2
Vouneuil-sur-Vienne 86 149 F4

Vourey 38 ... 212 B4
Vourles 69 ... 210 C1
Voussac 03 ... 171 F4
Voutenay-sur-Cure 89 ... 136 C1
Voutezac 19 ... 204 A4
Vouthon 16 ... 202 A1
Vouthon-Bas 55 ... 93 D2
Vouthon-Haut 55 ... 93 D2
Voutré 53 ... 106 A1
Vouvant 85 ... 164 A1
Vouvray 01 ... 194 C1
Vouvray 37 ... 131 D3
Vouvray-sur-Huisne 72 ... 107 F1
Vouvray-sur-Loir 72 ... 107 E4
Vouxey 88 ... 93 F3
Vouzailles 86 ... 148 C4
Vouzan 16 ... 202 A2
Vouzeron 18 ... 133 F4
Vouziers 08 ... 39 D2
Vouzon 41 ... 133 E1
Vouzy 51 ... 64 B2
La Vove (Manoir de) 61 ... 83 F2
Voves 28 ... 85 F4
Vovray-en-Bornes 74 ... 195 E1
Voyenne 02 ... 21 D4
Voyennes 80 ... 19 E3
Voyer 57 ... 70 A3
La Vraie-Croix 56 ... 101 F4
Vraignes-en-Vermandois 80 ... 19 F2
Vraignes-lès-Hornoy 80 ... 17 F3
Vraincourt 52 ... 92 B4
Vraiville 27 ... 32 A4
Vrasville 50 ... 25 D2
Vraux 51 ... 64 C1
Vrécourt 88 ... 93 E4
Vred 59 ... 9 D2
Vregille 70 ... 140 C3
Vregny 02 ... 36 B2
Vrély 80 ... 19 D3
Le Vrétot 50 ... 24 B4
Vriange 39 ... 140 B4
Vrigne-aux-Bois 08 ... 23 D3
Vrigne-Meuse 08 ... 23 D4
Vrigny 45 ... 110 C1
Vrigny 51 ... 37 E4
Vrigny 61 ... 56 B4
La Vrine 25 ... 161 D2
Vritz 44 ... 127 E1
Vrizy 08 ... 38 C2
Vrocourt 60 ... 33 F1
Vroil 51 ... 65 F3
Vron 80 ... 6 B3
Vroncourt 54 ... 94 A2
Vroncourt-la-Côte 52 ... 93 D4
Vroville 88 ... 94 B3
Vry 57 ... 42 A4
Vue 44 ... 125 F4
Vuillafans 25 ... 160 C1
Vuillecin 25 ... 161 D2
Vuillery 02 ... 36 B2
Vulaines 10 ... 89 E4
Vulaines-lès-Provins 77 ... 88 C1
Vulaines-sur-Seine 77 ... 87 F2
Vulbens 74 ... 195 D1
Vulmont 57 ... 68 B2
Vulvoz 39 ... 177 D3
Vy-le-Ferroux 70 ... 141 D1
Vy-lès-Filain 70 ... 141 E1
Vy-lès-Lure 70 ... 119 D4
Vy-lès-Rupt 70 ... 140 C1
Vyans-le-Val 70 ... 142 B1
Vyt-lès-Belvoir 25 ... 142 B3

W

Waben 62 ... 6 B2
Wackenbach 67 ... 70 A4
Wacquemoulin 60 ... 35 D2
Wacquinghen 62 ... 2 A3
Wadelincourt 08 ... 23 D4
Wadimont 08 ... 21 F4
Wadonville-en-Woëvre 55 ... 67 E1
Wagnon 08 ... 22 B4
Wahagnies 59 ... 8 C1
Wahlbach 68 ... 120 C3
Wahlenheim 67 ... 71 D2
Wail 62 ... 7 D3
Wailly 62 ... 8 A3
Wailly 80 ... 18 A3
Wailly-Beaucamp 62 ... 6 B2
Walbach 68 ... 96 B4
Walbourg 67 ... 71 E1
La Walck 67 ... 71 D1
Waldersbach 67 ... 96 B1
Waldhambach 67 ... 70 A1
Waldhouse 57 ... 44 C3
Waldighofen 68 ... 120 C4
Waldolwisheim 67 ... 70 C2
Waldweistroff 57 ... 42 B2
Waldwisse 57 ... 42 B2
Walheim 68 ... 120 B3
Walibi Rhône-Alpes
(Parc d'attractions) 38 ... 212 B1
Walibi-Schtroumpf 57 ... 41 F3
Walincourt 59 ... 20 A1
Wallers 59 ... 9 E2
Wallers-Trélon 59 ... 10 C3
Wallon-Cappel 59 ... 3 F3
Walschbronn 57 ... 44 C3
Walscheid 57 ... 70 A3
Waltembourg 57 ... 70 A2
Waltenheim 68 ... 120 C3
Waltenheim-sur-Zorn 67 ... 71 D2
Waly 55 ... 66 A1
Wambaix 59 ... 9 E4
Wambercourt 62 ... 7 D2
Wambez 60 ... 33 F1
Wambrechies 59 ... 4 C4
Wamin 62 ... 7 D2
Wanchy-Capval 76 ... 16 B3
Wancourt 62 ... 8 B3
Wandignies-Hamage 59 ... 9 E2
Wanel 80 ... 17 F1
Wangen 67 ... 70 C3
Wangenbourg 67 ... 70 B3
Wannehain 59 ... 9 D1
Wanquetin 62 ... 8 A3
La Wantzenau 67 ... 71 E2
Warcq 08 ... 22 C3
Warcq 55 ... 40 C4
Wardrecques 62 ... 3 E4
Wargemoulin-Hurlus 51 ... 39 D4
Wargnies 80 ... 18 A1
Wargnies-le-Grand 59 ... 10 A1
Wargnies-le-Petit 59 ... 10 A2
Warhem 59 ... 3 F1
Warlaing 59 ... 9 E2
Warlencourt-Eaucourt 62 ... 19 D1
Warlincourt-lès-Pas 62 ... 7 F4
Warloy-Baillon 80 ... 18 C1
Warluis 60 ... 34 A3
Warlus 62 ... 8 A3
Warlus 80 ... 17 F2
Warluzel 62 ... 7 F4
Warmeriville 51 ... 38 A3
Warnécourt 08 ... 22 C4
Warneton 59 ... 4 C3
Warsy 80 ... 19 D4
Warvillers 80 ... 19 D3
Wasigny 08 ... 22 A4
Wasnes-au-Bac 59 ... 9 D3
Wasquehal 59 ... 4 C4
Wasselonne 67 ... 70 C3
Wasserbourg 68 ... 96 A4
Wassigny 02 ... 20 C1
Wassy 52 ... 92 A2
Le Wast 62 ... 2 B3
Watigny 02 ... 21 F2
Watronville 55 ... 40 B4
Watten 59 ... 3 D3
Wattignies 59 ... 8 C1
Wattignies-la-Victoire 59 ... 10 C2
Wattrelos 59 ... 5 D4
Wattwiller 68 ... 120 B2
Wavignies 60 ... 34 C1
Waville 54 ... 67 F1
Wavrans-sur-l'Aa 62 ... 3 D4
Wavrans-sur-Ternoise 62 ... 7 E2
Wavrechain-sous-Denain 59 ... 9 E3
Wavrechain-sous-Faulx 59 ... 9 E3
Wavrille 55 ... 40 A3
Wavrin 59 ... 8 C1
Waziers 59 ... 9 D2
Wé 08 ... 39 D1
Weckolsheim 68 ... 96 C4
Wegscheid 68 ... 119 F3
Weinbourg 67 ... 70 C1
Weislingen 67 ... 70 A1
Weitbruch 67 ... 71 E2
Weiterswiller 67 ... 70 B1
Welles-Pérennes 60 ... 34 C1
Wemaers-Cappel 59 ... 3 F3
Wentzwiller 68 ... 121 D4
Werentzhouse 68 ... 120 C4
Wervicq-Sud 59 ... 4 C3
West-Cappel 59 ... 3 F2
Westbécourt 62 ... 3 D3
Westhalten 68 ... 96 B4
Westhoffen 67 ... 70 C3
Westhouse 67 ... 97 D1
Westhouse-Marmoutier 67 ... 70 C2
Westrehem 62 ... 7 E1
Wettolsheim 68 ... 96 B4
Weyer 67 ... 70 A1
Weyersheim 67 ... 71 E2
Wickerschwihr 68 ... 96 C3
Wickersheim 67 ... 70 C2
Wicquinghem 62 ... 6 C1
Wicres 59 ... 8 B1
Widehem 62 ... 6 B1
Widensolen 68 ... 96 C4
Wiège-Faty 02 ... 21 D2
Wiencourt-l'Équipée 80 ... 18 C3
Wierre-au-Bois 62 ... 2 B4
Wierre-Effroy 62 ... 2 B3
Wiesviller 57 ... 43 F4
Wignehies 59 ... 10 C4
Wignicourt 08 ... 38 C1
Wihr-au-Val 68 ... 96 B4
Wihr-en-Plaine 68 ... 96 C3
Wildenstein 68 ... 119 F1
Wildersbach 67 ... 96 B1
Willeman 62 ... 7 D3
Willems 59 ... 5 D4
Willencourt 62 ... 7 D4
Willer 68 ... 143 F1
Willer-sur-Thur 68 ... 120 A1
Willeroncourt 55 ... 66 C4
Willerval 62 ... 8 B3
Willerwald 57 ... 69 F1
Willgottheim 67 ... 70 C3
Williers 08 ... 23 F4
Willies 59 ... 10 C3
Wilshausen 67 ... 70 C2
Wilwisheim 67 ... 70 C2
Wimereux 62 ... 2 A3
Wimille 62 ... 2 A3
Wimmenau 67 ... 70 B1
Wimy 02 ... 21 E2
Windstein 67 ... 45 D4
Windstein (Château de) 67 ... 45 D4
Wingen 67 ... 45 E3
Wingen-sur-Moder 67 ... 44 B4
Wingersheim 67 ... 71 D2
Wingles 62 ... 8 B1
Winkel 68 ... 143 E2
Winnezeele 59 ... 3 F3
Wintersbourg 57 ... 70 A2
Wintershouse 67 ... 71 D1
Wintzenbach 67 ... 45 F4
Wintzenheim 68 ... 96 B4
Wintzenheim-
Kochersberg 67 ... 70 C3
Wintzfelden 68 ... 96 B4
Wirwignes 62 ... 2 B4
Wiry-au-Mont 80 ... 17 E2
Wisches 67 ... 70 B4
Wisembach 88 ... 96 A2
Wiseppe 55 ... 39 F2
Wismes 62 ... 3 D4
Wisques 62 ... 3 D4
Wissant 62 ... 2 A2
Wissembourg 67 ... 45 E3
Wissignicourt 02 ... 36 C1
Wissous 91 ... 61 D4
Witry-lès-Reims 51 ... 37 F3
Wittelsheim 68 ... 120 B2
Wittenheim 68 ... 120 C2
Witternesse 62 ... 3 E4
Witternheim 67 ... 97 D1
Wittersdorf 68 ... 120 B3
Wittersheim 67 ... 71 D2
Wittes 62 ... 3 E4
Wittisheim 67 ... 97 D2
Wittring 57 ... 43 E4
Wiwersheim 67 ... 71 D3
Wizernes 62 ... 3 E4
Woël 55 ... 67 E1
Wœlfling-
lès-Sarreguemines 57 ... 43 F4
Wœllenheim 67 ... 70 C2
Wœrth 67 ... 45 D4
Woignarue 80 ... 16 C1
Woimbey 55 ... 66 C2
Woincourt 80 ... 17 D1
Woinville 55 ... 67 E2
Woippy 57 ... 41 F4
Woirel 80 ... 17 E2
Wolfersdorf 68 ... 120 A3
Wolfgantzen 68 ... 96 C4
Wolfisheim 67 ... 71 D3
Wolfskirchen 67 ... 70 A1
Wolschheim 67 ... 70 C2
Wolschwiller 68 ... 143 F2
Wolxheim 67 ... 70 C3
Wormhout 59 ... 3 F2
Woustviller 57 ... 43 E4
Wuenheim 68 ... 120 B1
Wuisse 57 ... 69 D2
Wulverdinghe 59 ... 3 E3
Wy-dit-Joli-Village 95 ... 60 A1
Wylder 59 ... 3 F2

X

Xaffévillers 88 ... 95 D2
Xaintrailles 47 ... 255 E1
Xaintray 79 ... 164 C2
Xambes 16 ... 183 E4
Xammes 54 ... 67 F2
Xamontarupt 88 ... 95 D4
Xanrey 57 ... 69 D3
Xanton-Chassenon 85 ... 164 B2
Xaronval 88 ... 94 B2
Xermaménil 54 ... 94 C1
Xertigny 88 ... 118 C1
Xeuilley 54 ... 94 A1
Xirocourt 54 ... 94 B2
Xivray-et-Marvoisin 55 ... 67 E2
Xivry-Circourt 54 ... 41 D2
Xocourt 57 ... 68 C2
Xonrupt-Longemer 88 ... 119 F1
Xonville 54 ... 67 F1
Xouaxange 57 ... 69 F3
Xousse 54 ... 69 E4
Xures 54 ... 69 D4

Y

Y 80 ... 19 E3
Yainville 76 ... 15 F4
Yaucourt-Bussus 80 ... 17 F1
Le Yaudet 22 ... 50 A2
Ychoux 40 ... 234 C4
Ydes 15 ... 206 A4
Yébleron 76 ... 15 D3
Yèbles 77 ... 87 F1
Yenne 73 ... 194 C4
Yermenonville 28 ... 85 F1
Yerres 91 ... 61 E4
Yerville 76 ... 15 F3
Yèvre-la-Ville 45 ... 111 D1
Yèvre-le-Châtel 45 ... 111 D1
Yèvres 28 ... 84 C4
Yèvres-le-Petit 10 ... 91 D2
Yffiniac 22 ... 51 E4
Ygos-Saint-Saturnin 40 ... 253 E3
Ygrande 03 ... 171 E2
Ymare 76 ... 32 B3
Ymeray 28 ... 85 F2
Ymonville 28 ... 85 F4
Yolet 15 ... 224 B3
Yoncq 08 ... 39 E1
Yonval 80 ... 17 E1
Youx 63 ... 188 C1
Yport 76 ... 14 C2
Ypreville-Biville 76 ... 15 D2
Yquebeuf 76 ... 32 B1
Yquelon 50 ... 53 F2
Yquem (Château) 33 ... 236 B2
Yronde-et-Buron 63 ... 207 F2
Yrouerre 89 ... 114 A4
Yssac-la-Tourette 63 ... 189 E3
Yssandon 19 ... 222 A1
Yssandon (Puy d') 19 ... 222 A1
Yssingeaux 43 ... 227 E1
Ysson (Puy d') 63 ... 207 E2
Ytrac 15 ... 224 A3
Ytres 62 ... 19 E1
Yutz 57 ... 41 F2
Yvecrique 76 ... 15 F3
Yvernaumont 08 ... 22 C4
Yversay 86 ... 166 A1
Yves 17 ... 181 D2
Les Yveteaux 61 ... 56 A4
Yvetot 76 ... 15 E3
Yvetot-Bocage 50 ... 25 D3
Yvias 22 ... 50 C2
Yviers 16 ... 201 D4
Yvignac-la-Tour 22 ... 78 B2
Yville-sur-Seine 76 ... 31 F2
Yvoire 74 ... 178 A3
Yvoy-le-Marron 41 ... 133 D1
Yvrac 33 ... 217 E3
Yvrac-et-Malleyrand 16 ... 184 A4
Yvrandes 61 ... 55 D4
Yvré-le-Pôlin 72 ... 106 C3
Yvré-l'Évêque 72 ... 107 D2
Yvrench 80 ... 6 C4
Yvrencheux 80 ... 6 C4
Yzengremer 80 ... 16 C1
Yzernay 49 ... 147 E2
Yzeron 69 ... 210 B1
Yzeure 03 ... 172 B2
Yzeures-sur-Creuse 37 ... 150 B4
Yzeux 80 ... 18 A2
Yzosse 40 ... 271 F1

Z

Zaessingue 68 ... 120 C3
Zalana 2B ... 317 F1
Zarbeling 57 ... 69 D2
Zegerscappel 59 ... 3 E2
Zehnacker 67 ... 70 C3
Zeinheim 67 ... 70 C2
Zellenberg 68 ... 96 B3
Zellwiller 67 ... 96 C1
Zermezeele 59 ... 3 F3
Zérubia 2A ... 319 D1
Zetting 57 ... 43 E4
Zévaco 2A ... 317 D4
Zicavo 2A ... 317 D4
Zigliara 2A ... 316 C4
Zilia 2B ... 314 B3
Zilling 57 ... 70 A2
Zillisheim 68 ... 120 B3
Zimmerbach 68 ... 96 B4
Zimmersheim 68 ... 120 C2
Zimming 57 ... 42 B4
Zincourt 88 ... 94 C3
Zinswiller 67 ... 44 C4
Zipitoli (Pont génois de) 2A ... 316 C4
Zittersheim 67 ... 70 B1
Zœbersdorf 67 ... 70 C1
Zollingen 67 ... 69 F2
Zommange 57 ... 69 E2
Zonza 2A ... 319 D1
Zoteux 62 ... 2 C4
Zouafques 62 ... 3 D3
Zoufftgen 57 ... 41 F1
Zoza 2A ... 319 D2
Zuani 2B ... 317 E1
Zudausques 62 ... 3 D3
Zutkerque 62 ... 3 D2
Zutzendorf 67 ... 70 C1
Zuydcoote 59 ... 3 F1
Zuytpeene 59 ... 3 F3